Teoria do Estado e da Constituição

O GEN | Grupo Editorial Nacional – maior plataforma editorial brasileira no segmento científico, técnico e profissional – publica conteúdos nas áreas de concursos, ciências jurídicas, humanas, exatas, da saúde e sociais aplicadas, além de prover serviços direcionados à educação continuada.

As editoras que integram o GEN, das mais respeitadas no mercado editorial, construíram catálogos inigualáveis, com obras decisivas para a formação acadêmica e o aperfeiçoamento de várias gerações de profissionais e estudantes, tendo se tornado sinônimo de qualidade e seriedade.

A missão do GEN e dos núcleos de conteúdo que o compõem é prover a melhor informação científica e distribuí-la de maneira flexível e conveniente, a preços justos, gerando benefícios e servindo a autores, docentes, livreiros, funcionários, colaboradores e acionistas.

Nosso comportamento ético incondicional e nossa responsabilidade social e ambiental são reforçados pela natureza educacional de nossa atividade e dão sustentabilidade ao crescimento contínuo e à rentabilidade do grupo.

FORA DE SÉRIE

Teoria do Estado e da Constituição

Jorge Miranda

5ª EDIÇÃO

■ A EDITORA FORENSE se responsabiliza pelos vícios do produto no que concerne à sua edição (impressão e apresentação a fim de possibilitar ao consumidor bem manuseá-lo e lê-lo). Nem a editora nem o autor assumem qualquer responsabilidade por eventuais danos ou perdas a pessoa ou bens, decorrentes do uso da presente obra.

Todos os direitos reservados. Nos termos da Lei que resguarda os direitos autorais, é proibida a reprodução total ou parcial de qualquer forma ou por qualquer meio, eletrônico ou mecânico, inclusive através de processos xerográficos, fotocópia e gravação, sem permissão por escrito do autor e do editor.

Impresso no Brasil – *Printed in Brazil*

■ Direitos exclusivos para o Brasil na língua portuguesa
Copyright © 2019 by
EDITORA FORENSE LTDA.
Uma editora integrante do GEN | Grupo Editorial Nacional
Travessa do Ouvidor, 11 – Térreo e 6º andar – 20040-040 – Rio de Janeiro – RJ
Tel.: (21) 3543-0770 – Fax: (21) 3543-0896
faleconosco@grupogen.com.br | www.grupogen.com.br

■ O titular cuja obra seja fraudulentamente reproduzida, divulgada ou de qualquer forma utilizada poderá requerer a apreensão dos exemplares reproduzidos ou a suspensão da divulgação, sem prejuízo da indenização cabível (art. 102 da Lei n. 9.610, de 19.02.1998). Quem vender, expuser à venda, ocultar, adquirir, distribuir, tiver em depósito ou utilizar obra ou fonograma reproduzidos com fraude, com a finalidade de vender, obter ganho, vantagem, proveito, lucro direto ou indireto, para si ou para outrem, será solidariamente responsável com o contrafator, nos termos dos artigos precedentes, respondendo como contrafatores o importador e o distribuidor em caso de reprodução no exterior (art. 104 da Lei n. 9.610/98).

■ Nesta obra, optamos por manter a ortografia da 1ª edição (2002).

■ Capa: Danilo Oliveira

■ Fechamento desta edição: 04.09.2018

■ **CIP-BRASIL. CATALOGAÇÃO NA PUBLICAÇÃO**
SINDICATO NACIONAL DOS EDITORES DE LIVROS, RJ

M643t

Miranda, Jorge
Teoria do Estado e da Constituição / Jorge Miranda. – 5. ed. – Rio de Janeiro: Forense, 2019.

ISBN 978-85-309-7988-1

1. Brasil. [Constituição (1988)]. 2. Direito constitucional – Brasil. I. Título. II. Série.

18-47926	CDU: 342(81)

Leandra Felix da Cruz – Bibliotecária – CRB-7/6135

*A todos os meus antigos e
atuais alunos do Brasil.*

APRESENTAÇÃO DA EDITORA

O Grupo Editorial Nacional – Editora Forense tem a honra de apresentar a série "Fora de série", que tem por objetivo disponibilizar ao leitor livros fundamentais para a formação do pensamento contemporâneo com uma roupagem moderna e um projeto gráfico diferenciado.

A "Fora de série" traz desde grandes clássicos da antiguidade até importantes pensadores da atualidade, reunindo sob um mesmo selo textos essenciais às Ciências Sociais e Sociais Aplicadas.

As obras selecionadas são parte da base do conhecimento na área de humanidades, sendo leitura indispensável para disciplinas propedêuticas nas Ciências Humanas.

Com um *layout* inovador, a série demonstra e enfatiza que seu conteúdo, mesmo com o passar do tempo, continua vivo e atual.

Boa leitura!

Do Autor

I — Livros e monografias

— *Contributo para uma teoria da inconstitucionalidade,* Lisboa, 1968;
— *Poder paternal e assistência social,* Lisboa, 1969;
— *Notas para uma introdução ao direito constitucional comparado,* Lisboa, 1970;
— *Chefe do Estado,* Coimbra, 1970;
— *Conselho de Estado,* Coimbra, 1970;
— *Decreto,* Coimbra, 1974;
— *Deputado,* Coimbra, 1974;
— *A Revolução de 25 de Abril e o Direito Constitucional,* Lisboa, 1975;
— *A Constituição de 1976 — Formação, Estrutura, Princípios Fundamentais,* Lisboa, 1978;
— *Manual de Direito Constitucional,* 1.º tomo, 10 edições, Coimbra, 1981, 1982, 1985, 1990, 1996, 1997, 2003, 2009, 2011 e 2014; 2.º tomo, 7 edições, Coimbra, 1981, 1983, 1991, 2000, 2003, 2007 e 2013; 3.º tomo, 6 edições, Coimbra, 1983, 1987, 1994, 1998, 2004 e 2010; 4.º tomo, 5 edições, Coimbra, 1988, 1993, 2000, 2008 e 2012; 5.º tomo, 4 edições, Coimbra, 1997, 2000, 2004 e 2010; 6.º tomo, 4 edições, Coimbra, 2001, 2005, 2008 e 2013; 7.º tomo, Coimbra, 2007;
— *As associações públicas no Direito português,* Lisboa, 1985;
— Relatório com o programa, o conteúdo e os métodos do ensino de direitos fundamentais, Lisboa, 1986;
— *Estudos de Direito eleitoral,* Lisboa, 1995;
— *Escritos vários sobre a Universidade,* Lisboa, 1995;

X | Teoria do Estado e da Constituição • *Jorge Miranda*

— *O constitucionalismo liberal luso-brasileiro*, Lisboa, 2001;

— *Teoria do Estado e da Constituição*, 2 edições, Rio de Janeiro, 2002 e 2009;

— *Curso de Direito Internacional Público*, 5 edições, Cascais, 2002, 2004, 2006, 2009 e 2012 e Rio de Janeiro, 2009;

— *Constituição Portuguesa Anotada* (com Rui Medeiros), 1.º tomo, 2 edições, Coimbra, 2005 e 2010; 2.º tomo, Coimbra, 2006; 3.º tomo, Coimbra, 2007;

— *Escritos vários sobre direitos fundamentais*, São João do Estoril, 2006;

— *Formas e sistemas de governo*, Rio de Janeiro, 2007;

— *As Constituições dos Estados de Língua Portuguesa* (com E. Kafft Kosta), Curitiba, 2013.

II — Principais artigos

— *Relevância da agricultura no Direito constitucional português*, in *Rivista di Diritto Agrario*, 1965, e in *Scientia Iuridica*, 1966;

— *Notas para um conceito de assistência social*, in *Informação Social*, 1968;

— *Colégio eleitoral*, in *Dicionário Jurídico da Administração Pública*, II, 1969;

— *A igualdade de sufrágio político da mulher*, in *Scientia Iuridica*, 1970;

— *Liberdade de reunião*, in *scientia iuridica*, 1971;

— *Sobre a noção de povo em Direito constitucional*, in *Estudos de Direito público em honra do Professor Marcello Caetano*, Lisboa, 1973;

— *Inviolabilidade do domicílio*, in *Revista de Direito e Estudos Sociais*, 1974;

— *Inconstitucionalidade por omissão*, in *Estudos sobre a Constituição*, I, Lisboa, 1977;

— *O Direito eleitoral na Constituição*, in *Estudos sobre a Constituição*, II, Lisboa, 1978;

— *Aspects institutionnels de l'adhésion du Portugal à la Communauté Economique Européenne*, in *Une Communauté àdouze? L'impact du nouvel élargissement sur les Communautés Européennes*, Bruges, 1978;

— *O regime dos direitos, liberdades e garantias*, in *Estudos sobre a Constituição*, III, Lisboa, 1979;

— *A ratificação no Direito constitucional português*, in *Estudos sobre a Constituição*, III, Lisboa, 1979;

— *Os Ministros da República para as regiões autónomas*, in *Direito e Justiça*, 1980;

Do Autor | XI

— *A posição constitucional do primeiro-ministro*, in *Boletim do Ministério da Justiça*, n.º 334;

— *Églises et État au Portugal*, in *Conscience et liberté*, 1986;

— *Propriedade e Constituição (a propósito da lei da propriedade da farmácia)*, in *O Direito*, 1974-1987;

— *A Administração Pública nas Constituições portuguesas*, in *O Direito*, 1988;

— *Tratados de delimitação de fronteiras e Constituição de 1933*, in *Estado e Direito*, 1989;

— *O programa do governo*, in *Dicionário Jurídico da Administração Pública*, VI, 1994;

— *Resolução, ibidem*, VII, 1996;

— *O património cultural e a Constituição — tópicos*, in *Direito do Património Cultural*, obra coletiva, 1996;

— *Les candidatures*, in *Annuaire International de Justice Constitutionnelle*, 1996;

— *L'esperienza portoghese di sistema semipresidenziale*, in *Democrazia e forme di governo — Modelli stranieri e riforma costituzionale*, obra coletiva, 1997;

— *Timor e o Direito constitucional*, in *Timor e o Direito*, obra coletiva, Lisboa, 2000;

— *Uma perspectiva constitucional de reforma do contencioso administrativo*, in *Estudos em homenagem ao Prof. Doutor Inocêncio Galvão Telles*, obra coletiva, Coimbra, 2003;

— *Notas sobre a renúncia do Presidente da República*, in *Revista da Faculdade de Direito da Universidade de Lisboa*, 2005;

— *Os juízes têm direito à greve*, in *Homenagem ao Prof. Doutor André Gonçalves Pereira*, obra coletiva, Coimbra, 2006;

— *Cultura, Constituição e Direitos Culturais*, in *O Direito*, 2006;

— *Em vez do Código Civil uma lei sobre leis*, in *Estudos Comemorativos dos 20 anos da Universidade Nova de Lisboa*, obra coletiva, I, Coimbra, 2008;

— *Constituição e Universidade*, in *Revista da Faculdade de Direito da Universidade de Lisboa*, 2008;

— *A Constituição de Angola de 2010*, in *O Direito*, 2010;

— *Estado, liberdade religiosa e laicidade*, in *Revista da Faculdade de Direito da Universidade de Lisboa*, 2011; e in *Os direitos humanos – direitos de quem?*, obra coletiva, Curitiba, 2013;

— *Revisitando os atos de Governo*, in *Estudos em homenagem ao Prof. Doutor J. J. Gomes Canotilho*, obra coletiva, Coimbra, 2012;

— *O meio ambiente e a Constituição*, in *Diálogo ambiental, constitucional e internacional*, obra coletiva, Fortaleza, 2013;

— *La solidarité – un défit politique*, in *Long Cover – Melanges en l'honneur de Pierre Bon*, obra coletiva, Paris, 2014.

III — Coletâneas de textos

— *Anteriores Constituições Portuguesas*, Lisboa, 1975;

— *Constituições de Diversos Países*, 3 edições, Lisboa, 1975, 1979 e 1986-1987;

— *As Constituições Portuguesas*, 4 edições, Lisboa, 1976, 1984, 1991 e 1997;

— *A Declaração Universal e os Pactos Internacionais de Direitos do Homem*, Lisboa, 1977;

— *Fontes e trabalhos preparatórios da Constituição*, Lisboa, 1978;

— *Direitos do Homem*, 2 edições, Lisboa, 1979 e 1989;

— *Textos Históricos do Direito Constitucional*, 2 edições, Lisboa, 1980 e 1990;

— *Jurisprudência constitucional escolhida*, 3 volumes, 1996 e 1997.

IV — Obras cívico-políticas

— *Um projecto de Constituição*, Braga, 1975;

— *Constituição e democracia*, Lisboa, 1976;

— *Um projecto de revisão constitucional*, Coimbra, 1980;

— *Revisão constitucional e democracia*, Lisboa, 1983;

— *Anteprojecto de Constituição da República de São Tomé e Príncipe*, 1990;

— *Um anteprojecto de proposta de lei do regime do referendo*, in *Revista da Faculdade de Direito da Universidade de Lisboa*, 1991;

— *Ideias para uma revisão constitucional em 1996*, Lisboa, 1996;

— *Estudo em vista a uma nova lei de partidos políticos*, Lisboa, 1999;

— *Uma Constituição para Timor*, Lisboa, 2001;

— *Constituição e cidadania*, Coimbra, 2003;

— Parecer sobre a reforma do sistema eleitoral relativo à Assembleia Legislativa Regional dos Açores, in *Revista da Faculdade de Direito da Universidade de Lisboa*, 2003;

— *Na hipótese de outra revisão constitucional*, in *Estudos em homenagem ao Prof. Doutor José Manuel Sérvulo Correia*, obra coletiva, Coimbra, 2010.

SUMÁRIO

Do Autor IX

PARTE I
O ESTADO NA HISTÓRIA

Capítulo I – Localização Histórica do Estado........................... 3
§ 1º *O Estado, realidade histórica* 3
1. O Estado, espécie de sociedade política 3
2. O aparecimento histórico do Estado 4
3. Sociedades políticas pré-estatais.. 5
4. Processos de formação do Estado.. 6
5. Caraterísticas gerais do Estado 6
6. A inserção territorial do Estado.. 8
§ 2º *Tipos históricos de Estado* 9
7. O desenvolvimento histórico do Estado 9
8. Redução das formas históricas de Estado a tipos 10
9. O Estado oriental 11
10. Estado grego 12
11. O Estado romano 15
12. O pretenso Estado medieval... 19
13. O Estado moderno 22
14. O nome de Estado 24

Capítulo II – O Direito Público e o Estado Modernos 27

§ 1º *Formação* 27

15. O sistema político medieval 27

16. A substituição do sistema político medieval 28

17. O processo de criação dos Estados europeus 29

18. A soberania e a organização do Estado 30

19. Variedade dos momentos de aparecimento do Estado 31

§ 2º *Evolução* 33

20. Condições gerais de desenvolvimento 33

21. Períodos de evolução 34

22. O Estado estamental 36

23. O Estado absoluto. O Estado de polícia 37

24. O Estado constitucional, representativo ou de Direito 40

25. O Estado constitucional no século XIX como Estado liberal burguês 44

26. A situação do Estado no século XX 47

27. A diversidade de tipos constitucionais 51

28. Os problemas no início do século XXI 56

PARTE II
ESTRUTURA DO ESTADO

Capítulo I – O Estado em Geral 67

29. Sequência 67

30. As grandes correntes doutrinais acerca da natureza ou essência do Estado 69

31. As conceções mais significativas 71

32. Outras elaborações doutrinais 76

33. Posição adotada 81

34. As relações entre Estado e sociedade 84

35. Os elementos ou condições de existência do Estado 88

36. As vicissitudes do Estado 91

37. O Estado como pessoa coletiva 94

Sumário | **XVII**

Capítulo II – O Estado como Comunidade Política 99

38. A comunidade política ou povo 99

39. Povo e Estado 102

40. O Estado, o povo e a coletividade pré-estatal 103

41. A unidade do povo e as distinções políticas entre os cidadãos. 107

42. Conceitos afins do conceito de povo 111

43. A relevância jurídico-política do fenómeno nacional 114

44. O multiculturalismo 117

45. A proteção das minorias 119

46. Povo e comunidades em diferentes estádios culturais 123

47. As conceções político-constitucionais e ideológicas de povo.. 125

Capítulo III – A Cidadania 135

§ 1º *A cidadania ou qualidade de membro do Estado* 135

48. Povo e cidadania 135

49. Uma cidadania transnacional? 140

50. A cidadania no Direito internacional 141

51. A cidadania no Direito constitucional 145

§ 2º *A condição jurídica das pessoas em razão da cidadania* 146

52. Cidadãos originários e não originários 146

53. A condição dos estrangeiros e o seu enquadramento pelo Direito internacional 147

54. A condição dos cidadãos dos países de língua portuguesa 153

55. A cidadania europeia 154

Capítulo IV – O Poder Político 159

§ 1º *Poder e soberania* 159

56. Estrutura e função do poder 159

57. O problema da limitação do poder pelo Direito 160

58. Titularidade e exercício do poder 164

59. Poder político e soberania 166

60. Soberania e ordem interna do Estado 167

61. Soberania, descentralização, autonomia 170

62. Descentralização e subsidiariedade 173

XVIII | Teoria do Estado e da Constituição · *Jorge Miranda*

Capítulo V – O Território do Estado 175

63. O território, condição de existência do Estado 175

64. O território e o Direito do Estado 177

65. Território, poder e povo 180

66. O direito do Estado sobre o seu território 181

67. O asilo a estrangeiros 183

68. Outros direitos territoriais do Estado e outras situações territoriais 184

69. Referência ao domínio público e ao domínio privado 188

70. O Estado e outras coletividades territoriais 189

Capítulo VI – Formas de Estado 191

§ 1º *As formas de Estado em geral* 191

71. Conceito de forma de Estado 191

72. A contraposição fundamental: Estados simples e compostos ... 194

73. O Estado unitário descentralizado ou regional 196

74. Autonomia política com e sem integração 199

75. Os Estados compostos: federações e uniões reais 202

76. Os Estados federais em particular 205

77. O sistema jurídico complexo dos Estados federais 209

78. Os condicionalismos das formas de Estado 211

PARTE III
CONSTITUIÇÃO

TÍTULO I
A Constituição como fenómeno jurídico

Capítulo I – Sentido da Constituição 217

§ 1º *Constituição e constitucionalismo* 217

79. Da Constituição antiga à Constituição moderna 217

80. Da Constituição liberal às Constituições atuais 224

81. Da Constituição em sentido material à pluralidade de Constituições materiais 231

82. Constituição em sentido formal 235

Sumário | **XIX**

83. Os tempos e os lugares das normas constitucionais..................... 237

84. Constituição em sentido formal e Constituição em sentido instrumental 240

85. Os problemas constitucionais na transição do século e do milénio... 242

86. Direito constitucional e Direito internacional.............................. 245

87. A pretensa Constituição europeia.. 249

88. Transconstitucionalismo e interconstitucionalismo 252

§ 2º *Conceções gerais sobre a Constituição*.................................... 253

89. A teorização da Constituição.. 253

90. As grandes correntes doutrinais.. 254

91. Algumas teorias da Constituição.. 256

92. Algumas posições de autores portugueses e brasileiros........... 264

93. Visão adotada.. 274

Capítulo II – Formação da Constituição.. 281

§ 1º *Poder constituinte e formação da Constituição*...................... 281

94. Poder constituinte material e poder constituinte formal........... 281

95. O poder constituinte material (originário)..................................... 285

96. Constituição e soberania do Estado.. 288

97. A revolução como fenómeno constituinte...................................... 290

98. A transição constitucional... 294

99. Do poder constituinte material ao poder constituinte formal.. 299

100. Os tipos de atos constituintes *stricto sensu*................................ 301

101. Forma, legitimidade e conteúdo da Constituição......................... 304

102. As formas e as regras dos atos constituintes................................ 307

103. Os limites materiais do poder constituinte.................................... 310

§ 2º *Fontes das normas constitucionais*.. 314

104. As fontes formais de Direito e o Direito constitucional.............. 314

105. O problema do costume em Constituição formal.......................... 316

106. Visão adotada sobre o costume constitucional............................. 320

107. Figuras afins do costume constitucional.. 327

108. A jurisprudência como fonte de normas constitucionais........... 329

XX | Teoria do Estado e da Constituição • *Jorge Miranda*

Capítulo III – Modificação e Subsistência da Constituição 331

§ 1º *As modificações constitucionais em geral* 331

109. Modificabilidade e modificações da Constituição 331

110. Modificações da Constituição e vicissitudes constitucionais 332

111. As diversos espécies de vicissitudes constitucionais 336

112. Rigidez e flexibilidade constitucionais 343

§ 2º *A revisão constitucional e o seu processo* 348

113. A diversidade de formas da revisão constitucional 348

114. Sistemas de revisão em Direito comparado 353

§ 3º *Os limites materiais de revisão constitucional* 359

115. A formulação de limites materiais de revisão 359

116. A polémica doutrinal sobre os limites materiais 366

117. Posição adotada 372

118. A necessidade de limites materiais de revisão 375

119. A revisibilidade das cláusulas de limites expressos 380

120. Preterição de limites materiais e inconstitucionalidade 383

121. Preterição de limites materiais e fiscalização da constituciona-
lidade da revisão 386

122. Preterição de limites e transição constitucional 389

TÍTULO II
Normas Constitucionais

Capítulo I – Estrutura das Normas Constitucionais 395

123. Os princípios e a sua função ordenadora 395

124. Classificações de princípios constitucionais 402

125. Os preâmbulos constitucionais 405

126. Classificações de normas-regras 409

127. Normas precetivas e normas programáticas 412

128. Normas exequíveis e não exequíveis por si mesmas 416

129. Normas precetivas exequíveis, normas precetivas não exequí-
veis e normas programáticas 417

130. A aplicabilidade direta das normas constitucionais 420

Capítulo II – Interpretação, Integração e Aplicação 425

§ 1º *Interpretação e integração das normas constitucionais* 425

131. A problemática da interpretação constitucional 425

132. Postulados da interpretação constitucional e seus corolários .. 433

133. A interpretação conforme com a Constituição 439

134. As lacunas da Constituição e a sua integração 442

§ 2º *A aplicação das normas constitucionais no tempo* 445

135. A superveniência das normas constitucionais 445

136. Direito constitucional novo e Direito constitucional anterior ... 447

137. Direito constitucional novo e Direito ordinário anterior 450

138. A subsistência do Direito ordinário não contrário à Constituição 453

139. A inconstitucionalidade superveniente das leis ordinárias anteriores contrárias à Constituição 455

140. Direito constitucional novo e Direito internacional anterior 460

141. Direito constitucional novo e atos jurídico-públicos 461

§ 3º *A aplicação das normas constitucionais no espaço* 463

142. Constituição e território do Estado 463

143. A aplicação das normas constitucionais no estrangeiro 464

144. Normas constitucionais e normas de conflitos 465

PARTE IV
ATIVIDADE CONSTITUCIONAL DO ESTADO

Capítulo I – Funções do Estado 469

145. Os dois sentidos de função 469

146. A função no sentido de atividade 472

147. A elaboração teórica das funções do Estado 474

148. Classificação adotada: funções fundamentais e funções complementares, acessórias e atípicas 478

149. A função política 483

150. A função administrativa e a função jurisdicional 486

151. Zonas de fronteira e funções complementares, acessórias e atípicas 491

152. O problema da natureza dos assentos e das súmulas vinculantes.. 494

Capítulo II – Órgãos do Estado... 499

§ 1º *Conceito e elementos*.. 499

153. Origem do conceito.. 499

154. Órgãos e conceitos afins.. 501

155. Órgão e imputação.. 503

156. Órgãos e atos com eficácia interna.............................. 505

157. Órgãos em Direito interno e em Direito internacional.............. 507

158. Os elementos do conceito de órgão.............................. 509

159. Sentido da competência.. 510

160. A competência e a norma jurídica................................ 512

161. Os titulares.. 515

§ 2º *Categorias de órgãos*.. 517

162. Classificação dos órgãos.. 517

163. Os órgãos colegiais e o seu funcionamento.................. 520

164. As assembleias em especial... 523

165. Órgãos do Estado e colégios eleitorais........................ 527

§ 3º *Vicissitudes dos órgãos*.. 529

166. Espécies de vicissitudes... 529

167. Vicissitudes objetivas... 530

168. As vicissitudes subjetivas... 531

Capítulo III – Atos Jurídico-Constitucionais......................... 537

§ 1º *Atos jurídico-constitucionais em geral*....................... 537

169. Atos jurídico-públicos e atos jurídico-constitucionais.............. 537

170. Pressupostos, elementos, requisitos............................. 539

171. Requisitos e valores jurídicos dos atos........................ 542

172. Tipologias de atos jurídico-constitucionais.................. 543

173. A fundamentação nos atos jurídico-constitucionais.............. 544

174. Atos de produção sucessiva, processo, procedimento.............. 545

175. Atos tácitos e omissões.. 550

176. O tempo em Direito constitucional.............................. 552

§ 2º Atos legislativos 553

177. Aceções de lei 553

178. A problemática jurídico-política da lei 556

179. A lei na evolução do Estado 558

180. Lei em sentido material e lei em sentido formal 563

181. Generalidade e Estado de Direito 569

182. A Constituição e a atividade legislativa 571

183. Reserva de lei e princípio da legalidade 574

184. Forma de lei e força de lei 576

185. Unidade e pluralidade de formas de lei 579

186. Relance de Direito comparado 580

187. O procedimento ou processo legislativo 584

PARTE V
INCONSTITUCIONALIDADE
E GARANTIA DA CONSTITUIÇÃO

Capítulo I – Inconstitucionalidade e Garantia em Geral 589

§ 1º Inconstitucionalidade em geral 589

188. Noção ampla e noção restrita de inconstitucionalidade 589

189. Análise do fenómeno 590

190. Inconstitucionalidade de normas constitucionais 595

191. Inconstitucionalidade e ilegalidade 600

192. Inconstitucionalidade e hierarquia 604

193. Os diferentes tipos e juízos de inconstitucionalidade 607

194. Inconstitucionalidade material e inconstitucionalidade formal e orgânica 612

195. Desvio de poder legislativo e razoabilidade 614

§ 2º Garantia e fiscalização 619

196. Norma jurídica e garantia 619

197. Garantia da constitucionalidade e garantia da Constituição 620

198. Garantia e fiscalização da constitucionalidade 622

199. Critérios substantivos de fiscalização 624

200. Critérios processuais de fiscalização 626

201. Fiscalização difusa e fiscalização concentrada 630

202. O Direito processual constitucional.. 632
§ 3º As decisões de fiscalização 635
203. Juízo de inconstitucionalidade e decisões dos tribunais 635
204. As decisões em fiscalização concreta 638
205. A decisão de inconstitucionalidade em fiscalização abstrata ... 639
206. Natureza da declaração de inconstitucionalidade 645
207. A decisão de não inconstitucionalidade em fiscalização abs-
trata.. 647
208. A interpretação conforme com a Constituição e as decisões
interpretativas.. 649
209. As decisões limitativas 651
210. As decisões aditivas.. 654
§ 4º Consequências da inconstitucionalidade 659
211. Inconstitucionalidade e valores jurídicos..................................... 659
212. Vícios na formação da vontade e valores jurídicos...................... 663
213. Inconstitucionalidade e responsabilidade civil do Estado......... 664
214. Inconstitucionalidade e responsabilidade criminal..................... 665
215. Inconstitucionalidade e responsabilidade política 665

Capítulo II – Sistemas de Fiscalização da Constitucionalidade 667
§ 1º A fiscalização da constitucionalidade em Direito comparado 667
216. Inserção histórica 667
217. Os grandes modelos ou sistemas típicos....................................... 671
218. A opção por fiscalização difusa ou por fiscalização con-
centrada... 680
219. O problema da fiscalização administrativa da constitucionali-
dade 682
220. Os Tribunais Constitucionais e órgãos homólogos – quadro
comparativo 684
221. A fiscalização da constitucionalidade em Portugal...................... 686
222. A fiscalização da constitucionalidade no Brasil............................ 689
223. A fiscalização da constitucionalidade nos países africanos de
língua portuguesa e em Timor 692
224. Justiça constitucional e princípio democrático............................ 694
225. Legitimidade de título e legitimidade de exercício 699
226 A comunicação de jurisprudências constitucionais 701

PARTE I

O ESTADO NA HISTÓRIA

Capítulo

I

LOCALIZAÇÃO HISTÓRICA DO ESTADO

§ 1º
O Estado, realidade histórica

1.
O Estado, espécie de sociedade política

Seja qual for a essência do político e, portanto, do Estado, há três maneiras principais de encarar as relações entre um e outro conceito. O Estado é político, mas todo o político é estatal?

Para alguns, a resposta é positiva: Estado e sociedade política identificam-se e aquele é tomado como fenómeno humano permanente e universal. Para outros, o Estado é uma espécie (a mais importante, mas uma entre várias espécies) de sociedade política. Ainda doutro prisma, o problema não se põe, ou por não se lidar com o conceito de Estado[1] ou por se reduzir o Estado ao nome convencionalmente dado a qualquer sociedade política.

Prefere-se a segunda orientação. As sociedades políticas ou sociedades de fins gerais apresentam-se em tal variedade que é cientificamente imprescindível proceder a distinções e classificações. Não se justifica confundir as formas primitivas de sociedades políticas com as formas de-

---
[1] Como fazem as teorias sistémicas.

senvolvidas e complexas que tardiamente surgem. E o Estado tem tanto de peculiar que tudo aconselha a separar o seu tratamento do estudo de outras figuras, embora afins.

Todavia, o Estado, que conhecemos hoje, comummente definido através de três elementos ou condições de existênciapovo, território e poder políticoé apenas um dos tipos possíveis de Estado: o Estado nacional soberano que, nascido na Europa, se espalhou sucessivamente por todo o mundo.

2.

O aparecimento histórico do Estado

Reveste caráter interdisciplinar (de Sociologia histórica, História política, História do Direito, Antropologia cultural, Ciência política comparada) a pesquisa respeitante à origem do Estado.[2]

As conclusões principais dessa indagação parecem ser:

a) Necessidade, em toda a sociedade humana, de um mínimo de organização política;

b) Necessidade de situar, no tempo e no espaço, o Estado entre as organizações políticas historicamente conhecidas;

---

[2] Cfr. entre tantos, GEORG JELLINEK, *Allgemeinestaatslehre*, 1900, trad. *Teoria General del Estado*, Buenos Aires, 1954; MAURICE HAURIOU, *Précis de Droit Constitutionnel*, 2ª ed., Paris, 1929, págs. 78 e segs.; EUSÉBIO DE QUEIROZ LIMA, *Teoria do Estado*, 8ª ed., Rio de Janeiro, 1957; CABRAL DE MONCADA, *Problemas de Filosofia Política*, Coimbra, 1963, págs. 11 e 14 e segs.; LAWRENCE KRADER, *Aformação do Estado*, trad., Rio de Janeiro, 1970; ELMAN R. SERVICE, *Las origenes del Estado y de la civilización*, trad., Madrid, 1975; MANUEL DE LUCENA, *Ensaio sobre a origem do Estado*, in *Análise Social*, nº 48, 1976, págs. 917 e segs.; JEAN WILLIAM LAPIERRE, *Vivre sans l'État? – Essai sur le pouvoir politique et l'innovation sociale*, Paris, 1977; *The Early State*, obra coletiva editada por HENRI J. M. CLAESSEN e PETER SKALNIK, Haia, 1978; BERTRAND BADIE, *Culture et Politique*, Paris, 1983; GEORGES BALANDIER, *Anthropologie Politique*, 2ª ed., Paris, 1991; JOSÉ ADELINO MALTEZ, *Ensaio sobre o problema do Estado*, II, Lisboa, 1991; *L'État au pluriel – Perspectives de Sociologie Historique*, obra coletiva sob a direção de ALI KAZANCIGIL, Paris, 1995; DARCY RIBEIRO, *O processo civilizatório – etapas da evolução sociocultural*, 11ª ed., São Paulo, 1997, *maxime* págs. 110 e segs.; MÁRIO LÚCIO QUINTÃO SOARES, *Teoria do Estado*, Belo Horizonte, 2001,; R. C. VAN CAENEGEM, *An Historical Introduction to Western Constitutional Law*, trad. *Uma introdução histórica ao Direito Constitucional Ocidental*, Lisboa, 2009; INES CIOLI, *Il territorio rappresentato – Profili costituzionali*, Nápoles, 2009, págs. 16 e segs.; FRANCIS FUKUYAMA, *The Origins of Political Order*, trad. *As origens da ordem política*, Lisboa, 2012.

Parte I · Cap. I – Localização Histórica do Estado | **5**

c) Constante transformação das organizações políticas em geral e das formas ou tipos de Estado em particular;

d) Conexão entre heterogeneidade e complexidade da sociedade e crescente diferenciação política;

e) Possibilidade de, em qualquer sociedade humana, emergir o Estado, desde que verificados certos pressupostos;

f) Correspondência entre formas de organização política, formas de civilização e formas jurídicas;

g) Tradução no âmbito das ideias de Direito e das normas jurídicas do processo de formação de cada Estado em concreto.

3.
Sociedades políticas pré-estatais

Encontram-se sociedades historicamente antecedentes da formação do Estado, ainda que não inelutavelmente conducentes à passagem a Estado: são, entre outras, a família patriarcal, o clã e a tribo, a *gens* romana, a fratria grega, a gentilidade ibérica,[3] o senhorio feudal.

Mas importa distinguir entre as sociedades mais simples e as que já contêm instituições ou elementos precursores ou idênticos aos elementos ou instituições estatais (por exemplo, os esquimós, os bosquimanos, os pigmeus entre os povos que pertencem ao primeiro grupo);[4] ou, doutro ângulo, entre as sociedades com poder anónimo ou difuso (as primitivas) e as sociedades com poder individualizado (exercido por um chefe em nome próprio).[5]

Quanto mais uma sociedade global é heterogénea, quanto mais integra grupos ou estratos diferentes pela cultura, pela posição social e pelo papel na divisão de trabalho tanto mais o seu sistema político tende a organizar-se em funções diferenciadas, especializadas, ligadas umas às outras por uma rede complicada de relações hierárquicas.[6]

---

[3] Cfr., sobre diferentes formas de organização política na Hispânia pré-romana, NUNO ESPINOSA GOMES DA SILVA, *História do Direito Português – Fontes de Direito*, 3ª ed., Lisboa, 2000, pág. 53 e segs.

[4] Cfr. LAWRENCE KRADER, *op. cit.*, págs. 18 e segs. e 54 e segs.

[5] Cfr. GEORGES BURDEAU, *Traité de Science Politique*, I, 2ª ed., Paris, 1966, págs. 476 e segs.; e, doutra ótica, F. H. HINSLEY, *Sovereignity*, trad. castelhana *El concepto de soberania*, Barcelona, 1972, págs. 10 e segs.

[6] JEAN-WILLIAN LAPIERRE, *op. cit.*, págs. 167 e segs. Apresenta nove graus de diferenciação e de complicação na organização política (págs. 95-96).

E cabe, depois, contrapor as sociedades *pré-estatais* às *infra* e *supra-estatais*.[7] Aquelas, podendo embora levar ao Estado, em si nada têm com o Estado; estas, não atingindo ainda ou, pelo contrário, ultrapassando o nível do Estado, assentam todas no poder e na atividade do Estado, com o qual necessariamente coexistem. Sociedade infra-estatais vêm a ser, entre outras, as regiões ou províncias autónomas. Sociedades *supra-estatais* são as confederações, outros agrupamentos de Estados, a própria comunidade ou sociedade internacional.[8]

4.

Processos de formação do Estado

Não surpreende, naturalmente, a variedade histórica das formas por que o Estado aparece, em correlação com as causas locais do acontecimento.[9]

Conhecem-se formas pacíficas e violentas; formação de acordo com as leis vigentes no Estado ou na sociedade a que a nova comunidade até então pertence e formação contra essas leis; formação de harmonia com o Direito internacional ou à sua margem; formação por desenvolvimento interno e por influência externa.

No plano da História comparada, revelam-se processos mais importantes a conquista, a migração, a aglutinação por laços de sangue ou por laços económicos, a evolução social pura e simplesmente para organizações cada vez mais complexas. No plano do Direito constitucional comparado e do Direito internacional dos últimos duzentos anos, é também possível tipificar processos como a elevação a Estado de comunidade dependente, a secessão ou o desmembramento de Estado preexistente.

5.

Caraterísticas gerais do Estado

I – Apesar de evidentes dificuldades, pode tentar-se reconduzir a um quadro comum as notas caraterísticas dos diferentes Estados ou tipos de

---

[7] Cfr. a classificação de formas políticas estatais e não estatais de GEORGES BALANDIER, *op. cit.*, págs. 50 e segs.

[8] No Direito internacional atual há também entidades *pró-estatais* (os beligerantes e os movimentos nacionais e de libertação).

[9] Cfr. *The Early State*, cit., págs. 619 e segs.

Estado oferecidos pela história. Trata-se da complexidade de organização e atuação, da institucionalização, da coercibilidade e da autonomização do poder político, bem como, em plano algo diferente, da sedentariedade.

Estas caraterísticas têm de ser vistas em conjunto e não isoladamente (até porque algumas delas se encontram noutras sociedades, políticas e até não políticas).

II – A *complexidade* de organização e atuação consiste em centralização do poder, multiplicação e articulação de funções, diferenciação de órgãos e serviços, enquadramento dos indivíduos e dos grupos, diversidade de faculdades, prestações e imposições.

O Estado é uma sociedade política com indefinida continuidade no tempo e *institucionalização* do poder significa dissociação entre a chefia, a autoridade política, o poder, e a pessoa que em cada momento tem o seu exercício; fundamentação do poder, não nas qualidades pessoais do governante, mas no Direito que o investe como tal; permanência do poder (como *ofício*, e não como *domínio*) para além da mudança de titulares; e sua subordinação à satisfação de fins não egoísticos, à realização do bem comum.[10]

A institucionalização é ainda a criação de instrumentos jurídicos de mediação e de formação da vontade coletivaos *órgãos* e figuras afins.[11]

A *coercibilidade* não é uma caraterística geral do Direito, nem sequer, porventura, do Direito estatal; mas é, em certa medida, uma caraterística da organização política estatal. Ao Estado cabe a administração da justiça entre as pessoas e os grupos e, por isso, tem de lhe caber também o monopólio da força física.[12]

O Estado promove a integração, a direção e a defesa da sociedade, e por arrastamento, a própria sobrevivência como um fim em si; essa preservação a segurança interna e externa, em particular torna-se um fim específico; surge o fenómeno burocrático;[13] mesmo sem ser absoluto

---

[10] Georges Burdeau, *op. cit.*, I, págs. 488 e segs., II, 1967, págs. 145 e segs.

[11] Cfr. Jorge Miranda, *Manual de Direito Constitucional*, 4ª ed., Coimbra, V, 2010, págs. 45 e segs.

[12] Cfr., por todos, Gianfranco Poggi, *The State – Its Nature, Development and Prospects*, Cambridge, 1990, págs. 4 e segs.

[13] V. Max Weber, *Wirtschaft und Gesellschaft*, 1922, trad. *Economia y Sociedad*, 2ª ed., México, II, 1969, págs. 1060 e segs., ou J. Kenneth Galbraith, *Anatomia do Poder*, trad., Lisboa, 1987, págs. 159 e 163 e segs.

ou totalitário, o Estado possui a sua mística de poder e justifica as suas ações em nome de objetivos próprios; as instituições políticas, instituições especializadas, adquirem *autonomia*.[14]

Finalmente, o Estado requer continuidade não só no tempo mas também no espaço,[15] no duplo sentido de ligação do poder e da comunidade a um território e de necessária fixação nesse território. Está aí a *sedentariedade*.

III – Em suma, o Estado é a resultante da existência de uma sociedade complexa e, por sua vez, um dos fatores de criação de uma sociedade cada vez mais complexa.[16]

6.
A inserção territorial do Estado

O território revela-se indispensável para o Estado como referência da comunidade, como sede material do poder, como domínio de ação indiscutida, como área de segurança dos indivíduos e das sociedades menores e como instrumento ao serviço dos fins do poder.[17]

Imenso é o papel histórico do território: 1) local de fixação de um povo (os povos nómadas desconhecem a existência do Estado); 2) local de agregação ou integração de elementos diversos num mesmo povo; 3) uma das bases do sentido de identidade de um povo ao longo dos tempos, em relação (por vezes em oposição) aos outros povos; 4) uma das bases da permanência do poder político. Ele chega a dar o nome ao Estado.

Outra coisa vem a ser, porém, o problema teórico da definição do território como elemento do Estado, conforme alguns escritores pretendem.

Por outro lado, não poucas diferenças derivam da maior ou menor fixidez dos limites do território e da sua maior ou menor importância, da variação da extensão média do território de época para época ou de

---

[14] Cfr. ADRIANO MOREIRA, *Ciência Política*, Coimbra, 1979, pág. 22.

[15] Cfr. JOSEPH R. STRAYER, *On the Medieval Origins of the Modern State*, trad. portuguesa *As origens medievais do Estado Moderno*, 1985, págs. 11 e segs.

[16] Cfr. o quadro de sociologia histórica de DARCY RIBEIRO, *op. cit.*, pág. 61.

[17] As fronteiras do Estado definem os limites da área a defender de ataques externos e, sobretudo, os limites dentro dos quais a ordem interna é mantida pelos órgãos do poder. Os bandos primitivos expulsam os intrusos, porque eles ameaçam a sua existência; as forças do Estado repelem também os poderes estrangeiros, porque a invasão é uma violação do monopólio do poder no seu território (LAWRENCE KRADER, *op. cit.*, pág. 170).

Parte I · Cap. I – Localização Histórica do Estado | 9

zona para zona, dos efeitos jurídicos maiores ou menores da residência no território do Estado (quanto à cidadania ou nacionalidade, direitos e deveres etc.) e da divergência de sentidos do princípio do exclusivismo do poder territorial.[18]

§ 2º
Tipos históricos de Estado

7.
O desenvolvimento histórico do Estado

I – O Estado deve ser encarado como processo histórico a par de outros.

Quer como ideia ou conceção jurídica ou política,[19] quer como sistema institucional, o Estado não se cristaliza nunca numa fórmula acabada; está em contínua mutação, através de várias fases de desenvolvimento progressivo (às vezes regressivo); os fins aque se propõe impelem-no para novos modos de estruturação e eles próprios vão-se modificando e, o mais das vezes, ampliando.

II – Em consequência da geografia e das vicissitudes dos povos e das culturas, esse desenvolvimento pode ser isolado, oposto ou interdependente. Mas a experiência dominante vem a ser de interação (com ou sem convergência) de instituições a partir do contacto de civilizações.

Desenvolvimento isolado (com formas ora contrastantes, ora paralelas) é a dos Estados e civilizações do Extremo Oriente, da América pré--colombiana, da África subsaariana. Não isolado, mas oposto, aparece, no cotejo da Antiguidade oriental e da Antiguidade clássica e, mais tarde, no da Europa cristã e do Islão. Desenvolvimento interdependente é o que se dá na Europa[20] desde o Império Romano e no resto do mundo desde a colonização e a descolonização.

---

[18] Cfr. *Manual...*, III, 6ª ed., Coimbra, 2010, págs. 249 e segs.

[19] Cfr. a síntese de JESUS FUEYO, *Orden política y norma constitucional*, in *Revista de Estudios Políticos*, 1960, págs. 51 e segs.

[20] Segundo FRANCIS FUKUYAMA, *op. cit.*, pág. 369, o desenvolvimento político europeu foi excecional, porque as sociedades europeias abandonaram desde cedo o nível de organização tribal sem que um poder político o tivesse imposto a partir de cima; e a Europa também foi excecional, por a formação do Estado se basear menos na capacidade dos primeiros construtores do Estado de empregar o poder militar do que na sua capacidade de garantir justiça.

10 | Teoria do Estado e da Constituição · *Jorge Miranda*

Hoje, sem qualquer eurocentrismo, determinante é a influência das formas europeias de Estado, a qual se prende com a estrutura da comunidade internacional. A comunidade internacional de Estados radica no sistema europeu de Estados, que (como se vai ver) se formou a partir do século XVII, e pertencem-lhe, com uma ou outra exceção, Estados com as caraterísticas do moderno Estado europeu.

𝒮.
Redução das formas históricas de Estado a tipos

É possível (e necessário) tomar cada fase, forma histórica ou manifestação do Estado com os seus elementos específicos definidores (que acrescem aos elementos definidores do Estado em geral), em confronto com as outras fases, formas ou manifestações de Estado, para se chegar ao conceito de tipo de Estado.

E há dois prismas de encarar os tipos: como equivalentes no plano da história jurídico-política comparada às civilizações (Estado chinês e civilização chinesa, Estado grego e civilização grega etc.);[21] e como momentos de um processo histórico mais ou menos linear (o Estado grego, o Estado romano, a organização política medieval como fases do processo que desemboca no Estado moderno europeu).

A JELLINEK se deve a consideração dos "tipos fundamentais de Estado", apontando-os como tipos de Estado com relação histórica com o Estado atual ou porque os unam uma imediata continuidade histórica, ou porque o conhecimento de uns tenha influído sobre os outros. E tais são o Estado oriental, o grego, o romano, o medieval e o moderno.[22]

Entre outras tipologias, avulta a marxista (ou as marxistas), segundo o pensamento de que os diversos tipos de Estado hão-de corresponder a outros tantos modos de produção. Donde, o Estado despótico, o esclavagista, o feudal, o capitalista e, por último, o socialista.[23]

Acolhe-se aqui uma distinção na linha de JELLINEK a mais usualmente adotada[24] e a que permite atender a todos os aspetos da evolução do con-

---

[21] Sobre a China, cfr. FRANCIS FUKUYAMA, *op. cit.*, págs. 159 e segs. e 436 e segs.

[22] *Teoria General...*, cit., págs. 215 e segs.

[23] Cfr., por exemplo, NICOS POULANTZAS, *Poder político e classes sociais*, trad., Porto, 1971, 1, págs. 156 e segs.; ou CARLOS DE CABO MARIN, *Teoria historica del estado y del derecho constitucional*, 2 vols., Barcelona, 1988 e 1993.

[24] V., entre tantos, OTTO HINTZE, *Staat und Verfassung*, 1962, e *Soziologie und Geschichte*, 1964, trad. castelhana *Historia de las formas politicas*, Madrid, 1968, págs. 15 e segs.;

Parte I · Cap. I – Localização Histórica do Estado | 11

ceito de Estado, sem esquecer os aspetos económicos para que chama a atenção a análise marxista. Só cabe frisar, desde já, que na Idade Média, salvo certos casos limitados, verdadeiramente não houve Estado; e que na Idade Moderna é necessário subdistinguir períodos bem caraterizados.

9.

O Estado oriental

I – Como traços mais marcantes do Estado do Médio Oriente apontem-se:

- Identificação do poder político e do poder religioso e podendo chegar-se à divinização do monarca;[25]

- Forma monárquica (combinada com a teocracia, porquanto o monarca é adorado como um deus);

- Ordem desigualitária, hierárquica e hierática da sociedade;

- Reduzidas garantias jurídicas dos indivíduos (o que, todavia, não significa necessariamente que eles ou que todos eles sejam degradados a meros objetos sem quaisquer direitos);

- Larga extensão territorial e aspiração a constituir um império universal.[26-27]

A. Appadorai, *The Substance of Politics*, 10ª ed., Madrasta, 1965, págs. 175 e segs.; Manuel Antunes, *Governo*, in *Enciclopédia Verbo*, IX, págs. 845 e segs.; António Pedro Ribeiro dos Santos, *As metamorfoses do Estado*, Coimbra, págs. 41 e segs.; Jorge Bacelar Gouveia, *op. cit.*, I, págs. 157 e segs.

Noutra obra (*Staatsverfassung und Heeresvertassung – 1906*, trad. italiana *Stato e Esercito*, Palermo, 1991), Otto Hintze adota uma perspetiva diferente, dizendo que toda a Constituição estatal é na origem uma Constituição da guerra, uma Constituição militar (pág. 10), e que agentes da história mais importantes do que os conflitos de classes são as guerras entre os povos e que em todos os tempos as pressões externas influiram de modo determinante sobre as estruturas internas (pág.13).

[25] Como sucedeu em certas épocas no Egito. Cfr. José Nunes Carreira, *Alegitimidade do poder no Egipto faraónico*, in *Revista do Centro de História da Universidade de Lisboa*, 2000, págs. 19 e segs.; Luís Manuel de Araújo, *Da teoria à prática: o exercício do poder real no Egipto faraónico*, *ibidem*, págs. 33 e segs.

[26] Um império que domine o mundo (mas o mundo conhecido do tempo e do lugar de que se trata). Sobre o assunto, v. a obra coletiva *Le concept d'empire*, Paris, 1980, *maxime* págs. 25 e segs., 49 e segs. e 69 e segs.

[27] Cfr., por todos, Manuel Garcia Pelayo, *Las formas políticas del Antiguo Oriente*, 2ª ed., Caracas, 1993.

II – Lugar à parte ocupa apenas Israel, firmado na crença monoteísta, na recusa da natureza divina dos reis e no princípio da submissão da vontade destes à lei ditada por Deus.[28]

10.

Estado grego

I – Traços essenciais da *polis,* do Estado na Grécia são:

- Prevalência do fator pessoal – o Estado é a comunidade dos cidadãos, embora não sejam estes os seus únicos habitantes (também há os metecos e os escravos);

- Fundamento da comunidade dos cidadãos: a comunidade religiosa, unida no culto de antepassados[29] (apesar de a autoridade não ter natureza divina e não predominar a casta sacerdotal);

- Relativa pouca importância do fator territorial, o que está a par da pequena extensão do território (o Estado tem caráter municipal ou cantonal, é a Cidade-Estado, e não conseguem estruturar-se ou perdurar formas de liga ou confederação);[30]

- Deficiência ou inexistência da liberdade fora do Estado ou redução da liberdade individual à participação no governo da cidade, não sendo a pessoa um valor em si, livre do poder público;

- Realce da isonomia, igualdade perante a lei e perante a atividade política;[31]

---

[28] Cfr. Niyazi Yeltekin, *La nature juridique des droits de l'homme,* Lausana, 1950, pág. 170; Raphael Drai, *État de droit et alliance prophétique dans le droit hébraique,* in *Droits – Revue française de théorie juridique,* 15, 1992, págs. 51 e segs.; Mario Dogliani, *Introduzione al Diritto Costituzionale,* Bolonha, 1994, págs. 33 e segs.; S. E. Finer, *The History of Government,* 1997, trad. *A Historia do Governo,* I, Lisboa, 2003, págs. 260 e segs.

[29] Recorde-se Fustel de Coulanges, *La Cité Antique* (de que há tradução portuguesa, Lisboa, 1957).

[30] Apesar das tentativas havidas e de manifestações de unidade como os jogos olímpicos e aquando das guerras pérsicas. Cfr. George Ténékidès, *Droit international et communautés fédérales dans la Grèce des Cités,* in *Recueit des Cours,* 1956, II, págs. 475 e segs.

[31] Cfr. Hanah Arendt, *Was ist Politik?,* Munique, 1993, trad. *Oque é a Política?,* Rio de Janeiro, 1993, págs. 42 e segs.

Diversidade de formas de governo, sucessivamente ou com oscilações de cidade para cidade, e consoante as filosofias e as vicissitudes políticas, internas e externas.[32]

II – O contributo mais original da Grécia para o pensamento político-constitucional acha-se no período áureo de Atenas, no século V a. C., com a sua democracia, a primeira democracia devidamente estruturada que se conhece.[33]

Mas era uma democracia distinta da atual, por ser outra a conceção de liberdade, por apenas terem direitos políticos os cidadãos de certo estrato da população, e apenas os homens, e por eles os exercerem em governo direto.[34] Do mesmo modo, a isonomia apesar de fundamento da ordem social, também só dizia respeito aos cidadãos.[35]

À democracia tal como é concebida pode aplicar-se (sem esquecer outros aspetos) a célebre distinção de BENJAMIN CONSTANT entre *liberdade dos antigos e liberdade dos modernos*,[36] próxima da distinção entre liberdade-participação e liberdade-autonomia de alguma teorização constitucional dos séculos XIX e XX.

Vale a pena transcrever CONSTANT:

---

[32] Cfr. CHARLES HOWARD MCILWAIN, *Constitutionalism Ancient and Modern*, 1947, trad. castelhana *Constitucionalismo antiguo y moderno*, Madrid, 1991, págs. 45 e segs.; FRANCISCO RODRIGUEZ ADRADOS, *Illustración y politica en la Grecia Clasica*, Madrid, 1966; A. R. BURN, *As Cidades Rivais da Grécia*, trad., Lisboa, 1972; ROBERTO BONINI, *Polis*, in *Dizionario di Politica*, Turim, 1976, págs. 724 e segs.; JOSÉ RIBEIRO FERREIRA, *A democracia na Grécia antiga*, Coimbra, 1990; S. E. FINER, *op. cit.*, págs. 341 e segs.; ISABEL BANOND, *A ideia de liberdade no mundo antigo: notas para uma reflexão*, in *Revista da Faculdade de Direito da Universidade de Coimbra*, 1999, págs. 368 e segs.; MARGARIDA LEISTER, *A polis ateniense*, in *Revista do Mestrado em Direito da UNIFIEO* (Osasco, São Paulo), 2006, págs. 15 e segs.; PAULO OTERO, *Instituições Políticas e Constitucionais*, I, Coimbra, 2007, págs. 62 e segs.; JOSÉ PEDRO SERRA, *A democracia na Grécia antiga*, in *COMMUNIO*, 2012, págs. 7 e segs.

[33] V. ARISTÓTELES, *Constituição dos Atenienses* (tradução de Delfina Fevereiro Leão), Lisboa, 2003.

[34] A par do Conselho dos Quinhentos e dos Arcontes. Sobre os elementos representativos, cfr. J. A. O. LARSEN, *Representative Government in Greek and Roman History*, Berkeley e Los Angeles, 1966.

[35] Assim, por todos, WERNER JAEGER, *Alabanza de la ley*, trad., Madrid, 1982, pág. 35; ou MÁRIO LÚCIO QUINTÃO SOARES, *Teoria do Estado*, Belo Horizonte, 2001, págs. 233 e segs.

[36] *De la liberté des anciens comparée à celle des modernes*,1815 (in *Cours de Politique Constitutionnele*, IV, Paris, 1820, págs. 238 e segs.).

"A liberdade dos antigos consistia cm exercer coletiva, mas diretamente, várias partes da soberania, em deliberar na praça pública sobre a guerra e a paz, em concluir com estrangeiros tratados de aliança, em votar as leis, em pronunciar sentenças, em examinar as contas, os atos e a gestão dos magistrados, em fazê-los comparecer perante o povo, em submetê-los a acusação, em condená-los ou em absolvê-los; mas, ao mesmo tempo que se dava isso que os antigos chamavam liberdade, eles admitiam como compatível com tal liberdade coletiva a sujeição completa do indivíduo à autoridade do conjunto. – Todas as ações privadas estavam sob uma vigilância severa. Nada era concedido à independência individual, nem no tocante à religião. A faculdade de escolher o seu culto, faculdade que nós olhamos como um direito dos mais preciosos, teria parecido aos antigos um crime e um sacrilégio. Nas coisas que nos parecem mais úteis, interpõe-se a autoridade do corpo social e afeta a vontade dos indivíduos. – Nas relações mais domésticas, intervém ainda a autoridade.

Assim, entre os antigos, o indivíduo, soberano quase habitualmente nos assuntos públicos, é escravo nos assuntos privados. Como cidadão, decide da paz e da guerra; como particular, aparece circunscrito, observado, reprimido em todos os seus movimentos; enquanto porção do corpo coletivo, ele interroga, destitui, condena, despoja, exila, fere de morte os seus magistrados ou seus superiores; enquanto submetido ao corpo coletivo, pode, por sua vez, ser privado do seu estado, despojado das suas dignidades, banido, condenado à morte pela vontade discricionária do conjunto de que faz parte. Entre os modernos, pelo contrário, o indivíduo, independente na sua vida privada, não é soberano, mesmo nos Estados mais livres, senão na aparência..."[37-38]

Ou, como dizem Autores mais recentes:

"A política era um assunto de todos os cidadãos, mas, entretanto, todos os assuntos dos cidadãos eram assuntos políticos."

---

[37] *Ibidem*, págs. 241 e segs.

[38] Cfr. as observações críticas de GEORG JELLINEK, *op. cit.*, págs. 223 e segs. E, doutros prismas, GIULIANO CRIFÒ, *Rapports entre l'égalité et la liberté dans le monde ancien et particulièrement dans la Rome républicaine*, in *L'Égalité*, obra coletiva, VIII, Bruxelas, 1982, págs. 431 e segs.; GEORGES TÉNÉKIDÈS, *La Cité d'Athènes et les droits de l'homme*, in *Protecting Human Rigths: the European Dimension – Studies in honour of Gêrard J. Wiard*, obra coletiva, Colónia, 1988, págs. 605 e segs.; GEORGES VLACHOS, *La République des Athéniens, État de droit et de justice. Le témoignage de Démosthéne*, in *Revue internationale de droit comparé*, 1993, págs. 843 e segs.; CLAUDE MOSSE, *Le citoyen dans la Grèce Antique*, 1993, trad. *O cidadão na Grécia Antiga*, Lisboa, 1999.

Parte I · Cap. I – Localização Histórica do Estado | **15**

"Os cidadãos antigos não usufruem de direitos do homem e do cidadão e nem sequer de liberdade no plural ou no singular, mas só de deveres... Os Atenienses apenas gozam da liberdade que o Estado lhes deixa; um Estado moderno não cuida da moralidade dos cidadãos, salvo nos casos expressamente definidos, enquanto que o direito de um cidadão antigo de perscrutar a vida dos seus concidadãos era ilimitado, mesmo se não exercido na prática."[39]

Todavia, apesar de a *polis* ser algo de essencial, superior e insubstituível, não deixa a cultura helénica de, no limite, prefigurar um direito de desobediência a leis injustas (ANTÍGONA).[40]

III – Entretanto, é na Grécia que o poder político é, pela primeira vez, questionado e objeto de especulação intelectual. Nela se encontram as matrizes do pensamento político ocidental, tanto filosófico como científico. Nela surgem os primeiros quadros classificatórios de sistemas políticos.

Como bem se sabe, à visão idealista de PLATÃO (*A República, As Leis*) contrapõe-se a visão realista de ARISTÓTELES, com o seu estudo de dezenas de Constituições (*Política*). E da mesma maneira, são diferentes as classificações de formas de governo de um e de outro: em PLATÃO, formas reais – timocracia, oligarquia, democracia, tirania – e *ideais* – monarquia e aristocracia; em ARISTÓTELES, formas *puras* – monarquia, aristocracia, politeia (democracia) – e *degeneradas* – tirania, oligarquia, demagogia.[41]

11.

O Estado romano

I – Não são poucas, nem menores as semelhanças de Roma com as cidades da Grécia. Roma constitui-se pelo agrupamento das famílias e das *gentes;* e continua a ser um Estado de base municipal, ainda quando organiza um vastíssimo império em três continentes.

---

[39] CHRISTIAN MEIER e PAUL VEYNE, *Kannten die Griechen die Demokratie?*, trad. italiana *L'identità del cittadino e la democrazia in Grecia*, Bolonha, 1989, págs. 14, 73-74 e 95.

[40] Recorde-se a tragédia de SÓFOCLES (de que há tradução portuguesa, por MARIA HELENA DA ROCHA PEREIRA, Coimbra, 1984).

[41] Cfr., por todos, CABRAL DE MONCADA, *Filosofia do Direito e do Estado*, I, Coimbra, 1953, págs. 11 e segs.; NORBERTO BOBBIO, *Teoria delle Forme di Governo*, Turim, 1976, págs. 16 e segs.

Conforme escreve um Autor, no mundo antigo não domina uma conceção cosmopolito-igualitária, mas antes aristocrática. O homem como tal possui direitos na medida em que faz parte de uma comunidade política (em sentido lato). O direito não é qualquer coisa de inato, mas, pelo contrário, de adquirido, conquistado e mantido: os membros de uma comunidade vencida na guerra não têm direitos a não ser por concessão especial. O sistema político antigo aparece como um sistema de desigualdade e de exclusão recíproca. Da perspetiva de cada Estado, o direito político subjetivo dispõe-se em círculos concêntricos e escalonados, tanto mais largos e mais fixos quanto a quantidade de direitos políticos é menor até ao nãodireito; e a igualdade só existe no interior de um mesmo círculo.

Em Roma, quem se encontra fora do círculo do Estado é *hostis;* o que se encontra no raio menor do império, mas fora *da res publica é hostis* submetido – *servus, dediticius,* súbdito ou cliente; o que se encontra no raio menor, mais próximo da *res publica,* embora, ainda assim, fora dela, é o aliado – *socius, amicus;* o que se acha na sociedade de *res publica,* mas fora do governo, é o *civis,* o qual toma parte na assembleia do *populus;* o que se encontra no interior da esfera do governo, visto que tem a pretensão de governar, é o *nobilis* da aristocracia; e este, na medida em que tem o poder executivo, é o *magistratus* e, na medida em que tem o direito de o controlar, é o *pater,* membro do Senado.[42]

À *res publica* corresponde a *libertas,* quer a *libertas* que o *civis* plebeu considera *aequa,* quer a que o patrício reclama como liberdade de governar e de ser governado e que, em face do plebeu, representa a *dignitas.* E é assim que a *res publica* se contrapõe ao *regnum,* domínio de um só, porque no *regnum* a igualdade é só no estado de sujeição (todos iguais, porque todos igualmente subordinados à vontade de um só).[43]

II – Peculiaridades do Estado romano são:

–   O desenvolvimento da noção de poder político, como poder supremo e uno, cuja plenitude – *imperium, potestas, majestas*[44] –

---

[42]   GIULIANO CRIFÒ, *op. cit., loc. cit.,* págs. 428-429. Cfr., do mesmo Autor, *Rapports entre l'égalité et la liberte dans le monde ancien, et particulièrement dans le Rome républicaine,* in *L'Égalité* (estudos sob a direção de Charles Perelman), Bruxelas, 1982, págs. 414 e segs., onde escreve (pág. 434): Roma representa o primado da regra sobre o arbítrio, da autoridade sobre a autonomia, da razão sobre o sentimento.

[43]   *Ibidem,* pág. 438.

[44]   Rigorosamente havia distinção: o *imperium* era o poder como faculdade soberana de mandar; a *potestas* era o poder como obreiro, modelador e organizador; a *majestas*

Parte I · Cap. I – Localização Histórica do Estado | 17

pode ou deve ser reservada a uma única origem e a um único detentor;[45]

– A consciência da separação entre o poder público (do Estado) e o poder privado (do *pater familias*) e a distinção entre Direito público e Direito privado;[46]

– A consideração como direitos básicos do cidadão romano não apenas do *jus suffragii* (direito de eleger) e do *jus honorum* (direito de acesso às magistraturas) mas também do *jus connubii* (direito de casamento legítimo) e do *juscommercii* (direito de celebração de atos jurídicos);

– A progressiva atribuição de direitos aos estrangeiros e a formação do *jus gentium* como conjunto de normas reguladoras das relações em que eles intervêm;[47]

– A expansão da cidadania num largo espaço territorial (culminando com Caracala, em 212),[48] em contraste com o caráter meramente territorial das monarquias orientais e o caráter pessoal restrito das Cidades-Estados gregas.[49]

---

envolvia um sentido de grandeza e dignidade do poder (MANUEL ANTUNES, *op. cit., loc. cit.*, pág. 846). Cfr., discernindo mais exaustivamente a *auctoritas*, a *potestas* e o *imperium*, ADOLF CASPARY, *Sur la notion de souveraineté du droit romain*, in *Revue du droit public*, 1936, págs. 625 e segs.; sobre a *auctoritas*, GARCIA PELAYO, *Idea de la Politica y otros escritos*, Madrid, 1983, págs. 135 e segs.; e ainda MÁRCIO AUGUSTO DE VASCONCELOS DINIZ, *O princípio da legitimidade do poder no Direito público romano e a sua efectivação no Direito público moderno*, Porto Alegre, 2006.

[45] Diz GEORG JELLINEK (*op. cit.*, pág. 235) que, no mundo ocidental, foi em Roma que pela primeira vez o povo na totalidade apareceu corporizado numa única pessoa, o *princeps*. Mas a personalização do poder que se verifica durante o principado leva alguns a falar numa síntese entre Cidade-Estado grega e despotismo oriental (assim, MANUEL ANTUNES, *op. cit., loc. cit.*, pág. 846). Cfr. ainda DANIEL VALLE RIBEIRO, *O Principado: origem e ideologia*, in *Revista Brasileira de Estudos Políticos*, nos 69-70, Julho de 1989 – Janeiro de 1990, págs. 135 e segs.

[46] Cfr. JEAN GAUDEMET, *Dominium-Imperium, Les deux pouvoirs dons la Rome ancienne*, in *Droits*, nº 22, 1995, págs. 3 e segs.

[47] Cfr. MARNOCO E SOUSA, *Histórias das Instituições de Direito Romano*, Coimbra, 1910, págs. 280 e segs.

[48] Segundo HANNAH ARENDT (*O que é a política, cit.*, pág. 119), aquilo a que os Romanos aspiravam não era tanto um *Imperium Romanum*, um domínio sobre povos e terras, quanto uma *Societas Romana*, um sistema de alianças infinitamente dilatado, no qual povos e terras estivessem ligados a Roma por vínculos eternos.

[49] Sobre a relação entre a pertença a um município e a cidadania romana, V. FERDINAND DE VISSCHER, *La cittadinanza romana*, in *Annali del Seminario Giuridico dell'Università di Catania*, 1948-1949, págs. 1 e segs.

A razão do grande interesse do estudo do Direito público romano está no longo período de tempo a observar, com uma rica evolução política (realeza, república, principado) e social (do Estado patrício ao Estado plebeu), e no incremento que nele tiveram algumas das noções e das instituições jurídico-políticas (como as magistraturas colegiais da época republicana).[50-51]

III – Finalmente, seria durante o domínio romano da Palestina que surgiria o Cristianismo e seria para o Império que ele, primeiro, se difundiria; e o Cristianismo viria a abalar as principais conceções sociais romanas e, a prazo, os próprios alicerces de Cidade antiga, ao reconhecer à pessoa uma nova posição dentro da comunidade política e ao contestar o caráter sagrado do Imperador.

A pessoa torna-se agora um valor em si, por criada à imagem e à semelhança de Deus; todos os homens são pessoas com igual dignidade ("Não há judeu, nem grego, não há escravo, nem homem livre..."), chamados à "liberdade dos filhos de Deus"; e o espiritual é distinto do temporal ("Dai a César o que é de César e a Deus o que é de Deus").[52]

---

[50] Em contrapartida, o pensamento político romano tem muito menor interesse e originalidade do que o grego. Mas vale a pena ler CICERO, *Tratado da República* (trad. portuguesa, Lisboa, 2008).

[51] Cfr. RUDOLPH VON JEHRING, *O Espírito do Direito Romano*, trad., Rio de Janeiro, 1943, *maxime*, I, págs. 154 e segs., e II, págs. 159 e segs.; ARTUR MONTENEGRO, *O Antigo Direito de Roma*, I, Coimbra, 1898, págs. 119 e segs., e *A conquista do Direito na sociedade romana*, Coimbra, 1934, págs. 67 e segs.; PEDRO MARTINS, *História geral do Direito Romano, Peninsular e Português*, Coimbra, 1907, págs. 83 e segs.; CHARLES HOWARD MCILWAIN, *op. cit.*, págs. 64 e segs.; JOÃO DE CASTRO MENDES, *História do Direito Romano*, policopiado, Lisboa, 1956, págs. 78 e segs.; LÉON HAMON, *Institutions politiques romaines*, Paris, 1970; MARCELLO CAETANO, *História do Direito Português*, I, Lisboa, 1981, págs. 65 e segs.; ALBERTO BURDESE, *Manuale di Diritto Pubblico Romano*, 2ª ed., Turim, 1982; SEBASTIÃO CRUZ, *Direito Romano*, I, 4ª ed., Coimbra, 1984; NELSON SALDANHA, *Direito Público Romano e Revoluções Modernas*, in *Revista Brasileira de Estudos Políticos*, nº 59, Julho de 1984, págs. 175 e segs.; AGERSON TABASA, *Da Representação Política na Antiguidade Clássica*, Fortaleza, 1987, págs. 39 e segs.; MARIO DOGLIANI, *op. cit.*, págs. 73 e segs.; S. E. FINER, *op. cit.*, págs. 414 e segs. e 561 e segs.; ANTONIO GUARINO, *Stato Romano (storia delle strutture costituzionali)*, in *Digesto delle discipline Pubblicistiche*, XV, Turim, 1999, págs. 81 e segs.; INES CIOLI, *op. cit.*, págs. 181 e segs. E ainda OLIVEIRA MARTINS, *História da República Romana*, 1885 (7ª ed., Lisboa, 1987).

[52] Cfr., por todos, JULIO NAVARRO MONZÓ, *Los problemas de la democracia*, in *Boletim da Faculdade de Direito da Universidade de Coimbra*, ano XIII, 1932-1934, págs. 49 e segs.; FRANZISKUS STRATMANN, *Cristo e o Estado*, trad., Lisboa, 1956; MAURICE BARBIER, *La modernité politique*, Paris, 2000, págs. 21 e segs.; ISIDRO P. LAMELAS, *O paradoxo da cidadania cristã*, in *COMMUNIO*, 2010, nº 1, págs. 7 e segs.

Parte I • Cap. I – Localização Histórica do Estado | **19**

Conforme salienta ERIC VOEGELIN, a crença cristã introduz a imediatividade na relação do homem com Deus: o rei só está ligado a Deus, os magistrados a Deus e ao rei e os súbditos a Deus, ao rei e aos magistrados; pelo contrário, na hierarquia de AKHENATON (do Egito), o soberano era o exclusivo mediador entre Deus e os homens.[53]

12.
O pretenso Estado medieval

I – A Idade Média, a Idade Média europeia,[54] divide-se em duas grandes fases: a das invasões e a da reconstrução. A sua história resume-se *grosso modo* na passagem da insegurança geral à pequena segurança local, lentamente alargada, e na passagem da decomposição ou da ausência de poder a uma situação complexa, com o poder real estreitado entre a autoridade universal da Igreja e o poder parcelar (coexistente ou não) dos barões e dos senhorios corporativos.

Num e noutro período, não há Estado com as caraterísticas que geralmente se lhe apontam, na quase totalidade do Continente. Só a Inglaterra, após a conquista normanda, faz, de certo modo, exceção.

Por certo, não são de esquecer o Império Romano do Oriente, que irá sobreviver até 1453;[55] os reinos das invasões bárbaras (como o dos Suevos, com capital em Braga, e o do Visigodos com capital em Toledo); o Império Carolíngio e os inícios do Sacro Império Romano-Germânico. Estes foram Estados, mas não identificadores das conceções e das formas políticas medievais, fosse pelo seu progressivo afastamento do Ocidente (caso de Bizâncio), fosse pela sua precariedade ou duração efémera (os reinos bárbaros e os dois Impérios).

II – As conceções jurídico-políticas romanas apagam-se diante das conceções cristãs e germânicas, embora, quanto a estas, mais nuns sítios do que noutros (mais na Europa central do que na Península Ibérica, por exemplo).[56]

---

[53] *Die politischen Religionen*, 1938, trad. francesa *Les Religions Politiques*, Paris, 1994, pág. 58.

[54] Porque outras áreas geográficas e civilizacionais (*v.g.*, a Índia ou o Japão) também tiveram as suas Idades Médias.

[55] Cfr. (mas só considerando a relação com a Igreja) STEVEN RUNCIMAN, *The Byzantine Teocracy*, 1977, trad. portuguesa *A Teocracia Bizantina*, Rio de Janeiro, 1978.

[56] Sobre a história e as doutrinas e conceções jurídico-políticas da Idade Média, v. OTTO GIERKE, *Political Theories of the Middle Age*, trad., Cambridge, 1900 (reimpressão em

O Cristianismo ou, antes, a Cristandade envolve toda a vida medieval e transpõe-se para o plano político como exigência de limitação do poder – do poder que vem de Deus (*"Non est potestas nisi a Deo"*), que deve ser aferido por critérios de legitimidade e que deve ser usado para o bem comum *(Regnum non est propter regem, sed rex propter regnum)*. É nesse elemento de ordem objetiva que reside a principal garantia das pessoas.

Insistindo na distinção entre lei divina e lei humana ou entre lei eterna, lei natural e lei humana e analisando a contradição entre lei humana e lei natural, a Escolástica, sobretudo com S. Tomás de Aquino *(Summa Teologica)*, viria, mais tarde, a enfrentar o problema da lei injusta e a admitir o direito de resistência em certas condições.[57]

Por seu lado, as conceções germânicas colocam o príncipe (e as relações diretas e pessoais dos súbditos com ele), não a Cidade, como centro da vida política (e daí que, em contraste com a maior parte da Antiguidade clássica, os senhorios e depois os novos Estados europeus venham quase todos a adotar a forma monárquica). Afirmam também o dualismo da posição príncipe (ou rei)/povo, mais tarde rei/reino.

Finalmente, na Baixa Idade Média, alguns setores intelectuais viriam a sustentar que o poder vinha de Deus *per populum* (S. Tomás) ou até que *o pactum subjectionis* não punha em causa o poder de raiz do povo (Marsílio de Pádua).

III – Com o feudalismo dissolve-se, todavia, a ideia de Estado.[58] A ordem hierárquica da sociedade traduz-se numa hierarquia de titularidade

---

1968); Ernst Cassirer, *The Myth of State*, 1946, trad. *O mito do Estado*, Lisboa, 1961, págs. 105 e segs.; Pedro Calmon, *O Estado e o Direito n'Os Lusíadas*, Rio de Janeiro-Lisboa, 1945; Fritz Kern, *Derecho del Rey y Derechos del Pueblo*, trad., Madrid, 1955; Manuel Garcia-Pelayo, *El Reino de Dios, Arquetipo Politico*, Madrid, 1959; Bruno Paradisi, *Formule di sovranità e tradizione biblica*, in *Boletim da Faculdade de Direito da Universidade de Coimbra*, 1982, págs. 785 e segs.; Martim de Albuquerque, *O poder político no Renascimento Português*, separata de *Estudos Políticos e Sociais*, vols. IV e V, e *Política, Moral e Direito na Construção do Conceito do Estado em Portugal*, in *Estudos de Cultura Portuguesa*, Lisboa, 1983, págs. 135 e segs.; Mario Dogliani, *op. cit.*, págs. 111 e segs.; R.C. van Caenegem, *An Historical Introduction to Western Constitutionalism*, 1995, trad., *Uma introdução histórica ao Direito Constitucional ocidental*, Lisboa, 2009, págs. 65 e segs.; Carson Holloway, *Christianity, Magnanimity and Statesmanship*, in *The Review of Politics*, 1999, págs. 581 e segs.; Maria da Glória Garcia, *Da Justiça Administrativa em Portugal*, Lisboa, 1994, págs. 29 e segs.

57 Sobre a conexão entre a investidura do Rei "por graça de Deus" eodireito de resistência, cfr. Otto Brunner, *Neue Wege der Verfassung und Sozialgeschichte*, Gotinga, 1968, trad. italiana *Per una una nuova storia costituzionale e sociale*, Milão, 1970, pág. 172.

58 V., por todos, Max Weber, *op. cit.*, I, págs. 204 e segs., e II, págs. 810 e segs.

Parte I · Cap. I – Localização Histórica do Estado | 21

e exercício do poder político, numa cadeia de soberanos e vassalos, ligados por vínculos contratuais. A realeza, muito longínqua, fica reduzida a uma dignidade ou prerrogativa no cimo da ordem feudal, tendo a seu favor apenas o título ou a extensão do domínio.

Nestas circunstâncias, o poder privatiza-se. Em vez do conceito de *imperium* vem o de *dominium*,[59] em conexão com os princípios da família e da propriedade: investidura hereditária, direito de primogenitura, inalienabilidade do domínio territorial.[60] Mais que em "forma de Estado" *patrimonial*, deve falar-se em ordenamento jurídico sob regime *patrimonial*.[61] É a conceção patrimonial do poder, a qual, transformada, acabaria por subsistir quase até ao constitucionalismo.

Além das grandes abadias monacais, as estruturas urbanas autónomas que vão surgindo – comunas ou concelhos, corporações de mesteres, universidades etc. – cada qual com a sua função, desenvolvem-se (ou formam-se e desenvolvem-se) à margem de qualquer estrutura administrativa centralizada. Longe do Estado é nesses corpos sociais, com relevância política, que o indivíduo se situa e desenvolve a sua vida.[62]

E porque não há uma relação geral e imediata entre o poder do Rei e os súbditos, os direitos são a estes conferidos não enquanto tais, individualmente considerados, mas sim enquanto membros dos grupos em que se integram; são direitos em concreto e em particular, como expressão da situação de cada pessoa; direitos que se apresentam como privilégios, regalias, imunidades que uns têm e outros não, ou direitos corporativos, em vez de direitos atribuídos genericamente a todas as pessoas.[63]

---

[59] Cfr. ROGÉRIO SOARES, *Interesse Público, Legalidade e Mérito*, Coimbra, 1955, págs. 48-49.

[60] QUEIROZ LIMA, *Teoria do Estado*, 8ª ed., Rio de Janeiro, 1957, pág. 81.

[61] COSTANTINO MORTATI, *Le forme di governo*, Pádua, 1973, pág. 9.

[62] Cfr. MAURICE BARBIER, *op. cit.*, págs. 32 e segs.; ou MÁRIO LÚCIO QUINTÃO SOARES, *op. cit.*, págs. 253 e segs.

[63] A leitura da *Magna Charta* esclarece bem a diferença entre esses direitos e os direitos no Estado constitucional moderno:

"1. *A Igreja de Inglaterra* será livre.

2. Concedemos também a todos os *homens livres* do reino todas as liberdades para serem gozadas e usufruídas por eles e pelos seus herdeiros.

....

13. A *cidade de Londres* conservará as suas antigas liberdades e usos próprios.

....

21. Não serão aplicadas multas aos *condes e barões* senão pelos seus pares e de harmonia com a gravidade do delito.

....

41. Os *mercadores* terão plena liberdade para sair e entrar em Inglaterra."

IV – Naturalmente, o papel da Igreja Católica avulta nesta época, tal como já avultara aquando da queda do Império do Ocidente, se bem que em circunstâncias e em moldes diversos.[64]

Como escreve ALFREDO VON MARTIN, à Igreja Universal, muito centralizada, contrapõe-se uma multiplicidade de grupos, de irradiação local, entre os quais o vínculo de coesão é muito ténue. Na sociedade medieval, o fator decisivo de organização tanto política quanto cultural vem a ser uma instituição em rigor "não medieval", de base jurídica-política, e estruturada segundo um princípio racional-finalista, ou seja, uma instituição estranha, no mais íntimo do seu ser, à tendência feudal e corporativa.[65]

Era a Igreja, e não o Estado (que não existia ainda, ou já não existia) que se contrapunha à sociedade e com ela mantinha relações,[66] e o menor valor do Estado comparado com o da Igreja era um dos princípios fundamentais da conceção medieval do mundo, que nem sequer o poder temporal punha em questão.[67]

13.

O Estado moderno

I – Depois da organização política medieval – uma série de poderes ou autoridades, cada qual com ampla jurisdição, verticalmente dispostos – vai ressurgir a ideia de Estado, na plena aceção do termo. Pois o poder centraliza-se e concentra-se no Rei e toda a autoridade pública passa e emanar dele; ele atinge todos os indivíduos – por serem súbditos do mesmo Rei; o território adquire limites precisos e a todas as parcelas o governo central vai fazer chegar a sua lei.

Também, mais do que em qualquer outra época ou civilização, essa concentração acompanha-se de uma crescente institucionalização,[68] determinada pelo próprio alargamento da comunidade política e pelo reforço do aparelho de poder, bem como pelas transformações intelectu-

---

Cfr. outros textos medievais em GREGORIO PECES-BARBA, *Textos Basicos sobre Derechos Humanos*, Madrid, 1973, págs. 16 e segs.

[64] Cfr., por todos, PETER BROWN, *The Rise of Western Christendon*, Oxónia, 1996, trad. portuguesa *A Ascensão do Cristianismo no Ocidente*, Lisboa, 1999.

[65] *Sociologia de la Cultura Medieval*, trad., Madrid, 1970, pág. 39.

[66] *Ibidem*, pág. 43.

[67] *Ibidem*, pág. 92.

[68] O *L'Etat, c'est moi* de Luís XIV significa concentração, não personalização ou individualização do poder.

Parte I · Cap. I – Localização Histórica do Estado | **23**

ais que, entretanto, ocorrem. E com o constitucionalismo todo o Estado ficará envolvido por regras e processos jurídicos estritos.

II – O Estado moderno de tipo europeu, para lá das caraterísticas globais de qualquer Estado, apresenta, porém, ainda caraterísticas muito próprias:

- *Estado nacional:* o Estado tende a corresponder a uma nação ou comunidade histórica de cultura; o fator de unificação política deixa, assim, de ser a religião, a raça, a ocupação bélica ou a vizinhança para passar a ser uma afinidade de índole nova;

- *Secularização ou laicidade:* porque – por influxo do Cristianismo e ao contrário do que sucede com o Estado islâmico[69] – o temporal e o espiritual se afirmam esferas distintas e a comunidade política já não tem por base a religião, o poder político não prossegue fins religiosos e os sacerdotes deixam de ser agentes do seu exercício;[70]

- *Soberania:* ou poder supremo e aparentemente ilimitado, dando ao Estado capacidade não só para vencer as resistências internas à sua ação como para afirmar a sua independência em relação aos outros Estados (pois se trata agora de Estados que, ao invés dos anteriores, têm de coexistir com outros Estados).

Em suma, a ordem estatal revela-se, doravante, como um projeto racional de humanidade em volta do próprio destino terreno.[71]

---

[69] Cfr. BERTRAND BADIE, *Les Deux États-Pouvoir et Société en Occident et en Terre d'Islam*, Paris, 1986; DJIBRIL SAAB, *La "laïcité", archéologie historique et significations*, in *Conscience et liberté*, nº 38, 2º semestre de 1989, págs. 7 e segs.; LUCIANO GUERZON, *Il principio di laicità tra società civile e Stato*, in *Il principio di laicità nello Stato democratic*, obra coletiva editada por MARIO TEDESCHI, Catanzaro, 1996. Para uma visão histórica mais ampla, FERNANDO CATROGA, *Entre Deuses e Césares – Secularização, laicidade, religião civil*, Coimbra, 2006.

[70] Embora até momento tardio subsistam, no plano institucional, regimes de união entre a Igreja e o Estado. Por outro lado, laicidade não é o mesmo que o *laicismo* (ou regime a-religioso ou anti-religioso) que, por vezes nos séculos XIX e XX, sucede ao *regalismo* (ou interferência do Estado na jurisdição eclesiástica). Cfr. *Manual...*, IV, 3ª ed., Coimbra, 2000, págs. 405 e segs.

[71] O poder no Ocidente não teve senão esporadicamente tendência para se erigir em teocracia, em consequência da natureza transcendente do poder superior de Deus: THOMAS MOLNAR, *Le socialisme sans visage*, trad., Paris, 1976, pág. 67. V. ainda, sobre a secularização política, GUY HERMET, *Sociologie de la Construction Démocratique*,

24 | Teoria do Estado e da Constituição · *Jorge Miranda*

III – Como tem sido observado, no mundo antigo, os Estados dividiam-se em duas categorias: os impérios – grandes, mas deficientemente integrados; e unidades pequenas, mas com elevado grau de coesão – as Cidades-Estados. Os Estados europeus combinariam, em certa medida, as vantagens dos impérios e das Cidades-Estados. Seriam suficientemente vastos, mas conseguiriam envolver no processo político uma boa parte dos seus habitantes e criar um certo sentimento de identidade comum.[72]

14.

O nome de Estado

A evolução da terminologia para designar a sociedade política reflete, como não podia deixar de ser, a evolução dos seus tipos e dos respetivos conceitos.[73]

Assim, à *polis* grega e à *civitas* ou *res publica* (ou, mais completamente, *Senatus Populusque Romanus*), seguem-se, na Idade Média, a adoção de *regnum*, como entidade política juridicamente construída e diferenciada da pessoa do Rei;[74] *corona* torna-se, mais tarde, sua expressão simbólica;[75] *terra* é locução corrente; e *civitas* (ou *Burg*) não possui sentido político. É só com o aparecimento do moderno Estado europeu que se impõe uma nova denominação.

Paris, 1986, págs. 73 e segs.; ou Ernst-Wolfgang Böckenforde, *Le droit, l'État et la Constitution démocratique*, trad., Bruxelas-Paris, 2000, págs. 101 e segs. Hintze, *Historia...*, cit., pág. 303.

[72] Pierangelo Schiera, *Stato Moderno*, in *Dizionario di Politica*, págs. 1008-1009. E, na mesma linha, Maurizio Fioranti, *op. cit.*, págs. 16 e segs.

[73] Georg Jellinek dedica um capítulo inteiro ao assunto (*op. cit.*, págs. 95 e segs.), assim como V. E. Orlando, o fundador da escola italiana de Direito público (*Ilnome di Stato*, in *Rivista di Diritto Publico*, XXV, págs. 345 e segs., e in *Diritto Pubblico Generale*, Milão, 1954, págs. 185 e segs.). Mais recentemente, v. Passerin d'Entrèves, *La dottrina dello Stato*, 2ª ed., Turim, 1967, págs. 45 e segs.; Bernard Guenée, *L'Occident aux* XIVᵉ *siècles – Les États*, Paris, 1972, págs. 60 e segs.; Jean-Pierre Brancours, *Des "estats" à l'État: évolution d'un mot*, in *Archives de Philosophie de Droit*, 1976, págs. 39 e segs.; Antonio Marongiu, *Dottrine e Istituzioni Politiche Medievali e Moderne – Raccolta*, Milão, 1979, págs. 97 e segs.; Francisco José Velozo, *Estrutura do Estado*, in *Scientia Iuridica*, 1981, págs. 186 e segs.; Martim de Albuquerque, *Política...*, cit., *loc. cit.*, pág. 168.

[74] Martim de Albuquerque e Ruy de Albuquerque, *op. cit.*, pág. 506.

[75] *Ibidem.*

Vem a ser na Itália renascentista, com grande variedade de organizações e formas políticas, que se consagra uma designação genérica, neutra e, sobretudo, mais abstrata: o vocábulo Estado *(stato)*, certamente proveniente do latim *status* (que equivale a constituição ou ordem[76] e já empregado, de resto, no sentido de condição social desde o século XII). E o primeiro autor que introduz o termo na linguagem doutrinal é Maquiavel em *Il Principe*: "Todos os Estados, todos os domínios que tiveram e têm império sobre os homens são Estados e são ou repúblicas ou principados".

Do italiano a palavra passa para as restantes línguas europeias nos séculos XVI e seguintes, com maior ou menor êxito e precisão.[77] E os nomes dos Estados em concreto adquirem valor jurídico e simbólico, enquanto exprimem momentos históricos determinados ou determinadas feições de individualizar os Estados, a sua forma ou o seu sistema político, uns em relação aos outros (assim, o *Reino de Portugal e dos Algarves*).[78]

---

[76] Cfr. duas aplicações do termo: todo o ordenamento jurídico tende a estabilizar-se, a converter-se em "estado", em *status* (Cabral de Moncada, *op. cit.*, pág. 33); o Estado é *status reipublicae* no duplo sentido da situação de uma comunidade com capacidade para produzir uma vontade e uma obra comum e da própria comunidade nessa situação (Hintze, *op. cit.*, pág. 294).

[77] Bodin fala ainda em república (em *Les six livres de la république*).

[78] Fala-se também em Estado nessa altura para designar província ou território em situação particular (por ex., entre nós, os *Estados do Brasil* ou o *Estado da Índia*).

Capítulo II

O DIREITO PÚBLICO E O ESTADO MODERNOS

§ 1º
Formação

15.
O sistema político medieval

A organização política da Idade Média europeia tem de se compreender na perspetiva mais ampla do Ocidente cristão. Com efeito, a ausência de Estado neste período deve-se tanto à força dos vínculos feudais, senhoriais e corporativos que no interior de cada reino limitam e repartem o poder central[1] quanto à força dos vínculos de subordinação (de algum modo análogos aqueles) do Rei ao Papa e ao Imperador.

O Ocidente aparece como uma unidade – de civilização e de fé, e também política e social (apesar de muita diversificação): é o que se chama a *Republica Christiana*.[2] Tal unidade remonta à recordação do Império Romano e fica reforçada, objetiva e subjetivamente, pela ameaça do Islão a sul e a leste da Europa.

---

[1] Cfr. WERNER NAEFF, *Staat und Staatgedanke*, trad. castelhana *La Idea del Estado en la Edad Moderna*, Madrid, 1947, pág. 6.
[2] Cfr., por todos, ANTONIO PÉREZ MARTIN, *La "Republica Christiana" Medieval: Pontificado, Império y Reino*, in *El Estado Español en su dimensión historica*, obra coletiva, Barcelona, 1984, págs. 59 e segs.; ou RUY DE ALBUQUERQUE e MARTIM DE ALBUQUERQUE, *História do Direito Português*, I, 10ª ed., Lisboa, 1999, págs. 453 e segs.

Mas não eram pequenas as fraquezas deste sistema: o localismo da vida social, a precariedade das estruturas económicas, a grosseira tutela dos direitos dos indivíduos; ou a deficiência interna resultante da contraposição entre o Papa e o Imperador, entre o *Sacerdotium* e o *Imperium*, entre o poder espiritual e o poder temporal, levando a frequentes lutas que não deixam de ainda mais debilitar um e outro.[3]

A teoria canónica manteve a ideia de um império universal, mas a Cúria agiu sempre de modo a contrariar as pretensões do Imperador a um domínio efetivo para além da Itália e da Alemanha.[4]

16.

A substituição do sistema político medieval

Desde os séculos XIII-XIV ocorre a crise do sistema, até por reflexo da crise geral da mentalidade e da vida medievais (as Cruzadas e o rompimento das barreiras do Mediterrâneo, melhores comunicações internas e alargamento das áreas de segurança, novas tendências literárias e artísticas que hãode conduzir ao Renascimento, as cidades e as manifestações de espírito burguês e de economia mercantil e capitalista).

Papel importantíssimo têm então dois factos: o despontar das nações europeias e a receção do Direito romano. As nações, comunidades de laços novos e especiais assentes em afinidades de espírito e de interesses e num sentimento comum,[5] transformam a geografia da Europa.[6] O Direito romano, estudado e divulgado pelos legistas preparados

---

[3] É o caso da questão das investiduras (1024-1112).

[4] Cfr. HINTZE, *Historia…*, cit., págs. 143 e 146, ou VEZIO CRISAFULLI, *Lezioni di Diritto Costituzionale*, 2ª ed., I, Milão, 1970, pág. 55 (desde Carlos Magno o Império era uma abstração, não uma realidade).

[5] Ao passo que na Idade Média o sentimento do destino comum é de natureza religiosa ou de pertença social (donde, a unidade da Europa, por um lado, e o relevo dos estratos sociais, por outro).

[6] Cfr. BERNARD GUENNÉ, *op. cit.*, págs. 113 e segs. e 296 e segs.; MARTIM DE ALBUQUERQUE, *Aconsciência nacional portuguesa*, Lisboa, 1974, *maxime* págs. 49 e segs. e 273 e segs.; *The Formation of National States in Western Europe*, obra coletiva, Princeton, 1975; JOSEPH R. STRAYER, *op. cit.*, pág. 17; PIERRE FOUGEYROLLAS, *La Nation – Essor et déclin des sociétés modernes*, Paris, 1987; ERNST GELLNER, *Nations and Nationalism*, 1983, trad. portuguesa *Noções e Nacionalismo*, Lisboa, 1993; HAGEN SCHULZE, *Staat und Nation in der Europäischen Geschichte*, trad. *Estado e Nação na história da Europa*, Lisboa, 1997; MAURICE BARBIER, *op. cit.*, págs. 138 e segs.; *Manual…*, III, cit., págs. 68 e segs.

Parte I · Cap. II – O Direito Público e o Estado Modernos | 29

nas Universidades, irá pôr em causa as conceções jurídico-políticas de origem germânica.

As nações vão-se formando durante séculos. O primeiro sinal da tomada de consciência de uma comunidade de si mesma é dar-se um nome, separando os que a ela pertencem dos que lhe são estranhos ou estrangeiros. Os nomes dos países são agora nomes de povos, e não de terras. E outros elementos acrescem ou se acentuam: a língua, a procura de origem comum, a idêntica vivência da religião, os santos e os heróis, o hábito de viver juntos, interesses comuns não puramente locais, a própria ideia de sujeição ao rei. Sentimento nacional existe já, em alguns países, nos séculos XIV-XV.[7]

As sociedades políticas estatais, que vão surgir em consequência das causas gerais apontadas ficarão, pois, sob a influência das nações. A comunidade nacional dará o espaço e o apoio necessários para a ação do rei e cada Estado será talhado à medida de uma nação. Ou ainda, segundo um autor, a nação é a ideologia do Estado burocrático centralizado.[8]

O renascimento do Direito romano, a partir de fins do século XI e sobretudo do século XIII, é um dos mais importantes eventos da história cultural europeia. Direito do Sacro Império, os *reges* vão também favorecer a sua receção na medida em que se afirmam nos seus reinos iguais ao *imperator* e constroem o seu poder à semelhança do Imperador[9] e as categorias jurídicas romanas vão largamente enformar todas as novas construções políticas.

17.

O processo de criação dos Estados europeus

Em virtude da situação política existente, o processo de criação dos Estados modernos europeus consiste na realização concomitante de esforços dos reis para se libertarem dos vínculos internos e externos ao desenvolvimento da plenitude do seu poder:

GELLNER sustenta, porém, que é o nacionalismo que dá origem à nação, e não o contrário (pág. 89), e define-o como princípio de unidades culturais homogéneas servindo de base da vida política e da unidade cultural obrigatória de governantes e governados.

[7] Só muito mais tarde, no século XIX, iriam surgir, especialmente na Alemanha, a ideia de nação etnocultural e a de nação só definida por fatores étnicos. Cfr., por todos, GUY HERMET, *Histoire des nations et du nationalisme en Europe*, Paris, 1996, págs. 115 e segs.

[8] MARIO ALBERTINI, *L'Idée de Nation,* in *L'Idée de Nation,* obra coletiva, Paris, 1969, pág. 13.

[9] NUNO ESPINOSA GOMES DA SILVA, *op. cit.,* 3ª ed., 2000, pág. 202.

a) Internamente, no sentido da centralização do poder, ou seja, da reintegração das faculdades jurisdicionais (e outras) dispersas pelos senhores feudais e da extinção das imunidades e dos privilégios atribuídos a estamentos ou a comunidades locais;

b) Externamente, no sentido da emancipação política (mais tarde, com a Reforma numa grande zona da Europa, separação políti-co-religiosa) em relação ao Papa e ao Imperador.[10-11]

Este processo possui natureza jurídica. Os princípios jurídicos fornecem razões, indicam meios e facilitam a sua realização.[12] Exemplifica-se aqui como o Direito não se reduz a um quadro condicionado, é também um elemento condicionador da evolução social e política.

18.

A soberania e a organização do Estado

I – A moderna ideia de Estado tem o seu expoente na ideia de soberania. Talvez não fosse este um conceito inteiramente novo, mas JEAN BODIN (*Les six livres de la République,* 1576) pô-lo a claro, purificou-o e fortaleceu-o, fazendo dele um conceito jurídico[13] unitário.[14]

Se bem que BODIN defina a soberania – *souveraineté, puissance souveraine absolute et perpétuelle* – em relação a qualquer Estado, a sua obra

---

[10] O Papa, que em 1250 ainda consegue triunfar do Imperador, cinquenta anos depois já não consegue triunfar do Rei da França: é o conflito entre Bonifácio VIII e Filipe o Belo.

[11] Sobre este processo e as suas interpretações, v. as sínteses de WERNER NAEFF, *op. cit., maxime* págs. 8 e segs.; HERMAN HELLER, *Staaslehre,* trad. portuguesa *Teoria do Estado,* São Paulo, 1968, págs. 157 e segs.; MANUEL GARCIA PELAYO, *Hacia el surgimiento historico del Estado moderno,* in *Idea de la Politica y otros escritos,* Madrid, 1983, págs. 109 e segs.; ROMANO GUARDINI, *Das Ende der Neuzeit,* 1986, trad. *O fim da Idade Média,* Lisboa, 2000, págs. 33 e segs.; DANIEL-LOUIS SEILER, *op. cit.,* págs. 79 e segs. (falando em duas matrizes institucionais, a inglesa e a lotaríngio-germânica); R.C. VAN CAENEGEM, *op. cit.,* págs. 97 e segs.; GIANFRANCO POGGI, *op. cit.,* págs. 34 e segs.; MAURIZIO FIORAVANTI, *Stato,* in *Enciclopedia del Diritto,* XLVIII, págs. 708 e segs.; ANDRÉ-JEAN ARNAUD, *Pour une pensée juridique européenne,* Paris, 1991; JEAN-MARIE CONSTANT, *Naissance des États modernes,* Paris, 2000; LUÍS SALGADO DE MATOS, *O Estado das Ordens,* Lisboa, 2004, págs. 177 e segs.; YVES DÉLOYE, *op. cit.,* págs. 27 e segs.; ANTÓNIO PEDRO BARBAS HOMEM, *O espírito das instituições – Um estudo de história do Estado,* Coimbra, 2006.

[12] PAULO MERÊA, *O Poder Real e as Cortes,* Coimbra, 1923, págs. 8-9.

[13] CABRAL DE MONCADA, *As ideias políticas depois da reforma: Jean Bodin,* in *Boletim da Faculdade de Direito da Universidade de Coimbra,* XXIII, 1947, págs. 48-49.

[14] MACHADO PAUPÉRIO, *O conceito polémico de soberania,* 2ª ed., Rio de Janeiro, 1958, pág. 65.

Parte I · Cap. II – O Direito Público e o Estado Modernos | 31

revela-se (como, afinal, quase todas as grandes obras do pensamento político-constitucional) um estudo situado, com que fundamenta juridicamente o poder do Rei em França no momento da libertação dos vínculos feudais e da centralização.[15-16]

II – A soberania implica ainda *imediatividade ou* ligação direta entre o Estado e o indivíduo, ao contrário do que sucedia no sistema feudal. Doravante, tanto o nobre como o plebeu são igualmente súbditos do Rei, porque igual e imediatamente sujeitos ao seu poder.[17]

Para isso o poder – por definição não apenas concentrado no Rei mas também centralizado – dota-se dos necessários órgãos e serviços. São os tribunais do Rei e o correspondente processo que aparecem; é uma administração burocrática em sentido moderno (profissionalizada e hierarquizada) que progressivamente se substitui à administração feudal (entregue a titulares por direito próprio); e são novas funções que ela se vai propor.

19.
Variedade dos momentos de aparecimento do Estado

Não é fácil divisar, com rigor, quando surge o Estado, quando se passa da organização política medieval para a nova forma de organiza-

---

[15] Embora não se trate ou não se trate ainda de monarquia absoluta e apenas de monarquia *real ou legítima*, contraposta por BODIN quer à monarquia senhorial, quer à monarquia tirânica: assim, CABRAL DE MONCADA, *op. cit., loc. cit.*, págs. 50-51 (salientando que BODIN é, em muitos aspetos, ao mesmo tempo o continuador e o primeiro grande adversário de MAQUIAVEL); ROBERT DERATHÉ, *Théorie et pratique en philosophie politique: la monarchie francaise selon Jean Bodin et Montesquieu*, in *Theory and Politics – Theorie und Politik – Festschrift zum 70. Gebtırstag fiir Carl Joachim Friedrich*, obra coletiva, Haia, 1971 (aproximando BODIN e MONTESQUIEU na preocupação de, em épocas diferentes, abrir caminho a uma monarquia moderada); JOSÉ ADELINO MALTEZ, *op. cit.*, II, págs. 69 e segs.; DIOGO FREITAS DO AMARAL, *Ciência Política*, Lisboa, 1994, II, págs. 135 e segs.

[16] Cfr. HERMANN HELLER, *La Sovranità el alti scritti sulla dottrina del Diritto e del Stato*, 1926-1929, trad., Milão, 1987, págs. 70 e segs.; JULIAN H. FRANKLIN, *Jean Bodin and the Rise of Absolutist Theory*, Cambridge, 1973; MARTIM DE ALBUQUERQUE, *Jean Bodin na Peninsula – Ensaio de História das Ideias Políticas e de Direito Público*, Paris, 1978 (sobre a adoção do termo em Portugal, v. págs. 169 e segs.); ENNIO CORTESE; *Sovranità (storia)*, in *Enciclopedia del Diritto*, XLIII, 1990, págs. 205 e segs.; ERIC VOEGELIN, *Estudos de Ideias Políticas – De Erasmo a Nietzsche*, trad., Lisboa, 1996, pág. 106.

[17] Por isso, MANUEL GARCIA PELAYO (*Hacia...*, cit., *loc. cit.*, págs. 119 e segs.), se refere à passagem de relações *intransitivas* a relações *transitivas*.

ção política – até porque as instituições e a vida têm uma continuidade que escapa à pura análise conceitual.[18] O que pode afirmar-se é que ele surge, em momentos diversos, nas várias partes da Europa, consoante as suas circunstâncias específicas.

O Estado encontra-se relativamente cedo na Península Ibérica, onde as lutas da Reconquista cristã favorecem a unidade de comando político no interior dos diversos reinos que se vão formando (até se chegar, ao fim do século XV, ao dualismo Portugal-Espanha) e onde os reis nunca deixam de se afirmar independentes do Sacro Império.

Ainda mais cedo e em moldes mais modernizados, aparece na Inglaterra e, de certo modo, na Sicília, devido ao regime burocrático-militar imposto pelos normandos (o que não terá sido estranho à precoce experiência constitucional inglesa).

Já na França emerge lentamente, ao longo dos séculos XIV e XV, pela reunião à Coroa de terras e direitos de grandes feudatários Uma importância decisiva tem a guerra dos Cem Anos, acentuando a consciência da nacionalidade francesa e soltando os laços feudais entre a Inglaterra e a França.[19]

Nos países nórdicos, define-se nos séculos XVI e XVII, em grande parte em ligação com a Reforma protestante, aproveitada pelos monarcas para, com a formação de Igrejas nacionais, afirmarem e aumentarem o seu poder. E quase ao mesmo tempo na Rússia, na Polónia e na Hungria, embora a centralização tenha chegado a resultados muito mais profundos no primeiro país (de Ivan, o Terrível, a Pedro, o Grande) do que nos outros dois.

Diferente se depara a prolongada situação transitória da Alemanha e da Itália, dispersas por numerosíssimos principados e repúblicas e sem conseguirem fugir à pressão das potências estrangeiras; o Império nominalmente subsistirá até 1806; e será a partir de novas entidades políticas vindas dos séculos XVII e XVIII – a Prússia e o Piemonte – que, em 1870, se constituirão Estados nacionais.

O processo de criação dos Estados europeus culmina nos tratados de Vestefália (1648) que põem termo à guerra dos Trinta Anos e, simultanea-

---

[18] Cfr. Bartolomé Lavero, *Institución política y Derecho: acerca del concepto historiografico del "Estado moderno",* in *Revista de Estudios Politicos,* nº 19, Janeiro-Fevereiro de 1981, págs. 43 e segs.

[19] Como a França foi o primeiro país a resolver o problema da criação de um Estado a partir de províncias virtualmente independentes, o modelo francês acabaria por se impor na Europa (Joseph Strayer, *op. cit.,* págs. 53 e segs.).

Parte I · Cap. II – O Direito Público e o Estado Modernos | 33

mente, selam a rutura religiosa da Europa, o fim da supremacia política do Papa (mesmo nos países católicos) e a divisão da Europa em diversos Estados independentes, cada qual compreendido dentro de fronteiras precisas.[20] À *Republica Christiana* sucede, assim, um sistema de Estados soberanos e iguais.

§ 2º

Evolução

20.

Condições gerais de desenvolvimento

I – O Estado moderno (ou, doutro prisma, o Estado de matriz europeia) move-se, do século XVI aos nossos dias, num mundo em transformação e ele próprio é um poderoso agente de transformação do mundo. Sofre o influxo das condições espirituais, socioeconómicas e internacionais, mas também vai tentar pô-las ao seu serviço. Daí toda uma série de inter-relações que não podem ser esquecidas.

Conhecem-se as condições espirituais: o Renascimento, a Reforma e a Contra-Reforma, com as crises psicológicas e morais conexas; do humanismo ao racionalismo e do racionalismo ao romantismo; o espírito científico e a rebeldia contra o espírito religioso; o progresso técnico e o aproveitamento (tantas vezes, a degradação) da natureza; a difusão da cultura e a passagem da cultura de Corte e de claustros à cultura de massas.

Conhecem-se as condições socioeconómicas: a decadência da nobreza e da aristocracia rural e a ascensão da burguesia até chegar, no século XIX, a praticamente monopolizar a vida política; o desenvolvimento do capitalismo sob várias formas económicas e jurídicas;[21] a revolução industrial, o aparecimento da classe operária, o sindicalismo e a amplitude dos conflitos sociais.

---

[20] A fixação de fronteiras varia também de país para país. Portugal é talvez o país europeu com mais antigas fronteiras precisas. Mas a Inglaterra ate à guerra dos 100 anos teve veleidades de um domínio continental; os cantões suíços acharam-se, durante muito tempo, em parte dentro e em parte fora do Império; a Borgonha pertenceu tanto ao sistema feudal alemão como ao francês; a França foi ampliando os seus limites até ao século XVIII; e os de todos os outros países avançavam ou recuavam consoante as guerras.

[21] Sobre as relações entre Estado moderno e capitalismo, v. OTTO HINTZE, *op. cit.*, págs. 63 e segs. e 300 e segs.; ou BERTRAND BADIE e PIERRE BIRNBAUM, *Sociologie de l'État*, Paris, 1992, 2ª ed., págs. 125 e segs.

Há dois fins públicos que, doravante, se vão propor – o de cultura e o de progresso material[22] – e a ordem estatal apresenta-se como um projeto racional de humanidade em volta do próprio destino terreno.[23]

No plano exterior avultam os descobrimentos marítimos e a expansão colonial, por um lado, e o sistema de Estados, por outro. Um e outro fatores (nuns casos mais o primeiro, noutros mais o segundo) afetam profundamente a estrutura dos Estados europeus. A expansão marítima e colonial háde conduzir à planetarização das conceções e das formas jurídico-políticas. O sistema de Estados vive num processo dialético de solidariedade e antagonismo, de isolamento e associação, de neutralidade e coligação, de luta pela hegemonia e de equilíbrio;[24] e o seu modelo acaba por ser transposto, após a guerra de 1939-1945, para o plano mundial.

II – Antes e noutras civilizações não se punha em causa a organização da sociedade; ela era um dado. Agora na época moderna, tudo é repensado, o homem coloca-se no seu centro e pretende ser agente da sua reformulação.

Surgem assim a *Utopia* de Tomás Morus (1534) e as outras utopias que se lhe seguem;[25] as novas doutrinas do contrato social dos séculos XVII e XVIII (bem diferentes das medievais); o iluminismo; em suma aquilo a que, genericamente, se tem chamado a *modernidade*.

21.
Períodos de evolução

São diferentes as perspetivas por que pode ser tomada a evolução do moderno Estado de matriz europeia, a refletirem as preocupações de estudo dominantes.

---

[22] Eduard Rosenthal, *A transformação das funções do Estado no último período histórico*, in *Boletim da Faculdade de Direito da Universidade de Coimbra*, ano VIII, 1923, pág. 42.

[23] Pierangelo Schiera, *op. cit.*, *loc. cit.*, págs. 1008-1009.

[24] Cfr. Werner Naeff, *op. cit.*, págs. 152 e segs. Aponta as seguintes fases da evolução do sistema europeu de Estados: 1) a época de Carlos V e seus adversários; 2) as coligações católicas e protestantes e a guerra dos 30 anos; 3) a época de LuísXIV; 4) o século XVIII após a guerra de sucessão de Espanha; 5) a Revolução Francesa e Napoleão; 6) a Europa após o Congresso de Viena; 7) a época de Bismarck; 8) o imperialismo entre 1880 e 1914; 9) a Europa da Sociedade das Nações.

[25] Cfr. Massimo Baldini, *La Storia delle Utopie*, Roma, 1994; ou Paulo Ferreira da Cunha, *Constituição, Direito e Utopia*, Coimbra, 1996.

Uma primeira perspetiva, de natureza cultural, toma o Estado em cada época como expressão da civilização (europeia) dessa época. Atende, por conseguinte, sobretudo, às conceções filosóficas, sociais e jurídicas que legitimam o poder e pelas quais são avaliados o caráter e os móbeis de ação dos governantes. Os períodos que distingue são os correspondentes ao Estado do Renascimento (séculos XV e XVI),[26] ao Estado da Ilustração (séculos XVII e XVIII) e ao Estado do Romantismo (séculos XIX).[27]

Uma segunda perspetiva, de natureza mais estritamente política e jurídico-positiva, reconduz o Estado a um processo político e jurídico de agir. Logo, volta-se, para a legitimidade política, a organização e a técnica de limitação do poder dos governantes e para os direitos e deveres atribuídos aos governados. Grandes períodos que demarca são os do Estado estamental ou da monarquia limitada pelas ordens, do Estado absoluto e do Estado constitucional, representativo ou de Direito, este com grande complexidade e, nos séculos XX e XXI, até com contradição de opções e valores.[28-29]

Uma terceira perspetiva, muito complexa, liga Direito, política, economia, e vê o Estado na interseção desses elementos fundamentais. Na evolução do Estado moderno surgem quatro tipos distintos, mas complementares: o Estado de poder soberano dentro do sistema europeu de Estados, o Estado comercial relativamente fechado com sociedade e economia capitalista burguesa, o Estado liberal e constitucional e o Estado nacional que simultaneamente abrange todas estas tendências e se lhes acrescenta, com orientação para a democracia.[30]

Adotar-se-á aqui a segunda perspetiva, por melhor se coadunar com a índole própria desta disciplina; mas não deixará de se aproveitar alguma contribuição da primeira e da terceira.

---

[26] Cfr. a obra de JACOB BURCKHARDT, *A Civilização da Renascença Italiana* (de que há tradução portuguesa, Lisboa, s.d.), onde o Estado é tomado como "obra de arte".

[27] Assim procede NAEFF (*op. cit.*, págs. 23 e segs., 81 e segs. e 129 e segs.), embora a sua observação praticamente acabe em meados do século XIX e dê ao Estado do Romantismo um cunho meramente histórico e de reação contra a Revolução Francesa e o racionalismo.

[28] Cfr. FULCO LANCHESTER, *Stato (forme di)*, in *Enciclopedia del Diritto*, XLIII, 1990, págs. 806 e segs.

[29] Desta perspetiva poderia, porventura, aproximar-se a da evolução das ideias de autoridade segundo OLIVEIRA MARTINS (*Teoria do Socialismo – Evolução política e económica das sociedades na Europa*, na ed. de 1974, págs. 7 e segs.); 1°) OMNIS POTESTAS A DEO; 2°) OBLIGATIO EX CONSENSU; 3°) IL MONDO È FATTO DAGLI UOMINI.

[30] OTTO HINTZE, *Historia...*, cit., págs. 300 e segs.

22.

O Estado estamental

I – O Estado estamental *(Ständenstaat)* ou monarquia limitada pelas ordens é forma política de transição. Já situado no domínio do Estado,[31] não desenvolve, porém, ainda (porque não pode) todas as potencialidades deste e traz consigo algumas sequelas da era feudal. Não existe em toda a parte (por exemplo, em Itália) e não existe da mesma maneira e ao mesmo tempo em Inglaterra ou em França, em Espanha ou nos Estados alemães.

A ideia básica que nele se encontra é a dualidade política rei-estamentos, sucessora do dualismo rei-reino medieval. O rei e as ordens ou estamentos criam a comunidade política. O rei tem não só a legitimidade como a efetividade do poder central; mas tem de contar com os estamentos, corpos organizados ou ordens vindos da Idade Média.

Rei e estamentos exprimem, de certa maneira, um enlace entre Estado e sociedade. E fala-se também em Estado *corporativo*,[32] por causa do fator político presente nessa sociedade complexa de unidades sociais e territoriais. Tal como na Idade Média, os direitos das pessoas estão aí fragmentados e estratificados.

A principal forma de participação dos estamentos encontra-se nas assembleias estamentais (Parlamentos, Estados Gerais, Dietas, Cortes) com particulares formas de composição, divididas ou não em mais de uma câmara e com faculdades ora deliberativas ora consultivas.[33]

II – Como se trata de um momento de equilíbrio, o Estado estamental não dura senão até o Rei ganhar força para levar a unificação do poder

---

[31] Salvo, porventura, em certos países.

[32] Ou em Estado territorial institucional: Otto Brunner, *op. cit.,* pág. 204.

[33] Sobre o Estado estamental, v. Naeff, *op. cit.,* págs. 12 e segs. e 55 e segs.; Hintze, *op. cit.,* págs. 79 e segs.; Rui Machete, *Corporativismo e Direito Corporativo,* Lisboa, policopiado, 1964-1965, págs. 97-98, 108 e 109 e segs.; Cabral de Moncada, *Filosofia do Direito e do Estado,* II, Coimbra, 1966, págs. 201 e segs.; C. Griffiths *Representative Government in Western Europe in the Sixteenth Century – Commentary and Documents for the Study of Comparative Constitutional History,* Oxónia, 1968; Bernard Guenée, *op. cit.,* págs. 81 e 225 e segs.; Robert Villers, *Le déclin des Assemblées d'État en Europe du XVI au XVIII siècles,* in *Hommage à Robert Besnier,* Paris, 1980, págs. 279 e segs.; Pierangelo Schiera, *Sociedade de "estados", de "ordens" ou corporativa,* in *Poder e Instituições na Europa do Antigo Regime,* obra coletiva, Lisboa, 1984, págs. 123 e segs.; Luís Sousa da Fábrica, *ARepresentação no Estado corporativo medieval,* in *Estado e Direito,* 2º semestre de 1993, págs. 69 e segs.; John Keane, *op. cit.,* págs. 192 e segs.

Parte I · Cap. II – O Direito Público e o Estado Modernos | **37**

às suas últimas consequências. De resto, a Coroa, que representa o todo, é mais progressiva que as ordens, as quais acabam por ficar confinadas à defesa dos seus interesses de classe.[34] A monarquia vai converter-se em absoluta.

Só na Inglaterra os estamentos, mais evoluídos que no Continente, sobrevivem como grupos políticos, e não como meros estratos sociais. Mas, para tanto, têm de ligar a sua sorte na luta contra o rei a uma causa muito *moderna,* a das garantias individuais e da representação nacional: são as revoluções inglesas do século XVII que impedem Carlos I e Jaime II de seguir o exemplo dos reis de França.

23.
O Estado absoluto. O Estado de polícia

I – O termo pode reputar-se menos preciso. Rigorosamente, não pode falar-se em "Estado absoluto" ou em *"Princeps legibus solutus".* Nenhum Estado existe à margem do Direito (insista-se) e nenhum governante deixa de estar vinculado às normas jurídicas que o titulam como tal – às "Leis Fundamentais" de que se fala nessa época e, enquanto as não mudar, às próprias leis que faça e que asseguram a continuidade institucional.[35] O poder é um ofício.[36] E se, na conceção patrimonial ainda dominante, se declara absoluto o poder do Rei (tal como a propriedade é um direito absoluto) isso tão pouco significa ilimitação, já que a propriedade se enquadra sempre na lei.

O sentido próprio só pode ser o de Estado absoluto como aquele em que se opera a máxima concentração do poder no rei (sozinho ou com os seus ministros) e em que, portanto: 1º) a vontade do rei (mas sob formas determinadas) é lei; 2º) as regras jurídicas definidoras do poder são exíguas, vagas, parcelares e quase todas não reduzidas a escrito.[37]

---

[34] Werner Naeff, *op. cit.,* págs. 14-15.
[35] Cfr., por exemplo, António Pedro Barbas Homem, *Judex Perfectus – Função jurisdicional e estatuto judicial em Portugal – 1640-1820,* Coimbra, 2003, II, págs. 139 e segs.
[36] Releia-se Camões (*Lusíadas,* II, 84):
"... pois tens de Rei o ofício.
Que ninguém a seu Rei desobedeça."
Cfr. Maria Margarida Ribeiro Garcez da Silva, *"Os Lusíadas" e o poder político,* Lisboa, 1973, pág. 15; Martim de Albuquerque, *A expressão do poder em Camões,* Lisboa, 1988, págs. 145 e segs.
[37] Cfr., por todos, Gabriel Le Pointe, *Les principes du gouvernement monarchique dans l'ancien régime,* in *Boletim* da *Faculdade de Direito da Universidade de Coimbra,*

38 | Teoria do Estado e da Constituição · *Jorge Miranda*

Assim se explicam tanto os exageros dos teóricos do absolutismo (que sustentam que os únicos deveres do príncipe para com os súbditos ou para com o Estado são deveres morais, embora gravíssimos) como os dos monarcómacos[38] (que chegam a defender o tiranicídio).

Expediente técnico-jurídico muito caraterístico deste ambiente vem a ser o desdobramento do Estado em Estado propriamente dito, dotado de soberania, e em *Fisco,* entidade de Direito privado e sem soberania. Apenas o Fisco entra em relações jurídicas com os particulares, contrata, se obriga, comparece em juízo, só contra ele podem os particulares reivindicar direitos subjetivos.

II – É usual distinguir dois subperíodos na evolução do absolutismo.

Num primeiro, que se estende até princípios do século XVIII, a monarquia afirma-se de "direito divino". O Rei pretende-se escolhido por Deus, governa pela graça de Deus, exerce uma autoridade que se reveste de fundamento ou de sentido religioso.[39]

Numa fase subsequente, embora essa referência básica se mantenha a nível de consciência jurídica da comunidade, vai procurar-se atribuir ao poder uma fundamentação racionalista dentro do ambiente de iluminismo dominante.[40] É o "Despotismo Esclarecido" ou, noutra perspetiva, em alguns países, o "Estado de polícia" (tomando-se então o Estado como uma associação para a consecução do interesse público e devendo o príncipe, seu órgão ou seu primeiro funcionário, ter plena liberdade nos meios para o alcançar).[41]

XXXVIII, 1962, págs. 68 e segs.; Martin Kriele, *Ein Einführung in die Staatslehre,* trad. castelhana *Introducción a la teoria del Estado,* Buenos Aires, 1980, págs. 75 e segs.; R. C. van Caenegem, *op. cit.,* págs. 119 e segs.; Luís Salgado de Matos, *op. cit.,* págs. 197 e segs.

[38] Cfr. MarioTurchetti, *Tyrannie et tyranicide de l'Antiquité à nos jours,* Paris, 2001, págs. 418 e segs.

[39] Recordem-se Jaime I de Inglaterra *(True laws of free monarchies)* ou Bossuet *(Politique tirée de l'Escriture Sainte),* mas não Hobbes *(Leviathan),* teórico de um absolutismo de base contratualista. Cfr. Marcello Caetano, *Direito Constitucional,* cit., págs. 301-302; ou Ombretta Fumagalli Corulli, *I fondamenti religiosi dell'Assolutimo in Bossuet,* in *Studi in onore di Giorgio Balladore Pallieri,* obra coletiva, I, Milão, 1978, págs. 190 e segs.

[40] Cfr. Otto Brunner, *op. cit.,* pág. 190.

[41] Sobre o Estado de polícia, cfr. Rogério Soares, *Interesse público...,* cit., págs. 54 e segs.; C. Mortati, *Le forme di governo,* cit., págs. 12 e segs.; José Luis Carro Fernandes-Valmayor, *Policia y Dominio eminente como técnicas de intervención en el Estado Preconstitucional,* in *Estudios Jurídicos – Homenaje al Profesor Alfonso Otero,*

Parte I · Cap. II – O Direito Público e o Estado Modernos | 39

Não se pense, que, ao longo destes séculos, só há monarquias. Também se encontram algumas repúblicas, desde a Holanda e as cidades hanseáticas do norte da Alemanha à Suíça e ao norte da Itália – todavia, repúblicas aristocráticas (com raras exceções), mais próximas das da Antiguidade do que das repúblicas democráticas que surgiriam depois das Revoluções americana e francesa.[42]

III – O critério principal de ação política torna-se a razão de Estado, a conveniência, o bem público, e não a justiça ou a legalidade, apesar de a religião cristã, oficialmente professada, necessariamente contrariar o maquiavelismo.[43] E enaltece-se o poder pelo poder, posto ao serviço do Estado soberano.[44]

A função histórica do Estado absoluto consiste em reconstruir (ou construir) a unidade do Estado e da sociedade, em passar de uma situação de divisão com privilégios das ordens (sucessores ou sucedâneos dos privilégios feudais) para uma situação de coesão nacional, com relativa igualdade de vínculos ao poder (ainda que na diversidade de direitos e deveres).[45]

Sobretudo no século XVIII, a lei prevalece sobre o costume como fonte do Direito e esboça-se o movimento de codificação, reforma-se a justiça, consolida-se a função pública, criam-se exércitos nacionais e o Estado intervém em alguns setores até aí ignorados da cultura, da economia e da assistência social.

Incrementa-se, entretanto, o capitalismo, primeiro comercial, depois industrial, e a burguesia revela-se o setor mais dinâmico da sociedade. O

---

obra coletiva, Santiago de Compostela, 1981, págs. 367 e segs.; PIERANGELO SCHIERA, *A "polícia" como síntese de ordem e de bem-estar no moderno Estado centralizado*, in *Poderes e Instituições...*, págs. 309 e segs.; JORGE REIS NOVAIS, *Contributo para uma teoria de Estado de Direito*, Coimbra, 1987, págs. 26 e segs.; MARIA DA GLÓRIA GARCIA, *op. cit.*, págs. 150 e segs.

[42] V. YVES DURAND, *Les Républiques au temps des monarchies*, Paris, 1973.

[43] Sobre o assunto, v. FRIEDRICH MEINECKE, *La Idea de la Razón de Estado en la Edad Moderna*, trad., Madrid, 1958; ANTÓNIO PEDRO BARBAS HOMEM, *op. cit.*, págs. 43 e segs.

[44] Para uma comparação do absolutismo em diferentes épocas históricas, v. MANUEL ANTUNES, *Absolutismo*, in *Verbo*, I, págs. 129 e segs.

[45] Para um panorama geral da época e das instituições em diversos países, v. *La formazione dello Stato moderno*, obra coletiva, Bolonha, 1970; ROBERT MANDROU, *L'Europe Absolutiste – Raison et raison d'Etat (1649-1775)*, Paris, 1979; ROMAN SCHNUR, *Individualismo e absolutismo*, trad., Milão, 1979; G. OESTREICH, *Problemas estruturais do absolutismo europeu*, in *Poder e Instituições...*, págs. 181 e segs.

40 | Teoria do Estado e da Constituição • *Jorge Miranda*

contraste crescente entre o poder económico da burguesia e a sua falta de poder político[46] hão-de levá-la depois a fazer ou a apoiar a revolução.

24.
O Estado constitucional, representativo ou de Direito

I – As correntes filosóficas do contratualismo, do individualismo e do iluminismo – de que são expoentes doutrinais LOCKE *(Segundo Tratado sobre o Governo)*, MONTESQUIEU *(Espírito das leis)*, ROUSSEAU *(Contrato Social)*, KANT (além de obras filosóficas fundamentais, *Paz Perpétua)* – e impor-tantíssimos movimentos económicos, sociais e políticos conduzem ao Estado constitucional, representativo ou de Direito.

Ponto culminante de viragem é a Revolução francesa (1789-1799),[47] mas não pouca importância assumem nessa mudança a Inglaterra (onde a evolução se desencadeia um século antes e onde se inicia a "Revolução in-dustrial"), e os Estados Unidos (com a primeira ou, olhando às colónias de que se formou, com as primeiras Constituições escritas em sentido moderno).[48]

A expressão *"Estado constitucional"* parece ser de origem francesa, a expressão *"governo representativo"* de origem anglo-saxónica e a ex-

---

[46] Sobre o Estado absoluto como transição do tipo feudal de Estado para o tipo capitalista, v., numa conceção marxista, NICOS POULANTZAS, *op. cit.*, págs. 174 e segs. Algo dife-rentemente (por se inclinar para a correspondência do Estado absoluto com o modo de produção feudal), ANTÓNIO MANUEL HESPANHA, *O Estado absoluto – Problemas de interpretação histórica*, in *Estudos em homenagem ao Professor Doutor J. J. Teixeira Ribeiro,* obra coletiva, II, Coimbra, 1979, págs. 185 e segs.

[47] Sobre o movimento político cultural em que se insere, v., por exemplo, BENNO VON WIESE, *La Cultura de la Ilustración,* trad. castelhana, Madrid, 1954 (reimpressão de 1979); BERNARD GROETHUYSIN, *Philosophie de la Révolution Française,* Paris, 1956; MAURIZIO FIORAVANTI, *op. cit.,* págs. 107 e segs.; GARCIA DE ENTERRÍA, *La lengua de los derechos. La formación del Derecho Publico europeo tras la Revolución francesa,* Madrid, 1994; MARIO DOGLIANI, *op. cit.,* págs. 150 e segs.; VIRIATO SOROMENHO MAR-QUES, *A era da cidadania,* Lisboa, 1996; MARTIN KISCH, *Conceitos centrais de análise histórico-constitucional dos Estados de transição europeia por volta de 1800,* in *Themis,* nº 5, 2002, págs. 189 e segs.; HORST DIPPEL, *História do constitucionalismo modermo – Novas perspectivas,* trad., Lisboa, 2007: JOSÉ ADÉRITO LEITE SAMPAIO, *Teoria da Constituição e dos Direitos Fundamentais,* Belo Horizonte, 2013, págs. 5 e segs. Como nota VON WIESE: a radical racionalização da ideia do Estado conduz à revolução (pág. 40). Quanto ao jusracionalismo, cfr., por todos, FRANZ WIEÄCKER, *História do Direito Privado Moderno,* trad., Lisboa, 1980, págs. 279 e segs.

[48] Cfr. a comparação entre a Revolução norte-americana e a Revolução francesa de Luís PEREIRA COUTINHO, *A autoridade moral da Constituição,* Coimbra, 2009, págs. 285 e segs. e 317 e segs.

Parte I · Cap. II – O Direito Público e o Estado Modernos | **41**

pressão *"Estado de Direito"* de origem alemã. A variedade de qualificativos inculca, de per si, a diversidade de contribuições, bem como de acentos tónicos.

II – Em larga medida, a máquina (política e administrativa) do Estado constitucional é a mesma do Estado de polícia. E, por outra banda, dir-se-ia que algumas das suas caraterísticas aparentemente correspondem ao desenvolvimento de caraterísticas vindas de trás: as Constituições escritas reforçam a institucionalização jurídica do poder político; a soberania nacional, una e indivisível, a sua unidade; o povo como conjunto de cidadãos iguais em direitos e deveres a sua imediatividade.

Nem por isso, menos nítida é a divergência no plano das ideias e das regras jurídicas positivas.[49] Em vez da tradição, o contrato social; em vez da soberania do príncipe, a soberania nacional e a lei como expressão da vontade geral; em vez do exercício do poder por um só ou seus delegados, o exercício por muitos, eleitos pela coletividade; em vez da razão do Estado, o Estado como executor de normas jurídicas; em vez de súbditos, cidadãos, e atribuição a todos os homens, apenas por serem homens, de direitos consagrados nas leis. E instrumentos técnico-jurídicos principais tornam-se, doravante, a Constituição, o princípio da legalidade, as declarações de direitos, a separação de poderes, a representação política.

A atitude espiritual correspondente a este novo estado de coisas é bem descrita por Kant:

> "Ninguém me pode constranger a ser feliz à sua maneira (como ele concebe o bem-estar dos outros homens), mas a cada um é permitido buscar a sua felicidade pela via que lhe parece boa, contanto que não causa dano à liberdade de os outros aspirarem a um fim semelhante e que pode coexistir com a liberdade de cada um, segundo uma lei universal possível.
>
> Um governo que se erigisse sobre o princípio da benevolência para com o povo, à maneira de um *pai* relativamente aos seus filhos, isto é, um governo *paternal (imperium paternale)*, onde, por conseguinte, os súbditos, como crianças menores que ainda não podem distinguir o que lhes é verdadeiramente útil ou prejudicial, são obrigados a comportar-se de modo passivo, a fim de esperarem somente do juízo do chefe do Estado a maneira como *devem* ser felizes e apenas da

---

[49] Assim como dos mitos: cfr. Paulo Ferreira da Cunha, *Mito e constitucionalismo*, Coimbra, 1990, págs. 32, 161 e segs. e 181 e segs.

sua bondade que ele também o queiram – um tal governo é o maior *despotismo* que pensar se possa.[50]

O iluminismo é a saída do homem da sua menoridade, de que ele próprio é culpado. E menoridade é a incapacidade de se servir do entendimento sem a orientação de outrem. Tal menoridade é por culpa própria se a sua causa não reside na falta de entendimento, mas na falta de decisão e de coragem em se servir de si mesmo sem a orientação de outrem."[51]

III – No sentido que assim se recorta, a Constituição traduz algo de diverso e original. Traz consigo uma nova fundação e uma nova limitação e envolve todo um modo de ser concebido o poder. Na Constituição se plasma um determinado sistema de valores da vida pública, dos quais é depois indissociável. Um conjunto de princípios filosófico-jurídicos e filosófico-políticos (embora de inspirações algo diversas) vêm-na justificar e vêm-na criar.[52]

Os mais significativos textos desta nova conceção são americanos e franceses – a Declaração de Direitos de Virgínia e a Declaração de Independência dos Estados Unidos, ambas de 1776, e a Declaração dos Direitos do Homem e do Cidadão, de 1789, aquelas mais próximas do pensamento cristão, esta de um racionalismo laico.

Lê-se no art. 1º da Declaração de Direitos do Estado de Virgínia: "Todos os homens são, por natureza, livres e têm certos direitos inatos, de que, quando entram no estado de sociedade, não podem, por nenhuma forma, privar ou despojar a sua posteridade, nomeadamente o direito à vida e à liberdade, tal como os meios de adquirir e possuir a propriedade e procurar obter a felicidade e a segurança".

Na Declaração de Independência dos Estados Unidos afirma-se: "Consideramos de per si evidentes as verdades seguintes: todos os homens são criaturas iguais, são dotados pelo seu Criador de certos direitos inalienáveis e, entre estes, acham-se a vida, a liberdade e a busca de felicidade; os governos são estabelecidos entre os homens para assegurar estes direitos e os seus justos poderes derivam do consentimento dos governados; quando a forma de governo se torna ofensiva destes fins é direito do povo alterá-la, ou aboli-la e instituir novo governo…".

---

[50] *Sobre a expressão corrente: isto pode ser correcto na teoria, mas nada vale na prática* (1793), in *A Paz Perpétua e outros Opúsculos*, trad. de ARTUR MOURÃO, Lisboa, 1988, pág. 75.

[51] *Que é o iluminismo?* (1784), *ibidem*, pág. 11.

[52] Nosso *Contributo para uma teoria da inconstitucionalidade*, Lisboa, 1968, pág. 30.

Por sua vez, na Declaração dos Direitos do Homem e do Cidadão (votada pela Assembleia Nacional francesa), proclama-se no art. 1º: "Os homens nascem e são livres e iguais em direitos, as instituições políticas só podem fundar-se na utilidade comum".

No art. 2º: "O fim de toda a associação política é a conservação dos direitos naturais e imprescritíveis do homem. Estes direitos são a liberdade, a propriedade, a segurança e a resistência à opressão".

No art. 6º: "A lei é a expressão da vontade geral. Todos os cidadãos têm o direito de concorrer, pessoalmente ou através dos seus representantes, para a sua formação...".

No art. 16º: "Qualquer sociedade em que não esteja assegurada a garantia dos direitos, nem estabelecida a separação dos poderes não tem Constituição".

IV – Numa primeira noção, *Estado constitucional* significa Estado assente numa Constituição fundadora e reguladora tanto de toda a sua organização como da relação com os cidadãos e tendente à limitação do poder.

Governo representativo significa a forma de governo em que se opera uma dissociação entre a titularidade e o exercício do poder – aquela radicada no povo, na nação (no sentido revolucionário) ou na coletividade, e este conferido a governantes eleitos ou considerados representativos da coletividade (de *toda a* coletividade, e não de estratos ou grupos como no Estado estamental). E é uma forma de governo nova em confronto com a monarquia, com a república aristocrática e com a democracia direta, em que inexiste tal dissociação.

Estado de Direito é o Estado em que, para garantia dos direitos dos cidadãos, se estabelece juridicamente a divisão do poder e em que o respeito pela legalidade (seja a mera legalidade formal, seja – mais tarde – a conformidade com valores materiais) se eleva a critério de ação dos governantes.[53]

---

[53] ROBERT VON MOHL, considerado por alguns como o autor que lançou o conceito, dizia que a ideia em que se fundamentava o Estado de Direito se resumia nisto: o desenvolvimento o mais humano possível de todas as forças humanas em cada um dos indivíduos (*Polizei*, 1841, *Concepto de policia y Estado de Derecho*, in *Liberalismo aleman en el siglo XIX – 1815-1848*, coletânea de estudos, trad., Madrid, 1987, pág. 141). E acrescentava: "Ninguém pode ser sacrificado como um meio ou como uma vítima à ideia de todo" (pág. 142); "nenhum direito deve ficar sem proteção, porque seja demasiado insignificante para o Estado" (pág. 143); "Estado de Direito exige proteção jurídica" (pág. 144).

V – A sucessão de Constituições desde o século XVIII, naturalmente, irá depois refletir as marcas dos tempos e das relações com os sistemas políticos.

Biscaretti Di Ruffia, distingue oito ciclos entre 1789 e a época contemporânea na linha do Estado de Direito, pertencendo os seis primeiros àquilo que designa por "constitucionalismo clássico": 1º) as Constituições revolucionárias (1789-1799); 2º) as Constituições napoleónicas (1799-1815); 3º) as Constituições da Restauração (1815-1830); 4º) as Constituições liberais (1830-1848); 5º) as Constituições democráticas (1848-1918); 6º) as Constituições federais (1848-1871); 7º) as Constituições de democracia racionalizada (1919-1937); 8º) as Constituições de democracia social (2º após-guerra)[54]. E poderia acrescentar um novo ciclo: o das Constituições das três últimas décadas, subsequente à queda dos regimes autoritários e totalitários da Europa meridional, da America Latina e da Europa central e oriental.[55]

25.
O Estado constitucional no século XIX como Estado liberal burguês

I – O Estado constitucional, representativo ou de Direito surge como Estado *liberal,* assente na ideia de liberdade e, em nome dela, empenhado em limitar o poder político tanto internamente, pela sua divisão, como externamente, pela redução ao mínimo das suas funções perante a sociedade.[56]

É isso que sustentam, de seus pressupostos doutrinais e prismas próprios, os autores que o teorizam e propugnam: além de Kant e Adam Smith, Thomas Paine *(Direitos do Homem),* Madison *(O Federalista),* Wilhelm

---

Sobre o "Rechtsstaat" na história intelectual e constitucional alemã, cfr. *Figures de l'État de Droit,* obra coletiva sob a direção de Olivier Jouanjan, Estrasburgo,2001; Luc Heuschling, *État de droit, Rechtsstaat, Rule of Law,* Paris, 2002.

[54] *La Constitution comme loi fondamentale...*, Turim-Paris, 1966, págs. 9-10.

[55] Para uma visão sintética do constitucionalismo no mundo desde o século XVIII, v., por exemplo, Bruce Ackermann, *The rise of world constitutionalism,* in *Virginia Law Review,* 1997, págs. 771 e segs.; Cláudio Pereira de Sousa Neto e Daniel Sarmento, *Direito Constitucional – Teoria, história e métodos de trabalho,* Belo Horizonte, 2012, págs. 70 e segs.; Lenio Luiz Streck, *Jurisdição constitucional e decisão jurídica,* 3ª ed., São Paulo, 2013, págs. 110 e segs.

[56] Embora o Estado intervenha diretamente na economia por meio de obras públicas, dos "melhoramentos materiais" (Fontes Pereira de Melo em Portugal).

Parte I · Cap. II – O Direito Público e o Estado Modernos | **45**

VON HUMBOLDT *(Sobre os limites da acção do Estado)*, BENTHAM *(Obras)*, BENJA-MIN CONSTANT *(Princípios de Política)*, ALEXIS DE TOCQUEVILLE *(Da Democracia na América)*, STUART MILL *(Sobre a Liberdade, Sobre o Governo Representativo)* e tantos outros (como, em Portugal, SILVESTRE PINHEIRO FERREIRA e ALEXANDRE HERCULANO).

Mas, apesar de concebido em termos racionais e até desejavelmente universais, na sua realização histórica não pode desprender-se de certa situação socioeconómica e sociopolítica. Exibe-se também como Estado *burguês*, imbricado ou identificado com os valores e interesses da burguesia, que então conquista, no todo ou em grande parte, o poder político e económico.

II – As transformações registadas não se confinam ao campo da política, não nascem e também não se esgotam todas nesse domínio. As revoluções liberais são ainda de cunho social e, com os velhos governos, derrubam-se os velhos hábitos, atingem-se as classes, os estratos de classes e as respetivas zonas de influência ou de comunicação, há valores que se perdem e outros há que se adquirem. Uma organização do poder arrasta e é arrastada por uma nova organização da sociedade.[57]

Daí, o realce das liberdades jurídicas do indivíduo, como a liberdade contratual; a absolutização da propriedade privada junto das liberdades; a recusa, durante muito tempo, da liberdade de associação (por se entender, no plano dos princípios, que a associação reduz a liberdade e por se recear, no plano prático, a força da associação dos mais fracos economicamente); e desvios aos princípios democráticos (apesar da sua proclamação formal), nomeadamente, através da restrição do direito de voto aos possuidores de certos bens ou rendimentos, únicos que, tendo responsabilidades sociais, deveriam ter responsabilidades políticas (sufrágio censitário).[58]

---

[57] *Contributo...*, cit., pág. 58.

[58] Sobre as doutrinas, o Estado e a sociedade liberais, v., entre tantos, CARL SCHMITT, *Verfassungslehre*, 1927, trad. castelhana *Teoria de la Constitución*, Madrid, 1934, págs. 145 e segs.; HAROLD LASKI, *The Rise of European Liberalism*, Londres, 1936; LUIS DIEZ DEL CORRAL, *El liberalismo doctrinario*, Madrid, 1956; FÉLIX PONTEIL, *Les classes bourgeoises et l'avènement de la démocratie (1815-1914)*, Paris, 1968; JEAN LHOMME, *La grande bougeoisie au pouvoir (1830-1860)*, Paris, 1969; ROGÉRIO SOARES, *Direito Público...*, cit., págs. 39 e segs.; GEORGES BURDEAU, *Traité...*, VI, 2ª ed., 1971, e *Le libéralisme*, Paris, 1979; VITAL MOREIRA, *A ordem jurídica do capitalismo*, Coimbra, 1973, págs.73 e segs.; NICOLA MATTEUCCI, *Liberalismo*, in *Dizionario di Politica*, págs. 529 e segs.; HENRIQUE BARRILARO RUAS, *Liberalismo*, in *Polis*, III, 1985, págs. 1090 e segs.; JORGE REIS NOVAIS, *op. cit.*, págs. 67 e segs.; NORBERTO BOBBIO, *Liberalismo e*

As Constituições da época refletem isso mesmo e também a evolução que irá decorrendo segundo esses parâmetros.

III – Por osmose ou por imitação, por meios revolucionários ou por cedência régia, os regimes liberais vão-se implantar ao longo da primeira metade do século XIX. Ao mesmo tempo, com base no "princípio das nacionalidades" (aliás, nem sempre tomado em espírito romântico liberal), avança-se para a unificação da Itália e da Alemanha e dá-se a independência da Grécia e dos demais países balcânicos. E também os países da América Latina se separam da Espanha e de Portugal.

Num primeiro momento, os grandes conflitos políticos e sociais opõem liberais e conservadores (ou legitimistas em alguns países, após a queda da monarquia absoluta). Num segundo momento, opõem liberais e radicais (democratas, republicanos, socialistas, anarquistas).[59]

Por outro lado, o liberalismo vai enfrentar críticas doutrinais provenientes de vários quadrantes: do pensamento reacionário (Joseph de Maistre, De Bonald e outros), do pensamento católico (do *Syllabus* à *Rerum Novarum* e às outras encíclicas sociais), do pensamento socialista (Saint-Simon, Owen, Fourier, Proudhon, Marx, Engels).

Como quer que se entendam tais críticas, decisivas devem ter-se, apesar de tudo, algumas das aquisições trazidas pelo liberalismo, quer direta e imediatamente, quer indireta ou mediatamente. Diretamente: a abolição da escravatura, a humanização do Direito e do processo penais, a progressiva supressão de privilégios de nascimento, a liberdade de imprensa.[60] Indiretamente: a prescrição de princípios que, ainda quando não postos logo em prática, viriam, pela sua própria lógica, numa espécie de *auto-regência do Direito*,[61] a servir a todas as classes, e não apenas à

---

democracia, trad., São Paulo, 1988; Sílvio Dobrowlski, *O liberalismo: exame da sua ideologia e das suas deficiências*, in *Revista Brasileira de Estudos Políticos*, nº 66, Janeiro de 1988, págs.161 e segs.; Maurizio Fioravanti, *op. cit.*, págs. 153 e segs.; Maria da Glória Garcia, *op. cit.*, págs. 267 e segs.; Jürgen Habermas, *Strukturwandel der Öffentlichekeit*, 1961, trad. *Mudanças estruturais da esfera pública*, Rio de Janeiro, 2003; Paulo Otero, *op. cit.*, págs. 179 e segs.; Paulo Bonavides, *Do Estado Liberal ao Estado Social*, 9ª ed., São Paulo, 2009, págs. 39 e segs.

59 Cfr., embora doutra ótica, Maurice Duverger, *op. cit.*, I, págs. 87 e segs.

60 Cfr. Manuel Antunes, *Liberalismo*, in *Verbo*, XII, pág. 18.

61 A expressão é de GustavRadbruch, *Filosofia do Direito*, trad., Coimbra, 1953, I, págs. 79-80, e II, págs.136 e segs. Cfr., por exemplo, Emilio Crosa, *Ilfattore politico e le Costituzioni*, in *Studi di Diritto Pubblico in onore di Oreste Ranelletti*, obra coletiva, I, Pádua, 1931, págs. 149 e segs. ou Georges Burdeau, *op. cit.*, I, págs. 159 e segs., e VI, págs. 358 e segs.

Parte I · Cap. II – O Direito Público e o Estado Modernos | **47**

classe burguesa que começara por os defender em proveito próprio (assim, a partir da liberdade de associação a conquista da liberdade sindical e a partir do princípio da soberania nacional a do sufrágio universal).

Mais ainda: independentemente das fundamentações (discutíveis ou não) dos movimentos políticos dos séculos XVIII e XIX, foram as Constituições que deles saíram e os regimes que depois se objetivaram que, pela primeira vez na história, introduziram a *liberdade política,* simultaneamente como liberdade-autonomia e liberdade-participação, a acrescer à *liberdade civil.*

26.

A situação do Estado no século XX

I – Século marcado por convulsões bélicas, crises económicas, mudanças sociais e culturais e progresso técnico sem precedentes (mas não sem contradições), o século XX é, muito mais que o século anterior, a era das ideologias e das revoluções. Desembocam nele todas as grandes correntes filosóficas[62] e acelera-se o ritmo das mudanças políticas e sociais.[63]

---

[62] Escreve RADBRUCH (II, págs. 137-138): "… na realidade da vida política ainda os interesses mais arbitrários se veem sempre obrigados a tomar aparentemente a forma e a cor do direito para conseguirem fazer-se respeitar. Viu-se já como a liberdade reclamada pela burguesia no seu interesse de classe, só pelo facto de ter sido reclamada sob a veste e na forma do direito, veio a aproveitar ao quarto-estado e a redundar em prejuízo dos próprios interesses da burguesia sob a forma do direito de associação… – É justamente por efeito desta auto-regência do jurídico que até as próprias classes inferiores podem vir a ter interesse na realização do direito estabelecido pelas classes superiores. É esta a razão que nos explica por que, tantas vezes, na luta pelo direito, as classes oprimidas se tenham convertido em defensoras da ordem jurídica estabelecida que as classes superiores impuseram sobre elas. É que esse direito, apesar de ser de classe, é sempre direito e, sendo direito, jamais ousará apregoar francamente o interesse da classe dominante. Encobri-lo-á sob a roupagem duma forma jurídica, redundando assim, qualquer que seja o seu conteúdo, em benefício de todos os oprimidos". Cfr. as modernas conceções de autopoiese, por exemplo, em GÜNTHER TEUBNER, *Recht als Autopoeitisches System,* 1989, trad. portuguesa *O Direito como sistema autopoiético,* Lisboa, 1993; WILLIS SANTIAGO GUERRA FILHO, *op. cit.*; ou MARCELO NEVES, *A Constitucionalização Simbólica,* 2ª ed., São Paulo, 2007, págs. 127 e segs. V., por todos, FRANÇOIS CHÂTELET e EVELYNE PISIER-KOUCHNER, *Les conceptions politiques du* XXᵉ *siècle,* Paris, 1981.

[63] Cfr. a síntese de ERIC HOBSBAWN, *Age of Extremes – The Short Twentieth Century – 1914-1991,* 1994, trad. portuguesa *A Era dos Extremos – História Breve do Século XX – 1914-1991,* Lisboa, 1996.

É, portanto, um século em que o Direito público sofre poderosíssimos embates e em que à fase *liberal* do Estado constitucional vai seguir-se uma fase *social*.

II – São seis as linhas de força dominantes, na sequência imediata das duas guerras mundiais:

- As transformações do Estado num sentido democrático, intervencionista, social, bem contraposto ao *laissezfaire* liberal;[64-65]

- O acesso (ou a luta pelo acesso) das mulheres à igualdade – igualdade de direitos na família, no trabalho, na participação política;

- O aparecimento e, depois, oquase completodesaparecimento de regimes totalitários de diversas inspirações;

- A emancipação dos povos coloniais, com a distribuição agora de toda a Humanidade por Estados – por Estados quase todos moldados pelo tipo europeu, embora com sistemas político-constitucionais bem diferentes;

---

[64] A evolução do século XIX para o século XX é descrita sugestivamente por expressões (um pouco forçadas, aliás) como estas:
– do Estado neutro ao Estado ético ou teleocrático;
– do Estado mínimo ao Estado-providência;
– do Estado-polícia (que não é o mesmo que Estado de polícia) ao Estado de bem-estar;
– do Estado jurídico ao Estado cultural;
– do Estado legislativo ao Estado administrativo.

[65] Sobre a problemática do Estado ao longo do século XX, cfr. v. JOHN KENNETH GALBRAITH, *The New Industrial State*, Nova Iorque, 1967 (há tradução portuguesa); ROGÉRIO SOARES, *Direito Público e Sociedade Técnica*, cit.; WOLFGANG ABENDROTH, *Antagonistische Gesellschaft und Politische Demokratie*, 1967, trad. castelhana *Sociedad antagonica y democracia política*, Barcelona-México, 1973; ERNST FORSTHOFF, *Der Staat der Gesellschaft*, trad. castelhana *El Estado de la Sociedad Industrial*, Madrid, 1975; GEORGES BURDEAU, *Traité...*, cit., 2ª ed., VII, 1972, e X, 1977; J.C. VIEIRA DE ANDRADE, *Grupos de interesses, pluralismo e utlidade política*, Coimbra, 1977; MANUEL GARCIA PELAYO, *Las transformaciones del Estado Contemporaneo*, Madrid, 1977; NICOS POULANTZAS, *L'État, le Pouvoir, le Socialisme*, Paris, 1978; NIKLAS LUHMANN, *Stato di diritto e sistema sociale*, trad., Nápoles, 1978; NORBERTO BOBBIO, *Contratto sociale, oggi*, Nápoles, 1980; MARCELO REBELO DE SOUSA, *Os partidos no Direito Constitucional Português*, Braga, 1983, págs. 30 e segs.; o vol. 7, nº 2, de 1986, da *International Political Science Review*; SILVÉRIO DA ROCHA E CUNHA, *Estado, consenso, legitimação e os paradoxos da modernidade*, in Boletim da Faculdade de Direito da Universidade de Coimbra, 1987, págs. 110 e 135 e segs.; R. C. VAN CAENEGEM, *op. cit.*, págs. 293 e segs.; REINHOLD ZIPPELIUS, *Allgemeinestaatslehre*, 3ª ed. portuguesa *Teoria Geral do Estado*, Lisboa, 1997, págs. 462 e segs.

Parte I • **Cap. II** – O Direito Público e o Estado Modernos | **49**

– A institucionalização da comunidade internacional, através de organizações a nível mundial ou só continental ou regional;
– A proteção internacional dos direitos do homem.

Assim, revelam-se de alcance quase universal a promessa de direitos económicos, sociais e culturais a par das liberdades e garantias individuais (por vezes, em contraposição a estas), o sufrágio universal, os partidos de massas, a tendencial substituição das formas monárquicas por formas republicanas, a generalização das Constituições e o enriquecimento do seu conteúdo (nem sempre da sua garantia), o alargamento dos fins do Estado, a multiplicação dos grupos sociais e de interesses e o papel político que procuram desempenhar, o crescimento da função administrativa, o realçar do Poder Executivo em detrimento do Parlamento. Necessário é, contudo, captar, ao lado e para além dos textos jurídicos, as realidades políticas.

Com ou sem formas aparentemente similares às dos regimes liberais, surgem no século XX diversos regimes, não por acaso chamados totalitários, produto da "rebelião das massas (ORTEGA), do impacto sobre estas de determinadas ideologias e de ocorrências políticas internas ou externas de maior vulto. Tal como no Estado absoluto, há neles uma concentração do poder político, mas muito mais do que isso: o Estado absoluto não intervinha na vida privada das pessoas, não pretendia absorver a sociedade civil (nem tinha meios para isso);[66] ao passo que o Estado totalitário assume todo o poder na sociedade e identifica a liberdade humana com a prossecução dos seus fins.[67]

A emancipação dos povos ultramarinos é, simultaneamente, uma consequência das modificações operadas nas relações internacionais e

---

[66] O "poder absoluto" restringia-se às possibilidades de conquista e coação, de confiscação e recrutamento, e era praticamente impotente quando se tratava duma modificação da realidade social de acordo com uma finalidade. As estruturas da sociedade eram demasiado simples, as formas de comportamento dirigidas eram alternativas, o potencial de comunicação das instâncias de decisão demasiado pequeno (NIKLAS LUHMANN, *Legitimtion durch Verfahren*, 1969, trad. *Legitimaçãopelo procedimento*, Brasília, 1980, pág. 120).

[67] Para uma primeira leitura abrangente, v. *Comparative Politics*, obra coletiva, cit., págs. 440 e segs.; LEONARD SCHAPIRO, *Totalitarism*, Londres, 1972; HANNAH ARENDT, *O sistema totalitário*, trad., Lisboa, 1978; *Totalitarismes*, obra coletiva (editada por GUY HERMENS), Paris, 1984; ADRIANO MOREIRA, *Totalitarismo*, in *Polis*, V, págs. 1218 e segs.; ou H. C. F. MANSILLA, *La evolución del Estado y la universalidad del totalitarismo, El fenomeno orwelliano en el Tercer Mundo*, in *Revista de Estudos Políticos*, Julho-Setembro de 1987, págs. 191 e segs.

na economia mundial e um corolário dos princípios de liberdade declarados na Europa. E não é de surpreender que, libertando-se do domínio colonial europeu, do mesmo passo os povos de vários continentes adotem a forma europeia de Estado como única estrutura jurídico-política apta a permitir-lhes o rápido acesso à vida moderna. Mas, naturalmente, são aí imensos os problemas de construção do Estado e várias as formas de governo e até os modelos constitucionais experimentados.

Ao mesmo tempo que o Estado atinge a sua máxima expansão, desenvolve-se a estruturação da comunidade internacional, através de agrupamentos de Estados com funções específicas que adquirem autonomia relativamente a eles – as *organizações internacionais*.[68] Muito diversas pelos fins (políticos, económicos, técnicos, culturais etc.), pelo âmbito (mundial e continental ou regional), pelo acesso (relativamente aberto ou restrito) e pelos poderes (da cooperação ou de integração), elas assinalam uma nova fase do Direito das Gentes. A Carta das Nações Unidas não só estabelece o princípio da solução pacífica de conflitos internacionais (art. 2º, nº 3) e apenas admite a legítima defesa (art. 51º) como se impõe mesmo a Estados não membros (art. 2º, nº 6). E surgem também organizações de integração continental ou regional, como as Comunidades Europeias (tendendo à União Europeia) e o Mercosul.

Ligada à organização da comunidade internacional – porque sem ela não ganha efetividade – nasce a proteção internacional dos direitos do homem, ou seja, a promoção, por meios jurídico-internacionais, da garantia dos direitos fundamentais relativamente ao próprio Estado de que cada um é cidadão. Tem por causas a tendência para a humanização do Direito internacional e o alargamento da noção de sujeito de Direito internacional, mas sobretudo o repúdio da opressão feita por regimes políticos de vários sinais ideológicos e a consciência universal da dignidade da pessoa humana que se vai formando. E devem ser conhecidos os principais instrumentos em que se tem traduzido: a Declaração Universal dos Direitos do Homem, de 1948, "como ideal comum a atingir por todos os povos e todas as nações", os Pactos Internacionais de Direitos Económicos, Sociais e Culturais e de Direitos Civis e Políticos, de 1966, a Convenção Europeia de Salvaguarda dos Direitos do Homem e das Liberdades Fundamentais, de 1950, e a Convenção Interamericana dos Direitos do Homem, de 1969.

---

[68] Cfr. o nosso *Curso de Direito Internacional Público*, 5ª ed., Cascais, 2012, págs. 241 e segs.

27.
A diversidade de tipos constitucionais

I – Considerando mais de perto o fenómeno constitucional avultam três aspetos. Consiste um na perda da crença liberal individualista na Constituição; o outro, e em contrapartida, na generalização das Constituições escritas por todos os Estados; outro ainda, na rápida sucessão das Constituições e das suas vicissitudes.

Fica ultrapassado um modo de encarar a Constituição, extingue-se a fé que fora apanágio do constitucionalismo liberal e lhe fizera atribuir o nome. Não se espera mais que os problemas sejam resolvidos pela simples decretação das suas normas e uma postura crítica ou de pessimismo substitui com veemência o anterior otimismo. E existem razões para ser assim: as deficiências internas das próprias Constituições liberais; a sua dificuldade de conformar o poder e a vida em tempos de aceleração e de impaciência; os reflexos da chamada crise da lei ou do Direito;[69] a tensão dialética de liberalismo, democracia e socialismo. Só no último quartel do século XX a situação se alteraria.

Quanto à propagação das Constituições escritas, tanto pode ter-se como uma aquisição positiva quanto como uma aquisição negativa. Aquisição positiva seria, pelo menos, ficarem os cidadãos e a doutrina habilitados a reconhecer com recurso a elas as linhas primordiais do ordenamento de cada um dos Estados. Facto negativo seria, ainda assim, a generalização, visto que, para as Constituições se enxertarem em quaisquer Estados, teriam de esvaziar, em proporção insofismável, o valor dos seus preceitos.[70]

Durante o século XIX fácil fora olhar a ideia de Constituição para definir o sistema político, pois que, sendo ela constante no que regulava e respeitada, Estado que tivesse Constituição qualificava-se de Estado constitucional. No século XX tudo se modifica, admitem-se as formas

---

[69] Cfr., por exemplo, AFONSO ARINOS, *Crise do Direito e Direito da Crise*, in *Estudos de Direito Constitucional*, Rio de Janeiro, 1957, págs. 151 e segs.; JOSÉ H. SARAIVA, *op. cit.*, págs. 86 e segs.; FRANCISCO LUCAS PIRES, *O problema da Constituição*, Coimbra, 1970, págs. 10 e segs.

[70] É muito conhecido o escrito de GEORGES BURDEAU, *Une survivance: la notion de Constitution*, in *L'évolution du Droit Public – Études en l'honneur d'Achille Mestre*, obra coletiva, Paris, 1956, págs. 53 e segs. Chega a dizer que foi por rito ou inércia que se continuou a redigir Constituições. E também KARL LOEWENSTEIN (*Verfassungslehre*, trad. castelhana *Teoria de la Constitución*, Barcelona, 1964, págs. 213 e segs. e 224 e segs.) falaria numa vitória pírrica da democracia constitucional.

sem se admitirem os princípios, votam-se compromissos entre forças que não se podem neutralizar, os mesmos princípios adquirem significados diferentes e, quando se inscrevem nos textos, nem sempre conseguem concitar o acordo dos intérpretes.

Triunfa a unanimidade formal, perde-se a unanimidade material. Ao contrário do período monárquico absoluto, agora todos os Estados se preocupam com dotar-se de Constituições em perfeito sentido formal.[71] E, ao contrário do período liberal, nessa forma solene única inserem-se matérias e intuitos divergentes. Por outras palavras e em síntese: devemos supor vários, e não um, *tipos constitucionais*. Ao mesmo *tipo histórico de Estado* – o europeu – vão corresponder diferentes *tipos constitucionais de Estado*.[72]

Por isso, não admira que as Constituições acusem uma instabilidade antes desconhecida. Do século XVIII resta em vigor apenas uma, do século XIX quatro ou cinco e até são poucas as que remontam a antes da segunda guerra mundial.[73] Entretanto, não se mostram menos frequentes as alterações ou vicissitudes de vária natureza que vão sofrendo. E torna-se aí ainda mais patente o confronto entre as Constituições que valem como fundamento do poder e aqueloutras que não passam de instrumento ao seu serviço.[74]

II – O primeiro desses tipos vem a ser o *Estado social de Direito* ou modelo de organização constitucional que sucede ao Estado liberal (ou que com ele parcialmente coexiste) sem solução de continuidade e que, muito em resumo, pode reconduzir-se a um esforço de aprofundamento e de alargamento concomitantes da liberdade e da igualdade em sentido social, com integração política de todas as classes sociais.[75]

---

[71] Até porque, como já tem sido sublinhado, o ter uma Constituição converte-se, para cada novo Estado, num símbolo de independência nacional.

[72] *Contributo...*, cit., págs. 63 e segs.

[73] V. a lista das datas de Constituicões de ALBERT P. BLAUSTEIN, *A Flood of New Constitultions*, in *The Constitution*, Outubro de 1988, págs. 19 e segs.

[74] Sobre o tema, v. *Manual...*, II, 7ª ed., Coimbra, 2013, págs. 18 e segs.

[75] V. JORGE MIRANDA, *Contributo...*, cit., págs. 70 e segs.; ROGÉRIO SOARES, *Direito Público...*, cit., págs. 162 e segs.; GEORGES BURDEAU, *Traité...*, VII, 2ª ed., págs. 578 e segs.; W. ABENDROTH, *op. cit.*, págs. 265 e segs.; MASSIMO SEVERO GIANNINI, *Stato sociale: una nozione inutile*, in *Politico*, 1977, págs. 205 e segs.; THEODOR SCHEIDER, *Stato di diritto e stato sociale*, in *Crisi dello Stato e storiografia contemporanea*, obra coletiva, Bolonha, 1979, págs. 105 e segs.; VINCENZO ZANGARA, *Stato di Diritto in evoluzione*, in *Diritto e Società*, 1983, págs. 193 e segs.; WOLFGANG ABENDROTH, ERNST FORSTHOFF e KARL DOEHRING, *El Estado Social*, trad., Madrid, 1986; JORGE REIS NOVAIS, *op. cit.*,

O Estado social de Direito não é senão uma segunda fase do Estado constitucional, representativo ou de Direito. Por dois motivos: 1º) porque, para lá das fundamentações que se mantêm ou se superam (iluminismo, jusracionalismo, liberalismo filosófico) e do individualismo que se afasta, a liberdade – pública e privada – das pessoas continua a ser o valor básico da vida coletiva e a limitação do poder político um objetivo permanente; 2º) porque continua a ser (ou vem a ser) o povo como unidade e totalidade dos cidadãos, conforme proclamara a Revolução francesa, o titular do poder político.

Do que se trata é de articular *direitos, liberdades e garantias* (direitos cuja função imediata é a proteção da autonomia da pessoa) com *direitos sociais* (direitos cuja função imediata é o refazer das condições materiais e culturais em que vivem as pessoas); de articular igualdade *jurídica* (à partida) com igualdade *social* (*à* chegada) e segurança jurídica com segurança social; e ainda de estabelecer a recíproca implicação entre liberalismo político (e não já, ou não já necessariamente, económico) e democracia, retirando-se do princípio da soberania nacional todos os seus corolários (com a passagem do governo representativo clássico à democracia representativa).

As Constituições donde arranca esta linha diretriz são a mexicana de 1917 e, sobretudo, a alemã de l919 (dita Constituição de Weimar) e que, entre as Constituições vigentes que a seguem, se contam a italiana de 1947, a alemã de 1949, a portuguesa de 1976, a espanhola de 1978 e a brasileira de 1988.

III – O Estado social de Direito assume configurações diversas na Europa e na América; na Europa, entre os países do norte e os países do sul; na América, entre o Canadá e os Estados Unidos. E há graus maiores ou menores de efetivação.

Mas desde o final da segunda guerra mundial, mesmo onde o Estado social encontra dificuldades, tem-se progredido para um Estado de Direito material, assente no primado dos direitos fundamentais e na afirmação de um princípio de constitucionalidade das leis e de todos os atos do poder público, a acrescer ao princípio da legalidade da atividade administrativa, garantida por meio de tribunais constitucionais

---

págs. 188 e segs.; Jorge Vanossi, *El Estado de Derecho en el Constitucionalismo social*, Buenos Aires, 1987; Jose Ramón Cossio Diaz, *Estado social y derechos de prestación*, Madrid, 1989; Maria Rosaria Donnarumma, *Uma tematica sempre attuale: lo "Stato di Diritto"*, in *Diritto e Società*, 1994, págs. 89 e segs.

ou de órgãos análogos. Um Estado de Direito material, a que as Constituições e/ou a jurisprudência ligam os princípios da proporcionalidade, das tutela da confiança e da aplicação direta das normas constitucionais impondo-se à lei ou sem lei.[76]

IV – Em oposição ao tipo assim sumariamente descrito, assiste-se no século XX à emergência de dois outros modelos constitucionais, o *soviético* ou *marxista-leninista* e o *fascista*. Resultam de agravados conflitos políticos e sociais, de irradiantes ideologias antiliberais e de partidos ou movimentos vitoriosos que se identificam, depois, com o próprio Estado.

O Estado soviético ou marxista-leninista recebe esse nome por assentar e se inspirar nas ideias da Revolução russa de 7 de novembro de 1917: revolução soviética, feita em nome de *"todo o poder aos sovietes"* (ou seja, aos conselhos de operários, soldados e camponeses); revolução marxista-leninista, feita em nome da ideologia marxista-leninista.

O Estado fascista, por seu turno, tem esse nome por causa do regime instaurado na Itália de 1922 a 1943 pelo partido fascista (organizado em "fáscios de combate")[77] e que, com feições, ora extremas – o nacional-socialismo na Alemanha, de 1933 a 1945 – ora moderadas, foi transplantado ou seguido, na dependência de condicionalismos internos e externos, em vários países.

V – O constitucionalismo de matriz marxista-leninista tem como *differentia specifica* o domínio de todo o poder pelo partido comunista – o que decorre, em linha reta, da conceção leninista, segundo a qual o partido, depois de ter permitido ao proletariado a conquista do poder, exerce este em seu nome.[78]

---

[76] Para uma introdução, *Contributo…*, cit., págs. 79 e segs. e *Manual …*, IV, cit., págs. 250 e segs. e 312 e segs., e autores citados; ou Gustavo Zagrebelsky, *op. cit.*, págs. 84 e segs.

[77] V. Mussolini, *Spirito della Rivoluzione Fascista*, Milão, 1938.

[78] É fundamental conhecer *O Estado e a Revolução*, 1917, de Lenine (*L'État et la Révolution*, trad., Paris, Seghers, 1971), e *Direito e luta de classes* de P. Stücka (de que há trad. portuguesa, Coimbra, 1973). Além disso, cfr. a antologia de autores soviéticos *Soviet Legal Philosophy*, Harvard, University Press, 1951, com reimpressão de 1968; Kelsen, *A teoria política do bolchevismo*, trad., in *Revista da Faculdade de Direito da Universidade de Lisboa*, IX, págs. 112 e segs., e X, págs. 115 e segs.; N. G. Alexandrov e outros, *Teoria del Estado y del Derecho*, trad., México, 1966; J. N. Hazard, *The Soviet system of governement*, 4ª ed., Chicago, 1968; Michel Lesage, *Les régimes politiques de l'U.R.S.S. e des pays de l'Est*, Paris, 1971; Roy Medvedev, *Da democracia socialista*, trad., Lisboa, 1974; Umberto Cerroni, *O pensamento jurídico soviético*, trad., Lisboa, 1976; Biscaretti Di Ruffia e Gabrielle Crespi Rechizzi, *La cos-*

Parte I · Cap. II – O Direito Público e o Estado Modernos | 55

Vanguarda consciente da classe operária e instrumento da sua ditadura, o partido comunista apresenta-se essencialmente como um partido ideológico apto a enquadrar as massas. É nele que está a realidade do poder, e não nos órgãos formais do Estado.

Segundo a doutrina marxista-leninista, cada regime económico tem a sua Constituição. A Constituição socialista, expressão do regime económico socialista, desempenha uma função simultaneamente de balanço do que está feito (no socialismo) e de programa do que falta fazer (a caminho do comunismo).[79]

A legalidade socialista é muito diferente da do Estado de Direito, pois envolve:

a) a aceitação da hierarquia das normas jurídicas, não por causa do seu valor intrínseco e apenas por serem normas de Direito socialista;

b) a desvalorização, por conseguinte, das normas constitucionais em face de leis mais conformes com o estado atual da sociedade socialista;[80]

c) a redução do papel do juiz e da interpretação em geral;

d) a recusa da fiscalização judicial da constitucionalidade das leis.

VI – Apesar da sua viva contestação do Estado constitucional representativo (dito de "democracia burguesa", mesmo na fase social do século XX, em contraposição à "democracia socialista"), o Estado soviético em concreto nunca surgiu em rutura com este (em nenhum país de democracia representativa ou pluralista houve revolução comunista triunfante), mas em rutura com regimes doutro tipo (fosse monarquia absoluta ou

---

tituzione sovietica del 1977. Un sessantenio di evoluzione costituzionale nell'U.R.S.S., Milão, 1978; GIUSEPPE DE VERGOTTINI, *Diritto Costituzionale Comparado,* II, 6ª ed., Pádua, 2004, págs. 4 e segs.

[79] Cfr. MICHEL MOUSKHÉLY, *La notion soviétique de constitution,* in *Revue du droit public,* 1955, págs. 84 e segs.; ZYMUNT IZDEBSKY, *De quelques aspects de l'interprétation des lois,* in *Revue internationale de droit comparé,* 1961, págs. 764 e segs.; STEFAN ROZMARYN, *La Constitution loi fondamentale de l'État socialiste,* Paris-Turim, 1966, págs. 80-81 ; B. N. TOPORNINE, *La Constitution est la loi fondamentale le l'État soviétique,* in *Journées de la Societé de Législation Comparée,* 1979, págs. 135 e segs.; GOMES CANOTILHO, *Direito Constitucional,* 4ª ed., 1986, págs. 74 e 75, e 6ª ed., págs. 82 e segs.

[80] As normas constitucionais em vigor só devem influenciar a atividade atual do legislador na medida em que este tem de levar em conta os fins fixados para o futuro (STEFAN ROZMARYN, *op. cit.,* pág. 101).

tradicional, fosse ditadura de direita). Em rutura com o Estado constitucional liberal surgiu, ao invés, o Estado fascista.

Não houve um único fascismo, antes diferentes fascismos e alguns elementos encontrar-se-iam quer em regimes europeus dos anos 20 e 30 quer em regimes doutros continentes dessa época e de décadas posteriores (como as ditaduras militares de "segurança nacional" da América Latina.

A despeito das diferenças, comuns aos fascismos mussoliniano e hitleriano eram:

a) como inspiração filosófica, HEGEL e NIETZSCHE;

b) como índole geral, o sentido romântico, muito concreto e avesso ao racionalismo, a admissão e a exaltação da força, a ordem como um valor em si, o transpersonalismo, o culto do chefe (levando ao *Führerprinzip*);

c) o governo da minoria (justificado pelo caráter ou pela pureza racial), a ditadura ideológica e o partido de massas elevado a partido único – o que aproximava bastante os sistemas políticos fascistas dos sistemas políticos marxistas-leninistas.[81]

28.

Os problemas no início do século XXI

I – Neste início de século e de milénio, o panorama político-constitucional é, de novo, de grandes transformações e instabilidade.[82]

---

[81] Cfr. MIRKINE-GUETZÉVITCH, *Les théories de la dictature*, in *Revue politique et parlementaire*, 1934, *maxime* págs. 138 e 139; KARL POPPER, *The Open Society and its Enemies*, 1945, trad. *A Sociedade Aberta e os seus Inimigos*, II, Lisboa, 1993, págs. 61 e segs.; CABRAL DE MONCADA, *Filosofia do Direito e do Estado*, I, 2ª ed., Coimbra, 1955, págs. 385 e segs.; RENZO DE FELICE, *Le interpretazioni del fascismo*, Bari, 3ª ed., 1971; ERNST NOLTE, *I tre volti del fascismo*, trad., 1974; STUART WOOLF, *Il fascismo in Europa*, 2ª ed. italiana, Roma, 1975; *International Fascism. New thoughts and new approaches*, obra coletiva editada por GEORGE L. MOSSE, Londres, 1979; JAIME NOGUEIRA PINTO, *Fascismo*, in *Polis*, II, págs. 1379 e segs.; JUAN J. LINZ, *Obras escogidas*, vol. II, Madrid, 2008; PEDRO VELEZ, *On the "essence" of the modern-secular Politics: the case of the interwar national-statist regimes; a constitutional theoretical approach*, in *Revista de Direito Público*, nº 4, Julho-Dezembro de 2010, págs. 105 e segs.

[82] Cfr., por exemplo, de vários prismas, HANS VAN DEN DOEL, *Democracy and Welfare Economics*, 1979, trad. italiana *Democrazia e benessere*, Bolonha, 1981; A. J. PORRAS

Parte I · Cap. II – O Direito Público e o Estado Modernos | 57

É certo que, já não existem, desapareceram ou entraram em queda irreversível quase todos os regimes totalitários e autoritários e o constitucionalismo de matriz ocidental identificado agora com a democracia representativa e pluralista (a democracia politicamente liberal) e com o Estado de Direito dir-se-ia agora prevalecer. Todavia, não se denotam poucas as contradições e indefinições que ostenta (muitas das quais ligadas ao funcionamento do sistema de partidos e ao seu entrosamento com o sistema económico) e não é pequena a sua falta de autenticidade em numerosos países.

Por outro lado, o regime islâmico implantado no Irão em 1979 consolidar-se-ia e seria tomado por modelo por movimentos fundamentalistas em vários países de tradição muçulmana. E mais que um novo tipo constitucional, ele traduz uma maneira de conceber o Estado mui-

---

NADALES, *Introducción a una teoría del Estado post-social,* Barcelona, 1988; LUC ROUBAN, *Innovation, complexité et crise de l'État moderne,* in *Revue française de science politique,* 1988, págs. 325 e segs.; VASCO PEREIRA DA SILVA, *Para um contencioso administrativo dos particulares,* Coimbra, 1989, págs. 56 e segs.; CLAUS OFFE, *Contradicciones en el Estado de Bienestar,* trad., Madrid, 1990; GIANFRANCO POGGI, *op. cit.,* págs. 173 e segs.; J. P. HENRY, *La fin du rêve prométhien? – Le marché contre l'État,* in *Revue du Droit Public,* 1991, págs. 631 e segs.; FRANCIS FUKUYAMA, *The end of history and the last man,* 1992, trad. portuguesa *O fim da história e o último homem,* Lisboa, 1992; GIOVANNI SARTORI, *Democrazia, Cosa e,* Milão, 1993; MANUEL ARAGÓN, *Los problemas del Estado social,* in *Sistema,* Março de 1994, págs. 23 e segs.; IGNACIO ARA PINILLA, *Las transformaciones de las derechos humanos,* reimpressão, Madrid, 1994; BOAVENTURA DE SOUSA SANTOS, *Pela mão de Alice – O social e o político na pós-modernidade,* Porto, 1994, *maxime* págs. 69 e segs.; ERNST GELLNER, *Conditions of Liberty,* 1994, trad. portuguesa *Condições da Liberdade,* Lisboa, 1995; ALAIN TOURAINE, *Qu'este-ce que la Démocracie,* Paris, 1994; *The Constitutional Development on the Eve of the Third Millenium,* obra coletiva, Friburgo, 1995; ANTONINO SPADARO, *Gli effetti della c. d. "globalizzazione",* in *Politica del Diritto,* 1998, págs. 441 e segs.; SAMUEL P. HUNTINGTON, *The crash of civilizations – Remakting of World Order,* 1996, trad. portuguesa *O choque das civilizações e a mudança na ordem mundial,* Lisboa, 1999; PAULO OTERO, *A democracia totalitária,* S. João do Estoril, 2000 e *Instituições políticas e constitucionais,* I, Coimbra, 2007, págs. 609 e segs.; ELOY GARCIA, *"El ultimo triunfo de la libertad": la democracia constitucional ante su momentomaquiavélico,* Bogotá, 2000, págs. 41 e segs.; NOEL PARKER, *Revolutions and History,* trad. portuguesa *As Revoluções e a História,* Lisboa, 2001, págs. 267 e segs.; MÁRIO LÚCIO QUINTÃO SOARES, *op. cit.,* págs. 529 e segs.; ISABEL ESTRADA CARVALHAIS, *Os desafios da cidadania pós-nacional,* Porto, 2004, págs. 93, 112 e segs. e 187-188; E. KAFFT KOSTA, *O Paradigma Zero: entre Lipoaspiração e Dispensabilidade,* Coimbra, 2007, págs. 49 e segs.; *Dimensiones jurídicas de la globalización,* obra coletiva (ed. por Alfonso Julis-Campozan), Madrid, 2008; GUNTHER TEUBNER, *Constitutional fragments: societal constitutionalism and globalization,* Oxónia, 2012; ANTÓNIO MANUEL HESPANHA, *Terão os juízes voltado ao centro do Direito,* in *Scientia Juridica,* maio-agosto de 2013, págs. 235 e segs.

to diferente e até antagónica do Estado moderno de origem europeia, por nele se unirem a lei religiosa e a lei civil, o poder espiritual e o poder temporal. Não é, de resto, o único fundamentalismo religioso imbricado com fatores políticos que se manifesta.

Depois, observam-se no Estado – sobretudo na Europa – fundos sintomas de crise, derivada quer de causas financeiras (os custos de serviços cada vez mais extensos para populações ativas cada vez menos vastas e com necessidades crescentes), de causas administrativas (a multiplicação dos serviços e das intervenções, a par do peso dos grupos corporativos na Administração)[83] e de causas comerciais (a quebra de competitividade, numa economia globalizante, com países sem o mesmo grau de proteção social).

Tudo isso no contexto da globalização, com os seus aspetos positivos e negativos: circulação de ideias, comunicação instantânea da informação à escala mundial, apagamento de especificidades locais, peso das grandes empresas multinacionais e transnacionais e dos grandes grupos financeiros, fácil propagação de qualquer crise do centro para a periferia.[84]

E não menos importante do que todas estas vicissitudes e estes problemas, deparam-se – à escala de toda a Humanidade – a degradação da natureza e do ambiente, as desigualdades económicas entre países industrializados e países não-industrializados, os movimentos de migração do Sul para o Norte com fenómenos de inter e multiculturalismo não sem problemas, as situações de exclusão social mesmo nos países mais ricos, a manipulação comunicacional, a cultura consumista de massas, a erosão de valores éticos familiares e políticos, as tensões étnicas e religiosas, enfim surtos de terrorismo maciço.

---

[83] A que se tem tentado responder com a passagem do Estado empresário ao Estado regulador: cfr. VITAL MOREIRA, *"Nova gestão pública" e direito administrativo*, in *Revista de Legislação e de Jurisprudência*, janeiro-março de 2013, págs. 173 e segs.; PEDRO COSTA GONÇALVES, *Reflexões sobre o Estado Regulador e o Estado Contratante*, Coimbra, 2013.

[84] Cfr. MARIO TURCHETTI, *Tyrania et tiranicide de l'Antichité à nos jours*, Paris, 2003, falando de economização do mercado (pág. 973). Ou doutro prisma, TÉRCIO SAMPAIO FERRAZ JÚNIOR (*Direito Constitucional*, São Paulo, 2007, pág. 552), segundo o qual de uma sociedade fundada na lógica de inclusão/exclusão, passamos pela sociedade funcional e chegamos a uma sociedade de descentralizações coordenadas/descoordenadas, em que o centro parece estar em toda a parte e, ao mesmo tempo, em parte alguma, em que a pessoa como ser livre ganha uma tão larga proteção, que quanto mais a protege, mais a reduz a um sujeito sob imposições e submissões. Ou ainda, CASTANHEIRA NEVES, *O Direito hoje: uma sobrevivência ou uma renovada exigência*, in *Revista de Legislação e de Jurisprudência*, Março-Abril de 2010, págs. 202 e segs., referindo-se a uma "globalização económico-jurídica com a exclusão do Direito" (págs. 205 e segs.).

Parte I · Cap. II – O Direito Público e o Estado Modernos | **59**

E, mesmo nos países mais avançados, as pessoas defrontam-se com aquilo que se vem denominando *sociedade de risco*.[85] Através do sistema jurídico, diz Boaventura de Sousa Santos, o Estado havia-se tornado o principal garante da confiança em massa de que necessitava a sociedade moderna. Mas a dimensão, sem precedentes, do risco e do perigo, desgastou a credibilidade dessa confiança.[86]

Não se chegou, pois, ao "fim da história" – muito longe disso; apenas se chegou ao fim de certa era ou a um momento de transição, com todas as virtualidades que, apesar de tudo, pode conter.[87]

II – Nesta situação, não só o Estado social de Direito mas também o próprio Estado – o Estado moderno – dir-se-ia estar ameaçado: pela dificuldade ou pela impossibidade de satisfazer maiores e mais diversificadas necessidades coletivas, por tendências centrífugas de diversa natureza, por diversos processos de integração regional ou continental, por um constitucionalismo supra-estatal ou global.[88]

---

[85] Assim, Ulrich Beck, *A sociedade de risco. Rumo a outra modernidade*, trad., São Paulo, 2010. Cfr., n doutrina portuguesa, Maria da Glória Garcia, *Sociedade de risco, política e Direito*, in *Estudos comemorativos dos 10 anos da Faculdade de Direito da Universidade Nova de Lisboa*, I, obra coletiva, Coimbra, 2008, págs. 111 e segs. ou José Pedro Teixeira Fernandes, *Da utopia da sociedade em rede à realidade da sociedade de risco*, in *Análise Social*, nº 207, 2º trimestre de 2013.

[86] *A crítica da razão indolente – contra o desperdício da experiência*, I, Porto, 2000, págs. 165 e 169.

[87] Até um Autor como Francis Fukuyama, que fala numa "história direccional e universal rumo à democracia liberal", reconhece que, ainda que a maioria das carruagens da caravana da história chegue eventualmente ao seu destino, não sabemos se os seus ocupantes, ao olharem em redor, não julgarão inadequadas as novas circunstâncias e "resolverão dar início a uma nova e mais distante viagem" (*op. cit.*, págs. 324 e 325; v., ainda, págs. 303, 310 e segs. e 320-321).

[88] Cfr., por exemplo, Pedro de Veja Garcia, *Mundialización y Derecho Constitucional: para una palingenesia de la realidad constitucional*, Madrid, 1998; Maria Rosaria Ferra Rese, "Le istituzioni della globalizzazione", in *Diritto e Diritti nella società trasnazionale*, Bolonha, 2000, *maxime* págs. 11 e 101 e segs.; Alberto Massera, "Oltre lo Stato: Italia ed Europa tra locale e globale", in *Rivista Trimestrale di Diritto Pubblico*, 2001, págs. 1 e segs.; Armandi Marques Guedes (Filho), "O funcionamento do Estado em época de globalização – O transbordo e as cascatas do poder", in *Nação e Defesa*, Primavera de 2002, págs. 101 e segs.; Marco Cesa, "Le vecchie novità della globalizzazione", in *Politica del Diritto*, 2002, págs. 389 e segs.; Jean-Bertrand Auby, "Globalisation et droit public", in *Revue européenne de droit public*, 2002, págs. 1219 e segs.; Michael Zorn, "Glabalization and global governance: from societal to political denationalization", in *European Review*, 2003, págs. 341 e segs.; Javier Tajadura Tejada, "El ocaso de Westfalia? Reflecciones en torno a la crisis del constitucionalismo en el contexto de

Todavia, quanto ao Estado social,[89] nem por isso deixa de estar bem ancorado na consciência jurídica dos povos europeus e é almejado na América e noutros continentes. E, quanto ao Estado como forma básica de organização política, não parece que tão cedo ele vá desaparecer e que vá emergir um modelo político alternativo ou que um constitucionalismo *global*[90] vá neutralizar o constitucionalismo nacional.

Isso por várias razões: 1º) porque a autoridade do Estado continua a ser, senão a única, pelo menos a predominante e a que se aplica diretamente sobre as pessoas; 2º) porque o Estado, enquanto Estado de Di-

---

la mundialización", in *Revista de Estudios Politicos*, 2004, págs. 315 e segs.; GOMES CANOTILHO, "Direito constitucional internacional", in Revista de História das Ideias, vol. 26, 2005, págs. 346 e segs.; *Law and Globalization from Below: Towards a Cosmopolitan Legality*, obra coletiva (ed. de Boaventura de Sousa Santos e César Rodríguez-Garavito, Cambridge, 2005); STEFANO BATTINI, "La globalizzazione del Diritto Pubblico", in *Rivista Trimestrale di Diritto Pubblico*, 2006, págs. 325 e segs.; ANTÓNIO CELSO BAETA, "Globalização e Estrado no siculo XXI", in *Revista Brasileira de Estudos Políticos*, nº 95, Janeiro-Julho de 2007, págs. 185 e segs.; LUIZ ALBERTO G. S. ROCHA, *Estado, Democracia e Globalização*, Rio de Janeiro, 2008; HERMANN-JOSEF BLANKE, *Multilevel Governance – A legal perspective*, in *Teoria del diritto e dello Stato*, 2010, págs. 1 e segs.; BERNARDO GONÇALVES FERNANDES, *Globalização, Direito constitucional, democracia e sociedade*, in *Revista da Faculdade de Direito da Universidade de Minas Gerais*, 2010, págs. 638 e segs.; CRISTINA QUEIROZ, *Direito Constitucional Internacional*, Coimbra, 2011; LENIO LUIZ STRECK, *op. cit.*, págs. 78 e segs.; GAETANO SILVESTRI, *Costituzionalismo e crisi dello Stato-Nazione. Le garanzie possibili nello spazio globalizzato*, in *Rivista Trimestrale di Diritto Pubblico*, 2013, págs. 905 e segs.

[89] Para JÜRGEN HABERMAS (*Après l'État-Nation*, trad., Paris, 1995), as funções de Estado social só podem ser exercidas se transferidas do Estado social para unidades políticas que estejam à altura de uma economia transnacional (pág. 32). J. J. GOMES CANOTILHO [*A governança do terceiro capitalismo e a Constituição social (Considerações preambulares)*, in *Entre Discursos e Cultura Jurídica*, obra coletiva, Coimbra, 2006] alvitra uma reinvenção do Estado social, com cooperação e comunicação entre os atores sociais mais importantes e os interesses políticos organizados, levando a um Estado cooperativo (pág. 149), não sem salientar que a garantia dos direitos sociais pressupõe uma articulação do Direito com a economia progressivamente neutralizada pela expressão do mercado global (pág. 146).
Por outra parte, JOÃO CARLOS LOUREIRO (*Adeus ao Estado Social?*, Coimbra, 2010, págs. 40 e segs.), sublinha que a falência de uma compreensão obesa do Estado social – o Estado-providência – que se traduziu numa "colonização do mundo da vida" e em mecanismos de desresponsabilização das pessoas, não deve ser lida como sinónimo de *requiem* pelo Estado social. (...) Este, calejado pela maturidade do tempo, não escapa ao pós da circunstância: não ao da sua superação, mas ao do alargamento do campo de adjetivação (...) e, a par da responsabilidade de prestação, afirma-se uma responsabilidade de garantia (págs. 108-109).

[90] Cfr. J.J. GOMES CANOTILHO, *Direito Constitucional ...*, cit., págs. 1.369 e segs.

Parte I · Cap. II – O Direito Público e o Estado Modernos | 61

reito, continua a revelar-se indispensável para a garantia das liberdades frente aos poderes fácticos (económicos, corporativos, locais etc.);[91] 3º) porque, apesar da dinâmica que alcançaram as organizações internacionais e a União Europeia, as suas decisões fundamentais assentam na conjugação das vontades dos Estados-membros; 4º) porque, na própria Europa, o Estado nacional continua a mostrar surpreendente capacidade de resistência e, noutros continentes, a sua formação e a sua autoridade se têm revelado condições de desenvolvimento contra ímpetos localistas e tribalistas.

O Estado tem, sim, de coexistir com outras estruturas, acima e abaixo do seu âmbito; tem de se inserir no contexto cada vez mais complexo e concorrencial, de uma "rede de poderes públicos"; e tem de repensar as suas funções, os seus meios de agir, muitas das suas fórmulas jurídico-políticas.

III – Ora, há quem vá mais longe, preconizando um Estado mundial. É o caso de, entre outros autores, Ottfried Höffe, que defende uma república mundial democrática, assente num duplo princípio de subsidiariedade e de federalismo; um Estado formado por muitos povos, na base de um contrato social mundial; e construído progressivamente e através de escalas intermédias.[92] Mas esta ideia, embora formulada em termos muito prudentes, suscita as maiores reticências.

Por um lado, não se encontram fora do Estado adequadas formas de exercício dos direitos políticos inerentes à democracia. Se a experiência das últimas décadas mostra um progressivo crescimento dos meios jurídicos de defesa dos direitos das pessoas para além do Estado (ou contra o Estado, quando deles desrespeitador ou violador), já pouquíssimos e pouco significativos passos se deram para uma qualquer participação política individual a nível supra-nacional, inclusive no âmbito da União Europeia com o Tratado de Lisboa de 2007.

---

[91] A grave crise económico-financeira eclodida em 2008 tem servido para mostrar dois fenómenos *prima facie* contraditórios: sem dúvida, a incapacidade de cada Estado, isoladamente, a enfrentar; e, de modo não menos nítido, a incapacidade dos mercados para se auto-regularem, com a consequente necessidade de fortes e diferenciadas intervenções estatais, indo até a decisões de nacionalização. Cfr. Alejandro Pérez Hualde, *La crisis mundial y el Derecho Publico (El Estado, outra vez protagonista)*, in *Revista Peruana de Derecho Publico*, 18, 2009, págs. 13 e segs.; ou Jacobus Delwaide, *The Return of the State*, in *European Review*, fevereiro de 2011, págs. 69 e segs.

[92] *Demokratie im Zeitälter der Globalsierung*, Munique, 1999, trad. *A Democracia no Mundo de Hoje*, São Paulo, 2005, *maxime* págs. 265 e segs., 344 e 359 e segs.

Ao mesmo tempo, considerando as inelutáveis desigualdades de facto entre os Estados – em população, território, recursos, desenvolvimento económico, acesso ao ensino e aos cuidados de saúde etc. – aquilo que continua a registar-se – pela natureza das coisas – é, outrossim, uma estruturação inigualitária das principais organizações internacionais e entidades afins: eis o que se observa na composição do Conselho de Segurança ou do Conselho de Administração do Banco Mundial ou no voto ponderado em órgãos da União Europeia. Muito menos uma *governação global*, por meio do G-8 ou do G-20, poderia considerar-se precursora da república visionada por OTTFRIED HÖFFE.

Um Estado mundial, mesmo que federativo, não se afigura possível tanto por causa dessas desigualdades de facto quanto pela diversidade de sistemas constitucionais e de culturas políticas. Além da concepção islamita (que põe em causa a laicidade, caracterizadora da modernidade), subsistem monarquias absolutas, alguns regimes que se identificam, bem ou mal, com o marxismo-leninismo e ditaduras militares, insuscetíveis de se integrarem numa democracia à escala do mundo; e há Estados, os chamados Estados falhados (por incapazes de se impor às facções presentes nos seus territórios ou de vencer catástrofes naturais).[93-94]

Algo diferentemente, NORBERTO BOBBIO,[95] tomando como referência a grande dicotomia guerra-paz, representa o sistema internacional segundo quatro modelos: 1º) o estado anárquico, ou seja, de guerra sem paz (o *bellum contra omnes* do estado de natureza de HOBBES); 2º) o sistema

---

[93] De resto ainda, um Estado mundial não só seria inviável até onde podemos alcançar como seria indesejável e perigoso. Nada garante que fosse democrático (tal como nós concebemos a democracia como regime de liberdade e pluralismo) e seriam enormes os riscos de se tornar um monstruoso Leviatã. Muito provavelmente, nele tenderia a estabelecer-se um diretório dos grandes Estados, contrário ao princípio de igualdade própria das verdadeiras federações. E sobretudo, imagine-se o que aconteceria se, porventura, uma qualquer facção político-militar, ideológica ou religiosa viesse a conquistar o poder e viesse a exercê-lo por toda a parte, sem limites, sendo certo que a globalização económica, tecnológica e de comunicação tem reduzido cada vez mais a dimensão do nosso planeta. Neste momento, quando num país se instaura um regime não democrático e opressivo dos direitos fundamentais, é possível a comunicação social ou a *Internet*, a partir de outros países, denunciar as violações de direitos fundamentais e, no limite, é possível a um seu cidadão refugiar-se noutro país. Como seria num Estado mundial?

[94] Cfr. também neste sentido, JAAP DE WILDE, *The Mirage of Global Democracy*, in *European Review*, fevereiro de 2011, págs. 5 e segs.

[95] *Il Futuro della Democrazia*, trad. *O Futuro da Democracia*, 7ª ed., São Paulo, 2000, *maxime* págs. 12 e 207.

de equilíbrio entre as grandes potências, ou seja, a paz como trégua entre duas guerras; 3º) a ordem derivada do predomínio de uma potência hegemónica, quer dizer, a paz imposta do alto, pela força (a *pax romana*, a *pax americana*); 4º) a submissão de todos os Estados a uma ordem democrática, quer dizer – paz estável e baseada no consentimento. Até agora, reconhece também, a democracia só se torna possível dentro do Estado. Todavia, os Estados apenas poderão tornar-se plenamente democráticos numa sociedade internacional completamente democratizada – conquanto (segundo Kant e *A Paz Perpétua*) acrescente que esta pressupõe serem democráticos todos os Estados que a componham.

PARTE II
ESTRUTURA DO ESTADO

Capítulo I

O ESTADO EM GERAL

29.

Sequência

I – Pelo que se acaba de referir há pouco, não poucos Autores têm posto em causa o interesse do Estado – seja à luz das suas visões teóricas, seja por causa de fenómenos como a integração supranacional e a globalização, as privatizações, o neocorporativismo e o regionalismo centrífugo. Chega a falar-se em *desestatização* e em *desterritorialização*.[1]

---

[1] Cfr., sobre esta problemática, de diferentes prismas, JEAN-WILLIAM LAPIERRE, *Vivre sans État?* Paris, 1977, págs. 323 e segs.; o vol. 7°, n° 2, de 1986, da *International Political Science Review* (com artigos de KLAUS VON BEYME, SABINO CASSESE e KARL W. DEUTSCH); SILVÉRIO DA ROCHA E CUNHA, *Estado, consenso, legitimidade e os paradoxos da modernidade*, in Boletim da Faculdade de Direito da Universidade de Coimbra, 1987, págs. 110 e 135 e segs.; JÜRGEN HABERMAS, *Die Einbestekung des anderen. Studien zur politischen Theorie*, 1996, trad. francesa *L'intégration républicaine*, Paris, 1998 e *Après l'État-Nation*, cit.; MIGUEL AYUSO TORRES, *Despues del Leviathan? Sobre el Estado y su signo*, Madrid, 1998; MARIA ROSARIA FERRARESE, *Le istituzioni della globalizzazione*, in Diritto e Diritti nella società trasnazionale, Bolonha, 2000, máxime págs. 11 e 101 e segs.; ALBERTO MASSERA, *Oltre lo Stato: Italia ed Europa tra locale e globale*, in Rivista Trimestrale di Diritto Pubblico, 2001, págs. 1 e segs.; ARMANDO MARQUES GUEDES (FILHO), *O funcionamento do Estado em época de globalização – O transbordo e as cascatas do poder*, in Nação e Defesa, Primavera de 2002, págs. 101 e segs.; SABINO CASSESE, *La crisi dello Stato*, 2ª ed., Roma-Bari, 2002; MICHAEL ZÖRN, *Globalization and global governance: from societal to political denationalization*, in European Review, vol. 11, n° 3, Julho de 2003, págs. 341 e segs.; ISABEL ESTRADA CARVALHAIS, *Os desafios da cidadania pós-nacional*, Porto, 2004, págs. 93 e 112 e segs.; JAMES PUTZEL, *Globalization,*

68 | Teoria do Estado e da Constituição • *Jorge Miranda*

Como escreve uma Autora, ferido na sua imagem, o Estado vive o drama de não saber quais os limites certos e o conteúdo exato da sua razão de ser. O Estado tem dificuldades em admitir que a sua identidade perdeu a substantividade clara e inviolável do sistema vestefaliano (...) O Mundo não lhe exige que se renda ou se autodestrua, mas que saiba negociar a sua presença e a sua relação com as comunidades humanas que o adotam como princípio de organização política.[2]

Que o Estado não possa assumir hoje as mesmas ou todas as funções de que antes se arrogava, sem dúvida. Que ele tenha de se inserir num contexto cada vez mais complexo e concorrencial, que ele apareça, doravante, no âmbito de uma "rede de poderes públicos" e que aquilo a que se chama soberania sofra o impacto intenso de restrições e devoluções, tudo isto é irrecusável. Que as fronteiras estejam cada vez mais abertas também. Mas que tal signifique o esvaimento, a curto ou a médio prazo, do Estado nada menos certo – repetimos.

Por isso, embora em crise, importa ainda analisar a estrutura do Estado. Estudá-la com a consciência de que vivemos, em larga medida, uma época de transição, mas sem transformar a prospetiva em referente decisivo. Estudá-la sem fechar a porta a novos horizontes, mas sem enjeitar os contributos teóricos formulados ao longo da evolução do Estado moderno de tipo europeu.

Enunciados, logo no início deste livro, os traços fundamentais do Estado conforme resultam da experiência, vamos agora procurar descrevê-los, enquadrando o Estado sempre pelas normas jurídicas que o regem – antes de mais, pela Constituição.

Por outro lado, é questão extremamente complexa e controversa saber qual a natureza ou essência do Estado, saber qual a realidade a que correspondem todos os aspetos mencionados (e, aí, evidentemente, Estado e político não se distinguem). Cabe também considerá-la; e – porque se afigura ser questão prévia, pelo menos do modo como levar a cabo aquele exame descritivo – justifica-se, mesmo, começar por ela.

II – Mais para efeitos didáticos do que científicos, grande número de autores reconduz o tratamento do Estado aos dos seus três "elementos": *povo, território e poder político*. É tese a que não aderimos; quando mui-

---

liberalization and prospects for the State, in *International Political Science*, 2005, págs. 4 e segs.; THEODORE J. LOWI, *La globalizzazione, la guerra e il declino dello Stato*, in *Rivista Italiana di Scienza Politica*, 2009, págs. 3 e segs.

[2] ISABEL ESTRADA CARVALHAIS, *op. cit.*, págs. 117-118.

Parte II · Cap. I – O Estado em Geral | **69**

to, aceitamos falar em "condições de existência". Não obstante, iremos – pelo peso da tradição e por maior facilidade de exposição – dedicar os próximos capítulos ao Estado como comunidade política (ou povo), à cidadania como qualidade de membro do Estado, ao Estado *como* poder e ao território *do* Estado; só depois versaremos as *formas de Estado* e, por último, as *formas de governo*.

30.
As grandes correntes doutrinais
acerca da natureza ou essência do Estado

Não menos do que às ciências juspublicísticas diz respeito à filosofia o problema da natureza, da essência, do ser do Estado; e o debate sobre este ponto anda, desde há muito, bem próximo do debate acerca da formação ou da justificação do poder (ou acerca da legitimidade do poder e dos governantes).

As grandes correntes que se deparam na doutrina – jurídica, filosófica e politológica – podem sumariar-se a partir das seguintes contraposições:

a) Entre correntes *idealistas* (o Estado encarado como ideia ou finalidade) e *realistas* (o Estado como ser de existência temporal e sensível);

b) Entre correntes *objetivistas* (o Estado considerado como realidade exterior aos homens) e *subjetivistas* (o Estado tomado como realidade predominantemente subjetiva ou até como expressão fundamentalmente psicológica de relações humanas);

c) Entre correntes *atomistas* ou *nominalistas* (o Estado, mero conjunto de indivíduos, nome sem realidade substancial) e *organicistas* ou *realistas*[3] *(o Estado, irredutível aos indivíduos, suscetível de ser tomado como uma entidade específica ou com vontade própria);*

d) Entre correntes *contratualistas* (o Estado como produto da vontade, como associação, como ponderação de interesses) e *institucionalistas* (o Estado como sentido, relação, ordem objetiva ou objetivada, como instituição);

---

[3] Noutra aceção do termo.

70 | Teoria do Estado e da Constituição · *Jorge Miranda*

e) Entre correntes *monistas* (o Estado como centro ou titular do poder político) e *dualistas* (o Estado como objeto do poder ou instrumento ao serviço dos verdadeiros detentores do poder);

f) Entre correntes *normativistas* (o Estado, realidade normativa ou, numa visão radical, identificado com o sistema ou a unidade de normas) e *não normativistas* (o Estado, não redutível a normas jurídicas ou, numa visão radical, somente realidade sociológica à margem das normas jurídicas).

A importância teórica de algumas das doutrinas e a projeção que alcançaram na própria história do Estado moderno exigem que se lhes faça referência em particular, ainda que curta. Trata-se das conceções contratualistas, das organicistas, da hegeliana, da marxista, da de JELLINEK, da escola realista francesa e da de KELSEN.

Também o interesse que merecem as elaborações de autores como SCHMITT, SMEND, HELLER, SANTI ROMANO, BURDEAU, CABRAL DE MONCADA, JULIEN FREUND, TALCOTT PARSONS e GOMES CANOTILHO justifica que as registemos com a devida atenção.[4]

---

[4] V. a exposição e, por vezes, a apreciação crítica das doutrinas em, por exemplo, GEORG JELLINEK, *op. cit.*, págs. 102 e segs.; MARNOCO E SOUSA, *Lições de Direito Político*, Coimbra, 1900, págs. 7 e segs.; J. FREDERICO LARANJO, *Princípio de Direito Político e Direito Constitucional Português*, Coimbra, 1907, fascículo II, págs. 49 e segs.; HANS KELSEN, *Allgemeine Staatslehre*, trad. castelhana *Teoria General del Estado*, Barcelona, 1934, págs. 35 e segs.; HERMANN HELLER, *op. cit.*, págs. 243 e segs. e 273 e segs.; ANTONIO FALCHI, *Stato Collettività*, Milão, 1963, págs. 153 e segs.; CABRAL DE MONCADA, *Problemas de Filosofia Política*, cit.; GIORGIO BALLADORE PALLIERI, *Dottrina dello Stato*, trad. portuguesa *A Doutrina do Estado*, Coimbra, 1969, I, págs. 30 e segs.; JULIEN FREUND, *L'essence du politique*, Paris, 1965, págs. 46 e segs.; GEORGES BURDEAU, *Traité ...*, II, cit., 1967, págs. 7 e segs.; ROGÉRIO SOARES, *Lições de Direito Constitucional – Tópicos*, policopiado, Coimbra, 1971, págs. 44 e segs.; MANUEL DE LUCENA, *Ensaio sobre o tema do Estado*, in *Análise Social*, nos 47 e 48, 1976, págs. 621 e segs. e 917 e segs.; ARMANDO MARQUES GUEDES, *Teoria Geral do Estado*, policopiado, Lisboa, 1981, págs. 13 e segs.; VIRGILIO GIORGIANNI, *Analisi del concetto di Stato e del processo di democratizzazione del potere*, Pádua, 1983, págs. 53 e seg.; RUI MACHETE, *As perspetivas científicas modernas sobre o poder político*, in *Estudos de Direito Público e Ciência Política*, Lisboa, 1991, págs. 655 e segs.; GEORGES BALANDIER, *Anthropologie politique*, 2ª ed., Paris, 1991, págs. 28 e segs.; MAURICIO GODINHO DELGADO, *Política: introdução à conceituação do fenómeno*, in *Revista Brasileira de Estudos Políticos*, 1993, págs. 55 e segs.; REINHOLD ZIPPELLIUS, *Allgemeine Staatslehre*, 12ª ed., 1994, 3ª ed. portuguesa *Teoria Geral do Estado*, Lisboa, 1994, págs. 35 e segs.; MAURICE BARBIER, *La modernità politique*, Paris, 2000; o vol. nº 26, de 2005, da *Revista de História das Ideias*.

Parte II · Cap. I – O Estado em Geral | 71

A despeito de se situarem nos estritos terrenos da Sociologia e da Ciência Política, não devem ser esquecidas ainda outras correntes, como as funcionalistas e as sistémicas, que, de resto, não lidam como o conceito do Estado.

31.
As conceções mais significativas

I – As conceções contratualistas têm raízes no pensamento político medieval – que só a partir do contrato apreendia a organização policêntrica da sociedade e, que, quando afirmava a origem popular do poder, recorria aos conceitos de *pactum unionis* e de *pactum subjectionis*.[5] Todavia desenvolveram-se, sobretudo, nos séculos XVII e XVIII, e os seus mais significativos representantes vieram a ser HOBBES, LOCKE, ROUSSEAU e KANT, além de ALTÚSIO, SUAREZ, GRÓCIO, PUFFENDORF e tantos mais.

Não se visa, para estes autores, sublinhe-se, um contrato que se tenha verificado de facto, mas um princípio lógico de explicação do Estado ou um fundamento ético em que este deva assentar.[6]

---

[5] V. um resumo em PAULO MERÊA, *Suarez-Grócio-Hobbes*, Coimbra, 1941, págs. 41 e segs., ou em MARCELLO CAETANO, *Direito Constitucional*, I, Rio de Janeiro, 1977, págs. 303 e segs.

[6] V., entre tantos, TH. REDPATH, *Réflexions sur la nature du concept de Contrat Social chez Hobbes, Locke, Rousseau et Hume*, in *Études sur le Contrat Social de Jean-Jacques Rousseau*, obra coletiva, Paris, 1964, págs. 55 e segs.; LOUIS ALTHUSSER, *Sur le Contrat Social*, trad. portuguesa *Sobre o contrato social*, Lisboa, 1976, e *Democracy, Consensus and Social Contract*, obra coletiva editada por Pierre Bimbaun, Jack Lively e Gerant Parry, Londres, 1978; PAUL BASTID, *L'Idée de Constitution*, Paris, 1985, págs. 79 e segs.; LUCIEN JAUME, *Hobbes et l'État représentatif moderne*, Paris, 1986; MARIA JOSÉ STOCK, *Contrato social*, in *Verbo*, XXI, págs. 376 e segs.; FRANK TINLAND, *La notion de sujet de droit dans la philosophie politique de Th. Hobbes, J. Locke et J.-J. Rousseau*, in *Archives de Philosophie du Droit*, 34, 1989; JÁNOS KIS, *L'égale dignité – Essai sur les fondements des droits de l'homme*, trad., Paris, 1989, págs. 212 e segs.; JOSÉ ADELINO MALTEZ, *Ensaio sobre o problema do Estado*, II, Lisboa, 1991, págs. 196 e segs.; MIGUEL RAMOS CHAVES, *O pensamento de John Locke*, Lisboa, 1992; FREITAS DO AMARAL, *Francisco Suarez e Thomas Hobbes: uma comparação instrutiva*, in *Estado e Direito*, 1994, págs. 7 e segs., e *História das Ideias Políticas*, I, Coimbra, 1998, págs. 351 e segs.; MICHAEL J. SANDEL, *Liberalism and the limits of Justice*, 2ª ed., Cambridge, 1998, trad. port. *O liberalismo e os limites da justiça*, Lisboa, 2005, págs. 145 e segs.; JÓNATAS MACHADO, *Contrato social e constitucionalismo. Algumas notas*, in *Autoridade e consenso em Estado de Direito*, obra coletiva coordenada por Luís Colaço Antunes, Coimbra, 2002, págs. 59 e segs.; MASSIMO LUCIANI, *op. cit., loc. cit.*, págs. 1644 e segs.; JOSÉ RUBIO CARRACEDO, *Rousseau y Kant: uma relación proteica*, in *Revista de Estudios Politicos*,

Em Hobbes, pelo contrato social transfere-se o direito natural absoluto que cada um possui sobre todas as coisas a um príncipe ou a uma assembleia, e, assim, constituem-se, ao mesmo tempo, o Estado e a sujeição a esse príncipe ou a essa assembleia.

O único modo de erigir um poder comum, capaz de defender os homens e de lhes assegurar os frutos da terra, consiste em conferir todo o seu poder e força a um homem ou a uma assembleia que reduzirá à unidade a pluralidade de vontades. Através de um só e mesmo ato os homens formam a comunidade e submetem-se a um soberano.[7]

Para Locke, o estado de natureza é um estado de profunda liberdade, mas não um estado de licença, por haver uma lei natural que o governa (não equivale ao *homo hominis lupus* de Hobbes). Não obstante, o gozo da liberdade revela-se aí arriscado e incerto, por nem todos respeitarem essa lei e, por isso, se constitui a sociedade civil.

Sendo todos os homens naturalmente livres, iguais e independentes, ninguém pode ser posto fora deste estado sem o seu próprio consentimento. O único modo pelo qual alguém se insere na sociedade civil é convindo com outros homens em se juntar e unir com eles, a fim de conservarem, em segurança, paz e sossego, as suas vidas, liberdade e bens.[8]

Rousseau, diversamente, vê no pacto social a alienação total de cada associado, com todos os seus direitos, à comunidade, de sorte que cada um, dando-se a todos, não se dá a ninguém, a condição é igual para todos e cada um ganha o equivalente daquilo que perde e mais força para conservar aquilo que tem.

O ato de associação produz um corpo moral e coletivo, que dele recebe a sua unidade, o seu *eu* comum, a sua vida e a sua vontade, e se chama *Estado* quando passivo, *soberano* quando ativo e *potência* quando comparado aos demais. Esse ato encerra um compromisso recíproco do público e dos particulares: contratando, por assim dizer, consigo próprio,

---

n° 133, 2006, págs. 21 e segs.; Diogo Freitas do Amaral, *Um ou vários contratos sociais em Rouseau*, in *Estudos em homenagem ao Prof. Doutor Sérvulo Correia*, I, obra coletiva, Coimbra, 2010, págs. 15 e segs.

[7] *Leviathan*, principalmente capítulos XVII e XVIII (consultámos o 3° vol. de *The English Works of Thomas Hobbes*, Londres, 1839, 2ª reimpressão, 1966, máxime págs. 153 e segs.).

[8] *An Essay Concerning the True Original Extent, and End of Civil Government*, 1690 (consultámos a tradução portuguesa de João Oliveira de Carvalho, *Ensaio sobre a verdadeira origem, extensão e fim do governo civil*, Londres, 1833, reimpressão de 1999, máxime capítulos I, VIII e IX).

Parte II · Cap. I – O Estado em Geral | 73

cada indivíduo fica vinculado, numa dupla qualidade – como membro do soberano para com os particulares e como membro do Estado para com o soberano.[9]

Segundo KANT, apenas no *contrato originário* se pode fundar entre os homens uma Constituição civil, por conseguinte inteiramente legítima, e também uma comunidade.

Mas este contrato (chamado *contractus originarius ou pactum socialis*) enquanto coligação de todas as vontades particulares e privadas num povo numa vontade geral e pública (em vista de uma legislação simplesmente jurídica) não se deve, de modo algum, pressupor necessariamente como um *facto* (e nem sequer é possível pressupô-lo). E uma *simples ideia* da razão, a qual tem, no entanto, a sua realidade (prática) indubitável: obriga todo o legislador a formar as suas leis como se elas *pudessem* emanar da vontade coletiva de um povo inteiro, e a considerar todo o súbdito, enquanto quer ser cidadão, como se ele tivesse assentido pelo seu sufrágio a semelhante vontade.[10-11]

II – As várias correntes organicistas oscilam entre a consideração do Estado como unidade espiritual e a equiparação a um organismo natural ou biológico.

A primeira tendência (GIERKE, designadamente) arranca da escola histórica alemã e do romantismo, para os quais Direito e Estado não são senão expressões do espírito de um povo. O Estado é um princípio vital, uma totalidade, uma integração ou união de vontades.

Descrever o Estado como um organismo significa representá-lo simbolicamente como um corpo vivo, que se desenvolve segundo uma ideia própria.[12]

---

[9] *Du Contrat Social (1756-1760)*, livro I, capítulos VI e VII (seguimos as *Oeuvres Completes*, Paris, Éditions du Seuil, 1971, II, págs. 518 e segs., máxime 522-523).

[10] *Zum Ewigen Frieden*, 1795-1796 trad. portuguesa *A Paz Perpétua e outros Opúsculos*, de Artur Morão, Lisboa, 1988, págs. 82-83.

[11] Cfr. a visão própria de FICHTE, *Grundlage der Naturrecht nach Prinzipien der Wissenschaftslehre*, 1796, trad. (de José Lamego), *Fundamentos do Direito Natural segundo os princípios da Doutrina da Ciência*, Lisboa, 2012, págs. 231 e segs., falando em "contrato de cidadania".

[12] C. F. VON GERBER, *Über offentliche Rechte* (1852), trad. italiana *Diritto Pubblico*, Milão, 1971, pág. 197. Este autor adere à conceção orgânica, embora a repute insuficiente ou carecida de complemento, pois apenas fornece a base da construção jurídica do Estado e esta não pode fazer-se senão tomando o Estado enquanto dotado de uma específica capacidade de querer, de uma personalidade.

A outra tendência (SPENCER, designadamente) liga-se ao positivismo e ao cientismo, tão caraterísticos de certo pensamento oitocentista, e procura, alargar ao domínio do político e do jurídico os esquemas dos cientistas da natureza. O Estado é um ser vivo, sujeito a leis paralelas às dos restantes seres vivos.

O Estado desenvolve-se perfeitamente como os seres vivos. Segundo o meio em que se encontra assim evoluciona dum ou doutro modo, tornando-se predominante este ou aquele aparelho. Se as suas condições de existência se modificam, adapta-se, direta ou indiretamente, às novas condições, experimentando metamorfoses, adquirindo novos órgãos e desenvolvendo novas formas. Os Estados estão sujeitos à morte, porque a maior parte daqueles de que fala a história extinguiram-se. Os Estados podem escapar à destruição total pela reprodução como os organismos, dando origem a outras sociedades que continuam as suas tradições, a sua civilização, as suas ideias e as suas crenças.[13]

III – Para HEGEL, o Estado é a realidade em ato da ideia moral objetiva, o espírito como vontade substancial revelada, clara para si mesma, que se conhece e se pensa, e realiza o que sabe e por que sabe.

Como realidade em ato da vontade substancial, realidade que esta adquire na consciência particular de si universalizada, é o racional em si e para si: esta unidade substancial é um fim próprio absoluto, imóvel; nele a liberdade obtém o seu valor supremo e, assim, este último fim possui um direito soberano perante os indivíduos que em serem membros do Estado têm o seu mais elevado dever. E se o Estado é o espírito objetivo, então só como seu membro é que o indivíduo tem objetividade, verdade e moralidade.[14-15]

---

[13] MARNOCO E SOUSA, *op. cit.*, pág. 33 (mas afirma que não aceita a escola homológica-orgânica, nem a axiológico-orgânica).

[14] *Rechtsphilosophie*, trad. portuguesa *Princípios de Filosofia do Direito*, Lisboa, 1959, §§ 257 e 258, págs. 246-247.

[15] A filosofia de HEGEL pode considerar-se, de uma maneira geral, uma grande tentativa no sentido de voltar a unir e a identificar o ideal e a realidade, incluída nesta história. *"Todo o racional é real e tudo o que é real é racional."* O ideal protende a conformar-se segundo o modelo da realidade; e esta, a realidade, passa a ser interpretada como revelação de um conteúdo ideal (CABRAL DE MONCADA, *Filosofia...*, cit., I, pág. 282). HEGEL professa um idealismo objetivo, que não olha para as ideias como se elas se limitassem a provar a inteligência dos homens; procura-as na realidade, isto é, no curso dos acontecimentos históricos (ERNST CASSIRER, *O Mito do Estado*, trad., Lisboa, 1961, págs. 305 e segs.). Cfr., entre tantos, também SHLONO AVINERI, *Hegel's theory of the modern state*, Cambridge, 1972; JeanHyppolite, *Introduction à la philosophie de l'histoire de Hegel*, Paris, 1983,

Parte II · Cap. I – O Estado em Geral | 75

IV – Na conceção marxista, o Estado surge sem substância própria perante a economia, não sendo senão consequência da sociedade de classes e máquina de domínio de uma classe sobre as outras.

O Estado é um produto da sociedade quando esta chega a um determinado grau de desenvolvimento; é a confissão de que essa sociedade se enredou numa irredutível contradição consigo mesma e está dividida por antagonismos irreconciliáveis. Para que esses antagonismos, essas classes com interesses económicos colidentes não se devorem e não consumam a sociedade numa luta estéril, torna-se necessário um poder colocado aparentemente acima da sociedade, chamado a amortecer o choque e a mantê-lo dentro dos limites da "ordem": esse poder é o Estado.[16]

O Estado é o *resumo,* o ponto de condensação das contradições da sociedade; e daí que o político em geral se aproxime do estadual. Por outras palavra: o *estado político* exprime, nos limites da sua forma, todos os combates, necessidades ou interesses sociais. E a *Constituição Política* de um Estado condensará ou procurará, em nível jurídico, os processos intencionalmente políticos que se desenvolvem no seio de uma sociedade não homogénea, antes dominada por clivagens ideológicas, derivadas de antagonismo político-sociais e económicos.[17]

V – A importância da contribuição de JELLINEK reside na dupla perspetiva ou conceção – social e jurídica – do Estado que propõe e na integração dos três elementos – povo, território e poder político – que recorta. Não se trata, porém, propriamente de uma análise da essência do Estado.

O Estado é a unidade de associação dotada originariamente de poder de domínio e formada por homens assentes num território (conce-

---

maxime págs. 89 e segs. e 105 e segs.; KARL POPPER, *The Open-Society and its enemies*, 1945, trad. *A sociedade aberta e os seus inimigos*, Lisboa, 1993, 11, págs. 33 e segs.

[16] FRIEDRICH ENGELS, *A origem da família, da propriedade privada e do Estado*, trad., Lisboa, 1970, pág. 225. Cfr. os desenvolvimentos de LENINE, *L'État et la Révolution*, trad., Paris, Seghers, 1971, págs. 57 e segs. (frisando que a existência do Estado prova que as contradições de classes são inconciliáveis); de NICOS POULANTZAS, *Poder político e classes sociais do Estado capitalista*, trad., 1971, págs. 33 e segs. (acentuando o papel do Estado como fator de coesão da sobreposição complexa de diversos modos de produção na mesma formação social historicamente determinada); ou (em resposta às críticas de KELSEN) de MAX ADLER, *La concezione dello Stato nel marxismo* (1922), trad., Bari, 1979, máxime págs. 60 e segs.
Para uma visão panorâmica das correntes marxistas, neomarxistas e pós-marxistas, cfr. CLYDE W. BARROW, *Critical Theories of the State*, Universidade de Wiscousin, 1993.

[17] GOMES CANOTILHO, *Direito Constitucional*, 2ª ed., Coimbra, 1984, págs. 83 e 84.

ção social); e é a corporação formada por um povo, dotada de um poder de comando originário e assente num determinado território (conceção jurídica).[18]

VI – Para a escola "realista" francesa, o Estado apresenta-se como um puro facto: o facto de haver indivíduos mais fortes (material, religiosa, económica, moral, intelectual ou numericamente) que outros e que querem e podem impor aos outros a sua vontade; o facto da distinção positiva entre governantes e governados, com a possibilidade de aqueles darem a estes ordens sancionadas por um constrangimento material. Como diz Duguit, seja qual for a forma que revista a diferenciação social entre os fortes e os fracos, desde que ela se produz há um Estado.[19]

VII – Muito ao invés, para a escola normativista de Viena, o Estado aparece identificado com o Direito, como ordem jurídica relativamente centralizada.

O Estado constitui uma ordem normativa de comportamentos humanos e só através desta forma se torna possível conhecê-lo no âmbito da Teoria do Direito e do Estado. Os três elementos tradicionais do Estado não são mais do que a vigência e a validade de uma ordem jurídica: a população corresponde ao domínio pessoal de vigência, o território ao domínio espacial e o poder à eficácia dessa ordem jurídica (e não a qualquer força ou instância mística escondida por detrás do Estado e do Direito).[20]

32.
Outras elaborações doutrinais

I – Com Carl Schmitt, não se visa encontrar uma substância ou uma axiologia; procura-se o critério, o princípio identificador do político. Ele

---

[18] *Op. cit.*, págs. 130 e segs. Cfr., em Portugal, não longe do pensamento de Jellinek, Marcello Caetano, *op. cit.*, I, págs. 157 e segs.; e, no Brasil, Paulo Bonavides, *Ciência Política*, 5ª ed., Rio de Janeiro, 1983, págs. 55 e 56.

[19] *Traité de Droit Constitutionnel*, I, 2ª ed., Paris, 1921, pág. 512. E, na doutrina portuguesa, com um ou outro cambiante, cfr. Rocha Saraiva, *Construção Jurídica do Estado*, II, Coimbra, 1912, págs. 6 e segs.; Campos Lima, *O Estado e a Evolução do Direito*, Lisboa, 1914, págs. 109 e segs.; Martinho Nobre de Melo, *Lições de Direito Político* (preleções, segundo Abel de Andrade, Filho, e J. A. Pinto Rodrigues, nos anos letivos de 1921-1922, 1922-1923 e 1923-1924), págs. 53 e segs.

[20] V., especialmente, Kelsen, *Teoria General...*, cit., págs. 21 e segs. e 123 e segs., e *Teoria Pura do Direito*, 2ª ed. portuguesa, Coimbra, 1962, II, págs. 174 e segs.

Parte II · Cap. I – O Estado em Geral | **77**

consiste na distinção – a que reconduz os atos e os móbeis políticos – entre *amigo* e *inimigo* (distinção essa que corresponde, na ordem política, aos critérios relativamente autónomos de diversas outras oposições – o bem e o mal na moral, o bonito e o feio na estética, etc.).

Inimigo não significa *inimicus*, mas sim *hostis* (estrangeiro): é um conjunto de indivíduos agrupados, afrontando um conjunto da mesma natureza e empenhado numa luta, pelo menos, virtual, quer dizer, efetivamente possível. E o Estado aparece então como uma unidade política organizada, formando um todo a que cabe a divisão amigo-inimigo.[21]

II – Para RUDOLF SMEND, o Estado é uma associação voluntária real, e tem de ser compreendido através de um processo de integração (pessoal, funcional e material).

O Estado não é um fenómeno da natureza, mas uma realização cultural, um conjunto de relações objetivadas no mundo do espírito; como qualquer realidade da vida do espírito necessita de renovação e desenvolvimento; e, se a sua dinâmica corresponde a uma permanente restauração como agrupamento soberano de vontades, ela não é em si senão um sistema de integração.

Falar em Estado equivale a falar num plebiscito que se repete todos os dias.[22]

III – HERMANN HELLER adota uma perspetiva dinâmica, à luz da qual o género próximo do Estado vem a ser a organização, a estrutura de efetividade organizada de forma planejada para a unidade de decisão e de ação, e a diferença específica a sua qualidade de dominação territorial soberana.

A unidade estatal não se identifica com nenhum dos seus elementos. O Estado não é uma ordem normativa e também não o é o "povo"; não é formado por homens, mas por atividades humanas; e tão-pouco pode ser identificado com os órgãos que atualizam a sua unidade de decisão e ação.

---

[21] *Der Begriff des Politischen*, 1928, trad. francesa *La notion du politique*, Paris, 1972, máxime págs. 66, 69 e 70. Cfr. as análises de HELMUTH KUHN, *Der Staat* (Munique, 1967), trad. castelhana *El Estado*, Madrid, 1979, págs. 405 e segs.; a obra coletiva *La Política oltre lo Stato-Carl Schmitt*, Veneza, 1981; GERMAN GÓMEZ ORFANEL, *Excepción y normalidad en el pensamiento de Carl Schmitt*, Madrid, 1986; MARIA STELLA BARBIERI, *Il Senso del Politico. Saggio su Carl Schmitt*, Milão, 1990.

[22] *Verfassung und Verfassungsrecht*, 1928, trad. castelhana *Constitución y Derecho Constitucional*, Madrid, 1985, págs. 52 e segs., máxime 61, 63 e 107.

78 | Teoria do Estado e da Constituição · *Jorge Miranda*

A organização estatal é aquele *status* renovado constantemente pelos seus membros, a que se juntam organizadores e organizados. E a unidade real do Estado adquire existência somente pelo facto de dispor de um governo, de modo unitário, sobre as atividades unidas, necessárias à autofirmação do Estado; assim como o povo, o território e os órgãos do Estado só adquirem plena verdade e realidade na sua recíproca relação.[23]

IV – Para SANTI ROMANO, são entes políticos os entes de fins gerais, os entes que, embora propondo-se finalidades que em dado momento se podem precisar e circunscrever, são, apesar disso, suscetíveis de assumir qualquer outra finalidade sem mudança de natureza.

Todos os entes territoriais são também entes políticos, porque, de regra, a sua esfera de competência se estende a uma infinita série de interesses que se manifestam dentro do seu território. Todos os entes territoriais são entes políticos enquanto os seus fins (mesmo se em concreto e em determinado momento se restringem aos previstos nos ordenamentos jurídicos que os regulam) se apresentam sempre suscetíveis de indefinidas mutações, sem que os seus carateres se transformem por isso. O Estado é sempre um ente político, ainda quando a prossecução dos seus fins gerais (que nunca faltam) surge coordenada ou subordinada a um fim particular.[24]

V – GEORGES BURDEAU define o Estado a partir do poder institucionalizado e procura não apenas reter o facto histórico da sua existência mas também tomá-lo como fenómeno jurídico.

O Estado é um conceito; existe, porque pensado por governantes e governados; e é uma instituição que incorpora uma ideia de Direito e, através dela, obtém a adesão dos membros do grupo.[25]

VI – Uma tentativa de perscrutar a essência do político através de uma orientação fenomenológica foi feita, na doutrina portuguesa, por CABRAL DE MONCADA.

---

[23] *Op. cit.*, págs. 246 e segs., máxime 282-283. Cfr. a interpretação de RENATO TREVES, *La dottrina dello Stato di Hermann Heller*, in *Rivista Trimestrale di Diritto Pubblico*, 1957, págs. 50 e segs.

[24] *Principii di Diritto Costituzionale Generale*, reimpressão, Milão, 1947, pág. 53. Cfr., igualmente, VEZIO CRISAFULLI, *Lezioni di Diritto Costituzionale*, 2ª ed., I, Milão, 1970, pág. 56; ou COSTANTINO MORTATI, *Istituzioni di Diritto Publico*, 9ª ed., Pádua, 1975, I, págs. 19 e segs.

[25] *Traité...*, II, cit., págs. 156 e segs. e 251 e segs.

Parte II · Cap. I – O Estado em Geral | **79**

Segundo este autor, o "político" pertence ao domínio da cultura e corresponde a um momento suscetível de ser distinguido, mas jamais radicalmente separado, do "jurídico" e do "social", da convivência, das relações entre o "eu" e o "outro". Pois todo o ordenamento jurídico tende a *estabilizar-se,* a converter-se em "estado", em *"status".* O "político", em todas as suas modalidades, incluída a do Estado, outra coisa não é senão "ato" daquilo que no "jurídico" se acha em "potência". *Todo o jurídico aspira ao político, bem como todo o político pressupõe e reclama o jurídico.*

Como todos os "objetos intencionais", o "político" tem igualmente uma estrutura própria, que é a autoridade. A ideia de autoridade faz parte da essência estrutural do objeto "político"; mas ela não se concebe dentro de quaisquer relações intersubjetivas sem certa distinção fundamental dos sujeitos destas mesmas relações – entre *governantes* e *governados,* entre quem mande e quem obedeça.

Em terceiro lugar, a justiça é ingrediente tão necessário do conceito de direito como do conceito de político, ainda que se trate de uma *justiça distributiva,* de superordenação e subordinação, de proporcionalidade em atenção à função que cada qual terá a desempenhar dentro da comunidade.

Donde, certa coincidência dos conceitos de "político" e "social", porque tudo no mundo, afinal, é político, desde que os homens se congregam e se entra no domínio do coletivo humano estruturado. O "político" não é senão a *vida humana perfilada em forma,* um certo grau de condensação do social. O "político" é a forma natural de sociedade, uma vez ultrapassado o simplesmente multitudinário e coletivo, logo que este se projeta e surge no plano do espírito para a realização de uma *ideia.*[26]

VII – Análise predominantemente filosófica (em que entram elementos vindos de SCHMITT e de outros autores) é a de JULIEN FREUND ao enunciar as caraterísticas que diferenciam o político de outros fenómenos de ordem coletiva (como o económico ou o religioso).

Para ele, o político como categoria fundamental, constante desenraizável da matriz humana, é uma essência que tem por pressupostos as relações de comando e obediência, de privado e de público e de amigo e inimigo; e a dialética dessas três relações traduz-se, respetivamente, em ordem, opinião e luta. Por outro lado, o fim específico do político é o bem comum e a sua menor especificação é a força (como obstáculo a outra força).

---

[26] *Problemas...*, cit., págs. 27 e segs., máxime 33 e 35.

A política é a atividade social que se propõe assegurar pela força, geralmente fundada no direito, a segurança exterior e a concórdia interior de uma unidade política particular, garantindo a ordem no meio de lutas que nascem da diversidade e da divergência das opiniões e dos interesses.[27]

VIII – Como exemplo de visão exclusivamente sociológica, em que se não depara ou se dilui o conceito de Estado, dê-se conta da de TALCOTT PARSONS.

Segundo este autor, a política é um subsistema funcional primário da sociedade, com *status* teórico exatamente paralelo à economia. Ela não deve ser identificada com nenhuma estrutura específica de coletividade dentro da sociedade, como o governo (assim como a economia não deve ser concebida como o agregado de empresas de negócios), nem com nenhum tipo concreto de atividade individual. Analiticamente, a política é entendida como o aspeto de toda a ação relacionada à função da busca coletiva de bens coletivos.[28]

IX – Finalmente, refira-se a maneira de entender o Estado como fenómeno de desenvolvimento político exposta por GOMES CANOTILHO em certa fase do seu pensamento.

O Estado, escreve, não é um valor em si ou uma organização finalisticamente racional, portadora de fins autónomos. O político e o Direito são, sim, subsistemas do sistema social. E há um *trilátero mágico* de poder-normas-domínio.

As normas jurídicas são criadas por um poder de natureza *injuntiva* e este se concebe como uma modalidade de interação social. Em um nível profundo, o poder político assenta em estruturas de *domínio*, entendendo-se por domínio a distribuição desigualitária de poder (produção de bens materiais, produção de bens simbólicos, detenção de instrumentos de coerção). Por seu turno, a articulação do *domínio* (nível profundo) com o *poder* (nível superficial de interações) pressupõe esquemas de *mediação* ou modos de racionalidade *mediadora* essencialmente revelada por *normas* juridicamente vinculantes.[29]

---

[27] *L'essence du politique*, cit., máxime págs. 5, 44, 45, 84 e segs., 650 e segs. e 751.

[28] *O aspecto político da estrutura e do processo social*, in *Modalidades de Análise Política*, obra coletiva organizada por David Easton, trad., Rio de Janeiro, 1970, págs. 95-96.

[29] *Direito Constitucional*, 6ª ed., Coimbra, 1993, págs. 40 e segs., 45 e segs. e 48-49.

Parte II · Cap. I – O Estado em Geral | 81

33.

Posição adotada

I – Repetimos: o *Estado* é um caso histórico de *existência política* e esta, por seu turno, uma manifestação do *social*, qualificada ou específica.

O político assenta na intensificação, na diversificação e na extensão da vida em comum, na dimensão mais ampla ou no significado mais forte que ela adquire para ir ao encontro de necessidades não suscetíveis (ou já não suscetíveis) de satisfação em nível de sociedades primárias ou menores.[30] Consiste em determinada forma de conceber o *social* em termos de *coletivo*, de propor e prosseguir fins pluri-institucionais e fins gerais *a se*,[31] de se dotar de meios adequados a tais fins, de criar dependências e interdependências, numa solidariedade organizada segundo uma ideia da obra comunitária a empreender, a qual prevalece sobre todas as outras solidariedades baseadas em fins temporais.

O político é o global;[32] é tudo aquilo que assume relevância para toda uma sociedade ou um conjunto de sociedades, em certo tempo e em certo lugar. E quanto maiores forem (como sucede na nossa época) os condicionamentos e as interações de sociedades menores e de interesses particulares – e nunca completamente redutíveis ou amalgamáveis – mais espaço haverá para o político.

Político é o que envolve, prende e insere num mesmo âmbito uma multiplicidade de grupos e o que comporta contraposição, ascendente e descendente, entre diferentes fins gerais e diversos quadros institucionais em que esses fins podem ser concretizados.[33] Naturalmente aqui se tornam mais nítidos os contornos da convergência e do conflito, da integração e da exclusão, da igualização e da hierarquia, do consentimento e do constrangimento, da permanência e da mudança.[34]

A essência do político encontra-se sobretudo na dialética do grupo humano e do poder. O grupo empresta enquadramento ao poder, mo-

---

[30] Cfr. MARCELLO CAETANO, *op. cit.*, I, págs. 18 e segs.

[31] Pois a sociedade política não se reduz a mera federação de sociedades menores.

[32] Cfr. GERMAN BIDART CAMPOS, *Teoria del Estado*, Buenos Aires, 1991, pág. 49; HANNAH ARENDT, *Was ist Politik?*, 1993, trad. *Qu'est-ce que la politique*, Paris, 1995, págs. 39, 40 e 43.

[33] A unidade política é partitiva – ela não unifica nunca a sociedade humana globalmente, mas só uma sociedade determinada (JULIEN FREUND, *op. cit.*, pág. 37).

[34] O poder é o resultado, em cada sociedade, da necessidade de luta contra a entropia que a ameaça de desordem (GEORGES BALANDIER, *op. cit.*, pág. 43).

dela os homens que o exercem, reconhece-lhes legitimidade; o poder político (a que se exige mais do que a qualquer outro poder) gera um processo próprio de agir e afirma-se em graus variáveis que, no Estado, chegam à autonomia.[35] Mas, porque o poder está em relação com fins e pressupõe pessoas que os partilhem, ele é o *poder numa comunidade*; pressupõe obediência e é *obediência transformada*;[36] traduz-se em *soberania de sujeição*;[37] é certa forma de relações humanas, inerente às condições de subsistência do grupo;[38] é um universo de existência social;[39] daí, um constante influir e refluir da comunidade e do poder.[40]

O político possui uma estrutura dualista e implica um momento de unidade: estrutura dualista, na medida em que se analisa em comunidade e em poder, em participação e em sujeição a autoridade, em distinção entre os membros da *Civitas* e os que detêm o governo; momento de unidade, visto que comunidade e poder não existem por si, implicam-se reciprocamente e apenas podem ligar-se através de uma organização e de valores jurídicos.[41]

Se a comunidade diluísse ou absorvesse o poder, não ocorreria fenómeno político; como não ocorreria, se o poder fosse um poder sem destinatários; ou se a organização não se referisse a uma comunidade e a um poder em concreto; ou se a chamada diferenciação política, ou de governantes e governados, fosse remetida para o mero domínio dos factos. Porém, para que se verifique fenómeno político, todos estes vetores têm de estar presentes, articulados e complementares, e tem de se encontrar o elemento valorativo que faz dessa unidade dialética de comunidade e poder uma unidade de ordem. Não se encontra o político sem o jurídico.

---

[35] Sobre o Estado como associação de domínio institucional com o monopólio do poder legítimo, v. Max Weber, *Wirtschaft und Gesellschaft*, trad. castelhana *Economia y Sociedade*, Madrid, 1969, II, págs. 1.056 e segs.

[36] Jellinek, *op. cit.*, pág. 319.

[37] Maurice Hauriou, *Précis de Droit Constitutionnel*, 2ª ed., Paris, 1929, pág. 89.

[38] Carl J. Friedrich, *Le problème du pouvoir dans la doctrine constitutionnaliste*, in *Annales de Philosophie Politique – Le Pouvoir*, I, Paris, 1956, págs. 35 e 39.

[39] Nikklas Luhmann, *Macht*, trad. portuguesa *Poder*, Brasília, 1985, pág. 75.

[40] Cfr. António Teixeira Fernandes, *Os fenómenos políticos*, Porto, 1988, págs. 43 e segs.; Afonso D'Oliveira Martins, *Sobre o conceito de poder*, in *Estado e Direito*, 1989, págs. 47 e segs.; Cesar Saldanha Souza Júnior, *Consenso e Democracia Constitucional*, Porto Alegre, 2003, págs. 45 e segs.

[41] Assim, Miguel Galvão Teles, *Estado*, in *Verbo*, VII, pág. 1.358, ou Virgilio Giorgianni, *op. cit.*, págs. 235 e segs.; cfr., numa perspetiva crítica, Alfio Mastro Paolo, *L'État ou l'ambiguité: hypothèses pour une recherche*, in *Revue française de science politique*, 1986, págs. 477 e segs.

Parte II · Cap. I – O Estado em Geral | **83**

II – Falar em Estado equivale, portanto, a falar em comunidade e em poder organizados ou, doutro prisma, em organização da comunidade e do poder;[42] equivale a falar em comunidade ao serviço da qual está o poder e em organização que imprime caráter e garantias de perdurabilidade a uma e outro.

As duas perspetivas sobre o Estado que a experiência (ou a intuição) revela – o Estado-sociedade (ou Estado-coletividade) e o Estado-poder (ou Estado-governo ou Estado-aparelho) – não são senão dois aspetos de uma mesma realidade; assim como a institucionalização, sinal mais marcante do Estado no cotejo das sociedades políticas anteriores de poder difuso ou de poder personalizado, corresponde fundamentalmente a organização. O Estado é institucionalização do poder, mas esta não significa apenas existência de órgãos, ou seja, de instituições com faculdades de formação da vontade; significa também organização da comunidade, predisposição para os seus membros serem investidos de direitos e deveres entre si e em face do poder.

O Estado aparece como comunidade de homens concretos, constituído com duração indefinida em certo lugar.[43-44] Comunidade na qual se exerce um poder em seu nome, dirigido a cada uma das pessoas e dos grupos que a integram; e poder de que se encarregam as pessoas investidas na qualidade de titulares de órgãos. Comunidade e poder que se vertem em organização – em organização jurídica – como a que é dada, primeiro que tudo pela Constituição (muito embora a organização não se identifique propriamente com as normas em si, antes com a objetivação ou o resultado dessas normas).[45]

---

[42]   Cfr., já, *Ciência Política e Direito Constitucional*, policopiado, Lisboa, 1972-1973, I, págs. 136 e segs.

[43]   Falando aqui em "comunidade", não nos comprometemos forçosamente com a celebérrima dicotomia de TÖNNIES "comunidades"-"associações". No entanto, não podemos deixar de atender, pelo menos, a um dos carateres das "comunidades": o caráter natural e necessário para os indivíduos seus componentes.

[44]   O Estado moderno é um Estado laico, mas o fenómeno político exibe fortes conexões com o fenómeno religioso. Como escreve um Autor (ERIC VOEGELIN, *Die politischen Religionen*, 1938, trad. francesa *Les Religions Politiques*, Paris, 1994, págs. 107 e 108), o homem vive na comunidade política com todos os traços do seu ser, tanto em geral como espiritual e religioso; e a comunidade política aparece sempre incorporada na relação entre a experiência humana do mundo e a do divino, seja no caso de o domínio político ocupar um lugar inferior à ordem divina na hierarquia do ser, seja no caso de o domínio político se achar ele próprio divinizado.

[45]   Sobre a organização em sentido sociológico, cfr. NIKLAS LUHMANN, *op. cit.*, págs. 81 e segs.

O Estado é comunidade e poder *juridicamente* organizados, pois só o Direito permite passar, na comunidade, da simples coexistência à coesão convivencial[46] e, no poder, do facto à instituição. E nenhum Estado pode deixar de existir sob o Direito, fonte de segurança e de justiça, e não sob a força ou a violência. No entanto, o Estado não se esgota no Direito[47] – assim como o Direito não se reduz simplesmente a forma de Estado.[48] É, sim, *objeto* do Direito, e, apenas enquanto estruturalmente diverso do Direito, pode ser a ele submetido, por ele avaliado e por ele tornado legítimo.

Finalmente, o Estado não só se projeta em atividade como obtém da atividade a constante renovação da sua unidade – atividade do poder desdobrada em atos típicos juridicamente regulados, sujeitos a um princípio da legalidade (*lato* ou *latissimo sensu*), bem como atividade proveniente da própria comunidade e traduzida na transmissão de necessidades e na emissão de juízos sobre os comportamentos do poder. A organização é condição da atividade, mas sem a atividade não poderia a organização subsistir.

34.
As relações entre Estado e sociedade

I – Quando se contrapõem *Estado-comunidade* e *Estado-poder* (ou Estado-aparelho), está-se a raciocinar no interior de fenómeno estatal, com o seu enlace necessário e dinâmico entre comunidade e poder. Quando, contudo – noutra distinção não pouco usada e importante – se contrapõem Estado e sociedade, já o âmbito se exibe diferente e mais largo.

Convém evocar esta problemática quer no plano histórico, quer no plano conceitual.[49]

---

[46] De resto, o Direito, o *jus*, é o que liga os homens.

[47] Cfr. João Baptista Machado, *Lições de Introdução ao Direito Público*, in *Obras Dispersas*, II, Braga, 1993, pág. 404: o Estado não parece ser uma realidade com assento exclusivo na esfera do cultural, mas representa uma realidade de ordem mediadora entre dois mundos – entre o mundo ideal da cultura (universo cultural) e o mundo da faticidade social empírica, o mundo das necessidades, dos interesses e das forças que impulsionam a sociedade.

[48] Cfr. Castanheira Neves, *A redução política do pensamento metodológico-jurídico*, Coimbra, 1993, máxime págs. 14-15.

[49] Cfr., por todos, Lorenz von Stein, *Geschichte der sozialen Bewegung* in *Frankreich von 1789 bis auf unsere Tag*, 1850, trad. castelhana *Movimientos sociales y Monarquia*, Madrid, 1957, págs. 33 e segs.; António Costa Lobo, *O Estado e a liberdade de associação*,

Parte II · Cap. I – O Estado em Geral | 85

II – No pensamento grego e romano não se encontra uma noção autónoma de sociedade fora da *polis* ou da *Civitas*. A Cidade Antiga não era constituída por uma sociedade civil que devesse ser governada como coisa distinta do Estado.[50]

Durante a Idade Média e na transição estamental, o político dispersa-se e está presente na sociedade e na sua riquíssima teia de instituições – as ordens religiosas, as universidades, as obras assistenciais, as corporações de mesteres, as comunas ou os concelhos, etc. Ou antes: é na sociedade como expressão integrante de todas as instituições (incluindo a instituição real) que reside o político.

Pelo contrário, com o absolutismo, o Estado identifica-se com o poder, com a soberania, com o Rei, e a sociedade – seja naquilo que vem

---

Coimbra, 1864, máxime págs. 59 e segs.; José Tavares, *Ciência do Direito Político*, Coimbra, 1909, págs. 21 e 22; Heller, *op. cit.*, págs. 139 e segs.; Rogério Soares, *Direito Público e Sociedade Técnica*, Coimbra, 1969, págs. 39 e segs.; Egidio Tosato, *op. cit.*, *loc. cit.*, págs. 1.809 e segs.; Jürgen Habermas, *Mudança* ..., cit., pág. 101; Silvio de Fina, *Ordinamenti giuridici e ordinamenti sociali*, in *Rivista Trimestrale di Diritto Publico*, 1969, págs. 126 e segs.; Gerhard Leibholz, *Problemas fundamentales de la democracia moderna*, trad., Madrid, 1971, págs. 95 e segs.; Ernst Forsthoff, *El Estado de la Sociedade Industrial*, trad., Madrid, 1975, págs. 27 e segs.; Norberto Bobbio, *Società civile*, in *Dizionario di Politica*, obra coletiva, Turim, 1976, págs. 952 e segs.; Dino Pasini, *Stato-Governo e Stato-Società*, reimpressão, Milão, 1978, págs. 69 e segs.; H. Kuhn, *op. cit.*, págs. 264 e segs.; Jacques Chevallier, *L'association entre public et privé*, in *Revue du droit public*, 1981, págs. 887 e segs.; Giovanni Sartori, *A Política*, trad., Brasília, 1981, págs. 158 e segs.; Konrad Hesse, *Escritos de Derecho Constitucional*, trad., Madrid, 1983, págs. 12 e segs.; António Manuel Hespanha, *Para uma teoria da história institucional do Antigo Regime*, in *Poder e instituição na Europa do Antigo Regime*, Lisboa, 1984, págs. 26 e segs.; Jean-Louis Quermonne, *Les régimes politiques occidentaux*, Paris, 1986, págs. 187 e segs.; João Baptista Machado, *Lições...*, cit., *loc. cit.*, págs. 429 e segs. e 513 e segs.; Boaventura de Sousa Santos, *O Estado e o Direito na transição pós-moderna: para um novo senso comum sobre o Poder e o Direito*, in *Revista Crítica de Ciências Sociais*, nº 30, Junho de 1990, págs. 13 e segs.; Ernest Gellner, *Conditions of Liberty*, 1994, trad. portuguesa *Condições de liberdade*, Lisboa, 1995, págs. 111 e segs.; John Keane, *Civil Society*, 1998, trad. *A sociedade civil*, Lisboa, 2001; Ernst-Wolfgang Böckenförde, *Le droit, l'État et la Constitution démocratique*, trad., Paris, 2000, págs. 176 e segs.; Mário Lúcio Quintão Soares, *Teoria do Estado*, Belo Horizonte, 2001, págs. 65 e segs.; Maria Lúcia Amaral, *Sociedade e Constituição ou do uso jurídico da noção de sociedade civil*, in *Themis*, nº 5, 2002, págs. 5 e segs.; Mendes Castro Henriques, *Que há de novo na sociedade civil?*, in *Nação e Defesa*, nº 106, Outono-Inverno de 2003, págs. 135 e segs.; Pedro Gonçalves, *Entidades privadas com poderes públicos*, Coimbra, 2005, págs. 228 e segs.

[50] Paul Veyne, *I Greci hanno conosciuto la democrazia?*, in Christian Meir e Paul Veyne, *L'identità del cittadino e la democrazia in Grecia*, trad., Bolonha, 1989, pág. 76.

de longe, seja naquilo que traz de novo – aparece à margem do político e sem projeção sobre o poder. Vem a ser apenas na época liberal que a sociedade volta a afirmar-se, se bem que em termos negativos, abrangendo tudo quanto se pretende que fique subtraído à ação do poder. Assim como vem a ser com as conceções contratualistas então dominantes, primeiro, e, depois, com a passagem à democracia que se toma ou se readquire consciência da face comunitária do Estado. E, mais tarde, certos regimes políticos afastam-se tanto da vontade e dos interesses dos cidadãos que o Estado-poder, no limite, se lhes entremostra completamento alheio e exterior.[51]

O Estado liberal tem em vista uma sociedade livre da gestão ou direção do poder. O Estado social intervém nela para a transformar ou conformar. Num caso ou noutro, a sociedade carrega-se de *intenções políticas*[52] ou, se se preferir, de funções políticas. Num caso ou noutro, a sociedade corresponde ao Estado-comunidade, mas não tem de se lhe assimilar, de com ele coincidir ou de ser por ele absorvida. Já no Estado marxista-leninista não existe sociedade civil.

A evolução do termo e do conceito da sociedade civil não deixa ela própria de ser elucidativa. Começou por equivaler a sociedade política, distinta da Igreja, do conjunto de fiéis enquanto tais: *societas civilis sive res publica*. A partir de Hegel recorta-se como conjunto de relações e situações que se projetam entre o indivíduo e o Estado, como conjunto dos homens privados: *bürgerliche Gesellschaft*.

III – Se a *sociedade,* a sociedade civil, sustenta o Estado-comunidade enquanto conjunto humano, não se confunde com ele dum prisma jurídico e institucional, pois guarda sempre um grau maior ou menor de distanciamento e, pelo menos, sempre seria configurável, para efeito de análise, como desprendida do poder.[53]

Não significa isto que não haja pontes ou veículos de passagem, que a sociedade seja indiferente politicamente, sobretudo hoje, ou que ela possa captar-se sem o influxo do poder. Apenas se afirma a possibilidade de uma consideração da sociedade à margem da redução ao fenómeno estatal (ou ao político).

---

[51] O aparelho governativo aparece como alguma coisa que a sociedade civil pode julgar, expulsar, tomar, reformar, destruir, sem perda da identidade do Estado e da sua própria identidade (ADRIANO MOREIRA, *op. cit.*, págs. 18-19).

[52] Na expressão de ROGÉRIO SOARES, *Direito Público...*, cit., pág. 46.

[53] A sociedade forma-se na variedade e na ligação das suas partes pela liberdade, enquanto o Estado é investido do poder externo de coação (COSTA LOBO, *op. cit.*, pág. 59).

Por outro lado, o Estado-comunidade apresenta-se como uma unidade em razão do poder e da organização, como uma só sociedade política. Já a sociedade, a sociedade civil, se apresenta como ambiência e feixe de classes, de estruturas, de grupos de natureza vária (cultural, religiosa, socioprofissional, económica, etc.). E cada vez mais, com a crescente circulação internacional de pessoas, ideias e bens, aqui se cruzam fatores e presenças com origem no exterior (os estrangeiros radicados no país, com atividade relevante, também acabam por pertencer à sociedade civil da sua residência).

Os grupos e todas as forças sociais não podem, contudo, coexistir, prevaleçam estes ou aqueles interesses, sem a garantia prestada pelo Estado. Em contrapartida, também o Estado da sociedade plural, industrializada e urbana dos nossos dias e que se pretende em regime democrático não pode prescindir da regulação contratual dos conflitos.[54]

De tudo decorre que o Estado-comunidade ascende *de pleno* à esfera do público, do que é geral ou se torna geral e comum, para a *res publica*; e que a sociedade é, por definição, o domínio do privado ou onde o privado se pode manifestar e desenvolver. Somente na medida em que a sociedade em absoluto fosse, em toda a sua vida (e, por conseguinte, em toda a vida dos indivíduos que a compõem) determinada ou sujeita, toda ela, a injunções administrativas é que deixaria de ter sentido distingui-la do Estado (tal como deixaria de ter sentido distinguir Direito público e Direito privado). Mas continuaria a justificar-se sempre discernir Estado--comunidade e Estado-poder.

IV – O contratualismo dos séculos XVII e XVIII visava refundar e relegitimar o poder político e viria a ser um dos elementos matrizes determinantes do constitucionalismo moderno.[55]

---

[54] Não cabe aqui entrar nas problemáticas fundamentais, mas laterais a este tomo, dos grupos de interesses, do neocorporativismo e do pluralismo. Cfr., entre tantos, *Trends toward corporatist intermediction*, obra coletiva editada por Ph. Schmitter e G. Lehmbruch, Londres, 1972; *Political Stalility and Neo-Corporation*, obra coletiva editada por Ilda Scholten, Londres, 1987; e, entre nós, VIEIRA DE ANDRADE, *Grupos de interesses, pluralismo e unidade política*, Coimbra, 1977; MARIA LÚCIA AMARAL, *O problema da função política dos grupos de interesse*, in *O Direito*, 1974-1987, págs. 147 e segs.; JOÃO BAPTISTA MACHADO, *A hipótese neocorporativa*, in *Revista de Direito e Estudos Sociais*, 1987, págs. 3 e segs.; BARBOSA RODRIGUES, *Grupo de interesses*, in *Dicionário Jurídico da Administração Pública*, v, págs. 35 e segs.

[55] Como escreve BOAVENTURA DE SOUSA SANTOS, *Reinventar a democracia*, Lisboa, 1998, o contrato social é a metáfora fundadora da modernidade ocidental.

88 | Teoria do Estado e da Constituição · *Jorge Miranda*

Mas, em contexto bem diverso, a ideia de contrato reaparece na *teoria da justiça* de JOHN RAWLS em termos extremamente interessantes de que aqui só é possível dar uma brevíssima notícia.

Este Autor arranca do postulado de que as partes, ultrapassando o "véu de ignorância", fazem escolhas racionais. Por isso, hão-de ser capazes de chegar a uma sociedade justa de pessoas livres e independentes. E esta sociedade assentaria em dois princípios: 1º) o da mais completa liberdade compatível com a liberdade dos outros; 2º) e o de que as desigualdades sociais só são admissíveis, desde que tragam vantagens para todos e se liguem a posições abertas a todos.[56]

Também a ideia de contrato manifesta-se nos procedimentos participativos impostos pelas estruturas sociais da época atual, como os previstos na Constituição portuguesa [*v.g.*, arts. 56º, 60º, nº 3, 65º, nº 5, 80º, alínea *g*)] e na Constituição brasileira (arts. 10, 194-VII, 204-II). Tal como se manifesta nos Conselhos Económicos e Sociais, existentes em vários Estados (Itália, França, Portugal etc.).

35.
Os elementos ou condições de existência do Estado

I – Na maneira mais corrente de configurar o Estado (e a que principalmente JELLINEK concedeu o seu prestígio), ele é descrito como o fenómeno histórico que consiste em um *povo* exercer em determinado *território* um poder próprio, o *poder político*.

O larguíssimo acolhimento que tem tido esta focagem compreende-se bem pela importância que confere a essas três realidades e que, como quer que seja, efetivamente elas merecem. Ressalta, contudo, a ambiguidade do termo "elementos do Estado" com que são designadas.

Elementos do Estado tanto podem ser elementos constitutivos ou componentes do Estado, definidores do seu conceito ou da sua *essência*,[57]

---

[56] *A Theory of Justice*, 1971 (seguimos a trad. portuguesa *Uma teoria da justiça*, Brasília, 1981).

[57] Além de JELLINEK (*op. cit.*, págs. 130 e segs. e 295 e segs.), cfr., por exemplo, JOSÉ TAVARES, *op. cit.*, págs. 65 e 257 e segs.; ROCHA SARAIVA, *op. cit.*, II, págs. 7 e segs. e 26 e segs.; SANTI ROMANO, *op. cit.*, págs. 50-51; QUEIROZ LIMA, *Teoria do Estado*, 8ª ed., Rio de Janeiro, 1957, págs. 120 e segs. (numa visão positivista); BALLADORE PALLIERI, *op. cit.*, II, págs. 67 e segs. (que fala em elementos da ordem jurídica estatal); MARCELLO CAETANO, *op. cit.*, I, págs. 158 e segs.; TEMISTOCLE MARTINES, *Diritto Costituzionale*, Milão, 1978, págs. 153 e segs.; ARMANDO MARQUES GUEDES, *Ideologias e Sistemas*

Parte II · Cap. I – O Estado em Geral | **89**

quanto condições ou manifestações da sua *existência*.[58] No primeiro sentido, na essência do Estado, pelo menos, abrangem-se um povo, um território e um poder político (ainda que possam abranger-se outros elementos). No segundo, para existir Estado, tem de haver um povo, um território e um poder político, sem com isso se aceitar, necessariamente, a recondução a eles da estrutura do Estado.

II – Qual deva ser o entendimento a atribuir aos "elementos do Estado" é questão que se põe com mais acuidade a respeito do território.

Há quem sustente que o território adere ao homem e que todos os efeitos jurídicos do território têm a sua raiz na vida interna dos homens[59] ou que o Estado implica *stare*, sede fixa, de tal jeito que o território não equivale só a um espaço reservado à ação do Estado, entra também a constituí-lo.[60] Ou que o poder soberano se traduz numa organização, de que é elemento dimensional o território.[61] Ou que o território faz parte do *ser* do Estado, e não apenas do seu *haver*.[62]

Em contrário, diz-se que o território não pode considerar-se como o "corpo" do Estado. Não é o território que delimita o âmbito do senhorio, é o senhorio que delimita o território.[63] O território é elemento meramente

---

Políticos, Lisboa, 1978, págs. 22, 52 e segs. e 63 e segs.; MARCELO REBELO DE SOUSA, *Direito Constitucional*, Braga, 1979, pág. 109 (que distingue entre o conceito de Estado – de que são integrantes o povo, o território e o poder político – e a estrutura do Estado – que é mais ampla); FRANCO FARDELLA, *I fondamenti epistemologici del concetto di stato*, Milão, 1981, págs. 89 e segs. (não se trata de uma combinação *estática* de elementos preconstituídos e justapostos, mas de uma perspetiva *dinâmica* indicativa de um processo em que povo, território e poder soberano constituem, cada um, em sentido diacrónico, o momento último de uma sequência, e, em sentido sincrónico, o termo de uma interação); FREITAS DO AMARAL, *Estado*, in *Polis*, II, págs. 1.130 e segs. Contra a teoria dos três elementos, v., entre outros, CARRÉ DE MALBERG, *Contribution à la Théorie Générale de l'État*, I, Paris, pág. 8; SMEND, *op. cit.*, págs. 52 e 104; KELSEN, *Teoria General...*, cit., pág. 124; GEORGES BURDEAU, *op. cit.*, II, págs. 77 e segs.; GIUSEPPE CHIARELLI, *Popolo*, in *Novissimo Digesto Italiano*, xiii, 1966, pág. 284; EGIDIO TOSATO, *Sugli aspetti fondamentali dello Stato*, in *Studi in memoria di Carlo Esposito*, obra coletiva, III, Pádua, 1973, págs. 1.787 e segs. e 1.800 e segs.

[58] Assim, BURDEAU (que considera a ação do poder – na qual trata do território e da autoridade – e a obra do grupo – nação e consentimento ao poder); MIGUEL GALVÃO TELES, *op. cit.*, *loc. cit.*, págs. 1.359 e segs.; VEZIO CRISAFULLI, *op. cit.*, I, pág. 150.

[59] JELLINEK, *op. cit.*, pág. 130.

[60] SANTI ROMANO, *op. cit.*, págs. 50-51.

[61] FRANCO FARDELLA, *op. cit.*, pág. 155.

[62] FREITAS DO AMARAL, *op. cit.*, *loc. cit.*, pág. 1.132.

[63] TOMMASO PERASSI, *Paese, territorio e signoria nella dottrina dello Stato*, in *Rivista di Diritto Pubblico*, 1912, págs. 146 e segs.

exterior (quase como o solo para qualquer edifício). Uma coisa é dizer que ele é elemento da *ideia* de Estado, outra coisa que é elemento do *Estado*.[64] E há quem tome o território, não como um elemento autónomo, mas como um elemento com recurso ao qual cada um dos outros, de acordo com a sua natureza, se qualifica e se carateriza – e daí a ideia de territorialidade. O território apenas se converte em elemento da definição do Estado enquanto serve para distinguir a ordem jurídica estatal de qualquer ordem jurídica não territorial.[65] Só historicamente, não geneticamente, ele adquire preponderância.[66]

III – Julgamos de afastar a ideia de elementos essenciais ou constitutivos do Estado.

Os elementos não podem ser tomados como partes integrantes do Estado, visto que isso: 1) suporia reduzir o Estado a eles, à sua soma ou à sua aglutinação quase mecânica ou naturalística; 2) suporia ainda assimilar a estrutura de cada um dos elementos à dos outros dois ou, porventura, colocar todos em pé de igualdade; 3) esqueceria outros aspetos ou fatores tão significativos como o sentido de obra comum[67] ou os fins;[68-69] 4) não explicaria o papel da organização como base unificante do Estado.

Outra coisa vem a ser o segundo sentido. Aqui apenas se pretende inculcar que povo, território e poder político são pressupostos ou con-

---

[64] RENATO ALESSI, *Intorno alla nozione di ente territoriale*, in *Scritti in onore di Arturo Carlo Jemolo*, obra coletiva, III, Milão, 1963, págs. 9 e 6.

[65] EGIDIO TOSATO, *op. cit.*, *loc. cit.*, pág. 1.802.

[66] JOSÉ ADELINO MALTEZ, *op. cit.*, II, págs. 31 e segs.

[67] Para HAURIOU (*op. cit.*, págs. 78 e segs.), os elementos essenciais do Estado são uma nação, um governo central e a ideia e a empresa de coisa pública.

[68] Assim, CABRAL DE MONCADA (*Filosofia...*, cit., II, Coimbra, 1966, págs. 168 e segs.) aponta a ideia de Estado, a organização jurídica e os fins como os verdadeiros elementos ônticos do Estado; e MARCELO REBELO DE SOUSA (*Estado*, in *Dicionário Jurídico da Administração Pública*, IV, pág. 211) refere-se à personalidade jurídica.
Contra os fins como elementos do Estado, ARMANDO MARQUES GUEDES, *Ideologias...*, cit., págs. 53-54. Os fins do Estado não constituem um novo elemento, pelo menos no sentido estático, material, de parte que com as restantes se congrega para formar o todo. Em si mesmo considerados, os fins são algo de exterior, de transcendente ao Estado; ou então, como as conceções monistas sustentam, algo de imanente, de consubstanciado no próprio Estado e, por conseguinte, imanente também em cada um dos elementos que o constituem.

[69] Muito interessante é ainda a visão de PETER HÄBERLE (*Nove ensaios constitucionais e uma aula de jubileu*, trad., São Paulo, 2012), para quem a teoria dos elementos do Estado tem que ser declinada (conjugada) com o conceito de cultura. "A Constituição é uma parte de cultura" (na realidade: tem que formar um "quarto elemento" (pág. 189).

Parte II · Cap. I – O Estado em Geral | **91**

dições de existência do Estado, indispensáveis em todos os lugares e em todas as épocas em que pode falar-se em Estado, embora com funções e relações diversas. Sociedade política complexa, o Estado traduz-se num conjunto de pessoas ou *povo,* fixa-se num espaço físico ou *território* e requer uma autoridade institucionalizada ou *poder político.*

Ora, se o povo corresponde à comunidade política e o poder é o poder organizado do Estado, já o território, embora necessariamente presente, se situa fora do Estado, não se insere na substância do Estado: os efeitos jurídicos fundamentais que se lhe ligam não postulam que ele seja Estado; postulam que ele é uma condição sem a qual o Estado não poderia subsistir. O território não vale por si, vale como elemento definidor (ou aglutinador) do povo e do poder (o que, aliás, não é pouco).

Adotado este sentido,[70] a conceção dos três elementos não oferece dificuldades particulares. Trata-se então de uma certa ótica de encarar o Estado. E acaba por se mostrar algo secundário, se bem que não despiciendo, dizer que há dois aspetos no Estado – a comunidade e o poder – com determinada base territorial ou considerar que, para que cada Estado exista, têm de se encontrar um povo, um território e um poder. Acima de tudo, o que importa é ter a noção da perspetiva e do papel específico dessas realidades no âmbito da teoria constitucional e do Direito positivo.

36.

As vicissitudes do Estado

I – Relacionado com a estrutura, acha-se o tema das vicissitudes do Estado em concreto, pois as vicissitudes comprovam aquilo que a define, como ela depende sempre de regras jurídicas e como são essas regras que permitem a permanência do Estado para além de todos os eventos que possam ocorrer.[71]

---

[70] Que adotamos desde *Ciência Política e Direito Constitucional,* cit., I, págs. 128 e segs.

[71] Sobre o assunto, cfr., por exemplo, JELLINEK, *op. cit.,* págs. 109 e segs.; JOSÉ FREDERICO LARANJO, *op. cit.,* tomo 2º, fascículo 3º, livro II, Coimbra, 1908, págs. 59 e segs.; GIUSEPPE BISCONTINI, *L'annessione e la fusione di Stati ed i loro riflessi sul fenomeno successorio,* in *Rivista di Diritto Internazionale,* 1940, págs. 133 e segs. e 321 e segs.; COSTANTINO MORTATI, *La Costituzione in Senso Materiale,* Milão, 1940, págs. 203 e segs., e *Instituzioni...,* cit., I, págs. 69 e segs.; QUEIROZ LIMA, págs. 137 e segs.; BURDEAU, *op. cit.,* II, págs. 210 e segs.; ANA BARAHONA, *A nacionalidade e as modificações territoriais dos Estados,* Lisboa, 1984, págs. 45 e segs.; IAN BROWNLIE, *Principles of Public International Law,* 4ª

Há *vicissitudes totais* – as que determinam a formação e o desaparecimento do Estado – e *vicissitudes parciais* – as que acarretam transformações ou meras modificações.

A *formação do Estado* pode dar-se pela elevação a Estado de comunidade não estatal ou até então politicamente dependente; pela agregação de dois ou mais Estados preexistentes em novo Estado; pelo desmembramento ou pela desagregação de anterior Estado; ou pela secessão de uma das suas partes. E pode ser a formação de um Estado novo ou equivaler, historicamente, à reconstituição de um Estado antigo.

O *desaparecimento* do Estado, em contrapartida, ocorre pela redução a comunidade não estatal ou politicamente dependente (por exemplo, redução a colónia); pela agregação com outros Estados num novo Estado a constituir ou pela desagregação em diferentes Estados novos; e pela integração ou incorporação num ou em vários Estados preexistentes (no caso de serem vários Estados, fala-se em partilha).

O Estado *transforma-se* no confronto de outros Estados por transformação da soberania (*v.g.*, por sujeição a regime de protetorado ou sua cessação ou por incorporação ou desincorporação em confederação), por perda ou aquisição da soberania internacional (por integração em Estado federal ou por secessão deste) e por incorporação nele de outro Estado.[72] Modifica-se ainda sem alteração da sua estrutura (ou seja, mais quantitativa do que qualitativamente) quando se verificam migrações ou transferências de populações com reflexos na cidadania ou se registram modificações territoriais, tais como ocupação ou desocupação de

---

ed., Oxónia, 1990, págs. 131 e segs.; HÉLÈNE RUIZ FABRI, *Génèse et disparation de l'État à l'époque contemporaine*, in *Annuaire français de droit international*, 1992, págs. 153 e segs.; HABIB GHERARI, *Quelques observations sur les États éphèmeres*, *ibidem*, 1994, págs. 419 e segs.; ANDRÉ GONÇALVES PEREIRA e FAUSTO DE QUADROS, *Manual de Direito Internacional Público*, 3ª ed., Coimbra, 1993, págs. 332 e segs.; JEAN-PAUL MARKUS, *La continuité de l'État en droit public intervue*, in *Revue du droit public*, 1999, págs. 1.067 e segs.; NGUYEN QUOC DINH, PATRICK DAILLIER e ALAIN PELLET, *Droit International Public*, 6ª ed., Paris, 1999, págs. 510 e segs.; JOSÉ ALBERTO DE AZEREDO LOPES, *Entre solidão e intervencionismo – Direito de autodeterminação dos povos e reações de Estados terceiros*, Porto, 2003, págs. 311 e segs.; VALÉRIO DE OLIVEIRA MAZZUOLI, *Curso de Direito Internacional Público*, 3ª ed., São Paulo, 2009, págs. 383 e segs.; JORGE BACELAR GOUVEIA, *Manual de Direito Constitucional*, 3ª ed., I, Coimbra, 2009, págs. 168 e segs.

[72] Foi o caso da unificação da Alemanha em 1990, na realidade a incorporação da República Democrática Alemã (Alemanha Oriental) na República Federal da Alemanha. V. *Manual...*, II, 6ª ed., Coimbra, 2007, pág. 102 e Autores citados.

Parte II · Cap. I – O Estado em Geral | 93

territórios não apropriados e anexação ou perda, por qualquer causa, de territórios em relação a outro Estado.[73]

Porém, o Estado não se transforma internacionalmente com quaisquer vicissitudes constitucionais, sejam totais (revolução, transição constitucional) ou parciais (revisão constitucional, rutura não revolucionária etc.).[74] E subsiste na sua identidade e na sua unidade para além de todos estes atos e eventos – exatamente porque envolve institucionalização, continuidade, estabilidade, e porque o Direito internacional obriga os demais Estados a respeitarem a sua livre capacidade de decisão constitucional.[75]

A análise em pormenor dos vários tipos de vicissitudes e dos grandes problemas que suscitam não pode ser levada a cabo aqui. Melhor cabe noutros capítulos (como os da cidadania e do território) ou noutras disciplinas, designadamente o Direito internacional (*v.g.*, no tocante à formação e ao desaparecimento do Estado). Aqui importa só deixar traçado o quadro geral.

II – O Estado é uma criação da *vida jurídica;* sendo um mecanismo de preservação da *ordem,* ao mesmo tempo é um conjunto de situações de direito.[76] Nenhuma das suas vicissitudes vem a ser, portanto, indiferente ao Direito, nenhuma decorre fora do âmbito das regras jurídicas, deixa de implicar um significado normativo, uma legitimidade ou uma regularidade.

A própria formação (originária) de um novo Estado não se reduz a puro facto ou a acto material ou metajurídico. Pelo contrário, até pode resultar de um processo, no todo ou em parte, previsto pelo Direito do Estado a que estava sujeita a comunidade que se erige em estatal, Direito esse que chama a intervir ou apenas os órgãos governativos competentes para manifestarem o consentimento definitivo do Estado ou também os órgãos que já tenham sido instituídos eventualmente em tal coletividade.[77] Mas, ainda quando tudo se passe à margem ou contra esse Direito,

---

[73] A anexação pode ser unilateral (anexação *stricto sensu*) ou derivar de cessão de outro Estado a título gratuito ou oneroso ou de adjudicação de terceiro ou de organização internacional.

[74] Cfr. *infra.*

[75] Sobre limites às mutações constitucionais e continuidade do Estado, cfr. VEZIO CRISAFULLI, *op. cit.*, I, págs. 107-108.

[76] QUEIROZ LIMA, *op. cit.*, pág. 139.

[77] A descolonização francesa e a britânica oferecem numerosos exemplos e tipos de processos de autonomia e de independência regulados pelo Direito do Estado colonial; e

por declaração (unilateral ou revolucionária) de independência, nem por isso cessa a juridicidade: a instituição do Estado, pelo menos, opera-se à luz da conceção de Direito natural ou da ideia de Direito dominante na coletividade ou na vida internacional.[78]

Ao Direito das Gentes cabe, por seu lado, dispor sobre o acesso à comunidade internacional de qualquer dos seus membros ou, em certos casos, promovê-lo e orientá-lo.[79] Ele estabelece os requisitos de aquisição dessa qualidade ou soberania e os modos e efeitos do reconhecimento pelos demais Estados; ele define o âmbito possível das relações entre a nova ordem jurídica estatal e a ordem ou as regras jurídicas preexistentes, em termos de uma eventual receção ou novação destas;[80] ele ocupa-se da sucessão dos Estados quanto aos direitos e obrigações internacionais, provenientes de tratados[81] ou doutras fontes. Não faltam ainda Estados historicamente constituídos, reconhecidos ou organizados por tratado[82] ou através de um procedimento próprio de uma organização internacional.[83]

37.
O Estado como pessoa coletiva

I – A unidade jurídica que o Estado constitui pode exprimir-se com recurso à noção de pessoa coletiva, distinta de cada uma das pessoas físicas que compõem a comunidade e dos próprios governantes e suscetível de entrar em relações jurídicas com outras entidades, tanto no domínio do Direito interno como no do Direito internacional, tanto sob a veste do Direito público como sob a do Direito privado.

---

mesmo a descolonização portuguesa veio a ser feita, nas circunstâncias conhecidas, ao abrigo da Lei nº 7/74, de 27 de julho.

[78] Recordem-se a declaração de independência dos Estados Unidos e, mais recentemente, a da Guiné-Bissau em 1973 (sobre esta, v. ANTÓNIO DUARTE SILVA, *A natureza da formação do Estado: o caso da Guiné-Bissau,* in *Boletim da Faculdade de Direito de Bissau,* nº 4, Março de 1997, págs. 161 e segs.).

[79] V. os capítulos da Carta das Nações Unidas, sobre "Declaração relativa aos territórios não autónomos" (arts. 73º e 74º) e sobre regime internacional de tutela (arts. 75º e segs.).

[80] Cfr. SALVATORE VILLARI, *La continuité juridique dans les pays nouveaux,* in *Scritti in memoria de Antonimo Giuffrè,* obra coletiva, III, Milão, 1967, págs. 993 e segs.

[81] Cfr. ANDRÉ GONÇALVES PEREIRA, *Da sucessão de Estados quanto aos tratados,* Lisboa, 1969.

[82] Como Chipre (1960) ou a Bósnia-Herzegovina (1995).

[83] Foi, por último, o caso de Timor Leste (1999-2002).

Personaliza-se o Estado na estrutura que lhe pertence – na sua estrutura dual de comunidade e de poder (apesar de, umas vezes, a doutrina e o regime jurídico salientarem mais a comunidade, a base corporacional, e, outras vezes, mais o poder, a base institucional).[84]

Escusado será sublinhar – tendo em conta as premissas de que partimos – que, se a unidade do Estado advém do sistema normativo, não é este o substrato da personalidade do Estado,[85] mas tão só o elemento donde, justamente, procede o fenómeno jurídico de atribuição da personalidade.

II – A subjetivação ou personificação do Estado obedece a uma dupla finalidade: de racionalização e de acentuação da subordinação à norma jurídica.

Ela propicia, em primeiro lugar, um instrumento técnico ou construtivo muito importante (embora, não o único possível) destinado a dar resposta a algumas das mais prementes necessidades da vida do Estado, na multiplicidade de atos e contratos que tem constantemente de celebrar e de direitos e obrigações que se lhes vinculam.

Implica, em segundo lugar, uma mais imediata e nítida afirmação de integração no mundo jurídico, na medida em que, sendo sujeito de relações e mesmo quando dotado de prerrogativas ou privilégios de autoridade, o Estado tira a sua capacidade de querer e de agir da norma jurídica.

Não é por acaso que (sem esquecer antecedentes diversos) esta figura remonta a menos de duzentos anos, formulada designadamente por GERBER.[86-87] Na conceção patrimonial, o Estado não era sujeito, mas objeto de um direito do monarca, e no Estado de Polícia procedia-se à distinção entre Estado propriamente dito e Fisco. Somente com o início do aprofundamento dogmático do Direito público e com as ideias e os conceitos do Estado de Direito se vai avançar na linha da personalidade

---

[84] Cfr. MIGUEL GALVÃO TELES, *op. cit.*, *loc. cit.*, pág. 1.359.

[85] Como seria se seguíssemos o pensamento de KELSEN – para quem a "vontade" do Estado é a ordem jurídica total, a qual, personificada, constitui a vontade coletiva ou a pessoa coletiva complexa.

[86] *Op. cit.*, págs. 95-96 e 200 e segs. O Estado, guardião e revelador de todas as forças do povo dirigidas à realização ética da vida coletiva, é a suprema *personalidade do direito*; a sua capacidade de querer possui a máxima atribuição que o direito possa conferir (pág. 95).

[87] Em Portugal, o Código Civil de 1867 declarou o Estado, expressamente, pessoa moral para efeito de relações jurídicas civis (art. 37º).

do Estado[88] – a qual envolve, necessariamente, o reconhecimento de uma personalidade de direito público dos cidadãos, situações jurídico-públicas não apenas do Estado mas também das pessoas membros da comunidade política e, muito em especial, direitos fundamentais perante e contra o Estado.

Não é por acaso que em alguns países, como a Alemanha, se afirma que a consideração do Estado como pessoa jurídica foi o mais relevante ataque intelectual contra a construção monárquica do Estado, por o monarca se converter em órgão do Estado.[89] Ou que se nota, sem paradoxo, que a personalização do Estado anda a par da despersonalização ou da maior institucionalização do poder político.[90]

As resistências opostas à teoria da personalidade radicam, umas, em visões do Estado que o identificam com o poder, a soberania, a autoridade, o *jus imperii*, outras, em contestações globais do próprio conceito.[91] Têm perdido crescentemente ressonância, em face dos progressos

---

[88] Sobre a formação da teoria da personalidade do Estado, v. ROCHA SARAIVA, *As doutrinas políticas germânica e latina e a teoria da personalidade jurídica do Estado*, in *Revista da Faculdade de Direito da Universidade de Lisboa*, vol. I, nos 3 e 4, Julho-Dezembro de 1917, págs. 283 e segs.; LÉON DUGUIT, *La doctrine allemande d'autolimitation de l'État*, in *Revue du droit public*, 1919, págs. 161 e segs.; FELICE BATTAGLIA, *Estudios de Teoria del Estado*, trad., Bolonha-Madrid, 1966, págs. 71 e segs.; E. TOSATO, *op. cit., loc. cit.*, pág. 1.970; ALBERTO MASSERA, *Contributo allo studio delle figure giuridiche soggettive nel Diritto Amministrativo*, Milão, 1986, págs. 10 e segs.; ALFREDO GALLEGO ANABITARTE, *Constitución y personalidad juridica del Estado*, Madrid, 1992, págs. 20 e segs.; REINHOLD ZIPPELIUS, *op. cit.*, págs. 119 e segs.; RUI MACHETE, *A personalidade jurídica do Estado, a relação jurídica e o direito subjectivo em Gerber, Laband e Jellinek*, in *Homenagem ao Professor Doutor Diogo Freitas do Amaral*, obra coletiva, Coimbra, 2010, págs. 295 e segs.

[89] ERNST FORSTHOFF, *op. cit.*, pág. 13.

[90] Cfr. VIRGILIO GIORGIANNI, *op. cit.*, pág. 224.

[91] Contra a personalidade do Estado, cfr., entre nós, CAMPOS LIMA, *op. cit.*, págs. 193 e segs.; FEZAS VITAL, *Do Ato Jurídico*, Coimbra, 1914, págs. 76 e segs., e *A situação dos funcionários*, Coimbra, 1915, págs. 25 e segs.; MARTINHO NOBRE DE MELO, *op. cit.*, págs. 22-23, 23-24 e 31 e segs. E, no estrangeiro, por todos, ALFREDO GALLEGO ANABITARTE, *op. cit.*, págs. 33-34, 145 e segs. e 170.

A favor, MARNOCO E SOUSA, *op. cit.*, págs. 37 e segs.; CAEIRO DA MATTA, *Pessoas sociais administrativas*, Coimbra, 1903, págs. 87 e segs.; JOSÉ TAVARES, *op. cit.*, págs. 51 e segs.; ROCHA SARAIVA, *Construção Jurídica do Estado*, Coimbra, 1912, págs. 9 e segs.; PINTO BARRIGA, *Da Validade dos Atos Administrativos e Regulamentares*, I, Lisboa, 1921, págs. 78 e segs. E, no estrangeiro, por todos, ENRIQUE ALVAREZ CONDE, *Reflexiones sobre um tema clasico: la personalidad juridica del Estado*, in *Anuario del Derecho Constitucional y Parlamentario*, nº 5, 1993, págs. 61 e segs.

Nos autores portugueses mais recentes, a questão da personalidade do Estado não tem sido controvertida.

Parte II · Cap. I – O Estado em Geral | **97**

da elaboração jurídica do Estado e em face da demonstração feita pelas doutrinas privatísticas e publicísticas de como a personalidade coletiva, longe de corresponder a qualquer pretensa realidade natural, é apenas um conceito analógico ou um quadro específico de trabalho de uma ciência normativa, suscetível de explicar a unidade do ente e a imputação a ele de situações e atos jurídicos.[92]

Em contrapartida, não deve esperar-se do conceito (como de tantos outros) mais do que ele pode dar. Parece exagerado aduzir que para conjurar o arbítrio, para submeter ao direito o poder público, nenhum meio mais eficaz, mais direto e mais seguro do que considerar o Estado como pessoa jurídica.[93] E talvez haja mesmo que reconhecer que a personalidade coletiva, na medida em que tomada como mera unidade formal (como faz o positivismo) ou hipostasiada à volta da temática da formação da vontade serviu (ou pode servir) para abafar todas as investigações sobre o cerne do Estado e do político.[94]

III – Isto o essencial acerca do conceito. Contudo, a personalidade de cada Estado em concreto e os termos em que se recorta dependem das regras jurídicas positivas.

Pode asseverar-se que todos os Estados com acesso direto às relações internacionais – os Estados soberanos – possuem personalidade jurídica, tal como personalidade jurídica possuem a Santa Sé, as organizações internacionais e outras entidades. A presença nestas relações, a capacidade de praticar atos jurídicos relevantes internacionalmente e a responsabilidade deles emergente postulam a subjetividade internacional dos Estados.

Já no interior dos respetivos ordenamentos apenas pode dizer-se que cada Estado, enquanto ente unitário e perpétuo que ultrapassa a existência dos indivíduos que o compõem, oferece suscetibilidade e, mesmo, tendência para se personificar.[95] O problema da sua extensão e dos seus carateres não pode, entretanto, resolver-se de modo absoluto e uniforme para todos os Estados; é problema do respetivo Direito positivo.[96] Pelo menos, o caso britânico, em que a titularidade de poderes e

---

[92] Assim, por todos, JELLINEK, *op. cit.*, pág. 125; L. MICHOUD, *La théorie de la personnalité morale*, Paris, 1906, I, págs. 21 e segs.; ou BALLADORE PALLIERI, *op. cit.*, II, págs. 165 e segs. e 203 e segs.

[93] ROCHA SARAIVA, *Construção...*, cit., pág. 25.

[94] ROGÉRIO SOARES, *Direito Público...*, cit., pág. 123.

[95] SANTI ROMANO, *op. cit.*, pág. 60.

[96] SANTI ROMANO, *op. cit.*, pág. 62. Ou, na doutrina portuguesa, AFONSO QUEIRÓ, *Lições de Direito Administrativo*, policopiadas, Coimbra, 1959, págs. 252 e segs.; MIGUEL GALVÃO

direitos cabe a certas instituições,[97] atesta que pode haver Estados modernos sem personalidade de direito interno.

Por outro lado, a personificação opera-se na base de regimes algo diversificados, quer no tocante à capacidade de gozo de direitos atribuídos ao Estado, quer no tocante aos órgãos através dos quais se manifesta a capacidade de exercício. Um desses regimes consiste num eventual desdobramento em mais de uma pessoa coletiva: o Estado (em sentido restrito) ou o Estado como pessoa coletiva que, para efeito das relações de direito interno, tem por órgão o Governo;[98] e as demais pessoas coletivas públicas, dele distintas com vista à celebração de atos e contratos, à autonomização de patrimónios e à assunção de responsabilidade civil.[99]

IV – Que relação se produz entre o Estado pessoa coletiva de Direito internacional e o Estado pessoa coletiva de Direito interno?

Há quem contraponha, em termos radicais, o Estado-coletividade (pessoa coletiva de Direito internacional) ao Estado-administração.[100] Não vemos nem necessidade, nem possibilidade de tal corte: é sempre a mesma pessoa jurídica, o mesmo Estado, a agir tanto no âmbito do Direito internacional como no âmbito do Direito interno.

Tudo está numa diferença de capacidade e de responsabilidade. Enquanto o Estado (o Estado em sentido restrito) possui capacidade plena quer de Direito interno, quer de Direito internacional, as demais pessoas coletivas públicas têm uma capacidade circunscrita ao Direito interno e, com exceção das regiões autónomas (ou dos Estados federados), à função administrativa. E é por isso, justamente, que se diz que só o Estado é soberano.[101]

TELES, op. cit., pág. 1.359; ARMANDO MARQUES GUEDES, Ideologias…, cit., págs. 64-65.

[97] Como a Coroa (que é uma corporation sole, formada pelo conjunto dos Reis que se sucederam no tempo), o Almirantado ou o Tesouro. É uma visão ainda com ressaibos pré-modernos.

[98] MARCELLO CAETANO, op. cit., I, pág. 178, e, mais desenvolvidamente, Manual de Direito Administrativo, 10ª ed., I, Lisboa, 1973, págs. 185 e segs.

[99] Cfr. DIOGO FREITAS DO AMARAL, Estado, in Polis, II, 1984, págs. 1.154 e segs.

[100] Por exemplo, MARCELO REBELO DE SOUSA, Estado, cit., loc. cit., págs. 231-232. Diversamente, FREITAS DO AMARAL, Estado, cit., loc. cit., pág. 1.155.

[101] Se, acaso, houver ações ou omissões dessas outras pessoas coletivas públicas que envolvam responsabilidade internacional, será o Estado que a assumirá, ainda que, porventura, com direito de regresso perante elas.

Capítulo II

O ESTADO COMO COMUNIDADE POLÍTICA

38.

A comunidade política ou povo

I – O Estado consiste, primordialmente, numa comunidade de pessoas, de homens livres (como, desde a Grécia, se pretende).[1] Constituem-no aqueles homens e aquelas mulheres que o seu Direito reveste da qualidade de cidadãos ou súbditos e que permanecem unidos na obediência às mesmas leis.

A tal comunidade, à comunidade política, vários nomes têm sido dados ao longo dos tempos[2] – em português *gente*,[3] *república*,[4] *grei*,[5] *povo*,[6] *nação*. Preferimos falar em povo como termo jurídico bem adequado ao conceito, trabalhado pela doutrina e com largo reflexo no direito positivo.

---

[1] Cfr., por todos, JELLINEK, *op. cit.*, págs. 305-306; MAURICE HAURIOU, *op. cit.*, pág. 87; GEORGES BURDEAU, *op. cit.*, v, págs. 38-39; COSTANTINO MORTATI, *op. cit.*, I, págs. 124-125; HELMUT KUHN, *op. cit.*, págs. 145-146.

[2] MARIA HELENA ROCHA PEREIRA, *Sobre o sentido da palavra povo: uma subida às origens*, in *O que é o povo?*, obra coletiva (coordenada por José Manuel dos Santos), Lisboa, 2010, págs. 93 e segs.

[3] CAMÕES, *Os Lusíadas*, "Lusitana Gente" (I, 30) ou "Gente Portuguesa" (I, 90).

[4] RODRIGUES LOBO, *Corte na Aldeia*, ed. da Livraria Sá da Costa, Lisboa, 1945, pág. 274.

[5] V. FRANCISCO JOSÉ VELOZO, *Estrutura do Estado*, in *Scientia Iuridica*, 1981, págs. 177 e segs.

[6] Etimologicamente remontando, segundo parece, ao sanscrito *purúh* (FRANCISCO PUY, *Topica Jurídica*, Santiago de Compostela, 1984, pág. 587). Cfr. o inglês *people* que tanto designa povo ou gente como pessoas.

Não ignoramos que não é unívoca a utilização do termo *Povo*. Ele tem servido também para designar uma parte apenas da comunidade:[7] assim, o povo como terceira ordem do reino, em Portugal antes do constitucionalismo, ou o povo como agregado das classes trabalhadoras ou das classes populares nos últimos duzentos anos; assim ainda, como lembraremos, as aceções ideológicas que se lhe associam. No entanto, mais forte e mais significativa revela-se a tradição – não estranha, de resto, à própria Roma[8] e, sobretudo, ligada ao pensamento judaico--cristão[9-10] – do povo como conjunto de todas as pessoas.

É este sentido que, passando pela noção medieval de comunidade politicamente ordenada e diferenciada[11] e pela ideia de origem popular do poder dos governantes, se afirma na Revolução americana[12] e na francesa, desemboca nos sistemas democráticos contemporâneos e é adotado pelas Constituições atuais.[13]

---

[7] V. Paolo Colliva, *Popolo*, in *Dizzionario di Politica*, obra coletiva, Turim, 1976, págs. 761 e 762; Giorgio Agamben, *O que é um povo?*, in *A Política dos Muitos – Povo, Classes e Multidão*, obra coletiva (coord. por Bruno Teixeira Dias e José Neves), Lisboa, 2010, págs. 31 e segs.

[8] Cícero (*De Re Publica*, I, 25): "*Populus est non omnis hominis coetus quoque modo congregatus, sed coetus multitudinis juris consensu et utilitatis comunione sociatus*". Cfr. Leo Peppe, *Popolo (diritto romano)*, in *Enciclopedia del Diritto*, XXXIV, 1985, págs. 315 e segs.

[9] Cfr. George Boas, *Vox Populi – Essays in the History of an Idea*, Baltimore, 1969 (estudo predominantemente cultural).

[10] A teologia católica refere-se ao *povo de Deus ou ao povo cristão* para descrever a comunidade dos fiéis. V., por exemplo, Anscar Vonier, *O povo de Deus*, trad., Lisboa, 1960, pág. 16: Igreja, Povo de Deus e Reino de Deus designam a mesma realidade observada de três angulos diferentes. Cfr. Jacques Maritain, *Le Paysan de la Garonne*, trad. portuguesa *O Camponês do Garona*, Lisboa, 1967, págs. 229 e segs.; ou M. Isidro Alves, *Povo de Deus, Corpo de Cristo*, in *Communio – Revista Internacional Católica* (ed. portuguesa), 1987, págs. 389 e segs.

[11] Cfr. Martim de Albuquerque, *Política, Moral e Direito na construção do conceito de Estado em Portugal*, in *Estudos de Cultura Portuguesa*, Lisboa, 1983, págs. 146-147.

[12] *We, the people…* – diz-se na abertura da Constituição dos Estados Unidos, como se sabe.

[13] Sobre o povo em geral, v., entre tantos, Jellinek, *op. cit.*, págs. 304 e segs.; José Tavares, *op. cit.*, pág. 92; Heller, *op. cit.*, págs. 185 e segs.; Kelsen, *Teoria General…*, cit., págs. 196 e segs.; Sergio Panunzio, *Popolo, Nazione, Stato*, Florença, 1933; Gerhardt Leibholz, *Pueblo, Nación y Estado en el Siglo XX*, in *Conceptos Fundamentales de la Politica y de Teoria de la Constitución*, trad., Madrid, 1964, págs. 205 e segs.; Giuseppe Chiarelli, *Popolo*, cit., *loc. cit.*; Georges Burdeau, *Traité…*, cit., v, 1970, págs. 38 e segs., VI, 1971, págs. 12 e segs., VII, 1973, págs. 4 e segs.; Jorge Miranda, *Povo*, in *Verbo*, XV, págs. 901 e segs., *Súbdito, ibidem*, XVII, págs. 718 e 719, e *Sobre a noção de povo em Direito Constitucional*, in *Estudos de Direito Público em Honra do Professor Marcello Caetano*,

Parte II · Cap. II – O Estado como Comunidade Política | **101**

II – Escreve Rousseau, no final do capítulo VI do livro I do *Contrat Social:* "Os associados, os membros do Estado tomam coletivamente o nome de povo e chamam-se, em particular, *cidadãos* enquanto participantes na autoridade soberana e *súbditos* enquanto sujeitos às leis do Estado".[14-15] O conceito de povo compreende, na verdade, duas faces ou dois sentidos: um sentido subjetivo e um sentido objetivo[16] ou, se se quiser, ativo e passivo. O povo vem a ser, simultaneamente, sujeito e objeto do poder, princípio ativo e princípio passivo na dinâmica estatal.

Enquanto comunidade política, o povo aparece como sujeito do poder, pois que o poder é o poder do Estado. Como conjunto de homens livres, ele engloba pessoas dotadas de direitos subjetivos umas diante de outras e perante o Estado. Assim sucede em qualquer regime ou sistema político em concreto, embora a natureza ou a estrutura dos direitos e os graus de participação ativa na formação da vontade do Estado se apresentem com largas variações.

Enquanto comunidade política ainda, o povo e cada um dos indivíduos que o integram apresentam-se como destinatários de normas jurídicas e objeto de Direito, se bem que um Direito próprio, não um Direito estranho. E, exatamente porque homens livres, podem os indi-

---

Lisboa, 1973, págs. 205 e segs.; Giovanni Sartori, *Théorie de la Démocratie*, trad., Paris, 1973, págs. 15 e segs., e *Democrazia Cosa è*, Milão, 1993, págs. 20 e segs.; Costantino Mortati, *op. cit.*, I, págs. 122 e segs.; Marcello Caetano, *op. cit.*, I, págs. 158 e segs.; Marques Guedes, *Teoria Geral do Estado*, cit., págs. 27 e segs.; Roberto Rumboli, *Problemi interpretativi della nozione giuridica di popolo*, in *Rivista Trimestrale di Diritto Pubblico*, 1984, págs. 159 e segs.; Damiano Nocila, *Papolo (diritto costituzionale)*, in *Enciclopedia del Diritto*, XXXIV, págs. 341 e segs.; Jesus de Prieto de Pedro, *Cultura, Culturas y Constitución*, Madrid, 1993, págs. 106 e segs.; Jónatas Machado, *Povo*, in *Dicionário Jurídico da Administração Pública*, VI, 1994, págs. 419 e segs., e *Nós o Povo Português – Continuidade intergeneracional e princípios de justiça*, in *Os 20 anos da Constituição de 1976*, obra coletiva, Coimbra, 2000, págs. 55 e segs.; Reinhold Zippellius, *op. cit.*, págs. 92 e segs.; Mário Lúcio Quintão Soares, *op. cit.*, págs. 209 e segs.; Friedrich Müller, *Quem é o povo? – A questão fundamental da democracia*, trad., São Paulo, 1998; Gomes Canotilho, *Direito...*, cit., págs. 75 e 76.

[14] Nas *Oeuvres Complètes*, cit., II, pág. 523.

[15] Uma idêntica distinção aparece também, a propósito da democracia, em Montesquieu (*De l'Ésprit des lois*, livro II, cap. 2, in *Oeuvres Completes*, Paris, 1970, pág. 532). E vale ainda a pena lembrar Kant (*A Paz Perpétua*, cit., pág. 75): "O estado civil, considerado simplesmente como situação jurídica, funda-se nos seguintes princípios *a priori*: 1) a *liberdade* de cada membro da comunidade como homem; 2) a *igualdade* deste com os outros como *súbdito*; 3) a *independência* de cada membro de uma comunidade como *cidadão*."

[16] Jellinek, *op. cit.*, pág. 304.

víduos deixar de cumprir essas regras e, no limite, recusar o seu assentimento ao governo.[17]

39.
Povo e Estado

I – Não há povo sem organização política, insistimos. É a mesma a origem do povo e da organização – pois o povo não pode conceber-se senão como realidade jurídica, tal como a organização não pode deixar de ser a organização de certos homens, os cidadãos ou súbditos do Estado.

O povo só existe através do Estado, é sempre o povo do Estado em concreto, dependente da organização específica do Estado (e a ela também subjacente). O povo, que nasce com o Estado, não subsiste senão em face da organização e do poder do Estado, de tal sorte que a eliminação de uma ou de outro acarretaria automaticamente o desaparecimento do povo como tal.[18]

II – Qualifica-se o povo como o substrato humano do Estado para significar:

a) Que a razão de ser do Estado, aquilo que o modela em concreto, é o seu povo;

b) Que o Estado resulta de obra da coletividade que se há-de tornar o povo (ou de quem age ao serviço dessa coletividade);

c) Que o poder político se define, antes de mais, como poder em relação a um povo, e só depois como poder diante doutros poderes de idêntica ou diferente natureza;

d) Que o poder emerge (historicamente) sempre do povo – mesmo quanto seja atribuído a um único homem, tem de ser sempre alguém pertencente à comunidade política, nunca um estrangeiro (daí a proibição em Portugal, pelo menos após a Restauração de 1640, de reis estrangeiros) – e tem de assentar numa convicção de legitimidade;

e) Que o poder político exerce-se sempre, direta ou indiretamente, por referência ao povo (em nome do povo, nos sistemas democráticos)

---

[17] Nisto consiste a referida *soberania de sujeição* de que fala HAURIOU.

[18] Cfr., entre tantos, DINO PASINI, *op. cit.*, pág. 33, ou HELMUT KUHN, *op. cit.*, págs. 145-146.

Parte II · Cap. II – O Estado como Comunidade Política | **103**

e conformado pelo modo de ser, de agir e de obedecer do povo e das pessoas que o compõem;

f) Que o território do Estado corresponde à área de fixação do povo (ou da coletividade donde provém) por direito próprio;

g) Que, nas ocorrências extraordinárias de Estado com território ocupado, temporariamente privado de governo ou com a soberania suspensa, pode pretender-se (quando elas não se prolonguem para lá de certos limites) subsistir o Estado por permanecer o povo.

III – A relação necessária entre povo e Estado não é infirmada – ou posta em causa em favor de um conceito mais amplo[19] – por certos acontecimentos contemporâneos, designadamente os que se prendem com a proclamação do princípio da autodeterminação dos povos.

Em rigor, não há povo anteriormente à efetivação deste princípio; não há povo, enquanto um grupo, por mais vocacionado para a independência ou a autonomia que esteja, não disponha de possibilidades e de meios para realizar um destino político próprio. E, ainda que se insista em falar então em povo (para efeitos jurídico-internacionais, sobretudo), convém reconhecer que tal somente se justifica em correlação com o conceito de Estado: porque a autodeterminação de qualquer povo, no fundo, equivale à sua passagem a povo de um Estado com que se reconheça identificado (seja povo de um Estado coincidente com ele, seja povo integrado com outro, formando uma parcela do povo de um Estado preexistente).[20]

40.

O Estado, o povo e a coletividade pré-estatal

I – Qualquer Estado surge como realidade necessária e envolvente, como ambiente em que cada cidadão ou súbdito tem de se inserir. Mas localiza-se também na história, resulta de atos de vontade, sofre o influxo de fatores muito variados, nasce e evolui, requer capacidade de adaptação aos tempos e às circunstâncias.

---

[19]   Assim, GIUSEPPE CHIARELLI, *op. cit.*, *loc. cit.*, págs. 289 e 290.

[20]   Cfr., por exemplo, ELOY RUILOBA SANTANA, *Una nueva categoria en el panorama de la subjetividad internacional: el concepto de pueblo*, in *Estudios de Derecho Internacional – Homenaje el Profesor Miaja de la Muela*, obra coletiva, I, Madrid, 1979, págs. 303 e segs., máxime 322 e segs.; ou JOSÉ ALBERTO DE AZEREDO LOPES, *op. cit.*, págs. 82 e segs.

104 | Teoria do Estado e da Constituição · *Jorge Miranda*

Deste modo, cabe distinguir: o Estado e a formação do Estado, o povo como coletividade estatal e a coletividade que historicamente precede o Estado, o Direito constitucional do Estado e as normas que regem esta coletividade, as condições sociais e económicas subjacentes à organização política e as que provocam o seu aparecimento em certo momento.

Entre a coletividade pré-estatal e o povo ou coletividade estatal, a diferença não é tanto de índole cronológica ou sociológica – fases na sua existência ou transformação de estruturas sociais, económicas e culturais – quanto de índole jurídica – adstrição a um Direito, a uma organização que não procede do exterior e que se torna a fonte objetiva da sua unidade.

Interessa, portanto, observar, se bem que em termos esquemáticos, a situação (ou o modelo de situação) correspondente à coletividade pré-estatal, ou seja, àquele grupo humano que, em virtude da instituição do poder político, se vem a transformar em povo.[21]

II – Como se apresenta tal grupo? Os laços que o unem podem ser de diversa natureza: étnicos e geográficos, linguísticos e culturais, religiosos e meramente políticos. No tipo europeu de Estado (em que entroncam quase todos os Estados contemporâneos), tendem a mostrar um caráter simultaneamente mais profundo, duradouro e complexo por tomarem por base a existência de uma nação.

Quando uma coletividade bem diferenciada de outras e há muito estabelecida num território começa a tomar consciência de si própria, a sua natural aspiração está em que a considerem como um povo. Todavia, o elemento objetivo da transformabilidade em povo e até o elemento subjetivo da coesão da coletividade não bastam para que se constitua em Estado; tem ainda de se verificar a presença de certos elementos jurídicos e políticos adequados a esse fim.[22]

Quer dizer: pressuposto da criação do Estado é tanto a identidade de que o grupo se julga portador como o condicionalismo político interior e exterior, que propicia (ou não) a energia motriz de um Direito e de um poder independente ou soberano. E sabe-se que tão prementes são as

---

[21] Nem sociológica nem juridicamente, o Estado cria o seu povo, assim como não cria o seu poder. Estado, povo e poder são noções que se entrecruzam ou condicionam umas às outras, três realidades formadas no mesmo instante em função do facto constitutivo do Estado.

[22] Por isso, só retrospetivamente se justifica falar em povo originário do Estado.

Parte II · Cap. II – O Estado como Comunidade Política | 105

conveniências políticas que, não raro, têm levado a reunir a um núcleo nacional dominante populações semelhantes.

III – O estatuto jurídico-político da comunidade pré-estatal desenvolve-se à volta de uma de duas hipóteses principais: ou o grupo não dispõe de nenhuma organização administrativa e política particular antes da criação do Estado; ou já existem instituições administrativas e políticas correspondentes ao grupo, através das quais pode vir a ser canalizada a sua evolução.

Como quer que seja, haja ou não entidades ou pessoas reconhecidas como representativas da coletividade, as suas atribuições e competências provêm sempre de um sistema de normas que não são próprias da coletividade. Por definição, uma coletividade não estatal vive à sombra das normas de Direito interno de um Estado ou, em alguma medida ainda, de normas de Direito internacional; e mesmo que goze de auto-administração ou autogoverno, uma e outro derivam dessas normas e podem por elas ser retirados.

São as leis do Estado de que a coletividade depende ou a que se acha anexada que regulam as relações de Direito privado, ou, não o fazendo diretamente, que autorizam os órgãos internos da coletividade a proceder a essa regulamentação; são elas que preveem os crimes e as penas, os impostos e os demais encargos cívicos e que se ocupam dos tribunais, da administração e da segurança pública; e é a Constituição do Estado que abre ou não à coletividade a possibilidade de afirmar a sua expetativa de ter um destino político próprio.

Na época atual, tem-se registado uma crescente interferência do Direito internacional na ordem interna dos Estados onde se encontrem ou de que dependam grupos suscetíveis de se converterem em Estados, quer para assegurar a sua subsistência física e cultural e a proteção dos direitos fundamentais, quer para os encaminhar para a separação ou a independência. E tem-se chegado mesmo a atribuir em certos casos, após a segunda guerra mundial, a essas coletividades ou aos movimentos ou organizações que agem em seu nome (os "movimentos de libertação"), a qualidade de sujeitos de Direito internacional, embora com capacidade restrita à defesa da sua identidade e ao exercício do direito à autodeterminação.[23]

---

[23] Sobre o assunto, v., por exemplo, CALOGEROPOULOS-STRATIS, *Le droit des peuples à disposer d'eux-mêmes*, Bruxelas, 1973; A. RICO SUREDA, *The Evolution of the Right of Self--Determination. A study of United Nations Practice*, Leida, 1973; JOSÉ OBIETA CHALBAUD,

106 | Teoria do Estado e da Constituição • *Jorge Miranda*

IV – O reconhecer-se, numa perspetiva realista, que o Estado se pode encontrar na continuação de uma coletividade preexistente e até que a sua criação se pode atribuir à obra de indivíduos que agem em nome dela suscita, por vezes, alguns equívocos a desfazer ou a evitar.

Constituído o Estado, nem por isso, necessariamente, se extingue aquela coletividade; desde que permaneça a base que a suportava – geográfica, cultural, económica ou outra –, decerto a coletividade também perdura. Simplesmente, mantém-se nessa base, com as caraterísticas que tinha, e não como coletividade jurídica e política, porque o jurídico e o político são qualidades que lhe escapam por apenas pertencerem ao Estado ou ao povo.

As pessoas e as instituições que fazem parte do grupo que, porventura, esteve na origem do Estado não podem alcançar uma dimensão jurídica e política a não ser na medida em que participem do Estado, na medida em que vivam integrados nele. Nem outra se afigura a finalidade da organização estatal: dar realização política às aspirações de determinado grupo humano, dar-lhe a virtualidade de livremente definir e prosseguir o interesse coletivo.[24]

Nenhum lugar aqui existe para qualquer espécie de dualismo. Comunidade política é apenas o povo, não esse grupo, mesmo que se trate duma nação. Direito é apenas o do Estado; poder é apenas o que se exerce no Estado (o eventual poder de a coletividade se constituir em Estado logicamente é estranho ao Estado, mas o poder de fazer e modificar a Constituição e de governar só se compreende à luz do Direito do Estado). Nenhuma tensão ou interação pode ocorrer fora do âmbito do Estado – dos seus cidadãos ou dos seus órgãos.

El derecho de autodeterminación de los pueblos, Bilbau, 1980; Giancarlo Guarino, *Autodeterminazione dei Popoli e Diritto Internazionale*, Nápoles, 1984; David P. Knight, *Territory and People or People and Territory? Thoughts on Postcolonial Selfdetermination*, in *International PoliticalScience Review*, 1985, págs. 248 e segs.; Alexandre Kiss, *The peoples'right to self-determination*, in *Human Rights Law Journal*, 1986, págs. 165 e segs.; Flavia Lattanzi, *Autodeterminazione dei popoli*, in *Digesta delle Discipline Pubblicistiche*, 4ª ed., II, 1987, págs. 4 e segs. E, entre nós, Afonso Queiró, *Ultramar: direito a independência?*, Coimbra, 1974; Fausto de Quadros, *Autodeterminação*, in *Polis*, I, págs. 478 e segs.; Carlos Blanco de Morais, *O direito à autodeterminação dos povos – O estatuto jurídico do enclave de Cabinda*, 1998, págs. 222 e segs.; José Alberto Azeredo Lopes, *op. cit.*, págs. 17 e segs.

[24] Porque assim é, porque a humanidade se divide (ou se divide ainda) em Estados, é que a conservação ou a transformação em Estado, a independência política ou a soberania internacional continuam – apesar de tudo – a ser uma necessidade das coletividades que querem ser senhoras do seu destino.

Parte II · Cap. II – O Estado como Comunidade Política | **107**

Se a nação condiciona indiscutivelmente o Estado, em contrapartida não age senão através do Estado (e o que se diz da nação vale para qualquer outro tipo de coletividade); não é sujeito de direitos, não pode formar qualquer vontade específica.

41.
A unidade do povo e as distinções políticas entre os cidadãos

I – O povo é a comunidade dos cidadãos ou súbditos, a *universitas civium*. E, porque o poder sobre todos recai e a lei a todos se dirige, bem pode aduzir-se que a regra fundamental que lhe preside vem a ser da unidade, a qual postula, logicamente, universalidade e igualdade de direitos e deveres.

Mas, historicamente, a unidade do povo não determina, só por si, pelo menos, igualdade de participação no exercício do poder político – tal como a igualdade dentro do Estado não acarreta, só por si, a abolição das diferenciações e estratificações que se verifiquem dentro da sociedade[25] e com as quais o poder vai ou não contemporizar. Uma análise jurídica não o poderia obliterar.

Como escreve Burdeau, para o indivíduo a sujeição é sempre concreta, mas a sua cidadania pode ser abstrata ou efetiva; a essa efetividade comporta toda uma gama de cambiantes, em que se escalonam todas as formas políticas. Cidadão abstrato é o que é somente cidadão de um Estado livre; cidadão real aquele cuja vontade pessoal, cujas determinações particulares, cujas originalidades incomensuráveis têm a possibilidade de pesar nas opções que valerão como decisões do Estado.[26-27]

II – A unidade básica dos cidadãos ou súbditos vem a par da distinção entre governantes e governados, inelutável em qualquer Estado (seja qual for o fundo político, económico e social que tenha e a tradução jurídica que alcance, embora sem ser a sua nota mais caraterística, ao contrário do que sustenta Duguit).

---

[25]   Cfr. Helmut Kuhn, *op. cit.*, págs. 154 e segs.

[26]   *Op. cit.*, v, pág. 43. Como se vê, a contraposição que faz entre cidadão *abstrato* e cidadão *real* situa-se num plano histórico, diferente do de Rousseau: não são já duas faces da mesma pessoa, mas duas etapas de uma evolução.

[27]   Cfr. Friedrich Müller, distinguindo o povo com instância de atribuição, povo ativo e povo como destinatário de prestações (*op. cit.*, pág. 80).

Tal como existe (e deve salientar-se) a organização do poder em face da comunidade, assim deve salientar-se e autonomizar-se as pessoas que a concretizam, que ocupam os cargos públicos, que detêm o aparelho institucional do Estado, no confronto das restantes pessoas. São elas os governantes *latissimo sensu*,[28] em contraposição aos governados – e elas agem quotidianamente como sendo o Estado a agir e, por isso, tendem a identificar-se com o poder político.

Por certo, não são simples as relações entre governantes e governados e a configuração que patenteiem pode servir para classificar as diferentes formas políticas. Mas nenhum sistema, por mais democrático que seja, suprime a distinção; só a pode mitigar ou reordenar mais em coerência com os princípios.

Não é uma contraposição específica da autocracia. Aparece na democracia representativa. E recorta-se ainda na democracia direta mais pura, não só porque não deixa então de haver menores e incapazes privados de direitos políticos como também porque cada cidadão se apresenta aí uma vezes, sim, a legislar e a deliberar nos negócios do Estado e, outras vezes (fora da assembleia popular, isto é, em quase toda a sua vida), a viver sob o comando das leis como em qualquer outro sistema; aí, então, governantes são os indivíduos enquanto cidadãos e governados os indivíduos enquanto súbditos.

O que importa sublinhar é que a separação entre governantes e governados deve ser compreendida não como uma abissal separação de pessoas, mas como uma necessária separação de funções. Não se trata de qualidades inatas às pessoas; trata-se de funções voltadas para a prossecução dos fins do Estado. Só há governantes em razão das normas jurídicas.

Os governantes fazem tanto parte do povo como os governados. Têm de ser cidadãos do país, têm de vir do povo – seja qual for a sua condição social e sejam quais forem as formas de designação. Se pode dizer-se que encarnam o Estado-poder, já não pode pretender-se que só os governados formem o Estado-comunidade. Cidadãos como eles, recrutados entre eles, os governantes não podem deixar de viver e conviver com os governados e de se integrar também no Estado-comunidade.

A condição jurídica dos governantes é dupla. Como governantes têm um estatuto ditado pela Constituição. Como cidadãos são iguais

---

[28] Abrangendo não apenas os titulares dos órgãos governativos, como tais descritos na Constituição, mas também os titulares de quaisquer órgãos com relevância política e até os agentes políticos.

Parte II · Cap. II – O Estado como Comunidade Política | **109**

aos outros cidadãos, e em tudo aquilo que não disser respeito ao exercício dos seus cargos, em tudo aquilo que não for atividade funcional, mas apenas pessoal, estão sujeitos às normas comuns de Direito criminal e Direito privado, de Direito administrativo e Direito tributário. Ponto está, por consequência, em discernir e em evitar que eventuais imunidades e regalias funcionais se convertam em garantias e privilégios pessoais.

III – O que se diz da distinção entre governantes e governados vale analogamente para outra distinção, esta específica dos sistemas constitucionais em que os cidadãos têm direitos políticos: a distinção entre cidadãos ativos e não ativos.

Cidadãos ativos (na expressão vinda desde o constitucionalismo)[29] ou *optimo jure* (retomando a expressão latina) ou ainda cidadãos eleitores (devido à relevância central da eleição)[30] vêm a ser os titulares de direitos políticos, de *jus suffragii* e *jus honorum*; os que atingem a plenitude dos direitos atribuídos pela ordem jurídica estatal no seu grau máximo – *o status activae civitatis*;[31] os que tomam parte na direção dos assuntos públicos do país (art. 21º da Declaração Universal dos Direitos do Homem e art. 48º da Constituição de 1976), no estabelecimento e no exercício do poder público (art. 60º do antigo Código Penal português).

Cidadãos não ativos vêm a ser os que, por qualquer causa, não possuem capacidade de participação política.

No Estado moderno, todas as pessoas que à comunidade política estejam ligadas de modo duradouro e efetivo são cidadãos e todos os cidadãos, enquanto tais, têm direitos perante o Estado;[32] mas a interferência, atual e não puramente virtual, de cada cidadão no poder depende da verificação de certas condições, em consonância com os princípios enformadores do sistema constitucional. São cidadãos todas as pessoas

---

[29] V. a secção II do capítulo I do título III da Constituição francesa de 1791 ou o art. 90º da Constituição brasileira de 1824 e o art. 63º da Constituição portuguesa de 1826.

[30] Porque, como diz MONTESQUIEU (*op. cit.*, pág. 532), o povo só pode ser monarca através dos sufrágios que são as suas vontades, as leis que os regulam são tão importantes em democracia como em monarquia saber quem é o monarca e de que maneira deve governar.

[31] Na linha ascendente de situações jurídicas enunciada por JELLINEK (*System der subjectiven öffentlichen Rechts*, 1892, trad. italiana *Sistema dei diritti pubblici subietivi*, Milão, 1912, págs. 96 e segs.).

[32] Os direitos políticos são direitos de cidadania, e não privilégios: SIEYÈS, *Qu'est-ce que le tiers-état?* (na edição crítica de Roberto Zapperi, Genebra, 1970, pág. 210).

desde o nascimento até à morte; contudo, nem todos são titulares de direitos políticos.

Como se sabe, as Constituições liberais estabeleciam largos condicionalismos, principalmente de natureza económica, à atribuição de direitos políticos; e, embora previsível o resultado,[33-34] decorreria mais de um século até se passar do sufrágio censitário e do capacitário ao sufrágio universal.[35]

IV – O sentido do sufrágio universal não é que todos, incluindo as crianças e os dementes, tenham direito de voto; é que haja correspondência entre capacidade civil e capacidade eleitoral, que tenham direito de voto e, assim, interfiram na regência da comunidade todos aqueles que podem reger as suas próprias pessoas.

No vigente Direito constitucional português, por exemplo, do sufrágio apenas não usufruem os que estejam feridos das incapacidades cominadas na lei geral (art. 49º, nº 1) e a exigência de "lei geral" significa mais do que a proibição de lei individual, visto que esta depreende-se logo do princípio segundo o qual as leis restritivas de direitos, liberdades e garantias têm de revestir caráter geral e abstrato (art. 18º, nº 3, 1ª parte). Esta exigência significa, sim, que não pode haver incapacidades eleitorais que atinjam a universalidade e a igualdade definidas como inerentes ao sufrágio (mesmo art. 49º, nº 1), pois, doutro modo, seria diminuído o conteúdo essencial do direito (art. 18º, nº 3, 2ª parte).

Assim, é nos parâmetros do Estado de Direito democrático que as incapacidades da lei geral relativas ao sufrágio universal podem ser avaliadas. Somente critérios materiais que nesses parâmetros se compreendam podem justificar a não concessão do *status activae civitatis*,

---

[33] Cfr. *Manual...*, VII, Coimbra, 2007, págs. 18 e segs.

[34] Para ALEXIS DE TOCQUEVILLE (*De la Démocratie en Amérique*, Paris, 1ª parte, 1835, na edição de 1951, pág. 90) trata-se de uma das regras mais invariáveis que regem as sociedades: à medida que se recua o limite dos direitos eleitorais, sente-se necessidade de recuar mais; porque, depois de cada nova concessão, as forças da democracia aumentam e as suas exigências crescem com o seu novo poder.

[35] Cfr., em diferentes óticas históricas, RENÉ REMOND, *Pour une histoire idéologique du suffrage universel. D'une utopie contestée au consensus relativisé*, in *Itinéraires – Études en l'honneur de Léo Hamon*, obra coletiva, Paris, 1982, págs. 563 e segs.; PIETRO COSTA, *Cittadinanza*, Bari, 2005; CRISTINA NOGUEIRA DA SILVA, *Conceitos oitocentistas de cidadania: liberalismo e igualdade*, in *Análise Social*, nº 192, 3º trimestre de 2009, págs. 548 e segs.

Cfr. ainda ANTÓNIO TEIXEIRA FERNANDES, *O pobre em luta pela cidadania*, in *Pobreza, exclusão: horizontes de intervenção*, obra coletiva, Lisboa, 2000, págs. 45 e segs.

Parte II · Cap. II – O Estado como Comunidade Política | **111**

sem arbítrios e sem discriminações de categorias de pessoas por motivos políticos ou outros.[36]

Resta o problema, fundamentalmente teórico, de saber como se enlaça o agregado dos cidadãos eleitores, o povo ativo, com a totalidade dos cidadãos, o povo em geral, e de definir as relações entre uns e outros. Mas esse é problema que importa mais para a teoria dos órgãos do Estado, e que não cabe aqui examinar.[37]

V – Na democracia representativa dos séculos XX e XXI, avulta extraordinariamente, como se sabe, o papel dos partidos políticos como veículos de mobilização dos cidadãos e de simplificação das escolhas eleitorais e dotados, não raro, por normas constitucionais ou legais, de certos direitos e até de certos privilégios. E porque só os seus membros interferem na tomada das respetivas decisões – mormente, na designação dos candidatos aos órgãos políticos – acaba por ocorrer também uma diferenciação entre militantes e não militantes.

Trata-se, aparentemente, apenas de diversos graus de intensidade de participação política e esta não se esgota, de resto, nos partidos. Todavia, não poucos problemas se suscitam – e, desde logo, no próprio plano da autenticidade do sistema – quando os diretórios partidários comandam, de fora, a vida parlamentar ou quando, por si ou por intermédio dos militantes, penetram em todas as entidades públicas e em múltiplas esferas da sociedade civil.[38]

42.
Conceitos afins do conceito de povo

I – Do conceito de povo distingue-se claramente o de população.

O povo corresponde a um conceito jurídico e político; a população, a um conceito demográfico e económico. O primeiro é uma unidade de ordem, a segunda a simples soma de uma multiplicidade de homens atomisticamente considerados.[39] A população é o conjunto de residentes em certo território, sejam cidadãos ou estrangeiros; o povo é o conjunto de cidadãos, residentes ou não no território do Estado.

---

[36] Seguimos nestes dois parágrafos o parecer nº 29/78, de 7 de Dezembro de 1978, da Comissão Constitucional, in *Pareceres*, VII, pág. 54.

[37] V. *Manual...*, vii, cit., págs. 341 e segs.

[38] V. já a nossa *Ciência Política – Formas de Governo*, Lisboa, 1996, págs. 294 e segs.

[39] Vasco Taborda Ferreira, *A nacionalidade*, Lisboa, 1950, págs. 26-27.

112 | Teoria do Estado e da Constituição · *Jorge Miranda*

II – Maior dificuldade há em separar povo e nação.[40]

Nação vem do latim *natio*, da família de *nascere* – donde a referência da *natio* (em Roma, distinta da *civitas*) à comunidade de ascendentes. E essa ideia iria perdurar até à Idade Média e, mais tarde, ressurgir em conceções etnocêntricas alemãs. Mas, progressivamente, iria surgindo e acabando por prevalecer o elemento sociocultural.

O moderno Estado de tipo europeu emergiu na história como Estado nacional (foram tanto a nação como o poder centralizador do Rei que lhe conferiram unidade e coesão); e, após séculos de absolutismo, a Revolução Francesa adotou o termo "nação" para designar o povo. Em contrapartida, a própria existência do ordenamento estatal e o convívio durante gerações na sujeição ao mesmo poder representam fortes veículos de criação de novos laços sociais e culturais, e não apenas políticos. Se na Europa a ideia de Estado e o sentimento de nação despontaram

---

[40] Sobre a nação a bibliografia é imensa. Além da já citada, v., entre outros, *L'Idée de Nation*, obra coletiva publicada pelo Instituto Internacional de Filosofia Política, Paris, 1969; STANISLAW EHRLICH, *State and Nation*, in *Theory and Politics – Theorie und Politics – Festschrift zum 70. Geburstag für Carl Joachim Friedrich*, Haia, 1971, págs. 486 e segs.; VEZIO CRISAFULLI e DAMIANO NOCILLA, *Nazione*, in *Enciclopedia del Diritto*, XXVII, 1977, págs. 787 e segs.; HUGH SETONWATSON, *Nations and States – An inquiry into the origins of nations and the politics of nationalism*, Londres, 1977; JACQUES CHEVALLIER, *L'État-Nation*, in *Revue du droit public*, 1980, págs. 1.271 e segs.; MANUEL GARCIA PELAYO, *La Teoria de la Nación en Otto Bauer*, in *Idea de la Politica y otros Ensayos*, Madrid, 1983, págs. 219 e segs.; FRANCO GOIO, *Teoria della Nazione*, in *Quaderni di Scienza Politica*, 1994, págs. 181 e segs.; ADRIANO MOREIRA, *Nação*, in *Polis*, IV, págs. 493 e segs.; PIERRE FOUGEYROLLAS, *La Nation – Essor et déclin des sociétés modernes*, Paris, 1987; JOSÉ FERNANDES FAFE, *Nação – Fim ou Metamorfose*, Lisboa, 1990; ERNST GELLNER, *Nações e nacionalismos*, trad., Lisboa, 1993, máxime págs. 85 e segs.; JÜRGEN HABERMAS, *op. cit.*, págs. 67 e segs.; GUY HERMET, *Histoire des nations et du nationalisme en Europe*, Paris, 1996; JOSÉ ADELINO MALTEZ, *Princípios de Ciência Política*, Lisboa, 1996, págs. 391 e segs.; CATHERINE COQUERY-VIDROUVITCH, *The exportation of the European idea of Nation to Africa*, in *European Review*, vol. 5, Janeiro de 1997, págs. 55 e segs.; ANTHONY D. SMITH, *A Identidade Nacional*, trad., Lisboa, 1997; HAGEN SCHULZE, *Estado e Nação na História da Europa*, trad., Lisboa, 1997; LUÍS SÁ, *A crise das fronteiras – Estado, Administração Pública e União Europeia*, Lisboa, 1997, págs. 104 e segs.; HANS-JÜRGEN DUHLE, *Cidadania e Estado-Nação*, in *Cidadania, Integração, Globalização*, obra coletiva organizada por José Manuel Viegas e Eduardo da Costa Dias, Oeiras, 2000, págs. 25 e segs.; PAOLO VERONESI, *Sulle tracce dei concetti di "Nazione" e di "Unità nazionale"*, in *Quaderni costituzionali*, 2001, págs. 313 e segs.; MAURICE BARBIER, *op. cit.*, págs. 138 e segs.; PAULO OTERO, *Direito Constitucional Português*, I, Coimbra, 2010, págs. 69 e segs.; FERNANDO CATROGA, *Ensaio republicano*, Lisboa, 2011, págs. 14 e segs.; o nº 7/2012 de *Fundamentos – Cuadernos monográficos de Teoría del Estado, Derecho Público e Historia Constitucional*, Oviedo, 2012.

Parte II · Cap. II – O Estado como Comunidade Política | **113**

quase ao mesmo tempo, noutros continentes, nos dois últimos séculos, o Estado tem vindo a preceder a nação e a servir de fulcro para a sua formação (até para que, com a nação formada, melhor fique assegurada a sua sobrevivência).

O específico da nação encontra-se no domínio do espírito, da cultura, da subjetividade (embora de uma subjetividade inter ou multi-individual). Ela é uma *alma*, um princípio espiritual, na conhecidíssima definição de RENAN;[41] ou, como preferimos dizer, uma comunidade histórica de cultura. Mas não se trata do cultural desligado do político; trata-se do cultural que assume dimensão política. Uma nação não é qualquer grupo cultural, é *uma comunidade cultural com vocação ou aspiração a comunidade política*.

Uma nação funda-se, portanto, numa história comum, em atitudes e estilos de vida, em maneiras de estar na natureza e no mundo, em instituições comuns, numa ideia de futuro (ou desígnio) a cumprir. Diferencia-se das demais pelos fatores caraterísticos que a fazem tomar consciência de si mesma e que ficam a marcar o seu destino. Estes fatores são extremamente variáveis: há nações que aparecem vinculadas mais a fatores linguísticos, outras a fatores étnicos, ou religiosos, ou geográficos ou institucionais.[42] De acordo com os fatores prevalecentes, diversos se manifestam os sentimentos nacionais.

Por outro lado, porém, a consciência nacional revela-se consciência dum povo que se sente ele próprio portador de valores humanos universais, dum povo que traz em si e nos seus flancos a própria humanidade (RADBRUCH).[43] *"As nações todas são mistérios, cada uma é toda o mundo a sós"* (FERNANDO PESSOA).[44]

Há, assim, em cada nação, um cruzamento do particular e do universal: a nação é ainda uma participação no universal. E daí também as tensões profundas (em certas épocas, pelo menos) entre exclusivismo ou emulação e colaboração com as outras nações.

III – Entre nação e pátria existe coincidência no essencial. Todavia, podem ainda discernir-se.

---

[41] *Qu'est-ce qu'une nation?*, Paris, 1882 (consultámos a edição de *Mille et Une Nuits*, Paris, 1997).

[42] Sobre a influência das instituições políticas na formação do caráter nacional, S. EHRLICH, *op. cit.*, *loc. cit.*, págs. 491-492.

[43] *Filosofia do Direito*, cit., II, pág. 166.

[44] *Mensagem*, 1ª parte, II, quarto.

114 | Teoria do Estado e da Constituição • *Jorge Miranda*

A nação é um conceito cultural acompanhado de vivências dominantes afetivas; a pátria pertence, toda ela, ao domínio da afetividade. Na nação realçam-se, sobretudo, o elemento pessoal e a ideia de uma comunidade transtemporal; a pátria tem de ser vista em relação a um território concreto (a pátria é a *terra* dos pais).[45]

43.

A relevância jurídico-política do fenómeno nacional

I – Assim como que tinha tido uma importância decisiva na formação da maior parte dos Estados europeus, a nação volta a desempenhar um significativo papel nos últimos 250 anos. E, sem se confundir com o Estado, vem a receber, não raro, projeção em normas jurídicas.

Em primeiro lugar, se a nação fora séculos antes um poderoso veículo de apoio à ação centralizadora do Rei, aquando da Revolução Francesa ela é trazida para a luta política, identificada com o povo ou, segundo SIEYÉS,[46] com o "terceiro estado". Num contexto de substituição de legitimidades, a nação ou "a alegoria nacional"[47] dá coesão e sentido ao conjunto dos cidadãos e habilita-os a reivindicar a titularidade da soberania.

Em segundo lugar, a época liberal vai assistir ao irromper do *princípio das nacionalidades* como tradução, em termos jurídico-políticos, da ideia de nação: cada nação deve (ou deve poder) erigir-se em Estado e cada Estado deve constituir-se na base de uma nação. Ideia racionalista de organização da comunidade internacional, como a propõe MANCINI,[48]

---

[45] Sobre as relações entre pátria e nação, v. JOSÉ TAVARES, *Ciência do Direito Político*, cit., págs. 23 e segs.; MAURICE HAURIOU, *op. cit.*, pág. 82; PASSERIN D'ENTRÈVES, *La Dottrina dello Stato*, 2ª ed., Turim, 1967, págs. 241 e segs.; MARTIM DE ALBUQUERQUE, *op. cit.*, págs. 99 e segs.; MIGUEL NOGUEIRA DE BRITO, *O patriotismo como civilidade: Egas Moniz, Maquiavel e as Nações Europeias*, in *Revista da Faculdade de Direito da Universidade de Lisboa*, 2001, págs. 835 e segs.

[46] "O Terceiro Estado abrange tudo o que pertence à nação; e tudo o que não é Terceiro Estado não pode tomar-se como sendo da Nação" (*op. cit.*, pág. 126). Cfr., doutra perspetiva, as observações de HELLER, *op. cit.*, págs. 198 e segs.

[47] Na expressão de GEORGES BURDEAU, *op. cit.*, II, págs. 12 e segs. Apresenta as seguintes caraterísticas da construção doutrinal de povo do século XVIII: 1) ignora a oposição entre indivíduo e grupo; 2) é uma noção global, indiferenciada e unitária; 3) é estranha a qualquer consideração de número.

[48] Na célebre preleção *Della nazionalità come fondamento del diritto delle genti*, Turim, 1851.

Parte II · Cap. II – O Estado como Comunidade Política | 115

ela serve de bandeira romântica da unificação da Itália e da Alemanha, da independência (conseguida) da Grécia, da Roménia e de outros países balcânicos e da independência (não conseguida então) da Polónia e da Irlanda.[49]

Em terceiro lugar, após a primeira guerra mundial, o nacionalismo torna-se a ideologia política, única ou dominante, de certos regimes – os regimes fascistas e aparentados. A nação – aliás, tomada menos no sentido espiritual do que em sentido étnico – fica então degradada a instrumento de poder.

Em quarto lugar, após a queda dos regimes comunistas europeus, a força da ideia nacional reacendeu-se com vigor e até tem vindo a provocar o refazer das fronteiras dos Estados, não sem conflitos de maiores ou menores proporções: é o que tem sucedido em toda a Europa Central e Oriental, com os sucessivos desmembramentos da União Soviética, da Iugoslávia e da Checoslováquia. E também na Europa Ocidental essa força não deixa de se manifestar.[50]

II – É na medida em que o cultural condiciona o político que a nação em si adquire relevância específica no Estado contemporâneo, quer gerando factos políticos,[51] quer obtendo tradução normativa enquanto tal.

Em Constituições em vigor, recentes ou um pouco mais antigas, o fenómeno adquire relevância jurídica sob vários aspetos:

a) Através da identificação do Estado por referência à nação a que corresponde (ou pretende corresponder) ou por menção da comunidade política desta indissociável (assim, o preâmbulo da

---

[49] Sobre o princípio das nacionalidades, v., em Portugal, MANUEL EMIDIO GARCIA, *Plano desenvolvido de curso de Ciência Política e Direito Político*, 3ª ed., 1885, págs. 13 e segs.; J. FREDERICO LARANJO, *op. cit.*, págs. 64 e segs.; ou JOSÉ TAVARES, *op. cit.*, págs. 33 e segs.; e LUÍS SÁ, *op. cit.*, págs. 125 e segs.

[50] Sobre o assunto, v. o nos 57-58, de 1991, de *Pouvoirs*; JOAQUIM AGUIAR, *Para além do Estado nacional: da crise política à crise dos conceitos*, in *Análise Social*, nos 118-119, 1992, págs. 801 e segs.; MANUEL BRAGA DA CRUZ, *Europeismo, nacionalismo, regionalismo, ibidem*, págs. 827 e segs.

[51] MAURICE DUVERGER (*Introdução à Política*, trad., Lisboa, 1966, págs. 122 e segs.) fala na influência da nação sobre os antagonismos políticos como sistema de valor e quadro cultural; a nação teria funções de integração e de encobrimento. Por seu lado, JACQUES CHEVALLIER (*op. cit., loc. cit.*, págs. 1285 e segs.) estuda o modo como a nação contribui para a unidade social através de processos de inclusão e de exclusão.

Cfr., porém, a crítica do princípio das nacionalidades de KARL POPPER (*Em busca de um mundo melhor*, trad., Lisboa, 1989, págs. 199 e segs.).

Constituição alemã de Bona, antes e depois da reunificação, ou o art. 1º em Constituições como a italiana, a francesa, a portuguesa, a espanhola ou a brasileira);

b) Através da elevação da nação ou de um desígnio tido como da nação a fundamento, finalidade ou limite do poder político, quando se trate de regimes inspirados no nacionalismo político (como o da Constituição portuguesa de 1933 ou o das Leis Fundamentais franquistas, máxime no art. 3º da Lei Orgânica de 1967, que definia a Espanha como "unidade de destino");

c) Através da garantia e da promoção da língua e do acesso à cultura nacional (assim, os atuais arts. 9º, alínea *f*, 11º, nº 3, e 74º, nº 3, alínea *h*, da Constituição portuguesa de 1976) ou da preservação das várias línguas nacionais (assim, na Suíça, o art. 70º da Constituição); e através da proteção de outros elementos definidores da identidade da nação como a paisagem e o património cultural (art. 9º da Constituição italiana; arts. 9º, alínea *e*, 66º, nº 2, alíneas *c* e *e*, e 78º da Constituição portuguesa; ou art. 216º da Constituição brasileira);[52]

d) Através do tratamento especial de certas pessoas, em virtude de estarem ligadas à nação correspondente ao Estado (assim, no art. 51º da Constituição italiana, a equiparação quanto a empregos públicos e cargos eletivos em favor dos "italianos não pertencentes à República") ou em virtude de fazerem parte de nações ou povos com laços históricos com a nação correspondente ao Estado (assim, no art. 15º da Constituição portuguesa a atribuição aos cidadãos dos países de língua portuguesa, em certas condições, de direitos não conferidos aos estrangeiros em geral).

Inspirada no mesmo espírito é, ainda em Portugal, a dispensa de certos requisitos da naturalização aos que forem havidos como descendentes de portugueses e aos membros de comunidades de ascendência portuguesa (art. 6º, nº 6, da Lei nº 37/81, de 3 de Outubro).

Enfim, acrescente-se, em Direito internacional tem-se dado, em certas circunstâncias, o reconhecimento como nação e como movimento

---

[52] Cfr., mais amplamente, PETER HÄBERLE, *A proteção constitucional e universal dos bens culturais*, in *Nove ensaios constitucionais e uma aula de jubileu*, trad., São Paulo, 2012, págs. 223 e segs.

Parte II · Cap. II – O Estado como Comunidade Política | **117**

nacional (como sucedeu com a Polónia e a Checoslováquia na primeira guerra mundial).[53]

Mas, porque a aplicação do princípio das nacionalidades não é fácil ou sequer possível em todos os casos e porque não é o único princípio ou fator político, há Estados com pluralidade de nações e Estados com minorias nacionais ou linguísticas, étnicas e religiosas. E daí problemas de enorme delicadeza quer no tocante à subsistência da unidade de Estado, quer no tocante ao respeito dos princípios democráticos,[54] a que nem sempre os respetivos ordenamentos têm sabido ou podido dar solução.

44.

O multiculturalismo

I – Tema diverso vem a ser o da suscetibilidade no interior do Estado e, em horizontes mais largos, do multiculturalismo.[55]

Em número considerável e de não pouco interesse são as situações dos Estados plurinacionais e, *mutatis mutandis*, dos Estados plurilinguísticos,[56] dos pluriconfessionais e dos pluricomunitários. Com

---

[53]   O fenómeno é semelhante e antecedente do reconhecimento de movimentos de libertação.

[54]   Cfr., por exemplo, JUAN J. LINZ, *Plurinazionalismo e democrazia*, in *Rivista Italiana di Scienza Politica*, 1995, págs. 21 e segs. e *Obras escogidas* – vol. 2 – *Nación, Estado y Lengua*, Madrid, 2008.

[55]   A expressão aparece, consagrada pela primeira vez, na Carta Canadiana de Direitos e Liberdades, de 1982.

[56]   Sobre a relevância jurídica das línguas, v. GUY HÉRAUD, *Pour un droit linguistique comparé*, in *Revue internationale de droit comparé*, 1971, págs. 309 e segs.; MANUEL ARAGÓN REYES, *El tratamiento constitucional del multilinguismo*, in *Federalismo y Regionalismo*, obra coletiva, Madrid, 1979, págs. 407 e segs.; ANTON MILIAN MASSANO, *La regulación constitucional del multilinguismo*, in *Revista Española de Derecho Constitucional*, 1984, págs. 123 e segs.; ALESSANDRO PIZZORUSSO, *L'uso della lingua come oggetto di discplina giuridica*, in *Le Regioni*, 1990, págs. 7 e segs., e *Minoranze e maggioranze*, Turim, 1993, págs. 185 e segs.; *Langues et Droits – Langues du Droit, Droit des Langues*, obra coletiva sob a direção de HERVÉ GUILLOREL e GENEVIÈVE KOUBI, Bruxelas, 1999; VALERIA PIERGIGLI, *Langue minoritarie e identità culturale*, Milão, 2001. Noutra perspetiva, cfr., ainda, PEDRO PEREIRA DE SENA, *Direito linguístico: direitos e deveres nas palavras da lei*, in *Administração* (Macau), nº 36, Julho de 1997, págs. 385 e segs.; ou BERNHARD GROSSFELD, *Language, Writing and law*, in *European Review*, Outubro de 1997, págs. 383 e segs. (a língua não é só serva de Direito, é também sua senhora); *Langue(s) et Constitution(s)*, obra coletiva sob a direção de ANNE-MARIE LE POURHIET, Paris-Aix, 2004.

exceção talvez do Império Austro-Húngaro poucos eram os que em 1918 como tais se assumiam; não já depois.

A pluralidade, às vezes, determina estatutos pessoais separados, garantias específicas ou simplesmente divisão ou reserva de cargos públicos (como na Constituição libanesa de 1926 ou na cipriota de 1960). Na maior parte das vezes – até por isso poder contender com a unidade política e com a igualdade dos cidadãos – importa diferenciações territoriais, leva à adequação da forma de Estado e é uma das principais causas de federalismo ou de regionalismo político. Outras vezes, ensaiam-se sistemas mistos.[57]

Casos típicos de organização territorial complexa eram os da URSS – "Estado multinacional", assente na "livre autodeterminação das nações" (art. 70º da Constituição de 1977); da Iugoslávia – "comunidade política de nações livremente unidas" (art. 1º da Constituição de 1974) e cuja presidência da República era um órgão colegial composto de tantos membros quantas as repúblicas e províncias autónomas (art. 321º); e da Checoslováquia, entre 1969 e 1992.

A Espanha, primeiro com a Constituição de 1931 e agora com a de 1978, adotou uma estrutura diferente, mas de alcance semelhante. Se continua a invocar-se a "indissolúvel unidade da nação espanhola", reconhece-se e garante-se, ao mesmo tempo, o "direito à autonomia" das "nacionalidades e regiões que a integram" (art. 2º atual) e distinguem-se províncias ou grupos de províncias com caraterísticas históricas, culturais e económicas comuns e províncias com mera entidade regional histórica (art. 143º).

Indiquem-se ainda: a China, "Estado multinacional unitário, com zonas nacionais autónomas" (arts. 4º e 112º e segs. da Constituição de 1982); a Índia, cujos Estados federados reproduzem as grandes áreas linguísticas; a Rússia, antes e depois do desmembramento da URSS (cfr., hoje, art. 3º da Constituição de 1993); e a Bélgica, com três áreas culturais, agora organizada sob forma federal.

Em plano diverso, a Constituição sul-africana de 1996 garante os direitos de membros das comunidades culturais, religiosas e linguísticas (art. 31º).

II – Como se lê na Declaração de Princípios de Cooperação Cultural Internacional de 1966, da UNESCO, "toda a cultura tem uma dignidade

---

[57] Cfr. ANDRÉ THOMASHAUSEN, *Local and regional authonomy: the camparative law approach to residential and spatial conflicts*, in *Comparative and International Law Review of Southern Africa*, 1985, págs. 297 e segs.; ALESSANDRO PIZZORUSSO, *op. cit.*, págs. 105 e segs.

Parte II · Cap. II – O Estado como Comunidade Política | **119**

e um valor" e "na sua variedade fecunda e influência recíproca, todas as culturas fazem parte do património comum da humanidade".

Hoje, perante a globalização, projetada na comunicação social e nas artes, na ciência e na tecnologia, não se trata apenas de preservar a diversidade cultural no interior dos Estados mas também de preservar as culturas nacionais perante a hegemonia desta ou daquela cultura de Estados mais poderosos.[58]

45.

A proteção das minorias

I – A problemática das minorias – das minorias estruturais[59] nacionais ou linguísticas, étnicas ou religiosas[60] – e da sua necessária proteção

---

[58] A bibliografia sobre multiculturalismo é já muito vasta. Cfr., por exemplo, JESÚS PRIETO, *Cultura, culturas y Constitución*, Madrid, 1993; JOSÉ MARIA ANDRÉ, *Multiculturalidade, democracia e direitos humanos*, in *Communio*, janeiro-março de 2002, págs. 47 e segs.; MIGUEL CARBONELL, *Problemas constitucionales del multiculturalismo*, in *Derecho Constitucional y Cultura – Estudios en homaneje a Peter Häberle*, obra coletiva, Madrid, 2004, págs. 249 e segs.; DIOGO DE FIGUEIREDO MOREIRA NETO, *Princípios constitucionais fundamentais*, in *Princípios constitucionais fundamentais – Estudos em homenagem ao Professor Doutor Ives Gandra da Silva Martins*, obra coletiva, São Paulo, 2005, págs. 328 e segs.; ELISA OLIVITO, *Primi spunti di riflessione su multiculturalismo e identità culturali nella prospettiva della vulnerabilità*, in *Politica del Diritto*, 2007, págs. 71 e segs.; ILENIA RUGGIU, *Test e argomenti culturali nella giurisprudenza italiana e comparata*, in *Quaderni costituzionali*, 2010, págs. 531 e segs.; o nº 13 (*Portugal intercultural*), de *Povos e culturas*, Lisboa, Universidade Católica, 2011.

[59] Não das minorias conjunturais, como são as minorias políticas, a considerar no âmbito da problemática da democracia.

[60] Cfr. FRITZ FLEINER, *Le Droit des Minorités en Suisse*, in *Mélanges Maurice Hauriou*, obra coletiva, Paris, 1929, págs. 287 e segs.; ALESSANDRO PIZZORUSSO, *Minoranze etnico – linguistiche*, in *Enciclopedia del Diritto*, XXI, 1976, págs. 527 e segs., e *Minoranze e maggioranze*, cit., págs. 45 e segs. e 63 e segs.; JUAN OBLIETA CHALBAUD, *op. cit.*, págs. 179 e segs.; PIERRE GEORGE, *Géopolitique des Minorités*, Paris, 1984; GUY HÉRAUD, *Minorités et Conflits éthniques en Europe*, in *Le Règlement Pacifique des Différends Internationaux en Europe: Perspectives d'Avenir*, obra coletiva, Dordrecht, 1991, págs. 41 e segs.; AUGUSTO CERRI, *Libertà, eguaglianza, pluralismo nella problematica della garanzia delle minorauze*, in *Rivista Trimestrale di Diritto Pubblico*, 1993, págs. 289 e segs.; JESUS PRIETO DE PEDRO, *op. cit., loc. cit.*, págs. 69 e segs.; VICTOR SEGESVARY, *Group rights: the definitin of group rights in the contemporary legal debate based on sociocultural analysis*, in *International Journal of Group Rights*, 1995, págs. 89 e segs.; NORBERT ROULAND, STÉPHANIE PIERRÉ-CAPS e JACQUES POUMARÈDE, *Droit des minorités et des peuples autochtones*, Paris, 1996; CATARINA PINTO CORREIA, *La définition des minorités*, in

vem de muito longe: recordem-se o tratamento dos judeus na Idade Média, o Édito de Nantes ou as regras decorrentes dos Tratados de Vestefália e da Ata final de Viena de 1815. Somente, porém, a partir da primeira guerra mundial (ou, mais recentemente, após as grandes modificações subsequentes a 1989) se lhe tem atribuído uma sistemática atenção – e tanto na Europa como nos demais continentes.

Está em causa, antes de mais, o reconhecimento aos cidadãos pertencentes a uma minoria dos mesmos direitos e das mesmas condições de exercício dos direitos dos demais cidadãos. Mas não basta evitar ou superar a discriminação. É necessário assegurar o respeito da identidade do grupo e propiciar-lhe meios de preservação e de livre desenvolvimento. Donde a atribuição de direitos particulares – de direitos fundamentais próprios desses grupos, de caráter individual ou institucional – e a prescrição ao Estado de correspondentes incumbências.

Algumas Constituições contemplam expressamente a situação das minorias (*v.g.*, o art. 8º da Constituição austríaca, o art. 6º da Constituição italiana, os arts. 29º, 30º e 350º da Constituição indiana, o art. 68º da Constituição húngara, reformada em 1989, o art. 6º da Constituição romena, os arts. 50º e 51º da Constituição estoniana, os arts. 37º e 45º da Constituição lituana, os arts. 5º, 64º e 65º da Constituição eslovena, o art. 10º da Constituição ucraniana, o art. 4º da Constituição albanesa, o art. 17º da Constituição finlandesa, o art. 27º da Constituição polaca). E mais interessantes ainda se revelam as tentativas de garantia no âmbito do Direito das Gentes, incluindo o acesso do indivíduo a instâncias próprias de organização internacionais.[61]

Foram numerosos e alcançaram alguma efetividade os preceitos sobre minorias constantes de tratados bilaterais e multilaterais celebrados sob a égide da Sociedade das Nações. O órgão competente era o

---

Direito e Justiça, 2000, nº 2, págs. 13 e segs.; HÉLÈNE TOURARD, *L'internationalisation des Constitutions nationales*, Paris, 2000, págs., 409 e segs.; JOSÉ ALBERTO DE AZEREDO LOPES, *op. cit.*, págs 187 e segs.; PATRÍCIA JERÓNIMO, *Direito das minorias*, in *Dicionário Jurídico da Administração Pública*, 3º suplemento, 2007, págs. 372 e segs.

GUY HERAUD, por exemplo, apresenta uma tipologia das minorias (págs. 61 e segs.), em que avultam as contraposições entre minorias em sentido puramente étnico e minorias nacionais, entre minorias territorialmente agrupadas e minorias dispersas, entre minorias resultantes de anexação e minorias resultantes de inversão das relações demográficas, entre minorias correspondentes a nações sem Estado e minorias nacionais *stricto sensu* (que são projeção além-fronteiras de nações constituídas em Estado) e entre minorias reconhecidas e minorias não reconhecidas.

[61] Cfr. *Curso...*, cit., págs. 303 e segs.

Parte II · Cap. II – O Estado como Comunidade Política | **121**

Conselho, chamado a intervir por qualquer dos seus Estados-membros e ao qual podiam ser dirigidas petições.

No final da segunda guerra mundial, se disposições análogas aparecem no tratado de paz com a Itália e no tratado de Estado da Áustria, a tendência tem sido para a formulação de regras multilaterais gerais: assim, o art. 5º, nº 1, alínea *c*, da Convenção sobre a luta contra a discriminação no domínio do ensino (aprovada pela UNESCO em 1960); o art. 27º do Pacto Internacional de Direitos Civis e Políticos[62] e o nº 1, vii, da Ata final de Helsínquia (de 1975); a Declaração sobre os Direitos das Pessoas Pertencentes a Minorias Nacionais ou Étnicas, Religiosas ou Linguísticas, aprovada pela Assembleia Geral das Nações Unidas em 1992; e a convenção-quadro para a proteção das minorias nacionais, aprovada pelo Conselho da Europa em 1994.[63]

Da convenção-quadro constam o direito de cada pessoa pertencente a uma minoria nacional de escolher 1ivremente ser ou não tratada como tal (art. 3º); a proibição de discriminações e a promoção de igualdade efetiva na vida económica, social e cultural (art. 4º); a garantia das liberdades fundamentais (arts. 7º, 8º e 9º); o livre uso da língua materna, inclusive através de meios de comunicação social (arts. 9º, 10º e 11º); a promoção do conhecimento da cultura, da história, da língua e da religião da minoria, inclusive através de escolas próprias (arts. 12º, 13º e 14º); a não modificação da composição demográfica da área geográfica de implantação da minoria (art. 16º); o direito de livre comunicação com pessoas de outros países com as quais partilhe a mesma identidade étnica, cultural, linguística ou religiosa (art. 17º).

O regime das minorias foi um dos precursores da proteção internacional dos direitos do homem, mas não se reconduz simplesmente a esse domínio; está também na fronteira dos direitos dos povos, como a experiência histórica vem demonstrando.

II – Diversas das minorias em sentido próprio são as comunidades de trabalhadores imigrantes e as de refugiados.[64]

---

[62] Cfr. Syméon Karagiannis, *La protection des langues minoritaires au titre de l'article 27 du Pacte International de Droits Civils et Politiques*, in *Revue Trimestrielle des Droits de l'Homme*, 1994, págs. 195 e segs.

[63] Em 1993, o Conselho da Europa propôs um protocolo adicional à Convenção Europeia dos Direitos do Homem respeitante a pessoas pertencentes a minorias nacionais; e, embora seja coisa distinta, aprovou, no ano anterior, uma Carta Europeia das Línguas Regionais ou Minoritárias. Cfr. Julie Ringelheim, *Diversité culturelle et droits de l'homme: l'émergence de la problématique des minorités dans la Convention Européenne*, Bruxelas, 2006.

[64] Existe uma Convenção Internacional, aprovada pelas Nações Unidas em 1990 e entrada em vigor em 2003. Cfr. Gonçalo Saraiva Matias e Patrícia Fragoso Martins, *A Conven-*

122 | Teoria do Estado e da Constituição · *Jorge Miranda*

Entretanto, quando os imigrantes ou os refugiados são muito numerosos, se encontram radicados por períodos mais ou menos longos e até alguns ou os seus descendentes adquirem a cidadania do Estado local, os problemas tornam-se mais complexos. Manifestaram-se então aí também fenómenos de multiculturalismo – a atender, por certo, por respeito pelos direitos fundamentais, mas com os limites decorrentes da salvaguarda da identidade do país de acolhimento e, sobretudo, dos valores democráticos.[65] E daí decorrem implicações no domínio da cidadania.

ção Internacional sobre a Protecção dos Direitos de Todos os Trabalhadores Migrantes e dos Membros das suas Famílias, Lisboa, 2009; ANTÓNIO AUGUSTO CANÇADO, *Le déracinement et la protection des migrantes dans le Droit international des droits de l'homme*, in *Revue Trimestrielle des Droits de l'homme*, 2008, págs. 289 e segs.

[65] Cfr. PAOLO BARILE, *Eguaglianza e tutela delle diversità*, in *Quaderni Costituzionali*, 1994, págs. 53 e segs.; ALAIN TOURAINE, *Qu'est-ce que la Démocratie?*, Paris, 1994, págs. 72 e 113 e segs.; JÜRGEN HABERMAS, *op. cit.*, págs. 86 e segs.; MATTEO GIANNI, *Cittadinanza differenziata e integrazione multiculturale*, in *Rivista Italiana di Scienza Politica*, 1997, págs. 495 e segs.; GIOVANNI SARTORI, *Pluralismo, multiculturalismo e estranei*, in *Rivista Italiana di Scienza Politica*, 1997, págs. 477 e segs.; SYLVIE MESURE e ALAIN RENAUT, *Alter Ego – Les paradoxes de l'identité démocratique*, Paris, 1999; *Direitos humanos, estrangeiros, comunidades migrantes e minorias*, obra coletiva coordenada por Gomes Canotilho, Oeiras, 2001; HANS VERMEULEN, *Imigração, integração e dimensão política da cultura*, trad., Lisboa, 2001; PATRÍCIA JERÓNIMO, *Os direitos das minorias no ordenamento jurídico português – Breve incursão pelos meandros do multiculturalismo*, in *Scientia Iuridica*, Maio-Agosto de 2001, págs. 69 e segs. e *Imigração e minorias em tempo de diálogo intercultural – Um olhar sobre Portugal e a União Europeia*, ibidem, Janeiro-Maio de 2009, págs. 7 e segs.; VEIT BADER, *Em defesa de políticas multiculturais diferenciadas*, in *Ideias políticas para o nosso tempo*, obra coletiva, Braga, 2004, págs. 207 e segs.; *Extranjero y inmigración*, obra coletiva, Madrid, 2004; GUSTAVO ZAGREBELSKY, *La virtù del dubbio*, Roma-Bari, 2007, págs. 107 e segs.; JOANA MORAIS E CASTRO, *Democracia e interculturalidade. A participação política dos imigrantes – do outro até nós*, in *Revista da Faculdade de Direito da Universidade de Lisboa*, 2011, págs. 103 e segs.; GONÇALO SARAIVA MATIAS, *Migrações e cidadania*, Lisboa, 2014.

Escreve ALAIN TOURAINE: "A democracia não é compatível com o rejeição das minorias mas também não o é com o da maioria pelas minorias e com a afirmação de contraculturas e de sociedades alternativas. É preciso afastar quer uma convenção jacobina de cidadania, quer um multiculturalismo extremo que repudia todas as formas de cidadania" (pág. 113).

E sublinha HABERMAS: "O direito democrático à autodeterminação inclui o direito de preservar a sua própria cultura política, mas não inclui o direito de afirmar uma forma de vida *cultural* privilegiada. No contexto de uma Constituição de Estado de Direito democrático, diversas formas de vida podem coexistir beneficiando de direitos iguais. Importa, porém, que se revejam numa cultura política comum aberta a impulsos vindos de formas de vida novas" (pág. 93).

46.

Povo e comunidades em diferentes estádios culturais

I – Próximo do problema das minorias é o da existência no interior das fronteiras de alguns Estados – na América, na Ásia, na Oceânia e até na Europa – de comunidades ou populações em estádio cultural ou civilizacional diverso do da generalidade da população (ou da sua parte politicamente dominante). No seu conjunto ultrapassam 250 milhões de pessoas.

Tanto as minorias como as comunidades nessas condições – ditas aborígenes, indígenas ou autótones – estão sujeitas a regras especiais, tenham estas origem nas próprias comunidades (sobretudo, então, com caráter consuetudinário) ou venham do exterior. Mas, até há poucos anos, entendia-se que, diferentemente do regime das minorias, o regime dos indígenas ou aborígenes deveria visar a integração ou assimilação na comunidade estatal a que pertencessem, por só essa integração propiciar o desenvolvimento económico, social e cultural e o acesso à civilização moderna.[66]

Hoje tende-se a realçar as semelhanças não só por causa de maus resultados (ou dos maus meios) dos processos de assimilação como por a princípio da autodeterminação estar a encontrar eco nesses grupos. Daí a recusa da integração pura e simples, a afirmação da prioridade histórica em áreas territoriais, a reivindicação da identidade cultural e a procura de estatutos políticos compatíveis, tanto em nível interno quanto em nível internacional.[67-68]

---

[66] Nessa linha, Convenção nº 107 da Organização Internacional do Trabalho, de 26 de Julho de 1957, sobre integração das populações aborígenes e outras populações tribais e semitribais em países independentes. Curiosamente, Portugal só se *retirou* desta Convenção em 2009... (Resolução da Assembleia da República nº 83/2009, de 7 de setembro).

[67] Cfr. F. Van Langenhave, *La protection des populations aborigènes aux Nations Unies*, in *Recueil des Cours*, 1956, I, págs. 325 e segs.; Francesco Capotorti, *op. cit., loc. cit.*, pág. 42; David B. Knight, *op. cit., loc. cit.*, págs. 266 e segs.; *Les Droits des Peuples Autochtones*, ed. das Nações Unidas, Genebra, 1990; Norbert Rouland, Stéphanie Pierré-Caps e Jacques Poumarède, *op. cit.*, págs. 351 e segs.; José Alberto de Azeredo Lopes, *op. cit.*, págs. 250 e segs.; Miguel Carbonell, *La constitucionalización de los derechos indigenas en America Latina: una aproximación teorica*, in *Boletín Mexicano de Derecho Comparado*, 2003, págs. 839 e segs.; Natalia Patricia Copello Barone, *La diferencia en la igualdad. El desafio judicial para la inclusión de las comunidades aborígenes en un mundo pluricultural*, in *Cuestiones constitucionales*, nº 20, Janeiro-Julho de 2009, págs. 103 e segs.

124 | Teoria do Estado e da Constituição · *Jorge Miranda*

Por outro lado, há acentuadas afinidades sociológicas entre os indígenas e os nativos de territórios coloniais ou dependentes do passado e podia haver mesmo analogia de situações jurídico-públicas, quando os indígenas não gozassem ou não gozassem plenamente de direitos políticos.

No entanto, não menos avulta a diferença. Os indígenas são cidadãos de um Estado, destinados, portanto, à igualdade com os demais cidadãos. Os nativos de territórios coloniais ou dependentes não o eram, faziam parte de comunidades distintas, destinada cada uma delas a constituir um novo povo, um novo Estado (ou a integrar-se noutro povo ou Estado); e, enquanto tal não se desse, a sua relação com o Estado que os governava, direta ou indiretamente, era de sujeição – eram súbditos no sentido literal do termo, *súbditos coloniais*.[69]

II – Na expansão ultramarina portuguesa, houve, em vários tempos e lugares, regimes especiais em razão das pessoas e comunidades locais.[70] Foi o que aconteceu, por último, com o regime do indigenato de Angola, Moçambique e Guiné até 1961 e com o dos "vizinhos das regedorias", nos mesmos territórios, até 1974 – considere-se ou não que eram verdadeiros regimes de aborígenes ou de súbditos coloniais.[71]

No Brasil, a Constituição de 1988 dedica um capítulo aos índios, sendo índio – segundo a Lei nº 6001, de 19 de Dezembro de 1973 – "todo o indivíduo de origem e ascendência pré-colombiana que se identifica e é identificado como pertencente a um grupo étnico cujas caraterísticas culturais o distinguem da sociedade nacional".

Aos índios são reconhecidos a sua organização social, os seus costumes, línguas, crenças e tradições e os direitos originários sobre as terras

---

[68] Em 1981, foi elaborado um projeto de Pacto, afirmando que o direito de autodeterminação poderia ser concretizado pela associação com um ou mais de um Estado, pela autonomia regional, pela autonomia interna ou pelo estatuto de Estado associado; e a partir de 1985 começou a ser preparada uma Declaração de Direitos dos Povos Autótones.

Por outro lado, em 1989 a OIT reviu a Convenção nº 107 em sentido inovador e não integracionista, donde resultaria a Convenção nº 169. Sobre esta, v. J. R. HERNÁNDEZ PULIDO, *La OIT y los pueblos indigenas*, in *Boletim Mexicano de Derecho Comparado*, 1995, págs. 153 e segs.

[69] Na expressão generalizada na doutrina.

[70] Cfr. sobre o século xix, Cristina NOGUEIRA DA SILVA, *Constitucionalismo e império – A cidadania no ultramar português*, Coimbra, 2009.

[71] Cfr. SILVA CUNHA, *O sistema português de política indígena*, Coimbra, 1953; J. HERMANO SARAIVA, *Lições de Introdução ao Direito*, Lisboa, 1962-1963, págs. 400 e segs.

Parte II · Cap. II – O Estado como Comunidade Política | **125**

que tradicionalmente ocupam, competindo à União demarcá-las, proteger e fazer respeitar todos os seus bens (art. 231º da Constituição). E, embora o ensino fundamental regular seja ministrado em língua portuguesa, são-lhes assegurados também a utilização das suas línguas maternas e processos próprios de aprendizagem (art. 210º, § 2º).

Os índios, suas comunidades e organizações são partes legítimas para ingressar em juízo para defesa dos seus direitos e interesses, intervindo o Ministério Público em todos os atos do processo (art. 232º).[72]

47.

As conceções político-constitucionais e ideológicas de povo

I – Como comunidade política, o povo identifica-se sempre com o conjunto das pessoas, sejam estas quais forem, que, em certo momento, estão sujeitas às leis do Estado e têm um laço permanente com o poder político; define-se através da cidadania. Tal é uma noção válida para todos os Estados e para todos os regimes políticos em concreto que se conhecem.[73]

Todavia, vêm a ser diversas e antagónicas as interpretações adotadas acerca da comunidade política e daqueles que a integram. Distinguem-se elas em razão do papel de sujeito político efetivo que atribuem ao povo, do sentido da cidadania[74] e, sobretudo, em razão da relevância que emprestam a outros fatores além dos estritamente jurídicos. E essas várias maneiras de conceber o povo – por vezes, para o converter ou reconverter – e com o povo, os indivíduos, traduzem-se em normas constitucionais caraterizadoras dos regimes políticos e das formas de governo.

Olhando apenas às que são coevas do constitucionalismo, sem custo se reconhecem cinco mais significativas conceções político-constitucio-

---

[72] Cfr. SANIA ROGES JORDY BARBIERI, *Os direitos constitucionais dos índios e o direito à diferença face ao princípio da dignidade da pessoa humana*, Coimbra, 2008; ROBERTO NUNES DOS ANJOS FILHO, *Breve balanço dos direitos das comunidades indígenas: alguns avanços e obstáculos desde a Constituição de 1988*, in *Vinte anos da Constituição federal de 1988*, obra coletiva (coord. por Cláudio de Souza Neto, Daniel Sarmento e Gustavo Birnbojm), Rio de Janeiro, 2009, págs. 569 e segs.

[73] O conceito de povo não coincide com o da classe social. Nas situações historicamente determinadas, o governo de uma classe exclui do poder económico e político, mas não suprime irreversivelmente, outras classes e, assim, outras componentes do povo (GIUSEPPE DE VERGOTTINI, *Diritto Costituzionale Comparato*, 7ª ed., Pádua, 2008, pág. 87).

[74] Cfr., falando em cidadania totalitária a respeito do nacional-socialismo e do leninismo, PIETRO COSTA, *op. cit.*, págs. 131 e segs.

126 | Teoria do Estado e da Constituição · *Jorge Miranda*

nais e ideológicas de povo, consoante se esteiam em critérios puramente jurídicos, em critérios económicos, em critérios rácicos, em critérios ético-históricos ou histórico-orgânicos e em critérios religiosos.

Há noções de povo que se pretendem só jurídicas: as que remontam às Revoluções americanas e francesa e prevalecem nos Estados de Direito de tipo ocidental. Há noções económico-sociais de povo: as que se encontram no marxismo e também, antes deste e com finalidade oposta, as que sustentam o sufrágio censitário. Há noções rácicas de povo: em especial, a da Alemanha nacional-socialista. Há noções ético--históricas ou histórico-orgânicas de povo: as do fascismo italiano e do nacionalismo autoritário. E há noções religiosas: as do fundamentalismo islâmico.[75]

II – O constitucionalismo proclamou o povo como totalidade e unidade dos cidadãos e conferiu a esse povo a soberania, o poder. "O povo soberano é constituído pela totalidade dos cidadãos franceses" (art. 7º do "ato constitucional" inserido na Constituição francesa do ano I), "a Nação Portuguesa é a união de todos os Portugueses" (art. 20º da Constituição de 1822) e "a soberania reside essencialmente em a Nação" (art. 26º).

O povo aparece como um conjunto de homens livres e iguais que agem racionalmente. Trata-se, porém, de uma noção ideal e abstrata, de um povo de "indivíduos sem individualidade";[76] e, por outro lado, de uma noção em correspondência com a dominância burguesa na sociedade, traduzida, designadamente, no sufrágio censitário e capacitário.

Pretende-se ligar a participação na formação da vontade soberana à capacidade de assumir responsabilidades familiares, à propriedade ou a outras funções sociais. E, se com isso se supõe acautelar o correto exercício do voto e o bem comum, objetivamente são um critério económico e uma opção de classe que avultam. O conceito de povo liberal

---

[75] Cfr., principalmente, sobre a conceção liberal e a marxista, HERMAN VAN GUNSTEREN, *Notes on a Theory of Citizenship*, in *Democracy, Consensus, Social Contract*, obra coletiva, Londres, 1978, págs. 9 e segs. E sobre a problemática, próxima, da relevância da cidadania ou da relação entre subjetividade política e autonomia pessoal, cfr. SALVATORE VEGA, *Una filosofia política della cittadinanza*, in *Il Politico*, 1989, págs. 553 e segs.

[76] Na expressão de GUSTAV RADBRUCH, *op. cit.*, I, pág. 168. Cfr., também, CABRAL DE MONCADA, *Valor e sentido da democracia*, in *Estudos Filosóficos e Históricos*, Coimbra, 1958, I, págs. 35 e segs.

Parte II · Cap. II – O Estado como Comunidade Política | **127**

é também um conceito de povo burguês – a que se contrapõe o povo dos que aspiram ao acesso à cidadania plena.[77]

Quanto se fez a seguir foi para tentar vencer a contradição. O progressivo alargamento do sufrágio, ao longo de décadas, visou aproximar do povo jurídico o povo politicamente ativo. E veio modificar tanto a consideração interna do povo correspondente à sociedade como o próprio Estado-poder – porque a ascensão das classes trabalhadoras tira à burguesia, pelo menos, o exclusivo do governo, desloca o fulcro das deliberações coletivas e provoca o aparecimento de novas formas institucionais. O "advento do povo real", do homem "concreto" e "situado"[78] equivale ao advento do conceito democrático de povo.[79]

Para lá da silhueta esboçada do povo, vislumbram-se, portanto, quer numa, quer noutra fase da evolução do Estado constitucional, elementos, forças, interesses, motivações doutra índole. Todavia, as mudanças de estrutura social e económica que se operam vão inserir-se num mesmo quadro fundamental de referência e, assim, se garante a continuidade jurídica. Precisamente por se recortar nos mais amplos termos, a noção de povo como universalidade de cidadãos pretende-se dotada da virtualidade de se adaptar a essas mudanças e de fazer dos homens situados cidadãos *optimo jure*.[80]

III – O conceito marxista de povo apresenta-se, em primeiro lugar, como resposta à noção e à prática burguesas e, em segundo lugar, como resultado da análise, até às últimas consequências, da situação económica relativa das pessoas e dos grupos dentro da comunidade política.

É um conceito que privilegia a posição perante os bens e as relações de produção e que se prende com a vontade de as transformar de acordo com a conceção do homem e da vida própria do materialismo histórico e dialético – de acordo com a conceção do indivíduo concreto e "socializado"[81] o que está em causa é substituir a atual divisão da socie-

---

[77] Cfr. Vitorino Magalhães Godinho, *Estrutura da Antiga Sociedade Portuguesa*, 2ª ed., Lisboa, 1975, pág. 142.

[78] Georges Burdeau, *op. cit.*, VII, 2ª ed., Paris, 1973, págs. 31 e segs., máxime 39-40, 118 e segs. e 180 e segs.

[79] E à passagem do governo representativo liberal para a democracia representativa.

[80] Mantemos a opinião exposta em *Contributo para uma teoria da inconstitucionalidade*, Lisboa, 1968, págs. 60-61, diferente da de Burdeau, *op. cit.*, II, págs. 118 e 298 e segs. (que fala em artifício da continuidade democrática e em falta de imaginação constitucional).

[81] Na expressão ainda de Gustav Radbruch, *op. cit.*, I, pág. 174.

dade em classes por uma unidade construída a partir da revolução feita pelo proletariado, em que se alterem tanto a natureza da comunidade política como o estatuto do indivíduo. O povo não pode abranger explorados e exploradores, somente pode abranger as classes trabalhadoras ou as classes revolucionárias.

A emancipação política, escreve MARX, reduz o homem, por um lado, ao membro da sociedade civil, ao indivíduo egoísta independente, e, por outro lado, ao cidadão, à pessoa moral. "Será apenas quando o homem real individual retomar em si o cidadão abstrato e se tornar, na sua vida empírica, no seu trabalho, nas suas relações individuais, um ser genérico, será apenas quando ele reconhecer e organizar as suas forças próprias como forças sociais e não mais separar de si a força social sob a forma de força política, será apenas nessa altura que se consumará a emancipação humana."[82-83]

A primeira e a quarta Constituições soviéticas continham conceitos de povo – qualificado segundo o povo ativo – paradigmáticos das duas sucessivas fases de "ditadura do proletariado" e de "Estado de todo o povo": "A República Russa é uma livre comunidade socialista de todos os trabalhadores da Rússia. Todo o poder (…) pertence à totalidade da população operária do país, organizada nos sovietes das cidades e dos campos" (art. 10º da Constituição de 1918); "A URSS é um Estado socialista de todo o povo, que exprime a vontade e os interesses dos operários, dos camponeses e dos intelectuais, trabalhadores de todas as nações e etnias do país" (art. 1º da Constituição de 1977). E na atual Constituição chinesa, de 1982, ainda se lê: "A República Popular da China é um Estado socialista subordinado à ditadura democrático-popular da classe operária e assente na aliança de operários e camponeses" (art. 1º).

---

[82] *Question juive*, trad., in KARL MARX, *Oeuvres choisis*, I, Paris, 1963, págs. 88-89.

[83] Cfr. GONZALO PUENTE OJEA, *As revoluções marxistas e a validade do sufrágio universal*, in *Critério*, nº 3, Janeiro de 1976, págs. 36-37: MARX não ignora o progresso implícito na consagração do homem como cidadão de pleno direito; mas não aceita o postulado de um cidadão eleitor como sujeito de uma ética universal abstrata, incondicionada histórica e socialmente, como soberano absoluto de uma racionalidade incontaminada; em vez do *homem abstrato*, existe o *homem concreto*, sujeito de *relações de produção* que o convertem ou em explorador ou em explorado e que, em qualquer das posições antagónicas, não pode iludir os condicionamentos sociais e económicos da perceção da realidade que o circunda.

V. também, por exemplo, UMBERTO CERRONI, *La libertad de los modernos*, trad., Barcelona, 1972, págs. 201 e segs., ou GALVANO DELLA VOLPE, *Rousseau e Marx – A liberdade igualitária*, trad., Lisboa, 1982, págs. 39 e segs. e 109 e segs.; e, de premissas bem diferentes, HELMUTH KUHN, *op. cit.*, págs. 163 e segs.; MAURICE BARBIER, *op. cit.*, págs. 178 e segs.; JÓNATAS MACHADO, *Nós o Povo …*, cit., *loc. cit.*, págs. 64 e segs.

Parte II · Cap. II – O Estado como Comunidade Política | **129**

IV – Na Alemanha do nacional-socialismo – mas a ideia tinha ante-cedentes aí e noutros países[84] – dominou um conceito de povo na base de critérios biológicos mitigados historicamente.

O povo, de harmonia com a doutrina nacional-socialista, não é nem o conjunto dos cidadãos nem uma unidade política; é uma unidade étnica que repousa na comunidade de sangue.[85] Esta, porém, não se confunde com uma nação única, até porque, em qualquer povo, se encontram elementos de várias raças. A unidade nacional aparece quando uma história e uma ci-vilização comuns operam uma ligação constante entre essas raças, já que uma delas (a raça nórdica no caso alemão) terá sempre a preponderância e imporá a sua marca própria.

O fim supremo é a conservação do povo e da raça. O Estado possui mero valor secundário diante desse fim e da vontade do *Führer*: o Esta-do não é senão a organização política do povo conduzido pelo *Führer*, o qual toma as decisões, faz as leis, dá ordens à administração e, assim, colabora também na formação do espírito popular (*Volksgeist*).[86]

V – As conceções ético-históricas ou histórico-orgânicas de povo têm de comum o diluírem o povo numa realidade mais ampla que o ultrapassa, em nome de imperativos mais fortes, sejam imperativos do Estado, sejam imperativos da Nação. "Tudo pelo Estado, nada contra o Estado" é o lema do fascismo italiano. "Tudo pela Nação, nada contra a Nação" é o lema do nacionalismo autoritário português.

Eticismo objetivo, conúbio de idealismo hegeliano e de ativismo vitalista,[87] o fascismo é a teoria da minoria ativa que age, não em nome do princípio político da nação, mas em nome de uma noção metafísica de nação.[88] E essa ideia de nação – ou de povo – surge implicada com o

---

[84] V., criticamente, HERMANN HELLER, *op. cit.*, págs. 183 e segs., ou ERNST CASSIRER, *op. cit.*, págs. 277 e segs.

[85] Segundo o programa do Partido Nacional-Socialista, ninguém poderia ser cidadão alemão se não tivesse "sangue alemão" (art. 4º).

[86] Cfr. ULRICH SCHEUNER, *Le peuple, L'État, le droit et la doctrine nationale-socialiste*, in *Revue du droit public*, 1937, págs. 41, 43, 45 e 51. Cfr. ROGER BONNARD, *Constitution et administration du IIIe Reich alemand, ibidem*, págs. 607 e segs.; CABRAL DE MONCADA, *Filosofia...*, cit., I, págs. 390 e segs.; PLAUTO FARACO DE AZEVEDO, *Limites e justificação do poder do Estado*, Petrópolis, 1979, págs. 97 e segs. e 120 e segs.; MAURICE BARBIER, *op. cit.*, pág. 173 e segs.

[87] Na qualificação de CABRAL DE MONCADA, *Filosofia...*, cit., I, págs. 388 e 390.

[88] MIRKINE-GUETZÉVITCH, *Les théories de la dictature*, in *Revue politique et parlementaire*, 1934, pág. 138. O "princípio político da nação" a que alude é o da Revolução Francesa.

poder do Estado, do Estado que é "a verdadeira realidade do indivíduo" (Mussollini).

Do prisma histórico, social, orgânico, o povo é, não uma massa, uma multidão, uma soma, um número, mas uma coletividade irredutível aos elementos que a compõem, aos indivíduos; o todo está *antes* e é *mais* que as partes em sentido aristotélico, e *universitas non solvitur in singularitates*; é um ente em si, um sujeito, uma pessoa ideal, espiritual ou moral, mesmo se não jurídica; é um "organismo ético", no sentido hegeliano.[89]

"A Nação italiana é um organismo com fins, vida e meios de ação superiores, pelo poder e pela duração, aos dos indivíduos, isolados ou associados, que o constituem. É uma unidade moral, política e económica, que se realiza integralmente no Estado Fascista" (art. 1º da *Carta del Lavoro*).[90] "A Nação Portuguesa constitui uma unidade moral, política e económica, cujos fins e interesses dominam os dos indivíduos e grupos que a compõem" (art. 1º do Estatuto do Trabalho Nacional).

Na Nação portuguesa, afirma Oliveira Salazar, estão incorporados e por ela vivem os indivíduos, as famílias, os organismos privados e públicos. E na unidade resultante da sua integração e da concordância profunda dos seus interesses, ainda que às vezes aparentemente contrários, não há que separá-los ou opô-los, mas que subordinar a sua atividade ao interesse coletivo. *Nada contra a Nação, tudo pela Nação.*[91]

Há, para Marcello Caetano, duas aceções do termo nação: como povo português, elemento humano do Estado, e como *comunidade cultural transpessoal* "formada pela ininterrupta cadeia de gerações onde se conserva e elabora tudo o que dá caráter aos portugueses e os diferencia no mundo, e donde resultam imperativos a que o Estado como expressão política da unidade nacional e instrumento da sua missão ecuménica tem de se subordinar".[92] E a soberania nacional não se confunde com a soberania popular, porque esta assenta na manifestação da vontade do povo pelos eleitores, enquanto aquela existe mesmo quando interpreta-

---

[89] Sergio Panunzio, *op. cit.*, págs. 27-28. Este autor distingue, aliás, povo e nação (esta é o povo privilegiado ou aristocrático na hierarquia dos valores históricos, o povo tomado idealmente na perspetiva dos especiais vínculos *nacionalizantes* como a língua, o território, a raça, a religião, o Estado ou a economia).

[90] Cfr. a análise jurídica de Carlo Esposito, *Lo Stato e la Nazione Italiana*, in *Archivio di Diritto Pubblico*, II, 1933, págs. 409 e segs.

[91] *Discursos*, I, 4ª ed., Coimbra, 1948, pág. 34. V., também, Manuel Rodrigues, *Política, Direito e Justiça*, Lisboa, 1934, págs. 7 e segs., máxime 63.

[92] *Manual de Ciência Política e Direito Constitucional*, 6ª ed., II, Lisboa, 1972, pág. 509.

Parte II · Cap. II – O Estado como Comunidade Política | **131**

da, e até adivinhada, pelos homens de escol que sabem dar consciência a tendências latentes, mas ignoradas ou passivas no seio da coletividade. "Mas a soberania nacional é compatível com a soberania popular, se admitirmos que em certo grau de evolução da Nação os seus cidadãos e as sociedades primárias que a integram estão aptos a traduzir a consciência e a vontade atuais da comunidade, embora não sejam senhores de dispor dela e devam ser considerados meros depositários do poder para exercerem a delicada função de realizar no presente a continuação do passado e a preparação de um futuro segundo a mesma linha de continuidade tradicional."[93]

Com relativa facilidade se reconhece que, apesar das semelhanças, a noção fascista italiana e a noção nacionalista portuguesa possuem sentidos diversos: a segunda está mais próxima das conceções românticas antiliberais do século xix[94] e tem um cunho conservador, mas não totalitário.

VI – Recentemente foi proposta na doutrina portuguesa uma conceção político-constitucional não sem parecenças com o nacionalismo autoritário, embora se pretendendo democrático.

Segundo PAULO OTERO,[95] seria possível encontrar através do apelo à ideia de nação, vista numa aceção hegeliana como "espírito do povo", uma vertente de expressão democrática da vontade da coletividade com direta projeção constitucional, isto independentemente de estar (ou não) expressamente formalizada em normas escritas: o desuso e o costume *contra constitutionem* seriam manifestações visíveis da desadaptação da Constituição formal à nação a que se destinam e, simultaneamente, a expressão da vontade constituinte da nação em sentido contrário às normas escritas da Constituição "oficial" carecidas de efetividade social.[96]

Mostrar-se-ia possível a concorrência constitucional entre soluções ditadas por diferentes modelos democráticos que, sendo uma expressão de pluralismo de uma sociedade aberta, poderia conduzir a uma certa conflitualidade de legitimidades reivindicativas de democraticidade: por um lado, a expressão da vontade maioritária através de formas orgânico-representativas previstas expressamente na Constituição (*v.g.*, resultados de um referendo, votação parlamentar) e, por outro lado, a

---

[93] *Ibidem*, págs. 542-543.
[94] Que, aliás, não é o único fundamentalismo religioso em expansão nos nossos dias.
[95] *Direito...*, cit., págs. 70 e segs.
[96] *Ibidem*, pág. 71.

reivindicação vivificadora da identidade cultural comum como fonte de soluções contrárias à vontade maioritária.

Uma tal conflitualidade potencial de soluções, traduzindo o pluralismo de expressões democráticas da vontade popular, não poderia deixar de fazer apelo, segundo um espírito de tolerância, a um consenso ele sobreposição ou entrecruzado (Rawls): inexistindo numa democracia soluções irreversíveis, haveria sempre que procurar um respeito mútuo pela diversidade de soluções e tentar encontrar procedimentos democráticos tendentes a moderar as rivalidades, impossibilitando que, verificando-se a ausência de soluções atentatórias da justiça e da dignidade humana, uma delas pudesse ser imposta pelo Estado por via sancionatória.[97]

Rejeitamos esta conceção. Ainda que se afirme que nunca a Constituição poderia conceder relevância a uma identidade cultural atentatória da dignidade humana,[98] ela abala os fundamentos da democracia própria do constitucionalismo moderno, cuja expressão privilegiada é o voto dos cidadãos. A nação, enquanto comunidade ou cadeia de gerações, não pode formar uma vontade política à margem das instituições representativas ou contra elas.

VII – Para o fundamentalismo islâmico, não pode existir separação entre a esfera política e a esfera religiosa, o povo é a comunidade dos crentes e a lei islâmica deve vigorar como lei civil.

A República islâmica do Irã, proclamada em 1979, apresenta-se com a experiência mais radical de realização desta ideia[99] e a sua Constituição, de 1986, patenteia-a bem impressivamente.

Assim, a República islâmica é um "sistema baseado na fé" (art. 2º), em que o povo é "chamado à virtude" e "os crentes, homens e mulheres, são amigos uns dos outros, rejubilam no Bem e proíbem o Mal" (*Alcorão*, 9:71) (art. 8º).

Os princípios islâmicos são limites aos direitos dos cidadãos e critério de ação do Estado (arts. 21º, 24º, 27º e 28º), embora o governo e todos os muçulmanos sejam obrigados a conduzir-se "com moderação, justiça e equidade" para com os não muçulmanos e devam salvaguardar os direitos destes (art. 14º, 2ª parte) e a nacionalidade seja um "direito absoluto" de todos os cidadãos (art. 41º).

---

[97] *Ibidem*, pág. 74.

[98] *Ibidem*, pág. 75.

[99] Noutros países muçulmanos, ela tem, não raro, também uma influência marcante.

Por outro lado, logicamente, os poderes soberanos exercem-se sob a supervisão dos dirigentes religiosos (art. 57º).

Eis um programa que aponta para a teocracia e se afasta da moderna construção do Estado,[100] como que pretendendo o retorno a conceções das primeiras épocas muçulmanas (sem embargo da aceitação de certas formas jurídicas de origem europeia).

---

[100] Cfr., por todos, MAURICE BARBIER, *op. cit.*, págs. 213 e segs.; e *Manual...*, I, cit., págs. 64 e 222-223.

Capítulo III

A Cidadania

§ 1º
A cidadania ou qualidade de membro do Estado

48.
Povo e cidadania

I – O povo abrange os destinatários permanentes da ordem jurídica estatal. Em face desta, os homens dividem-se em duas categorias: aqueles cuja vida social está toda submetida à sua regulamentação, e aqueles que não estão em contacto com ela ou só em contacto acidental ou transitório.

A vocação primária das leis do Estado é para se aplicarem em razão das pessoas e não em razão de outros fatores. As leis do Estado são pensadas e editadas para os membros da comunidade política, tendo em conta as suas experiências e os seus projetos comuns e os circunstancialismos concretos em que se encontram; só por via diversa, de harmonia com princípios de Direito internacional ou com outras regras, atingem os estrangeiros, ou seja, os destinatários doutras ordens jurídicas estatais ou os que não são destinatários de nenhuma (apátridas ou apólidas).

Por certo, do território depende largamente essa aplicação e só no seu território o Estado pode dar força executiva e sancionatória às leis que decrete. Mas isso não impede que as situações jurídicas que afetem cidadãos do Estado ou em que intervenham cidadãos do Estado possam ser conformadas pelo ordenamento estatal onde quer que decorram. E, por outra banda, tem sempre o Estado um dever geral (e, por vezes, deveres específicos) de proteção dos seus cidadãos frente aos Estados em cujos territórios residam.

Eis, portanto, um princípio de pessoalidade inerente ao Estado moderno – como *mutatis mutandis* ao Estado grego e ao romano[1] – ainda que se lhe não possa atribuir um alcance absoluto e indiscriminado;[2] ou, falando em âmbito jurídico-constitucional, um princípio de cidadania.

II – Ao conceito de povo reporta-se o de cidadania. Cidadãos são os membros do Estado, da *Civitas*, os destinatários da ordem jurídica estatal, os sujeitos e os súbditos do poder.

Não existem, contudo, apenas, como se sabe, Estados – ou só Estados soberanos. Para além deles existiram em número considerável e ainda existem outras comunidades políticas, em face das quais se estabelecem qualidades ou vínculos similares aos da cidadania: assim, a condição de súbditos feudais, a dos súbditos coloniais, a dos cidadãos de Estado sem acesso ou sem acesso pleno à vida internacional, ou a dos territórios associados ou internacionalizados;[3] e daí entrosamentos com as leis dos Estados soberanos a que possam estar ligados.[4]

Por outro lado, em Estado complexos (Estados federais, uniões reais) ocorre um desdobramento da cidadania em moldes variáveis, embora (salvas algumas exceções) seja sempre a cidadania do Estado central a determinar ou a preceder a cidadania correspondente a qualquer das entidades competentes.

Diversamente, em confederações, em organizações internacionais e noutras entidades de Direito internacional não pode falar-se, em rigor, em cidadania, nem é uma verdadeira cidadania a *cidadania europeia* consagrada no Tratado de Maastricht ou de União Europeia, de 1992, a que adiante nos vamos referir.

---

[1] Cfr. FERDINAND DE VISSCHER, *La cittadinanza romana*, in *Annali del Seminario Giuridico dell'Università di Catania, 1948-49*, Nápoles, 1949, págs. 1 e segs.

[2] V., por todos, BALLADORE PALLIERI, *op. cit.*, I, págs. 73 e segs.

[3] Cfr. H. F. VAN PANHUYS, *The role of nationality in International Law*, Leida, 1959, págs. 34 e segs.

[4] Era o caso da lei da nacionalidade britânica de 1981, a qual distinguia três categorias de cidadãos: britânicos, britânicos de territórios dependentes e britânicos do ultramar, além dos estatutos dos *British protected persons* e dos *British subjects without citizenshif (British subjects)*. Cfr. O. HOOD PHILIPS e PAUL JACKSON, *Constitutional and Administrative Law*, 3ª ed., Londres, 1987, págs. 452 e segs.

Parte II · Cap. III – A Cidadania | 137

III – Cidadania é a qualidade de cidadão.[5] E por este motivo, a palavra "nacionalidade" – embora mais corrente e não sem conexão com o fundo do Estado nacional – deve ser afastada, porquanto menos precisa. "Nacionalidade" liga-se a nação, revela a pertença a uma nação, não a um Estado.[6] Ou, se se atender a outras utilizações consagradas, trata-se de termo com extensão maior do que cidadania: nacionalidade têm as pessoas coletivas e nacionalidade pode ser atribuída a coisas (navios, aeronaves),[7] mas cidadania só possuem as pessoas singulares.[8]

Cidadania significa ainda, mais vincadamente, a participação em Estado democrático. Foi nesta perspetiva que o conceito foi elaborado e se difundiu com a Revolução americana e a Revolução francesa.[9] E se, por vezes, parece reservar-se o termo para a cidadania ativa, correspondente à capacidade eleitoral,[10] a restrição acaba por radicar ainda na mesma ideia.

IV – A determinação da cidadania de cada indivíduo equivale à determinação do povo (e, portanto, do Estado) a que se vincula. Tal como

---

[5]   Cfr. MARTIM DE ALBUQUERQUE, *As ideias de Cidadão e de Cidadania em Portugal. Génese e evolução*, in *Homenagem ao Professor Doutor Diogo Freitas do Amaral*, obra coletiva, Coimbra, 2010, págs. 241 e segs.

[6]   Neste sentido, CABRAL DE MONCADA, *Lições de Direito Civil*, 2ª ed., I, Coimbra, 1954, pág. 302, nota. Salienta que a expressão "nacionalidade" é ambígua, por não se ligar rigorosamente a um conceito político.

[7]   V. art. 486º do Código Comercial e Convenção de Aeronáutica Civil de Chicago, de 1954. Cfr. TABORDA FERREIRA, *op. cit.*, págs. 33 e segs. e 41 e segs.; DIAS MARQUES, *Conceito e natureza jurídica da nacionalidade*, in *Revista da Ordem dos Advogados*, 1952, nº 3, págs. 106 e segs.; FERNANDES COSTA, *Da nacionalidade das sociedades comerciais*, in *Boletim da Faculdade de Direito da Universidade de Coimbra*, suplemento ao nº XXVII, 1984, págs. 1 e segs.; ANTÓNIO MARQUES DOS SANTOS, *Algumas reflexões sobre a nacionalidade das sociedades em Direito internacional privado e em Direito internacional público*, Coimbra, 1985 (agora incluído em *Estudos de Direito da Nacionalidade*, Coimbra, 1998, págs. 7 e segs.).

[8]   Sobre a terminologia em Direito comparado, v. ROLAND QUADRI, *Cittadinanza*, in *Novissimo Digesto Italiano*, III, pág. 313.

[9]   Cfr., por todos, VIRIATO SOROMENHO MARQUES, *A era da cidadania*, Lisboa, 1995; ou MARIA BENEDITA URBANO, *Cidadania para uma democracia ética?*, in *Boletim da Faculdade de Direito da Universidade de Coimbra*, 2007, págs. 515 e segs.

[10] É o que sucede em alguns países latino-americanos, como o México (arts. 30º e segs. e 34º e segs. da Constituição de 1917), o Equador (arts. 5º e segs., 12º e 133º da Constituição de 1979) ou a Colômbia (arts. 96º, 98º e 99º da Constituição de 1991). Cfr. J. J. SANTA-PINTER, *Ciudadania y nacionalidad en las Constituciones americanas*, in *Revista de Derecho Español e Americano*, 1964, págs. 33 e segs. E também em alguns territórios dependentes dos Estados Unidos.

138 | Teoria do Estado e da Constituição · *Jorge Miranda*

a determinação de quem compõe em concreto certo povo passa pelo apuramento das regras sobre aquisição e perda da cidadania aí vigentes.

Trata-se, antes de mais, de problema a equacionar pelo Direito interno de cada Estado. É cada Estado que, interpretando o modo de ser da comunidade que lhe dá vida, escolhe e fixa os critérios da cidadania. E há dois tipos fundamentais de critérios: o da filiação ou *jus sanguinis*[11] – vindo da Grécia e de Roma, em conexão com a estrutura dos respetivos Estados, e hoje prevalecente em Estados de formação antiga – e o do local de nascimento ou *jus soli* – vindo da Idade Média, por influência dos laços feudais, e hoje prevalecente em Estados jovens e de imigração.

Por isso mesmo se trata também do problema substancialmente constitucional, a colocar em sede de Direito constitucional, embora com pressupostos de Direito civil e com incidências diretas em Direito internacional privado e em todos os outros setores.[12] As regras sobre quem é ou deixa de ser cidadão *constituem* (rigorosamente, no plano jurídico) o Estado.

Mas a matéria depende outrossim (e, antes de mais) do Direito internacional,[13] porque nenhum Estado poderia gozar de uma liber-

---

[11]   Mas até há pouco *jus sanguinis a patre*, e não *a matre*.

[12]   A maioria dos privatistas tende a reconhecê-lo: J. Dias Ferreira, *Código Civil Português Anotado*, 2ª ed., I, Coimbra, 1884, pág. 28; José Tavares, *Os Princípios Fundamentais do Direito Civil*, II, Coimbra, 1928, pág. 32; João de Castro Mendes, *Direito Civil (Teoria Geral)*, policopiado, I, Lisboa, 1978, pág. 251; Oliveira Ascensão, *Teoria Geral do Direito Civil*, I, 2ª ed., Lisboa, 2000, pág. 150; Luís Carvalho Fernandes, *Teoria Geral do Direito Civil*, I, 5ª ed., Lisboa, 2009, pág. 241. Mas há os que o integram num *Direito Geral* (assim, Paulo Cunha, *Teoria Geral da Relação Jurídica*, Lisboa, 1960, I, pág. 41) ou que consideram o problema "mal posto" (assim, Dias Marques, *op. cit., loc. cit.*, págs. 109 e segs.).

[13]   Sobre o assunto, v., entre tantos, Machado Vilela, *Tratado Elementar de Direito Internacional Privado*, Coimbra, 1921, I, págs. 96 e segs.; Kelsen, *Théorie générale du droit international public – Problèmes choisis*, in *Recueil des Cours*, 1932, IV, págs. 242 e segs.; Achille Venturini, *L'Apolidia*, in *Rivista di Diritto Internazionale*, 1940, págs. 379 e segs.; Taborda Ferreira, *op. cit.*, págs. 109 e segs. e 211 e segs.; H. F. Van Panhuys, *op. cit.*; Alfred Verdross, *Volkerrecht*, trad. castelhana *Derecho Internacional Publico*, 4ª ed., Madrid, 1963, págs. 236 e segs.; Ernesto Lapenna, *La cittadinanza nel Diritto Internazionale Generale*, Milão, 1966 (pronuncia-se pela inexistência de regras de Direito internacional geral sobre a cidadania); Fritz Munch, *Développements récents du droit de la nationalité*, in *Studi in onore di Manlio Udina*, obra coletiva, II, Milão, 1975, págs. 1.109 e segs.; Rui de Moura Ramos, *Nacionalidade e Descolonização*, in *Revista de Direito e Economia*, 1976, págs. 139, 143 e segs. e 331 e segs.; e *Nacionalidade*, in *Dicionário Jurídico da Administração Pública*, VI, 1994, págs. 107 e segs.; Ana Barahona, *op. cit.*, págs. 22 e segs.; Ruth Donner, *The*

Parte II · Cap. III – A Cidadania | **139**

dade ilimitada no estabelecimento daqueles critérios; bem ao invés, cada Estado tem de os definir reconhecendo a existência dos restantes e, por conseguinte, está adstrito a certas balizas. Além disso, avulta a necessidade de regras destinadas a evitar ou a resolver conflitos positivos (pluricidadania ou pluripatridia) ou negativos (apatridia, apolidia) de cidadania.

V – A cidadania apresenta-se como *status*[14] e apresenta-se, simultaneamente, como objeto de um direito fundamental das pessoas.[15]

Num mundo em que dominam os Estados, participar num Estado é participar na vida jurídica e política que ele propicia e beneficiar da defesa e da promoção de direitos que ele concede[16] – tanto na ordem interna como nas relações com outros Estados. Num mundo em que se intensifica a circulação das pessoas e em que, apesar de todas as adversidades, se afirma a liberdade individual, a pertença a uma comunidade política, sendo embora permanente, já não tem de ser perpétua como noutras épocas: o *direito à cidadania* vai ser acompanhado, dentro de certos limites, de um *direito de escolher a cidadania*.

Em contrapartida (ou, em contrapartida, só *prima facie*) num mundo em que se evidenciam afinidades (culturais, políticas, económicas) entre alguns Estados ou em que se visa criar grandes espaços, a conceção tradicional da unidade e exclusividade da cidadania aparece, por vezes, atenuada – mormente através de convenções de dupla nacio-

---

Regulation of Nationality in International Law, Helsinquia, 1983; Antonio Filippo Panzera, *Limiti internazionali in materia di cittadinanza*, Nápoles, 1984; Celso de Albuquerque Mello, *Curso de Direito Internacional Público*, 8ª ed., I, Rio de Janeiro, 1986, págs. 608 e segs.; José Francisco Rezek, *Le droit international de la nationalité*, in *Recueil des Cours*, 1986, III, págs. 333 e segs.; Albino de Azevedo Soares, *Lições de Direito Internacional Público*, 4ª ed., Coimbra, 1988, págs. 276 e segs.; Johannes M. M. Chan, *The Right to a Nationality as a Human Right*, in *Human Rights Law Journal*, 1991, págs. 11 e segs.; Jean Combacau e Serge Sur, *Droit International Public*, Paris, 1997, págs. 318 e segs.; Hélène Tourard, *op. cit.*, págs. 397 e segs.; Eduardo Correia Baptista, *Direito Internacional Público*, II, Coimbra, 2004, págs. 184 e segs.; Valério de Oliveira Mazzuoli, *Curso de Direito Internacional Público*, 5ª ed., São Paulo, 2011, págs. 665 e segs.; Jónatas Machado, *Direito internacional*, 4ª ed., Coimbra, 2013, págs. 195 e segs.

[14] Cfr. já *Ciência Política e Direito Constitucional*, cit., I, pág. 154.

[15] Cfr., por todos, Jorge Pereira da Silva, *O direito fundamental à cidadania portuguesa*, in *Estudos em homenagem ao Prof. Doutor Armando Marques Guedes*, obra coletiva, Coimbra, 2004, págs. 59 e segs.

[16] Cfr. Roland Quadri, *op. cit., loc. cit.*, pág. 315; e, de seu prisma, Talcott Parsons, *op. cit., loc. cit.*, pág. 114.

140 | Teoria do Estado e da Constituição · *Jorge Miranda*

nalidade e da extensão a certos estrangeiros de direitos, em princípio, reservados a cidadãos do próprio Estado.[17]

49.
Uma cidadania transnacional?

Entretanto, e independentemente da acenada crise do Estado, importantes fenómenos surgiram nas relações entre os povos repercutindo-se no domínio da cidadania.

Em primeiro lugar, o já referido fenómeno da imigração, com centenas de milhares de pessoas, vindas de outros países para os países do Ocidente.

Em segundo lugar, a União Europeia e formas análogas de integração regional, com a criação de estruturas políticas supraestatais, a que poderia ou deveria corresponder uma cidadania comum (para alguns, já a caminho de uma cidadania de tipo federativo).

Mas não parece que destas duas realidades decorra a superação do nexo entre cidadania e povo ou entre cidadania e Estado.[18]

A atribuição de direitos em razão da residência não tem de determinar a atribuição de cidadania, naqueles casos em que o ordenamento jurídico contemple um princípio de equiparação e de não discriminação entre cidadãos e não cidadãos. Tal atribuição só se justifica – e assim

---

[17] Cfr. Rui de Moura Ramos, *La double nationalité et les liens spéciaux avec d'autres pays,* in *Revista de Direito e Economia,* 1990-1993, págs. 577 e segs.

[18] Cfr. João Lopes Alves, *Ética e Democracia: que relação?,* in *Ética e o futuro da democracia,* obra coletiva, Lisboa, 1998, pág. 21; Alastair Davidson, *The citizen who does not belong: multiculturalism, citizenship and democracy, ibidem,* págs. 337 e segs.; *Cidadania e novos poderes na sociedade global,* obra coletiva, Lisboa, 2000; Isabel Estrada Carvalhais, *Os desafios...,* cit., máxime págs. 17, 61 e segs., 114 e segs,: Benito Alaéz Corral, *Nacionalidad, ciudadanía y democracia,* Madrid, 2005; Rita Kastoryano, *Vers un nationalisme transnational,* in *Revue française de science politique,* 2006, págs. 533 e segs.; Paula Veila, *Cidadania. Cambiantes de um conceito e suas incidências político-constitucionais,* in *Boletim da Faculdade de Direito da Universidade de Coimbra,* 2006, págs. 331 e segs.; *Cidadania no pensamento político contemporâneo,* obra coletiva, S. João do Estoril, 2007; Anuschet Farahat, *We want you! But ... recruiting migrants and encouraging transnational migration through progressive inclusion,* in *European Law Journal,* 2009, págs. 701 e segs.; Vital Moreira, *Cidadania para além do Estado, cidadania da União Europeia e direitos dos cidadãos depois do Tratado de Lisboa,* in *Estudos em homenagem a António Barbosa de Melo,* obra coletiva, Coimbra, 2013, págs. 887 e segs.

Parte II · Cap. III – A Cidadania | **141**

procedem as legislações mais avançadas, como a portuguesa – quando estejam satisfeitos requisitos mais fortes de inserção no tecido social e político. Nem, por outro lado, os Estados de origem deixam de pretender manter os vínculos com as suas diásporas.

Quanto à cidadania trans ou supranacional – como a europeia – ela não passa, pelo menos por enquanto, de uma cidadania de sobreposição, sem autonomia em face de cidadania dos Estados membros da União.[19]

50.

A cidadania no Direito internacional

I – Começando por uma brevíssima referência do Direito internacional (por mais não caber na economia deste livro), saliente-se que aí a cidadania é principalmente objeto de princípios gerais ou de regras consuetudinárias, e só em segundo nível de convenções multilaterais e bilaterais. Nem poderia deixar de ser assim tendo em conta a natureza do fenómeno e a estrutura da comunidade internacional.

Segundo o mais importante tratado sobre a matéria – a Convenção da Haia, de 1930, relativa aos conflitos de leis no domínio da nacionalidade –, as leis de cada Estado somente devem ser observadas pelos restantes Estados, desde que estejam de acordo com as convenções internacionais, o costume internacional e os princípios de direito reconhecidos.

O Direito das Gentes devolve para o Direito interno de cada Estado a definição das regras de aquisição e de perda da cidadania respetiva. Ou seja: confere competência para tanto aos órçãos estatais[20] e adstringe os demais Estados a respeitar as suas decisões – tanto normativas como não normativas – pertinentes à cidadania de qualquer pessoa.[21]

---

[19] Cfr., aliás, a crítica de JEREMY RABKIN, *Por que é a cidadania supranacional uma má ideia*, in *Cidadania e novos poderes na sociedade global*, pág. 152: o tipo de cidadania supranacional vinculada à União Europeia é uma desvalorização da atual cidadania, que encoraja um tipo de políticas, nas quais os *cidadãos* são geridos e manipulados a distância por poderes quase insondáveis e incontáveis.

[20] Aliás, uma competência originária, e não delegada: cfr. JOSÉ FRANCISCO REZEK, *op. cit.*, *loc. cit.*, pág. 353.

[21] Cfr. FERRER CORREIA, *O estatuto pessoal dos plurinacionais e dos apátridas*, in *Revista de Direito e Estudos Sociais*, ano III, 1947, nº 2, pág. 471: aquele Estado que, na legislação sobre nacionalidade das pessoas, afirmasse o seu desprezo pela personalidade e autonomia dos demais cometeria uma violação do Direito internacional; e a obrigatoriedade de tal legislação seria restrita ao território em que o Estado legislador exercesse a sua soberania.

142 | Teoria do Estado e da Constituição • *Jorge Miranda*

Mas, ao mesmo tempo, prescreve princípios, parâmetros, grandes diretrizes a que ficam sujeitos os diversos ordenamentos e que traduzem
aquisições comuns.

Em resumo, ao Direito internacional não cabe, só por si, atribuir ou
retirar a quem quer que seja a cidadania deste ou daquele Estado; apenas
cabe estabelecer condições de relevância,[22] declarar ineficaz ou inoponí-
vel *erga omnes* um ato de Direito interno que contrarie os seus princípios
e cominar responsabilidade para o Estado seu autor.[23]

II – O primeiro dos princípios gerais de Direito internacional sobre
cidadania é o da ligação efetiva (entenda-se ou não como reflexo do
postulado da efetividade). Um Estado apenas pode atribuir a sua cidadania a pessoa que com ele tenha uma relação efetiva, sociológica,
sem formalismos ou artificialismos;[24] apenas pode ser reputado como
originariamente cidadão de um Estado um indivíduo que se lhe encontre ligado por qualquer vínculo material evidente;[25] e o mesmo se
diga *mutatis mutandis* quanto à aquisição da cidadania por facto posterior ao nascimento.[26]

De certa maneira, é um corolário deste princípio a exclusão do regime do *jus soli* quanto aos filhos dos diplomatas ou de outras agentes de Estados estrangeiros nascidos no país onde um dos pais está
prestando serviço. Considera-se mais efetiva a ligação ao Estado de
origem do que ao Estado do local de nascimento. Mas, pelo contrário,
o Estado deve conceder a sua cidadania a recém-nascidos abandona-
dos e expostos.

Tão-pouco pode qualquer Estado dispor sobre as condições de aquisição e de perda de uma cidadania estrangeira. Poderá fazer depender
a atribuição da sua cidadania a um estrangeiro da renúncia deste à ci-

---

[22] Rui de Moura Ramos, *Nacionalidade*, in *Polis*, IV, pág. 108.

[23] Cfr. Van Panhuys, *op. cit.*, págs. 171 e segs.

[24] Ernesto Lapenna, *op. cit.*, págs. 66 e segs.; Alfred Verdross, *op. cit.*, pág. 237; Rui de Moura Ramos, *Nacionalidade e descolonização*, cit., *loc. cit.*, págs. 334-335; José Francisco Rezek, *op. cit.*, *loc. cit.*, págs. 357 e segs.; António Marques dos Santos, *Nacionalidade e efetividade*, in *Estudos de Direito da Nacionalidade*, págs. 279 e segs.

[25] Taborda Ferreira, *op. cit.*, pág. 105.

[26] O célebre caso Nottebohm (entre a Guatemala e o Listenstaino), julgado pelo Tribunal Internacional de Justiça em 1955, mostrou bem o sentido desta exigência. Para
o Tribunal, a nacionalidade era "um laço jurídico com fundamento num facto social,
numa conexão de existência genuína traduzida em interesses, sentimentos e direitos e
deveres recíprocos".

Parte II · Cap. III – A Cidadania | **143**

dadania anterior; não poderá, por ato de autoridade, determinar essa renúncia. Se o fizer, a sua prescrição será, em absoluto, irrelevante (pelo menos no domínio jurídico-internacional).

As normas sobre aquisição e perda de cidadania não podem prever discriminações ilegítimas em face do Direito internacional e do Direito constitucional interno, designadamente em razões do sexo, da raça ou da religião.

A aquisição e a perda da cidadania revestem, em princípio, alcance individual e não coletivo. Para que afetem categorias ou grupos de pessoas, para que se estendam a uma pluralidade de indivíduos, têm de se verificar vicissitudes extraordinárias, como formação de novos Estados ou modificações territoriais significativas; e então o Estado recém-constituído ou recém-administrante de certo território não pode negar arbitrariamente a sua cidadania aos residentes nesse território com a cidadania do Estado predecessor, mesmo que pertencentes a minorias.[27-28]

A naturalização ou qualquer outra forma de aquisição superveniente da cidadania pressupõe o consentimento;[29] e este deve ser dado, em regra, explicitamente e não pelo silêncio,[30] para garantia da liberdade das pessoas.

Ocorrendo pluricidadania ou polipatridia, se a pessoa em causa se encontrar no interior do território de um dos Estados a que está vinculada, em princípio aí só poderá invocar a correspondente cidadania;[31] e, se se encontrar no território de terceiro Estado, haverá

---

[27] Cfr. O'Connel, *The Law of State Succession*, Cambridge, 1956, págs. 245 e segs.; Ernesto Lapenna, *op. cit.*, págs. 89 e segs., máxime 109; Fritz Munch, *op. cit., loc. cit.*, págs. 1.140 e seg.; Rui de Moura Ramos, *op. cit., loc. cit.*, págs. 145 e segs. e 273, nota; Ana Barahona, *op. cit.*, págs. 11 e segs. e 41 e segs.; Johannes M. M. Chan, *op. cit., loc. cit.*, págs. 111 e segs.; Comission Européenne pour la Democratie pour le Droit, *Incidences de la sucession l'État sur la nationalité*, Estrasburgo, 1998; Valério de Oliveira Mazzuoli, *op. cit.*, págs. 431-432.

[28] O art. 10º da Convenção sobre Redução de Casos de Apatridia estabelece que os tratados relativos à cessão de qualquer território deverão conter disposições destinadas a impedir situações de apatridia em sua consequência.

[29] Alfred Verdross, *op. cit.*, pág. 238. Cfr. Oppenheim, *International Law*, I, Londres, 1960, págs. 643 e segs.

[30] José Francisco Rezek, *op. cit., loc. cit.*, pág. 361.

[31] Problema diferente é o de saber se este Estado pode restringir-lhe direitos políticos por possuir a cidadania de outro Estado. Cfr. Jean-François Flauss, *Le droit du Conseil de l'Europe au service d'élections libres et de la double nationalité*, in *Revue trimestrielle des droits de l'homme*, nº 79, 2009, págs. 851 e segs.

144 | Teoria do Estado e da Constituição • *Jorge Miranda*

aí de invocar a cidadania do Estado com que mantiver relação efetiva ou ativa.[32] O que não poderá será invocar a cidadania de um Estado contra a do outro.[33]

Ocorrendo apatridia, o Estado no qual o indivíduo residir ou com que tiver qualquer outra ligação efetiva terá a faculdade de lhe atribuir a sua cidadania.[34]

III – Recolhendo e sintetizando toda essa experiência e indo ao encontro de uma longa aspiração, agora mais sentida, a Declaração Universal dos Direitos do Homem proclama, no seu art. 15º: "1. Todo o indivíduo tem direito a uma nacionalidade. – 2. Ninguém pode ser arbitrariamente privado da sua nacionalidade, nem do direito de mudar de nacionalidade."[35] E o Pacto Internacional de Direitos Civil e Políticos estabelece que "todas as crianças têm o direito de adquirir uma nacionalidade" (art. 24º, nº 3).

Há aqui dois direitos[36] – sobretudo, o primeiro do maior relevo e ao qual corresponde a obrigação do Estado de atribuir a sua cidadania ou de não privar dela um indivíduo que com ele tenha uma ligação efetiva e que não adote um comportamento de sentido contrário.[37] E liga-se a cidadania à vontade, admitindo-se o direito de opção por cidadania diferente da que se possua.[38]

Por seu turno, a garantia contra privações arbitrárias consiste na garantia de processos jurídicos regulares, com meios de defesa assegu-

---

[32] Por isso, se distingue entre efetividade em sentido genérico, pressuposto geral de caráter qualitativo que permite a atribuição da cidadania de certo Estado a esta ou àquela pessoa; e efetividade em sentido restrito ou quantitativo, traduzida em maior ou menor intensidade do vínculo, de tal sorte que, tendo um indivíduo duas ou mais nacionalidades, só uma delas deva ser havida como efetiva ou dotada de mais efetividade: ANTÓNIO MARQUES DOS SANTOS, *Nacionalidade e efetividade*, cit., *loc. cit.*, págs. 280-281 e 285.

[33] Por causa do princípio da igualdade soberana dos Estados: cfr. JOSÉ FRANCISCO REZEK, *op. cit.*, *loc. cit.*, págs. 363 e segs.; JEAN COMBACAU e SERGE SUR, *op. cit.*, págs. 325-326.

[34] Cfr. MAURI, citado por TABORDA FERREIRA, *loc. cit.*, pág. 117.

[35] Cfr. PHILIPPE DE LA CHAPELLE, *La Déclaration Universelle des Droits de l'Homme et le Catholicisme*, Paris, 1967, págs. 132 e segs.; GUNNAR G. SCHRAM, *Comentário*, in *The Universal Declaration of Human Rights*, obra coletiva, Oslo, 1992, págs. 229 e segs.

[36] Cfr. VAN PANHUYS, *op. cit.*, págs. 220 e segs.; RUI DE MOURA RAMOS, *op. cit.*, *loc. cit.*, págs. 338 e 339; JOHANNES M. M. CHAN, *op. cit.*, *loc. cit.*, págs. 3 e 8 e segs.

[37] Cfr. ANTÓNIO MARQUES DOS SANTOS, *op. cit.*, *loc. cit.*, págs. 300-301.

[38] O princípio antigo, pelo contrário, era de vinculação perpétua de qualquer indivíduo ao seu Estado, salvo banimento.

Parte II · Cap. III – A Cidadania | **145**

rados, e, especialmente, a proibição de privações por motivos políticos, ideológicos, religiosos ou rácicos[39] (como as que fizeram diversos regimes totalitários ao longo do século XX, inclusive contra residentes no próprio território do Estado).[40]

Na linha da Declaração Universal, a Convenção sobre Redução da Apatridia, de 1961, transformou em obrigação para as suas partes, em certos casos, a faculdade dos Estados de atribuição da sua cidadania aos indivíduos com ligação efetiva com eles e, que, doutro modo, seriam apátridas; e fez depender a perda da cidadania, em face de determinados Estados, da posse ou aquisição da cidadania doutro Estado.

Mais recentemente, em 1997, foi celebrada uma Convenção Europeia sobre a Nacionalidade, na qual se explicitaram os grandes princípios de Direito internacional (arts. 3º, 4º, 5º, 8º, nº 1, alínea e, e 18º); se estabeleceram, umas vazes obrigações, outras vezes faculdades dos Estados signatários (arts. 6º e segs.); se dispôs sobre sucessão do Estado (arts. 18º e segs.), e cidadania, em especial no domínio das obrigações militares (arts. 14º e segs. e 21º e segs.); e se previram formas de cooperação (arts. 23º e segs.).

51.

A cidadania
no Direito constitucional

Um relance comparativo mostra que não são muitas as Constituições formais que contemplem expressamente a problemática da cidadania (o que não significa que ela não entre, insistimos, no Direito constitucional material).[41]

Quando contemplam, é para prescrição de garantias concernentes à perda da cidadania: art. 22º da Constituição italiana: art. 16º da Constituição alemã federal; art. 4º, nº 3, da Constituição grega de 1975; arts.

---

[39] As quais, doravante, se tornam inválidas ou, mesmo, ilícitas (contra: LAPENNA, *op. cit.*, págs. 131 e segs.).

[40] São improcedentes, pois, as críticas ao art. 15º de ANA BARAHONA, *op. cit.*, págs. 32 e 33.

[41] Para o tratamento pela legislação ordinária, v. as coletâneas de GIOVANNI KOJANEC, *La cittadinanza nel mondo,* 3 vols., Pádua, 1977 a 1982, de FELICIANO BARREIRAS DUARTE, *Regime Jurídico Comparado do Direito de Cidadania,* Lisboa, 2009, ou de GIORGIO SACERDOTI, *Leggi sulla cittadinanza: modelli europei a confronto,* in *Diritto Pubblico Comparato ed Europeo,* 2013, págs. 807 e segs.

26º, nº 4 e 19º, nº 6 da Constituição portuguesa; art. 11º, nº 2, da Constituição espanhola de 1978; art. 69º da Constituição húngara; art. 8º da Constituição estoniana de 1992; art. 11º da Constituição checa de 1992; art. 24º da Constituição albanesa de 1993; art. 20º da Constituição sul--africana de 1996. Ou é para remissão para a lei: art. 4º da Constituição belga; art. 5º da Constituição romena de 1991; art. 5º da Constituição cabo-verdiana de 1992; art. 4º da Constituição ucraniana de 1996; de certo modo, art. 37º da Constituição suíça de 1999; art. 9º, nº 4 da Constituição angolana de 2010; art. 6º, nº 3 da Constituição húngara de 2010. Ou é para previsão de convenções de dupla cidadania: art. 11º, nos 1 e 3, da Constituição espanhola.

Mas, às vezes, as próprias Constituições estabelecem os modos de aquisição e de perda da cidadania: arts. 2º e segs. da Constituição francesa de 1791 (a primeira disciplina moderna da matéria – arts. 21º e seguintes e fonte da Constituição portuguesa de 1822; arts. 6º e segs. da Constituição brasileira de 1824); 14º Aditamento, de 1866, à Constltuição dos Estados Unidos; arts. 30º e 37º da Constituição mexicana de 1917; arts. 5º e segs. da Constituição equatoriana de 1979; art. 12º da Constituição brasileira de 1988; art. 4º da Constituição moçambicana de 1990; art. 25º da Constituição búlgara de 1991; art. 96º da Constituição colombiana de 1991; art. 34º da Constituição polaca de 1997.

§ 2º
***A condição jurídica das pessoas
em razão da cidadania***

52.

Cidadãos originários
e não originários

Se a condição das pessoas frente ao Estado é ditada pela cidadania, as próprias vicissitudes desta podem nela assumir influência não despicienda. Designadamente, devem os cidadãos não naturais de origem (naturalizados *lato sensu*) e os que tenham readquirido a cidadania, depois de a terem perdido por qualquer causa, usufruir dos mesmos direitos dos cidadãos originários?

Pode entender-se, com efeito, que certos direitos ou funções se apresentam de tal sorte inerentes à participação na soberania ou no

Parte II · Cap. III – A Cidadania | **147**

núcleo essencial da identidade do Estado que só aquelas pessoas que à comunidade política pertençam pelo nascimento ou por ato ou facto equiparado devem ter a sua titularidade ou o seu exercício; ou que, pelo menos, é necessário decorrer um prazo de dilação antes de os cidadãos não originários os poderem alcançar; donde, incapacidades permanentes ou temporárias, umas de Direito público, outras de Direito privado, mais ou menos extensas.

Em contrapartida, pode reputar-se menos avisado proceder a tais diferenciações de tratamento, por contrárias ao princípio da igualdade e ao próprio sentido da atribuição da cidadania; e, quando muito, só admitir incapacidades a título excecional. É esta a tendência que vai triunfando um pouco por toda a parte, inclusive em Portugal e no Brasil (art. 12º, § 2º, da Constituição).

53.

A condição dos estrangeiros e o seu enquadramento pelo Direito internacional

I – Tal como a cidadania, a condição dos estrangeiros, a *estrangeiria*, depende simultaneamente do Direito legislado de cada Estado e do Direito das Gentes. A diferença reside em que os cidadãos estão sujeitos direta, natural e plenamente à lei do seu país, salvas as limitações decorrentes das normas internacionais recebidas na ordem interna, ao passo que os estrangeiros – sejam cidadãos de outro Estado ou apátridas – só lhes estão vinculados transitória e precariamente e o seu estatuto é recortado a partir do Direito internacional.[42]

Nem sempre assim foi: em Roma, por exemplo, chegou a formar-se um Direito interno especial para os estrangeiros ou peregrinos, o *jus gentium*.[43] Mas, no sistema europeu de Estados surgido na Idade moderna, o lugar primacial tem pertencido ao Direito internacional e só depois tem intervindo o Direito interno. Em contrapartida, o Direito internacional convencional não molda de forma completa e uniforme a condição dos estrangeiros.

---

[42] Cfr. ALFRED VERDROSS, *op. cit.*, pág. 290.

[43] Cfr., por todos, RAÚL VENTURA, *Direito Romano*, policopiado, Lisboa, 1958, págs. 148 e segs.; ou CARLOS FERNANDES, *Lições de Direito Internacional Privado*, I, Lisboa, 1994, págs. 100 e segs.

De qualquer sorte, dois pontos de base parecem hoje[44] evidentes: em primeiro lugar, que os estrangeiros[45] devem ter uma condição jurídica respeitadora da dignidade da pessoa humana, que devem ser tratados como homens e mulheres livres e usufruir, por conseguinte, dos direitos que daí decorrem – não só direitos de liberdade, mas também direitos sociais; e, em segundo lugar, que podem estar privados de direitos políticos, ou, pelo menos, de participação na formação das decisões fundamentais do Estado. Entre estas balizas abre-se uma gama variada de soluções consoante os diversos ordenamentos jurídicos internos e as circunstâncias culturais, políticas e económicas de cada tempo.

II – O estatuto dos estrangeiros compreende um núcleo firme e mais elevado de princípios sedimentados na Declaração Universal, no Pacto Internacional de Direitos Civis e Políticos e noutros textos produzidos pelas Nações Unidas – princípios reconduzíveis a *jus cogens*, inderrogáveis por qualquer tratado;[46] compreende depois os princípios e as regras consuetudinárias que lhes são conexos ou que os complementam;

---

[44] Cfr., por exemplo, DANIÈLE LOSCHAK, *L'étranger et les droits de l'homme*, in *Services publics et libertés – Mélanges offerts au Professeur Robert-Édouard Charlier*, obra coletiva, Paris, 1981, págs. 617 e segs.; RUI DE MOURA RAMOS, *Estrangeiro*, in *Polis*, II, págs. 1.215 e segs.; nº 18, de 1984, de *Documentação e Direito Comparado*; LUCA BISI, *Brevi note sul rapporto tra stato di necessità e diritti fondamentali dello straniero*, in *Jus*, 1990, págs. 77 e segs.; PEDRO CRUZ VILLALÓN, *Dos cuestiones de titularidad de derechos: los estrangeros; las personas juridicas*, in *Revista Española de Derecho Constitucional*, nº 35, Maio-Agosto de 1992, págs. 65 e 66; FRANCIS DELPÉRÉE, *Les droits politiques des étrangers*, Paris, 1995; nº 17, Outono de 1995, da *Revue européenne de droit public*; *A inclusão do outro*, obra coletiva, Coimbra, 2002; MARIA DEL CAMINO VIDAL FUEYO, *Constitución y estranjerio*, Madrid, 2002; PIERRE DUPUY, *op. cit.*, págs. 137 e segs.; ALESSIA OTTAVIO LUZZI, *Un piccolo puzzle: stranieri e principii d'eguaglianza nel godimento della prestazioni socio-assistenziali*, in *Quaderni Costituzionali*, 2010, págs. 551 e segs.; PATRÍCIA JERÓNIMO, *Imigração e cidadania na União Europeia. O estatuto dos residentes de longa duração*, in *Direito da União Europeia e transnacionalidade*, obra coletiva (coord. de Alessandra Silveira), Coimbra, 2010, págs. 325 e segs.; ANDREIA SOFIA PINTO OLIVEIRA, *Algumas questões sobre os pressupostos do reconhecimento da protecção internacional a estrangeiros em Portugal*, in *Estudos de homenagem ao Prof. Doutor Jorge Miranda*, obra coletiva, I, Coimbra, 2012, págs. 349 e segs.; STEFANIA MABELLINI, *La condizione giuridica dello straniero nella prospettiva del costituzionalismo multilivello*, in *Diritto e Società*, 2013, nº 2, págs. 291 e segs.

[45] Mesmo os estrangeiros de passagem ou ilegalmente residentes no território do Estado, à luz do princípio da proporcionalidade.

[46] Cfr. JORGE MIRANDA, *Curso...*, cit., págs. 115 e segs.; ou, para todo o desenvolvimento, EDUARDO CORREIA BAPTISTA, *Jus cogens em Direito Internacional*, Lisboa, 1997.

e compreende ainda numerosíssimas regras constantes de convenções bilaterais ou, em certos casos, multilaterais.[47]

As normas de Direito internacional geral não pretendem estabelecer uma homogeneização ou equiparação plena dos cidadãos dos diversos Estados; procuram apenas promover um tratamento razoável dos estrangeiros como pessoas, à luz da consciência ética universal ou dominante no nosso tempo. Equiparação ou tratamento mais favorável, com ou sem reciprocidade, visam, sim, os tratados e acordos (*v.g.*, de emigração, de segurança social, de cooperação, de igualdade de direitos) celebrados entre estes ou aqueles Estados, com base em laços históricos ou em fatores de outra natureza.

Por outro lado, os direitos dos estrangeiros contemplados por tais normas não são, de ordinário, no estádio atual do Direito das Gentes, verdadeiros direitos subjetivos internacionais dos indivíduos que eles possam invocar direta e imediatamente enquanto tais. São, antes, direitos que os Estados concedem aos cidadãos doutros Estados por força de normas jurídicas que os vinculam entre si e cuja violação envolve responsabilidade desses mesmos Estados. Somente em face de algumas – e, por agora, bem poucas – convenções se opera uma personalização internacional dos indivíduos.

III – A Declaração Universal, proclamando que todos os seres humanos nascem livre e iguais em dignidade e direitos (art. 1º), consagra:

---

[47] Sobre os estrangeiros em Direito internacional, v. KELSEN, *Théorie Général du Droit International Public*, cit., *loc. cit.*, págs. 248 e segs.; ALFRED VERDROSS, *op. cit.*, págs. 286 e segs.; J. L. BRIERLY, *Direito Internacional*, trad., Lisboa, 1965, págs. 277 e segs.; GIUSEPPE BISCOTTINI, *I diritti fondamentali dello straniero*, in *Studi in onore di Biondo Biondi*, obra coletiva, III, Milão, 1965, págs. 333 e segs.; ALEXANDRE-CHARLES KISS, *La condition des étrangers en droit international et les droits de l'homme*, in *Miscellanea W. J. Ganshof van der Meersch*, obra coletiva, I, Bruxelas, 1972, págs. 499 e segs.; MANUEL DIEZ DE VELASCO, *op. cit.*, págs. 327 e segs.; WARWICK MCKEAN, *op. cit.*, págs. 294 e segs.; AZEVEDO SOARES, *op. cit.*, págs. 290 e segs.; CELSO DE ALBUQUERQUE MELLO, *op. cit.*, págs. 675 e segs.; JOSÉ FRANCISCO REZEK, *Direito Internacional Público*, cit., págs. 195 e segs.; MARIA LUÍSA DUARTE, *A liberdade de circulação de pessoas e a ordem pública comunitária*, Lisboa, 1992, págs. 22 e segs.; JEAN COMBACAU e SERGE SUR, *op. cit.*, págs. 370 e segs.; FAUSTO DE QUADROS, *A protecção da propriedade privada em Direito internacional público*, Coimbra, 1998; BRUNO NASCIMBENE, *Straniero nel diritto internazionale*, in *Digesto delle Discipline Pubblicistiche*, XV, 1999, págs. 179 e segs.; MARIA CHIARA, *La dignità dello straniero*, in *Politica del Diritto*, 2006, págs. 283 e segs.; VALERIO DE OLIVEIRA MAZZUOLI, *op. cit.*, págs. 708 e segs. Cfr. ainda LUÍS DE LIMA PINHEIRO, *Direitos dos estrangeiros – Uma perspetiva de Direito Internacional Privado*, in *O Direito*, 2006, págs. 967 e segs.

150 | Teoria do Estado e da Constituição · *Jorge Miranda*

a) A proibição de discriminações entre estrangeiros (impostas arbitrariamente pelo Estado local) – pois não se admitem distinções de origem nacional, nem fundadas no estatuto do país ou território de naturalidade das pessoas (art. 2º);

b) O reconhecimento a todos os indivíduos, em todos os lugares, da sua personalidade jurídica (art. 6º);

c) O direito de qualquer pessoa de abandonar o país em que se encontre (art. 13º, nº 2);

d) O direito de qualquer pessoa sujeita a perseguição de procurar e de beneficiar de asilo em outro país (art. 14º).

O Pacto Internacional de Direitos Civis e Políticos[48] acrescenta o direito de qualquer estrangeiro que se encontre legalmente no território de um Estado parte de não ser expulso a não ser em cumprimento de decisão tomada em conformidade com a lei, e o direito, salvo motivos imperiosos de segurança nacional, de fazer valer as razões que militam contra a expulsão e de as levar à apreciação da autoridade competente (art. 13º).

Assinalem-se ainda, entre outros textos feitos no desenvolvimento da Declaração Universal, a Convenção de 1951 relativa ao Estatuto dos Refugiados (estendida a novas categorias de pessoas por um protocolo de 1966), o Protocolo Adicional nº 4 (de 1963) à Convenção Europeia dos Direitos do Homem, a Convenção de 1965 sobre a Eliminação de todas as Formas de Discriminação Racial, a Declaração sobre Asilo Territorial (aprovada pela Assembleia Geral das Nações Unidas em 1967), o art. 22º da Convenção Interamericana dos Direitos do Homem e o art. 12º, nº 3, da Carta Africana dos Direitos do Homem e dos Povos.

As Convenções sobre Refugiados e Apátridas (muito parecidas) consignam um princípio geral de não discriminação dos refugiados e dos apátridas entre si e deveres e direitos perante os Estados que os acolhem – dever de obediência às leis e direitos e garantias respeitantes à religião, à propriedade, à associação não política, ao exercício da profissão, à liberdade de circulação, à concessão de títulos de viagens para o exterior, à transferência de bens, às facilidades de naturalização, aos direitos sociais, etc.

---

[48] Que retoma, nos seus arts. 16º e 26º, os princípios dos arts. 6º e 2º da Declaração Universal, respetivamente.

Sob reserva de disposições mais favoráveis, os Estados-partes concedem aos apátridas o regime que concedem aos estrangeiros em geral e, ao fim de três anos, os refugiados beneficiam de dispensa de reciprocidade legislativa. Em caso de expulsão, os Estados-partes comprometem-se a dar aos refugiados ou aos apátridas um prazo razoável que lhes permita procurar entrar regularmente em qualquer outro Estado. E nenhum Estado expulsará ou repelirá qualquer refugiado para um território onde a sua vida ou a sua liberdade possam correr riscos.

A Convenção sobre Discriminação Racial não só obriga a modificar, revogar ou anular leis discriminatórias e a pôr termo a discriminações praticadas por quaisquer pessoas ou grupos como vincula os Estados-partes a adotar, se as circunstâncias o exigirem, medidas especiais e concretas para assegurar, nos domínios social, económico e cultural, o desenvolvimento de certos grupos raciais ou de indivíduos pertencentes a esses grupos, a fim de lhes garantir, em condições de igualdade, o pleno exercício dos direitos e liberdades fundamentais.

Quanto à Declaração sobre Asilo Territorial, dela constam dois pontos novos: que o asilo concedido por um Estado, no exercício da sua soberania e segundo a qualificação das causas que o justificam, deve ser respeitado pelos demais Estados; e que a comunidade internacional deve procurar contribuir, em espírito de solidariedade, para aliviar as dificuldades que, devido à concessão do asilo, se coloquem a qualquer Estado.

No Direito internacional latino-americano reconhece-se ainda o direito de asilo diplomático.[49]

IV – Nenhum estrangeiro tem, em face da ordem internacional, direito de entrada no território de outro Estado (ao contrário do que sucede com os cidadãos deste); mas, uma vez admitido, fica o Estado adstrito a tratá-lo de modo justo segundo um critério objetivo (que pode, no limite, envolver direitos não conferidos aos seus cidadãos).[50]

Englobam-se aqui, designadamente:

a) Não haver interdição de entrada de estrangeiros que sejam cidadãos de Estado com o qual o Estado local mantenha relações pacíficas, a não ser quando eles se proponham fins ilícitos ou o interesse público o não consinta;

---

[49] Cfr. Hugo Cabral de Moncada, *O asilo interno em Direito internacional público*, Coimbra, 1946; Carlos A. Fernandes, *Do asilo diplomático*, Lisboa, 1961.

[50] Cfr., por todos, J. L. Brierly, *op. cit.*, págs. 227 e 280.

b) Não haver expulsão de estrangeiros, designadamente de refugiados e apátridas,[51] em tempo de paz senão quando o seu comportamento ponha em perigo a ordem e a segurança pública;[52]

c) O respeito dos direitos adquiridos pelos estrangeiros, com o correspondente direito a indemnização em caso de prejuízo;

d) Certas formas de proteção do emprego e dos direitos dos trabalhadores migrantes;[53]

e) As garantias da segurança pessoal, incluindo a proteção penal contra quaisquer atos, venham de particulares ou de agentes de autoridade;

f) O direito de acesso a tribunal;

g) A imposição aos estrangeiros do respeito pelas leis e instituições do Estado local, mas não de atos ou atividades (*v.g.*, serviço militar) contrários aos vínculos da cidadania a que estejam sujeitos;

h) Não haver impedimento à livre saída de estrangeiros do país.[54]

V – No âmbito europeu, o Protocolo nº 4 (de 1963) à Convenção dos Direitos do Homem enuncia como direitos de que gozam os estrangeiros:

a) Qualquer pessoa que se encontre em situação regular no território de um Estado tem o direito de nele circular livremente e de nele escolher livremente residência (art. 2º, nº 1);[55]

b) Toda a pessoa é livre de deixar qualquer país (art. 2º, nº 2);

c) São proibidas as expulsões coletivas de estrangeiros (art. 4º).[56]

---

[51] Quanto aos refugiados, v. art. 52º da Convenção de 1951; e, quanto aos apátridas, art. 31º da Convenção de 1954.

[52] Cfr. JEAN-MARIE HENCKAERTS, *The current status and context of the prohibition of mass expulsion of aliens*, in *Human Rights Law Journal*, 1994, págs. 301 e segs.

[53] Através da Organização Internacional do Trabalho: convenção nº 97 e recomendação nº 96 (de 1951) e convenção nº 143 e recomendação nº 151 (de 1975).

[54] Cfr. FREDERICK G. WHELAN, *Citizenship and the Right to Leave*, in *The American Political Science Review*, vol. 75, Setembro de 1981, págs. 636 e segs.

[55] Ainda que se admitam restrições em determinadas zonas, justificadas pelo interesse público numa sociedade democrática (art. 2º, nº 4). Cfr. MARIA LUÍSA DUARTE, *op. cit.*, pág. 53.

[56] A Convenção Interamericana e a Carta Africana contêm disposições semelhantes: arts. 22º e 12º, respetivamente.

A Carta Social Europeia[57] procura, por seu turno, assegurar aos trabalhadores migrantes informação e acolhimento adequados; conceder-lhes um tratamento não menos favorável que o dos cidadãos locais quanto à remuneração e condições de trabalho, sindicalização, alojamento, impostos e acesso à justiça; e garantir o reagrupamento das suas famílias, bem como a transferência das suas economias.

Mas é no espaço mais homogéneo e mais integrado da União Europeia que se tem caminhado mais longe no rumo da equiparação de direitos, independentemente de cidadania, como de seguida se mostrará.

54.

A condição dos cidadãos dos países de língua portuguesa

I – Entre Estados com afinidades históricas e culturais têm sido estabelecidos, nas últimas décadas, por tratados ou por outras formas, estatutos de igualdade dos seus cidadãos, traduzidos em mais direitos do que os atribuídos aos cidadãos dos restantes Estados.[58]

É o que se verifica entre o Brasil e Portugal, desde a Convenção de Brasília de 1971 e hoje com o Tratado de Porto Seguro de 2000.

II – Com este regime não se estabelece uma dupla cidadania ou uma cidadania comum luso-brasileira. Os portugueses no Brasil continuam portugueses e os brasileiros em Portugal brasileiros. Simplesmente, uns e outros recebem, à margem ou para além da condição comum de estrangeiros, direitos que a *priori* poderiam ser apenas conferidos aos cidadãos do país.[59-60]

Definem-se, aliás, não um, mas dois estatutos: o chamado estatuto geral de igualdade e o estatuto especial de igualdade de direitos políti-

---

[57] De 1961, agora substituída pela Carta Revista de 1996.
[58] Por exemplo, em alguns países do *Commonwealth* ou de Espanha e da América de língua espanhola.
[59] Cfr. Rui de Moura Ramos, *La double nationalité...*, cit., *loc. cit.*, págs. 592 e segs.; José Francisco Rezek, *op. cit., loc. cit.*, págs. 382 e segs.; Maria Luísa Duarte, *A Convenção de Brasília e o Mercado Interno de 1993*, Lisboa, 1990, págs. 8 e segs.
[60] Embora possa perguntar-se se um sistema convencional de dupla nacionalidade não garantiria melhor os direitos das pessoas: assim, Marques dos Santos, *Quem manda...*, cit., *loc. cit.*, pág. 53.

cos. E é o segundo que hoje, sobretudo, oferece interesse, dado o princípio geral da equiparação entre portugueses e estrangeiros consagrado pela Constituição de 1976.

Por outro lado, nem um nem outro estatuto se aplicam automaticamente. A atribuição dos direitos aos portugueses no Brasil ou aos brasileiros em Portugal depende ainda de requerimento dos interessados às autoridades administrativas competentes (art. 15º, 2ª parte, do Tratado de Porto Seguro). E trata-se de estatuto pessoal: não se estende ao cônjuge e aos descendentes.

São requisitos de atribuição do estatuto geral a brasileiros a cidadania, a capacidade civil e a residência habitual em território português (art. 15º, 2ª parte). São requisitos da atribuição do estatuto especial de igualdade de direitos políticos a residência habitual em Portugal há três anos e o não se encontrar privado de direitos políticos no Brasil (art. 17º, nos 1 e 4).[61]

O estatuto geral tem por conteúdo a não sujeição às restrições da capacidade de gozo dos estrangeiros em Portugal, com exceção do que respeita aos direitos políticos e deveres com estes conexos. Nele cabe o direito a não ser extraditado, salvo para o Estado de nacionalidade (art. 18º), embora não o direito à permanência em território português (art. 16º), o direito à proteção diplomática em terceiro Estado e o dever de serviço militar.

O estatuto especial de igualdade de direitos políticos abrange todos os direitos políticos, salvo os que estejam constitucionalmente reservados aos brasileiros ou aos portugueses, e quaisquer funções públicas, menos a diplomática e a militar.

55.

A cidadania europeia

I – Já no Tratado de Roma, de 1957, institutivo da Comunidade Económica Europeia, se declarava um princípio de não discriminação entre os cidadãos dos Estados-membros e se consagravam a liberdade de circulação dos trabalhadores (arts. 48º e segs.) e a liberdade de estabeleci-

---

[61] Como se escreveu no parecer da Câmara Corporativa sobre a Convenção de Brasília (*Actas...*, nº 77, de 27 de Outubro de 1971, págs. 964-965), a chave técnica do sistema é a autorização de permanência no território, pois, nos termos do art. 6º, a cessação de tal autorização importa na perda do estatuto de igualdade.

Parte II · Cap. III – A Cidadania | **155**

mento, no duplo sentido de acesso às atividades não assalariadas e de constituição e gestão de empresas (arts. 57º e segs.).

Ao longo dos anos, à medida que se avançava no processo de integração e que se verificava a concomitante interferência dos órgãos comunitários não só nas condições económicas mas também no próprio estatuto jurídico dos particulares, foi-se afirmando a consciência da necessidade da específica consideração desses direitos e interesses pela Comunidade e de uma maior participação dos cidadãos dos Estados-membros na sua vida institucional.

O Tratado de Maastricht, de 1992, dito de União Europeia, iria ao seu encontro, elevando a um dos objetivos da União "o reforço da defesa dos direitos e dos interesses dos nacionais dos seus Estados-membros, mediante a instituição de uma cidadania da União" (art. B) e declarando o seu respeito pelos direitos fundamentais "tal como são garantidos pela Convenção Europeia de Salvaguarda dos Direitos do Homem e das Liberdades Fundamentais" e "tal como resultam das tradições constitucionais comuns aos Estados-membros, enquanto princípios gerais de direito comunitário" (art. F, nº 2).

Os Tratados de Amesterdão, de Nice e de Lisboa reforçariam essa situação, ao mesmo tempo em que era aprovada uma "Carta de Direitos Fundamentais da União Europeia", declarada como tendo o mesmo valor jurídico que os tratados (art. 6º, nº 1, do Tratado de Lisboa).[62]

II – A cidadania europeia envolve, segundo o Tratado sobre o Funcionamento da União Europeia (arts. 20º e segs.), os seguintes direitos:

- O direito de circulação e de livre permanência nos territórios dos Estados-membros;
- O direito de eleger e de ser eleito nas eleições municipais e nas eleições para o Parlamento Europeu no Estado-membro da sua residência;
- O direito de proteção diplomática em países terceiros, em que o Estado-membro de que é nacional não se encontre representado, por parte das autoridades diplomáticas e consulares de qualquer Estado-membro;
- O direito de petição ao Parlamento Europeu e o de queixa ao Provedor de Justiça Europeu, bem como de escrever às insti-

---

[62] Sobre esta, v. *Curso...*, cit., págs. 340 e segs., e autores citados.

tuições e aos órgãos consultivos da União numa das línguas da Assembleia e de obter uma resposta na mesma língua.

E, segundo o Tratado da União Europeia: um milhão, pelo menos, de cidadãos da União, nacionais de um número significativo de Estados-membros, pode tomar a iniciativa de convidar a Comissão Europeia, no âmbito das suas atribuições, a apresentar uma proposta adequada em matérias sobre as quais esses cidadãos considerem necessário um ato jurídico da União a aplicar os Tratados (art. 11º, nº 4).

III – De todo o modo, não pode confundir-se a cidadania da União com a cidadania em sentido próprio que atrás versámos; nem se apresenta suficientemente denso e abrangente o elenco de direitos a que ela se reporta – direitos uns para serem exercidos em nível da União, outros em nível interno dos Estados – para se poder falar num acervo autónomo e com valor *a se*.

Não há uma cidadania europeia, equivalente à cidadania estatal, porque os tratados europeus não a definem à margem dos Estados.[63] São estes que livremente continuam a fixar quem é seu cidadão e, apenas como sua decorrência, se fica sendo cidadão da União. Mais do que sobreposição dá-se, pois, aqui uma conexão entre o momento primário – dentro de cada Estado – e o momento secundário – relativo à União Europeia.

Como escreve Rui de Moura Ramos, nos Tratados de Paris e Roma, os direitos dos cidadãos dos Estados-membros giravam sobretudo em torno de uma realidade económica; não se dirigiam às pessoas como cidadãos, mas enquanto participantes num processo económico. O Tratado de Maastricht, com a instituição da cidadania da União, vem representar a mudança do paradigma dominante ao assentar o centro de gravidade de certos direitos de caráter público no homem europeu, e não já no operador económico, elevando-o assim ao *status* de verdadeiro cidadão europeu.

Simplesmente, a cidadania da União é bem diversa da cidadania estatal. Trata-se de um estatuto muito mais frágil e que não pretende substituí-la, antes se lhe vindo sobrepor. E tal fragilidade resulta da sua falta de autonomia em relação à nacionalidade dos Estados-membros e resulta do conjunto de direitos que nela se englobam.[64]

---

[63] O próprio Tratado sobre o funcionamento da União estabelece que é cidadão da União qualquer pessoa *que tenha a nacionalidade de um Estado-membro. A cidadania da União acresce à ciadania nacional e não a substitui* (art. 20º, nº 1).

[64] *Maastricht e os direitos do cidadão europeu*, in *A União Europeia*, obra coletiva, Coimbra, 1994, págs. 127 e 128. V. também, entre estudos mais recentes, GIOVANNI CORDINI,

No entanto, observa ainda o mesmo Autor, apesar de tudo não se escamoteie o caráter simbólico do estatuto do cidadão da União. Ao reforçar o sentimento de pertença a um todo integrado dos nacionais de todos e de cada um dos Estados-membros que o compõem, ele não é despido de eficácia transformadora no que respeita ao relacionamento entre estes dois polos.[65]

IV – Parecida com a cidadania europeia talvez pudesse vir a ser no futuro uma cidadania *lusófona* se se passasse de convenções multilaterais a um sistema multilateral correspondente à comunidade dos Países de Língua Portuguesa.[66]

Em Cabo Verde, na linha do art. 23º, nº 3, da sua Constituição, foi aprovado o "Estatuto do Cidadão Lusófono", pela Lei nº 36/V/97, de 25 de Agosto.[67]

La cittadinanza europea. Profili dei diritti costituzionale comunitario e comparato, in *Il Politico*, 2003, págs. 65 e segs. LUIS MARIA DIEZ-PICAZO, *Citoyenneté et identité européenne*, in *Revue Européenne de Droit Public*, 2003, págs. 771 e segs.; MARTIN P. VINK, *Limits of European Citizenship*, in *Cidadania no pensamento politico contemporâneo*, obra coletiva, S. João do Estoril, 2007, págs. 239 e segs.; ISABEL ESTRADA CARVALHAIS, *op. cit.*, págs. 150 e segs.; JORGE PEREIRA DA SILVA, *op. cit.*, págs. 59 e segs.; FAUSTO DE QUADROS, *Direito da União Europeia*, 3ª ed., Coimbra, 2013, págs. 156 e segs.; DIMITRY KORCHENOV, *The essence of EU citizenship emerging from the last years of academic debate*, in *International and Comparative Law Quarterly*, 2013, págs. 97 e segs.; MARIA LUÍSA DUARTE, *União Europeia, estatuto de cidadão ou direitos de participação política*, in *Liber Amicorum Prof. Doutor João Mota de Campos*, obra coletiva, Coimbra, 2013, págs. 669 e segs.; ARMANDO L. S. ROCHA, *We (the) People; o estatuto do cidadão europeu*, in *Estudos dedicados ao Professor Doutor Nuno Espinosa Gomes da Silva*, obra coletiva, I, Lisboa, 2013, págs. 143 e segs.

Sobre a situação anterior, v. MARIA ISABEL JALLES, *Os direitos da pessoa na Comunidade Europeia*, in *Documentação e Direito Comparado*, nº 2, 1981, págs. 27 e segs.; ou MOITINHO DE ALMEIDA, *Direito Comunitário – A ordem jurídica comunitária – As liberdades fundamentais na C. E. E.*, Lisboa, 1985, págs. 397 e segs.

[65] RUI DE MOURA RAMOS, *Maastricht...*, cit., *loc. cit.*, págs. 128-129.

[66] V. a expressão *cidadania lusófona* em FRANCISCO LUCAS PIRES, *Schengen...*, cit., pág. 37. Cfr. CARMEN LÚCIA ANTUNES ROCHA, *Os direitos da cidadania no Brasil, no Mercosul e na Comunidade de Língua Portuguesa*, in *Portugal-Brasil Ano 2000*, obra coletiva, Coimbra, 1999, págs. 450 e segs.; *Estatuto jurídico da lusofonia*, obra coletiva, Coimbra, 2002; e RUI DE MOURA RAMOS, *Plurinacionalidade e supranacionalidade na União Europeia e na Comunidade de Países de Língua Portuguesa*, in *Boletim da Faculdade de Direito da Universidade de Coimbra*, 2003, págs. 691 e segs.; JORGE PEREIRA DA SILVA, *op. cit.*, págs. 68 e segs.

[67] Cfr. WLADIMIR BRITO, *Cidadania transnacional ou nacionalidade lusófona?*, in *Direito e Cidadania*, 2004, págs. 215 e segs.

Capítulo IV

O PODER POLÍTICO

§ 1º
Poder e soberania

56.
Estrutura e função do poder

O Estado surge em virtude de se instituir um poder que transforma uma coletividade em povo. Esta instituição é (como salientámos) um fenómeno jurídico – ainda quando nasce à margem de atos previstos em normas ordenadas a esse resultado; e a própria criação revolucionária do poder é portadora de juridicidade plena, pois que não só define relações jurídicas entre os cidadãos como se funda no Direito natural ou, se se preferir, na ideia do Direito dominante na coletividade em certa circunstância.[1]

Constituir o Estado equivale a dar-lhe a sua primeira Constituição, a lançar as bases da sua ordem jurídica, a dispor um estatuto geral de governantes e governados. Todo o Estado, porque constituído, tem Constituição nesta aceção e era assim também antes do constitucionalismo moderno.

O poder político é, por consequência, um poder *constituinte* enquanto molda o Estado segundo uma ideia, um projeto, um fim de organização. E este poder constituinte não cessa quando a Constituição fica aprovada; ele perdura ou está latente na vigência desta, confere-lhe

---

[1] Cfr. BURDEAU, *Traité...*, cit., II, 2ª ed., págs. 209 e segs.

consistência, pode substituí-la por outra em face da realidade política, económica e social sempre mutável.

Mas o Estado não existe em si ou por si; existe para resolver problemas da sociedade, quotidianamente; existe para garantir segurança, fazer justiça, promover a comunicação entre os homens, dar-lhes paz e bem-estar e progresso. É um poder de decisão no momento presente, de escolher entre opções diversas, de praticar os atos pelos quais satisfaz pretensões generalizadas ou individualizadas das pessoas e dos grupos. É autoridade[2] e é serviço.[3]

Repartido juridicamente por órgãos e agentes do Estado, o poder toma, por outro lado, a configuração de um conjunto de competências ou poderes funcionais de tais órgãos, poderes esses estabelecidos pela Constituição, poderes *constituídos* e, portanto, definidos e circunscritos pelas suas normas.

Aumentando as necessidades sociais e aumentando a consciência da necessidade de intervenção e conformação pelo Estado, de crescente complexidade se revestem as suas funções e os seus meios. Daí, igualmente, uma organização cada vez mais intrincada, segundo leis e regulamentos cada vez mais numerosos, que internamente disciplinam órgãos e agentes e externamente fixam os seus poderes, deveres, tarefas e incumbências em face dos cidadãos e dos grupos.

Finalmente, o Estado vive em relação com outros Estados, em intercâmbio também, por seu turno, cada vez mais intenso em todos os domínios. O Estado é parte da comunidade internacional, da qual emergem múltiplas regras, de natureza consuetudinária e não consuetudinária, celebra tratados com os outros Estados, integra-se em organizações dotadas de faculdades normativas. E, nesse plano, está ainda sujeito a regras e a princípios de Direito – de Direito internacional.

57.
O problema da limitação do poder pelo Direito

I – O Estado não pode, pois, viver à margem do Direito (nunca é demais insistir). Ele atua sempre através de processos ou procedimen-

---

[2] Do latim *auctoritas*, palavra de família de *auctor* e *augere* (fazer crescer, aumentar, elevar em honra).

[3] Cfr., por exemplo, a obra coletiva do Instituto Internacional de Filosofia Política, *Le Pouvoir*, Paris, 1957, ou MANUEL GARCIA PELAYO, *Idea de la Política y otros Escritos*, Madrid, 1983, págs. 183 e segs.

Parte II · Cap. IV – O Poder Político | 161

tos jurídicos ou de operações materiais que remontam a normas de competência. Significa isto, porém, que o poder político se submete efetivamente ao Direito? Significa isto que os detentores do poder observam, na prática, a Constituição e a lei?

Mesmo que haja um ou mais órgãos encarregados de velar pela conformidade dos atos do Estado com o Direito, *quis custodiet custodes?* A quem cabe a última palavra? Em definitivo, quem decide eventuais conflitos e declara as situações jurídicas recíprocas das entidades públicas e dos particulares?

E, declarado o direito, tem de se passar à execução. Admitindo que um tribunal profere uma sentença desfavorável ao Estado – o que, à primeira vista, dir-se-ia paradoxal, porquanto o tribunal funciona como órgão desse mesmo Estado –, será possível obrigá-lo a prestar-lhe acatamento? Como explicar a execução das sentenças pelo Estado?

Por ser de homens, a autoridade está tão propensa a infringir as normas jurídicas como a liberdade humana individual. Tem então de se averiguar se é racional recorrer a um sistema de sanções. Pois, se algum indivíduo viola a lei, logo aquela autoridade, de regra, o vai ferir de uma sanção; ao passo que o Estado é o próprio titular do poder sancionatório e, como tal, aparentemente, insuscetível de a sofrer.

Recai-se, de novo, na controvérsia sobre o conceito de Direito. A opinião ainda dominante fala em coercibilidade. Mas, como não se afigura fácil explicar como pode o Estado ser objeto de sanção coativa, de duas uma: ou a coercibilidade é caraterística de norma jurídica, e então o Direito público não é Direito na plena aceção do termo; ou a coercibilidade não é caraterística do Direito.

Este o problema da limitação jurídica do poder político, conforme habitualmente é posto.

II – É impossível discutir aqui o problema, o qual careceria de ser examinado e equacionado em instância de Filosofia do Direito e do Estado. Mas queremos reiterar clara adesão às teses que afirmam a limitação do Estado pelo Direito – mesmo pelas leis por si decretadas – porque sem o seu cumprimento não subsistiria a organização indispensável ao perdurar do poder e seria destruída a segurança em que assenta a comunidade jurídica.

O Estado está adstrito ao seu próprio Direito positivo, seja este qual for, por uma necessidade lógica de coerência e de coesão social. E isto até porque, como diz Gustav Radbruch,[4] "o positivismo jurídico e político pressupõe, quando levado logicamente às suas últimas consequências, um preceito jurídico de direito natural na base de todas as suas construções". Eis esse preceito: "Quando numa coletividade existe um supremo governante, o que ele ordenar deverá ser obedecido." Ora, só os governantes, pela circunstância de o serem, se acham em condições de poder pôr termo por meio dum ato de autoridade à luta das opiniões – ou melhor, em condições de poderem impor, eles, uma decisão e de a tornarem eficaz –, o que equivale a reconhecer unicamente neles o poder de garantir a segurança do direito. Mas se esta garantia da segurança jurídica é que constitui o fundamento e o título justificativo do poder dos governantes para fundar e criar o direito... são ainda essa mesma garantia e essa mesma segurança jurídica que devem afinal servir também de limites a esse mesmo poder. Continua Radbruch: "Só por via da obrigatoriedade das suas leis e da certeza dessa obrigatoriedade é que o Estado tem o poder legislativo. Mas uma tal certeza e a segurança que lhe está ligada desapareceriam, se o Estado pudesse, ele próprio, libertar-se da obrigatoriedade das suas leis. Ou, por outras palavras: pode dizer-se que o Estado não é chamado ao poder de legislar senão porque promete, e não pode deixar de prometer, sujeitar-se às leis que ele próprio faz; esta sujeição é a condição para ele poder ser chamado a legislar. E, assim, pode também se dizer que os dois preceitos jurídicos de direito natural – o que estabelece o poder legislativo de todo o governante e o que estabelece a sujeição desse mesmo governante às suas próprias leis – se acham indissoluvelmente ligados um ao outro. Os governantes cessariam de ter o direito de legislar, desde que procurassem fugir ao cumprimento e respeito devido às suas próprias leis, comprometendo assim, eles próprios, a segurança jurídica. É no mesmo momento em que o poder é assumido por alguém que é também por esse alguém assumida, necessária e inilu-

---

[4]   *Filosofia do Direito*, 4ª ed. portuguesa, Coimbra, 1961, II, págs. 134 e segs. Cfr., entre tantos, José Tavares, *Ciência de Direito Político*, cit., págs. 79 e segs.; Maurice Hauriou, *Précis..*, cit., págs. 17 e segs. e 79 e segs.; Balladore Pallieri, *op. cit.*, ii; Castanheira Neves, *Questão de facto – questão de direito*, Coimbra, 1967, págs. 537 e segs.; Marcello Caetano, *Direito Constitucional*, cit., I, págs. 327 e segs.; Martin Kriele, *Einführung in die Staatslehre*, 1972, trad. castelhana *Introducción a la Teoria del Estado*, Buenos Aires, 1980, págs. 17 e segs.; Jorge Reis Novais, *Contributo para uma teoria do Estado de Direito*, Coimbra, 1987; Reinhold Zippelius, *op. cit.*, págs. 383 e segs.; José Luis Perez Triviño, *Les limites juridicos al soberano*, Madrid, 1998; Luc Heuschling, *État de Droit, Rechtsstaat, Rule of Law*, Paris, 2002; Cezar Saldanha Souza Júnior, *A supremacia do Direito no Estado Democrático e os seus modelos básicos*, Porto Alegre, 2002.

Parte II · Cap. IV – O Poder Político | **163**

divelmente, a obrigação de fundar um Estado de direito... Em resumo: é ainda um direito suprapositivo e natural que obriga o Estado a manter-se sujeito às suas próprias leis. O preceito jurídico que isto determina é o mesmo que serve de fundamento à obrigatoriedade do direito positivo".

III – Pode considerar-se, não sem razão, este tipo de limitação do Estado pelo Direito como puramente formal: porque, se o Estado deve obediência às suas leis enquanto vigorem, também pode revogá-las, substituindo ou negando os direitos e garantias que daquelas constem.

No entanto, diante dos condicionalismos políticos, económicos, sociais e culturais em que o Estado se move, podem os governantes encontrar obstáculos para retirar ou apagar direitos e garantias dos indivíduos e dos grupos, pois as reações e as resistências nem sempre são de afastar e, na nossa época, ganham ressonância internacional. E, por outro lado, as formas jurídicas possuem um dinamismo próprio, visto que as leis, uma vez decretadas, desprendem-se de quem as tenha feito, valem por si e o seu objetivo pode servir intenções ou interesses diferentes dos que tiveram em vista os seus autores.[5]

IV – Para além disto, que já é muito, importa ter em conta que a limitação do poder político pode e deve procurar-se noutra sede: em sede de uma limitação *material,* e não só formal, através de um conteúdo preceptivo que se impõe por si ou através da referência a valores permanentes e superiores a qualquer decisão política.

Do que se trata então não é de limitação pelas formas dos atos, mas de limitação por normas que impeçam o poder de invadir (ou deixar invadir por outros poderes sociais) as esferas próprias das pessoas. Limitação material significa disciplina do poder – inclusive, do poder constituinte –, contenção dos governantes e defesa dos direitos dos governados; traduz-se no respeito pela autonomia destes últimos; implica instrumentos jurídicos de garantia.

Sejam quais forem os fins, a limitação do poder depende, em última instância, da conceção de governantes e governados sobre as suas relações recíprocas, do equilíbrio entre liberdade e autoridade sem sacrifício, em caso algum, da primeira à segunda (salvo em estado de necessidade), da efetiva observância pelos governantes dos direitos dos governados e da consciência que estes possuam tanto dos seus direitos como dos seus deveres cívicos.

---

[5] Sobre autorregência de Direito, cfr. *supra.*

Um Estado com fins muito reduzidos pode, na experiência vivida, salvaguardar pior a esfera livre das pessoas do que um Estado com dilatados fins, por não lhes dar ou tirar-lhe segurança no exercício dos direitos e por, naquilo em que intervém, se afirmar prepotente e arbitrário. Tal como, em contrapartida, mais acentuada intervenção do Estado pode destinar-se justamente a dar condições de liberdade e igualdade às pessoas.

Tudo consiste em saber se, diante dos fins que o Estado atual é capaz de levar a cabo, há ou não respeito pela liberdade individual e institucional. Somente se verifica limitação quando o Estado – pelos pontos fixos em que assenta, pelo fundamento para que apela, pela coerência da sua política com os princípios e valores professados – admite e promove esta liberdade na sua ação concreta, na prática.

Eis um feixe de perguntas cuja resposta tem de se encontrar, agora, não tanto no terreno da Filosofia jurídica e política quanto no terreno da História e do Direito público positivo. É aqui que se vão encontrar diferentes situações e regimes políticos; é aqui que se exibe uma maior ou menor vinculação do Estado a normas jurídicas de sua lavra ou de origem que o transcende – com os inerentes reflexos nos cidadãos e na comunidade política em geral; é aqui que tem ou não sentido falar em Estado de Direito, na aceção exata do termo.[6-7]

58.

Titularidade e exercício do poder

I – O poder é qualidade ou atributo do Estado. Mas importa distinguir planos.

No plano sociológico, ele tende a aparecer não tanto como poder da comunidade estatal quanto como poder do aparelho de órgãos e serviços que dentro desta se salientam. Existindo, embora, na e para a comunidade, o poder vai exercer-se sobre ela e vai agir, unificando-a e orientando-a.

---

[6] Cfr. *Manual...*, IV, 5ª ed., Lisboa, 2012, págs. 239 e segs., e autores citados.

[7] O que fica escrito no texto situa-se explicitamente no estrito campo do Direito constitucional, não no da Filosofia do Estado. Concerne ao modo como se suscita e verifica (ou não se verifica) a limitação do poder *na experiência jurídicopolítica*, não ao fundamento da limitação do poder ou à fundamentação do próprio poder. E, por isso, não se justifica criticar a nossa visão, apodando-a de positivismo sociológico (como faz FREITAS DO AMARAL, *Apreciação do currículo...*, in *Revista da Faculdade de Direito da Universidade de Lisboa*, 1985, págs. 377 e 378).

Parte II · Cap. IV – O Poder Político | **165**

No plano jurídico, pelo contrário, não é admissível separar (ou separar inteiramente) a titularidade do poder da própria comunidade. Pelo menos em três aspetos:

a) A pessoa coletiva Estado tem por substrato a comunidade, não se reduz aos órgãos e agentes que formam e exprimem a sua vontade;

b) Os titulares dos órgãos e agentes detentores das faculdades ou parcelas de poder político provêm da comunidade, têm de ser designados dentre os seus membros (seja qual for o modo de designação);

c) O poder constituinte como poder de auto-organização originária é um poder da comunidade, e não evidentemente dos governantes instituídos por essa organização.

II – Não quer isto dizer que todo o Estado tenha de ser, em pura lógica, democrático. A história antiga e contemporânea prova-o à saciedade. O traço caraterístico da democracia – como governo contraposto à autocracia – consiste em algo mais do que nessa relação do poder político com a comunidade e até, se se perfilhar um mínimo de conceção democrática de legitimidade dos governantes, em algo mais do que na origem popular do poder.

Com efeito, uma coisa é a titularidade do poder no Estado, descrito como comunidade, organização e pessoa coletiva, e poder esse necessariamente exercido por órgãos, agentes, entidades ou pessoas físicas no desempenho de serviços ou funções em seu benefício ou a ele imputados; outra coisa (importa sempre ter presente) a titularidade do poder no povo, conjunto de cidadãos dotados de direitos de participação ativa na vida pública (os direitos políticos).

Para lá da criação do Estado, só deve falar-se em princípio democrático (distinto, por exemplo, do princípio monárquico) quando o povo é o titular do poder *constituinte* como poder de fazer, decretar, alterar a Constituição positiva do Estado. E só deve falar-se em governo democrático, soberania do povo, soberania nacional ou soberania popular, quando o povo tem meios atuais e efetivos de determinar ou influir nas diretrizes políticas dos órgãos das várias funções estatais (legislativa, administrativa, etc.); ou seja, quando o povo é o titular (ou o titular último) dos poderes *constituídos*.[8]

---

[8] Torna-se, assim, possível tentar conciliar a doutrina (de origem alemã) da soberania do Estado com a doutrina (de origem francesa) da soberania do povo.

166 | Teoria do Estado e da Constituição • *Jorge Miranda*

III – Seja como for, é necessário considerar em conjunto a titularidade e o exercício do poder (*grosso modo* o aspeto estático e o aspeto dinâmico do poder), porquanto:

a) A titularidade do poder no Estado vem a par da titularidade de poderes funcionais ou competências nos órgãos, poderes esses que correspondem ao desenvolvimento de funções do Estado e que são de exercício obrigatório (embora em termos bastante diversos conforme as funções);[9]

b) Também a titularidade do poder no povo em democracia implica exercício de poder, pelo menos o exercício do poder de escolher todos ou alguns dos governantes através de qualquer forma de eleição; e a atribuição deste poder de escolha ao povo ou ao colégio eleitoral é, sob alguns prismas, semelhante à atribuição de competência aos órgãos governativos.[10]

59.
Poder político e soberania

O poder político no Estado moderno de matriz europeia não se apresenta isolado, fechado ou dotado de uma expansibilidade ilimitada como noutros tipos históricos; assume sentido relacional – pois cada Estado tem de coexistir com outros Estados; pressupõe uma ordem interna e uma ordem externa ou internacional em que se insere; envolve capacidade simultaneamente ativa e passiva diante de outros poderes.[11]

---

[9]   Cfr. *infra*.

[10]   Cfr. *A Constituição de 1976*, cit., págs. 365 e segs.

[11]   Cfr., por exemplo, JELLINEK, *op. cit.*, págs. 331 e segs.; MARNOCO E SOUSA, *Direito Político – Poderes do Estado*, Coimbra, 1910, págs. 7 e segs.; ROCHA SARAIVA, *Construção Jurídica de Estado*, Coimbra, 1912, I, págs. 34 e segs.; JORGE CARPIZO, *La soberania del pueblo en el Derecho interno y en el Internacional*, in *Revista de Estudios Politicos*, nº 28, Julho-Agosto de 1982, págs. 195 e segs.; MASSINO SEVERO GIANNINI, *Sovranità (diritto vigente)*, in *Enciclopedia del Diritto*, XLIII, 1990, págs. 224 e segs.; REINHOLD ZIPPELIUS, *op. cit.*, págs. 74 e segs.; LUIGI FERRAJOLI, *La sovranità nel mondo moderno*, Bari, 1997; o nº 1 de 1998 de *Fundamentos – Cuaderno monografico de Teoria del Estado, Derecho Publico e Historia*, Oviedo; MARCEL DAVID, *À propos de la souveraineté: deux relectures de Carl Schmitt*, in *Revue du droit public*, 1999, págs. 661 e segs.; MARTIN LOUGHLIN, *Swords and Scales*, Oxónia-Portland, 2000, págs. 111 e segs.; LOUIS FAVOREU *et alii Droit Costitutionnel*, 5ª ed., Paris, 2003, págs. 35 e segs.; *Sovereignity in Transition*, obra coletiva (coord. por Neil Walker), Oxónia-Portland, 2003; MARIA LÚCIA AMARAL, *A forma da República*, Coimbra, 2005, págs. 321 e segs.; EMERSON GARCIA, *Influxos de*

Parte II · Cap. IV – O Poder Político | **167**

A este poder assim bem localizado dá-se, desde Bodin, o nome de soberania. E, embora o conceito correspondente não possa ter compreensão idêntica à que tinha há 400, 100 ou 50 anos, tem sobrevivido, embora com adaptações e reconversões. A generalidade das Constituições e a própria Carta das Nações Unidas (art. 2º, nº 1) continuam a fazer-lhe apelo, embora os desafios que enfrenta hoje sejam sem paralelo.

Dentro da mesma perspetiva, também nós falaremos indiferentemente em poder político e em soberania, mas não cuidando aqui da problemática própria do Direito das Gentes.[12]

60.

Soberania e ordem interna do Estado

I – Os Estados federados não têm soberania externa ou de Direito internacional. Possuem, contudo, soberania do outro prisma por que o conceito pode ser encarado; possuem soberania em face do seu Direito interno e até em face do Direito do Estado federal que se coloca entre eles e a comunidade internacional.

Verifica-se aqui o mesmo que sucede com a jurisdição pessoal e territorial (a que também, em breve, iremos aludir): o Estado federado detém supremacia, assim como detém jurisdição pessoal e territorial. E, porque o Estado federado faz parte da federação, verifica-se um fenómeno de desdobramento de tais faculdades ou atributos pelo Estado federado e pelo Estado federal.

Esta supremacia política, existente em ambos os Estados, é muito diversa da que se possa descobrir em qualquer hierarquia de sociedades infraestatais. Leva consigo uma caraterística especial: é uma supremacia originária, porque quer Estado federado, quer Estado federal, têm poder próprio e cada um cria um sistema jurídico que é fonte de todos os que nele estão incorporados.

No plano interno, o Estado federado (tal como o Estado protegido ou qualquer outro Estado) possui, pois, necessariamente soberania

---

ordem jurídica internacional na protecção dos direitos humanos: o necessário redimensionamento da soberania, in *Justitia* (revista do Ministério Público de São Paulo), nº 198, 2008, págs. 117 e segs.; Paulo Otero, *Direito Constitucional Português*, I, cit., págs. 121 e segs.; Étienne Balibar, *Prolegómeno à soberania*, in *A Política de Muitos...*, págs. 137 e segs.

[12] Sobre esta matéria, v. *Curso...*, cit., págs. 193 e segs.

enquanto possui um poder originário de se organizar e reger. Originariedade significa não só auto-organização como ainda subsistência por si da ordem jurídica, a qual no Estado (mesmo no Estado federado) não depende, quanto à sua validade, de qualquer outra ordem jurídica estatal.[13]

Porém, olhando de cima para baixo, ou seja, do Estado para as coletividades que se movem no seu âmbito, os poderes que elas exerçam e os sistemas jurídicos que estabeleçam surgem agora como poderes e sistemas de segundo grau ou classe, como poderes *atribuídos* ou sistemas *derivados*. Não pode obnubilar-se o pluralismo das ordens jurídicas, mas só a ordem jurídica estatal é ordem primária.

II – A soberania como originariedade do poder do Estado deve ser entendida – quase escusado seria sublinhá-lo – em termos jurídicos, e não históricos. Não se trata de remontar à formação do Estado, até porque, como sabemos, bem numerosos são os Estados constituídos a partir de outros ou por atos de outros e muitos dos Estados compostos ou, pelo menos, Estados federais perfeitos resultam (ou têm de ser concebidos como resultantes) da agregação de Estados preexistentes. Do que se trata é tão somente de recortar a posição do Estado frente às demais entidades ou pessoas coletivas públicas de direito interno.

Esta caraterística ou *differentia specifica* do Estado é, de longe, a dominante na doutrina. Todavia, o seu enquadramento dogmático varia consoante as grandes conceções em precompreensões; ou, simplesmente, apresenta diversas formulações.

Assim, para Jellinek, a nota essencial do Estado é a existência de um poder que não se deriva de nenhum outro, que procede dele próprio e de harmonia com o seu próprio direito. Onde haja uma comunidade com tal poder originário e meios coercitivos de domínio sobre os seus membros e o seu território, no âmbito da sua ordem jurídica, aí existe um Estado. Soberania significa capacidade de auto-organização e autovinculação.[14]

Segundo Santi Romano, o Estado é sempre soberano em face da sua ordem jurídica, pois a soberania deve ser vista perante a ordem jurídica que a estabelece. Uma coisa é a soberania atribuída ao Estado pelo

---

[13] Cfr., por todos, OLIVIER BÉAUD, *La notion d'état*, in *Archives de Philosophie du Droit*, t. 35, 1990, págs. 127-128.
[14] *Op. cit.*, págs. 367-368 e 369 e segs.

seu Direito interno, outra coisa a que lhe pode ser ou não atribuída pelo Direito de uma comunidade como o Direito de um Estado federal ou o Direito internacional.[15]

Para Kelsen, a soberania é uma qualidade de Direito, da vontade do Estado considerada como ordem jurídica na sua esfera específica de validade. Um Estado é soberano quando a ordem nele personificada é uma ordem suprema insuscetível de ulterior fundamentação, quando é uma ordem jurídica total, não parcial.[16-17]

III – Problema diferente consiste em saber, no plano estritamente interno do Estado (e não já em relação a outras entidades compreendidas no seu seio), qual a manifestação específica ou mais qualificada da soberania ou em saber qual o verdadeiro titular (político) da soberania ou o órgão hegemónico do aparelho do poder.

As teses clássicas são as legislativas e as executivas: as primeiras encontram a essência da soberania na emissão da lei (assim, BODIN, LOCKE, ROUSSEAU), as segundas, no momento da execução ou da coerção (assim, HOBBES). E também há quem ligue a soberania ao poder de emitir moeda, ao de lançar impostos, ao de punir ou ao de recrutar tropas. Assim como há quem sustente que soberano é quem decreta o estado de exceção (CARL SCHMITT).[18-19]

---

[15]   *Principii di Diritto Costituzionale Generale*, cit., págs. 64 e segs.

[16]   *Teoria General del Estado*, cit., págs. 93-94. Cfr. *Il problema della sovranità...*, cit., págs. 17 e segs.

[17]   A título exemplificativo, indiquem-se ainda outros autores que se pronunciam também no sentido da soberania como originariedade: CARRÉ DE MALBERG, *op. cit.*, I, págs. 172 e segs., máxime 186-187 (algo mitigadamente); MACHADO PAUPÉRIO, *O conceito polémico de soberania*, 2ª ed., Rio de Janeiro, 1958, máxime pág. 207 (fala em autogénese); COSTANTINO MORTATI, *Istituzioni...*, cit., I, págs. 19 e segs. (divide os ordenamentos políticos em originários e derivados, sendo os primeiros – em que inclui o Estado e a comunidade internacional – aqueles que extraem a sua qualidade de políticos de si próprios); MARCELLO CAETANO, *Direito Constitucional*, cit., I, págs. 67 e segs. (embora distinga poder político e soberania); EGIDIO TOSATO, *op. cit., loc. cit.*, pág. 1.795; MIGUEL REALE, *Fontes e modelos de Direito*, São Paulo, 1994, pág. 98 (a soberania como poder originário de declarar, em última instância, a positividade do Direito).
Um tanto diferentemente, falam em ilimitação de objeto ou em competência universal, C. J. FRIEDRICH (*Le problème...*, cit., *loc. cit.*, pág. 48); e em realização de interesses gerais, BALLADORE PALLIERI (*Dottrina...*, cit., II, págs. 218 e segs.).

[18]   Cfr., por todos, NICOLA MATTEUCCI, *Sovranità*, in *Dizionario di Politica*, págs. 974 e segs.; ou GERMAN GÓMEZ ORFANEL, *op. cit.*, págs. 53 e segs.

[19]   Noutro plano, já se tem sustentado, em face das transformações do Estado e do mundo, que, hoje, os valores substituem a autoridade como fundamento da soberania: assim,

170 | Teoria do Estado e da Constituição · *Jorge Miranda*

O assunto não tem que ver propriamente com as condições de existência do Estado. Pertence, antes, ao domínio das funções e dos órgãos, ao das formas de governo, ao dos regimes políticos.

61.

Soberania, descentralização, autonomia

I – O Estado não é na generalidade dos países a única entidade pública incumbida de realizar o interesse coletivo. Fala-se então de *descentralização* para designar o fenómeno da concessão de poderes ou atribuições públicas a entidades *infraestatais*. E pode falar-se ainda em *autonomia, autarquia, autogoverno, autoadministração.*[20]

Os conceitos aqui tornam-se múltiplos e às vezes flutuantes, já que múltiplos se revelam os modos e os graus, os pressupostos e os entendi-

---

GAETANO SILVESTRI, *La parabola della sovranità, Ascesa, declinio e trasfigurazione*, in *Rivista di Diritto Costituzionale*, 1996, pág. 56.

[20] Cfr., entre tantos, CHARLES EISENMANN, *La centralisation et la décentralisation: principes d'une théorie générale*, in *Revue du droit public*, 1947, págs. 27 e segs., 163 e segs. e 247 e segs.; H. KELSEN, *General Theory of Law and State*, págs. 303 e segs., e *Teoria Pura*, cit., II, págs. 222 e segs.; FRANCESCO GULLO, *Indagini critiche e spunti ricostrutivi in ordine al principio costituzionale del decentramento amministrativo*, in *Studi in memoria di Enrico Guicciardi*, obra coletiva, Pádua, 1975, págs. 613 e segs.; SPYRIDON FLOGAITIS, *La notion de décentralisation en France, en Allemagne et en Italie*, Paris, 1979; DANIEL-LOUIS SEILER, *La Politique Comparée*, Paris, 1982, págs. 79 e segs.; YOÏCHI HIGUCHI, *La décision de la décentralisation*, in *Federalism and Decentralization*, obra coletiva, Friburgo, 1987, págs. 23 e segs.; RENÉ CHAPUS, *Droit Administratif Général*, I, 7ª ed., Paris, 1993, págs. 312 e segs. E, na doutrina portuguesa, JOAQUIM TOMÁS LOBO D'ÁVILA, *Estudos de Administração*, Lisboa, 1874, págs. 50, 51 e 69 e segs.; MARTINHO NOBRE DE MELO, *Noção jurídica de descentralização*, in *O Direito*, ano 63, págs. 34 e segs.; ANDRÉ GONÇALVES PEREIRA, *Contribuição para uma teoria geral do Direito Municipal*, inédito, Lisboa, 1959, págs. 123 e segs.; AFONSO QUEIRÓ, *Descentralização*, in *Dicionário Jurídico da Administração Pública*, III, págs. 569 e segs.; JOÃO LOURENÇO, *Contributo para uma análise do conceito de descentralização*, in *Direito Administrativo*, 1980, págs. 251 e segs. e 351 e segs.; MÁRIO ESTEVES DE OLIVEIRA, *Direito Administrativo*, I, Coimbra, 1980, págs. 181 e segs.; SÉRVULO CORREIA, *Noções de Direito Administrativo*, Lisboa, 1982, págs. 125 e segs.; JOÃO BAPTISTA MACHADO, *Participação e descentralização*, 2ª ed., Coimbra, 1982; JOÃO CAUPERS, *A administração periférica do Estado*, Lisboa, 1993, págs. 245 e segs.; PAULO OTERO, *O poder de substituição em Direito Administrativo*, II, Lisboa, 1995, págs. 673 e segs.; VITAL MOREIRA, *Administração autónoma e associações públicas*, Coimbra, 1997, máxime págs. 142 e segs.; MARCELO REBELO DE SOUSA, *Lições de Direito Administrativo*, I, Lisboa, 1999, págs. 223 e segs.; DIOGO FREITAS DO AMARAL, *Curso de Direito Administrativo*, I, 3ª ed., Coimbra, 2006, págs. 833 e segs.

Parte II · Cap. IV – O Poder Político | **171**

mentos da descentralização. Entretanto, todos têm por base a separação entre a pessoa coletiva Estado e outras pessoas coletivas a ela subordinadas e chamadas também a participar na prossecução de finalidades públicas com poderes de autoridade (pessoas coletivas de direito público não estatais).[21]

Ao invés, na *desconcentração* não se depara uma pluralidade de pessoas coletivas, mas, apenas, uma pluralidade de órgãos sem prejuízo da unicidade de imputação jurídica; existem vários órgãos do Estado por que se dividem funções e competências, em diferente nível hierárquico ou não,[22] e de âmbito central ou local.

Quer na descentralização, quer na desconcentração, trata-se sempre do Estado e de diversas formas de organização do poder político ou de entidades em conexão específica com este poder. O conceito (se bem que não necessariamente coincidente) homólogo no plano da sociedade é o de *pluralismo* de grupos, de interesses e de iniciativas.[23]

II – A descentralização ora assume a forma de descentralização administrativa, ora a de descentralização política. Nunca assume a forma de descentralização jurisdicional, porque a função jurisdicional está sempre reservada aos tribunais, órgãos do Estado.

Na descentralização administrativa, atribuem-se poderes ou funções de natureza administrativa, tendentes à satisfação quotidiana de necessidades coletivas. Na descentralização política, poderes ou funções de natureza política, relativas à definição do interesse público ou à tomada de decisões políticas (designadamente, de decisões legislativas).

Em qualquer dos casos, as entidades beneficiárias ou suportes de tais poderes têm existência jurídica em virtude de uma criação *ex novo* ou de um reconhecimento feito pela Constituição ou pelas leis do Estado.

---

[21] O conceito inglês de *self-government* e o alemão *Selbstverwaltung* envolvem, contudo, a ideia de uma organização formada no âmbito da comunidade local, não totalmente dependente das leis do Estado e com participação dos cidadãos.

[22] A desconcentração (administrativa) tanto pode ser absoluta (quando os órgãos por ela atingidos se transformam de subalternos em independentes) como relativa (ou desconcentração respeitadora da hierarquia): FREITAS DO AMARAL, *Conceito e natureza do recurso hierárquico*, I, Coimbra, 1981, págs. 58 e segs.

[23] Assim, COSTANTINO MORTATI, *Note introdutive ad uno studio sulle garanzie dei diritto dei singoli nelle formazioni sociali*, in *Scritti in onore di Salvatore Pugliatti*, obra coletiva, III, Milão, 1978, pág. 1.575. Cfr. *infra*.

III – Os modos de descentralização administrativa são, em latitude crescente:

a) Atribuição de personalidade jurídica de direito público;

b) Personalidade com autonomia administrativa (isto é, capacidade de praticar atos administrativos definitivos e executórios);

c) Personalidade com autonomia administrativa e autonomia financeira (isto é, capacidade de afetar receitas próprias às despesas próprias);

d) Personalidade com plena autonomia;

e) Atribuição de faculdade regulamentares.[24-25]

A descentralização administrativa pode ainda ser *territorial* – pela outorga de poderes administrativos a entes territoriais menores – ou *institucional* ou *funcional* – através de instituições públicas, corporações, associações públicas, etc. Ali é o fator territorial da vizinhança o determinante da configuração do substrato; aqui, o fator pessoal ou o simplesmente funcional.

Também se contrapõem descentralização administrativa *primária* – atribuição, por via constitucional ou legislativa, de funções administrativas a pessoas coletivas de direito público – e descentralização administrativa *secundária* – permissão legal de transferência de pode-

---

[24] Cfr. Diogo Freitas do Amaral, *Curso...*, cit., I, pág. 878.

[25] Na doutrina, sobretudo italiana, distinguiu-se durante muito tempo, entre *autarquia* e *autonomia*. Haveria autarquia nas hipóteses *b)* e *c)*, ligando-se autonomia (de acordo com a ordem etimológica) à criação de normas; e é interessante a aproximação entre autonomia pública, autonomia privada e autonomia coletiva. Cfr. Santi Romano, *Autonomia*, in *Frammenti di un dizionario giuridico*, reimpressão, Milão, 1953, págs. 14 e segs.; Massimo Severo Giannini, *Autonomia*, in *Studi di Diritto Costituzionale in memoria di Luigi Rossi*, obra coletiva, Milão, 1952, págs. 197 e segs.; Guido Zanobini, *Autonomia pubblica e autonomia privata*, in *Scritti vari di diritto pubblico*, Milão, 1955, págs. 391 e segs.; Giuseppino Treves, *Autarchia, autogoverno, autonomia*, in *Rivista Trimestrale di Diritto Pubblico*, 1957, págs. 277 e segs.; Sabino Cassese, *Autarchia*, in *Enciclopedia del Diritto*, IV, págs. 324 e segs.; Enrico Gustapane, *"Autarchia", Profilo storico de un termine giuridico in disuso*, in *Rivista Trimestrale di Diritto Pubblico*, 1980, págs. 200 e segs.; Alberto Romano, *Autonomia nel Diritto Pubblico*, in *Digesto delle Discipline Pubblicistiche*, obra coletiva, II, Turim, 1987, págs. 30 e segs. E, na doutrina de outros países, por exemplo, Rocha Saraiva, *Construção...*, cit., II, pág. 93, nota; Daniel Vignes, *Sur la notion d'autonomie en droit constitutionnel*, 1956, págs. 88 e segs.; Armando Maroues Guedes, *Autarquia*, in *Verbo*, III, pág. 67; Bigotte Chorão, *Autonomia*, in *Dicionário Jurídico da Administração Pública*, I, págs. 606 e segs.; Vital Moreira, *Administração...*, cit., págs. 66 e segs.

Parte II · Cap. IV – O Poder Político | **173**

res administrativos de pessoas coletivas de direito público para pessoas coletivas de direito privado e regime administrativo.[26]

IV – Quanto à descentralização política, por maiores que sejam os poderes legislativos e governativos dados às províncias ou regiões – porque só há descentralização política de âmbito territorial –, estas não integram nunca o conceito de Estado. Esses poderes não são próprios delas e os ordenamentos jurídicos que constituem não têm validade originária, nem dispõem de eficácia ou executoriedade sem o apoio do braço do Estado. Descentralização política equivale, não a soberania, mas apenas a autonomia político-administrativa ou, como se verá noutro capítulo, a *autonomia com integração*.

62.

Descentralização e subsidiariedade

A propósito da problemática da descentralização, alude-se correntemente ao princípio da *subsidiariedade,* ou princípio segundo o qual o Estado só deve assumir as atribuições, as tarefas ou as incumbências que outras entidades existentes no seu âmbito e mais próximas das pessoas e dos seus problemas concretos – como os municípios ou as regiões – não possam assumir e exercer melhor ou mais eficazmente.[27]

---

[26] MARCELO REBELO DE SOUSA, *Estado*, cit., *loc. cit.*, pág. 241.

[27] Cfr., na recente doutrina portuguesa, JOÃO BAPTISTA MACHADO, *op. cit.*, pág. 29, e *Lições de Introdução ao Direito Público*, in *Obras Dispersas*, II, Braga, 1993, págs. 411 e segs.; ROQUE CABRAL, *Subsidiariedade (princípio da)*, in *Polis*, V, págs. 1014 e segs.; VIEIRA DE ANDRADE, *Supletividade do Estado e desenvolvimento*, Lisboa, 1988; PAULO MARRECAS FERREIRA, *Le principe de subsidiarité comme principe de Droit Constitutionnel*, in *Documentação e Direito Comparado*, nº 57/58, 1994, págs. 131 e segs.; PAULO OTERO, *O poder de substituição...*, cit., págs. 65 e segs., 111, 588-589, 677, 693 e 773; VITAL MOREIRA, *Administração autónoma...*, cit., págs. 249 e segs.; CARLOS BLANCO DE MORAIS, *A dimensão interna do princípio da subsidiariedade no ordenamento português*, in *Revista da Ordem dos Advogados*, 1998, págs. 779 e segs.; MARIA LUÍSA DUARTE, *A Constituição e o princípio da subsidiariedade – da positivação à sua concreta aplicação*, in *Estudos de Direito da União e das Comunidades Europeias*, Coimbra, 2000, págs. 107 e segs.; J. J. GOMES CANOTILHO, *Direito Constitucional...*, cit., pág. 340. Na doutrina brasileira, JOSÉ ALFREDO OLIVEIRA BARACHO, *O princípio da subsidiariedade – conceito e evolução*, Rio de Janeiro, 1996; AUGUSTO ZIMMERMANN, *Teoria Geral do Federalismo Democrático*, São Paulo, 1999, págs. 199 e segs.; RAÚL MACHADO HORTA, *Federalismo e princípio da subsidiariedade*, in *As vertentes do Direito constitucional contemporâneo – Estudos em homenagem a Manoel Gonçalves Ferreira Filho*, obra coletiva,

O nexo entre ambos os termos não se mostra, contudo, tão unívoco quanto pareceria *prima facie*, por mais de um motivo:

1º) Porque na descentralização parte-se do Estado para pessoas coletivas por ele criadas ou com poderes por ele outorgados, ao passo que na subsidiariedade o movimento é inverso, é ascendente, e em último termo arranca da sociedade civil;

2º) Porque, por isso mesmo, a subsidiariedade dir-se-ia mais adequada a um Estado federal do que a um Estado unitário (embora nem sequer esteja presente em todas as conceções de federalismo);

3º) Porque se a subsidiariedade deve entender-se como garantia da descentralização, não é só por si garantia suficiente – tudo depende do juízo que, em cada momento, se faça acerca das necessidades coletivas e acerca dos modos e dos meios de as satisfazer.

De resto, se uma análise vertical ou piramidal da vida coletiva (desde as sociedades menores até as sociedades cada vez mais complexas) pode quiçá ser adotada a título explicativo da formação do Estado, ela tem de ser completada por uma análise horizontal que capte os laços entre os cidadãos e a sua inserção na comunidade. A estrutura real e atual ou o tecido conjuntivo da comunidade política assenta mais num princípio de solidariedade do que num princípio de subsidiariedade.

São Paulo, 2002, págs. 461 e segs.; Ricardo Hermany, *Subsidiariedade e poder local no constitucionalismo luso-brasileiro*, in *Estudos de homenagem ao Prof. Doutor Jorge Miranda*, obra coletiva, III, Coimbra, 2012, págs. 579 e segs.

Na doutrina de outros países, cfr., por todos, Antonio d'Atena, *Subsidiariedade vertical e subsidiariedade horizontal na experiência constitucional italiana*, in *Revista Brasileira de Estudos Constitucionais*, abril-junho de 2010, págs. 87 e segs.; Paolo Ridola, *Divisione dei poteri, democrazia e principii di sussidiarietà*, in *Estado constitucional e organização do poder*, obra coletiva (org. de André Ramos Tavares, George Salomão Leite e Ingo Wolfgang Sarlet), São Paulo, 2010, págs. 93 e segs.; ou Sergio Stammati, *Il principio di sussidiarietà fra passato e presente*, in *Diritto e Società*, 2011, págs. 337 e segs.

Capítulo V

O TERRITÓRIO DO ESTADO

63.
O território, condição de existência do Estado

I – O território é o espaço jurídico próprio do Estado, o que significa que:

a) Só existe poder do Estado quando ele consegue impor a sua autoridade, em nome próprio, sobre certo território;
b) A atribuição de personalidade jurídica internacional ao Estado ou o seu reconhecimento por outros Estados depende da efetividade desse poder;
c) Os órgãos do Estado encontram-se sempre sediados, salvo em situação de necessidade, no seu território;
d) No seu território cada Estado tem o direito de excluir poderes concorrentes de outros Estados (ou de preferir a eles);
e) No seu território, cada Estado só pode admitir o exercício de poderes doutro Estado sobre quaisquer pessoas com a sua autorização;
f) Os cidadãos só podem beneficiar da plenitude de proteção dos seus direitos pelo respetivo Estado no território deste.

Isto não prejudica a opinião atrás expendida de que o território não é elemento essencial do Estado, mas tão somente condição de existên-

176 | Teoria do Estado e da Constituição · *Jorge Miranda*

cia do Estado. O território não faz parte da comunidade estatal, nem do seu poder ou organização. É, sim, fator de identificação e integração da comunidade, objeto do poder do Estado e limite da sua autoridade em face dos restantes Estados.

Nem é o território que define o âmbito de validade do Direito próprio do Estado. A sua específica relevância não exclui o já referido postulado da personalidade das leis e, muito menos, o pluralismo de ordenamentos jurídicos.

II – Como se verifica, o território tem de ser encarado quer na perspetiva do Direito interno, quer – ainda mais que a cidadania – na perspetiva do Direito internacional (que também apenas mencionaremos de relance).[1-2]

---

[1] Sobre o território em Direito constitucional, v. JELLINEK, *op. cit.*, págs. 130 e 295 e segs.; JOSÉ TAVARES, *Ciência do Direito Político*, cit., págs. 257 e segs.; ROCHA SARAIVA, *Construção jurídica...*, cit., II, págs. 30 e segs.; SMEND, *op. cit.*, págs. 103 e segs.; HELLER, *op. cit.*, págs. 166 e segs., 245, 265 e 281 e segs.; SANTI ROMANO, *Principii...*, cit., págs. 50-51, 52, 53 e 78 e segs., e *Osservazioni nella natura giuridica del territorio dello Stato*, in *Scritti Minori...*, I, Milão, 1950, págs. 167 e segs.; CARLO CERETTI, *Costituzione e territorio*, in *Scritti in memoria di V. E. Orlando*, obra coletiva, I, Milão, 1957, págs. 397 e segs.; MARCELLO CAETANO, *Direito Constitucional*, cit., I, págs. 162 e segs.; GIUSEPPE CHIARELLI, *Territorio dello Stato*, in *Novissimo Digesto Italiano*, XIX, 1977, págs. 196 e segs.; MARTIN KRIELE, *op. cit.*, págs. 123 e segs.; TEMISTOCLE MARTINES, *Diritto Costituzionale*, cit., págs. 153 e segs.; FRANCO FARDELLA, *op. cit.*, págs. 134 e segs. e 150 e segs.; GIORGIO LOMBARDI, *Spazio e frontiera tra eguaglianza e privilegio: problemi costituzionali fra storia e diritto*, in *Diritto e Società*, 1985, págs. 47 e segs.; THOMAS FLEINER-GERSTER, *op. cit.*, págs. 165 e segs.; BISCARETTI DI RUFFIA, *Territorio*, in *Enciclopedia del Diritto*, XLIV, págs. 333 e segs.; MÁRIO LÚCIO QUINTÃO SOARES, *op. cit.*, págs. 179 e segs.; REINHOLD ZIPPELIUS, *op. cit.*, págs. 108 e segs.; ALESSANDRO DI MARTINO, *Il território; dallo Stato-Nazione alla Globalizzazione*, Milão, 2010; JAIME VALLE, *O território nacional na Constituição portuguesa de 1976*, in *Estudos em homenagem ao Prof. Doutor Jorge Miranda*, obra coletiva, III, Coimbra, 2012, págs. 43 e segs.

[2] Sobre o território em Direito internacional, v. KELSEN, *Théorie du Droit International Public*, cit., *loc. cit.*, págs. 204 e segs.; ALFRED VERDROSS, *op. cit.*, págs. 202 e segs.; BRIERLY, *Direito Internacional*, trad., Lisboa, 1965, págs. 159 e segs.; MARQUES GUEDES, *Território...*, in *Verbo*, XVII, pág. 1.428; MANUEL DIEZ DE VELASCO, *op. cit.*, I, págs. 256 e segs.; CELSO DE ALBUQUERQUE MELLO, *op. cit.*, I, págs. 717 e segs.; AZEVEDO SOARES, *op. cit.*, págs. 219 e segs.; IAN BROWNLIE, *op. cit.*, págs. 107 e segs.; MALCON N. SHAW, *International Law*, 3ª ed., Cambridge, 1991, págs. 276 e segs.; FRANCISCO REZEK, *Direito Internacional Público*, cit., págs. 163 e segs.; SILVA CUNHA, *Direito Internacional Público (A Sociedade Internacional)*, 4ª ed., Lisboa, 1993, págs. 207 e segs.; JEAN COMBACAU e SERGE SUR, *op. cit.*, págs. 417 e segs.; NGUYEN QUOC DINH, PATRICK DAILLIER e ALAIN PELLET, *op. cit.*, págs. 408 e segs. e 459 e segs.; PIERRE-MARIE DUPUY, *op. cit.*, págs. 778 e segs.; JORGE BACELAR GOUVEIA, *op. cit.*, págs. 651 e segs. e 709 e segs.; WLADIMIR BRITO, *Direito Internacional Público*, Coimbra, 2008, págs. 354 e segs.

Parte II · Cap. V – O Território do Estado | **177**

Somente no interior das suas fronteiras, o Estado exerce em plenitude o seu poder e nenhum Estado renuncia à faculdade de declarar qual o território que considera seu e de estabelecer as parcelas que o compõem. Mas a fixação dessas mesmas fronteiras cabe a normas de Direito internacional convencional (sem embargo de não poucas situações de fato à sua margem).[3]

III – A configuração e a dimensão do território de qualquer Estado em concreto projetam-se, mais ou menos direta e intensamente, na sua forma política.

A história mostra como a República Romana não sobreviveu muito tempo à conquista de um vasto império para além da Itália;[4] como, em contrapartida, as caraterísticas de pequenas terras de montanha constituíram um dos fatores de criação da Confederação Helvética; como para o *Ancien Régime* não foi indiferente a evolução da composição do território;[5] como, na época moderna, uma larga extensão ou a descontiguidade geográfica têm contribuído para a adoção de estruturas federativas ou de descentralização política; ou, ainda, como os espaços económicos se refletem em diferentes formas de organização político-administrativa do território, em nível interno e em nível internacional.[6-7]

Inversamente, as conceções políticas e jurídicas que se vão sucedendo ao longo dos tempos projetam-se sobre o modo de entender a função de território.[8]

64.
O território e o Direito do Estado

I – Se o ordenamento jurídico estatal parece regular, antes de mais, factos que ocorrem dentro do território, ele não esgota aí a sua validade e a sua eficácia. Criado em função das pessoas que compõem a comu-

---

[3] Cfr. a atual situação da Ucrânia.

[4] Assim, OTTO HINTZE, *op. cit.*, págs. 14 e segs.

[5] Cfr. ANTÓNIO MANUEL HESPANHA, *L'espace politique dans l'ancien régime*, in *Boletim da Faculdade de Direito da Universidade de Coimbra*, lviii, 1982, págs. 455 e segs.

[6] Cfr. FRANCESCO D'ONOFRIO, *Ordinamento territoriale*, in *Enciclopedia del Diritto*, XXX, 1980, págs. 937 e segs.

[7] Cfr. JOÃO CAUPERS, *op. cit.*, págs. 165 e segs.

[8] Cfr. INES CIOLLI, *Il territorio rappresentato – Profili costituzionali*, Nápoles, 2009, págs. 16 e segs.

nidade, a sua política – os cidadãos – aplica-se-lhes, ou pode aplicar-se-
-lhes, onde quer que se encontrem.[9]

Sucede isto com a lei civil e com a lei constitucional, com a lei tributária e até com a lei penal. E há mesmo regras jurídicas estatais editadas
justamente tendo em vista a sua aplicação no estrangeiro ou por causa
de situações ou relações que decorram no estrangeiro.

II – De igual modo, a consideração do papel do território do Estado
não exclui o caráter positivo de outros Direitos, estatais ou não, com as
quais tem, portanto, o Direito do Estado de estabelecer relações inter-
sistemáticas.[10]

O pluralismo das ordens jurídicas evidencia-se na observação da
realidade. No Brasil, por exemplo, aplicam-se, como tais, não apenas o
Direito brasileiro (Direito legislado pelo Estado federal brasileiro e Direito estadual, municipal e doutras entidades ou sociedades subordinadas
ao Estado), mas também o Direito internacional (Direito da comunidade
internacional e Direito do MERCOSUL) (enquanto autonomizado em relação ao Direito internacional no seu conjunto), o Direito canónico (Direito
da Igreja Católica) – este não adstrito a nenhuma base territorial – e leis
ou algumas leis de outros Estados (mercê de normas de remissão ou receção, designadamente de receção formal).[11-12]

Como escreve António Marques dos Santos, a doutrina clássica (que
remonta a Savigny) pronunciou-se decididamente a favor da territorialidade das normas de Direito público, entendida esta no sentido de
que cada Estado aplicava tais normas indistintamente no seu território
a nacionais e estrangeiros, independentemente do que determinasse,
quanto a estes últimos, a respetiva lei do domicílio enquanto lei reguladora do estatuto pessoal.

---

[9] Sobre a aplicação das leis no espaço em geral, cfr., por todos, OLIVEIRA ASCENSÃO, *O Direito – Introdução e Teoria Geral*, 11ª ed., Lisboa, 2001, págs. 563 e segs.

[10] Sobre as relações de remissão entre sistemas jurídicos, JOSÉ DIAS MARQUES, *Introdução ao Estudo do Direito*, 4ª ed., Lisboa, 1972, págs. 372 e segs.

[11] As regras de conflitos (de Direito internacional privado) permitem tanto a aplicação de normas de Direito material brasileiro no exterior como a aplicação de normas de Direito material estrangeiro no Brasil.

[12] Cfr. BALLADORE PALLIERI, *op. cit.*, págs. 89 e segs.; NORBERTO BOBBIO, *Teoria dell'ordinamento giuridico*, Turim, 1960, págs. 185 e segs.; FRANÇOIS RIGAUX, *Le pluralis-me juridique face au principe de réalité*, in *Estudios de Derecho Internacional – Homenaje al Profesor Miaja de la Muela*, obra coletiva, I, Madrid, 1979, págs. 291 e segs., máxime 295 e segs.; PIERRE MAYER, *Le rôle du droit public en droit international privé*, in *Revue international de droit comparé*, 1986, págs. 467 e segs.

Parte II · Cap. V – O Território do Estado | **179**

A ideia da não aplicação do Direito público estrangeiro está hoje abandonada, com base na contestação ou no esbatimento da diferença entre Direito público e Direito privado, na necessidade de incrementar a cooperação internacional e na indispensabilidade de incrementar a harmonia internacional de soluções também no âmbito de matérias de Direito público (o que não significa que não haja graves problemas, como o da qualificação das regras de Direito público estrangeiro e o da sua autolimitação espacial).[13]

Mais ainda: se o poder do Estado sobre o território implica que toda a pessoa que aí se encontra está, nos limites do Direito internacional, sujeita à sua autoridade, isso não impede que possa ser exercida dentro do território uma autoridade que não derive do próprio Estado, desde que se trate de uma autoridade não estatal. É o que sucede com a autoridade das famílias e com a das Igrejas, as quais se exercem, decerto, em coordenação com a autoridade estatal, nuns planos, e em subordinação, noutros, mas nunca por mera derivação da vontade do Estado.

III – O princípio da territorialidade das leis – enquanto princípio geral, não enquanto critério desta ou daquela norma – deve entender-se como concernente à execução autoritária ou coerciva, aos modos de garantia da efetividade das normas.

A territorialidade das leis significa que as normas da ordem jurídica de um Estado ou as que ele receba só podem ser executadas, como tais, no território do mesmo Estado. E a sujeição das pessoas à autoridade do Estado depende, em cada caso, do modo que a execução deva revestir; o que importa, para que exista, é que se verifique uma conexão tal com o território (presença física, titularidade de direitos sobre coisas situadas nesse território...) que permita a execução da lei.[14]

Há, de resto, exceções a essa execução coerciva. São, classicamente, os privilégios de extraterritorialidade de que gozam os Chefes de Estado e os funcionários diplomáticos ou imunidades destinadas ao cabal exer-

---

[13] *As normas de aplicação imediata no Direito Internacional Privado*, Lisboa, 1990, II, págs. 767 e segs.

[14] MARCELLO CAETANO, *Direito Constitucional*, cit., I, pág. 164. Cfr. ARMANDO MARQUES GUEDES, *Integração, aplicação e integração das normas jurídicas*, in *Ciência e Técnica Fiscal*, 1962, nos 44-45, pág. 196; AFONSO QUEIRÓ, *Lições...*, cit., págs. 528 e segs.; BRIGITTE STERN, *Quelques observations sur les règles internationales relatives à l'application extraterritoriale du Droit*, in *Annuaire français de droit international*, 1986, págs. 7 e segs., máxime 13 e segs.; ALBERTO XAVIER, *Direito Tributário Internacional*, Coimbra, 1993, máxime págs. 18 e 22 e segs.

cício das suas funções;[15] são também os privilégios de extraterritorialidade dos navios e aviões públicos; a renúncia a certas faculdades em favor doutros Estados – dando origem a direitos territoriais menores destes – ou a constituição, por exemplo, de zonas francas (para efeitos tributários) ou de zonas desmilitarizadas;[16] e ainda, no âmbito do combate ao crime, a admissibilidade mesmo de atos de cooperação de autoridades e agentes de autoridade estrangeiras com autoridades e agentes de autoridade do Estado no seu território.

IV – A globalização também aqui tem vindo a incidir, com maior ou menor efeito e com maior ou menor pertinência dos entendimentos doutrinais.

Pode falar-se em mitigação do princípio da territorialidade do Direito público.[17] E pode aceitar-se que o território agora deixe de ser um espaço reservado e no interior do qual o Estado-Nação detém a exclusividade, a plenitude e a autonomia de competência.[18]

Mas já parece excessivo considerá-lo um espaço *transnacional*, tendencialmente aberto à ação internacional ou dizer que é o *território transnacional* que a globalização pós-moderna oferece como novo espaço de ação política.[19]

65.
Território, poder e povo

I – Da referência do território ao Estado através do seu Direito decorre o princípio da sua unidade jurídica. O território, ainda que geografica-

---

[15] E não, quanto aos locais das missões diplomáticas, quaisquer formas de prolongamento do território do Estado.

[16] Cfr. E. W. KEETON, *Extraterritoriality in International and Comparative Law*, in *Recueil des Cours*, 1948, I, págs. 287 e segs.; MILAN SABOVIC e WILLIAM W. BISHOP, *The authority of the State: its range wick respect to persons and places*, in *Manual of Public International Law*, editado por Max Sorensen, Londres, 1968, págs. 355 e segs.; JORGE MIRANDA, *Imunidade diplomática*, in *Verbo*, X, págs. 1.089 e 1.090; MARCELLO CAETANO, *op. cit.*, I, pág. 165; SILVA CUNHA, *op. cit.*, págs. 261 e segs.

[17] MIGUEL PRATA ROQUE, *As novas fronteiras do Direito Administrativo – Globalização e mitigação do princípio da territorialidade do Direito Público*, in *Revista de Direito Público*, 2011, págs. 107 e segs.

[18] WLADIMIR BRITO, *Do Estado – Da construção à desconstrução do conceito de Estado-Nação*, in *Revista de História das Ideias (Faculdade de Letras da Universidade de Coimbra)*, 2005, pág. 304.

[19] Cfr. ALESSANDRA DI MARTINO, *Il territorio dallo Stato-Nazione alla globalizzazione*, Milão.

Parte II · Cap. V – O Território do Estado | 181

mente descontíguo, é sempre uno em virtude de ser território do Estado, sujeito ao mesmo poder e ao mesmo Direito.

Dá-se isto tanto em Estado unitário como em Estado composto (quando considerado todo o seu território, ou soma dos territórios dos Estados componentes, em relação ao poder político central).

II – À unidade do Estado, do povo e do território correspondem a universalidade e a igualdade dos direitos e deveres dos cidadãos, dos membros do Estado: todos eles gozam, em princípio, de todos os direitos e estão sujeitos a todos os deveres – e aos mesmos direitos e deveres – previstos na Constituição e nas leis (cfr. arts. 12º e 13º da Constituição portuguesa).[20]

Nem isso é infirmado por diferenças geográficas ou outras, projetadas nas divisões ou circunscrições administrativas ou políticas do território, poderem conduzir a especialidades da lei (mas não a discriminações ou privilégios) ou de competências de órgãos legislativos e executivos.

III – O território é um limite para o poder político efetivo, não para o povo. Os cidadãos do Estado, sem perderem a cidadania, podem sair do território e viver no estrangeiro e aqui continuam a pertencer ao povo. Já o vimos atrás.

66.
O direito do Estado sobre o seu território

I – Problema diverso vem a ser o da natureza do poder ou do direito do Estado sobre o seu território (senhorio territorial). Bastante árduo e com numerosas implicações, apenas se torna possível aqui lhe fazer uma brevíssima alusão.

II – As teses ou teorias mais importantes podem agrupar-se consoante tomam esse direito ou poder:

a) Como direito real, como direito sobre coisas – seja como espécie de propriedade de Direito internacional (tese clássica),[21] como

---

[20] E há uma relação estreitíssima entre a territorialidade típica do Estado saído da Revolução Francesa e a afirmação do princípio da igualdade perante a lei, a soberania popular e a lei como expressão da vontade geral; não por acaso se afirmam a *unidade e a indivisibilidade* da República (GEORGIO LOMBARDI, *op. cit., loc. cit.*, págs. 52-53).

[21] Cfr. RENATO ALESSI, *Intorno...*, cit., *loc. cit.*, págs. 10 e 11.

espécie de domínio eminente (Ugo Forti),[22] ou como direito real institucional, direito que põe o bem do território ao serviço da instituição estatal (Dabin, Burdeau);[23]

b) Como mero reflexo do Direito do Estado sobre as pessoas (Jellinek)[24] ou como direito do Estado sobre a própria pessoa (Santi Romano)[25] – coerentemente, num caso e noutro, com tomar-se o território como elemento constitutivo do Estado;

c) Como simples âmbito espacial de vigência da ordem jurídica estadual, pois Direito e Estado identificam-se (Kelsen);[26]

d) Como direito de jurisdição, direito que abrange simultaneamente o território e as pessoas no território ou, melhor, as pessoas *através* do território.[27-28]

III – Propendemos para a teoria do direito de jurisdição, talvez hoje dominante, por nos parecer a mais idónea a explicar a complexidade de fenómeno e a salientar que o poder do Estado sobre o seu território importa não tanto por causa do espaço físico, em si, que abrange, ou das utilidades que ele daí retira, quanto por causa das pessoas que lá se encontram e que, então, de certa forma, ficam sujeitas ao seu ordenamento jurídico.

Esta teoria aproxima-se das teses do direito real, enquanto toma o território como objeto e, por isso, pode adotar *mutatis mutandis* algumas das análises que elas propõem. Distingue-se dessas teses, por procurar ver para além da configuração estática e patrimonial[29] e por dar todo o realce à relação, de natureza política, com as pessoas. O poder de man-

---

[22] *Il diritto dello Stato sul territorio*, in *Studi di Diritto Pubblico*, I, 1937, págs. 197 e segs., máxime 216 e segs.

[23] *Op. cit.*, II, pág. 97.

[24] *Op. cit.*, págs. 298 e segs.

[25] *Osservazioni sulla natura giuridica del territorio dello Stato...*, cit., *loc. cit.*, págs. 167 e segs. Cfr. Rocha Saraiva, *op. cit.*, pág. 32; ou Biscaretti di Ruffia, *op. cit.*, *loc. cit.*, págs. 337 e 339.

[26] *Teoria Pura...*, cit., II, pág. 179.

[27] Nesta linha, por exemplo, Tommaso Perassi, *op. cit.*, *loc. cit.*, págs. 152 e segs.; Marnoco e Sousa, *Comentário*, cit., págs. 28-29; Pietro Chimienti, *Note su alcune questioni di Diritto Costituzionale*, in *Studi Ranelleti*, obra coletiva, Pádua, 1936, pág. 146; Queiroz Lima, *op. cit.*, págs. 131 e 132; Reinhold Zippelius, *op. cit.*, págs. 111 e segs.

[28] Cfr., algo diversamente, o quadro classificatório de Franco Fardella (*op. cit.*, págs. 156 e segs.), que distingue: a teoria do território objeto, a do território espaço, as teorias mistas, a teoria do Direito internacional privado e a teoria da competência.

[29] Aliás, a tese clássica ostenta uma evidente marca histórica: era a que estava em sintonia com a conceção patrimonial do Estado própria da monarquia absoluta.

dar e a autoridade pública só podem ser exercidos sobre pessoas.[30] O direito sobre o território não é fundamento do direito de senhorio, mas o contrário, e o direito à integridade do território não é senão o direito ao respeito do senhorio.[31]

Por outro lado, não deixa a teoria da jurisdição de colher alguns contributos das duas outras teorias, mas afasta-se, liminarmente, de ambas, em virtude das diferenças de visão global acerca do Estado.

IV – Quanto à sua estrutura, o direito de jurisdição territorial do Estado costuma ser apresentado como sendo um direito ou poder *indivisível, inalienável* e *exclusivo*.

É indivisível: daí o princípio da unidade jurídica do território.

É inalienável: o Estado não pode alienar o seu território, embora algumas Constituições admitam a cessão ou alienação de algumas das suas parcelas.[32]

É exclusivo: sobre o território do Estado só este pode ter senhorio, embora possa haver direitos de outra espécie de outros Estados e embora haja como que um desdobramento de tal senhorio no caso de se tratar de Estado composto.

67.

O asilo a estrangeiros

I – Se em todas as épocas o asilo noutro país, noutra terra, tem sido o último recurso dos perseguidos pelo poder,[33] só no Estado moderno ele aparece formalmente consagrado, seja por imperativo de uma maior consciência dos direitos do homem, seja em nome de qualquer solidariedade ideológica ou revolucionária. E, assim como um Estado de Direito não pode consentir a expulsão, o banimento ou o exílio de quaisquer cidadãos por quaisquer razões,[34] também ele tenderá, naturalmente, a acolher no seu seio quaisquer estrangeiros que precisem de protecção contra o arbítrio ou a violência dos governantes nos respectivos países.

---

[30] MICHOUD, *op. cit.*, II, págs. 61-62; MARNOCO E SOUSA, *op. cit.*, pág. 29; DUGUIT, *Traité*, cit., II, pág. 58; REINHOLD ZIPPELIUS, *op. cit.*, pág. 112.

[31] TOMMASO PERASSI, *op. cit., loc. cit.*, págs. 152 e segs.

[32] Cfr. JEAN-PAUL MARKUS *op. cit., loc. cit.*, pág. 1.098.

[33] Cfr., por todos, PHILIPPE DE LA CHAPELLE, *La Déclaration Universelle des Droits de l'Homme et le Catholicisme*, Paris, 1967, pág. 355.

[34] Cfr. MARIANO BON VALSASSINA, *Esilio (diritto costituzionale)*, in *Enciclopedia del Diritto*, XV, 1966, págs. 722 e segs.

A primeira Constituição a proclamar o direito de asilo foi a francesa de 1793 e hoje – apesar de dificuldades surgidas, aqui e ali, por causa de crises económicas ou de manifestações de xenofobia – não são poucas as que lhe seguem o exemplo;[35] e, como se sabe, o direito de asilo consta também da Declaração Universal (art. 14º). No caso português foi só a Constituição de 1976 que o reconheceu.[36] Na Constituição brasileira de 1988, mais do que isso a concessão de asilo político é um dos princípios por que o Brasil se rege nas relações internacionais (art. 4º-X)

68.
Outros direitos territoriais
do Estado e outras situações territoriais

I – O exame da vida jurídica internacional mostra a necessidade de atender a outros direitos sobre o território do Estado, além do senhorio territorial.

Aproveitando (até certo ponto apenas) o paralelismo com o que se passa em Direito civil, justifica-se discernir entre *soberania territorial* (titula-

---

[35] Cfr., em textos vigentes: art. 15º da Constituição mexicana, preâmbulo da Constituição francesa de 1946; art. 10º da Constituição italiana; art. 16º-A (após 1994) da Constituição alemã; art. 13º, nº 4, da Constituição espanhola; art. 42º da Constituição nicaraguana; art. 40º, nº 4, da Constituição de S. Tomé e Príncipe; art. 64º, nº 2, da Constituição moçambicana; art. 33º da Constituição croata; art. 36º da Constituição cabo-verdiana; art. 18º, nº 2, da Constituição romena; art. 63º, nº 1, da Constituição russa; art. 26º, nº 2, da Constituição ucraniana; art. 56º da Constituição polaca, art. 10º, nº 22; Constituição timorense; Constituição moçambicana, art. 20º, nos 2 e 3; Constituição angolana, art. 71º.

[36] Cfr., na doutrina, CARLO ESPOSITO, *Asilo (diritto costituzionale)*, in *Enciclopedia del Diritto*, III, 1958, págs. 222 e segs.; MARIO BETATI, *L'asile politique en question*, Paris, 1985; PAOLO ZIOTTI, *Il diritto d'asilo nell'ordinamento italiano*, Pádua, 1988; FRANÇOIS-JULIEN LAFERRIÈRE, *Le traitement des réfugiés et des demandeurs d'asile au point d'entrée*, in *Revue universelle des droits de l'homme*, 1990, págs. 53 e segs.; DIEGO LÓPEZ GARRIDO, *El derecho de asilo*, Madrid, 1991; FERNANDO LEDESMA BARTRET, *Libertad de circulación y derecho de asilo en la Unión Europea. La doctrina del Consejo de Estado*, in *Civitas – Revista española de derecho administrativo*, 1996, págs. 5 e segs.; FRANCK MODERNE, *Le droit constitutionnel d'asile dans les pays de l'Union Européenne*, Paris, 1997; ISABELLE DODET-CAUPHY, *Le difficile reconaissance du droit d'asile constitutionnel*, in *Revue francaise de droit administratif*, 1999, págs. 469 e segs.; o artigo de CONSTANÇA URBANO DE SOUSA, NUNO PIÇARRA e ANTÓNIO VITORINO, in *Themis*, 2001; JEAN-YVES CARLIER, *L'accès au territoire et la détention de l'étranger demandeur d'asile*, in *Revue trimestrielle des droits de l'homme*, nº 79, Julho de 2009, págs. 795 e segs.; DIANA-URANIA GALLETA, *Il diritto di asilo in Italia e nell'Unione Europea oggi*, in *Rivista Italiana di Diritto Pubblico Comunitario*, 2010, págs. 1449 e segs.

ridade do poder sobre o território) e *supremacia territorial* (efetividade do poder ou posse do território). E justifica-se ainda discernir entre *direito territorial máximo* ou supremacia territorial *com* soberania (em termos homólogos aos da propriedade, direito real máximo); e *direitos territoriais menores* ou poderes de um Estado sobre território de outro Estado ou de nenhum Estado, ou supremacia territorial *sem* soberania (homólogos dos direitos reais menores como o usufruto, o uso e habitação ou a superfície).[37]

II – Em regra, verifica-se a cumulação da soberania territorial com a *supremacia territorial* (posse do território): o Estado, senhor do território, exerce, de harmonia com o Direito internacional, um poder geral e efetivo sobre esse território. É o que se passa com os Estados soberanos (e até com os Estados exíguos e os Estados confederados).

Todavia, a experiência mostra situações de dissociação, ora em moldes de supremacia territorial *geral*, ora em moldes de supremacia territorial *especial*.

São casos de supremacia territorial geral sem soberania as cessões de administração[38] ou por arrendamento,[39] os mandatos[40] e os fideicomissos internacionais[41] ou os direitos de ocupação militar.[42]

São casos de supremacia territorial especial as servidões estatais[43-44] ou a fiscalização de alfândegas ou de portos.[45]

---

[37] Cfr. Giuseppe Cavarretta, *Diritti sui territori altrui*, Palermo, 1905; Suzanne Bastid, *Les problémes territoriaux dans la jurisprudence de la Cour Internationale de Justice*, in *Recueil des Cours*, 1962, III, págs. 365 e segs.; Elie van Bogaert, *The Lease of Territory in International Law*, in *Miscellania W. J. Ganshof van der Meersch*, Bruxelas, 1972, págs. 315 e segs.; Ian Brownlie, *op. cit.*, págs. 110 e segs.; Biscaretti di Ruffia, *op. cit., loc. cit.*, págs. 350 e segs.; Silva Cunha, *op. cit.*, págs. 267 e segs.; Jorge Bacelar Gouveia, *O direito de passagem inofensiva no novo Direito do Mar*, Lisboa, 1993, págs. 98 e segs.; Nguyen Quoc Dinh, Patrick Dailier e Alain Pellet, *op. cit.*, págs. 479 e segs. (falam em competências territoriais "menores").

[38] Situação de Bósnia entre 1878 e 1905 ou de Chipre entre 1878 e 1914.

[39] Situação da zona do Canal do Panamá até há pouco.

[40] Os mandatos constituídos ao abrigo do Pacto da Sociedade das Nações (Palestina, Sudoeste Africano, etc.).

[41] Ou territórios sob tutela previstos no cap. XII da Carta das Nações Unidas.

[42] No sentido clássico e de que pode aproximar-se o direito de uso de bases militares em território estrangeiro.

[43] O antigo direito de passagem de Portugal entre Damão e Dadrá e Nagar-Aveli.

[44] Cfr. C. D'Olivier Farran, *Os enclaves internacionais e o problema das servidões em Direito internacional*, in *Boletim da Faculdade de Direito da Universidade de Coimbra*, 1957, págs. 38 e segs.

[45] Frequentes na América Latina no século xix.

186 | Teoria do Estado e da Constituição · *Jorge Miranda*

E, se estas situações hoje se encontram ultrapassadas ou quase não existem, certo é que o Direito internacional do mar contemporâneo conhece duas figuras de significativa importância que se reconduzem ainda a poderes territoriais sem soberania: a *zona contígua* e a *zona económica exclusiva*.

A zona contígua não pode estender-se para além de 24 milhas, contadas a partir das linhas de base que servem para medir a largura do mar territorial. Nele, o Estado costeiro pode tomar medidas de fiscalização necessárias a prevenir ou reprimir infrações – prevenir infrações das suas normas aduaneiras, fiscais, de imigração ou sanitárias, reprimir a infração de quaisquer normas (art. 33º da Convenção de Montego Bay, de 1982).

A zona económica exclusiva, por seu lado, não pode estender-se para além de 200 milhas (art. 57º da mesma Convenção). Apesar de aí se falar em "direitos de soberania" (art. 56º), na realidade a ela liga-se um conjunto de poderes tipificados relativos aos recursos naturais, à exploração e ao aproveitamento económico e à jurisdição quanto a ilhas artificiais, investigação científica e meio marinho (art. 56º). Ao mesmo tempo, implica determinadas obrigações (arts. 61º e segs.) e os demais Estados gozam da liberdade de navegação e de sobrevoo, bem como de outros usos internacionalmente lícitos (art. 58º).[46]

III – Em plano diverso situam-se os problemas de contitularidade territorial: haver dois ou mais Estados que sobre o mesmo território têm e exercem poderes de idêntico conteúdo e cuja hipótese mais importante é a de condomínio ou cossoberania.[47] A contitularidade territorial não contraria, porém, a regra da exclusividade do direito de cada Estado

---

[46] Cfr. Rui Machete e Gil Galvão, *Consequências da evolução do Direito Internacional do Mar nos tratados e acordos de pescas que Portugal subscreveu*, in *Relações Internacionais*, 1982, págs. 21 e segs.; Vicente Marotta Rangel, *O Direito do Mar e a sua unificação legislativa entre países de língua portuguesa*, in *Estudos em Homenagem ao Prof. Doutor A. Ferrer Correia*, I, Coimbra, págs. 69 e segs.; Pereira Coutinho, *Poderes do Estado costeiro sobre os recursos vivos da zona económica exclusiva*, in *O Direito*, 1988, págs. 371 e segs.; Marques Guedes, *Direito do Mar*, Lisboa, 1989, págs. 103 e segs. e 115 e segs.; Pedro Machete, *A zona económica exclusiva: um conceito do novo direito internacional do mar*, in *Direito e Justiça*, 1991, págs. 221 e segs.; Angela Del Vecchio, *Zona economica exclusiva*, in *Enciclopedia del Diritto*, XLV, 1993, págs. 1.176 e segs.; Jorge Bacelar Gouveia, *Zona económica exclusiva*, in *Dicionário Jurídico da Administração Pública*, VII, 1996, págs. 611 e segs.; Fausto de Quadros, Jorge Bacelar Gouveia e Paulo Otero, *Portugal e o Direito do Mar*, Lisboa, 2004, págs. 71 e segs.

[47] Assim, o Sudão, anglo-egípcio antes de 1956, ou as Novas Hébridas (hoje Vanuatu), anglo-francesas até 1981.

Parte II · Cap. V – O Território do Estado | **187**

sobre o território, visto que aqueles poderes se reconduzem a quotas ideais de um direito único de todos os contitulares.

Aliás, a regra da exclusividade da soberania só vale, em rigor, para território integrado no Estado (em que vive o povo do Estado, e onde assenta o seu poder político) e não para territórios dependentes, sem natureza de Estado. Numa colónia o poder político é estranho à comunidade que aí vive e pode pertencer a um ou mais Estados diferentes.

IV – Acrescente-se que há ou tem havido ainda territórios sobre os quais nenhum Estado exerce senhorio ou soberania, mas tão só supremacia,[48] e territórios sobre os quais nenhum poder se exerce (territórios neutros).

Além disso, tem havido até territórios sob administração direta de organizações internacionais sem mediação de quaisquer Estados.[49-50]

O problema da aquisição de direitos sobre terras livres ou sem dono (ou tidas como sem dono) foi, como se sabe, da mais alta importância quando dos Descobrimentos e da expansão colonial.

Hoje, num movimento inverso, é uma noção de "património comum da humanidade" que vai aparecendo. A Convenção das Nações Unidas sobre o Direito do Mar, de 1982, acolheu-a ao estabelecer que os fundos marinhos do alto-mar e os seus recursos são património comum da humanidade (arts. 136º e segs.).[51] O mesmo poderá vir a acontecer, em

---

[48] A cidade de Berlim, entre a segunda guerra mundial e 1990.

[49] Assim, o Sarre, entre 1919 e 1935; a Nova Guiné Ocidental, entre 1962 e 1963; *de jure* (mas não de facto); o Sudoeste Africano ou Namíbia de 1966 a pouco antes da independência em 1990; Camboja em 1992 e 1993; de certo modo, Cossovo, desde 1999; Timor Leste entre 2000 e 2002; e foi também para a internacionalização de Jerusalém que apontou a resolução nº 181/II, de 29 de Novembro de 1947, da Assembleia Geral das Nações Unidas.
Sobre Timor Leste, v. a já referida obra coletiva *Timor e o Direito*.

[50] Cfr., sobre o assunto, MERCEDES SOLA DOMINGO, *La competência de administración de territorios por las organizaciones internacionales*, in *Revista Española de Derecho Constitucional*, 1982, págs. 125 e segs.

[51] Cfr. MAHOMED BEDJAOUI, *Para uma nova ordem económica internacional*, trad., Lisboa, 1980, págs. 239 e segs.; RENÉ-JEAN DUPUY, *La notion de patrimoine commum de l'humanité apliquée aux fonds marins*, in *Droits et libertés à la fin du XXème siècle – Études offertes à C. A. Colliard*, obra coletiva, Paris, págs. 197 e segs.; ROBERT A. GOLDWIN, *Le droit de la mer: sens commun contre «patrimoine commun»*, in *Revue Générale de Droit International Public*, 1985, págs. 719 e segs.; PAULO OTERO, *A Autoridade Internacional dos Fundos Marinhos*, Lisboa, 1988;

futuro próximo, à Antártida (sujeita desde 1959 a um tratado pelo qual não se reconhece sobre ela qualquer pretensão territorial).

Quanto ao alto-mar, ele é declarado, pelo costume e pela referida Convenção (art. 87º), aberto a todos os Estados, quer costeiros, quer desprovidos de litoral.

69.
Referência ao domínio público e ao domínio privado

I – Os direitos do Estado sobre o território correspondentes à jurisdição distinguem-se dos direitos do Estado sobre parcelas do território, correspondentes *grosso modo* a propriedade no sentido de direito real ou de estrutura próxima da propriedade, e estejam estes submetidos ao Direito público ou submetidos ao Direito privado.

Uma coisa é o senhorio territorial; outra coisa o domínio público, ou a propriedade pública, ou o domínio privado do Estado ou o património do Estado.

O Estado tem senhorio e exerce jurisdição tanto sobre os bens do domínio público e do domínio privado quanto sobre os bens de propriedade dos particulares. A única diferença está em que só atinge os segundos na medida em que exerce jurisdição sobre as pessoas suas proprietárias.

II – Por domínio público entende-se o conjunto de coisas públicas ou de direitos sobre coisas públicas, sendo coisas públicas as que são submetidas por lei ao domínio de uma pessoa coletiva de direito público e subtraídas ao comércio jurídico privado por causa da sua primacial utilidade coletiva.[52]

SILVA CUNHA, *op. cit.*, págs. 317 e segs.; JOSÉ MANUEL PUREZA, *O património comum da humanidade*, Porto, 1998, págs. 173 e segs.

[52] MARCELLO CAETANO, *Manual de Direito Administrativo*, II, 9ª ed., Lisboa, 1972, pág. 857. Cfr. JOSÉ PEDRO FERNANDES, *Domínio Público*, in *Dicionário Jurídico da Administração Pública*, IV, págs. 166 e segs.; ANTÓNIO MENEZES CORDEIRO, *Tratado de Direito Civil Português*, I, *Parte Geral* – tomo II, Lisboa, 2000, págs. 35 e segs.; RUI MACHETE, *O domínio público e a rede elétrica nacional*, in *Revista da Ordem dos Advogados*, 2001, págs. 1.367 e segs.; JOSÉ LUÍS BONIFÁCIO RAMOS, *Domínio público e domínio privado: mitos e sombras*, in *O Direito*, 2009, págs. 815 e segs.; ANA RAQUEL GONÇALVES MONIZ, *Direito do Domínio público*, in *Tratado de Direito Administrativo Especial* (coord. de Paulo Otero e Pedro Gonçalves), V, Coimbra, 2011, págs. 11 e segs.

Do domínio público distingue-se o domínio privado. Este último abrange bens sujeitos, em princípio, a um regime de Direito privado e inseridos no comércio jurídico, sem embargo das exceções e especialidades introduzidas pelas leis administrativas.

Por outro lado, nem todo o domínio público equivale a propriedade pública, pois o conceito de propriedade exige a possibilidade de apropriação.

Finalmente, por património do Estado entende-se o conjunto dos bens do seu domínio público e privado e dos direitos e obrigações com conteúdo económico de que o Estado é titular, como pessoa coletiva de direito público.

70.

O Estado e outras coletividades territoriais

I – Não pode considerar-se o Estado a única comunidade territorial. Dentro do Estado, e também acima e ao lado do Estado, existem outras coletividades cujos ordenamentos jurídicos adquirem, nuns casos mais vincadamente, noutros casos menos, caráter territorial. O que mostra ainda (assim como o facto de haver territórios não pertencentes a nenhum Estado) a dificuldade de sustentar que o território é elemento essencial do Estado.

II – Coletividades territoriais dentro do território do Estado são, antes de mais, os municípios e outras autarquias locais e, quando existam, as regiões ou províncias autónomas.

E relevância muito maior tem o território para os municípios, as restantes autarquias locais e as regiões autónomas do que para o Estado. O território, aí, mais do que limite espacial de competência dos órgãos, representa elemento definidor dos interesses municipais, locais e regionais.[53-54] A circunscrição aparece como fator determinante da formação e da subsistência do agregado (o que, todavia, tão pouco

---

[53] Neste sentido, ANDRÉ GONÇALVES PEREIRA, *Contribuição para uma teoria geral do Direito Municipal*, cit., págs. 226 e segs. Cfr. FREITAS DO AMARAL, *op. cit.*, I, pág. 420, que fala numa tripla função: de identificação, de definição da população e de delimitação das atribuições e competências das autarquias e dos seus órgãos.

[54] Também se discute na doutrina acerca da natureza do poder que o município exerce sobre o território municipal (de qualquer modo menos intenso do que o poder de jurisdição do Estado). Cfr., numa atitude crítica e negativa, CANNADA BARTOLI, *Osservazioni intorno a*

quer dizer que seja da essência ou parte constitutiva da autarquia ou da comunidade regional).

Isso mesmo explicita, por exemplo, a Constituição portuguesa: "O regime político-administrativo próprio dos arquipélagos dos Açores e da Madeira fundamenta-se nas caraterísticas *geográficas...*" (art. 225º, nº 1); "regiões autónomas e as autarquias locais são pessoas coletivas *territoriais...*" (arts. 227º, nº 1, e 237º, nº 1).

Nota básica do Direito municipal ou do Direito regional é a sua territorialidade. Em regra, nem um nem outro regula ou se aplica senão às pessoas residentes ou domiciliadas na respetiva área. Enquanto que as leis dimanadas dos órgãos do Estado tanto podem ser de âmbito geral (e, em Estado unitário, por princípio, são-no) como de âmbito local, as leis dimanadas de órgãos de regiões autónomas – assim como os regulamentos de autarquias locais – são sempre de âmbito estritamente local.

Por isso, como já dissemos, participação (ou plenitude de participação) na vida coletiva regional – e, por maioria de razão, local – só podem possuir os cidadãos residentes nas circunscrições respetivas.

III – Os poderes territoriais dos Estados compostos são, em tudo, de natureza idêntica à dos poderes dos Estados simples ou unitários, com os problemas conexos.

Deles se aproximam até certo ponto os que se exercem em comunidades com *autonomia sem integração*, a que adiante iremos aludir.

Ao invés, oferecem-se de caráter limitado, porventura excecional e relativamente precário os poderes territoriais das confederações. No entanto, o território desempenha um papel não despiciendo quer nas confederações clássicas, quer na União Europeia enquanto âmbito de vigência espacial do Direito emanado dos respetivos órgãos.

---

taluni aspetti del territorio comunale, in *Scritti giuridici in memoria di V. E. Orlando*, obra coletiva, I, Pádua, 1957, págs. 273 e segs.

V., ainda, LIVIO PALADIN, *Il territorio degli enti autonomi*, in *Rivista Trimestrale di Diritto Pubblico*, 1961, págs. 607 e segs.; MARIO NIGRO, *Gli enti pubblici con dimensione territorialmente definita*, ibidem, 1976, págs. 351 e segs.; GARCIA DE ENTERRIA e TOMAS-RAMON FERNANDEZ, *Curso de Derecho Administrativo*, I, 5ª ed., Madrid, 1990, págs. 385 e segs.

Capítulo VI

FORMAS DE ESTADO

§ 1º
As formas de Estado em geral

71.
Conceito de forma de Estado

I – O conceito de forma de Estado, dos mais trabalhados pelos tratadistas de Direito público, é conceito básico com que se tem de contar na configuração em concreto de cada Estado e dos seus diversos elementos ou condições de existência. E é, assim, também um conceito de síntese de toda a matéria atinente à estrutura constitucional do Estado ou à relação entre comunidade e poder político.

Dele se devem distinguir, naturalmente, outros conceitos de formas políticas (*lato sensu*), como tipos históricos de Estado, formas de governo, sistemas de governo e regimes políticos.

II – Formas de Estado não equivalem a tipos históricos de Estado, tal como, desde JELLINEK, são enumerados (Estado oriental, Estado grego, Estado romano, Estado medieval ou pretenso Estado medieval e Estado moderno).[1]

Os tipos históricos de Estado são formas de organização política correspondentes a conceções gerais sobre o Estado enquanto socieda-

---
[1] V. *supra*.

de política ao lado de quaisquer outras sociedades humanas e, doutros prismas, a formas de civilização e a estádios históricos determinados. Já as formas de Estado apenas têm que ver com as conceções e os quadros de relacionamento entre poder, por uma parte, e comunidade política (bem como território), por outra parte.

O conceito de formas de Estado só se torna verdadeiramente operacional no interior de um mesmo tipo histórico de Estado. Em rigor, só interessa distinguir Estado unitário e Estado federal no âmbito do Estado moderno de tipo europeu e, especialmente, a partir do despontar do constitucionalismo.

III – Formas de Estado não se confundem com formas de governo e com sistemas de governo.

Forma de Estado é o modo de o Estado dispor o seu poder em face de outros poderes de igual natureza (em termos de coordenação e subordinação) e quanto ao povo e ao território (que ficam sujeitos a um ou a mais de um poder político). Forma de governo é a forma de uma comunidade política organizar o seu poder ou estabelecer a diferenciação entre governantes e governados de harmonia com certos princípios políticos-constitucionais. Mais circunscrito, sistema de governo é o sistema de órgãos de função política, apenas se reporta à organização interna do governo e aos poderes e estatutos dos governantes.[2]

Acentuando um pouco mais a distinção entre formas de Estado e formas e sistemas de governo, vale a pena citar alguns autores:

- As formas de Estado referem-se à composição geral do Estado, ao passo que as formas de governo se referem ao exercício do poder político.[3]

- As formas de Estado são os métodos possíveis de criação da ordem estatal; as formas políticas, os conteúdos típicos das normas reguladoras da criação do Direito.[4]

- O problema da forma de Estado concerne ao número de aparelhos governamentais e, se há vários, às suas relações; diz

---

[2]   V. o nosso estudo *Governo (Formas e sistemas)*, in *Polis*, III, págs. 76 e segs.; ou BARBOSA DE MELO, *Democracia e Utopia*, Coimbra, 1980, pág. 40.

[3]   MARNOCO E SOUSA, *Direito Político – Poderes do Estado*, Coimbra, 1910, pág. 105.

[4]   KELSEN, *Teoria General...*, cit., pág. 409.

respeito à "extensão humana" da sua competência, à estrutura constitucional da própria coletividade, à sua unidade ou à sua divisão para efeito do poder governamental; já o problema das formas de governo concerne à organização de um dado aparelho de governo, independentemente da extensão do exercício dos seus poderes.[5]

– As formas de Estado são os vários processos de combinação jurídica dos seus elementos; as formas políticas, os diferentes sistemas de organização e atuação do Governo.[6]

– As formas de Estado dizem respeito à estrutura do poder no Estado – poder político uno ou associação de poderes; os regimes políticos em sentido amplo ou formas políticas dizem respeito aos fins do poder (regimes políticos em sentido estrito) e às suas modalidades de exercício.[7]

– As formas de Estado reportam-se à configuração externa da sociedade política, que ora se apresenta como uma unidade, ora se mostra como uma combinação de diferentes unidades; as formas de governo referem-se à estrutura ou arranjo interno da sociedade política, à maneira como interiormente se revela organizado.[8]

IV – Tão pouco se identificam formas de Estado e regimes políticos, visto que estes não são senão expressões, objetivações ou concretizações das diferentes Constituições materiais,[9] ainda quando se reconduzem a grandes tipos constitucionais (Estado liberal, Estado social do direito, Estado soviético, Estado fascista).

A forma de Estado é, simultaneamente, mais e menos que o regime político.

É mais, porque envolve uma permanência que o regime não tem ou pode não ter: um Estado é unitário ou composto ao longo da sua história ou subsiste muito mais tempo sob certa forma do que sob certo regime ou sob certa Constituição.

É menos, porque a forma de Estado não vai além dos aspetos políticos estruturais e o regime (que não é tanto o modo como o poder se

---

[5]   CHARLES, EISENMANN, *Cours de Droit Constitutionnel Comparé*, policopiado, Paris, 1950-1951, pág. 43.

[6]   QUEIROZ LIMA, *op. cit.*, pág. 162.

[7]   Seguindo BURDEAU, *op. cit.*, II, 2ª ed., págs. 347-348.

[8]   ARMANDO MARQUES GUEDES, *Teoria...*, cit., pág. 41.

[9]   Cfr. *infra*.

rege quanto os fins a que se dirige) constrói-se a partir de todos os aspetos da vida política e social politicamente relevantes; no regime para lá da organização do poder, avultam o sistema de direitos fundamentais e o sistema económico.

No entanto, cada forma de Estado e cada regime político em concreto não são sem implicações; na experiência histórica desde ou daquele país condicionam-se ou interpenetram-se.

72.

A contraposição fundamental:
Estados simples e compostos

I – A divisão fundamental, de há muito formulada pela doutrina e ainda hoje válida, dá-se entre Estados simples ou unitários e Estados compostos ou complexos.

Critérios de distinção são: unidade[10] ou pluralidade de poderes políticos (ou de poderes soberanos na ordem interna); unidade ou pluralidade de ordenamentos jurídicos originários ou de Constituições; unidade ou pluralidade dos sistemas de funções e órgãos do Estado; unidade ou pluralidade de centros de decisão política *a se*.[11] Apesar das diferenças de perspetivas, coincidem nos resultados.

II – O Estado unitário tanto pode ser Estado unitário *centralizado* como Estado *unitário descentralizado ou regional*.

Se todos ou quase todos os Estados do mundo admitem descentralização administrativa, quer de âmbito territorial – através de municípios ou comunas e através de circunscrições mais vastas[12] –, quer de âmbito institucional ou funcional – através de associações, fundações, institutos ou outras entidades públicas –, só alguns Estados comportam descentralização política. E não é a descentralização administrativa, mas sim a política que aqui importa.

---

[10] Ou talvez melhor: *unicidade*.

[11] Burdeau (*Traité...*, cit., II, 2ª ed., pág. 348) alude ainda a unidade ou pluralidade de ideias de Direito, mas este critério é de rejeitar em nome, exatamente, da distinção entre regime e forma de Estado. Em qualquer Estado, ainda que composto, dificilmente pode admitir-se mais de um regime ou mais de uma ideia de Direito.

[12] A descentralização administrativa territorial pode ser, assim, consoante os países, municipal, provincial ou, simultaneamente, municipal e provincial.

Esta descentralização política é sempre em nível territorial: são províncias ou regiões que se tornam politicamente autónomas por os seus órgãos desempenharem funções políticas, participarem, ao lado dos órgãos estatais, no exercício de alguns poderes ou competências de caráter legislativo e governativo.[13] Daí que se fale em Estado regional.[14]

III – Por sua vez, o Estado composto ora se configura como *federação ou* Estado federal,[15] ora se configura como *união real*. Num caso e noutro, a sua base de organização é também geográfica ou territorial.[16]

Quer na federação, quer na união real, regista-se uma associação ou união de Estados dando origem a um novo Estado que os vai englobar ou integrar. A diferença está em que na federação se criam órgãos completamente distintos dos órgãos dos Estados-membros e todo um sistema jurídico e político-constitucional novo, enquanto que na união real se aproveitam alguns dos órgãos dos Estados-membros elevando-os a comuns. A estrutura federativa é de *sobreposição*; a da união real, de *fusão* ou de *comunhão institucional*.

IV – A maior parte dos Estados do mundo, ontem e hoje, constituem-se em Estados unitários e centralizados. Isso não significa que a forma unitária seja a forma normal de existir dos Estados. Tão normais como o Estado centralizado são o Estado regional e o Estado federal.

Assim, hoje, são Estados federais, com mais ou menor autenticidade:

- Na Europa, a Suíça, a Alemanha, a Áustria, a Rússia, a Bélgica e a Bósnia-Herzegovina;
- Na América, os Estados-Unidos, o Canadá, o México, a Venezuela, o Brasil e a Argentina;

---

[13] Poderia imaginar-se ainda descentralização política a nível institucional: através, por exemplo, da atribuição de faculdades legislativas a organismos corporativos. Mas não se conhecem exemplos de tal fenómeno, que seria como que a revivescência do Estado estamental ou corporativo da passagem da Idade Média para a Idade Moderna. O chamado sufrágio orgânico ou a participação de representantes de organizações socioprofissionais em órgãos do Estado, deliberativos ou consultivos, tem índole diversa, pois, que, de qualquer modo, tudo se passa aí no interior dos órgãos do Estado.

[14] Aliás, região tem a mesma raiz de *regere* (governar).

[15] De *foedus*, aliança, tratado.

[16] Uma exceção parece ser, até certo ponto, o federalismo belga, em face da Constituição de 1993, com a sua estrutura compósita de regiões e comunidades. V. Francis Delpérée, *Le fédéralisme belge*, in *Revue européenne de droit public*, 1993, págs. 29 e segs.

196 | Teoria do Estado e da Constituição • *Jorge Miranda*

- Na África, a Nigéria, a Etiópia e as Comoras;
- Na Ásia, a Índia, a Malásia e os Emirados Árabes Unidos;
- Na Oceânia, a Austrália.

O que pode dizer-se, entretanto, é que no seio dos Estados compostos existem sempre Estados unitários. Os Estados componentes são, em geral, com raríssimas exceções, imediatamente Estados unitários. E, claro está, qualquer Estado, mesmo o Estado federal, é unitário no sentido de que, em si, na respetiva estrutura interna, o seu poder é uno (ou, se se preferir, único).

73.

O Estado unitário descentralizado ou regional

I – A conceção constitucional específica e a elaboração teórica do regionalismo político são relativamente recentes, sem embargo de certas notas caraterísticas se encontrarem antes. Remontam à Constituição espanhola de 1931 e à italiana de 1947.

A doutrina dominante parece inclinar-se para a sua inserção dentro do Estado unitário. Mas há também quem pense tratar-se de um *tertium genus* e quem entenda que, por causa dele, fica posta em causa a distinção clássica entre Estados unitários e Estados federais.[17]

---

[17] Cfr. GASPARRE AMBROSINI, *Un tipo intermedio di Stato tra l'unitario e il federale caratterizato dall'autonomia regionale*, in *Rivista di Diritto Pubblico*, 1933, págs. 92 e segs.; GUIDO LUCATELLO, *Lo stato regionale quale nuova forma di Stato*, in *Atti del primo convegno di studi regionali*, Pádua, 1955, págs. 136 e segs.; CHARLES DURAND, *De l'État fédéral à l'État unitaire décentralisé*, in *L'évolution du droit public – Études en l'honneur d'Achille Mestre*, obra coletiva, Paris, 1956, págs. 193 e segs.; JUAN FERRANDO BADIA, *Formas del Estado desde la perspetiva del Estado regional*, Madrid, 1964; CLAUDE PALAZZOLI, *Les régions italiennes. Contribution à l'étude de la décentralisation politique*, Paris, 1966; FAUSTO DE QUADROS, *A descentralização das funções do Estado nas províncias ultramarinas portuguesas*, Braga, 1971; AMÂNCIO FERREIRA, *As regiões autónomas na Constituição portuguesa*, Coimbra, 1980, págs. 11 e segs.; RAFAEL ENTRENA CUESTA, *Estado regional, Estado autonómico, Estado federal*, in *Administración y Constitución – Estudios en homenaje al Professor Mesa Moles*, obra coletiva, Madrid, 1982, págs. 209 e segs.; JUAN GONZÁLEZ ENCINAR, *El Estado unitario regional*, Madrid, 1985; GARCIA DE ENTERRÍA, *Estudios sobre autonomias territoriales*, Madrid, 1985; ANTONIO D'ATENA, *Costituzione e Regioni*, Milão, 1991; *L'État autonomique; forme nouvelle ou transitoire en Europe?*, obra coletiva, Paris, 1994; ANDRÉ ROUX e ROGER SCOFFONI, *Autonomies régionales et formes de l'État*, in *Renouveau du droit*

Parte II · Cap. VI – Formas de Estado | **197**

II – Podem ser apontadas várias categorias de Estados descentralizados.

No Estado regional *integral*, todo o território se divide em regiões autónomas. No Estado regional *parcial*, encontram-se regiões politicamente autónomas e regiões ou circunscrições só com descentralização administrativa, verificando-se, pois, diversidade de condições jurídico-políticas de região para região.

E esta é também uma diferença clara em relação ao *Estado federal*, sempre integral por natureza (sempre formado, inteiramente, por um maior ou menor número de Estados federados).

No Estado regional *homogéneo*, seja integral ou parcial, a organização das regiões é, senão uniforme, idêntica (a mesma no essencial para todos). No Estado regional *heterogéneo*, ela pode ser diferenciada ou haver regiões de estatuto comum e regiões de estatuto especial.[18]

Em geral, as regiões são criadas pela Constituição, mas conhecem-se casos – ainda que de necessária relevância em nível de Constituição material – de regiões instituídas por lei (caso da Gronelândia) e até pelo Direito internacional (caso da Alândia).

Como exemplos de Estados regionais integrais apontem-se o Brasil, de certo modo (no Império, após a revisão da Constituição em 1834), a Áustria (antes de 1918), a Itália, a Espanha, agora (na vigência da Constituição de 1978) ou a África do Sul (com a Constituição de 1996).

Como exemplos de Estados regionais parciais indiquem-se a Finlândia (por causa da Alândia), a Espanha (quando da Constituição de 1931), a Dinamarca (quanto às Ilhas Feroé e à Gronelândia), Portugal (desde 1976, em virtude das regiões autónomas dos Açores e da Madeira), a China (sobretudo, por causa de Honcongue e de Macau),[19] o

---

constitutionnel – *Mélanges en l'honneur de Louis Favereau*, obra coletiva, Paris, 2007, págs. 411 e segs.; *L'État regional, une nouvelle forme d'État*, obra coletiva (direção de Jean Fougerouse), Bruxelas, 2008; ARISTIDE CANEDA, *Costituzioni e regionalizzazione: in medio stato virtus?*, in *Estudos de homenagem ao Prof. Doutor Jorge Miranda*, obra coletiva, I, págs. 433 e segs.

[18] No Estado regional parcial e no Estado regional heterogéneo pode falar-se em regionalismo assimétrico.

[19] Cfr. RUI DE MOURA RAMOS, *A Declaração conjunta luso-chinesa na perspetiva do Direito internacional*, in *Boletim da Faculdade de Direito da Universidade de Coimbra*, 1998, págs. 678 e segs.; JOSÉ CASALTA NABAIS, *Região Administrativa Especial de Macau: federalismo ou regionalismo?*, *ibidem*, 2001, págs. 433 e segs.; JORGE BACELAR GOUVEIA, *A Lei Básica da Região Administrativa Especial de Macau – Contributo para uma compreensão de Direito Constitucional*, in *Homenagem ao Prof. Doutor André Gonçalves*

Reino Unido (com a Irlanda do Norte, a Escócia e Gales, a partir de 1998 e 1999); São Tomé e Príncipe, em relação ao Príncipe;[20] o Iraque (com a autonomia do Curdistão).

Como exemplos de Estados regionais heterogéneos, refiram-se a Itália, com regiões de estatuto especial (Sicília, Sardenha, Vale de Aosta, Trentino – Alto Ádige[21] e Friul – Venécia Júlia) e regiões de estatuto comum (as restantes) e a Espanha atual (com comunidades autónomas de regimes diversos).

III – O grau de descentralização varia muitíssimo; desde regiões que pouco mais parecem do que coletividades administrativas a regiões que parecem Estados-membros de uma federação. Geralmente, os estatutos são-lhes outorgados pelo poder central, mas há casos (as regiões italianas, as regiões autónomas portuguesas) em que elas chegam a participar na elaboração e na revisão desses estatutos.[22]

A maior semelhança possível entre Estado regional e Estado federal dá-se quando aquele é integral e as regiões, além de faculdades legislativas, possuem faculdades de auto-organização. Mesmo assim, porém, cabe distinguir:

a) Porque o ato final, a vontade última na elaboração ou na alteração dos estatutos regionais pertence ao poder central;[23] ou seja, as regiões não têm poder constituinte;

b) Porque as regiões tão pouco participam na elaboração e na revisão da Constituição do Estado, como unidades políticas distintas

---

Pereira, obra coletiva, Coimbra, 2006, págs. 261 e segs.; WEI DAN, *Soberania nacional e autonomia territorial: reflexão sobre o constitucionalismo chinês e as Leis Básicas de Hong Kong e Macau*, in *Direito e Cidadania*, n° 29, 2009, págs. 239 e segs.; *One Country, Two Systems, Three Legal Orders – Perspectives of Evolution – Essays on Macau's Autonomy after the Resumption of Sovereignity by China*, obra coletiva, Berlim-Haidelberga, 2009; ARNALDO GONÇALVES, *Desenvolvimentos recentes no direito constitucional chinês*, in *Scientia Juridica*, julho-setembro de 2009, págs. 461 e segs.; PAULO CARDINAL e YIHE ZHANG, *Subnational Constitutionalism in the SARs of the People's Republic of China. An Exceptional Tailored Suit Model?*, in *O Direito*, 2012, págs. 789 e segs.

[20] Cfr. AUGUSTO NASCIMENTO, *O papagaio e o falcão. A génese da autonomia na ultraperiférica ilha do Príncipe*, in *Autonomia e História das Ilhas*, obra coletiva, Funchal, 2001, págs. 275 e segs.

[21] Esta ainda com a situação particular das duas províncias de Trento e Bolzano.

[22] No sentido de que só haveria verdadeiramente Estado regional quando existisse tal participação das regiões na sua própria organização, FAUSTO DE QUADROS, *op. cit.*, págs. 58 e segs.

[23] *Ibidem, op. cit.*, pág. 62.

Parte II · Cap. VI – Formas de Estado | **199**

dele; ou seja, o poder constituinte do Estado é delas independente.

Juridicamente o Estado federal dir-se-ia criado pelos Estados componentes. Pelo contrário, as regiões são criadas pelo poder central, e as atribuições políticas que têm tanto podem vir a ser alargadas como extintas por este. Mais ainda: se o Estado federal desaparecer, em princípio os Estados federados adquirem ou readquirem plena soberania de Direito internacional; não assim as regiões autónomas, as quais, como quaisquer outras coletividades descentralizadas, ou desaparecem com o Estado ou carecem de um ato específico para obterem a soberania.[24]

Os desmembramentos da União Soviética, da Iugoslávia e da Checoslováquia, com o acesso à plena soberania dos Estados que as compunham, mostra bem que, mesmo em federações imperfeitas e politicamente fictícias, perdura um resíduo de estatalidade pronto a revivescer se as condições o permitem.

IV – Com a descentralização política regional não se confunde a *regionalização*, traduzida em desconcentração regional e, sobretudo, na criação de autarquias supramunicipais, a que aludimos em capítulo anterior.

Se a dimensão e alguns dos objetivos das regiões que assim se apresentam em alguns países podem ser semelhantes aos das regiões autónomas, os meios orgânicos e funcionais oferecem-se bem diversos. Só as regiões autónomas possuem órgãos e funções de natureza política e, portanto, afetam a forma do Estado.

74.

Autonomia política
com e sem integração

I – A par da autonomia regional, que é efeito de descentralização política ou político-administrativa, conhece-se a autonomia (ou talvez melhor, uma gama algo diversificada de formas de autonomia) de que são dotadas certas comunidades territoriais dependentes doutros Estados ou em regimes especiais.

Trata-se aqui de um conceito empírico destinado a descrever algo de situado entre a *não autonomia territorial* e o estatuto de Estado inde-

---

[24] Cfr. JELLINEK, *op. cit.*, págs. 371-372.

200 | Teoria do Estado e da Constituição · *Jorge Miranda*

pendente[25-26] ou entre a não autonomia territorial e a integração em Estado independente, em igualdade com quaisquer outras comunidades que deste façam parte.

II – São, designadamente, quatro os tipos de estatutos de autonomia de comunidades territoriais:

a) Autonomia derivada de antigos laços feudais (a Ilha de Man e as Anglo-Normandas em relação à Coroa Britânica);[27]

b) Autonomia ligada a vínculos coloniais, semicoloniais ou pós-coloniais (as colónias autónomas e semiautónomas britânicas, como foram antes de acederem à independência quase todos os países do *Commonwealth* e como ainda hoje são as Bermudas, Gibraltar ou as Ilhas Caimão; de certo modo, os territórios ultramarinos franceses como a Nova Caledónia ou a Polinésia; Guam, Marianas do Norte e Samoa Americana, em relação aos Estados Unidos);[28]

c) Autonomia com associação a outros Estados (as Antilhas Holandesas e Aruba em face da Holanda, Porto Rico perante os Estados Unidos, as ilhas Cook e Niue em face da Nova Zelândia);

d) Autonomia ligada a situações internacionais especiais (Fiume entre 1919 e 1924, o Sarre entre 1919 e 1935 e entre 1945 e 1955, Dânziga entre as duas guerras mundiais, Trieste entre 1947 e 1954; Berlim entre 1949 e 1990,[29] Macau entre 1976 e 1999; numa fase de preparação para a autodeterminação,[30] alguns territórios sob mandato ou sob tutela).

---

[25] Cfr. DANIEL VIGNES, *Sur la notion d'autonomie en droit constitutionnel*, in *Revue internationale d'histoire politique est constitutionnelle*, 1956, págs. 87 e segs.; ou RUTH LAPIDOTH, *Some Reflections on Authonomy*, in *Mélanges offerts à Paul Reuter*, obra coletiva, Paris, 1981, págs. 379 e segs.

[26] Cfr., *supra*, o que dissemos acerca das coletividades pré-estatais e da formação de novos Estados.

[27] Cfr. DAVID G. KERMODE, *Government in the Isle of Man*, in *Parliamentary Affairs*, 2002, págs. 682 e segs.

[28] Cfr., sobre os territórios ultramarinos franceses, THIERRY MICHALON, *La République Française, une fédération qui s'ignore?*, in *Revue du droit public*, 1982, págs. 623 e segs.; FRANÇOIS LUCHAIRE, *L'autonomie de la Polynésie française devant le Conseil Costitutionnel*, in *Revue du droit public*, 1996, págs. 953 e segs.

[29] Sobre o estatuto de Berlim, v. HONORÉ MARC CATUDAL, *Origins and Early Development of the Berlin Problem*, in *Revue de droit international*, 1983, págs. 81 e segs.

[30] Cfr. JORGE MIRANDA, *Ordem constitucional e fiscalização de constitucionalidade em Macau*, in *O Direito*, 1991, págs. 693 e segs.; CARLOS BLANCO DE MORAIS, *A organiza-*

Parte II · Cap. VI – Formas de Estado | **201**

III – A estrutura da autonomia das regiões autónomas e a das comunidades territoriais dependentes acabadas de enunciar dir-se-iam *prima facie* similares. Há autonomias mais extensas ou menos extensas num lado e noutro e também são variáveis os poderes de controlo e de intervenção das autoridades estatais.[31] Mas a natureza e o sentido da autonomia são completamente diversos, consoante se trate da autonomia com integração ou sem integração.

A autonomia própria das regiões autónomas é uma autonomia com integração. É a autonomia – sejam quais forem as razões em que se funde – de comunidades que compõem, com outras, um povo, ao qual corresponde um certo e determinado Estado e que, por essa via, têm pleno acesso à soberania desse mesmo Estado.

Pelo contrário, a autonomia sem integração – resulte ela de laços feudais, coloniais, associativos, internacionais ou outros – implica uma separação e, ao mesmo tempo, uma subordinação. A comunidade que dela goza não se considera constitutiva do povo do Estado soberano a que se encontra vinculada e está, portanto, numa espécie de *capitis deminutio* perante ele; o seu território não é parte integrante do território desse Estado soberano (ou se, porventura, é declarado parte integrante, encontra-se numa condição particular frente à *metrópole*); e, por virtude desta diferenciação, avulta a imperfeição do respetivo estatuto constitucional.

No seu estudo *Über Staatsfragmente* (trad. castelhana *Fragmentos de Estado*, Madrid, 1978), JELLINEK faz distinção análoga (pág. 103) acerca das situações de que se ocupa: situações procedentes do Antigo Regime (por exemplo, no Império Austro-Húngaro), a Finlândia e a Alsácia-Lorena do seu tempo, colónias autónomas britânicas, etc. Mas a sua perspetiva é diversa, pois que, embora considere quatro graus de participação das comunidades na definição da sua própria organização (pág. 100), para ele trata-se essencialmente do conceito de "fragmentos de Estado" ou "País" (*Land*) como descritivo de situações em que se deparam algum ou alguns dos elementos do Estado, mas não todos – quer dizer, situações nas quais, em vez de povo, território e poder político aparecerem reunidos, aparecem dissociados uns dos outros (pág. 57). E naturalmente, por isso, JELLINEK exclui deste conceito os Estados federados.[32]

ção do poder político-legislativo no território de Macau – durante e após a transição para a soberania chinesa, in *Estudos em homenagem ao Prof. Doutor Rogério Soares*, obra coletiva, Coimbra, 2001, págs. 133 e segs.

[31] Cfr. RUTH LAPIDOTH, *op. cit.*, *loc. cit.*, págs. 384 e segs.

[32] Cfr. as observações críticas de SANTI ROMANO, *Sui cosidetti "Stoatsfragmente"*, in *Scritti Minori*, I, págs. 41 e segs.: os três elementos do Estado só o são quando todos reunidos;

202 | Teoria do Estado e da Constituição • *Jorge Miranda*

Abundantes noutras épocas, as autonomias sem integração são hoje pouco numerosas, em consequência do princípio da autodeterminação dos povos levada às suas últimas consequências (de independência ou de integração de pleno direito noutros Estados). Mas não é seguro que se extingam por completo, porque algumas traduzem singularidades irredutíveis e outras são geradas por vicissitudes internacionais – que, sob vestes múltiplas, não deixam de se repetir em sucessivos momentos.

75.

Os Estados compostos: federações e uniões reais

I – Passemos à análise do Estado composto ou complexo, nas duas grandes formas conhecidas, de união real e de federação – aquela surgida empiricamente, esta em resultado de uma construção racional coeva do constitucionalismo moderno.

Precisando ainda a distinção: a federação repousa na sobreposição, porque um poder novo e distinto, o poder federal, surge acima dos poderes políticos dos Estados nela integrantes, os Estados federados; ao invés, a união real assenta na fusão ou na colocação em comum de alguns dos órgãos dos Estados que a constituem, de tal modo que fica a haver, ao lado dos órgãos particulares de cada Estado, um ou mais órgãos comuns (pelo menos, o Chefe do Estado é comum) com os respetivos serviços de apoio e execução.

Complementarmente, o grau de integração dos Estados componentes e, portanto, a complexidade jurídica da organização são muito mais acentuados no Estado federal do que na união real. O poder central é mais forte naquele e maiores, por isso, quer a interpenetração no plano do Direito interno, quer a identidade de sistemas políticos; pelo contrário, os Estados-membros da união real – muitas vezes, uma fórmula de transição – conservam as suas peculiaridades e, não raro, mantêm uma limitada capacidade internacional.[33]

---

se não há os três juntos, também não há nenhum, também não há "fragmentos de Estados". Ou as de KELSEN, *Teoria General...*, cit., págs. 249 e segs.: só a grande diversidade e a forma política existente nos territórios parciais e certos aspetos de natureza ético-política podem ocultar a unidade jurídica e conduzir à hipótese perturbadora de uma forma peculiar de descentralização.

[33] Parte da doutrina sustenta, por isso, que a união real não é um novo Estado, mas uma associação de Estados, mais próxima da confederação do que da federação: v., por todos,

Parte II • Cap. VI – Formas de Estado | **203**

II – A união real distingue-se da *união pessoal*. Esta não é um Estado composto, mas, quando muito, uma associação de Estados: o Chefe do Estado é também aqui comum aos dois Estados, embora somente a *título pessoal* e não orgânico; o que é comum é o titular do órgão e não o próprio órgão. A união real é regulada por uma Constituição ou por outro ato jurídico específico; a união pessoal normalmente (embora nem sempre) resulta da mera coincidência de designação da pessoa do Chefe do Estado pelos Direitos próprios de dois ou mais países.

III – As federações tendem a corresponder a repúblicas; as uniões reais e pessoais, a monarquias. Mas com atenuações importantes, porque, logicamente, nem as federações têm de ser federações de repúblicas ou com forma de repúblicas, nem as uniões reais têm de ser uniões monárquicas.

Federações republicanas: os Estados Unidos, a Suíça ou o Brasil. Federações monárquicas: a Alemanha entre 1871 e 1918,[34] a Malásia e os Emirados Árabes Unidos, por englobarem Estados monárquicos. Federações sob forma monárquica: além desses, o Canadá, a Austrália e a Bélgica. E há federações com diferentes sistemas de governo: com sistema presidencial (Estados Unidos, México), com sistema diretorial (Suíça), com sistema parlamentar (Alemanha, Índia).

Uniões reais: a Inglaterra e a Escócia a seguir a 1707;[35] a Rússia e a Finlândia de 1809 a 1917; Portugal e o Brasil de 1815 a 1822; a Suécia e a Noruega de 1815 a 1905; a Áustria e a Hungria de 1867 a 1918;[36] a Dinamarca e a Islândia de 1918 a 1944. De união real, sob forma republicana, aproximaram-se a República Árabe Unida, do Egito e da Síria, entre 1958 e 1961, e a união estabelecida entre Tanganica e Zanzibar desde 1964, sob o nome de Tanzânia.

Uniões pessoais: Espanha e Império Germânico no tempo de Carlos V; Portugal e a Espanha de 1580 a 1640;[37] Inglaterra e a Escócia de 1603 a 1707; Inglaterra e Hanover de 1714 a 1837; Holanda e Luxemburgo de

---

GARCIA PELAYO, *Derecho Constitucional Comparado*, 8ª ed., Madrid, 1967, págs. 206 e segs.

[34] Mas o Império alemão também abrangia repúblicas: as cidades hanseáticas.

[35] Com o *Act of Union*.

[36] Com antecedentes na Pragmática Sanção de 1713. Cfr. JEAN BÉRENGER, *L'Empire Austro-Hongrois*, in *Le concept de l'Empire*, obra coletiva, Paris, 1980, págs. 311 e segs.

[37] Sobre a união pessoal luso-espanhola, v., recentemente, ANTÓNIO MANUEL HESPANHA, *Revolta e revoluções: a resistência das elites provinciais*, in *Análise Social*, nº 120, 1993, págs. 82 e segs.

1816 a 1890; Portugal e o Brasil em 1826 (D. Pedro IV);[38] a Grã-Bretanha e os países do *Commonwealth* que mantêm fidelidade à Coroa britânica (Canadá, Austrália, Nova Zelândia, Jamaica, etc.).[39]

Por detrás das fórmulas jurídicas das uniões urge, porém, discernir fenómenos de supremacia ou domínio político de uns Estados sobre outros, como no caso de Portugal e Espanha em 1580-1640 ou da Inglaterra sobre os outros países das Ilhas Britânicas.[40]

IV – Estados compostos, as federações e as uniões reais são, do mesmo passo, associações de Estados cuja integração orgânica promovem. São as mais intensas das associações de Estado[41] que é possível encontrar; as que conduzem ao aparecimento de novos Estados.

Delas se distinguem as *confederações* e as novas realidades jurídico-internacionais de integração económica e até política (reconduzíveis ou não àquelas), como a União Europeia, o Mercosul e a Comunidade das Caraíbas.

Do pacto confederativo resulta uma entidade *a se,* com órgãos próprios (pelo menos, uma assembleia ou dieta confederal). Não chega a emergir um novo poder político ou mesmo uma autoridade supraestatal com competência genérica. Tudo se passa ainda no campo do Direito internacional, e não já no do Direito interno como sucede nos Estados compostos.[42]

Acrescente-se uma nota interessante sobre as Comunidades Europeias: é que tendo surgido originariamente separadas – Comunidade Europeia do Carvão e do Aço, Comunidade Económica Europeia e Comunidade Europeia de Energia Atómica – fundiram as suas instituições

---

[38] O título de imperador reconhecido a D. João VI pelo tratado luso-brasileiro de 1825 era meramente honorífico.

[39] Uma espécie de união pessoal – de partido político – foi a atribuição do poder, entre 1975 e 1980, na Guiné-Bissau e em Cabo Verde ao Partido Africano da Independência da Guiné e Cabo Verde.

[40] Sobre o assunto, v. JIM BULPITT, *The making of the United Kingdom: Aspects on English Imperialism,* in *Parliamentary Affairs,* XXXI, nº 2, 1978, págs. 174 e segs.

[41] Cfr. JORGE MIRANDA, *União de Estados,* in *Verbo,* XVIII, págs. 439 e segs., e autores citados.

[42] Cfr. ALEXIS DE TOCQUEVILLE, *op. cit.,* I, pág. 224; LOUIS LE FUR, *État Fédéral et Confédérations d'États,* Paris, 1986; CARL J. FRIEDRICH, *Constitutional Government and Democracy,* 1950, trad. francesa *La Démocratie Constitutionnelle,* Paris, 1958, págs. 164 e segs.; ALFRED VERDROSS, *op. cit.,* págs. 280 e 281; PAUL REUTER, *Confédération et fédération,* in *Mélanges offerts à Charles Rousseau,* obra coletiva, Paris, 1974, págs. 209 e segs.; LUCIO LEVI, *Confederazione,* in *Dizionario di Politica,* págs. 211 e segs.

Parte II · Cap. VI – Formas de Estado | **205**

a partir de 1965, embora tenham mantido distintas as individualidades jurídicas e as competências dos respetivos órgãos à luz dos seus tratados constitutivos; mas com a criação da União Europeia, esta situação seria progressivamente ultrapassada.

76.

Os Estados federais em particular

I – O Estado federal ou federação assenta, repetimos, numa *estrutura de sobreposição*, a qual recobre os poderes políticos locais (isto é, dos Estados federados), de modo a cada cidadão ficar simultaneamente sujeito a duas Constituições – a federal e a do Estado federado a que pertence – e ser destinatário de atos provenientes de dois aparelhos de órgãos legislativos, governativos, administrativos e jurisdicionais.

Assenta também numa *estrutura de participação*, em que o poder político central surge como resultante da agregação dos poderes políticos locais, independentemente do modo de formação: donde a terminologia clássica de *Estado de Estados*. Se participação há igualmente na união real, não atinge nesta o desenvolvimento e a sistemática racionalização que atinge na federação.

Tal a nossa maneira de ver – como se verifica, uma maneira de ver dualista da organização federal. Naturalmente, não é original, nem é única: há os que negam ou diminuem o caráter de Estado do Estado federal (assimilando-o à confederação) ou o dos Estados federados (reduzidos a algo parecido com regiões autónomas) e há também os que tomam o Estado federal como a totalidade ou a soma dos Estados federados e da união (e só essa totalidade teria a soberania).[43]

---

[43] Cfr. Jellinek, *Teoria General...*, cit., págs. 577 e segs.; Laband, *Le Droit Public de l'Empire Allemand*, trad., I, Paris, 1960, págs. 202 e segs.; Carré de Malberg, *op. cit.*, I, págs. 90 e segs.; Rudolf Smend, *op. cit.*, págs. 176 e segs. e 235 e segs.; Kelsen, *Teoria General...*, cit., págs. 272 e segs.; Michel Mouskhély, *La théorie juridique de l'État Fédéral*, Paris, 1931; Carl Schmitt, *Teoria...*, cit., págs. 417 e segs.; Guido Lucatello, *Lo Stato Federale*, I, Pádua, 1939; Pablo Lucas Verdu, *Estado Federal*, in *Nueva Enciclopedia Jurídica*, IX, Barcelona, 1958, págs. 1 e segs.; Guy Héraud, *Aspects juridiques de la génèse fédérale*, in *Estudios Juridico-Sociales en Homenaje al Professor Luis Legaz y Lacambra*, obra coletiva, Santiago de Compostela, 1960, II, págs. 885 e segs.; Georges Burdeau, *Traité...*, cit., II, págs. 461 e segs.; Garcia Pelayo, *op. cit.*, págs. 215 e segs.; *Le fédéralisme et le développement des ordres juridiques*, obra coletiva, Bruxelas, 1971; E. Stein, *Derecho Politico*, trad., Madrid, 1973, págs. 107 e segs.; William H. Stewart, *Concepts of Federalism*, Lanham, 1984; Stanislaw Ehrlich, *Theoretical Reflections*

206 | Teoria do Estado e da Constituição • *Jorge Miranda*

II – De qualquer sorte, a dualidade de Estados não tem de significar separação ou polarização. A dupla estrutura de sobreposição e de participação só pode sobreviver com integração política e jurídica; e esse papel cabe à Constituição federal.

Em cada federação, se pode não ter havido historicamente um ato constitutivo, pelo menos ele tem de ser pressuposto (entenda-se ou não como ato-união). Mas, formada a federação, doravante é a Constituição federal – obra de um poder constituinte distinto do poder de cada um dos Estados federados, embora resultante da sua intervenção – que contém o fundamento de validade e de eficácia do ordenamento jurídico federativo; e é ele que define a *competência das competências*[44] (ao passo que, na confederação, subsiste sempre, e só, o respetivo pacto confederal).

Por outro lado, à confederação é inerente o direito de secessão dos Estados confederados. Já não à federação, em que tal direito ou não é reconhecido aos Estados-membros ou depende da Constituição federal.[45-46]

Do mesmo modo, em rigor só em Estado federal há cidadania comum e, na maior parte dos casos, a cidadania federal precede a de cada Estado federado.

III – Das duas caraterísticas expostas – sobreposição e participação – procedem os seguintes princípios diretivos:

---

ou *Federations and Federalism*, in *Revue internationale de science politique*, vol. 5, nº 4, 1984, págs. 359 e segs.; OLIVEIRA BARACHO, *Teoria geral do federalismo*, Rio de Janeiro, 1986; STÉPHANE RIALS, *Destin du fédéralisme*, Paris, 1986; PAULCHARLES GOOSSENS, *Esquisse d'une typologie différentielle du fédéralisme*, in *Présence du Droit Public et des Droits de l'Homme – Mélanges offerts à Jacques Velu*, obra coletiva, II, Bruxelas, págs. 929 e segs.; *Fédéralisme et Cours Suprêmes*, obra coletiva, Bruxelas, 1991; SERGIO ORTONI, *Introduzione al diritto costituzionale federativo*, Turim, 1993; *Quali dei tanti federalismi*, obra coletiva, Pádua, 1997; DIRCÊO TORRECILLAS RAMOS, *O federalismo assimétrico*, São Paulo, 1998; OLIVIER BEAUD, *Fédéralisme et souveraineté: notes pour une théorie constitutionnelle de la fédération*, in *Revue du droit public*, 1998, págs. 83 e segs.; AUGUSTO ZIMMERMANN, *Teoria Geral*, cit.; MÁRIO LÚCIO QUINTÃO SOARES, *op. cit.*, págs. 427 e segs.; LOUIS FAVOREU *et alii*, *op. cit.*, págs. 377 e segs.; MARIA LÚCIA AMARAL, *A forma...*, cit., págs. 328 e segs.; JESSICA BULMAN-POZEN e HEATHER K. GERKEN, *Uncooperative Federalism*, in *Yale Law Journal*, 2009, págs. 1.256 e segs.; *O federalismo atual – Teoria do federalismo*, obra coletiva (coord. de Dircêo Torrecillas Ramos), Belo Horizonte, 2013.

[44] Na conhecida expressão da doutrina alemã.

[45] Um dos poucos exemplos era o da Constituição soviética (art. 72º).

[46] O que não tem impedido a dissolução de várias federações como as da Grande Colômbia, da América Central, do Mali, da Iugoslávia e da Checoslováquia.

Parte II · Cap. VI – Formas de Estado | **207**

1º) Dualidade de soberanias – a de cada um dos Estados federados e a do Estado federal, tendo cada um deles a sua Constituição (e Constituição emanada de um poder constituinte originário, exercido em nome próprio), bem como o correspondente sistema de funções e órgãos (legislativos, governativos, administrativos e jurisdicionais);

2º) Participação dos Estados federados na formação e na modificação da Constituição federal, seja a título constitutivo, seja a título de veto coletivo, seja por via representativa, seja por referendos parciais;[47]

3º) Garantia (em nível de Constituição federal) da existência e dos direitos dos Estados federados;

4º) Intervenção institucionalizada dos Estados federados na formação da vontade política e legislativa federal, através de órgãos federais com representação dos Estados (senados ou conselhos federais, os primeiros com titulares eleitos e os segundos com titulares delegados dos Governos locais);[48]

5º) Igualdade jurídica dos Estados federados, traduzida em igualdade de direitos dos seus cidadãos, em reconhecimento do valor dos atos jurídicos neles celebrados e em participação paritária nos órgãos federais ou em alguns deles;

6º) Limitação das atribuições federais, o que deriva da ideia de agregação dos Estados como hipótese explicativa da federação e possui o sentido (inverso do da descentralização política e administrativa) de que todas as matérias não reservadas ao Estado federal incumbem ou podem incumbir aos Estados federados.[49]

IV – Naturalmente, são diferentes as concretizações destes princípios. Porém, mais do que isso, nem sempre eles se verificam e, por isso, torna-se necessário considerar Estados federais de mais de um tipo ou grau: pelo menos, Estados federais *perfeitos* e *imperfeitos*.

---

[47] Referendos ou votações populares em que os resultados são apurados por Estados, não bastando a maioria obtida pela soma de votos em toda a união.

[48] Cfr. G. LEIBHOLZ, *La Rappresentazione nella Democrazia*, trad., Milão, 1989, págs. 286 e segs.

[49] E podem ser consideradas normas *centrais* da Constituição federal precisamente as que traduzem estes grandes princípios organizativos da forma federal: cfr. RAÚL MACHADO HORTA, *Normas centrais da Constituição federal*, in *Revista de Informação Legislativa*, nº 135, Julho-Setembro de 1997, págs. 175 e segs.

Os primeiros são os que apresentam todas aquelas caraterísticas (como os Estados Unidos ou a Suíça).

Os segundos são os que apresentam a maior parte delas, mas não todas, nomeadamente a intervenção dos Estados nas modificações da Constituição federal (como o Brasil ou a Rússia).

V – Refiram-se ainda outras distinções.

Todos os Estados federais atuais são de um grau: abaixo do Estado federal apenas há um grau de Estados federados. Na URSS, pelo contrário, a Rússia – uma das repúblicas federadas – era, por seu turno, já por si um Estado federal, que agrupava Estados federados – repúblicas socialistas soviéticas autónomas.[50]

As uniões reais nunca agrupam mais de dois ou três Estados e a individualidade concreta de cada um conta sempre bastante. Mas a federação tanto pode ser apenas de dois Estados federados (por exemplo, a Checoslováquia entre 1969 e 1992), ou de meia dúzia (a Austrália, a ex-Iugoslávia), como de várias dezenas (os Estados Unidos, o México, o Brasil).

Há Estados federais igualitários e não igualitários (o que se prende, quase sempre, com diferenças de dimensão territorial, humana ou económica dos Estados federados) e pode haver hegemonia de um Estado federado sobre os demais (v.g., a Prússia na Alemanha imperial ou a Rússia na URSS).

Há federalismos de largos espaços e de pequenos espaços. Os Estados federados, umas vezes, têm grande extensão populacional e territorial (como nos Estados Unidos, no Canadá, no Brasil); outras vezes, pouco mais são que cidades ou distritos (caso dos cantões suíços ou de alguns dos Länder alemães). Naqueles avulta a complexidade; nestes, o caráter quase municipal, com implicações político-administrativas inerentes.

VI – Situação particularíssima vem a ser a do Brasil, onde se articulam federalismo em nível de Estados e regionalismo político em nível de Municípios.

Segundo a Constituição de 1988, a organização político-administrativa da República compreende a União, os Estados, o Distrito

---

[50] A Rússia antes de 1991 era, assim, um Estado federal, mas não um Estado soberano de Direito internacional (o que mostra que não se pode simplesmente dividir os Estados soberanos em unitários e federais).

De resto, pode haver ou tem havido federações de entidades políticas não estatais, como antigas federações coloniais britânicas (Índias Ocidentais, Rodésia e Niassa, Arábia do Sul).

Federal e os Municípios, "todos autónomos" (art. 18º); compete aos Municípios legislar sobre assuntos de interesse local, suplementar a legislação federal e a estadual e instituir e arrecadar tributos (art. 30º); e eles regem-se por leis orgânicas votadas pelas respetivas câmaras municipais (art. 29º).

Os municípios são, pois, entidades políticas integrantes da estrutura do Estado, embora não propriamente entidades estatais de 2º grau.[51-52]

77.

O sistema jurídico complexo dos Estados federais

I – A coexistência de várias ordens jurídicas no interior do Estado federal não se presta a uma fácil explicação dogmática.

Ela tem, contudo, de se procurar na relação entre a Constituição federal e as Constituições dos Estados federados; envolve supremacia, mas em termos de *supracoordenação*; e exige uma visão conjugada de normas e competências.

Esta supremacia traduz-se em:

a) Os princípios básicos do regime, tal como constam da Constituição federal, impõem-se às Constituições dos Estados federados

---

[51] Cfr. as diferentes visões de José Afonso da Silva, *O Município na Constituição*, São Paulo, 1989, máxime págs. 7 e 8; Carlos Mário da Silva Velloso, *Estado Federal e Estado Federado na Constituição Brasileira de 1988: do equilíbrio federativo*, in *Revista de Informação Legislativa*, 1992, págs. 66 e segs.; Andreas J. Kreil, *Diferenças de conceito, desenvolvimento e conteúdo da autonomia municipal na Alemanha e no Brasil*, in *Revista de Informação Legislativa*, nº 128, Outubro-Dezembro de 1995, págs. 107 e segs.; Rocha Filho, *O município no Brasil: aspectos históricos, jurídicos e económicos*, ibidem, págs. 237 e segs.; Manoel Gonçalves Ferreira Filho, *Comentários...*, cit., I, págs. 207 e segs.; Alessandro Silveira, *Configuração jurídico-constitucional do município brasileiro*, in *Scientia Juridica*, Julho-Setembro de 2005, págs. 451 e segs.; José Nico de Castro, *Direito Municipal Positivo*, Belo Horizonte, 2006. E, cfr. ainda, José Adércio Leite Sampaio, *O município em Direito comparado*, in *Vinte anos da Constituição federal de 1988*, obra coletiva, Rio de Janeiro, 2009, págs. 660 e segs.

[52] Além do Brasil, outros Estados federais contêm "distritos federais" destinados a colocar as respetivas capitais fora de influência imediata de qualquer dos Estados federados (Estados Unidos, México, Austrália). A sua natureza jurídica não se oferece fácil. Cfr. Nino Olivetti Rason, *Washington D. C. tra "centro" e "periferia"*, in *Quaderni Costituzionali*, 1990, págs. 192 e segs.; Gilberto Tristão, *O Distrito Federal nas Constituições e na Revisão Constitucional de 1993*, in *Revista de Informação Legislativa*, nº 118, 1993, págs. 31 e segs.

(conforme estabelecem, *v.g.*, o art. 5º, secção 3ª, nº 3, da Constituição dos Estados Unidos, o art. 28º da Constituição alemã ou os arts. 19º e 20º da Constituição brasileira);

b) As Constituições dos Estados federados não podem contrariar a Constituição federal, sob pena de inconstitucionalidade – que, em rigor, envolve, porém, ineficácia e não invalidade, porque a Constituição federal não é o fundamento de validade das Constituições estaduais;

c) As leis federais aplicam-se imediatamente nos Estados, sem necessidade de transformação ou de receção;

d) São órgãos federais, designadamente os jurisdicionais, que decidem conflitos de competências;

e) O Estado federal pode adotar medidas coercitivas para impor o seu Direito aos órgãos dos Estados federados;

f) A comunicação e a unidade intersistemática dos ordenamentos estaduais assentam no Direito federal.

Em contrapartida, o poder constituinte federal tem como limite absoluto o respeito do conteúdo essencial das soberanias locais; as leis dos Estados federados fundam-se nas respetivas Constituições, e não na Constituição federal;[53] e à federação incumbe garantir o exercício efetivo da autoridade dos Estados federados.

II – Em quase todos os Estados federais, preveem-se matérias reservadas aos Estados federados, matérias reservadas à União e matérias concorrentes, bem como diversas formas de intervenção relativamente a elas (por meio de competências legislativas e por meio de competências executivas).[54]

Há dois sistemas típicos. No federalismo clássico (Estados Unidos, Suíça), procede-se a uma repartição horizontal ou material: o dualismo de soberania envolve um dualismo legislativo e executivo (o Estado federal faz e executa as suas leis, e o mesmo fazem os Estados federados). No federalismo dito *cooperativo* (Alemanha), tende-se a uma repartição vertical: o Estado federal legisla ou define as bases gerais da legislação e os Estados federados executam ou desenvolvem as bases gerais.

---

[53] Sobre lei do Estado federado e lei de região autónoma, cfr. *Manual...*, v, cit., págs. 383 e 384.

[54] V. os arts. 22º e segs. da Constituição brasileira.

Parte II · Cap. VI – Formas de Estado | **211**

78.

Os condicionalismos das formas de Estado

I – As formas de Estado não podem ser apercebidas isoladamente como produtos autónomos. Devem ser vistas nas suas raízes, no seu ambiente institucional, nos seus objetivos. As razões por que um país adota forma unitária ou federativa são sempre peculiares a ele, conquanto propiciem generalizações.[55]

Não é, por acaso, que à França revolucionária e jacobina, primeiro, e, depois, napoleónica se liga o modelo de Estado unitário centralizado, reforçando a obra do absolutismo monárquico; nem foi por acaso que a primeira união real surgiu nas Ilhas Britânicas ou o federalismo nos Estados Unidos – tudo no século XVIII.[56]

II – Fundamentalmente, o Estado unitário é prova ou expressão de homogeneidade nacional e social, de continuidade histórica, de contiguidade geográfica; e o Estado composto, uma resultante de heterogeneidade, descontinuidade, descontiguidade. Mas pode o Estado unitário traduzir o desejo de fazer a unidade de regiões ou povos díspares através da centralização e o Estado federal representar um processo de melhor organização de um grande país homogéneo.

O fator técnico – distribuição do poder pelos órgãos centrais e locais para maior eficiência – o fator económico-financeiro – distribuição de receitas e despesas pela Administração central e pelas locais – e o fator político – papel do Estado perante os outros Estados e na satisfação de aspirações políticas, assim como aproximação dos cidadãos do poder – jogam aqui amplamente. Nuns casos, prevalecem as tendências centrífugas com a diminuição do poder central; noutros, as tendências centrípetas com o consequente engrandecimento.

Quer o federalismo, quer o regionalismo político são tentativas de equilíbrio: o federalismo, entre a independência dos Estados federados e a centralização; o regionalismo entre o federalismo e o Estado unitário centralizado.

---

[55] V. ALEXIS DE TOCQUEVILLE, *De la Démocratie en Amérique*, I, cit., págs. 224, 231, 235 e segs.

[56] V. *Manual...*, I, cit., págs. 116 e segs. e 133 e segs., e autores citados.
Cfr. o cotejo (embora não em termos jurídicos) que OLIVEIRA MARTINS estabelece entre os federalismos latino e germânico (em *Teoria do Socialismo – Evolução política e económica das sociedades na Europa*, na edição de 1974, págs. 101 e segs.).

III – O fator político é, em cada país, determinado por pressupostos históricos – modo como o Estado se constituiu ou expandiu; pressupostos geográficos – afastamento entre as parcelas do mesmo Estado; pressupostos nacionais, culturais e étnicos – diferenciações no povo; pressupostos sociais e económicos – interesses a defender ou disfunções sociais e económicas a atender; pressupostos ideológicos – filosofias de centralização ou descentralização e movimentos partidários ou não, favoráveis ou desfavoráveis.

Há federalismo de agregação ou centrípeto (Estados Unidos, Suíça, Alemanha) e federalismo de desagregação ou centrífugo (Brasil, Nigéria). Há federalismo institucional (Estados Unidos, Suíça, Alemanha), geográfico (Canadá, Brasil, Austrália), multinacional (Rússia), linguístico (Índia), tribal ou étnico (Nigéria). Há federalismo de origem (Estados Unidos, Austrália), de tradição (Alemanha), de imitação (México, Brasil, Venezuela), de necessidade (Índia), etc. E algo de semelhante poderia dizer-se do Estado unitário descentralizado ou até do centralizado.

Hoje, a tendência parece ser para o empolamento do poder central, quer seja único, quer seja federal. Ao mesmo tempo, assiste-se a um realçar de certos aspetos da descentralização política e administrativa, advogados segundo os diversos quadrantes (em nome de uma maior funcionalidade, ou dos particularismos locais, ou de um princípio de participação, ou do desenvolvimento ou do equilíbrio económico-social). E, não raro, sustenta-se mesmo a convergência na prática de Estados unitários e federais, através da descentralização e do federalismo cooperativo.[57]

---

[57] Cfr. KLAUS VON BEYME, *Federalismo*, in *Marxismo y Democracia-Politica*, obra coletiva, III, trad., Madrid, 1975, págs. 45 e segs.; MICHEL FROMONT, *L'évolution du fédéralisme allemand depuis 1949*, in *Mélanges offerts à Georges Burdeau – Le pouvoir*, págs. 661 e segs.; *Descentralist trends in Western Democracies*, obra coletiva, Londres, 1979; *Federalismo y regionalismo*, obra coletiva, Madrid, 1979; VERNON BOGDANOR, *The English Constitution and Devolution*, in *The Political Quarterly*, 1979, págs. 36 e segs.; *Il federalismo statunitense fra autonomie e centralizzazione*, obra coletiva, Bolonha, 1979; CONSTANCE GREWE-LEYMARIE, *Le fédéralisme coopératif allemand*, Paris, 1981; nº 16 de *Pouvoir*, 1981; MACHADO HORTA, *Reconstrução do federalismo brasileiro*, in *Revista Brasileira de Estudos Políticos*, 1982, págs. 60 e segs., e *O Estado-membro na Constituição federal brasileira*, in *Revista Brasileira de Estudos Políticos*, nos 69-70, Julho de 1989-Janeiro de 1990, págs. 61 e segs.; número de 1984 de *Le Regioni*; vol. 5, nº 4, de 1984, de *International Political Science Rewiew*; PHILIP MAWHOOD, *The Politics of Survival-Federal States in the Third World*, in *Revue internationale de science politique*, 1984, págs. 521 e segs.; BERNARD SCHWARTZ, *O federalismo norte-americano atual*, trad., Rio de Janeiro, 1984; ANTONIO JIMENEZ-BLANCO, *Las relaciones de funcionamento entre el poder central y los entes territoriales*, Madrid, 1985; GIOVANNI BOGNETTI, *Le Regioni*

Parte II · Cap. VI – Formas de Estado | **213**

IV – Não menos relevante vem a ser a relação entre formas de Estado e regimes políticos, realidades independentes só até certo. Um poder autocrático é um poder fortemente centralizado: daí a subsistência apenas do Estado unitário ou a redução do federalismo a mera fachada.[58] Um poder democrático e liberal propenderá a acolher a descentralização ou o federalismo: o federalismo é uma espécie de separação de poderes de âmbito territorial (C. J. FRIEDRICH),[59] e o mesmo talvez se possa dizer do regionalismo.

Em Estado federal, o indivíduo está simultaneamente sujeito a dois poderes políticos – o federal e o do Estado federado. Todavia, o resultado pode não ser, ao contrário do que *prima facie* seria de supor, ter ele de suportar o peso redobrado da autoridade pública. Na realidade, esse peso pode ser menor, porque as atribuições políticas se dividem entre os dois Estados e os órgãos respetivos, defendendo a sua esfera própria da ação, se limitam reciprocamente.

Em contrapartida, o exercício do poder em comunidades políticas ou regionais de dimensão reduzida, com frequência, vem a degenerar em abusos ou em intromissões menos suportáveis pelas pessoas; certos localismos podem enfraquecer a liberdade política e a igualdade. E então há que contar com a garantia dos direitos a prestar pela autoridade federal ou central.[60]

---

in Europa: alcune riflessioni sui loro probemi e sul loro destino, in *Studi in onore di P. Biscaretti di Ruffia*, obra coletiva, Milão, 1987, págs. 91 e segs.; JOSÉ MARIA BAÑO LEÓN, *Las autonomias territoriales y el princípio de uniformidade de las condiciones de vida*, Madrid, 1988; ENOCH ALBERTI ROVIRA, *Los convenios entre el Estado y las Comunidades Autónomas*, in *Anuario de Derecho Constitucional y Parlamentario*, 1990, nº 2, págs. 71 e segs.; *The territorial distribution of power in Europe*, obra coletiva, Friburgo, 1990; PETER HÄBERLE, *Problemi attuali del federalismo tedesco*, in *Giurisprudenza Costituzionale*, 1992, págs. 3.353 e segs.; MAURICE CROISAT, *Le fédéralisme d'aujourd'hui: tendances et controverses*, in *Revue française de droit constitutionnel*, 1994, págs. 451 e segs.; *Federalismo e Regionalismo in Europa*, obra coletiva (coord. por Antonio D'Atena), Milão, 1994; KEITH RUSEN, *Federalism in the Americas in the Comparative Perspective*, in *Inter-American Law Review*, Outubro de 1994, págs. 1 e segs.; número de Dezembro de 1995 de *Quaderni Costituzionali*; MARC VERDUSSEN, *Évoltuion du fédéralisme, de la décentralisation et du régionalisme*, in *Five Decades of Constitutionalism – Reality and Perspectives (1945-1995)*, obra coletiva, Basileia-Genebra-Munique, 1999, págs. 221 e segs.; PAULO CASTRO RANGEL, *Introdução ao federalismo contemporâneo*, in *Revista da Ordem dos Advogados*, 2001, págs. 789 e segs.; FRANCISCO FERNÁNDEZ SEGADO, *Reflexiones criticas en torno al federalismo en América Latina*, in *Estado e Direito*, nº 27-44, 2001-2009, págs. 13 e segs.

[58] Recordem-se os casos da União Soviética ou do Brasil entre 1964 e 1985.

[59] Ou um dos aspetos do constitucionalismo moderno: *op. cit.*, pág. 162.

[60] Recordem-se a luta pelos direitos civis no sul dos Estados Unidos e a reserva pela Constituição portuguesa aos órgãos de soberania da legislação sobre direitos, liberdades e garantias (arts. 167º, 168º e 227º).

Mas a pluralidade de centros de decisão política propicia ou favorece o acesso ao poder de diversos partidos e forças políticas que, assim convivendo e concorrendo umas com as outras, impedem o monolitismo (inversamente, o federalismo fica diminuído, quando são sempre as mesmas forças e orientações que dominam em nível central e local).

Por causa dessa divisão de poder e da complexidade de que se revestem os ordenamentos jurídicos federais e regionais tornam-se então mais necessários e delicados os mecanismos de fiscalização – política e, sobretudo, jurisdicional – da constitucionalidade das leis. A experiência confirma-o.

PARTE III
CONSTITUIÇÃO

TÍTULO I
A CONSTITUIÇÃO COMO FENÓMENO JURÍDICO

Capítulo I

SENTIDO DA CONSTITUIÇÃO

§ 1º
Constituição e constitucionalismo

79.
Da Constituição antiga à Constituição moderna

I – Em qualquer Estado, em qualquer época e lugar, encontra-se sempre um conjunto de normas fundamentais, respeitantes à sua estrutura, à sua organização e à sua atividade – escritas ou não escritas, em maior ou menor número, mais ou menos simples ou complexas. Encontra-se sempre uma Constituição como expressão jurídica do enlace entre poder e comunidade política ou entre governantes e governados.

Todo o Estado carece de uma Constituição como enquadramento da sua existência, base e sinal da sua unidade e sinal também da sua presença diante dos demais Estados. Ela torna patente o Estado como instituição, como algo de permanente para lá das circunstâncias e dos detentores em concreto do poder; revela a prevalência dos elementos objetivos ou objetivados das relações políticas; é esteio, senão de legitimidade, pelo menos de legalidade.

A Constituição *constitui* o Estado, tal como em qualquer outra sociedade algum corpo de normas desempenha análoga função estruturante. A diferença está em que somente a Constituição é *originária*.

218 | Teoria do Estado e da Constituição · *Jorge Miranda*

II – Se a Constituição assim considerada se antolha de alcance universal, independentemente do conteúdo com que seja preenchida, o entendimento doutrinal sobre ela e a própria consciência que dela se forme têm de ser apreendidos historicamente.[1] Os políticos e juristas da Antiguidade não a contemplaram ou não a contemplaram em termos

---

[1] Para uma introdução histórica geral ao conceito de Constituição, v., entre tantos, GEORG JELLINEK, *op. cit.*, págs. 199 e segs.; SANTI ROMANO, *Le prime carte costituzionali* (1907), in *Scritti Minori*, I, Milão, 1950, págs. 259 e segs.; MAURICE HAURIOU, *op. cit.*, 1929, págs. 242 e segs.; CARL SCHMITT, *Verfassungslehre* (1927), trad. *Teoria de la Constitución*, Madrid e México, 1934 e 1966, págs. 45 e segs.; CHARLES HOWARD MC ILWAIN, *Constitutionalism Ancient and Modern*, Nova Iorque, 1947; CARL J. FRIEDERICH, *Constitutional Government and Democracy*, trad. *La Démocratie Constitutionelle*, Paris, 1958, págs. 64 e segs.; CARLO GHISALBERTI, *Costituzione (premessa storica)*, in *Enciclopedia del Diritto*, XI, 1962, págs. 136 e segs.; KARL LOEWENSTEIN, *Verfassungslehre* (1959), trad. *Teoria de la Constitución*, Barcelona, 1964, págs. 149 e segs.; GEORGES BURDEAU, *Traité ...*, IV, 2ª ed., págs. 21 e segs. e 45 e segs.; FRANCISCO LUCAS PIRES, *O problema da Constituição*, Coimbra, 1970, págs. 27 e segs.; PABLO LUCAS VERDU, *Curso de Derecho Politico*, II, Madrid, 1974, págs. 409 e segs.; GRAHAM MADDOX, *A Note on the Meaning of Constitution*, in *American Political Science Review*, 1982, págs. 805 e segs.; NELSON SALDANHA, *Formação da Teoria Constitucional*, Rio de Janeiro, 1983; PAUL BASTID, *L'Idée de Constitution*, Paris, 1985, págs. 9 e segs. e 39 e segs.; ROGÉRIO SOARES, *O conceito ocidental de Constituição*, in *Revista de Legislação e de Jurisprudência*, ano 119º, 1986, nº 3743, págs. 36 e segs., e nº 3744, págs. 69 e segs.; ROBERTO NANIA, *Il valore della Costituzione*, Milão, 1986, págs. 5 e segs.; JOSÉ ALFREDO OLIVEIRA BARACHO, *Teoria Geral do Constitucionalismo*, in *Resista de Informação Legislativa*, julho-setembro de 1986, págs. 5 e segs.; KLAUS STERN, *Das Staatsrecht der Bundesrepublik Deutschland*, trad. castelhana *Derecho del Estado de la Republica Federal Alemana*, Madrid, 1987, págs. 181 e segs.; MANOEL GONÇALVES FERREIRA FILHO, *Estado de Direito e Constituição*, São Paulo, 1988, págs. 70 e segs. e 83 e segs.; MARIO DOGLIANI, *Introduzione al Diritto Costituzionale*, Bolonha, 1994; CHRISTIAN STARCK, *La Constitution. Cadre et mesure du droit*, trad., Aix-en-Provence, Paris, 1994, págs. 8 e segs.; GUSTAVO ZAGREBELSKY, *Storia e Costituzione*, in *Il futuro della Costituzione*, obra coletiva (organizada por Gustavo Zagrebelsky, Pier Paolo Portinaro e Jörg Luther), Turim, 1996, págs. 35 e segs.; MÁRCIO AUGUSTO VASCONCELOS DINIZ, *Constituição e hermenêutica constitucional*, Belo Horizonte, 1998, págs. 23 e segs.; MARTIN LOUGHLIN, *Sword and Scales – An Examination of the Relationship between Law and Politics*, Oxónia, 2000, págs. 177 e segs.; JORGE VANOSSI, *Teoría Constitucional*, 2ª ed., II, Buenos Aires, 2000, págs. 21 e segs.; PAULO FERREIRA DA CUNHA, *Teoria da Constituição*, I, Lisboa, 2002, págs. 101 e segs.; *Direito Constitucional Geral*, Lisboa, 2006, págs. 207 e segs.; J. J. GOMES CANOTILHO, *Direito Constitucional e Teoria da Constituição*, 7ª ed., Coimbra, 2004, págs. 51 e segs.; MARIA LÚCIA AMARAL, *A forma da República – Introdução ao estudo do Direito Constitucional*, Coimbra, 2005, págs. 11 e segs. e 41 e segs.; INGO WOLFGANG SARLET, in INGO WOLFGANG SARLET, LUIZ GUILHERME MARINONI e DANIEL MITIDIERO, *Curso de Direito Constitucional*, São Paulo, 2012, págs. 35 e segs.

Parte III · Tít. I · Cap. I – Sentido da Constituição | 219

comparáveis aos do Estado moderno,[2] ao passo que dela se aproxima a conceção das "Leis Fundamentais" da Europa cristã.[3]

Na Grécia, por exemplo, embora ARISTÓTELES proceda ao estudo das Constituições de diferentes Cidades-Estados, não avulta o sentido normativo de ordem de liberdade. As Constituições não se destrinçam dos sistemas políticos e sociais.[4] Sem deixar de se afirmar que o *nomos* de cada Estado[5] deve orientar-se para um fim ético, a Constituição é pensada como um sistema organizatório que se impõe quer a governantes quer a governados e que se destina não tanto a servir de fundamento do poder quanto a assinalar a identidade da comunidade política.[6]

Já no Estado estamental e no Estado absoluto está presente a ideia de um Direito do Estado, a ideia de normas jurídicas superiores à vontade dos príncipes; e, ainda quando se tenta, na fase final do absolutismo, enaltecer o poder monárquico, reconhece-se a inelutabilidade de "Leis Fundamentais", a que os reis devem obediência e que não podem modificar. A estas "Leis Fundamentais" cabe estabelecer a unidade da soberania e a religião do Estado, regular a forma de governo e a sucessão no trono, dispor sobre as garantias das instituições e dos grupos sociais e sobre os seus modos de representação.[7]

III – As "Leis Fundamentais" não regulavam senão muito esparsamente a atividades dos governantes e não traçavam com rigor as suas relações com os governados; eram difusas e vagas; vindas de longe, assentavam no costume e não estavam ou poucas estavam documentadas

---

[2]   V., porém, CÍCERO, *De legibus*, livro III (trad. *Das leis*, São Paulo, 1967, pág. 95): "A missão dos magistrados consiste em governar segundo decretos justos, úteis e conformes às leis. Pois, assim como as leis governam o magistrado, do mesmo modo os magistrados governam o povo; e, com razão, pode dizer-se que o magistrado é uma lei falada ou que a lei é um magistrado mudo".

[3]   Sobre a ideia de Constituição na Idade Média, v. PAUL BASTID, *op. cit.*, págs. 49 e segs.

[4]   V. a descrição das Constituições ou formas de governo puras (realeza, aristocracia e república) no livro III da *Política*.

[5]   Cfr. WERNER JAEGER, *Alabanza de la Ley*, trad., Madrid, 1982, pág. 36.

[6]   Cfr. EMILIO CROSA, *Il concetto di Costituzione nell'Antichittà Classica e la sua modernità*, in *Studi di Diritto Costituzionale in Memoria di Luigi Rossi*, obra coletiva, Milão, 1952, págs. 99 e segs.; ou JEAN-CHARLES JOBART, *La notion de Constitution chez Aristote*, in *Revue française de droit constitutionnel*, nº 65, 2006, págs. 97 e segs.

[7]   Cfr. CABRAL DE MONCADA, *As ideias políticas depois da reforma: Jean Bodin*, in *Boletim da Faculdade de Direito da Universidade de Coimbra*, vol. XXIII, 1947, págs. 51-52; JEAN BARBEY, *Génèse et consécution des Lois Fondamentales*, in *Droit – Revue française de théorie juridique*, 1986, págs. 75 e segs.; PAULO FERREIRA DA CUNHA, *Teoria...*, I, cit., págs. 343 e segs.

por escrito; apareciam como uma ordem suscetível de ser moldada à medida da evolução das sociedades. Não admira, por isso, que se revelassem inadaptadas ou insuportáveis ao iluminismo, ou que este as desejasse reconverter, e que as queixas acerca do seu desconhecimento e do seu desprezo – formuladas na Declaração de 1789 ou no preâmbulo da Constituição portuguesa de 1822 – servissem apenas para sossegar espíritos inquietos perante as revoluções liberais e para criticar os excessos do absolutismo.

Diferentemente, o constitucionalismo moderno – produto da rutura histórica ocorrida no século XVIII nas ideias e nos factos, ou apenas nas ideias[8] – tende a disciplinar toda a atividade dos governantes e todas as suas relações com os governados; declara uma vontade autónoma de refundação da ordem jurídica; e declarando-a, pretende abarcar todo o âmbito do Estado, através de normas adequadas aos fins assumidos por governantes e governados em cada época histórica.

Como sintetiza GEORGES BURDEAU, a Constituição aparece não já como um resultado, mas como um ponto de partida; já não é descritiva, mas criadora; a sua razão de ser não se encontra na sua vetustez, mas no seu significado jurídico; a sua força obrigatória decorre não do fatalismo histórico, mas da regra de direito que exprime.[9]

IV – Vistas as coisas doutro modo. Perante o fenómeno constitucional, a observação mostra ora uma atitude cognoscitiva, ora numa atitude voluntarista. Pode assumir-se uma posição passiva (ou aparentemente passiva) de mera descrição ou reprodução de determinada estrutura jurídico-política; ou pode assumir-se uma posição ativa de criação de normas jurídicas e, através dela, de transformação das condições políticas e sociais.[10]

A atitude cognoscitiva é a adotada pelos juristas no tempo das Leis Fundamentais do Estado estamental e do Estado absoluto. Encontra-se subjacente à Constituição britânica, com a sua carga consuetudinária. Manifesta-se ainda em certas tendências de interpretação constitucional.

A atitude voluntarista emerge com a Revolução francesa e está presente em correntes filosófico-jurídicas e ideológicas bem contradi-

---

[8] Recordem-se, contudo, já no século XVII, as *Fundamental Orders of Connecticut* (1621).
[9] *Traité* …, IV, págs. 23-24.
[10] Cfr., na doutrina portuguesa, ANTÓNIO JOSÉ BRANDÃO, *Sobre o conceito de Constituição Política*, Lisboa, 1944, *maxime* págs. 95 e segs.; MARCELLO CAETANO, *Direito Constitucional*, I, Rio de Janeiro, 1977, págs. 391 e segs.

Parte III · Tít. I · Cap. I – Sentido da Constituição | **221**

tórias. O jusracionalismo, se pretende descobrir o Direito (e um Direito válido para todos os povos) com recurso à razão, não menos encerra uma intenção reconstrutiva: é uma nova organização coletiva que visa estabelecer em substituição da ordem anterior. Por seu turno, as correntes historicistas conservadoras, ao reagirem contra as Constituições liberais revolucionárias, em nome da tradição, da legitimidade ou do espírito do povo, lutam por um regresso ou por uma restauração só possíveis com uma ação política direta e positiva sobre o meio social. Mas é nas Constituições dos séculos XX e XXI que uma atitude voluntarista se projeta mais vincadamente, atingindo o ponto máximo nas decisões revolucionárias, pós-revolucionárias ou contra-revolucionárias apostadas no reconformar de toda a vida social.

V – Vontade, porém, implica poder. Vontade de fazer ou refazer a Constituição implica poder constituinte. A Constituição, como ato de vontade, é também ato de poder. E, tomada ou não como um novo contrato social, torna-se incindível da coletividade.

Todavia, a Constituição moderna aspira a ser também produto da razão e serviço da razão. Coeva, no seu início, do jus-racionalismo e do iluminismo, a Constituição vai procurar, mais do que a institucionalização, a racionalização das relações políticas. Esta marca vai atravessar todos ou quase todos os regimes políticos e tipos constitucionais – liberais, do Estado social de Direito, marxistas-leninistas, fascistas – até aos nossos dias. Só os critérios variam consoante as ideologias e as estruturas do país de que se trate.

Decretada em certo momento, voltada para o futuro, esta Constituição teria sempre de revestir a forma de lei, de lei constitucional. E regista-se, com não menor evidência, como coincidem o triunfo da lei como fonte de Direito e o aparecimento da Constituição – e Constituição escrita. Lei significa emanação do Direito por obra da autoridade, lei constitucional emanação do Direito por obra da autoridade constituinte.

Eis então como elementos caraterizadores do constitucionalismo, independentemente das conceções de sucessivos e, por vezes, contrastantes regimes políticos:

a) A Constituição como *fundação* ou *refundação do ordenamento estatal*;[11]

---

[11] Cfr. MIGUEL GALVÃO TELES, *A competência da competência do Tribunal Constitucional*, in *Legitimidade e legitimação da justiça constitucional*, obra coletiva, Lisboa, 1995, pág. 123, nota; e *Liberdade jurídica, Constituição e Estado de natureza de segundo grau*, in

b) A Constituição como *sistematização racionalizadora* das normas estatutárias do poder e da comunidade;

c) A Constituição como *lei,* como conjunto de normas de fonte legal, e não consuetudinária ou jurisprudencial (mesmo se, depois, acompanhadas de normas destas origens).

VI – A estes elementos importa acrescentar a supremacia que a Constituição obtém em face de todos os atos e de todas as normas que surjam nesse ordenamento. Disso tem-se logo consciência aquando das Revoluções americana e francesa, por meio de contraposição entre *poder constituinte* e *poderes constituídos.* Vale a pena recordar Hamilton (*The Federalist*) e Sieyès (*Qu'est-ce que le tiers Etat?*).[12]

Escreve Hamilton: "Nenhum ato legislativo contrário à Constituição pode ser válido. Negar isto seria como que sustentar que o procurador é maior que o mandante, que os representantes do povo são superiores a esse mesmo povo, que aqueles que agem em virtude de poderes concedidos podem fazer não só o que eles autorizam mas também aquilo que proíbem. O corpo legislativo não é o juiz constitucional das suas atribuições. Torna-se mais razoável admitir os tribunais como elementos colocados entre o povo e o corpo legislativo, a fim de manterem este dentro dos limites do seu poder. Portanto, a verificar-se uma inconciliável divergência entre a Constituição e uma lei deliberada pelo órgão

---

Estudos de homenagem ao Prof. Doutor Jorge Miranda, obra coletiva, II, Coimbra, 2012, págs. 831 e 832.

Distingue entre sistemas *fundacionais* (como o dos Estados Unidos) e *não fundacionais* (como o do Reino Unido). Nos primeiros, a Constituição decorre de um específico ato, que define o seu estatuto e os termos em que ela pode ser alterada. Nos segundos, a autoridade originária é reclamada para todos os atos de certa categoria. Os sistemas fundacionais baseiam-se na invocação de uma *omnicompetência,* os não fundacionais na de uma *competência da competência.*

[12] Cfr. um antecedente remoto em Locke (*An Essay Concerning the True Original Extent, and End of Civil Government, 1689-1690,* trad, port. *Ensaio sobre a Verdadeira Origem, Extensão e Fim do Governo Civil,* Londres, 1833, reedição Lisboa, 1999, pág. 117: "O legislativo não pode transferir o poder de fazer leis para quaisquer outras mãos. Porque, não sendo mais do que um poder delegado pelo povo, aqueles que o têm não o podem passar para outros. Somente o povo *é* que pode escolher e estabelecer a forma de república, que vem a ser estabelecendo o legislativo, e designando a pessoa ou pessoas em cujas mãos deve ser depositado. E logo que o povo disser não queremos submeter-nos a estas regras, e sermos governados por leis, feitas por tais homens, e em tais formas, ninguém mais pode dizer que outros homens hão-de fazer leis para ele; nem pode o povo estar obrigado a leis algumas, que não forem feitas por aqueles que ele elegeu e a quem autorizou a isso (...)".

Parte III · Tít. I · Cap. I – Sentido da Constituição | **223**

legislativo, entre uma lei superior e uma lei inferior, tem de prevalecer a Constituição".[13]

Por seu lado, Sieyès referindo-se às leis *constitucionais*, diz que elas são *fundamentais*, não porque possam tornar-se independentes da vontade nacional, mas porque os corpos que existem e atuam com base nelas não as podem afetar. "A Constituição não é obra do poder constituído, mas sim do poder constituinte. Nenhum poder delegado pode alterar as condições da sua delegação".[14]

Verifica-se, porém, uma diferença sensível entre a conceção e a experiência norte-americana e as francesas. Nos Estados Unidos, a Constituição é o pacto constitutivo da União, antecede o Estado federal. Na França, é a Nação que, assumindo o poder constituinte, cria a Constituição.[15]

VII – Levada às últimas consequências, esta conceção equivaleria a considerar a Constituição não apenas como *fundação* mas também como *fundamentação* do poder público e de toda a ordem jurídica. Porque é a Constituição que estabelece os poderes do Estado e que regula a formação das normas jurídicas estatais, todos os atos e normas do Estado têm de estar em relação positiva com as normas constitucionais, para participarem também eles da sua legitimidade; têm de ser conformes com estas normas para serem válidos.

No entanto, a ideia de Constituição como fonte originária, em termos lógico-jurídicos, do ordenamento estadual, como fundamento de validade das demais normas jurídicas[16] e como repositório de normas diretamente invocáveis pelos cidadãos, não surgiu logo ou da mesma maneira em ambas as margens do Atlântico. Uma coisa é a verificação *a posteriori* que a doutrina possa fazer, outra coisa o processo histórico de formação dos imperativos normativos e dos correspondentes instrumentos conceituais.

Nos Estados Unidos, até porque a Constituição de 1787 foi o ato constitutivo da União, muito cedo se apercebeu que ela era também,

---

[13] *The Federalist Papers* (1787); na trad. portuguesa *O Federalista*, Brasília, 1984, págs. 577-578. Cfr. Pasquale Pasquino, *Il potere constituente, il governo limitato e le sue origini nel Nuovo Mondo*, in *Rivista Trimestrale di Diritto Pubblico*, 2009, págs. 311 e segs.

[14] *Qu'est-ce que le tiers-état?* (1789), na edição crítica de Roberto Zapperi, Genebra, 1970, págs. 180-181.

[15] Cfr. *Manual ...*, I, subtomo I, Coimbra, 2014, págs. 146 e segs. e 165 e segs.

[16] Como Constituição em sentido *genético*, enquanto conjunto das normas cuja validade (ou cuja eficácia) se não fundamenta em nenhuma outra do mesmo ordenamento (Miguel Galvão Teles, *Constituição*, in *Verbo*, v, págs. 1499 e 1500).

224 | Teoria do Estado e da Constituição • *Jorge Miranda*

por isso mesmo, a norma *fundamentadora* de todo o sistema jurídico. Daí o passo acabado de citar de HAMILTON (assim como, de certo modo, o art. VI, nº 2, qualificando-a de "Direito supremo do País"); e daí o corolário retirado, a partir de 1803, pelo Supremo Tribunal de uma faculdade de apreciação da constitucionalidade das leis.

Já na Europa (onde as vicissitudes políticas e constitucionais, viriam a ser muito menos lineares e mais complexas que nos Estados Unidos) o caminho para o reconhecimento de um verdadeiro e pleno primado da Constituição foi mais longo, por três razões principais: porque, tendo em conta o absolutismo precedente, toda a preocupação se reportava à reestruturação do poder político (em especial, do poder do Rei); porque prevalecia o entendimento da lei (ordinária) como expressão ou da razão ou da vontade geral; e porque não se quis ou não se pôde instituir senão no século XX formas de fiscalização jurisdicional da constitucionalidade.[17]

80.
Da Constituição liberal às Constituições atuais

I – O constitucionalismo moderno desponta, como se sabe, estreitamente ligado a certa ideia de Direito – a ideia de Direito liberal, de liberdade política e de limitação do poder.

O Estado só é Estado constitucional, só é Estado racionalmente constituído, para os doutrinários e políticos do constitucionalismo liberal, desde que os indivíduos usufruam de liberdade, segurança e propriedade e desde que o poder esteja distribuído por diversos órgãos. Ou, relendo o art. 16º da Declaração de 1789, *"Qualquer sociedade em que não esteja assegurada a garantia dos direitos, nem estabelecida a separação dos poderes não tem Constituição"*.

Em vez de os indivíduos estarem à mercê do soberano, eles agora possuem *direitos* contra ele, imprescritíveis e invioláveis. Em vez de um órgão único, o Rei, passa a haver outros órgãos, tais como Assembleia ou Parlamento, Ministros e Tribunais independentes – para

---

[17] Cfr., entre tantos, GARCIA DE ENTERRÍA, *La Constitución como norma y el Tribunal Constitucional,* Madrid, 1981, págs. 501 e segs.; IGNACIO DE OTTO, *Derecho Constitucional – Sistema de Fuentes,* Barcelona, 1987, págs. 17 e segs. e 37; RAINER WAHL, *O primado da Constituição,* in *Revista da Ordem dos Advogados,* 1987, págs. 66 e segs.; nosso *Manual...,* VI, 4ª ed., Coimbra, 2013, págs. 119 e segs.

Parte III · **Tít. I** · **Cap. I** – Sentido da Constituição | **225**

que, como preconiza MONTESQUIEU, o poder trave o poder. Daí a necessidade duma Constituição desenvolvida e complexa: pois quando o poder é mero atributo do Rei e os indivíduos não são cidadãos, mas sim súbditos, não há grande necessidade de estabelecer em pormenor regras do poder; mas, quando o poder é decomposto em várias funções apelidadas de *poderes do Estado,* então é mister estabelecer certas regras para dizer quais são os órgãos a que competem essas funções, quais são as relações entre esses órgãos, qual o regime dos titulares dos órgãos, etc.

A ideia de Constituição é de uma garantia e, ainda mais, de uma direção da garantia. Para o constitucionalismo, o fim está na proteção que se conquista em favor dos indivíduos, dos homens e cidadãos, e a Constituição não passa de um meio para o atingir. O Estado constitucional é o que entrega à Constituição o prosseguir a salvaguarda da liberdade e dos direitos dos cidadãos, depositando as virtualidades de melhoramento na observância dos seus preceitos, por ela ser a primeira garantia desses direitos.[18]

Mas o constitucionalismo liberal tem ainda de buscar uma legitimidade que se contraponha à antiga legitimidade monárquica; e ela só pode ser democrática, mesmo quando na prática e nas próprias leis constitucionais daí se não deduzam todos os corolários. A Constituição é então a auto-organização de um povo (de uma nação, na aceção revolucionária da palavra), o ato pelo qual um povo se obriga e obriga os seus representantes, o ato mais elevado de exercício da soberania (nacional ou popular, consoante o entendimento que se perfilhe).

II – No século XX o fenómeno constitucional iria sofrer duas vicissitudes decisivas: generalizar-se-ia, universalizar-se-ia; e, simultaneamente, perderia a sua referência (ou referência necessária) a um conteúdo liberal.[19]

---

[18] Nosso *Contributo para uma teoria da inconstitucionalidade,* Lisboa, 1968, pág. 32.

[19] Cfr., entre tantos, GEORGES BURDEAU, *Une survivance: la notion de Constitution,* in *L'évolution du droit public – Études en l'honneur d'Achille Mestre,* obra coletiva, Paris, 1956, págs. 59 e 60; e *Traité...,* VII, VIII e IX, 2ª ed., Paris, 1973, 1974 e 1976; KARL LOEWENSTEIN, *op. cit.,* págs. 213 e segs. e 224 e segs.; ROGÉRIO SOARES, *Direito Público e Sociedade Técnica,* Coimbra, 1969; FRANCISCO LUCAS PIRES, *op. cit.,* págs. 53 e segs.; MANUEL GARCIA PELAYO, *Las transformaciones del Estado Contemporaneo,* Madrid, 1977; PABLO LUCAS VERDÚ, *La Constitución en la crucijada,* in *Estado e Direito,* IV, nº 14, 2º semestre de 1994, págs. 7 e segs.; PEDRO DE VEGA, *La crisis del concepto politico de Constitución en el Estado social,* in *Liber Amicorum FIX Zamudío,* obra coletiva, S. José da Costa Rica, 1998, págs. 593 e segs.

Por um lado, todos os regimes adotam uma Constituição (no sentido moderno), desde aqueles que, de uma maneira ou de outra, mantêm Constituições vindas de época anterior e os que consagram evolutivamente exigências sociais (o Estado social de Direito) até aos que pretendem instaurar-se de novo (o Estado marxista-leninista, o fascista e fascizante, o de fundamentalismo islâmico).[20] E, do mesmo modo, todos os Estados que vão acedendo à comunidade internacional se dotam de Constituições como verdadeiros símbolos de soberania.

Deixa de se considerar como padrões fundamentais da vida coletiva as liberdades individuais e a separação de poderes para, ou acrescentar-lhes direitos económicos, sociais e culturais (o Estado social de Direito), ou para acolher diferentes sentidos da pessoa humana e do povo e diferentes tarefas do poder político (o Estado marxista-leninista, o fascista e fascizante e o de fundamentalismo islâmico). Mas, por toda a parte, persiste ou triunfa o desígnio de uma estruturação racionalizada e exaustiva do estatuto do Estado, a vontade de fazer da Constituição uma representação de como devem ser o poder e a comunidade política.

III – O contraste de projetos e de conteúdos, sobretudo ideológicos, das Constituições permite, e recomenda mesmo, algumas classificações.

Uma das mais representativas é a alvitrada por KARL LOEWENSTEIN[21] e toma por critério "a análise ontológica da concordância das normas constitucionais com a realidade do processo do poder" e por ponto de apoio a tese de que uma Constituição é o que os detentores do poder dela fazem na prática – o que, por seu turno, depende, em larga medida, do meio social e político em que a Constituição deve ser aplicada.

Seguindo este critério, há Constituições *normativas, nominais e semânticas.* As primeiras são aquelas cujas normas dominam o processo político, aquelas em que o processo do poder se adapta às normas constitucionais e se lhes submete. As segundas são aquelas que não conseguem adaptar as suas normas à dinâmica do processo político, pelo que ficam sem realidade existencial. As terceiras são aquelas cuja realidade ontológica não é senão a formalização da situação do poder político existente em benefício exclusivo dos detentores de facto desse poder. Ao passo que as Constituições normativas limitam efetivamente o poder

---

[20] Cfr. *supra.*

[21] *Op. cit.*, págs. 216 e segs.; e, antes, *Reflections on the Value of Constitutions in Our Revolutionary Age,* in *Constitutions and Constitutional Trender after World War,* obra coletiva, II, Nova Iorque, 1951, págs. 191 e segs.

Parte III · **Tít. I** · **Cap. I** – Sentido da Constituição | **227**

político e as Constituições nominais, embora o não limitem, ainda têm essa finalidade, as Constituições semânticas apenas servem para estabilizar e eternizar a intervenção dos dominadores de facto na comunidade.

Poderá, não sem razão, observar-se que a taxonomia constitucional de LOEWENSTEIN é elaborada em face de uma Constituição ideal, e não da imbricação dialética Constituição-realidade constitucional, pelo que acaba por ser uma classificação axiológica ligada à concordância entre Constituição normativa e democracia constitucional ocidental.[22] Mas, não sem menos razão, poderá igualmente observar-se que ela vem pôr em relevo as diferentes funções da Constituição por referência àquilo que foi o modelo inicial da Constituição moderna – a Constituição limitativa e garantista liberal; assim como vem, por outro lado, ajudar a captar os diversos graus de efetividade de normas e institutos pertencentes a determinada Constituição.

Independentemente dos juízos de valor a formular sobre a realidade política e independentemente das funções que se reconheça exercerem, duma maneira ou doutra, todas as Constituições, é irrecusável que Constituições existem que se revelam *fundamento* (em concreto) da autoridade dos governantes e que outras se revelam, sobretudo, *instrumento* de que eles se munem para a sua ação; Constituições que consignam direitos e liberdades *fundamentais* perante ou contra o poder e Constituições que os funcionalizam aos objetivos do poder; Constituições que valem ou se impõem por si só e Constituições meramente *simbólicas*.[23]

IV – De certa sorte, como contraponto à valorização ou sobrevalorização que, assim, se faz do fator jurídico-político têm sido propostas classificações inspiradas num critério diferente, o fator económico. Os grandes sistemas económicos exibir-se-iam em outros tantos tipos de Constituições.

Segundo uma dessas tipologias, haveria Constituições de Estados capitalistas, socialistas e do Terceiro-Mundo e as Constituições dos Esta-

---

[22] J. J. GOMES CANOTILHO, *Direito Constitucional*, I, 2ª ed., Coimbra, 1980, págs. 96-97. Cfr., em linha próxima, HENC VAN MAARSEVEN e GER VAN DER TANG, *Written Constitutions – A Computerized Comparative Study*, Nova Iorque e Alphen aan den Rijn, 1978, pág. 261.

[23] V. MARCELO NEVES, *A constitucionalização simbólica*, São Paulo, 1994, *maxime* págs. 83 e segs., onde se referem três tipos: constitucionalização destinada à corroboração de valores sociais, fórmula de compromisso dilatório e Constituição álibi. Sobre as relações com o quadro de LOEWENSTEIN, v. págs. 95 e segs. Cfr. também *Constitucionalização simbólica e desconstitucionalização fáctica: mudança simbólica da Constituição e permanência das estruturas reais de poder*, in *Revista de Informação Legislativa*, nº 132, outubro-dezembro 1996, págs. 321 e segs.

dos capitalistas subdividir-se-iam ainda em Constituições liberais, social--democratas (ou do Estado social) e, com contornos menos definidos, autoritário-fascistas e compromissórias.[24]

Não pomos em causa a importância da Constituição económica. Porque a economia é uma das dimensões da sociedade e porque o poder político não lhe pode ser estranho, não há Constituição que, explícita ou implicitamente, direta ou indiretamente, deixe de a considerar, seja para conservar, seja para transformar os seus condicionalismos ou a sua lógica própria.[25]

Não significa isto, porém, que possa alçar-se este critério a critério classificatório decisivo. O Direito pertence a uma esfera distinta da da economia, ainda que sofra o seu influxo; e não se exaure numa mera dualidade de sistemas económicos. Depois, os direitos fundamentais valem por si mesmos. Em terceiro lugar, para lá do funcionamento efetivo dos sistemas económicos, há Constituições nas quais cabem ou podem caber soluções muito variadas – nomeadamente, as Constituições do Estado social de Direito podem englobar diferentes visões ou concretizações de capitalismo e de socialismo ou de sistemas mistos.

V – Dicotomia muito corrente e que visa abarcar um ciclo longo ou diversos ciclos de conteúdos constitucionais é a contraposição Constituições estatutárias-Constituições doutrinais.

Constituições *estatutárias ou orgânicas* dizem-se as que se ocupam do estatuto do poder, dos seus órgãos e da participação política dos cidadãos; as que se centram na forma e no sistema de governo, sem (na aparência, pelo menos) curarem do sistema económico e social. Constituições *doutrinais* são as que, mais do que da organização política, cuidam da vida económica, social e cultural, dizendo-se *programáticas* ou *diretivas* quando fixam objetivos ou metas a alcançar.

---

[24] J. J. Gomes Canotilho, *Direito Constitucional*, I, 2ª ed., cit., págs. 114 e segs. (na 4ª ed., 1986, págs. 72 e segs., este Autor aponta, porém, três modelos de Constituição – do Estado de Direito liberal, do Estado de Direito social e do Estado socialista). Cfr., sobre as interpretações liberal e socialista do conceito de Constituição, por exemplo, Domenico Farias, *Idealità e indeterminatezza dei principi costituzionali*, Milão, 1981, págs. 123 e segs. e 127 e segs.

[25] Cfr., entre tantos, Vital Moreira, *Economia e Constituição*, 2ª ed., Coimbra, 1979, págs. 19 e segs.; Jorge Miranda, *Direito da Economia*, policopiado, Lisboa, 1982-83, págs. 59 e segs.; ou Miguel Herrero de Miñon, *La Constitución economica: desde la ambigüedad a la integración*, in *Revista Española de Derecho Constitucional*, 1999, págs. 11 e segs.

Parte III · Tít. I · Cap. I – Sentido da Constituição | **229**

Próxima desta distinção, mas sem se confundir com ela e sem ser seu pressuposto é a que contrapõe conceções meramente *processuais* da Constituição e conceções *substantivas* – as primeiras tomando como objeto das normas a regular sucessão dos governantes e das formas de exercício do poder e as segundas apontando, pelo contrário ou para além disso, para opções de fundo sobre a concreta estrutura do Estado e da sociedade.[26]

Mas estas contraposições devem ser apreendidas mitigadamente, visto que: 1º) elas não coincidem com a distinção entre Constituição *política* e Constituição *social*;[27] 2º) se a decisão política ou o fator ideológico transparece mais fortemente nas Constituições doutrinais do que nas Constituições estatutárias, não deixa de estar nestas presente – a escolha entre uma ou outra forma de organização ou de procedimento indiciam, *de per si*, opções de fundo; 3º) tão-pouco existem Constituições neutras – o que existem são Constituições que, por consagrarem este ou aquele direito, esta ou aquela incumbência do Estado ou esta ou aquela forma de organização, são ou não pluralistas, enquanto admitem ou não a coexistência dinâmica de todos os grupos e ideologias, com a virtualidade de as modificarem pacificamente.

Na realidade, qualquer Constituição encerra elementos orgânicos e doutrinais. Tudo está no grau em que aparecem, no modo como se conjugam, na efetividade que obtêm, no sentido que a jurisprudência e a doutrina lhes conferem. E não sofre dúvida de que as Constituições liberais são preferentemente *estatutárias ou orgânicas*, de que as Constituições marxistas-leninistas (assim como muitas das Constituições de regimes autoritários doutra índole) preferentemente *programáticas* e *diretivas* e de que as Constituições do Estado social de Direito procuram um equilíbrio sistemático entre uns e outros elementos.

VI – Classificação ainda relativa ao conteúdo é a das Constituições em *simples* e *complexas ou compromissórias*. Aqui não se tem em vista tanto a natureza das normas quanto a unidade ou pluralidade dos prin-

---

[26] Cfr., por todos, Willis Santiago Guerra Filho, *A Constituição como processo*, in *Ensaios de Teoria Constitucional*, Fortaleza, 1989, págs. 7 e segs., e *Antopoiese do Direito na Sociedade Pós-Moderna*, Porto Alegre, 1997, págs. 30 e segs.

[27] E também não coincide com a distinção usual no âmbito circunscrito da Constituição económica entre Constituição *estatutária* (estatuto do sistema económico) e *diretiva* ou *programática* (diretrizes de transformação económica): v. Vital Moreira, *op. cit.*, págs. 136 e segs., ou Luís S. Cabral de Moncada, *Direito Económico*, 6ª ed., Coimbra, 2012, págs. 129 e segs.

cípios materiais ou dos princípios fundamentais que nelas se deparam. E Constituições compromissórias vão desde as da monarquia constitucional do século xix a Weimar, desde a Constituição portuguesa de 1933 à maior parte das Leis Fundamentais do 2º após-guerra.[28]

Em inteiro rigor, todavia, nenhuma Constituição é absolutamente simples; todas contêm dois ou mais princípios que *a priori* dir-se-ão ou não compagináveis. O caráter simples ou compromissório de uma Constituição depende dos circunstancialismos da sua formação, da sua aplicação e das suas vicissitudes; depende da ausência ou da presença – não em abstrato para os juristas, mas em concreto para os sujeitos do contraditório político e para os cidadãos em geral – de um conflito de fundamentos de legitimidade ou de projetos de organização coletiva que as normas constitucionais tenham de ultrapassar, através de uma plataforma de entendimento; depende do modo como é encarada a integração política.

De igual sorte, nenhuma Constituição compromissória consiste num aglomerado de princípios sem virtualidade de harmonização prática a cargo da hermenêutica jurídica e sem base dinâmica de funcionamento das instituições; em qualquer Constituição os princípios dispõem-se ou articulam-se segundo certa orientação e, pelo menos, a nível de legitimidade há-de haver sempre (quando da formação ou em momento ulterior de modificação, expressa ou tácita) um princípio que prevaleça sobre outros. As Constituições compromissórias permitem a coexistência de ideias e correntes antagónicas, mas só podem subsistir se os protagonistas institucionais aceitam um determinado fio condutor do processo político (seja o princípio monárquico nas Constituições de monarquia constitucional alemã, seja o princípio democrático nas do Estado social de Direito).[29]

---

[28] Cfr., de ângulos diferentes, CARL SCHMITT, *op. cit.*, págs. 33 e segs.; PAOLO BARILE, *La Costituzione come norma giuridica*, Florença, 1951, págs. 40-41 e 58 e segs.; C. J. FRIEDRICH, *op. cit.*, págs. 85-86; COSTANTINO MORTATI, *Costituzione, in Scritti*, Milão, II, 1972, pág. 72; J. J. GOMES CANOTILHO, *Constituição dirigente e vinculação do legislador*, Coimbra, 1982, págs. 141 e segs.; PAULO BONAVIDES, *Política e Constituição*, Rio de Janeiro, 1985, pág. 130; JORGE VANOSSI, *El Estado de Derecho en el constitucionalismo social*, Buenos Aires, 1987, págs. 48-49; FRANCISCO LUCAS PIRES, *Teoria da Constituição de 1976 – A transição dualista*, Coimbra, 1988, págs. 96 e segs.; GUSTAVO ZAGREBELSKY, *Il Diritto Mite*, Turin, 1992, págs. 9 e segs.; MARCELO NEVES, *op. cit.*, págs. 68-69; ANTONIO D'ATENA, *In tema di principi e valori costituzionali, in Giurisprudenza Costituzionale*, 1997, págs. 3075 e segs.

[29] Cfr. RALF DAHRENDORF, *On the Concept of the "Living Constitution", in L'Idée de Philosophie Politique*, obra coletiva, Paris, 1965, pág. 140: é um erro identificar a "Constituição viva" com estado harmonioso e pacífico da sociedade organizada em sistema político;

Parte III · Tít. I · Cap. I – Sentido da Constituição | **231**

VII – Finalmente, merece alguma atenção o quadro classificativo global formulado por um autor olhando às relações entre Constituição e regime político.[30]

Regime político	Função de Constituição	Tipo de Constituição
Autoritário	Legitimadora Organizativa	Fictícia
Totalitário	Legitimadora Ideológica Organizativa	Programática
Aproximativo	Legitimadora Organizativa Jurídica	Pseudodemocrática
Democrático tradicional	Legitimadora Organizativa Política Jurídica	Aplicada
De democracia social	Legitimadora Organizativa Jurídica Política Transformadora	Ativa

81.

Da Constituição em sentido material à pluralidade de Constituições materiais

I – De tudo quanto acaba de se aduzir resulta que o conteúdo da Constituição se relativiza e acusa variações consoante os regimes políticos. E a cada regime – ou seja, a cada conceção básica acerca da comu-

---

há tensões e conflitos simultaneamente entre as – forças sociais vivas e entre os "poderes vivos" e a Constituição; e a Constituição prova a sua validade não tanto prevenindo conflitos quanto estabelecendo regras para os – resolver.

[30] JORGE DE ESTEBAN, estudo preliminar da coletânea *Constituciones espanolas y estranjeras*, Madrid, 1977, págs. 22 e segs., *maxime* 44. Cfr. HENC VAN MAARSEVEN e GER VAN DER TANG, *op. cit.*, págs. 275 e segs.

nidade e do poder, dos fins que este prossegue e dos meios de que se serve – vai corresponder um determinado entendimento da Constituição em sentido material.

Consequentemente, a Constituição de qualquer Estado distingue-se da Constituição de outro Estado em razão do regime político que adota; assim como a mudança de regime político que nele ocorra determina uma mudança de Constituição – do desígnio que se lhe atribui, dos termos como enquadra a vida coletiva, dos direitos que garante ou deixa de garantir, da correspondente ordem económico-social.

II – Não é, de resto, só a respeito do regime político que esta pluralidade, simultânea ou sucessiva, de Constituições se apresenta. É também, desde logo, no tocante à forma de Estado e, depois, no tocante à forma de governo, ao sistema de governo e à forma institucional:

- forma de Estado ou modo de o Estado dispor o seu poder em face de outros poderes de igual natureza (com coordenação ou com subordinação) e quanto ao povo e ao território;
- forma de governo ou forma de a comunidade política organizar o seu poder e estabelecer a diferenciação entre governantes e governados, a partir da resposta aos problemas de legitimidade, de liberdade, de participação e de unidade ou divisão de poderes;
- sistema de governo ou sistema de órgãos da função política e estatuto dos governantes;[31]
- forma institucional ou expressão institucional e simbólica da representação ou da chefia do Estado.[32]

São, obviamente, diversas, por exemplo, a Constituição de um Estado unitário e a de um Estado federal, a Constituição de um governo representativo e a de um governo jacobino, a de um sistema parlamentar e a de um sistema presidencial, a de uma monarquia e a de uma república. E estas diferenciações observam-se já nos séculos XVIII e XIX.

Assim como, evidentemente, é diversa a Constituição de um Estado como Estado soberano da Constituição desse mesmo Estado enquanto reduzido a Estado membro de uma federação ou de união real; e vice-versa.

---

[31] V. *Manual...*, III, cit., págs. 333 e 334.
[32] *Ibidem*, págs. 325-326. V. também *Chefe do Estado*, in *Dicionário Jurídico da Administração Pública*, II, 1972, págs. 370 e segs.

Parte III · Tít. I · Cap. I – Sentido da Constituição | **233**

III – Esta e não aquela forma de Estado, este e não aquele regime político, esta e não aquela forma de governo, esta e não aquela forma institucional, eis escolhas básicas que se decidem em cada momento histórico. O cerne de uma Constituição reside aí.

À Constituição em sentido material, estatuto jurídico ou ordenação racionalizante e sistemática do Estado, pode corresponder historicamente um só conteúdo (como acontecia, na ótica do regime político, na era liberal) ou pode corresponder uma pluralidade de conteúdos (como vem sucedendo depois). E esse conteúdo em cada Estado e em cada tempo plasma-se em princípios jurídicos específicos, explícita ou implicitamente – os princípios que, abrangendo também a forma de Estado, a forma de governo, o sistema de governo e a forma institucional, no seu conjunto dão corpo a uma *Constituição material*.

Uma Constituição não se reduz, por certo, a esses princípios, a esses princípios fundamentais. Ela surge, aparentemente, como um somatório de preceitos. Porém, são esses princípios e outros com eles conexos que lhe conferem unidade, identidade e durabilidade, de acordo com um postulado elementar de coerência. Voltaremos a este tema adiante.

IV – *Constituição material* é, pois, o acervo de princípios fundamentais estruturantes e caraterizantes de cada Constituição em sentido material positivo; aquilo que lhe confere substância e identidade; a manifestação direta e imediata de uma ideia de Direito que prevalece em certo tempo e lugar (seja pelo consentimento, seja pela adesão passiva); a resultante primária do exercício do poder constituinte material; e, em democracia, a expressão máxima da vontade popular livremente formada.[33]

---

[33] Cfr., entre tantos, CARL SCHMITT, *op. cit.*, págs. 30 e 31; PAOLO BARILE, *op. cit.*, págs. 42 e segs.; VEZIO CRISAFULLI, *Lezioni di Diritto Costituinte*, I, 2ª ed., Pádua, 1970, págs. 102 e segs.; ROGÉRIO SOARES, *Constituição*, in *Dicionário Jurídico da Administração Pública*, II, pág. 666; SERGIO BARZOLE, *Costituzione (dottrine generali e Diritto Costituzionale)*, in *Dizionario delle Discipline Pubblicistiche*, IV, 1989, págs. 308 e segs.; MIGUEL NOGUEIRA DE BRITO, *A Constituição constituinte*, Coimbra, 2000, págs. 395, 401, 428 e 430; BENITO ALAEZ CORRAL, *Los limites materiales a la reforma de la Constitución Española*, Madrid, 2000, págs. 61 e segs. e 246 e segs.; *La Costituzione materiale. Percorsi culturali e attualità di un'idea* (obra coletiva a cargo de ALESSANDRO CATALANI e SILVANO LABRIOLA), Milão, 2001; LUIZ PINTO FERREIRA, *As emendas à Constituição, as cláusulas pétreas e o direito adquirido*, in *Revista Latino-Americana de Estudos Constitucionais*, janeiro-junho de 2003, págs. 216 e segs.; MICHEL ROSENFELD, *The identity of the constitutional subject*, trad. *A identidade do sujeito constitucional*, Belo Horizonte, 2003; PETER HÄBERLE, *L'État Constitutionnel*, trad. francesa, Aix-en-Provence e Paris,

234 | Teoria do Estado e da Constituição • *Jorge Miranda*

Sem se fechar no seu instante inicial ou numa conformação estrita, a Constituição material vem a ser aquilo que permanece enquanto mudam os preceitos ou as regras através de sucessivas revisões ou por outras formas ou vicissitudes. Em dialética constante com as situações e os factos da vida política, económica, social e cultural – com aquilo a que se vai chamando *realidade constitucional*[34] – *a necessidade da sua permanência torna-se requisito de segurança jurídica.*

Os preceitos ou as regras mudam; os princípios – mesmo se não imunes à evolução e a variações de sentido dentro do seu âmbito imanente – não podem ser afetados. Passar de uns princípios a outros (dos princípios respeitantes à forma de Estado, ou ao regime, ou à forma de governo, ou ao sistema de governo, ou à forma institucional) significaria passar de uma Constituição a outra.[35]

2004, págs. 123 e segs.; CARMEN LÚCIA ANTUNES ROCHA, *Reforma constitucional total e Constituição: remédio ou suicídio constitucional?*, in *Crise e desafios da Constituição* (obra coletiva coordenada por JOSÉ ADÉRCIO LEITE SAMPAIO), Belo Horizonte, 2004, pág. 168; WERNER KÄGI, *La Constitución como ordenamiento jurídico fundamental del Estado*, trad., Madrid, 2005, págs. 102 e segs.; *La Constitution et les valeurs: mélanges en l'honneur de Dimitri Georges Lavroff*, obra coletiva, Paris, 2005; CARLOS BLANCO DE MORAIS, *Justiça constitucional*, I, 2ª ed., Coimbra, 2006, págs. 53 e segs.; SANDRO STEFANO, *Giurisprudenza costituzionale e principi fondamentale: alla ricerca del nucleo duro delle Costituzioni*, Turim, 2006; GARRY JEFFREY JACOBSON, *Constitutional Identity*, in *Review of Politics* (Universidade de Notre Dame), nº 68, 2006, págs. 361 e segs. ÉDOUARD DUBOUT, *"Les règles ou principes inhérents à l'identité constitutionnelle de la France": une supra-constitutionnalité*, in *Revue française de droit constitutionnel*, 2010, págs. 451 e segs.; AUGUSTO BARDERA, *Ordinamento costituzionali e corte costituzionali*, in *Questione Costituzionali*, 2010, págs. 311 e segs.

Mas quem empregou, pela primeira vez, o termo *Constituição material* ou *Constituição em sentido material* foi COSTANTINO MORTATI (*La Costituzione in senso materiale*, Milão, 1940), embora num sentido algo diferente, ligada às forças e aos fins políticos: cfr. *infra*. Em pensamento próximo de MORTATI, v. J. J. GOMES CANOTILHO, *Direito* ..., cit., págs. 1065-1066, 1073 e 1139.

[34] Cfr. a visão de GARRY JEFFREY JACOBSON (*op. cit., loc. cit.*, págs. 353 e 395): a identidade emerge dialogicamente e representa um misto de aspirações políticas e comandos, que exprime tanto o passado da nação como a determinação daqueles que, dentro da sociedade, procuram por alguma forma transcendê-lo.

[35] PAULO OTERO (*Direito Constitucional Português* I, cit., págs. 21 e segs.) fala em identidade axiológica como sistema de valores emergente de cada Constituição e que lhe conferem uma específica identidade individualizadora.

Mas acrescenta: tal identidade nunca se encontra definitivamente feita, a arquitetónica do sistema está sempre aberta a fronteiras e melhores conhecimentos e à própria mutabilidade histórica, circunstâncias que, conferindo autonomia evolutiva à identidade constitucional, transmitem temporalidade e historicidade à própria identidade (pág. 22).

E mais à frente: tal como um ser vivo ao longo da sua vida evolui, adotando sucessivas

Parte III · Tít. I · Cap. I – Sentido da Constituição | **235**

V – Tem sido frequente as próprias Constituições, logo no início dos seus textos ou, quando existem, em cláusulas pétreas ou de limites materiais de revisão, sintetizarem os princípios que dão o seu cerne material. É o que se verifica na atual Constituição portuguesa nos seus arts. 1º e 2º (com alterações, mais terminológicas do que de fundo, sofridas desde 1976) e no art. 288º. Ou na Constituição brasileira, nos arts. 1º a 4º e 60º, § 4º.[36]

82.
Constituição em sentido formal

I – Se na Europa, nos séculos XVIII e XIX, não houve uma clara perceção de todas as dimensões e exigências da supremacia da Constituição, nem por isso deixou de se lhe vincular uma forma e uma consistência tais que fosse possível e necessário distinguir as suas normas das demais normas do ordenamento jurídico.

Uma Constituição apenas institucionalizadora do Estado não careceria dessa forma jurídica irredutível. Já não uma Constituição produto de uma vontade normativa particularizada em certo momento histórico (mormente quando criada por via revolucionária) e vocacionada para uma regulação ampla da vida política. Sem uma forma adequada, ela não conseguiria estabelecer-se.

Onde se encontra Constituição em sentido material moderno emerge, pois, Constituição em sentido formal. A única[37] exceção é a Grã-Bretanha, mas a ausência aí de Constituição formal explica-se pelas caraterísticas peculiares do seu desenvolvimento constitucional e do seu sistema jurídico;[38] é uma exceção que confirma a regra.

---

configurações caracterizadoras da sua identidade como indivíduo, igualmente "qualquer Constituição é um organismo vivo, sempre em movimento como a própria vida" (pág. 207, aqui citando o Autor do presente volume).

[36] Nas Constituições dos demais países de língua portuguesa: arts. 1º, 2º e 6º da Constituição de São Tomé e Príncipe; arts. 1º e 2º da Constituição de Cabo Verde; arts. 1º e 3º da Constituição da Guiné-Bissau; art. 1º da Constituição de Timor; arts. 1º e 3º da Constituição de Moçambique; arts. 1º e 2º da Constituição de Angola.
Entre Constituições de outros países: art. 1º da Constituição da Áustria; art. 2º da Constituição da Irlanda; art. 1º da Constituição da Itália; art. 4º da Constituição da Alemanha; art. 5º da Constituição da França; arts. 1º e 2º da Constituição da Grécia; art. 2º da Constituição da Espanha; art. 1º da Constituição da China; art. 1º da Constituição da Colômbia; arts. 1º e 2º da Constituição da Rússia; art. 1º da Constituição da África do Sul; arts. 1º e 2º da Constituição da Polónia.

[37] Ou quase única exceção, porque também se fala, por vezes, na Hungria antes de 1945.

[38] Cfr. *Manual...*, I, cit., págs. 122 e segs.

II – Em correspondência com os grandes vetores do constituciona-lismo moderno, três notas assinalam a Constituição em sentido formal:

a) Procedimento específico de formação e, em geral (mas nem sem-pre) de modificação;

b) Lugar específico no ordenamento;

c) Consideração sistemática *a se.*

Há um Direito constitucional – formalmente constitucional – a par de um Direito não constitucional; uma legislação constitucional a par (e acima) de uma legislação ordinária; um conjunto sistemático com uma unidade e uma coerência próprias, dentro da unidade e da coerência gerais do ordenamento jurídico positivo do Estado.

As normas formalmente constitucionais gozam, por isso mesmo, de um estatuto ou de um regime imposto por tais caraterísticas e pela função material, genética ou conformadora que servem. Condicionado embora pelo legislador constituinte, tal regime exibe-se – consoante nos capítulos respetivos se verá – na sua aplicação e na sua garantia.

III – Da Constituição em sentido formal cabe distinguir a Constituição *em sentido instrumental*, ou documento donde constam as disposições constitucionais, expressões verbais das *normas constitucionais.*

Se bem que pudesse (ou possa) ser extensivo a normas de origem consuetudinária quando recolhidas por escrito, o conceito é coevo das Constituições formais escritas. A reivindicação de que haja uma Constituição escrita equivale, antes de mais, à reivindicação de que as normas constitucionais se revelem através de um texto ou docu-mento *visível,* com as inerentes vantagens de certeza e de prevenção de violações.

Importa, porém, fazer uma advertência. Por um lado, Constitui-ção instrumental vem a ser todo e qualquer texto constitucional, seja ele definido material ou formalmente, seja único ou plúrimo. Por outro lado, mais circunscritamente, por Constituição instrumen-tal pode entender-se o *texto denominado Constituição ou elaborado como Constituição,* naturalmente ligado à força jurídica específica da Constituição formal.

O interesse maior desta análise verifica-se quando o texto consti-tucional patenteia e garante a Constituição *primária* em face de outros textos donde constem também normas formalmente constitucionais.

Parte III · Tít. I · Cap. I – Sentido da Constituição | **237**

83.
Os tempos e os lugares das normas constitucionais

I – Na grande maioria dos casos, a Constituição formal resulta de um só ato constituinte, de um só exercício do poder constituinte. Seja unilateral ou plurilateral, todas as normas formalmente constitucionais decorrem daí.

Em algumas ocasiões não acontece assim. Em vez de uma Constituição formal *unitária,* emanam-se várias leis constitucionais, quer num lapso de tempo relativamente curto e homogéneo, quer num período prolongado ou breve, embora heterogéneo. A Constituição formal decompõe-se então em complexos normativos dispersos por mais de um texto ou documento, todos com a mesma ligação ao poder constituinte e a mesma força jurídica.

Leis constitucionais simultâneas ou decretadas num tempo curto homogéneo foram as três leis constitucionais francesas de 1875 (Constituição da 3ª República). Leis constitucionais sucessivas foram as sete Leis Fundamentais espanholas do regime autoritário feitas entre 1938 e 1967, ou as trinta e cinco leis constitucionais revolucionárias portuguesas de 1974 a 1976; e são as duas leis constitucionais do Canadá, de 1867 e 1982.

II – Outros eventos, igualmente explicáveis por circunstancialismos históricos localizados, afiguram-se não menos interessantes. São os que se reconduzem às hipóteses de Constituição formal primária e de normas constitucionais complementares (ou de legislação constitucional extravagante).

Trata-se, sobretudo, daqueles casos em que uma Constituição, ao ser aprovada, mantém (ou repõe) em vigor normas constitucionais anteriores: assim, na Áustria, a Constituição de 1920 e a lei constitucional de 1867 (relativa a direitos individuais); em Portugal, a Constituição de 1933 e o Acto Colonial de 1930 (até 1951), a Lei nº 3/74, de 14 de maio, e a Constituição de 1933,[39] e a Constituição de 1976 e certas leis constitucionais revolucionárias; na Alemanha, a Constituição de Bona e os arts. 136º a 139º e 141º da Constituição de Weimar; em França, a Constituição de 1958 e a Declaração dos Direitos do Homem e do Cidadão e o preâmbulo da Constituição de 1946; no Brasil, os Atos Institucionais de 1964 a 1967 e a Constituição de 1946; na Suécia, a Constituição de 1974 e três leis fundamentais.

---

[39] V. *A Revolução de 25 de Abril e o Direito Constitucional*, Lisboa, 1975, págs. 23 e segs.

238 | Teoria do Estado e da Constituição · *Jorge Miranda*

Nada impede, por outra parte, que a Constituição confira força de normas constitucionais a normas legais anteriores como sucedeu com a legislação que extinguiu e dissolveu em Portugal a Companhia de Jesus (art. 3º, nº 12, da Constituição de 1911[40]) ou com o Decreto-Lei nº 621-B/74, de 15 de novembro, sobre incapacidades cívicas (art. 299º, nº 1, da Constituição de 1976).

Ou que confira força de normas constitucionais a normas provenientes de outros ordenamentos – do ordenamento jurídico internacional ou, porventura, em Estado federal ou em união real, do ordenamento jurídico central. Exemplos de atribuição de valor constitucional a normas de Direito Internacional encontram-se hoje, na Áustria em relação à Convenção Europeia dos Direitos do Homem e em Portugal relativamente à Declaração Universal dos Direitos do Homem.[41]

III – Esse nexo entre a Constituição e certas normas que, por virtude dela, adquirem categoria de normas formalmente constitucionais designa-se uma relação de *receção*. Figura mais estudada a respeito das relações entre sistemas jurídicos distintos[42] do que a respeito das relações entre normas do mesmo sistema jurídico estatal,[43] dificilmente se vislumbra como sem ela possa encarar-se a conjugação do poder constituinte posto em ato através da Constituição com a subsistência de normas constitucionais anteriores ou com a outorga de valor constitucional a normas de Direito internacional ou a normas de certos ordenamentos internos.

Por um lado, o núcleo operativo da Constituição formal reside na Constituição originária e primariamente criada pelo poder constituinte formal e material. Por outro lado, este poder é livre de, em face das condições em que se mova, da estrutura do sistema e da sua estratégia de normação, considerar como tendo valor constitucional normas já

---

[40] Cfr. Marnoco e Sousa, *Constituição Política da República Portuguesa – Comentário*, Coimbra, 1913, págs. 99-100; e António de Araújo, *Jesuítas e Antijesuítas no Portugal republicano*, Lisboa, 2004, págs. 139 e 254 e segs.

[41] Ou, ainda, porventura, na Itália, em relação aos Acordos de Latrão de 1929 celebrados com a Santa Sé.

[42] Cfr. Santi Romano, *L'Ordinamento Giuridico* (consultámos a trad. castelhana *El Ordenamiento Juridico*, Madrid, 1963, págs. 248 e segs.); Costantino Mortati, *Istituzioni di Diritto Pubblico*, 9ª ed., Pádua, 1975, I, pág. 318; Norberto Bobbio, *Teoria dell'Ordinamento Giuridico*, trad. *Teoria do Ordenamento Jurídico*, 7ª ed., São Paulo, 1996, págs. 38 e segs.

[43] Cfr. Sergio Fois, *Problemi della recezione nel diritto interno: leggi di recezione e riserva di legge*, in *Studi in memoria di Tullio Ascarelli*, obra coletiva, II, Milão, 1969, págs. 635 e segs.

Parte III · Tít. I · Cap. I – Sentido da Constituição | **239**

existentes, que ele não queira ou não possa editar (ou editar de novo) e que com as primeiras vão ficar num nexo de complementaridade ou de acessoriedade.

Mas a receção[44] tanto pode ser uma receção *formal* quanto uma receção *material,* tanto pode ser a receção de um ato normativo quanto a receção apenas de uma norma.

A receção formal pressupõe a conservação da identidade dos princípios ou preceitos (embora por força, insista-se, de uma norma constitucional que assim prescreve); pressupõe que os princípios ou preceitos valham com a qualidade que tinham; acarreta, por conseguinte, a sua interpretação, a sua integração e a sua aplicação nos exatos parâmetros da sua situação de origem (e, quando se trate de ordenamentos diferentes, a sua eventual modificação, a sua suspensão ou a sua revogação, se aí forem modificados, suspensos ou revogados).

Ao invés, a receção material resume-se a expediente de preenchimento de zonas de regulamentação jurídica. As normas recebidas são incorporadas como normas do sistema que as recebe ou nele enxertadas com o mesmo espírito que a este preside; e a sua vigência, a sua interpretação e a sua integração ficam em tudo dependentes de outras normas do novo sistema ou subsistema a que ficam pertencendo.

IV – Não se circunscrevem as normas constitucionais às decretadas pelo poder constituinte ou por ele recebidas. São também normas formalmente constitucionais, como é óbvio, as que venham a ser estabelecidas por revisão constitucional ou por outra vicissitude da Constituição.

Ora, têm sido experimentadas duas técnicas de articulação das normas constitucionais supervenientes com as normas constitucionais iniciais (ou precedentes, se já tiver havido uma revisão anterior). Consiste uma na introdução das correspondentes disposições nos lugares próprios do texto constitucional, mediante as substituições, as supressões e os aditamentos necessários: é a técnica mais frequentemente adotada e a prevista no art. 287º, nº 1, da Constituição portuguesa. Consiste ou-

---

[44] Sobre o conceito, v., na doutrina portuguesa, GONÇALVES DE PROENÇA, *Relevância do Direito Matrimonial Canónico no Ordenamento Estadual,* Coimbra, 1955, págs. 205 e segs.; ISABEL DE MAGALHÃES COLAÇO, *Direito Internacional Privado,* policopiado, Lisboa, 1958-1959, II, págs. 51 e segs. e 68 e segs.; JOSÉ DIAS MARQUES, *Introdução ao Estudo do Direito,* 4ª ed., Lisboa, 1972, págs. 386 e segs.; JOÃO BAPTISTA MACHADO, *Introdução ao Direito e ao Discurso Legitimador,* Coimbra, 1983, págs. 107-108; JOÃO DE CASTRO MENDES, *Introdução ao Estudo do Direito,* Lisboa, 1984, págs. 66 e 67.

tra na publicação de uma lei constitucional que perdura à margem da Constituição,[45] e que, de acordo com o princípio *lex posterior*..., vem modificar ou revogar alguns dos seus preceitos: é a técnica dos Aditamentos à Constituição dos Estados Unidos e foi a dos Atos Adicionais à Constituição brasileira de 1824 e à Carta Constitucional portuguesa de 1826.

Seja como for, saídas de revisão constitucional ou de qualquer outra vicissitude, as novas normas constitucionais inserem-se *de pleno* na Constituição formal. Mesmo que se siga o segundo método, não se confunde ele nunca com os aludidos fenómenos de receção formal ou material.

84.
Constituição em sentido formal e Constituição em sentido instrumental

I – A distinção entre Constituição formal e Constituição instrumental é paralela à distinção entre fontes de Direito como processos de criação e fontes de Direito como modos de revelação de normas jurídicas.[46]

As normas formalmente constitucionais[47] depositam-se ou documentam-se em textos constitucionais (tenham ou não o nome de Constituições ou leis constitucionais). Só as que sejam criadas por costume – admitindo-se a relevância de costume constitucional – ficarão de fora.

Inscrever-se a disposição correspondente a uma norma na Constituição instrumental é critério seguro de que pertence à Constituição formal. Isso somente não se verifica na ocorrência – algo anómala – de autodesconstitucionalização, quando a própria Constituição disponha que certa norma ou a norma sobre certa matéria não adquire ou já não tem valor de norma constitucional: terá sido o caso do art. 178º da Constituição brasileira de 1824 e do art. 144º da Carta Constitucional.

Rezava esse art. 178º: "É só constitucional o que diz respeito aos limites e atribuições respetivas dos Poderes políticos e aos Direitos polí-

---

[45] Naturalmente, quando se emprega a primeira técnica, também é publicada a respetiva lei de revisão, mas esta caduca com a incorporação das novas normas constitucionais na Constituição e com a produção dos efeitos das normas transitórias que, porventura, ainda contenha.

[46] V., por todos, José de Oliveira Ascensão, *O Direito – Introdução e Teoria Geral*, 13ª ed., Coimbra, 2005, págs. 51 e segs.

[47] E, na Grã-Bretanha, algumas das normas materialmente constitucionais.

Parte III · Tít. I · Cap. I – Sentido da Constituição | **241**

ticos e individuais dos cidadãos. Tudo o que não é constitucional pode ser alterado, sem as formalidades referidas, pelas Legislaturas ordinárias".

O legislador constituinte, assentando numa determinada noção de matéria constitucional e parafraseando, de certa maneira, o art. 16º da Declaração de 1789, daí extraiu a consequência de não atribuir senão às normas atinentes à matéria tida por constitucional a garantia inerente à forma constitucional. As demais normas, embora permanecendo na Constituição instrumental eram, pois, relegadas para fora da Constituição.[48]

Por seu turno, num sistema em que se imponha atender a normas constitucionais primárias e a normas constitucionais recebidas ou subprimárias, vale a pena falar em Constituição instrumental na aceção restrita atrás enunciada, porquanto, através desta, melhor se captam, à vista desarmada, as relações entre umas e outras normas e melhor se apreendem as condições concretas em que a Constituição formal do Estado tenha surgido e esteja a vigorar.[49]

II – As duas técnicas de inclusão de novas normas constitucionais em Constituição formal reconduzem-se, no fundo, a duas técnicas de inserção na Constituição instrumental.

A primeira técnica talvez seja mais económica. E esse é um dos motivos, a juntar ao das vantagens de mais nítida determinação das normas

---

[48] Assim, MIGUEL GALVÃO TELES, *Eficácia dos tratados na ordem interna portuguesa*, Lisboa, 1967, pág. 92, nota; JORGE MIRANDA, *Decreto*, Coimbra, 1974, pág. 97; GOMES CANOTILHO, *Direito Constitucional*, 4ª ed., cit., pág. 67. No sentido da distinção entre rigidez e flexibilidade constitucional, no art. 144º da Carta, *Contributo...*, cit., págs. 40 e 41-42, e MARCELLO CAETANO, *Manual...*, cit., II, pág. 427. Cfr. ainda LOPES PRAÇA, *Estudos sobre a Carta Constitucional*, I, Coimbra, 1878, págs. XXI e segs.; MARNOCO E SOUSA, *Direito Político – Poderes do Estado*, Coimbra, 1910, págs. 602 e segs.; MANUEL AFONSO VAZ, *Lei e reserva da lei*, Porto, 1992, pág. 288, nota; MIGUEL NOGUEIRA DE BRITO, *op. cit.*, pág. 423. Falando em Constituição semi-rígida por causa do art. 178º da Constituição brasileira, JOSÉ AFONSO DA SILVA, *Curso de Direito Constitucional Positivo*, 9ª ed., São Paulo, 1992, págs. 43-44.

[49] Embora atenuando o que aduzimos noutros lugares, mantemos, pois, um conceito autónomo de Constituição instrumental relevante. Cfr., em posição contrária, MARCELO REBELO DE SOUSA, *Direito Constitucional*, Braga, 1979, pág. 44; em posição favorável, J. J. GOMES CANOTILHO, *Direito Constitucional*, 4ª ed., cit., págs. 62-63; e, em posição próxima, JORGE BACELAR GOUVEIA, *Manual de Direito Constitucional*, I, 4ª ed., Coimbra, 2011, pág. 594.

Cfr., de J.J. GOMES CANOTILHO, a distinção entre o texto e o *corpus* constitucional ou conjunto de matérias normativas que formam a Constituição (*Direito...*, 7ª ed., cit., págs. 1129 e segs.).

constitucionais vigentes em cada momento, por que ela domina na prática. Ao invés, a segunda leva a multiplicar os documentos constitucionais: cada lei de revisão fica num texto constitucional separado.

Adotando-se o segundo processo, avulta, uma vez mais, a noção restrita de Constituição instrumental. Ela será agora a *Constituição em sentido nominal,* acompanhada por uma série maior ou menor de leis constitucionais posteriores. Em contrapartida, dar-se-á aí uma dissociação entre Constituição formal e Constituição instrumental, visto que algumas das normas nesta ainda depositadas já não estarão em vigor (ou já não estarão, tal como aí se apresentam) por novas normas constitucionais as terem vindo alterar.

III – Em breve, a propósito das chamadas *heteroconstituições,* dar-se-á conta de um curioso fenómeno de dissociação entre Constituição formal e Constituição instrumental: quando um Estado outorga uma Constituição a uma comunidade política, a qual depois adquire soberania, necessariamente, neste momento, mudando o princípio do poder constituinte, muda a Constituição formal, mas o texto constitucional perdura.

85.
Os problemas constitucionais na transição do século e do milénio

I – As últimas décadas do século XX e o início do século XXI trouxeram novos problemas à Constituição e à teoria constitucional.[50]

---

[50] Cfr., por exemplo, *The Constitutional Development on the Eve of the Third Millenium,* obra coletiva editada por Thomas Fleiner, Friburgo, 1995; MASSIMO LUCIANI, *L'Antisovrano e crisi delle costituzione,* in *Rivista di Diritto Costituzionale,* 1996, págs. 124 e segs.; PEDRO DE VEGA, *Mundialización y Derecho Constitucional,* in *Revista de Estudios Politicos,* abril-junho de 1998, págs. 13 e segs.; *La nuova età delle Costituzioni,* obra coletiva (ao cuidado de LORENZO ORNAGHI), Bolonha, 2000; VITAL MOREIRA, *O futuro da Constituição,* in *Direito Constitucional – Estudos em homenagem a Paulo Bonavides,* obra coletiva organizada por Eros Roberto Grau e Willis Santiago Guerra Júnior, São Paulo, 2001, págs. 318 e segs.; CESARE PINELLI, *Il momento della scrittura – Contributo al dibattito della Costituzione europea,* Bolonha, 2002; JOÃO LOUREIRO, *Da sociedade técnica de massas à sociedade de risco: prevenção, precaução e tecnociência. Algumas questões juspublicísticas,* in *Estudos em homenagem ao Prof. Doutor Rogério Soares,* obra coletiva, Coimbra, 2002, págs. 71 e segs.; PAULO OTERO, *Legalidade e Administração Pública,* Coimbra, 2003, págs. 557 e segs.; *Crise e desafios da Constituição,* obra coletiva coordenada por JOSÉ ADÉRCIO LEITE SAMPAIO, Belo Horizonte, 2004; GOMES CANOTILHO, *Direito...,* cit., págs. 1369 e segs. e 1447 e segs.; EDUARDO CAPELLARI, *A*

Parte III · Tít. I · Cap. I – Sentido da Constituição | **243**

Se a Constituição de democracia representativa e pluralista, de matriz liberal, com mais ou menos elementos sociais, prevalece na Europa e em largas partes do mundo, ela tem tido, ao mesmo tempo, de enfrentar transformações e tendências, incertezas e instabilidades incontornáveis. À vista desarmada basta pensar nas aceleradas mudanças tecnológicas, nas dificuldades do Estado-providência e nas tendências neoliberais, nos corporativismos e neocorporativismos, nas forças centrífugas internas e externas, na crescente circulação de pessoas e nos fenómenos imigratórios, na integração em espaços transnacionais e supranacionais, na globalização económica e da comunicação social, na vulnerabilidade ambiental, na agudização de conflitos com incidência mundial.

Perante esses desafios, cabe à Constituição, com concretizações variáveis de país para país, estabelecer instrumentos de segurança jurídica e de proteção da confiança em favor dos atingidos pelas mudanças tecnológicas, reforçar as garantias das pessoas no domínio da genética e da informática, instituir fórmulas específicas de proteção ambiental, criar entidades reguladoras independentes e eficazes, enquadrar os fatores corporativos e neocorporativos em órgãos adequados e em esquemas de democracia participativa, redescobrir o território a nível local e regional, promover a inclusão de todos que nele se encontrem, assegurar a democracia nos partidos e nas diversas formações sociais, promover formas de participação democrática nas instâncias transnacionais e supranacionais.

Longe de desaparecer, o papel da Constituição – ou, mais amplamente, do Direito constitucional material e da jurisprudência constitucional – enquanto integradora da comunidade política[51] torna-se mais necessária do que nunca. Nenhum outro sistema normativo, interno ou externo, se lhe pode (pelo menos, por ora) substituir.

---

crise da modernidade e a Constituição, Rio de Janeiro, 2004; *Constitucionalismo e Estado*, obra coletiva (organizada por Agassiz Almeida Filho e Francisco Bilac Moreira Pinto Filho), Rio de Janeiro, 2006; *Derecho Constitucional para el siglo XXI*, obra coletiva, produto do Congresso Ibero-americano de Direito Constitucional, Elcano (Navarra), 2006; João Loureiro, *"É bom morar no azul": a Constituição mundial revisitada*, in *Boletim da Faculdade de Direito da Universidade de Coimbra*, 2006, págs. 181 e segs.; Paulo Ricardo Schier, *Novos desafios da filtragem constitucional no momento do neoconstitucionalismo*, in *A constitucionalização do Direito – Fundamentos teóricos e aplicações específicas*, obra coletiva, Rio de Janeiro, 2007, págs. 251 e segs.

51 E como instrumento jurídico por excelência de ligação ao futuro (Fabiana Marion Spengler, *Tempo, Direito e Constituição*, Porto Alegre, 2008, págs. 37-38).

244 | Teoria do Estado e da Constituição · *Jorge Miranda*

Mais ainda: Peter Häberle fala, talvez com algum idealismo, numa comunidade universal de Estados constitucionais por referência aos princípios gerais de Direito e à interiorização dos direitos universais do homem.[52]

II – Quanto à teoria constitucional, entre outras aquisições, avultam:

- A insistência na unidade sistemática da Constituição, sem prejuízo da sua caraterística de ordem aberta;
- A distinção entre princípios e regras e a construção principialista do sistema constitucional;
- O caráter verdadeiramente jurídico das normas constitucionais programáticas ou diretivas;
- A constitucionalização de todos os ramos de Direito estatal, não só por estarem na Constituição as suas "têtes de chapitre" (Pellegrino Rossi) mas também por terem de ser constantemente impregnados pelos valores constitucionais;[53]
- O reconhecimento da aplicabilidade direta da Constituição e da sua prevalência sobre a lei (ordinária) – aquilo a que temos vindo a chamar a revolução copernicana do Direito público;[54]
- A superação da leitura dos direitos fundamentais como estando sob reserva de lei;
- O relevo dado aos diferentes tipos de procedimentos constitucionais (desde os legislativos aos eleitorais);
- O Direito processual constitucional;
- As relações da teoria da Constituição com a teoria da justiça e a teoria dos valores;
- O papel construtivo da jurisprudência constitucional;
- A formulação de postulados ou cânones de interpretação constitucional complementares ou alternativas aos cânones clássicos;
- O relevo especialíssimo da ponderação e da adequação funcional;
- O diálogo com a jurisprudência constitucional;
- A comunicação constante com o Direito internacional.[55]

---

[52] *L'État Constitutionnel*, cit., págs. 68 e 69.

[53] Sem que isso impeça cada ramo de se desenvolver num conglomerado de preceitos e até de princípios próprios. Constitucionalização não equivale a panconstitucionalismo.

[54] Desde a 3ª edição do vol. IV do *Manual*, 2000, pág. 311.

[55] Há quem fale em "neoconstitucionalismo": assim, por todos, Luís Roberto Barroso, *Neoconstitucionalismo e constitucionalização do Direito: o triunfo tardio do Direito*

Parte III · Tít. I · Cap. I – Sentido da Constituição | **245**

Finalmente, por força da integração supranacional e da globalização, as ideias de interconstitucionalidade, de Constituição transnacional e de Constituição intercultural.[56]

86.
Direito constitucional e Direito internacional

I – Uma das tendências marcantes do Direito das Gentes contemporâneo consiste na sua objetivação – a qual se traduz em fundamento não voluntarista das suas normas, incremento dos tratados multilaterais, interpretação e modificação apenas no âmbito do seu objeto e do seu fim e aparecimento ou valorização do *jus cogens* como acervo de princípios que prevalecem sobre as restantes normas.[57]

Assim, segundo a Convenção de Viena de Direito dos Tratados:

- É nulo todo o tratado que, no momento da sua conclusão, seja incompatível com uma norma imperativa de Direito internacional geral (art. 53º, 1ª parte);

- Se sobreviver uma norma imperativa de Direito internacional geral, todo o tratado existente que for incompatível com esta norma tornar-se-á nulo (art. 64º);

- Quando um tratado for nulo, as partes serão obrigadas: *a)* a eliminar, na medida do possível, as consequências de todo o ato praticado com base numa disposição que seja incompatível com a norma imperativa de Direito internacional geral; *b)* a tornar as suas relações mútuas conformes com essa norma (art. 71º, nº 1);

- Se um tratado se tornar nulo, a cessação da sua vigência: *a)* libertará as partes da obrigação de continuar a executar o tratado; *b)* não afetará nenhum direito, nenhuma obrigação, nem

---

constitucional no Brasil, in *Boletim da Faculdade de Direito da Universidade de Coimbra,* 2005, págs. 233 e segs.; *Teoria da Argumentação e Neo-Constitucionalismo,* obra coletiva, Coimbra, 2011, págs. 145 e segs.; Max Möller, *Teoria geral do neoconstitucionalismo – Bases teóricas do constitucionalismo contemporâneo,* Porto Alegre, 2011.

[56] Cfr. J. J. Gomes Canotilho, *Direito…,* cit., págs. 1426 e segs., e *"Brancosos" e interconstitucionalidade – Itinerários da discussão sobre a historicidade constitucional,* Coimbra, 2006; Bruno Galindo, *Teoria intercultural da Constituição,* Porto Alegre, 2006. Criticamente, Andrea Morrone, *Teologia economica v. teologia politica? Appunti su sovranità dello stato e "diritto costituzionale globale",* in *Quaderni Costituzionali,* 2012, págs. 829 e segs.

[57] Cfr. o nosso *Curso…,* cit., págs. 117 e segs., e autores citados.

nenhuma situação jurídica das partes criadas pela execução do tratado antes de ele se extinguir, mas este direito, obrigação ou situação não se manterá no futuro, salvo na medida em que a sua eliminação não for em si mesma incompatível com a nova norma imperativa de Direito internacional geral (art. 71º, nº 2).

Por seu turno, a Carta das Nações Unidas prescreve:

–   que todos os Estados, sejam ou não membros da Organização, devem agir de acordo com os seus princípios em tudo quanto for necessário à manutenção da paz e da segurança internacionais (art. 2º, nº 2);
–   que, em caso de conflito entre as obrigações resultantes da Carta e as obrigações resultantes de qualquer outra convenção internacional, prevalecem as primeiras (art. 103º).

O que se diz da Carta pode estender-se a qualquer outro tratado constitutivo de organização internacional enquanto fundamento de competência dos seus órgãos e que se impõe não só aos atos que estes pratiquem mas também aos tratados celebrados pelos Estados membros e mesmo a quaisquer outros de Direito interno.[58]

E a Convenção de Montego Bay, de Direito do Mar, de 1982, dispõe, a propósito da Autoridade para os Fundos Marinhos, que qualquer revisão dos seus preceitos deve observar alguns princípios como o da consideração do alto mar como património comum da humanidade e o da sua utilização para fins pacíficos.

Torna-se indiscutível aqui não pequena aproximação à noção de força jurídica específica de certas normas frente a outras e, consequentemente, à noção de conformidade ou desconformidade entre normas de graus diversos. Conceitos nascidos no campo do Direito constitucional irradiam para o Direito das Gentes, assim como, reciprocamente, as adstrições provenientes da inserção dos Estados na vida jurídico-inter-

---

[58]   Cfr. Riccardo Monaco, *Le caractère institutionnel des actes institutifs des organisations internationales*, in *Mélanges offerts à Charles Rousseau*, obra coletiva, Paris, 1974, págs. 153 e segs.; Nguyen Quoc Dinh, Patrick Dailler e Alain Pellet, *Droit International Public*, 6ª ed., Paris, 1997, págs. 575 e segs.; Giovanni Biaggini, *La idea de Constitución: nueva orientación en la época de la globalización*, in *Anuario Iberoamericano de Derecho Constitucional*, 2003, págs. 43 e segs.

Parte III · Tít. I · Cap. I – Sentido da Constituição | **247**

nacional se projetam sobre as Constituições, a começar pelas relações entre ordem interna e ordem internacional.[59]

O que já não se afigura plausível é falar (pelo menos, por enquanto) numa Constituição internacional ou mundial similar ou homóloga das Constituições estatais;[60] nem, como sublinha GOMES CANOTILHO,[61] muito menos considerar Constituições civis globais sem política.

II – Fenómeno inverso ao da irradiação de figuras constitucionais para o Direito internacional vem a ser o impacto deste sobre as Constituições.[62]

Esse impacto manifesta-se, antes de mais, no *jus cogens*, na medida em que este adstringe os Estados não só nas respetivas relações e com outros sujeitos, não só nas suas formas de vinculação internacional, mas também a nível interno, nas respetivas Constituições. Como estruturante da comunidade internacional, os princípios de *jus cogens* não podem, por isso, deixar de se sobrepor à Constituição de qualquer Estado enquanto membro dessa comunidade.

Na sequência da Carta das Nações Unidas, a Declaração Universal dos Direitos do Homem proclama a dignidade de todas as pessoas humanas e a Convenção de Viena de Direito dos Tratados enuncia expressamente os princípios de igualdade de direitos dos povos e do direito de disporem de si próprios, da igualdade soberana e de independência de

---

[59] Cfr. JORGE MIRANDA, *Curso...*, cit., págs. 133 e segs. Doutros prismas, cfr. GOMES CANOTILHO, *Direito...*, cit., págs. 1369 e segs.; GIOVANNI BIAGGINI, *op. cit.*, *loc. cit.*, págs. 66 e segs. (aludindo a constitucionalização sem Constituição); SABINO CASSESE, *Oltre lo Stato*, Roma-Bari, 2006, págs. 180 e segs.; PETER HÄBERLE, *Der Kooperative Verfassungstaat*, trad. *Estado Constitucional Cooperativo*, Rio de Janeiro, 2007.

[60] Cfr., entre nós, JOÃO LOUREIRO, *Desafios da Técnica. Trabalhos de Hermes (Constitucionalismo, Constituição mundial e Sociedade de Risco)*, in *Nação e Defesa*, n° 97, Primavera de 2001, págs. 43 e segs.

[61] *O Estado no Direito Constitucional internacional*, in *Revista de História das Ideias*, vol. 26, 2005, págs. 351-352.

[62] Sem esquecer, naturalmente, a presença em qualquer Constituição de normas de fundo, de competência e de forma sobre a vinculação jurídico-internacional do Estado e a condução da política externa. Fala-se aqui em Direito constitucional internacional. Cfr., por exemplo, MIRKINE-GUETZÉVITCH, *Droit Constitutionnel International*, Paris, 1933; CELSO B. DE ALBUQUERQUE MELLO, *Direito Constitucional Internacional*, Rio de Janeiro, 1994; HELÈNE TOURARD, *L'internationalisation des Constitutions nationales*, Paris, 2000; CELSO LAFER, *Apontamentos sobre a internacionalização do Direito Constitucional Brasileiro*, in *Estudos de homenagem ao Prof. Doutor Jorge Miranda*, ora coletiva, I, Coimbra, 2012, págs. 495 e segs.

todos os Estados, de não ingerência nos assuntos internos, de proibição da ameaça ou do emprego da força e do respeito universal e efetivo dos direitos do homem e das liberdades fundamentais para todos.

Exprimindo uma consciência jurídica universal no presente período histórico, esses princípios constituem um título de legitimidade, senão de validade, de todas as Constituições e traduzem-se, por conseguinte, em limites ao poder constituinte. Não por acaso – mas apenas com sentido declarativo – a Constituição portuguesa refere alguns desses princípios no art. 7º e a Constituição suíça (após 1999) prescreve que a sua revisão parcial não pode violar as regras imperativas do Direito internacional.

Em segundo lugar, todo o Direito internacional – geral ou comum, convencional e derivado de organizações internacionais e entidades afins – vigora ou tende a vigorar (com técnicas diversas) diretamente na ordem interna; e vigora mesmo que as Constituições não o digam. O alargamento das matérias objeto de normas internacionais e a emanação de muitas que só fazem sentido enquanto aplicáveis na ordem interna, o papel crescente das organizações internacionais e a irrupção do indivíduo como sujeito ativo ou passivo implicam uma integração sistemática cada vez mais estreita entre Direito estatal e Direito das Gentes.

E tais normas de Direito internacional primam sobre as leis ordinárias por duas razões evidentes: 1º) pelo princípio geral de Direito segundo o qual está vedado a alguém que se vincule perante outrem desvincular-se depois por ato unilateral; 2º) pelo interesse fundamental de segurança, certeza e harmonização de ordens jurídicas.[63]

Em terceiro lugar, particularmente no domínio da proteção internacional dos direitos do homem, chega a haver Constituições (por exemplo, a espanhola no art. 10º) que preveem a interpretação das suas normas em conformidade com os tratados sobre essas matérias; e Constituições (como a brasileira, no art. 5º, § 2º) que as declarem equivalentes às emendas constitucionais; assim como a jurisprudência constitucional dos países europeus partes da Convenção de Roma de 1950 atende, em não poucas das suas decisões, à jurisprudência do Tribunal Europeu (é o caso da jurisprudência constitucional portuguesa).

Em quarto lugar, há tratados que provocam a abertura de procedimentos de revisão constitucional. Como, em geral, os tratados não prevalecem sobre o Direito constitucional, quando se adotem normas convencionais discrepantes de normas constitucionais, apenas pode haver

---

[63] Sobre estes assuntos, cfr. *Curso...*, cit., págs. 170 e segs.

Parte III · Tít. I · Cap. I – Sentido da Constituição | 249

ratificação dos respetivos instrumentos após revisão constitucional:[64] como se sabe, tem sido o caso, e não só em Portugal, dos tratados da União Europeia e foi o do estatuto de Roma institutivo do Tribunal Penal Internacional.

Em quinto lugar, por imperativo de segurança jurídica e de boa fé nas relações internacionais, qualquer Estado, depois de vinculado por tratado, não pode invocar a mudança da Constituição ou uma revisão constitucional para se desonerar das obrigações por ele assumidas. Só o pode fazer nos termos gerais da denúncia (arts. 54º e segs. da Convenção de Viena sobre Direito dos Tratados, de 1969), salva responsabilidade internacional.

III – Implicações específicas de normas internacionais têm surgido – como adiante se verá – em alguns Estados, sujeitos por tratados a limitações de soberania ou ao estabelecimento de certos institutos ou garantias. Situam-se, porém, em plano diverso daquele em que nos situamos aqui.

E também se situa em plano diverso a tese, sustentada por uma importante corrente doutrinal – mas que não partilhamos[65] – do primado dos tratados comunitários europeus sobre as Constituições dos Estados membros; assim como a tese extrema, vinda do Tribunal de Justiça das Comunidades, de uma prevalência dos próprios regulamentos e diretivas provenientes dos órgãos comunitários.

87.

A pretensa Constituição europeia

I – Os passos estudados a caminho da União Europeia (desde o Tratado de Maastricht de 1992) têm levado alguns Autores a sustentar a existência já de uma Constituição europeia; ou pelo menos, de uma *pré--Constituição* ou de uma Constituição *transnacional*.[66]

---

[64] Cfr. o art. 95º da Constituição espanhola: a celebração de tratados internacionais com cláusulas contrárias à Constituição exige prévia revisão constitucional.

[65] V. *A "Constituição Europeia" e a ordem jurídica portuguesa*, in *O Direito*, 2002-2003, págs. 9 e segs.; e *Curso...*, cit., págs. 155 e segs.

[66] Sobre o problema da Constituição europeia, v., entre tantos, Francisco Lucas Pires, *A caminho de uma constituição política europeia?*, in *Análise Social*, nos 118-119, 1992, págs. 725 e segs., *União Europeia: um poder próprio ou delegado?*, Coimbra, 1994, *Introdução ao Direito Constitucional Europeu*, Coimbra, 1997, e *Os factores comunitários no*

250 | Teoria do Estado e da Constituição · *Jorge Miranda*

Mas, na nossa maneira de ver, embora se possa falar em Constituição europeia na mesma aceção em que poderia falar-se em Constituição das Nações Unidas, do Mercosul, da Liga Árabe ou da Organização Internacional do Trabalho, tal Constituição europeia não participa da natureza de Constituição no sentido nascido no século XVIII, na Europa e na América. Nem tão-pouco se manifestou até hoje um poder constituinte europeu, um poder da União Europeia de se organizar, por si e para si, acima e para além dos Estados.

Não existe um povo europeu que seja titular desse poder constituinte; há, sim, um conjunto de povos europeus e é a eles que corresponde o Parlamento Europeu. Nem há cidadãos europeus; há cidadãos de diferentes Estados europeus – aos quais são atribuídos certos direitos económicos e políticos comuns e nisto consiste, justamente, aquilo a que se chama cidadania europeia (sempre dependente ou consequente da cidadania própria de cada Estado comunitário).[67]

Direito constitucional português, in *Os 20 anos da Constituição de 1976*, obra coletiva, Coimbra, 2000, págs. 215 e segs.; ALEC STONE, *What is a Supranational Constitution? An Essay in International Relations Theory*, in *The Review of Politics*, Verão de 1994, págs. 441 e segs.; *Vers un droit constitutionnel européen. Quel droit constitutionnel européen?*, atas de colóquio, in *Revue Universelle des Droits de l'Homme*, 1995, págs. 357 e segs.; DIETER GRIMM, *Una Costituzione per l'Europa?*, in *Il futuro della Costituzione*, obra coletiva, Turim, 1996, págs. 339 e segs.; PETER HÄBERLE, *Per una dottrina della costituzione europea*, in *Quaderni Costituzionali*, 1999, págs. 3 e segs.; NEIL MAC CORMICK, *Democracy and Subsidiarity*, in *Diritto Pubblico*, 1999, págs. 49 e segs.; JÜRGEN HABERMAS, *Après l'État-nation*, trad., Paris, 1999, *maxime* págs. 104 e segs.; MIGUEL POIARES MADURO, *A crise existencial do constitucionalismo europeu*, in *Colectânea de estudos em homenagem a Francisco Lucas Pires*, obra coletiva, Lisboa, 1999, págs. 201 e segs.; *The birth of a European Constitutional Order: the interaction of National and European Constitutional Law*, obra coletiva editada por JÜRGEN SCHWARZE, Baden-Baden, 2001; LUIS ORTEGA, *La Constitución Europea*, Ciudad Real, 2003; GÜNTHER FRANKBERG, *Autorität und Integration. Zum Gramatik von Recht und Verfassung*, 2003, trad. *A Gramática da Constituição e do Direito*, Belo Horizonte, 2007, págs. 73 e segs. e 98 e segs.; CHRISTOPH MÖLLERS, *Pouvoir Constituant – Constitution – Constitutionalism*, in *Principles of European Constitutional Law*, obra coletiva (ed. por ARMIN VON BUGDANDY e JÜRGEN BAST), 2ª ed., Oxónia, 2010, págs. 61 e segs.; ANA MARIA GUERRA MARTINS, *O Tratado de Lisboa – Um passo em frente no sentido da constitucionalização da União?*, in *Estudos em homenagem ao Prof. Doutor Sérvulo Correia*, obra coletiva, IV, Coimbra, 2010, págs. 571 e segs.; MARIA LUÍSA DUARTE, *O Tratado de Lisboa e o teste de "identidade constitucional" dos Estados-membros – Uma leitura retrospectiva da Decisão do Tribunal Constitucional alemão de 30 de Junho de 2009*, ibidem, págs. 687 e segs.; PEDRO LOMBA, *On finality: the European Constitutional Discourse between Finalism and Contractualism*, ibidem, págs. 753 e segs.

[67] Cfr. JORGE MIRANDA, *Manual...*, III, 6ª ed., Coimbra, 2010, págs. 165 e segs., e autores citados.

Parte III · Tít. I · Cap. I – Sentido da Constituição | **251**

Longe de serem atos fundadores de uma entidade política *a se*, auto-validantes, todos os tratados de integração europeia, desde os dos anos 50 até ao Ato Único Europeu e aos Tratados de Maastricht, de Amesterdão e de Nice tiveram de percorrer, a nível interno dos vários países, procedimentos de aprovação e ratificação perfeitamente idênticos àqueles a que estão sujeitos quaisquer outros tratados internacionais. E, por isso, não é muito relevante a intervenção prevista dos órgãos comunitários nas suas modificações.[68]

Por outro lado, a necessidade de prévia alteração de algumas Constituições dos Estados membros é sinal de que esses tratados não equivalem a uma Constituição, porque, de outro modo, ela não teria sido necessária. Se equivalessem a uma Constituição, aprovados e entrados em vigor, impor-se-iam por si próprios e as suas normas prevaleceriam sobre as normas constitucionais, as quais seriam declaradas "inconstitucionais" ou "ilegais" por contradição com normas de grau superior; e nada disso se verificou.[69-70]

E o próprio tratado da União Europeia declara respeitar a igualdade e a identidade nacional dos Estados membros, *refletida nas estruturas políticas e constitucionais fundamentais de cada um deles* (art. 4º, nº 2).[71]

---

[68]   Neste sentido, Maria Luísa Duarte, *A teoria dos poderes implícitos e a delimitação de competências entre a União Europeia e os Estados-Membros*, Lisboa, 1997, págs. 213 e segs. e 357 e segs. Diversamente, Ana Maria Guerra Martins, *op. cit.*, págs. 627 e segs.

[69]   Conforme foi reconhecido pelo Tribunal Constitucional alemão e espanhol ao apreciarem a constitucionalidade do Tratado de Maastricht e pelo Conselho Constitucional francês a propósito desse Tratado e do Tratado de Amesterdão.

[70]   Porventura, só se atingiria um estádio constitucional, só haveria exercício de um poder constituinte a nível europeu se, celebrado um novo tratado, não tivesse de haver unanimidade para a sua aprovação e a sua ratificação, podendo ele entrar em vigor, inclusive, em Estados que não o tivessem aprovado ou ratificado (assim, nos Estados Unidos, bastou a ratificação por parte de nove dos treze primeiros Estados fundadores para que a Constituição federal entrasse em vigor).

   Mas a Carta das Nações Unidas prevê formas de modificação do respetivo texto bem mais "constitucionais" do que os processos de alteração previstos nos tratados europeus. Pois, sejam aprovadas em Conferência Geral dos membros da Organização, sejam aprovadas pela Assembleia Geral, as alterações à Carta, desde que ratificadas por dois terços dos Estados, incluindo os cinco Estados membros permanentes do Conselho de Segurança, obrigam todos os Estados, mesmo os que tenham votado contra (cfr. arts. 108º e 109º). E ninguém diz que a Carta seja uma Constituição de tipo estatal.

[71]   Cfr., embora por certo com sentido diverso, Francisco Lucas Pires, *O factor comunitário...*, cit., *loc. cit.*, pág. 225: se a Constituição fala para baixo, também as Constituições nacionais falam para cima como o confirma a alusão do Tratado da União Europeia às "tradições constitucionais nacionais".

88.

Transconstitucionalismo e interconstitucionalismo

A comunicação crescente entre culturas constitucionais, os reflexos da globalização, as diversas formas e tendências de integração supranacional e a cada vez maior intersecção do Direito Constitucional e do Direito das Gentes levam larga parte da doutrina a falar em pluralismo constitucional,[72] em Constituição global ou em globalização do Direito Constitucional,[73] em interconstitucionalidade[74] e em transconstitucionalismo.[75]

Pode sugerir-se, a propósito, o seguinte quadro:

1. Conceitos gerais:

   a. Transconstitucionalismo como conexão e interpenetração de princípios e institutos constitucionais ou paraconstitucionais;

   b. Interconstitucionalismo como comunicação e diálogo constitucional.

2. Transconstitucionalismo a nível externo:

   a. Direito constitucional dos direitos fundamentais e Direito internacional dos direitos do homem (e Direito internacional do trabalho ou do ambiente);

   b. Direito da União Europeia e Constituições dos Estados membros.

---

[72] Cfr. *Constitutional pluralism in the European Union and Beyond*, obra coletiva (ed. por Matej Avbelj e Jan Komárek), Oxónia, 2012.

[73] Cfr., por exemplo, Mark Tushnet, *The Inevitable Globalisation of Constitutional Law*, in *Highest Courts and Globalisation*, obra coletiva (ed. por Sam Muller e Stanley Richards), Haia, 2010, págs. 129 e segs.

[74] Cfr. Francisco Lucas Pires, *Introdução ...*, cit., págs. 28 e segs.; Paulo Castro Rangel, *Uma teoria da "interconstitucionalidade" / Pluralismo e Constituição no pensamento de Francisco Lucas Pires*, in *Themis*, 2000, págs. 127 e segs.; J. J. Gomes Canotilho, *Direito ...*, cit., págs. 1369 e segs. e 1426 e segs. e *"Brancosos" e interconstitucionalidade – Itinerários da discussão sobre a historicidade constitucional*, Coimbra, 2006; Bruno Galindo, *Teoria intercultural da Constituição*, Porto Alegre, 2006; *Constitutional Pluralism in the European Union and Beyond*, obra coletiva (ed. por Matej Avebej e Jan Komarek, Hart Publishing, 2012.

[75] Marcelo Neves, *Transconstitucionalismo*, São Paulo, 2009; e sobre esta obra Paulo Rangel, *Transconstitucionalismo versus interconstitucionalidade – Uma leitura crítica do pensamento "transconstitucionalista" de Marcelo Neves*, in *Tribunal Constitucional – 35 anos da Constituição de 1976*, obra coletiva, Coimbra, 2012, págs. 151 e segs.

Parte III · Tít. I · Cap. I – Sentido da Constituição | 253

3. Transconstitucionalismo a nível interno:

   a. Recepção por uma Constituição de normas e institutos de Constituições anteriores;

   b. Constituiçao de Estado federal e Constituições de Estados federados;

   c. Regime constitucional de minorias e de comunidades indígenas;

   d. Direito constitucional de territórios com relação específica ou associação com outros (*v.g.*, Macau entre 1976 e 1999, Porto Rico, Bermudas, Ilhas Anglo-Normandas).

4. Transconstitucionalismo a nível interno por efeito de fatores externos:

   a. Limites heterónomos do poder constituinte;

   b. Heteroconstituições.

5. Interconstitucionalismo como influência recíproca de certas Constituições ou das jurisprudências constitucionais de uns países sobre as de outros países.

§ 2º
Conceções gerais sobre a Constituição

89.
A teorização da Constituição

Importa agora fazer referência – não tão alargada quanto seria possível ou necessário em obra doutra índole – à problemática da teorização da Constituição, ou seja, ao esforço de elaboração e aprofundamento do seu conceito e de equacionação das questões fundamentais da dogmática constitucional.[76]

Para tanto, situar-se-ão as posições que sobre ela têm sido assumidas no âmbito das grandes conceções jurídicas ou jurídico-políticas contemporâneas do constitucionalismo. A seguir, mencionar-se-ão em particular algumas das tentativas de construção mais interessantes, entre as quais as propostas por autores portugueses e brasileiros re-

---

[76] Sobre a situação atual da teoria da Constituição, v. J. J. GOMES CANOTILHO, *Direito Constitucional*…, cit., págs. 1333 e segs. e autores citados.

centes. Por último, esboçar-se-á, em traços muito gerais, a nossa própria compreensão.

90.
As grandes correntes doutrinais

Não surpreende que a Constituição surja com natureza, significação, caraterísticas e funções diversas consoante as diferentes correntes doutrinais que atravessam os séculos XIX, XX e XXI:

a) Conceções *jusnaturalistas* (manifestadas segundo as premissas do jusracionalismo nas Constituições liberais e influenciadas depois por outras tendências) – a Constituição como expressão e reconhecimento, no plano de cada sistema jurídico, de princípios e regras de Direito natural (ou de Direito racional), sobretudo dos que exigem o respeito dos direitos fundamentais das pessoas; a Constituição como meio de subordinação do Estado a um Direito superior e, de tal sorte que, juridicamente, o poder político não existe senão em virtude da Constituição;

b) Conceções *positivistas* (prevalecentes de meados do século XIX à segunda guerra mundial, tendo como representantes, entre outros, LABAND, JELLINEK, CARRÉ DE MALBERG ou KELSEN) – a Constituição como lei, definida pela forma, independentemente de qualquer conteúdo axiológico, e havendo entre a lei constitucional e a lei ordinária apenas uma relação lógica de supra-ordenação; a Constituição como conjunto de normas decretadas pelo poder do Estado e definidoras do seu estatuto;

c) Conceções *historicistas* (BURKE, DE MAISTRE, GIERKE) – a Constituição como expressão da estrutura histórica de cada povo e referente de legitimidade da sua organização política; a Constituição como lei que deve reger cada povo, tendo em conta as suas qualidades e tradições, a sua religião, a sua geografia, as suas relações políticas e económicas;

d) Conceções *sociológicas* (LASSALLE, SISMONDI, até certo ponto LORENZ VON STEIN) – a Constituição como conjunto ou consequência dos mutáveis fatores sociais que condicionam o exercício do poder; a Constituição como lei que rege efetivamente o poder político em certo país, por virtude das condições sociais e políticas nele dominantes;

Parte III · Tít. I · Cap. I – Sentido da Constituição | **255**

e) Conceções *marxistas* (estudadas no tomo I a propósito dos sistemas constitucionais de tipo soviético) – a Constituição como superestrutura jurídica da organização económica que prevalece em qualquer país, um dos instrumentos da ideologia da classe dominante (e a Constituição socialista, em especial na linha leninista e estalinista, como Constituição-balança e Constituição-programa);

f) Conceções *institucionalistas* (Hauriou, Santi Romano, Burdeau, Mortati) – a Constituição como expressão da organização social, seja como expressão das ideias duradouras na comunidade política, seja como ordenamento resultante das instituições, das forças e dos fins políticos;

g) Conceção *decisionista* (Schmitt) – a Constituição como decisão política fundamental, válida só por força do ato do poder constituinte, e sendo a ordem jurídica essencialmente um sistema de atos precetivos de vontade, um sistema de decisões;

h) Conceções decorrentes da *filosofia dos valores* (Maunz, Bachof) – a Constituição como expressão da ordem de valores, ordem que lhe é, portanto, anterior, por ela não criada e que vincula diretamente todos os poderes do Estado;

i) Conceções *estruturalistas* (Spagna Musso, José Afonso da Silva) – a Constituição como expressão das estruturas sociais historicamente situadas ou ela própria como estrutura global do equilíbrio das relações políticas e da sua transformação.[77]

---

[77] Para uma exposição mais circunstanciada e crítica de algumas destas conceções, v. F. Javier Conde, *Introducción al Derecho Politico Actual,* Madrid, 1953; Manuel Garcia Pelayo, *Derecho Constitucional Comparado,* 8ª ed., Madrid, 1967, págs. 33 e segs.; Balladore Pallieri, *A Doutrina do Estado,* trad., Coimbra, 1969, I, págs. 206 e segs.; Costantino Mortati, *Costituzione...,* cit., *loc. cit.,* págs. 104 e segs.; Francisco Lucas Pires, *O problema...,* cit., págs. 27 e segs., e *Teoria...,* cit., págs. 47 e segs.; Pablo Lucas Verdu, *Constitución,* in *Nueva Enciclopedia Juridica,* v, 1976, págs. 212 e segs., e *La lucha contra el positivismo juridico en la Republica de Weimar. La teoria constitucional de Rudolf Smend,* Madrid, 1987; Marcelo Rebelo de Sousa, *op. cit.,* págs. 17 e segs.; a obra coletiva *La Politica dello Stato: Carl Schmitt,* Veneza, 1981; Gomes Canotilho, *Constituição Dirigente...,* cit., pág. 141; Adriano Giovannelli, *Dottrina e teoria della Costituzione in Kelsen,* Milão, 1983; Mario Dogliani, *Iudirizzo politico – Riflessioni su regole e regolarità nel Diritto Constituzionale,* Nápoles, 1985, págs. 141 e segs.; Paulo Bonavides, *Politica e Constituição,* cit., págs. 183 e segs., e *Curso de Direito Constitucional,* 28ª ed., São Paulo, 2013, págs. 97 e segs. e 177 e segs.; Sergio Bartole, *Costituzione materiale e ragionamento giuridico,* in *Scritti in onore di Vezio Crisafulli,* obra coletiva, II, Pádua, 1985, págs. 53 e segs.; Roberto Nania, *Il Valore della Costituzione,* Milão, 1986,

91.
Algumas teorias da Constituição

I – A primeira das teorias da Constituição em particular que interessa resumir, por ser uma rejeição das doutrinas liberais ainda no século XIX, é a de FERDINAND LASSALE.

LASSALE afirma a necessidade de distinguir entre Constituições *reais* e Constituições *escritas*. A verdadeira Constituição de um país reside sempre e unicamente nos *fatores reais e efetivos de poder* que dominem nessa sociedade; a Constituição escrita, quando não corresponda a tais fatores, está condenada a ser por eles afastada; e, nessas condições, ou é reformada para ser posta em sintonia com os fatores materiais de poder da sociedade organizada ou esta, com o seu poder inorgânico, levanta-se para demonstrar que é mais forte, deslocando os pilares em que repousa a Constituição. Os problemas constitucionais não são primariamente problemas de direito, mas de poder.[78]

II – Nos antípodas da construção de LASSALE, situa-se a de KELSEN.

KELSEN configura o Direito como ordem normativa, cuja unidade tem de assentar numa norma fundamental – pois o fundamento de validade de uma norma apenas pode ser a validade de outra norma, de uma norma superior. Há uma estrutura hierárquica de diferentes graus do processo de criação do Direito, que desemboca numa norma fundamental.

---

págs. 45 e segs.; o nº 3, ano VI, de dezembro de 1986, de *Quaderni Costituzionali*; KLAUS STERN, *op. cit.*, págs. 202 e segs.; INOCÊNCIO MÁRTIRES COELHO, *Constituição; conceito, objecto e elementos*, in *Revista de Informação Legislativa*, nº 116, outubro-dezembro de 1992, págs. 5 e segs.; MARIO DOGLIANI, *op. cit.*, págs. 209 e segs.; JOSÉ ANTONIO ESTÉVEZ ARAUJO, *La Constitución como proceso y la desobediencia civil*, Madrid, 1994, págs. 41 e segs.; FRANCISCO CUMPLIDO LERECEDA e HUMBERTO NOGUEIRA ALCALÁ, *Teoria dela Constitución*, Santiago do Chile, 1994, págs. 17 e segs.; AFONSO D'OLIVEIRA MARTINS, *O fenomenologismo e a teoria constitucional*, in *AB VNO AD OMNES – 75 anos da Coimbra Editora*, obra coletiva, Coimbra, 1998, págs. 229 e segs., e *Instituição, Estado e Constituição no pensamento de Maurice Hauriou*, in *Estado e Direito*, 1998-2000, págs. 169 e segs.; SANTIAGO SASTRE ARIZA, *Ciencia juridica positivista e neoconstitucionalismo*, Madrid, 1999; DAVID DYZENHAUS, *Legality and Legitimacy: Carl Schmitt, Hans Kelsen and Hermann Heller in Weimar*, Oxónia, 1999; BRUNO GALINDO, *op. cit.*, págs. 59 e segs.; JOSÉ AFONSO DA SILVA, *Aplicabilidade...*, cit., págs. 21 e segs.; o nº 6/2010 de *Fundamentos*, Junta Geral de Astúrias, Oviedo; FRANCISCO JAVIER DÍAZ REVORIO, *Sobre los valores en la Filosofia Juridica y en el Derecho Constitucional*, in *Revista Brasileira de Direito Constitucional*, 2012, págs. 13 e segs.

[78] *Über Verfassungswesen*, 1862 (consultámos a trad. castelhana *Que es un Constitución*, Barcelona, 1976).

Parte III · Tít. I · Cap. I – Sentido da Constituição | **257**

Tal norma superior é a Constituição – mas esta tem de ser entendida em dois sentidos, em sentido jurídico-positivo e em sentido lógico--jurídico.

Em sentido positivo, a Constituição representa o escalão de Direito positivo mais elevado. É a norma ou o conjunto de normas jurídicas através das quais se regula a produção de normas jurídicas gerais; e esta produção de normas jurídicas gerais reguladas pela Constituição tem, dentro da ordem jurídica estatal, o caráter da legislação.

Em sentido lógico-jurídico, a Constituição consiste na norma fundamental hipotética, pois, como norma mais elevada, ela tem de ser *pressuposta,* não pode ser posta por uma autoridade, cuja competência teria ainda de se fundar numa norma ainda mais elevada.[79]

III – Para MAURICE HAURIOU, o regime constitucional – que é a ordem essencial da sociedade estatal no seu livre desenvolvimento – determina--se pela ação de quatro fatores: o poder, a ordem, o Estado e a liberdade. O poder é, simultaneamente, o fundador e o organizador da ordem. O Estado é uma forma aperfeiçoada de ordem. A liberdade é tanto a causa como o fim dessas ações e da criação dessas formas.

Uma organização social torna-se duradoura, quando está *instituída* – ou seja, quando, por um lado, à ideia diretriz que nela existe desde o momento da sua fundação pode subordinar-se o poder de governo, mercê do equilíbrio de órgãos e de poderes, e quando, por outro lado, esse sistema de ideias e de equilíbrio de poderes foi consagrado, na sua forma, pelo consentimento dos membros da instituição e do meio social.

As formas jurídicas empregadas na organização do Estado em vista da liberdade são, por ordem histórica: 1ª) as instituições costumeiras; 2ª) o reino da lei com valor constitucional, particularmente na Inglaterra; 3ª) as Constituições nacionais, que aparecem em finais do século XVIII, a par do princípio da soberania nacional. E uma Constituição nacional é o estatuto do Estado considerado como corporação e dos seus membros, estabelecido em nome da nação soberana por um poder constituinte e por uma operação legislativa de fundação segundo um processo especial.

A Constituição compreende a Constituição política e a Constituição social. A primeira versa sobre a forma geral do Estado e sobre os poderes

---

[79] V. *Teoria General del Estado,* trad., Barcelona, 1934, págs. 325 e segs., e *Teoria Pura de Direito,* 2ª ed. portuguesa, Coimbra, 1962, II, págs. 1 e segs. e 64 e segs.

públicos. A segunda, sob muitos aspetos mais importante que a Constituição política, tem por objeto primacial os direitos individuais, que também valem como instituições jurídicas objetivas.[80]

IV – A conceção decisionista no domínio constitucional tem em CARL SCHMITT o seu maior expoente.

SCHMITT distingue quatro conceitos básicos de Constituição: um conceito *absoluto* (a Constituição como um todo unitário) e um conceito *relativo* (a Constituição como uma pluralidade de leis particulares), um conceito *positivo* (a Constituição como decisão de conjunto sobre o modo e a forma da unidade política) e um conceito *ideal* (a Constituição assim chamada em sentido distintivo e por causa de certo conteúdo).

Uma Constituição é válida enquanto emana de um poder constituinte e se estabelece por sua vontade (significando "vontade" uma magnitude do Ser como origem de um Dever Ser). Assim, é a vontade do Povo alemão que funda a sua unidade política e jurídica.

A Constituição (em sentido positivo) surge mediante um ato do poder constituinte. Este ato não contém, como tal, quaisquer normas, mas sim, e precisamente por ser um único momento de decisão, a totalidade da unidade política considerada na sua particular forma de existência; e ele *constitui* a forma e o modo da unidade política, cuja existência é anterior. A Constituição é uma decisão consciente que a unidade política, através do titular do poder constituinte, adota *por si própria e se dá a si própria.*

A essência da Constituição não reside, pois, numa lei ou numa norma; reside na decisão política do titular do poder constituinte (isto é, do povo em democracia e do monarca em monarquia).[81]

V – O específico da teoria de HERMANN HELLER consiste, em primeiro lugar, na definição da Constituição como totalidade, baseada numa relação dialética entre *normalidade e normatividade* e, em segundo lugar, na procura da conexão entre a Constituição enquanto ser e a Constituição enquanto Constituição jurídica normativa (superando, assim, as "unilateralidades" de KELSEN e SCHMITT).

A Constituição do Estado não é processo, mas produto; não é atividade, mas forma de atividade; é uma forma aberta, através da qual passa a vida, vida em forma e forma nascida da vida.

---

[80] *Précis...*, cit., págs. 1, 74, 242 e 611 e segs.
[81] *Teoria...*, cit., págs. 1 e segs., 10-11 e 24-25.

Parte III · Tít. I · Cap. I – Sentido da Constituição | **259**

A Constituição permanece através da mudança de tempo e pessoas, graças à probabilidade de se repetir no futuro o comportamento que com ela está de acordo. Essa probabilidade baseia-se, de uma parte, numa mera normalidade de facto, conforme com a Constituição, do comportamento dos membros e, além disso, numa normalidade normada dos mesmos e no mesmo sentido. Cabe, por isso, distinguir a Constituição não normada e a normada e, dentro desta, a normada extrajuridicamente e a que o é juridicamente. A Constituição normada pelo Direito conscientemente estabelecido e assegurado é a Constituição organizada. E, assim como não podem considerar-se completamente separados o dinâmico e o estático, tão-pouco podem ser separados a normalidade e a normatividade, o ser e o dever ser no conceito de Constituição.

O Estado é uma forma organizada de vida, cuja Constituição se carateriza não só pelo comportamento normado e juridicamente organizado dos seus membros mas ainda pelo comportamento não normado, embora normalizado, deles. A normalidade tem que ser sempre reforçada e completada pela normatividade; a par da regra empírica de previsão, aparecerá a norma valorativa de juízo; e a normatividade não só se eleva consideravelmente a probabilidade de uma atuação conforme com a Constituição como é ela que, em muitos casos, a torna possível.

Só poderá criar-se uma continuidade constitucional e um *status*, se o criador da norma se achar também vinculado por certas decisões normativamente objetivas dos seus predecessores. Só mediante o elemento normativo se normaliza uma situação de dominação atual e plenamente imprevisível, convertendo-a numa situação de dominação contínua e previsível, isto é, numa Constituição que dure para além do momento presente. Somente em virtude de uma norma o príncipe ou o povo podem adquirir a qualidade de sujeitos do poder constituinte. Uma Constituição precisa, para ser Constituição (ou seja, algo mais que uma relação fáctica e instável de domínio), de uma justificação segundo princípios éticos de direito.[82]

VI – Para RUDOLF SMEND, para quem a substância da vida política consiste numa integração dialética de indivíduo e coletividade e o Estado num "plebiscito que se repete todos os dias", a Constituição aparece como a ordem jurídica do processo – pessoal, funcional e real – de integração.

A Constituição é a ordenação jurídica do Estado, da dinâmica em que se desenvolve a sua vida, ou seja, do seu processo de integração.

---

[82] *Teoria...*, cit., págs. 295 e segs.

A natureza da Constituição é de uma realidade integradora permanente e contínua. Mas esta finalidade depende da ação conjunta de todos os impulsos e de todas as motivações políticas da comunidade. Aliás, é por ser o Estado uma ordem integradora, fruto da eficácia integradora dos seus valores materiais próprios, que o seu estatuto se distingue dos estatutos das outras associações.[83]

VII – Costantino Mortati parte, por um lado, da existência de uma relação juridicamente relevante entre a ordem concreta de uma sociedade e o sistema constitucional positivo nela instaurado e, por outro lado, da necessidade de a organização social, para servir de base à Constituição, surgir já politicamente ordenada segundo a distribuição das forças nela operante. O Estado não é a soma de relações espontaneamente determinadas entre os pertencentes a um grupo social, mas sim a consciente vontade de uma ordem.

A sociedade de que emerge a Constituição e a que se prende qualquer formação social em particular possui uma intrínseca normatividade, que consiste em se ordenar em torno de forças e de fins políticos; e esta normatividade, que não pode exprimir-se numa única norma fundamental (como na conceção formalística de Kelsen), apresenta-se sem formas preconstituídas. A Constituição material é então o núcleo essencial de fins e de forças que regem qualquer ordenamento positivo.

As forças políticas dominantes ordenadas em volta de uma finalidade – isto é, de valores políticos tidos por fundamentais – formam elas próprias uma entidade jurídica, dão vida à Constituição material, que fundamenta e sustenta a Constituição formal e que provoca as suas mutações e, ao mesmo tempo, determina os limites dentro dos quais estas podem efetivar-se. A Constituição formal adquirirá tanto maior capacidade vinculativa quanto mais o seu conteúdo corresponder à realidade social e quanto mais esta se configurar estabilizada num sistema harmónico de relações sociais.[84]

VIII – Werner Kägi, escrevendo em momento de crise político-espiritual profunda na Europa, vê na decadência do jurídico-normativo um efeito da decadência do normativo na existência humana e contra ela pretende reagir.

---

[83] *Verfassung und Verfassungsrecht* (1928), trad. castelhana *Constitución y Derecho Constitucional*, Madrid, 1985, *maxime* págs. 132 e segs.

[84] *La Costituzione in senso materiale*, cit., *maxime* págs. 87 e segs. e 141 e segs.; *Costituzione...*, cit., *loc. cit.*, págs. 129 e segs.; *Istituzioni...*, I, cit., págs. 30 e segs.

Parte III · Tít. I · Cap. I – Sentido da Constituição | **261**

A Constituição é, necessariamente, um ordenamento criador de unidade, a sua finalidade é a integração; e, por outro lado, ela desenvolve o seu sentido normativo como ordenamento jurídico objetivo. Através dela, objetiva-se a vontade política e racionaliza-se a estrutura do Estado.

O Direito constitucional é um Direito de liberdade, em duplo sentido: como ordenamento limitativo e como expressão de autonormação. Quando se põe em primeiro plano a parte orgânica põe-se em causa a ordem de valores de direitos fundamentais. Uma conceção puramente orgânica de Constituição acaba por ser um resíduo do Estado monárquico, que pode servir a democracia absoluta, mas não a democracia constitucional.[85]

IX – Segundo Georges Burdeau, a Constituição, ato determinante da ideia de Direito e regra de organização do exercício das funções estatais, é, no pleno sentido do termo, o estatuto do poder.

Em sentido institucional e jurídico a Constituição estabelece no Estado a autoridade de um poder de Direito, qualificando-o por referência a uma ideia de Direito, origem integral e exclusiva da sua autoridade; a partir dela, não apenas os governantes só poderão agir regularmente utilizando, nas condições por ela estabelecidas, o poder como também é este poder que, na sua substância, nas suas possibilidades e nos seus limites, fica subordinado à ideia de Direito oficialmente consagrada na Constituição. A Constituição é a regra pela qual o soberano legitima o poder aderindo à ideia de Direito que ele representa e pela qual, consequentemente, determina as condições do seu exercício.

Consagração da autoridade do soberano, a Constituição é politicamente um resultado. Vontade criadora e soberana, é juridicamente um ponto de partida: o fundamento da totalidade da ordem jurídica do Estado. O Estado é um poder ao serviço de uma ideia, a Constituição o seu fundamento jurídico.

A superioridade da Constituição decorre de ser ela que funda juridicamente a ideia de Direito dominante, enunciando e sancionando o finalismo da instituição estatal, e que organiza competências. A Constituição não suprime as pretensões das conceções rivais, mas, pelo menos, constrange-as a utilizar as vias e os meios que a organização política constitucional oferece aos temas da oposição. Por outro lado, a institucionalização do poder realiza-se através da definição de uma situação jurídica dos governantes, cujo conteúdo é determinado pela Constituição.[86]

---

[85]   *Op. cit., maxime* págs. 56, 79, 80, 89, 102, 109 e 140. A edição original desta obra é de 1942-1945.

[86]   *Traité…*, IV, cit., págs. 2-3, 45, 139-140 e 192 e segs.

X – Para KONRAD HESSE, a Constituição é a ordem jurídica fundamental e aberta da comunidade. A sua função consiste em prosseguir a unidade do Estado e da ordem jurídica (não uma unidade preexistente, mas de atuação); a sua qualidade em constituir, estabilizar, racionalizar e limitar o poder e, assim, em assegurar a liberdade individual.

A Constituição tem de estar aberta ao tempo, o que não significa nem dissolução, nem diminuição de força normativa. Ela não se reduz a deixar em aberto. Estabelece também o que *não deve* ficar em aberto – os fundamentos da ordem da comunidade, a estrutura do Estado e os processos de decisão das questões deixadas em aberto.

A realização da Constituição depende da capacidade de operar na vida política, das circunstâncias da situação histórica e, especialmente, da *vontade da Constituição*. E esta procede de três fatores: 1º) da consciência da necessidade e do valor específico de uma ordem objetiva e normativa que afaste o arbítrio; 2º) da convicção de que esta ordem é não só legítima mas também carecida de contínua legitimação; 3º) da convicção de que se trata de uma ordem a realizar, através de atos de vontade (dos implicados no processo constitucional).[87]

XI – PETER HÄBERLE propõe uma teoria da Constituição como ciência de cultura, pois a Constituição não se reduz a um documento jurídico; ela envolve todo um conjunto cultural, é expressão de uma situação cultural dinâmica, meio de auto-representação cultural de um povo, espelho do seu legado e fundamento da sua esperança.

Uma Constituição viva, enquanto obra de todos os seus intérpretes numa sociedade aberta, patenteia, através da forma e do conteúdo, as informações, as experiências e o saber popular acumulados. E, por isso, cabe sempre perguntar se o texto tem correspondência na cultura política de um povo e se os cidadãos se identificam com as suas partes especificamente jurídico-constitucionais. Um texto constitucional deve ser literalmente *cultivado* para que resulte numa Constituição.

A Constituição, ordem jurídica fundamental tanto do Estado como da sociedade, *deve ser compreendida como uma realização cultural.*[88]

---

[87] De HESSE consultámos a seleção *Escritos de Derecho Constitucional*, trad. castelhana, Madrid, 1983, *maxime* págs. 3 e segs., 8 e segs., 22, 26 e segs., 61 e segs. e 70 e segs.

[88] *1789 als Teil der Geschichte Gegenwart und Zukunet des Verfassungsstaates*, 1998, trad. castelhana *Libertad, igualdade, fraternidade – 1789 como historia, actualidad y futuro del Estado constitucional*, Madrid, 1998, *maxime* págs. 45 e segs.; e *Verfassungslehre als*

Parte III · Tít. I · Cap. I – Sentido da Constituição | 263

XII – Franco Modugno adota uma visão plural e complexa, em que a Constituição não é um dado, mas um processo, e em que distingue uma tríade de momentos – norma fundamental, forma real de governo e princípio de produção normativa.

A norma fundamental é a ideia mesma de Constituição considerada em si, o *primum* da consideração jurídica, o conjunto de todas as possibilidades do seu desenvolvimento. É já a Constituição enquanto absolutamente condicionante e constituinte – sem a qual qualquer Constituição determinada, constituída, seria impensável – mas não é ainda toda a Constituição, visto que o Estado-ordenamento se vai constituindo quer através da organização do poder, quer através da emanação das normas.

O problema do fundamento do conceito (da Constituição) do Estado, ou seja, da soberania ou do poder surge como problema de reconhecimento da norma ou do princípio (normativo) que atribui valor normativo ao ordenamento positivo ou do Estado e que transforma a força do Estado em autoridade. Todavia para que tal valor possa aderir ao Estado é necessário que este se apresente não como mera força, mas com força ordenada e regulada pelo Direito, ou seja, como poder; e esta força ou poder é, ao mesmo tempo, regra e, principalmente, *auto-regra*. A Constituição do Estado traduz-se, assim, em primeiro lugar, em regra do poder (que tem como uma das suas expressões históricas a da divisão de poderes).

Se a organização do poder (dita também forma de Estado) é a realidade positiva da Constituição, a efetiva manifestação da sua existência objetiva – a capacidade normativa geral, o princípio da função normativa *ut sic* – é o seu conceito ou valor. E este conceito e valor, olhado no seu aspeto terminal (ou, como também se diz, em sentido substantivo ou material) configura-se como princípio da legislação ordinária, primária e geral; como feixe de limites de forma e subsistência dessa legislação; e com parâmetro da sua constitucionalidade.[89]

Kulturwissenschaft, 2ª ed., 1996, trad. castelhana *Teoría de la Constitución como ciencia de la cultura*, Madrid, 2000; *L'État constitutionnel*, cit., *maxime* págs. 13 e segs. Cfr. outra perspetiva do Autor in *Die Verfassung des Pluralismus. Studien zur Verfassungstheorie der offenen Gesellschaft*, 1980, trad. castelhana *Pluralismo y Constitución – Estudios de Teoría Constitucional de la sociedad abierta*, Madrid, 2002.

[89] *L'Invalidità della Leegge*, I, cit., *maxime* págs. 109 e segs. V. também *Il concetto di Costituzione*, in *Scritti in onore di Costantino Mortati*, obra coletiva, I, Milão, 1977, págs. 197 e segs.

92.

Algumas posições de autores portugueses e brasileiros

I – Entre os autores portugueses, que, nos últimos setenta anos, alguma atenção têm prestado à teoria da Constituição, o primeiro a considerar é António José Brandão.

Parece firmar a sua noção num postulado geral acerca da visão da vida e do mundo: a Constituição é uma visão da vida e do mundo e a Constituição demoliberal a imposição a todos, governantes e governados, da visão da vida e do mundo demoliberal. Mas a esta, que reputa um falso triunfo da razão sobre a história, contrapõe a Constituição política autêntica, que é a Constituição da Nação.

As Constituições nunca podem ser feitas pelos homens, pois quem possui uma Constituição é a Nação (porque vive sempre constituída). Só a Constituição da Nação se torna o limite objetivo da "Razão do Estado". E, para o seu conhecimento, há que recorrer à teoria da estrutura e à teoria das funções.[90]

II – Marcello Caetano insere a teoria da Constituição na teoria da limitação do poder político – limitação essa que deve ser jurídica e assentar no Direito natural. A Constituição é uma técnica de limitação, mas só quando a Constituição seja *rígida* é possível organizar processos jurídicos tendentes a conter os *poderes constituídos* dentro dos limites traçados pelo *poder constituinte,* visto este ser superior àqueles.

Como lei suprema, a Constituição impõe-se a todas as outras leis e esse caráter supremo vem-lhe de ser a própria e integral afirmação da soberania nacional. Uma sociedade política revela-se como soberana, na medida em que possui e pode exercer o poder constituinte. Este nasce com o Estado, mas, sendo o suporte da Constituição, é anterior a ela.

Há necessariamente uma certa configuração caraterística de cada Estado, resultante das condições peculiares do povo e do território respetivos. Nenhuma Constituição pode pretender-se a palavra definitiva e a regra imutável da sociedade política; como mal andará o Estado cuja Constituição esteja a ser constantemente alterada, sem ao menos se conservarem os traços fundamentais da sua organização política. Mas, ao organizar o Estado, o legislador não tem de se limitar a observar as condições do povo

---

[90] Sobre o conceito da Constituição Política, cit., *maxime* págs. 67 e segs.

Parte III · Tít. I · Cap. I – Sentido da Constituição | **265**

que vai reger e a estabelecer uma equação em que a certas condições corresponderão determinadas soluções. Não só há certos princípios de Justiça e Segurança que devem estar presentes na elaboração de todas as leis (e, portanto, com mais forte razão, na das constitucionais) como é dever dos constituintes procurar corrigir vícios, eliminar defeitos, aperfeiçoar condições, melhorar instituições.[91]

III – Para Rogério Soares, a Constituição é a ordenação fundamental de um Estado e representa um compromisso sobre o bem comum e uma pretensão de ligar o futuro ao presente.

Como a sociedade moderna só pode ser compreendida como um conjunto de forças políticas antagónicas, o compromisso tem uma dimensão plurilateral, aparece como uma tentativa de equilíbrio. A ideia de Constituição repele, todavia, que ela seja concebida apenas como a expressão fáctica desse equilíbrio temporal. Sempre lhe cabe uma intenção voltada para o futuro: ela supõe a crença de poder ordenar igualmente equilíbrios políticos vindouros.

Só a Constituição entendida como um equilíbrio realizado dos valores fundamentais duma comunidade pode fornecer o penhor da segurança do homem perante a tirania da nova socialidade assumida pelo Estado e, também, duma organização em grupos carregados duma ética totalitária. O que não significa a entrega inerme a uma teleologia política, mas a busca das conexões íntimas no sentido dos órgãos e instituições constitucionais a apontar para a unidade. O perigo da interpretação segundo a mundividência do agente fica excluído, para deixar falar os valores que a Constituição recebeu e na medida em que o consente a totalidade do sistema.

Este programa de harmonização e de equilíbrio de tensões contrapostas com uma dinâmica definida na construção do Estado vivo fornece um cânone de interpretação e garante que a Constituição se adeque às manifestações espirituais da sociedade que rege, mas simultaneamente assegura-a contra a dissolução na relatividade das ideias triunfantes – o que significaria a negação do valor normativo da Constituição.[92]

IV – Muito próximo deste pensamento antolha-se o de Francisco Lucas Pires na procura de uma "noção compreensiva de Constituição". Segundo escreve, é necessário incutir um sentido à existência política, é necessário

---

[91] *Direito Constitucional*, I, cit., págs. 351 e segs. e 391 e segs.
[92] *Constituição...*, cit., *loc. cit.*, págs. 661 e segs.

que a limitação do poder se transforme em afirmação positiva e imperativa de valores. A superioridade da Constituição há-de proceder do facto de constituir a objetividade de certo *ethos* e não apenas da sua posição superior à das restantes normas.

A Constituição há-de ser o critério material de decisão entre o válido e o não válido. O núcleo da noção de Constituição apreende-se na conexão dialética das normas constitucionais com o projeto normativo donde extraem o fundamento e com a conjuntura política em que adquirem realidade.[93]

V – É a teoria de Constituição económica que VITAL MOREIRA formula, pela primeira vez, entre nós. Mas, a propósito do conceito de Constituição da economia, afirma que a Constituição não é hoje apenas a Constituição do Estado, é também a Constituição da sociedade, isto é, da formação social tal como esta se traduz no plano da estrutura política.

A própria Constituição política como Constituição da estrutura política integra o estatuto do Estado, o estatuto de outras instâncias da formação social e a Constituição económica. E este conceito, o de Constituição económica, leva a discernir na Constituição, não um sistema unitário isento de tensões, mas sim um lugar em que também se traduzem, de certo modo, as principais contradições e conflitos da sociedade.[94]

VI – A contribuição mais interessante de J. J. GOMES CANOTILHO, em certa fase do seu pensamento, é o esforço de aprofundamento e de procura de efetividade da Constituição *dirigente* ao serviço do alargamento das *tarefas* do Estado e da incorporação de fins *económico-sociais* positivamente vinculantes das instâncias de regulação jurídica.

---

[93] *O problema da Constituição,* cit., *maxime* págs. 93 e segs.
Numa obra posterior (*Teoria da Constituição de 1976,* cit., *maxime* págs. 100-101, 89 e segs. e 111 e segs.), o Autor reafirma a tese da Constituição como "ethos" do Estado e, a essa luz, põe em causa a alternativa entre Constituição-programa e Constituição--processo.
Se o "dirigismo" constitucional arrisca-se, escreve, a cair na partidarização da ideia de valor e na degeneração do "ideal" em ideologia, conceber a Constituição apenas como processo significa abrir mão da sua normatividade. O "processualismo" constitucionalista incorre em excesso de "razão" ou "realismo"; o "dirigismo" em excesso de decisão ou "voluntarismo".
A Constituição é a Constituição da liberdade através da justiça e a sua função central consiste em promover uma arbitragem e uma garantia, a partir das quais a ordem normativa pode dominar tanto um Estado "atuante" como uma sociedade "política" ela própria.

[94] *Economia e Constituição,* Coimbra, 1974 (na 2ª ed., 1979, cit., págs. 174 e segs.).

Parte III · Tít. I · Cap. I – Sentido da Constituição | **267**

A política não é um domínio juridicamente livre e constitucionalmente desvinculado e a vinculação jurídico-constitucional dos atos de direção política não é apenas uma *vinculação através de limites* mas também uma verdadeira vinculação material que exige um fundamento constitucional para esses mesmos atos. E a Constituição não é só "uma abertura para o futuro" mas também um projeto material vinculativo, cuja concretização se "confia" aos órgãos constitucionalmente mandatados para o efeito.

Há que distinguir uma direção *político-constitucional* (direção política *permanente*) e uma direção *política de governo* (direção política *contingente*). O valor condicionante positivo da Constituição pressupõe a configuração normativa da "atividade de direção política", cabendo a esta, por sua vez, um papel criativo, pelo menos na seleção e especificação dos fins constitucionais e na indicação dos meios ou instrumentos adequados para a sua realização.

Assim, não se trata de juridificar a atividade de governo; trata-se de evitar a substituição da normatividade constitucional pela economicização da política e a minimização da vinculação jurídica dos fins políticos.[95]

---

[95] *Constituição Dirigente e Vinculação do Legislador*, cit., *maxime* págs. 163 e segs. A partir da 4ª ed., cit., do seu *Direito Constitucional* (*maxime* págs. 71, 79 e 75-76), J. J. GOMES CANOTILHO viria a mitigar a sua posição, ainda que sem abandonar a preocupação em *otimizar* as funções de garantia e programática da lei constitucional.

Se a função estabilizante e integrante da lei constitucional ainda hoje é uma das finalidades que se propõe uma Constituição, não se deve concluir que dessa função resulte necessariamente uma unidade da Constituição imune a conflitos, tensões e antagonismos. A unidade é uma "tarefa" convencionada com a ideia de compromisso e tensão, inerente a uma lei fundamental criada por forças políticosociais plurais e antagónicas. Daí que a Constituição, ao aspirar a transformar-se num projeto normativo do Estado e da sociedade, aceite as contradições dessa mesma realidade. E esta radical conflitualidade ou permanência de contradições não exclui ou não tem de excluir uma "intenção de justiça" e "verdade" na proposta normativo-constitucional. Todavia, a estrutura dinâmica de uma lei fundamental aponta para a necessidade de *abertura*, pois, caso contrário, a excessiva rigidez do texto constitucional conduz à distanciação das normas perante o "metabolismo social". E, se não deve falar-se de um *grau-zero de eficácia* da Constituição, deve, contudo, abandonar-se a pretensão de uma predeterminação constitucional exaustiva e a crença acrítica nos mecanismos normativos.

De todo o modo, é sempre necessário um conceito constitucionalmente adequado: a compreensão de uma lei constitucional só ganha sentido útil, teorético e prático, quando referida a uma situação constitucional concreta, historicamente existente num determinado país.

Nas suas reflexões mais recentes (*Direito Constitucional e Teoria da Constituição*, 7ª ed., págs. 1435 e segs.), o Autor prossegue por esse caminho, afirmando que a Constituição é uma ordem aberta, com pretensão, simultaneamente, de *estabilidade*, na sua qualidade de "ordem jurídica fundamental", e de *dinamicidade*, tendo em conta a necessidade de

VII – Marcelo Rebelo de Sousa adota uma visão complexa, segundo a qual as formas de criação e conteúdo de uma Constituição dependem das estruturas económicas, sociais, culturais e políticas dominantes em certas condições de tempo e de espaço, bem como dos valores que essas prosseguem.

A Constituição não é uma realidade independente do mundo do *ser*, já que na sua génese e no seu conteúdo se tendem a projetar aquelas estruturas. O conteúdo da Constituição integra quer os valores ideológicos das estruturas dominantes no momento da sua elaboração quer os valores correspondentes a outras estruturas, secundárias à partida e cuja aposta é a superação do *status* inicial. Tal conteúdo é assumido como

---

fornecer abertura para a mudança no seio do político. Ao estabelecerem princípios e procedimentos socialmente estabilizados, os textos constitucionais procuram a "segurança", "certeza", "vinculatividade" e "calculabilidade" indispensáveis a qualquer *ordem* jurídica; ao introduzirem procedimentos de mudança (ex.: normas de revisão), as Constituições introduzem no *estatuto jurídico do político* horizontes temporais diferenciados que lhes permitem continuar a assegurar um eventual *consenso intergeracional* e evitar uma insustentável *distância* entre a Constituição escrita e a Constituição material.

A Constituição é uma *ordem-quadro*, e não um código exaustivamente regulador. Mas ela pode e deve fixar não apenas uma *estadualidade juridicamente conformada* mas também estabelecer *princípios relevantes para uma sociedade aberta bem ordenada*. A Constituição é sempre um *processo público* que se desenvolve hoje numa *sociedade aberta* ao pluralismo social, aos fenómenos organizativos supranacionais e à globalização económica. Sendo *ordem parcial e fragmentária*, carece de uma *atualização concretizante* quer através do "legislador" (interno, europeu e internacional) quer através de esquemas de regulação informais, "neocorporativos", "concertativos" ou "processualizados", desenvolvidos a nível de vários subsistemas sociais.

A Constituição deve recolher as tensões da integração *republicana* e *comunitária* e o *pluralismo social*, económico e político. Ela não tem capacidade para ser uma *lei dirigente transportadora de metanormas*. O caráter dirigente de uma Constituição converter-se-á paradoxalmente em *défice de direção* se ela for também uma lei com hipertrofia de normas programáticas articuladas com *políticas públicas* sujeitas à *mudança política democrática* ou dependente de *capacidade de prestação* de outro sistema social. Isso não significa, no entanto, que as Constituições não possam e não devem ter um papel de *mudança social*, dentro dos limites da realidade e dos limites "reflexivos" inerentes à sua natureza de lei.

As Constituições servem para estabelecer mecanismos que assegurem a subsistência de um compromisso – consenso. Com elas, a sociedade e os indivíduos autovinculam-se, a fim de resolverem os problemas resultantes de uma racionalidade imperfeita e dos desvios das suas vontades. E, através delas, exercem-se ainda funções de inclusividade, de autopoiese e de controlo.

Cfr. também *Da Constituição dirigente ao Direito comunitário dirigente*, in *Colectânea de estudos em homenagem a Francisco Lucas Pires*, obra coletiva, Lisboa, 1999, págs. 143 e segs.

Parte III · Tít. I · Cap. I – Sentido da Constituição | **269**

um projeto ideológico *querido,* destinado a estabelecer um sistema regulador da vida coletiva. Mas, por seu turno, a Constituição atua sobre as estruturas, numa tensão permanente com a coletividade, tensão em que esta, em última análise, tende a prevalecer.[96]

VIII – Mais de um ângulo de Ciência política do que de Direito constitucional, o das formas de poder, é a referência de ADRIANO MOREIRA à noção de Constituição.

Distingue entre Constituição *formal* – que atende à definição normativa do regime político, à unidade estatal resultante de um ordenamento jurídico – e Constituição *real* – correspondente às vigências que se impuseram. Este duplo normativismo do Estado não deve confundir-se com a evolução do sentido das normas consubstanciada, por exemplo, na Constituição política, em resultado de uma interpretação jurídica atualizada. Não se trata de passar de um plano ao outro. Trata-se de dois planos separados, de tal modo que o *poder normativo* dos factos, impondo vigências normativas, deixa inoperantes as fontes formais do direito.

A insistência na Constituição *formal,* embora praticando a Constituição *real,* corresponde à importância política da *imagem* em todo o processo de poder, a qual tem a função de facilitar os relacionamentos internacionais e de contribuir para a consolidação da obediência (porque sempre definida em atenção aos juízos populares de legitimidade do poder).[97]

IX – Para JOSÉ CARLOS VIEIRA DE ANDRADE, a Constituição não é uma pura manifestação de poder que se perpetue. Na sua rigidez formal, ela tem uma intenção integradora e a sua função principal é a criação e a manutenção contínua da unidade política e da unidade do ordenamento jurídico-intenção e tarefa que só se cumprem através da ligação constante à realidade do momento presente.

Mas tal unidade política fundamental não poderá *constituir-se* se não tiver um significado material, e não poderá subsistir se não tiver uma razão-de-dever-ser-assim. No tocante, por exemplo, aos direitos fundamentais à face da Constituição portuguesa de 1976, encontra-se uma unidade de sentido, que é a dignidade da pessoa humana; e não se trata de uma unidade puramente lógica ou funcional, mecânica ou sistémica, mas uma unidade axiológico-normativa.

---

[96] *Direito Constitucional,* cit., págs. 35-36, e *Direito Constitucional-i, Relatório,* Lisboa, 1986, pág. 33 (onde fala em dimensões axiológica, estrutural, volitiva e normativa da Constituição).

[97] *Ciência Política,* Lisboa, 1979, págs. 129 e segs.

Por outro lado, as normas constitucionais – situadas no topo do ordenamento jurídico, desenquadradas das demais, dependentes intimamente da evolução social, política e cultural de cada país e resultantes, muitas vezes, de revoluções ou mutações bruscas – apresentam uma *solidão* e uma *abertura* estrutural que, somadas e multiplicadas entre si, determinam a insuficiência e a impropriedade das regras tradicionais de interpretação.

Ao contrário das normas de direito privado, elas não estão incluídas num "todo" histórico-dogmático.[98]

X – Para Luís Pereira Coutinho,[99] o facto essencial consiste em a normatividade constitucional verter o continuamente atualizado compromisso de uma "comunidade de participantes morais" que, *através* da mesma normatividade (uma plasmação ou projeção desse *parametrizado* compromisso), pretende precisamente salvaguardado o que releva da igualdade fundamental de todos contra aquilo que a faça perigar, em particular, contra circunstanciais maiorias que a afectem.[100]

Plasmam aquele compromisso, tanto normas materiais como normas organizatórias. Quanto às primeiras, não será difícil verificar que constituem projeções do princípio que nuclearmente centra esse compromisso. Com efeito, estão em causa os deveres e direitos que os participantes se reconhecem entre si, na precisa razão em que se parametrizem moralmente no princípio da dignidade humana. Reflexamente, podem caracterizar-se esses deveres e direitos, para além das especialidades deste ou daquele arquiteto constitucional, como concretizações da dignidade humana. E esta (precisada como "igualdade fundamental por todos na humanidade comum") constitui o cerne material aglutinador da normatividade de direitos fundamentais. Um *parametrizador* cerne que se projeta num princípio de socialidade ou de solidariedade.

Uma normatividade constitucional pode considerar-se validada quando corresponde a uma parametrização moral comungada no âm-

---

[98] *Os direitos fundamentais...*, 1ª ed., Coimbra, 1983, págs. 101, 107, 120, 127 e segs. e 222. Cfr. na 2ª ed., Coimbra, 2001, págs. 101 e segs. e 394 e, na 3ª ed., págs. 105 e seg. (já vão na 4ª e na 5ª edições).

[99] *A Autoridade Moral da Constituição – Da fundamentação da validade do Direito Constitucional*, Coimbra, 2007, págs. 581 e segs. e 719.

[100] Para o Autor paradigmáticas desse constitucionalismo normativo são a experiência norte-americana (marcada por um "Deus de natureza" e por "verdades *de per si* evidentes") e, no segundo após-guerra, a de Bona (em que a legitimidade do Povo alemão radica na "consciência das suas responsabilidades perante Deus e os homens").

Parte III · Tít. I · Cap. I – Sentido da Constituição | **271**

bito de uma comunidade que, enquanto tal, reconhece *autoridade moral* à sua Constituição. Uma Constituição dinâmica, escrita e não escrita, que incorpora normas de "fonte" legal, consuetudinária e, ainda, no caso particularíssimo do constitucionalismo europeu em gestação, convencional.

Não é essa parametrização, em que os homens se reconhecem imprescritivelmente dignos, suscetível de ser explicada sem apelo a uma *sabedoria* "que informa a razão, mas não é produto dela". Com efeito, para o homem ocidental, tal como historicamente consumado em Repúblicas de homens "criados iguais" ou "baseadas na dignidade humana", é o binómio Atenas-Jerusalém – tal como acedido na linha que parte de Tomás de Aquino e que continua em Espinosa e em Locke – que lhe permite, em última instância, compreender-se a si mesmo naquilo que é.

XI – Segundo Tércio Sampaio Ferraz Júnior, uma Constituição é um início, o começo de algo novo, algo que não deve ser previsto a partir de alguma coisa que tenha ocorrido antes. É princípio e realização; há-de ser tomado como começo, principiado por agentes, e consecução, a que muitos aderem, para levar a cabo um procedimento.

A autoridade da iniciativa está nos riscos que se assume, não na realização em si. Esta depende de um contínuo instável e imprevisível de ações e reações. Uma Constituição não deve ser vista apenas como um ato fundante ou um texto básico, mas como uma prática que se renova a cada instante, na sua interpretação, na sua aplicação, na sua observância. O verdadeiro "espaço" de uma Constituição não se situa na sua coisificação num documento, mas na organização da comunidade, na convivência dos cidadãos que vivem juntos.[101]

XII – Numa linha de pensamento próximo dos modelos de sociologia jurídica de Luhmann, Marcelo Neves vê a Constituição na aceção moderna como fator e produto de diferenciação entre sistema político e sistema social.

A positividade como facto de o Direito se autodeterminar implica a exclusão de qualquer supradeterminação direta (não-mediatizada por critérios intra-sistémicos) do Direito por outros sistemas sociais: política, economia, ciência, etc. De acordo com isso, a relação entre sistemas jurídico e político é horizontal-funcional e não mais vertical-hierárquica.

---

[101] *Legitimidade na Constituição*, in Tércio Sampaio Ferraz Júnior, Maria Helena Diniz e Ritinha A. Stevenson Georgalikas, *Constituição de 1988 – Legitimidade, Vigência e Eficácia, Supremacia*, São Paulo, 1989, págs. 23 e segs.

Nesse novo contexto, sem os seus fundamentos políticos e morais globalizantes, o sistema jurídico precisa de critérios internos não apenas para a aplicação jurídica concreta mas também para o estabelecimento de normas jurídicas gerais (legislação em sentido amplo). Esse papel é atribuído ao Direito Constitucional.

O Direito Constitucional funciona como limite sistémico-interno para a capacidade de aprendizado (abertura cognitiva) do Direito positivo. Com outras palavras: a Constituição determina como e até que ponto o sistema jurídico pode reciclar-se sem perder a sua autonomia operacional. A falta de uma regulação estritamente jurídica da capacidade de reciclagem do sistema jurídico conduz – numa sociedade hipercomplexa, com consequências muito problemáticas – a intervenções diretas (não-mediatizadas pelos próprios mecanismos sistémicos) de outros sistemas sociais, sobretudo do político, no Direito. Porém, o sistema constitucional também é capaz de se reciclar em relação ao que ele mesmo prescreve. Esse caráter cognitivo do sistema constitucional expressa-se explicitamente através do procedimento específico de reforma constitucional, mas também se manifesta no decorrer do processo de concretização constitucional. Não se trata, por conseguinte, de uma hierarquização absoluta. Principalmente as leis ordinárias e as decisões dos tribunais competentes para questões constitucionais, que numa abordagem técnico-jurídica constituem Direito infraconstitucional, determinam o sentido e condicionam a vigência das normas constitucionais.

A Constituição desempenha uma função descarregante para o Direito positivo como subsistema da sociedade moderna, caraterizada pela supercomplexidade. Impede que o sistema jurídico seja bloqueado pelas mais diversas e contraditórias expectativas de comportamento que se desenvolvem no seu meio ambiente. Essa função descarregante é possível apenas através da adoção do "princípio da não identificação". Para a Constituição ele significa a não-identificação com conceções globais (*totais*) de caráter religioso, moral, filosófico ou ideológico. A identificação da Constituição com uma dessas conceções viria bloquear o sistema jurídico, de tal maneira que ele não poderia produzir uma complexidade interna adequada ao seu hipercomplexo meio ambiente. Uma Constituição identificada com "visões de mundo" totalizadoras (e, portanto, excludentes) só sob as condições de uma sociedade pré-moderna poderia funcionar de forma adequada ao seu meio ambiente.[102]

XIII – Lenio Luiz Streck propõe uma maneira de ver a Constituição ajustada a países de "modernidade tardia", de certo modo retomando e

---

[102]   *A constitucionalização...*, cit., págs. 65, 67 e 68.

Parte III · Tít. I · Cap. I – Sentido da Constituição | 273

adaptando a conceção de Constituição dirigente de Gomes Canotilho, em busca da efetivação dos direitos sociais fundamentais.

A Constituição, enquanto matriz privilegiada de sentido do ordenamento, que une o político e o jurídico, é o espaço (enquanto "como se") onde se "fundamenta" o sentido jurídico. Ocorre que esse sentido "fundante" acontece a partir de uma manifestação prévia, no interior do qual já existe um processo de compreensão. *A Constituição, assim, funda, sem ser "fundamento", porque não é uma categoria ou uma hipótese a partir da qual se possa fazer "deduções".*

Daí que seja possível afirmar que a noção de Constituição *é um paradoxo*, exatamente porque funda sem ser fundamento, e, ao mesmo tempo, constitui sem constituir, como se houvesse um ponto de partida. A Constituição é um paradoxo, na medida em que temos que colocar um ponto de partida (por isso é *als ob*, onde o "como se" deve ser entendido "como se apanhasse o todo da interação humana no mundo jurídico"), *mas ao mesmo tempo ela frustra essa pretensão de ser o começo, já que esse se dá sempre de novo e de várias formas na antecipação de sentido, a partir do modo prático de ser-no-mundo do intérprete.*

A Constituição não teria sentido sem a compreensão prévia do sentido, mas não teria sentido falarmos nessa compreensão prévia sem que estivéssemos lidando com o sentido mesmo da Constituição, no nível do quotidiano e da interação social. Daí que a Constituição deva ser entendida como um existencial, ou seja, não deva ser apreendida simplesmente no plano ôntico--objetivista, e, sim, no plano ontológico-existencial, isto é, como manifestação da própria condição existencial do ser humano. Nesse sentido, a Constituição emerge primariamente da própria existência e sempre a ela remete.

No paradigma que antecede à noção de Constituição programático-dirigente, o texto constitucional era entendido como uma terceira coisa que se punha entre o sujeito (da filosofia da consciência) e o objeto (a sociedade). A linguagem constituinte da busca do novo, da emancipação da sociedade, do resgate das promessas da modernidade, dramaticamente sonegadas em países periféricos como o Brasil, passa a ser, no interior do novo paradigma, condição de possibilidade desse novo, *pela exata razão de que, na tradição engendrada pela noção de Estado Democrático de Direito, o constitucionalismo já não é mais o de índole liberal, mas, sim, um constitucionalismo produto de um constructo que estabelece, em um novo-modo-de-ser instituído pelo pacto constituinte, os limites do mundo jurídico-social.*[103]

---

[103] *Jurisdição Constitucional e Hermenêutica – Uma Nova Crítica do Direito*, Porto Alegre, 2002, págs. 122 e 123. Na 2ª ed. desta obra (Rio de Janeiro, 2004), o Autor fala na "per-

XIV – Luiz Vergilio Dalla Rosa traz interessantes considerações acerca da Constituição a propósito daquilo a que chama o discurso constitucional.

Segundo este Autor, a Constituição surge, no aspeto jurídico-positivo, como o elemento verificador da validade interna dos demais componentes do sistema jurídico e pode conceber-se, não mais como *norma superior*, mas sim como *momento de unidade ou sentido*.

O sistema jurídico não é mais representado pela metáfora piramidal de base kelseniana; pode-se apenas indicar o sentido assumido pela realidade constitucional num determinado momento histórico, segundo a natureza específica das situações reguladas, atuando o discurso constitucional (formal e materialmente) numa relação que se pode chamar de *orbital*. Isto é, a Constituição se apresenta como um momento central, como o elemento unificador e teleológico capaz de indicar o *modus* de concreção do Direito.

Mas não apenas a validade, como corolário da legalidade, se apresenta como componente do movimento constitucional. A legitimidade das normas constitucionais (e mesmo da Constituição) também deve ser atingida pela via discursiva, propondo os mecanismos de adequação e "validação" externa do fenómeno jurídico, agora visto sob a forma de um poder específico existente por delegação. Enquanto delegação social (a titularidade do poder jurídico e constituinte está na sociedade) a Constituição deve corresponder não apenas a uma ordem jurídica válida mas também legítima, isto é, assentada numa previsão de aceitação da sua vinculação, seja sob a forma de uma vontade socialmente manifestada (*Wille zur Verfassung*), seja sob a forma de um "sentimento" que corresponda à sua necessidade. De qualquer forma, um mínimo de eficácia, reconhecido até mesmo por Kelsen, é exigido do fenómeno jurídico para a sua atuação, até mesmo para a sua conceção.[104]

93.
Visão adotada

I – Resta expor o essencial da nossa orientação, tentando sintetizar, clarificar e sublinhar aquilo que em vários passos já ficou escrito e tendo em conta aquilo que, a respeito de alguns problemas em especial,

---

manência da capacidade compromissória-dirigente do texto constitucional" (págs. 133 e segs.).

[104] *Uma teoria do discurso constitucional*, São Paulo, 2002, págs. 180, 181, 182 e 261.

Parte III · Tít. I · Cap. I – Sentido da Constituição | **275**

ainda havemos de dizer. Decorrente das conceções fundamentais sobre o Direito a que há muito aderimos[105-106] beneficia, naturalmente (como não podia deixar de ser), das contribuições doutrinais acabadas de citar.

No essencial, ela consiste no seguinte:

a) A Constituição, simultaneamente estatuto da comunidade e do poder político e, por conseguinte, não só fundamento da ordem jurídica positiva do Estado mas também elemento básico de legitimação e integração;

b) A Constituição, conjunto de normas materiais e não apenas de normas procedimentais; não apenas sede de regras de jogo mas, sobretudo, quadro institucional da vida do Estado e dentro do Estado;

c) A Constituição, expressão de valores básicos quer na vertente subjetiva dos direitos fundamentais quer na vertente objetiva das estruturas políticas e sociais;

d) A Constituição, no entanto, Constituição aberta (PAULO BONAVIDES) para uma sociedade aberta (KARL POPPER) e com um poder aberto (GEORGES BURDEAU); a Constituição aberta ao pluralismo das ideias,

---

[105] V. *Contributo para uma teoria da inconstitucionalidade,* cit., págs. 30, 62 e segs. e 101 e segs.; *Ciência Política e Direito Constitucional,* policopiado, Lisboa, 1972-73, I, págs. 217 e segs., e II, págs. 115 e segs. e 125 e segs.; *A Revolução de 25 de Abril e o Direito Constitucional,* cit., págs. 20, 81 e 97; *A Constituição de 1976,* Lisboa, 1978, págs. 57, 180 e segs., 203 e segs., 249-250, 348 e segs. e 473 e segs.; Relatório, com o programa, os conteúdos e os métodos do ensino de Direitos Fundamentais, in *Revista da Faculdade de Direito da Universidade de Lisboa,* ano XXVI, *maxime* págs. 465 e segs.

[106] A nossa posição geral sobre o Direito e a Constituição foi objeto de qualificação crítica por outros autores. Disse-se dela que era "um jusnaturalismo com forte influência de um neopositivismo sociológico" (MARCELO REBELO DE SOUSA, *Direito Constitucional,* cit., pág. 28, nota, e, menos vincadamente, *Direito Constitucional-I, Relatório,* cit., pág. 13); ou que era "um sociologismo remanescente conjugado com o apelo à ideia de Direito (jusnaturalista ou fenomenologicamente caraterizado e determinado?)" (J. J. GOMES CANOTILHO, *op. cit.,* 2ª ed., I, págs. 39-40, nota).

Nós próprios falámos em "jusnaturalismo temperado por um neo-institucionalismo" (na 2ª ed., pág. 59, nota). Mas hoje parece-nos menos relevante uma definição. Só importa salientar que não seria correto apelidar de positivista uma obra como esta, em que se presta um significativo realce à Declaração Universal dos Direitos do Homem e ao preâmbulo da Constituição, em que se afirma a existência de limites materiais do poder constituinte, em que se salienta o papel conformador dos princípios constitucionais, em que se reconhece na dignidade da pessoa humana o reduto insuperável de garantia dos direitos fundamentais.

aos conflitos de interesses e até à mutação de valores, na permanência do essencial – a dignidade da pessoa humana;

e) A Constituição, conjunto de normas diretamente aplicáveis, seja por via imediata (normas auto-exequíveis), seja por via sistemática (normas não exequíveis por si mesmas) – o que não quer dizer que o Direito infraconstitucional se reduza, ou se reduza todo, à sua mera execução.

II – Enquanto parcela do ordenamento jurídico do Estado, a Constituição é elemento conformado e elemento conformador de relações sociais, bem como resultado e fator de integração política. Ela reflete a formação, as crenças, as atitudes mentais, a geografia e as condições económicas de uma sociedade e, simultaneamente, imprime-lhe caráter, funciona como princípio de organização, dispõe sobre os direitos e os deveres de indivíduos e dos grupos, rege os seus comportamentos, racionaliza as suas posições recíprocas e perante a vida coletiva como um todo, pode ser agente ora de conservação, ora de transformação.

Porém, por ser Constituição, Lei fundamental, Lei das leis, revela-se mais do que isso. Vem a ser a expressão imediata dos valores jurídicos básicos acolhidos ou dominantes na comunidade política, a sede da ideia de Direito nela triunfante, o quadro de referência do poder político que se pretende ao serviço desta ideia, o instrumento último de reivindicação de segurança dos cidadãos frente ao poder. E, radicada na soberania do Estado, torna-se também ponte entre a sua ordem interna e a ordem internacional.

A interação em que se move todo o Direito dito positivo – com os princípios éticos transcendentes, por um lado, e, por outro lado, com as estruturas, a situação concreta, o dinamismo da vida de um povo – mostra-se aqui muito mais forte, devido às funções fundamentadora e limitativa, estabilizadora e prospetiva do sistema das normas constitucionais e à sua específica ação sobre as demais normas e sobre todos os atos do poder. E, se qualquer destas funções não é exercida, corrói-se o patamar de legitimidade da comunidade e do poder.

A Constituição tem de ser constantemente confrontada com os princípios e é por eles envolvida em grau variável; tem de ser sempre pensada em face da realidade política, económica, social e cultural que lhe está subjacente e que é uma realidade não apenas de factos como ainda de opiniões, de ideologias, de posturas políticas, de cultura cívica e constitucional;[107]

---

[107] Cfr., por todos, BERTRAND BADIE, *Culture et Politique*, Paris, 1983, *maxime* págs. 43 e segs., 57 e 58 e segs.; MARCELO NEVES, *op. cit.*, págs. 76 e segs.; ou PETER HÄBERLE, *Teoria de la Constitución...*, cit., *maxime* págs. 34 e segs.

Parte III · Tít. I · Cap. I – Sentido da Constituição | **277**

e esta cultura carrega-se, por seu turno, de remissões para princípios valorativos superiores (o que significa que se dá uma circulação entre valor, Constituição e realidade constitucional).[108-109]

III – A Constituição (ou, como conceito mais denso e rico, a ordem constitucional) não aglutina todos os valores, nem é, em si, valor supremo. Sofrendo o influxo dos valores, nem se dilui neles, nem os absorve. Uma relativa diferenciação de domínios exige-a a consideração quer dos valores humanos mais preciosos, quer do papel, no fim de contas, precário e transitório de cada sistema positivo; afigura-se ineliminável no mundo complexo, dividido e conflitual dos nossos dias; somente ela permite, no limite, contestar os comandos constitucionais quando seja irredutível a incompatibilidade.

Mas a procura dos valores não se confunde com qualquer subjetivismo; os valores só são eficazes, quando adquirem objetividade e duração. A ideia de Direito na qual assenta a Constituição material surge necessariamente como ideia comunitária, como representação que certa comunidade faz da sua ordenação e do seu destino à luz dos princípios jurídicos.[110]

Se toda a ideia de Direito se define por um sentido de justiça, também aparece situada e dependente do tempo e do lugar; e a refração há-de ser tanto maior quanto maior for o ativismo e a ostentação das ideologias. Num contexto de contrastes ideológicos e até de legitimidades (como foram o dos séculos XIX e XX) pode, por vezes, a ideia de Direito que consegue passar para a lei constitucional incluir disposições e formas organizatórias, cujo distanciamento deste ou daquele princípio ético seja evidente para boa parte da comunidade ou para a comunidade como um todo nas suas camadas mais profundas de consciência; e pode ainda suceder que a pró-

---

[108] Cfr. GERHARDT LEIBHOLZ, *La Rappresentazione nella Democrazia*, trad., Milão, 1989, págs. 351 e segs., *maxime* 354: a inclusão da realidade política no interior do conteúdo de valor material da Constituição tem os seus limites aí onde esta realidade tende a transformar o conteúdo da Constituição, que é um conteúdo normativo.

[109] Sobre a realidade constitucional, v. ROGÉRIO SOARES, *Direito Público e Sociedade Técnica*, cit., págs. 19 e segs., *maxime* 30 e segs., *Lições de Direito Constitucional*, policopiado, Coimbra, 1970-1971, pág. 86, e *Constituição*, cit., *loc. cit.*, págs. 667 e 668; FRANCISCO LUCAS PIRES, *Teoria...*, cit., págs. 51-52; JORGE MIRANDA, *Manual...*, IV, 3ª ed., Coimbra, 2000, págs. 392 e segs.

[110] A ideia de Direito é a intenção axiológica da realização comunitária (CASTANHEIRA NEVES, *O papel do jurista no nosso tempo*, in *Boletim da Faculdade de Direito da Universidade de Coimbra*, vol. XLIV, 1968, pág. 127). V. também *A redução política do pensamento metodológico-jurídico*, Coimbra, 1993, págs. 33 e segs.

pria ideia de Direito ou a legitimidade declarada pelos detentores do poder, apesar de se impor e obter o consentimento, acabe por não obter a adesão e venha a provocar, a prazo, a repulsa.

O conceito de Constituição converteu-se, desde há 100 anos, como se lembrou já, num conceito suficientemente elástico para na sua forma se enxertarem conteúdos políticos, económicos e sociais divergentes e para se projetar em tipos constitucionais caraterizados. A Constituição concreta de cada povo, o estatuto da sua vida política, não é, porém – não pode ser – para o cidadão e para o jurista, neutra, indiferente, isenta ou insuscetível de apreciação.

Nem tudo que se apresenta como constitucional o merece ser (se bem que não seja pacífica a qualificação da eventual desconformidade e se bem que a recusa do cumprimento da norma tenha de ser sempre ponderada com outros valores e interesses) e nem tudo que se apresenta decretado como constitucional o consegue ser efetivamente, por inadequação, desequilíbrio, incapacidade de integração, contradição insanável com outras normas. Assim como o preceito constitucional pode padecer de inflexões de estatuição, em virtude da dinâmica política nascida da execução ou à margem da execução da Constituição.

Em último termo, uma Constituição só se torna viva, só permanece viva, quando o empenhamento em conferir-lhe realização está em consonância (não só intelectual mas, sobretudo, afetiva e existencial) com o sentido essencial dos seus princípios e preceitos; quando a *vontade da Constituição* (KONRAD HESSE) vem a par do *sentimento constitucional* (PABLO LUCAS VERDU).[111]

IV – Acrescente-se que, a despeito de todas as mutações dos últimos cem anos, se verifica, por toda a parte, uma sobrevivência ou uma interferência de alguns dos elementos vindos da época liberal. Não é apenas nos sistemas democrático-pluralistas que se coloca o problema da repartição e limitação do poder.[112] Este problema não está ausente

---

[111] V. LUCAS VERDU, *El sentimiento constitucional*, Madrid, 1985, *maxime* pág. 6; e, acerca das Constituições do segundo pós-guerra, MARIO DOGLIANI, *op. cit.*, págs. 315 e segs.

[112] Concorde-se ou não com LOEWENSTEIN, ao afirmar que, em sentido ontológico, o *telos* de qualquer Constituição é a criação de instituições para limitar e controlar o poder político (*Teoria...*, cit., pág. 251); ou com C. J. FRIEDRICH, quando vê na Constituição moderna um sistema de freios (*op. cit.*, págs. 64 e segs.); ou ainda com MANOEL GONÇALVES FERREIRA FILHO, quando abrange em "padrões heterodoxos da Constituição", a Constituição-balanço e as Constituições nominais e semânticas (*Estado de Direito...*, cit., págs. 86 e segs.).

Parte III · Tít. I · Cap. I – Sentido da Constituição | **279**

dos restantes sistemas e tipos constitucionais, quer por ser problema vital da estrutura organizatória do Estado, quer (pelo menos) pelo cotejo que, na comunidade, se vem a estabelecer entre um sistema ou regime político assente no postulado de divisão e limitação e outro procedente de princípio discrepante ou oposto.

Não é por acaso que as novas Constituições e as Constituições compromissórias somente logram garantir direitos individuais e institucionais sem fraturas e modelar o futuro comunitário sem ruturas, se satisfazem três requisitos primordiais: *a)* máximo rigor possível nos preceitos atinentes a direitos e liberdades fundamentais do homem, do cidadão, do trabalhador, e dos grupos em que se inserem, não cabendo ao legislador e ao aplicador senão uma tarefa de interpretação e de regulamentação; *b)* abertura, nos limites da sua força normativa, da sua função integradora e includente, dos preceitos atinentes à vida económica, social e cultural, sujeitos aos sucessivos modos de concretização inerentes às manifestações da vontade política constitucionalmente organizada; *c)* criação de mecanismos jurídicos e políticos, procedimentais e processuais, de garantia das normas constitucionais.

Deste prisma, observa-se, pois, ainda uma tensão dialética: uma tensão entre a noção ideal de Constituição (liberal) e todos os demais conteúdos da Constituição e entre o Estado de Direito e os demais tipos constitucionais de Estado.

Capítulo II

FORMAÇÃO DA CONSTITUIÇÃO

§ 1º
Poder constituinte e formação da Constituição

94.
Poder constituinte material e poder constituinte formal

I – A experiência histórica mostra-nos como se manifesta o poder constituinte,[1] como se dá a formação da Constituição, como ela implica um processo em que se recortam diferentes momentos.

---

[1] Sobre a teoria do poder constituinte, v., entre tantos, SANTI ROMANO, *L'instaurazione di fatto di un ordinamento costituzionale e la sua legittimazione*, 1901 (in *Scritti Minori*, I, 1950, págs. 107 e segs.); GEORGES BERLIA, *De la compétence des assemblées constituantes*, in *Revue du droit public*, 1945, págs. 353 e segs.; COSTANTINO MORTATI, *La Costituente*, 1945 (in *Scritti...*, I, 1972, págs. 3 e segs.); EMILIO CROSA, *Variazioni su un tema di V. E. Orlando – Funzione costituente, legge costituzionale, garanzia, revisione della Costituzione*, in *Scritti giuridici in memoria di V. E. Orlando*, obra coletiva, Pádua, 1957, págs. 465 e segs.; PAOLO BARILE, *Potere Costituente*, in *Scritti di Diritto Costituzionale*, Pádua, 1967, págs. 592 e segs.; JOSÉ ALFREDO DE OLIVEIRA BARACHO, *Teoria Geral do Poder Constituinte*, in *Revista Brasileira de Estudos Políticos*, nº 52, janeiro de 1981, págs. 7 e segs.; ANTONIO PORRAS NADALES, *Notas sobre la teoria del poder constituyente y la experiencia española*, in *Revista de Estudios Politicos*, nº 24, novembro-dezembro de 1981, págs. 175 e segs.; MARIE-FRANÇOISE RIGAUX, *La théorie des limites matérielles à l'exercice de la fonction constituante*, Bruxelas, 1985, págs. 28 e segs.; MANOEL GONÇALVES FERREIRA FILHO, *O Poder Constituinte*, 2ª ed., São Paulo, 1985, págs. 91 e segs.; NELSON SALDANHA, *O poder constituinte*, São Paulo, 1986; PIETRO GIUSEPPE GRASSO, *Potere costituente*, in

Com efeito, por um lado:

a) O fator determinante da abertura de cada era constitucional é, não a aprovação de uma Constituição formal (ou a redação de uma Constituição instrumental), mas o corte ou a contraposição

---

Enciclopedia del Diritto, XXXIV, págs. 641 e segs.; IGNACIO DE OTTO, *op. cit.*, págs. 53 e segs.; MAURÍCIO ANTÓNIO RIBEIRO LOPES, *Poder constituinte reformador*, São Paulo, 1993, págs. 13 e segs.; ANTONIO NEGRI, *The Constituent Power*, Mineapolis, trad. castelhana *El poder constituyente*, Madrid, 1994; CLAUDE KLEIN, *Théorie et pratique du pouvoir constituant*, Paris, 1996; ERNST-WOLFGANG BÖCKENFÖRDE, *Il potere costituente del popolo: un concetto limite del diritto costituzionale*, in *Il futuro delle Costituzione*, págs. 231 e segs.; MARIO DOGLIANI, *Potere costituente e revisione costituzionale nella lutta per la Costituzione*, ibidem, págs. 253 e segs.; GAETANO SILVESTRE, *La parabola della sovranità. Asceso, declinio e trasformazione di un concetto*, in *Rivista di Diritto Costituzionale*, 1996, págs. 3 e segs.; ALESSANDRO PACE, *Potere costituente, rigidità costituzionale, autovincoli legislativi*, Pádua, 1997, págs. 97 e segs.; JUAN LUIS REQUEJO PALES, *Las normas preconstitucionales y el mito del poder constituyente*, Madrid, 1998; JORGE VANOSSI, *Teoría Constitucional, I – Poder constituyente*, 2000; MIGUEL NOGUEIRA DE BRITO, *A Constituição constituinte – Ensaio sobre o poder de revisão constitucional*, Coimbra, 2000, *maxime* págs. 5 e segs. e 293 e segs.; MARCOS WACHOWICZ, *Poder constituinte e transição constitucional*, 2ª ed., Curitiba, 2005; CRISTINA QUEIROZ, *Poder constituinte, democracia e direitos fundamentais*, Coimbra, 2013.

Cfr.,em obra gerais, por exemplo, A. ESMEIN, *Élements de Droit Constitutionnel français et comparé*, 7ª ed., Paris, 1921, págs. 571 e segs.; CARRÉ DE MALBERG, *Contribution à la Théorie Générale de l'État*, II, Paris, 1922, págs. 483 e segs.; MAURICE HAURIOU, *op. cit.*, págs. 246 e segs.; CARL SCHMITT, *op. cit.*, págs. 86 e segs.; GEORGES BURDEAU, *Traité...*, IV, cit., págs. 181 e segs.; ROGÉRIO SOARES, *Constituição...*, cit., *loc. cit.*, págs. 661 e 668; SANCHEZ AGESTA, *Principios de Teoria Politica*, Madrid, 1960, págs. 329 e segs.; NORBERTO BOBBIO, *Teoria dell'Ordinamento Giuridico*, Turim, 1960, págs. 52 e segs.; MARCELO REBELO DE SOUSA, *Direito Constitucional*, cit., págs. 59 e segs.; KLAUS STERN, *op. cit.*, págs. 311 e segs.; GUSTAVO ZAGREBELSKY, *Manuale di Diritto Costituzionale*, Turim, 1988, págs. 97 e segs.; AFONSO ARINOS, *Direito Constitucional*, 2ª ed., Rio de Janeiro, 1981, págs. 87 e segs.; GOMES CANOTILHO, *Direito...*, cit., págs. 65 e segs.; LOUIS FAVOREAU *et alii*, *Droit Constitutionnel*, 7ª ed., Paris, 2004, págs. 98 e segs.; RAÚL MACHADO HORTA, *Direito Constitucional*, 5ª ed., Belo Horizonte, 2010, págs. 1 e segs.; INGO WOLFGANG SARLET, *op. cit.*, *loc. cit.*, págs. 85 e segs.; MANUEL AFONSO VAZ, *Teoria da Constituição – O que é a Constituição hoje?*, Coimbra, 2012, págs. 77 e segs.; PAULO BONAVIDES, *Curso ...*, cit., págs. 141 e segs.; RÚBEN MIGUEL PEREIRA RAMIÃO, *Justiça, Constituição e Direito*, Lisboa, 2013, págs. 101 e segs.; LUZIA CABRAL PINTO, *O poder constituinte – Do tempo das pátrias à era da globalização*, Lisboa, 2013; JORGE BACELAR GOUVEIA, *op. cit.*, I, págs. 559 e segs..

E ainda JOSÉ LUIS PÉREZ TRIVIÑO, *Los limites juridicos al soberano*, Madrid, 1998, págs. 130 e segs.; ERNST-WOLFGANG BÖCKENFÖRDE, *Le droit, l'État et la Constitution démocratique*, trad., Paris, 2000, págs. 205 e segs.; CARLOS BLANCO DE MORAIS, *Justiça Constitucional – I*, 2ª ed., Coimbra, 2006, págs. 16 e segs.; SÉBASTIEN BÉNÉTULLIÈRE, *Le temps et le droit constitutionnel – un point de vue interdisciplinaire*, in *Le temps et le droit constitutionnel*, obra coletiva (dir. de FRANÇOIS ROBBE), Aix-en-Provence, 2010, págs. 20 e segs.

Parte III · Tít. I · Cap. II – Formação da Constituição | **283**

frente à situação ou ao regime até então vigente, em nome de uma nova ideia de Direito ou de um novo princípio de legitimidade, seja por meio de revolução, seja por outro meio;

b) A entidade determinante do conteúdo fundamental de uma Constituição é a entidade – força política ou social, movimento militar ou popular, monarca, outro órgão ou grupo[2] – que assim vai infletir a ordem preexistente e assumir a inerente responsabilidade histórica;

c) Tal entidade, ora pode convocar ou estabelecer uma assembleia, um colégio, outro órgão com vista à elaboração da Constituição formal ora, porventura, ser ela logo a decretá-la;

d) O órgão que elabora e decreta a Constituição formal é solidário da ideia de Direito, do desígnio, do projeto correspondente à rutura ou à inflexão e não poderia contradizer ou alterar essa ideia, esse desígnio, esse projeto sem nova rutura ou inflexão, sem se transformar em entidade originária de uma diferente Constituição material;[3]

e) Aliás, mesmo se a ideia de Direito é de democracia pluralista, o órgão encarregado de fazer a Constituição formal não goza de uma margem de liberdade plena; não adstrito, decerto, a um determinado e único sistema de direitos fundamentais, de organização económica, de organização política ou de garantia da constitucionalidade, está sujeito a um limite – o da coerência com o princípio democrático e da sua preservação (não pode estabelecer uma Constituição não democrática).

Não significa isto, contudo, que a elaboração da Constituição formal redunde em algo despiciendo ou acessório, porquanto, por outro lado:

a) Não basta, com a civilização da lei escrita e com o constitucionalismo, uma qualquer ideia ou um qualquer conjunto de princípios para ficar definido o quadro da vida coletiva; o estatuto do Estado[4] carece de uma Constituição formal; traçar este estatuto comporta opções jurídico-políticas de importância central;

---

[2]   Ou "grupo constituinte", na expressão de C. J. FRIEDRICH (*op. cit.*, págs. 74 e segs.).

[3]   Neste sentido, ROGÉRIO SOARES, *O conceito ocidental de Constituição*, cit., *loc. cit.*, pág. 72.

[4]   Ressalvando sempre, de novo, o caso particular da Grã-Bretanha.

b) Quer a ideia de Direito (ou o desígnio, o projeto, o caráter do regime) se desenhe com muito vigor e nitidez, quer se ofereça mais ou menos vaga ou fluida, não pode deixar de ser interpretada, concretizada, convertida em regras de comportamento e de relação (relação entre o Estado e os cidadãos, relação entre os futuros órgãos de poder), em regras que compõem a Constituição formal;

c) Até a Constituição formal os órgãos de poder aparecem como órgãos provisórios ou transitórios e os seus atos de decisão política como tendo validade ou eficácia condicionada a futura confirmação ou convalidação;[5] e, quando se trate de um novo regime democrático, as "grandes reformas de fundo"[6] deverão situar-se no âmbito de futuro órgão democraticamente constituído;

d) Se o Direito ordinário criado entre o momento da rutura ou da inflexão da ordem anterior e o da entrada em vigor da nova Constituição formal não pode ser submetido (por estar ou ter de se pressupor que está de acordo com a nova ideia de Direito) a tratamento igual ao do Direito editado no regime precedente, nem por isso é menos seguro que só essa Constituição representa o novo fundamento do ordenamento jurídico;[7]

e) O poder constituinte ou a soberania do Estado não se manifesta só no momento inicial ou no primeiro ato do processo, nem só no momento final de decretação da Constituição formal; manifesta-se no enlace de todos os atos e no conjunto de todos os órgãos que neles intervêm.

II – Deste modo, discernimos – a par da dupla perspetiva, material e formal sobre a Constituição – um poder constituinte material e um poder constituinte formal; distinguimos entre um poder de autoconformação do Estado segundo certa ideia de Direito e um poder de decretação de normas com a forma e a força jurídica próprias das normas constitucionais.[8]

---

[5] Cfr. a distinção de GEORGES BURDEAU entre presunção e confirmação do consentimento do soberano (*Traité...*, IV, cit., págs. 216 e segs.).

[6] Como se dizia aquando da revolução portuguesa de 1974.

[7] Cfr. MIGUEL GALVÃO TELES, *O problema da continuidade da ordem jurídica e a Revolução Portuguesa*, Lisboa, 1985, págs. 28-29 e 31. Entre Revolução e Constituição há uma relação direta de condicionamento jurídico ou, talvez preferivelmente, uma relação constitutiva – condicionante e uma relação de reconhecimento – não uma relação de fundamentação; e há uma relação *reversa* de aplicação ou observância e de reconhecimento, não uma relação nem ativa, nem passiva de fundamentação (pág. 31).

[8] Cfr. J. J. GOMES CANOTILHO, *Direito Constitucional*, 4ª ed., cit., págs. 95 e 96.

Parte III · Tít. I · Cap. II – Formação da Constituição | **285**

São duas faces da mesma realidade. Ou dois momentos que se sucedem e completam, o primeiro em que o poder constituinte é só material, o segundo em que é, simultaneamente, material e formal.[9]

O poder constituinte material precede o poder constituinte formal. Precede-o logicamente, porque a ideia de Direito precede a regra de Direito, o valor comanda a norma, a opção política fundamental a forma que elege para agir sobre os factos, a legitimidade a legalidade. E precede-o historicamente, porque (sem considerar, mesmo, a Constituição institucional de antes do constitucionalismo), há quase sempre dois tempos no processo constituinte, o do triunfo de certa ideia de Direito ou do nascimento de certo regime e o da formalização dessa ideia ou desse regime; e o que se diz da construção de um regime político vale também para a formação e a transformação de um Estado.

Em segundo lugar, o poder constituinte material envolve o poder constituinte formal, porque (assim como a Constituição formal contém uma referência material) este é, por seu turno, não menos um poder criador de conteúdo valorável a essa luz. Não somente o poder constituinte formal complementa e especifica a ideia de Direito como é, sobretudo, através dele que se declara e firma a legitimidade em que agora assenta a ordem constitucional.[10]

Confere, pois, o poder constituinte formal estabilidade e garantia de permanência e de supremacia hierárquica ou sistemática ao princípio normativo inerente à Constituição material. Confere estabilidade, visto que a certeza do Direito exige o estatuto da regra. Confere garantia, visto que só a Constituição formal coloca o poder constituinte material (ou o resultado da sua ação) ao abrigo das vicissitudes da legislação e da prática quotidiana do Estado e das forças políticas.

95.

O poder constituinte material (originário)

I – Na sua expressão inicial e mais elevada de poder de auto-ordenação,[11] o poder constituinte material entremostra-se de exer-

---

[9] Ou ainda: primeiro, há um poder constituinte material não formal; depois, um poder constituinte material formal.

[10] Cfr. Tércio Sampaio Ferraz Júnior, *op. cit.*, *loc. cit.*, págs. 15 e segs.

[11] Em virtude, porém, insista-se de uma ideia de Direito, de um princípio de legitimidade ou, se se adotasse uma postura kelseniana, de uma norma fundamental postulado da subsistência da ordem jurídica.

cício raro, ainda que permaneça latente em toda a existência do Estado, pronto a emergir e a atualizar-se em qualquer instante.

Não é, com efeito, todos os dias que uma comunidade política adota um novo sistema constitucional, fixa um sentido para a ação do seu poder, assume um novo destino; é apenas em tempos de "viragem histórica",[12] em épocas de crise, em ocasiões privilegiadas irrepetíveis em que é possível ou imperativo escolher. E estas ocasiões não podem ser previstas, nem catalogadas *a priori*; somente podem ser apontados os seus resultados típicos – a formação de um Estado *ex novo*, a sua restauração, a transformação da estrutura do Estado, a mudança de um regime político.

Poder constituinte equivale à capacidade de escolher entre um ou outro rumo, nessas circunstâncias. E nele consiste o conteúdo essencial da soberania (na ordem interna), porquanto soberania significa faculdade originária de livre regência da comunidade política mediante a instituição de um poder e a definição do seu estatuto jurídico.[13]

II – Conhecem-se as causas e os modos da formação do Estado, da sua restauração e da sua transformação no confronto de outros Estados.

Pode haver formação[14] por passagem a Estado de coletividade pre-existente ou por vicissitudes do Estado em que esteja integrada (desmembramento, secessão, agregação com outros Estados). Pode haver, após interregno maior ou menor, restauração da existência do Estado (em condições semelhantes) ou restauração da efetividade da sua soberania (a seguir a ocupação do território). E pode haver transformação do Estado no confronto com outros Estados, por modificação da soberania (*v.g.*, sujeição a regime de protetorado ou sua cessação, incorporação ou desincorporação de confederação), por perda ou aquisição de soberania internacional (*v.g.*, integração em Estado federal ou em união real ou secessão) ou por alargamento ou diminuição significativa da comunidade e do território.

Fruto ou de luta da própria coletividade pela sua emancipação política ou de decisão de outro Estado ou de organização internacional,

---

[12] Como se lê no preâmbulo da Constituição portuguesa.

[13] Cfr. *supra*.

[14] Sobre a formação do Estado, v., por exemplo, GEORG JELLINEK, *op. cit.*, págs. 199 e segs.; SANTI ROMANO, *L'instauracione...*, cit., págs. 124 e segs.; CARRÉ DE MALBERG, *op. cit.*, págs. 489 e segs.; CARL SCHMITT, *op. cit.*, págs. 25 e 69 e segs.; GEORGES BURDEAU, *Traité...*, II, cit., págs. 217 e segs.; COSTANTINO MORTATI, *Istituzioni...*, cit., I, págs. 69 e segs.

Parte III · Tít. I · Cap. II – Formação da Constituição | **287**

efeito de ato praticado de acordo com certas regras jurídicas positivas ou contra essas regras, a formação do Estado não se reduz nunca a mero facto natural ou extrajurídico.[15] Muito pelo contrário, nunca deixa de ser, em si, um ato jurídico por sempre ter de apelar para um princípio justificativo e sempre ter de implicar uma conceção de Direito dominante (ou talvez melhor aqui, uma vontade de Direito inovatória).

O nascimento do Estado coincide com a sua primeira Constituição, porque na Constituição vão exteriorizar-se as representações particulares do conceito de Estado.[16-17] Reciprocamente, a Constituição mais originária do Estado é a Constituição do seu nascimento, por ser ela que traz consigo a configuração concreta do povo, do território, do poder e por ser ela que chama a si a ideia de Direito dominante no meio social.[18-19]

Já não será tanto assim com a transformação da soberania ou do território,[20] por mais radical que venha a ser: o princípio é da continuidade do Estado. Mas a nova fase da sua história que então se inaugura tem também de se apoiar numa ideia ou num projeto que qualifique a alteração ocorrida e catalise as energias jurídicas coletivas.

Enfim, a meio caminho, situa-se a restauração, com a qual nem sempre coincide (por não ser viável ou por terem sobrevindo novas conceções jurídico-políticas) a restauração da Constituição previgente do Estado.[21]

---

[15] Como sustenta a tese positivista, negadora de um Direito anterior ao Estado: cfr., por todos, CARRÉ DE MALBERG, *op. cit.*, II, págs. 490 e 491.

[16] GEORGES BURDEAU, *op. cit.*, II, pág. 229.

[17] No entanto, conforme sublinha SCHMITT (*op. cit.*, pág. 25), não é a Constituição que cria o Estado. A vontade de fundação do Estado é distinta da vontade constituinte consubstanciada numa mutável Constituição.

[18] V., por exemplo, a ideia federal na transformação dos Estados confederados da América do Norte em Estados Unidos em 1787 ou a ideia nacional na passagem dos cantões suíços a Estados federados em 1848.

[19] Cfr. KAREL KLIMA, *Pouvoir constituant et naissance de nouveaux États*, in *Five Decads of Constitutionalism – Reality and Perspectives (1945-1995)*, obra coletiva editada por Thomas Fleiner, Basileia-Genebra-Munique, 1999, págs. 177 e segs.

[20] Sobre a transformação da Alemanha em 1990, cfr. CRISTINA QUEIROZ, *As implicações jurídico-constitucionais do processo de civilização alemã*, in *Boletim do Conselho Nacional do Plano*, 1990, págs. 255 e segs.; JÖRG LUTHER, *Della Republlica federale tedesca alla Republlica federale di Germania*, in *Quadermi Constituzional*, 1991, págs. 139 e seg.; MARIA LÚCIA AMARAL, *A Alemanha reunificada e a Lei Fundamental de Bona*, in *O Direito*, 1991, págs. 623 e segs.; nº 8, de 1991, da *Revue française de droit constitutionnel*; MONICA BONINI, *Il potere costituente del popolo tedesco*, Milão, 1991; JUAN CORAELO GARCIA, *Problemas constitucionales de la reunificación alemana*, in *Revista de Derecho Politico*, nº 40, 1995, págs. 31 e segs.; DIETER GRIMM, *Die Verfassung und die Politik*, 2001, trad. *Constituição e Política*, Belo Horizonte, 2006, págs. 21 e segs.

[21] Cfr. HERBERT HART, *O conceito de Direito*, trad., Lisboa, 1986, págs. 130-131.

III – Se na formação, na restauração ou na transformação do Estado o conteúdo da nova ideia de Direito não é separável do próprio poder político em si (a Constituição é necessária para o Estado existir, embora o Estado não se esgote na Constituição), já na mudança de regime tudo vem a entroncar nessa substituição da ideia do Direito. E daí que o fenómeno constituinte apareça muito mais associado à sucessão de regimes políticos do que às vicissitudes do Estado.[22]

A mudança de regime pode ser mais ou menos profunda. Usando a terminologia de Schmitt, dir-se-á que ora equivale a *destruição,* ora a *supressão:* na destruição, desaparecem tanto a Constituição como o poder constituinte (ou seja, o princípio da legitimidade) em que se baseava; na supressão, desaparece a Constituição e subsiste o poder constituinte.[23-24] Mas, desaparecida uma Constituição material, logo surge outra, ainda que a correspondente Constituição formal demore mais ou menos tempo a ser preparada.

O modo mais frequente de mudança de regime é a revolução; o outro é a passagem sem rutura, a mudança na continuidade, a reforma política *(stricto sensu)* ou transição constitucional.[25]

96.
Constituição e soberania do Estado

I – Quando um Estado surge de novo, ou é restaurado, ou sofre uma transformação radical da sua estrutura, aparece dotado de uma Consti-

---

[22] Cfr. Leonardo Morlino, *Come cambiano i regimi politici – Strumenti di analisi,* Milão, 1980; Alain Rouquié, *Changement politique et transformation des régimes,* in *Traité de Science Politique,* obra coletiva, II, Paris, 1985, págs. 599 e segs.; Claude Leclercq, *Les mécanismes juridiques de la disparation de la République,* in *Revue du droit public,* 1986, págs. 1015 e segs.; *Transitions from Authoritarian Rule,* obra coletiva editada por Guillermo O'Donnell, Philippe C. Schmitter e Laurence Whitehead, 5 vols., Baltimore e Londres, 1986. Recorde-se ainda e sempre o livro V da *Política* de Aristóteles.

[23] *Teoria…,* cit., págs. 109 e segs. e 115.

[24] Cfr., de prisma diferente, o da correlação entre processo constituinte e processo de mudança social, a distinção feita por um autor (Porras Nadales, *op. cit., loc. cit.,* págs. 190 e segs.) de algumas hipóteses e sub-hipóteses: *a)* inversão radical do sistema de domínio; *b)* permanência das grandes linhas estruturais, mas modificação do grupo social dominante seja por meio de substituição radical ou rutura, seja por ampliação dos setores dominantes (rutura pactuada), seja ainda por transformação do sistema existente (mudança controlada).

[25] Cfr., a título comparativo, José Juan Gonzalez Encinar, Jorge Miranda, Bolivar Lamounier e Dieter Nohlen, *El proceso constituyente. Deduciones de quatro casos recientes: España, Portugal, Brasil y Chile,* in *Revista de Estudios Politicos,* 76, abril-junho de 1992, págs. 7 e segs.

Parte III · Tít. I · Cap. II – Formação da Constituição | **289**

tuição – de uma Constituição material a que se seguirá uma Constituição formal ou de uma Constituição material já acompanhada de Constituição formal.

Essa Constituição material exprime, direta e imediatamente, a soberania que o Estado assume ou reassume nesse momento, mas no segundo caso a Constituição formal pode corresponder a uma de três hipóteses:

a) Constituição decretada pelos novos órgãos estatais, seja como Constituição definitiva, seja como Constituição provisória;

b) Constituição coincidente com Constituição ou estatuto jurídico da comunidade política preexistente (colónia autónoma, território sob mandato ou sob tutela, comunidade em situação internacional *sui generis*);

c) Constituição dimanada de entidade externa e destinada a entrar em vigor com o acesso à soberania (ou à independência) do novo Estado.

II – Não são muitas as *heteroconstituições*[26] ou Constituições decretadas de fora do Estado por outro ou outros Estados ou, nos últimos tempos, por uma organização internacional.

Incluem-se nelas algumas das Constituições, ou das primeiras Constituições, dos países da *Commonwealth* aprovadas por leis do Parlamento britânico (Canadá, Nova Zelândia, Austrália, Jamaica, Maurícia etc.), a primeira Constituição da Albânia (obra de uma conferência internacional, de 1913), a Constituição cipriota (procedente dos acordos de Zurique, de 1960, entre a Grã-Bretanha, a Grécia e a Turquia)[27] ou a Constituição da Bósnia-Herzegovina (após os chamados acordos de Dayton de

---

[26] A locução é de Miguel Galvão Teles (*Constituição,* cit., *loc. cit.,* pág. 1500). Cfr. K. C. Wheare, *op. cit.,* págs. 57 e segs.; Georges Burdeau, *op. cit.,* IV, págs. 226-227, nota; Costantino Mortati, *Scritti...,* cit., I, pág. 35; Raymond Goy, *Sur l'origine extranationale de certaines Constitutions,* in *Mélanges Patrice Gélard,* obra coletiva, Paris, 1999, págs. 37 e segs.; Giuseppe de Vergottini, *Diritto Costituzionale Comparato,* 6ª ed., I, Pádua, 2004, págs. 133 e segs.

[27] Sem esquecer, no plano puramente político, as Constituições surgidas por imposição de outros Estados: as Constituições das Repúblicas Helvética e Bátava do tempo da Revolução francesa, a Constituição espanhola de 1808, as primeiras Constituições da Libéria e das Filipinas, a Constituição japonesa de 1946, as Constituições das "democracias populares" do leste da Europa dos anos 40 e 50, a primeira Constituição da Guiné Equatorial. E por imposição das Nações Unidas: as Constituições da Namíbia de 1990 e de Camboja de 1993.

1995).[28] Levantam, contudo, *in primis* algumas perplexidades acerca da sua natureza.

Ora, não há aqui uma dificuldade intransponível. É que uma hetero-constituição – ou uma Constituição que passe da comunidade pré-estatal para o Estado – tem por título, desde o instante da aquisição da soberania, não já a autoridade que a elaborou, mas sim a soberania do novo Estado. Até à independência o fundamento de validade da Constituição estava na ordem jurídica donde proveio; com a independência transfere-se para a ordem jurídica local, investida de poder constituinte.[29-30]

Verifica-se, pois, uma verdadeira *novação* do ato constituinte[31] ou (doutro prisma) uma deslocação da regra de reconhecimento;[32] e apenas o texto que persista – correspondente a Constituição em sentido instrumental – se liga à primitiva fonte, não o valor vinculativo das normas.

97.
A revolução como fenómeno constituinte

I – Até aos séculos XVII e XVIII, a revolução era tomada principalmente da ótica do direito de resistência coletiva ou rebelião: era considerada uma forma extrema de resistência contra os governantes.[33]

Desde essa época – por causa da Revolução francesa e, em menor medida, das Revoluções portuguesa de 1640, inglesa de 1688 e americana, e por causa da mudança de mentalidades que as prepara ou acompanha – passa a ser encarada não tanto pelo seu sentido negativo quanto pelo seu sentido positivo. Passa a ser encarada não tanto como

---

[28] Cfr. LAURENT PECH, *La garantie internationale de la Constitution de Bosnie-Herzegovine*, in *Revue française de droit constitutionnel*, 2000, págs. 419 e segs.

[29] Mesmo quando um Estado é criado por outro, o seu ordenamento jurídico tem de se basear na vontade do novo Estado – desde a sua formação, o novo Estado é que funda em si a sua validade (SANTI ROMANO, *L'instaurazione...*, cit., *loc. cit.*, pág. 128).

[30] A partir do momento da independência, as referências reversas passam a reportar-se à Constituição como norma originária (MIGUEL GALVÃO TELES, *A Revolução portuguesa e a teoria das fontes do Direito*, in *Portugal – O sistema político e constitucional – 1974-1987*, obra coletiva, Lisboa, 1989, pág. 586).

[31] Assim, GIUSEPPE DE VERGOTTINI, *Diritto Costituzionale Comparato*, I, 8ª ed., Pádua, 2011, pág. 233.

[32] HERBERT HART, *op. cit.*, pág. 132.

[33] Cfr. ARISTÓTELES, *Política*, livro V (na versão portuguesa de 1998, págs. 349 e segs.).

Parte III · Tít. I · Cap. II – Formação da Constituição | **291**

substituição de um governo por outro quanto como criação de uma ordem nova – o que está, seguramente, ligado à prevalência das formas modernas de legitimidade legal-racional sobre as formas anteriores de legitimidade tradicional (na aceção de MAX WEBER).[34]

Mas só muito mais tarde a Ciência do Direito reconheceria nela um fenómeno constituinte ou, simplesmente, um facto ou ato normativo (conforme a perspetiva que se adote) objeto de estudo *ex professo*.[35]

---

[34] V., por todos, HANNAH ARENDT, *On Revolution*, Nova Iorque, 1962, trad. portuguesa *Sobre a Revolução*, Lisboa, 1971, *maxime* págs. 21 e segs. Os elementos do conceito moderno de revolução (conexo com o sentido copernicano do termo – *De revolutionibus orbium coelestium*) são a novidade, o começo, a violência e a irresistibilidade (pág. 46) e a sua principal caraterística é o espírito revolucionário (págs. 44-45). Cfr., por exemplo, JOSÉ DURÃO BARROSO, *Ensaio sobre a gramática política das revoluções*, in *Prospectivas*, nos 15-16, 1983, págs. 79 e segs.; JORGE BORGES DE MACEDO, *Revolução*, in *Polis*, V, págs. 540 e segs.; ou GIANFRANCO PASQUINO, *Rivoluzione*, in *Dizionario di Politica*, Turim, 1990, págs. 977 e segs.

[35] V. SANTI ROMANO, *Frammenti di un Dizionario Giuridico*, Milão, 1953 (reimpressão), págs. 220 e segs.; C. J. FRIEDRICH, *op. cit.*, págs. 74 e segs. e 97 e segs.; HANS KELSEN, *General Theory of Law and State*, Nova Iorque, 1961 (reimpressão), págs. 117-118, 219-220, 368-369 e 372, e *Teoria Pura...*, cit., II, págs. 35 e segs.; NORBERTO BOBBIO, *Teoria dell'Ordinamento Giuridico*, Milão, 1960, págs. 203 e segs.; MARIO A. CATTANEO, *Il concetto di revoluzione nella scienza del diritto*, Milão, 1960; MARCEL WALINE, *Les Conséquences Juridiques des Révolutions*, in *Mélanges Alexandre Svolas*, obra coletiva, Paris, 1961, págs. 193 e segs.; FRANCO PIERANDREI, *Scritti di Diritto Costituzionale*, Turim, 1965, I, págs. 209 e segs.; JULIEN FREUND, *L'essence du politique*, Paris, 1965, págs. 570 e segs.; KARL ENGISCH, *Introdução ao Pensamento Jurídico*, trad., Lisboa, 1966, págs. 149-150 e 263 e segs.; GEORGES BURDEAU, *op. cit.*, IV, págs. 581 e segs.; P. SZUCKA, *Direito e luta de classes* (1921), trad., Coimbra, 1973, págs. 167 e segs.; AFONSO QUEIRÓ, *Revolução*, in *Verbo*, XVI, págs. 511 e segs.; ANDRÉ VINCENT, *Les Révolutions et le Droit*, Paris, 1974; JORGE MIRANDA, *A Revolução de 25 Abril e o Direito Constitucional*, cit.; CASTANHEIRA NEVES, *A Revolução e o Direito*, Lisboa, 1976, *maxime* págs. 13 e segs., 171 e segs. e 215 e segs.; LOURIVAL VILANOVA, *Teoria Jurídica da Revolução*, in *Estudos em Homenagem ao Professor Afonso Arinos de Melo Franco*, obra coletiva, Rio, 1976, págs. 451 e segs.; HAROLD BERMAN, *Law and Revolution*, Cantabrígia, 1983; MIGUEL GALVÃO TELES, *O problema da continuidade...*, cit., e *A revolução portuguesa...*, cit., *loc. cit.*, págs. 561 e segs.; HERBERT HART, *op. cit.*, págs. 129-130; GIOVANNI FIASCHI, *Rivoluzione*, in *Enciclopedia del Diritto*, XLI, 1989, págs. 68 e segs.; PAULO FERREIRA DA CUNHA, *La Restauration portugaise et sa théorie constitutionnelle*, in *Quaderni Fiorentini per la Storia del Pensiero Giuridico Moderno*, 1998, págs. 43 e segs.; PAULO OTERO, *Lições de Introdução ao Estudo de Direito*, I, 2º tomo, Lisboa, 1999, págs. 332 e segs.; MARCOS WASCHOWICZ, *Estudo epistemológico da Constituição e da Revolução: um fundamento para o Estado democrático contemporâneo*, in *Estudos de homenagem ao Prof. Doutor Jorge Miranda*, obra coletiva, II, págs. 579 e segs.

II – Nada se afigura, na verdade, mais gerador de Direito do que uma revolução, nada há talvez de mais eminentemente jurídico do que o facto ou ato revolucionário.

A revolução não é o triunfo da violência; é o triunfo de um Direito diferente ou de um diverso fundamento de validade do sistema jurídico positivo do Estado. Não é antijurídica; é apenas anticonstitucional por oposição à anterior Constituição – não em face da Constituição *in fieri* que, com ela, vai irromper.

A quebra do ordenamento em vigor só se torna possível pela presença de valores, princípios e critérios que, afetando os até então reinantes, vêm, do mesmo passo, carregar de legitimidade o facto ou ato revolucionário e desencadear efeitos normativos múltiplos, extensos e suscetíveis de, por seu turno, adquirirem uma dinâmica própria. Tais valores podem não ser suficientemente *valiosos* no plano do Direito natural e a legitimidade que inspiram pode revelar-se precária; no entanto, são eles, e só eles, que justificam a viragem política e institucional e que imprimem um cunho próprio à Constituição a redigir de seguida.

Como escreve, por exemplo, Sergio Cotta, a revolução opõe radicalmente força e direito. Mas essa oposição é apenas inicial, se bem que necessária (doutro modo, por que uma revolução se se pode mudar tudo através do Direito?). A força não é, com efeito, senão o ponto de apoio da alavanca revolucionária, que nem por isso deixa de ser uma alavanca jurídica: é necessária uma norma para abolir, no todo ou em parte, o regime vigente. A revolução procura privar o direito da sua força, mas para atingir esse fim ela coroa de direito a força revolucionária. E o que se diz acerca da fase destrutiva, vale também para a fase construtiva. A revolução é uma força não regulada, mas sim regulante.[36]

O conflito revolucionário – diz Castanheira Neves – põe-nos diretamente perante a função constituinte do direito, no possível apelo para a sua função *ordinans*. Intenção que ele só poderá atuar constitutivamente, não evidentemente como objeto ("essência"), mas como "ideia" ou princípio normativo. E daí que o direito se tenha de propor agora a tarefa de reconstituir a unidade normativa integrante a um nível diferente daquele em que se manifestou o conflito, pois a esse nível foi justamente essa unidade que, por força do conflito, deixou de existir. Terá de elevar-se àquele mesmo nível intencional e axiológico em que o próprio conflito

---

[36] *La signification eschatologique du droit*, in *Rivista Internazionale di Filosofia del Diritto*, 1971, pág. 217.

Parte III · Tít. I · Cap. II – Formação da Constituição | **293**

cobra o seu sentido ou que ele próprio, na sua mesma intencionalidade específica, não deixa também de pressupor: ao nível dos fundamentos últimos de validade e, assim, da inteligibilidade constituinte (reconstituinte) de uma nova universalidade de sentido.[37]

Ou, doutro prisma – segundo MIGUEL GALVÃO TELES – a revolução avalia-se a si própria juridicamente; fá-lo desde o início; daí que a primeira norma que ela cria seja aquela que a legitima, tornando-a lícita e atribuindo-lhe valor jurídico. Não se trata de reconhecer um genérico "direito à revolução", embora este possa vir suposto no processo de justificação. Tal norma é *radicalmente singular:* legitima aquela revolução e nenhuma outra.[38]

III – Sob este ângulo, afigura-se indiferente que o autor da revolução seja um governante em funções, o titular de um órgão de poder constituído usurpando o poder constituinte – é o que se chama *golpe de Estado;*[39] ou que seja um grupo ou movimento vindo de fora dos poderes constituídos – *insurreição* ou revolução *stricto sensu.*

Tão-pouco importa que os seus objetivos – políticos ou políticos e sociais – sejam algo restritos ou muito amplos.[40] Em qualquer hipótese, a revolução põe em causa a integridade da ordem constitucional, rompe-a para a ter de reconstruir de imediato e para, tendo de a reconstruir, ter de fundar de novo todo o sistema jurídico estatal.[41]

Pode considerar-se também relativamente secundário que a revolução se destine à *instauração* de um regime novo e inédito ou à *restauração* de um regime anterior. Ela representa sempre uma rutura, e mesmo – na restauração – uma dupla e sucessiva rutura, com os efeitos inerentes

---

[37]   *A Revolução e o Direito,* cit., págs. 171-172.

[38]   *A revolução portuguesa...,* cit., *loc. cit.,* págs. 597-598. Fala num triplo papel da revolução – legitimador, hermenêutico e constitutivo (págs. 601 e segs.).

[39]   Sobre o conceito de golpe de Estado, v. SANTI ROMANO, *L'instaurazione...,* cit., *loc. cit.,* págs. 121 e segs.; VINCENZO GUELLI, *Colpo di Stato,* in *Enciclopedia del Diritto,* VII, 1960, págs. 666 e segs.; MIGUEL GALVÃO TELES, *Golpe de Estado,* in *Verbo,* IX, pág. 715; CARLOS BARRÉ, *Colpo di Stato,* in *Dizionario di Politica,* obra coletiva, Turim, 1976, págs. 176 e segs.; MARCELLO CAETANO, *Direito Constitucional,* cit., I, pág. 277; JAIME NOGUEIRA PINTO, *Golpe de Estado,* in *Polis,* III, 1985, págs. 66 e segs.; VITTORIO FROSINI, *La struttura del colpo di Stato,* in *Diritto e Società,* 2000, págs. 321 e segs.

[40]   A este propósito, C. J. FRIEDRICH distingue revoluções *limitadas* e revoluções *ilimitadas* (*op. cit.,* págs. 101 e segs.).

[41]   Por isso, diz BOBBIO (*Fatto normativo,* in *Enciclopedia del Diritto,* XVI, 1967, pág. 994): a revolução é um facto normativo complexo que modifica todo um ordenamento ou, pelo menos, afeta os seus pressupostos constitutivos todos de uma vez.

Teoria do Estado e da Constituição • *Jorge Miranda*

(até porque o restabelecimento do antigo Direito não pode nunca ignorar a vigência do Direito intercalar).[42]

IV – Mais relevante para efeito de análise do poder constituinte mostra-se o modo como se produz a rutura revolucionária. Ela ocorre sempre num momento determinado, quase instantaneamente, mas nem sempre a nova ideia de Direito fica, de uma vez por todas, assente ou afirmada, com nitidez. São bem conhecidos os casos – desde a França de 1789 a 1793 ou Portugal de 1974 a 1976 – em que esse é apenas o momento inicial de um processo demorado e complexo, com diversos intervenientes, e não raro contraditório e conflitual.[43]

O derrube do regime precedente pode, pois, ser seguido de um processo ou ciclo revolucionário – umas vezes relativamente homogéneo (ainda que com progressiva radicalização de atitudes), outras vezes com dois ou mais projetos político-constitucionais procurando impor-se e a que correspondem duas ou mais pretensões de juridicidade (ligadas a diferentes legalidades e efetividades em instável coexistência). E só no termo deste período, mais cedo ou mais tarde, estará fixada ou reconstituída a unidade da ordem jurídica, definido o sentido da Constituição material, criado um novo regime, encerrada ou consumada (como se entenda) a revolução.

Inversamente, pode suceder que antes de se verificar a rutura se desenrole uma fase mais ou menos longa de luta revolucionária (no extremo, de guerra civil), de luta pela conquista do poder pelos agentes da revolução, de empenho ainda não vitorioso de mudança do regime, mas em que vão surgindo, aos poucos, uma contraposta ideia de Direito à que ainda subsiste e até pré-instituições; e quando a revolução acaba por vencer, já a nova ordem constitucional se apresenta fortemente implantada. Assim foi na Espanha "nacionalista" de 1936 a 1939 e, depois disso, em numerosos países do chamado Terceiro Mundo.

98.
A transição constitucional

I – Menos estudado do que a revolução vem a ser o fenómeno que apelidamos de transição constitucional. Menos estudado, não só por até

---

[42] Cfr. Santi Romano, *L'instaurazione...*, cit., *loc. cit.*, págs. 164-165; Miguel Galvão Teles, *O problema...*, cit., págs. 32 e 33.

[43] Cfr. Jorge Miranda, *A Constituição de 1976*, cit., págs. 17 e segs.; Ruy Rubin Ruschel, *O Poder constituinte e a Revolução*, in *Revista de Direito Constitucional e Ciência Política*, nº 4, janeiro-junho de 1985, págs. 248-249; Miguel Galvão Teles, *A revolução portuguesa...*, cit., *loc. cit.*, págs. 568 e segs.

Parte III · Tít. I · Cap. II – Formação da Constituição | 295

há poucos anos ser muito menos frequente mas também por ser mais difícil de registar (ou de fixar, com todo o rigor) o momento da mudança de regime ou de Constituição material.[44]

Não deve, no entanto, ter-se por pouco relevante. A evolução política inglesa do Estado estamental para a monarquia constitucional e da predominância da Câmara dos Lordes para a da Câmara dos Comuns reconduz-se, no fundo, a uma prolongada transição.[45] E talvez mais sugestivas, porque ocorridas em períodos breves, são, entre outras, a outorga da Carta Constitucional por D. Pedro IV em 1826; a instauração do fascismo na Itália de 1922 a 1925; a passagem da IV à V República na França em 1958;[46] a consagração de regimes de partido único em África nos anos 60 e 70; a restauração da democracia na Grécia em 1974;[47] a "reforma política" espanhola de 1976-1978.[48]

---

[44] Cfr., de certo modo, SANTI ROMANO, L'instaurazione..., cit., loc. cit., pág. 110; GEORG JELLINEK, Verfassungsänderung und Verfassungswesandlung, Berlim, 1906, trad. castelhana Reforma y mutación de la Constitucioni, Madrid, 1991, págs. 56 e 57; BISCARETTI DI RUFFIA, Sui limitti della "revisione costituzionale, in Analli del Seminário Giuridico da Universidade de Catânia (vol. III, 1948-1949), Nápoles, 1949, págs. 125, 142 e segs., 147 e segs. e 162 e segs.; ALF ROSS, On SelfReference and a Puzzle in Constitutional Law, 1969 (consultámos a trad. italiana Critica del diritto e analisi del linguaggio, Bolonha, 1984, págs. 205 e segs.); MANOEL GONÇALVES FERREIRA FILHO, O Poder Constituinte, cit., págs. 32-33; PABLO LUCAS VERDU, El sentimiento constitucional, cit., pág. 112; JEAN-LOUIS QUERMONNE, Les Régimes Politiques Occidentaux, Paris, 1986, pág. 36; ELEONORA CECCHERINI, Transizioni e processi costituenti, in Limitazioni di sovranità e processo di democratizzazione, obra coletiva, Turim, 2004, págs. 75 e segs.; J. J. GOMES CANOTILHO, Direito..., cit., pág. 80; CARLOS BLANCO DE MORAIS, op. cit., I, págs. 24 e segs.; MARCOS WACHOWICZ, op. cit., págs. 74 e segs.; GIUSEPPE DE VERGOTTINI, op. cit., I, págs. 250 e segs.; MIGUEL GALVÃO TELES, Ex Post Justice, cit., loc. cit, págs. 426 e 456; LUZIA CABRAL PINTO, op. cit., págs. 187 e segs.

[45] E o mesmo se diga, em plano concomitantemente de Direito constitucional e de Direito internacional, da evolução do Império Britânico para a Commonwealth, com passagem de colónias a domínios e, depois (com o Estatuto de Westminster de 1931), de domínios a Estados soberanos, alguns dos quais (o Canadá a Austrália, a Nova Zelândia, etc.) em união pessoal, e não já união real, com a Grã-Bretanha.

[46] Cfr. SERGE ARNÉ, La prise du pouvoir par le Maréchal Pétain (1940) et le Général De Gaulle, in Revue du droit public, 1969, págs. 48 e segs.; CLAUDE LECLERCQ, op. cit., loc. cit., págs. 1039 e segs.; WILLY ZIMMER, La loi du 3 juin 1958: contribution à l'étude des actes pré-constituants, in Revue du droit public, 1995, págs. 383 e segs.

[47] Cfr. GEORGES KAMINIS, La transition constitutionnelle en Grèce et en Espagne, Paris, 1993.

[48] Cfr., entre tantos, recentemente, BENITO ALÁEZ CORRAL, La Constitución Española de 1978: ruptura o reforma constitucional, in Anuario de Derecho Constitucional y Parlamentario, nº 9, 1997, págs. 161 e segs.; ou JAVIER RUIPÉREZ, Los principios constitucionales

296 | Teoria do Estado e da Constituição • *Jorge Miranda*

Refiram-se também as transições de regimes militares, ou de base militar, para regimes constitucionais democráticos no Peru, de 1977 a 1979, na Argentina, de 1982 a 1983, no Brasil, de 1985 a 1988,[49] e no Chile, de 1988 a 1990;[50] a transição do domínio de um partido hegemónico para a plena competitividade política, no México; a transição de regimes marxistas-leninistas para regimes pluralistas na Hungria, na Polónia e na Bulgária, em 1989 e 1990;[51] a transição na Nicarágua em 1990; a abertura ao pluralismo político em S. Tomé e Príncipe, Cabo Verde, Moçambique, Guiné-Bissau[52] e, de certo modo, Angola[53] no início dos anos 90; a passagem do *apartheid* ao regime democrático multi-racial na África do Sul; a passagem, na Venezuela, da Constituição de 1961 à Constituição de 1999.[54]

II – Na revolução há uma necessária sucessão de Constituições – materiais e formais. A rutura com o regime precedente determina logo o nascimento de uma nova Constituição material, a que se segue, a curto, a médio ou a longo prazo, a adequada formalização.

Na transição ocorre sempre um dualismo. Pelo menos, enquanto se prepara a nova Constituição formal, subsiste a anterior, a termo resolutivo; e nada impede que o mesmo órgão funcione simultaneamente (foi o caso do Brasil) como órgão de poder constituído à sombra da Constituição prestes a desaparecer e como órgão de poder constituinte com vista à Constituição que a vai substituir.

---

en la transición politica. Teoria democratica del poder constituyente y cambio juridico--politico en España, in *Revista de Estudios Politicos*, nº 116, Abril-junho de 2002, págs. 26 e segs.

[49] Cfr. JORGE MIRANDA, *A transição constitucional brasileira e o Anteprojecto da Comissão Afonso Arinos*, in *Revista de Informação Legislativa*, abril-junho de 1987, págs. 29 e segs.; MARCOS WACHOWICZ, *op. cit.*, págs. 151 e segs.

[50] Cfr. P. HIDALGO, *La transición a la democracia: aspectos teoricos y analisis de la situación chilena*, in *Revista del Centro de Estudios Politicos*, nº 11, 1992, págs. 195 e segs.

[51] Cfr. PIETRO GRILLI DE CORTONA, *Dal comunismo alla democrazia in Europa Centrale: Ungheria e Cecoslovacchia*, in *Rivista italiana di scienza politica*, agosto de 1991, págs. 281 e segs.; ATTILA AGH, *La transición hacia la democracia en la Europa Central. Una analisis comparativa*, in *Revista de Derecho Politico*, nº 40, 1995, págs. 89 e segs.

[52] Cfr. LUÍS BARBOSA RODRIGUES, *A transição constitucional guineense*, Lisboa, 1995.

[53] Cfr. LAKSHMAN MARASINGHE, *Constitutional Reform in South Africa*, in *International and Comparative Law Quarterly*, 1993, págs. 827 e segs.; MICHEL LOBAN, *Un accord négotié: le processus constitutinnel en Afrique du Sud depuis 1991*, in *Revue du droit public*, 1997, págs. 71 e segs.; ANDREA LOLLINI, *Costituzione e giustizia di transizione: il ruolo costituente della Commissione sudafricana verità e riconciliazione*, Bolonha, 2005.

[54] Cfr. ALLAN R. BREWER CARIAS, *El desequilibrio entre soberanía popular y supremacia constitucional y la salida constituyente en Venezuela em 1999*, in *Anuario Iberoamericano de Justicia Constitucional*, nº 3, 1999, págs. 31 e segs.

Parte III · Tít. I · Cap. II – Formação da Constituição | 297

O processo de transição é, na maior parte das vezes, insuscetível de configuração *a priori*, dependente das circunstâncias históricas. Outras vezes adota-se o processo de revisão constitucional (como veremos na altura oportuna); e pode até suceder que a Constituição admita expressamente formas agravadas de revisão para se alterarem princípios fundamentais da Constituição e, portanto, para *se transitar* para uma nova Constituição.

Em Ciência Política, fala-se em *transição* num sentido mais amplo, abrangendo quaisquer processos de mudança de um regime para outro (mormente em sentido democrático) e assinalam-se diferentes modos de transição, segundo diversos critérios:

- transição *espontânea* e transição *provocada* (transição decidida pelos detentores do poder por sua livre opção e transição provocada por convulsões políticas ou por outros eventos, internos ou externos);

- transição *unilateral* (levada a cabo no âmbito dos órgãos constitucionais em funções, sem interferência das forças políticas de oposição) e transição *por transação* (feita por acordo entre as forças identificadas com o regime até então vigente e as forças da oposição);

- transição *democrática ou pluralista* (passagem de regime político de concentração de poder a regime pluralista) e transição *não pluralista* (de sentido inverso).[55]

III – Nem se conteste a autonomia do conceito, sugerindo que se reconduz, no fundo, a golpe de Estado. Não é assim, porque na transição

---

[55] Cfr. Leonardo Morlino, *Consolidamento democratico: definizione e modelli*, in *Rivista de Scienza Politica*, 1986, págs. 197 e segs.; Donald Share e Scott Mainwaring, *Transiciones via transacción: la democratización en Brasil y en España*, in *Revista de Estudios Politicos*, nº 49, janeiro-fevereiro de 1986, págs. 87 e segs.; Angel Rodriguez Dias, *Transicion politica y consolidación constitucional de los partidos politicos*, Madrid, 1989; Kalman Kulcsar, *Constitutional State, Constitutionalism, Human Rights in the transformation of the Hungarian Political System*, in *Rivista Trimestrale di Diritto Pubblico*, 1990, págs. 222 e segs.; Giorgio Lipschitz, *L'Ungheria dalla legalità socialista allo Stato di Diritto, ibidem*, págs. 563 e segs.; Giuseppe di Palma, *Le transizione democratiche in Europa orientale – Uma perspettiva comparativa*, in *Rivista Italiana di Scienza Politica*, 1990, págs. 203 e segs., e *Totalitarismo, sociedade civil, transições*, in *Análise Social*, nº 110, 1991, págs. 59 e segs.; Christiane Gouaud, *Recherches sus le phenomène de transition démocratique*, in *Revue du droit public*, 1991, págs. 81 e segs.; Juan Linz e Alfred Stepan, *Problems of Democratic Transition and Consolidation*, Baltimore e Londres, 1996. Alguns autores empregam mesmo a expressão *transitologia*.

constitucional se observam as competências e as formas de agir instituí-das: o Rei absoluto, por o ser, julga poder autolimitar-se, tal como uma assembleia pode ser autorizada por uma lei formalmente conforme com a Constituição previgente a decretar uma nova Constituição.

Dir-se-á que, de qualquer sorte, existe desvio ou excesso de poder, visto que a um órgão criado por certa Constituição está vedado, por na-tureza, suprimi-la ou destrui-la (pois *nemo plus juri transfere potest quam habet*). Mas esse desvio de poder *só se dá do prisma da Constituição an-terior*; não do prisma da nova Constituição, que, precisamente, surge com a decisão de abrir caminho ou deixar caminho aberto à mudança de regime. E nisto consiste – em paralelo com o que se verifica com a revolução – o exercício do poder constituinte originário.

Em última análise, uma transição constitucional *produz-se*, porque a velha legitimidade se encontra em crise, e *justifica-se* porque emerge uma nova legitimidade. E é a nova legitimidade ou ideia de Direito que obsta à arguição de qualquer vício no processo e que, doravante, vai não só impor-se como fundamento de legalidade mas ainda obter efetividade.[56]

IV – Como explicar, entretanto, a continuidade formal do ordena-mento, sem rutura? Uma resposta interessante, a respeito da Constituição brasileira de 1988, é avançada por TÉRCIO SAMPAIO FERRAZ JÚNIOR.

Segundo este Autor, a distinção entre poder constituinte originário e derivado funciona como regra de calibração. A ideia de um poder autóno-mo, inicial e incondicionado, contraposto a um poder – direito derivado, tem também um caráter criptonormativo. É uma "figuração" que está na base, que regula, que calibra o sistema, permitindo reconhecer de um lado uma fonte principal de direito que, uma vez exaurida a sua função fundamental, deixa à norma posta a instauração das relações de subor-dinação. Graças a esta distinção, é possível uma regulação do sistema…

Que acontece quando o recetor promulga uma emenda que alte-ra o relato da norma que lhe confere competência? *Aparentemente,* ele cumpre a norma e engendra um paradoxo. Na verdade, porém, isto não ocorre. Por que? Porque, ao promulgar a emenda alterando o relato da norma que autoriza os procedimentos para emendar, o recetor (poder constituído) põe-se como emissor (poder constituinte). Isto é, já não é a norma que autoriza os procedimentos de emenda que está a ser acio-

---

[56] Assim se explica como, parafraseando MAURICE HAURIOU (*op. cit.*, pág. 256), se passa do *menos* (por exemplo, a revisão constitucional) para o *mais* (a Constituição nova): é porque aí está uma nova ideia de Direito que o novo poder vem invocar.

Parte III · Tít. I · Cap. II – Formação da Constituição | **299**

nada, mas outra, com o mesmo relator, mas com outro emissor e outro recetor. É uma norma nova, uma norma-origem.

Quando o Congresso Nacional promulga uma emenda, conforme os arts. 47º e 48º da Constituição de 1969, emenda que altera os próprios artigos, não é a norma dos arts. 47º e 48º que está a ser utilizada, mas outra, pois o poder constituído já assumiu o poder constituinte.

Nem toda a norma-origem integra o sistema na sua coesão... No caso, porém, invoca-se uma regra de calibração: o Congresso Nacional, bem ou mal, *representa* o povo... Esta regra de calibração é que permite integrar a norma-origem no sistema, o qual, assim, se mantém em funcionamento, trocando, porém, o seu padrão: do padrão-legalidade para o padrão--efetividade.[57]

99.
Do poder constituinte material
ao poder constituinte formal

I – Estabelecida uma nova ideia de Direito, exercido o poder constituinte material, segue-se a formalização que se traduz ou culmina no ato de decretação da Constituição formal ou ato constituinte *stricto sensu*.

É raro a Constituição formal surgir imediatamente, conexa com a Constituição material. Só assim tem sucedido em Constituições outorgadas pelo monarca (como as Constituições brasileira de 1824 e portuguesa de 1826) ou em situações de total concentração de poder, seja um Presidente que faz golpe de Estado (o Brasil em 1937), seja um movimento de libertação nacional (Moçambique e Angola em 1975).

É muito mais frequente abrir-se um processo, variavelmente complexo e longo, tendente à sua preparação e à redação do respetivo texto. E este processo não só carece de ser regulamentado como – em caso de revolução – implica a necessidade de organização provisória do Estado até à entrada em funcionamento dos órgãos a instituir pela Constituição formal.[58]

II – Chama-se *pré-Constituição, Constituição provisória* ou, sob outra ótica, *Constituição revolucionária* ao conjunto de normas com a dupla

---

[57] *A convocação da Constituinte como problema de controle constitucional*, in O *Direito*, 1988, págs. 7 e segs., *maxime* 14, 15 e 16.

[58] Cfr. Temistocle Martines, *Prime osservazioni sul tempo nel Diritto Costituzionale*, in *Scritti in onore di Salvatore Pugliatti*, obra coletiva, III, Milão, 1978, págs. 795 e segs. (falando em Estado à espera de Constituição).

finalidade de definição do regime de elaboração e aprovação da Constituição formal e de estruturação do poder político no interregno constitucional, a que se acrescenta a função de eliminação ou erradicação de resquícios do antigo regime. Contrapõe-se à Constituição *definitiva* ou de duração indefinida para o futuro como pretende ser a Constituição produto final do processo constituinte.[59]

Por causa de tais funções, as normas da pré-Constituição adquirem valor reforçado no confronto das demais normas, não podendo ser alteradas ou derrogadas por normas posteriores a que não seja conferida função idêntica. E poderão até receber valor de normas formalmente constitucionais, recortando-se então, com mais nitidez, dentro do sistema jurídico: foi o que aconteceu, entre nós, como se sabe, a seguir a 25 de abril de 1974, em que se separaram as *leis constitucionais* emanadas "no exercício dos poderes constituintes assumidos em consequência do Movimento das Forças Armadas" (art. 13º, nº 1, 1º, da Lei nº 3/74, de 14 de maio, e art. 292º, nº 2, da Constituição de 1976, no seu texto inicial) das restantes leis, das leis ordinárias.[60]

Da Constituição provisória ou pré-Constituição deve distinguir-se o fenómeno da entrada em vigor provisoriamente de determinados princípios ou normas constitucionais objeto de formação já durante o processo constituinte (assim, as "Bases da Constituição" aprovadas em 1821 pelas Cortes); e deve ainda distinguir-se a subsistência provisória de normas constitucionais anteriores não contrárias aos novos princípios constitucionais (assim, as normas da Constituição de 1933 ressalvadas pelo art. 1º, nº 3, da referida Lei nº 3/74).

III – Por vezes, a pré-Constituição define os princípios por que deve pautar-se a Constituição formal a elaborar subsequentemente: foi o caso da França em 1958; da África do Sul, com a Constituição interina de 1993, com a qual foi depois confrontada a Constituição definitiva de 1996 pelo Tribunal Constitucional;[61] e, também, de Angola, com a passagem da Constituição de 1992 à Constituição de 2010.[62]

---

[59] Cfr. EMMANUEL CARTIER, *Les petites Constitutions: contribution à l'étude du droit constitutionnel transitoire*, in *Revue française de droit constitutionnel*, 2007, págs. 513 e segs.

[60] V. *A Constituição de 1976*, cit., págs. 41 e segs.; e ainda, em geral, *A Revolução de 25 de Abril*, cit.

[61] V. MARIA JOSÉ MORAIS PIRES, *O acórdão de "certificação" da Constituição da África do Sul, de 1996*, in *Estudos em homenagem ao Prof. Doutor Armando Marques Guedes*, obra coletiva, Coimbra, 2004, págs. 171 e segs.

[62] Assim, o acórdão nº 111/2010 do Tribunal Constitucional de Angola, de 30 de janeiro de 2010.

Parte III · Tít. I · Cap. II – Formação da Constituição | **301**

100.

Os tipos de atos constituintes *stricto sensu*

I – A feitura da Constituição formal (definitiva) pode dar-se de diferentes modos, em razão de circunstancialismos históricos inelutáveis e de fatores jurídico-políticos dependentes da forma de Estado, da legitimidade do poder e da participação da comunidade política.[63]

A decisão básica (insista-se) cabe ao poder constituinte material. E, naturalmente, o processo constituinte é diverso em Estado unitário e em Estado federal; no domínio da legitimidade democrática e no da legitimidade monárquica; e no domínio da legitimidade democrática de sentido pluralista e no da legitimidade democrática de outra inspiração; consoante compreende só elementos representativos ou também de democracia direta ou semidireta.

O ato constituinte pode, doutra perspetiva, competir a um único órgão ou sujeito. Pode ser a soma ou o resultado dos atos parcelares provenientes de dois ou mais órgãos da mesma entidade titular do poder constituinte.[64] E pode consistir num acordo de vontades entre dois ou mais sujeitos ou entidades.[65]

São estes, embora com múltiplas concretizações, os três tipos fundamentais de ato constituinte: ato constituinte unilateral singular, ato constituinte unilateral plural e ato constituinte bilateral.

II – Incluem-se nas formas de atos constituintes unilaterais singulares:

---

[63] Cfr. MAURICE HAURIOU, *op. cit.*, págs. 246 e segs.; CARL SCHMITT, *op. cit.*, págs. 50 e segs. e 94 e segs.; GEORGES BERLIA, *De la compétence des assemblées constituantes*, in *Revue du droit public*, 1945, págs. 353 e segs.; GEORGES BURDEAU, *op. cit.*, IV, págs. 227 e segs.; COSTANTINO MORTATI, *op. cit., loc. cit.*, págs. 163 e segs.; KARL LOEWENSTEIN, *Constitución – Derecho Constitucional*, in *Marxismo y Democracia – Enciclopedia de Conceptos Basicos – Política*, obra coletiva, I, trad., Madrid, 1975, págs. 116-117; MARCELO REBELO DE SOUSA, *Direito Constitucional*, cit., págs. 65 e segs.; BISCARETTI DI RUFFIA, *Diritto Costituzionale Comparato*, 6ª ed., Milão, 1988, págs. 631 e segs.; JON ELSTER, *Lo studio dei processi costituenti: uno schema generale*, in *Il futuro della Costituzione*, págs. 209 e segs.; ERNST-WOLFGANG BÖCKENFORDE, *ibidem*, págs. 242 e segs.; JORGE VANOSSI, *op. cit.*, págs. 297 e segs.; GOMES CANOTILHO, *Direito...*, cit., págs. 76 e segs.; GIUSEPPE DE VERGOTTINI, *op. cit.*, I, cit., págs. 228 e segs. e 238 e segs.

[64] Bem entendido, titular no plano da legitimidade, não no plano da imputação jurídica (o poder, constituinte ou constituído, é sempre poder do Estado).

[65] A natureza e os princípios de legitimidade dos atos constituintes revelam-se, designadamente, pelas fórmulas empregadas (*Nós, o Povo dos Estados Unidos...*; *Dom Pedro...*; etc.).

302 | Teoria do Estado e da Constituição · *Jorge Miranda*

a) A outorga da Constituição (dita então Carta Constitucional) pelo monarca – como na França em 1814, na Baviera em 1819, em Portugal em 1826, no Piemonte em 1848 etc.;[66]

b) O decreto do Presidente da República ou de outro órgão do Poder Executivo – como no Brasil em 1937;

c) O ato de autoridade revolucionária ou de autoridade constitutiva do Estado – como em Moçambique e em Angola em 1975;

d) A aprovação por assembleia representativa ordinária ou comum dotada de poder para o efeito – como na URSS em 1977;

e) A aprovação por assembleia formada especificamente (mas não necessariamente apenas) para isso, chamada assembleia constituinte ou convenção – como na França em 1791, 1793, 1795, 1848, e 1875, em Portugal em 1822, 1911 e 1976 ou no Brasil em 1824, 1891, 1934 e 1946;

f) A aprovação por assembleia eleita simultaneamente como assembleia constituinte e como assembleia ordinária – conforme sucedeu no Brasil em 1988.

Estamos aqui em Estado unitário ou em Estado federal fictício (ou unitário de estrutura federal). Na hipótese *a)*, o princípio de legitimidade é monárquico; nas hipóteses *d), e)* e *f)* democrático, com ou sem pluralismo; nas hipóteses *b)* e *c)* pode ainda invocar-se a legitimidade democrática, mas a concretização é anómala ou heterodoxa (salvo quando se trate de Constituições provisórias ou preconstituições). As hipóteses *d), e)* e *f)* decorrem da lógica do sistema representativo, estreitamente conexo com o constitucionalismo moderno.

III – As formas de atos unilaterais plurais compreendem:

a) A aprovação por referendo, prévio ou simultâneo da eleição de assembleia constituinte, de um ou vários grandes princípios ou opções constitucionais e, a seguir, a elaboração da Constituição de acordo com o sentido da votação – como na Itália em 1946 e na Grécia em 1974 a decisão sobre monarquia ou república;[67]

---

[66] Cfr. PAUL BASTID, *La théorie juridique des Chartes*, in *Revue internationale d'histoire politique et constitutionnelle*, 1953, págs. 163 e segs. Conforme observa, o termo *Carta*, contraposto a *Constituição* (que para os homens da Restauração evocava a Revolução), era um termo arcaico, na linha das cartas de direitos do *Ancien Régime* (como as cartas das comunas ou, em Portugal, os forais dos concelhos).

[67] Cfr. ANTONIO BALDASSARE, *Il "Referendum Costituzionale"*, in *Quaderni Costituzionali*, 1994, págs. 235 e segs.

Parte III · Tít. I · Cap. II – Formação da Constituição | **303**

b) A definição por assembleia representativa ordinária dos grandes princípios, a elaboração de projeto de Constituição pelo Governo e a aprovação final por referendo – como na França em 1958;

c) A elaboração por assembleia constituinte, seguida de referendo[68] – como na França em 1946 e na Espanha em 1978;[69]

d) A elaboração por órgão provindo da Constituição anterior, com subsequente aprovação popular – como na França em 1799, 1801 e 1804;

e) A elaboração por autoridade revolucionária ou órgão legitimado pela revolução, seguida de referendo – como em Portugal em 1933, em Cuba em 1976, no Chile em 1980 ou na Turquia em 1982.

Estas hipóteses ocorrem ainda em Estado unitário, todas assentam na legitimidade democrática (com mais ou menos pluralismo) e todas combinam, de certa maneira, institutos representativos e de democracia direta ou semidireta [mais coerentemente, nos casos de *a)* e *c)*].

IV – Finalmente, atos constituintes bilaterais ou plurilaterais vêm a ser:

a) A elaboração e a aprovação da Constituição por assembleia representativa, com sujeição a sanção do monarca – como na Noruega em 1814, na França em 1830, em Portugal em 1838 ou na Prússia em 1850;[70-71]

---

[68] A aprovação popular configura-se então ou como aprovação verdadeira e própria (quando incida sobre um projeto de Constituição) ou como ratificação ou sanção (quando se verifique uma dupla aprovação).

[69] Caso particular foi o do Brasil, cuja Constituição de 1988 impôs a realização em 1993 de um plebiscito para a escolha entre monarquia e república e entre sistema de governo parlamentar e presidencial: na realidade, era uma espécie de poder constituinte *diferido*, a partir de um compromisso dilatório...

[70] Cfr. C. F. VON GERBER, *Über öffentliche Rechte*, trad. italiana *Diritto Pubblico*, Milão, 1971, pág. 36; PAUL BASTID, *op. cit., loc. cit.*, págs. 164, 165 e 171; J. DE SOTO, *La Constitution sénatoriale du 6 avril 1814, ibidem*, págs. 280 e segs.

GERBER escreve que uma Constituição pactícia não pode ter o valor de um contrato, mas exclusivamente de uma lei de Direito público; o termo contrato apenas indica que na sua elaboração participou outro fator do Estado além do monarca; e daí ser juridicamente admissível a sua abolição ou a sua revisão unilateral por este.

Pelo contrário, BASTID sustenta que tanto a Constituição outorgada como a pactícia cabem no mesmo conceito de Constituição contratual, pois que, no fundo, ao outorgar a Carta, o Rei não exprime uma vontade livre, dada a força popular ascendente.

[71] Também na Inglaterra, o *Bill of Rights* de 1689 correspondeu a um contrato de governo entre o Parlamento e o Rei; assim, IAN LOVELAND, *Constitutional Law – A Critical Introduction*, Londres, 1996, pág. 108.

304 | Teoria do Estado e da Constituição • *Jorge Miranda*

b) A aprovação da Constituição por assembleia representativa, seguida de ratificação pelos Estados componentes da União – como nos Estados Unidos em 1787;

As Constituições nestas condições aprovadas são as Constituições pactícias: implicam um pacto entre a assembleia (ou o povo) e o Rei, no primeiro caso; e entre o órgão (ou poder) federal e os Estados-membros da União no segundo caso.[72] E são de admitir ainda outras modalidades de contrato constitucional.[73]

101.

Forma, legitimidade e conteúdo da Constituição

I – Uma coisa é a forma jurídica, outra a realidade constitucional; uma coisa é a legitimidade, outra a autenticidade do exercício do poder constituinte.

Do prisma político, as Constituições são também de origem democrática ou autocrática. Mas só se consideram entre as primeiras as que efetivamente sejam emanadas em condições mínimas de liberdade e participação dos cidadãos, e não impostas pelos governantes. Não in-

---

[72] Importa, porém, distinguir dois tipos de pactos: 1°) o pacto federal, celebrado (ou, eventualmente, pressuposto) entre os Estados que hão-de tornar-se Estados federados; 2°) a Constituição federal do Estado assim criado, obra do poder constituinte federal em conjugação com os Estados federados.

Cfr. EDWARD S. CORWIN, *We the People,* in *The Doctrine of Judicial Review – Its Legal and Historical Basis and Other Essays,* 1914, reimpressão, Gloucester, 1963, págs. 81 e segs.; CARL SCHMITT, *op. cit.,* págs. 71 e segs.; GUY HÉRAUD, *Aspects juridiques de la génèse fédérale* in *Estudios Juridico-Sociales – Homenaje el Profesor Legaz y Lacambra,* obra coletiva, Santiago de Compostela, 1960, págs. 888 e segs.; MANUEL GARCIA PELAYO, *op. cit.,* págs. 231 e segs.; MACHADO HORTA, *Pactos federativos e Constituições federais,* in *Revista do Instituto dos Advogados de Minas Gerais,* 1999, págs. 63 e segs.; GIUSEPPE DE VERGOTTINI, *op. cit.,* I, cit., págs. 242-243.

[73] Um caso particularíssimo foi o das duas Plataformas de Acordo Constitucional celebradas em Portugal em 1975 e 1976, entre o Conselho da Revolução e os principais partidos políticos, para predeterminar alguns pontos do sistema de governo durante um período de transição de três a cinco anos.

Cfr. GIUSEPPE DE VERGOTTINI, *Le origini della Seconda Repubblica Portoghese,* Milão, 1976, págs. 225 e segs.; ANDRÉ THOMASHAUSEN, *Constituição e realidade constitucional,* in *Revista da Ordem dos Advogados,* 1977, págs. 488-489; JORGE MIRANDA, *A Constituição de 1976 – Formação, estrutura, princípios fundamentais,* Lisboa, 1978, págs. 97 e segs.

teressa a forma utilizada; o que interessa é a genuinidade da vontade política do povo nela expressa.

Pela natureza do órgão, pode afirmar-se que uma Constituição elaborada em assembleia constituinte, contanto que livremente eleita, é de origem democrática; e que ainda mais democrática o será se tiver havido antes uma definição pelo povo, em referendo, do sentido do regime. Já a sujeição a referendo após a deliberação de assembleia constituinte oferece menor margem ao povo, visto que a alternativa – entre ter uma Constituição ou não ter nenhuma – leva, salvo raras exceções, ao voto favorável; trata-se então, sobretudo, de obter um reforço da base política da Constituição ou outros efeitos.[74]

O referendo, degradado a *plebiscito* (na aceção ligada aos plebiscitos napoleónicos e ao português de 1933), pode, contudo, ser não um instrumento de democracia, mas sim de autocracia, quando, através dele, se chame o povo a aderir a textos constitucionais preparados por chefes do Estado ou por governos ditatoriais, sem interferência de assembleias representativas do pluralismo das correntes ideológicas do país e sem liberdade de discussão. Muito frequente nos séculos XIX e XX, tal distorção da democracia direta ou semidireta conduz, no limite, ao cesarismo.

Por outro lado, porque nos séculos XX e XXI, a prática política gira em torno dos partidos políticos em quase todos os países, as Constituições sofrem um influxo decisivo dos partidos (se não são mesmo obra deles) – de vários partidos ou de um só. No primeiro caso, as Constituições compromissórias que assim se formam, correspondem *grosso modo* às Constituições pactícias do século XIX; no segundo, é como se o partido único viesse a chamar a si o poder constituinte, direta ou indiretamente.

II – Uma coisa é o título de legitimidade ou a forma de produção da Constituição, outra coisa o seu conteúdo ou o regime, a forma e o sistema de governo que consigna – embora não sejam coisas sem relação.

Convém, pois, não confundir Constituição de origem democrática ou autocrática com Constituição de conteúdo democrático ou autocrático. Não é a fonte ou o poder constituinte criador da Constituição que dá garantia, por si só, de que a forma de governo instituída venha a ser de democracia, pluralista ou não, ou de autocracia.

Uma Constituição de base democrática nos tempos modernos naturalmente dá corpo a uma democracia, embora possa ir mais ou menos longe na consagração consequente do princípio democrático. Mas já a

---

[74] Cfr. JORGE MIRANDA, *Constituição e Democracia*, Lisboa, 1976, págs. 155 e segs.

outorga de uma Carta Constitucional envolve por si só a destruição da monarquia integral ou absoluta: como se trata de Constituição com separação de poderes e reconhecimento de direitos individuais, a autolimitação do poder do Rei dela resultante conduz a uma forma diferente, à monarquia constitucional (limitada ou não).

III – Uma Constituição nascida na base de determinado princípio de legitimidade pode sofrer, no decurso da sua vigência uma transmutação, por esse princípio vir a conjugar-se, entretanto, com outro princípio ou até a ser por este substituído – o que significará, uma alteração da Constituição material, embora permanecendo intocada a Constituição formal ou a instrumental.

Aconteceu isso, como se sabe, com algumas Cartas constitucionais do século XIX, ao evoluírem para Constituições pactícias e, mais tarde, algumas, para Constituições de princípio democrático. E para tanto concorreram ou certas disposições dos respetivos textos ou a dinâmica política envolvente em transformação.

A Constituição imperial brasileira e a Carta Constitucional portuguesa, ao estabelecerem um regime de revisão assente em votação pelas Cortes e sanção pelo Monarca (arts. 174º a 178º e 142º a 144º, respetivamente), pareciam apontar para tal caráter pactício, e não exclusivamente monárquico; e algo de semelhante se terá passado com a Carta Constitucional francesa de 1814 (apesar de esta nada estatuir sobre a sua revisão), pois que, uma vez concedida, ela ficou a dominar a vontade do Rei, vinculando-o contratualmente à Nação.[75]

Como ainda bem se sabe, a vicissitude constitucional que, desta ou doutra maneira, se terá verificado, não terá sido sem reflexo no sistema de órgãos do poder. São diferentes a lógica interna de uma Constituição que repouse no princípio monárquico, a de uma que repouse no princípio democrático e a de uma que apele para ambos: enquanto que na primeira o poder do Rei se estende a tudo quanto lhe não esteja estritamente vedado, na Constituição unilateral democrática e na pactícia nenhuma autoridade pode prevalecer, na ocorrência de dúvida ou de conflito, sobre o povo ou os representantes do povo.[76]

---

[75] PAUL BASTID, *op. cit.*, *loc. cit.*, págs. 164 e 171. Só numa perspetiva de superveniência ou transformação constitucional se aceita a assimilação que propõe entre as Constituições outorgadas e as Constituições pactícias.

[76] Cfr. PAUL BASTID, *ibidem*, págs. 168 e segs. (corolários jurídicos da outorga) e 172 (corolários jurídicos do pacto).

Parte III · Tít. I · Cap. II – Formação da Constituição | **307**

102.

As formas e as regras dos atos constituintes

I – Escreveu Sieyès que o poder constituinte haveria de se exercer de qualquer forma. "Uma nação não pode estar sujeita a uma Constituição"; "não pode adstringir-se a formas constitucionais"; "é sempre senhora de reformar a sua Constituição"; "a sua vontade é sempre legal, é ela própria a lei".[77]

Assim é no sentido de poder constituinte originário, o qual compreende a revolução (e, de resto, exatamente, a tese de Sieyès destinava-se a legitimar uma revolução ou uma transição de uma Constituição a outra – a conversão dos Estados Gerais convocados por Luís XVI, rei absoluto, em Assembleia Constituinte e do 3º Estado em nação, em nação soberana, equivalente ao povo como universalidade dos cidadãos).[78]

Já não seria de aceitar a afirmação, se com ela se pretendesse inculcar que a pluralidade (*a priori* indefinida) de formas de exercício do poder constituinte material significaria alheamento do Direito. Ou que o poder constituinte formal não careceria de uma predeterminação de formas e processos vinda do poder constituinte material. Muito pelo contrário, como há pouco vimos: ele depende, pelo menos, do enquadramento imposto pelo próprio princípio de legitimidade.[79]

Optar, em democracia, por formas representativas, diretas ou mistas é decisão originária no confronto da Constituição que vai ser decretada, mas decisão derivada em face do momento inicial de emergência da nova ordem jurídico-política. E não pode, por exemplo, elaborar-se e aprovar-se uma Constituição através de assembleia constituinte ou de referendo sem uma legislação reguladora da capacidade eleitoral e do sufrágio e sem normas que estatuam como há-de surgir a vontade constituinte.[80] Algo de semelhante se diga a respeito do ato constituinte bilateral. Mas até o ato constituinte unilateral monárquico carece ainda de regras: a outorga tem, pelo menos, de se fundar na autoridade real e de se transmitir pela forma específica dos atos do Rei.

---

[77] *Qu'est-ce que le tiers état?*, cit., págs. 182, 183, 187 e 180.

[78] Cfr., por todos, Paul Bastid, *Sieyès et sa pensée*, nova ed., Paris, 1970, págs. 359 e segs., 391 e segs. e 587 e segs.

[79] Cfr., segundo a sua conceção positivista, Carré de Malberg, *op. cit.*, II, pág. 500.

[80] Cfr. Costantino Mortati, *La Costituente...*, cit., *loc. cit.*, págs. 136 e segs.; ou Francisco Rubio Llorente, *Minorias y mayorias en el poder costituyente*, in *Anuario de Derecho Constitucional y Parlamentario*, 1991, nº 3, págs. 31 e segs.

II – Que o órgão constituinte formal – o órgão que, em nome do soberano (designadamente, em nome do povo) elabora a Constituição – possa modificar as regras preexistentes e estabelecer outras, esse é problema diferente.

Nada impede que o faça, nos limites da ideia de Direito ou do princípio de legitimidade que o habilita. Nada obsta a que uma assembleia constituinte, eleita para funcionar apenas durante certo período, delibere prorrogar a sua sessão ou que, confinada por norma anterior à tarefa de feitura da Constituição, delibere assumir a plenitude dos poderes legislativos do Estado. As regras de organização de uma assembleia constituinte são preparatórias e instrumentais do exercício do poder que lhe está cometido; logo, pode alterá-las e escolher os meios mais adequados para o efeito, entre os quais o prolongamento do seu mandato; e, porque o poder constituinte formal também precede e determina os poderes legislativo e governativo, como poderes *constituídos,* bem pode também arrogar-se o seu exercício.[81]

O que terá de haver sempre, ainda quando o órgão constituinte altere as regras orgânicas e processuais que o precedem, será a vinculação a regras de Direito e mesmo às regras que ele próprio venha a editar (assim, a vinculação de uma assembleia constituinte ao seu regimento e a outras normas internas da sua autoria). O que terá de haver sempre – salvo rutura ou revolução – será o ajustamento dessas regras e das formas de agir do órgão constituinte à ideia de Direito em que se firma e em face da qual deve conceber-se como órgão constituinte. E, a esta luz, a doutrina do poder constituinte acaba por se reconduzir a uma doutrina de limitação do poder.

III – Diz-se, por vezes, que o poder constituinte do povo, aí onde se invoque uma legitimidade democrática, deve prevalecer sempre sobre a Constituição existente; outras vezes, que o referendo, expressão imediata desse poder, não tem de estar previsto na Constituição para ser admissível, visto que, por definição, ele está acima da Constituição. Importa esclarecer estas afirmações.

Decerto, enquanto faculdade essencial de auto-organização do Estado, o poder constituinte perdura ao longo da sua história e pode ser

---

[81]   Cfr. Otto Bachof (*Verfassungswidrige Verfassungsnormen?,* 1951, trad. *Normas constitucionais inconstitucionais?,* Coimbra, 1977, pág. 51), afirmando que as leis preconstitucionais não podem obrigar o titular do poder constituinte, o qual pode, a todo o tempo, contorná-las através de um ato constituinte originário.

Parte III · Tít. I · Cap. II – Formação da Constituição | **309**

exercido a todo o tempo; e, na medida em que prevaleça a soberania do povo como princípio jurídico-político, ao povo cabe decidir sobre a subsistência ou não da Constituição positiva, a sua alteração ou a sua substituição por outra.

Todavia, para lá da consideração abstrata da legitimidade, têm de se tomar em conta as condições concretas em que o poder constituinte há-de vir a ser externado, as determinantes históricas de rutura ou de transição constitucional e a efetividade que se espera vir a adquirir uma nova Constituição. É preciso atender aos riscos para a segurança jurídica advenientes da diminuição ou do esvaziamento da força normativa da Constituição. E, se se invoca o princípio democrático, cabe verificar se é o povo que, real e livremente, quer a mudança, de que maneira e com que meios.

A supremacia do povo em face da Constituição não se justifica por si própria; ela justifica-se por outros valores e interesses mais elevados, como os direitos fundamentais das pessoas que compõem esse povo; não pode ser absolutizada. Um homem só ou um grupo de homens podem exercer despoticamente o poder; não um povo todo, pois o povo, para o exercer, requer uma organização jurídica, em que cada cidadão possa fazer ouvir a sua voz, a maioria ditar a lei e a minoria ter os seus direitos respeitados.[82] Para ponderar sobre se a Constituição deve ser mantida, reformada ou substituída, haverá, portanto, sempre que saber se ela garante ou não esses direitos e como é cumprida e aplicada.[83]

Em democracia que se pretenda Estado de Direito, mudar de governo não equivale a mudar de Constituição e de regime. Nem uma maioria de governo – sempre contingente em democracia de tipo ocidental, que postula pluralismo e alternância – pode converter-se em maioria constitucional, sob pena de conformar a Constituição à sua imagem e de tender a perpetuar-se no poder. Pelo contrário, por definição, por conter as regras de jogo do regime, a Constituição tem de perdurar para além da sucessão de governos e de partidos, porque a todos tem de servir de referência institucional e a todos tem de oferecer um quadro de segurança para o presente e para o futuro.

---

[82] *Constituição e Democracia*, cit., pág. 244.

[83] Cfr., entre tantos, CARLO ESPOSITO, *La Costituzione Italiana – Saggi*, Pádua, 1954, págs. 9 e 11; OTTO BACHOF, *op. cit.*, págs. 46-47, nota; GIOVANNI SARTORI, *Democrazia e Definizioni*, trad. *Théorie de la democratie*, Paris, 1973, págs. 56 e segs.; GERARDO MORELLI, *Il diritto naturale nelle costituzioni moderne – Dalla dottrine pura del diritto al sistema dell'ordinamento democratico*, Milão, 1974, págs. 247 e segs.; JOÃO BAPTISTA MACHADO, *Participação e descentralização*, 2ª ed., Coimbra, 1982, pág. 73.

310 | Teoria do Estado e da Constituição · *Jorge Miranda*

Naturalmente, resta observar, em compensação, que não deve a Constituição ser tão rígida e fechada nas suas formas organizativas e processuais que impeça ou dificulte, para além do razoável, a correspondência dos preceitos com a vontade e os circunstancialismos do povo, em constante mutação.

Voltar-se-á ao assunto a propósito dos limites materiais da revisão constitucional, das cláusulas pétreas.

103.
Os limites materiais do poder constituinte

I – O poder constituinte é logicamente anterior e superior aos poderes ditos *constituídos* – na tricotomia clássica, o legislativo, o executivo e o judicial. A Constituição, sua obra, define-os e enquadra-os quer formal quer materialmente: eles não podem ser exercidos senão no âmbito da Constituição e as decisões e as normas que resultem desse exercício não podem contrariar o sentido normativo da Constituição. E isso torna-se mais patente quando haja Constituição formal como específico estatuto fundamental do Estado.

Daqui não decorre, porém, que o poder constituinte equivalha a poder soberano absoluto e que signifique capacidade de emprestar à Constituição todo e qualquer conteúdo, sem atender a quaisquer princípios, valores e condições. Não é poder soberano absoluto – tal como o povo não dispõe de um poder absoluto sobre a Constituição – e isso tanto à luz de uma visão jusnaturalista ou na perspetiva do Estado de Direito como na perspetiva da localização histórica concreta em que se tenha de pronunciar o órgão nele investido. O poder constituinte está sujeito a limites.

Embora seja mais corrente na doutrina considerar a existência (ou a possibilidade ou a necessidade de existência) de limites materiais do poder de revisão constitucional – frequentemente tido por poder constituinte derivado – importa outrossim considerar a existência de limites materiais (em graus diversos, se se quiser) do poder constituinte verdadeiro e próprio, e mesmo do poder constituinte material originário.

II – Há que distinguir três categorias de limites materiais do poder constituinte: limites transcendentes, imanentes e, em certos casos, heterónomos.[84]

---

[84] Cfr., na doutrina portuguesa, Rogério Soares, *O conceito ocidental de Constituição*, cit., *loc. cit.*, pág. 71; Afonso Queiró, *Lições de Direito Administrativo*, Coimbra, 1976,

Parte III · Tít. I · Cap. II – Formação da Constituição | **311**

Os primeiros dirigem-se ao poder constituinte material e, por virtude deste, ao poder constituinte formal; os segundos são específicos do poder constituinte formal; os últimos adstringem tanto um como outro.[85]

III – Os limites *transcendentes* são os que, antepondo-se ou impondo-se à vontade do Estado (e, em poder constituinte democrático, à vontade do povo) e demarcando a sua esfera de intervenção, provêm de imperativos de Direito natural, de valores éticos superiores, de uma consciência jurídica coletiva (conforme se entender).[86]

Entre eles avultam os que se prendem com os direitos fundamentais imediatamente conexos com a dignidade da pessoa humana. Seria inválido ou ilegítimo decretar normas constitucionais que gravemente os ofendessem (*v.g.*, que consagrassem a escravatura, que negassem a liberdade de crenças ou a liberdade pessoal, o direito ao trabalho ou o direito à educação, que criassem desigualdades em razão da raça ou em Portugal, pelo menos, que restaurassem a pena de morte). E não é por acaso que a Constituição portuguesa enuncia certos direitos que, mesmo em estado de sítio, não podem ser suspensos (art. 19º, nº 6); e não são os únicos que correspondem a limites transcendentes.[87]

---

pág. 295; Castanheira Neves, *A Revolução e o Direito*, cit., pág. 196; J. J. Gomes Canotilho, *Direito Constitucional*, 4ª ed., cit., págs. 88-89 (v., na 7ª ed., págs. 81-82); Marcelo Rebelo de Sousa, *Direito Constitucional*, cit., pág. 62; manuel Afonso Vaz, *Lei e reserva da lei*, Porto, 1992, pág. 189.

[85] Cfr. Jorge Vanossi, *op. cit.*, I, págs. 173 e segs.

[86] Sobre o problema, cfr. Werner Kägi, *op. cit.*, págs. 207 e segs.; K. Loewenstein, *Teoria...*, cit., págs. 192 e segs.; António Porras Nadales, *op. cit.*, *loc. cit.*, págs. 176 e 183 e segs. (que chama, porém, a atenção para o perigo de os direitos do homem serem tomados como princípios a-históricos); Marie-Françoise Rigaux, *op. cit.*, págs. 130 e segs.; Tércio Sampaio Ferraz Júnior, *Constituinte – Assembleia, Processo, Poder*, 2ª ed., São Paulo, 1986, pág. 23; Manuel Afonso Vaz, *op. cit.*, págs. 177 e segs.; Castanheira Neves, *A redução política do pensamento metodológico-jurídico*, Coimbra, 1993, págs. 36 e 37; Paulo Otero, *Lições...*, I, 2º tomo, cit., págs. 196 e segs. e 344 e segs.; Ernst-Wolfgang Böckenforde, *Il potere...*, cit., *loc. cit.*, págs. 247 e segs.; João Maurício Adeodato, *Limites éticos do poder constituinte originário e da concretização da Constituição pelo judiciário*, in *Revista do Mestrado em Direito do Centro Universitário FIEO*, nº 5, 2005, págs. 85 e segs. (o poder constituinte originário parece não ter qualquer limite ético); Afonso d'Oliveira Martins, *Para uma teoria do poder constituinte como Direito natural*, in *Estudos em homenagem ao Professor Doutor Marcello Caetano*, obra coletiva, I, Coimbra, 2006, págs. 55 e segs.; Joaquim Freitas da Rocha, *Constituição, ordenamento e conflitos normativos*, Coimbra, 2008, pág. 530.

[87] Mesmo um autor que considera impossível fazer prevalecer um Direito preexistente ao poder constituinte, como Böckenforde (*Le droit...*, cit., pág. 221) observa que a vontade e as representações do poder constituinte tomadas numa situação concreta não são,

IV – Os *limites imanentes* decorrem da noção e do sentido do poder constituinte formal enquanto poder situado, que se identifica por certa origem e finalidade e se manifesta em certas circunstâncias; são os limites ligados à configuração do Estado à luz do poder constituinte material ou à própria identidade do Estado de que cada Constituição representa apenas um momento da sua marcha histórica. E compreendem limites que se reportam à soberania do Estado e, de alguma maneira (por vezes), à forma de Estado, bem como limites atinentes à legitimidade política em concreto.

Assim, não se concebe, num Estado soberano e que pretenda continuar a sê-lo, que ele venha a ficar despojado da soberania (*v.g.*, aceitando a anexação a outro Estado); num Estado federal e que pretenda continuar a sê-lo, que ele passe a Estado unitário, ou reciprocamente (em certos casos); e num Estado em que prevalece certa legitimidade ou certa ideia de Direito, num determinado momento (*v.g.*, a legitimidade democrática) que se venha a estabelecer uma organização política de harmonia com uma legitimidade ou uma ideia de Direito contrária.[88-89]

E pode mesmo suceder que o poder constituinte material formule expressamente "princípios" que o poder constituinte formal tenha de acatar, como se verificou nos casos evocados da França de 1958 e da África do Sul.[90]

---

de modo algum, puramente factuais, ética e moralmente vazias: elas são determinadas por certas ideias respeitantes à ordem política e social, por conceções, por princípios morais e éticos, assim como por impulsos políticos, por representações vivas e atuais no seio de um povo, de uma nação. Mas, reciprocamente, nenhum Direito positivo, nenhuma ideia de organização política, nenhum princípio pode tornar-se concretamente eficaz sem que alguma força histórica e política dele se aproprie e o leve para a realidade política e histórica. Tudo depende, portanto, de haver, no seio do povo, no momento em que se exerce o poder constituinte, uma consciência jurídica viva, ideias efetivas relativamente à ordem social e uma vontade ética e política.

[88] Cfr. Sieyès, *op. cit.*, pág. 188, que, mesmo ele, reconhecia: "Uma nação não pode decidir que não será nação ou que só o será de uma maneira… Assim como uma nação não pode estatuir que a sua vontade comum deixará de ser a sua vontade comum… nem estatuir que os direitos inerentes à vontade comum, isto é, à maioria, passarão à minoria. A vontade comum não pode destruir-se a si própria…". V. ainda uma referência ao Direito natural a pág. 180.

[89] Nas Cortes Constituintes portuguesas de 1821-1822 discutiu-se a legitimidade da aprovação do art. 28º da Constituição à face do princípio da soberania nacional: cfr. Jaime Raposo Costa, *A teoria da liberdade – Período de 1820 a 1823*, Coimbra, 1976, págs. 55 e segs.

[90] Cfr. Lucio Pegoraro e Angelo Rinella, *La nuova Costituzione della Repubblica del Sudafrica*, in *Rivista Trimestrale di Diritto Pubblico*, 1997, págs. 517 e segs.

Parte III · Tít. I · Cap. II – Formação da Constituição | **313**

CARLOS BLANCO DE MORAIS pronuncia-se contra os limites imanentes, por entender que a história é viveiro de exemplos que contrariam uma suposta impossibilidade de transformação de identidade primitiva do Estado.[91]

Ora, tão pouco é isso que está em causa com os limites imanentes. O que está em causa é a necessária atinência, num concreto momento histórico de um concreto Estado, do exercício do poder constituinte formal ao poder constituinte material (tal como os entendemos).

V – Os *limites heterónomos* são os provenientes da conjugação com outros ordenamentos jurídicos.[92] Referem-se a princípios, regras ou atos de Direito internacional, donde resultem obrigações para todos os Estados ou só para certo Estado; e reportam-se ainda a princípios e regras de Direito interno, quando o Estado seja composto ou complexo e complexo tenha de ser, por conseguinte, o seu ordenamento jurídico.

Limites heterónomos de Direito internacional, com caráter geral, são os princípios de *jus cogens* (como os que constam de alguns artigos da Declaração Universal e do art. 2º da Carta das Nações Unidas).[93-94] Já a eles nos referimos no capítulo anterior.

Limites heterónomos de Direito internacional, com caráter especial, são os que correspondem a limitações do conteúdo da Constituição por virtude de deveres assumidos por um Estado para com outro ou outros Estados ou para com a comunidade internacional no seu conjunto. E é o que se verifica, por exemplo, com as garantias de direitos de minorias nacionais e linguísticas impostas a certos Estados por tratados após a 1ª e a 2ª guerra mundiais (como aconteceu com a Polónia e a Itália, por exemplo); com a obrigação da Áustria (pelo tratado de Saint-Germain de 1919) de se abster de qualquer ato que pudesse afetar a sua independência; com a proibição de restauração dos Habsburgos na Hungria, após 1918; com a obrigação da Finlândia de garantia dos direitos da população das

---

[91] *Op. cit.*, págs. 35 e segs.

[92] Cfr., em geral, CARL SCHMITT, *op. cit.*, págs. 81-82 e 85-86; BISCARETTI DI RUFFIA, *Sull' "agganciamento" ad altri ordinamenti giuridici di taluni "limiti" della "revisione costituzionale",* in *Scritti di Diritto Costituzionale in momoria di Luigi Rossi,* obra coletiva, Milão, 1952, págs. 19 e segs.; LUIS MARIA DIEZ PICAZO, *Limites internationales au pouvoir constituant,* in *Renouveau du droit public – Mélanges en l'honneur de Louis Favoreu,* obra coletiva, Paris, 2007, págs. 1191 e segs.

[93] V. também *Curso…*, cit., págs. 150 e 151.

[94] No mesmo sentido, mitigadamente, PAULO OTERO, *Legalidade e Administração Pública,* Coimbra, 2003, págs. 575 e segs. Divergindo, CARLOS BLANCO DE MORAIS, *op. cit.*, I, pág. 37.

ilhas da Alândia, por força do tratado celebrado com a Suécia em 1921; com o estatuto de neutralidade da Áustria desde 1955; com a dupla garantia dos direitos das comunidades grega e turca em Chipre constante dos acordos de Zurique de 1960.[95]

Já não são limites heterónomos de poder constituinte quaisquer outras obrigações que um Estado assuma por virtude de tratado. São limites heterónomos, sim, mas da legislação ordinária, porque a lei interna não pode contrariar um tratado internacional.[96]

Quanto aos *limites heterónomos de Direito interno* são tipicamente os limites recíprocos, em união federativa,[97] entre poder constituinte federal e poderes constituintes dos Estados federados.[98] Aquele deve respeitar a existência destes e assegurar a sua participação nos órgãos e nos atos jurídicos principais a nível central. Os Estados federados devem subordinar-se aos imperativos da sua agregação na união federativa (incluindo os respeitantes ao sistema político, consoante preveem a Constituição dos Estados Unidos no art. 4º, a alemã no art. 28º, ou a brasileira no art. 25º e no art. 11º de "disposições transitórias").

§ 2º
Fontes das normas constitucionais

104.
As fontes formais de Direito e o Direito constitucional

I – Como se sabe, as fontes de Direito na aceção técnica rigorosa (fontes formais) são os modos de criação – ou, doutro prisma, de revelação – de normas jurídicas e reconduzem-se, no essencial, no Direito interno, a lei, a costume e a jurisprudência.

---

[95] Cfr. João Grandino Rodas, *Alguns problemas do direito dos tratados relacionados com o direito constitucional, à luz da Convenção de Viena*, in *Boletim da Faculdade de Direito da Universidade de Coimbra*, suplemento XIX, 1972, pág. 247; Marie-Françoise Rigaux, *op. cit.*, págs. 157 e segs.; Fausto de Quadros, *A protecção da propriedade em Direito Internacional Público*, Coimbra, 1998, págs. 531 e segs. (falando num princípio da harmonia da Constituição com o Direito internacional, o que, com toda a amplitude que lhe dá, parece bem excessivo); Luis María Diez-Picazo, *Limites internacionales al poder constituyente*, in *Revista Española de Derecho Constitucional*, nº 76, janeiro-abril de 2006, págs. 9 e segs.

[96] V. *Curso ...*, cit., págs. 170 e segs.

[97] Não tanto em união real.

[98] Haverá aqui uma dupla valência dos limites – como imanentes e como heterónomos.

Parte III · Tít. I · Cap. II – Formação da Constituição | **315**

Por lei (como fonte de Direito) entende-se a formação de normas jurídicas, por via de uma vontade a ela dirigida, dimanada de uma autoridade social ou de um órgão com competência para esse efeito. Envolve, portanto, uma intenção normativa e pressupõe uma especialização de funções na comunidade jurídica ou uma competência predefinida.

No costume, a criação e a execução do Direito como que coincidem. Os comportamentos dos destinatários – os usos – em vez de serem vistos em si, isolados, sem valoração jurídica ou jurígena, tomam-se por referência a uma norma não decretada antes, como comportamentos devidos, de cumprimento dessa norma – e nisto consiste a *opinio juris vel necessitatis*.

Quanto à jurisprudência, por último, são os tribunais, nas decisões que proferem nas questões de direito a dirimir, que manifestam, conformam, concretizam o ordenamento e, na medida em que adotem critérios generalizantes, podem vir a emanar verdadeiras normas.

Necessariamente, por razões de coerência e tendo em conta a observação da vida jurídica, lei, costume e jurisprudência encontram-se presentes no Direito constitucional. Nenhuma destas fontes pode *a priori* ser excluída.[99]

II – No sistema constitucional de qualquer país aparecem, pois, sempre normas vindas de lei, de costume e de jurisprudência; o que variam são o grau e a articulação entre elas.[100]

---

[99] Sobre fontes de Direito em geral, lembrem-se, entre tantos, FRANÇOIS GÉNY, *Méthode de l'interprétation et les sources en droit privé*, 2ª ed., Paris, 1919, I, págs. 316 e segs.; NORBERTO BOBBIO, *La consuetudine comme fatto normativo*, Pádua, 1942; HANS KELSEN, *Teoria Pura do Direito*, cit., II, págs. 83 e segs.; HENRY LÉVY-BRUHL, *Sociologie du Droit*, Paris, 1961, págs. 39 e segs.; JOSÉ H. SARAIVA, *Lições de Introdução ao Direito*, Lisboa, 1962-1963, págs. 309 e segs.; C. K. ALLEN, *Law in the Making*, 7ª ed., Oxónia, 1964; JOSÉ DIAS MARQUES, *op. cit.*, págs. 197 e segs.; CASTANHEIRA NEVES, *As fontes do Direito e o problema da positividade jurídica*, in *Boletim da Faculdade de Direito da Universidade de Coimbra*, 1975 e 1976, págs. 115 e segs. e 95 e segs., respetivamente, e *Fontes de Direito – Contributo para a revisão do seu problema*, ibidem, 1982, págs. 169 e segs.; MIGUEL REALE, *Lições Preliminares de Direito*, Coimbra, 1982, págs. 155 e segs.; JOÃO BAPTISTA MACHADO, *Introdução...*, cit., págs. 153 e segs.; MICHEL TROPER, *Du fondement de la coutume à la coutume comme fondement*, in *Droits – Revue française de théorie juridique*, 1986, págs. 11 e segs.; DIOGO FREITAS DO AMARAL, *Manual de Introdução ao Direito*, Coimbra, 2004, págs. 343 e segs.; OLIVEIRA ASCENSÃO, *op. cit.*, págs. 264 e segs.; FERNANDO JOSÉ BRONZE, *Lições de Introdução ao Direito*, 2ª ed., Coimbra, 2006, págs. 683 e segs.; MIGUEL TEIXEIRA DE SOUSA, *Introdução ao Direito*, Coimbra, 2012, págs. 127 e segs.

[100] Cfr. a classificação dos sistemas constitucionais em essencialmente consuetudinários, semiconsuetudinários e subsidiariamente consuetudinários de MARCELO REBELO DE SOUSA (*op. cit.*, págs. 45 e segs.).

A Constituição em sentido formal oriunda do século XVIII, corresponde a Constituição cuja fonte é a lei. Aliás, para lá de fatores específicos determinantes, por toda a parte se assiste então – em virtude da centralização do poder e do jusracionalismo – ao triunfo da lei sobre o costume. Já o dissemos.

Pelo contrário, Constituição assente no costume é, e só ela, a inglesa (hoje, britânica) – por causa de condições próprias do seu sistema jurídico e porque em Inglaterra foi possível passar sem rutura do Estado estamental para o Estado constitucional.

Não existe nenhuma Constituição surgida da prática judicial. Entretanto, certas Constituições – a dos Estados Unidos fornece o melhor exemplo – seriam incompreensíveis sem o trabalho sobre os seus preceitos e os seus princípios levado a cabo pelos juízes; e vem a ser sobretudo esse trabalho que, como se mostrou no tomo I, mantém viva a Constituição norte-americana.

É pacífico que uma Constituição de base consuetudinária não se reduz a elementos de base consuetudinária – assim se vê, olhando para a Constituição inglesa, ou, mais para trás, considerando as Constituições institucionais do *Ancien Régime*. E que uma Constituição jurisprudencial não é senão uma Constituição legal objeto de elaboração jurisprudencial.

Muito menos pacífico é o lugar que aos elementos consuetudinários e jurisprudenciais pode caber ou ser reconhecido numa Constituição de originária fonte legal – como se verifica com a enorme maioria das Constituições contemporâneas, entre as quais a portuguesa.

105.
O problema do costume
em Constituição formal

I – O reconhecimento do papel do costume em sistema de Constituição formal tem tido de enfrentar duas ordens de obstáculos: os obstáculos gerais suscitados pela mentalidade positivista contra o costume e os obstáculos ligados a certo entendimento da Constituição formal como expressão de um poder constituinte soberano, que não poderia ser posto em causa por quaisquer atos desconformes com as suas estatuições ou por quaisquer fatores inorgânicos, vindos donde viessem.[101]

---

[101] Sobre o costume constitucional, v. Jellinek, *Reforma...*, cit.; Benjamin Arkzin, *La désuétude en droit constitutionnel*, in *Revue du droit public*, 1928, págs. 697 e segs.; Julien

Parte III · Tít. I · Cap. II – Formação da Constituição | **317**

A inadmissibilidade do costume derivaria tanto do princípio da soberania nacional como do conceito de Constituição formal. A vontade do povo só se manifestaria através da feitura da Constituição em assembleia constituinte (ou em órgão equivalente), não através de qualquer outra forma; e a superioridade da Constituição e a sua função própria seriam vulneradas se pudesse haver normas constitucionais criadas à sua margem.

Como escreve CARRÉ DE MALBERG, a caraterística jurídica da Constituição consiste em ser uma lei com uma autoridade reforçada, na medida em que não pode ser modificada por uma lei ordinária e na medida em que, assim, limita a competência legislativa. Há incompatibilidade entre os dois termos – Constituição e costume. Porque o costume, não sendo escrito, não carece de um processo de revisão para o modificar. O costume não possui a força superior que carateriza o Direito constitucional: somente as regras consagradas numa Constituição escrita estão revestidas dessa força especial.[102]

No mesmo sentido argumenta BURDEAU, em nome não já do significado formal da Constituição rígida, mas sim do seu valor profundo. Pois a Consti-

---

LAFERRIÈRE, *La coutume constitutionnelle, ibidem,* 1944, págs. 20 e segs.; CARMELO CARBONE, *La consuetudine nel Diritto Costituzionale,* Pádua, 1948; FRANCO PIERANDREI, *La Corte Costituzionale e le "Modificazione Tacite" della Costituzione,* in *Scritti di Diritto Costituzionale,* Turim, 1965, I, págs. 81 e segs., *maxime* 105 e segs.; CARLO ESPOSITO, *Consuetudine (diritto costituzionale),* in *Enciclopedia del Diritto,* IX, 1961, págs. 456 e segs.; JACQUES CHEVALIER, *La coutume et le droit constitutionnel français,* in *Revue du droit public,* 1970, págs. 1375 e segs.; JEAN-CLAUDE MAESTRE, *A propos des coutumes et des pratiques constitutionnelles: l'utilité des Constitutions, ibidem,* 1973, págs. 1275 e segs.; MAGED EL-HELW, *La coutume constitutionnelle en droit public français,* Paris, 1976; DENIS LEVY, *De l'idée de coutume constitutionnelle à l'esquisse d'une théorie des sources du droit constitutionnel et de leur sanction,* in *Recueil d'études en hommage à Charles Eisenmann,* obra coletiva, Paris, 1977, págs. 81 e segs.; TEMISTOCLE MARTINES, *op. cit., loc. cit.,* págs. 812 e segs.; RENÉ CAPITANT, *La coutume constitutionnelle,* in *Revue du droit public,* 1979, págs. 959 e segs. (é texto de conferência proferida em 1929); ANNA CÂNDIDA DA CUNHA FERRAZ, *Processos informais de mudança da Constituição,* São Paulo, 1986, págs. 177 e segs.; CLAUDIO ROSSANO, *La Consuetudine nel Diritto Costituzionale,* Nápoles, 1992; BRUNO SÉRGIO DE ARAÚJO HARTZ, *O costume constitucional,* in *O Direito Público em tempos de crise – Estudos em homenagem a Ruy Rubens Ruschel,* obra coletiva organizada por INGO WOLFGANG SARLET, Porto Alegre, 1999, págs. 49 e segs.; QUIRINO CAMERLENGO, *I fatti normativi e la certezza nell diritto costituzionale,* Milão, 2002; J. J. GOMES CANOTILHO, *Direito...,* cit., págs. 861 e segs.; FRIEDRICH MÜLLER, *Fragment (über) Gewalt des Volkes,* 1998, trad. *Fragmentos (sobre o poder constituinte do povo),* São Paulo, 2004, págs. 33 e 34.

[102] *Contribution...,* cit., II, pág. 582, nota. V., também, *La loi, expression de la volonté générale,* cit., pág. 107.

318 | Teoria do Estado e da Constituição • *Jorge Miranda*

tuição é o estatuto do poder e não poderia ser reconhecido aos agentes do exercício deste poder a faculdade de a transformar sob qualquer pretexto e fosse qual fosse a autoridade que invocassem. A Constituição destina-se a garantir o primado de uma ideia de Direito; e, quando a nação soberana (ou o legislador constituinte) nela inscreve uma regra e edita as condições em que pode ser modificada, obedece a uma convicção jurídica existente no grupo acerca da sua importância. A fixação de um processo de revisão indica a vontade de preferir à elasticidade da regra que evolui a rigidez de um princípio que se tem por necessário para certa segurança política.[103]

Esta tendência vem até aos nossos dias em largos setores da doutrina do constitucionalismo de tipo francês.[104] Do mesmo modo, exibia-se não menos vigorosamente, na doutrina e na prática dos países com Constituições soviético-marxistas, se bem que por um motivo algo diferente – o voluntarismo ideológico extremo que lhes estava subjacente.

II – Uma tendência oposta surgiria, porém, ainda na vigência da 3ª república na França, ligada a certos postulados do positivismo sociológico e empenhada em fazer realçar o papel do costume. Assim como, à margem dela, outras correntes têm vindo a realçar o papel do costume e da efetividade no Direito constitucional.

René Capitant não só tentava demonstrar que as três regras básicas do sistema parlamentar de então eram costumeiras como afirmava, bem ao contrário de Carré de Malberg, que o costume era essencialmente constituinte e a Constituição, nos seus graus supremos, necessariamente consuetudinária. A força constituinte do costume redundaria num simples aspeto da soberania nacional. A nação não tem que reivindicar a soberania, ela possui-a em todos os regimes – porque, pelo menos, é senhora da obediência e, por conseguinte, detém a positividade do Direito.[105]

Mais nitigada vem a ser a conceção de Constituição de Sérgio Cotta como ordem social efetiva e coletivamente criada. A Constituição não se compõe só de disposições normativas, compreende dois outros elementos, um anterior – a tradição (que se exprime em normas consuetudiná-

---

[103] *Traité...*, cit., IV, págs. 286 e segs.
[104] Por exemplo, Jacques Chevalier ou Jean-Claude Maestre nos escritos citados; Pedro de Vega, *La Reforma Constitucional y la problematica del poder constituyente*, Madrid, 1985, págs. 195 e segs.; Olivier Lamy, *Le retour au décisionisme: l'exemple de l'interpretation des pratiques constitutionnelles par la doctrine française*, in *Revue du droit public*, 1996, págs. 1063 e segs.
[105] *La coutume...*, cit., *loc. cit.*, págs. 959 e segs., *maxime* 968.

Parte III · Tít. I · Cap. II – Formação da Constituição | **319**

rias) – e outro posterior – o comportamento dos órgãos governamentais e da sociedade no seu conjunto.[106]

Também na doutrina portuguesa recente há quem sustente não apenas a existência de um Direito público costumeiro como até a sua supremacia frente à Constituição formal. A ele caberia determinar o modo de formação, a obrigatoriedade, as causas de invalidade e a interpretação da Constituição, por não poder esta regular originariamente tais matérias.[107]

Sobretudo, são numerosos os autores que aceitam costume complementar da Constituição em sentido formal – ou porque, por exemplo, o Direito constitucional se não reduza às normas escritas, à "normalidade normada juridicamente";[108] ou porque o costume dê este ou aquele caráter e tom ao Direito constitucional e se patenteie, de modo especial, no exercício das funções próprias do regime político pelos órgãos do Estado;[109] ou porque o costume exerça uma função supletiva, admitida tacitamente pelo legislador constituinte;[110] ou porque ele se afirme, com efetividade, nas crises do ordenamento, permita confirmar a vigência de regras sobre a produção jurídica, elimine lacunas constitucionais ou contribua para a estabilização dos princípios do ordenamento;[111] ou porque mais frequentes que as revisões constitucionais sejam as mutações operadas por transformações da realidade de configuração do poder político, da estrutura social e do equilíbrio de interesses;[112] ou porque seja a própria rigidez de certas Constituições que dê azo a costumes constitucionais;[113] ou porque, a par da Constituição escrita, se desenvolva uma Constituição não escrita, enformada por princípios constitucionais fundamentais ou por regras consuetudinárias;[114] ou porque o parâmetro da constitucionalidade deva ser tomado em face da experiência jurídica

---

[106] *La notion de Constitution dans ses rapports avec la réalité sociale*, in *L'Idée de Philosophie Politique*, obra coletiva, Paris, 1965, págs. 152 e segs.

[107] Eduardo Correia Baptista, *Os limites materiais e a revisão de 1989. A relevância do Direito Costumeiro*, in *Perpectivas Constitucionais*, obra coletiva, III, Coimbra, 1998, págs. 67 e segs., *maxime* 72 e 75, nota.

[108] Hermann Heller, *op. cit.*, pág. 298; Luís Pereira Coutinho, *op. cit.*, págs. 618 e segs.

[109] Adolfo Posada, *Tratado de Derecho Politico*, Madrid, 1930, II, pág. 93.

[110] Ganshof van der Meersch, *Introduction au Droit Constitutionnel Comparé*, policopiado, Estrasburgo, 1963, págs. 5 e segs.

[111] Carlo Esposito, *Consuetudine*, cit., *loc. cit.*, págs. 456 e segs.

[112] Karl Loewenstein, *op. cit.*, pág. 165.

[113] Armando Marques Guedes, *Introdução ao Estudo do Direito Político*, Lisboa, 1969, pág. 350.

[114] Rogério Soares, *Constituição...*, cit., *loc. cit.*, pág. 667.

320 | Teoria do Estado e da Constituição • *Jorge Miranda*

concreta;[115] ou porque a insuficiência ou a indeterminação de uma pré--objetivação normativa obrigue a recorrer à prática ou a uma constituinte determinação pela prática;[116] ou porque o costume decorra da própria necessidade de aplicação da Constituição.[117]

As divergências dizem respeito não tanto à figura do costume constitucional quanto à sua extensão e, particularmente, às modalidades que pode revestir. O ponto mais sensível e delicado consiste em saber se pode aceitar-se ou não a formação de costume constitucional *contra legem* (que seria costume *contra Constitutionem*), seja o costume positivo ou criador de novas normas ou o costume negativo (ou desuso).[118]

106.
Visão adotada sobre o costume constitucional

I – A Constituição em sentido formal nasce de um ato jurídico, do *ato constituinte,* seja este único ou instantâneo e se traduza num só diploma ou texto ou consista em atos diversos, documentados em diplomas também vários, de maior ou menor proximidade temporal. O problema do costume em sistema de Constituição formal não tem, pois, nada que ver com a criação ou formulação originária das normas constitucionais por via de costume – que em tal sistema, por definição, não pode ocorrer; tem que ver, sim, com a criação superveniente de normas constitucionais, com a projeção do costume sobre normas constitucionais produzidas através daquele ato constituinte formal ou através de eventuais atos de revisão constitucional.[119]

---

[115] Franco Modugno, *L'Invalidità della Legge*, I, cit., pág. 246.

[116] Castanheira Neves, *Fontes de Direito*, in *Polis*, II, págs. 1554-1555.

[117] Anna Cândida da Cunha Ferraz, *op. cit.*, pág. 185.

[118] Admitem costume constitucional *contra legem*: Georg Jellinek, *Teoria...*, cit., pág. 405; José Tavares, *op. cit.*, págs. 108 e segs.; Carmelo Carbone, *op. cit.*, págs. 83 e segs.; Costantino Mortati, *La Costituzione...*, cit., págs. 174-175, e *Istituzioni...*, cit., I, págs. 323 e segs.; Franco Pierandrei, *op. cit., loc. cit.*, págs. 116 e segs. e 133 e segs. (mas não em Constituição rígida garantida); Karl Loewenstein, *op. cit.*, pág. 115; Otto Bachof, *op. cit.*, págs. 66-67; Pablo Lucas Verdu, *Curso...*, II, cit., págs. 505 e segs.; Marcelo Rebelo de Sousa, *op. cit.*, págs. 45 e segs.; Bruno Sérgio Araújo Hartz, *op. cit., loc. cit.*, págs. 49 e segs.; Quirino Camerlengo, *op. cit.*, pág. 73; Jorge Bacelar Gouveia, *Manual...*, I, cit., págs. 627 e segs.; Luís Pereira Coutinho, *op. cit.*, págs. 618 e segs.; Miguel Teixeira de Sousa, *op. cit.*, págs. 159-160; Jorge Bacelar Gouveia, *op. cit.*, I, págs. 550 e 551.

[119] Rejeitam-no: Maurice Hauriou, *op. cit.*, págs. 260-261; Benjamin Arkzin, *op. cit., loc. cit.*, págs. 697 e segs.; Julien Laferrière, *op. cit., loc. cit.*, págs. 6 e 10; Ferruccio

Parte III · Tít. I · Cap. II – Formação da Constituição | **321**

Tão-pouco pode considerar-se, sequer como hipótese, o desuso de uma Constituição no seu todo, um costume de eficácia negativa que levasse à cessação da vigência de uma Constituição formal. Somente por outro ato com equivalente força constituinte – uma nova Constituição ou (como o mais das vezes se tem verificado) uma revolução – uma Constituição em sentido formal deixa de vigorar. O desuso, a dar-se, nunca pode reportar-se senão a certa ou certas normas constitucionais.

Por outro lado, o que está em causa é o costume referente a normas formalmente constitucionais, não o que, porventura, se refira a normas materialmente constitucionais colocadas fora da Constituição formal (aí o problema reconduz-se ao problema geral do costume nas ordens jurídicas modernas). Pelo menos. assim é em primeira linha, porquanto as relações estreitas entre normas constitucionais e leis materialmente constitucionais poderão ser particularmente ponderadas.

II – Como compatibilizar, porém, normas constitucionais consuetudinárias com Constituição formal? – e para mais, com uma Constituição como a portuguesa que expressamente prescreve que o poder político se exerce "segundo as formas" ou "nos termos da Constituição" (arts. 3º, nº 1, e 108º, bem como arts. 3º, nos 2 e 3, 110º, nº 2, 111º, nos 1 e 2, 114º, nº 2, 115º, nº 1, 116º, nº 3, 225º, nº 3, 234º, nº 1, 241º, 266º, nº 2, 273º, nº 1, e 275º, nº 3), sendo certo, aliás, que tais preceitos estão implícitos mesmo nas Constituições que os não contêm?

Não bastaria atalhar dizendo que só materialmente, não formalmente, o costume se projetaria sobre o poder político. E a dificuldade surge agravada aí onde – como sucede também com poucas exceções – a Constituição seja *rígida,* aí onde só possa ser revista por forma diferente da forma de lei ordinária.

É só na perspetiva global do ordenamento que se consegue ultrapassar esta e outras dificuldades. Aceites ou pressupostos o valor do costume

---

PERGOLESI, *Diritto Costituzionale*, II, 15ª ed., Pádua, 1963, pág. 198; MAGED EL HELW, *op. cit.*, págs. 113 e segs.; KLAUS STERN, *op. cit.*, pág. 263; ANNA CÂNDIDA DA CUNHA FERRAZ, *op. cit.*, págs. 184, 195, 196 e 234 e segs.; CRISTINA QUEIROZ, *O plano na Constituição de 1976*, in *Conselho Nacional do Plano – Boletim*, nº 16, 3º quadrimestre de 1988, pág. 127; KONRAD HESSE, *Gründzuge des Verfassungsrecht der Bundesrepublik Deutschland*, 1995, trad. *Elementos de Direito Constitucional da República Federal da Alemanha*, Porto Alegre, 1998, pág. 44; GOMES CANOTILHO, *Direito...*, cit., pág. 862; EMERSON GARCIA, *Conflitos entre normas constitucionais*, Rio de Janeiro, 2008, págs. 451 e segs.; MANUEL AFONSO VAZ, *op. cit.*, pág. 113. Cfr. o parecer nº 33/80 da Comissão Constitucional, de 20 de novembro, in *Pareceres*, XIV, pág. 99.

em geral e a efetividade como fator de juridicidade (não em termos de puro facto, mas como sinal de adesão à ideia de Direito),[120] reconhecida ainda a interpenetração de norma e realidade constitucional, não pode banir-se o costume do Direito constitucional, não pode recusar-se-lhe qualquer virtualidade de ação. O seu lugar haverá de ser o que resultar da sua capacidade para conformar situações de vida – neste caso, situações da vida política, situações constitucionalmente significativas (sejam situações recíprocas dos órgãos de poder, sejam mesmo relações entre o Estado e as pessoas).

De nenhuma norma constitucional (da Constituição formal) aludir ao costume como instrumento de produção jurídica quando muito só poderia extrair-se uma ilação sobre uma eventual posição da fonte de Direito constitucional que é a lei constitucional, não a posição da ordem constitucional no seu todo. Aproveitando o argumento clássico contra o raciocínio formulado a partir das leis que ignoram ou até vedam o costume, dir-se-ia que, a haver tal posição, ela poderia vir a ser infirmada pela dinâmica jurídica, por meio de costume de sinal contrário.[121]

O costume possui, decerto, um relevo bem secundário no domínio do Direito constitucional. A verificação mais elementar assim o comprova. Mas não porque o proíba a Constituição em sentido formal, e sim porque a vocação desta vem a ser a de regular a totalidade das relações política e apenas onde ela não chega ou onde não é efetiva pode entrar o costume.

A existência de Constituição formal não determina a sua exclusividade; determina (parafraseando HELLER) a primazia da normatividade constitucional. O que a Constituição formal implica não é a proibição de normas constitucionais criadas por outra via que não a legal; é que tais normas se lhe refiram, nela entronquem e formem com ela, e sob a sua égide, uma incindível contextura sistemática.

---

[120] Cfr., por todos, SANTI ROMANO, *L'instaurazione*, cit., *loc. cit.*, págs. 151 e segs.; KELSEN, *Teoria Pura…*, cit., II, págs. 38 e segs.; RUGGIERO MENEGHELLI, *Il problema dell'effettività nella teoria della validità giuridica*, Pádua, 1964, *maxime* págs. 171 e segs. e 185 e segs.; *Validità giuridica nel normativismo e nell'istituzionalismo*, in *Diritto e Società*, 1991, págs. 1 e segs.; MARIO NIGRO, *Costituzione ed effettività costituzionale*, in *Rivista Trimestrale di Diritto e Procedura Civile*, 1969, págs. 1967 e segs.

[121] Por todos, JOSÉ DE OLIVEIRA ASCENSÃO, *op. cit.*, págs. 266 e segs., *maxime* 268 e segs. Mas não partilhamos a ideia de que o costume é o modo por excelência de revelação do Direito.
Cfr. JOÃO BAPTISTA MACHADO, *Introdução ao Direito e ao Discurso Legitimador*, Coimbra, 1983, págs. 163-164 e MIGUEL TEIXEIRA DE SOUSA, *op. cit.*, págs. 158 e segs.

Parte III · Tít. I · Cap. II – Formação da Constituição | **323**

A esta luz, quando se estipula que *o poder é exercido nos termos da Constituição,* tem de se entender que Constituição abrange, em primeiro lugar, a Constituição formal escrita e, em segundo lugar, as normas consuetudinárias que, de diversos modos, a venham completar. Constituição é tudo e é essa Constituição que os órgãos do poder têm de acatar.[122]

O que acaba de ser dito deve, de seguida, ser confrontado com os três tipos de costume habitualmente distinguidos em face da lei – costume *secundum legem, praeter legem* e *contra legem.*

III – Mesmo os setores mais adversos ao reconhecimento do papel do costume não contestam o facto da formação de costume constitucional *secundum legem,* conquanto possam negar a sua autonomia *qua tale.*

Algumas vezes trata-se de práticas cronologicamente anteriores à lei constitucional.[123] Outras vezes – com mais interesse – de práticas posteriores. Ainda que não se adira à tese do positivismo sociológico de harmonia com a qual a Constituição em bloco só vale como Direito em virtude da sua observância por parte dos destinatários, pode afirmar-se que, designadamente, em períodos de crise ou de instauração de um novo sistema, não são poucas as regras constitucionais que carecem de confirmação consuetudinária para se imporem.[124]

Nuns e noutros casos haverá costume constitucional verdadeiro e próprio, contanto que o comando constitucional seja cumprido não por mera força da sua inserção na Constituição formal, mas por força dessas mesmas práticas tidas por obrigatórias;[125] e é na medida em que a norma acatada efetivamente se desprende, de certo modo, da Constituição formal que pode haver relevância do costume.

IV – Forçoso vem a ser também registar a formação de mais ou menos numerosas normas costumeiras *praeter legem, ou* seja, interpretativas e integrativas de preceitos constitucionais escritos, com função de clarificação, desenvolvimento e adequação às necessidades de evolução social.

A importância do costume *praeter legem* é muito grande em sistemas constitucionais longevos ou quase cristalizados, como modo progressivo

---

[122] Cfr. António Vieira Cura, *O costume como fonte de Direito em Portugal,* in *Boletim da Faculdade de Direito da Universidade de Coimbra,* 1998, pág. 269.

[123] Marcelo Rebelo de Sousa, *op. cit.,* pág. 49.

[124] Assim, Carlo Esposito, *op. cit., loc. cit.,* págs. 463 e segs.

[125] Não parece, por isso, correto dizer que o costume *secundum legem* tem mero valor estático (como diz Pablo Lucas Verdu, *op. cit.,* II, pág. 504).

de formação do Direito.[126] E não deixa ainda de ser nítida mesmo em sistemas constitucionais relativamente recentes, dada a impossibilidade de normas constitucionais pensadas em certo momento abarcarem todos os futuros novos aspetos das relações políticas – daí o surgirem, para os cobrir, não raro com maior versatilidade do que noutros setores,[127] normas de origem consuetudinária.

Embora possa haver costume constitucional nas matérias de direitos fundamentais e de organização económica e social, é, de longe, nas matérias de organização do poder político que ele se apresenta mais exuberantemente. Exemplos históricos bem conhecidos mostram que tem sido mediante costume *praeter legem* – ou nas suas fronteiras – que certos sistemas de governo se têm posto em prática, adaptado a condições de novos tempos ou, com frequência, transformado ou convertido em sistemas de teor diverso.[128]

V – Outro é o caso do costume *contra legem* ou *contra Constitutionem*. A força jurídica da Constituição formal repele-o por princípio, tanto mais que, destinando-se a Constituição a reger o processo político, ele haverá de nascer, quase sempre, da não rigorosa observância pelos órgãos do poder das normas constitucionais escritas. O costume constitucional *contra legem* equivale à preterição da constitucionalidade.

Contudo, isso não permite fechar os olhos à vida a ponto de asseverar que tal costume não exista. Condições pode haver que levem à sua formação, ligadas a dúvidas de interpretação de preceitos constitucionais e, em especial, a ausência ou a deficiência de mecanismos de garantia.

Em primeiro lugar, o costume constitucional *contra legem* pode emergir quando os preceitos se prestem a dois ou mais sentidos e algum ou alguns dos seus destinatários lhes deem um entendimento discrepante do de outros ou do entendimento mais generalizado, apesar de tudo, na comunidade política. Algo paradoxalmente *prima facie,* estas hipóteses de costume *contra legem* poderão dar-se a partir de hipóteses de costume *secundum legem.*

Em segundo lugar, pode irromper naqueles sistemas em que não funciona uma fiscalização jurídica ou jurisdicional da constitucionalidade das leis e dos demais atos do poder ou em que, funcionando, não consegue cortar cerce práticas inconstitucionais, de tal sorte que,

---

[126] Denis Levy, *op. cit.*, pág. 85.
[127] Neste sentido, Carmelo Carbone, *op. cit.*, págs. 33 e segs.
[128] Cfr. Georges Burdeau, *op. cit.*, IV, págs. 286 e segs.

Parte III · Tít. I · Cap. II – Formação da Constituição | 325

com o decurso do tempo, estas práticas se consolidam e adquirem grau suficiente de obrigatoriedade para prevalecerem.[129] Ou então pode acontecer que seja o próprio órgão de controlo que, ao emitir o seu juízo em face de um comportamento desconforme com a Constituição escrita ou não usando do seu poder de fiscalização, participe na formação de nova norma constitucional.[130] A efetividade do sentido normativo decorrente desta situação obsta à efetividade do original sentido normativo constante do texto constitucional.[131]

Em terceiro lugar pode brotar ainda costume constitucional quando, existindo sistema de fiscalização da constitucionalidade, este não cubra todos os atos jurídico-públicos. E isso pode suceder com tanto maior frequência quanto é certo que a fiscalização da constitucionalidade tem sido principalmente pensada e organizada em vista de leis e de outros atos normativos e não em vista de atos políticos ou de governo. Ora, tem sido sobretudo no campo dos atos políticos que se têm criado costumes *contra legem*.

Como quer que seja, para que, através de costume, caia em desuso uma norma constitucional ou para que seja substituída por outra, tem de haver a consciência de que não se trata de simples derrogação por momentânea necessidade; tem de haver a consciência de que um novo sentido é adotado para valer em situações futuras idênticas e de que este sentido genérico ou generalizante não tem ou já não tem a marca da inconstitucionalidade;[132] e essa consciência não pode ser apenas entre os titulares dos órgãos do poder, tem de se manifestar outrossim entre os cidadãos e traduzir-se num mínimo de aceitação por parte deles.[133]

VI – As normas criadas por costume constitucional tornam-se normas constitucionais pela sua específica referência às normas da Constituição

---

[129] Cfr., neste sentido, Georg Jellinek, *Teoria...*, cit., pág. 406; Mc Bain, *The Living Constitution*, cit., págs. 24-25.

[130] Carmelo Carbone, *op. cit.*, pág. 88.

[131] Cfr. o conceito de revisão constitucional apócrifa de Vital Moreira (*A segunda revisão constitucional*, in *Revista de Direito Público*, IV, n° 7, 1990, pág. 16).

[132] Quer dizer: o costume constitucional forma-se quase sempre a partir de certos atos ou omissões; todavia, só aparece, em rigor, quando esses atos ou omissões deixam de ser interpretados como tais para passarem a ser interpretados como elementos integrantes de algo qualitativamente diverso, de um facto normativo.

[133] O costume constitucional resulta, decerto, do comportamento dos órgãos fundamentais do Estado e não é expressão de autonomia da coletividade organizada (Franco Pierandrei, *op. cit.*, *loc. cit.*, pág. 111). Mas isso não pode significar que passe inteiramente à margem da coletividade dos cidadãos, que dependa só do Estado-poder.

326 | Teoria do Estado e da Constituição · *Jorge Miranda*

formal.[134-135] Há um só ordenamento constitucional, centrado na Constituição formal;[136] não dois sistemas constitucionais,[137] um de origem legal, outro de origem consuetudinária.

Elas possuem, por conseguinte, valor supralegislativo,[138] e só podem ser substituídas ou por lei constitucional ou por outro costume constitucional.[139] À semelhança das normas formalmente constitucionais, vêm a ser suscetíveis de garantia através dos mecanismos de fiscalização que estejam previstos;[140] a sua violação implica inconstitucionalidade;[141] se houver leis ordinárias anteriores de sentido discrepante, elas ficarão revogadas ou tidas por inconstitucionais supervenientemente (consoante se entender).

VII – Não vale isto dizer, no entanto, que os requisitos de formação das normas consuetudinárias constitucionais tenham de ser diferentes dos da formação das demais normas consuetudinárias. Nem se vê como pudesse haver processos diferentes para a formação de costume reportado a normas constitucionais e para a formação de costume reportado a normas legais.

Não obstante, há que reconhecer algumas particularidades do costume constitucional, determinadas não tanto pelas caraterísticas próprias das normas constitucionais quanto pela gravidade e pela publicidade do seu modo de formação. São elas:

a) A origem do costume não na comunidade, mas sim no sistema de órgãos de poder;

---

[134] Normas dotadas de força jurídica específica de normas constitucionais, mas não normas formal ou instrumentalmente constitucionais. Em contrapartida, quando normas caídas em desuso ainda apareçam na Constituição instrumental, verifica-se o máximo afastamento possível entre esta e a Constituição formal.

[135] Diferentemente, MARCELO REBELO DE SOUSA, *op. cit.*, pág. 49, para quem o costume é fonte de Direito constitucional material, não de Direito constitucional – formal.

[136] Contra, SÉRGIO COTTA, *op. cit., loc. cit.*, págs. 166-167: a unidade da Constituição é uma unidade histórica e dialética de normas legislativas e de tradições e comportamentos normativos, uma unidade entre um elemento formal e um elemento material.

[137] Cfr. CARLO ESPOSITO, *op. cit., loc. cit.*, pág. 457.

[138] Contra: JULIEN LAFERRIÈRE, *op. cit.*, pág. 40.

[139] Deve entender-se que é por novo costume, substitutivo de um anterior, que se verifica um eventual renascimento de norma constitucional escrita antes caída em desuso. Sobre costume anterior e posterior, v. EL HELW, *op. cit.*, págs. 143 e segs.

[140] Sobre as garantias do Direito não escrito, DENIS LEVY, *op. cit., loc. cit.*, págs. 88 e segs.

[141] Ainda que uma lei contrária a um costume constitucional possa ser, por sua vez, um grau ou momento de formação de nova norma constitucional.

Parte III · Tít. I · Cap. II – Formação da Constituição | **327**

b) Uma posição quase sempre passiva da comunidade (salvo, em democracia, a contestação pelos cidadãos no exercício das suas liberdades e dos seus direitos políticos);

c) O número restrito de intervenientes na sua formação – os órgãos (ou os titulares dos órgãos) de poder e, às vezes, até um só órgão;

d) O número não necessariamente elevado de comportamentos, positivos ou negativos, tendentes à relevância jurídica da prática; o que importa é o significado político-constitucional que ela assume;

e) Um decurso de tempo menor do que no costume em geral.[142]

107.

Figuras afins do costume constitucional

I – O costume constitucional distingue-se das praxes, dos precedentes e das convenções constitucionais.

As praxes – em que avultam as praxes parlamentares – são usos a que falta a convicção de obrigatoriedade (o elemento psicológico do costume). Os precedentes (não jurisprudenciais) correspondem a decisões políticas, através das quais os órgãos do poder manifestam o modo como assumem as respetivas competências em face de outros órgãos ou de outras entidades. Mais controvertida e difícil de apurar é a natureza das convenções.

Nos sistemas de matriz francesa, as convenções não parece que sejam mais do que usos, embora (como o nome indica) revestindo a feição mais complexa de acordos ou consensos, explícitos ou implícitos, entre os protagonistas da vida político-constitucional. Já nos sistemas de matriz britânica (e, porventura, no norte-americano), dir-se-ia situarem-se em nível diferente: ou a meio caminho entre usos e costume, ou como expressão de uma juridicidade não formal e específica (sem justiciabilidade e sem outras sanções além das da responsabilidade política) ou como ordem normativa *sui generis,* irredutível às categorias habitualmente estudadas.[143]

---

[142] Sobre o tempo, v. TEMISTOCLE MARTINES, *op. cit.*, págs. 312 e segs.

[143] Cfr. A. V. DICEY, *Introduction to the Study of the Law of the Constitution,* 10ª ed., reimpressão, Londres, 1965, págs. 417 e segs.; COSTANTINO MORTATI, *La Costituzione...*, cit., págs.

328 | Teoria do Estado e da Constituição · *Jorge Miranda*

II – O costume distingue-se, naturalmente, das normas de cortesia constitucional, visto que estas não são senão o reflexo, no domínio das relações político-constitucionais, de uma ordem normativa diversa da ordem jurídica, essa bem caraterizada há muito – a das normas de trato social, de civilidade, de cortesia ou correção.

Lugar tradicional ocupam aqui as regras de protocolo e de cerimonial do Estado[144] (algumas vertidas em textos legais, como sucede, entre nós, com a Lei nº 40/2006, de 25 de agosto).

III – Como não poderia deixar de ser, existe comunicação entre estas figuras afins do costume constitucional e a Constituição.

Em geral, a prática constitucional não consiste somente na aplicação, com grau maior ou menor de efetividade, das normas constitucionais, sejam quais forem as fontes. Abrange igualmente as praxes, os precedentes, as convenções e o cumprimento de normas de cortesia (ou, doutra perspetiva, gera, necessariamente, praxes, precedentes, convenções, regras de cortesia). Por outro lado, muitas normas constitucionais, so-

---

175 e segs.; Giuseppe Treves, *Convenzioni costituzionali*, in *Enciclopedia del Diritto*, X, 1962, págs. 524 e segs.; Karl Loewenstein, *op. cit.*, págs. 165 e segs.; Ivor Jennings, *The Law of the Constitution*, 5ª ed., reimpressão, Londres, 1967, págs. 80 e segs.; Armando Marques Guedes, *op. cit.*, pág. 359; Georges Burdeau, *op. cit.*, IV, págs. 28 e segs.; O. Hood Phillips, *Conventions on the British Convention*, in *Scritti in onore di Gaspare Ambrosini*, obra coletiva, III, Milão, 1970, págs. 1599 e segs.; Giuseppe Ugo Rescigno, *Le convenzioni costituzionali*, Pádua, 1972; Vezio Crisafulli, *Lezioni di Diritto Costituzionale*, Pádua, 1976, págs. 152 e segs.; Vincenzo Zancara, *Costituzione materiale e Costituzione convenzionale*, in *Scritti in onore di Costantino Mortati*, obra coletiva, I, págs. 337 e segs.; Ascensión Elvira Perales, *Las convenciones constitucionales*, in *Revista de Estudios Politicos*, setembro-outubro de 1986, págs. 125 e segs.; González Trevijano, *Convenciones constitucionales y reglas de corrección constitucional*, in *Revista de Derecho Publico*, 1988, págs. 49 e segs.; Pierre Avril, *Les conventions de la Constitution. Normes non écrits du droit politique*, Paris, 1997; Ian Loveland, *op. cit.*, págs. 331 e segs.; Quirino Camerlengo, *op. cit.*, págs. 99 e segs.; J. J. Gomes Canotilho, *Direito...*, cit., pág. 863-864; Michele Ainis, *Il valore delle prassi nel Diritto Costituzionale*, in *Rivista Trimestrale di Diritto Pubblico*, 2007, págs. 309 e segs.

[144] Cfr. Santi Romano, *Diritto e correttezza costituzionale*, in *Scritti Minori*, I, págs. 271 e segs.; A. Tesauro, *La consuetudine costituzionale e le norme di correttezza costituzionale*, in *Scritti giuridici in memoria di V. E. Orlando*, obra coletiva, Pádua, 1957, II, págs. 489 e segs.; Pablo Lucas Verdu, *op. cit.*, II, págs. 513 e segs.; Antonio Reposo, *Le regole di correttezza costituzionale nel sistema delle fonti-fatto*, in *Scritti in onore di Costantino Mortati*, I, págs. 259 e segs.; González Trevijano, *Las reglas de correccion costitucional, los precedentes costitucionales y la praxis costitucional*, in *Revista de Derecho Publico*, 1988, págs. 79 e segs.; Quirino Camerlengo, *op. cit.*, págs. 179 e segs.

Parte III · Tít. I · Cap. II – Formação da Constituição | **329**

bretudo consuetudinárias, têm origem em usos e em normas de cortesia constitucional.

108.

A jurisprudência como fonte de normas constitucionais

A jurisprudência pode ser fonte de Direito constitucional, inclusive em sistema de tipo francês, seja em moldes de costume, seja, eventualmente, a título de decisão do tribunal a que a lei confira força obrigatória geral (como admite o art. 119º, nº 1, alínea *g)*, da Constituição portuguesa).[145]

Nada impede que surja costume jurisprudencial constitucional a partir de uma interpretação ou de uma integração feita pelos tribunais. E, sob certos aspetos, há quem assimile as decisões com eficácia geral sobre matérias constitucionais, como as declarações de inconstitucionalidade ou de ilegalidade pronunciadas por tribunais constitucionais ou por outros órgãos jurisdicionais ou jurisdicionalizados, a atos normativos. Isto tudo mesmo sem entrar na problemática geral da jurisprudência e da sua autonomia perante as normas de origem legal.[146]

---

[145] Cfr. EL-HELW, *op. cit.*, págs. 91 e segs.; FRANÇOIS LUCHAIRE, *De la méthode en droit constitutionnel*, in *Revue du droit public*, 1981, págs. 41 e segs. e 234 e segs.

[146] Cfr., por exemplo, a síntese de JOÃO BAPTISTA MACHADO, *Jurisprudência*, in *Polis*, III, 1985, págs. 842 e segs. e, noutro enfoque, PEDRO MONIZ LOPES, *O valor jurídico de normas de decisão jurisprudenciais*, in *O Direito*, 2008, págs. 645 e segs.

Capítulo III

MODIFICAÇÃO E SUBSISTÊNCIA DA CONSTITUIÇÃO

§ 1º
As modificações constitucionais em geral

109.
Modificabilidade e modificações da Constituição

Se as Constituições na sua grande maioria se pretendem definitivas no sentido de voltadas para o futuro, sem duração prefixada, nenhuma Constituição que vigore por um período mais ou menos longo deixa de sofrer modificações – para se adaptar às circunstâncias e a novos tempos ou para acorrer a exigências de solução de problemas que podem nascer até da sua própria aplicação.

A modificação das Constituições é um fenómeno inelutável da vida jurídica, imposta pela tensão com a realidade constitucional e pela necessidade de efetividade que as tem de marcar. Mais do que modificáveis, as Constituições são modificadas.[1] Doutro prisma (na senda de certa doutrina): nenhuma Constituição se esgota num momento único – o da sua criação; enquanto dura, qualquer Constituição resolve-se num processo – o da sua aplicação – no qual intervêm todas as participantes

---

[1] Cfr., por todos, TEMISTOCLE MARTINES, *op. cit.*, *loc. cit.*, págs. 799 e segs.; ANNA CÂNDIDA DA CUNHA FERRAZ, *op. cit.*, págs. 5-6; ou QUIRINO CAMERLENGO, *op. cit.*, págs. 235 e segs.

332 | Teoria do Estado e da Constituição • *Jorge Miranda*

na vida constitucional.[2] Ou ainda: as Constituições podem suceder-se e cada tempo tem a sua Constituição, mas o tempo tem sempre de ser constitucionalizado.[3]

O que variam vêm a ser, naturalmente, a frequência, a extensão e os modos como se processam as modificações. Uma maior plasticidade interna da Constituição pode ser condição de maior perdurabilidade e de sujeição a modificações menos extensas e menos graves, mas o fator decisivo não é esse: é a estabilidade ou a instabilidade política e social dominante no país, é o grau de institucionalização da vida coletiva que nele se verifica, é a cultura político-constitucional, é a capacidade de evolução do regime político.[4]

A experiência que conhecemos dá-nos conta de tudo isto. Cabe, pois, agora, a partir da sua observação compreensiva, proceder a uma tipologia das principais formas de modificação das Constituições.[5]

110.
Modificações da Constituição e vicissitudes constitucionais

I – Para se situarem as modificações constitucionais, importa, porém, partir de um conceito mais lato (e mesmo um pouco vago, deliberadamente) – o conceito de *vicissitudes constitucionais,* ou seja, quaisquer eventos que se projetem sobre a subsistência da Constituição ou de algumas das suas normas.

Tais vicissitudes são de uma gama variadíssima, com diferente natureza e manifestação, e podem recortar-se segundo cinco grandes critérios: quanto ao modo, quanto ao objeto, quanto ao alcance, quanto às consequências sobre a ordem constitucional, quanto à duração dos efeitos.[6]

---

2   MARIO NIGRO, *op. cit.*, *loc. cit.*, pág. 1708.

3   ANTONIO NEGRI, *op. cit.*, pág. 383.

4   Cfr. WLADIMIR BRITO, *Tempo e Direito. O tempo de revisão constitucional*, in *Direito e Cidadania*, nº 16/17, setembro de 2002, págs. 219 e segs., *maxime* 242 e segs.

5   Cfr. o conceito de modificações constitucionais já nas nossas lições policopiadas de *Ciência Política e Direito Constitucional*, Lisboa, 1972, I, págs. 249 e segs.

6   Cfr. GEORG JELLINEK, *Reforma...*, cit., págs. 7 e segs.; RUDOLF SMEND, *op. cit.*, págs. 201-202; CARL SCHMITT, *op. cit.*, págs. 115 e segs.; COSTANTINO MORTATI, *La Costituzione...*, cit., págs. 204 e segs., e *Scritti...*, cit., II, págs. 180 e segs.; GEORGES BURDEAU, *op. cit.*, IV, págs. 247 e segs.; KARL LOEWENSTEIN, *op. cit.*, págs. 162 e segs.; PABLO LUCAS VERDU, *op. cit.*, II, págs. 639 e segs.; MIGUEL GALVÃO TELES, *O problema...*, cit.;

Parte III · Tít. I · Cap. III – Modificação e Subsistência da Constituição | **333**

Quanto ao *modo* como se produzem, tendo em conta a forma como através delas se exerce o poder ou se representa a vontade constitucional, as vicissitudes – e, portanto, as modificações – podem ser *expressas* e *tácitas*.[7] No primeiro caso, o evento constitucional produz-se como resultado de ato a ele especificamente dirigido; no segundo, o evento é um resultado indireto, uma consequência que se extrai *a posteriori* de um facto normativo historicamente localizado. No primeiro caso, fica ou pode ficar alterado o texto; no segundo, permanecendo o texto, modifica-se o conteúdo da norma.

Quanto ao *objeto*, quanto às normas constitucionais que são afetadas, as vicissitudes podem ser *totais* e *parciais*. As primeiras atingem a Constituição como um todo, trate-se de todas as suas normas ou trate-se, tão-somente, dos seus princípios fundamentais. As segundas atingem apenas parte da Constituição e nunca os princípios definidores da ideia de Direito que a carateriza.

Quanto ao *alcance*, quanto às situações da vida e aos destinatários das normas constitucionais postos em causa pelas vicissitudes, há que distinguir vicissitudes de *alcance geral e abstrato* e vicissitudes de *alcan-*

Marcelo Rebelo de Sousa, *op. cit.*, págs. 69 e segs.; Antonio Hernández Gil, *El cambio político espanol y la Constitucion*, Madrid, 1982, págs. 24 e segs.; Konrad Hesse, *op. cit.*, págs. 25 e 87 e segs.; Ph. A. Joseph e Gr. Walker; *A Theory of Constitutional Change*, in *Oxford Legal Studies*, 2, 1987, págs. 172 e segs.; Francisco Lucas Pires, *Teoria da Constituição de 1976*, cit., págs. 149 e segs.; Edvaldo Brito, *Limites da revisão constitucional*, Porto Alegre, 1993, págs. 80 e segs.; José Tarcízio de Almeida Melo, *Direito Constitucional Brasileiro*, Belo Horizonte, 1996, págs. 89 e segs.; Giuseppe Morbidelli, *Le dinamiche delle Costituzioni*, in G. Morbidelli, L. Pegoraro, A. Reposo e M. Volpi, *Diritto Costituzionale Italiano e Comparato*, 2ª ed., Bolonha, 1997, págs. 113 e segs.; Eric Voeglin, *A natureza do direito e outros textos jurídicos*, trad., Lisboa, 1998, págs. 82 e segs.; Sergio Diaz Ricci, *Introducción a las mutaciones constitucionales*, in *Estado e Direito*, 1998-2000, págs. 65 e segs.; Emerson Garcia, *op. cit.*, págs. 419 e segs.; Olivier Béaud, *Les mutations de la Vème République ou comment ou modifie une Constitution écrite*, in *Pouvoirs*, 99, 2001, págs. 19 e segs.; J. Ribas Vieira, *Teoria da mudança constitucional. Sua trajetória nos Estados Unidos e na Europa*, Rio de Janeiro, 2005; Lorenzo Cuocolo, *Tempo e potere nel diritto costituzionale*, Milão, 2009; Giuseppe De Vergottini, *op. cit.*, I, págs. 266 e segs.; *How Constitutions Change*, obra coletiva (ed. por Dawn Olivier e Carlo Fusaro), Oxónia, 2011; Adriano Sant'ana Pedra, *Mutação constitucional – Interpretação evolutiva da Constituição na democracia constitucional*, Rio de Janeiro, 2013.

Em perspetiva de Ciência Política, cfr. *Comparative Políticas*, obra coletiva editada por Harry Eckstein e David E. Apter, Nova Iorque, 1963, págs. 549 e segs.; Leonardo Morlino, *Come cambiano i regimi politici*, Milão, 1980.

[7] Karl Loewenstein fala em *reformas e mutações constitucionais*.

ce concreto ou excecional. Ali, têm-se em vista quaisquer situações de idêntica ou semelhante contextura e quaisquer destinatários que nelas se encontrem. Aqui, situações concretas, verificadas ou a verificar-se, e alguns dos destinatários possíveis abrangidos pelas normas.

Quanto às *consequências sobre a ordem constitucional,* distinguem--se as vicissitudes que não colidem com a sua integridade e, sobretudo, com a sua continuidade e que correspondem, portanto, a uma *evolução constitucional* e as vicissitudes que equivalem a um corte, a uma solução de continuidade, a uma *rutura.*[8]

Por último, quanto à *duração dos efeitos*, distinguem-se vicissitudes de *efeitos temporários* e vicissitudes de *efeitos definitivos.* Aquelas são as suspensões da Constituição *lato sensu.*

Estas distinções são suscetíveis de se entrecruzarem e de, assim, propiciarem um quadro bastante complexo.

II – As vicissitudes constitucionais expressas constituem a grande maioria das vicissitudes; assentam numa vontade; afirmam-se como atos jurídicos; tanto podem ser totais como parciais; e entre elas contam-se, designadamente, a revisão constitucional, a derrogação constitucional, a revolução, certas formas de transição constitucional e de rutura não revolucionária. Já as vicissitudes tácitas são necessariamente parciais, ainda que de alcance geral e abstrato; e englobam o costume constitucional, a interpretação evolutiva e a revisão indireta.

Contudo, apenas as vicissitudes parciais implicam rigorosamente modificações constitucionais. As vicissitudes totais, essas correspondem à emergência de nova Constituição, seja por via evolutiva (transição constitucional) ou por via de rutura (revolução).

Também as vicissitudes de alcance geral e abstrato podem ser totais ou parciais; não as de alcance individual, concreto ou excecional (derrogações constitucionais), por definição sempre parciais.

As vicissitudes sem quebra de continuidade são quase todas parciais, determinam meras modificações; as vicissitudes com rutura (que podemos designar por alterações constitucionais *stricto sensu*) perfilam-se quase todas, ao invés, como totais. Mas pode haver vicissitudes totais na continuidade – contanto que a nova Constituição advenha com respeito das regras orgânicas e processuais anteriores – e vicissitudes parciais na descontinuidade – as ruturas não revolucionárias.

---

[8] Cfr. a contraposição formulada por ADOLF MERKL (citado por MIGUEL GALVÃO TELES, *O problema...*, cit., pág. 9) entre alterações constitucionais imanentes e transcendentes, consoante ocorram com ou sem observância dos termos prescritos pela Constituição.

As vicissitudes de efeitos temporários ou suspensões da Constituição podem ser totais ou parciais e feitas nos termos da Constituição ou sem a sua observância. A suspensão total da Constituição redunda sempre em revolução.[9] A suspensão parcial sem observância das regras constitucionais em ruturas não revolucionárias. A suspensão parcial de alcance individual, concreto ou excecional em derrogação. Só a suspensão parcial da Constituição de alcance geral e abstrato, na forma da própria Constituição, representa um conceito autónomo, a integrar na categoria genérica das providências ou medidas de necessidade.

III – O seguinte esquema revela talvez melhor as combinações possíveis:

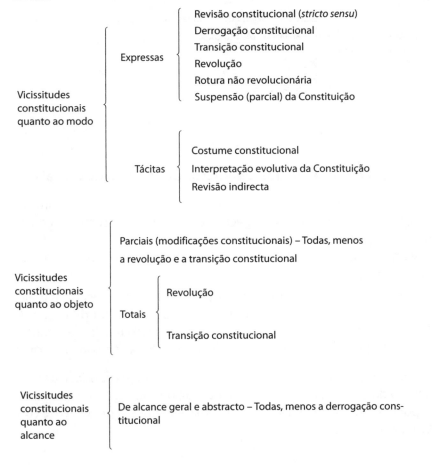

---

[9] Ou em concentração de poder, incompatível com um Estado de Direito democrático. Cfr. o art. 123º da Constituição argelina de 1976: "Durante a vigência do estado de guerra, a Constituição fica suspensa e o Presidente da República assume todos os poderes".

Vicissitudes constitucionais quanto às consequências na ordem constitucional	Na evolução constitucional – Todas, menos a revolução e a rotura não revolucionária	
	Com rotura (alterações constitucionais)	Revolução
		Rotura não revolucionária

Vicissitudes constitucionais quanto à duração dos efeitos	De efeitos definitivos – Todas, menos a suspensão parcial da Constituição
	De efeitos temporários – Suspensão (parcial) da Constituição

111.
As diversos espécies de vicissitudes constitucionais

I – Temos, pois, como espécies de vicissitudes constitucionais a revisão constitucional, a derrogação constitucional, o costume constitucional, a interpretação evolutiva da Constituição, a revisão indireta, a revolução, a rutura não revolucionária, a transição constitucional e a suspensão (parcial) da Constituição.

Importa caraterizá-los brevemente, para, depois, dedicarmos maior atenção ao tipo mais significativo na perspetiva da modificação da Constituição, e perante o qual os outros, de certo modo, se definem por contraposição ou por exclusão de partes – a revisão constitucional.

II – A revisão constitucional (a revisão em sentido próprio) é a modificação da Constituição expressa,[10] parcial, de alcance geral e abstrato e, por natureza, a que traduz mais imediatamente um princípio de continuidade institucional.

---

[10] Cfr. a direta afirmação do princípio no art. 79º da Constituição federal alemã e ainda nos arts. 82º, § 2º, da Constituição portuguesa de 1911, 137º, § 3º, da Constituicão de 1933 (em 1974) e 285º, nº 1, da Constituição de 1976 (no texto atual).

Parte III · Tít. I · Cap. III – Modificação e Subsistência da Constituição | 337

É a modificação da Constituição com uma finalidade de auto-regeneração e autoconservação, quer dizer, de eliminação das suas normas já não justificadas política, social ou juridicamente, de adição de elementos novos que a revitalizem, ou, porventura, de consagração de normas preexistentes a título de costume ou de lei ordinária.[11] É a modificação da Constituição nos termos nela própria previstos ou, na falta de estatuição expressa sobre o processo, nos termos que decorram do sistema de órgãos e atos jurídico-constitucionais; e insira-se a modificação diretamente no próprio texto constitucional ou aprove-se, para o efeito, uma lei constitucional autónoma.

Algumas Constituições preveem, com designações variáveis, quer uma revisão *parcial* quer uma revisão *total*.[12] No entanto, nestas hipóteses, ou se trata tão só de renovar na totalidade um texto constitucional sem mudança dos princípios fundamentais que o enformam,[13] ou se trata mesmo de admitir a mudança desses princípios, por maioria muito agravada ou por meio de assembleia constituinte a convocar para o efeito,[14] e então já se está no campo da transição constitucional.

---

[11]   Evidentemente, cada revisão constitucional em concreto prosseguirá mais ou menos uma ou outra destas vertentes. Cfr. Gaetano Silvestre, *Spunti di riflessioni sulla tipologia e sui limiti della revisione costituzionale*, in *Studi in onore di P. Biscaretti di Ruffi*, obra coletiva, II, Milão, 1987, págs. 1187 e segs.

[12]   Assim, a Constituição argentina (art. 30º), a austríaca (art. 44º, nº 3), ou a suíça de 1999 (arts. 192º e 193º).

[13]   Sobre revisão constitucional, v., além das obras gerais já citadas, Gabriel Arnoult, *De la révision des Constitutions*, Paris, 1886; Costantino Mortati, *Concetto, limiti, procedimento della revisione costituzionale*, in *Revista Trimestrale di Diritto Pubblico*, 1952, págs. 29 e segs.; Carlo Esposito, *Costituzione, leggi di revisione della Costituzione e "altri" leggi costituzionale*, in *Raccolta di Scritti in onore di Arturo Carlo Jemolo*, obra coletiva, III, Milão, 1963, págs. 191 e segs.; Giuseppe Contini, *La Revisione della Costituzione*, Milão, 1962, e *Le Revisione Costituzionale*, in *Enciclopedia del Diritto*, XL, 1989, págs. 134 e segs.; Stefano Maria Cicconetti, *La Revisione della Costituzione*, Milão, 1962; Maurice-Pierre Roy, *L'application de l'article 89 de la Constitution de 1958*, in *Revue du droit public*, 1980, págs. 687 e segs.; Manuel Contreras, *Sobre las transformaciones constitucionales y sus limites*, in *Revista de Estudios Politicos*, nº 16, julho-agosto de 1980, págs. 165 e segs.; *La Révision de la Constitution*, obra coletiva, Aix-en-Provence-Paris, 1993; Javier Pérez Royo, *La reforma de la Constitución*, Madrid, 1987; Afonso D'Oliveira Martins, *La Revisión Constitucional y el Ordenamiento Português*, Lisboa-Madrid, 1995; Nelson de Sousa Sampaio, *O poder de reforma constitucional*, 3ª ed., Belo Horizonte, 1996; Luc Heuschling, *État de Droit, Rechtsstaat, Rule of Law*, Paris, 2002, págs. 609 e segs.

[14]   Cfr. a Constituição brasileira de 1934 (art. 178º), a espanhola de 1978 (arts. 167º e 168º), a búlgara de 1991 (art. 158º), a colombiana de 1991 (art. 376º), a russa de 1993 (art. 135º), ou a venezuelana de 1999 (arts. 347º e segs.).

338 | Teoria do Estado e da Constituição · *Jorge Miranda*

III – A derrogação (ou quebra ou rutura material) da Constituição aproxima-se da revisão constitucional – e com ela pode agrupar-se num conceito de revisão *lato sensu* ou de *reforma* constitucional – na medida em que, mais frequentemente, se opera através de um processo em tudo idêntico ao da revisão (*stricto sensu*). Diverge pelo resultado: a edição, não de uma norma geral e abstrata, mas de uma norma geral e concreta e, porventura, mesmo, de uma pretensa norma individual, de *jus singulare*. A derrogação determina uma exceção, temporária ou pretensamente definitiva, em face do princípio ou da regra constitucional.[15]

A derrogação é a violação, a título excecional, de uma prescrição legal – constitucional para um ou vários casos concretos, quando tal é permitido por uma lei constitucional ou resulta do processo prescrito para as variações da Constituição;[16] é a modificação da Constituição levada a cabo por meio de processo de revisão que se traduz na exceção a um princípio constitucional ou na regulamentação de um caso concreto, *"en vue d'un cas donné"*.[17]

Há normas constitucionais derrogatórias de princípios constitucionais criadas por via de revisão ou por via de ato análogo[18] – tal como as há desde logo emanadas pelo poder constituinte originário (as chamadas, por certos autores, *auto-ruturas* da Constituição). Mas a legitimidade de tais normas derrogatórias tem sido contestada: pelo menos, a admissibilidade incontrolada de rutura desemboca nas manipulações constitucionais, conducentes a um *conglomerado de ruturas* (HESSE), constitu-

---

[15] Cfr. uma noção diferente em VITTORIO ITALIA, *La Deroga nel Diritto Pubblico*, Milão, 1977, *maxime* págs. 13-14, 86 e segs. e 93 e segs. Para este autor, a exceção é um preceito incompatível com outro; o ato derrogante um preceito contrário, mas não incompatível com o ato derrogado (pág. 56).

[16] CARL SCHMITT, *op. cit.*, pág. 116.

[17] FRANCO PIERANDREI, *La Corte Constituzionale...*, cit., *loc. cit.*, págs. 100 e segs.

[18] Cfr. o art. 52º da Constituição de Ceilão (Sri Lanka) de 1972: "1. A Assembleia Nacional pode aprovar uma lei que, em certos pontos ou sob certos aspetos, não seja compatível com uma disposição da Constituição, sem modificar nem revogar esse preceito constitucional, desde que tal lei seja aprovada pela maioria necessária para modificar a Constituição. – 2. Uma lei aprovada nos termos do nº 1 não será considerada modificativa das disposições da Constituição com as quais é incompatível". E o art. 91º, nº 3, da Constituição holandesa de 1983: "Qualquer preceito de um tratado contrário à Constituição ou que implique uma contradição com a Constituição só pode ser aprovado por maioria de dois terços de votos" (sobre o assunto, cfr. RUI MOURA RAMOS, *A Convenção Europeia dos Direitos do Homem – Sua posição face ao ordenamento jurídico português*, Coimbra, 1982, pág. 1341).

Parte III · Tít. I · **Cap. III** – Modificação e Subsistência da Constituição | **339**

tivas de outra Constituição, substancialmente diferente da Constituição desenhada pelo poder constituinte.[19]

Quanto a nós, em face de normas constitucionais excecionais, há que distinguir conforme a derrogação afeta um princípio fundamental da Constituição ou não e, no primeiro caso, ainda, se se trata de derrogação originária ou de derrogação superveniente.

As derrogações originárias (como as dos arts. 308° e 309° da Constituição portuguesa de 1976 no texto inicial)[20] levantam problemas de legitimidade ou de justiça material, não de inconstitucionalidade – por estar em causa o poder constituinte.[21] Pelo contrário, as derrogações supervenientes de princípios fundamentais devem ter-se por inconstitucionais. As derrogações de normas que não sejam princípios fundamentais, essas parecem admissíveis.[22]

Às derrogações constitucionais por violação de princípios fundamentais podem assimilar-se na prática as inconstitucionalidades materiais não objeto de invalidação ou de outra forma de fiscalização eficaz.

IV – As modificações tácitas da Constituição compreendem, antes de mais, as que são trazidas por costume constitucional *praeter e contra legem* (a que já nos referimos) e, depois, as que resultam da interpretação evolutiva da Constituição e da revisão indireta (se se entender autonomizar estas duas figuras).[23]

---

[19] GOMES CANOTILHO, *Direito Constitucional*, 4ª ed., cit., pág. 760. Cfr. *Direito...*, cit., págs. 1077-1078.

[20] Mas não a ressalva de casos julgados aplicadores de normas inconstitucionais (como pretende PAULO OTERO, *Ensaio sobre o caso julgado inconstitucional*, Lisboa, 1993, pág. 89), pois do que se trata é da prevalência de um princípio – o de segurança jurídica, inerente ao Estado de Direito (art. 2°) – sobre outro princípio.

[21] Cfr. *infra*.

[22] Sobre as derrogações ou ruturas materiais da Constituição, v. ainda CARLO ESPOSITO, *La Validità delle Leggi* (1934), reimpressão, Milão, 1964, págs. 183 e segs.; COSTANTINO MORTATI, *Scritti...*, cit., II, págs. 191 e segs.; MARCELO REBELO DE SOUSA, *op. cit.*, págs. 85-86; VIEIRA DE ANDRADE, *op. cit.*, 1ª ed., pág. 320; PEDRO DE VEGA, *op. cit.*, págs. 166 e segs.; QUIRINO CAMERLENGO, *op. cit.*, págs. 242-243.

[23] Sobre modificações tácitas da Constituição em geral, cfr. CARLO ESPOSITO, *op. cit.*, págs. 180 e segs.; FRANCO PIERANDREI, *op. cit.*, *loc. cit.*; COSTANTINO MORTATI, *Scritti...*, cit., II, págs. 189 e segs.; ROGÉRIO SOARES, *Constituição...*, cit., *loc. cit.*, pág. 670 (que as designa por "transições constitucionais"); TEMISTOCLE MARTINES, *op. cit.*, *loc. cit.*, págs. 800 e segs.; KONRAD HESSE, *op. cit.*, págs. 87 e segs.; ANNA CÂNDIDA DA CUNHA FERRAZ, *op. cit.*, págs. 19 e segs. e 177 e segs.; BISCARETTI DI RUFFIA, *Diritto Costituzionale Comparato*, cit., págs. 692 e segs.; UADI LAMMÊGO BULUS, *Mutação constitucional*, São Paulo,

A *interpretação* jurídica deve ser não só objetivista como evolutiva, por razões evidentes: pela necessidade de congregar as normas interpretandas com as restantes normas jurídicas (as que estão em vigor, e não as que estavam em vigor ao tempo da sua publicação), pela necessidade de atender aos destinatários (aos destinatários atuais, e não aos do tempo da entrada em vigor das normas), pela necessidade de reconhecer um papel ativo ao intérprete, ele próprio situado no ordenamento em transformação.[24] E também a interpretação constitucional deve ser, e é efetivamente, evolutiva – pois qualquer Constituição é um organismo vivo, sempre em movimento como a própria vida, e está sujeita à dinâmica da realidade que jamais pode ser captada através de fórmulas fixas.[25]

Não obstante, não pode a interpretação evolutiva servir para *matar* um número maior ou menor de normas, mas, pelo contrário, para, preservando o espírito da Constituição, as manter *vivas;* aquilo, no limite, poderá ocorrer por virtude de costume constitucional, não por virtude de atividade interpretativa.[26-27]

1997; Quirino Camerlengo, *op. cit.*, págs. 235 e segs. e 267 e segs.; Ernst-Wolfgang Böckenförde, *Estúdios sobre el Estado de Derecho y la Democracia*, trad., Madrid, 2000, págs. 181 e segs.; Ana Victoria Sanchéz Urrutía, *Mutación constitucional y fuerza normativa de la Constitución. Una aproximación al origen del concepto*, in *Revista Española de Derecho Constitucional*, nº 58, 2000, págs. 105 e segs.; Adriano Sant'ana Pedra, *op. cit.*, págs. 127 e segs.

[24] Sobre o problema, cfr., por todos, Emilio Betti, *Irterpretazione della legge e degli atti giuridici*, Milão, 1949, págs. 22 e segs.; Gustav Radbruch, *Filosofia do Direito*, cit., I, págs. 271 e segs.; Manuel de Andrade, *Ensaio sobre a Teoria da Interpretação das Leis*, 2ª ed., Coimbra, 1963, págs. 14 e segs.; Castanheira Neves, *Interpretação jurídica*, in *Polis*, III, págs. 651 e segs.

[25] Karl Loewenstein, *op. cit.*, pág. 164. Mas as modificações da Constituição tem de ser compreendidas "no interior" das suas normas, e, de modo algum, fora da sua normatividade (Konrad Hesse, *op. cit.*, págs. 106 e 109).

[26] Em seara diversa fica o chamado ativismo judicial que não tem tanto que ver com a interpretação da Constituição quanto com a das leis frente à Constituição. Cfr., recentemente, Elival da Silva Ramos, *Ativismo judicial*, São Paulo, 2009; *As novas faces do ativismo judicial*, obra coletiva (org. de André Luiz Fernandes Fellet, Daniel Giotti de Paula e Marcelo Navalino), Salvador, 2011; Lénio Luiz Streck, *A questão da exigibilidade judicial dos direitos sociais. Ainda e sempre o problema o ativismo judicial em* Terra Brasilis, in *XXI Conferência Nacional dos Advogados – Anais 2011*, vol. 2, Brasília, 2012, págs. 1101 e segs.; Maria Benedita Urbano, *"Criação judicial e "activismo judicial": as duas faces de uma mesma função?*, in *Tribunal Constitucional – 35º aniversário da Constituição de 1976*, Coimbra, 2012, págs. 7 e segs.; José Francisco Siqueira Neto, *Neo constitucionalismo e ativismo judicial: desafios à democracia brasileira*, in *Direito Constitucional Contemporâneo – Homenagem ao Professor Michel Temer* (coord. de Newton de Lucca, Samantha Ribeiro Meyer-Pflug

Parte III · Tít. I · Cap. III – Modificação e Subsistência da Constituição | **341**

Por seu turno, a *revisão indireta* não é senão uma forma particular de interpretação sistemática. Consiste no reflexo sobre certa norma da modificação operada por revisão (revisão *direta,* revisão propriamente dita): o sentido de uma norma não objeto de revisão constitucional vem a ser alterado por virtude da sua interpretação sistemática e evolutiva em face da nova norma constitucional ou da alteração ou da eliminação de norma preexistente.[28]

V – As vicissitudes constitucionais com rutura na continuidade da ordem jurídica ou alterações constitucionais *stricto sensu* podem ser totais e parciais. Correspondem à revolução e à rutura não revolucionária ou modificação da Constituição sem observância das regras processuais respetivas: a revolução é uma rutura *da* ordem constitucional, a rutura não revolucionária uma rutura *na* ordem constitucional.[29]

Já falámos da revolução. Quanto à *rutura parcial* ou *rutura não revolucionária,* esta não põe em causa a validade em geral da Constituição, somente a sua validade circunstancial. Continua a reconhecer o princípio de legitimidade no qual assenta a Constituição; apenas lhe introduz um limite ou o aplica de novo, por forma originária. Falta a invocação da Constituição como fundamento em particular, mas continua a existir o reconhecimento da validade da Constituição em geral – reconhecimento da validade no espaço e no tempo, no qual agirá também o ato de rutura.[30]

Entre exemplos de rutura, assinalem-se, em Portugal, o Ato Adicional de 1852;[31] na França, a revisão constitucional de 1962; no Brasil a Emenda Constitucional nº 1, de 1969.

---

    e Mariana Barboza Baeta Neves), São Paulo, 2012, págs. 201 e segs.; J. J. GOMES CANO-TILHO, *Da Constituição dirigente à jurisprudência dirigente, ibidem*, págs. 547 e segs.

[27] Cfr., numa perspetiva mais ampla, CARLOS BLANCO DE MORAIS, *As mutações constitucionais implícitas e os seus limites jurídicos,* in JURISMAT (Portimão), 2013, págs. 55 e segs.

[28] Este conceito não coincide com o de revisão indireta ou tácita, de que fala FRANCO PIERANDREI (*op. cit., loc. cit.*, págs. 94 e 98).

[29] Trata-se, pois, de uma rutura formal em contraposição à derrogação constitucional que é uma rutura material. Mas por rutura formal pode também fazer-se (ou tende mesmo quase sempre a fazer-se) rutura material.

[30] MIGUEL GALVÃO TELES, *O Problema...,* cit., pág. 31. Este autor aponta a restauração como forma mista entre a revolução e a rutura (pág. 33), pois ela nega a pretensão de validade do Direito imediatamente precedente, mas reconhece a daquele que o antecedeu.

[31] Mesmo sem contar com ruturas em fases revolucionárias e pré-constitucionais (como entre 1926 e 1933 e entre 1974 e 1976), foram também, pelo menos, muito discutíveis as revisões de 1971 e de 1997. Sobre a de 1971, v. o nosso estudo *Inconstitucionalidade*

342 | Teoria do Estado e da Constituição · *Jorge Miranda*

Ao contrário das derrogações constitucionais por violação de princípios fundamentais, as ruturas não revolucionárias podem vir a ser sanadas ou por revisão constitucional subsequente ou pelo decurso do tempo, formando-se então um costume constitucional de aceitação do facto consumado (como aconteceu no caso português e no caso francês).

VI – A *transição constitucional* é (como também acima dissemos) a passagem de uma Constituição material a outra com observância das formas constitucionais, sem rutura, portanto. Muda a Constituição material, mas permanece a Constituição instrumental e, eventualmente, a Constituição formal.

Quando se dá por processo de revisão, pode constar de preceitos constitucionais expressos, conforme se referiu. Outras vezes, pode resultar, pura e simplesmente, da utilização do processo geral de revisão constitucional, verificados certos requisitos, para remoção de princípios fundamentais ou para substituição de regime político. É o que se passa quando, pelo processo de revisão, se arredam limites materiais, explícitos ou implícitos, equivalentes a tais princípios.

VII – Da transição deve aproximar-se o *desenvolvimento constitucional,* fenómeno complexo que envolve interpretação evolutiva da Constituição, revisão constitucional e costume *secundum, praeter* e *contra legem*.

Uma Constituição que perdura por um tempo relativamente longo vai-se *realizando* através da conjugação destas vicissitudes tanto quanto através da efetivação das suas normas. Mas também pode acontecer que, em período mais ou menos breve, se faça o desenvolvimento da Constituição, principalmente através da sobreposição dos mecanismos de garantia e de revisão, sob o influxo da realidade constitucional.

O desenvolvimento constitucional não comporta a emergência de uma Constituição diversa, apenas traz a reorientação do sentido da Constituição vigente. De certo modo, os resultados a que se chega ou vai chegando acham-se contidos na versão originária do sistema constitucional ou nos princípios fundamentais em que assenta; e ou se trata de um extrair das suas consequências lógicas ou da prevalência de certa interpretação possível sobre outra interpretação também possível.[32]

---

de revisão constitucional. Um projeto de Francisco de Sá Carneiro, Lisboa, 1997; e sobre a de 1997, *Manual...,* I, subtomo II, Coimbra, 2014, págs. 234 e 235.

[32] Cfr. Francisco Lucas Pires, *Teoria...,* cit., págs. 125 e segs.; Gomes Canotilho, *Direito...,* cit., págs. 1073-1074. Como este Autor sublinha, a abertura à evolução é um

Parte III · Tít. I · Cap. III – Modificação e Subsistência da Constituição | 343

Foi, por exemplo, mediante desenvolvimento constitucional que, na maior parte dos países ocidentais, se foi alargando, durante mais de cem anos, a atribuição do direito de voto, com base nas exigências do princípio democrático, até ao sufrágio universal, passando-se do governo representativo liberal à democracia representativa. Foi, por exemplo, mediante desenvolvimento constitucional, que a Constituição portuguesa de 1976, sem perder o seu cunho compromissório, se iria sedimentar com clara acentuação dos princípios do Estado de Direito democrático.[33]

VIII – A *suspensão da Constituição* em sentido próprio é somente a não vigência durante certo tempo, decretada por causa de certas circunstâncias, de algumas normas constitucionais. Oferece importantíssimo interesse no domínio dos direitos, liberdades e garantias, suscetíveis de serem suspensos, mas nunca na totalidade, por imperativos de *salus publica,* com a declaração do estado de sítio, do estado de emergência ou de outras situações de exceção.[34]

O princípio é de proibição da suspensão. Só excecionalmente em caso de necessidade – e na estrita medida da necessidade – ela é consentida e de acordo com certas regras, tanto mais rigorosas quanto mais avançado for o Estado de Direito.

112.
Rigidez e flexibilidade constitucionais

I – Numa perspetiva de síntese e concentrando a atenção na problemática da revisão constitucional, é chegada a altura de aludir, mais de espaço, à tão usual classificação das Constituições em rígidas e flexíveis – pois que ela se reporta à modificação e à subsistência das normas constitucionais.

Diz-se *rígida* a Constituição que, para ser revista, exige a observância de uma forma particular distinta da forma seguida para a elaboração das leis ordinárias. Diz-se *flexível* aquela em que são idênticos o

---

elemento estabilizador da própria identidade; garantir a *identidade reflexiva* de uma Constituição significa dotá-la de *capacidade de prestação* em face da sociedade e dos cidadãos.

[33] V. *Manual...*, I, subtomo II, cit., págs. 273 e segs., e autores citados.

[34] Cfr., por agora, CARL SCHMITT, *op. cit.,* pág. 116, e *La Dictadura,* trad., Madrid, 1968, págs. 221 e segs.; PEDRO CRUZ VILLALON, *El Estado de Sitio y la Constitución,* Madrid, 1980, págs. 277 e segs.; JORGE BACELAR GOUVEIA, *O estado de exceção,* Lisboa, 1999; JORGE MIRANDA, *Manual...,* IV, cit., págs. 429 e segs.

processo legislativo e o processo de revisão constitucional, aquela em que a forma é a mesma para a lei ordinária e para a lei de revisão constitucional. Separação em si jurídico-formal, esta separação de Constituições radica, todavia, muito na experiência.

As Constituições das democracias pluralistas são rígidas ou flexíveis, as Constituições dos regimes marxistas-leninistas todas ou quase todas rígidas.[35] Mas a rigidez assume nestas um alcance muito menor, devido ao sentido de Constituição-balanço que possuem e à desvalorização em geral da autonomia do jurídico.[36]

Uma Constituição legal tanto pode ser rígida como flexível: *v.g.,* todas as Constituições portuguesas e as da grande maioria dos países são rígidas; já o chamado Estatuto de Carlos Alberto (que regeu o Piemonte e, depois da unificação, a Itália), a Constituição neozelandesa, a israelita e a húngara após 1989 são exemplos de Constituição flexível. Uma Constituição consuetudinária deve ser flexível e só assim não seria, na hipótese, nunca verificada, de o costume constitucional implicar requisitos mais exigentes que os do costume em geral.

II – A rigidez constitucional revela-se um corolário natural, histórica (embora não logicamente) decorrente da adoção de uma Constituição em sentido formal. A força jurídica das normas constitucionais liga-se a um modo especial de produção e as dificuldades postas à aprovação de uma nova norma constitucional impedem que a Constituição possa ser alterada em quaisquer circunstâncias, sob a pressão de certos acontecimentos, ou que possa ser afetada por qualquer oscilação ou inversão da situação política.

Em contrapartida, insista-se em que a faculdade formal de revisão se destina a impedir que a Constituição seja flanqueada ou alterada fora das regras que prescreve (por se tornarem patentes as alterações feitas sem a sua observância). A rigidez nunca deverá ser, pois, tal que impossibilite a adaptação a novas exigências políticas e sociais: a sua exata medida pode vir a ser, a par (em certos casos) da flexibilidade, também ela uma garantia da Constituição.

---

[35] Aparentemente eram flexíveis a Constituição romena de 1965, a alemã oriental de 1974 e as chinesas de 1975 e 1978.

[36] Cfr. *supra* e, em especial, KARL LOEWENSTEIN, *Constitución – Derecho Constitucional,* cit., *loc. cit.,* págs. 120-121; BISCARETTI DI RUFFIA, *La revisione costituzionale negli "Stati socialisti" europei; "norme giuridiche" e "norme convenzionali",* in *Rivista Trimestrale di Diritto Publico,* 1981, págs. 414 e segs.

Parte III · Tít. I · Cap. III – Modificação e Subsistência da Constituição | 345

III – A contraposição entre rigidez e flexibilidade constitucionais foi formulada por dois grandes juspublicistas ingleses, JAMES BRYCE[37] e A. V. DICEY,[38] atentos às peculiaridades da Constituição do seu país, no confronto tanto da Constituição norte-americana como da Constituição francesa, e passou, nesses termos ou noutros, para a generalidade da doutrina constitucional.[39] E BRYCE sustentou mesmo certa correspondência entre

---

[37] V. *The American Commonwealth* (1884), 2ª ed. francesa *La République Américaine*, Paris, 1911, I, págs. 524 e segs., e *Flexible and Rigid Constitutions*, in *Studies in History and Jurisprudence*, 1901 (na 2ª ed. castelhana, cit., págs. 19 e segs. e 94 e segs.).

[38] V. *Introduction to the Study of the Law of the Constitution* (na 10ª ed., cit., págs. 126 e segs.).

[39] Sobre Constituições rígidas e flexíveis, v. também GEORG JELLINEK, *op. cit.*, págs. 403 e segs.; A. ESMEIN, *op. cit.*, I, págs. 564 e segs.; LÉON DUGUIT, *Traité de Droit Constitutionnel*, 3ª ed., Paris, 1927, III, págs. 687 e segs.; MC BAIN, *The Living Constitution*, cit., págs. 16 e segs.; LUIGI ROSSI, *La "elasticità" dello Statuto italiano*, in *Scritti giuridici in onore di Santi Romano*, obra coletiva, Pádua, 1940, I, págs. 25 e segs.; HOOD PHILLIPS, *Constitutional and Administrative Law*, 4ª ed., Londres, 1967, págs. 20-21; QUEIROZ LIMA, *Teoria do Estado*, 8ª ed., Rio, 1957, págs. 265 e segs.; KARL LOEWENSTEIN, *Teoria...*, cit., págs. 208-209; HAROLD LASKI, *A Grammar of Politics*, 5ª ed., Londres, 1967, págs. 134 e segs. e 205 e segs.; FRANCO MODUGNO, *L'Invalidita...*, cit., I, págs. 66 e segs., *maxime* 69 e segs.; C. F. STRONG, *Modern Political Constitutions*, 8ª ed., Londres, 1972, págs. 130 e segs.; HENC VAN MAARSEVEN e GER VAN DER TANG, *op. cit.*, págs. 249 e 258-59; MARCELLO CAETANO, *op. cit.*, I, págs. 399 e segs.; PONTES DE MIRANDA, *Democracia, Liberdade, Igualdade*, 2ª ed., São Paulo, 1979, págs. 123 e segs.; KONRAD HESSE, *op. cit.*, págs. 24 e segs.; HERBERT HART, *op. cit.*, págs. 82 e 83; IGNACIO DE OTTO, *op. cit.*, págs. 59 e segs.; MARCELO NEVES, *Teoria da inconstitucionalidade das leis*, São Paulo, 1988, págs. 86 e segs.; NELSON DE SOUSA SAMPAIO, *op. cit.*, págs. 47 e segs.; JOAQUIN VARELA SUANZES, *Riflessioni sul concetto di rigidità costituzionale*, in *Giurisprudenza Costituzionale*, 1994, págs. 3313 e segs.; MARIA PAOLA VIVIANI SCHLEIN, *Rigidità costituzionale, limiti e graduazioni*, Turim, 1997; ALESSANDRO PACE, *op. cit.*, págs. 1 e segs.; GOMES CANOTILHO, *Direito...*, cit., págs. 1059 e segs.; CARLOS BLANCO DE MORAIS, *op. cit.*, I, págs. 57 e segs.; RODRIGO BRANDÃO, *Rigidez constitucional e pluralismo político*, in *Vinte anos da Constituição federal de 1988*, obra coletiva (coord. de Cláudio Pereira de Souza Neto, Daniel Sarmento e Gustavo Binenbojn), Rio de Janeiro, 2009, págs. 255 e segs.; OMAR CHESSA, *La legge de Bryceland – Saggio sulle Costituzioni rigida e flessibile e sulla sovranità parlamentare nel Regno Unito*, in *Quaderni Costituzionali*, 2012, págs. 769 e segs.

MC BAIN contesta, porém, o valor da distinção entre Constituições rígidas e flexíveis, notando que as Constituições escritas variam na medida da sua resistência à transformação. A flexibilidade de algumas Constituições e a rigidez de outras derivam de fatores que largamente, senão na totalidade, se situam fora do processo de revisão.

ROSSI acentua a ideia de elasticidade (aliás não estranha ao pensamento de BRYCE); afirma que uma Constituição é rígida, não por ser imodificável pelo Parlamento, mas que não é modificável por ser rígida; diz que a variabilidade e a incerteza das fontes de Direito são as caraterísticas das Constituições flexíveis; enfim, para ele, a diferença entre um e outro tipo reside não só na forma como ainda na substância. Cfr. as apreciações de GIUSEPPE CHIARELLI (*Elasticità della Costituzione*, in *Rivista Trimestrale di Diritto Pubblico*, 1952,

346 | Teoria do Estado e da Constituição · *Jorge Miranda*

Constituição flexível e Constituição material e entre Constituição rígida e Constituição formal.

Na verdade, o critério da distinção – para Bryce, a distinção principal a fazer entre todas as Constituições – estaria na posição ocupada pela Constituição perante as chamadas leis ordinárias. Se ela se coloca acima destas, num plano hierárquico superior, e encerra caraterísticas próprias, considera-se rígida; ao invés, se se encontra ao nível das restantes leis, sem um poder ou uma forma que a sustentem em especial, é flexível. Apenas as Constituições rígidas, e não também as Constituições flexíveis, são limitativas, porque ultrapassam as leis e prevalecem sobre as suas estatuições.

Algumas Constituições promanam da mesma autoridade que cria as leis ordinárias e são promulgadas e abolidas segundo idêntico processo, de modo que vivem como quaisquer leis. Outras há, todavia, que nem nascem da mesma fonte, nem são promulgadas e abolidas por processo idêntico ao das leis. As normas das primeiras reduzem-se a normas legais, não exercem supremacia e não adquirem natureza autónoma; as normas das segundas, essas é que se tornam formalmente normas constitucionais.

Não quer isto dizer que não seja admissível destrinçar a Constituição flexível das restantes leis e que na Constituição rígida tudo resida, antes de mais, na noção de diversidade, de separação. Está claro que uma qualquer separação se deve descobrir e, como a forma não a fornece, vai-se procurá-la à matéria, ao conteúdo. A Constituição flexível vem a denominar-se Constituição, visto que regula matéria constitucional. Mas, ao contrário da Constituição rígida, na qual entram outros elementos,

---

págs. 322 e segs.) e de Ferrucio Pergolesi (*Rigidità ed elasticità della Costituzione italiana*, in *Rivista Trimestrale di Diritto e Procedura Civile*, 1959, págs. 44 e segs.).

Van Maarseven e Van der Tang, seguindo outro autor (Wolf-Philipps), sugerem uma terminologia diferente: que a contraposição se faça entre Constituições *condicionais* e *não condicionais*, sendo condicionais aquelas que contemplam um especial processo de modificações e portanto, as condições em que tais alterações podem ser realizadas. Para Hart, a diferença entre um sistema jurídico em que o órgão legislativo ordinário está livre de limitações jurídicas e outra em que o órgão legislativo a elas está sujeito surge como mera diferença da maneira pelo qual o eleitorado soberano escolhe exercer os seus poderes soberanos.

Por seu turno, para J. J. Gomes Canotilho, não é a existência de um processo de revisão com exigências específicas que carateriza a rigidez. Este caráter deve procurar-se em sede de poder constituinte.

Finalmente, Omar Chessa afirma que a Inglaterra (depois o Reino Unido) tem uma Constituição desde o *Bill of Rights* de 1689, que a flexibilidade tem servido para democratizar o regime e que um retrocesso provocaria resistências.

Parte III · Tít. I · Cap. III – Modificação e Subsistência da Constituição | **347**

a matéria não determina uma virtualidade ou eficácia jurídica independente das normas.

A Constituição flexível não se define senão pelo objeto: a regulamentação do poder político. A Constituição rígida distingue-se das leis ordinárias pela forma, mais ou menos solene, e pelo ato ou conjunto de atos em que se traduz a necessidade da sua garantia: a revisão constitucional. Consegue-se, assim, estabelecer uma fronteira precisa entre matéria e forma constitucionais. Se se opta por um sentido material de Constituição, é norma constitucional aquela que respeita a certo objeto, com dispensa de qualquer forma adequada. Se se opta por um sentido formal, entra na Constituição qualquer matéria, desde que beneficie da forma constitucional de revisão.

Este enlace parece-nos, contudo, de rejeitar, porquanto (como se viu), qualquer Constituição moderna é Constituição em sentido material. O que pode é uma Constituição em sentido material ser também Constituição em sentido formal (em geral assim sucede) ou não o ser (Grã-Bretanha).

Em nenhum caso, seria suficiente invocarem-se o modo e a competência da revisão para se justificar uma contraditória natureza (ainda que se analisem no contexto dos princípios gerais). A Constituição flexível e a Constituição rígida reconduzem-se a uma substância comum, não afetada pela forma divergente. O realce que se empreste à revisão e ao seu formalismo tem de olhar-se a partir de um fundo semelhante. Não pode inferir-se da diferença de forma diferença de conteúdo e de função da Constituição; tem de se procurar aquela na unidade de conteúdo e fundamento.[40]

Perante uma Constituição flexível, não se posterga, nem é mais diluída a incidência material das suas normas sobre as leis, as quais lhes ficam logicamente subordinadas. Não obstante criadas e revogadas de qualquer forma e não obstante ser, porventura, comunicável o objeto, são inconfundíveis as funções. Há limites intrínsecos a que se sujeitam as normas e os atos jurídico-públicos; e também por isso é a Constituição, e não a lei, dentro do Estado, a norma jurídica (ou sob outro aspeto, o ato jurídico) superior;[41] pode haver inconstitucionalidade em Constituição flexível.

---

[40] Mantemos o que escrevemos em *Contributo...*, cit., págs. 38 e segs.

[41] Cfr., entretanto, a crítica de Carlo Esposito (*op. cit.*, págs. 50 e segs.) à tese de que, em Constituição flexível, a lei é a mais alta expressão da vontade do Estado. Sobre os

Em última análise, a dicotomia rigidez-flexibilidade constitucional vale muito mais no plano histórico e comparativo do que no plano dogmático. BRYCE e DICEY sugeriram-na, aliás, como melhor expressão de uma linha divisória nítida entre situações histórico-jurídicas específicas, como contribuição para um conhecimento mais realista dessas situações, das suas origens e das suas condições de subsistência. Por ela apercebemo-nos de que a Constituição, mesmo a Constituição em sentido formal do Estado do século XIX, não contém um quadro de soluções desenraizadas e é suscetível de assumir mais que uma representação.

§ 2º
A revisão constitucional e o seu processo

113.
A diversidade de formas da revisão constitucional

I – Nenhuma Constituição deixa de regular a sua revisão, expressa ou tacitamente.

Em geral, regula-a expressamente ora em moldes de rigidez, ora em moldes de flexibilidade. Por vezes, porém, não a contempla: assim, na França em 1799, 1814 e 1830,[42] no Piemonte em 1848 (depois, em Itália, em 1870) ou na Espanha em 1876.[43] E tem então de se encontrar – pois absurdo seria haver Constituições irrevisíveis – uma forma de revisão coerente com os princípios estruturais do sistema constitucional (entenda-se-lhe aplicável o processo legislativo ordinário, recorra-se a uma forma paralela à utilizada na feitura da Constituição ou exijam-se formalidades *a se*).

De qualquer modo, são múltiplas as formas adotadas e tão variáveis que, a despeito de evidentes dificuldades, vale a pena procurar um quadro classificatório.[44]

---

limites materiais das leis em Constituições flexíveis e rígidas, v., respetivamente, págs. 49 e segs. e 169 e segs.

[42] Cfr. JOSEPH BARTHÉLEMY, *La distinction des lois constitutionnelles et des lois ordinaires sous la monarchie de juillet*, in *Revue du droit public*, 1909, págs. 5 e segs.; A. ESMEIN, *op. cit.*, I, págs. 573 e segs.

[43] Cfr. PEDRO DE VEGA, *op. cit.*, págs. 81 e segs.

[44] Cfr. BISCARETTI DI RUFFIA, *Diritto Costituzionale Comparato*, cit., págs. 666 e segs.; HERNANDEZ GIL, *op. cit.*, págs. 236 e segs.; PEDRO DE VEGA, *op. cit.*, págs. 94 e segs.;

Parte III · Tít. I · Cap. III – Modificação e Subsistência da Constituição | **349**

II – Como mais importantes critérios de contraposição, além da diferenciação ou não do processo frente ao processo legislativo, podem indicar-se a forma de Estado, a paridade ou não de princípios e de formas em relação ao processo constituinte (originário), a natureza do sistema político, a opção entre o princípio representativo e a democracia semidireta, a revisão por assembleia comum ou por assembleia especial. Complementarmente, apontem-se a dependência ou não de órgãos de outros Estados, o tempo de revisão, a iniciativa e o caráter imperativo ou facultativo deste ou daquele processo.

É diversa a revisão constitucional em *Estado simples* e em *Estado composto*. Ali, apenas depende de um aparelho de órgãos políticos, pois num Estado unitário, por definição, só um aparelho de órgãos estatais existe. Em Estado composto, a revisão implica uma colaboração entre os seus órgãos próprios e os dos Estados componentes, os quais possuem direito de ratificação ou de veto (consoante os casos) quanto às modificações a introduzir na Constituição, por esta traçar (ou enquanto traçar) o quadro das relações de um e de outros; donde, a necessária rigidez em que se traduz.

Expressão de determinada *legitimidade* – democrática, monárquica, ambas conjuntamente ou outra – uma Constituição deve consignar uma forma de revisão de harmonia com essa legitimidade. Se a não consigna, como se observa em algumas Cartas Constitucionais, ela assume um conteúdo que a faz convolar, logo à nascença, em Constituição de regime diferente daquele que lhe terá dado origem.[45]

O processo de revisão pode *ser ou não idêntico ao primitivo processo de criação da Constituição*. Se é uma assembleia legislativa ordinária a deter faculdades de revisão, exerce-as, na maior parte das vezes, com

---

La Révision de la Constitution, obra coletiva (organizada por Louis Favoreau e Otto Pfers Mann), Aix-Paris, 1993; Giuseppe de Vergottini, *Referendumn e revisione costituzionale; una analisi comparativa*, in Giurisprudenza Costituzionale, 1994, págs. 1339 e segs.; Mauricio Antonio Ribeiro Lopes, *op. cit.*, págs. 205 e segs.; Jorge Vanossi, *op. cit.*, págs. 316 e segs.; John Dinan, "*The Earth Belongs Always to the Living Generation*". *The Development of State Constitutional Amendments and Revision Procedures*, in Review of Politics, 62, 2000, págs. 645 e segs. (sobre revisão das Constituições estaduais norte-americanas); *La reforma constitucionale en los países de la Unión Europea*, in Boletin de Documentación, nº 17/18, maio-dezembro de 2004; Gomes Canotilho, *Direito...*, cit., págs. 1060 e segs.; Humberto Nogueira Alcalá, *Lar forma constitucional en el constitucionalismo latinoamericano*, in Cadernos de soluções constitucionais, nº 4, 2012, págs. 186 e segs.

[45] Foi o que aconteceu no Brasil com a Constituição de 1824 e em Portugal com a de 1826.

maioria qualificada ou com outras especialidades. Em compensação, verifica-se ser bastante rara a eleição de uma assembleia *ad hoc* de revisão; e subjacente a isto está a consideração de que o poder de revisão é um poder menor diante do poder constituinte (originário), um poder derivado e subordinado.

O modo de revisão reproduz o *sistema* político: diferente em sistema pluralista, com livre discussão e garantia da participação da Oposição,[46] e em sistema de partido único; em sistema democrático e em sistema autocrático; em sistema de divisão de poder e em sistema de concentração de poder; em sistema com predominância de assembleia ou de chefe de Estado. Por quase toda a parte, todavia, uma constante é a intervenção dos parlamentos ou para decretar a revisão ou para desencadear o respetivo processo ou para a propor a outro órgão. A intervenção do chefe do Estado é mais intensa, naturalmente, em monarquia (em que chega a haver sanção real da lei de revisão) do que em república.

Porque a democracia moderna é essencialmente *representativa,* a revisão é quase sempre obra de um órgão *representativo,* de uma assembleia política representativa – seja a assembleia em funções ao tempo da iniciativa do processo de revisão, seja uma assembleia especial. E quando se submete a revisão a referendo, fazendo assim avultar um elemento de *democracia semidireta,* trata-se, também quase sempre, de sanção, ratificação ou veto resolutivo sobre um texto previamente votado em assembleia representativa. O referendo pode ser possível ou necessário.

Por natureza, a revisão ocorre no interior do Estado cuja Constituição se visa modificar. A única exceção – e mais aparente que real – era, até 1982, a da Constituição do Canadá, dependente de ato do Parlamento britânico; mas esta intervenção, explicável por condicionalismos históricos ligados à feitura da Constituição e ao próprio federalismo canadiano, podia reconduzir-se a uma "delegação de poderes de revisão".[47-48]

---

[46]   Cfr. João Silva Leitão, *Constituição e Direito da Oposição*, Coimbra, 1987, págs. 228, 230 e 231.

[47]   A expressão é de Wengler, citado por Biscaretti di Ruffia, Sull' *"aggaciamento" ad altri ordinamenti...*, cit., *loc. cit.*, pág. 28.

[48]   Se foi ainda uma lei do Parlamento britânico que revogou tal disposição, foi por respeito de formalismo e consensualismo. Mas, como Parlamento soberano, o Parlamento do Canadá poderia, por isso, tê-lo feito. Cfr. Paul de Visscher, *Le "rapatriement" de la Constitution canadienne,* in *Miscellanea W. J. Ganshof van der Meersch,* obra coletiva, III, Bruxelas, 1972, págs. 95 e segs.; Huon de Kermadec, *La persistance de la crise du fédéralisme canadien,* in *Revue du droit public,* 1982, págs. 1601 e segs.; Joel-Benoit D'Onorio, *Le repatriement*

Parte III · Tít. I · Cap. III – Modificação e Subsistência da Constituição | **351**

A revisão pode realizar-se a todo o *tempo,* a todo o tempo verificados certos requisitos ou apenas em certo tempo. Na grande maioria dos países pode dar-se a todo o tempo, mas Constituições há que só admitem a sua alteração de tantos em tantos anos; ou que, antes de decorrido certo prazo, não a admitem senão por deliberação específica;[49] ou que ostentam regras particulares para a primeira revisão, vedada até certo prazo;[50] ou para uma eventual revisão total.[51]

Problema conexo vem a ser o dos *limites circunstanciais da revisão:* o da impossibilidade de atos de revisão em situações de necessidade, correspondentes ou não a declaração de estado de sítio ou de emergência,[52] ou noutras circunstâncias excecionais.[53]

A *iniciativa* cabe, de ordinário, ao órgão com competência para fazer a lei de revisão ou a qualquer ou quaisquer dos seus membros. Mas não se confundem a iniciativa do processo de revisão e a iniciativa de modificações constitucionais; e pode, em certos casos, a primeira partir de órgão diferente daquele dentro do qual há-de surgir a segunda – *v.g.,* pode partir do Chefe do Estado ou do Governo, sem que, no entanto, lhe pertença decretar a revisão.[54] Também a separação entre órgão de

---

de la Constitution canadienne, in *Revue internationale de droit comparé,* 1983, págs. 69 e segs.; FULCO LANCHESTER, *La "Patrition" della Costituzione canadese: verso un nuovo federalismo,* in *Rivista Trimestrale di Diritto Pubblico,* 1983, págs. 337 e segs.

[49] Além da Carta Constitucional portuguesa após 1885 e das Constituições de 1911, 1933 e 1976, cfr. a Constituição grega de 1975 (art. 110º).

[50] Assim, a Constituição dos Estados Unidos (cujo art. V proibia até 1808 a modificação da 1ª e da 4ª cláusulas da 9ª secção do art. I), a Constituição francesa de 1791 e as portuguesas de 1822 e 1826 (que não consentiam revisão senão ao fim de quatro anos), a Constituição de Cádis (que só a admitia ao fim de oito) ou a Constituição portuguesa de 1976 (que só a autorizava a partir do início da II legislatura, cerca de quatro anos e meio após a aprovação do texto constitucional).

[51] Assim, a Constituição brasileira atual que, para lá da realização necessária de referendo em 1993, previa *revisão* (total) cinco anos após a sua promulgação (arts. 2º e 3º das Disposições Transitórias).

[52] Cfr. a Constituição belga (no texto atual, art. 131º-bis), a Constituição luxemburguesa de 1868 (art. 115º), as brasileiras de 1934 (art. 178º, § 4º), 1946 (art. 217º, § 5º), 1967 (art. 50º, § 2º) e 1988 (art. 60º, § 1º), as francesas de 1946 (art. 94º) e 1958 (art. 89º), a portuguesa de 1976 (art. 291º, hoje 289º), a espanhola de 1978 (art. 169º), a lituana de 1991 (art. 147º), a romena de 1991 (art. 148º, nº 3), a cabo-verdiana de 1992 (art. 315º), a ucraniana de 1996 (art. 157º), a timorense (art. 157º), a moçambicana de 2004 (art. 294º), a da República Democrática do Congo de 2006 (art. 219º), a angolana de 2010 (art. 237º).

[53] Por exemplo, em épocas de regência (art. 84º da Constituição belga).

[54] Contemplam a iniciativa de revisão pelo Chefe do Estado (concorrencial ou exclusivamente) as Constituições sueca de 1809, chilena de 1925, portuguesa de 1933 (após 1935), sul-coreana

iniciativa e órgão de deliberação se afigura clara, quando seja o povo a votar a revisão, por serem raríssimos os casos de iniciativa popular da lei de revisão.[55] Pode ainda prescrever-se que as iniciativas de revisão rejeitadas só possam voltar a ser apresentadas passado certo tempo.[56]

A revisão, por regra, está sujeita a *forma imperativa,* tem de se enquadrar em certa e determinada tramitação fixa. Contudo, pode a Constituição prever mais de uma forma em razão da iniciativa ou oferecer ao órgão competente para desencadear o processo a escolha entre mais de um processo;[57] ou pode dar a um órgão a possibilidade de chamar outro ou outra entidade a uma decisão sobre a revisão.[58]

III – Resumindo, pode sugerir-se o seguinte esquema das principais formas de revisão constitucional no âmbito da legitimidade democrática (não considerando, pois, agora, o princípio monárquico, nem as particularidades dos Estados compostos e das heteroconstituições):

Formas de revisão			
Por processos apenas de democracia representativa	Por assembleia ordinária	Por assembleia ordinária	Segundo processo legislativo comum
	Por assembleia especial	Por assembleia ordinária renovada para efeito da revisão	Segundo processo legislativo especial
Por processos apenas de democracia representativa e de democracia semidireta cumulativamente	Votação em assembleia representativa, com referendo possível		
	Votação em assembleia representativa, seguida de referendo necessário		

---

de 1948, cambojana de 1956, tunisina de 1959, argelina de 1976, das Comoras de 1978, brasileira de 1988, moçambicana de 2004.

55   Como na Suíça ou em Listenstaino.

56   Constituição venezuelana de 1961 (art. 247º), Constituição estoniana (art. 168º).

57   Nos Estados Unidos e nas Filipinas.

58   *V.g.,* a convocação de um referendo ou a sua dispensa em certas hipóteses.

Parte III · Tít. I · Cap. III – Modificação e Subsistência da Constituição | **353**

114.

Sistemas de revisão em Direito comparado

I – A partir do quadro acabado de apresentar e da observação comparativa de Constituições (vigentes ou não vigentes), encontram-se oito sistemas de revisão constitucional, alguns dos quais ainda com subsistemas:

1) Revisão pela assembleia ordinária, pelo mesmo processo de feitura das leis ordinárias;

2) Revisão pela assembleia ordinária, sem maioria diferente da requerida para as leis ordinárias, mas com especialidades de outra ordem (*v.g.*, quanto ao tempo e à iniciativa);

3) Revisão pela assembleia ordinária, com maioria qualificada;

4) Revisão pela assembleia ordinária, renovada após eleições gerais subsequentes a uma deliberação ou decisão de abertura do processo de revisão, e com ou sem maioria qualificada;

5) Revisão por assembleia *ad hoc*, por assembleia eleita especificamente e só para fazer revisão (a que pode chamar-se convenção);

6) Revisão por assembleia ordinária (ou, eventualmente, por assembleia de revisão), suscetível de sujeição a referendo, verificados certos pressupostos e em termos ora de ratificação, ora de veto popular;

7) Revisão por referendo que incide sobre projeto elaborado pela assembleia ordinária ou sobre lei de revisão carecida de sanção popular;

8) Revisão peculiar das Constituições federais, em que acresce à deliberação pelos órgãos do Estado federal a participação dos Estados federados, por via representativa ou de democracia semidireta, a título de ratificação ou de veto resolutivo.

O primeiro sistema é o das Constituições flexíveis; os outros de rigidez constitucional e comportam maior desenvolvimento; e há ainda regimes de revisão atípicos ou não integráveis nestes grupos.

Em princípio, a cada Constituição corresponde um sistema de revisão. Com alguma frequência, porém, a mesma Constituição pode estabelecer mais de um sistema em razão do objeto – para a modificação de certas normas, uma forma de revisão; para a modificação de outras

354 | Teoria do Estado e da Constituição • *Jorge Miranda*

uma forma agravada (o que, sobretudo se dá para a revisão *total*); e daí, então, uma maior complexidade.

II – O sistema de revisão constitucional que consiste na utilização do processo legislativo ordinário sem especialidades na maioria, mas somente no tempo ou na iniciativa, dir-se-ia quase de flexibilidade constitucional. Muito raro, tem apenas interesse para nós, por ter sido consagrado nas Constituições de 1911 e 1933, como adiante se lembrará.

Especialidade quanto à iniciativa, e só quanto a esta, é a que se topa na Constituição espanhola de 1808 (Constituição de Baiona): aí, compete ao Rei, exclusivamente, a iniciativa de alterações, seguindo-se em tudo o mais o processo legislativo comum (art. 146º).

III – A aprovação pelo Parlamento por maioria qualificada pode considerar-se o sistema mais corrente de revisão constitucional. O que varia é a maioria – ora absoluta, e não apenas relativa, ora de dois terços (a mais usual), ora de três quartos, ou outra.

Quando a Constituição se contenta com a maioria absoluta, estipula também que deve haver duas sucessivas votações no mesmo sentido com certo intervalo entre elas: assim, as Constituições prussiana de 1850 (art. 107º), colombiana de 1886 (art. 218º) ou brasileiras de 1891 (art. 90º), 1934 (art. 178º, quanto à revisão *parcial* ou emenda), 1946 (art. 217º) e 1967 (art. 51º).

Pelo contrário, para a maioria de dois terços basta quase sempre uma só votação: Constituições de Weimar (art. 76º), mongol de 1930 (art. 95º), soviéticas de 1936 (art. 146º) e 1977 (art. 174º), cubana de 1940 (art. 225º), birmanesa de 1947 (art. 207º), norte-coreana de 1948 (art. 124º, quando a iniciativa seja dos membros do Parlamento), alemã federal (art. 79º), indiana de 1950 (art. 368º, quanto a matérias não atinentes à estrutura federal), malaia de 1957 (art. 159º), turca de 1961 (art. 155º), ceilanesa de 1972 (art. 51º), moçambicana de 1975 (art. 48º), portuguesa de 1976 (art. 286º, hoje), argelina de 1976 (art. 193º), croata de 1990 (art. 138º), eslovena de 1991 (art. 168º), cabo-verdiana de 1992 (arts. 283º e segs.), guineense de 1993 (art. 129º), ucraniana de 1996 (art. 155º), timorense (art. 156º), moçambicana de 2004 (art. 295º), angolana de 2010 (art. 234º, nº 1). Duas votações parlamentares por maioria de dois terços exigiam, porém, a Constituição tunisina de 1959 (art. 61º) e a brasileira de 1967, após 1969 (art. 48º).

Maioria de três quintos exigem a Constituição brasileira de 1988, em dois turnos de votação (art. 60º, § 2º), a espanhola de 1978 (art. 167º,

Parte III · Tít. I · Cap. III – Modificação e Subsistência da Constituição | **355**

embora, se esta maioria não for obtida e houver maioria absoluta no Senado, bastem dois terços no Congresso dos Deputados), a checa de 1992 (art. 39º, nº 4), ou a eslovaca de 1992 (art. 84º, nº 3).

Maioria de três quartos consta das Constituições da República da China de 1946 (art. 174º), sul-vietnamita de 1956 (art. 90º), cambojana de 1956 (art. 118º), birmanesa de 1974 (art. 194º) e argelina de 1976 (art. 193º, quanto às disposições sobre revisão constitucional), búlgara de 1991, nas três primeiras votações (art. 155º).

Maiorias agravadas, variáveis consoante as matérias, constam da Constituição sul-africana de 1996 (art. 74º).

A Constituição de Listenstaino exige – no que deve ser um máximo de rigidez – a unanimidade ou, na sua falta, três quartos em duas sessões consecutivas da assembleia (art. 111º).

IV – A revisão por assembleia ordinária renovada após eleições gerais consiste em ligar a votação da revisão pelo Parlamento a uma imediata eleição anterior, que, assim, a condiciona e que conforma o seu sentido. É um sistema ainda de democracia representativa, mas em que avulta mais patentemente, o ingrediente democrático.

Distinguem-se dois momentos: o momento em que se reconhece a necessidade de proceder à revisão e o momento em que se faz a revisão. Começa-se por elaborar uma proposta de alteração ou por definir os pontos ou os preceitos a alterar e cabe depois à assembleia resultante das eleições gerais seguintes (quer pelo termo da legislatura, quer em consequência de dissolução) aprovar, por maioria qualificada ou não, definitivamente as modificações.

É este o sistema de Constituições como a norueguesa de 1814 (art. 112º), as portuguesas de 1822, 1826 e 1838 (arts. 28º, 140º a 143º e 138º e 139º, respetivamente), a brasileira de 1824 (arts. 174º a 177º), a belga de 1831 (art. 131º), as espanholas de 1856, 1869 e 1931 (arts. 87º a 89º, 110º a 112º e 125º, respetivamente), a romena de 1866 (art. 128º), a luxemburguesa de 1868 (art. 115º), a brasileira de 1934 (art. 174º, quanto à revisão *total*), a islandesa de 1944 (art. 79º), a boliviana de 1967 (arts. 230º e 231º), a grega de 1975 (art. 110º), a espanhola de 1978 (art. 168º, quanto à revisão total e quanto a certas matérias mais importantes), a peruana de 1979 (art. 306º), a holandesa de 1983 (art. 137º). E com, não já duas, mas três ou mais votações parlamentares, o sistema ainda das Constituições francesa de 1791 (título VII), espanhola de 1812 (arts. 376º a 383º), finlandesa (art. 73º); foi, aliás, em França, que o sistema nasceu.

V – Baseado em princípio afim vem a ser o sistema de revisão por assembleia especial ou convenção, para tanto convocada por prévia deliberação do Parlamento. A diferença reside apenas em que esta assembleia, sucedâneo de uma assembleia constituinte, esgota as suas funções com a revisão constitucional, ao passo que no sistema precedente se trata sempre de um novo Parlamento ordinário que há-de subsistir para além da revisão.

Tal é o sistema, imperativamente, das Constituições francesas de 1795 (arts. 115º a 117º) e 1848 (art. 111º), argentina de 1860 (art. 30º), sérvia de 1889 (art. 201º), bem como da Constituição grega de 1864 (art. 107º, com a particularidade de serem necessárias duas, e não apenas uma deliberação, para que se convoque a assembleia de revisão), da nicaraguense de 1986 (arts. 191º e segs., quanto à revisão total) e da russa de 1993 (art. 135º, quanto às matérias mais importantes). Tal é o sistema, facultativamente, da Constituição americana (art. 5º, que concede ao Congresso o poder de convocar uma convenção, se dois terços das assembleias legislativas dos Estados assim o requererem); e, em parte, das Constituições filipinas de 1935 (art. XV) e de 1982 (art. 16º).

VI – A revisão pode competir cumulativamente – e, sob outra perspetiva, disjuntivamente – a uma assembleia (ordinária ou especial) e ao povo. Quem modifica a Constituição é a assembleia, por maioria simples ou qualificada; mas, em determinadas condições, chama-se o povo a, por referendo, ratificar a lei de revisão ou a pronunciar-se sobre ela a título de veto resolutivo.

É o sistema de referendo *possível* (em rigor, mais do que referendo facultativo), no qual entram cinco subsistemas:

a) Referendo, se a assembleia deliberar submeter a votação popular a lei de revisão – Constituição da Guiné-Bissau de 1973 (art. 58º);

b) Referendo, a requerimento de uma das Câmaras, em oposição a outra – Constituição alemã de 1919 (art. 76º);

c) Referendo, se o Presidente da República assim o decidir em face do texto submetido ao Parlamento e por este aprovado ou, eventualmente, não aprovado – Constituições brasileira de 1937 (art. 174º, § 4º), dos Camarões de 1972 (art. 36º), equatoriana de 1979 (art. 143º) e namibiana, de 1990 (art. 132º);

d) Referendo, se o Presidente da República assim o decidir sob proposta do Parlamento (art. 123º da Constituição de São Tomé e Príncipe de 1990);

Parte III · Tít. I · Cap. III – Modificação e Subsistência da Constituição | **357**

e) Referendo, se determinado número de membros do Parlamento ou de cidadãos o solicitar – Constituições austríaca de 1920 (art. 44º, quanto à revisão parcial), italiana de 1947 (art. 138º, não havendo, porém, lugar a referendo, se a lei de revisão tiver sido aprovada em ambas as Câmaras por maioria de dois terços), espanhola de 1978 (art. 167º, quanto à revisão parcial) e eslovena de 1992 (arts. 168º e segs.).

VII – O referendo pode ser necessário ou obrigatório, no sentido de que sem aprovação popular ou não existe lei de revisão (referendo constitucional *stricto sensu*) ou não existe lei *perfeita* (sanção popular, que se adita à deliberação parlamentar).

Compreende dois subsistemas e, outrossim, uma modalidade de certa maneira intermédia relativamente ao sistema acabado de indicar:

a) Referendo necessário, precedido de votação parlamentar, por maioria qualificada ou não – Constituições suíça de 1874 (art. 120º, que prevê ainda referendo prévio para decidir, em caso de conflito, se há revisão), austríaca (art. 44º, quanto à revisão total), irlandesa de 1937 (arts. 46º e 47º), islandesa de 1944 (art. 79º, quanto ao estatuto da Igreja), japonesa de 1946 (art. 96º), marroquina de 1962 (arts. 106º e 107º), sul-coreana de 1962 (arts. 119º e 121º), egípcia de 1971 (art. 189º), birmanesa de 1974 (art. 194º, quanto aos princípios fundamentais da Constituição), cubana de 1976 (art. 141º, quanto aos órgãos do poder e aos direitos e deveres constitucionais), sul-coreana de 1980 (art. 131º), romena de 1991 (arts. 146º e 147º); Constituições colombiana de 1991 (art. 377º), estoniana de 1992 (arts. 162º e 163º), lituana de 1992 (art. 235º), ucraniana de 1996 (art. 156º) e polaca de 1997 (art. 235º), quanto a certas matérias; Constituição suíça de 1999 (art. 140º).

b) Referendo necessário, precedido de duas votações parlamentares e eleições gerais entre elas – Constituições dinamarquesa de 1953 (art. 88º) e espanhola de 1978 (art. 168º, quanto aos princípios fundamentais);

c) Referendo, em princípio, mas sua dispensa se a lei de revisão for aprovada por certa maioria reforçada – Constituições francesa de 1946 (art. 90º), do Gabão de 1961 (art. 69º), do Peru de 1993 (art. 206º).

Integráveis neste sistema são ainda a revisão prevista na Constituição francesa de 1795 (arts. 336º e segs.), com referendo necessário

358 | Teoria do Estado e da Constituição · *Jorge Miranda*

precedido de três votações parlamentares com intervalos de três anos e eleição de assembleia de revisão; e a prevista na Constituição de 1958 (art. 89º), com referendo necessário, salvo se o Presidente da República submeter o projeto de revisão às duas Câmaras reunidas em Congresso; e a contemplada na Constituição uruguaia de 1967 (art. 331º, com várias modalidades de iniciativa popular e parlamentar).

VIII – A revisão constitucional nos Estados federais postula a intervenção dos Estados federados.[59]

Nuns casos, trata-se de participação constitutiva ou de ratificação seja pelas assembleias dos Estados federados, seja por referendo. Exemplos da primeira: Constituições dos Estados Unidos (art. 5º), mexicana de 1917 (art. 135º), indiana (art. 368º, quanto a matérias atinentes à estrutura federal), venezuelana de 1961 (art. 245º, quanto à revisão parcial), jugoslava de 1974 (arts. 398º a 403º), canadiana, após 1982 (arts. 38º e segs., quanto a direitos das províncias e matérias mais importantes) e russa (art. 136º). Exemplos de ratificação por referendos locais: Constituições suíça (art. 195º, que prevê também referendo nacional) e australiana de 1900 (art. 128º, quanto a modificações relativas ao estatuto ou à posição de qualquer Estado na federação).

Noutros casos, trata-se de veto, ainda que exercido através de um órgão representativo dos Estados federados a nível central: assim, a Constituição alemã de 1871 (art. 68º).

Noutros casos ainda, a intervenção dos Estados federados faz-se apenas através da Câmara alta deles representativa: assim a Constituição alemã de 1949 (arts. 79º, nº 2, e 51º, nº 2), que, exigindo maioria de dois terços em ambas as Câmaras, no Conselho Federal impõe o voto em bloco dos representantes de cada *Land*.

IX – Formas de revisão atípicas e anómalas podem ser indicadas, por mera curiosidade, entre outras:

– a revisão pelo Conselho da Revolução, na Constituição provisória iraquiana de 1970 (art. 70º);

– a revisão por iniciativa do partido único, ainda que votada por assembleia representativa e pelo povo, na Constituição congolesa de 1973 (art. 91º);

---

[59] Cfr. TANIA GROPPI, *La reforma constitucional en los Estados federales entre pluralismo territorial y no territorial*, in *Revista de Derecho Politico*, 54, 2002, págs. 115 e segs.

Parte III · Tít. I · Cap. III – Modificação e Subsistência da Constituição | **359**

- a revisão por votação parlamentar e ratificação pelo emir, na Constituição de Barém de 1973 (art. 104º);
- a revisão por deliberação do Conselho de Ministros, na Constituição de Burundi de 1974 (arts. 49º e 63º);
- a revisão pelo partido único, na Constituição angolana de 1975 (art. 57º).

§ 3º
Os limites materiais de revisão constitucional

115.

A formulação de limites materiais de revisão

I – Para além da regulamentação das formas, não raras Constituições ocupam-se expressamente do conteúdo que a revisão pode vir a adquirir, circunscrevendo a liberdade dos órgãos cuja competência instituem. Quer dizer: Constituições há que prescrevem limites materiais da revisão constitucional ou cláusulas pétreas.

Na Constituição dos Estados Unidos – a primeira grande Constituição em sentido moderno – dispõe-se que nenhum Estado poderá ser privado, sem o seu consentimento, do direito de voto no Senado em igualdade com os outros Estados (art. V) e que os Estados Unidos garantem a todos os Estados da União a forma republicana de governo (art. IV, nº 3).[60]

A segunda, e com alcance mais vasto, é a norueguesa (de 1814), a qual declara que as modificações constitucionais a fazer não deverão ser contrárias aos princípios da Constituição, nem poderão senão modificar disposições particulares que não alterem o espírito da Constituição (art. 21º do título V).

A terceira viria a ser a Constituição mexicana de 1824, vedando reformar os artigos sobre as liberdades, a independência da Nação, a sua religião, a forma de governo e a divisão de poderes (art. 171º).

Também, curiosamente, em Portugal, em 1821, aquando da feitura da Constituição, houve quem falasse em "primeiros princípios

---

[60] Mas já na Constituição do Estado de Delaware de 1776 se consideravam intangíveis a declaração de direitos, a existência do próprio Estado, as duas Câmaras, a proibição da escravatura e a separação das Igrejas dos Estados.

360 | Teoria do Estado e da Constituição · *Jorge Miranda*

constitucionais e universais" que nunca deveriam ser alterados ou modificados.[61]

Quase no fim do século XIX, em 1884, na França, ao consolidar-se a república, estabelece-se a proibição de alterar a forma republicana de governo.[62] Limite idêntico irá encontrar-se depois no Brasil (art. 90º, § 4º, da Constituição de 1891) e em Portugal (art. 82º, § 2º, da Constituição de 1911).[63] E a federação fica também consagrada no Brasil (mesmo art. 90º, § 4º, da Constituição de 1891).

Nos séculos XX e XXI, multiplicam-se as referências a princípios ou limites que, em revisão constitucional, devem ser observados ou são considerados intangíveis e que, por isso, também se designam por cláusulas pétreas.

Aparecem não somente referências à forma republicana – como na França (art. 95º da Constituição de 1946 e art. 89º da Constituição de 1958), na Itália (art. 139º da Constituição de 1947), na Tunísia (art. 60º da Constituição de 1959), na Turquia (art. 9º da Constituição de 1961), no Gabão (art. 70º da Constituição de 1961) ou no Burundi (art. 63º da Constituição de 1974) – mas também à forma monárquica – como na Grécia (art. 108º da Constituição de 1951), em Marrocos (art. 108º da Constituição de 1962), no Afeganistão (art. 120º da Constituição de 1964) ou no Barém (art. 104º da Constituição de 1973); à religião islâmica – nestes três últimos países; à federação e à república – como no Brasil (art. 178º, § 5º, da Constituição de 1934, art. 217º, § 6º, da Constituição de 1946, art. 50º, § 1º, da Constituição de 1967); aos direitos fundamentais (art. 131º da Constituição namibiana de 1990); às caraterísticas essenciais do Estado de Direito democrático (art. 9º, nº 2, da Constituição checa de 1992); à separação entre o Estado e a Igreja ou à laicidade (art. 154º, alínea *b*) da Constituição de São Tomé e Príncipe, art. 130º, alínea *b*) da Constituição da Guiné-Bissau, art. 236º, alínea *g*) da Constituição de Angola); aos princípios fundamentais e ao sistema de revisão (art. 162º da Constituição estoniana); aos símbolos nacionais

---

[61] V. a intervenção do Deputado Baeta nas Cortes, in *Diário das Cortes Gerais, Extraordinárias e Constituintes*, 1821, 1º vol., sessão nº 19, de 21 de fevereiro de 1821, pág. 126. Seriam tais princípios a inviolabilidade do Rei, a separação dos poderes, a soberania da Nação, a responsabilidade dos Ministros, a organização de poderes intermediários, o método da eleição.

[62] Já na Constituição de 1848 o preâmbulo qualificava a república de "forma definitiva de governo".

[63] O projeto de Constituição (vindo da Comissão de Constituição) incluía, igualmente, o princípio da representação das províncias no Conselho dos Municípios (art. 56º, § 2º).

Parte III · Tít. I · Cap. III – Modificação e Subsistência da Constituição | **361**

(art. 130º, alínea *d*) da Constituição da Guiné-Bissau); ao *jus cogens* (art. 193º, nº 4, da Constituição suíça); aos princípios fundamentais e o número e a duração dos mandatos presidenciais (art. 220º da República Democrática do Congo de 2006).

Encontram-se, entretanto, elencos mais ou menos longos: a organização da República em Estados federados, o princípio da interferência dos Estados na feitura das leis federais, o reconhecimento da dignidade da pessoa humana, a inviolabilidade e a aplicação imediata dos direitos fundamentais, o Estado federal, democrático e social, a separação dos poderes, os princípios da constitucionalidade e da legalidade e o direito de resistência, na Alemanha (art. 79º da Constituição de 1949);[64] a república parlamentar, o respeito e a proteção da pessoa humana, a igualdade dos cidadãos, a garantia da liberdade pessoal, a liberdade religiosa e a separação dos poderes, na Grécia (art. 110º da Constituição de 1975); a república, o Estado de Direito laico e social, os direitos do homem e a integridade do território na Turquia (art. 4º da Constituição de 1882); a forma federativa, o voto direto, secreto, universal e periódico, a separação dos poderes e os direitos e garantias individuais no Brasil (art. 60º, § 4º da Constituição de 1988);[65] o caráter nacional, independente, unitário e indivisível do Estado, a forma republicana, a integridade do território, a independência da justiça, o pluralismo político, a língua oficial e as liberdades e garantias dos cidadãos, na Roménia (art. 148º, nos 1 e 2).

Uma das Constituições que parece ir mais longe na enumeração de limites é a Constituição portuguesa de 1976, ao contemplar no art. 290º a independência nacional e a unidade do Estado; a forma republicana de governo; a separação das Igrejas do Estado; os direitos, liberdades e garantias dos cidadãos; os direitos dos trabalhadores, das comissões de trabalhadores e das associações sindicais; o princípio da apropriação coletiva dos principais meios de produção e solos, bem como dos recursos naturais, e a eliminação dos monopólios e dos latifúndios; a planificação democrática da economia; o sufrágio universal, direto, secreto e periódico na designação dos titulares eletivos dos órgãos de soberania, das regiões autónomas e do poder local, bem como o sistema de representação pro-

---

64   Sobre o art. 79º da Constituição alemã, v., por todos, ERNST-WOLFGANG BÖCKENFÖRDE, *Estudios…*, cit., pág. 80; LUC HEUSCHLING, *op. cit.*, págs. 618 e segs.; MICHEL FROMONT, *La révision de la Constitution et les règles constitutionnelles intangibles en droit allemand*, in *Revue du droit public*, 2007, págs. 89 e segs.

65   A forma republicana deixou de constar do elenco de limites materiais por causa do referendo sobre monarquia ou república, mas indireta – e contraditoriamente – surge ainda a propósito dos Estados federados (no art. 34º, VII).

362 | Teoria do Estado e da Constituição · *Jorge Miranda*

porcional; o pluralismo de expressão e organização política, incluindo partidos políticos, e o direito de oposição democrática; a participação das organizações populares de base no exercício do poder local; a separação e a interdependência dos órgãos de soberania; a fiscalização da constitucionalidade por ação ou por omissão de normas jurídicas; a independência dos tribunais; a autonomia das autarquias locais; a autonomia político-administrativa dos arquipélagos dos Açores e da Madeira. Em 1989 fizeram-se algumas alterações e o artigo passou a ser o 288º.

Na linha da Constituição portuguesa, aparecem também elencos longos e variados nas Constituições de S. Tomé e Príncipe (art. 154º), de Cabo Verde (art. 285º), de Angola (art. 159º), da Guiné-Bissau (art. 130º), de Timor Leste (art. 156º)[66] e de Moçambique (art. 292º) e de Angola (art. 236º).

De observar que nas Constituições dos países com sistemas marxistas-leninistas não aparecem normas sobre limites materiais de revisão constitucional, o que está ligado à conceção de Constituição-balanço e Constituição-programa que lhes subjaz.

II – A formulação apresenta variações de Constituição para Constituição.

Umas vezes surge em termos prescritivos (como no art. 288º: *"As leis de revisão terão de respeitar…"*), outras vezes sob forma proibitiva (como no art. 82º, § 2º, da Constituição de 1911: *"Não poderão ser admitidas… propostas de alteração…"*).

Umas vezes, parece reportar-se imediatamente a certos preceitos (como, em parte, no art. 79º da Constituição de Bona ou no art. 110º da Constituição grega), outras vezes – com mais frequência – diretamente a institutos ou a princípios.

Algumas vezes, a norma de limites consiste na proibição de revisão de certas disposições. E aqui há ainda que distinguir aqueles casos em que os preceitos que não podem ser modificados são preceitos materiais ou substantivos, reguladores de certas matérias (como no art. 115º da Constituição grega) e aqueloutros em que são preceitos adjetivos, preceitos de revisão (como no art. 193º da Constituição argelina de 1976, vedando a modificação do preceito enunciador de limites materiais, ou

---

[66] Esta com a particularidade de, entre os limites, inserir a data da independência e a bandeira nacional.

Parte III · Tít. I · Cap. III – Modificação e Subsistência da Constituição | **363**

no art. 132º, § 4º, da Constituição namibiana, o qual proíbe a diminuição das maiorias de revisão).

Por detrás destas divergências, o sentido fundamental revela-se, contudo, o mesmo: garantir, em revisão, a intangibilidade de certos princípios – porque é de princípios que se trata, não de preceitos avulsos (os preceitos poderão ser eventualmente modificados, até para clarificação ou reforço de princípios, o contrário seria absurdo).[67] Mesmo quando a Constituição proíbe a revisão de artigos sobre a revisão, são os princípios que visa defender, porventura aparelhando um mecanismo mais complexo para o efeito.

Uma coisa é a regra, prescritiva ou proibitiva (conforme se entenda) de limites; outra coisa os limites em si mesmos.

III – Classificações mais significativas de disposições sobre limites materiais podem sugerir-se três: classificações quanto ao alcance das normas donde constam os limites, quanto ao objeto e quanto à natureza.

Quanto ao *alcance das cláusulas de limites,* encontram-se cláusulas gerais – sejam cláusulas meramente gerais, sejam cláusulas enunciativas – e cláusulas individualizadoras de certos e determinados princípios. Quanto ao *objeto,* os limites podem abranger, princípios atinentes a todas as matérias constitucionais e limites atinentes apenas a algumas. Quanto à *natureza,* os limites são, uns, específicos da revisão constitucional e, outros, antes de mais, limites do poder constituinte (originário).[68]

Ao passo que as cláusulas genéricas respeitam a toda a estrutura da Constituição, fazendo como que uma síntese daquilo que nela exis-

---

[67] Cfr., por exemplo, Pierfrancesco Grossi, *Introduzione ad uno studio sui diritti inviolabili nella Costituzione italiana*, Pádua, 1972, págs. 137 e segs.; Klaus Stern, *op. cit.*, pág. 353; *A Constituição de 1976*, cit., págs. 253-254; Marcelo Rebelo de Sousa, *Direito Constitucional*, cit., pág. 108; Gustavo Zagrebelsky, *Manuale di Diritto Costituzionale*, I, Turim, 1988, págs. 103; Peter Häberle, *l'État ...*, cit., págs. 123 e segs.; Nelson de Sousa Sampaio, *op. cit.*, págs. 82 e segs.; Gustavo Just da Costa e Silva, *Os limites da reforma constitucional*, Rio de Janeiro, 2000, págs. 231 e segs.; Miguel Nogueira de Brito, *op. cit.*, págs. 312 e segs.; Vieira de Andrade, *Os direitos...*, 3ª ed., cit., pág. 340; Gomes Canotilho, *Direito...*, cit., pág. 1069, e *Medidas de protecção de direitos, liberdades e garantias*, in *Direito Penal Especial, Processo Penal e Direitos Fundamentais*, obra coletiva (coordenada por José de Faria Costa e Marco António Marques da Silva), São Paulo, 2006, págs. 130 e segs.; Gomes Canotilho e Vital Moreira, *op. cit.*, págs. 1011 e 1012.

[68] Cfr., à luz de certa conceção jurídica, a contraposição entre limites que afetam a "positividade" e limites que afetam a "auto-referencialidade" feita por Benito Aláez Corral, *Los límites...*, cit., págs. 223 e segs.

te de essencial, as cláusulas individualizadoras têm por alvo algum ou alguns princípios tidos por mais importantes na perspetiva sistemática ou, sobretudo, no contexto histórico da Constituição (como o princípio republicano em jovens repúblicas ou o princípio monárquico em velhas monarquias).

Alguns dos limites prescritos à revisão devem reputar-se, à luz da conceção exposta no capítulo anterior, limites do poder constituinte (originário) e, apenas por essa via, limites de revisão: assim, os limites concernentes à soberania, ao território e, quase sempre, à forma do Estado, os concernentes à religião em Estados muçulmanos, os atinentes a alguns dos direitos fundamentais e os concernentes a certos aspetos da organização do poder político. Restam, porém, vários outros como limites específicos do poder de revisão.

IV – Independentemente ou para lá destes limites, a jurisprudência e a doutrina têm sustentado a existência de limites contidos em preceitos diversos dos que tratam da revisão e a existência de limites decorrentes de princípios constitucionais e do regime e da forma de governo consagrados na Constituição.

Ao lado de limites materiais *expressos e diretos,* haverá, pois, a seguir-se esse entendimento, limites materiais *expressos e indiretos* e limites materiais *implícitos* ou (para alguns autores) *tácitos.*

Na Suíça, apontam-se a existência nacional, o Estado de Direito, a ordem democrática, os direitos fundamentais e o princípio da igualdade (em especial, das línguas e das confissões religiosas).[69]

No Japão, fala-se nos direitos fundamentais "concedidos ao povo de hoje e às futuras gerações como direitos eternos e invioláveis" (art. 11º da Constituição de 1946).[70]

Na Itália e na Espanha, apontam-se os direitos invioláveis da pessoa (com base nos arts. 2º e 10º das respetivas Constituições vigentes).[71]

---

[69] Cfr. FRITZ FLEINER, *Le droit des minorités en Suisse,* in *Mélanges Maurice Hauriou,* obra coletiva, Paris, 1929, págs. 291 e segs.; JEAN DARBELLAY, *L'initiative populaire et les limites de la révision constitutionnelle,* in *Revue du droit public,* 1963, págs. 633 e segs.; ANTOINE FAVRE, *Droit Constitutionnel Suisse,* 2ª ed., Friburgo, 1970, págs. 445 e segs.

[70] Cfr. TADAKAZU FUKASE e YOICHI HIGUCHI, *Le constitutionnalisme et ses problèmes au Japon – Une approche comparative,* Paris, 1984, págs. 134 e segs.; ou NORIKO OFUJI, *Tradition constitutionnelle et supra-constitutionnalité,* in *Revue française de droit constitutionnel,* 2004, págs. 621 e segs.

[71] Cfr., para a Itália, PIERFRANCESCO GROSSI, *op. cit.,* págs. 101 e segs., ou ÉLISE BESSON, *Les príncipes suprèmes inviolables dans la jurisprudence de la Cour Constitutionnelle*

Parte III · Tít. I · Cap. III – Modificação e Subsistência da Constituição | 365

Ainda na Itália, há quem acrescente a fiscalização da constitucionalidade[72] ou, mais ambiciosamente, os princípios da democraticidade do Estado (com incidência particular na liberdade de imprensa, na liberdade de associação e no pluralismo partidário), do sistema parlamentar, da autonomia local, do sufrágio universal, igual, livre e secreto, da legislação direta popular, da independência da magistratura, da rigidez e da garantia da Constituição.[73]

Na França, há quem considere limite ao poder de revisão o princípio de não discriminação[74] ou quem acrescente como *princípios supraconstitucionais* o respeito da dignidade da pessoa humana, a solidariedade e o pluralismo.[75]

No Brasil mencionam-se os princípios fundamentais do Estado democrático de Direito.[76]

Na Índia, o Supremo Tribunal considera limites ao poder de revisão a soberania da União, o caráter democrático do regime, a unidade do Estado e as caraterísticas essenciais das liberdades.[77]

Em Portugal, na vigência da Constituição de 1933, também se invocaram "limites substanciais ao poder de revisão", pelo menos em 1971. "Esses limites são vários e dizem respeito à chamada 'constituição material', 'regime' ou 'forma de Estado' – expressões que aludem a uma espécie de ordenação inicial, definida por elementos materiais e morais, que é, tão-só, suscetível de adaptações ou adequações às ulteriores circunstâncias cambiantes, a isso se devendo, confinar, o poder 'constituído' de revisão".[78]

---

italienne, in *Annuaire Internationale de Justice Constitutionnelle*, 2005, págs. 11 e segs., e, para a Espanha, MANUEL CONTRERAS, *Le Reforma de la Constitución*, in *Estudios sobre la Constitución Española de 1978*, obra coletiva, Saragoça, 1979, pág. 419.

[72] COSTANTINO MORTATI, *Appunti per uno studio sui rimedi giurisdizionali contro comportamenti ommissivi del legislatore*, in *Scritti...*, III, cit., pág. 934, nota. Cfr. FRANCO MODUGNO, *I "nuovi diritti" nella giurisprudenza costituzionale*, Turim, 1995, pág. 93.

[73] PAOLO BARILE, *Scritti di Diritto Costituzionale*, Pádua, 1967, págs. 76-77.

[74] LOUIS FAVOREAU, *Souveraineté et supraconstitutionalité*, in *Pouvoirs*, n° 67, 1993, págs. 75-76.

[75] Cfr. SERGE ARNÉ, *Existe-t-il des normes supra-constitutionnels?*, in *Revue de droit public*, 1993, págs. 459 e segs., *maxime* 474 e 475; ou VINCENT L'HÔTE, *La "forme républicaine de gouvernement" à l'épreuve de la révision constitutionnelle*, in *Revue du droit public*, 2004, págs. 111 e segs.

[76] RAÚL MACHADO HORTA, *Direito Constitucional*, cit., pág. 86.

[77] Cfr. MESMIN SAINT-HUBERT, *La Cour Suprème de l'Inde, garant de la structure de la Constitution*, in *Revue internationale de droit comparé*, 2000, págs. 631 e segs.

[78] Parecer da Câmara Corporativa sobre o projeto n° 6/X, in *Actas*, 1971, pág. 683. Cfr. tomo I deste *Manual*.

Um desses limites seria a forma republicana, o que não precisaria sequer de, no texto, estar escrito.[79] E também nós considerávamos, na lógica dessa Constituição, limites materiais da revisão a moral e o direito (art. 4º),[80] a proibição de alienação de partes do território nacional (art. 2º)[81] e a proibição do arbítrio na privação e na atribuição da cidadania.[82]

Finalmente, apesar da extensão do art. 290º (hoje 288º), têm sido afirmados outros limites à face da atual Constituição. Seriam, na sua lógica, a transição para o socialismo;[83] ou o princípio da votação anual prévia dos impostos;[84] ou os limites circunstanciais da revisão;[85] ou o conteúdo essencial dos deveres fundamentais;[86] ou a integridade do território e o próprio art. 288º;[87] ou a Constituição ambiental.[88]

116.

A polémica doutrinal sobre os limites materiais

I – O sentido a conferir aos limites materiais da revisão constitucional tem sido uma *vaexata questio* que há mais de cem anos divide os cultores do Direito Constitucional, da Teoria Geral do Direito e da Lógica Jurídica.[89]

Três teses principais, com cambiantes vários, se defrontam: a dos que os tomam como imprescindíveis e insuperáveis; a daqueles que, impugnam a sua legitimidade ou a sua eficácia jurídica; e a daqueles que, admitindo-os, os tomam apenas como relativos, porventura suscetíveis de remoção através de dupla revisão e de duplo processo de revisão.

---

[79]   ADRIANO MOREIRA, *Ideologias Políticas*, Lisboa, I.S.C.S.P.U., 1963-1964, pág. 75.

[80]   *Aspetos de uma teoria da inconstitucionalidade*, dissertação policopiada, Lisboa, 1964, pág. 191, nota (embora acrescentássemos que, verdadeiramente, aí o problema era de validade da própria Constituição).

[81]   *Ciência Política...*, I, cit., pág. 251.

[82]   *Ibidem*, II, cit., pág. 93.

[83]   JOSÉ MIGUEL JÚDICE, *op. cit., loc. cit.*, pág. 25.

[84]   NUNO SÁ GOMES, *Lições de Direito Fiscal*, II, Lisboa, 1985, págs. 171 e segs.

[85]   MARCELO REBELO DE SOUSA, *Direito Constitucional-I – Relatório*, cit., pág. 35.

[86]   CASALTA NABAIS, *O dever fundamental de pagar impostos*, Coimbra, 1998, págs. 174 e segs.

[87]   J. J. GOMES CANOTILHO, *Direito...*, cit., pág. 1066.

[88]   VASCO PEREIRA DA SILVA, *Como a Constituição é verde*, in *Nos 25 anos da Constituição da República Portuguesa de 1976*, obra coletiva, Lisboa, 2001, pág. 194.

[89]   Cfr., numa larga visão interdisciplinar, MIGUEL NOGUEIRA DE BRITO, *A Constituição...*, cit., págs. 387 e segs.; ou MARCELLO PIAZZA, *Una rellettura dei limiti alla revisione costituzionale*, in *Quaderni Costituzionle*, 2004, págs. 879 e segs.

Parte III · **Tít. I** · **Cap. III** – Modificação e Subsistência da Constituição | **367**

E estas teses têm-se igualmente manifestado na doutrina portuguesa, quer à face da Constituição de 1911, quer à face da Constituição de 1976.

II – Os argumentos principais da primeira tese extraem-se do conceito de poder de revisão e do princípio da identidade da Constituição material.

O poder de revisão, porque criado pela Constituição e regulado por ela quanto ao modo de se exercer, porque poder *constituído*, tem necessariamente de se compreender dentro dos seus parâmetros; não lhe compete dispor contra as opções fundamentais do poder constituinte originário.

A faculdade de "reformar a Constituição" é a faculdade de substituir uma ou várias regras legal-constitucionais por outra ou outras, no pressuposto de que fiquem garantidas a identidade e a continuidade da Constituição considerada como um todo. Não é a faculdade de fazer uma nova Constituição, nem de substituir o próprio fundamento da competência de revisão.[90]

Solidário do regime estabelecido pela Constituição, não poderia o órgão de revisão, sem cometer um desvio de poder, pôr em causa as bases desse regime tal como a Constituição as define.[91]

A função do poder de revisão não é fazer Constituições, mas o inverso: guardá-las e defendê-las, propiciando a sua acomodação a novas conjunturas. Por isso, a adaptação que ele viabiliza, tendo caráter instrumental em relação à conservação do tipo de Estado existente, nunca pode sacrificar a forma essencial deste.[92]

Reconhecendo-se ao poder reformador a prerrogativa de superar os limites que lhe sejam assinalados, torna-se ele ilimitado e senhor da Constituição.[93]

Por outro lado, a Constituição formal está ao serviço da Constituição material. Revê-la implica respeitar esta Constituição material e, desde logo, respeitar os preceitos que, explicitados numa proibição, denotam a consciência da ideia de Direito, do projeto ou do regime em que se corporiza.

---

[90] CARL SCHMITT, *op. cit.*, pág. 120.
[91] GEORGES BURDEAU, *Traité...*, cit., IV, pág. 258.
[92] FRANCISCO LUCAS PIRES, *O problema...*, cit., págs. 71-72.
[93] GUSTAVO JUST DA COSTA E SILVA, *op. cit.*, pág. 169 (embora defenda, a págs. 234 e segs., a abertura, principiológica, como critério fundamental da Constituição).

368 | Teoria do Estado e da Constituição · *Jorge Miranda*

A insuperabilidade dos limites da revisão não consiste em deter a vida do Estado, mas tão-só em buscar o critério para poder imputar as mutações a certo ordenamento constitucional.[94]

Toda a Constituição tem uma lógica e uma ordenação sistemática que não pode ser prejudicada, e isso não apenas no plano formal mas, muito mais, no aspeto da íntima conexão material que lhe dá sentido e que não pode ser ultrapassada nas reformas do texto.[95]

Nem todos que seguem esta orientação geral[96] perfilham, contudo, o que parece ser o seu corolário: o reconhecimento não apenas de limites expressos como ainda de limites implícitos ou tácitos.[97]

---

[94] Costantino Mortati, *Concetto, limiti, proccedimento della revisione costituzionale*, cit., *loc. cit.*, pág. 45, nota.

[95] Rogério Soares, *Constituição...*, cit., *loc. cit.*, pág. 669.

[96] Além dos autores já citados, v. A. Esmein, *op. cit.*, II, págs. 501 e segs.; Maurice Hauriou, *op. cit.*, págs. 335-336; Fritz Fleiner, *op. cit.*, *loc. cit.*, pág. 291; Paolo Barile, *La Costituzione come Norma Giuridica*, Florença, 1951, págs. 76 e segs.; Ganshot Van Der Meersch, *op. cit.*, pág. 78; Otto Bachof, *op. cit.*, pág. 53; Gomes Canotilho, *O problema da dupla revisão na Constituição Portuguesa*, separata da revista *Fronteira*, e *Direito...*, cit., págs. 1067 e segs.; Marcelo Rebelo de Sousa, *Direito Constitucional*, cit., págs. 75 e segs.; Antoine M. Pantélis, *op. cit.*, pág. 206; Pedro de Vega, *op. cit.*, págs. 240 e segs.; Nelson de Sousa Sampaio, *op. cit.*, págs. 82 e segs.; Carlos Ayres Britto, *A reforma constitucional e a sua intransponível inabolibilidade*, in *Perpectivas Constitucionais*, obra coletiva, II, Coimbra, 1997, págs. 77 e segs.; Giovanni Vagli, *Nascita, evoluzione e significato dei limiti materiale espressi di revisione nella Costituzione portoghese*, in *Quaderni Costituzionali*, 1998, págs. 101 e segs., *maxime* 107, nota; Ingo Sarlet, *A eficácia dos direitos fundamentais*, Porto Alegre, 1998, págs. 349 e segs.; Zeno Veloso, *Controlo judicial da constitucionalidade*, 2ª ed., Belo Horizonte, 2000, págs. 136 e 137; José Adércio Leite Sampaio, *A Constituição reinventada pela jurisdição constitucional*, Belo Horizonte, 2002, págs. 405 e segs.; Emerson Garcia, *op. cit.*, págs. 423 e segs.; Jorge Bacelar Gouveia, *op. cit.*, I, cit., págs. 657 e segs.; Luiz Pinto Ferreira, *op. cit.*, pág. 215.

[97] Aceitam limites implícitos, entre outros, Maurice Hauriou, *op. cit.*, pág. 469; Costantino Mortati, *op. cit.*, *loc. cit.*, pág. 41; Francisco Lucas Pires, *O problema...*, cit., págs. 68 e segs.; Gerardo Morelli, *op. cit.*, págs. 267 e segs.; Afonso Queiró, *Uma Constituição...*, cit., pág. 20; J. Vilas Nogueira, *La Constitución y la reproducción del orden politico fundamental*, in *Revista de Estudios Politicos*, nº 12, maio-junho de 1981, págs. 63 e segs.; Ignacio de Otto *op. cit.*, págs. 63 e seg.; Gomes Canotilho, *Direito...*, cit., pág. 1066. Recusam-nos, por exemplo, Carlo Esposito, *La Validità...*, cit., págs. 168 e segs.; Pierfrancesco Grossi, *op. cit.*, págs. 91-92. Assim como, ao invés, só aceita limites correspondentes ao Direito natural ou a um princípio de razoabilidade Jean Darbellay, *op. cit.*, págs. 732 e segs.
Cfr. ainda John Rawls, *Political Liberalism*, 1993, trad. *O liberalismo político*, Lisboa, 1996, págs. 231 e 232, sobre os direitos fundamentais consagrados no 1º Aditamento à Constituição dos Estados Unidos.

Parte III · Tít. I · Cap. III – Modificação e Subsistência da Constituição | **369**

De outro ângulo ainda, há quem refira o princípio da divisão inter-generacional ou intertemporal do trabalho e que diga que o direito ao abrigo o qual uma geração limita a liberdade de ação das que se lhe su-cedem decorre do sucesso da tarefa de fundação que essa geração se cometeu a si própria. Tal como refere STEPHEN HOLMES, livres da enorme ta-refa de lançar e legitimar um novo regime, os vindouros podem dedicar--se à prossecução de objectivos específicos. Deste modo, a geração que adotou a Constituição tem o direito de vincular minimamente todas as gerações posteriores por forma a impedir que cada uma delas vincule maximamente a que imediatamente lhe sucede.[98]

III – Inversamente, aqueles que impugnam a legitimidade ou a efi-cácia jurídica das normas de limites materiais aduzem a inexistência de diferença de raiz entre poder constituinte e poder de revisão – ambos expressão da soberania do Estado e ambos, num Estado democrático re-presentativo, exercidos por representantes eleitos; a inexistência de dife-rença entre normas constitucionais originárias e supervenientes – umas e outras, afinal, inseridas no mesmo sistema normativo; e a inexistência de diferença entre matérias constitucionais – todas do mesmo valor, se constantes da mesma Constituição formal.

O poder constituinte de certo momento não é superior ao poder constituinte de momento posterior. Pelo contrário, deve aplicar-se a regra geral da revogabilidade de normas anteriores por normas subsequen-tes. Nem seria concebível uma autolimitação da vontade nacional, pois, como proclamou o art. 28º da Constituição francesa de 1793, um povo tem sempre o direito de rever, de reformar e de modificar a sua Constitui-ção e nenhuma geração pode sujeitar as gerações futuras às suas leis.[99]

Se os poderes constituintes que a nação confere aos seus deputados são destinados a confecionar a Constituição, com que poderes é que os deputados começariam por se atribuir competência para limitar – por toda uma eternidade, presumivelmente – o alcance da própria soberania nacional, proibindo que ela pudesse, pelo processo normal de represen-tação, afirmar-se de novo acerca de determinados pontos?[100]

---

[98] MIGUEL NOGUEIRA DE BRITO, *A Constituição Constituinte*, cit., págs. 141 e segs. e 157 e segs.

[99] Observa, contudo, SCHMITT (*op. cit.*, pág. 106) que esta formulação contém não só o direito às revisões constitucionais mas também o direito às supressões. Cfr. o art. 1º do título VII da Constituição de 1791.

[100] MAGALHÃES COLLAÇO, *Ensaio...*, cit., pág. 83. Cfr., duma perspetiva mais ampla, SILVES-TRE PINHEIRO-FERREIRA, *Observações sobre a Constituição...*, cit., págs. 9-10.

A declaração de intangibilidade de um regime não é senão um simples voto sem força jurídica obrigatória, embora possa ter um significado político.[101]

Diante das disposições de intangibilidade da Lei Fundamental de Bona há que, infelizmente, reconhecer: decerto, são produtos da boa-fé, mas *qui trop embrasse, mal étreint*. Em tempos normais podem traduzir-se numa luz vermelha útil frente a maiorias parlamentares desejosas de mudança, mas em épocas de crise reduzem-se a folhas de papel varridas pelo vento da realidade política.[102]

Se o fenómeno ab-rogatório se verifica entre atos do mesmo grau, então a afirmação da superioridade da Constituição sobre as leis de revisão deveria levar a excluir a própria admissibilidade conceitual destas últimas.[103-104]

Como a norma de revisão não pode se referir a si mesma, então o seu dever ser, isto é, a imposição que faz nunca recairá sobre si. O poder constituinte existe sempre, pois uma comunidade poderá sempre, em qualquer momento, modificar as suas próprias regras jurídicas.[105]

IV – Numa postura só aparentemente intermédia, afirma-se a validade dos limites materiais explícitos, mas, ao mesmo tempo, entende-se que as normas que os preveem, como normas de Direito positivo que são, podem ser modificadas ou revogadas pelo legislador da revisão constitucional, ficando, assim, aberto o caminho para, num momento ulterior, serem removidos os próprios princípios correspondentes aos limites. Nisto consiste a tese da dupla revisão e do duplo processo de revisão.

As cláusulas de limites materiais são possíveis, é legítimo ao poder constituinte (originário) decretá-las e é forçoso que sejam cumpridas enquanto estiverem em vigor. Todavia, são normas constitucionais como

---

[101] Joseph Barthélemy e Paul Duez, *Traité...*, cit., págs. 225-226.

[102] Karl Loewenstein, *op. cit.*, pág. 192.

[103] Codacci-Pisanelli, cit. por Stefano Maria Cicconetti, *op. cit.*, pág. 238.

[104] Cfr. ainda, com estes ou outros argumentos, Félix Moreau, *Précis Élémentaire de Droit Constitutionnel*, 7ª ed., Paris, 1911, págs. 428-429; Léon Duguit, *Traité...*, cit., IV, 2ª ed., Paris, 1924, págs. 539 e segs.; Julien Laferrière, *Manuel de Droit Constitutionnel*, 2ª ed., Paris, 1947, pág. 289; Guido Lucatello, *Sull'immutabilità della forma repubblicana*, in *Scritti giuridici in memoria di V. E. Orlando*, II, págs. 25 e segs. e 42 e segs.; Spagna Musso, *op. cit.*, págs. 44 e segs.; Giuseppe Contini, *La Revisione Costituzionale in Italia*, cit., págs. 279 e segs.; Herbert Hart, *op. cit.*, pág. 87; Georges Vedel, *Souveraineté et supraconstitutionalité*, in *Pouvoirs*, 1993, págs. 89-90; Ives Gandra da Silva Martins, *Cláusulas pétreas*, in *Perspetivas Constitucionais*, obra coletiva, I, Coimbra, 1997, págs. 145 e segs.; Paulo Napoleão Nogueira da Silva, *Princípio democrático e Estado legal*, Rio de Janeiro, 2001, págs. 46 e segs.

[105] Rúben Miguel Pereira Ramião, *op. cit.*, págs. 388 e segs., *maxime* 402.

Parte III · Tít. I · Cap. III – Modificação e Subsistência da Constituição | **371**

quaisquer outras e podem elas próprias ser objeto de revisão, com as consequências inerentes.

Garantias políticas justificadas por situações históricas determinadas, podem ser modificadas ou removidas mediante processo de revisão, logo que essas situações mudem. A proibição de revisão direta em que se consubstancia a ilegalidade formal do ato de revisão não pode confundir-se com a revogação pura e simples da proibição, que é exercício do poder soberano do Estado.[106]

Porque a função constituinte e a função de revisão se encontram no mesmo plano, os eventuais limites textuais devem ser tomados como auto-obrigações que o legislador constitucional se impõe a si próprio e que, por isso, valem até serem removidos por uma ulterior manifestação igual e contrária.[107]

A superpositivação do já positivado apenas tem o sentido de aumentar a estabilidade da norma ou do princípio de primeiro grau (isto é, de agravar o seu processo de revisão), e não o conteúdo valioso de quaisquer normas ou princípios materiais. Tratar-se-á de uma tentativa de reservar um mais longo período de experiência a certo ou certos projetos de realização da ideia constitucional.[108]

Não se pode negar nenhuma forma de eficácia às regras constitucionais objeto de intangibilidade, mas trata-se de uma força obrigatória relativa, porque importa assentar na ideia de um exercício dividido da soberania. O órgão jurisdicional (por exemplo, o Tribunal Constitucional federal alemão) que anula uma norma constitucional nova sobre matéria intangível em virtude de uma regra constitucional anterior detém uma parcela da soberania popular tão legitimamente como o poder constituinte sancionado. Garantindo o respeito por todos os seus representantes das regras fundamentais estabelecidas pelo povo soberano, o órgão jurisdicional aumenta a efetividade dessa vontade popular. Todavia, nenhuma imutabilidade de princípio pode opor-se, de modo absoluto, à evolução do Direito do Estado.[109-110]

---

[106] EMILIO CROSA, *Variazioni...*, cit., *loc. cit.*, pág. 486.

[107] STEFANO MARIA CICCONETTI, *La Revisione...*, cit., pág. 256. V. também *Revisione...*, cit., *loc. cit.*, págs. 148 e 152 e segs.

[108] JOÃO BAPTISTA MACHADO, *Participação e descentralização...*, cit., pág. 125.

[109] MARIE-FRANÇOISE RIGAUX, *La Théorie les Limites Matérielles...*, cit., *maxime* págs. 254, 256 e 259. E acrescenta (pág. 262): reconhecer a relatividade da validade dos limites materiais autónomos e da sua força obrigatória é afirmar que o Direito é a expressão da tensão entre o equilíbrio e o não equilíbrio, própria de qualquer sociedade que aspira à democracia.

[110] Em sentido próximo ou de consequências próximas, a partir de diferentes perspetivas, v. GEORGES MORANGE, *Valeur juridique des principes contenus dans les Déclarations*

117.

Posição adotada

I – Temos defendido, de há muito, a tese da necessidade jurídica dos limites materiais da revisão; mas, simultaneamente, temos acenado, embora com certas oscilações, para a relevância menor das cláusulas de limites expressos.

Mantendo-se em vigor a mesma Constituição, o poder de revisão é um poder constituído, como tal sujeito às normas constitucionais; quando o poder de revisão se libertasse da Constituição, nem mais haveria Constituição, nem poder de revisão, mas sim Constituição nova e poder constituinte originário.

A subordinação material do poder de revisão constitucional ao poder constituinte (originário), da revisão constitucional à Constituição, é um postulado lógico: por uma banda, se o poder de revisão constitucional se deriva do poder constituinte, a revisão constitucional que realize não pode ir contra a Constituição como totalidade instituída pelo mesmo poder constituinte; por outra banda, se a revisão constitucional é a revisão de normas constitucionais, não a feitura de uma Constituição nova, ela fica encerrada nos limites da Constituição. O art. 82º, § 2º, da Constituição de 1911 tinha este alcance: os preceitos sobre a forma republicana não podiam ser alterados imediatamente; para que fossem alterados, o processo exigia como fase preliminar a alteração do preceito que proibia a revisão.[111]

O poder de revisão constitucional é um poder constituinte, porque diz respeito a normas constitucionais. Mas é poder constituinte derivado, porque não consiste em fazer nova Constituição, introduzindo princípios

---

des Droits, in Revue du droit public, 1945, págs. 236 e segs.; Biscaretti di Ruffia, Sui limiti della "revisione costituzionale", cit., loc. cit., págs. 122 e segs., maxime 164 e segs., e Diritto Costituzionale Comparato, cit., pág. 686, nota; Franco Modugno, op. cit., I, págs. 76 e segs., maxime 78, nota; Carmen Lúcia Antunes Rocha, Constituição e mudança constitucional: limites ao exercício do poder de reforma constitucional, in Revista de Informação Legislativa, outubro-dezembro de 1993, págs. 181 e 182; Manoel Gonçalves Ferreira Filho, Significado e alcance das "cláusulas pétreas", in Revista de Direito Administrativo, 202, outubro-dezembro de 1995, págs. 11 e segs.; Emílio Kafft Kosta, O constitucionalismo guineense e os limites materiais de revisão, Lisboa, 1997, págs. 174 e segs. e 267 e segs.; Benito Aláez Corral, op. cit., págs. 212 e segs.; Carlos Blanco de Morais, op. cit., I, págs. 79 e segs.; Luzia Cabral Pinto, op. cit., págs. 261 e segs. Cfr. ainda Gregorio Peces-Barba, Los Valores Superiores, Madrid, 1984, págs. 104 e 105.

[111] Aspetos de uma teoria da inconstitucionalidade, Lisboa, 1964, págs. 193, 195-196 e 198.

Parte III · Tít. I · Cap. III – Modificação e Subsistência da Constituição | **373**

fundamentais em vez de outros princípios fundamentais. Os limites materiais da revisão tornam-se, por isso, juridicamente necessários, mesmo em Constituição flexível, havendo que distinguir entre limites expressos e limites implícitos e definindo-se estes a partir da forma de Estado e da forma de governo e da rigidez ou flexibilidade constitucional. Mas há limites cuja violação significa alteração da Constituição ou, porventura, criação de nova Constituição e limites cuja violação parece determinar apenas inconstitucionalidade material.[112]

As cláusulas de limites realçam de novo a ideia de Direito, a estrutura fundamental, aquilo que identifica a Constituição em sentido material subjacente à Constituição em sentido formal. Mas não podem impedir futuras alterações que atinjam tais limites, porque o poder constituinte é, por definição, soberano. O que obrigam é a dois processos, em tempos sucessivos, um para eliminar o limite da revisão e o outro para substituir a norma constitucional de fundo garantida através dele; o que obrigam é a tornar patente, a darem-se as modificações que dificultam, que a Constituição em sentido material já não é a mesma.[113]

Logicamente necessários, os limites materiais não podem ser violados ou removidos, sob pena de se deixar de fazer revisão para se passar a fazer Constituição nova. Mas uma coisa é remover os princípios que definem a Constituição em sentido material e que se traduzem em limites de revisão, outra coisa é remover ou alterar as disposições específicas do articulado constitucional que explicitam, num contexto histórico determinado, alguns desses limites.

Nada permite equiparar supra-rigidez a insuscetibilidade de modificação, salvo revolução, ou assimilar limites materiais a limites absolutos. Não há limites absolutos. *Absoluto deve ser, sim, o respeito de todos os limites, de todas as regras – tanto materiais como formais – enquanto se conservarem em vigor.*[114]

II – Foi a partir destas e de outras afirmações que pôde qualificar-se a nossa posição como de adesão à tese da dupla revisão e que ela recebeu críticas e reparos vindos de diversos setores da doutrina.[115]

---

[112] *Ciência Política...*, cit., I, págs. 250 e segs.; e, quanto à cidadania, II, pág. 93. No mesmo sentido, *Revisão constitucional,* in *Verbo,* XVI, pág. 503; *Decreto,* Coimbra, 1974, págs. 109-110; *Deputado,* Coimbra, 1974, pág. 34.

[113] *As Constituições Portuguesas,* Lisboa, 1976, págs. XLVII-XLVIII.

[114] *A Constituição de 1976...*, cit., págs. 246 e 249.

[115] V. André Gonçalves Pereira, *Uma Constituição para os anos 80?* e *Compromisso impossível,* cit., *loc. cit.;* Gomes Canotilho, *O problema da Dupla Revisão,* cit., págs. 29 e segs.; Marcelo Rebelo de Sousa, *Direito Constitucional,* cit., págs. 83 e segs.;

Porque considerámos pertinentes algumas dessas críticas e porque julgámos necessária alguma clarificação, mais tarde tentámos esquematizar melhor o nosso pensamento não apenas salientando a necessidade de limites materiais mas também tentando apurar o sentido de uma cláusula de limites explícitos como o art. 290º. Mantemos hoje quase *ipsis verbis* o que escrevemos na 2ª edição deste tomo.

Assim, continuamos a entender que a natureza do preceito é declarativa e não constitutiva (ele declara, não cria limites materiais, estes decorrem da coerência dos princípios constitucionais); que a sua função é de garantia; que respeita a princípios e não a preceitos; que é uma norma constitucional como outra qualquer, obrigatória enquanto vigorar, mas revisível; que, de resto, não é a alteração do art. 290º (agora 288º), só por si, que afeta os limites materiais da revisão; o que os afeta é atingirem-se os princípios nucleares da Constituição; que, em segundo processo de revisão, observados os requisitos constitucionais de forma, é possível modificar esses mesmos princípios, mas que então não se estará já a fazer revisão, estar-se-á a fazer uma transição constitucional e uma nova Constituição material.[116]

Como se vê, se estamos de acordo com a primeira corrente doutrinal quanto à noção de revisão e de poder de revisão, continuamos a atribuir às cláusulas de limites explícitos um valor bem menor do que a generalidade dos autores que nela se integram. Não defendemos uma tese intermédia ou de compromisso: sustentamos, sim, que existem diferentes categorias de limites, afirmamos que tais cláusulas têm de merecer uma interpretação objetiva e atualista e, por outro lado, insistimos em que nada impede que o processo de revisão – não a revisão – seja utilizada para uma transição constitucional. É o que iremos agora justificar e desenvolver.[117]

AFONSO QUEIRÓ, *Uma Constituição democrática*, cit., págs. 25 e segs.; MANUEL DE LUCENA, *Rever e romper (Da Constituição de 1976 à Constituição de 1989)*, in *Revista de Direito e Estudos Sociais*, 1991, págs. 62 e segs., nota.

[116] V. *Revisão constitucional*, in *Verbo*, XX, pág. 1039. E também *O regime dos direitos, liberdades e garantias*, in *Estudos sobre a Constituição*, III, págs. 95 e segs.; *A revisão constitucional – Consenso ou confronto?*, in *Expresso*, de 26 de janeiro de 1980; 1ª ed. deste tomo, págs. 491 e segs., e 2ª ed., págs. 172 e segs.; *Os limites materiais da revisão*, in *Jurídica*, nº 13/14, 1990, págs. 13 e segs.

[117] Próxima desta posição, conquanto não totalmente coincidente, é a de RUI MEDEIROS, anotação in JORGE MIRANDA e RUI MEDEIROS, *Constituição* ..., III, cit., págs. 928 e segs.

118.

A necessidade de limites materiais de revisão

I – O problema dos limites materiais da revisão reconduz-se, no fundo, ao traçar de fronteiras entre o que vem a ser a função própria de uma revisão e o que seria já conversão em Constituição diferente. Por detrás dele, encontra-se uma iniludível tensão dialética entre transformação e subsistência e entre aquilo que se oferece mutável e aquilo que imprime caráter e razão de ser à Constituição.

É um problema que se põe diante de qualquer Constituição e até diante do sistema jurídico em geral.[118] Porque em toda e qualquer Constituição – e até em qualquer diploma, interno ou internacional[119] – a revisão consiste em adotar preceitos sem bulir com os princípios, ele surge sempre, haja ou não disposições que enumerem, mais ou menos significativamente, certos e determinados limites.

Não se trata, simplesmente, de um problema de autovinculação do Estado. Trata-se, no fundamental, de um problema de distinção entre poder constituinte e poder constituído, já que o poder de revisão constitucional é um poder por aquele organizado e a ele subordinado.[120]

Suscita-se, seja a Constituição rígida ou flexível. Não é o regime de rigidez que, de *per si*, o provoca ou deixa de provocar. Mais: como em Constituição flexível a revisão pode dar-se quase inominadamente, mais necessário se torna aí tomar consciência, em cada instante, de quais os princípios vitais insuperáveis e inelimináveis da ordem jurídico-política (até porque em Constituição flexível, por maioria de razão, nunca há limites explícitos). A experiência inglesa comprova-o exuberantemente.[121]

---

[118] Cfr. Norberto Bobbio, *Teoria dell'ordinamento giuridico*, Turim, 1960, págs. 46 e segs. (mas sem se referir especificamente à revisão constitucional).

[119] Cfr. o nosso *Curso...*, cit., págs. 86 e segs. e autores citados.

[120] Por isso, não tem inteira razão Alfredo Gallego Anabitarte, quando refere que a existência de preceitos intangíveis nas Constituições é uma indireta e curiosa confirmação da tese de autovinculação de Jellinek (*Constitución y Personalidad Jurídica del Estado*, Madrid, 1992, pág. 114, nota).

[121] V. a demonstração de Lourival Vilanova, *op. cit.*, *loc. cit.*, págs. 466-467, e em Franco Modugno, *L'Invalidità...*, cit., I, págs. 66 e segs., *maxime* 69 e segs. Cfr. também as observações sobre a Inglaterra e os Estados Unidos de Stephen Holmes, *Vincoli costituzionali e paradissi della democrazia*, in *Il futuro della Costituzione*, págs. 167 e segs.

Depara-se também no domínio da Constituição marxista-leninista, em que todas as normas são "gradualmente modificáveis, mas no sentido da construção do socialismo".[122]

Não se esgota, de resto, no domínio da revisão. Surge *mutatis mutandis* em qualquer forma de modificação constitucional. Dissemo-lo a respeito das derrogações constitucionais: através destas não podem ser vulneradas regras fundamentais da Constituição. Devemos aduzi-lo a respeito das modificações tácitas: se o costume *praeter* e *contra legem* pode fazer emergir novas normas constitucionais, não pode criar um novo quadro de valores, nem servir para o trânsito de uma Constituição para outra.[123] Enfim, no vasto campo das alterações constitucionais *stricto sensu,* é a fidelidade ou não a certos princípios substanciais, recorde-se, que, em última análise, permite distinguir a simples rutura da revolução propriamente dita.

II – Em inteiro rigor, os limites não deveriam qualificar-se de explícitos e implícitos. Todos os limites materiais deveriam ter-se, ao mesmo tempo, por explícitos e implícitos. Por explícitos, enquanto só podem agir efetivamente quando explicitados em cada revisão constitucional em concreto. Por implícitos, na medida em que o critério básico para os conhecer é o perscrutar do sistema constitucional como um todo. Nem sempre, porém, tal coincidência se regista.[124]

Não traduz isto uma desvalorização das cláusulas de limites materiais, das cláusulas que se destinam, à partida, a *explicitar* limites *implícitos* na Constituição. Estas cláusulas possuem, pelo menos, uma dupla utilidade: a de externar os princípios constitucionais, evitando ou pondo termo às incertezas que possam formular-se acerca da Constituição material; e, com isso, a de lhes reforçar a garantia – pois a revisão constitucional é instrumento de garantia da Constituição.[125]

Mesmo se contêm um rol copioso como o nosso art. 288º, os preceitos definidores de limites materiais não têm de ser ou não conseguem ser exaustivos. Pode haver outros limites afora os que lá se encontrem

---

[122] Biscaretti Di Ruffia, *La revisione costituzionale,* cit., *loc. cit.,* págs. 433434. Cfr. Adriano Moreira, *Poder...,* cit., *loc. cit.,* pág. 137.

[123] Neste sentido, Franco Pierandrei, *La Costituzionale...,* cit., *loc. cit.,* págs. 109 e 118; Adriano Sant'ana Pedra, *op. cit.,* págs. 171 e segs. e 244; e, dalgum modo, Rogério Soares, *Constituição...,* cit., *loc. cit.,* págs. 669-670.

[124] Cfr. os tipos de limites, segundo Miguel Nogueira de Brito, *op. cit.,* págs. 429 e segs.

[125] Cfr. Peter Häberle, *L'État...,* cit., págs. 122 e segs. Os limites materiais correspondem a uma espécie de Constituição da Constituição (pág. 125).

Parte III · Tít. I · Cap. III – Modificação e Subsistência da Constituição | 377

consignados. Em contrapartida, tudo quanto consta do art. 288º deve ser considerado limite material, por variado que seja o regime aplicável.

Normas constitucionais como quaisquer outras, as normas de limites materiais estão, por outro lado, sujeitas a uma interpretação evolutiva;[126] e a própria identidade não deve caraterizar-se pela nota da fixidez, mas pela nota da "autonomia evolutiva" no seio das contingências.[127]

É o entendimento que venha a ser prestado aos princípios que há-de determinar o entendimento de tais normas, não o inverso; é na adesão da consciência jurídica aos princípios da Constituição que reside a força dos limites, não nas normas de limites em si, isoladas;[128] e são a legitimidade a efetividade dos princípios, em tensão dialética, que contam em último termo.

III – Os limites materiais da revisão não se confundem com os limites materiais do poder constituinte (originário): estes vinculam o órgão constituinte na formação da Constituição, aqueles apenas o órgão de revisão constitucional; estes são constituintes ou, se se preferir, *constitutivos* do ordenamento; aqueles *constituídos*.

O poder constituinte material não pode, sob pena de ilegitimidade da lei constitucional, infringir limites transcendentes; nem o poder constituinte formal dispor contra limites imanentes. Mas a este é dado estabelecer ou não estabelecer tais ou tais limites específicos do poder de revisão: estabelece-os, desde logo, ao erguer a Constituição formal, tendo como alicerces os princípios do regime escolhido.

Sucede tão-somente, como há pouco vimos, que as cláusulas expressas de limites materiais, não se confinando aos limites da revisão, com frequência contemplam limites do poder constituinte e aglutinam uns e outros numa mesma fórmula (ou não chegam a tratar senão de limites do poder constituinte).

De igual sorte, dentre os limites específicos da revisão – objeto de cláusulas expressas – pode haver mais que um grau. Pode haver limites

---

[126] Cfr. Vezio Crisafulli, *op. cit.*, I, pág. 104.

[127] João Baptista Machado, *Participação e descentralização*, cit., pág. 124, nota.

[128] Cfr. as observações de Georges Scelle, *Principes du Droit Public*, policopiado, Paris, 1937-1938, pág. 251: no momento em que se insere uma cláusula de imutabilidade, ela pode corresponder à realidade jurídica e o legislador constituinte pode conceber que as necessidades sociais que lhe deram origem têm possibilidade de perdurar; neste sentido, a cláusula de imutabilidade pode ser defendida como juridicamente válida; o que pode acontecer é que o legislador constituinte se tenha enganado.

378 | Teoria do Estado e da Constituição · *Jorge Miranda*

que exibam, direta e imediatamente, princípios fundamentais da Constituição, a ideia de Direito, o projeto, o regime em que assenta (como se queira). E pode haver outros princípios que o legislador constituinte tenha alçado ao nível dos limites materiais, sem que, apesar de tudo, se identifiquem com a essência da Constituição material.[129]

Quando as normas de limites materiais consagram limites, afinal, do poder constituinte (originário) e limites de revisão de primeiro grau (ou limites próprios ou *strictissimo sensu*), a sua natureza é meramente declarativa. Quando consagram limites de revisão de segundo grau (ou impróprios), adquirem, no entanto, uma função concomitantemente declarativa e constitutiva: declarativa, por se referirem a normas e princípios constitucionais substantivos; constitutiva, por lhes atribuírem um regime de supra-rigidez, distinto do dos demais princípios e normas.

Importa, por conseguinte, discernir, até pelas decorrências que podem achar-se na interpretação e na aplicação dessas cláusulas.

IV – Quanto a nós, as regras de processo de revisão são suscetíveis de modificação como quaisquer outras normas, desde que, por essa via, não se atinja qualquer dos princípios estruturantes da Constituição.[130]

---

[129] Cfr. PABLO LUCAS VERDU, *op. cit.*, II, pág. 664; JOÃO BAPTISTA MACHADO, *Introdução ao Direito e ao Discurso Legitimador*, Coimbra, 1983, pág. 156; ou VITAL MOREIRA, *Revisão e Revisões: A Constituição é ainda a mesma?*, in *20 anos da Constituição de 1976*, obra coletiva, Coimbra, 2000, págs. 206 e segs. (admitindo a distinção entre limites genuínos e não genuínos da revisão, embora pronunciando-se, em princípio, pela irrevisibilidade); ÓSCAR VILHENA VIEIRA, *A Constituição e a sua reserva de justiça – Um ensaio sobre os limites materiais ao poder de reforma*, São Paulo, 1999, págs. 234 e segs.; J. J. GOMES CANOTILHO, *Direito...*, cit., pág. 1069 (reconhecendo que a positivação constitucional de limites de revisão não elimina a necessidade de seletividade dos princípios, pois bem pode acontecer que alguns destes sejam limites genuínos respeitantes a autoidentificação material da esfera jurídico-constitucional e outros sejam limites conjunturalmente justificado; o problema está em saber como dar operacionalidade a esta distinção); CARLOS BLANCO DE MORAIS, *op. cit.*, págs. 78 e segs. (propondo uma tipologia em termos gradualísticos).

[130] Não entramos aqui na análise do conhecido "paradoxo de ALF ROSS": como pode a norma reguladora da revisão constitucional ser ela própria objeto de revisão? Parece-nos, porém, que, para lá de uma eventual solução de lógica jurídica – a existência de um princípio superior à norma de revisão – a história e o Direito positivo têm dado resposta ao problema.
Cfr. ALF ROSS, *op. cit.*, págs. 205 e segs.; PETER SUBER, *O paradoxo da auto-revisão no Direito Constitucional*, in *Revista da Faculdade de Direito da Universidade de Lisboa*, 1990, págs. 93 e segs.; ALESSANDRO PACE, *op. cit.*, págs. 136 e segs.; JOSÉ LUÍS PÉREZ TRIVIÑO, *Los límites jurídicos al soberano*, Madrid, 1998, págs. 144 e segs.; JORGE VANOSSI, *op. cit.*, págs. 236 e segs.; MIGUEL NOGUEIRA DE BRITO, *op. cit.*, págs. 235 e segs.;

Parte III · Tít. I · Cap. III – Modificação e Subsistência da Constituição | **379**

A rigidez constitucional funciona, por seu lado, como limite material, pois que espelha diretamente a arquitetura constitucional.[131] E o mesmo se diga da flexibilidade, porque, homologamente, a opção por ela excede, bem de longe, a mera opção por regras de processo.[132] Tanto uma como outra caraterística derivam do espírito da Constituição em concreto e do modo como, à sua luz, se entende o poder da revisão. Tanto uma como outra funcionam, embora em termos aparentemente contrários, como garantias de subsistência do sistema frente ao poder legislativo: ali, em Constituição rígida, visando, em especial, impedir que a maioria política ordinária mude normas constitucionais; aqui, em Constituição flexível, visando impedir que a maioria de certo momento, depois de ter fixado em normas o seu projeto, venha a obstar, através da dificultação da revisão, à sua ulterior modificação por idêntica maioria.[133]

É, numa perspetiva histórica e situada – mais uma vez se sublinha – que têm de ser compreendidas a rigidez e a flexibilidade constitucionais.

V – Os limites materiais, porque dirigidos a leis de revisão, são violáveis por ação, por contradição dessas leis com os princípios a que correspondem. Não se vê facilmente como possam ser infringidos por omissão, por inércia ou passividade do legislador de revisão.

Não se justifica, contudo, recusar *a priori* a possibilidade de violações por omissão. Elas poderão talvez ocorrer em certas configurações de Constituição prospetiva, cujos princípios exijam a concretização progressiva de certas providências por via constitucional e quando isso não se verifique. Poderão dar-se ainda em caso de derrogações constitucionais, admissíveis em certas circunstâncias ou para certas pessoas, mas não para todo o tempo, e que deverão ser revogadas ou tornadas

---

CLAUDE KLEIN, *op. cit.*, págs. 123 e segs.; MIGUEL GALVÃO TELES, *Temporalidade...*, cit., *loc. cit.*, págs. 46-47; JORGE VANOSSI, *op. cit.*, págs. 236 e segs.; MIGUEL NOGUEIRA DE BRITO, *op. cit.*, págs. 273 e 428; GIOVANNI RIZZA, *Autoreferenzialità, deconstruzione, cambiamento nella revisione costituzionale*, in *Diritto e Società*, 2002, págs. 1 e segs., maxime 13 e segs.; MARCELLO PIAZZA, *I limiti alla revisione costituzionale nell'ordinamento italiano*, Pádua, 2002, págs. 315 e segs.; LUCIO PEGORARO, *Le garanzie costituzionali*, in LUCIO PEGORARO *et alii, Diritto Costituzionale e Pubblico*, Turim, 2002, págs. 387-388.

[131] Neste sentido também J. J. GOMES CANOTILHO, *Direito...*, cit., pág. 1052. Cfr. NELSON DE SOUSA SAMPAIO, *op. cit.*, pág. 106.

[132] Contra: FRANCO MODUGNO, *op. cit.*, I, págs. 79 e 80 (mas parte da realidade da distinção entre rigidez e flexibilidade).

[133] Cfr. MIGUEL GALVÃO TELES, *Temporalidade...*, cit., *loc. cit.*, págs. 48-49.

caducas em posterior revisão, salvo preterição de princípios fundamentais do ordenamento – quer dizer, de limites materiais.[134]

119.

A revisibilidade das cláusulas de limites expressos

I – Repetimos: as normas de limites expressos não são lógica e juridicamente necessárias, necessários são os limites; não são normas superiores, superiores apenas podem ser, na medida em que circunscrevem o âmbito da revisão como revisão, os princípios aos quais se reportam.

Como tais – e sem com isto afetar, minimamente que seja, nem o valor dos princípios constitucionais, nem o valor ou a eficácia dessas normas na sua função instrumental ou de garantia – elas são revisíveis do mesmo modo que quaisquer outras normas, são passíveis de emenda, aditamento ou eliminação e até podem vir a ser suprimidas através de revisão.[135] Não são elas próprias limites materiais.

Se forem eliminadas cláusulas concernentes a limites do poder constituinte (originário) ou limites de revisão próprios ou de primeiro grau, nem por isso estes limites deixarão de se impor ao futuro legislador de revisão. Porventura, ficarão eles menos ostensivos e, portanto, menos guarnecidos, por faltar, doravante, a interposição de preceitos expressos a declará-los. Mas somente haverá revisão constitucional, e não excesso do poder de revisão, se continuarem a ser observados.

Se, ao invés, forem eliminadas cláusulas de limites impróprios ou de segundo grau, como são elas que os constituem como limites, este ato acarretará, porém, automaticamente, que os correspondentes princípios, já, em próxima revisão, não terão de ser observados. É só, a este propósito, que pode falar-se em *dupla revisão*.

---

[134] No Direito português, inconstitucionalidade por omissão da revisão constitucional teria sido a não extinção do Conselho da Revolução na primeira revisão constitucional (na revisão a fazer, em princípio, na primeira legislatura). O Conselho da Revolução não poderia ter existido mais do que em curto período sem brigar com a estrutura democrático-representativa do poder político instituído pela Constituição de 1976; e, se viesse a ficar para além dessa revisão, tudo seria como se tal estrutura e, portanto, a Constituição material se transformasse noutra.

[135] Pois, parafraseando aqui Franco Modugno (*op. cit.*, I, pág. 76), a imutabilidade, enquanto positivamente estabelecida, é sempre constituída, e nunca constituinte, sempre condicionada e não condicionante.

Parte III · Tít. I · Cap. III – Modificação e Subsistência da Constituição | **381**

Em contrapartida, nada obsta a que, por meio de revisão, sejam declarados limites preexistentes de primeiro grau ou que sejam introduzidos novos limites de segundo grau; e nada obsta à formulação de cláusulas de limites materiais em Constituições que inicialmente as não continham. Pode haver *limites supervenientes* a par dos *limites originários,* fruto de decisão do órgão competente, segundo a evolução política, social e jurídica do país.

O que não poderá admitir-se é acrescentar limites *ex novo* ou em substituição de outros, que sejam contraditórios com os princípios constitucionais garantidos: por exemplo, a alínea *b)* do art. 288º não poderá ser modificada de modo a falar em "forma *monárquica* de governo" ou a alínea *f)* de modo a referir-se a "sufrágio restrito" ou a "sufrágio orgânico".

E as cláusulas de limites supervenientes poderão manter-se, ser alteradas ou desaparecer, por seu turno, em eventual revisão ulterior.

II – Acerca deste ponto (em que nos afastamos mais da primeira corrente doutrinal sobre limites materiais) têm sido apontados alguns contra-argumentos que não parecem proceder.

Diz-se que o sentido da declaração de imutabilidade de uma norma é não só a fixidez dessa norma como a da própria declaração de inalterabilidade;[136] que a edição de uma norma de limites materiais só tem sentido contanto que esta seja irreversível, de validade absoluta, ou enquanto norma que, em caso algum, poderá ser modificada, sob pena de se frustrar a intenção do legislador constituinte, o qual, doutro modo, a não teria decretado.

As regras de alteração de uma norma pertencem, logicamente, aos *pressupostos* da mesma norma, colocam-se num nível de validade (eficácia) superior ao da norma a modificar.[137]

Tais argumentos levam consigo uma carga positivista e conceitualista evidente. Implicam uma hipostasiação da lei constitucional e da sua autoqualificação, visto que os limites materiais valeriam por terem sido consagrados *ex professo* e não porque devessem valer como limites materiais (designadamente, quando se tratasse de limites transcendentes) e valeriam mesmo quando o legislador constituinte tivesse cometido um verdadeiro abuso de poder, estipulando limites desrazoáveis ou sem suficiente apoio na consciência jurídica coletiva.

---

[136]   J. J. Gomes Canotilho, *O problema...*, cit., *loc. cit.*, pág. 30.
[137]   J. J. Gomes Canotilho, *Direito...*, cit., pág. 1068.

382 | Teoria do Estado e da Constituição • *Jorge Miranda*

Levam consigo também uma interpretação subjetiva inaceitável. Não há que reconstituir qualquer intenção subjetiva do legislador constituinte; há apenas que compreender e garantir a Constituição como sistema de normas que perduram no tempo. Se existe uma superioridade ou prerrogativa do legislador constituinte (originário), é só no sentido objetivo, ligado à expressão da ideia de Direito ou da Constituição material.

Mas, talvez sobretudo, tal tese equivale a uma inversão de valores: um meio, a garantia da ideia de Direito, volve-se em fim, a pura lógica da organização torna-se dominante, o poder democrático perde a competência de determinar o princípio organizativo.[138]

Diz-se que rever as normas de limites materiais equivale a pôr em causa esses mesmos limites, porque suprimir a proibição de lhes tocar encerra ou determina o segundo evento, a remoção do limite; a proibição de um comportamento implica para o destinatário uma proibição de eliminar essa mesma proibição; eliminar a norma de garantia significa a mutação da norma garantida.[139]

Não é assim, como acabámos de salientar: quanto aos limites de primeiro grau, porque a norma de garantia não os constitui; quanto aos de segundo grau, porque o cessarem de estar contemplados apenas traduz a vontade – perfeitamente legítima no confronto da vontade originária que os emanou – de lhes não conferir senão a garantia geral inerente à revisão, em vez da garantia decorrente de revisão agravada em dois momentos.

Diz-se, de outra banda, que admitir a revisão das cláusulas de limites expressos em todas as suas consequências as torna inúteis. A ser possível remover quaisquer das cláusulas de limites ou até alguns dos limites, por que não, desde logo, atingir diretamente os limites ou todos os limites, revogando, tácita ou implicitamente, a norma proibitiva?

Todavia, tão pouco é assim. A norma de limites expressos deve ser cumprida, por todo o tempo em que vigorar; enquanto não for alterada, não poderá haver, por conseguinte, preterição dos limites – sejam quais forem – que comina. Passa-se com ela algo de semelhante ao que se passa com qualquer norma legislativa, suscetível de revisão pelo órgão legislativo ordinário: este poderá modificá-la, nos termos da Constituição, mas,

---

[138] João Baptista Machado, *Participação...*, cit., pág. 127, nota.

[139] Cfr. Costantino Mortati, *Concetto...*, cit., *loc. cit.*, pág. 48; Gilmar Ferreira Mendes, *Os limites da revisão constitucional*, in *Revista Notícia do Direito Brasileiro*, 1º semestre de 1996, pág. 199; Gomes Canotilho, *Direito...*, cit., pág. 1068.

Parte III · Tít. I · Cap. III – Modificação e Subsistência da Constituição | **383**

enquanto a não modificar, não poderá fazer normas legais discrepantes. Ou algo de semelhante ao que se passa com qualquer norma produzida ao abrigo de uma faculdade de auto-organização: ela não deixa de ser vinculativa para o órgão que a estatui e, sem embargo, poderá ser substituída quando esse órgão o achar oportuno.[140]

Nem seria possível, durante um só processo de revisão, mudar tanto a norma de limites como os próprios limites ou princípios constitucionais fundamentais: por exemplo, em Portugal, até à entrada em vigor da lei de revisão, nunca estes poderiam ser afetados, por força do art. 288º, e, após essa entrada em vigor (ou após a publicação, como diz o art. 284º, nº 1), cessa o poder de revisão e há que esperar cinco anos ou uma antecipação.[141]

A *ratio legis* de uma cláusula de limites é a mesma que preside à rigidez constitucional: a garantia através da dificultação do processo, a limitação do poder. Para não ser posta em causa, ela exige um segundo processo de revisão – ou seja, uma manifestação reiterada da vontade de revisão, uma segunda maioria em sentido idêntico ao da primeira, em momento ulterior.[142] Exige isto, mas não exige mais do que isto.

120.
Preterição de limites materiais e inconstitucionalidade

I – Porém, como sucede com quaisquer normas jurídicas, podem ser preteridos os limites materiais da revisão – ou seja, os princípios constitucionais que constituam limites materiais da revisão – e os preceitos que os explicitem.

Podem ser preteridos segundo diversas hipóteses, se bem que todas se reconduzam a dois pólos: ou à inconstitucionalidade da lei de revisão (pois a preterição por lei ordinária não merece ser aqui examinada) ou à cessação da sua vigência. Se tais princípios ou normas conservam efetividade, a

---

[140] Cfr., doutro prisma, S. M. CICCONETTI, *op. cit.*, pág. 260.

[141] Também para este efeito se explica o princípio de condensação das iniciativas de revisão atrás referido.

[142] Este momento poderá ser encurtado por modificação das regras sobre sistema de revisão que, entretanto, se opere. Mas dentro dos limites do razoável e, em coerência com o princípio democrático, nunca de modo a dispensar eleições gerais entre a primeira e a segunda revisão; o contrário seria já entrar em rutura.

contradição que com eles se verifique por parte de qualquer lei de revisão há-de ser prevenida ou suprimida mediante os mecanismos de garantia da Constituição que existam. Se, ao invés, não conservam efetividade, outros princípios se lhes hão-de substituir e, se se tratar de limites de primeiro grau, outra Constituição material há-de sobrevir.[143]

Podem ser preteridos com cumprimento autêntico ou com cumprimento meramente formal ou aparente das regras constitucionais de processo (verifiquem-se ou não os pressupostos ou requisitos de qualificação). E também, em caso de incumprimento, os dois pólos serão ou a inconstitucionalidade formal ou a alteração constitucional.

II – É inconstitucional – materialmente inconstitucional – uma lei de revisão que:

a) Estabeleça normas contrárias a princípios constitucionais que devam reputar-se limites materiais da revisão, embora implícitos (por exemplo, uma lei de revisão que estabeleça discriminação em razão da raça, infringindo, assim, o princípio da igualdade proclamado no art. 13º);

b) Estabeleça normas contrárias a princípios constitucionais elevados a limites materiais expressos (por exemplo, uma lei de revisão que estabeleça censura à imprensa, afetando, assim, o conteúdo essencial dos direitos, liberdades e garantias dos arts. 37º e 38º);

c) Estabeleça normas contrárias a princípios constitucionais elevados a limites materiais expressos, com concomitante eliminação ou alteração da respetiva referência ou cláusula (a mesma hipótese, com eliminação ou alteração da alínea *d)* do art. 288º);

d) Estipule como limites materiais expressos princípios contrários a princípios fundamentais da Constituição (por exemplo, substituição, na alínea *g)* do art. 288º, de "existência" por "ausência" "de planos económicos no âmbito de uma economia mista").

III – Havendo, além da preterição dos limites materiais, preterição de limites formais, as hipóteses tornam-se mais carregadas:

a) A preterição de limites materiais de primeiro grau ou de limites do poder constituinte (originário) por forma inconstitucional

---

[143] Cfr. Carlo Esposito, *op. cit.*, pág. 211.

Parte III · Tít. I · Cap. III – Modificação e Subsistência da Constituição | 385

equivale a uma revolução (assim, a restauração da monarquia por maioria simples da Assembleia da República, ou por referendo);

b) A preterição de limites materiais de segundo grau por forma inconstitucional equivale a uma rutura em sentido estrito (*v.g.*, a eliminação da fiscalização da inconstitucionalidade por omissão por maioria simples).

Por último, pode designar-se por *fraude à Constituição* a preterição de limites materiais de primeiro grau, com observância apenas externa das regras constitucionais de competência e de forma e substituição por outras para o futuro (como se terá passado na França em 1940 ou no Brasil em 1964).[144] Nestes casos, não existe, porém, utilização autónoma do processo de revisão, uma vez que o órgão de revisão não faz senão formalizar ou emprestar credibilidade, numa conjuntura de exceção, a uma operação política em curso ou mesmo já consumada por parte dos reais detentores do poder.

IV – A não reação, por qualquer causa, à inconstitucionalidade material da revisão constitucional ou a não reação em tempo útil conduz à perda da efetividade da norma ou do princípio constitucional infringido. Então:

a) Ou o princípio corresponde a um limite material de primeiro grau ou a um limite do poder constituinte (originário), e o que se dá é uma novação constitucional, a formação de uma nova Constituição, o exercício não já de poder de revisão, mas sim de poder constituinte (originário),[145] mesmo se, aparentemente, permanece a Constituição formal;

---

[144] V. LIET-VEAUX, *La "Fraude à la Constitution"*, in *Revue du droit public*, 1943, págs. 116 e segs., *maxime* 141 e segs. A construção deste autor baseia-se na conexão, que estuda, entre as formas de revisão e os carateres dos regimes políticos; e salienta como o órgão de revisão não pode decidir o abandono total e definitivo das regras de revisão em benefício de outras, porquanto tais regras traduzem o fundamento filosófico do poder. Cfr. o que há pouco dissemos sobre os limites à modificação das normas processuais de revisão.

[145] Neste sentido, por todos, OTTO BACHOF, *op. cit.*, pág. 53. Numa perspetiva diferente, CARLO ESPOSITO, *op. cit.*, pág. 211: as mutações de partes da Constituição e, em particular, do regime não têm de dar-se sempre por forma extralegal e revolucionária; mas, para que se deem, não é suficiente a publicação de uma lei, é necessário, que a tentativa de operar a mudança tenha êxito e que a disposição se traduza em ato.

386 | Teoria do Estado e da Constituição • *Jorge Miranda*

b) Ou o princípio corresponde a um limite material de segundo grau, e pode talvez (se observadas as regras formais) falar-se ainda em revisão constitucional.

121.

Preterição de limites materiais e fiscalização da constitucionalidade da revisão

I – É controversa na doutrina a questão da fiscalização da constitucionalidade da revisão constitucional, particularmente da constitucionalidade material – decerto, por se situar em zona cinzenta entre o jurídico e o político, entre o poder de revisão e o poder constituinte (originário).

Há quem comece por negar a própria possibilidade de inconstitucionalidade material da revisão: pois, ficando as normas por ela criadas no mesmo plano hierárquico das normas constitucionais, seria contraditório indagar da conformidade com a Constituição de atos (ou do resultado de atos) destinados a modificá-la.[146] Podem ser sindicados os atos do processo de gestação das reformas constitucionais, não o seu resultado.[147]

Tudo está, porém, quanto a nós, em compreender a função da revisão constitucional e a subordinação da competência para a levar a cabo à Constituição: se ela implica o preservar dos princípios vitais da Lei Fundamental, é óbvio que tem de ser sempre ajuizada em face desses princípios, e não em face desta ou daquela norma que os intente modificar ou substituir.[148-149]

A inconstitucionalidade material da revisão é fenómeno homólogo ao da ilegalidade da lei (como a que pode dar-se hoje em Portugal, por violação de lei de valor reforçado).[150] Não é por as normas serem da mesma categoria formal que não intercedem relações de constitucionalidade ou de legalidade. O que importa é haver ou não uma diferenciação de funções e de competência.

---

[146] Assim, FRANCO PIERANDREI, *op. cit., loc. cit.*, págs. 102-103. E foi essa também a opinião por nós expendida em *Aspetos...*, cit., págs. 196 e segs., embora já não em *Ciência Política...*, cit., II, págs. 494-495.

[147] BENITO ALAÉZ CORRAL, *op. cit.*, pág. 389.

[148] Por isso, MAURICE HAURIOU fala em *legitimidade constitucional* (*op. cit.*, pág. 269), a qual está acima da própria *supralegalidade*.

[149] Cfr. GAETANO SILVESTRE, *op. cit., loc. cit.*, pág. 1198: a lei de revisão está para a Constituição como a lei delegada para a lei de delegação.

[150] Cfr. *Manual...*, v, cit., págs. 379 e segs.

Parte III · Tít. I · Cap. III – Modificação e Subsistência da Constituição | **387**

Não decorre, porém, forçosamente, da admissibilidade da figura da inconstitucionalidade material da revisão a admissibilidade teórica ou prática da fiscalização. Tal dependerá de outros fatores, o primeiro dos quais vem a ser o sistema de garantia, praticado ou adotado em cada país.[151]

Têm sido vários os Supremos Tribunais e os Tribunais Constitucionais que se têm declarado competentes para apreciar a constitucionalidade de leis de revisão constitucional: os Supremos Tribunais dos Estados Unidos, da Índia, do Brasil, de Israel e os Tribunais Constitucionais da Alemanha e da Itália. Por sua vez, na França tem havido alguma oscilação por parte do Conselho Constitucional: se, em 1992, aceitou exercer fiscalização, já em 2003 recusou-a.

Na Roménia, a Constituição de 1991 atribui ao Tribunal Constitucional o poder *ex officio* de conhecer da constitucionalidade das revisões constitucionais (art. 144º, alínea *a)*). E preveem também fiscalização as Constituições da Costa Rica (art. 73º, alínea *c)*), do Chile (art. 81.1.1.) e, quanto ao procedimento, da Colômbia (art. 241º, 1º); e, expressamente, em fiscalização preventiva, a Constituição angolana (art. 234º, nº 2, 2ª parte).[152]

---

[151] Contra a fiscalização, Franco Pierandrei, *Corte Constituzionale*, in *Enciclopedia del Diritto*, X, pág. 913; Jean Darbellay, *op. cit.*, págs. 732 e segs. A favor da fiscalização, Biscaretti Di Ruffia, *La Constitution comme loi fondamentale...*, cit., pág. 58; nossa *Ciência Política...*, cit., II, pág. 509; Pierfrancesco Grossi, *op. cit.*, págs. 131 e segs., *maxime* 135-136; Afonso Queiró, *Lições...*, cit., pág. 329; Otto Bachof, *op. cit.*, págs. 12 e 52; Pedro de Vega, *op. cit.*, págs. 261 e 296 e segs.; Claude Klein, *op. cit.*, págs. 161 e segs.; Mola Vonsy, *Le "Parlement constituant" n'est pas souverain*, in *Revue du droit public*, 2007, págs. 793 e segs.; Ricardo Haro, *Es posible en el sistema juridico argentino el control juridiccional de una reforma constitucional?*, in *Revista Latino-Americana de Estudos Constitucionais*, nº 12, nov.-dez. de 2011, págs. 469 e segs.

[152] Cfr. Édouard Lambert, *Le Gouvernement des Juges et la lutte contre la législation sociale aux États-Unis*, Paris, 1921, págs. 109 e segs.; Maurice Battelli, *Autor du XVIIIe Amendement à la Constitution des États-Unis*, in *Revue du droit public*, 1933, págs. 227 e segs.; Francesco Finocchiaro, *La competenza della Corte Costituzionale rispetto alle leggi costituzionali e alle leggi di esecuzione di trattati internazionali*, in *Scriti in onore di Vezio Crisafulli*, obra coletiva, Pádua, 1985, págs. 345 e segs.; Klaus Stern, *op. cit.*, págs. 342 e segs.; Marcelo Neves, *Teoria da inconstitucionalidade da lei*, São Paulo, 1988, págs. 91 e segs.; Josaphat Marinho, *A função de julgar e a Constituição*, in *Revista de Informação Legislativa*, nº 123, julho-setembro de 1994, págs. 5 e segs.; Gilmar Ferreira Mendes, *Jurisdição constitucional*, São Paulo, 1996, págs. 154-155; Luis Roberto Barroso, *Interpretação e aplicação da Constituição*, 2ª ed., São Paulo, 1998, pág. 63; Óscar Vilhena Vieira, *op. cit.*, págs. 141 e segs.; Jorge Vanossi, *op. cit.*, I, págs. 217 e segs.; Valério Somallo, *Le droit d'amendement et*

II – Poderia alegar-se, porventura, que um controlo a *posteriori* não tem grande sentido, visto que, estando as novas normas constitucionais já então vigentes, isso significaria que, quando correspondentes a princípios fundamentais diversos dos das cláusulas pétreas, afinal haveria uma nova Constituição perante a qual o juiz não poderia raciocinar como se ainda existisse a anterior.[153] Mas o problema é exatamente esse: a fiscalização da constitucionalidade material da revisão serve para atalhar à pretensão de efetividade da nova Constituição material escondida sob a forma de revisão, e, se funcionar de fato, esta não virá a formar-se ou a subsistir.[154]

E também poderia invocar-se a dificuldade de repristinação da norma constitucional revogada pela norma que viesse a ser declarada ferida de inconstitucionalidade.[155] No entanto, tudo haveria de se resolver por meio dos processos específicos da interpretação sistemática; e sempre será mais fácil harmonizar entre si normas congruentes com os mesmos princípios fundamentais (como sucede, em caso de declaração de inconstitucionalidade) do que harmonizar normas contrárias a esses princípios com as normas pré-existentes que lhes sejam conformes.

III – Se, por hipótese, for declarada a inconstitucionalidade com força obrigatória geral de uma lei de revisão – por vícios de competência ou de forma – ou de todas as alterações dela constantes – por vícios de fundo – o órgão de revisão poderá retomar ou reabrir o correspondente procedimento.

---

le juge constitutionnel en France et en Italie, Paris, 2002; JOSÉ ADÉRCIO LEITE SAMPAIO, *op. cit.*, págs. 388 e segs.; XAVIER MIGNON, *Quelques maux encore à propos des lois de révision constitutionnelle*, in *Revue française de droit constitutionnelle*, 2004, págs. 595 e segs., *maxime* 606 e segs.; PIERRE PACTET, *Le Conseil Constitutionnel et l'oeuvre constituante*, in *Renouveau du droit public – Mélanges en l'honneur de Louis Favoreu*, obra coletiva, Paris, 2007, págs. 1377 e segs.; KEMAL GÖZLER, *Judicial Review of Constitutional Amendments*, Istambul, 2008; o n° 27, de 2009, de *Les Cahiers du Conseil Constitutionnel*; PAULO GUSTAVO GONET BRANCO, *Crónica da jurisprudência do Supremo Tribunal Federal*, in *Anuario Iberoamericano de Justicia Constitucional*, 2010, pags. 501 e segs.

[153] J. J. PEREIRA GOMES, *op. cit.*, pág. 55.

[154] Tão-pouco se observe que, pelo novo texto da Constituição ser publicado conjuntamente com a lei de revisão, o Tribunal Constitucional não pode fiscalizar a constitucionalidade de uma norma face ao parâmetro alterado pela norma fiscalizada (FERNANDO REBOREDO SEARA *et alii*, *Legislação de Direito Constitucional*, Lisboa, 1990, pág. 16): pois, como já se disse, o problema de inconstitucionalidade material da revisão põe-se perante os princípios constitucionais, não perante estes ou aqueles preceitos.

[155] J. J. PEREIRA GOMES, *op. cit.*, pág. 60.

Parte III · **Tít. I** · **Cap. III** – Modificação e Subsistência da Constituição | **389**

Como os efeitos da decisão de inconstitucionalidade, em princípio se produzem retroativamente, *ex tunc*, não se verifica ou fica prejudicada a preclusão de competência.

122.
Preterição de limites e transição constitucional

I – O quadro esboçado afigura-se suficientemente nítido para dispensar esclarecimentos complementares, salvo no tocante às hipóteses de preterição de princípios definidores da Constituição material sem desrespeito às regras constitucionais de competência e de forma de revisão – ou seja, de nascimento de Constituição material nova nos termos de processo de revisão constitucional.

Não se trata agora, ao invés do que se verifica quando os limites são de segundo grau ou impróprios, de dupla revisão; trata-se de *duplo processo de revisão*. Nem se trata de preconizar a sua utilização, pressupondo uma qualquer disponibilidade da Constituição material pelo órgão de revisão; trata-se tão-somente de identificar um fenómeno jurídico--político de modo algum meramente imaginário.

II – Que não tenham sido muito frequentes – mas só até há pouco – as ocasiões em que este fenómeno se tem produzido, não seria motivo para o menosprezar. Assim como seria, decerto, exagerado afirmar que a impressionante regularidade, com que, na França, desde 1791, o poder constituinte originário tem suplantado o órgão de revisão sempre que se tem pretendido fazer uma nova Constituição, revelaria a sua impossibilidade ou inverosimilhança.[156]

É inegável que a ideia de Constituição se vincula à ideia de estabilidade e que quando ela muda constantemente, perde o seu sentido, ainda quando se observem estritamente as formas.[157] Assim como deve aceitar-se que a qualquer Constituição haja de assegurar-se a possibilidade de cumprir a sua tarefa,[158] de desenvolver até ao fim todas as virtualidades que contém.

Mas isso não significa que, no âmbito das suas regras formais, não possa ser proposta ou definida uma nova normatividade; e será, paradoxalmente ou não, outra maneira de aproveitar essas mesmas vir-

---

[156] GEORGES BURDEAU, *op. cit.*, IV, pág. 253.
[157] WERNER KÄGI, *op. cit.*, pág. 119.
[158] GOMES CANOTILHO, *Direito...*, cit., pág. 1065.

tualidades e organizar ela própria a sua superação. Bastaria lembrar aqui as Constituições que preveem revisão *total*.

Um único exemplo dos vários atrás apontados, o da Constituição espanhola vigente, é elucidativo. Ela não só regula a sua *reforma* ou revisão parcial (art. 167º) como também estabelece (art. 168º) uma tramitação para a revisão total ou para a revisão parcial que afete o título preliminar (donde constam, designadamente, a definição da Espanha como Estado social e democrático de Direito e como monarquia parlamentar, o direito à autonomia das nacionalidades e regiões e as garantias do pluralismo partidário e dos sindicatos), a secção I do capítulo II do título I (relativa aos direitos fundamentais e às liberdades públicas) ou o título II (relativo à Coroa).

Ora, enquanto que para a *reforma* o processo consiste em votação por maioria parlamentar qualificada e em sujeição a referendo, apenas quando solicitado por uma décima parte dos membros de qualquer das Câmaras, para a revisão total e para a revisão *parcial* dos preceitos fundamentais (que é uma revisão *total* em sentido material) o processo torna-se muito mais complexo: aprovação do princípio da revisão por maioria de dois terços de cada Câmara e dissolução das Cortes, ratificação da decisão de revisão pelas novas Cortes e aprovação do novo texto constitucional por maioria de dois terços, finalmente referendo obrigatório para ratificação da revisão.

A experiência dos últimos anos mostra que já não são em pequeno número as transições constitucionais felizes. Além disso, agora no plano da política constitucional, pode preferir-se – a ter de haver mudanças radicais ou de regime – que elas se desenrolem dentro de processos de revisão, e não à revelia de quaisquer processos preestabelecidos comprovados (até porque, assim, evitam-se as soluções de continuidade e os custos e riscos inerentes às revoluções); ou que, mantendo-se a legitimidade democrática, o povo tenha sempre meios processuais adequados à livre reorientação dos seus projetos institucionais.[159]

De resto, ainda em tese geral, acrescente-se que o não fecharem-se os processos previstos na Constituição a grandes transformações políticas

---

[159] V., contudo, doutro prisma, CARL J. FRIEDRICH, *op. cit.*, págs. 116 e segs., *maxime* 122, onde, criticando as cláusulas de limites materiais, sustenta que elas teriam o efeito político de privar o poder de revisão de uma parte daquilo que é a sua função essencial: prevenir o aparecimento de um poder constituinte. V. ainda KLAUS VON BEYME, *La difesa del ordinamento costituzionale (Germania Federale)*, in *Quaderni Costituzionale*, 1984, pág. 387; ou FRANCESCO RIMOLI, *Pluralismo e valori costituzionali*, Turim, 1999, págs. 201 e segs.

Parte III · Tít. I · Cap. III – Modificação e Subsistência da Constituição | 391

e sociais acaba por ser, não um elemento de perturbação e instabilidade, mas sim um elemento de conservação e estabilidade – porque as formas têm as suas próprias exigências, canalizam e disciplinam os agentes de poder, desencorajam extremismos, apontam para o compromisso com os princípios até então dominantes.[160]

III – Em última análise, o que mostra uma teoria dos limites materiais da revisão constitucional é como, por detrás do poder de revisão, se encontra sempre presente ou latente o poder constituinte material (originário).

O poder de revisão vive sempre em tensão com o poder constituinte, num duplo sentido. Se se mantém no seu espaço peculiar, respeitando os princípios fundamentais da Constituição aquando da adequação circunstancial dos preceitos que lhe cabe, aparece enquadrado, condicionado e regulado pelo poder constituinte (originário), autor da Constituição. Se, diversamente, extravasa desse espaço, não respeitando os princípios constitucionais, e – em conjuntura política, social e jurídica propícia – logra impor a sua obra, deixa de ser poder de revisão e converte-se em poder constituinte (originário), ainda quando persista durante algum tempo – até ser reconhecido como tal – na sua antiga veste.

Nisto consiste a distinção radical e absoluta entre poder constituinte e poder de revisão e, do mesmo passo, a sua profunda e histórica relatividade.

Distinção radical e absoluta, porque o poder de revisão só é poder de revisão enquanto poder derivado e subordinado ao poder constituinte material (originário). Distinção relativa, porque o poder constituinte só é originário ou derivado em razão de certa e determinada Constituição, não em razão do Estado ou da soberania do Estado (ou, em democracia,

---

[160] Esclareçamos ainda o nosso pensamento. Situamo-nos no domínio da teoria da Constituição e raciocinamos à luz do postulado da efetividade. Pois um duplo processo de revisão conducente a transição constitucional só se torna possível se os limites materiais perderam (ou não têm) efetividade e faltem ou também não possuam efetividade mecanismos de controlo da constitucionalidade. Pelo contrário, se se verifica esse pressuposto, não pode dar-se, com êxito, tal processo: e é esse o caso da Constituição portuguesa atual.

Diferentemente, RUI MEDEIROS (*A decisão*..., cit., pág. 88, nota) afirma que a Constituição não admite a declaração de inconstitucionalidade de uma lei de revisão que, após dupla revisão ou duplo processo de revisão, ponha em causa limites materiais. Mas não pode ser: como pode a Constituição impedir a fiscalização da constitucionalidade quanto aos seus próprios princípios?

da soberania do povo); para além dessa Constituição positiva, há sempre um poder constituinte inerente ao Estado, permanente, atualizável em nova Constituição a todo o tempo; um poder constituinte que, portanto – se o princípio de legitimidade subsiste – bem pode apropriar-se de um poder de revisão aparente, transformando-o em poder constituinte originário.

TÍTULO II
NORMAS CONSTITUCIONAIS

Capítulo I

Estrutura das Normas Constitucionais

123.
Os princípios e a sua função ordenadora

I – Inerente ao homem, condição e expressão da sua experiência convivencial, o Direito nunca poderia esgotar-se nos diplomas e preceitos mutáveis, constantemente publicados e revogados pelos órgãos do poder. Mesmo para quem não adira às escolas institucionalistas ou às estruturalistas, forçoso se torna reconhecer existir algo de específico e de permanente no sistema que permite (e só isso permite) explicar e fundar a validade e a efetividade de todas e cada uma das suas normas.

O Direito não é mero somatório de regras avulsas, produto de atos de vontade, ou mera concatenação de fórmulas verbais articuladas entre si. O Direito é ordenamento ou conjunto significativo, e não conjunção resultante de vigência simultânea;[1] implica *coerência* ou, talvez mais rigorosamente, *consistência*;[2] projeta-se em

---

[1] J. Hermano Saraiva, *A crise do Direito*, Lisboa, 1964, pág. 52. V. também págs. 69, 75 e 76.
[2] Cfr., por exemplo, as diferentes perspetivas de Lourival Vilanova, *As estruturas lógicas e o sistema do Direito positivo*, São Paulo, 1977, págs. 108 e segs. e 147, e de Castanheira Neves, *A unidade do sistema jurídico: o seu problema e o seu sentido*, Coimbra, 1979, págs. 205 e segs. (e in *Digesta – Escritos acerca do Direito, do pensamento jurídico, da sua metodologia e outros*, II, Coimbra, 1995, págs. 109 e segs.).

396 | Teoria do Estado e da Constituição · *Jorge Miranda*

sistema;[3-4] é unidade de sentido, é valor incorporado em norma. E esse ordenamento, esse conjunto, essa unidade, esse valor projeta-se ou traduz-se em princípios, logicamente anteriores aos preceitos.

Como escreve CASTANHEIRA NEVES, o sistema jurídico tem a sua unidade não numa coerência conceitual, não a tem também numa norma que institua uma lógica de poder, não a tem ainda numa coordenação social de cibernética operatória, tem-na na solidariedade dialética com que nós, homens-pessoas em diálogo comunitário, vivemos a nossa axiológico-social realização.[5] A unidade não é algo de que pura e simplesmente se parta ou se pré-defina como um axioma, mas algo que se postula como intenção e a que em grande medida se procurará chegar, constituindo-a.[6]

Mas, observa CANARIS, na descoberta do sistema teleológico, não se pode ficar pelas "decisões de conflitos" e de valores *singulares,* antes se devendo avançar até aos valores *fundamentais* mais profundos, portanto até aos *princípios gerais* duma ordem jurídica. Só assim podem os valores singulares libertar-se do seu isolamento aparente e reconduzir-se à procurada conexão "orgânica" e só assim se obtém aquele grau de generalização sobre o qual a *unidade* da ordem jurídica se torna percetível. O sistema define-se como uma ordem axiológica ou teleológica de princípios gerais de Direito, na qual o elemento de adequação valorativa se dirige mais à caraterística de ordem teleológica e o da unidade interna à caraterística dos princípios gerais.[7]

II – Os princípios não se colocam, pois, além ou acima do Direito (ou do próprio Direito positivo); também eles – numa visão ampla, supera-

---

[3]   Cfr. NORBERTO BOBBIO, *Teoria dell'ordinamento giuridico,* 1982, trad. *Teoria da Ordem Jurídica,* 7ª ed., São Paulo, 1996, págs. 75 e segs.; MENEZES CORDEIRO, *Ciência do Direito e Metodologia Jurídica nos finais do século XX,* Lisboa, 1989, pág. 4; KARL LARENZ, *Methodenlehre der Rechtswissenschaft,* 1991, 3ª ed. portuguesa *Metodologia da Ciência do Direito,* Lisboa, 1997, págs. 661 e segs.; FREITAS DO AMARAL, *op. cit.,* págs. 50 e segs.; CLAUS-WILHELM CANARIS, *Systemdenken und Systembegriff in der Jurisprudenz,* trad. *Pensamento sistemático e conceito de sistema na Ciência do Direito,* 3ª ed. portuguesa, Lisboa, 2002, págs. 9 e segs.; FERNANDO JOSÉ BRONZE, *Lições…,* cit., págs. 608 e segs.; MIGUEL TEIXEIRA DE SOUSA, *op. cit.,* págs. 239 e segs.

[4]   Independentemente de adesão às teses autopoiéticas, segundo as quais a unidade do sistema é auto-referencial e circular. Cfr. GUNTHER TEUBNER, *Rechts als autopoietischen System,* 1989, trad. *O Direito como sistema autopoiético,* Lisboa, 1993, págs. 53 e segs.

[5]   *A unidade…,* cit., pág. 113.

[6]   *Ibidem,* pág. 100.

[7]   *Op. cit.,* pág. 77.

Parte III · Tít. II · Cap. I – Estrutura das Normas Constitucionais | 397

dora de conceções positivistas, literalistas e absolutizantes das fontes legais – fazem parte do complexo ordenamental. Não se contrapõem às normas, contrapõem-se tão-somente às regras; as normas jurídicas é que se dividem em normas-princípios e em normas-regras.

Se assim se afigura em geral,[8] muito mais tem do ser no âmbito do Direito constitucional, tronco da ordem jurídica estatal, todo ele en-

---

[8] As duas obras básicas são as de RONALD DWORKIN, *Taking Reghts Seriously*, 1977, 7ª reimpressão, Londres, 1994, págs. 22 e segs.; e de ROBERT ALEXY, *Theorie der Grundrechte*, 1986, trad. *Teoria dos Direitos Fundamentais* (trad. da 5ª ed., de 2006), São Paulo, 2008, págs. 85 e segs.

Além destas, v. JOSEF ESSER, *Principio y norma en la elaboración jurisprudencial del derecho privado*, trad., Barcelona, 1961, *maxime* págs. 88 e segs.; JOSÉ LAMEGO; *Discurso sobre os princípios jurídicos*, in *Revista Jurídica*, nº 4, outubro de 1985, págs. 103 e segs.; ANTÓNIO MENEZES CORDEIRO, *Princípios gerais de Direito*, in *Polis*, IV, págs. 1490 e segs.; RICARDO GUASTINI, *Sui principi di diritto*, in *Diritto e Società*, 1986, págs. 601 e segs.; AUGUSTO CERRI, *Il "Principio" come fattore di orientamento interpretativo e come valore "privilegiatto"*, in *Giurisprudenza Costituzionale*, 1987, págs. 1806 e segs.; ANTONIO PÉREZ LUÑO, *Los principios generales del derecho: un mito jurídico?*, in *Revista de Estúdios Politicos*, nº 98, 1997, págs. 9 e segs.; PAULO JOSÉ LEITE FARIAS, *Os princípios como factor de mobilidade do sistema jurídico*, in *Revista da Fundação Escola Superior do Ministério Público do Distrito Federal e Territórios*, nº 9, janeiro-junho de 1997, págs. 156 e segs.; BARBAS HOMEM, *A utilização dos princípios na metódica legislativa*, in *Legislação*, 1998, págs. 93 e segs.; FRANCK MODERNE, *Légitimité des príncipes généraux de droit et theorie du droit*, in *Revue française de droit administratif*, 1999, págs. 722 e segs.; WALTER CLAUDIUS ROTHENBURG, *Princípios constitucionais*, Porto Alegre, 1999; LUÍS S. CABRAL DE MONCADA, *Os princípios gerais de direito e a lei*, Sintra, 2000; VIRGÍLIO AFONSO DA SILVA, *Princípios e regras: mitos e equívocos acerca do alcance de uma distinção*, in *Revista Latino-Americana de Estudos Constitucionais*, nº 1, 2003, págs. 203 e segs.; HUMBERTO ÁVILA, *Teoria dos princípios – Da definição à aplicação dos princípios jurídicos*, 6ª ed., São Paulo, 2004; DAVID DUARTE, *A norma de legalidade administrativa*, Coimbra, 2006, págs. 129 e segs.; LUIGI FERRAJOLI, *Costituzionalismo principialista e Costituzionalismo garantista*, in *Giurisprudenza Costituzionali*, 2010, págs. 277 e segs.; ANTÓNIO CORTÊS, *Jurisprudência dos princípios – Ensaio sobre os fundamentos da decisão judicial*, Lisboa, 2010.

E ainda, CASTANHEIRA NEVES, *Questão-de-facto – Questão-de-direito*, Coimbra, 1967, págs. 553 e segs., e *Entre o "legislador", a "sociedade" e o "juiz" ou entre "sistema", "função" e "problema" – os modelos actualmente alternativos de realização judicial do Direito*, in *Boletim da Faculdade de Direito da Universidade de Coimbra*, 1998, págs. 6 e 7; MARCELLO CAETANO, *Manual de Direito Administrativo*, I, 10ª ed., Lisboa, 1973, págs. 135 e segs.; AFONSO QUEIRÓ, *Lições de Direito Administrativo*, I, Coimbra, 1976, págs. 291 e segs.; FRANCO MODUGNO, *Appunti per una teoria generale del diritto*, 2ª ed., Turim, 1977, págs. 265 e segs.; JOÃO BAPTISTA MACHADO, *Introdução...*, cit., págs. 163 e 164; SÉRVULO CORREIA, *Noções elementares de Direito Administrativo*, Lisboa, 1982, págs. 81 e 82; KARL LARENZ, *op. cit.*, págs. 674 e segs., e *Rechtiges Recht-Grundzüge einer Rechtsethik*, trad. *Derecho Justo. Fundamentos de etica juridica*, Madrid, 1993, págs. 32 e segs.;

398 | Teoria do Estado e da Constituição · *Jorge Miranda*

volvido e penetrado pelos valores jurídicos fundamentais dominantes na comunidade; sobretudo, tem de ser assim na consideração da Constituição material como núcleo de princípios e não de regras, preceitos ou disposições. Eis o que temos vindo a expender ao longo da presente obra e que agora repetimos e sintetizamos.[9]

Claus-Wilhelm Canaris, *op. cit.*, págs. 76 e segs.; João Loureiro, *O procedimento administrativo entre a eficiência e a garantia dos particulares*, Coimbra, 1995, págs. 161 e segs.; Gustavo Zagrebelsky, *Il diritto...*, cit., págs. 228 e segs.; Carlos Alberto da Mota Pinto, *Teoria Geral do Direito Civil*, 4ª ed. (por António Pinto Monteiro e Paulo Mota Pinto), Coimbra, 2005, págs. 95 e segs.; Fernando José Bronze, *op. cit.*, págs. 627 e segs.; Giorgio Bongiovanni, *Costituzionalismo e teoria del diritto*, Roma-Bari, 2006, págs. 27 e segs.; Cristina Queiroz, *O Direito como sistema (interno) de regras e princípios*, in *Estudos jurídicos e económicos em homenagem ao Prof. Doutor António de Sousa Franco*, obra coletiva, I, Coimbra, 2006, págs. 655 e segs.; Thomas Bustamante, *Princípios, regras e a fórmula de ponderação de Alexy*, in *Revista de Direito Constitucional e Internacional*, 2006, págs. 76 e segs.; Miguel Teixeira de Sousa, *op. cit.*, págs. 241 e segs.; Paulo Bonavides, *op. cit.*, págs. 264 e segs.

[9] Cfr., também, entre tantos, Hermann Heller, *op. cit.*, págs. 302 e segs.; F. Pereira dos Santos, *Um État Corporatif – La Constitution Sociale et Politique Portugaise*, 2ª ed., Porto, 1940, págs. 32 e segs.; Vezio Crisafulli, *I principi costituzionali dell'interpretazione delle leggi*, in *Scritti giuridici in onore di Santi Romano*, obra coletiva, I, Pádua, 1940, pág. 703, e *La Costituzione e le sue dispozioni di principio*, Milão, 1952; Georges Morange, *op. cit., loc. cit.*, págs. 229 e segs.; Franco Modugno, *L'Invalidità...*, cit., I, págs. 217 e segs.; Vittorio Italia, *Le disposizione di princípio stabilite dal legislature*, Milão, 1970; *General Principles of the Constitutional adjudication: the political foundations of Constitutional law – A symposium*, obra coletiva editada por John Allen Winters, Nova Iorque, 1971, págs. 47 e segs.; Domenico Farias, *Idealità e indeterminatezza nei principi costituzionali*, Milão, 1981, págs. 161 e segs.; François Luchaire, *op. cit., loc. cit.*, págs. 284 e segs.; Garcia de Enterria, *La Constitución...*, cit., págs. 97 e segs.; Gomes Canotilho, *Constituição dirigente...*, cit., págs. 277 e segs., e *Direito...*, cit., págs. 1159 e segs.; Sergio Bartole, *Principi generali del Diritto (Diritto Costituzionale)*, in *Enciclopedia del Diritto*, XXXV, 1986, págs. 494 e segs.; Manuel Aragón, *La eficacia juridica del principio democratico*, in *Revista Española de Derecho Constitucional*, setembro-dezembro de 1988, págs. 9 e segs.; Rui Machete, *Os princípios...*, cit., *loc. cit.*, págs. 355-356; M. Garcia Canales, *Principios generales y principios constitucionales*, in *Revista de Estudios Politicos*, nº 64, abril-junho de 1989, págs. 131 e segs.; Antonio Ruggeri, *Fonti e norme nell'ordinamento e sull'esperienza costituzionale*, Turim, 1993, págs. 75 e segs.; Ivo Dantas, *Princípios constitucionais e interpretação constitucional*, Rio de Janeiro, 1995; Antonio D'Atena, *In tema di principi e valori costituzionali*, in *Giurisprudenza Costituzionale*, 1997, págs. 3065 e segs.; *Lezioni di Diritto Costituzionale*, 2ª ed., Turim, 2006, págs. 15 e segs.; Teresa Negreiros, *Fundamentos para uma interpretação constitucional do princípio da boa fé*, Rio de Janeiro, 1998, págs. 97 e segs.; Ruy Manuel Espindola, *Conceito de princípios constitucionais*, São Paulo, 1999; Miguel Nogueira de Brito, *op. cit.*, págs. 312 e segs.; Luís Roberto Barroso e Ana Paula de Barcellos, *O começo da história. A nova interpretação constitucional e o papel dos princípios no Direito brasileiro*, in *Interesse Público*, 2003, nº 19, págs. 51 e segs.; Maria Lúcia Amaral, *op. cit.*, págs. 102 e segs.; Willis Santiago Guerra

Parte III · Tít. II · Cap. I – Estrutura das Normas Constitucionais | **399**

III – A doutrina tem assinalado, de diferentes ângulos e com diversos acentos tónicos, as seguintes caraterísticas dos princípios:

a) A maior aproximação da ideia de Direito ou dos valores do ordenamento;

b) A amplitude ou a maior generalidade frente às normas-regras;

c) A irradiação ou projeção para um número vasto de regras em sensível heterogeneidade;

d) A adstrição a fins, e não a meios ou à regulação de comportamentos;

e) A versatilidade, a suscetibilidade de conteúdos com densificações variáveis ao longo dos tempos e das circunstâncias;

f) A abertura, sem pretensão de regulamentação exaustiva ou em plenitude, de todos os casos;

g) A expansibilidade perante situações ou factos novos, sem os absorver ou neles se esgotar;

h) A relatividade ou a virtualidade de harmonização, sem revogação ou invalidação recíproca;

i) A virtualidade de oferecer critérios de solução a uma pluralidade de problemas.

Para DWORKIN, as regras são aplicáveis no estilo de tudo ou nada aos factos que preveem; podem conhecer exceções, mas, quando assim sucede, é incorreto enunciá-las sem essas exceções. Os princípios, ao invés,

---

JÚNIOR, *Teoria fundamental dos princípios jurídicos como teoria fundamental do direito e garantismo penal*, in *Revista Mestrado em Direito da UNIFIEO (São Paulo)*, 2006, págs. 131 e segs.; J. J. GOMES CANOTILHO, *Princípios – Entre a sabedoria e a aprendizagem*, in *Ars Iudicandi: estudos em homenagem ao Prof. Doutor A. Castanheira Neves*, obra coletiva, I, Coimbra, 2008, págs. 375 e segs.; LUÍS PEREIRA COUTINHO, *op. cit.*, págs. 626 e segs.; ANDRÉ RAMOS TAVARES, *Princípios constitucionais*, in *Tratado de Direito Constitucional*, obra coletiva (coord. de Ives Gandra da Silva Martins, Gilmar Ferreira Mendes e Carlos Valder do Nascimento), São Paulo, 2010, págs. 396 e segs.; MAX MÖLLER, *op. cit.*, págs. 215 e segs.; MARIANA MELO EGÍDIO, *Análise da estrutura das normas atributivas de direitos fundamentais. A ponderação e a tese ampla da previsão*, in *Estudos em homenagem ao Prof. Doutor Sérvulo Correia*, obra coletiva, I, Coimbra, 2010, págs. 611 e segs.; MANOEL GONÇALVES FERREIRA FILHO, *Princípios e regras em Direito Constitucional: contribuição para uma polémica doutrinal*, in *Direito Constitucional Contemporâneo – Homenagem ao Professor Michel Temer*, obra coletiva, São Paulo, 2012, págs. 291 e segs.; RÚBEN MIGUEL PEREIRA RAMIÃO, *Justiça, Constituição e Direito*, Lisboa, 2013, págs. 115 e segs.; PAULO BONAVIDES, *Curso...*, cit., págs. 264 e segs.

não comportam consequências jurídicas que decorram automaticamente; um princípio não indica tanto a necessidade de uma determinada decisão quanto uma razão para ir num certo sentido. Os princípios comportam uma dimensão de peso e tudo está em tomar o peso relativo de cada um; não as regras.[10]

Segundo ALEXY, os princípios são normas que ordenam que algo seja realizado na maior medida possível, dentro das possibilidades jurídicas e reais existentes; são mandados de otimização que podem ser cumpridos em diferentes graus. As regras são normas que só podem ser cumpridas ou não. Se uma regra é válida, então tem de fazer-se exatamente o que ela exige, nem mais nem menos. As regras contêm determinações no âmbito do fático e juridicamente possível. A diferença entre princípios e regras é *qualitativa,* e não de grau.[11]

Ou, escreve MENEZES CORDEIRO, os princípios, como vetores gerais, não valem sem exceção; outros parâmetros jurídicos podem, em concreto, afastá-los. Os princípios podem entrar em oposição ou contradição entre si, sem com isso se anularem ou perderem âmbito de aplicação. Os princípios não têm pretensão de exclusividade, admitindo que um mesmo efeito por eles preconizado, seja, com consequências similares, alcançado por fatores diferentes, sem com isso verem em perigo a sua identidade[12]

Só os princípios desempenham uma função "constitutiva" do ordenamento – diz, por seu turno, GUSTAVO ZAGREBELSKY; as regras esgotam-se em si mesmas. Aos princípios adere-se, às regras obedece-se. Os princípios dão-nos critérios para tomar posição frente a situações *a priori* indeterminadas; as regras dizem-nos como devemos ou não agir em determinadas situações.[13]

As regras vigem, os princípios valem – acrescenta PAULO BONAVIDES. O valor que neles se insere se exprime em graus distintos. Os princípios, enquanto valores fundamentais, governam a Constituição, o regime, a ordem jurídica. Não são apenas a lei, mas o Direito em toda a sua extensão, substancialidade, plenitude, abrangência.[14]

IV – A função ordenadora dos princípios revela-se particularmente significativa e forte em momentos revolucionários (e, em geral, em mo-

---

[10] *Op. cit.*, págs. 24 e segs.
[11] *Op. cit.*, págs. 86 e 87.
[12] ANTÓNIO MENEZES CORDEIRO, *op. cit., loc. cit.*, pág. 1491.
[13] *Il diritto...*, cit., págs. 147 e segs.
[14] *Curso...*, cit., págs. 288-289.

Parte III · Tít. II · Cap. I – Estrutura das Normas Constitucionais | **401**

mentos fundadores ou refundadores do Estado e da Constituição), quando é nos princípios – nos quais se traduz uma nova ideia de Direito – e não nos poucos e precários preceitos escritos, que assenta diretamente a vida jurídico-política do país.[15] Mas não menos sensível se apresenta em épocas de normalidade e estabilidade institucional.

Eles exercem uma ação imediata enquanto diretamente aplicáveis ou diretamente capazes de conformar as relações político-constitucionais.[16] E exercem também uma ação mediata tanto num plano integrativo e construtivo como num plano essencialmente prospetivo.

Por certo, os princípios, admitem ou postulam desenvolvimentos, concretizações, densificações, realizações variáveis. Nem por isso o operador jurídico pode deixar de os ter em conta, de os tomar como pontos firmes de referência, de os interpretar segundo os critérios próprios da hermenêutica e de, em consequência, lhes dar o devido cumprimento.

V – As próprias disposições constitucionais reconhecem essa ação imediata: assim, em Portugal, os arts. 207º, hoje 204º, e 277º, nº 1, da Constituição (na linha do art. 63º da Constituição de 1911 e do art. 122º, depois 123º da Constituição de 1933),[17] consideram inconstitucionais as normas que infrinjam a Constituição ou os *princípios nela consignados*; o art. 290º, nº 2, declara em vigor o direito anterior que não seja contrário à Constituição ou *aos princípios nela consignados*; e entre 1997 e 2004 consideravam-se também os *princípios fundamentais* das leis gerais da República (arts. 112º, nº 4, e 227º, nº 1, alínea *a*)).[18]

Quanto à ação mediata dos princípios, ela consiste, em primeiro lugar, em funcionarem como critérios de interpretação e de integração, pois são eles que dão a coerência geral do sistema. E, assim, o sentido exato dos preceitos constitucionais tem de ser encontrado na conjugação com os princípios e a integração há-de ser feita de tal sorte que se tornem explícitas ou explicitáveis as normas que o legislador constituinte não quis ou não pôde exprimir cabalmente.

---

[15] V. a comprovação prática em *A Revolução de 25 de Abril e o Direito Constitucional*, cit., *maxime* págs. 12, 20 e 81 e segs.

[16] Diversamente, para Luís Pereira Coutinho (*op. cit.*, págs. 627 e 628), os princípios são aplicáveis *em definitivo, não enquanto tais*, mas quando eles são adscritas regras, isto é, quando são *precisadas* normas efetivamente capazes de resolver os casos com que o juiz se confronta, em virtude de se extrair um critério decisório.

[17] De realçar a referência aos princípios nas duas primeiras Constituições muito antes das recentes doutrinas principialistas.

[18] Cfr. preâmbulo da Constituição francesa de 1946 e art. 117º da Constituição italiana.

Servem, depois, os princípios de elementos de construção e qualificação: os conceitos básicos de estruturação do sistema constitucional aparecem estreitamente conexos com os princípios ou através da prescrição de princípios.[19]

Exercem, finalmente, uma função prospetiva, dinamizadora e transformadora, em virtude da sua maior generalidade ou relativa indeterminação e da força expansiva que possuem (e de que se acham desprovidos os preceitos, desde logo por causa das suas amarras verbais). Daí, o peso que revestem na interpretação evolutiva; daí a exigência que contêm ou o convite que sugerem para a adoção de novas formulações ou de novas normas que com eles melhor se coadunem e que, portanto, mais se aproximem da ideia de Direito inspiradora da Constituição (sobretudo, quando se trate de Constituição programática).[20]

124.
Classificações de princípios constitucionais

I – Os princípios constitucionais não são homogéneos, podem revestir diferente natureza ou configuração. A doutrina tem, por isso, naturalmente, proposto alguns agrupamentos ou classificações.

CASTANHEIRA NEVES, por exemplo, discrimina os *princípios axiológico-jurídicos transcendentes ao Estado* e os *princípios diretamente constitutivos da particular forma de Estado instituída* – os princípios explicitamente definidores dessa forma de Estado, das suas instituições próprias e da sua específica estrutura social-política, isto é, os princípios constitucionais positivos". Os primeiros carecem de uma ulterior determinação, os segundos encontram-se já positivamente determinados. Por isso, enquanto o respeito ou a violação destes pode ser fácil e imediatamente controlada (pelo confronto do conteúdo jurídico dos atos estaduais com o conteúdo normativo desses princípios), já o cumprimento daqueles exige a mediação de um ato chamado a determiná-los.[21]

---

[19] Recordem-se as regras de calibração de que fala TÉRCIO SAMPAIO FERRAZ, *A Convocação...*, cit., *loc. cit.*, págs. 12 e segs.

[20] Cfr. DOMENICO FARIAS, *op. cit.*, págs. 166 e segs. Mais amplamente, sobre os princípios gerais de Direito como diretivas de progresso, v. EMILIO BETTI, *Interpretazione delle Legge e degli Atti Giuridici*, Milão, 1949, págs. 205 e segs.

[21] *Questão-de-facto...*, cit., pág. 553 (a respeito da referência à Moral e ao Direito no art. 4º da Constituição de 1933). Cfr. *A unidade...*, cit., págs. 105 e segs., e *Fontes de Direito...*, cit., *loc. cit.*, págs. 247 e segs.

Parte III · Tít. II · Cap. I – Estrutura das Normas Constitucionais | **403**

Doutro quadrante, distingue GOMES CANOTILHO *"princípios jurídicos fundamentais e princípios políticos constitucionalmente conformadores", princípios constitucionais impositivos e princípios-garantia.* Os primeiros são princípios fundamentais historicamente objetivados e progressivamente introduzidos na consciência jurídica geral e que encontram uma receção expressa ou implícita no texto constitucional; pertencem à ordem jurídica positiva e constituem um importante fundamento para a interpretação, o conhecimento e a aplicação do direito positivo. Os segundos são princípios constitucionais que explicitam as valorações políticas fundamentais do legislador constituinte; aí se condensam as opções políticas fundamentais e se reflete a ideologia inspiradora da Constituição; são o cerne político da Constituição. Nos princípios constitucionais impositivos subsumem-se todos os princípios que impõem aos órgãos dos Estados, sobretudo ao legislador, a realização de fins e a execução de tarefas; são princípios dinâmicos, prospetivamente orientados. Por último, os princípios-garantia visam instituir uma garantia dos cidadãos; é-lhes atribuída uma densidade de autêntica norma jurídica e uma força determinante, positiva e negativa.[22]

São ainda princípios constitucionais os princípios enunciados por MIGUEL TEIXEIRA DE SOUSA (*op. cit.*, págs. 242 e segs.), distinguindo *princípios programáticos, princípios formais* e *princípios materiais.* Os primeiros definem os objetivos que devem ser alcançados pelo sistema jurídico. Os princípios formais destinam-se a atingir a efetividade do direito na sociedade, constituindo uma ordem jurídica orientada pela justiça, pela confiança e pela eficiência. Os princípios materiais são concretizações dos princípios formais: o princípio da justiça concretiza-se, em, entre outros, nos princípios de igualdade e de proporcionalidade; o princípio da confiança concretiza-se, em, entre outros, o princípio de que a alteração da lei deve ser justificada por razões objetivas; o princípio de que a ignorância da lei não justifica a sua violação e o princípio da não retroatividade da lei nova. O princípio da eficiência concretiza-se em, entre outros, no princípio da alocação dos meios necessários e suficientes para se alcançarem os objetivos determinados.

II – Pela nossa parte, discernimos: princípios constitucionais substantivos – princípios válidos em si mesmos e que espelham os valores básicos a que adere a Constituição material; e princípios constitucionais

---

[22] *Direito...*, cit., págs. 1164 e segs. Cfr. também págs. 1173 e segs., onde se alude a princípios *estruturantes*, princípios *constitucionais gerais* e princípios *constitucionais especiais*.

adjetivos ou instrumentais – princípios, sobretudo de alcance técnico, complementares dos primeiros e que enquadram e dinamizam as disposições no seu conjunto.

A seguir, subdistinguimos os princípios constitucionais substantivos em princípios axiológicos fundamentais e princípios político-constitucionais, partindo da análise dos limites materiais do poder constituinte e da revisão constitucional há pouco exposta.

Temos, pois, três grandes categorias:

1) *Princípios axiológicos fundamentais* – correspondentes aos limites transcendentes do poder constituinte, ponte de passagem do Direito natural para o Direito positivo (e que, no essencial, coincidem com os princípios axiológico-jurídicos de Castanheira Neves). Assim, todos reconduzíveis à dignidade da pessoa humana: a proibição de discriminações, a inviolabilidade da vida humana, a integridade moral e física das pessoas, a não retroatividade da lei penal incriminadora, o direito de defesa dos acusados, a liberdade de religião e de convicções, a dignidade social do trabalho etc.[23]

2) *Princípios político-constitucionais* – correspondentes aos limites imanentes do poder constituinte, aos limites específicos da revisão constitucional, próprios e impróprios, e aos princípios conexos ou derivados de uns e de outros, os quais refletem, como o nome indica, as grandes marcas e direções caraterizadoras de cada Constituição material diante das demais, ou seja, as grandes opções e os princípios de cada regime. À face da Constituição portuguesa, os princípios do Estado de Direito, com os seus subprincípios – proporcionalidade, segurança jurídica, constitucionalidade e legalidade; e o princípio democrático, o princípio representativo, o princípio republicano, o da maioria, o da separação dos órgãos do poder, o da subordinação do poder económico ao poder político.[24-25]

---

[23] V. sobretudo em Portugal, arts. 1º e 19º, nº 6 da Constituição de 1976; e, no Brasil, arts. 1º e 5º da Constituição de 1988.

[24] V., em Portugal, sobretudo arts. 2º e 10º; e, no Brasil, arts. 3º e 4º.

[25] Cfr. Francisco Lucas Pires, *Teoria...*, cit., págs. 188 e segs.; Gomes Canotilho e Vital Moreira, *Fundamentos da Constituição*, Coimbra, 1991, págs. 67 e segs.; Gomes Canotilho, *Direito...*, cit., págs. 243 e segs.; Maria Lúcia Amaral, *A forma...*, cit., págs. 162 e segs.; Jorge Reis Novais, *Os princípios constitucionais estruturantes da República Portuguesa*, Coimbra, 2004.

Parte III · Tít. II · Cap. I – Estrutura das Normas Constitucionais | **405**

3) *Princípios constitucionais instrumentais* – correspondentes à estruturação do sistema constitucional, em moldes de racionalidade e operacionalidade; princípios fundamentalmente *construtivos* (na linha de DUGUIT) e que, embora inerentes ao Estado constitucional ou de Direito, hoje adquiriram uma relativa neutralidade a ponto de poderem encontrar-se um pouco por toda a parte. Exemplos: o princípio da publicidade das normas jurídicas, o da competência (ou da fixação da competência dos órgãos constitucionais pela norma constitucional), o do paralelismo das formas, o da tipicidade das formas de lei, o do pedido na fiscalização jurisdicional da constitucionalidade.[26]

Esta uma classificação possível.[27] Mas nada justificaria convertê-la em separação abissal, pois há, em cada sistema constitucional, sempre um grau maior ou menor de comunicação e contacto entre elementos diversos – um elemento construtivo está presente nos princípios mais valorativos e um elemento valorativo nos princípios aparentemente mais técnicos.[28]

125.
Os preâmbulos constitucionais

I – Um preâmbulo ou proclamação mais ou menos solene, mais ou menos significante anteposta ao articulado não é componente neces-

---

[26]   V. arts. 119º; 110º, nº 2, 111º, nº 2; 112º.

[27]   Em *Direito Constitucional – Introdução Geral,* policopiado, Lisboa, 1978-1979, págs. 147 e 148, propusemos uma classificação diversa, segundo graus decrescentes de valorização e estabilidade e graus crescentes de significação política e ideológica:
a) *Princípios gerais de Direito* (*v.g.*, o princípio da proteção da pessoa ou o da proporcionalidade ou racionalidade);
b) *Princípios gerais de Direito constitucional* ou, mais amplamente, princípios gerais de Direito público (*v.g.*, o princípio da fixação da competência pela norma jurídica ou o da tipicidade das formas de lei);
c) *Princípios gerais do mesmo tipo constitucional de Estados* (*v.g.*, no Estado constitucional ou de Direito ocidental, o princípio da tutela jurisdicional dos direitos ou o da representação política);
d) *Princípios fundamentais específicos de cada Constituição positiva* (*v.g.*, na Constituição portuguesa de 1976, o da independência nacional, o dos direitos fundamentais dos cidadãos, o da democracia, o do Estado de Direito e o do socialismo).

[28]   Cfr. JOSEF ESSER, *op. cit.*, págs. 98 e segs., *maxime* 102, nota.

sário de qualquer Constituição; é tão-somente um elemento natural de Constituições feitas em momentos de rutura histórica ou de grande transformação político-social.[29] O seu caráter depende dessas circunstâncias e dessas intenções, bem como da ideologia a que apela o legislador constituinte.

E também a sua forma e a sua extensão aparecem extremamente variáveis: desde as sínteses lapidares de estilo literário aos longos arrazoados à laia de relatórios preliminares ou exposições de motivos; desde a invocação do nome de Deus[30] ou do título de legitimidade do poder constituinte ao conspecto histórico; desde a alusão a um núcleo de princípios filosófico-políticos à prescrição de determinados objetivos programáticos.

Encontram-se preâmbulos em alguns dos mais importantes textos constitucionais quer dos primórdios do constitucionalismo quer de épocas mais recentes e de diversos regimes políticos. Com interesse desigual aparecem em Constituições como as dos Estados Unidos (1787), da Irlanda (1937), da França (1946 e 1958), do Japão (1946), da República Federal da Alemanha (1949 e 1990), da Grécia (1975), da Espanha (1978), do Brasil (1988), da Colômbia (1991), de Cabo Verde (1992), da África do Sul (1996), da Polónia (1997), da Suíça (1999) etc. E, entre nós, como se sabe, nas Constituições de 1822, 1911 e 1976.

II – O alcance político e literário do preâmbulo é evidente em qualquer Constituição. Ele reflete a opinião pública ou o projeto de que a Constituição retira a sua força;[31] mais do que no articulado as palavras adquirem aqui todo o seu valor semântico e a linguagem todo o seu poder simbólico[32] ou afetivo.[33]

Menos palpável é o sentido jurídico. Dizer que aí se descobre o "espírito da Constituição" não basta para se apreender a exata natureza do preâmbulo tanto à face do articulado constitucional quanto à face das leis ordinárias.[34]

---

[29] Um grande número de textos constitucionais apenas contém fórmulas de apresentação, promulgação, sanção ou outorga; e, por vezes, nem isso.

[30] Cfr. FRANCISCO ADALBERTO NÓBREGA, *Deus e Constituição – A tradição brasileira*, Petrópolis, 1998.

[31] CARL J. FRIEDRICH, *op. cit.*, págs. 86-87.

[32] BARBOSA DE MELO, CARDOSO DA COSTA e VIEIRA DE ANDRADE, *op. cit.*, pág. 18. Cfr. PAULO FERREIRA DA CUNHA, *Pensar o Direito – Do realismo clássico à análise mítica*, Coimbra, 1990, págs. 343 e segs.

[33] Cfr. PETER HÄBERLE, *L'État...*, cit., págs. 75 e segs.

[34] Sobre o problema em geral, cfr. EDWARD S. CORWIN, *op. cit.*, págs. 1 e segs.; HANS KELSEN, *General Theory...*, cit., págs. 260-261; STEFAN ROZMARYN, *La Constitution,*

Parte III · Tít. II · Cap. I – Estrutura das Normas Constitucionais | 407

A doutrina distribui-se por três posições: a tese da irrelevância jurídica; a tese da eficácia idêntica à de quaisquer preceitos constitucionais; entre as duas, a tese da relevância jurídica indireta ou principialista, não confundindo preâmbulo e preceituado constitucional. De acordo com a primeira tese, o preâmbulo não se situa no domínio do Direito, situa-se no domínio da política ou da história. De acordo com a segunda, ele acaba por conter também um conjunto de regras. De acordo com a terceira, o preâmbulo participa das caraterísticas jurídicas da Constituição, mas sem se confundir com o articulado, é apenas elemento de interpretação e de integração deste.[35]

Para nós, o preâmbulo é parte integrante da Constituição, com todas as suas consequências. Dela não se distingue nem pela origem, nem pelo sentido, nem pelo instrumento em que se contém. Distingue-se (ou pode distinguir-se) apenas pela sua eficácia ou pelo papel que desempenha.

O preâmbulo dimana do órgão constituinte, tal como as disposições ou preceitos; é aprovado nas mesmas condições e o ato de aprovação

---

loi fondamentale de l'État socialiste, cit., págs. 96-97; V. N. SHUKLA, *The Constitution of India,* 6ª ed., Lucknow, 1975, págs. 1 e 2; BISCARETTI DI RUFFIA, *Diritto Costituzionale Comparato,* cit., págs. 661 e 662; JAVIER TAJADURA TEJADA, *Funzione e valore dei preamboli costituzionali,* in *Quaderni Costituzionali,* 2003, págs. 509 e segs.; JOSÉ AFONSO DA SILVA, *Aplicabilidade das normas constitucionais,* 7ª ed., São Paulo, 2007, págs. 202 e segs.; EMERSON GARCIA, *op. cit.,* págs. 210 e segs.; JORGE BACELAR GOUVEIA, *op. cit.,* I, págs. 717 e segs.; ALEXANDRE WALMOTT BORGES e PAULA FERNANDA PEREIRA DE ARAÚJO E ALVES, *Análise funcional do preâmbulo constitucional com a utilização pelos métodos tradicionais da interpretação constitucional,* in *Revista Brasileira de Direito Constitucional,* 2012, págs. 125 e segs.; RÚBEN MIGUEL PEREIRA RAMIÃO, *op. cit.,* págs. 199 e segs. Particularmente sobre o preâmbulo da Constituição francesa de 1916, ROBERT PELLOUX, *Le préambule de la Constitution du 27 octobre de 1946,* in *Revue du droit public,* 1947, págs. 347 e segs., e *Le préambule de la Constitution de 1946 – Antinomies juridiques et contradictions politiques,* obra coletiva, Paris, 1996. Sobre o da Constituição espanhola, RAUL MORODO, *El preambulo de la Constitución Española,* in *Perspectivas Constitucionais,* obra coletiva, I, Coimbra, págs. 103 e segs.; JAVIER TAJADURA TEJADA, *El preâmbulo constitucional,* Granada, 1997. E sobre o da Constituição brasileira, CELSO RIBEIRO BASTOS e IVES GANDRA DA SILVA MARTINS, *Comentário à Constituição do Brasil,* I, São Paulo, 1988, págs. 407 e segs.; ROSAH RUSSOMANO, *Curso de Direito Constitucional,* 5ª ed., Rio de Janeiro, 1997, págs. 232 e segs.; JOSÉ AFONSO DA SILVA, *Comentário contextual à Constituição,* 3ª ed., São Paulo, 2006, págs. 21 e segs.; INGO WOLFGANG SARLET, *op. cit., loc. cit.,* págs. 63 e segs. V. ainda a obra coletiva (editada por Antonio Torres del Moral e Javier Tajadura Tejada) *Los preambulos constitucionales en Iberoamerica,* Madrid, 2001.

[35] Assim, J. J. GOMES CANOTILHO e VITAL MOREIRA, *Constituição da República Portuguesa Anotada,* I, 4ª ed., Coimbra, 2010, pág. 181.

possui a mesma estrutura e o mesmo sentido jurídico. Nem deixaria de ser estranho que, estando depositado num mesmo documento e inserido numa mesma unidade, fosse subtraído ao seu influxo ou fosse considerado despiciendo para a sua compreensão. Tudo quanto resulte do exercício do poder constituinte – seja preâmbulo, sejam preceitos constitucionais – e conste da Constituição em sentido instrumental, tudo é Constituição em sentido formal.

Os preâmbulos não podem assimilar-se às declarações de direitos. Estas são textos autonomamente aplicáveis, seja qual for o valor – constitucional, legal ou supraconstitucional – que se lhes reconheça, e separados da Constituição instrumental por razões técnicas e, sobretudo, por razões históricas. Ao invés, aos preâmbulos falta essa autonomia e o que neles avulta é, essencialmente, a unidade que fazem com o articulado da Constituição, a qual, desde logo, confere relevância jurídica ao discurso político que aparentam ser.

Em contrapartida, não se afigura plausível reconduzir a eficácia do preâmbulo (de todos os preâmbulos ou de todo o preâmbulo, pelo menos) ao tipo de eficácia próprio dos artigos da Constituição. Ele não incorpora preceitos, mas sim princípios[36] que se projetam sobre os preceitos e sobre os restantes setores do ordenamento – e daí, a sua maior estabilidade, que se compadece, de resto, com a possibilidade de revisão.[37-38-39]

O preâmbulo não pode ser invocado enquanto tal, isoladamente; nem cria direitos ou deveres; invocados só podem ser os princípios nele declarados (aqui, sim, em plano idêntico aos que podem ser induzidos do restante texto constitucional);[40] e, do mesmo modo, não há inconstitucionalidade por violação do preâmbulo como texto *a se*; só há inconstitucionalidade por violação dos princípios nele consignados.[41]

Não deixa, por conseguinte, de ser importante e útil a sua proclamação no pórtico da Constituição. Os princípios explícitos ou implícitos

---

[36] Neste sentido, acórdão nº 437 da Comissão Constitucional portuguesa, de 26 de janeiro de 1982, in apêndice ao *Diário da República*, de 18 de janeiro de 1983, pág. 80.

[37] Como propusemos logo em 1980 (*Um projecto de revisão constitucional*, pág. 13).

[38] Balançando entre argumentos a favor e contra, J. J. GOMES CANOTILHO e VITAL MOREIRA, *op. cit.*, I, 4ª ed., pág. 182.

[39] Como sucedeu na Alemanha aquando da reunificação.

[40] Assim, expressamente os arts. 4º e 176º da Constituição turca de 1982.

[41] Na França, o art. 93º da Constituição de 1946 excluía da fiscalização da constitucionalidade pelo Comité Constitucional os princípios do preâmbulo; mas hoje, sobretudo por ação do Conselho Constitucional, a situação é diferente.

Parte III · Tít. II · Cap. I – Estrutura das Normas Constitucionais | **409**

no articulado poderão consumir todas as afirmações nele contidas;[42] o preâmbulo como que unifica e liga global e dialeticamente. Ainda que, no plano dos conceitos, possa, em certos casos, admitir-se que nada lhes acrescenta, no plano da legitimidade dos valores, da sua impulsão orientadora, do seu estímulo crítico, a diferença parece incontornável.

E, doutro lado, não se invoquem eventuais contradições entre o preâmbulo e o articulado da Constituição para negar a sua força jurídica ou a sua autonomia em relação à "Constituição propriamente dita".[43] Porque, a haver tais contradições, elas tornam-se mais patentes à face do preâmbulo: os princípios contidos no preâmbulo delimitam-nas e restringem-nas e, para quem admita "normas constitucionais inconstitucionais",[44] podem retirar-lhe mesmo validade.

O que pode acontecer é subsistir no preâmbulo alguma referência que não tenha ou tenha deixado de ter correspondência efetiva – por um fenómeno de revisão constitucional indireta[45] – no articulado. É o caso da referência a "abrir caminho para uma *sociedade socialista* no respeito da vontade do povo português", a não ser que se identifique *socialismo* com a *democracia económica, social e cultural* (na fórmula introduzida no art. 2º em 1982).[46]

126.
Classificações de normas-regras

I – Entre as classificações gerais de normas-regras,[47] oferecem interesse relevante para o Direito Constitucional as seguintes:

---

[42] Mas não foi assim, em Portugal, entre 1976 e 1982, com a referência ao Estado de Direito democrático.

[43] Afonso Queiró, *Lições...*, cit., págs. 326 e segs.; Heinrich Ewald Horster, *op. cit., loc. cit.*, págs. 129-130.

[44] Cfr. *infra*.

[45] Já totalmente de afastar é uma inconstitucionalidade *sui generis* do preâmbulo, como supõe Jorge Bacelar Gouveia (*op. cit.*, I, pág. 632, nota).

[46] No sentido de essa referência, apesar de ter perdido valia hermenêutica, poder servir para impedir uma densificação *fraca* do princípio da democracia económica, social e cultural, Gomes Canotilho e Vital Moreira, *op. cit.*, I, 4ª ed., pág. 181.

[47] Cfr. por exemplo, entre nós, José Dias Marques, *op. cit.*, págs. 151 e segs.; J. Hermano Saraiva, *Lições de Introdução ao Direito*, Lisboa, 1962-1963, págs. 247 e segs.; João Baptista Machado, *Introdução...*, cit., págs. 93 e segs.; Inocêncio Galvão Teles, *Introdução ao Estudo do Direito*, II, 10ª ed., Coimbra, 2000, págs. 131 e segs.; José de

a) *Normas permissivas, prescritivas* e *proibitivas*, consoante facultam, prescrevem ou vedam determinados atos ou comportamentos (assim, por exemplo, respetivamente as dos arts. 15º, nos 4 e 5, 9º e 35º, nº 4, da Constituição portuguesa);[48-49]

b) *Normas gerais* e *normas especiais* – conforme dispõem para a generalidade dos casos ou para situações especiais neles contidas (*v.g.*, as dos arts. 27º, nº 1, e 30º, nº 5);

c) *Normas de direito comum* e *normas de direito particular* – consoante se destinam à generalidade das pessoas ou a certas categorias de pessoas em particular (*v.g.*, as dos arts. 26º e 69º);

d) *Normas gerais* e *normas excecionais* – conforme correspondem a princípios gerais ou a exceções a esses princípios (*v.g.*, as do art. 46º, nº 1, e do art. 46º, nº 4);[50]

e) *Normas substantivas* e *normas adjetivas* – consoante regulam situações, relações ou instituições sujeitas ao ordenamento jurídico (quase todas as das partes I, II e III da Constituição) ou estabelecem garantias do seu cumprimento ou da sua efetividade (quase todas as da parte IV).[51]

II – Como classificações com especialidades no Direito constitucional ou dele específicas,[52] apontem-se:

OLIVEIRA ASCENSÃO, *op. cit.*, págs. 513 e segs.; MIGUEL TEIXEIRA DE SOUSA, *op. cit.*, págs. 223 e segs.; e, especialmente para o Direito administrativo, AFONSO QUEIRÓ, *Lições...*, cit., I, págs. 283 e segs. (o qual distingue normas de conduta e de organização, de ação e de relação, internas e externas, materiais e instrumentais).

[48] Cfr. as nove categorias de normas de comportamento, segundo NORBERTO BOBBIO (*Teoria...*, cit., págs. 47-48): 1) normas que mandam ordenar; 2) normas que proíbem ordenar; 3) normas que permitem ordenar; 4) normas que mandam proibir; 5) normas que proíbem proibir; 6) normas que permitem proibir; 7) normas que mandam permitir; 8) normas que proíbem permitir; 9) normas que permitem permitir.

[49] As normas de garantias institucionais (*v.g.*, as dos arts. 38º, nº 5 e 56º, nos 3 e 4, sobre serviço público de rádio e televisão e sobre contratação coletiva) mais do que prescritivas são normas proibitivas, enquanto vedam ao legislador ordinário suprimir os institutos jurídicos a que se referem. Cfr. *Manual...*, IV, cit., págs. 72 e segs.

[50] Como se sabe, as normas especiais são desenvolvimentos diferenciados de um mesmo princípio, e as normas excecionais assentam em princípios opostos aos adotados pelo ordenamento jurídico.

[51] Sobre normas constitucionais de garantia, v. o nosso *Contributo...*, cit., págs. 209 e segs.

[52] Cfr. GIUSEPPE CHIARELLI, *Elasticità della Costituzione*, cit., *loc. cit.*, págs. 50 e segs.; IGNACIO DE OTTO, *op. cit.*, págs. 28 e segs.; TÉRCIO SAMPAIO FERRAZ JÚNIOR, *Constituinte – Assembleia, Processo, Poder*, cit., págs. 11 e segs. e 165 e seg.; KLAUS STERN, *op. cit.*, págs. 265 e segs.; LUIS ROBERTO BARROSO, *O Direito Constitucional e a efectividade*

Parte III · Tít. II · Cap. I – Estrutura das Normas Constitucionais | 411

a) *Normas constitucionais materiais ou de fundo, orgânicas ou organizativas e procedimentais ou de forma* – as primeiras atinentes, sobretudo, às relações entre a sociedade e o Estado (assim, as normas das partes I e II da Constituição) e nelas assumindo um particularíssimo relevo as normas sobre direitos fundamentais ou normas *jusfundamentais*; as segundas, definidoras dos órgãos do poder, da sua estrutura, da sua competência, da sua relação e do estatuto dos seus titulares[53] (assim, normas como as dos arts. 120º e segs., 161º a 165º, 182º e segs., 202º, 227º, 239º etc.); as terceiras, relativas aos atos e atividades do poder, aos procedimentos ou processos jurídicos de formação e expressão da vontade – de uma vontade necessariamente normativa e funcional (assim, os arts. 112º, 119º, 136º a 140º, 146º, 166º a 170º, ou 233º);

b) *Normas constitucionais precetivas* e *normas constitucionais programáticas ou diretivas* – sendo precetivas as de eficácia incondicionada ou não dependente de condições institucionais ou de facto (assim, os arts. 9º, alínea *b)*, 12º e segs., 82º, 86º, 103º, nos 2 e 3) e programáticas aquelas que, dirigidas a certos fins e a transformações não só da ordem jurídica mas também das estruturas sociais ou da realidade constitucional (daí o nome), implicam uma concretização, incindível dessa realidade (assim, os arts. 9º, alínea *d)*, 58º, 63º, 78º, 81º, 93º etc.);

c) *Normas constitucionais exequíveis e não exequíveis por si mesmas* – as primeiras, aplicáveis só por si, sem necessidade de lei que as complemente (assim, os arts. 24º, 36º, 48º, 56º, 112º, 123º etc.); as segundas carecidas de normas legislativas que as tornem plenamente aplicáveis às situações da vida (assim, os arts. 40º, 52º, nº 3, 56º, nº 2, alínea *e)*, 61º, nº 4, 63º, 77º, 78º, 86º, nº 2, 93º, 276º, nº 2 etc.); e esta classificação está presente no art. 283º;

---

das suas normas, 2ª ed., Rio de Janeiro, 1993, págs. 85 e segs.; MANUEL ARAGÓN REYS, *Tipologia de las normas constitucionales*, in *Visión iberoamericana del tema constitucional*, obra coletiva, Caracas, 2003, págs. 253 e segs. GOMES CANOTILHO, *Direito...*, cit., págs. 1168 e segs.; RAÚL MACHADO HORTA, *op. cit.*, págs. 161 e segs.; PAULO BONAVIDES, *Curso...*, págs. 246 e segs.

[53] Sobre normas de organização, v. NAZARENO SAITTA, *Premesse per uno studio delle norme di organizzazione*, Milão, 1965, e, em especial, sobre normas de competência, FRANCO PIERANDREI, *La Costituzione e le sue norme di competenza*, in *Scritti...*, II, cit., págs. 3 e segs.

d) *Normas constitucionais a se e normas sobre normas constitucionais* – contendo aquelas uma específica regulamentação constitucional, seja a título de normas materiais, seja a título de normas de garantia, e reportando-se estas a outras normas constitucionais para certos efeitos (como o art. 284º e outras disposições sobre revisão constitucional ou as disposições transitórias).[54]

III – Importa salientar a diferença significativa que existe entre as normas materiais ou de fundo, por um lado, e as normas organizatórias e procedimentais, por outro lado.

Estas são todas precetivas e com um conteúdo estrito de comandos de *tudo ou nada* (para parafrasear Dworkin), ao passo que entre as primeiras encontram-se tanto normas precetivas como programáticas e se observa um grau maior ou menor de abertura e indeterminação. É também por isso que o legislador ordinário não está perante a Constituição numa posição idêntica àquela em que se encontra o poder regulamentar perante a lei e é, a seu respeito, que pode encarar-se a *incompletude* ou o *caráter fragmentário* da Constituição.[55]

127.
Normas precetivas e normas programáticas

I – Entre normas precetivas e normas programáticas (assim como entre normas exequíveis e normas não exequíveis por si mesmas) não há uma diferença de natureza ou de valor. Só existem diferenças de estrutura e de projeção no ordenamento. São normas, umas e outras, jurídicas[56] e, desde logo, normas jurídico-constitucionais, integrantes de uma mesma

---

[54] Cfr. Cármen Lúcia Antunes Rocha, *Natureza e eficácia das disposições constitucionais transitórias*, in *Direito Constitucional – Estudos em homenagem a Paulo Bonavides*, obra coletiva, São Paulo, 2001, págs. 377 e segs.

[55] Assim, Klaus Stern, *op. cit.*, págs. 261 e 224 e segs.; Hans Peter Schneider, *Democracia y Constitución*, trad., Madrid, 1991, pág. 49; ou Konrad Hesse, *Escritos…*, cit., págs. 17 e segs., e *Grundzüge des Verfassungsrechts der Bundesrepublik Deutschland*, 1995, trad. *Elementos de Direito Constitucional da República Federal da Alemanha*, Porto Alegre, 1998, págs. 38 e segs.

[56] Como se escrevia no parecer da comissão encarregada de indicar os artigos da Carta Constitucional, cuja execução estava dependente de leis regulamentares (in *Documentos para a História das Cortes Gerais da Nação Portuguesa* do barão de São Clemente, II, Lisboa, 1884, pág. 467): "A comissão julgaria ter cometido um sacrilégio se ousasse pensar que na Carta Constitucional havia artigos que não obrigassem desde já: aqui tudo é sagrado; todas as suas disposições obrigam desde que ela foi conhecida e jurada…".

Parte III · Tít. II · Cap. I – Estrutura das Normas Constitucionais | 413

e única ordem constitucional; nenhuma delas é mera proclamação política ou cláusula não vinculativa. Tão-pouco se vislumbram dois graus de validade, mas só de realização ou de efetividade.[57]

Isto é verdadeiro tanto no plano do sistema constitucional quanto no plano de cada norma tomada por si. No plano do sistema, na medida

---

[57] Cfr., entre tantos, JEAN RIVERO e GORGES VEDEL, *Les principes économiques et sociaux de la Constitution*, in *Droit social*, maio de 1947, págs. 14 e segs.; PAOLO BARILE, *La Costituzione...*, cit., págs. 48 e segs.; VEZIO CRISAFULLI, *La Costituzione...*, cit., págs. 51 e segs.; LIVIO PALADIN, *Osservazioni sulla discrezionalità e sull'eccesso di potere del legislatore ordinario*, in *Revista Trimestrale di Diritto Publico*, 1956, págs. 1017 e segs.; HANS KELSEN, *Teoria Pura...*, cit., II, pág. 68; STEFAN ROSMARYN, *op. cit.*, págs. 99 e segs.; MICHAL STASKÓV, *Quelques remarques sur les "droits économiques et sociaux"*, in *Essais sur les droits de l'homme en Europe (deuxième série)*, obra coletiva, Turim-Paris, 1961, págs. 48 e segs.; GEORGES BURDEAU, *op. cit.*, IV, págs. 131 e segs.; MIGUEL GALVÃO TELES, *Eficácia dos tratados...*, cit., págs. 167, nota, e 204 e segs.; AFONSO QUEIRÓ e BARBOSA DE MELO, *A liberdade de empresa e a Constituição*, in *Revista de Direito e Estudos Sociais*, 1967, pág. 226; JORGE MIRANDA, *Contributo...*, cit., págs. 73 e 173-174, nota, e *A Constituição de 1976*, cit., págs. 135-136 e 346-347; ROGÉRIO SOARES, *Direito Público...*, cit., págs. 29 e 88 e segs.; MARIO NIGRO, *Costituzione ed effettività costituzionale*, in *Rivista Trimestrale di Diritto e Procedura Civile*, 1969, págs. 1711 e segs.; ROSAH RUSSOMANO, *Das normas constitucionais programáticas*, in *As Tendências Atuais do Direito Público. Estudos em homenagem ao Professor Afonso Arinos de Melo Franco*, obra coletiva, Rio, 1976, págs. 267 e segs.; TEMISTOCLE MARTINES, *op. cit.*, *loc. cit.*, págs. 803 e segs.; MARCELO REBELO DE SOUSA, *Direito Constitucional*, cit., págs. 96 e segs.; J. J. GOMES CANOTILHO, *Constituição dirigente...*, cit., págs. 166 e segs., 293 e segs., 313 e segs. e 317 e segs., e *Direito...*, cit., págs. 1176 e 1177; LUÍS FREIRE DE CARVALHO, *Normas programáticas na Constituição*, in *Revista de Direito Público*, nº 82, abril-junho de 1987, págs. 156 e segs.; ROBERTO BIN, *Atti normativi e norme programmatiche*, Milão, 1988, págs. 179 e segs.; RUI MACHETE, *Normas programáticas e liberdade do legislador*, in *Estudos de Direito Público e Ciência Política*, Lisboa, 1991, págs. 590 e segs.; LUIS ROBERTO BARROSO, *op. cit.*, págs. 109 e segs.; JOSÉ AFONSO DA SILVA, *Aplicabilidade...*, cit., págs. 135 e segs.; VIRGÍLIO AFONSO DA SILVA, *Direitos Fundamentais – Conteúdo essencial, restrições e eficácia*, 2ª ed., São Paulo, 2011, págs. 183 e segs.

Cfr., ainda, J. HERMANO SARAIVA, *A crise...*, cit., págs. 59 e 73; ANDRÉ GONÇALVES PEREIRA, *Relevância do Direito Internacional na Ordem Interna*, in *Revista da Faculdade de Direito da Universidade de Lisboa*, 1964, págs. 231 e segs.; TEIXEIRA RIBEIRO, *Os princípios constitucionais da fiscalidade portuguesa*, Coimbra, 1966, pág. 20, nota; CARDOSO DA COSTA, *Curso de Direito Fiscal*, 2ª ed., Coimbra, 1969, págs. 85-86; VITAL MOREIRA, *Economia e Constituição*, cit., págs. 128-129, nota, e 136 e segs.; ANTÓNIO MENEZES CORDEIRO, *A Constituição patrimonial privada*, in *Estudos sobre a Constituição*, obra coletiva, III, págs. 369-370; ANA PRATA, *op. cit.*, págs. 123 e segs.; GERMAN BIDART CAMPOS, *Las obligaciones en Derecho Constitucional*, Buenos Aires, 1987, págs. 37 e 81 e segs.; CRISTINA QUEIROZ, *Os Actos Políticos no Estado de Diteito*, Coimbra, 1990, págs. 143 e segs.; MARCELO NEVES, *Teoria da inconstitucionalidade...*, cit., págs. 101 e segs.; ANTONIO D'ATENA, *In tema...*, cit., *loc. cit.*, págs. 307 e segs.; PAULO OTERO, *Lições de Introdução ao Estudo do Direito*, I, 2º tomo, Coimbra, 1999, págs. 164 e segs.

414 | Teoria do Estado e da Constituição · *Jorge Miranda*

em que as normas programáticas dele participam como quaisquer outras e para ele contribuem através dos princípios, dos fins e dos valores que incorporam; e, assim como recebem o influxo das normas precetivas, também as não podem deixar de influenciar. No plano de cada norma isoladamente considerada, pois nenhuma deixa de revestir – sejam quais forem os critérios perfilhados – força jurídica e pode haver até normas em parte, precetivas e, em parte, programáticas.

II – Segundo diferentes orientações doutrinais, as normas programáticas definem-se:

- – ou por serem de aplicação diferida, e não de aplicação ou execução imediata;
- – ou por prescrevem obrigações de resultado, não obrigações de meios;
- – ou, mais do que comandos-regras, por explicitarem comandos--valores;[58]
- – ou por conferirem "elasticidade" ao ordenamento constitucional;[59]
- – ou por terem como destinatário primacial – embora não único[60] – o legislador, a cuja opção fica a ponderação do tempo e dos meios em que vêm a ser revestidas de plena eficácia (e, por isso, só através de lei adquirirem determinabilidade);
- – ou por terem um conteúdo que, para além de um mínimo, depende das opções próprias do legislador ordinário, ao qual se deve entender delegado um poder de conformação autónoma.[61]

Contudo, nenhum desses traços definidores (ou outros critérios que se utilizem para a contraposição diante das normas precetivas) briga com a juridicidade das normas programáticas:

- – nem a eficácia diferida ou a elasticidade queridas pelo legislador constituinte – porque a dimensão *prospetiva*[62] é também uma di-

---

[58] J. Hermano Saraiva, *A crise...*, cit., pág. 59, nota.

[59] Como nota Giuseppe Chiarelli, *op. cit.*, *loc. cit.*, pág. 56.

[60] Até os particulares também podem ser destinatários de algumas normas programáticas: cfr. Giuseppe Musacchia, *Brevi considerazioni sulla efficacia di alcune norme costituzionali*, in *Revista Trimestrale di Diritto Pubblico*, 1958, pág. 601.

[61] Vieira de Andrade, *op. cit.*, pág. 364 (a propósito dos direitos sociais).

[62] A expressão é de J. J. Gomes Canotilho, *op. cit.*, I, 2ª ed., pág. 217.

Parte III · Tít. II · Cap. I – Estrutura das Normas Constitucionais | **415**

mensão do ordenamento jurídico, pelo menos no Estado social e pelo menos de certas Constituições;

– nem o mais próximo contacto em que possam estar com certos valores (ou certos valores *novos*) do ordenamento;

– nem o avultar do legislador como destinatário – porque numerosas são outras normas constitucionais, designadamente orgânicas, dirigidas a órgãos ou a titulares de órgãos do Estado;

– nem a liberdade de conformação ou o poder discricionário – porque este é um poder jurídico;

– nem a pretensa impossibilidade de quaisquer cidadãos exercerem só por si os direitos que as normas programáticas atribuam – porquanto podem ser muito diversas as posições dos cidadãos perante as normas jurídicas;

– nem a abertura ou a indeterminação – pois elas não impedem a interpretação e a aplicação por processos jurídicos adequados.

III – Nas Constituições liberais do século xix, as normas substantivas eram quase todas normas orgânicas e as normas de fundo circunscreviam-se aos direitos, liberdades e garantias. Dominavam, portanto, as normas precetivas.

Nas Constituições com intenções sociais, de diversas inspirações, dos séculos XX e XXI as normas de fundo, bem como as normas de garantia, dilatam-se muitíssimo e passam a prever direitos sociais e a organização económica. Deparam-se então, em largo número, normas programáticas.

Qual o remate que terão estas mutações jurídico-políticas? Serão as normas programáticas a ganhar a primazia ou, antes, as precetivas? Perguntando por outra maneira: estarão predispostas as normas programáticas a tornar-se precetivas, ou, pelo contrário, as precetivas sujeitas a baixar ao nível das programáticas?

Em fase anterior do nosso pensamento, inclinamo-nos para uma síntese ou unidade, de acordo com um valor precetivo, direto, atual do sistema, por dois motivos: 1º) por desconhecermos um nexo natural entre a estrutura obrigacional dos direitos à igualdade e a estrutura programática das normas; 2º) por, de um ângulo muito aberto do processo jurídico, podermos encarar a execução legal das normas programáticas como um espaço de *vocatio* ou de *lacuna legis*, jamais de *vocatio* ou de *lacuna juris*.[63]

---

[63]   *Contributo...*, cit., pág. 76. Cfr. a visão de J. J. Gomes Canotilho, *Constituição dirigente...*, cit., págs. 453 e segs.

Hoje, propendemos para algo de diferente. Achamos que a distinção entre normas precetivas e normas programáticas é inerente ao Estado social de Direito e à democracia pluralista; e que ela confere maleabilidade e adaptabilidade ao sistema. Mais: admitimos até, dentro de certos limites, variações de estrutura das normas consoante as Constituições, os tempos históricos e as circunstâncias dos países.

128.

Normas exequíveis e não exequíveis por si mesmas

I – São classificações distintas, embora parcialmente sobrepostas, a classificação das normas constitucionais em precetivas e programáticas e a classificação em exequíveis e não exequíveis por si mesmas.

Os prismas em que assentam não se confundem. Ao passo que entre as normas precetivas e as programáticas a diferenciação se situa na interação com a realidade constitucional – suscetível ou não de ser, só por força das normas constitucionais, imediatamente conformada de certo modo – entre as normas exequíveis e as normas não exequíveis o critério distintivo está nas próprias normas e vem a ser a completude ou incompletude destas.

Precisando um pouco melhor o que são as normas não exequíveis por si mesmas, dir-se-á que nelas se verifica – por motivos diversos de organização social, política e jurídica – um desdobramento: por um lado, um comando que substancialmente fixa certo objetivo, atribui certo direito, prevê certo órgão; e, por outro lado, um segundo comando, implícito ou não, que exige do Estado a realização desse objetivo, a efetivação desse direito, a constituição desse órgão, mas que fica dependente de normas que disponham as vias ou os instrumentos adequados a tal efeito.[64]

É a necessidade de complementação por normas legislati-vas,[65] da *interpositio legislatoris* nesse sentido,[66] integrando-a num quadro mais

---

[64] Cfr. o acórdão nº 90/84 do Tribunal Constitucional português, de 30 de julho, in *Boletim do Ministério da Justiça*, nº 353, fevereiro de 1984, págs. 188 e segs., falando em limite imposto pela "natureza das coisas" e em princípios relativamente aos quais o legislador constitucional entende impor-se uma nova ponderação normativa – complementar da que ele próprio fez, mas de que não quis tirar (ou permitiu que se tirassem) logo todas as possíveis consequências.

[65] Quanto à complementação por normas de Direito internacional, o problema é mais complexo.

[66] Relação paralela à que se estabelece entre normas constitucionais não exequíveis e normas legislativas é a que ocorre, por vezes, entre normas legislativas não exequíveis

Parte III · Tít. II · Cap. I – Estrutura das Normas Constitucionais | 417

amplo, para que realize a sua finalidade específica, que identifica a norma constitucional não exequível por si mesma.[67]

II – As normas não exequíveis por si mesmas a que nos estamos referindo são normas prescritivas ou, doutro ângulo, imposições legiferantes: o legislador acha-se adstrito a fazer a lei necessária à sua plena concretização ou efetivação.

Mas existem, a par delas, normas não exequíveis por si mesmas em que não se verifica tal necessidade. São as normas permissivas dirigidas ao legislador, como as do art. 15º, nos 4 e 5 da Constituição portuguesa (sobre capacidade eleitoral dos estrangeiros nas eleições para os órgãos do poder local e para o Parlamento Europeu), do art. 86º, nº 3 (sobre vedações de setores básicos da economia à iniciativa privada), dos arts. 149º, nº 1, e 239º, nº 3 (sobre certos aspetos dos sistemas eleitorais relativas à Assembleia da República e aos órgãos das autarquias locais), do art. 240º, nº 2 (sobre iniciativa popular de referendo local), do art. 275º, nº 6 (sobre certas funções das Forças Armadas). E também, conquanto com maior amplitude, as normas do art. 7º, nos 6 e 7 (sobre integração comunitária europeia e sobre o Tribunal Penal Internacional).

Obviamente, sendo estas normas permissivas ou facultativas uma sua eventual não realização não envolve nenhuma infração da Constituição.

129.
Normas precetivas exequíveis, normas precetivas não exequíveis e normas programáticas

I – Todas as normas exequíveis por si mesmas podem considerar-se precetivas, mas nem todas as normas precetivas são exequíveis por si mesmas. Em contrapartida, as normas programáticas são todas (ou quase todas) normas não exequíveis por si mesmas. Quer isto dizer que a segunda classificação é mais envolvente do que a primeira,

---

por si mesmas e normas regulamentares. Cfr., por exemplo, AFONSO QUEIRÓ, *Teoria dos Regulamentos*, in *Revista de Direito e Estudos Sociais*, nova série, nº 1, pág. 24; JOÃO CAUPERS, *Um dever de regulamentar?*, in *Legislação*, nº 18, janeiro-março de 1997, págs. 7 e segs.

[67] *Inconstitucionalidade por omissão*, in *Estudos sobre a Constituição*, obra coletiva, I, pág. 343. Cfr. J. J. GOMES CANOTILHO, *Constituição dirigente...*, cit., págs. 320 e segs. e 481.

418 | Teoria do Estado e da Constituição · *Jorge Miranda*

porque entre as normas não exequíveis por si mesmas tanto se encontram normas programáticas (*v.g.*, o art. 64º) como normas precetivas (*v.g.*, o art. 41º, nº 6).

Quer as normas programáticas quer as normas precetivas não exequíveis por si mesmas caraterizam-se pela relevância específica do tempo, por uma conexa autolimitação e pela necessidade de *concretização*, e não só de *regulamentação* legislativa. Separam-se, no entanto, por as normas precetivas não exequíveis por si mesmas postularem apenas a intervenção do legislador, atualizando-as ou tornando-as efetivas, e as normas programáticas exigirem mais do que isso, exigirem não só a lei como providências administrativas e operações materiais. As normas não exequíveis por si mesmas precetivas dependem apenas de fatores jurídicos e de decisões políticas; as normas programáticas dependem ainda (e sobretudo) de fatores económicos e sociais.

Daí um maior grau de liberdade do legislador perante as normas programáticas do que perante as normas precetivas não exequíveis: estas deverão ser completadas pela lei nos prazos relativamente curtos delas decorrentes; já as normas programáticas somente terão de ser concretizadas quando se verificarem os pressupostos de facto que tal permitam, a apreciar pelo órgão legislativo.[68]

Nas normas exequíveis por si mesmas, os comandos constitucionais atualizam-se só por si; nas normas não exequíveis precetivas, aos comandos constitucionais acrescem as normas legislativas; e nas normas não exequíveis por si mesmas programáticas tem ainda de se dar uma terceira instância – a instância política, administrativa e material, única com virtualidade de modificar as situações e os circunstancialismos económicos, sociais e culturais subjacentes à Constituição.

II – Em vez de duas classificações, parcialmente sobrepostas, torna-se, pois, possível um esquema alternativo com três categorias correspondentes a sucessivos graus de efetividade (ou eficácia) intrínseca das normas: 1) normas precetivas exequíveis por si mesmas; 2) normas precetivas não exequíveis por si mesmas; 3) normas programáticas.

III – Vale a pena confrontar esta tricotomia com outras classificações.

---

[68] Cfr. o art. 9º, alínea *d)*, 2ª parte, da Constituição portuguesa, e o art. 22º da Declaração Universal, ligando aquele a efetivação dos direitos económicos, sociais e culturais à transformação e à modernização das estruturas económicas e sociais e este ao esforço nacional, à cooperação internacional, à organização e aos recursos de cada país.

Parte III · Tít. II · Cap. I – Estrutura das Normas Constitucionais | **419**

José Afonso da Silva distingue normas constitucionais de *eficácia plena*, normas constitucionais de *eficácia contida* e normas constitucionais de *eficácia limitada ou reduzida*.[69] Na primeira categoria incluem-se todas as normas que, desde a entrada em vigor da Constituição, produzem todos os seus efeitos essenciais (ou têm possibilidade de os produzir): normas com vedações ou proibições, isenções, imunidades ou prerrogativas, normas que não designem órgãos ou processos especiais de execução ou que não exijam a elaboração de novas normas legislativas que lhes completem o alcance ou fixem o conteúdo. O segundo grupo abrange normas que incidem imediatamente e produzem (ou podem produzir) todos os efeitos queridos, mas que têm a sua eficácia contida em certos limites, dadas certas circunstâncias: assim, as normas restritivas ou sobre ordem pública. Já as normas do terceiro grupo são as que não produzem todos os seus efeitos essenciais, porque o legislador constituinte não estabelece sobre a matéria uma normatividade bastante. E englobam normas declaratórias de princípios institucionais e organizatórios e normas declaratórias de princípios programáticos.

Ora, verifica-se com relativa facilidade que as normas de eficácia plena de José Afonso da Silva correspondem às normas exequíveis de que acabámos de falar, as normas declaratórias de princípios institucionais e organizatórios correspondem *grosso modo* às normas precetivas não exequíveis e as normas declaratórias de princípios programáticos às normas programáticas. Só as normas de eficácia contida ficarão à margem, embora pareçam reconduzir-se ainda a normas precetivas.[70]

Por seu lado, Manoel Gonçalves Ferreira Filho, depois de distinguir normas imediatamente exequíveis e normas não exequíveis por si mesmas, subdivide estas em quatro tipos: 1º) *normas incompletas,* regras que não prescindem de outras que as desdobrem ou "regulamentem"; 2º) *nor-*

---

[69] *Aplicabilidade...*, cit., págs. 81 e segs. Cfr. Maria Helena Diniz, *Norma constitucional e seus efeitos*, 2ª ed., São Paulo, 1992, págs. 92 e segs.; Luis Roberto Barroso, *op. cit.*, págs. 81 e segs.; ou Dirley da Cunha Júnior, *Controle judicial das omissões do poder público*, São Paulo, 2004, págs. 79 e segs.

[70] Recentemente, José Afonso da Silva (*Aplicabilidade das normas constitucionais*, in *Tratado de Direito Constitucional*, obra coletiva, São Paulo, 2010, págs. 150 e segs.) reformulou a classificação, passando a enunciar: 1) normas de eficácia plena e aplicabilidade direta, imediata e integral; 2) normas de eficácia contida e aplicabilidade direta e imediata, mas possivelmente não integral; 3) normas de eficácia limitada – declaratória de princípios institucionais e organizativos e declarativas de princípios programáticos.

mas condicionadas, regras que, embora completas, ficam condicionadas pelo constituinte à futura edição de lei que propicie o início de sua
execução; 3º) *normas programáticas,* cuja execução reclama não só uma
complementação normativa mas igualmente uma "terceira instância
política, administrativa e material", sem o qual eles não terão condições
de efetivação no mundo real; 4º) *normas de estruturação,* que preveem
a instituição de órgãos ou entes estatais, ou o tratamento sistemático e
global de um setor de atividade, mormente económico.[71]

Em Portugal, J. J. GOMES CANOTILHO, partindo da bipartição normas
organizativas-normas materiais, nas primeiras coloca: a) regras de competência; b) regras de criação de órgãos (normas orgânicas); c) regras
de procedimento. E nas segundas: a) regras de direitos fundamentais;
b) regras de garantias institucionais; c) regras determinadoras de fins
e tarefas do Estado; d) regras constitucionais impositivas, imposições
de caráter permanente e concreto, com um subgrupo de imposições
legiferantes e ordens de legislar. As imposições legiferantes vinculam
constitucionalmente os órgãos do Estado ao cumprimento de determinadas tarefas, fixando *inclusive* diretivas materiais. As ordens de legislar
reconduzem-se a imposições constitucionais únicas, que impõem ao
legislador a enumeração de uma ou várias leis, destinadas, em geral, a
possibilitar a instituição e o funcionamento dos órgãos constitucionais.[72]

130.
A aplicabilidade direta
das normas constitucionais

I – O postulado da aplicação direta das normas constitucionais[73]
é inerente à sua natureza de verdadeiras normas jurídicas, pois não se
compreendem normas jurídicas que não estejam predispostas para a

---

[71] Outras classificações de Autores brasileiros, são as de UADI LAMMÊGO BUCOS, *Manu-
al de Interpretação Constitucional,* São Paulo, 1997, págs. 9 e segs.; CELSO ANTÓNIO
BANDEIRA DE MELLO, *Eficácia das normas constitucionais e direitos sociais,* São Paulo,
2011, págs. 21 e segs.; LUÍS ROBERTO BARROSO, *O Novo Direito Constitucional Brasileiro
– Contribuição para a construção teórica e prática de jurisprudência constitucional no
Brasil,* Belo Horizonte, 1ª reimpressão, 2013, págs. 66 e segs.

[72] *Direito...,* cit., págs. 1170 e segs.

[73] Há Constituições que o declaram expressamente, em geral: a búlgara (art. 5º, nº 2), a lituana
(art. 6º), a polaca (art. 8º). Outras, apenas a respeito de direitos fundamentais: a portuguesa

Parte III · Tít. II · Cap. I – Estrutura das Normas Constitucionais | **421**

conformação de factos e situações ou para a produção de certos efeitos.[74]

Mais ainda, as normas constitucionais devem, tanto quanto possível, ser tomadas como aplicáveis imediatamente – portanto, como normas precetivas e auto-exequíveis. Aplicáveis:

– às situações da vida das pessoas como particulares (*v.g.*, o art. 36°, da Constituição portuguesa, sobre direitos e deveres dentro da família, ou o art. 63°, n° 4, sobre o cálculo de pensões de velhice e invalidez);

– às relações das pessoas com o Estado (*v.g.*, o art. 38°, sobre liberdade de imprensa, ou o art. 74°, n° 2, alínea *b*), sobre o ensino básico);

– aos órgãos do Estado, das regiões autónomas e das autarquias locais, sejam normas de competência (*v.g.*, arts. 133° e segs., 161° e segs., 197° e segs., 223° e segs., 232° ou 239°), sejam normas de relações entre eles (*v.g.*, o art. 136°, sobre veto político, ou o art. 194°, sobre moções de censura ao Governo);

– às situações dos titulares desses órgãos (*v.g.*, o art. 157°, sobre imunidades dos Deputados, ou o art. 216°, sobre garantias e incompatibilidades dos juízes).

E os próprios princípios são suscetíveis, à partida, de aplicação direta (*v.g.* os princípios da igualdade e da proporcionalidade), como também já dissemos.

II – Quanto às normas não exequíveis por si mesmas, em especial, também elas têm aplicação direta:

a) Enquanto proíbem a emissão de normas legais contrárias e proíbem a prática de comportamentos que tendam a impedir a produção de atos por elas impostos[75] – donde inconstitucionalidade material em caso de violação;

(art. 18°, n° 1), a brasileira (art. 5°, § 1°), a cabo-verdiana (art. 18°). V. ainda as Constituições alemã (art. 19°, n° 3) e a espanhola (art. 53°).

[74] Cfr., na doutrina, por todos, GARCIA DE ENTERRÍA, *op. cit.*, págs. 49 e segs.; MANUEL AFONSO VAZ, *op. cit.*, págs. 300 e segs.; MARIA LÚCIA AMARAL, *responsabilidade do Estado e dever de indemnizar do legislador*, Coimbra, 1998, págs. 338 e segs.; PIERFRANCESCO GROSSI, *Attuazione ed inattuazione della Costituzione*, Milão, 2002.; ou J. J. GOMES CANOTILHO, *Direito...*, cit., págs. 1178 e segs.

[75] MIGUEL GALVÃO TELES, *Eficácia...*, cit., págs. 205-206, nota.

b) Enquanto, depois de concretizadas através de normas legais, estas não podem ser pura e simplesmente revogadas, retornando-se ao vazio ou à completa inexequibilidade – o que não significa, em contrapartida, que seja de acolher, em termos absolutos um princípio de não retrocesso social.[76]

Mas, afora isso, têm ainda aplicação direta, embora mediata, porque:

a) Só por constarem da Constituição devem – tal como as normas exequíveis por si mesmas – ser tidas em conta na procura do sentido das restantes normas, por via da interpretação sistemática;

b) Através da analogia, podem contribuir para a integração de lacunas;

c) Fixam critérios para o legislador nos domínios sobre que versarem – donde ainda inconstitucionalidade material – por desvio de poder – quando haja afastamento desses critérios.

III – O que acaba de ser dito tem a sua mais importante projeção no campo dos direitos fundamentais.

Os direitos, as liberdades e garantias constam, na sua grande maioria, de normas precetivas exequíveis por si mesmas (*maxime* as respeitantes a liberdades), conquanto haja algumas que não são auto-exequíveis (como

---

[76] Infletimos, assim, em certa medida, a posição adotada em anteriores edições deste *Manual* (II, 5ª ed., págs. 279-280, e IV, 3ª ed., págs. 397 e segs.) e propendemos a seguir a distinção feita pelo Tribunal Constitucional no acórdão nº 509/2002, de 19 de dezembro (*Diário da República*, 1ª série, nº 36, de 12 de fevereiro de 2003): 1º) onde a Constituição contenha uma *ordem de legislar*, suficientemente precisa e concreta, de tal sorte que seja possível determinar com segurança as medidas jurídicas necessárias para lhe conferir exequibilidade, a margem de liberdade do legislador para *retroceder* no grau de proteção atingida é necessariamente mínimo, já que só o poderia fazer na estrita medida em que a alteração legislativa pretendida não viesse a consequenciar uma *inconstitucionalidade por omissão*; 2º) noutras circunstâncias, porém, a *proibição de retrocesso social* apenas pode funcionar em casos-limite, uma vez que, desde logo, o *princípio da alternância democrática* inculca a revisibilidade das opções político-legislativas, ainda quando estas assumam o caráter de opções legislativas fundamentais.

Cfr. a formulação mais radical do princípio no acórdão nº 39/84, de 11 de abril (*Diário da República*, 1ª série, nº 104, de 5 de maio de 1984), e as formulações mais moderadas presentes nos acórdãos nos 148/94, de 8 de fevereiro, e 509/2002, de 19 de dezembro (*ibidem*, 1ª série-A, nº 102, de 3 de maio de 1994, e 1ª série, nº 36, de 12 de fevereiro de 2003, respetivamente).

Sobre as diferentes posições doutrinais portuguesas, v. *Manual ...*, IV, cit., págs. 485 e segs.

Parte III · Tít. II · Cap. I – Estrutura das Normas Constitucionais | **423**

o art. 35º, sobre garantias no domínio da informática, o já citado art. 41º, nº 6, sobre objeção de consciência, ou o art. 52º, nº 3, sobre ação popular).

Por seu turno, nos direitos económicos, sociais e culturais, se a sua caraterística mais específica é a de direitos positivos, nem por isso deixam de conter, quase todos, uma vertente negativa ou de defesa contra violações (como o direito à proteção da saúde do art. 64º ou o art. 69º sobre direitos das crianças). Nesta vertente as respetivas normas são tão diretas e imediatamente aplicáveis como as normas sobre direitos, liberdades e garantias; e, na vertente positiva aplicáveis mediatamente, na projeção sistemática desses direitos sobre outros direitos (*v.g.*, o art. 65º, sobre habitação, em face do art. 62º, sobre propriedade, ou o art. 66º, sobre ambiente, em face do art. 61º, sobre iniciativa económica).[77]

IV – Há, porém, aspetos diversos de regime e de força jurídica das normas precetivas não exequíveis e das normas programáticas.

Quanto às primeiras:

a) Elas determinam a cessação da vigência, por inconstituionalidade superveniente, das normas legais anteriores que disponham em sentido contrário;

b) Elas obrigam o legislador a editar as necessárias normas legislativas destinadas a conferir-lhes exequibilidade no prazo que estabeleçam – donde, inconstitucionalidade por omissão se tal não acontecer.

Quanto às normas programáticas:

a) Elas determinam igualmente a inconstitucionalidade superveniente das normas legais anteriores discrepantes, mas na decisão de inconstitucionalidade haverá de se atender às condições de facto a partir das quais *podem* e, por conseguinte, *devem* receber exequibilidade, com eventual restrição de efeitos (art. 282º, nº 4);

b) A inconstitucionalidade por omissão também só pode verificar-se a partir dessa altura, não antes.[78]

Não significa isto que fique na disponibilidade do legislador ordinário a eficácia jurídica das normas programáticas. Havendo fiscalização da

---

[77] Cfr. *Manual...*, IV, cit.,págs. 100 e segs.
[78] *Manual...*, VI, cit., pág. 371. No mesmo sentido, Jorge Pereira da Silva, *Dever de legislar, protecção jurisdicional contra omissões legislativas*, Lisboa, 2003, pág. 197 (falando em dever de legislar sujeito a "condição suspensiva").

424 | Teoria do Estado e da Constituição • *Jorge Miranda*

constitucionalidade, pelo menos, tal não sucederá: o órgão ou órgãos competentes verificarão se ocorrem ou não as circunstâncias objetivas (normativas e não normativas) que tornam possível – e, portanto, *obrigatória* – a emissão das normas legislativas suscetíveis de conferirem exequibilidade às normas constitucionais.[79]

---

[79] O que significa que aqui o órgão de fiscalização da constitucionalidade, *maxime* o Tribunal Constitucional, deverá, no seu juízo, atender às situações de facto – justamente pela dependência das normas programáticas dessas situações.

Capítulo II

INTERPRETAÇÃO, INTEGRAÇÃO E APLICAÇÃO

§ 1º
Interpretação e integração das normas constitucionais

131.
A problemática da interpretação constitucional

I – Há sempre que interpretar a Constituição[1] como há sempre que interpretar a lei. Só através desta tarefa se passa da leitura política,

---

[1] Cfr., nas últimas décadas, PIETRO MEROLA CHIERCHIA, *L'interpretazione sistematica delle Costituzioni*, Pádua, 1978; ENRIQUE ALONSO GARCIA, *La interpretación de la Constitución*, Madrid, 1984; ERNST-WOLFGANG BÖCKENFÖRDE, *Los metodos de la interpretación constitucional*, in *Escritos sobre derechos fundamentales*, trad., Baden-Baden, 1993, págs. 13 e segs.; GIORGIO BERTI, *Manuale di Interpretazione costituzionale*, Pádua, 1994; KEITH E. WASHINGTON, *Constitutional Interpretation – Textual Meaning, Original Intent and Judicial Review*, Cansas, 1994; PETER HÄBERLE, *Die Offene Gesellschaft der Verfassungsinterpretation*, trad. *Hermenêutica Constitucional – A sociedade aberta dos intérpretes da Constituição*, Porto Alegre, 1997 e *Métodos e principios de interpretación constitucional. Un catalogo de problemas*, in *Revista de Derecho Constitucional Europeo*, 2010, págs. 379 e segs.; LUIS ROBERTO BARROSO, *Interpretação e aplicação da Constituição*, cit.; CRISTINA QUEIROZ, *Interpretação constitucional e poder judicial*, Coimbra, 2000; GOMES CANOTILHO, *Método de interpretação de normas constitucionais. Peregrinação constitucional em torno de um prefácio de Manuel de Andrade à obra* Interpretação e aplicação das leis *de Francesco Ferrara*, in *Boletim da Faculdade de Direito da Universidade de Coimbra*, 2001, págs. 883 e segs.; JUAREZ FREITAS, *O intérprete e o poder de dar vida à Constituição*, in *Direito Constitucional – Estudos em homenagem a Paulo Bonavides*, obra coletiva (orga-

426 | Teoria do Estado e da Constituição · *Jorge Miranda*

nizada por Eras Roberto Grau e Willis Santiago Guerra Filho), São Paulo, 2002; Lenio Luis Streck, *Jurisdição constitucional e hermenêuticaz Uma nova crítica do Direito,* Rio de Janeiro, 2004; *L'interprétation constitutionnelle,* obra coletiva (dir. de Ferdinand Melin-Soucramanien), Paris, 2005; Lawrence Tribe e Michael Dorf, *On Reading the Constitution,* Cambridge, 2005, trad. *Hermenêutica Constitucional,* Belo Horizonte, 2007; Massimo Lucciani, *L'interprete costituzionale di fronte al rapporto fatto-valore. Il testo costituzionale nella sua dimensione diacronica,* in *Diritto e Società,* 2009, págs. 1 e segs.; Inocêncio Mártires Coelho, *Hermenêutica Constitucional,* in *Tratado de Direito Constitucional,* obra coletiva, São Paulo. 2010, págs. 184 e segs.

E também Franco Pierandrei, *L'Interpretazione della Costituzione,* in *Studi di Diritto Costituzionale in memoria di V. E. Orlando,* págs. 459 e segs.; Zafra Valverde, *La interpretación de las Constituciones,* in *Revista de Estudios Politicos,* n° 180, dezembro de 1971, págs. 49 e segs.; Antonino Pensovecchio li Bassi, *L'interpretazione delle norme costituzionali,* Milão, 1972; Michel Troper, *Le problème de l'interprétation et la théorie de la supralégalité constitutionnelle,* in *Recueil d'études en hommage à Charles Eisenmann,* obra coletiva, Paris, 1977, págs. 133 e segs.; José Alfredo de Oliveira Baracho, *Hermenêutica Constitucional,* in *Revista da Faculdade de Direito da Universidade Federal de Minas Gerais,* maio de 1977, págs. 175 e segs.; Francis Delperée, *La Constitution et son interprétation,* in *L'interprétation en droit – Apperçu interdisciplinaire,* obra coletiva, Bruxelas, 1978, págs. 187 e segs.; Letizia Gianformaggio, *L'interpretazione della Costituzione tra applicazione di regole ed argumentazione basata su principi,* in *Rivista Internazionale di Filosofia del Diritto,* 1985, págs. 6 e segs.; Jerzy Wróblewski, *Constitución y teoria general de la interpretación juridica,* trad., Madrid, 1985; *División de poderes e interpretación,* obra coletiva editada por Lopez Piña, Madrid, 1987; Raúl Canosa Usera, *Interpretación constitucional y formula política,* Madrid, 1988; David A. J. Richards, *La intención de los constituyentes y la interpretación constitucional,* trad., in *Revista del Centro de Estudios Constitucionales,* 1988, págs. 141 e segs.; Miguel Beltran, *Originalismo y interpretación – Dworkin v. Bork: una polémica constitucional,* Madrid, 1989; Alessandro Pizzorusso, *L'interpretazione della Costituzione e l'attuazione di essa attraverso la prassi,* in *Rivista Trimestrale di Diritto Pubblico,* 1989, págs. 3 e segs.; Christopher Wolfe, *La transformación de la interpretación constitucional,* trad., Madrid, 1991; *Perspectives on Constitucional Interpretation,* obra coletiva editada por Susan J. Brison e Walter Sinnat-Armstrad, Boulden, S. Francisco-Oxónia, 1993; Mark A. Graber, *Why interpret? Political Justification and American Constitutionalism,* in *The Review of Politics* (Univ. de Notre Dame), 1994, pág. 451; Domingo Garcia Belaunde, *La interpretación constitucional como problema,* in *Revista de Estudios Políticos,* n° 86, outubro-dezembro de 1994, págs. 9 e segs.; Yann Aguilia, *Cinq questions sur l'interprétation de la Constitution,* in *Revue française de droit constitutionnel,* 1995, págs. 9 e segs.; Olivier Camy, *Le retour au décisionarisme: l'exemple de l'interprétation des pratiques constitutionnelles par la doctrine française,* in *Revue de droit public,* 1996, págs. 1019 e segs.; Miguel Nogueira de Brito, *Originalismo e interpretação constitucional,* in *Sub Judice,* n° 12, 1998, págs. 33 e segs.; Pablo de Lora Déloro, *La interpretación originalista de la Constitución (una aproximación desde la Filosofia al Derecho),* Madrid, 1998; Ronald Dworkin, *Controvérsia constitucional,* in *Sub Judice,* n° 12, 1998, págs. 27 e segs., e *La Lectura moral de la Constitución y la premisa mayoritaria,* in *Questiones Constitucionales,* n° 7, julho-dezembro de 2002, págs. 3 e segs.; Márcio Augusto Vasconcelos Diniz, *Constituição e hermenêutica constitucional,* Belo Horizonte, 1998; Francisco Fernández Segado, *Reflexiones en torno a la interpretación de la Constitución,* in *Direito – Revista Xuridica da Universidade de Santiago de Compostela,* vol. 8, n° 2, 1999, págs. 97 e segs.; Cristina Queiroz, *Interpretação constitucional e poder*

Parte III · Tít. II · Cap. II – Interpretação, Integração e Aplicação | **427**

judicial, Coimbra, 2000; Francisco Meton Marques de Lima, *O resgate dos valores na interpretação constitucional*, Fortaleza, 2001; Luís S. Cabral de Moncada, *Sobre a interpretação constitucional*, in *Estudos de Direito Público*, I, Coimbra, 2001, págs. 435 e segs.; Celso Ribeiro Bastos, *Hermenêutica e interpretação constitucional*, 3ª ed., São Paulo, 2002; Luis Roberto Barroso e Ana Paula de Barcellos, *O começo da história: a nova interpretação constitucional e o papel dos princípios no Direito brasileiro*, in *Revista Latino-Americana de Estudos Constitucionais*, nº 2, julho-dezembro de 2003, págs. 167 e segs.; Ney de Barros Bello Filho, *Sistema constitucional aberto*, Belo Horizonte, 2003; Lenio Luiz Streck, *Concretização do Direito e interpretação da Constituição*, in *Boletim da Faculdade de Direito da Universidade de Coimbra*, 2005, págs. 291 e segs.; *L'interprétation constitutionnelle*, obra coletiva organizada por Ferdinand Mélin-Soucramanien, Paris, 2005; Antonio Ruggeri, *Interpretazione costituzionale e ragionevolezza*, in *Politica del Diritto*, 2006, págs. 531 e segs.; *Interpreting Constitutions: a comparative study*, obra coletiva editada por Jeffrey Goldsworthly, Oxónia, 2006; Daniel Sarmento, *Interpretação constitucional, pré-compreensões e capacidades institucionais da interpretação*, in *Vinte Anos da Constituição Federal de 1988*, obra coletiva, Rio de Janeiro, 2009, págs. 311 e segs.; Rodolfo Viana Pereira, *A Constituição como locus hermenêutico e a superação de um conflito epistemológico aparente*, in *Estudos de Direito Público*, obra coletiva (coord. de Marco Aurélio Borges de Paula e de Rachel de Paula Magrini), Campo Grande, 2009, págs. 80 e segs.; José de Melo Alexandrino, *Como ler a Constituição – Algumas considerações*, in *Estudos em homenagem ao Prof. Doutor Paulo de Pitta e Cunha*, obra coletiva, III, Coimbra, 2010, págs. 503 e segs.; Ravi Afonso Pereira, *Interpretação constitucional e justiça constitucional*, in *Tribunal Constitucional – 35 anos da Constituição de 1976*, obra coletiva, Coimbra, 2012, págs. 43 e segs.

Em obras gerais ou a propósito de outros temas, cfr. Rudolf Smend, *op. cit.*, págs. 115 e segs.; Luigi Rossi, *La "Elasticità"...*, cit., *loc. cit.*, págs. 40 e segs.; Queiroz Lima, *op. cit.*, págs. 274 e segs.; Costantino Mortati, *Costituzione...*, cit., *loc. cit.*, págs. 165 e segs.; Armando Marques Guedes, *op. cit.*, págs. 351 e segs. e 359; Ernst Forsthoff, *La trasformazione della legge costituzionale*, in *Stato di Diritto in trasformazione*, trad., Milão, 1973, págs. 179 e segs.; Rogério Soares, *Constituição...*, cit., *loc. cit.*, págs. 670 e segs.; Pablo Lucas Verdu, *Curso...*, cit., II, págs. 522 e segs., e *El sentimiento constitucional*, cit., págs. 103 e segs.; Marcelo Rebelo de Sousa, *Direito Constitucional*, cit., págs. 357 e segs.; John Hart Ely, *Democracy and Distrust. A Theory of Judicial Review*, Cambridge (Mass.), 1980; William F. Harris, *Bonding Work and Polity: the Logic of American Constitutionalism*, in *The American Political Science Review*, 1982, págs. 34 e segs; François Luchaire, *op. cit., loc. cit.*, págs. 291 e segs.; Domenico Farias, *op. cit.*, págs. 177 e segs.; Vieira de Andrade, *Os direitos fundamentais...*, 1ª ed., cit., págs. 115 e segs.; João Baptista Machado, *Introdução...*, cit., págs. 175 e segs. e 205 e segs.; Konrad Hesse, *Escritos...*, cit., págs. 33 e segs.; Castanheira Neves, *Interpretação jurídica*, in *Polis*, III, págs. 697 e segs.; Klaus Stern, *op. cit.*, págs. 280 e segs.; Karl Larenz, *op. cit.*, págs. 435 e segs.; Ronald Dworkin, *Law's Empire* (1986), trad. italiana *L'Imperio del Diritto*, Milão, 1989, págs. 329 e segs.; Jeffrey Reiman, *The Constitution Rights and the Conditions of Legitimacy*, in *Constitutionalism – The Philosophical Dimension*, obra coletiva, Nova Iorque, 1988, págs. 127 e segs.; Antonio Porras Nadales, *Introducción a una teoria del Estado postsocial*, Barcelona, 1988, págs. 181 e segs.; Gaetano Silvestre, *Linguaggio della Costituzione e linguaggio giuridico: un rapporto complesso*, in *Quaderni Costituzionali*, 1989, págs. 205 e segs.; Hans Peter Schneider, *op. cit.*, págs. 53 e segs.; Gomes Canotilho e Vital Moreira, *Fundamentos...*, cit., págs. 51 e segs.; Michel Troper, *Pour une théorie juridique de l'État*, Paris, 1994, págs. 293 e segs.; Karl Larenz,

428 | Teoria do Estado e da Constituição · *Jorge Miranda*

ideológica ou simplesmente empírica para a leitura jurídica do texto constitucional, seja ele qual for. Só através dela, a partir da letra, mas sem se parar na letra, se encontra a norma ou o sentido da norma. Não é possível aplicação sem interpretação, tal como esta só faz pleno sentido posta ao serviço da aplicação.

Não se interpretam as normas constitucionais, como não se interpreta nenhuma norma. Interpretam-se, sim, as expressões verbais, os enunciados linguísticos[2] as disposições, os preceitos, os artigos da Constituição e é o seu sentido que equivale a uma norma (ou, eventualmente, a um segmento de norma ou a mais de uma norma).[3-4-5]

Metodologia..., cit., págs. 510 e segs.; Maria Lúcia Amaral, *Responsabilidade do Estado e dever de indemnizar do legislador*, Coimbra, 1998, págs. 387 e segs.; Rui Medeiros, *A decisão...*, cit., págs. 177 e segs.; José Adércio Leite Sampaio, *op. cit.*, págs. 778 e segs.; Peter Häberle, *L'État...*, cit., págs. 125 e segs.; J. J. Gomes Canotilho, *Direito...*, cit., págs. 1195 e segs.; Luis Roberto Barroso, *Temas de Direito Constitucional*, III, Rio de Janeiro, 2005, págs. 3 e segs.; Emerson Garcia, *op. cit.*, págs. 59 e segs.; Giorgio Bongiovanni, *Costituzione e teoria del diritto*, Roma-Bari, 2006, págs. 151 e segs.; João Maria Adeodato, *Ética e Retórica – Para uma Teoria da Dogmática Jurídica*, São Paulo, 2006, págs. 213 e segs.; Tércio Sampaio Ferraz Júnior, *Direito Constitucional*, Baruera (São Paulo), 2007, pags. 3 e segs.; Luís Roberto Barroso, *Curso de Direito Constitucional*, 2ª ed., São Paulo, 2010, págs. 288 e segs.; Ingo Wolfgang Sarlet, *op. cit.*, *loc. cit.*, págs. 203 e segs.; Rúben Miguel Pereira Ramião, *op. cit.*, págs. 312 e segs.; Paulo Bonavides, *Curso ...*, cit., págs. 452 e segs.; Jorge Bacelar Gouveia, *Manual...*, I, cit., págs. 559 e segs.; Michel Fromont, *Justice Constitutionnelle Comparée*, Paris, 2013, págs. 243 e segs.; Ruben Miguel Ramião, *op. cit.*, págs. 312 e segs.

[2] Não há direito sem linguagem e a linguagem é a casa do dever ser e do direito – escreve Miguel Teixeira de Sousa, *Linguagem e Direito*, in *Estudos em honra do Professor Doutor José de Oliveira Ascensão*, obra coletiva, I, págs. 267-268.

[3] É corrente proceder-se ao paralelo com a música: não se interpreta a música em si, interpreta-se a partitura. A diferença está em que, consoante a técnica e a sensibilidade do intérprete, pode haver diferentes interpretações de uma sinfonia de Beethoven ao passo que, no Direito, se o intérprete também conta, há que procurar um sentido objetivo em maior ou menor consonância com a "consciência jurídica geral" (sobre este conceito, por todos, Castanheira Neves, *A verdade do sistema ...*, in *Digesto ...*, II, cit., *loc. cit.*, págs. 174 e segs.).

[4] Cfr., por exemplo, J. J. Gomes Canotilho, *Direito ...*, cit., págs. 1129 e segs.; David Duarte, *op. cit.*, págs. 55 e segs.; Emerson Garcia, *op. cit.*, págs. 155 e segs.; Lenio Luiz Streck, *A diferença ontológica (entre texto e norma) como blindagem contra o relativismo no processo de interpretação*, in *Revista Brasileira de Estudos Constitucionais*, janeiro-julho de 2004, págs. 121 e segs.; João Maria Adeodato, *Uma teoria retórica da norma jurídica e do direito subjetivo*, São Paulo, 2011, págs. 255 e segs.

[5] Mais longe vai Friedrich Müller, *O novo paradigma do Direito*, São Paulo, 2008, pág. 161: a norma jurídica não se encontra já prevista no texto legislativo; neste encontram-se apenas as formas primárias, os *textos normativos*; as normas só são produzidas em cada processo particular de solução jurídica de um caso, em cada decisão judicial.

Parte III · Tít. II · Cap. II – Interpretação, Integração e Aplicação | **429**

II – A despeito disto, a relevância e o alcance do trabalho interpretativo acusam variações por demais conhecidas. Ordenamentos de tipo judicialista, como os anglo-saxónicos, ou Constituições com dispositivos muito amplos e elásticos prestam-se mais à elaboração jurisprudencial do que ordenamentos não judicialistas ou Constituições em que se tenha pretendido verter a "reta razão" nos respetivos preceitos. Uma atitude cognoscitiva ou uma atitude voluntarista sobre a Constituição em concreto que se tenha projetam-se diferentemente nos resultados da interpretação. Conhece-se o debate entre "originalistas" e "construtivistas" nos Estados Unidos. Enfim, as posturas que perante a problemática geral da interpretação se adotem espelham as diferentes orientações doutrinais de juristas e jusfilósofos.

Uma clara consciência do interesse ou do interesse específico da interpretação constitucional não surgiu (como não surgiria acerca de outras questões) durante a época liberal. Apareceu mais tarde, quando os progressos da teoria de interpretação jurídica em geral também aqui se fizeram sentir, repensando os métodos vindos de Savigny; quando, para lá da exegese e do positivismo, se avançou na elaboração dogmática do Direito público; e quando se fizeram sentir os desenvolvimentos trazidos pela justiça constitucional concentrada e especializada.

Existe, pois, hoje o reconhecimento da importância da interpretação constitucional. Mas existe, ao mesmo tempo, a noção das dificuldades ou (doutro ângulo) dos fatores de perturbação que se deparam aos seus operadores: uns de origem endógena, outros de origem exógena.

Entre os primeiros, a variedade de normas constitucionais quanto ao objeto e quanto à eficácia (como acaba de se ver) e a incompleição ou a indeterminação de muitas delas, ou da sua linguagem; a inadequação, não raro, das técnicas subsuntivas; a proximidade dos factos políticos e (na expressão, que vale a pena aqui repetir, de Mortati) e a "rebeldia" destes perante os quadros puramente lógicos da hermenêutica;[6] em suma, a presença da realidade constitucional em constante mutação.

Entre os segundos, a prevalência frequentíssima, na redação dos preceitos, das fórmulas proclamatórias; as deficiências de legística ou de técnica legislativa; a origem compromissória de Constituições do Estado social de Direito; os diferentes desígnios por que se movem os órgãos

---

[6] Há também quem fale na localização das normas constitucionais "na fronteira do ordenamento jurídico": Francisco Lucas Pires, *Teoria da Constituição de 1976*, cit., pág. 54.

do poder;[7] a influência incontornável das "pré-compreensões" dos intérpretes, no âmbito da sociedade plural e complexa dos nossos dias.

III – Para atalhar a estas e a outras dificuldades e peculiaridades fala-se, por vezes, no recurso renovado a um método bastante antigo – a tópica. Quaisquer problemas de interpretação e aplicação seriam aqui situados diante de tópicos, lugares-comuns ou argumentos a extrair de princípios gerais, de decisões jurisprudenciais ou de crenças e opiniões comuns; e, em vez de se procurarem as soluções em abstrato através de um raciocínio dedutivo e sistemático sobre as normas, elas haveriam de ser ensaiadas a partir dos próprios problemas em concreto nas circunstâncias em que surgem; a tópica é a técnica de pensar por problemas (ou de pensar de baixo para cima, em termos dialéticos).[8]

Sem negar o interesse da orientação assim proposta, não parece que ela possa ser aceite senão com reservas e apenas para completar ou comprovar resultados adquiridos doutra forma. Nem o recurso à tópica se encontra tão experimentado que justifique mais do que isso, nem pode menosprezar-se o risco – no domínio constitucional, eventualmente, mais do que em qualquer outro – de ele conduzir a uma pluralidade de sentidos ou a uma casuística pouco fecunda. Até porque a interpretação constitucional vive paredes-meias com a política é que a máxima objetividade possível deve ter-se como um escopo fundamental, muito mais propiciada pela utilização dos instrumentos jurídicos clássicos – os quais não têm de se confundir, insista-se, com pressupostos positivistas – do que pela formulação de argumentos para problemas específicos.[9]

Mesmo um Autor como Hesse, que enfatiza o caráter aberto e criador da interpretação constitucional,[10] em necessário contacto com o problema,[11] entende que o método tópico apenas pode ter um lugar limitado nesta interpretação – tanto mais que o Direito constitucional

---

[7] Cfr., por exemplo, Antonino Pensovecchio Li Bassi, *Sui critteri della interpretazione costituzionale in relazione ai soggetti*, in *Scritti in onore di Gaspare Ambrosini*, obra coletiva, II, Milão, 1970, págs. 1495 e segs., ou Anna Candida da Cunha Ferraz, *op. cit.*, págs. 64 e segs., 102 e segs. e 146 e segs.

[8] V. a obra fundamental de Theodor Viehweg, *Topik und Jurisprudenz*, 1953 (consultámos a edição italiana *Topica e Giurisprudenza*, Milão, 1962).

[9] Cfr. Castanheira Neves, *A unidade...*, cit., págs. 24 e segs.; Vieira de Andrade, *Os direitos fundamentais...*, 1ª ed., cit., págs. 122 e segs.; Menezes Cordeiro, *Aplicação da lei*, in *Polis*, III, pág. 1058, e *Ciência do Direito*, cit., págs. 30 e segs.; Karl Larenz, *Metodologia...*, cit., págs. 201 e segs.; Gomes Canotilho, *Direito...*, cit., pág. 1211.

[10] *Escritos...*, cit., págs. 38 e segs.

[11] *Ibidem*, págs. 44 e 45.

Parte III · **Tít. II** · **Cap. II** – Interpretação, Integração e Aplicação | **431**

enquanto Direito fundamental da ordem global e concebido como ordem de convivência não deve ser compreendido pontualmente a partir de um problema isolado, como pode acontecer em Direito privado.[12-13]

IV – Muito aliciante é a tese da "sociedade aberta dos intérpretes da Constituição" preconizada por Peter Häberle e ancorada na ideia de que todo aquele que vive no contexto regulado por uma norma e que vive com este contexto é, indireta ou até mesmo diretamente, um intérprete dessa norma.[14]

O destinatário da norma é participante ativo do processo hermenêutico. Numa sociedade pluralista, não há *numerus clausus* de intérpretes da Constituição. A interpretação da Constituição não é mero domínio do Estado. A ela têm acesso potencialmente todas as forças da comunidade política: o cidadão que se dirige ao Tribunal Constitucional ou o partido político que abre um conflito entre órgãos ou contra o qual se instaura um processo são intérpretes da Constituição. A conformação da realidade constitucional torna-se também parte da interpretação das normas constitucionais.

Numa sociedade aberta, a democracia desenvolve-se também por formas refinadas de mediação do processo público e pluralista da política e da praxis cotidiana, especialmente mediante a realização dos direitos fundamentais; desenvolve-se mediante a controvérsia sobre alternativas, sobre possibilidades e sobre necessidades da realidade. "Povo" não é apenas um referencial quantitativo que se manifesta no dia das eleições. Povo é também um elemento pluralista para a interpretação que se faz presente de forma legitimadora no processo constitucional.

Entre nós, aproxima-se destas posições Rui Medeiros, salientando o caráter da Constituição como ordem fundamental tanto do Estado como da

---

[12] *Ibidem*, págs. 52-53.

[13] Assim como há quem defenda que nas sociedades heterogéneas e pluralistas dos nossos dias a metodologia clássica tem de ser substituída ou modificada por regras interpretativas correspondentes a conceções mais dinâmicas e que, ao mesmo tempo, reconheça que a invasão da Constituição pelos "topoi" e a conversão dos princípios constitucionais e das próprias bases da Constituição em pontos de vista à livre disposição do intérprete de certo modo enfraquecem o caráter normativo desses princípios (Paulo Bonavides, *Política e Constituição*, Rio de Janeiro, 1985, págs. 130 e 132).V. ainda, em geral, Klaus-Wilhelm Canaris, *op. cit.*, págs. 245 e segs.

[14] *L'État* ..., cit., págs. 125 e segs. V. também *Le libertà fondamentali nello Stato Costituzionale*, trad., Roma, 1993, págs. 187 e segs.; *Hermenêutica Constitucional – A sociedade aberta* ..., cit.

432 | Teoria do Estado e da Constituição • *Jorge Miranda*

sociedade,[15] a relação entre a sua efetividade e o grau de adesão que suscite e a necessidade de formação de uma "opinião pública constitucional".[16]

"Esta abertura a favor do pluralismo de intérpretes" traduz "a aceitação, como componente normal de uma ordem jurídico-política livre, de uma realidade livre, da permanente tensão entre diversas conceções da liberdade e da ordem"[17] e, nessa medida, comporta naturalmente riscos. Todavia, esse "preço da humanidade", para utilizar uma fórmula popperiana, não deve ser exagerado. A "abertura da Constituição é sempre limitada", não significando a sua "dissolução numa dinâmica total".[18]

Também PAULO OTERO considera que na pluralidade de intérpretes reside uma das principais manifestações da abertura interpretativa da Constituição; esse pluralismo, sem prejuízo de se mostrar passível de gerar conflitualidade sobre o exato sentido dos preceitos constitucionais, torna-se instrumento procedimental de legitimação democrática.[19]

Pelo contrário, numa visão crítica, nota BÖCKENFÖRDE que não se trata já de interpretação, mas sim de uma permanente mutação constitucional criadora do Direito sob a etiqueta de interpretação.[20]

A normatividade da Constituição, acrescenta BÖCKENFÖRDE, supõe a sua vigência e esta baseia-se numa ordem jurídica vinculante e(ou) numa expetativa real de comportamento. Na medida em que a Constituição seja "aberta" não pode pretender vigência; e se a abertura se converte na "estrutura" da Constituição, esta fica sujeita a permanente indeterminação e mutabilidade. E isso só se supera através de um consenso existente ou em formação, de um processo primariamente político cujos titulares são as forças de facto pública e politicamente relevantes; e não através da interpretação, enquanto processo primariamente argumentativo.[21]

Quanto a nós, por certo aceitamos o acesso dos cidadãos à Constituição como decorrência do direito de acesso ao direito (art. 20º da Constituição) e exigência do princípio da cidadania (art. 48º). No entanto, ainda que possamos ter por exageradas as consequências negativas da tese häberliana segundo BÖCKENFÖRDE, temos que admitir que a "so-

---

[15] *Op. cit.*, págs. 179-180.

[16] *Ibidem*, pág. 181 (seguindo GUSTAVO ZAGREBELSKY).

[17] *Ibidem*, pág. 182 (seguindo FRANCISCO RUBIO LLORENTE).

[18] *Ibidem*, pág. 182 (seguindo KONRAD HESSE).

[19] *Direito* …, cit., I, págs. 188 e segs. Mas os tribunais são os últimos guardiões do sentido interpretativo da maior parte das normas constitucionais (pág. 190).

[20] *Los metodos…*, cit., *loc. cit.*, pág. 25.

[21] *Ibidem*, pág. 25.

Parte III · Tít. II · Cap. II – Interpretação, Integração e Aplicação | **433**

ciedade aberta dos intérpretes da Constituição" pode conduzir a conflitos de interpretação insanáveis, facilmente transformados em conflitos político-partidários.

Que qualquer cidadão ou qualquer órgão do Estado faça a sua *leitura* desta ou daquela norma constitucional, é inevitável e legítimo. Porém, só os tribunais, como órgãos com competência para administrar a justiça em nome do povo (art. 202º), fazem interpretação jurídico-constitucional vinculativa. Outra coisa é a alternativa entre um sistema de controlo difuso e um sistema concentrado de controlo da da constitucionalidade, aquele, aparentemente, mais favorável à tese de HÄBERLE.

V – A interpretação constitucional não é de natureza diferente da que se opera noutras áreas. Como toda a interpretação jurídica está estreitamente conexa com a aplicação do Direito; insista-se, não se destina à enunciação abstrata de conceitos, destina-se à conformação da vida pela norma. Comporta especialidades, não desvios aos cânones gerais (ainda quando se utilizem diversos métodos e vias).

A interpretação constitucional tem de ter em conta condicionalismos e fins políticos inelutáveis e irredutíveis, mas não pode visar outra coisa que não sejam as normas jurídicas que lhes correspondem.[22] Tem de olhar para a realidade constitucional, mas tem de a saber tomar como sujeita ao influxo das normas e não como mera realidade de facto. Tem de estar atenta aos valores sem dissolver a lei constitucional no subjetivismo ou na emoção política. Tem de se fazer mediante a circulação norma – realidade constitucional – valor. Tem de procurar estabilidade, condição de segurança dos destinatários das normas.[23] Tem de racionalizar sem formalizar. Tem de subsumir e tem de ponderar.

132.

Postulados da interpretação constitucional e seus corolários

I – Entender e querer realizar a Constituição como Constituição *normativa* implica aceitar cinco postulados: o da *unidade*, o da *identidade*,

---

[22] Cfr. CASTANHEIRA NEVES, *O jurisprudencialismo – proposta de uma reconstituição crítica do sentido do Direito*, in *Revista de Legislação e de Jurisprudência*, nº 3957, julho-agosto de 2009, págs. 331 e segs.

[23] Uma estabilidade interpretativa maior do que a de interpretação da lei ordinária: assim, MASSIMO LUCCIANI, *L'interpretazione ...*, cit., *loc. cit.*, pág. 22.

o da *adequação* ou de *concordância prática*, o da *efetividade* e o da *supremacia*. Por si e pelos respetivos corolários, eles servem de cânones hermenêuticos que se projetam sobre os elementos clássicos – gramatical, histórico, teleológico e sistemático – e lhes requerem adaptações.

II – Em primeiro lugar, a Constituição – como, aliás, qualquer lei – deve ser apreendida, em qualquer instante como um todo, na busca da coerência, da harmonia de sentido das normas ínsitas no texto e da sua função integradora do tecido político-social.[24]

Os desdobramentos ou segmentações a que se alude com frequência – Constituição penal, económica, ambiental, do trabalho, etc. – não podem conduzir a compartimentações estanques e, muito menos, a contraposições estéreis. Ainda quando convidem a aprofundamentos dogmáticos das áreas demarcadas e propiciem pontes com as normas correlativas de Direito ordinário não podem quebrar essa unidade e têm de ser considerados à luz dos princípios inerentes à Constituição material.

Mesmo em Constituições compromissórias, as chamadas "contradições de princípios"[25] têm de ser superadas, nuns casos, mediante a redução adequada de âmbito e alcance e de cedências de parte a parte e, noutros casos, mediante a preferência ou a prioridade de algum ou alguns dos princípios em face dos restantes. É sempre necessária – e, portanto, possível – como logo sugerimos no início deste tomo, uma harmonização ou concordância prática que permita o máximo de realização dos direitos fundamentais e o funcionamento das instituições.

A tarefa do intérprete consiste, justamente, em enquadrar cada norma no seu contexto, numa perspetiva material que tenha em conta a realidade subjacente às normas.[26] Não lhe é lícito desistir, invocando estes ou aqueles circunstancialismos históricos, a ambiência política ou as disputas ideológicas aquando da origem do texto para daí inferir a neutralização recíproca dos princípios nele consignados ou a sua insuscetibilidade de levar a resultados satisfatórios. Pelo contrário, a função

---

[24] Cfr. Laurence Tribe e Michael Dorf, *op. cit.*, págs. 19 e segs., alertando para a falácia interpretativa, que consistiria em ler por *des-integração* (aproximarmo-nos da Constituição, ignorando que as partes estão ligadas ao todo), e para a falácia oposta, de ler por *hiper-integração* (ignorar que o todo é composto por partes).

[25] Cfr. Karl Engisch, *op. cit.*, pág. 260; ou Castanheira Neves, *A unidade...*, cit., págs. 97-98. Cfr., também, por exemplo, Domenico Farias, *op. cit.*, págs. 202 e segs.

[26] Cfr., por todos, Konrad Hesse, *Escritos...*, cit., págs. 47 e segs.; Juarez Freitas, *op. cit., loc. cit.*, págs. 230 e segs.; J. J. Gomes Canotilho, *op. cit.*, pág. 1225.

integradora da Constituição exige um redobrado esforço, sobretudo ao juiz constitucional.[27]

III – A unidade da Constituição é a chave da sua identidade. Somente a partir dela se chega à Constituição material de cada Estado em cada momento, assim como, encontrada esta, se torna possível e seguro descer para a dilucidação do sentido de disposições particulares (mas esses não são senão os passos da dogmática jurídica).

Não quer isto dizer que se deva menosprezar o elemento histórico. E, por causa da circulação de institutos, e da influência de uma Constituição sobre outra ou da interconstitucionalidade, o elemento comparativo.[28] Conhecer um dado instituto no sistema donde foi transplantado ou onde também se enxerga vem muitas vezes sanar dúvidas acerca da sua verdadeira dimensão e colocação; não raro, reforça o alcance a atribuir a ele ou a qualquer das normas jurídicas, que o constituam; não pode, porém, em qualquer caso, contrariar um sentido indiscutivelmente próprio do Direito positivo de que se trata.[29]

IV – O postulado da adequação ou da concordância prática está estreitamente conexo com os dois postulados anteriores. Inseridas num sistema com princípios que o identificam, as normas constitucionais prosseguem os correspondentes fins. Por conseguinte, as formulações linguísticas donde constam devem ser interpretadas à luz desses fins, procurando-se resultados que sejam com eles os mais consentâneos.

Este postulado apresenta-se de particularíssima importância na área dos direitos fundamentais, em que cabe definir com rigor os bens jurídicos a cujo serviço se encontram e, a partir daí, recortar o seu conteúdo, entender adequadamente as restrições a que estejam, porventura,

---

[27] Cfr. KARL LARENZ, *Metodologia...*, cit., pág. 517: ao Tribunal Constitucional incumbe uma responsabilidade política na manutenção da ordem jurídico-estatal e da sua capacidade de funcionamento; não pode proceder segundo a máxima *fiat justitia, pereat res publica*.

[28] Cfr., especialmente, PETER HÄBERLE, *op. cit.*, págs. 135 e segs.

[29] JORGE Miranda, *Notas para uma introdução ao Direito constitucional comparado*, in *O Direito*, 1970, págs. 115-116. Cfr., por exemplo, ALBRECHT WEBER, *La protección de la propriedade en derecho comparado*, in *Civitas – Revista Española de Derecho Administrativo*, 1991, pág. 490; ou MARIE-CLAIRE PONTHOREAU, *Le recour à l'"argument de droit compare" par le juge constitutionnelle*, in *L'interprétation constitutionnelle*, obra coletiva, págs. 167 e segs.

sujeitos, traçar fronteiras e, com ponderação entre esses bens jurídicos, conseguir ultrapassar conflitos.[30]

Mas também é muito relevante no âmbito da organização do poder político, na delimitação e na distribuição das atribuições pelas diversas entidades públicas e das competências pelos diversos órgãos, na consideração das formas de designação e dos estatutos dos seus titulares, nas vicissitudes que os podem atingir.

V – O postulado da efetividade decorre da incindibilidade da interpretação e da aplicação. Porque são expressões verbais correspondentes a verdadeiras normas jurídicas (que têm de ser aplicadas nos termos já expostos) a todos os artigos, números, alíneas do texto constitucional, há-de ser encontrada uma função útil no ordenamento, um sentido conformador dos factos e situações apto a servir de parâmetro de decisão judicial.

Mais: a uma norma fundamental tem de ser atribuído o sentido que maior eficácia lhe dê.[31] Ou seja: tem de lhe ser conferida, ligada a todas as outras, a máxima capacidade de regulamentação e concretização. Vejam-se, no domínio dos direitos fundamentais, a preservação do conteúdo essencial, em especial, dos direitos, liberdades e garantias, o caráter restritivo das restrições e o caráter excecional da sua suspensão; e, em especial, no domínio dos direitos sociais a garantia, pelo menos, de não retrocessos abrogantes.[32] Veja-se, no domínio dos órgãos, não poder nenhum ter outra competência senão a que advém de norma constitucional, sendo-lhe vedado arrogar-se qualquer faculdade que, explícita ou implicitamente, seja outorgada só a outro.

Efetividade implica também consideração, na inconstitucionalidade material, de fenómenos de *desvio de poder legislativo*, traduzidos na contradição entre os fins das normas e dos atos e os fins das normas constitucionais, e apurados, não por mera subsunção, mas sim por ponderação. Só recorrendo a este método pode detetar-se a violação de princípios como o da igualdade ou de normas pragmáticas.[33]

E Constituição vigente e efetiva é aquela que é vigente e efetiva hoje e *para hoje*. Por mais relevante que tenha sido a intenção originária de autores do articulado (de resto, muito difícil de reconstituir em assembleia constituinte), do que se trata é de conferir às expressões verbais, à

---

[30]   Cfr. *Manual* ..., IV, cit., págs. 38, 302 e segs., 331 e segs., 341 e segs.

[31]   J. J. Gomes Canotilho (na esteira de Thoma), *Direito*..., cit., pág. 1224.

[32]   Tenha-se presente o que escrevemos há pouco.

[33]   Cfr. *infra*.

Parte III · Tít. II · Cap. II – Interpretação, Integração e Aplicação | 437

luz de uma adequada interpretação evolutiva, o significado normativo que, igualmente, possuam no momento e no contexto da aplicação.[34] A célebre proclamação da Constituição do ano I de que nenhuma geração pode submeter as gerações futuras às suas leis pode ser também entendida desta ótica.

VI – O postulado da supremacia significa que não é a Constituição que deve ser interpretada de acordo com a lei; é a lei e é todo o Direito infraconstitucional que devem ser interpretados em conformidade com a Constituição;[35] e entre duas ou mais interpretações plausíveis de certo preceito deve adotar-se o mais conforme com a Constituição.[36]

A liberdade de conformação do legislador ordinário, a apurar em razão de diversa estrutura das normas constitucionais, está sujeita a este imperativo. Será, por certo, bem menor diante de normas exequíveis por si mesmas do que perante normas não exequíveis e, sobretudo, perante normas programáticas. Mas a abertura irrecusável destas, ligada à exigência do pluralismo e da alternância (que são, de resto, exigências constitucionais) tem por limite a força prescritiva que aqueles nunca podem perder.

Quando a Constituição de 1976 prevê (de resto, hoje em poucos casos e sem comparação com o que fazia a Constituição de 1933) o exercício de certo direito (*v.g.*, a objeção de consciência no art. 41º, nº 6, ou o

---

[34] A história do princípio da igualdade tem sido muitas vezes convocada para o demonstrar. Cfr., quanto aos Estados Unidos, os autores citados no meu *Manual* ..., I, subtomo I, cit., págs. 153 e 154, e, por exemplo, ainda LAWRENCE TRIBE e MICHAEL DORF (*op. cit.*, págs. 147-148): "a Declaração de Independência dizia que todos os homens nasciam iguais; só que, por todos os homens, o Congresso Continental referia-se apenas aos homens adequados, ou apenas aos homens livres, ou apenas aos homens brancos, ou apenas aos que pertencessem simultaneamente às três categorias; por uma questão de verdade histórica cada um destes enunciados pode estar parcialmente correto, mas podemos argumentar, com DWORKIN e outros, que, por detrás deles, estava e está o *princípio* da igualdade, a *abstracção* da igualdade que se tornaria a nossa legitimidade constitucional desde a Guerra civil".
O que vale para a igualdade racial vale, como bem se sabe, para a igualdade de religiões ou para a igualdade entre homem e mulher. Sem a interpretação evolutiva não seriam possíveis os progressos alcançados, subsistindo a mesma ordem constitucional. Cfr. *Manual* ..., IV, cit., págs. 263 e segs.

[35] Assim já escrevíamos em *Inviolabilidade do domicílio*, in *Revista de Direito e Estudos Sociais*, 1974, pág. 401.

[36] No fundo, a interpretação conforme com a Constituição é ainda interpretação sistemática (mas de lei, não da Constituição). Corresponde àquilo a que MIGUEL TEIXEIRA DE SOUSA (*op. cit.*, págs. 363 e 364) chama o contexto vertical de interpretação.

438 | Teoria do Estado e da Constituição · *Jorge Miranda*

direito de participação de professores e alunos na gestão das escolas no art. 77º, nº 1) ou o tratamento de certo instituto (*v.g.*, a adoção no art. 36º, nº 7 ou a contratação coletiva no art. 56º, nos 3 e 4) "nos termos da lei", tal não equivale a outorgar à lei o papel de interpretação autêntica[37] – que apenas pode ser assumido por uma lei constitucional – ou a proceder a uma espécie de desconstitucionalização ou de delegação de poder constituinte. Admiti-lo seria subverter a hierarquia da ordem jurídica.

Pode, não raro, ser conveniente procurar conhecer o modo como a lei regulamenta, complementa ou concretiza uma norma constitucional e pode vir até a encontrar-se um sentido (*um sentido*, não *o sentido*) adequado que patenteie ou clarifique, no contexto do sistema, o sentido daquela norma. Mas não é nunca o sentido de lei que se substitui ao sentido da Constituição.

E o que se diz do legislador pode estender-se ao aplicador do Direito, mormente ao juiz constitucional – intérprete mais qualificado da Constituição – quer pelo seu múnus quer pela legitimidade do título que possua.[38] Conhecer a jurisprudência dos tribunais constitucionais e de órgãos homólogos torna-se indispensável a quem queira apreender a "Constituição viva".[39] Mas tão pouco o juiz constitucional faz interpretação autêntica e ninguém está sujeito a acolher acriticamente as suas fundamentações.[40] Pelo contrário, há que estar atento às declarações de voto individuais apensas aos acórdãos (mormente as declarações de voto de vencido) e os próprios tribunais podem julgar amanhã diferentemente e, ao longo do tempo, evoluir na sua compreensão do texto.

VII – Uma referência ainda aos *conceitos indeterminados* – presentes em muito maior número em fórmulas constitucionais do que em fórmulas legais.[41]

---

[37] Cfr. Marnoco e Sousa, *Constituição...*, cit., págs. 408-409; Francis Delperée, *op. cit.*, *loc. cit.*, págs. 191 e segs.; J. J. Gomes Canotilho, *Direito...*, cit., págs. 1224 e segs.

[38] Cfr. *infra*.

[39] Na fórmula de certa doutrina italiana, segundo a qual, perante a jurisprudência consolidada, mormente de tribunais superiores, no sentido da inconstitucionalidade, o Tribunal deve abster-se de fazer interpretação conforme com a Constituição: cfr., por exemplo, Andrea Pugiotto, *Sindacato di costituzionalità e "diritto vivente"*, Milão, 1994; Rui Medeiros, *A decisão ...*, cit., págs. 406 e segs. (reputando-a irrelevante em Portugal); Caterina Severino, *La doctrine du droit vivant*, Paris-Aix, 2003.

[40] Cfr. Pedro de Vega Garcia, *El transito del positivismo juridico al positivismo jurisprudencial en la doctrina constitucional*, in *Teoria y Realidad Constitucional*, nº 1, 1998, págs. 65 e segs.

[41] Há muitos nos Princípios Fundamentais e nas partes I, II e III da Constituição portuguesa: subsidiariedade (arts. 6º, nº 1, e 7º, nº 6); igualdade real (art. 9º, alínea *d*)); assimetrias

Parte III · Tít. II · Cap. II – Interpretação, Integração e Aplicação | **439**

A sua determinação ou densificação tem de ser pautada pela perspetiva dos princípios, bens e interesses constitucionalmente relevantes. Se importa reconhecer ao legislador uma margem relativamente grande de conformação, ele não pode *transfigurar* o conceito, de modo a que cubra dimensões essenciais e qualitativamente distintas daquelas que caraterizam a sua intenção jurídico-normativa;[42] e o mesmo vale, por maioria de razão, para o intérprete.[43]

Trabalho algo semelhante impõe-se a respeito de conceitos pré ou extraconstitucionais ou conceitos vindos de outros setores e ramos do Direito,[44-45] ou extrajurídicos, vindos de outras ciências;[46] e, com estes, entra largamente a realidade constitucional a agir. Ora, todos os elementos e conceitos, uma vez situados em disposições da Constituição formal, têm de ser entendidos em conexão com os demais e analisados tendo em conta quer o seu originário sentido (em princípio, "recebido") quer o que lhe advém da sua colocação sistemática.

133.

A interpretação conforme com a Constituição

I – As leis de revisão constitucional devem ser interpretadas em conformidade com os princípios constitucionais fundamentais (expressos ou

---

culturais (art. 78°, n° 3, alínea *a*)]; eficiência do setor público (art. 81°, alínea *c*)); repartição justa dos rendimentos e da riqueza (art. 103°, n° 1); efetiva ligação à comunidade nacional (art. 121°, n° 2); segredo de Estado (art. 161°, alínea *q*)); etc. Cfr., perante o Código Civil, Miguel Teixeira de Sousa, *Direito e linguagem*, cit., págs. 272 e segs.

[42] Acórdão n° 107/88 do Tribunal Constitucional, de 31 de maio, in *Diário da República*, 1ª série, n° 141, de 21 de junho de 1988.

[43] Sobre alguns dos problemas à volta dos conceitos indeterminados, cfr., entre tantos, J. J. Gomes Canotilho, *Constituição dirigente...*, cit., págs. 421 e segs., *maxime* 433 e segs.; Maria Luísa Duarte, *A discricionariedade administrativa e os conceitos jurídicos indeterminados*, Lisboa, 1987, *maxime* págs. 27 e segs.

[44] Recorde-se o problema de definição, à face dos arts. 27°, n° 3, 160°, nos 2 e 3, e 199° do texto anterior a 1989, do conceito de *pena maior* (constante do Código Penal de 1886, mas não do de 1982). V. o acórdão n° 328/86, do Tribunal Constitucional, de 26 de novembro, in *Diário da República*, 2ª série, n° 39, de 16 de dezembro de 1986.

[45] No texto português atual, v., por exemplo, zona económica exclusiva (art. 5°, n° 3); medida de segurança (arts. 29° e 30°); justa causa de despedimento (art. 53°); *lock-out* (art. 57°, n° 3); domínio público (art. 84°); benefícios fiscais (arts. 85°, n° 2, 103°, n° 2, e 106°, n° 3, alínea *g*)).

[46] Por exemplo: identidade genética (art. 26°, n° 3); terapêutica em meio aberto (art. 30°, n° 2); fluxos de dados transfronteiras (art 35°, n° 6); pleno emprego (art. 58°, n° 3, alínea *c*)); equilíbrio ecológico (arts. 66°, 81°, alínea *l*), e 90°); acidentes fitopatológicos (art. 97°, n° 2, alínea *c*)).

440 | Teoria do Estado e da Constituição · *Jorge Miranda*

não em cláusulas de limites materiais), com as consequências necessárias quanto ao sentido das normas constitucionais supervenientes. Mas o problema de interpretação conforme com a Constituição tem sido posto, sobretudo, a respeito das leis ordinárias.[47]

Trata-se, antes de mais, de conceder todo o relevo, dentro do elemento sistemático da interpretação, à referência à Constituição. Com efeito, cada norma legal não tem somente de ser captada no conjunto das normas da mesma lei e no conjunto da ordem legislativa; tem outrossim de se considerar no contexto da ordem constitucional; e isso tanto mais quanto mais se tem dilatado a esfera de ação desta como centro de energias dinamizadoras das demais normas da ordem jurídica positiva.

Somente cabe fazer uma ressalva quanto às normas de Direito internacional, designadamente de Direito internacional convencional, por

---

[47] Sobre o assunto, v., por exemplo, VOLKER HAAK, *Quelques aspects du contrôle de la constitutionnalité des lois exercé par la Cour Constitutionnelle de la République Féderale d'Allemagne,* in *Revue internationale de droit comparé,* 1961, págs. 78 e segs.; KARL ENGISCH, *op. cit.,* págs. 120, 132, 134 e 135; JORGE MIRANDA, *Contributo...,* cit., págs. 246 e segs., *maxime* 250; GAETANO SILVESTRE, *Le sentenze normative della Corte Costituzionale,* in *Giurisprudenza Costituzionale,* 1981, págs. 1684 e segs.; GARCIA DE ENTERRIA, *La Constitución...,* cit., págs. 95 e segs.; GOMES CANOTILHO, *Constituição dirigente...,* cit., págs. 401 e segs., e *Direito...,* cit., págs. 1226 e 1227; NUNO E SOUSA, *A liberdade de imprensa,* Coimbra, 1984, págs. 103 e segs.; KONRAD HESSE, *Escritos...,* cit., págs. 53 e segs.; DENIS BROUSSOLLE, *Les lois déclarées inopérantes par le juge constitutionnel,* in *Revue de droit public,* 1985, págs. 763 e segs.; PAULO BONAVIDES, *Política e Constituição,* cit., págs. 161 e segs.; PABLO LUCAS VERDU, *El sentimiento constitucional,* cit., págs. 103 e segs.; ANTÓNIO MENEZES CORDEIRO, prefácio a CANARIS, *Pensamento sistemático...,* cit., págs. CXI-CXII; CASTANHEIRA NEVES, anotação ao Acórdão nº 810/93 do Tribunal Constitucional, in *Revista de Legislação e de Jurisprudência,* 1994, pág. 70; VITALINO CANAS, *Introdução às Decisões de Provimento do Tribunal Constitucional,* 2ª ed., Coimbra, 1994, págs. 81 e segs.; KARL LARENZ, *Metodologia...,* cit., págs. 479 e segs.; RUI MEDEIROS, *A decisão...,* cit., págs. 289 e segs.; EDUARDO FERNANDO APPIO, *Interpretação conforme à Constituição,* Curitiba, 2002; ANDRÉ SALGADO DE MATOS, *A fiscalização administrativa da constitucionalidade,* Coimbra, 2004, págs. 188 e segs.; VIRGÍLIO AFONSO DA SILVA, *La interpretación conforme a la Constitución,* in *Questiones constitucionales* (Revista Mexicana de Derecho Constitucional), 2005, págs. 3 e segs. e *A presunção de constitucionalidade das leis, a interpretação conforme a Constituição e o dogma do legislador negativo,* in *O Direito,* 2006, págs. 39 e segs.; CRISTINA QUEIROZ, *O princípio da interpretação conforme a Constituição,* in *Rveista da Faculdade de Direito da Universidade do Porto,* VII, 2010, págs. 313 e segs.; JOÃO ZENHA MARTINS, *Neoconstitucionalismo e interpretação conforme,* in *Teoria da Argumentação e Neo-Constitucionalismo,* obra coletiva, págs. 191 e segs.; CARLOS BLANCO DE MORAIS, *Justiça ...,* II, cit., págs. 378 e segs. e 915 e segs.

Parte III · Tít. II · Cap. II – Interpretação, Integração e Aplicação | **441**

dois motivos: *primo*, porque o próprio Direito internacional formula câ-nones hermenêuticos (os dos arts. 31º a 33º da Convenção de Viena de 1969), conquanto não discrepantes, no essencial, dos que se adotam em Direito interno; *secundo*, porque, sob pena de se quebrar a boa fé nas relações internacionais, a interpretação dos tratados tem de ser harmo-nizada entre os diferentes Estados partes, sem embargo da emissão de reservas quando admitida (arts. 19º e segs. da Convenção). A interpre-tação conforme com a Constituição nunca pode afetar o objeto e o fim deste ou daquele tratado (art. 31º, nº 1, da Convenção).[48]

II – Além da aceção genérica acabada de indicar – se bem que com base nela – existe uma aceção específica. Não é já uma regra de inter-pretação, mas um método de fiscalização da constitucionalidade; e jus-tifica-se em nome de um princípio de economia do ordenamento ou de máximo aproveitamento dos atos jurídicos, não de uma presunção de constitucionalidade da norma.

A interpretação conforme com a Constituição não consiste então tanto em escolher entre vários sentidos de qualquer preceito o que seja mais conforme com a Constituição quanto em discernir *no limite* – na fronteira da inconstitucionalidade – um sentido que, mesmo quando não aparente ou não decorrente de outros elementos de interpretação, seja o sentido *necessário* e o que se torna *possível* por virtude da força confor-madora da Lei Fundamental.[49] E são diversas as vias que para tanto, se seguem e diversos os resultados a que se chega: desde a interpretação extensiva ou restritiva à redução (eliminando os elementos inconstitu-cionais do preceito ou do ato) e, porventura, à conversão (configurando o ato sob a veste de outro tipo constitucional).

Da interpretação conforme com a Constituição em sentido estrito distingue-se aquilo a que pode chamar-se interpretação *integrativa* da lei com a Constituição. Traduz-se esta em interpretar certa lei (com pre-ceitos insuficientes e, nessa medida, eventualmente, inconstitucionais) completando-a com preceitos da Constituição sobre esse objeto que lhe

---

[48] Nesta linha, RUI MOURA RAMOS, *A Convenção Europeia dos Direitos do Homem*, Lisboa, 1982, págs. 158 e segs.; e o nosso *Curso...*, cit., págs. 129-130. Cfr. GIUSEPPE BARILE, *La rilevazione del parametro di legittimità costituzionale delle norme di attu-azione di um trattato emanate con legge ordinaria*, in *Rivista di Diritto Internazionale*, 1988, págs. 94 e segs.

[49] Cfr. KONRAD HESSE (*Escritos...*, cit., pág. 54): no domínio da interpretação conforme com a Constituição, as normas constitucionais não são apenas normas – parâmetro; são também "normas de conteúdo" na determinação do conteúdo das leis ordinárias.

são aplicáveis e porque *diretamente* aplicáveis.[50] Entra-se, aqui, na zona das decisões *aditivas* dos tribunais constitucionais.[51]

III – A interpretação conforme com a Constituição implica, uma posição ativa e quase criadora do controlo constitucional e de relativa autonomia das entidades que a promovem em face dos órgãos legislativos. Não pode, no entanto, deixar de estar sujeita a um requisito de razoabilidade: implica um mínimo de base na letra da lei; e tem de se deter aí onde o preceito legal, interpretado conforme com a Constituição, fique privado de função útil ou onde, segundo o entendimento comum, seja incontestável que o legislador ordinário acolheu critérios e soluções opostos aos critérios e soluções do legislador constituinte.

134.
As lacunas da Constituição e a sua integração

I – A lei constitucional não regula tudo quanto dela deve ser objeto. Basta pensar no costume constitucional *praeter legem,* na expressa integração pela Declaração Universal dos Direitos do Homem (art. 16º, nº 2) e na devolução para a lei ordinária e para regras de Direito internacional da previsão de direitos fundamentais afora os contemplados na Constituição (art. 16º, nº 1).

Mas nem sequer lei constitucional, costume constitucional, Declaração Universal, outras regras de Direito interno e de Direito internacional no seu conjunto se dotam de plenitude de regulamentação. Não há uma plenitude ou completude da ordem constitucional como não há uma plenitude ou completude da ordem jurídica em geral. Há lacunas – intencionais e não intencionais, técnicas e teleológicas, originárias e supervenientes – e há mesmo situações extrajurídicas (ou extraconstitucionais), por vezes chamadas lacunas absolutas – correspondentes, no âmbito constitucional, a situações deixadas à decisão política ou à discricionariedade do legislador ordinário. Não serão sempre as mesmas, poderão reduzir-se ou ser transitórias e depender de circunstâncias em evolução, mas parecem inevitáveis.[52]

---

[50] Cfr. o parecer nº 14/77 da Comissão Constitucional, de 10 de maio, in *Pareceres*, II, págs. 57 e 58.

[51] Cfr. *infra.*

[52] Cfr. Santi Romano, *Osservazioni sulla completezza dell'ordinamento statale*, in *Scritti Minori*, I, págs. 371 e segs.; Norberto Bobbio, *Teoria...*, cit., págs. 125 e segs.; Mas-

Parte III · Tít. II · Cap. II – Interpretação, Integração e Aplicação | **443**

Segundo HELLER, o facto de o Estado moderno se esforçar por ser uma estrutura eficaz fechada, uma unidade de ação e decisão sem lacunas, não implica admitir a conclusão de que o seu conteúdo de leis jurídicas constitua realmente uma conexão de sentido fechada, um sistema logicamente sem lacunas. Enquanto o jurista trabalha hipoteticamente com o dogma da ordem jurídica como algo fechado, acha-se imbuído de uma confiança ilimitada no funcionamento da organização total do Estado, segundo as normas. Essa confiança pode parecer justificada até certo ponto, quando se trata de órgãos e membros da comunidade jurídica, cuja conduta normal-normativa surge assegurada eficazmente por outros órgãos. Mas a ordem jurídica unida (fechada) é um objetivo inatingível e a única coisa a fazer é ir-se aproximando dele gradualmente.

O postulado de uma continuidade normativa, histórica e sistemática, só poderia dar-se no caso de que a normatividade fosse independente da normalidade e que fosse sempre possível e eficaz preencher por vias legais as lacunas jurídicas que na realidade existem. O moderno Estado de Direito pode realizar estas duas hipóteses para extensas zonas do jurídico, em certa medida; mas a respeito do Direito Constitucional elas nunca podem ser realizadas por completo, porque este Direito apresentará sempre, ao lado das lacunas de caráter lógico e de valorização, conhecidas também de todas as outras zonas do jurídico, as lacunas jurídicas absolutas.[53]

II – Algumas dúvidas poderiam suscitar-se não já perante a ordem constitucional na sua mais lata extensão, mas sim perante a Constituição em sentido formal: sobre se aqui não haveria apenas situações juridicamente reguladas, de forma expressa ou tácita, e situações extraconstitucionais, e não também lacunas, suscetíveis de integração pelos métodos específicos de trabalho dos juristas. Não seria a Constituição formal um sistema ou subsistema *a se,* imune à analogia, de tal sorte que qualquer

---

SIMO CORSALE, *Lacune dell'ordinamento,* in *Enciclopedia del Diritto,* XXIII, 1973, págs. 257 e segs.; CASTANHEIRA NEVES, *O princípio da legalidade criminal,* cit., págs. 132 e segs.; JOÃO BAPTISTA MACHADO, *Introdução ...,* cit., págs. 192 e segs.; CLAUS-WILHELM CANARIS, *op. cit.,* págs. 239 e segs.; CARLOS FREDERICO MARÉS DE SOUZA FILHO, *O Direito Constitucional e as lacunas da lei,* in *Revista de Informação Legislativa,* n° 133, janeiro-março de 1997, págs. 5 e segs.; JOSÉ DE OLIVEIRA ASCENSÃO, *op. cit.,* págs. 382 e segs. e 433 e segs.; JOÃO VARELA, *A moderna integração das lacunas. O caso português,* in *Teoria da Argumentação e Neo-Constitucionalismo,* obra coletiva, págs. 167 e segs.; MIGUEL TEIXEIRA DE SOUSA, *op. cit.,* págs. 385 e segs.

[53] *Op. cit.,* págs. 315 e 316.

aparente incompleição implicaria reserva de *praxis* política ou de revisão constitucional?[54]

O problema discutiu-se, em alguns países, a respeito do funcionamento do sistema parlamentar de governo, sistema este nascido à sombra de usos e convenções constitucionais e que só pouco a pouco foi sendo objeto de disposições jurídicas precisas. E tem-se suscitado igualmente noutros domínios como o das relações de órgãos do poder, o do estatuto dos seus titulares ou o da prática de atos jurídico-constitucionais.

Não consideramos pertinentes tais dúvidas. O ser a Constituição formal um sistema de normas distinto dentro do sistema jurídico global não confere a cada uma dessas normas natureza excecional, com a forçosa consequência de insuscetibilidade de analogia. E certas normas, excecionais na perspetiva global do ordenamento jurídico (como sucede com as normas sobre imunidades), podem não o ser, na perspetiva específica e menos ampla do sistema constitucional.

Por isso mesmo a integração das lacunas de normas formalmente constitucionais deve ser feita no interior da Constituição formal e à luz dos valores da Constituição material, sem recurso a normas de legislação ordinária.[55] E os critérios do art. 10º do Código Civil – recurso à analogia

---

[54] Sobre lacunas constitucionais e sua integração, cfr. ainda Georg Jellinek, *Reform...*, cit., págs. 55 e 56; Rudolf Smend, *op. cit.*, pág. 134; Franco Pierandrei, *L'interpretazione...*, cit., *loc. cit.*, págs. 518 e segs.; Carlo Esposito, *Consuetudine...*, cit., *loc. cit.*, págs. 469 e segs.; Costantino Mortati, *Costituzione...*, cit., *loc. cit.*, págs. 175-176; Karl Loewenstein, *op. cit.*, págs. 170 e segs.; Armando Marques Guedes, *op. cit.*, págs. 357 e segs.; Pablo Lucas Verdu, *Curso...*, cit., II, págs. 552 e segs.; E. Spagna Musso, *Appunti per una teoria giuridica dell'anomia costituzionale*, in *Scritti in onore di Costantino Mortati*, obra coletiva, I, Milão, 1977, págs. 281 e segs.; Francis Delpérée, *op. cit., loc. cit.*, págs. 203 e segs.; Marcelo Rebelo de Sousa, *op. cit.*, pág. 361; Domenico Farias, *op. cit.*, págs. 203 e segs.; Celso Fernandes Campilongo, *As lacunas no direito constitucional*, in *Revista de Informação Legislativa*, abril a junho de 1986, págs. 89 e segs.; Anna Candida da Cunha Ferraz, *op. cit.*, págs. 192 e 193; Francisco Javier Ezquiaga Ganuzas, *La argumentación en la justicia constitucional española*, Oñati, 1987, págs. 35 e segs.; Francisco Lucas Pires, *Teoria da Constituição de 1976*, cit., pág. 55; Pierfrancesco Grossi, *I diritti di libertà ad uso dei lezioni*, I, 1, 2ª ed., Turim, 1991, págs. 198 e segs.; Lenio Luiz Streck, *op. cit.*, pág. 450; Luiz Vergílio Dalla Rosa, *op. cit.*, pág. 207; Quirino Camerlengo, *op. cit.*, págs. 283 e seg.; Gomes Canotilho, *Direito...*, cit., págs. 1234 e segs.; Emerson Garcia, *op. cit.*, págs. 219 e segs.; Jorge Bacelar Gouveia, *Manual...*, cit., I, págs. 599 e segs.; Rúben Miguel Pereira Ramião, *op. cit.*, págs. 296 e segs., 343 e 344 (negando em geral as lacunas por o sistema jurídico ser fechado).

[55] Primeiro há o sistema, e só depois é que pode haver lacuna (Miguel Teixeira de Sousa, *op. cit.*, pág. 389); e o sistema aqui é a Constituição.

Parte III · Tít. II · Cap. II – Interpretação, Integração e Aplicação | **445**

e, na sua falta, à norma que o intérprete criaria se houvesse de legislar dentro do espírito do sistema – aplicam-se pelas mesmas razões por que se aplicam os do art. 9º.

Em última análise, o reconhecimento da existência de lacunas será tanto maior quanto maior for a consciência de que o processo político se encontra submetido ao Direito. Mas um bem melindroso papel cabe à interpretação ao discernir e qualificar, caso a caso, as diferentes situações e ao propor soluções idóneas, tendo sempre em conta a mutável realidade constitucional.

III – As lacunas constitucionais não se confundem com as omissões legislativas (também estas suscetíveis de análises diversas), cujo não preenchimento (ou não preenchimento após o decurso de certo tempo) determina inconstitucionalidade por omissão (art. 283º da Constituição portuguesa e art. 103º, § 2º, da Constituição brasileira).[56]

As lacunas são situações constitucionalmente relevantes *não previstas*. As omissões legislativas reportam-se a situações *previstas,* mas a que faltam as estatuições adequadas a uma plena efetivação das respetivas normas no programa ordenador global da Constituição. As lacunas são detetadas pelo intérprete e pelos órgãos de aplicação do Direito. As omissões, se podem ser por eles também detetadas, só podem ser verificadas especificamente pelos órgãos de fiscalização da inconstitucionalidade por omissão.

O preenchimento de lacunas significa a determinação da regra para aplicação ao caso concreto e é tarefa do intérprete e do órgão de aplicação. A integração de omissões inconstitucionais reconduz-se à edição da lei pelo legislador, a não ser que se trate de omissões parciais e relativas e seja possível ao tribunal emitir sentenças aditivas.

§ 2º
A aplicação das normas constitucionais no tempo

135.
A superveniência das normas constitucionais

I – O postulado geral básico no domínio da aplicação das normas constitucionais no tempo é o postulado da função genética ou modeladora do ordenamento jurídico estatal que possui a Constituição. As

---

[56] Cfr. *infra.*

normas constitucionais projetam-se sobre todo o sistema jurídico, sobre as normas e os atos que o dinamizam, sobre o poder e a comunidade política, impregnando-os dos seus valores e critérios e trazendo-lhes um novo fundamento de validade e de autoridade.

Mas os efeitos da superveniência dessas normas constitucionais recortam-se em termos diversos consoante se trate de Constituição nova ou de modificação constitucional; consoante se considerem as relações das normas com normas constitucionais ou com normas ordinárias anteriores (relações *horizontais* ali, *verticais* aqui); consoante as normas ordinárias sejam ou não conformes ou compatíveis com as normas constitucionais e consoante elas sejam normas de Direito interno ou de Direito internacional.

Por isso, embora os cânones gerais sobre aplicação das normas no tempo caibam plenamente neste domínio – desde logo, o princípio segundo o qual uma norma nova se destina a valer para o futuro[57] –, há uma inelutável complexidade, derivada da específica posição da Constituição no sistema e da diversidade de vicissitudes que a afetam.[58]

Trate-se de Constituição nova ou de revisão constitucional, todas as novas normas constitucionais entram em vigor na mesma data, salvo quando disponham em contrário ou fixem, para algumas, diversos efeitos jurídicos.

II – Os fenómenos jurídicos decorrentes da superveniência de normas constitucionais podem sintetizar-se do seguinte modo:

- Ação da Constituição nova sobre a Constituição anterior – *revogação global* e, em certos casos, *caducidade;*
- Ação de normas constitucionais novas (provenientes de modificação constitucional) sobre normas constitucionais anteriores – *revogação;*

---

[57] V. o acórdão nº 138/90 do Tribunal Constitucional, de 2 de maio, in *Diário da República*, 2ª série, nº 207, de 7 de setembro de 1990.

[58] Cfr., por todos, MARIA HELENA DINIZ, *Vigencia e eficácia das normas constitucionais*, in TÉRCIO SAMPAIO FERRAZ JÚNIOR, MARIA HELENA DINIZ e RITINHA A. STEVENSON GEORGAKILOS, *A Constituição de 1988...*, cit., págs. 83 e segs.; CARMEN LÚCIA ANTUNES ROCHA, *O princípio do direito adquirido no Direito Constitucional*, in *Revista de Informação Legislativa*, nº 103, julho-setembro de 1989, págs. 147 e segs.; MIGUEL GALVÃO TELES, *Temporalidade...*, cit., *loc. cit.*, pág. 44; WALTER CLAUDIUS ROTTENBURG, *O tempo e a aplicabilidade das normas constitucionais*, in *Vinte Anos da Constituição Federal de 1988*, obra coletiva, Rio de Janeiro, 2009, págs. 383 e segs.; RAÚL MACHADO HORTA, *op. cit.*, págs. 170 e segs.; INGO WOLFGANG SARLET, *op. cit.*, *loc. cit.*, págs. 187 e segs.

Parte III · Tít. II · Cap. II – Interpretação, Integração e Aplicação | **447**

- Ação de Constituição nova sobre normas ordinárias anteriores não desconformes com ela – *novação;*

- Ação de normas constitucionais novas (provenientes de Constituição nova ou de modificação constitucional) sobre normas ordinárias anteriores desconformes – *caducidade por inconstitucionalidade superveniente.*

Podem ainda ocorrer:

- Subsistência de normas constitucionais anteriores – *receção material;*

- Subsistência de normas ordinárias contrárias às novas normas constitucionais, com a força de normas *constitucionais – constitucionalização* e *receção material;*

- Subsistência de normas constitucionais anteriores, com a força de normas de direito ordinário – *desconstitucionalização.*

III – Por princípio, as normas constitucionais, como quaisquer normas jurídicas, destinam-se a valer para o futuro; e é assim, desde logo, com as da Constituição originária enquanto refunde o ordenamento jurídico estatal.

136.
Direito constitucional novo e Direito constitucional anterior

I – Antes de mais, uma Constituição nova revoga a Constituição anterior. Por definição, não pode haver senão uma Constituição – em sentido material e em sentido formal; em cada país e em cada momento, só pode prevalecer certa ideia de Direito; o poder constituinte substitui a ordem constitucional criada a partir de anterior ato constituinte por uma diferente ordem constitucional.

Esta revogação é uma *revogação global* ou de sistema,[59] e não uma revogação *stricto sensu* ou uma receção individualizada, norma a norma.

---

[59] Sobre este conceito, v. CABRAL DE MONCADA, *Lições de Direito Civil,* 2ª ed., Coimbra, 1954, págs. 105-106, nota; e JOSÉ DE OLIVEIRA ASCENSÃO, *O Direito,* cit., págs. 314-315.

Não cabe indagar da compatibilidade ou não de qualquer norma constitucional anterior com a correspondente norma constitucional nova ou com a nova Constituição no seu conjunto; basta a sua inserção na anterior Constituição para que automaticamente – expressa ou tacitamente – fique ou se entenda revogada pela Constituição posterior.

Os acontecimentos revolucionários que, na maior parte das experiências históricas, põem fim a um regime e abrem ou preparam outro regime podem obnubilar um pouco esta verificação. Todavia, na medida em que qualquer revolução se carrega de Direito, e Direito constitucional, deve dizer-se que, mesmo aí, há revogação global: a Constituição é revogada não tanto pela revolução quanto pelo Direito revolucionário.[60]

II – Ao invés, revogação (individualizada) dá-se em caso de modificação parcial da Constituição.

A revisão constitucional faz-se sempre na especialidade, nunca é demais repetir; e, por isso, cada modificação que determine apenas vai agir sobre uma (ou algumas) normas preexistentes – sem prejuízo, claro está, da sua repercussão sistemática e de eventual revisão indireta de outra ou outras normas.

III – Em algumas circunstâncias, normas constitucionais anteriores à nova Constituição podem continuar em vigor nessa qualidade, se bem que a título secundário. A par das normas que são direta expressão da nova ideia de Direito e que ficam sendo o núcleo da Constituição formal (em regra, sob a veste da Constituição instrumental), perduram, então, por referência a elas, outras normas constitucionais.

É o fenómeno da receção material, atrás descrito.

IV – Tendo havido receção material (e, porventura, receção formal), se a Constituição que a opera vem a ser substituída por outra, as normas constitucionais recebidas – descontíguas, dalguma sorte, em face da nova Constituição – cessam necessariamente de vigorar também. Cessam de vigorar, não por revogação verdadeira e própria, mas por caducidade ou, quando muito, por revogação consequente.

Como as normas objeto de receção não tinham virtualidade autónoma de subsistência, e apenas uma subsistência derivada da Constitui-

---

[60] O que se verifica então é não haver contiguidade entre a nova Constituição formal (definitiva) e a anterior Constituição formal. Contiguidade só se verifica em caso de transição. Cfr. *supra*.

Parte III · Tít. II · Cap. II – Interpretação, Integração e Aplicação | **449**

ção agora revogada, e como só a revogação global desta é efeito direto e imediato da entrada em vigor da nova Constituição, justifica-se falar em caducidade, porquanto tais normas constitucionais tinham já um caráter subsidiário ou subordinado, não podiam manter-se para além de determinadas condições ou de determinado tempo.

V – Por último, certas normas constitucionais anteriores podem não deixar de vigorar com a entrada em vigor da nova Constituição; podem, simplesmente, passar da categoria de normas constitucionais a normas de direito ordinário. Nisto consiste a desconstitucionalização.

A receção material e a desconstitucionalização ostentam de comum uma transmutação intrínseca de preceitos. Distintos são os resultados e, portanto, a qualidade: na primeira, ficam sendo ainda preceitos constitucionais, só que assentes, doravante, em atos normativos que se reportam à nova Constituição; na segunda, nem isso, apenas fica a haver preceitos legais.

A desconstitucionalização (tal como a receção material) tem de ser prevista por uma norma. Não pode estribar-se em mera conceção teórica ou doutrinal; não é por certos preceitos formalmente constitucionais não o serem materialmente ou pertencerem a outro ramo de Direito que ela se verifica ou pode verificar-se – até porque, como dissemos na altura própria, toda a Constituição em sentido formal é Constituição em sentido material, qualquer preceito formalmente constitucional é, desde logo, materialmente constitucional. O que pode aventar-se é o objeto da desconstitucionalização: normas cujo escopo de regulamentação se encontre sedimentado e seja independente deste ou daquele regime; normas construtivas ou técnicas; normas ligadas a uma extensão do tratamento constitucional a matérias antes não abrangidas e que não se conserve na nova Constituição, sem que haja, depois, lei ordinária sobre elas.

Mas, se tem de haver norma constitucional a estabelecer a desconstitucionalização, não tem de ser norma expressa ou norma constitucional formal; poderá tratar-se de norma de origem consuetudinária; será, por exemplo, através de costume que poderão ser explicados os vários casos havidos em França no século XIX, atenuando a instabilidade jurídico-política produzida por sucessivas revoluções e Constituições.[61-62]

---

[61] Sobre a desconstitucionalização no Direito francês, cfr. A. Esmein, *op. cit.*, I, págs. 580 e 581; J. Barthélemy e P. Duez, *op. cit.*, págs. 234-235; Marcel Waline, *Les conséquences juridiques...*, cit., *loc. cit.*, pág. 200; Georges Burdeau, *Traité...*, cit., IV, págs. 625 e segs.

[62] Por outro lado, se aqui se trata de uma *heterodesconstitucionalização*, também pode haver hipóteses de *autodesconstitucionalização*, como no art. 178º da Constituição de

137.

Direito constitucional novo
e Direito ordinário anterior

I – Uma Constituição nova não faz nunca tábua rasa do Direito ordinário anterior. Nem sequer isso acontece aquando da formação originária dos Estados[63] ou na sequência de revoluções muito extensas e profundas, de revoluções "ilimitadas", porque constituir ou reconstituir tudo desde a base seria esforço demasiado pesado ou impossível em curto tempo e, entretanto, seria gravemente afetada a segurança jurídica. Há sempre fatores de continuidade – até na vida internacional[64] – que sobrelevam os de descontinuidade.

O que a superveniência de uma Constituição provoca é novação do Direito ordinário interno anterior.[65] Como todas e cada uma das normas – legislativas, regulamentares e outras – retiram a sua validade, direta ou indiretamente, da Constituição,[66] a mudança de Constituição acarreta mudança de fundamento de validade: as normas, ainda que formalmente intocadas, são novadas, no seu título ou na sua força jurídica, pela Constituição; e sistematicamente deixam de ser as mesmas.[67]

Há, assim, uma nítida diferença entre a situação do Direito constitucional anterior – o qual cessa com a entrada em vigor da nova Constituição – e a do Direito ordinário anterior – o qual continua, com novo fundamento da validade e sujeito aos princípios materiais da nova Constituição e que somente em caso de contradição deixará de vigorar. E, enquanto que as normas constitucionais que subsistam são *recebidas*

1824, a seu tempo examinado.

[63] V., por exemplo, o Decreto da Assembleia Constituinte brasileira e do Imperador de 20 de outubro de 1823, o art. 126º da Constituição de S. Tomé e Príncipe ou art. 140º da Constituição da Namíbia.

[64] Aliás, o Direito internacional aplica-se cada vez mais, e diretamente, na ordem interna.

[65] É a tese que há muito defendemos: v. *Decreto,* cit., pág. 94. No mesmo sentido, por todos, acórdão nº 446 da Comissão Constitucional, de 6 de maio de 1982 (in apêndice ao *Diário da República* de 20 de maio de 1982), ou acórdão nº 474/2005 do Tribunal Constitucional, de 21 de setembro (in *Diário da República,* 2ª série, nº 99, de 23 de maio de 2006).

[66] Sigam-se as conceções kelsenianas ou não. Cfr., por todos, CONSTANTINO MORTATI, *Abrogazione legislativa…,* in *Scritti…,* cit., II, págs. 67 e 71; ou, do ângulo da sucessão de ordenamentos jurídicos, KARL ENGISCH, *op. cit.,* págs. 263 e segs.

[67] Também se fala em *eficácia construtiva:* JOSÉ AFONSO DA SILVA, *A aplicabilidade…,* cit., pág. 204.

Parte III · Tít. II · Cap. II – Interpretação, Integração e Aplicação | **451**

pelas novas normas constitucionais, as normas ordinárias são simplesmente *novadas*.[68]

A receção (a receção material, de que há pouco falámos) equivale à regulamentação de certas matérias constitucionais não imediatamente pela nova Constituição, mas sim por outras normas; implica, de certa sorte, uma auto-contenção do trabalho do poder constituinte e, ao mesmo tempo, uma inserção de todas as normas num sistema constitucional único. Já no tocante ao Direito ordinário interno a Constituição não assume, nem tem de assumir a regulamentação; a Constituição tem apenas de o penetrar, de o envolver dos seus valores, de o modular e, se necessário, de o transformar; e é nesta medida que ele pode dizer-se recriado ou novado.

II – Essa ideia de recriação ou novação tem, designadamente, três corolários principais que não custa apreender:

a) Os princípios gerais de todos os ramos de Direito passam a ser os que constem da Constituição ou os que dela se infiram, direta ou indiretamente, enquanto revelações dos valores fundamentais da ordem jurídica acolhidos pela Constituição;[69]

b) As normas legais e regulamentares vigentes à data da entrada em vigor da nova Constituição têm de ser reinterpretadas em face desta e apenas subsistem se conformes com as suas normas e os seus princípios;

c) As normas anteriores contrárias à Constituição não podem subsistir – seja qual for o modo de interpretar o fenómeno da contradição e ainda que seja necessário distinguir consoante a contradição se dê com normas precetivas ou com normas programáticas (como vimos).

III – Na hipótese de revisão constitucional, não se opera novação. A revisão só tem efeitos negativos – sobre as normas ordinárias anteriores contrárias – não positivos – sobre as não desconformes.

Revisão constitucional supõe precedência e permanência da Constituição. Se as normas decretadas por revisão extraem a sua validade da

---

[68] Kelsen adota aqui o conceito de receção (*Teoria pura*, cit., II, pág. 36). Cfr. a crítica de Vezio Crisafulli, *Lezioni...*, cit., I, pág. 110.

[69] Como *têtes de chapitres* (recordando Pellegrino Rossi), os princípios constitucionais também mudam e os que contam, em cada momento, são os atuais, e não os passados.

Constituição (ou dos princípios constitucionais), dela hão-de também extraí-la as normas da lei ordinária, por maioria de razão. Mudando a norma constitucional sem que se afete a norma legislativa antecedente (que com ela continua conforme), nenhum efeito se regista: a norma legislativa era válida e válida continua – à face da Constituição como um todo. Inversamente, se a norma legislativa era contrária à Constituição antes da revisão (embora não declarada inconstitucional) e agora fica sendo conforme com a nova norma constitucional, nem por isso é convalidada ou sanada: ferida de raiz, não pode apresentar-se agora como se fosse uma nova norma, sob pena de se diminuir a função essencial da Constituição.[70-71]

---

[70] Contra este entendimento pronunciaram-se, porém, o Tribunal Constitucional (no acórdão nº 408/89, de 31 de maio, in *Diário da República*, 2ª série, nº 26, de 31 de janeiro de 1990) e RUI MEDEIROS (*Valoves jurídicos negativos da lei inconstitucional*, in *O Direito*, 1989, págs. 522 e 523).

Segundo o Tribunal, uma revisão constitucional tanto pode ter efeitos negativos como efeitos positivos sobre as normas infraconstitucionais anteriores, ainda que estes efeitos só valham para o futuro, não para o passado (a revisão não convalida essas normas desde a sua origem, apenas as valida para o futuro). Não se justifica continuar *ad aeternum* a considerar inconstitucionais normas que, tendo nascido contrárias à Constituição, passam a ser com ela conformes.

De resto, pode a Lei Fundamental vir a incluir uma norma de teor exatamente idêntico ao da norma legal, que era materialmente inconstitucional antes da revisão. Ora (disse ainda o Tribunal, criticando a nossa opinião), a referida norma legal deveria continuar a ser considerada materialmente inconstitucional, mesmo para o futuro, devendo, por isso, ser desaplicada pelos tribunais, os quais, todavia, em vez dessa norma, seriam levados a aplicar diretamente a norma constitucional. O contra-senso estaria à vista: não se pode considerar materialmente inconstitucional uma norma infraconstitucional de conteúdo idêntico a uma norma constitucional.

Também mais recentemente (no acórdão nº 246/2005, de 10 de maio, in *Diário da República*, 1ª série-A, nº 117, de 21 de agosto de 2005), o Tribunal Constitucional defendeu a constitucionalização superveniente em caso de inconstitucionalidade material.

Quanto a RUI MEDEIROS, ele invoca a economia legislativa que aconselharia a convalidação da anulabilidade com eficácia *ex nunc* e a circunstância de a fiscalização jurisdicional visar, unicamente, expurgar do ordenamento os efeitos produzidos por normas inconstitucionais.

Estes argumentos não nos convencem. Nenhuma razão de pragmatismo ou de economia legislativa pode prevalecer sobre as funções relativas da Constituição e da revisão constitucional ou eliminar o risco de "revisões antecipadas" em fraude às normas constitucionais (cfr. GOMES CANOTILHO e VITAL MOREIRA, *op. cit.*, II, pág. 503).

Por outro lado, não há qualquer contra-senso na não aplicação para o futuro de uma norma legal de conteúdo idêntico ao da nova norma constitucional (proveniente de revisão). Para quê recorrer a ela, precisamente, quando existe agora uma norma constitucional de conteúdo idêntico? Assim como para trás (para antes da revisão) a norma legal não pode ser aplicada por contrariar a norma constitucional, também

Parte III · Tít. II · Cap. II – Interpretação, Integração e Aplicação | **453**

Relação específica entre norma constitucional nova e norma ordinária velha que verse sobre a mesma matéria apenas se dá quando haja contradição. E aqui, sim, não pode deixar de se suscitar inconstitucionalidade superveniente como quando a Constituição acaba de nascer.

138.

A subsistência do Direito ordinário não contrário à Constituição

I – A subsistência de quaisquer normas ordinárias anteriores à nova Constituição depende de um único requisito: que não sejam desconformes com ela. Se forem desconformes, só poderão eventualmente, sobreviver se elevadas elas próprias então à categoria de normas constitucionais, quer dizer, se constitucionalizadas.[72]

Por isso, o único juízo a estabelecer é o juízo da conformidade (ou da correspondência) material com a nova Constituição, a Constituição *atual*. Não é qualquer outro: nem qualquer juízo sobre a formação dessas normas de acordo com as novas normas de competência e de forma (as quais só valem para o futuro), nem, muito menos, qualquer juízo sobre o seu conteúdo ou sobre a sua formação de acordo com as antigas normas constitucionais.[73]

Não importa que as leis fossem inconstitucionais material, orgânica ou formalmente antes da entrada em vigor da Constituição. Importa apenas que não disponham contra esta. E isso, não porque a norma constitucional se reduza a mero limite externo da norma legislativa cujo

---

para a frente (para o futuro) não precisa de ser aplicada, porque se aplica, desde logo, a norma constitucional que, por coincidência, possui o mesmo sentido.

[71] Uma postura intermédia – entre a que defendemos e a que sustentou o Tribunal Constitucional – é a de MIGUEL GALVÃO TELES (*Inconstitucionalidade pretérita*, in *Nos dez anos da Constituição*, obra coletiva, Lisboa, 1987, págs. 335 e 336). Em geral, não aceita a convalidação do ato nulo pelo termo da vigência da norma constitucional desrespeitada, mas admite a possibilidade de uma *específica intenção convalidatória* a apurar através de interpretação da vontade do legislador constitucional (que poderá ter em vista "salvar" certas normas ordinárias, julgadas necessárias ou úteis).

[72] Diferentemente, EDUARDO CORREIA BAPTISTA, *Os limites* ..., cit., *loc. cit.*, pág. 97: o Direito ordinário anterior continuará a ter o seu fundamento de validade nas regras de Direito costumeiro, que estabelecem a sua continuidade.

[73] Neste sentido, acórdão nº 234/97 do Tribunal Constitucional, de 12 de março, in *Diário da República*, 2ª série, nº 144, de 25 de junho de 1997.

desaparecimento lhe restitua plena eficácia jurídica; não porque o exercício de poder constituinte em certo momento consuma o exercício de todo o poder do Estado em momentos anteriores; mas, simplesmente, porque o exercício do poder constituinte revela nova ideia de Direito e representa novo sistema. A Constituição não convalida, nem deixa de convalidar; simplesmente dispõe *ex novo*.

Não importa sequer discutir da qualificação das normas ou dos atos donde emanam à face da Constituição anterior; ela é, pelos mesmos motivos, tomada como um dado; e apenas os atos vão ser reportados aos novos tipos constitucionais, como diplomas *equiparáveis*, sujeitos, doravante, aos regimes jurídicos que lhes couberem.

De resto, mesmo que assim não fosse, uma barreira insuperável se colocaria sempre: estabelecer quais os órgãos e quais os meios de fiscalização da constitucionalidade à luz da Constituição anterior. Não podendo ser os órgãos e os meios destinados a garantir a Constituição atual, nenhuma forma haveria, na prática, de levar a cabo tal fiscalização.[74]

II – Compreende-se perfeitamente a proposição quando esteja em causa inconstitucionalidade material. Se, apesar desta, as normas de Direito anterior não tinham cessado a sua vigência ao tempo da Constituição velha, por que impedir que sobrevivam à face da Constituição nova quando se harmonizam com ela e querem o mesmo que ela? Por que razão, *da perspetiva da Constituição nova,* haveria de se pôr em causa a lei que agora é conforme com a lei constitucional?

Mais dúvidas talvez pudessem oferecer-se a respeito da inconstitucionalidade orgânica ou formal anterior, por se pensar que o princípio de aplicação da norma constitucional para o futuro implica o respeito das normas constitucionais de competência e de forma passadas, donde a necessidade de não considerar as leis que tivessem preterido os seus requisitos. A solução não pode, contudo, ser diferente, pois não é diverso o interesse da ordem jurídica em manter em vigor normas anteriores materialmente conformes com a nova Constituição.

Tal a posição que há muito defendemos, apenas admitindo algumas dúvidas nas hipóteses de inexistência jurídica dos atos através dos quais o Direito anterior tenha sido produzido. Mas há quem siga entendimento diverso.[75]

---

[74] Sobre o problema, cfr. ALDO SANDULLI, *Il giudizio sulle leggi*, Milão, 1967, págs. 33 e segs.

[75] Assim, MIGUEL GALVÃO TELLES, *Inconstitucionalidade pretérita*, cit., *loc. cit.*, págs. 272 e segs, *maxime* 284 e 285.

Parte III · Tít. II · Cap. II – Interpretação, Integração e Aplicação | **455**

139.

A inconstitucionalidade superveniente
das leis ordinárias anteriores contrárias à Constituição

I – A superveniência da nova Constituição – ou de uma sua revisão – acarreta *ipso facto*, pela própria função e força de que está investida, o desaparecimento das normas de Direito ordinário anterior com ela desconformes. Como qualificar, porém? Ou (distinguindo as duas coisas, o que nem sempre se faz) como qualificar a relação negativa, produzida por essa superveniência, entre Constituição e lei preexistente?[76]

A este respeito, há os que falam em revogação, os que falam em caducidade, os que falam em ineficácia, etc. E a escolha não se queda em mera querela académica; reveste interesse prático, sobretudo quando os tribunais não possam conhecer ou não possam decidir definitivamente da inconstitucionalidade das leis, embora possam conhecer ou decidir das demais questões de Direito. Mais discutível é saber se a distinção de qualificação adquire relevância no tocante à posição de outros órgãos e entidades perante o Direito anterior.

Jura novit curia. Mas a história e a comparação mostram que depende do sistema consagrado em cada país considerar a questão de inconstitucionalidade uma questão de direito como qualquer outra sujeita a decisão judicial, subtraí-la a apreciação judicial ou atribuí-la a órgãos específicos, sejam jurisdicionais ou não. Se se configurar a superveniência de norma constitucional como determinante de revogação e não de inconstitucionalidade poderão e deverão sempre os tribunais recusar-se a aplicar a norma legal; ao invés, se se descobrir inconstitucionalidade, os tribunais somente estarão habilitados a intervir na medida em que as normas constitucionais de garantia lhes derem o necessário poder de apreciação.

Não se trata de mera jurisprudência de conceitos. É preciso apurar os interesses que se jogam em qualquer das soluções e as razões, políticas e outras, que presidem ao arquitetar do sistema de garantia da Constituição em cada país. Se optar por esta ou aquela conceituação tem consequências lógicas manifestas sobre o modo de encarar a intervenção dos tribunais e a da Administração – esta, competente quanto a revogação, não (em princípio) quanto a inconstitucionalidade – em último termo é no campo do Direito positivo que deve procurar-se a linha definidora de tal competência e da sua extensão.

---

[76] Seguimos no essencial *A Constituição de 1976*, cit., págs. 128 e segs.

Em tese geral, pronunciamo-nos pela recondução a inconstitucionalidade e pela recondução dos efeitos desta a caducidade. Recusamos, pois, contrapor inconstitucionalidade e caducidade (ou, para quem assim entendesse, revogação); a distinção é, sim, entre inconstitucionalidade originária e superveniente com ou sem regime específico. E isto aplica-se tanto às situações advenientes de Constituição nova como às advenientes de revisão constitucional.[77]

Problema sempre posto em face de Constituições novas,[78] também em Portugal foi largamenete discutido na Comissão Constitucional, até que esta se decidiu pela inconstitucionalidade;[79] e seria essa sempre a orientação jusprudencial, confirmada em 1982 pelo art. 282º, nº 1 da Constituição.

---

[77] Cfr., diversamente, ANTONIO NADAIS, *As relações entre actos legislativos dos órgãos de soberania,* Lisboa, 1984, págs. 18 e segs. (em favor de tese da revogação); GOMES CANOTILHO, *Direito...,* cit., pág. 1290 (falando em concurso de revogação e nulidade).

[78] Na Itália, prevaleceu a doutrina enunciada pelo próprio Tribunal em 1956, declarando-se competente para conhecer do Direito anterior; já na Alemanha foi oposta a jurisprudência; na Espanha adotou-se uma posição mista, de competência simultânea do Tribunal Constitucional e dos demais tribunais; e no Brasil tem prevalecido a tese de revogação. Sobre a discussão na doutrina italiana, v. PAOLO BARILE, *La Costituzione...,* cit., págs. 61 e segs.; CARLO ESPOSITO, *Leggi vecchi e Costituzione nuova,* in *Costituzione Italiana,* págs. 283 e segs.; COSTANTINO MORTATI, *Abrogazione legislativa...,* cit., *loc. cit.,* II, págs. 45 e segs.; GIUSEPPE MUSACCHIA, *Gerarchia e teoria delle norme sulla produzione giuridica nel sistema constituzionale delle fonti,* in *Rivista Trimestrale di Diritto Pubblico,* 1970, págs. 612 e segs.; FRANCO PIERANDREI, *Corte Costituzionale,* cit., *loc. cit.,* págs. 908 e segs.; FRANCO MODUGNO, *op. cit.,* I, págs. 14 e segs.; FELICE DELFINO, *La dichiarazione di illegititimità costituzionale delle leggi,* Nápoles, 1970, págs. 31 e segs. Na Espanha, por exemplo, MANUEL ARAGÓN, *La sentencia del Tribunal Constitucional sobre leys relativas al regime local anterior a la Constitución,* in *Revista Española de Derecho Constitucional,* 1981, págs. 185 e segs. Na França, JÉRÔME TREMEAU, *La caducité – Les lois incompatibles avec la Constitution,* in *Annuaire International de Justice Constitutionnel,* 1990, págs. 219 e segs.; MICHEL JOEL, *Les téchniques de substitution,* in *La Cour de Cassation et le controle de la constitutionnalité,* obra coletiva, Aix-en-Provence, 1995, pág. 71; CHARLES ÉDOUARD SÉNAL, *Le constat juridictionnel de l'abrogation implicite d'une loi par la Constitution,* in *Revue du droit public,* 2008, págs., 1081 e segs.; SÉBASTIEN FERRARI, *De l'art du trompe-l'oeil: l'abrogation implicite de la loi par la Constitution au service d'un continuum constitutionnel,* in *Revue française de droit constitutionnel,* 2010, págs. 497 e segs. No Brasil, MARCELO NEVES, *Teoria...,* cit., pág. 96; LUIS ROBERTO BARROSO, *Interpretação e aplicação...,* cit., págs. 64 e segs.; JOSÉ AFONSO DA SILVA, *Aplicabilidade...,* cit., págs. 216 e segs.
Já KELSEN (em *La garantie juridictionnelle de la Constitution,* in *Revue du droit public,* 1928, pág. 236) se pronunciava pela inconstitucionalidade superveniente, e não pela revogação.

[79] Acórdão nº 40, de 28 de julho de 1977, in *Apêndice ao Diário da República* de 30 de dezembro de 1977, págs. 71 e segs.

II – O fenómeno da inconstitucionalidade surge por causa da contradição entre normas legais e regras e princípios constitucionais e, em face de cada situação ou ato, é função do juízo de valor que se faça com base nos comandos constitucionais vigentes. Para cada Constituição um juízo de inconstitucionalidade; e, para várias e sucessivas épocas, vários e sucessivos juízos. Não cabe, pois, apelar para um critério de ordem cronológica (*lex posterior*...) com autonomia em relação a um critério dito hierárquico (*lex superior*...). É a própria função genética ou constitutiva do ordenamento jurídico que possui a Constituição que o exclui, já que a sua relação com a lei ordinária não pode ser assimilada à relação entre duas leis ordinárias.

A abstrata estrutura jurídico-formal da inconstitucionalidade não depende do tempo de produção dos preceitos. Só pode e deve falar-se em inconstitucionalidade originária e em inconstitucionalidade superveniente, na medida em que ligadas a uma norma legal que, essa, pode ser desconforme com a Constituição originária ou supervenientemente – o que implica ou permite um tratamento diferenciado. Só pode e deve distinguir-se olhando à subsistência desta norma e atribuindo-lhe uma qualidade que não se torna uniforme.[80]

Quando qualquer lei ordinária *ab initio* contradiz a Lei Fundamental, ela fica desde logo ferida de invalidade. O mesmo não acontece com a lei que fica sendo inconstitucional num momento subsequente ao da sua produção, por virtude de novo princípio ou regra da Constituição; mas no momento da entrada em vigor deste princípio ou regra, tal lei ordinária automaticamente cessa a sua subsistência (embora o evento tenha ou não de ser declarado pelos órgãos competentes).

A inconstitucionalidade superveniente exprime uma valoração negativa da ordem jurídica, moldada por novos princípios ou regras constitucionais, relativamente à lei anterior. É essa valoração que determina a cessação da vigência da lei, e determina-a por caducidade e não por revogação, pois que, em face da sua desconformidade com a Constituição, doravante a lei deixa de ter uma condição intrínseca de subsistência, independentemente de qualquer ato de vontade especificamente dirigido à sua eliminação.

A ideia de revogação parece ser de uma substituição de normas no ordenamento, de uma regulamentação sucessiva da mesma matéria, com

---

[80] Afora os atos normativos, também poderão pôr-se questões de ilegalidade superveniente (reconduzíveis ou não a invalidade) tanto em relação a atos administrativos como em relação a atos jurídicos civis. Cfr., sobre aqueles, ROGÉRIO SOARES, *Interesse Público, Legalidade e Mérito*, cit., págs. 381 e segs. e 393 e segs., e autores citados.

idêntica função, de uma renovação do ordenamento jurídico por obra do legislador ou da autoridade social. Uma norma sucede a outra, que, ambas, recaem sobre o mesmo objeto, embora em sentido discrepante. Salvo assunção ou avocação da totalidade da disciplina pela norma de grau superior – rara, mas sempre possível, visto que à norma superior cabe definir à sua própria área de regulamentação – apenas uma norma de igual posição hierárquica substitui, de ordinário, outra.[81] Uma norma constitucional revoga uma norma constitucional, como uma norma legal revoga outra norma legal.[82]

Não existe revogação quando na economia do ordenamento não se prescinda das duas normas. O que acontece é que se oferecem dois graus e normas em cada um; nem a norma superior consome a inferior, nem esta arreda o poder regulador traduzido naquela ao dirigir-se às relações jurídicas. O ordenamento compreende uma pluralidade de funções normativas e a mesma matéria pode pedir uma disciplina paralela em vários níveis, designadamente a nível de Constituição e a nível de lei ordinária.[83]

Esta conclusão vale, inclusive, para o caso, porventura menos corrente, de lei anterior contrária a norma constitucional programática – nos moldes mitigados há pouco expostos – em que se torna, aliás, mais frisante que se trata de caducidade e não de revogação. Pois a norma constitucional programática é norma jurídica como qualquer outra; e o seu sentido normativo, correspondente a princípios e valores da ordem constitucional, tem de prevalecer sobre o sentido preceptivo de qualquer norma legal feita depois dela ou vinda do passado.

---

[81] Sobre o conceito de revogação, em especial da lei, v., por todos, CARLO ESPOSITO, *La Validità delle Leggi*, cit., págs. 63 e segs.; SALVATORE PUGLIATTI, *Abrogazione*, in *Enciclopedia del Diritto*, I, págs. 1411 e segs.; FRANCO MODUGNO, *Problemi e pseudo-problemi relativi alle c. d. reviviscenza di disposizioni abrogate da legge dichiarata incostituzionale*, in *Studi in memoria di Carlo Esposito*, obra coletiva, Pádua, 1972, págs. 647 e segs.; JORGE MIRANDA, *Decreto*, cit., págs. 87 e segs.; CARLOS BLANCO DE MORAIS, *As leis reforçadas*, Coimbra, 1998, págs. 329 e segs.; MIGUEL GALVÃO TELES, *Temporalidade...*, cit., *loc. cit.*, págs. 32 e segs.

[82] Cfr., sobre o problema homólogo, mas não análogo, da relação entre lei nova e regulamento velho (não análogo, porque entre lei e Constituição não há o nexo de acessoriedade que existe entre regulamento e lei), *Decreto*, cit., págs. 89-90. Não mantemos hoje a totalidade das opiniões aí expostas.

[83] Que haja Constituições que declaram revogar leis anteriores – como a belga (art. 138º), a luxemburguesa (art. 117º) ou a espanhola (disposição revogatória, § 3º) – é relativamente indiferente. De resto, em caducidade falava o art. 293º, nº 2, de 1976. Sobre a disposição espanhola, cfr. GARCIA DE ENTERRIA, *La Constitución...*, cit., págs. 83 e segs.

III – Poderia, no entanto, argumentar-se contra a qualificação de caducidade invocando a possibilidade de efeito repristinatório, o qual não se daria na hipótese de revogação e deveria achar-se na de invalidade ou na de caducidade, com todas as graves desvantagens inerentes. A objeção não deveria proceder.

É verdade que a primeira norma revogada não ressurge com a revogação daqueloutra que a havia revogado, e isto por evidente imperativo lógico. A cessação de efeitos opera de uma vez para sempre, a força reguladora de um preceito antigo está exausta e de *per si* não pode renascer. E, se circunstâncias houver que aconselhem a que volte a vigorar (como sejam o exíguo lapso de tempo de intervalo, a conveniência de atalhar a lacunas e particulares interesses de ordem política), terão elas de ser expressamente reconhecidas pelo legislador ao decretar a revogação do preceito posterior.[84]

Tratando-se de inconstitucionalidade originária, há, seguramente, repristinação, a menos que o órgão de fiscalização, tendo o poder de determinar os efeitos da inconstitucionalidade, disponha diferentemente (art. 282º, nº 4, da Constituição portuguesa). Já não no caso de inconstitucionalidade superveniente, visto que a revogação coincide com a emanação do ato legislativo que fora válido; e há sempre que distinguir o juízo sobre o ato em si do juízo sobre a norma.[85]

---

[84] Em contrapartida, uma disposição que, especificamente, venha revogar uma disposição revogatória acarreta como efeito natural o efeito repristinatório; e já se tem afirmado que a lei revogatória de precedente lei revogatória assume *per relationem* o conteúdo da norma legal primeiramente revogada.
Sobre a repristinação (arts. 7º, nº 4, e 2.314º, nº 2, do Código Civil português), v., na doutrina, CUNHA GONÇALVES, *Tratado de Direito Civil*, Coimbra, 1929, I, págs. 156-157; JOSÉ ALBERTO DOS REIS, *Competência internacional...*, in *Revista de Legislação e de Jurisprudência*, ano 76º, pág. 242; MANUEL DE ANDRADE, *Fontes de Direito. Vigência, interpretação e aplicação das leis*, in *Boletim do Ministério da Justiça*, nº 102, pág. 149; JOSÉ H. SARAIVA, *Apostilha crítica ao projecto de Código Civil*, Lisboa, 1966, pág. 71; PIRES DE LIMA e ANTUNES VARELA, *Código Civil Anotado*, I, Coimbra, 1967, pág. 44; MIGUEL GALVÃO TELES, *Eficácia...*, cit., págs. 165 e 196, nota; ALEXANDRE SOUSA PINHEIRO, *Repristinação*, in *Dicionário Jurídico da Administração Pública*, VII, págs. 234 e segs.; RUI MEDEIROS, *A decisão...*, cit., págs. 651 e segs.; JOSÉ DE OLIVEIRA ASCENSÃO, *op. cit.*, págs. 311-312; JORGE MIRANDA, *Manual...*, VI, cit., págs. 337 e segs.

[85] Diferentemente, no sentido de a inconstitucionalidade superveniente envolver também repristinação, MARCELO REBELO DE SOUSA, *O valor...*, cit., pág. 190, nota; e pondo a dúvida sobre se, em caso de revogação tácita por incompatibilidade, não poderia haver repristinação, por faltar identificação precisa e direta do objeto revogado, tudo dependendo então da atividade hermenêutica, RUI MEDEIROS, *A decisão...*, cit., págs. 659-660.

Por outro lado, se o restituir a plena ação o antigo preceito não poderia levar a destruir ou modificar o cunho imprimido pela lei intermédia degradada em inconstitucional, seria estranho submeter automaticamente factos e relações a constituir no futuro a uma lei mais velha do que aquela a que ficariam submetidos os anteriores já consumados; não só essa lei, presumivelmente, teria deixado de corresponder à evolução social como ainda a sua reaplicação poderia provocar, no limite, perigosas desigualdades.

140.
Direito constitucional novo e Direito internacional anterior

I – Diferente é o modo como se recortam as relações entre Direito constitucional novo e Direito internacional convencional anterior.

Embora não sejam ordenamentos jurídicos separados – o interno e o internacional[86] – decerto a Constituição não é o fundamento de validade das normas de Direito internacional aplicáveis na esfera interna do Estado, e apenas limite de produção de efeitos das normas jurídico-internacionais.[87] A dinâmica das suas relações de conformidade ou desconformidade deve ser apreciada a essa luz.

II – Assim:

a) A entrada em vigor de uma nova Constituição não determina, nem deixa de determinar novação das normas internacionais vinculativas do Estado;

b) Em caso de inconstitucionalidade originária de norma convencional, a modificação da norma constitucional correspondente, implicando a não desconformidade, repõe aquela plenamente

---

[86] V. o nosso *Curso...*, cit., págs. 133 e segs.
[87] Cfr. já o nosso *Decreto*, cit., págs. 88 e 106 e segs.; e, sobretudo, MIGUEL GALVÃO TELES, *Eficácia dos tratados...*, cit., págs. 99 e segs. Como escreve este Autor, a eficácia interna das normas internacionais não se justifica por nenhum juízo sobre o seu conteúdo, mas pelo interesse do Estado em harmonizar a sua ordem jurídica com o Direito das Gentes e, sendo diferentes os fundamentos da eficácia na ordem estadual das fontes de origem interna e internacional, a vigência da norma proveniente de cada uma delas constitui apenas circunstância impeditiva da eficácia da outra.

em vigor (sem que possa falar-se em constitucionalização superveniente);

c) Em caso de inconstitucionalidade superveniente, nem sequer se produz a ineficácia de norma convencional, com a consequente não aplicação, visto que tal ofenderia o princípio – e princípio de *jus cogens* – da boa fé nas relações internacionais.

Se a própria fiscalização sucessiva da inconstitucionalidade originária levanta não poucos problemas em face desse princípio (embora ele esteja até previsto no art. 280º, nº 3[88]), dificuldades intransponíveis provocaria a fiscalização da inconstitucionalidade superveniente.

O Estado deverá, sim, procurar renegociar o tratado ou acordo ou, se tal for possível, denunciá-lo ou exercer o recesso. Não lhe é consentido desvincular-se unilateralmente.

141.
Direito constitucional novo e atos jurídico-públicos

I – Até agora temos falado em normas de Direito ordinário anterior ou em atos normativos. E que dizer de atos não normativos e, doutra banda, de atos jurídico-públicos vistos do ângulo da sua forma ou da sua formação?

Tempus regit actum.[89] Nem poderia deixar de ser esse o princípio também aqui, até porque o contrário – ou seja, admitir que a modificação de regra de competência ou de forma pudesse afetar a constitucionalidade de atos praticados antes – redundaria em criar problemas, não de inconstitucionalidade superveniente, mas de inconstitucionalidade *retroativa,* das mais graves consequências para o funcionamento das instituições e para a segurança jurídica geral.

II – Donde, as seguintes inferências:

a) São intocáveis quer a qualificação quer a validade formal (ou formal e orgânica) dos atos jurídico-públicos praticados durante a

---

[88] Cfr. *Curso...,* cit., págs. 174-175.
[89] V. o princípio geral do art. 12º, nº 2, do Código Civil português, e na doutrina, por exemplo, FRANCO PIERANDREI, *Corte Costituzionale,* cit., *loc. cit.,* X, pág. 908; ou ARMANDO MARQUES GUEDES, *op. cit.,* págs. 355 e segs.

vigência das normas constitucionais anteriores; e os seus efeitos, que hajam de perdurar, perduram enquanto tais;

b) Intocável é também a validade – validade material – dos atos jurídico-públicos individuais e concretos (pelo menos, os de efeitos instantâneos e com caraterísticas de definitividade), designadamente decisões judiciais e atos administrativos, praticados no domínio da Constituição anterior segundo o respetivo Direito ordinário;

c) Já tendo havido revisão constitucional, tal como a inconstitucionalidade material também a inconstitucionalidade orgânica ou formal ocorrida antes da revisão não fica por esta sanada;

d) Tratando-se de atos jurídico-públicos de formação sucessiva ou procedimental, não têm de voltar a ser percorridas as fases já concluídas, mas as fases ainda a percorrer devem enquadrar-se na Constituição nova e submeter-se às regras de competência e de forma que dela constem, a elas se reportando a validade dos atos no seu conjunto. Ou seja: os atos (simples ou parcelares) correspondentes a fases decorridas à sombra da norma constitucional anterior ficam ressalvados, mas os atos correspondentes às restantes fases têm de obedecer à nova norma constitucional e, se não forem conformes com ela, o ato complexo final não poderá ser considerado válido;

e) Em especial, quanto à constitucionalidade orgânica de atos legislativos, esta deve ser apreciada, não no momento em que se tornam obrigatórias as normas para os cidadãos – o da publicação, tão só requisito de eficácia (art. 119º, nº 2) – e, sim, no momento ou nos momentos em que intervêm ou são chamados a intervir os órgãos com poderes relativamente às diversas fases dos respetivos procedimentos;[90]

f) Se nada obriga nada também impede que os órgãos competentes segundo a Constituição publiquem (ou promulguem e publiquem) atos pendentes de publicação (ou de promulgação e publicação) ao tempo da entrada em vigor daquela. De duas uma: ou os consideram conformes com as normas da Constituição (e com os interesses do país) e publicam-nos; ou não os

---

[90] Cfr., quanto aos decretos-leis feitos no uso de autorização legislativa, *Manual...*, V, cit., págs. 347 e segs.

consideram conformes e, então, exercendo um verdadeiro veto absoluto, não os publicam.[91]

§ 3º
A aplicação das normas constitucionais no espaço

142.
Constituição e território do Estado

I – O postulado geral é a aplicação da Constituição material e formal em todo o território do Estado, seja qual for a forma que o Estado revista. A cada Estado (e, portanto, a todo o território, contíguo ou descontíguo, do Estado) a sua Constituição.[92]

A diferença está em que, havendo regiões autónomas, a própria Constituição prevê estatutos político-administrativos próprios (leis ordinárias materialmente constitucionais, mas não Constituições no pleno sentido da palavra) para todas ou algumas das áreas ou regiões compreendidas no interior do território do Estado; e em que, no Estado federal, há Constituições particulares, aplicáveis apenas nos Estados federados, e a Constituição federal, aplicável em todo o território federal.

II – Já fora do território do Estado, mas em território que com o Estado conserve algum vínculo jurídico específico (de dependência ou outro),[93] a situação se apresenta diversa. O modo de encarar a possível aplicação da Constituição há-de depender aqui da natureza bastante variável desse vínculo e das especialidades a atender, em moldes de maior ou menor assimilação ou aproximação.

Todavia, em qualquer circunstância, parece que os princípios e certas regras básicas do ordenamento constitucional do Estado não

---

[91] *A Revolução de 25 de Abril...*, cit., pág. 31.
[92] Cfr., para uma visão geral, AFONSO D'OLIVEIRA MARTINS, *As Constituições e os seus espaços de relevância jurídica*, in *Homenagem ao Prof. Doutor André Gonçalves Pereira*, obra coletiva, Coimbra, 2006, págs. 201 e segs.; CARLOS ROBERTO GALVÃO BARROS, *A aplicação das normas no espaço: o respeito pela Constituição e pelos direitos humanos*, in *O Direito Constitucional e a independência dos tribunais brasileiros e portugueses – Aspectos relevantes*, obra coletiva (org. de Jorge Miranda e coord. de Bleine Caúla), Curitiba, 2011, págs. 201 e segs.
[93] Assim, em território colonial e em território com autonomia política sem integração: cfr. *supra*.

poderão aí ser postergados sob pena de incoerência e de se enfraquecer a legitimidade do seu poder. Era o que se passava com Macau até 1999 (transferência da "administração" para a China); e, de certo modo, a despeito de todas as vicissitudes conhecidas, com Timor até 2002 (independência).[94]

143.
A aplicação das normas constitucionais no estrangeiro

I – A territorialidade da ordem jurídica de cada Estado diz respeito apenas à execução. Não implica que o Direito de cada Estado regule apenas actos e factos ocorridos no seu território – pois pode regular actos e factos ocorridos e situações constituídas no estrangeiro; nem sequer significa que, no território do Estado, o seu Direito seja o único Direito válido – pois outros Direitos podem igualmente nele valer e ter aplicação.[95]

Bem pelo contrário, prevalecem dois outros princípios, o do pluralismo das ordens jurídicas,[96] estatais e internacional,[97] em necessária coordenação, e o da pessoalidade (o Direito de cada Estado acompanha as pessoas que tenham a sua cidadania onde quer que se encontrem). E sucede isto com a lei civil, com a lei tributária, até com a lei penal e, naturalmente, com a lei constitucional.[98]

Quanto às normas constitucionais há que distinguir três hipóteses:

a) As normas de direitos e deveres fundamentais;
b) As normas atinentes aos titulares de órgãos do Estado;
c) As normas relativas aos funcionários e agentes do Estado.

---

[94] Sobre o assunto, v. *Manual* ..., II, 5ª ed., págs. 336 e segs.
[95] Cfr. *supra*.
[96] Cfr. SANTI ROMANO, *L'ordinamento giuridico*, 2ª ed., Florença, 1951. E, mais recentemente, FRANCO MODUGNO, *Pluralità degli ordinamenti*, in *Enciclopedia del Diritto*, XXXIV, págs. 1 e segs.; ANTÓNIO MARQUES DOS SANTOS, *A aplicação do Direito estrangeiro*, in *Revista da Ordem dos Advogados*, 2000, págs. 647 e segs.; JOSÉ DE OLIVEIRA ASCENSÃO, *op. cit.*, págs. 571 e segs.; A. SANTOS JUSTO, *Introdução ao Estado de Direito*, 4ª ed., Coimbra, 2009, págs. 393 e segs.
[97] Além da ordem jurídica canónica, a ordem jurídica da Igreja Católica.
[98] Cfr. EMERSON GARCIA, *op. cit.*, págs. 470 e segs.

Parte III • Tít. II • Cap. II – Interpretação, Integração e Aplicação | 465

144.
Normas constitucionais e normas de conflitos

Não sem complexidade vem a ser o modo como se relacionam as normas constitucionais com as normas de conflitos (ou sejam, as que, frente a relações jurídicas com elementos de conexão ou contacto com mais de um ordenamento, determinam o ordenamento a que elas hão-de submeter-se). O problema não está, evidentemente, na necessidade de as normas de Direito internacional privado se conformarem com a Constituição (já que são normas de Direito interno como quaisquer outras). O problema diz respeito às normas materiais estrangeiras chamadas a reger aquelas relações.[99]

Por um lado, o Direito internacional privado dos nossos dias aparece como projeção dos princípios fundamentais do *corpus* do Direito civil;[100] está invadido por valorações materiais e aparece em muitos setores mesmo como um puro Direito material e voltado também para as tarefas de modelação da sociedade civil, em que o Estado contemporâneo compromete o seu ordenamento jurídico.[101] Por outro lado (ou ainda

---

[99] Cfr. TITO BALLARINO, *Costituzione e Diritto Internazionale Privato*, Pádua, 1974; JOÃO BAPTISTA MACHADO, *Lições de Direito Internacional Privado*, Coimbra, 1974, pág. 244; RUI MOURA RAMOS, *Direito Internacional Privado e Constituição*, Coimbra, 1979; *O Tribunal Constitucional português e as normas de outros ordenamentos jurídicos*, in *Estudos em memória do Conselheiro Luís Nunes de Almeida*, obra coletiva, Coimbra, 2007, págs. 781 e segs.; FERRER CORREIA, Discurso proferido em 18 de janeiro de 1979, in *Boletim do Ministério da Justiça*, n° 283, págs. 17 e segs., e *A Revisão do Código Civil e o Direito Internacional Privado*, in *Estudos Vários de Direito*, Coimbra, 1982, págs. 279 e segs.; JOSE ESPINAR VICENTE, *Constitución, desarollo legislativo y Derecho Internacional Privado*, in *Revista Española de Derecho Internacional*, 1986, págs. 109 e segs.; GIUSEPPE BARILE, *Costituzione e Rinvio Mobile a Diritto Straniero, Diritto Canonico, Diritto Comunitario, Diritto Internazionale*, Pádua, 1987; MARIA ERSILA CORRAO, *Il giudizio sulla legittimità costituzionale delle norme di conflitto*, in *Rivista di Diritto Internazionale*, 1988, págs. 303 e segs.; *Norme di conflitto italiane e controllo di costituzionalità*, obra coletiva editada por BRUNO BAREL e BENEDETTO COSTANTINO, Pádua, 1990; LUIS ROBERTO BARROSO, *Interpretação...*, cit., págs. 32 e segs.; MARQUES DOS SANTOS, *Constituição e Direito Internacional Privado*, in *Perspectivas Constitucionais*, obra coletiva, III, Coimbra, págs. 367 e segs.; HELENA MOTA, *A aplicação no tempo da regra de conflitos sobre o regime de bens e o controlo da sua (in)constitucionalidade*, in *Estudos em memória do Professor Doutor António Marques dos Santos*, obra coletiva, I, Coimbra, 2005, págs. 239 e segs.; EMERSON GARCIA, *op. cit.*, págs. 463 e segs.

[100] TITO BALLARINO, *op. cit.*, pág. 9.

[101] RUI MOURA RAMOS, *Direito Internacional Privado e Constituição*, cit., págs. 99 e segs., *maxime* 172. Cfr. PETER HÄBERLE, *Direito Constitucional Cooperativo*, cit., págs. 59 e 60; o Direito internacional privado como expressão de estruturas jurídicas abertas.

que assim não fosse), há uma recíproca implicação sistemática que se impõe: as regras materiais têm de ser sempre mediatizadas pelas regras de conflitos, mas estas têm de ser integradas com as regras materiais para que remetem.[102]

---

[102] Sobre a fiscalização de constitucionalidade de normas estrangeiras, cfr. *infra*.

PARTE IV
ATIVIDADE CONSTITUCIONAL DO ESTADO

Capítulo I

FUNÇÕES DO ESTADO

145.
Os dois sentidos de função

I – São dois os sentidos possíveis de *função do Estado*:[1] como fim, tarefa ou imperativo ou opção para agir, correspondente a certa ne-

---

[1] V., entre tantos, JUSTINO DE FREITAS, *Ensaio sobre as Instituições de Direito Administrativo Português*, Coimbra, 1859, págs. 51 e segs., 65 e 69 e segs.; C. F. VON GERBER, *Grundzüge des deutschen Staatsrecht* (1880), trad. italiana *Diritto Pubblico*, Milão, 1971, págs. 118 e segs.; MANUEL EMIDIO GARCIA, *Plano desenvolvido de um curso de Ciência Política e Direito Político*, 3ª ed., Lisboa, 1885, págs. 33 e segs.; GEORG JELLINEK, *Allgemeine Staatslehre*, trad. castelhana *Teoria General del Estado*, Buenos Aires, 1954, págs. 450 e segs.; ROCHA SARAIVA, *Construção Jurídica do Estado*, Ii, Coimbra, 1912, págs. 45 e segs.; RAÚL CARMO, *Distinção das funções do Estado*, Coimbra, 1914; CARRÉ DE MALBERG, *Contribution à la Théorie Générale de l'État*, I, Paris, 1920, págs. 259 e segs.; LÉON DUGUIT, *Traité de Droit Constitutionnel*, 3ª ed., II, Paris, 1928, págs. 151 e segs.; HANS KELSEN, *Allgemeine Staatslehre*, trad. castelhana *Teoria General del Estado*, Madrid, 1934, págs. 300 e segs., e *Il primato del Parlamento*, trad., Milão, 1982, págs. 79 e segs.; GEORGES BURDEAU, *Remarques sur la classification des fonctions étatiques*, in *Revue du droit public*, 1945, págs. 202 e segs.; QUEIROZ LIMA, *Teoria do Estado*, 8ª ed., Rio de Janeiro, 1957, págs. 297 e segs.; KARL LOEWENSTEIN, *Verfassungsrecht*, trad. castelhana *Teoria de la Constitución*, Barcelona, 1964, págs. 62 e segs.; FRANCO MODUGNO, *Funzione*, in *Enciclopedia del Diritto*, XVIII, 1969, págs. 301 e segs.; FRANCO BASSI, *Contributo allo studio delle funzioni dello Stato*, Milão, 1969; M. C. J. VILE, *Constitution and the Separation of Powers*, Oxónia, 1969, págs. 326 e segs.; COSTANTINO MORTATI, *Istituzioni di Diritto Pubblico*, 9ª ed., I, Pádua, 1975, págs. 295 e segs.; AFONSO QUEIRÓ, *Lições de Direito Administrativo*, policopiadas, Coimbra, 1976, págs. 9 e segs.; MARCELLO CAETANO, *Direito Constitucional*, Rio de Janeiro, 1977, I, págs. 187 e segs.; ANTONIO

cessidade coletiva ou a certa zona da vida social; e como atividade com caraterísticas próprias, passagem a ação, modelo de comportamento.

No primeiro sentido, a função traduz um determinado enlace entre a sociedade e o Estado, assim como um princípio (ou uma tentativa) de legitimação do exercício do poder. A crescente complexidade das funções assumidas pelo Estado – da garantia da segurança perante o exterior, da justiça e da paz civil à promoção do bem-estar, da cultura e da defesa do ambiente – decorre do alargamento das necessidades humanas, das pretensões de intervenção dos governantes e dos meios de que se podem dotar; e é ainda uma maneira de o Estado ou os governantes em concreto justificarem a sua existência ou a sua permanência no poder.

No segundo sentido, a função – agora não tanto algo de pensado quanto algo de realizado – entronca nos atos e atividades que o Estado constantemente, repetida e repetivelmente, vai desenvolvendo, de harmonia com as regras que o condicionam e conformam; define-se através das estruturas e das formas desses atos e atividades; e revela-se indissociável da pluralidade de processos e procedimentos, de sujeitos e de resultados de toda a dinâmica jurídico-pública.

Ruggeri, *Gerarchia, competenza e qualità nel sistema costituzionale delle fonti normative*, Milão, 1977, págs. 16 e segs. e 61 e segs.; Marcelo Rebelo de Sousa, *Direito Constitucional*, Braga, 1979, págs. 235 e segs., e *Lições de Direito Administrativo*, Lisboa, 1999, págs. 9 e segs.; Mário Esteves de Oliveira, *Direito Administrativo*, I, Lisboa, 1980, págs. 10 e segs.; Castanheira Neves, *O instituto dos "assentos" e a função jurídica dos Supremos Tribunais*, Coimbra, 1983, págs. 315 e segs., 429 e segs. e 475 e segs.; José Alfredo Oliveira Baracho, *Processo Constitucional*, Rio de Janeiro, 1984, págs. 26 e segs. e 61 e segs.; Feliciano Benvenuti, *Semantica di funzione*, in *Jus*, 1985, págs. 3 e segs.; Celso Bastos, *Curso de Direito Constitucional*, 10ª ed., S. Paulo, 1988, págs. 135 e segs.; António Barbosa de Melo, *Sobre o problema da competência para assentar*, policopiado, Coimbra, 1988, págs. 18 e segs.; Nuno Piçarra, *A separação de poderes como doutrina e princípio constitucional*, Coimbra, 1989, máxime págs. 247 e segs.; Paulo Ferreira da Cunha, *Pensar o Direito – Do realismo clássico à análise mítica*, Coimbra, 1990, págs. 238 e segs.; Iris de Pinto Tavares, *O conceito de função e de órgão de exercício do poder*, in *Revista Brasileira de Estudos Políticos*, Julho de 1995, págs. 77 e segs.; Luís Pereira Coutinho, *As duas subtrações. Esboço de uma reconstrução da separação entre as funções de legislar e de administrar*, in *Revista da Faculdade de Direito da Universidade de Lisboa*, 2000, 1, págs. 99 e segs.; J. J. Gomes Canotilho, *Direito Constitucional e Teoria da Constituição*, 7ª ed., Coimbra, 2004, págs. 551 e segs. e 619 e segs.; Diogo Freitas do Amaral, *Curso de Direito Administrativo*, I, 3ª ed., Coimbra, 2006, págs. 43 e segs.; Carlos Blanco de Morais, *Curso de Direito Constitucional*, I, 2ª ed., Coimbra, 2012, págs. 22 e segs.

No primeiro sentido, a função não tem apenas que ver com o Estado enquanto poder; tem também que ver com o Estado enquanto comunidade. Tanto pode ser prosseguida só pelos seus órgãos e serviços através das chamadas *políticas públicas* como ser realizada por grupos e entidades da sociedade civil, em formas variáveis de complementaridade e subsidiariedade (tudo dependendo das conceções dominantes e da intenção global do ordenamento).

No segundo sentido, a função não é outra coisa senão uma manifestação qualificada do poder político, um modo tipicizado de exercício do poder,[2] e carece de ser apreendida numa tríplice perspetiva-material, formal e orgânica.

No primeiro sentido, a função traduz-se depois em incumbências quer para a proteção e a promoção de direitos fundamentais, quer para conformação de setores da vida coletiva (cfr., por exemplo, na Constituição portuguesa, os arts. 38º, nº 4, 59º e segs. ou 80º e segs.; e na Constituição brasileira, os arts. 5º-LXXIV, 21 ou 134 e segs.).

No segundo sentido, a função é o modo específico como o Estado procura atingir os fins prescritos na Constituição e na lei, o modo como se desincumbe das imposições que delas recebe.

II – Numa e noutra aceções, exibe-se um elemento finalístico: diretamente, na função como tarefa; indiretamente, na função como atividade.[3]

A tarefa mais não é que um fim do Estado concretizado em certa época histórica, em certa situação político-constitucional, em certo regime ou Constituição material. Por seu turno, a função enquanto atividade (a descobrir por via de uma análise espetral da obra do Estado, dos seus órgãos, agentes e serviços) não vem a ser senão um meio para atingir

---

[2] Franco Bassi, *op. cit.*, págs. 134 e segs.
[3] Cfr. Bluntschli, *Théorie Générale de l'État*, trad., 3ª ed., Paris, 1891, págs. 276 e segs.; G. Jellinek, *op. cit.*, págs. 171 e segs.; Afonso Queiró, *Os fins do Estado: um problema de filosofia política*, 1938 (sep. do *Boletim da Faculdade de Direito da Universidade de Coimbra*, vol. XV); Marcello Caetano, *op. cit.*, I, págs. 181 e segs.; Marcelo Rebelo de Sousa, *Direito Constitucional*, cit., págs. 229 e segs.; J. J. Gomes Canotilho, *Constituição dirigente e vinculação do legislador*, Coimbra, 1982, págs. 166 e segs.; Diogo Freitas do Amaral, *Estado*, in *Polis*, II, 1984, págs. 1.140 e segs.; Christian Starck, *Pace e disobbedienza civile*, in *Diritto e Società*, 1986, págs. 435 e segs.; João Baptista Machado, *Lições de Introdução ao Direito Público*, in *Obras Dispersas*, II, Braga, 1993, pág. 403; Paulo Otero, *O poder de substituição em Direito Administrativo*, Lisboa, 1995, II, págs. 591 e segs.

esse fim, qualificado sob certo aspeto; e, se a tarefa implica a adstrição de um comportamento (positivo e, em certos casos, negativo), tão pouco a atividade existe por si mesma.

III – O estudo da função como tarefa insere-se no estudo das experiências e dos sistemas constitucionais, dos direitos fundamentais e da Constituição económica, da história e do Direito comparado, e ainda da Ciência política, da Ciência financeira e de outras disciplinas.

Pelo contrário, nesta parte entra *de pleno* o estudo da função como atividade.

146.
A função no sentido de atividade

I – A função no sentido de atividade pode definir-se como um complexo ordenado de atos (interdependentes ou aparentemente independentes uns em relação aos outros), destinados à prossecução de um fim ou de vários fins conexos, por forma própria. Consiste na atividade[4] que o Estado desenvolve, mediante os seus órgãos e agentes, com vista à realização das tarefas e incumbências que, constitucional ou legalmente, lhe cabem.

Cada função ou atividade oferece, assim, três caraterísticas:

a) É específica ou diferenciada, pelos seus elementos materiais – as respetivas causas e os resultados que produz –, formais – os trâmites e as formalidades que exige – e orgânicos – os órgãos ou agentes por onde corre;

b) É duradoura – prolonga-se indefinidamente, ainda que se desdobre em atos localizados no tempo que envolvem pessoas e situações diversas;[5]

c) É, consequentemente, globalizada – tem de ser encarada como um conjunto, e não como uma série de atos avulsos.

---

[4] Cfr. ROGÉRIO SOARES, *Atividade administrativa*, in *Dicionário Jurídico da Administração Pública*, I, 1965, págs. 111 e segs.

[5] Assim, a função legislativa ou a função jurisdicional vêm a durar sem limites de tempo, mas nelas vêm a individualizar-se qualquer lei feita ou qualquer sentença proferida – a lei A ou B, a sentença X ou Y – no seu exercício.

II – São os fins do Estado, permanentes ou conjunturais, que determinam o tipo e a feição das atividades dos seus órgãos e agentes, e são as normas jurídico-públicas que as qualificam como atividades do Estado.

Ora, se as funções do Estado dependem das normas (e, antes de mais, das normas constitucionais) que as regem, então todas as funções do Estado não podem deixar de ser funções jurídicas e todos os atos em que se desdobram atos jurídico-públicos. Não há atividade do Estado à margem do Direito.[6]

III – Enunciam-se correntemente como funções do Estado a legislativa, a governativa, a jurisdicional, a administrativa e ainda a técnica.[7] Importa, porém, distinguir.

O Estado tem ou tende a ter o monopólio das três primeiras e só com seu consentimento ou por sua delegação outras coletividades ou entidades dão corpo a atos cuja natureza se reconduza a uma ou outra dessas funções. Ao invés, no que concerne à função administrativa e à chamada função técnica, o Estado não é senão um (embora, ainda hoje, o de maior peso e volume) dos sujeitos que as podem promover. Ao lado do Estado, outras pessoas coletivas públicas – ou mesmo privadas – desempenham também a função administrativa, havendo então que harmonizar os diferentes interesses por elas prosseguidos.

Isso em nível interno. Porque, em nível internacional, observa-se uma cada vez maior intervenção das organizações especializadas das Nações Unidas e de entidades como a União Europeia, devido à complexidade dos problemas económicos, sociais e culturais, à sua planetarização e à formação de grandes espaços. E aí exercem-se funções homólogas àquelas funções estatais, e não sem efeitos na redução dos fins e das atividades dos Estados.[8]

IV – A Constituição brasileira mantém a consideração clássica dos três poderes do Estado – legislativo, executivo e judiciário (arts. 44º e segs., 76º e segs. e 92º e segs.) – e só incidentalmente alude à função (a função jurisdicional, no art. 127º).

---

[6] Já nesse sentido o nosso *Contributo para uma teoria da inconstitucionalidade*, Lisboa, 1968, pág. 224, nota.
[7] Cfr., por todos, MARCELLO CAETANO, *op. cit.*, págs. 198 e segs.
[8] Não por acaso fala-se cada vez mais, por exemplo, em *Justiça Internacional*, em *Direito Administrativo Global* e em *Direito Administrativo Europeu*.

Diferentemente, a Constituição portuguesa define esta função (art. 202º); e falando em competências políticas e legislativas (arts. 161º e 197º e 198º), bem como em competência administrativa (art. 199º), pressupõe as correspondentes funções.

147.
A elaboração teórica das funções do Estado

I – A conceituação *ex professo* das funções acompanha o desenvolvimento das teorias gerais do Estado e do Direito público. No entanto, de forma explícita ou implícita, o problema vem de há muito, conexo (como, de resto, continua a estar) com os problemas das caraterísticas, dos fins e dos poderes do Estado.

Recordem-se, a este propósito, as teorias das partes ou das faculdades da soberania – de ARISTÓTELES a BODIN, a GRÓCIO e a PUFFENDORF – e, sobretudo, as teorias ou doutrinas de separação dos poderes de LOCKE e MONTESQUIEU.

Designadamente, os três poderes referidos por MONTESQUIEU – legislativo, executivo e jurisdicional – correspondem a funções; e também a distinção, em cada poder, de uma *faculté de statuer* e de uma *faculté d'empêcher* prefigura algumas das análises mais recentes sobre função de fiscalização ou controlo.[9]

Entretanto, por razões óbvias, de seguida, aludir-se-á apenas a algumas das classificações doutrinais dos últimos cem anos: as de JELLINEK, DUGUIT, KELSEN, BURDEAU, LOEWENSTEIN, M. C. VILE e MARCELLO CAETANO.

II – Na perspetiva de Jellinek, os critérios fundamentais são os fins do Estado (jurídico e cultural) e os meios (abstratos e concretos).

Donde a função legislativa (realização de qualquer dos fins por meio de regras abstratas), a função jurisdicional (realização do fim jurídico por atos concretos) e a função administrativa (realização do fim cultural por atos concretos); e os atos legislativos e jurisdicionais como atos de império.

Mas considera a existência ainda, ao lado destas funções, de funções extraordinárias, bem como, em cada função, de uma atividade livre e de uma atividade vinculada.[10]

---

[9] Cfr. Manual..., III, 6ª ed., Coimbra, 2010, págs. 386 e segs.
[10] Op. cit., págs. 461 e segs.

III – Na análise de Duguit, o critério fundamental é o dos atos; e daí vai para as funções (jurídicas), distinguindo atos-regra, atos-condição (aplicação de regras abstratas a um indivíduo) e atos subjetivos (criação de situações subjetivas não impostas por nenhuma regra abstrata anterior).

Donde a função legislativa (feitura de atos-regra), a função administrativa (prática de atos condição, de atos subjetivos e de atos materiais, para assegurar o funcionamento de um serviço público) e a função jurisdicional (resolução de questões de direito).[11-12]

IV – Para Kelsen, porque o Estado se identifica com a ordem jurídica ou com a sua unidade, as funções do Estado são apenas funções jurídicas e a função corresponde a cada um dos graus ou modos de realização da ordem jurídica.

Há dois tipos de sistemas de normas, o estático e o dinâmico.[13] A ordem jurídica tem essencialmente um caráter dinâmico: uma norma jurídica não vale porque tem um determinado conteúdo, quer dizer, porque o seu conteúdo pode ser deduzido pela via de um raciocínio lógico de uma norma fundamental pressuposta, mas porque é criada por uma forma determinada.[14] A norma fundamental da ordem jurídica é a instauração do fato fundamental da criação jurídica e pode ser designada como Constituição no sentido lógico-jurídico para a distinguir da Constituição em sentido jurídico-positivo. Ela é o ponto de partida de um processo: do processo de criação do Direito positivo.[15]

A aplicação do Direito é simultaneamente produção do Direito. É desacertado distinguir entre atos de criação e atos de aplicação do Direito. Com efeito, se deixarmos de lado os casos-limite – a pressuposição da norma fundamental e a execução do ato coercivo – entre os quais se desenvolve o processo jurídico, todo o ato jurídico é simultaneamente aplicação de uma norma superior e produção, regulada por esta norma, de uma norma inferior. Se considerarmos a ordem jurídica estatal sem

---

[11] *Op. cit.*, II, págs. 151 e segs.
[12] Cfr., na linha da escola realista francesa, a classificação dos atos jurídicos proposta por FEZAS VITAL (*Do Ato Jurídico*, Coimbra, 1914, págs. 86 e segs.) segundo um critério de conteúdo e efeitos jurídicos; atos legislativos; atos jurídicos *stricto sensu*, criadores de situações jurídicas subjetivas; atos-condição; e atos jurisdicionais. V. ainda do mesmo autor *A situação dos funcionários*, Coimbra, 1915, págs. 37 e segs.
[13] *Reine Rechtslehre*, 2ª ed. portuguesa; *Teoria Pura do Direito*, Coimbra, 1962, II, pág. 5.
[14] *Ibidem*, pág. 10.
[15] *Ibidem*, pág. 12.

ter em conta um direito internacional que lhe esteja supraordenado, então a norma fundamental determina, de fato, a criação da Constituição, sem que ela própria seja, ao mesmo tempo, aplicação de uma norma superior. Mas a criação da Constituição realiza-se por aplicação da norma fundamental. Por aplicação da Constituição, opera-se a criação das normas jurídicas gerais através da legislação e do costume; e, em aplicação destas normas gerais, realiza-se a criação das normas individuais através das decisões judiciais e das resoluções administrativas. Somente a execução do ato coercivo estatuído por estas normas individuais – o último ato do processo de produção jurídica – se opera em aplicação das normas individuais que a determinam sem que seja, ela própria, criação de uma norma.[16]

Criação e aplicação do Direito devem ser distinguidas da observância do Direito. Observância do Direito é a conduta que corresponde, como conduta oposta, àquela a que o ato coercitivo da sanção é ligado. É antes de tudo a conduta que evita a sanção, o cumprimento do dever jurídico constituído através da sanção. Criação do Direito, aplicação do Direito e observância do Direito são funções jurídicas no sentido mais amplo. Também o uso de uma permissão positiva pode ser designado como observância do Direito. Porém, só a criação e a aplicação do Direito são designadas como funções jurídicas num sentido estrito específico.[17]

V – Em Georges Burdeau, as funções definem-se não tanto pela natureza quanto pelo objeto dos atos.

São duas as funções fundamentais: a governamental e a administrativa, sendo aquela incondicionada, criadora e autónoma. Por seu turno, a função governamental divide-se em legislativa e governamental e a função administrativa, em administrativa propriamente dita, jurisdicional e regulamentar.

A nota mais importante desta visão é a colocação da lei na função governamental, tendo em conta a unidade da ação governamental através de vários órgãos associados entre si.[18]

VI – Uma análise em plano diferente vem a ser a de Karl Loewenstein.

---

[16] *Ibidem*, págs. 87-88.
[17] *Ibidem*, pág. 90.
[18] *Remarques...*, cit., *loc. cit.*, págs. 209, 216 e segs. e 222 e segs. Não se trata, porém, acrescenta Burdeau, de concentrar todo o poder num só órgão, mas de criar ao lado de qualquer titular de poder de decisão uma autoridade encarregada de fiscalização.

Procede agora a uma tripartição: decisão política conformadora ou fundamental; execução da decisão política fundamental através de legislação, administração e jurisdição; e fiscalização política.

A novidade está nesta atividade fiscalizadora, elevada a função autónoma do Estado, quer tenha dimensão horizontal (fiscalização ou controlos intra e interorgânicos), quer tenha dimensão vertical (federalismo, liberdades individuais, pluralismo social).[19-20]

VII – M. J. C. Vile, distinguindo embora função legislativa, política, administrativa e judicial,[21] salienta não poder dar-se uma separação rígida entre elas e sustenta que quaisquer atos do Estado envolvem as diversas funções. Depois, numa linha mais politológica do que jurídica, fala numa função de controlo e numa função de coordenação.[22]

A função de controlo requer, de certa maneira, uma noção de equilíbrio, seja dentro da máquina governamental, seja entre povo e governantes, seja entre os próprios meios de controlo.[23] A função de coordenação tira toda a sua importância do aumento das funções do Estado no século XX; é a função por excelência dos sistemas políticos atuais do Ocidente.[24]

VIII – A "teoria integral das funções do Estado" de Marcello Caetano pretende (como o nome indica) abranger todas as categorias de funções e de atos a partir da distinção entre funções jurídicas e não jurídicas.

São funções jurídicas as de criação e execução do Direito; e compreendem a função legislativa (criação do Direito estadual) e a executiva, esta com duas modalidades – jurisdicional (caraterizada pela imparcialidade e pela passividade) e administrativa (caraterizada pela parcialidade e pela iniciativa).

---

[19] *Op. cit.*, págs. 62 e segs.
[20] Cfr., em Portugal, de certo modo, um antecedente em RAÚL CARMO (*op. cit.*, págs. 70 e segs.), ao considerar uma função *inspetiva* a par da função deliberativa e da função executiva, e que consistiria "na comparação dos atos de *execução* com as normas de *deliberação* e destas com o direito, impondo a sua reforma quando vão além da sua órbita"; e, mais recentemente, FRANCISCO LUCAS PIRES (*Teoria da Constituição de 1976...*, cit., págs. 226 e segs.) ao contrapor a "direção e a execução política" à "função de controlo". Também nós já aludimos a uma autónoma "função de garantia", reportada, porém, à garantia da Constituição (*Contributo...*, cit., pág. 222). V. ainda as referências a LOEWENSTEIN em PEDRO BACELAR DE VASCONCELOS, *Teoria Geral do Controlo Jurídico do Poder Público*, Lisboa, 1996, págs. 87 e segs.
[21] *Op. cit.*, págs. 315 e segs. Emprega as expressões *rule-making*, *discretionary function*, *rule-application* e *rule-interpretation*.
[22] *Ibidem*, págs. 329 e segs. e 319 e segs.
[23] *Ibidem*, pág. 333.
[24] *Ibidem*, pág. 334.

São funções não jurídicas as que não têm conteúdo jurídico, e desdobram-se em função política (de conservação da sociedade política e de definição e prossecução do interesse geral) e em função técnica (produção de bens e prestação de serviços).[25]

IX – Deste rápido excurso retiram-se as seguintes ilações ou verificações:

a) Aparecimento, em todas as classificações, de uma função legislativa, de uma função administrativa ou executiva *stricto sensu* e de uma função jurisdicional, ainda que com diferentes relacionamentos;

b) Correlação ou dependência das classificações das orientações teóricas globais perfilhadas pelos autores;

c) Relatividade histórica ou dependência também da experiência histórica e da situação concreta do Estado;

d) Reconhecimento de que, a par das classificações de funções, se procede a classificações de atos (ou de tipos de atos) jurídico-públicos.

148.

Classificação adotada: funções fundamentais e funções complementares, acessórias e atípicas

I – Na esteira da maior parte dos autores, assentamos[26] numa divisão tricotómica das funções do Estado – função política, função administrativa e função jurisdicional.[27] E subdistinguimos na primeira a

---

[25] *Op. cit.*, págs. 196 e segs.
[26] Desde o estudo *Chefe de Estado*, Coimbra, 1970, pág. 24, nota.
[27] Como se vê, seguimos de perto Burdeau (e, mais remotamente, Locke), mas autonomizando a função jurisdicional (como bem parece indispensável). Cfr., na doutrina portuguesa, Rocha Saraiva, *Construção jurídica...*, II, cit., pág. 49; Armando Marques Guedes, *As funções do Estado contemporâneo e os princípios fundamentais da reforma administrativa*, Lisboa, 1968, pág. 6; Afonso Queiró, *A função administrativa*, in Revista de Direito e Estudos Sociais, 1977, pág. 2; Marcelo Rebelo de Sousa, *Direito Constitucional*, cit., págs. 247 e segs., e *Estado*, in Dicionário Jurídico da Administração Pública, IV, págs. 217 e segs. (este Autor agrupa a função política

função legislativa (*legislatio*) e a função governativa ou política *stricto sensu* (*gubernatio*) consoante se traduza em atos normativos (direta ou indiretamente, explícita ou implicitamente) e em atos de conteúdo não normativo.

Para tanto, sempre sem laivos de originalidade, consideramos quer critérios materiais, quer critérios formais e orgânicos. Ou seja: caraterizamos as funções em razão dos fins ou do objeto dos atos por que se desenvolvem, em razão dos seus modos e formas de manifestação e em razão dos órgãos e das instituições através dos quais são praticados esses atos.

Mas esta tripartição não esgota, nos nossos dias, as atividades do Estado ou não as reflete com suficiente clareza e homogeneidade. É mister ter em conta zonas de fronteira entre aquelas três funções *fundamentais* e até funções *complementares*, *acessórias* ou *atípicas*.

II – Eis o quadro classificatório fundamental:

FUNÇÕES	CRITÉRIOS MATERIAIS	CRITÉRIOS FORMAIS	CRITÉRIOS ORGÂNICOS
Função política (legislativa e governativa ou política *stricto sensu*)	Definição primária e global do interesse público; interpretação dos fins do Estado e escolha dos meios adequados para os atingir; direção do Estado	Liberdade ou discricionariedade máxima, o que não significa não subordinação a regras jurídicas (às da Constituição, antes de mais); liberdade de escolha, senão quanto ao conteúdo, pelo menos quanto ao tempo e às circunstâncias, ou não havendo esta (*v.g.*, promulgação obrigatória), ausência de sanções jurídicas específicas	– Órgãos (políticos ou governativos) e colégios em conexão direta com a forma e o sistema de governo – Havendo pluralidade de órgãos, ausência de hierarquia e apenas relações de responsabilidade política

---

e a legislativa na rubrica de "funções independentes e dominantes" e a função jurisdicional e a administrativa na de "funções dependentes ou subordinadas"); CARLOS BLANCO DE MORAIS, *op. cit.*, I, págs. 29 e segs.

FUNÇÕES	CRITÉRIOS MATERIAIS	CRITÉRIOS FORMAIS	CRITÉRIOS ORGÂNICOS
Função administrativa	Satisfação constante e quotidiana das necessidades coletivas; prestação de bens e serviços	– Iniciativa (indo ao encontro das necessidades) – Parcialidade (na prossecução do interesse público), o que não impede imparcialidade no tratamento dos particulares[28]	– Dependência funcional, com sujeição, no interior de cada sistema ou aparelho de órgãos e serviços, a ordens e instruções (hierarquia descendente) e a recurso hierárquico (hierarquia ascendente) – Coordenação e subordinação, com mais ou menos centralização e concentração ou descentralização e desconcentração
Função jurisdicional	Declaração do direito; decisão de questões jurídicas, seja em concreto perante situações da vida, seja em abstrato	– Passividade (implicando necessidade de pedido de outra entidade, definição do objeto do processo através do pedido e necessidade de decisão) – Imparcialidade (posição *super partes*)	– Em princípio, atribuição a órgãos específicos, os tribunais, formados por juízes[29]

III – Às funções correspondem os seguintes grandes tipos de atos do Estado, de *atos jurídico-públicos*:

---

[28] Imparcialidade significa que a Administração, porque prossegue o interesse público, não apoia, não favorece, não auxilia nenhum interesse particular, assim como não tem de se lhe opor por razões diversas do bem comum (*Manual...*, IV, cit., pág. 291, e Autores citados). Cfr. MARIA TERESA DE MELO RIBEIRO, *O princípio da imparcialidade da Administração Pública*, Coimbra, 1996.

[29] V. a síntese dada no acórdão nº 33/96 do Tribunal Constitucional português, de 17 de janeiro, in *Diário da República*, 2ª série, de 2 de maio de 1996: tribunal é o órgão de que é titular um juiz ou um colégio de juízes que, a requerimento de pessoa singular ou coletiva, através de um procedimento imparcial e independente, decide, com força obrigatória para os interessados, os factos integradores dos respetivos direitos e obrigações, ou que fundamentam a acusação penal, aplicando-lhes o direito pertinente.

Parte IV • Cap. I – Funções do Estado | **481**

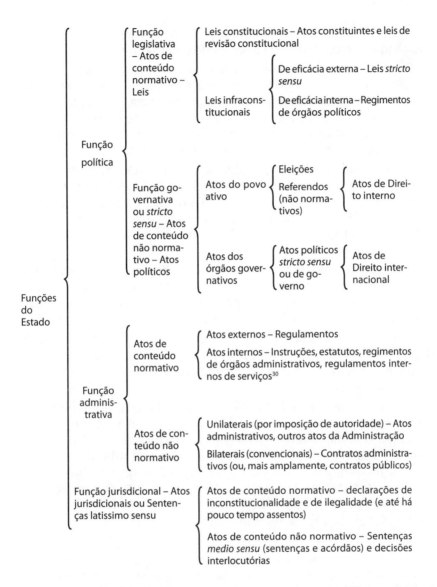

IV – Olhando para o esquema de atos jurídico-públicos acabado de apresentar, verifica-se que no exercício de qualquer das três grandes funções do Estado se praticam atos normativos. Eles não se reduzem às leis, nem sequer aos regulamentos.

---

[30] Também é possível inserir aqui convénios ou protocolos entre entidades administrativas, pois tudo corre ainda no interior da Administração.

O que deve, porém, entender-se por ato normativo ou por norma jurídica (que é o conteúdo ou o resultado do ato normativo)?

Em estrito plano doutrinal – porque, como se mostrará na altura própria, outra pode ser a perspetiva funcional ou juspositiva – parece prevalecer a tendência no sentido de norma significar regra, critério, prescrição (como se queira) com caraterísticas de generalidade e, na maior parte das vezes, de abstração. No entanto, múltiplas são as divergências, reais ou aparentes, acerca do que sejam essas caraterísticas.[31]

Generalidade equivale a pluralidade de destinatários? A pluralidade indefinida? A indeterminação ou a indeterminabilidade? A mera não individualização? Refere-se a uma categoria de pessoas? Consiste, afinal, em abstração? E, por seu turno, reconduz-se abstração a indeterminação de fato ou de situações a regular? Ou a tipicidade, ou a hipoteticidade, ou a futurabilidade etc.?

Não cabe no escopo do presente livro a análise de tão intrincada problemática, mais do foro da Teoria Geral do Direito do que do Direito constitucional. Torna-se indispensável, apesar disso, aduzir uma opinião, definir um entendimento que sirva de pressuposto de subsequentes considerações.

Ora, também para nós, ato normativo é, em princípio, ato de conteúdo geral, se bem que a generalidade não seja dele exclusiva e se depare, outrossim, no ato administrativo geral e, porventura, até em certos atos políticos ou de governo.

No ato normativo, os destinatários são indefinidos, indeterminados ou indetermináveis, e recortam-se em abstrato, sem aceção de pessoas. Já no ato administrativo geral (*v.g.*, a abertura de um concurso, o anúncio de uma hasta pública, talvez um plano de urbanização), por mais alargados que sejam os destinatários, eles circunscrevem-se e são sempre determináveis *a posteriori*, pois no momento da execução do ato procede-se à sua individualização, tendo em conta os respetivos interesses mais ou menos diferenciados.[32-33]

---

[31] Cfr., por todos, Marcello Caetano, *op. cit.*, I, págs. 199 e segs.

[32] Cfr., na doutrina portuguesa, Marcello Caetano, *Manual de Direito Administrativo*, I, 10ª ed., Lisboa, 1973, pág. 437; Afonso Queiró, *Lições…*, cit., págs. 410 e segs., e *Teoria dos Regulamentos*, in Revista de Direito e Estudos Sociais, 1980, págs. 2 e 3; Rogério Soares, *Direito Administrativo*, Coimbra, 1978, págs. 81 e segs.; Fernando Alves Correia, *O plano de urbanização e o princípio da igualdade*, Coimbra, 1990, págs. 233 e segs.; J. J. Gomes Canotilho, anotação ao acórdão do Supremo Tribunal Administrativo (1ª Secção) de 11 de maio de 1989, in Revista de Legislação e de Jurisprudência, nº 3.790, pág. 19; Carlos Blanco de Morais, *op. cit.*, págs. 72 e segs. Noutros países, cfr., por todos, Aldo Sandulli, *Sugli atti amministrativi generali a contenuto non normativo*, in *Scritti giuridici in memoria di V. E. Orlando*, obra coletiva, II, Pádua, 1957, págs. 449 e segs.

[33] Diferente é o ato administrativo de eficácia em relação a terceiros: cfr. Vasco Pereira da Silva, *Em busca do ato administrativo perdido*, Lisboa, 1995, págs. 450 e segs.

A generalidade inerente à norma liga-se à não instantaneidade, à repetitividade, a uma dimensão temporal, a "uma pretensão imanente de duração" (Forsthoff), a uma "vigência sucessiva" (Gomes Canotilho). A norma aplica-se um número indefinido de vezes a uma pluralidade de pessoas; o ato administrativo geral, uma só vez (Michel Fromont). A execução da norma não a esgota, nem a consome; afirma-a (Garcia de Enterría). Pelo contrário, o ato administrativo geral esgota-se numa única aplicação (ou com uma única aplicação a cada um dos destinatários). E *mutatis mutandis* é isso ainda que acontece com atos políticos de eficácia geral (como a marcação de eleições) ou de execução diferida como o programa do Governo (arts. 188º, 189º e 192º da Constituição portuguesa), que se vai cumprindo e, portanto esgotando, enquanto se vão realizando as medidas que contém.

A norma envolve a distinção entre o momento da sua emanação e o momento do seu cumprimento;[34] é um padrão de comportamento e de solução, um quadro de referência que, estabelecido agora, se projeta no tempo (em geral, no tempo futuro), mais ou menos distante ou imediato; e, precisamente por isso, uma norma pode dirigir-se a um único destinatário de cada vez (como sucede com qualquer norma sobre um órgão singular ou sobre o seu titular).

Resta sublinhar as notas peculiares do ato legislativo, no confronto dos demais atos normativos. Em consequência da sua inserção na função política, só o ato legislativo compreende – sem embargo de alguns limites – livre iniciativa, livre escolha do objeto, livre conformação do conteúdo e livre modificabilidade[35] (e daí implicações na própria generalidade, para quem aceite esta nota).

Quanto à abstração como caraterística do objeto ou do conteúdo do ato normativo, ninguém contesta ser incindível do regulamento. Não da lei, porque há, a par das leis gerais e abstratas, certas leis gerais e concretas – entre outras, as chamadas leis-medidas, as leis de anistia e as leis orçamentárias, a que iremos aludir num próximo capítulo.

149.
A função política

I – Porque se trata de funções do Estado, a configuração de cada uma das funções acabadas de esquematizar em qualquer Estado em

---

[34] Estamos raciocinando no âmbito dos atos do Estado. A norma de origem consuetudinária justificaria outras reflexões.
[35] Cfr. ANTÓNIO BARBOSA DE MELO, *op. cit.*, págs. 28 e segs.

particular relaciona-se com a forma – unitária ou complexa – de enlace de povo, poder político e território e com a ideia de Direito aí dominante, com a sua Constituição. Para lá de tudo quanto se encontre de comum, observam-se iniludíveis variações e inflexões de país para país, e em cada país ao longo dos tempos; observam-se quanto aos fins e à estrutura dos atos e quanto aos órgãos competentes para os emanar.

Mais ainda, o específico da função política reside na sua incindibilidade total da forma e do sistema de governo.[36] Se os órgãos administrativos e os jurisdicionais hoje se aproximam, mais ou menos, por toda a parte, já as instituições políticas são apenas aquelas que a Constituição cria – e a Constituição tem, *necessariamente*, de as criar e regular, sob pena de inefetividade – e, em cada caso, em sintonia com a forma e o sistema de governo que consagra.

É oposta a organização política em monarquia absoluta e em democracia representativa, e nesta e em governo leninista ou em governo fascista. O povo ativo ou eleitorado somente adquire relevância (ou relevância plena) em democracia representativa. E não menos sensíveis vêm a ser as diferenças de papel e de poderes de Parlamento, Presidente da República e Governo em sistema parlamentar, em sistema presidencial e em sistema semipresidencial.[37]

---

[36] Sobre estes conceitos, v. *Manual*..., III, cit., págs. 277 e 330 e segs.

[37] Cfr., entre tantos e mais especificamente sobre a função política, *stricto sensu*, CARRÉ DE MALBERG, *Contribution à la theorie générale de l'État*, I, Paris, 1920, págs. 523 e segs.; EZEKIEL GORDON, *La téorie des "acts of State" en droit anglais*, in Revue de droit public, 1936, págs. 51 e segs.; AFONSO QUEIRÓ, *Teoria dos Actos do Governo*, Coimbra, 1948; ENZO CUELLI, *Atto politico e funzione di indirizzo politico*, Milão, 1959; WALTER LEISNER, *La conception du "politique", selon la jurisprudence de la Cour Constitutionnelle allemande*, in Revue de droit public, 1961, págs. 754 e segs.; MARCELLO CAETANO, *Direito Constitucional*, I, Rio de Janeiro, 1977, págs. 212 e segs.; GEOFFREY MARSHALL, *Constitutional Theory* (reimpressão), Londres, 1980, págs. 109 e segs.; ENRIQUE ALONSO GARCIA, *El Tribunal Burger et la doctrina de las "Political Questions" en los Estados Unidos*, in Revista Española de Estúdios Constitucionales, 1981, págs. 287 e segs.; J. J. GOMES CANOTILHO, *Constituição dirigente*..., cit., págs. 178-179 e 463 e segs.; RAUL CANOSA USGRA, *La actividad de orientación politica. Sua relevancia constitucional*, in Revista de Estúdios Políticos, janeiro-março de 1990, págs. 125 e segs.; CRISTINA QUEIROZ, *Os actos políticos no Estado de Direito*, Coimbra, 1990; CELIA PIPERNO, *La Corte Costituzionale e il limite di political question*, Milão, 1991; JOSIANE AUVRET-FINCK, *Les actes de gouvernement, irréductible peau de chagrin?*, in Revue de droit public, n 1995, págs. 131 e segs.; LOUIS FAVOREU, *Pour en finir avec la "théorie des actes de gouvernement"*, in Revista da Faculdade de Direito da Universidade de Lisboa, 2004, págs. 295 e segs.; JAIRO SCHÄFER, *O problema da fiscalização da constitucionalidade dos atos políticos*, in Interesse Público, nº 35, 2006, págs. 79 e segs.; CARLOS BLANCO DE MORAIS, *Curso de Direito Constitucional*, I, 2ª ed., Coimbra, 2012,

II – A problemática dos actos de governo ou actos políticos *stricto sensu* surgiu, no século XIX, no âmbito da (não) apreciação de atos do Poder Executivo por órgãos jurisdicionalizados (e, na França, pela passagem da *justice retenue* à *justice déléguée*, antes de se chegar a verdadeiros e próprios tribunais administrativos). Eles eram os atos excluídos dessa apreciação, fosse qual fosse o fundamento apresentado (o móbil político, a causa objetiva, a discricionariedade absoluta).

Entretanto, a doutrina do Direito constitucional viria a abrir um caminho diferente, de sinal positivo, e que acabaria por prevalecer: o da distinção entre um poder administrativo e um poder governamental. Olhando às faculdades incluídas nas competências dos órgãos de Poder Executivo, iria separar aquelas que se traduziam em atos de mera execução das leis daqueloutras que se encontravam fora ou para lá da execução, por envolverem, de alguma sorte, a definição do interesse geral ou da política do Estado.[38]

No século XX, ir-se-iam, progressivamente, afastando ainda mais os dois campos e, ao mesmo tempo, ir-se-iam aproximando os atos de governo dos atos legislativos. O poder governamental tenderia a diluir-se numa função política em sentido amplo a par da função legislativa e os atos praticados à sua sombra seriam cada vez mais considerados tendo como parâmetro a Constituição, e não a lei.[39]

III – Reconhecemos o risco de, com a associação das funções legislativa e governativa, se afetar o sentido mais tradicional de lei (que a liga a racionalidade e a permanência) ou se vir a instrumentalizá-la ao serviço desta ou daquela ideologia.[40]

---

págs. 36 e segs.; Luís Barbosa Rodrigues, *A função política de direcção do Estado*, in *Estudos de homenagem ao Prof. Doutor Jorge Miranda*, obra coletiva, II, págs. 385 e segs.; Marcelo Figueiredo, *O controle do atos políticos e de governo*, ibidem, págs. 565 e segs.

[38] Assim, entre os Autores portugueses, Silvestre Pinheiro Ferreira, *Manual do Cidadão de um Governo Representativo*, 1834, ed. fac-similada, Brasília, 1998, vol. I, tomo I, págs. 248 e 249; Justino António de Freitas, *Ensaio sobre as Instituições do Direito Administrativo Português*, Coimbra, 1859, págs. 29 e 30-31; Joaquim Tomás Lobo d'Ávila, *Estudos de Administração*, Coimbra, 1874, págs. 239 e 243; Lopes Praça, *Estudos sobre a Carta Constitucional e o Acto Adicional de 1852*, II, Coimbra, 1880, págs. 6 e 35; Marnoco e Sousa, *Direito Político – Poderes do Estado*, Coimbra, 1910, págs. 76 e 77. Em plano algo diferente, José Tavares, *O Poder Governamental no Direito Constitucional Português*, Coimbra, 1909, pág. 6.

[39] Cfr. Rocha Saraiva, *Construção jurídica do Estado*, II, Coimbra, 1912, pág. 49.

[40] Cfr., por exemplo, A. Castanheira Neves, *A redução política do pensamento metodológico-jurídico*, Coimbra, 1993, pág. 3.

Entretanto, é seguro que a lei sempre esteve inserida, direta ou indiretamente, consciente ou inconscientemente, nas referências e nas opções fundamentais da vida coletiva e que, sobretudo na nossa época, sofre o impato das variáveis conjunturas políticas.[41-42] De resto, a lei não se confunde com o Direito; ela é apenas, em cada instante, uma das suas expressões e o Direito envolve-a e ultrapassa-a.[43]

Por outro lado, a função governativa participa dos mesmos valores e do mesmo enquadramento institucional da função legislativa. Nenhuma das decisões em que se desdobra pode aperceber-se ou deixar de ser apreciada à sua margem.[44]

Recentemente, Jaime Valle sustentou que a direção política do Estado não poderia ser reconduzida a uma função autónoma e que deveria ser entendida, antes, como uma atividade incorporada no exercício das demais funções do Estado, salvo a jurisdicional. A individualização dos fins caberia tendencialmente às competências designadas pela Constituição como política e legislativa e a individualização dos meios seria assegurada por, além daquelas, pela competência administrativa, mas nem sempre sucederia assim.[45]

É opinião a rejeitar. Que em qualquer função do Estado haja escolhas a fazer – desde os regulamentos independentes até aos atos administrativos e jurisdicionais – afigura-se óbvio. Tudo está em saber se todas são da mesma natureza e do mesmo grau. A escolha de fins e do tipo de meios a utilizar tem natureza primária; a dos meios em concreto, natureza secundária e instrumental; e só a primeira entra na função política.

150.
A função administrativa e a função jurisdicional

I – Através da função administrativa realiza-se a prossecução dos interesses públicos correspondentes às necessidades coletivas prescritas

---

[41] Neste sentido, entre tantos, A. CASTANHEIRA NEVES, *O instituto...*, cit., pág. 487; NUNO PIÇARRA, *A separação...*, cit., págs. 254 e segs.; ou MANUEL AFONSO VAZ, *Lei e reserva da lei...*, cit., págs. 499 e segs.
[42] Uma lei aprovada por certa maioria parlamentar terá certa orientação; se fosse aprovada por outra maioria, poderia ter um sentido completamente diverso.
[43] Assim, *A Revolução de 25 de Abril e o Direito Constitucional*, Lisboa, 1975, págs. 19-20.
[44] Cfr. CRISTINA QUEIROZ, *Os Atos Políticos...*, cit., págs. 65 e segs., 107 e segs. e 146 e segs.
[45] *A participação do Governo no exercício da função legislativa do Estado*, Coimbra, 2004, págs. 48 e 49.

pela lei, sejam esses interesses da comunidade política como um todo ou interesses com os quais se conjugam relevantes interesses sociais diferenciados.[46-47]

Na função jurisdicional define-se o Direito (*juris dictio*) em concreto, perante situações da vida (litígios entre particulares, entre entidades públicas e entre particulares e entidades públicas, e aplicação de sanções), e em abstrato, na apreciação da constitucionalidade e da legalidade de atos jurídicos (máxime, de atos normativos).

Donde:

- O interesse público como causa dos atos da função administrativa; e o cumprimento das normas jurídicas como causa dos atos da função jurisdicional;[48]
- Uma postura essencialmente volitiva e prospetiva a da administração; e uma postura essencialmente intelectiva e retrospetiva a da jurisdição;
- Na função administrativa, o predomínio da componente autoritária, mesmo se tem de se compaginar com a crescente afirmação de garantias dos administrados (cfr. arts. 267º e 268º da Constituição portuguesa) e com formas associativas de organização;[49] e na função jurisdicional a prevalência do princípio do contraditório (art. 32º, nº 5), mesmo se nem sempre o processo é concebido como processo de partes;
- A maior liberdade relativa dos órgãos da função administrativa, com gradações várias no caso do chamado poder discricionário, ainda que o princípio da legalidade, mais do que compatibilidade, implique conformidade dos atos com a lei[50] e nunca o inte-

---

[46] No primeiro termo trata-se de *administração do Estado, direta ou indireta*; no segundo, de *administração autónoma*. V. *Manual...*, III, cit., págs. 188 e segs.

[47] Cfr. já JUSTINO DE FREITAS, *op. cit.*, pág. 31.

[48] Cfr. *Contributo...*, cit., pág. 223 (em relação a normas adjetivas). Ou acórdão nº 104/85 do Tribunal Constitucional, de 26 de junho (in *Acórdãos do Tribunal Constitucional*, V, pág. 639): ao passo que o *medium* da jurisdição é a vontade da lei (concretizada no apuramento da conclusão decisória a partir das premissas previamente enunciadas do silogismo judiciário); o *medium* da administração é a vontade própria (o que pressupõe a possibilidade de agir sobre as várias alternativas propostas pela lei).

[49] V. o nosso estudo *As associações públicas no Direito português*, Lisboa, 1985.

[50] Cfr. ANDRÉ GONÇALVES PEREIRA, *Erro e ilegalidade no ato administrativo*, Lisboa, 1962, págs. 37 e segs.

resse público se lhe possa sobrepor (cfr. art. 266º da Constituição portuguesa).[51-52]

Vale a pena evocar aqui palavras de Marcello Caetano:

a) Quando está em causa um conflito de interesses, quer se trate de dois interesses privados, quer de um interesse privado e de um interesse público, a execução da lei exige prévia definição do interesse que desfruta da proteção jurídica para assim se deslindar o conflito. O essencial é verificar as circunstâncias em que o problema se põe, definir com precisão os elementos de fato constitutivos da hipótese, para depois se fazer justa aplicação do Direito. O órgão do Estado executor da lei procede sobretudo mediante operações intelectuais: verifica os fatos e ajusta-lhes o Direito aplicável.

Tal modo de executar a lei exige perfeita imparcialidade do órgão de execução: este não deve estar de modo nenhum interessado no conflito ("ninguém pode ser juiz em causa própria") e não deve resolver sem ouvir todos os interessados. Por outro lado, a própria natureza deste processo de agir exige que o órgão de execução só atue quando lhe seja pedido por um dos interessados, pelo menos. Estas regras observam-se mesmo quando o conflito se dê entre interesses representados pelo próprio Estado e outros quaisquer: o órgão competente para aplicar a lei também se há-de considerar imparcial, competindo a outro órgão (o Ministério Público, geralmente) representar os interesses que o Estado quer fazer valer.

Imparcialidade e passividade são, pois, as caraterísticas do processo jurisdicional da execução das leis.

b) Mas o Estado promove e assegura a execução das leis sem esperar que do choque de interesses resultem conflitos em que duas ou mais partes reivindiquem a proteção jurídica na convicção de lhes ser devida. O Estado tem órgãos que tomam a iniciativa da realização dos comandos legais, diretamente ou mediante a orientação da conduta dos particulares. E nesses casos os órgãos do Estado procedem como se fossem eles próprios os titulares dos interesses que a lei quer ver em ação, agindo como partes nas relações com os particulares, isto é, com parcia-

---

[51] Cfr., por todos, Sérvulo Correia, *Legalidade e autonomia contratual nos contratos administrativos*, Lisboa, 1987, máxime págs. 188 e segs.
[52] Cfr. ainda José Manuel Cardoso da Costa, *A jurisprudência constitucional portuguesa em matéria administrativa*, in *Estudos em homenagem ao Prof. Doutor Rogério Soares*, obra coletiva, Coimbra, 2002, págs. 177 e segs.

lidade. O Estado não espera que lhe venham pedir que intervenha para executar a lei: aproveita faculdades legais, usa os seus poderes, cumpre os seus deveres, escolhendo quando lhe seja possível as oportunidades de intervenção e determinando-se nela por motivos de conveniência. Assim, as decisões ou operações de vontade predominam sobre os julgamentos ou operações de inteligência. E o Estado, na medida em que se proponha realizar os seus interesses, pode entrar em conflito com outros interessados.

Parcialidade e iniciativa aparecem-nos agora como caraterísticas do processo administrativo da execução das leis.[53-54]

II – Para se compreender melhor o alcance das duas funções no âmbito do ordenamento jurídico, importa acrescentar três pontos.

Em primeiro lugar, não deve tomar-se à letra ou exagerar-se o seu caráter *executivo*, pois numa e noutra também se encontram momentos ou elementos irredutíveis de criação, de intervenção constitutiva ou de

---

[53] *Direito Constitucional*, I, cit., págs. 208 e segs.
[54] Sobre a função jurisdicional, v. ainda na doutrina portuguesa das últimas décadas, João de Castro Mendes, *O direito de ação judicial*, Lisboa, 1959, págs. 286 e segs.; Afonso Queiró, *Lições...*, cit., págs. 36 e 43-44; João Baptista Machado, *Jurisprudência*, in *Polis*, III, págs. 844 e segs., e *Introdução ao Direito e ao Discurso Legitimador*, Coimbra, 1983, págs. 139 e segs., máxime 146; José de Oliveira Ascensão, *Os Acórdãos com Força Obrigatória Geral do Tribunal Constitucional como Fonte de Direito*, in *Nos Dez Anos da Constituição*, obra coletiva, 1987, págs. 255 e segs.; Paulo Castro Rangel, *op. cit.*, págs. 20 e segs.; A. Castanheira Neves, *Da "jurisdição" no atual Estado-de-Direito*, in *Ab Uno Ad Omnes – 75 Anos da Coimbra Editora*, obra coletiva, Coimbra, 1998, págs. 177 e segs., e *Entre o "legislador", a "sociedade" e os "Juízes", ou entre "sistema", "função" e "problema" – os modelos atualmente alternativos de realização jurisdicional do Direito*, in *Revista de Legislação e de Jurisprudência*, nos 3.883, 3.884 e 3.886, págs. 290 e segs., 322 e segs. e 8 e segs., respetivamente e *O poder judicial(a jurisdição), o direito e o Estado de Direito*, in *Revista Brasileira de Direito Comparado*, nº 37, 2º semestre de 2009, págs. 35 e segs.; João Avelino Pereira, *A função jurisdicional*, in *O Direito*, 2001, págs. 111 e segs.; António Barbosa de Melo, *A administração da justiça no Estado de Direito democrático – o caso português*, in *Boletim da Faculdade de Direito da Universidade de Coimbra*, 2009, págs. 1 e segs.
Na doutrina de outros países, v., a título de exemplo, *L'Ordinamento Giudiziario*, obra coletiva ed. por Alessandro Pizzorusso, Bolonha, 1974, págs. 139 e segs.; Ignacio de Otto, *Estudios sobre el Poder Judicial*, Madrid, 1989, págs. 17 e segs.; Dominique d'Ambra, *L'objet de la fonction juridictionnelle: dire le droit et trancher les litiges*, Paris, 1994; Iris Eliete Teixeira Neves de Pinho Tavares, *Politicamente, o Judiciário é um Poder?*, in *Revista Brasileira de Estudos Políticos*, nº 85, Julho de 1997, págs. 7 e segs.; Ingebord Maus, "Separação de poderes e função judicial. Uma perspetiva teórico-democrática", trad. in *Legitimidade da jurisdição constitucional*, obra coletiva, Rio de Janeiro, 2010, págs. 17 e segs.

densificação de normas: basta pensar na emanação de regulamentos independentes ou autónomos (adstritos a uma pluralidade não especificada de leis, e não a esta ou àquela lei)[55] e na elaboração jurisprudencial do Direito.[56]

Tal como, em contrapartida, se a lei ordinária não pode conceber-se como mera execução da Constituição, não raro aparece referida a certas e determinadas normas constitucionais, para as regulamentar (sobretudo no domínio dos direitos, liberdades e garantias) ou para as concretizar e lhes conferir exequibilidade (sobretudo no domínio dos direitos económicos, sociais e culturais); e há quem fale em imposições legiferantes.[57]

Se bem que o poder político se ostente de modo mais forte, mais intenso e mais impressivo na feitura das leis e nas decisões de governo, não deixe de se manifestar igualmente na função administrativa e na função jurisdicional. Sociológica e juridicamente, a Administração apresenta-se como poder.[58] E o poder do juiz não é, de jeito algum, um poder nulo ou neutro como supunha Montesquieu;[59] muito menos o do juiz constitucional.[60] A justiça é administrada "em nome do povo" (art. 202º, nº 1, da Constituição portuguesa, seguindo o art. 101º da Constituição italiana), o que significa que o juiz se deve fazer também intérprete da intenção jurídico-social da comunidade.[61]

---

[55] Jorge Miranda, *Regulamento*, in *Polis*, v, pág. 268.
[56] Cfr. José de Oliveira Ascensão, *O Direito...*, cit., págs. 321 e 322. Mais amplamente, v. Mauro Cappelletti, *Giudici Legislatori?*, Milão, 1984, ou Paulo Otero, *op. cit.*, I, págs. 45 e segs., e autores citados. Sobre a diferença entre a criação legislativa e a criação jurisdicional do Direito, v. Castanheira Neves, *O instituto...*, cit., págs. 403 e segs.
[57] J. J. Gomes Canotilho, *Constituição dirigente...*, cit., págs. 313 e segs. Sobre as relações materiais entre Constituição e lei, págs. 215 e segs.
[58] Cfr. Marcello Caetano, *Manual de Direito Administrativo*, I, cit., págs. 15 e 16; Paulo Otero, *op. cit.*, págs. 31 e segs. e 109. Como parcela do poder político, o poder administrativo funda-se na Constituição (arts. 3º e 266º, nº 2 da Constituição portuguesa), mas através da lei (ainda art. 266º, nº 2); e, por isso, salvo em casos contados, é vedado aos órgãos administrativos deixar de cumprir preceitos legais a pretexto da sua inconstitucionalidade. V. *Manual...*, cit., págs. 227 e segs.
[59] *De l'Esprit des Lois*, cap. VI do livro XI (consultámos a edição de Gonzague Truc, Paris, 1961, I, pág. 165).
[60] Cfr., por todos, *L'Ordinamento giudiziario*, obra coletiva, cit., págs. 205 e segs.; Michel Troper, *Fonction juridictionnelle ou pouvoir judiciaire?*, in *Pouvoirs*, 16, 1981, págs. 5 e segs.; ou J. J. Gomes Canotilho, *Direito, direitos, Tribunal, tribunais*, in *Portugal – O sistema político e constitucional – 1974-1987*, obra coletiva, Lisboa, 1989, págs. 901 e segs.; Marcelo Rebelo de Sousa, *Orgânica judicial, responsabilidade dos juízes e Tribunal Constitucional*, Lisboa, 1992.
[61] Castanheira Neves, *O instituto...*, cit., págs. 422-423.

Tão-pouco pode ignorar-se a significação política que assumem muitos dos atos tanto da função administrativa (quando provenientes do Governo ou de órgãos eletivos de entidades descentralizadas) como da função jurisdicional (*v.g.*, atos de fiscalização abstrata, preventiva ou sucessiva, de constitucionalidade ou de jurisdição relativa a crimes de responsabilidade de titulares de cargos políticos). Isto ainda sem atender às pré-compreensões, conotações ou implicações metajurídicas a que nunca conseguem subtrair-se os titulares de órgãos de uma e outra função.[62]

151.
Zonas de fronteira e funções complementares, acessórias e atípicas

I – Os atos próprios de cada função devem provir, em princípio, de órgãos correspondentes a essa função. Todavia, encontram-se algumas interpenetrações e inevitáveis zonas cinzentas.

Refira-se, por um lado:

– A "justiça administrativa" (ou, talvez melhor, a administração jurisdicionalizada), por meio da qual a Administração pública é chamada a proferir decisões essencialmente baseadas em critérios de justiça material.[63]

Por outro lado, mencionem-se:

– A jurisdição voluntária, que consiste em atos substancialmente administrativos revestidos de forma judicial;[64]
– A fiscalização financeira a cargo dos Tribunais de Contas (art. 214º da Constituição portuguesa e art. 71º da Constituição brasileira),

---

[62] Cfr., por exemplo, MARTIN SHAPIRO, *Courts – A Comparative and Political Analysis*, Chicago e Londres, 1981.
[63] DIOGO FREITAS DO AMARAL, *Direito Administrativo*, policopiado, II, Lisboa, 1988, págs. 180 e segs. Alude à notação dos funcionários públicos pelos superiores hierárquicos, à graduação da pena em processo disciplinar, à classificação dos alunos nos exames escolares e à dos candidatos nos concursos públicos de recrutamento ou provimento, à classificação das propostas em concurso público para adjudicação de contratos, à apreciação de queixas e reclamações de particulares, à decisão de recursos hierárquicos e tutelares.
[64] Cfr. art. 986º do Código de Processo Civil Português.

traduzida, por exemplo, em Portugal, no "visto prévio" a atos geradores de despesas;[65]
- A admissão pelos tribunais das candidaturas a titulares de órgãos eletivos;
- A elaboração pelos tribunais de regulamentos internos necessários ao seu bom funcionamento (art. 96º-II, alínea *a*, da Constituição brasileira);
- Os atos produzidos ao abrigo das competências administrativas dos presidentes dos tribunais;
- Em geral, os atos de execução pelos tribunais das suas próprias decisões.

Por outro lado, ainda:

- A verificação dos poderes dos membros dos Parlamentos pelas próprias Câmaras;[66]
- A decisão do Presidente de qualquer das Câmaras, eventualmente com recurso para o Plenário, sobre a admissão ou a rejeição de projetos e propostas de lei tendo em conta a sua conformidade com a Constituição.

Por significativos que sejam estes atos, não são eles que individualizam as funções do Estado ou que afetam o núcleo especificador dos órgãos a que são cometidos. Do que se trata é ou de aproveitar caraterísticas, requisitos ou garantias formais de certa atividade em nome de outros princípios político-constitucionais, ou de proporcionar condições para o cabal exercício de certa função, ou de praticar atos complementares de atos próprios de certa função e a ela indispensáveis.[67] E, evidentemente, uma coisa é a função; outra coisa a compe-

---

[65] Paulo Pereira Gouveia, *Contas, jurisdição e Constituição*, in *Cadernos de Justiça Administrativa*, janeiro-fevereiro de 2013, págs. 3 e segs.
[66] Cfr. Jorge Miranda, *Deputado*, Coimbra, 1974, págs. 19 e 20, e autores citados; e *Direito Constitucional – III – Direito Eleitoral e Direito Parlamentar*, Lisboa, 2003, págs. 190 e 233 e segs.
[67] Cfr. Marcel Waline, *Éléments d'une théorie de la juridiction constitutionnelle en droit positif français*, in *Revue du droit public*, 1928, págs. 441 e segs.; Salvatore Carbonaro, *Nozione e limiti della interferenza funzionale – analisi e sistema delle funzioni*, Florença, 1950; ou, sobre a jurisdicionalização de determinadas funções, J. J. Gomes Canotilho e Vital Moreira, *op. cit.*, pág. 793.

tência de um órgão, na qual podem entrar faculdades decorrentes de funções diversas.

II – Não obstante, cumpre reconhecer que nem todos os atos e atividades do Estado se reconduzem às funções fundamentais ou clássicas.

É o que sucede com a atividade do Ministério Público (sobretudo em processo penal) que não se integra nem na administração – apesar da iniciativa – nem na jurisdição – apesar de atividade estruturalmente conexionada com a dos tribunais, "essencial à função jurisdicional do Estado" (art. 127, *caput*, da Constituição brasileira).[68]

Com efeito, o Ministério Público não aparece aí como parte no sentido de defender um interesse contraposto ao do arguido; antes, deve colaborar com o tribunal na descoberta da verdade e na realização do direito, obedecendo em todas as intervenções processuais a critérios de estrita objetividade. E, dotado de estatuto próprio e de autonomia (art. 219º, nº 2, da Constituição portuguesa), ou de independência funcional (art. 127º, § 1º, da Constituição brasileira), assim serve de anteparo da independência dos tribunais[69] sem com estes se confundir.

---

[68] Assim, FRANCO BASSI, *op. cit.*, págs. 207 e 208; JORGE DE FIGUEIREDO DIAS, *Direito Processual Penal*, I, Coimbra, 1974, págs. 362 e segs., máxime 367 e 368; CUNHA RODRIGUES, *Ministério Público*, in *Dicionário Jurídico da Administração Pública*, v, págs. 502 e segs., máxime 536 e segs., e *Em nome do povo*, Coimbra, 1999; JOSÉ EDUARDO SABO PAES, *O Ministério Público perante os Poderes Judiciário, Executivo e Legislativo*, in *Revista de Informação Legislativa*, nº 159, julho-setembro de 2003, págs. 199 e segs.; PAULO H. PEREIRA GOUVEIA, *A democracia e os poderes do Ministério Público português*, in *O Direito*, 2006, págs. 921 e segs.; RODRIGO DE ALMEIDA MAIA, *Em nome da sociedade: o Ministério Público nos sistemas constitucionais do Brasil e de Portugal*, in *O Direito*, 2012, págs. 373 e segs. Diferentemente, EMERSON GARCIA, *Ministério Público – Organização, atribuições e regime jurídico*, Rio de Janeiro, 2005, págs. 53 e segs.

[69] O Ministério Público tem uma função de iniciativa condicionante da atividade dos tribunais (CUNHA RODRIGUES, *op. cit., loc. cit.*, pág. 541) e parece importante que a perseguição dos crimes ou a luta contra a criminalidade não dependa das opções políticas concretas feitas pelo Governo em cada momento (Deputado ANTÓNIO BARBOSA DE MELO, in *Diário da Assembleia Constituinte*, nº 100, reunião de 6 de janeiro de 1976, pág. 3.241. Cfr. ANTÓNIO CLUNY, *O Ministério Público e o Poder Judicial*, in *Revista do Ministério Público*, 1994, pág. 43); LUÍS ANTÓNIO FELGUEIRAS, *O Ministério Público e a autonomia*, in *Themis*, nº 11, 2005, págs. 347 e segs.; JORGE DE FIGUEIREDO DIAS, *Autonomia do Ministério Público e seu dever de prestar contas à comunidade: um equilíbrio difícil*, in *Revista Portuguesa de Ciência Criminal*, abril-junho de 2007, págs. 191 e segs., INÊS SEABRA HENRIQUE DE CARVALHO, *Em defesa da legalidade democrática – O estatuto do Ministério Público*, Coimbra, 2011.

152.

O problema da natureza dos assentos e das súmulas vinculantes

I – Problema de algum modo ainda de limites – aqui entre a função legislativa e a jurisdicional – era, em Portugal, o da natureza dos assentos[70] do Supremo Tribunal de Justiça (bem como do Tribunal de Contas); e é, no Brasil, o da natureza da súmula vinculante do Supremo Tribunal Federal.

Com os assentos – instituição introduzida em 1926, embora com antecedentes longínquos no Direito português – procurava-se resolver conflitos de orientações jurisprudenciais de tribunais superiores.[71] Quando no domínio da mesma legislação, relativamente à mesma questão fundamental de direito, fossem proferidas duas decisões opostas do Supremo Tribunal de Justiça (ou dos tribunais da Relação), podia recorrer-se do último acórdão para o Supremo Tribunal de Justiça, funcionando em tribunal pleno e a doutrina que fosse adotada adquiria força obrigatória geral como constava do art. 2º do Código Civil.

Mas o instituto foi, ao longo dos anos, dos mais controversos. Discutiu-se a sua natureza jurídica,[72] discutiu-se a sua conformidade quer

---

[70] Assento, do verbo *assentar*: fixar, estabelecer, firmar. O termo (também de ressonâncias antigas) foi adotado desde o Código de Processo Civil de 1939.

[71] V. uma resenha histórica em ARMINDO RIBEIRO MENDES, *Os recursos em processo civil*, 2ª ed., Lisboa, 1994, págs. 273 e segs.; ANTÓNIO MENEZES CORDEIRO, *Dos assentos: limites histórico-culturais ao voluntarismo constitucional?*, in *Estudos de homenagem ao Prof. Doutor Jorge Miranda*, obra coletiva, IV, Coimbra, 2012, págs. 61 e segs.

[72] Além dos autores citados em *Contributo...*, cit., pág. 197, nota, pronunciavam-se no sentido da natureza legislativa dos assentos, A. CASTANHEIRA NEVES, *O instituto...*, cit., máxime págs. 315 e segs.; *Assento*, in *Polis*, I, págs. 417 e segs., e *O problema da constitucionalidade dos assentos*, Coimbra, 1994; J. J. GOMES CANOTILHO, anotação ao acórdão nº 359/91 do Tribunal Constitucional, in *Revista de Legislação e de Jurisprudência*, nº 3.811, fevereiro de 1992, págs. 318 e segs., e *Direito Constitucional...*, cit., pág. 938; ARMINDO RIBEIRO MENDES, op. cit., pág. 295; ANTÓNIO MENEZES CORDEIRO, *Da inconstitucionalidade da revogação dos assentos*, in *Perspetivas Constitucionais – Nos 20 anos da Constituição de 1976*, I, obra coletiva, Coimbra, 1996, pág. 801 (mas fundamentando os assentos em costume constitucional); INOCÊNCIO GALVÃO TELLES, *Introdução ao Estudo do Direito*, 11ª ed., Coimbra, 1999, pág. 142; FERNANDO JOSÉ BRONZE, *Lições de Introdução ao Direito*, 2ª ed., Coimbra, 2006, págs. 703 e segs. No sentido da natureza jurisdicional, pronunciavam-se AFONSO QUEIRÓ, *Lições...*, cit., págs. 386 e segs.; JOSÉ DIAS MARQUES, *Introdução ao Estudo do Direito*, Lisboa, 1986, pág. 99; JOSÉ DE OLIVEIRA ASCENSÃO, *Os Acórdãos com Força Obrigatória Geral...*, cit., loc. cit., pág. 262, e *O Direito – Introdução e Teoria Geral*, 9ª ed., Coimbra, 1995, págs. 316

com a Constituição de 1933, quer com a de 1976, discutiu-se a sua conveniência. O Tribunal Constitucional veio a propender pela inconstitucionalidade daquele preceito do Código Civil e o art. 4º, nº 2, do Decreto-Lei nº 329-A/95, de 12 de dezembro (de reforma do processo civil) acabaria por o revogar.[73]

Ao invés, no Brasil a Emenda Constitucional nº 45/2004 consagrou, também após largo debate, um instituto semelhante aos assentos, com um alcance muito maior, a súmula vinculante. Como diz o art. 103º-A da Constituição: "O Supremo Tribunal Federal poderá, de ofício ou por provocação, mediante decisão de dois terços dos seus membros, após reiteradas decisões sobre matéria constitucional, aprovar súmula que, a partir de sua publicação na imprensa oficial, terá efeito vinculante em relação aos demais órgãos do Poder Judiciário e à administração pública direta e indireta, nas esferas federal, estadual e municipal, bem como proceder à sua revisão ou cancelamento, na forma estabelecida em lei."[74]

---

e segs.; ANTÓNIO BARBOSA DE MELO, *Sobre o problema...*, cit.; MARCELO REBELO DE SOUSA, *Estado*, cit., *loc. cit.*, pág. 222; HELENA CRISTINA TOMÁS, *Em torno do regime dos assentos em processo civil*, Lisboa, 1990, págs. 101 e segs.; MARCELO REBELO DE SOUSA e SOFIA GALVÃO, *Introdução ao Estudo do Direito*, Lisboa, 1991, pág. 106; ANTUNES VARELA, anotação ao acórdão do Supremo Tribunal de Justiça de 18 de março de 1986, in *Revista de Legislação e de Jurisprudência*, nº 3.813, abril de 1992, págs. 373 e segs.; DIOGO FREITAS DO AMARAL, *Manual de Introdução ao Direito*, cit., págs. 462 e segs. (invocando o art. 122º, hoje 119º, nº 1, alínea g, da Constituição).

[73] Cfr. a crítica de ANTÓNIO MENEZES CORDEIRO, *op. cit.*, *loc. cit.*, págs. 84 e segs.
[74] Cfr. CÁRMEN LÚCIA ANTUNES ROCHA, *Sobre a súmula vinculante*, in *Revista de Informação Legislativa*, nº 133, janeiro-março de 1997, págs. 51 e segs.; e a favor, SÁLVIO DE FIGUEIREDO TEIXEIRA, *As tendências brasileiras rumo à jurisprudência vinculante*, in *Revista da Faculdade de Direito da Universidade de Lisboa*, 1999, págs. 223 e segs.; SÍLVIO NAZARENO COSTA, *A inconstitucionalidade material da súmula vinculante*, in *Revista de Informação Legislativa*, nº 155, julho-setembro de 2002, págs. 175 e segs.; MONICA SIFUENTES, *Súmula vinculante*, São Paulo, 2005; ROGER STIEFELMANN LEAL, *O efeito vinculante na jurisdição constitucional*, São Paulo, 2006; FERNANDO DIAS MENEZES DE ALMEIDA, *Súmula vinculante*, in *Perspectivas de reforma da justiça constitucional em Portugal e no Brasil*, obra coletiva (coord. por Elival da Silva Ramos e Carlos Blanco de Morais), São Paulo, 2012, págs. 209 e segs. E, após a alteração constitucional, LÉNIO LUIZ STRECK, *O efeito vinculante da súmula*, in *Constituição e Democracia – Estudos em homenagem ao Professor J. J. Gomes Canotilho*, obra coletiva, São Paulo, 2006, págs. 395 e segs.; ANNA BRUNO, *Effetti vincolanti delle decisioni e techniche di argumentazione giuridica. Un sguardo al sistema costituzionale portoghese e quello brasiliano attarverse istituti "perturbadoramente" problematici*, in *Esperienze di diritto viventi. La giurisprudenza negli ordinamento di diritto legislativo*, Milão, 2009, págs. 217 e segs.

II – Sempre entendemos[75] que o assento revestia natureza jurisdicional. E, em resumo, por três razões básicas:

- A causa da lei interpretativa, como a de qualquer outra lei, vem a ser a realização do interesse público; a causa da produção de assentos consistia no cumprimento da lei, de acordo com critérios meramente jurídicos;
- O assento nem traduzia liberdade de conteúdo, nem liberdade de formação; era a decisão final de um processo em fase de recurso;
- O Supremo Tribunal de Justiça não podia (desde 1961) modificar qualquer assento que tivesse pronunciado; pelo contrário, um órgão legislativo haveria de poder modificar, ou mesmo revogar, qualquer lei, interpretativa ou não, que tivesse aprovado.[76]

Castanheira Neves contra-argumentava,[77] sustentando que a falta de iniciativa era uma nota secundária de caráter final e que se teria de minimizar, se se tivesse presente que também a "liberdade de formação" da legislação não era absoluta, e nem sempre se verificava (posto que decerto mediante outro condicionalismo jurídico) como no-lo mostrava, desde logo, o regime da inconstitucionalidade por omissão. Contudo, poder-se-ia replicar que essa liberdade de formação era inseparável do conteúdo de decisão da lei, só se compreendia ao seu serviço, e que eram, de todo em todo, diversos, o dever de legislar para conferir exequibilidade a uma norma constitucional – programática ou precetiva não exequível – e o dever de resolver um conflito de soluções jurisprudenciais.[78]

III – Numa primeira fase, escrevemos que o assento possuía uma eficácia geral sem ser normativa; que aí se executava uma norma; que não havia um limite que surgisse novo, havia uma questão que se decidia à luz do Direito já existente. Depois abandonámos essa maneira de ver, para, pura e simplesmente, descortinarmos nele um ato normativo da função jurisdicional.[79]

---

[75] *Contributo*..., cit., págs. 198 e segs.; *Funções, Órgãos e Atos do Estado*, Lisboa, 1986, págs. 206-207, e 1990, págs. 342-343 (embora no quadro dos atos com força de lei); *Manual*..., II, 3ª ed., cit., pág. 419; anotação ao acórdão nº 810/93, in *O Direito*, 1994, págs. 204 e segs.
[76] V. *Contributo*..., cit., págs. 199 e segs. (com maior desenvolvimento).
[77] *O problema*..., cit., pág. 96.
[78] *Contributo*..., cit., pág. 204.
[79] A partir do *Manual*..., II, 3ª ed., pág. 419.

Não se tratava de normas legislativas nem de interpretação autêntica em aceção própria; faltava-lhe o irrecusável elemento político que nestas sempre se exibe. Tratava-se, sim, de normas jurisprudenciais, o que explicava a sua necessária acessoriedade perante a lei a que correspondiam, bem como as limitações da sua emanação. Nem se outorgava ao tribunal pleno, por fixar doutrina, um poder de direção dos tribunais contrário à sua independência; ele não procedia senão à formulação de uma proposição – não de todas as preposições do juízo jurisprudencial.

III – Supomos que estas considerações valem também *mutatis mutandis* para as súmulas vinculantes.

Capítulo II

ÓRGÃOS DO ESTADO

§ 1º
Conceito e elementos

153.
Origem do conceito

I – O conceito de órgão – de órgão do Estado[1] – surgiu no século XIX fruto, quase simultaneamente, de dois movimentos distintos: o constitu-

---

[1] C. F. VON GERBER, *op. cit.*, págs. 149 e segs.; GEORG JELLINEK, *System der subjectiven öffentlichen Rechts*, 1892 trad. italiana *Sistema dei diritti pubblicci subbietivi*, Milão, 1912, págs. 245 e segs., e *Teoria General del Estado*, cit., págs. 409 e segs.; LÉON MICHOUD, *La théorie de la personnalité morale*, Paris, 1906, I, págs. 128 e segs.; ROCHA SARAIVA, *op. cit.*, II, págs. 55 e segs.; CARRÉ DE MALBERG, *op. cit.*, II, Paris, 1922, págs. 143 e segs.; LÉON DUGUIT, *op. cit.*, II, págs. 539 e segs.; HANS KELSEN, *Teoria General del Estado*, cit., págs. 341 e segs.; *Teoria Pura do Direito*, cit., I, págs. 286 e segs., e II, págs. 183 e segs.; *General Theory of Law and State* (trad. portuguesa *Teoria Geral do Direito e do Estado*, São Paulo, 1990, págs. 100 e segs.); SANTI ROMANO, *Organi*, in *Frammenti di um Dizionario Giuridico*, Milão, 1953, págs. 145 e segs.; QUEIROZ LIMA, *Teoria do Estado*, 8ª ed., Rio de Janeiro, 1957, págs. 297 e segs.; MANUEL DE ANDRADE, *Teoria Geral da Relação Jurídica*, I, Coimbra, 1960, págs. 115 e segs.; ALF ROSS, *On the concept of "state organs" in Constitutional Law*, in *Scandinavian Studies in Law*, 5, 1961, págs. 113 e segs.; SALVATORE FODERARO, *Personalità interorganica*, Pádua, 1962; NAZARENO SAITTA, *Premesse per uno studio delle norme di organizzazione*, Milão, 1965; MARCELLO CAETANO, *Manual de Direito Administrativo*, I, cit., págs. 203 e segs., e *Direito Constitucional*, cit., I, págs. 219 e segs.; GIUSEPPINO TREVES, *Organi e soggettività del organo*, in *Studi in memoria di Carlo Esposito*, obra coletiva, III, Pádua, 1973, págs. 1739 e segs.;

cionalismo, com a multiplicação de centros de poder e a manifestação, no interior do Estado, de diferentes interesses e posições políticas; e o organicismo germânico (de Gierke, sobretudo), com a sua conceção do fenómeno estatal como princípio vital e integração de vontades.

Havia que traduzir a complexidade institucional derivada da separação dos poderes sem perda da estrutura unitária do Estado, e o recurso simbólico ou analógico a noções já trabalhadas pelas ciências da natureza oferecia-se como um instrumento útil de análise e construção (contanto que se não caísse, como por vezes sucedeu, num reducionismo ou num pretenso realismo de matiz biológico).[2]

Relativamente cedo, a noção desprender-se-ia da sua marca doutrinal de origem e seria acolhida e reinterpretada por outras correntes, à luz das suas perspetivas próprias (do positivismo Kelseniano ao institucionalismo e à teoria da integração de Smend); só o positivismo sociológico a repeliu. Das ciências publicísticas, passaria para a ciência do Direito internacional, com adatações, e, em menor medida, para as ciências jusprivatísticas.

O conceito de órgão aparece hoje muito estreitamente associado à teoria da personalidade coletiva. Mas não a implica necessariamente: pode admitir-se que, para o exercício das suas atividades, grupos e entes não personalizados (ou o Estado quando se adotasse uma tese negativista) disponham de órgãos; e pode configurar-se a *organização* à margem de quaisquer considerações normativas ou técnico-jurídicas nos domínios da sociologia, da ciência da administração e de outras disciplinas.

II – É muito rico o interesse do conceito:

1º Ele propicia um instrumento de mediação entre a coletividade e a vontade ou poder que a unifica;[3]

Costantino Mortati, *Instituzioni di Dirito Publico*, 9ª ed., Pádua, 1975, I, págs. 188 e segs.; Massimo Severo Giannini, *Organi (Teoria Generale)*, in *Enciclopedia del Diritto*, XXXI, págs. 37 e segs.; Giovanni Marongio, *Organo e officio*, in *Jus*, 1988, págs. 78 e segs.; Sergio Aglifoglio, *Officio (diritto amministrativo)*, in *Enciclopedia del Diritto*, XLV, págs. 669 e segs.; Reinhold Zippelius, *Allgemeine Staatslehre* 3ª ed. portuguesa *Teoria Geral do Estado*, Lisboa, 1997, págs. 124 e segs.; Élise Carpentier, *L'organe, l'acte et le conflicte constitutionnel*, in *Annuaire International de Justice Constitutionnelle*, 2004, págs. 57 e segs.; Diogo Freitas do Amaral, *Curso...*, cit., I, págs. 759 e segs.

[2] Cfr. Robert Rottleuthner, *Les métaphores biologiques dans la pensée juridique*, in *Archives de Philosophie du Droit*, t. 31, Paris, 1986, págs. 215 e segs.

[3] Diversamente, Gehrard Leibholz, *La Rapresentazzione nella Democracia*, trad., Madrid, 1989, págs. 193 e segs., máxime 202.

2º Ele exprime a duração ou permanência desse poder para além da mudança dos indivíduos nele investidos;

3º Ele explica a transformação da vontade psicológica (de certas pessoas físicas – os governantes e os outros detentores do poder político) em vontade funcional (em vontade do Estado ou da pessoa coletiva);[4]

4º Ele ajuda a compreender, no plano da dogmática jurídica, o fenómeno da divisão do poder político, através de diversos órgãos com competências próprias;[5]

5º Ele permite resolver problemas de responsabilidade.[6]

154.
Órgãos e conceitos afins

I – Por órgão do Estado entende-se, pois, o centro autónomo institucionalizado de emanação de uma vontade que lhe é atribuída, sejam quais forem a relevância, o alcance, os efeitos (externos ou mesmo internos) que ela assuma; o centro de formação de atos jurídicos do Estado (e no Estado); a instituição, tornada efetiva através de uma ou mais de uma pessoa física, de que o Estado carece para agir (para agir juridicamente).

Cada órgão diferencia-se dos demais, primeiro que tudo pelos poderes jurídicos que recebe para esses fins; estrutura-se em razão de tais poderes; insere-se no plano dos princípios e do sistema constantes da Constituição (máxime da forma e do sistema de governo); e subsiste por virtude da institucionalização que daí procede.

---

[4] ALF ROSS fala, porém, num elemento de misticismo na conceção do órgão do Estado (*op. cit., loc. cit.*, pág. 118).

[5] Cfr. MARCELO REBELO DE SOUSA, *Os partidos políticos no Direito Constitucional Português*, Braga, 1983, pág. 531, nota.

[6] Apesar de criticar a ligação entre a doutrina dos órgãos do Estado e a mentalidade mecanicista, SMEND observa ainda – do seu prisma peculiar – que os órgãos constitucionais têm uma eficácia integradora, por virtude da sua existência, do seu processo de formação e do seu funcionamento (*Verfassung und Verfassungsrecht*, 1928, trad. castelhana *Constitución y Derecho Constitucional*, Madrid, 1985, págs. 77 e 146). Cfr., doutra ótica, as funções de estabilidade normativa e de integração das instituições em JOÃO BAPTISTA MACHADO (*Introdução...*, cit., págs. 19 e segs.).

II – O conceito de órgão distingue-se do de agente (*lato sensu*).[7]

O agente não forma, nem exprime a vontade coletiva; limita-se a colaborar na sua formação ou, o mais das vezes, a dar execução às decisões que dela derivam, sob a direção e a fiscalização do órgão. Quaisquer decisões do agente que, porventura de certa perspetiva, se configurem são subordinadas ou de segundo grau, e necessariamente em nível não constitucional.[8]

Quando muito, pode dizer-se que o nexo entre órgão e agente é entre principal e acessório.

III – Os órgãos são elementos integrantes do Estado enquanto ser juridicamente constituído (donde a sua radical distinção dos órgãos dos seres biológicos) e os órgãos constitucionais aqueles através dos quais o Estado atua constitucionalmente. O sujeito é o Estado; os órgãos, instrumentos ao seu serviço.

Ao mesmo tempo, afigura-se possível encará-los numa linha mais próxima da Ciência política do que da do Direito constitucional: os órgãos, não já enquanto formadores de uma vontade imputável ao Estado, mas enquanto dinamizadores da vida jurídico-pública ou intervenientes, a par de outros intervenientes, no contraditório político.

Neste plano não são, porém, os órgãos os únicos *sujeitos constitucionais* (porque são sempre normas constitucionais que os preveem e lhes conferem relevância). Há outras entidades, personificadas ou não, com direito ou poder de iniciativa ou de participação em atividades político-constitucionalmente relevantes: assim, os partidos políticos, específicas associações de Direito constitucional (arts. 10º, nº 2, 51º e 114º da Constituição portuguesa); as comissões de trabalhadores e as associações sindicais (arts. 54º, 55º, 80º, alínea g, e 92º); as organizações representativas de atividades económicas (arts. 80º, alínea g, e 92º), os grupos de cidadãos proponentes de candidaturas à Presidência da República (art. 124º) ou aos órgãos das autarquias locais (art. 239º, nº 4).

Se é indispensável conhecer as duas faces da realidade, não menos indeclinável deve ser o cuidado em não as confundir.

---

[7] V. arts. 22º e 271º da Constituição portuguesa expressamente.
[8] Cfr. Marcello Caetano, *Direito Constitucional*, I, cit., págs. 224-225, ou Sérvulo Correia, *Noções de Direito Administrativo*, Lisboa, 1982, pág. 164. Este Autor, admitindo que os agentes também emitem atos com efeitos externos imputáveis à pessoa coletiva que servem, salienta que eles se inserem necessariamente numa estrutura hierárquica em cujo topo se encontra um órgão.

155.
Órgão e imputação

I – No Estado (como, em geral, nas pessoas coletivas) verifica-se, por um lado, a definição normativa de centros de formação da vontade coletiva e, por outro lado, a atribuição a certas pessoas físicas da função de os preencherem em concreto, de agirem como se fosse o Estado a agir. E, então, a vontade que essas pessoas singulares formem – uma vontade psicológica como qualquer outra – é tida como vontade da pessoa coletiva e qualquer ato que pratiquem, automaticamente enquanto tal, a ela atribuído. Nisto consiste o fenómeno da imputação.[9]

Não há dualidade de pessoas (a pessoa titular dos direitos e a pessoa que os exerce) como na representação, legal ou voluntária. Há unidade: é uma só pessoa – a pessoa coletiva – que exerce o seu direito ou prossegue o seu interesse, mas mediante pessoas físicas – as que formam a vontade, as que são suportes ou titulares dos órgãos.

Na representação de Direito privado, o representante pratica o ato, mas os seus efeitos projetam-se na esfera jurídica do representado. Já no órgão, o ato que o seu titular pratica – o ato e, portanto, também os seus efeitos – é atribuído direta e imediatamente ao Estado (ou à pessoa coletiva de que se trate).

II – Representação (de Direito privado) e imputação são, portanto, coisas bem diversas. O órgão *não representa* a pessoa coletiva; o órgão é a pessoa coletiva e esta não pode ter outra dinâmica jurídica senão a que lhe vem do órgão.

Como escreve MANUEL DE ANDRADE, ao passo que o representante conserva uma individualidade autónoma diferente da do representado, a vontade do órgão é referida ou imputada por lei à pessoa coletiva, constituindo para o Direito a própria vontade dessa pessoa; enquanto a vontade do representante é a vontade dele mesmo (embora, numa certa medida, venha a produzir efeitos, desde logo, na esfera jurídica do representado), os atos do órgão valem como atos da própria pessoa coletiva.[10]

---

[9] V., por todos, SANTI ROMANO, *op. cit.*, *loc. cit.*, págs. 166 e segs.; MANUEL DE ANDRADE, *op. cit.*, I, págs. 118 e segs.; KELSEN, *Teoria Pura do Direito*, I, cit., págs. 334 e segs. (e, também, sobre a imputação em geral, págs. 150 e segs.); MARCELLO CAETANO, *Direito Constitucional*, I, cit., págs. 221 e segs.

[10] *Op. cit.*, I, pág. 118. Cfr., diversamente, MARQUES GUEDES, *A concessão*, Coimbra, 1954, pág. 148 (para quem a representação, no sentido da teoria geral, e não no da represen-

III – Dualidade ou desdobramento ocorre, sim, na pessoa singular suporte do órgão, já que nela se acumulam duas qualidades: a de pessoa como particular e como cidadão, e a de titular do órgão. E, assim, em qualquer ação ou omissão haverá que discernir – que discernir se é um comportamento seu, no âmbito da sua vida e dos seus interesses, ou se é um comportamento ao serviço da pessoa coletiva; haverá que discernir se é um ato *pessoal* ou um ato *funcional*.

Nem há incapacidade de exercício de direitos do Estado (ou de qualquer pessoa coletiva). O Estado é plenamente capaz e exerce a sua capacidade pelos meios adequados e que são precisamente os órgãos.

IV – Tudo reside na aplicação da norma jurídica, a enquadrar no plano global da institucionalização social e da ideia de Direito. Vontade *funcional* nunca pode deixar de ser vontade *normativa*: é a norma que converte a vontade psicológica em vontade do órgão, ou seja, em vontade do Estado.

Por isso, não é necessário distinguir, a respeito da natureza dos órgãos, entre os órgãos como *instituições* no âmbito da teoria da organização administrativa e como *indivíduos* no âmbito da teoria da atividade administrativa.[11] Não são os indivíduos, sem mais, que praticam os atos administrativos ou os atos jurídico-constitucionais; nem são as instituições, sem os indivíduos. São os indivíduos *enquadrados* nas instituições ou as instituições necessariamente corporizadas através dos indivíduos.[12]

Por isso ainda, o problema dos vícios da vontade no tocante a atos do Estado não pode colocar-se nos mesmos moldes em que é posto em relação ao negócio jurídico.[13]

V – Com isto, tão pouco, tem que ver o instituto da representação política, pressuposto fundamental da forma de governo *repre-*

---

tação voluntária de direito privado, pode abranger as relações entre a pessoa coletiva e o órgão).
[11] Assim, Diogo Freitas do Amaral, *Curso...*, I, cit., págs. 761 e 762.
[12] Neste sentido, Rogério Soares, *Direito Administrativo*, cit., pág. 240: os órgãos, sendo figuras abstratas de fixação de competências, tornam-se atuantes através do concurso de pessoas físicas.
[13] O que tem implicações importantíssimas no tocante à responsabilidade por atos ilícitos. Como não é admissível o contrato de mandato para objeto ilícito, só através da imputação pode conseguir-se explicar que a pessoa coletiva responda por atos ilícitos (ou de que resultem prejuízos ou violação de direitos) de titulares dos seus órgãos, funcionários e agentes (cfr. art. 22º da Constituição e art. 165º do Código Civil).

sentativo. É só por causa da representação política que se fala em órgãos representativos, mas estes não o são por representarem ou deixarem de representar o Estado; são representativos, porque os seus titulares representam o povo, os cidadãos, enquanto recebem a representação política deles por meio de eleição (ou, por outras vias, eventualmente).[14]

A imputação refere-se aos atos jurídicos e aos seus efeitos, a representação política aos titulares dos órgãos e ao sentido ou conteúdo político que imprimem aos atos.

156.
Órgãos e atos com eficácia interna

I – O conceito de órgão revela-se indispensável para explicar as relações jurídicas que se estabelecem e desenvolvem entre o Estado e os cidadãos (bem como entre o Estado e outras pessoas coletivas públicas, privadas e de Direito internacional). Todavia, não há apenas atos de eficácia externa; há, outrossim, atos com eficácia interna – com eficácia intraorgânica, nuns casos, e com eficácia interorgânica noutros – atos cuja relevância se exaure (aparentemente) no interior do aparelho de poder estatal.

Há atos com eficácia intraorgânica, sejam atos de auto-organização ou decorrentes de auto-organização (*v.g.*, aprovação de regimento ou eleição de mesa de órgão colegial), sejam atos interlocutórios no processo ou procedimento de formação da vontade do órgão. Há atos de um órgão que se projetam em atos de outro órgão, seja porque se requeira a colaboração de ambos para o emitir do ato final do Estado (*v.g.*, a aprovação parlamentar da lei e a promulgação pelo Presidente da República), seja porque se confira a um órgão uma *faculté d'empêcher* em face da *faculté de statuer* doutro (*v.g.*, o poder de veto – político ou por inconstitucionalidade – ou o de recusa de ratificação de decretos-leis).[15] E, em certos casos, dir-se-ia ocorrer um desdobramento do Estado, tanto no interior como no exterior (assim os tribunais e o Ministério Público, no exemplo mais divulgado).

---

[14] Cfr. JORGE MIRANDA, *Manual...*, III, cit., págs. 371 e segs., e Autores citados.
[15] Cfr., mais desenvolvidamente, SALVATORE FODERARO, *op. cit.*, págs. 124 e segs.), que aponta relações de cooperação, de colisão e de supremacia entre os órgãos; ou SÉRVULO CORREIA, *Noções...*, cit., págs. 62 e segs.

Em todas estas hipóteses continua ainda a justificar-se falar de imputação, pelo seguinte:

a) Quanto aos atos de efeitos intraorgânicos (ou de efeitos diretos intraorganicamente), eles são instrumentais ou preparatórios diante de atos específicos do órgão, correspondentes à parcela, que lhe cabe, do poder do Estado;

b) Quanto à necessidade de adição de atos de vários órgãos para que se produza um ato final do Estado, em rigor a imputação só se dará também a final, em face do resultado dessa adição; os atos de diferentes órgãos são imputados ao Estado na medida em que concorrem para tal ato global (ou complexo) ou para tal resultado;

c) Nem é isto infirmado pela possibilidade de emanação, dentro de um processo ou procedimento, de atos de sentido divergente de dois ou mais órgãos, porque é ainda o ato final, seja qual for a vontade que prevaleça, que se imputa ao Estado; nada impede, entretanto, uma relativa autonomização dos atos de diversos órgãos, enquanto se tome o Estado constitucional, representativo ou de Direito como Estado com pluralidade de poderes;

d) Quanto ao desdobramento orgânico – funcional, quer no domínio da função jurisdicional, quer no domínio da função administrativa, ou se trata de uma adequação para o desempenho de certas funções ou tarefas ou de um desdobramento mais em nível de pessoas coletivas do que em nível de órgãos.

II – Poder-se-á ir ao ponto de falar numa personificação do órgão, ainda que limitada[16] ou parcial?[17] Ou concluir que o Estado é uma organização *diversificada atuante*, e não uma unidade de imputação em vestes de pessoa coletiva?[18]

Não parece necessário ir tão longe. Uma vez que para o próprio Estado e para os destinatários permanentes da ordem jurídica estatal aquilo que importa, em última análise, são os atos finais, tudo quanto até lá se passe não se apresenta relevante no plano da personalidade coletiva e

---

[16] Vezio Crisafulli, *Alcune considerazioni sulla teoria degli organi dello Stato*, Modena, 1938, págs. 22 e segs.
[17] Salvatore Foderaro, *op. cit.*, págs. 197 e segs.
[18] J. J. Gomes Canotilho, *Direito Constitucional...*, cit., 3ª ed., Coimbra, 1999, pág. 509.

daí que não se descubra interesse nesse desdobramento ou multiplicação da figura.

Aliás, não é preciso recorrer à técnica da personificação para qualificar qualquer situação ou relação como jurídica, como significativa do prisma do Direito. O Direito regula não só relações entre sujeitos mas também entre sujeitos e objetos e no interior de um mesmo sujeito.[19]

Mais: porque toda a evolução do Direito público vai na linha de uma institucionalização e complexificação crescente, todas as ações e omissões dos órgãos hão-de compreender-se sempre à luz de referências e quadros jurídicos – mas referências e conceitos muito diversificados, adequados à função própria de cada decisão ou expressão de vontade, e não à luz de uma só forma de os entender (como seria a subjetivação dos órgãos).

157.

Órgãos em Direito interno e em Direito internacional

I – Como se disse, a teoria do órgão é suscetível de ser estendida, e tem-no sido, ao Direito internacional. Desde logo, as organizações internacionais possuem uma realidade essencialmente institucional. Mas tanto elas como os demais sujeitos de Direito internacional (com exceção, naturalmente, do indivíduo, quando este seja sujeito de Direito internacional) também só podem agir através de órgãos (e agentes) nas suas relações jurídicas.[20]

Relativamente ao Estado o problema que pode suscitar-se vem a ser o de saber se há coincidência entre órgãos para efeitos de Direito inter-

---

[19] SANTI ROMANO, op. cit., loc. cit., pág. 163.
[20] Sobre órgãos das organizações internacionais, cfr., por exemplo, ALFRED VERDROSS, *Derecho Internacional Publico*, 4ª ed. castelhana, Madrid, 1963, págs. 250 e segs.; MARIO GIULIANO, TULLIO SCOVAZZI e TULLIO TREVES, *Diritto Internazionale – parte generale*, Milão, 1991, págs. 143 e segs.; ANDRÉ GONÇALVES PEREIRA e FAUSTO DE QUADROS, *Manual de Direito Internacional Público*, Coimbra, 1993, págs. 436 e segs.; JEAN COMBACAU e SERGE SUR, *Droit International Public*, Paris, 1993, págs. 734 e segs.; DIEZ DE VELASCO, *Las Organizaciones Internacionales*, 8ª ed., Madrid, 1994, págs. 91 e segs.; MARGARIDA SALEMA D'OLIVEIRA MARTINS e AFONSO D'OLIVEIRA MARTINS, *Direito das Organizações Internacionais*, I, 2ª ed., Lisboa, 1996, págs. 230 e segs.; NGUYEN QUOC DINH, PATRICK DAILLIER e ALAIN PELLET, *Droit International Public*, 6ª ed., Paris, 1999, págs. 608 e segs.; EDUARDO CORREIA BAPTISTA, *Direito Internacional Público*, II, Coimbra, 2004, págs. 258 e segs.; WLADIMIR BRITO, *Direito Internacional Público*, Coimbra, 2008, págs. 417 e segs.

no e órgãos para efeitos de Direito internacional; ou de saber qual é a ordem jurídica que determina os órgãos com competência na sua esfera externa (ou seja, com poder para vincular o Estado internacionalmente e também para o constituir em responsabilidade) – se o próprio Direito estatal, se o internacional.

II – Em princípio, o Direito internacional não dispõe sobre quem representa o Estado nas relações internacionais, embora venha de há muito o *jus raepresentationis omnimodae* dos Chefes do Estado.[21] Remete para o Direito interno (ou acolhe o que este dispõe).[22-23]

Os órgãos do Estado em face do Direito interno são-no também, por conseguinte, em face do Direito das Gentes e são as Constituições que estipulam quais os órgãos com competências específicas nas relações internacionais. Assim, no Brasil, compete ao Presidente da República manter relações com Estados estrangeiros e acreditar os seus representantes diplomáticos e celebrar tratados, convenções e atos internacionais, sujeitos a referendo do Congresso Nacional (art. 84º-VII e VIII) e ao Congresso autorizar o Presidente da República a declarar a guerra e a celebrar a paz (art. 49º-II).

Não quer isto dizer, no entanto, que a imputação se faça em Direito internacional em moldes ou com critérios exatamente iguais aos do Direito interno. Há fatores irredutíveis, nomeadamente no domínio da responsabilidade.

Por outro lado, haverá sempre que ter em devida conta o princípio da efetividade. Tal como, em situação de necessidade – por exemplo, em caso de ocupação estrangeira ou de guerra civil – adquire especial relevância o instituto do reconhecimento de Governo.

Finalmente, ocorrendo alterações constitucionais que afetem, não já os titulares dos órgãos, mas sim os próprios órgãos (como sucede quando muda o regime político ou a forma de governo, com as inerentes implica-

---

[21] Cfr. o art. 7º, nº 2, da Convenção de Viena sobre Direito dos Tratados.
[22] Assim, o art. 5º do projeto da Comissão de Direito Internacional sobre responsabilidade do Estado por factos ilícitos.
[23] Cfr. ALFRED VEDROSS, *op. cit.*, págs. 250 e segs.; FRANCIS PÉAK, *Organs of State in their External Relations*, in *Manual of Public International Law*, obra coletiva dirigida por Max Sorensen, Londres, 1968, págs. 381 e segs.; CELSO DE ALBUQUERQUE MELO, *Curso de Direito Internacional Público*, II, 8ª ed., Rio de Janeiro, 1986, págs. 925 e segs.; BENEDETTO CONFORTI, *Diritto Internazionale*, 3ª ed., Nápoles, 1988, págs. 331 e segs.; VALERIO DE OLIVEIRA MAZUOLI, *Curso de Direito Internacional Público*, 5ª ed., São Paulo, 2011, págs. 198 e segs.; JORGE MIRANDA, *Curso...*, págs. 63 e segs.

ções no nível dos órgãos da função política), a regra jurídico-internacional da identidade e continuidade do Estado não pode deixar de prevalecer.

158.
Os elementos do conceito de órgão

I – O conceito de órgão implica quatro elementos (inseparáveis, mas que cabe distinguir):

a) A *instituição* ou, em certa aceção, o *ofício* – sendo instituição na célebre definição de HAURIOU, a ideia de obra ou de empreendimento que se realiza e perdura no meio social;[24]

b) A *competência* ou complexo de poderes funcionais cometidos ao órgão, parcela de poder público que lhe cabe;

c) O *titular* ou pessoa física ou conjunto de pessoas físicas que, em cada momento, encarnam a instituição e formam a vontade que há-de corresponder ao órgão;[25]

d) O *cargo* ou (quando se trate de órgão eletivo, o *mandato*) – função do titular, "papel institucionalizado"[26] que lhe é distribuído, relação específica dele com o Estado, traduzida em situações subjetivas, ativas e passivas.[27]

II – A instituição e a competência dir-se-iam elementos objetivos; o titular e o cargo, elementos subjetivos; nos primeiros dir-se-ia dominar fatores normativos e transtemporais; nos segundos, fatores pessoais.

---

[24] Cfr., designadamente, MAURICE HAURIOU, *Précis...*, cit., págs. 72 e segs.; SANTI ROMANO, *op. cit.*, págs. 156 e segs.; JOSÉ DE OLIVEIRA ASCENSÃO, *O Direito...*, cit., págs. 33 e segs. E ainda SMEND, *op. cit.*, pág. 152 (o órgão é uma realidade espiritual que, no processo de integração, se perpetua e renova).

[25] Nas organizações internacionais, não raro nas sociedades comerciais e, por vezes, em certas associações há pessoas coletivas investidas na qualidade de titulares de órgãos, mas, em última instância, elas tornam-se presentes através das pessoas físicas titulares dos seus órgãos ou agentes ou que as representam.

[26] JOÃO BAPTISTA MACHADO, *op. cit.*, págs. 17-18. Cfr. OTA WEINBERGER, *Les théories institutionnallistes du droit*, in *Controverses autour de l'Ontologie du Droit*, obra coletiva, Paris, 1989, pág. 75: "A pessoa autorizada a agir em nome da instituição funciona como uma inteligência programada pela ideia diretriz da instituição."

[27] Não se confunda cargo com ofício, na aceção que a doutrina italiana liga ora ao órgão, ora ao serviço ou aparelho.

No entanto, também o titular e o cargo são conformados objetivamente pelas normas – de Direito constitucional e de Direito ordinário –, que não só inserem o titular no órgão mas também regulam a sua designação, a sua cessação de funções e outras vicissitudes. O estatuto do titular, em todos os aspetos, radica, tal como a competência, na norma jurídica. Não é por acaso que também se fala em *magistratura* (como sinónimo de cargo), sobretudo quando se trate de órgãos singulares ou com um só titular.[28]

III – O princípio da continuidade do órgão, para além da ineluitável mudança dos seus titulares mais cedo ou mais tarde, e com observância ou não das regras constitucionais – radica tanto na instituição quanto na competência e no cargo.

159.

Sentido da competência

I – A competência[29] é algo de instrumental no confronto dos fins ou funções do Estado ou dos interesses públicos. É um meio que os pressupõe forçosamente.

Seria possível pensar a competência em qualquer forma de governo e regime político, mas em rigor só importa considerar o conceito quando haja mais de um órgão ou centro de poder. Historicamente imbricada com o emergir do constitucionalismo moderno e com a ideia de separa-

---

[28] Cfr. JEAN-LOUIS QUERMONNE, *Les régimes politiques occidentaux*, Paris, 1986, pág. 132 (refere-se à magistratura como suporte institucional dado ao exercício de um poder político personalizado ou individualizado, como sucede com o Chefe do Estado ou com o Chefe de Governo).

[29] Cfr. ARNALDO DE VALLES, *Competenza e ufficio*, in *Studi di Diritto Pubblico in onore di Oreste Ranelletti*, Pádua, 1931, I, págs. 323 e segs.; PIETRO GASPARI, *Competenza amministrativa*, in *Enciclopedia del Diritto*, VIII, pág. 33; MARCELLO CAETANO, *Manual de Direito Administrativo*, I, cit., págs. 211 e segs.; AFONSO QUEIRÓ, *Competência*, in *Dicionário Jurídico da Administração Pública*, II, págs. 524 e segs.; COSTANTINO MORTATI, *op. cit.*, I, pág. 196; MARCELO REBELO DE SOUSA, *Os partidos políticos...*, cit., pág. 531, nota; MARIANO BAENA DEL ALCÁZAR, *Competencias, funciones y potestades en el ordenamiento jurídico español*, in *Estudios sobre la Constitucion española – Homenaje el Profesor Eduardo Garcia de Enterria*, obra coletiva, III, Madrid, 1991, págs. 2.453 e segs.; J. J. GOMES CANOTILHO e VITAL MOREIRA, *op. cit.*, pág. 495; JORDI FERRER BELTRAN, *Las normas de competencia – Un aspecto de la dinamica juridica*, Madrid, 2001; J. J. GOMES CANOTILHO, *Direito Constitucional...*, cit., págs. 546 e segs.; DIOGO FREITAS DO AMARAL, *op. cit.*, I, págs. 776 e segs.

ção ou de divisão de poder, ela liga-se, ao mesmo tempo, a um postulado elementar de racionalidade e de operacionalidade.

Assim, a competência de um órgão, além de traduzir o modo como participa no exercício das funções do Estado, traduz igualmente a sua posição relativa em face dos outros órgãos e a *função* que ele desempenha no sistema constitucional.

II – No tocante às demais pessoas coletivas de direito público, a competência é uma concretização das atribuições – quer dizer, dos interesses ou finalidades específicas que devem prosseguir.[30] É o conjunto de poderes de que uma pessoa coletiva pública dispõe para a realização das suas atribuições,[31] havendo ainda que discernir, de harmonia com a estrutura funcional da pessoa coletiva, o segmento conferido a cada um dos seus órgãos.

Mutatis mutandis pode também aludir-se a competência quanto às pessoas coletivas de direito privado,[32] na medida em que se torna necessário ou conveniente distinguir e distribuir por diversos órgãos o seu poder, seja associativo, fundacional ou societário (um poder que não é poder público, mas que não deixa de ser poder em relação aos membros ou aos beneficiários).

III – A competência pode ser delimitada em razão da matéria, da hierarquia, do território, do tempo e do valor dos atos.

Noutra perspetiva, alude-se, por vezes, à competência *subjetiva* para indicar a competência de um órgão em face da competência de outros órgãos da mesma pessoa coletiva; e alude-se à competência *objetiva* para a recortar em razão da matéria ou da parcela de funções, atribuições ou interesses que deve prosseguir.[33]

A competência é a estabelecida no momento da prática do ato ou, tratando-se de atos de produção sucessiva ou procedimentais, no momento em que se inicia o procedimento.[34] Não há inconstitucionalidade orgânica superveniente.[35]

---

[30] Cfr. MARCELLO CAETANO, *Manual...*, I, cit., págs. 202 e 203; AFONSO QUEIRÓ, *Atribuições*, in *Dicionário Jurídico...* I, cit., págs. 587 e segs.
[31] AFONSO QUEIRÓ, *Competência*, cit., *loc. cit.*, pág. 525.
[32] Cfr., por todos, JOSÉ DIAS MARQUES, *Teoria Geral do Direito Civil*, I, Coimbra, 1958, pág. 223.
[33] Cfr. AFONSO QUEIRÓ, *Os limites do poder discricionário das autoridades administrativas*, in *Estudos de Direito Administrativo*, Coimbra, 1968, págs. 10 e segs.
[34] Cfr. art. 30º do Código do Procedimento Administrativo português.
[35] Cfr. *supra*.

Pode, porém, haver conflitos de competência: conflitos *positivos* – se dois ou mais órgãos se pretendem competentes para a prática de certo ato (através de interpretações, porventura, diversas da norma definidora de competência); e conflitos *negativos* – se nenhum órgão se considera competente.[36]

IV – A competência analisa-se em poderes funcionais, não em direitos subjetivos. Os órgãos só existem no âmbito da pessoa coletiva e as pessoas que são titulares dos órgãos estão ao seu serviço, insista-se; nenhum interesse próprio delas pode aqui ser relevante; e assim tem de ser, até por maioria de razão, no Estado.

Há uma funcionalização ao interesse público mediatizado pela norma jurídica. E são essas finalidades objetivas que comandam, portanto, o exercício da competência, na latitude variável de liberdade dos critérios de decisão correspondentes às diversas funções do Estado ou aos diversos tipos de atos.[37]

V – A competência não se confunde com a capacidade, suscetibilidade ou medida de situações ativas e passivas, de direitos, poderes e deveres, de que uma pessoa coletiva pode ser titular. A competência segue a capacidade, a qual se afere, salvo no Estado, de acordo com um princípio de especialidade.

Na prática das relações jurídicas, a competência dos órgãos do Estado e das demais entidades públicas desempenha, porém, uma função equivalente à da capacidade e da legitimidade dos particulares.[38]

160.
A competência e a norma jurídica

I – Sendo a competência definida pelo Direito objetivo, o órgão não pode ter outra competência além da que a norma estipula. Não perten-

---

[36] Se o conflito se dá entre órgãos administrativos e jurisdicionais, fala-se em *conflitos de jurisdição*. E se ocorre entre órgãos de diferentes pessoas coletivas públicas (da Administração), em *conflitos de atribuições*.

[37] Sobre poderes funcionais, cfr. MARCELLO CAETANO, *Tratado Elementar de Direito Administrativo*, I, Coimbra, 1944, pág. 169; JEAN DABIN, *Le Droit Subjectif*, Paris, 1952, págs. 217 e segs.; SANTI ROMANO, *op. cit., loc. cit.*, págs. 179-180, 200 e 203; JORGE MIRANDA, *Poder paternal e assistência social*, Lisboa, 1969, págs. 17 e segs.; ANTÓNIO MENEZES CORDEIRO, *Tratado de Direito Civil Português*, I, tomo I, 3ª ed., Coimbra, 2005, págs. 349-350.

[38] MARCELO REBELO DE SOUSA, *O valor jurídico do ato inconstitucional*, Lisboa, 1988, pág. 116.

ce ao próprio órgão fazer seus poderes que lhe não sejam atribuídos; e nenhuma autoridade do Estado pode praticar atos que não se reconduzam a competências preestabelecidas; assim como não pode dispor delas, transmiti-las a outra autoridade ou conformá-las de modo diferente.

No respeitante aos órgãos constitucionais, significa isto que eles são dotados tão somente de *poderes constituídos*[39] – constituídos pela Constituição – e que esses poderes devem ser entendidos no seu plano sistemático e exercidos no respeito pelas respetivas normas.

II – O princípio da prescrição normativa da competência é, numa ordem constitucional de Estado de Direito, manifestação de duas ideias mais fundas: a de limitação do poder público como garantia de liberdade das pessoas e a da separação e articulação dos órgãos do Estado entre si e entre eles e os órgãos de quaisquer entidades ou instituições públicas.

Ao passo que em Direito privado e em Direito constitucional, no tocante aos direitos fundamentais, o princípio é o da *liberdade* ou da autonomia, no tocante aos órgãos é o da *competência*. Na conceção do constitucionalismo moderno (mas anterior, aliás, a este, e vinda desde o Direito romano), os indivíduos podem ter todos os direitos que não contrariem os direitos dos outros, a Constituição escrita não esgota os direitos fundamentais (art. 16º, nº 1, da Constituição portuguesa e art. 5º, § 2º, da Constituição brasileira) e a liberdade só tem por limites os que a lei estabelecer; porém, os órgãos do Estado – que não valem por si, mas enquanto instituições ao serviço das finalidades coletivas – apenas podem agir com os poderes que as normas a eles relativas lhes confiram e nos termos por elas traçados.

A competência traduz-se numa *autorização* ou *legitimação* para a prática de atos jurídicos (aspeto positivo) e num *limite* para essa prática (aspeto negativo).

Se um órgão do Estado praticar um ato que não recaia na sua competência, esse ato será inválido, irregular ou ineficaz por incompetência (ou, conforme os casos, incompetência *stricto sensu*, usurpação de poder ou, ainda de certa ótica, desvio de poder).

III – A competência vem da norma; não se presume.[40] Contudo, tanto pode ser explícita quanto implícita. Quer dizer tanto pode assentar

---

[39] V., por todos, HAMILTON, MADISON e JAY, *The Federalist*, trad. portuguesa *O Federalista*, Brasília, 1984, págs. 575 e segs.
[40] Cfr., porém, falando em debilitação do princípio da legalidade da competência, PAULO OTERO, *Legalidade...*, cit., págs. 862 e segs.

numa norma que, explicitamente, a declare como assentar em norma cujo sentido somente seja descoberto através de técnicas interpretativas e que surja como consequência de outra norma ou nela esteja contida. Não há diferença de natureza entre poderes explícitos e implícitos; há somente diferença de graus de leitura.[41]

A afirmação de poderes implícitos de certo órgão é muitas vezes feita para aumentar a sua influência ou a sua competência em detrimento de outros órgãos. Tal intuito afigura-se, evidentemente, inadmissível.

Os poderes implícitos de um órgão não podem brigar com os poderes – explícitos e implícitos – de quaisquer outros. E também aqui a interpretação tem de ser sistemática, levando a conjugar a interpretação de qualquer preceito definidor de competência com, pelo menos, os restantes preceitos que preveem competências dos demais órgãos.

E são de conceber, em órgãos constitucionais, poderes criados ou derivados diretamente da lei ordinária e não da Constituição? Tais poderes são legítimos, desde que entronquem em poderes constitucionais; desde que, exatamente mediante interpretação sistemática de todos os preceitos constitucionais de competência, possam ser entendidos como poderes implícitos neles contidos; desde que tenham "base constitucional".

IV – Outras classificações de competências ou de poderes (funcionais) abrangidos nas competências de órgãos são as que contrapõem:

- Poderes *originários ou diretos* (vindos imediatamente de norma jurídica, ainda que implícita) e poderes *derivados* ou indiretos (vindos de delegação ou de atribuição de outro órgão, quando a norma jurídica a consinta);

- Poderes *exclusivos* ou reservados (de um só órgão)[42] e poderes *concorrentes* (concedidos a dois ou mais órgãos, de tal sorte que atos de uns podem revogar atos de outro ou outros);

---

[41] E pode, inclusive, haver cláusulas expressas de poderes implícitos, como a secção VIII, *in fine*, do art. 1º da Constituição dos Estados Unidos ou o art. 235º do Tratado sobre o Funcionamento da União Europeia, de 2007 (correspondente ao art. 235º do Tratado de Roma, institutivo da Comunidade Económica Europeia). Cfr. MARIA LUÍSA DUARTE, *A teoria dos poderes implícitos e a delimitação de competências entre a União Europeia e os Estados membros*, Lisboa, 1997, págs. 25 e segs.

[42] Poderia falar-se aqui em *prerrogativa*, um pouco na linha da prerrogativa da Coroa inglesa (cfr., por último, IAN LOVELAND, *Constitutional Law – A Critical Introduction*, Londres, 1996, págs. 102 e segs.). Mas o termo também é usado para abranger todas as garantias

- Poderes *constitucionais* (previstos por normas constitucionais)[43] e *poderes legais* (previstos por normas legais, de legislação ordinária);[44]
- Poderes *materiais* (relativos a atos ou funções do Estado, direta e imediatamente) e poderes *institucionais* (ou poderes de uns órgãos em relação a outros);
- Poderes *positivos* (correspondentes ao *pouvoir de statuer* de MONTESQUIEU) e poderes *negativos* ou de controlo (correspondentes ao *pouvoir d'empêcher*);
- Poderes *internos* (respeitantes à organização e ao funcionamento de cada órgão) e poderes *externos* (poderes relativos ao exercício de funções do Estado e a outros órgãos);
- Poderes de *exercício livre, condicionado e obrigatório*.

161.
Os titulares

I – O órgão carateriza-se tanto pela permanência e pela continuidade que lhe trazem a instituição, a competência e o cargo quanto pela precariedade inerente ao titular.

O titular é sempre temporário: pelo menos, por força da duração limitada da vida humana ou da capacidade física e mental para o exercício do cargo; e também por virtude de regras jurídicas, variáveis consoante os sistemas e as circunstâncias históricas.

Se, por definição, o Estado como forma de organização política impede a apropriação pessoal de qualquer cargo, o princípio democrático é o da renovação periódica por via, direta ou indiretamente, de eleição pelo povo, e o princípio republicano (enquanto princípio democrático *qualificado*)[45] exige mesmo a limitação dos mandatos. É o que a Constituição portuguesa estatui em geral (no art. 118º); e, no concernente ao Presidente da Re-

---

pessoais, organizatórias e funcionais dos órgãos (assim, GIAN FRANCO CIAURRO, *Prerogative Costituzionali*, in *Enciclopedia del Diritto*, XXXV, 1986, págs. 1 e segs.).

[43] Ainda que regulamentados por normas legais. Cfr. o acórdão nº 254/92 do Tribunal Constitucional português, de 2 de julho (in *Diário da República*, 1ª série-A, de 31 de julho de 1992).

[44] Entretanto, às vezes torna-se difícil distinguir entre poderes constitucionais regulamentados por lei e poderes de origem legal.

[45] V. o nosso estudo *Princípio republicano e poder local*, in *O Direito*, 1992, págs. 451 e segs.

pública, com a proibição de terceiro mandato consecutivo ou de terceiro mandato iniciado no quinquénio imediatamente subsequente ao termo de segundo mandato consecutivo (art. 123º); e quanto aos juízes do Tribunal Constitucional com a proibição de recondução (art. 222º, nº 3).

II – Os modos de designação dos titulares dos órgãos de Estado são variadíssimos, quer no passado quer no presente. Não é possível aqui senão propor uma classificação, olhando à experiência histórica:

a) Entre formas de designação por mero efeito do Direito – a sucessão hereditária (própria de sistemas monárquicos e aristocráticos), o sorteio,[46] a rotação, a antiguidade e a inerência;[47]

b) E entre formas de designação por efeito do Direito e da vontade – a cooptação (simultânea e sucessiva),[48] a adoção, a nomeação, a eleição, a aclamação, a aquisição revolucionária.

A cada uma destas modalidades correspondem determinadas regras jurídicas. Da sua observância dependem, em concreto, a investidura no cargo (sujeita ainda a requisitos formais) e a legitimidade de título dos governantes (contraposta, após Bártolo, à legitimidade de exercício).

Problemas importantes são, por outra banda, os que se prendem com os titulares putativos de órgão do Estado e com a usurpação e a restauração no cargo. Não podemos versá-los aqui.

III – São coisas diversas as inelegibilidades (e, positivamente, os requisitos de elegibilidade) e as incompatibilidades.

---

[46] O sorteio teve larga difusão na Grécia antiga (v. ARISTÓTELES, *Constituição de Atenas*, trad. de Delfim Ferreira Leão, 2ª ed., Lisboa, 2009, págs. 26, 93, 102, 103, 106, 121, 122), e também em Veneza. Mas foi quase abandonado nos tempos modernos. No constitucionalismo português só a Constituição de 1822 o contemplou para a escolha do 13º Conselheiro de Estado entre cidadãos da Europa ou do Ultramar (art. 162º) mas, aquando da revisão constitucional de 1997 (da Constituição de 1976) foi transitoriamente consagrada para renovação parcial dos juízes do Tribunal Constitucional. Sobre o sorteio, cfr. GIUSEPPE TRIPOLI, *Osservazioni sul principio maggioritario e sui limiti*, in *Rivista Internazionale di Filosofia del Diritto*, 1983, págs. 643 e segs.; ou JOSÉ RIBEIRO FERREIRA, *A Democracia na Grécia Antiga*, Coimbra, 1990, págs. 193 e 194; e recordem-se as reflexões de MONTESQUIEU (*De l'Esprit des Lois*, livro II, 2) e de ROUSSEAU (*Du Contrat Social*, livro IV, cap. III).

[47] Inerência é a atribuição a alguém da titularidade (ou do exercício) de um cargo por virtude da titularidade de outro cargo: v. JORGE MIRANDA, *Inerência*, in *Verbo*, X, pág. 1.370.

[48] Cfr. KARL LOEWENSTEIN, *Kooptation und Zuwahl über die Autonome Bildung Priviligierter Gruppen*, 1973 (trad. italiana *Le Forme della Cooptazione*, Milão, 1990).

As inelegibilidades impedem a eleição e, por conseguinte, atingem o direito fundamental de ser eleito. Destinadas, como diz o art. 50º, nº 3, da Constituição portuguesa a garantir a liberdade de escolha dos eleitores e a isenção e a independência do exercício dos cargos, devem ser interpretadas restritivamente.[49]

As incompatibilidades consistem na impossibilidade de exercício simultâneo de dois cargos (*v.g.*, de parlamentar e de membro do Governo, em sistemas presidenciais e semipresidenciais) ou na impossibilidade de exercício de um cargo quando o seu titular detenha um interesse (privado) ou esteja ligado a um interesse em conflito (ou suscetível de entrar em conflito) com o interesse público.

De entre as inelegibilidades, algumas (as chamadas inelegibilidades especiais) podem equivaler a incompatibilidades de cargos – é o que acontece quando, à partida, quem seja titular de certo cargo fique impedido de disputar uma eleição (por exemplo, o governador civil no respetivo distrito). Porém, as incompatibilidades *proprio sensu* não obstam à eleição; apenas obstam à acumulação de cargo: o eleito está validamente eleito; o que tem é de escolher aquele dos cargos que pretende, de fato, exercer.

IV – As situações jurídicas dos titulares dos órgãos, são situações funcionais; estão ao serviço do Estado, e não dos titulares enquanto particulares.[50]

Se compreendem imunidades, regalias, até direitos, não menos envolvem deveres – os primeiros dos quais são o dever de zelo no exercício do cargo e o dever de cooperação no interior do órgão e com os demais órgãos.[51]

§ 2º
Categorias de órgãos

162.

Classificação dos órgãos

I – Os órgãos do Estado são suscetíveis de classificações *estruturais* (relativas à instituição e aos titulares dos cargos), de classificações *funcio-*

---

[49] Cfr. JORGE MIRANDA, *Deputado*, cit., págs. 13 e segs., e *Lei reguladora de incompatibilidades de cargos públicos*, in *O Direito*, 1992, págs. 262 e 263.
[50] Cfr. JORGE MIRANDA, *Manual* ..., IV, 5ª ed., Coimbra, 2012, págs. 77 e segs.
[51] Cfr. JAIME VALLE, *O princípio da lealdade institucional nas relações entre os poderes públicos – alguns aspectos gerais*, in *Direito e Política*, 01, outubro-dezembro de 2012, págs. 62 e segs.

nais (respeitantes à competência) e de classificações *estruturais-funcionais* (em que se conjugam uns e outros aspetos).

O rigor científico de algumas das distinções a que assim se procede talvez nem sempre seja completo, mas elas afiguram-se úteis e, duma maneira ou doutra, são habitualmente citadas pela doutrina.[52]

II – Classificações estruturais são as que permitem contrapor:

a) Órgãos *singulares* e órgãos *colegiais* – consoante têm um ou mais de um titular, e avultando entre os segundos as *assembleias*;

b) Órgãos *simples* e órgãos *complexos* – sendo simples os que, sejam singulares ou colegiais, apenas formem uma vontade unitária; e complexos os órgãos, necessariamente colegiais, que se desdobram ou multiplicam, para efeito de formação de vontade, em dois ou mais órgãos, uns singulares (por exemplo, os Ministros no Governo), outra ainda colegiais (a Mesa e as comissões do Parlamento, os Conselhos de Ministros gerais ou especializados, as secções do Tribunal Constitucional e de outros tribunais superiores);

c) Órgãos *eletivos* e *não eletivos* – consoante a eleição é ou não o modo de designação dos titulares;

d) Órgãos *representativos* e *não representativos* – sendo representativos aqueles em que a eleição, direta ou indiretamente, constitui vínculo de representação política (*v.g.*, Presidente da República, Parlamentos e Executivos perante eles responsáveis politicamente) e não representativos, os órgãos não eletivos e os órgãos eletivos sem representação política;

e) Órgãos *constitucionais* e *não constitucionais* – sendo aqueles os que a Constituição cria e que não podem, por conseguinte, ser extintos ou eventualmente modificados por lei ordinária, além de receberem da Constituição a sua competência;

f) Órgãos *permanentes* e órgãos *temporários* – em geral, os órgãos são de duração indefinida, mas pode, excecionalmente, haver órgãos apenas para certo período ou para certas circunstâncias (como comissões parlamentares de inquérito ou outras comis-

---

[52] Cfr., por exemplo, COSTANTINO MORTATI, *op. cit.*, I, págs. 207 e segs.; ou DIOGO FREITAS DO AMARAL, *Curso*..., I, cit., págs. 763 e segs.

sões eventuais, ou, no âmbito administrativo, júris ou bancas de concursos e de exames);

g) Órgãos de *existência obrigatória* e órgãos de *existência facultativa* – correspondendo os primeiros à regra geral, mas podendo, em certos casos, a norma admitir que órgãos (necessariamente de existência obrigatória) venham a criar ou a constituir outros.

III – Classificações funcionais, por seu turno, são as que contrapõem:

a) Órgãos *deliberativos* e órgãos *consultivos* – consoante tomam decisões ou deliberações ou atos consultivos ou pareceres;

b) Órgãos *a se* e órgãos *auxiliares* – sendo estes os que, a título consultivo ou deliberativo, coadjuvam outros, de modo a habilitá-los melhor a decidir ou mesmo a funcionar;[53]

c) Órgãos de *competência originária* e órgãos de *competência derivada* – conforme possuem competência originária, diretamente provinda da norma jurídica, ou competência delegada ou atribuída por outro órgão (ainda que em Direito constitucional não haja órgãos unicamente com poderes delegados);

d) Órgãos *legislativos, governativos, administrativos e jurisdicionais* – em razão das funções do Estado que desempenham ou em que intervêm (embora nenhum órgão pratique atos de uma só natureza e possa falar-se quanto a cada órgão em funções principais e acessórias);

e) Órgãos *de decisão* e órgãos *de controlo, de fiscalização ou de garantia* – aqueles com competência para a prática de atos finais com projeção na vida política ou nas situações das pessoas e estes com competência para a apreciação desses atos, sejam quais forem os resultados da apreciação (inclusive, no limite, a sua anulação ou revogação).

IV – Classificações estruturais-funcionais são as que levam a distinguir:

a) Órgãos *externos* e órgãos *internos* – sendo estes, em órgãos complexos, os que possuem competência interna;

---

[53] Cfr. GIUSEPPE FERRARI, *Gli Organi Ausiliari*, Milão, 1956; JORGE MIRANDA, *Conselho de Estado*, Coimbra, 1970, págs. 9 e segs., e Autores citados.

b) Órgãos *políticos* e órgãos *não políticos* – consoante se movam segundo critérios políticos ou segundo outros critérios (jurídicos, administrativos, técnicos) ou, doutro ângulo, consoante exerçam, exclusiva ou parcialmente, a função legislativa e a governativa ou não a exerçam;

c) Órgãos *primários* e órgãos *vicários* – sendo os primeiros os que têm competência em condições de normalidade institucional ou para períodos normais de funcionamento e vicários os que têm competências de substituição;[54]

d) Órgãos *centrais* e órgãos *locais* – consoante a sua competência abrange todo o território do Estado ou parte dele;

e) Órgãos *hierarquizados* e órgãos *não hierarquizados* – os primeiros, integrados em estruturas hierarquizadas de decisão, como sucede (embora em termos opostos) com os órgãos administrativos e os jurisdicionais; e os segundos, não integrados (e não sendo órgãos hierarquizados, naturalmente, os órgãos políticos).

163.
Os órgãos colegiais e o seu funcionamento

I – Pela sua própria natureza, os órgãos colegiais, mormente as assembleias, requerem mecanismos complexos de estruturação, de garantia dos direitos dos seus titulares ou membros e de formação e eficácia jurídica da sua vontade. Deles se ocupam, em geral, as Constituições e, em especial, os diversos regimentos desses órgãos, à luz de um princípio geral de auto-organização.[55]

De entre os múltiplos problemas a resolver constam os que se prendem com:

a) A constituição dos órgãos após a sua renovação (máxime após eleições) e a verificação dos poderes dos membros;

---

[54] Assim, são órgãos vicários, no Direito português atual, e aliás em termos diversos, o Presidente da Assembleia da República em relação ao Presidente da República (art. 132º da Constituição) e o Presidente da Assembleia Legislativa regional quando substitui o Representante da República para a região autónoma (art. 230º, nº 4), bem como a Comissão Permanente da Assembleia da República (art. 179º).

[55] Cfr., por exemplo, PAULO OTERO, *Direito Constitucional Português – II – Organização do Poder Político*, Coimbra, 2010, págs. 29 e segs.

b) A distinção entre plenário, de uma parte, e comissões e secções, doutra parte;

c) O tempo de funcionamento em cada ano;

d) A sede física dos órgãos e o local das reuniões;

e) A presidência e a mesa dos órgãos (máxime das assembleias);

f) A realização das reuniões plenárias e das comissões e secções (por direito próprio ou a convocação de outros órgãos);

g) A ordem do dia ou objeto prefixado sobre que elas versam (ou, noutra aceção, o período, principal, da reunião que lhe é consagrado);[56]

h) A publicidade das reuniões (pelo menos, das reuniões plenárias);

i) O *quorum* ou número mínimo de titulares ou membros presentes para o órgão colegial reunir ou para deliberar, determinando a sua falta invalidade, quando não inexistência jurídica, de deliberação;

j) As votações e as suas diversas formas – por escrutínio secreto,[57] por votação nominal, por levantados e sentados, por braços levantados, eletrónicas;

k) As maiorias necessárias – absoluta e relativa, simples e qualificada – exigidas pelas normas reguladoras dos órgãos, consoante os diferentes casos.[58]

II – O *quorum* é uma garantia da instituição e, simultaneamente, do direito de participação dos titulares do órgão. E pode distinguir-se o *quorum* só para a discussão e para a deliberação, e antes e durante a ordem do dia. Assim como pode ser fixo (número predeterminado ou

---

[56] Cfr. GIAN FRANCO CIAURRO, *Ordine del giorno*, in *Enciclopedia del Diritto*, XXX, 1980, págs. 1.018 e segs.

[57] Para eleições ou para deliberações relativas à apreciação do comportamento ou das qualidades de qualquer pessoa (*v.g.*, para levantar imunidades de parlamentares), a votação por escrutínio secreto constitui garantia iniludível de liberdade.
Apreciação de *pessoas*, de *comportamentos*, não de *resultados* (*v.g.*, teses ou provas académicas), em que deve prevalecer um juízo objetivo (assim, a nossa nota *Sobre o regime de admissão à prestação de provas de doutoramento*, in *Revista da Faculdade de Direito da Universidade de Lisboa*, 1992, págs. 627 e segs.)

[58] Cfr., por exemplo, ALESSANDRO PIZZORUSSO, *Minorauze e maggioranze*, Turim, 1993, págs. 11 e segs.

fração do número constitucional, legal ou estatutário de membros do órgão colegial) ou variável (proporcional aos membros em efetividade de funções).[59]

A Constituição portuguesa impõe que as deliberações dos órgãos colegiais sejam tomadas com a presença da maioria do número legal dos seus membros (art. 116º, nº 2); mas é esse um princípio geral, explícito ou implícito, por toda a parte;

III – A votação – em que cada titular se pronuncia por meio de *voto* e, no fim, se apurada, a maioria – é o processo de formação da vontade de órgãos colegiais mais conforme com os princípios democráticos. Só em órgãos colegiais restritos pode admitir-se o consenso, nunca a aclamação, atentatória da liberdade de cada membro.

Entende-se por maioria absoluta a equivalente a mais de metade dos votos expressos ou dos votos validamente expressos; por maioria relativa a equivalente a mais votos em certo sentido do que em qualquer outro (designadamente, mais votos a favor de certo projeto de deliberação do que contra, não se contando as abstenções); por maioria simples a maioria prevista em regra geral; por maioria qualificada a maioria agravada, imposta para certa deliberação.

Por regra, adota-se o princípio da maioria relativa: salvo nos casos previstos na Constituição, na lei e nos respetivos regimentos, as deliberações dos órgãos colegiais de soberania, das regiões autónomas e do poder local são tomadas à pluralidade de votos, não contando as abstenções para o apuramento da maioria (art. 116º, nº 3, da Constituição portuguesa).

  m) As votações e as suas diversas formas – por escrutínio secreto, por votação nominal, por levantados e sentados, por divisão, por votação eletrónica etc. – e a exigência do escrutínio secreto em caso de eleições ou de deliberações relativas à apreciação do comportamento ou das qualidades de qualquer pessoa.

---

[59] Conforme noticia MAGALHÃES COLLAÇO (A *Constituição e o Quorum*, Coimbra, 1916, pág. 7), *quorum* é um termo vindo do Direito parlamentar inglês e derivado da linguagem processual que, para designar o número de juízes cujo concurso era considerado indispensável para a validade dos atos e julgamentos, empregava a fórmula: *"quorum aliquem vestrum* ABC... *unum esse volumens."*

164.
As assembleias em especial

I – Na aceção mais geral, assembleia é qualquer reunião de pessoas, mais ou menos numerosa e estável, sempre predeterminada por normas jurídicas, com vista à prática de certos atos ou atividades.

As assembleias não são produto de liberdade de reunião. São expressão de poder (ou de liberdade de associação, quando se trate de assembleias de associações e formações análogas); e são expressões de poder público, quando se trate de assembleias de Direito constitucional e administrativo (ainda que ligadas a um princípio de participação); só o sentido imprimido pelas normas habilita a distinguir.

Mas, em segundo lugar, numa aceção restrita e específica, assembleia vem a ser uma categoria de órgãos colegiais definida não tanto pela sua extensão quanto pelo regime peculiar que preside à sua composição e pelas funções que lhe andam conexas.

Há assembleias que não chegam a ser órgãos, que não se elevam a centros institucionalizados de criação e manifestação de uma vontade jurídica imediata ou *a se* e há assembleias *proprio sensu*, as quais recebem, a par de outros órgãos competências dentro do Estado (ou, sendo caso disso, de outras entidades públicas ou privadas). Entre as primeiras contam-se as assembleias de voto nos sistemas representativos; entre as segundas, os Parlamentos e as demais assembleias políticas e administrativas.

II – Não são órgãos as assembleias de voto, porque, embora não despicienda a consideração das operações e dos resultados nelas verificados, esses resultados só adquirem relevância (ou relevância plena), no conjunto das assembleias, em face do sistema eleitoral consagrado pela lei. Órgãos são apenas as suas mesas.

III – As assembleias-órgãos apresentam-se suscetíveis de diversas classificações (a acrescer às classificações de órgãos que já conhecemos): assembleias diretas e representativas, unicamerais e pluricamerais, constituintes e ordinárias.[60]

Dizem-se *diretas* as assembleias compostas por todos os titulares dos interesses a prosseguir, por todas as pessoas integrantes do povo (ativo)

---

[60] Cfr., por todos, MARCELLO CAETANO, *Direito Constitucional*, cit., I, págs. 260 e segs.

ou de dado estrato ou classe – as compostas ou por todos os cidadãos ativos (assembleias populares) ou por todos os membros da nobreza, ou de certo nível da nobreza, ou de qualquer outro grupo diferenciado (assembleias aristocráticas, como eram a Câmara dos Lordes britânica ou a Câmara dos Pares portuguesa de 1826).

Dizem-se *representativas* as assembleias compostas por representantes, seja em moldes de representação política moderna (representação de todo o povo, baseada na eleição política), seja em moldes de representação estamental, corporativa ou de interesses (representação parcelada de frações da comunidade política ou de instituições nela existentes), seja ainda em moldes de representação institucional (conexa, o mais das vezes, com a representação corporativa).

Unicamerais são as assembleias únicas, *pluricamerais* as que se desdobram em duas ou mais de duas câmaras para o exercício de funções idênticas ou complementares. Porém, uma assembleia política única ou principal pode não equivaler a unicameralismo, visto que, não obstante sem ligação orgânica, pode haver outra ou outras assembleias secundárias (v.g., a Câmara Corporativa da Constituição de 1933). As assembleias pluricamerais são, de regra, bicamerais (recortando-se, então, a segunda câmara ou pela sua composição aristocrática ou pelo diverso sufrágio ou pela estrutura federativa do Estado, designadamente); raríssimas têm sido as assembleias multicamerais (como as da Constituição francesa do ano VIII e as da Constituição iugoslava de 1953).

São assembleias *constituintes* as que possuem poderes constituintes (originários), sejam instituídas só para isso, só para fazer a Constituição (como foi a Assembleia Constituinte portuguesa de 1975-1976), ou detenham também outros poderes (como a Assembleia Constituinte brasileira de 1986-1988) ou até a plenitude da soberania (como as anteriores assembleias constituintes portuguesas). E são assembleias *ordinárias* as que apenas exercem poderes constituídos, máxime o de legislação ordinária e, outrossim, o de revisão constitucional (*tertium genus* só poderia admitir-se quanto a assembleias especiais de revisão ou *convenções*).

No Estado (e, eventualmente, em regiões autónomas), dizem-se *parlamentos* as assembleias políticas representativas, baseadas no sufrágio dos cidadãos, sejam unicamerais ou bicamerais.

IV – As denominações das assembleias estamentais eram bastante variadas; assim como o são as das assembleias representativas atuais. Quando existam duas câmaras, na maior parte dos casos uma designa-se por "câmara dos deputados" ou "dos representantes" e a segunda por "câmara dos senadores" ou "senado".[61]

De todo o modo, em sentido estrito, verdadeiro e próprio, só é Parlamento a assembleia representativa política ordinária que seja "órgão de soberania" (na ordem interna) e colocada em interdependência, e não em dependência, frente aos restantes órgãos: Parlamento é órgão do Estado, e não das regiões autónomas; Parlamento implica separação de poderes, se bem que, não necessariamente, sistema de governo parlamentar (não há Parlamento em sistemas de concentração de poderes, como a monarquia constitucional alemã ou o governo representativo simples; nem tão-pouco há em sistemas de concentração na assembleia como o sistema convencional francês de 1793-1795 ou o soviético).

V – Na maior parte dos órgãos colegiais, elaboram-se *regimentos* ou corpos de normas relativos à sua organização e ao seu funcionamento, aprovados por esses mesmos órgãos. Particularíssima importância, todavia, assumem modernamente os regimentos das assembleias políticas, devido à sua natureza e aos problemas teóricos que suscita a sua qualificação dentre os atos jurídicos.

Resultantes muitas vezes de precedentes e convenções constitucionais, outras vezes formadas de novo, tais regras caraterizam-se pela permanência (destinam-se a ter duração indefinida ou, pelo menos, em certos países, a vigorar por toda a legislatura) e pela autonomia (nenhum outro órgão interfere na sua feitura).

Não se trata apenas de preceitos de ordem técnica tendentes à maior eficácia (por importante que seja a racionalização do trabalho parlamentar). Trata-se, sobretudo, de preceitos de cunho político, dos quais dependem quer a liberdade de ação dos membros do Parlamento (regras sobre o uso da palavra ou sobre a iniciativa legislativa ou fiscalizadora, por exemplo), quer a realização do princípio representativo (publicidade das deliberações, por exemplo), e daí a própria virtualidade de o Parlamento manifestar o seu poder em face dos demais órgãos do Estado.

Cada regimento reflete, por conseguinte, tanto as tradições e a vida institucional da Câmara a que se aplica quanto a estrutura do sistema de governo em que esta se insere.

VI – As normas regimentais dirigem-se, antes de mais, ao próprio Parlamento (ou aos parlamentares). Todavia, também se dirigem – e

---

[61] Cfr. JORGE MIRANDA, *Senado*, in *Verbo*, XVI, págs. 1.735 e segs.

nessa medida, obrigam – a outros órgãos, enquanto estes estejam, constitucionalmente, em relação com o Parlamento.[62] Já não aos cidadãos (ou, doutra perspetiva, aos particulares): as relações com estes, ou as relações entre estes, requerem lei no sentido estrito da palavra – assim, desde logo, a imposição de restrições ou de deveres por força do art. 18º da Constituição.[63]

Se o regimento traduz um princípio de auto-organização, traduz ainda um princípio de autovinculação. Não pode ser modificado senão nos termos por ele prescritos e ao Parlamento não é lícito afastá-lo ou derrogá-lo em qualquer votação ou discussão. As regras regimentais são verdadeiras regras jurídicas, obrigatórias e sancionatórias, ainda que a sua preterição, de ordinário – quando não possa consumir-se em inconstitucionalidade – não determine mais que mera irregularidade formal (não sendo, em princípio, permitido, em nome da separação de poderes, aos tribunais apreciar a existência dos chamados vícios *interna corporis acta*).

VII – As votações nos parlamentos, como em quaisquer órgãos colegiais, cabem aos seus membros, os quais têm o dever de participar das reuniões e de votar (assim, art. 159º, alínea c) da Constituição portuguesa). Sem a contagem dos votos dos deputados ou senadores, um a um, não pode estabelecer-se se há ou não a maioria constitucional ou regimentalmente rpescrita. O anúncio pela mesa, nas votações por levantados e sentados, da distribuição partidária situa-se em momento necessariamente ulterior.

A votação "por bancada", sem contagem de votos (pressupondo-se o voto em globo dos que a integram, a despeito de, porventura, ausentes) contende com a natureza da representação política.[64] Mesmo admitindo que esta seja conferida tanto aos deputados e senadores quanto aos

---

[62] Assim, já JELLINEK, *Verfassungsänderung und Verfassungswaandlung*, Berlim, 1906, trad. castelhana *Reforma y Mutación de la Constitución*, Madrid, 1991, pág. 17.

[63] Cfr., entre outros, MICHELLA MANETTI, *Regolamenti parlamentari*, in *Enciclopedia del Diritto*, XXXIX, págs. 638 e segs.; acórdão nº 63/91 do Tribunal Constitucional, de 29 de março, in *Diário da República*, 2ª série, de 3 de julho de 1991, máxime pág. 6.974; MARIA JOÃO CARAMELO MOREIRA, *Natureza jurídica do regimento parlamentar*, in *Estudos de Direito Parlamentar*, obra coletiva, Lisboa, 1997, págs. 7 e segs.; JORGE MIRANDA, *Direito Constitucional III – Direito Eleitoral – Direito Parlamentar*, cit., págs. 218 e segs.; J. J. GOMES CANOTILHO, *Direito Constitucional...*, cit., págs. 855 e segs.; CARLOS BLANCO DE MORAIS, *Curso...*, I, cit., págs. 110 e segs.

[64] Cfr. JORGE MIRANDA, *Deputados e votações parlamentares*, in *Revista da Faculdade de Direito da Universidade de Lisboa*, 2001, págs. 809 e segs., e *Manual ...*, VII, Coimbra, 2007, págs. 74 e segs.

partidos por que foram eleitos, são somente aqueles que votam, respeitadas as regras do *quorum*.

Tão pouco seria admissível delegação ou representação no interior de um parlamento (como em qualquer órgão colegial, de resto). Assim como o sufrágio é de exercício pessoal (art. 49º, nº 2, da Constituição portuguesa), assim tem de ser de exercício pessoal o dos seus representantes.

Mais complexos se afiguram os problemas da disciplina de voto e, mais amplamente, da "fidelidade partidária". Porém, pelo menos pode ter-se por duvidosa a validade do voto emitido por um parlamentar, invocando essa disciplina e, ao mesmo tempo, aduzindo razões que o levariam a votar diferentemente.

165.
Órgãos do Estado e colégios eleitorais

I – O conjunto de eleitores, das pessoas (singulares) com direito de sufrágio ou capacidade eleitoral ativa constitui aquilo a que se chama, em termos gerais, eleitorado (ativo) ou colégio eleitoral.[65-66]

II – Ora, qual é a natureza jurídica dos colégios eleitorais? Serão também eles órgãos – do Estado, das regiões autónomas, das autarquias locais? E que consequências advirão do nexo entre eleição política e referendo?

Sem entrar numa análise pormenorizada do problema (extremamente difícil e também extremamente fascinante), reiteramos a opinião há muito por nós defendida de que a eleição é um ato político, quer como ato designativo, quer, sobretudo, pelo seu significado de opção política fundamental e de que o colégio eleitoral é verdadeiro órgão. A maioria que se forme ou que resulte de cada eleição tem um indiscutível senti-

---

[65] Mas haverá que discernir: colégio eleitoral *potencial* (conjunto de cidadãos com direito de sufrágio); colégio eleitoral *real* (conjunto de cidadãos eleitores alistados ou inscritos no recenseamento eleitoral); colégio eleitoral *efetivo* (conjunto de cidadãos eleitores que efetivamente venham a votar em certa eleição).

[66] V. os nossos *Colégio eleitoral*, in *Dicionário Jurídico da Administração Pública*, II, págs. 464 e segs.; *A Constituição de 1976 – Formação, estrutura, princípios fundamentais*, Lisboa, 1978, págs. 364 e segs.; *Colégio Eleitoral*, in *Verbo*, XXI, págs. 343 e segs.; *Manual...*, VII, cit., págs. 341 e segs. E também, na doutrina portuguesa, EDUARDO CORREIA BAPTISTA, *A soberania popular em Direito Constitucional*, in *Perspetivas Constitucionais – Nos 20 anos da Constituição de 1976*, obra coletiva, I, Coimbra, 1996, págs. 793 e segs.

do político. Não só a eleição geral traz consigo a escolha da política que o povo pretende seguir como, em certos momentos (*v.g.*, em caso de dissolução do Parlamento ou de renúncia do Presidente da República), equivale a uma verdadeira arbitragem ou decisão popular.[67]

Daqui não se deduz, porém, forçosamente, que o colégio eleitoral como órgão do Estado seja um órgão idêntico ao Presidente ou a Assembleia da República e que a eleição se revista das caraterísticas de ato unitário próprias de um decreto daquele ou de uma lei desta. A conclusão afirmativa ou negativa dependerá dos conceitos com que se lidar e da subsunção que neles se estiver habilitado a fazer, embora possa vir a ter corolários decisivos, inclusive na interpretação das leis eleitorais.

III – Por um lado, falta ao colégio eleitoral autonomia diante do povo: o colégio eleitoral não é senão uma expressão jurídica qualificada do povo, seja qual for o modo de entender a relação entre um e outro termo (colégio eleitoral, idêntico ao povo; colégio eleitoral, órgão do povo; colégio eleitoral, representante do povo; colégio eleitoral, gestor de negócios do povo etc.).

Por outro lado, alguns pontos de contraste entre o colégio eleitoral e os órgãos *qua tale* enunciados na Constituição parecem ser: 1º) o colégio eleitoral admite infixidez na sua composição efetiva; os órgãos do Estado, das regiões autónomas e de poder local postulam unidade e continuidade dos titulares, sempre em número certo; 2º) o colégio eleitoral é de funcionamento intermitente; os órgãos são de funcionamento permanente ou prolongado durante um período extenso; 3º) os membros do colégio eleitoral, os eleitores não se reúnem fisicamente, apenas juridicamente;[68] os órgãos do Estado colegiais são de funcionamento presencial; 4º) nos eleitores são inseparáveis os interesses funcionais e os interesses pessoais ou de grupo a que pertençam; não nos titulares dos órgãos.

Considerando o colégio eleitoral como órgão, então deve ser configurado como órgão mediato, de modo algum como órgão imediato ou órgão governativo. Governar implica permanência de atividade e quotidiana adequação às circunstâncias constantemente mutáveis da vida coletiva.

---

[67] Para maior desenvolvimento, v. *Manual*..., VII, cit., pág. 351.
[68] As assembleias de voto são meras organizações administrativas, por áreas geográficas, onde os eleitores vão votar.

Não há uma relação interorgânica; o que se verifica é uma fase do processo ou procedimento de formação da vontade do Estado. O colégio eleitoral não faz leis, mas faz um ato que pode ser considerado como um pressuposto da feitura das leis: elege os titulares de titulares dos órgãos que fazem as leis, de sorte que sem eleição esses órgãos não podem constituir-se.

§ 3º
Vicissitudes dos órgãos

166.
Espécies de vicissitudes

Resta referir as vicissitudes dos órgãos ou eventos que os afectam, uns de efeitos objectivos, outros de efeitos subjectivos.[69]

As vicissitudes *objectivas* respeitam quer à competência em geral, quer à competência em concreto para a prática de certo e determinado acto. As primeiras podem ser normativas, circunstanciais e decorrentes de vicissitudes subjectivas.

As vicissitudes *subjectivas* concernem aos titulares dos órgãos.

Naturalmente, todas elas têm de estar contempladas em normas jurídicas – no caso de órgãos constitucionais, em normas constitucionais ou em normas legais por estas expressamente previstas. Reflectindo-se sobre os estatutos dos órgãos ou sobre os dos titulares, não poderiam ocorrer à sua margem, sob pena de se vulnerarem os princípios representativos e da separação de poderes.

Além disso, estão todas elas sujeitas, em medida variável, ao postulado da proporcionalidade na tríplice vertente de necessidade, adequação e racionalidade.

---

[69] Cfr., em geral, LEOPOLDO ELIA, *Amministrazione ordinaria degli organi costituzionali*, in *Enciclopedia del Diritto*, II, 1958, págs. 219 e segs.; COSTANTINO MORTATTI, *Istituzioni...*, cit., I, págs. 213 e 214; FREITAS DO AMARAL, *Governos de Gestão*, Lisboa, 1985, e autores citados; MARIA DOLORES GONZALEZ AYALA, *La continuidad de las Camaras parlamentarias: las distintas soluciones constitucionales*, in *Anuario de la Facultad de Derecho — Universidad de Extremadura*, 1987, págs. 75 e segs.; e, a título comparativo, no âmbito do Direito administrativo, PAULO OTERO, *O poder de substituição*, cit., I, pág. 94 e II, págs. 414 e segs.

167.
Vicissitudes objetivas

I – *a)* Vicissitudes *normativas* são modificações das normas que dispõem sobre o órgão, nomeadamente as normas reguladoras de competência. No extremo, podem traduzir-se na sua própria extinção.

b) Vicissitudes *circunstanciais* são modificações das condições em que o órgão deve funcionar e até da própria competência, em virtude de certas circunstâncias típicas, como as do estado de necessidade. Podem até conduzir à substituição de um órgão por outro órgão ou à entrada em funcionamento de órgão predisposto para tais emergências.[70]

Apesar de a declaração de estado de sítio ou de emergência não poder afetar a aplicação das regras constitucionais relativas à competência e ao funcionamento dos órgãos do poder público (art. 19º, nº 7, após 1989), na prática são ineliminárias algumas adaptações.

c) Vicissitudes *objetivas ditadas por vicissitudes subjetivas* são as variações da competência do órgão ou do regime do seu exercício, em resultado de situações específicas ocorridas no titular ou nos titulares.

Era o que sucedia, nas monarquias com a *regências* na menoridade do Rei ou do Imperador (arts. 148º e segs. da Constituição de 1822, arts. 121º e segs. da Constituição de 1824).[71] E o que sucede hoje no Direito português, em caso de impedimento do Presidente da República ou de vagatura do cargo, com a *substituição interina* pelo Presidente da Assembleia da República, o qual sofre limitações ao exercício das competências presidenciais (art. 139º da Constituição).

É também deste tipo a situação do "Governo de gestão" em Portugal, ou Governo antes da apreciação do seu programa pela Assembleia da República ou depois de demitido, o qual se limita à prática dos atos estritamente necessários para assegurar a gestão dos negócios públicos (art. 186º, nº 5);[72] e, após 2004, a do Governo regional dos Açores ou da Madeira em caso de dissolução da Assembleia Legislativa (art. 234º, nº 2).

---

[70] Era o caso do *ditador* na República Romana.
[71] Cfr. MARTIM DE ALBUQUERQUE, *As regências na história do direito público e das ideias políticas em Portugal*, Lisboa, 1973.
[72] Cfr. JORGE MIRANDA, *A competência do Governo na Constituição de 1976*, in *Estudos sobre a Constituição*, III, obra coletiva, Lisboa, 1979, págs. 649 e segs., e, sobretudo, DIOGO FREITAS DO AMARAL, *Governos de Gestão*, 2ª ed., Cascais, 2002.

II – Vicissitudes *objetivas em concreto* são as que se reportam a certo ato, em virtude das condições que a norma prevê para a sua prática. Além das delegações e autorizações legislativas (art. 165º da Constituição portuguesa e art. 68º da Constituição brasileira) e das delegações de poderes em Direito administrativo, deparam-se várias.

a) Na *substituição*, um órgão pratica um ato que, em circunstâncias ou modos diferentes dos previstos na norma habilitante, seria da competência de outro órgão. Pratica-o, não no exercício de uma faculdade (como em Direito administrativo), mas por *imposição* constitucional (ou legal).

Enquanto na *delegação* ou *autorização legislativa*, tem de haver um prévio ato do órgão delegante ou autorizante, na substituição tudo se passa *ope legis*; e enquanto na autorização legislativa o Parlamento não fica privado do seu poder de legislar, abrindo-se um tempo de competência concorrencial, na substituição verifica-se uma verdadeira, embora transitória, transferência de competência.

b) Na *avocação*, um órgão assume a prática de um ato que lhe competiria em princípio, mas que tinha admitido que outro órgão praticasse, com prejuízo para a competência dele.

c) Na *preclusão* dá-se a extinção ou exaustão do poder para a prática de um ato em concreto, por força do seu exercício, ou não exercício, em certo prazo ou por força do exercício de poder com ele incompatível. A competência (em abstrato) queda intocada, apenas deixa de se manifestar relativamente a certa situação.[73-74]

168.
As vicissitudes subjetivas

I – As vicissitudes subjetivas são individuais quando afetam os titulares de órgãos unipessoais ou singulares ou este ou aquele titular de um órgão colegial; e são coletivas, quando afetam todos os titulares de um órgão colegial. As primeiras podem ser temporárias ou definitivas; as segundas, apenas definitivas.

---

[73] Cfr. ALDO ATTARDI, *Preclusione (principio di)*, in *Enciclopedia del Diritto*, XXXV, 1985, págs. 893 e segs. O fenómeno tem sido mais estudado em Direito processual do que em Direito substantivo.

[74] Distinta da preclusão (se bem que aparentemente próxima) é a caducidade dos efeitos de certo ato pelo decurso do tempo ou de certo procedimento.

Vicissitudes subjetivas individuais temporárias são:

- O impedimento físico temporário do Presidente da República, de um Deputado (art. 132º, nº 1, da Constituição portuguesa, e art. 79º da Constituição brasileira);
- A suspensão por efeito de procedimento criminal (arts. 157º, nº 4, e 196º, nº 2, da Constituição portuguesa, e art. 86º da Constituição brasileira);
- A suspensão do mandato de um membro do Parlamento por incompatibilidade, devido a nomeação como membro do Governo.

Vicissitudes subjetivas individuais definitivas são:

- A verificação superveniente de incapacidade (máxime de inegibilidade);
- A morte ou a impossibilidade física permanente;
- A renúncia;[75]
- A perda do mandato *ope Constitutionis* (arts. 133º, alíneas g e h) 186º, nºs 1 a 4 e 195º da Constituição portuguesa, e art. 55º e 83º da Constituição brasileira);
- A demissão e a exoneração de Ministros;
- A destituição em consequência de efetivação de responsabilidade criminal (art. 130º, nº 3, da Constituição portuguesa, e art. 86º da Constituição brasileira);
- A abdicação, em monarquia;
- A revogação popular do mandato.

Excecional em democracia representativa, por pôr em causa o sentido essencial que aí assume a representação política, a revogação popular encontra-se, mesmo assim, em alguns países: revogação do mandato do Presidente da República na Áustria (art. 60º, nº 6, da respetiva Constituição) e, em geral, de todos os titulares de cargos e magistraturas de eleição

---

[75] Cfr. JORGE MIRANDA, *Deputado*, cit., págs. 23, 24 e 64 e segs., e *Notas sobre a renúncia do Presidente da República*, in *Revista da Faculdade de Direito da Universidade de Lisboa*, 2004, págs. 295 e segs., e PAULO OTERO, *A renúncia do Presidente da República*, Coimbra, 2004.

popular na Venezuela (art. 72º), revogação de mandato de Governador e *recall* municipal em alguns estados dos Estados Unidos; e, em Portugal, revogação do mandato das comissões de moradores (art. 264º, nº 3, da Constituição). Mas, mais consentânea com uma democracia de tipo jacobino ou de tipo marxista, constava de Constituições como a da República Democrática Alemã (art. 57º, nº 2) e da União Soviética (art. 107º).[76]

Vicissitudes subjetivas coletivas vêm a ser, em sistemas de governo parlamentares e semipresidenciais, a dissolução do Parlamento[77] ou a demissão do Governo.

Particularíssimo melindre oferece a *dissolução* do Parlamento ou de outras assembleias representativas pelo risco de vazio que comporta. Por isso, em Estado de Direito democrático não só depende de requisitos muito estreitos – no caso português, quanto à Assembleia da República (art. 172º), às Assembleias Legislativas regionais (art. 234º) e aos órgãos das autarquias locais (art. 242º) – como implica a realização de novas eleições em prazo curto e pela lei eleitoral vigente ao tempo da dissolução (art. 113º, nº 6).[78]

II – Estas vicissitudes subjetivas determinam outras vicissitudes, consequenciais:

– As vicissitudes individuais temporárias a substituição do Presidente pelo Vice-Presidente, em repúblicas presidenciais (no Brasil, art. 79º da Constituição); a substituição do titular pelo titular de outro órgão (em Portugal, do Presidente da República pelo Presidente da Assembleia da República, segundo o art. 132º da Constituição); ou, tratando-se de parlamentar, pelo candidato a seguir na lista de candidatura ou, em certos países, pelo candidato suplente.[79]

---

[76] Cfr. JAMES W. CARNER, *La révocation des agents publics par le peuple aux Etats-Unis*, in *Revue du droit public*, 1920, págs. 510 e segs.; MARIA BENEDITA URBANO, *O referendo*, Coimbra, 1998, págs. 79 e segs.

[77] Cfr. a nossa síntese e a de CARDOSO DA COSTA, respetivamente em *Verbo*, XXIX, págs. 1605 e segs., e in *Polis*, II, págs. 628 e segs. A bibliografia especializada é imensa: v., por todos, MAURO VOLPI, *Lo scioglimento anticipato del Parlamento e la classificazione dei regime contemporanei*, 1983.

[78] Sobre dissolução, v. a nossa síntese e a de CARDOSO DA COSTA, respetivamente, in *Verbo*, XXIX, págs. 1.605 e segs., e in *Polis*, II, págs. 628 e segs. A bibliografia especializada noutros países é imensa: v., por todos, MAURO VOLPI, *Lo scioglimento anticipato del Parlamento e la classificazione dei regimi contemporanei*, Rimini, 1983.

[79] Na França, com sistema maioritário uninominal para a eleição da Assembleia Nacional, cada Deputado tem um suplente, cuja situação se avizinha da do Vice-Presidente nos Estados Unidos.

– As vicissitudes individuais definitivas, a sucessão pelo herdeiro do trono (em monarquia), a sucessão pelo Vice-Presidente em república presidencial; ou a substituição interina até novas eleições, com poderes reduzidos (arts. 132º e 139º da Constituição portuguesa, quanto ao Presidente da República); e, quanto aos parlamentares, a substituição em termos idênticos à que ocorre em caso de vicissitudes temporárias.

Repare-se na diferença entre o Brasil e Portugal.

No Brasil, o Vice-Presidente substitui o Presidente da República em caso de impedimento e sucede-lhe em caso de vagatura (art. 79º da Constituição). Em Portugal, o Presidente da Assembleia da República apenas assegura a interinidade (art. 132º da Constituição), seguindo-se eleições para novo mandato (arts. 125º, nº 1, e 128º, nº 2).

Por outro lado, na substituição do Presidente da República pelo Presidente da Assembleia da República em Portugal, abre-se uma relação entre dois órgãos; e, na substituição ou na sucessão do Presidente da República pelo Vice-Presidente da República no Brasil ou na substituição de um parlamentar por um candidato não eleito, a relação dá-se entre um órgão representativo e o povo.

– As vicissitudes coletivas, a marcação de novas eleições nos prazos constitucionais (arts. 113º, nº 7, e 128º, nº 2, da Constituição portuguesa) e, no caso de demissão do Governo, a passagem a Governo de gestão (art. 186º, nº 5).[80]

IV – Interessantes vicissitudes subjetivas são ainda o *prolongamento* e a *prorogatio* dos órgãos (ou melhor, dos titulares de órgãos). Elas consistem no exercício de funções correspondentes ao órgão por titulares que, em circunstâncias normais, já teriam cessado o desempenho dos seus cargos, ou por titulares que, tendo mesmo já cessado tal desempenho, o reassumem por motivos imperiosos.

Casos de prolongamento:

– Em estado de necessidade por impossibilidade de substituição dos titulares do órgão;

– No tocante aos órgãos eletivos, até se proclamarem os resultados das novas eleições ou tomarem posse os novos titulares – e deve

---

[80] Cfr., por todos, Diogo Freitas do Amaral, *Governos de Gestão*, 2ª ed., S. João do Estoril, 2002.

considerar-se princípio geral o que prescrevia o art. 26°, n° 25, da Constituição portuguesa de 1911, mandando o Congresso da República "continuar no exercício das suas funções legislativas, depois de terminada a respetiva legislatura, se por algum motivo as eleições não tiverem sido feitas nos prazos constitucionais";[81]

- Para evitar a eleição do Presidente da República nos 90 dias anteriores ou posteriores à data das eleições para a Assembleia da República, o prolongamento de mandato daquele pelo período necessário (art. 125°, n° 2, da Constituição); e também pode haver prolongamento em caso de reabertura de processo eleitoral por morte de qualquer dos candidatos (art. 124°, n° 3).

Casos de *prorogatio*[82] expressamente previstos eram, na Constituição portuguesa de 1822 a continuação dos Deputados antecedentes no caso de os Deputados de alguma província não poderem apresentar-se nas Cortes, por invasão de inimigos ou bloqueio (art. 83°); na Constituição de 1838, a reassunção das funções dos Deputados e Senadores após dissolução da Câmara dos Deputados, verificando-se entretanto a morte do Rei (art. 111°); e, na Constituição de 1911, após 1919, a reunião ou convocação das Câmaras dissolvidas em todas as hipóteses em que o funcionamento do Poder Legislativo fosse considerado indispensável (art. 1°, § 11°, da Lei n° 891, de 22 de setembro de 1919).[83]

---

[81] É juridicamente inexistente a dissolução de um órgão colegial sem marcação de novas eleições, a realizar nos sessenta dias seguintes e pela lei eleitoral vigente ao tempo da dissolução (art. 113°, n° 6, da Constituição portuguesa); bem como a da Assembleia da República nos seis meses posteriores à sua eleição, no último semestre do mandato do Presidente da República e na vigência do estado de sítio ou de emergência (art. 172°, n°s 1 e 2). Mas, se um desses órgãos for dissolvido no respeito destas regras e depois não ocorrerem as eleições nos sessenta dias seguintes (ainda art. 113°, n° 6), o órgão em causa deverá entender-se que continuará em funções até que as eleições finalmente se venham a realizar.

[82] Cfr. ANTONIO AUGUSTO ROMANO, *La Prorogatio negli Organi Costitucionali*, Milão, 1967; TEMISTOCLES MARTINES, *Prime osservazioni sul tempo nel diritto costituzionale*, in *Scritti in onore di Salvatore Pugliatti*, obra coletiva, III, Milão, 1978, págs. 832 e segs.; G. D'ORAZIO, *Proroga delle Camere*, in *Enciclopedia del Diritto*, XXXVII, 1988, págs. 415 e segs.; PAULO OTERO, *O poder ...*, II, págs. 452 e segs.; FRANCESCO SAVERIO MARINI, *Il principi di continuità degli organi costituzionali*, Milão, 1997; LUIS AGUIAR DE LUQUE, *Una nueva reflexión sobre la* prorogatio *de los órganos constitucionales*, in *Revista Española de Derecho Constitucional*, n° 85, janeiro-abril de 2009, págs. 83 e segs.

[83] Cfr. o art. 77 da Constituição italiana (reunião das Câmaras dissolvidas para efeito de conversão de decreto-lei).

Capítulo

III

ATOS JURÍDICO-CONSTITUCIONAIS

§ 1º
Atos jurídico-constitucionais em geral

169.
Atos jurídico-públicos e atos jurídico-constitucionais

I – Conforme indicámos, às diversas funções do Estado correspondem diferentes categorias de atos – nomeadamente, leis (constitucionais e ordinárias), atos de governo, eleições e referendos, regulamentos, atos administrativos, contratos administrativos e outros contratos públicos, atos jurisdicionais ou sentenças *latissimo sensu*.

Todos estes atos integram um conjunto muito vasto, o dos *atos jurídico-públicos* – que são, portanto, os atos do Estado (ou do Estado e das demais entidades públicas) no exercício de um poder público e sujeitos a normas de Direito público.[1]

A eles se contrapõem quer os atos de gestão privada (ainda que conexos com o desenvolvimento da função administrativa),[2] quer os atos dos particulares, inclusive os praticados no exercício ou no âmbito de direitos políticos (*v.g.*, direitos de petição, de ação popular ou de propositura de candidatos a eleições). Mas, também aqui, nem sempre se apresentam suficientemente nítidas ou estáveis as fronteiras.

---

[1] Cfr. MARCELO REBELO DE SOUSA, *O valor jurídico*..., cit., pág. 106; ANDRÉ RAMOS TAVARES, *Curso de Direito Constitucional*, São Paulo, 2003, págs. 121 e segs.; CARLOS BLANCO DE MORAIS, *Curso* ..., I, cit., págs. 79 e segs.

[2] Cfr., por todos, DIOGO FREITAS DO AMARAL, *Curso*..., I, cit., págs. 149 e segs.

II – No conjunto dos atos jurídico-públicos avultam os *atos jurídico-constitucionais*.

Numa definição formal, atos jurídico-constitucionais dizem-se os atos cujo estatuto pertence, a título principal, ao Direito constitucional;[3] os atos regulados (não apenas previstos, embora não necessariamente regulados até ao fim) por normas da Constituição; ou ainda, os atos provenientes de órgãos constitucionais e com a sua formação adstrita a normas constitucionais.

Mais difícil parece uma noção material. Não é incorreto reconduzi-los a atos de relevância constitucional, ou a atos de concretização imediata da Constituição, ou a atos de realização e de garantia das normas constitucionais.[4] Contudo, estas maneiras de os definir são talvez demasiado vagas e genéricas.

III – Conjugando as noções, tendo em conta o tratamento por lei quer dos atos da função administrativa, quer dos atos da função jurisdicional, e atendendo ainda à tradição científica de autonomização de diversas categorias em ligação com tais funções,[5] ficam como atos jurídico-constitucionais os atos da função política-legislativa e governativa – e, em seu complemento, os atos de garantia jurisdicional da constitucionalidade (bem como da legalidade frente a leis de valor reforçado e a normas de Direito internacional).

E, com efeito, são tais atos os únicos que a Constituição especifica e visa disciplinar em articulação com as competências próprias dos órgãos e dos colégios eleitorais que institui; aqueles que à Constituição estão direta e imediatamente subordinados; aqueles através dos quais se projetam, desde logo, as opções político-constitucionais ou a ideia de Direito arrimada na Constituição; aqueles a respeito dos quais se suscitam fundamentalmente (não exclusivamente, porém) problemas de inconstitucionalidade.[6]

---

[3] Miguel Galvão Teles, *Direito Constitucional...*, cit., pág. 68.
[4] Cfr. Antonio M. García Quadrado, *Aproximación a una teoria de los "atos constitucionales"*, in *Revista de Derecho Público*, nº 46, 1999, págs. 39 e segs., ou Luigi Ventura, *Motivazione (degli atti costituzionali)*, in *Digesto delle Discipline Pubblicistiche*, X, págs. 30 e 31.
[5] Donde a separação de águas entre o Direito constitucional, por um lado, e, por outro lado, o Direito administrativo, o Direito judiciário e o Direito processual.
[6] Pode haver atos da função administrativa e da função jurisdicional inconstitucionais. Na prática, serão raras as hipóteses de inconstitucionalidade (direta) e, quando ocorram, os mecanismos de fiscalização serão, de ordinário, os mecanismos gerais do contencioso administrativo e dos recursos, não os próprios da garantia da constitucionalidade. Problema grave é apenas o das decisões judiciais inconstitucionais, relativamente às

Uma enumeração pode, aliás, considerar-se feita no art. 119º, nº 1, da Constituição, embora por excesso (porque se mencionam aí igualmente decisões com força obrigatória geral de outros tribunais além do Tribunal Constitucional, decretos não legislativos e não políticos e regulamentos).

170.
Pressupostos, elementos, requisitos

I – Tal como nos demais atos jurídicos, na análise de qualquer ato jurídico-constitucional podem ser considerados pressupostos, elementos e ainda requisitos.

Os *pressupostos* vêm a ser condições prévias e exteriores ao ato, de que depende a sua existência ou a sua formação. Os *elementos* são partes integrantes do ato, definidoras do seu modo de ser ou da sua estrutura. Os *requisitos*, finalmente, são os pressupostos e os elementos tomados não tanto da perspetiva da estrutura quanto dada sua conformidade com a norma jurídica e da apreciação que esta faz sobre eles.

Sabe-se bem, todavia, como se oferecem algo variáveis as terminologias e as próprias concetologias quer em Direito privado, quer em Direito público.[7]

---

quais, esgotados os recursos ordinários, *de jure condendo* deveria admitir-se recurso para Tribunal Constitucional, como propusemos em *Ideia para uma revisão constitucional em 1996*, Lisboa, 1996, pág. 29. Sobre atos da função administrativa, v. DINAMENE DE FREITAS, *O ato administrativo inconstitucional*, Coimbra, 2010.

[7] Cfr. na doutrina, considerando ora os atos jurídico-públicos em geral, ora especificamente os atos administrativos, FEZAS VITAL, *Do ato jurídico*, cit., págs. 86 e 138 e segs., e *Direito Constitucional*, cit., págs. 213 e segs.; ORLANDO DE CARVALHO, *Contrato administrativo e ato jurídico-público*, suplemento XI ao Boletim da Faculdade de Direito da Universidade de Coimbra, 1953, págs. 1 e segs. e 31 e segs.; ANDRÉ GONÇALVES PEREIRA, *op. cit.*, págs. 97 e segs.; JOSÉ DIAS MARQUES, *Introdução ao Estudo do Direito*, 4ª ed., Lisboa, 1972, págs. 201 e 225; MARCELLO CAETANO, *Manual de Direito Administrativo*, I, cit., págs. 428 e segs.; PAOLO BARILE, *Istituzioni di Diritto Pubblico*, 5ª ed., Pádua, 1987, págs. 439 e segs.; MARCELO REBELO DE SOUSA, *O valor jurídico...*, cit., págs. 115 e segs.; ELIVAL DA SILVA RAMOS, *A inconstitucionalidade da lei – vício e sanção*, São Paulo, 1994, págs. 12 e segs.; DIOGO FREITAS DO AMARAL, *Curso ...*, II, Coimbra, 2001, págs. 342 e segs. e 250 e segs.; MARCELO REBELO DE SOUSA e ANDRÉ SALGADO DE MATOS, *Direito Administrativo Geral*, III, Lisboa, 2007, págs. 33 e segs.; CARLOS BLANCO DE MORAIS, *Curso...*, I, págs. 81 e segs. Sobre os elementos do negócio jurídico, cfr., por todos, ANTÓNIO MENEZES CORDEIRO, *Tratado de Direito Civil*, I, tomo I, 3ª ed., Coimbra, 2005, págs. 483 e segs.

II – O pressuposto de longe mais importante dos atos jurídico-constitucionais, e comum a todos eles, é a *competência* (configurada nos termos expostos no âmbito da teoria do órgão).

Implica as seguintes três exigências:

a) Que o ato dimane de um órgão do Estado (ou das regiões autónomas);
b) Que o ato dimane de um órgão competente em razão da matéria;
c) Que o ato dimane de um órgão competente em razão dos outros fatores de competência (tempo, lugar, pessoas).[8]

III – Qualquer ato jurídico é uma manifestação de vontade juridicamente relevante, e não há vontade sem objeto e sem forma (ou sem objeto, sem fim e sem forma).[9]

Daí que igualmente no ato jurídico-constitucional possam ser apontados três ou quatro elementos essenciais:

a) A *vontade* – uma vontade forçosamente funcional (insista-se), o que tem como consequência a necessidade de, pelo menos, eventuais vícios na sua formação (como o erro ou a coação) não poderem desenhar-se em moldes idênticos aos dos vícios do negócio jurídico;[10]
b) O *objeto* – sendo *objeto imediato* ou *conteúdo* o efeito ou conjunto de efeitos a que o ato se dirige, a realidade jurídica sobre a

---

[8] Cfr., algo diversamente, Marcelo Rebelo de Sousa (*O valor jurídico* ..., cit., págs. 115 e segs.), que distingue um pressuposto subjetivo (a existência do sujeito autor do ato); um pressuposto subjetivo-objetivo (a sua competência); e pressupostos objetivos (abarcando aqui as situações de facto de cuja ocorrência depende a possibilidade de praticar o ato ou de o praticar com determinados contornos conforme os pressupostos são da liberdade de atuação ou da própria liberdade de conformação de elementos do ato, e estes pressupostos objetivos podem ser ou não considerados relevantes pelo Direito conforme os tipos de atos considerados).

[9] Quanto à lei, recorde-se a análise de Paul Laband, *Le Droit Public de l'Empire Allemand*, trad., II, Paris, 1901, págs. 264 e segs.

[10] V., por exemplo, Massimo Severo Giannini, *L'illegittimità degli atti normativi e delle norme*, in *Rivista italiana per le scienze giuridiche*, 1954, págs. 59 e 60; ou Costantino Mortati, *La Volontà e la Causa nell'Atto Amministrativo e nella Legge*, in *Scritti*, II, Milão, 1972, págs. 473 e segs., máxime 567-568 e 586 e segs.; Jorge Miranda, *Manual*..., VI, cit., págs. 109-110. Cfr. Marcelo Rebelo de Sousa, *O valor jurídico*..., cit., págs. 106 e segs. e 314.

qual o ato incide, a transformação da ordem jurídica objetiva ou a constituição, modificação ou extinção de relações ou situações jurídicas que determina: e *objeto mediato* a realidade de fato que lhe subjaz, o conjunto de situações que o ato conforma ou sobre que faz recair os seus efeitos;

c) O *fim* que o órgão prossegue através do ato – e sendo de distinguir entre a *causa* ou função típica objetiva e o *fim* assumido especificamente em relação a cada ato em concreto;

d) A *forma*, declaração ou exteriorização da vontade, de ordinário traduzido numa *forma típica* consoante o tipo de ato de que se trate e que comporta (ou pode comportar) as *formalidades* necessárias a prepará-lo ou a completá-lo.

A autonomia do terceiro elemento, o fim, afigura-se muito relativa, devido ao caráter funcional da vontade, e é sobretudo discutível nos atos normativos.[11]

IV – Quanto aos *requisitos*, eles aparecem no plano dos valores, interesses e finalidades que a ordem constitucional liga aos pressupostos e aos elementos do ato. Reportam-se tanto à garantia do interesse público como à proteção dos direitos e interesses dos cidadãos que por ele possam vir a ser atingidos. Correspondem à apreciação, variável de ato para ato, que a ordem constitucional faz da presença ou ausência desses pressupostos e elementos, às vezes também em graus variáveis.

Deste prisma, cabe então falar em:

a) *Requisitos orgânicos* – os que se prendem com a competência;
b) *Requisitos materiais* – os que se prendem com a vontade e o objeto (ou a vontade, o objeto e o fim);
c) *Requisitos formais* – os que se prendem com a forma.

É possível também agrupar os requisitos orgânicos e formais contrapondo-os aos requisitos materiais; e enquanto estes têm que ver com o sentido e o conteúdo do ato, os primeiros têm que ver com a sua formação e a sua manifestação.

---

[11] Cfr. Massimo Severo Giannini, *L'illegittimità* ..., cit., *loc. cit.*, pág. 65 (o fim da norma faz parte da norma, há uma coincidência absoluta entre a vontade querida e o resultado concreto – o que é caraterística essencial da vontade); ou Costantino Mortati, *La Volontà*..., cit., *loc. cit.*, págs. 569 e 596 e segs.

171.
Requisitos e valores jurídicos dos atos

I – A apreciação da ordem constitucional sobre qualquer ato jurídico-constitucional assenta na ponderação da maior ou menor relevância, dentro do seu contexto, dos requisitos enunciados. Essa ponderação envolve, no tocante a cada ato em concreto, uma maior ou menor virtualidade de subsistência ou de produção de efeitos.

Há, assim, por via descendente, três categorias de requisitos:

a) *Requisitos de qualificação* ou requisitos de recondução ou de subsunção do ato em qualquer dos tipos constitucionais de ato estabelecidos (lei de revisão constitucional, lei, decreto-lei, referenda ministerial etc.);

b) *Requisitos de validade* ou requisitos de perfeição do ato ou de plena virtualidade de produção dos seus efeitos jurídicos típicos;

c) *Requisitos de regularidade* ou requisitos de adequação do ato às regras constitucionais (mormente, às regras formais), independentemente da produção dos seus efeitos.[12]

Logicamente, os primeiros requisitos precedem os restantes. E, assim, a preterição dos requisitos de qualificação acarreta *inexistência jurídica* do ato (pelo menos, enquanto ato de certo tipo); a dos requisitos de validade *invalidade*; e a dos requisitos de regularidade mera *irregularidade*.

Num plano diferente, ficam os *requisitos de eficácia* ou requisitos de realização prática dos efeitos do ato, através da obtenção de condições positivas ou da superação de obstáculos.

II – Os valores jurídicos do ato jurídico-constitucional ou graus de apreciação ou de assimilação dele pela ordem constitucional não significam senão diferentes valorações, tomando os requisitos como critérios de conformidade com a Constituição.

O conceito abrange a *inexistência jurídica*, a *invalidade* e a *irregularidade*. Contudo, a invalidade desdobra-se classicamente em *nulidade* e *anulabilidade*, revestindo, não raro, ainda configurações mistas, poliédricas ou atípicas; assim como nada impede que a Constituição venha a considerar feridos de inexistência jurídica atos que, conquanto perfaçam

---

[12] Cfr. a distinção entre validade e regularidade nos arts. 113º, nº 7, e 223º, nº 2, alínea c, da Constituição portuguesa.

os requisitos de qualificação, ofendam, de modo muito nítido, normas constitucionais de importância mais elevada.

172.
Tipologias de atos jurídico-constitucionais

I – As classificações possíveis de atos jurídico-constitucionais reconduzem-se, antes de mais, às dos atos jurídico-públicos e decorrem das diferentes feições dos seus elementos estruturais.[13]

Desta sorte, atendendo à vontade, encontram-se:

- Atos livres e atos devidos;
- Atos unilaterais e atos plurilaterais;
- Atos simples e atos complexos, nestes sobressaindo os atos colegiais;
- Decisões e deliberações.

Quanto ao objeto:

- Atos de eficácia interna e atos de eficácia externa;
- Atos de eficácia geral e atos de eficácia individual;
- Atos normativos e atos não normativos;
- Atos imperativos e atos permissivos ou facultativos;
- Atos declarativos e atos constitutivos;
- Resoluções e pareceres.[14]

Quanto à forma:

- Atos de formação instantânea e atos de formação sucessiva, processual ou procedimental;
- Atos expressos e atos tácitos;

---

[13] Cfr. COSTANTINO MORTATI, *Istituzioni...*, I, cit., págs. 253 e segs.; ou GIANNI FERRARA, *Gli actti costituzionali*, Turim, 2000. Este segundo Autor distingue quatro categorias: atos pré-constitutivos (votações, nomeações), atos propulsivos da dinâmica constitucional (marcação de eleições, propostas), atos de vigência monocráticos (mensagens, devoluções de leis ao Parlamento) e atos de órgãos complexos e colegiais (deliberações).
[14] Cfr. o nosso *Conselho de Estado*, cit., págs. 26 e segs.

– Atos de fundamentação necessária e atos sem fundamentação necessária;
– Atos solenes e atos não solenes.

II – Não há classificações de atos jurídico-constitucionais afora as que resultam da repartição das funções do Estado (como a que atrás sugerimos).

O que o Direito constitucional conhece, com maior relevo, é a previsão de formas típicas, ligadas quer a tradições mais ou menos antigas, quer à dinâmica do ordenamento, quer à forma e ao sistema de governo.[15]

173.

A fundamentação nos atos jurídico-constitucionais

Um ato diz-se de fundamentação necessária, quando a norma que o rege prescreve a indicação ou formulação (expressa) dos motivos que o determinam.[16]

A Constituição portuguesa, por exemplo, impõe a fundamentação dos atos administrativos que afetem direitos ou interesses legalmente protegidos dos cidadãos (art. 268º, nº 3), das decisões do Tribunal Constitucional de restrição de efeitos da inconstitucionalidade ou da ilegalidade por razões de interesse público de excecional relevo (art. 282º, nº 4) e, nas formas previstas na lei, das demais decisões dos tribunais que não sejam de mero expediente (art. 205º, nº 1).[17]

Ao invés, quanto aos atos legislativos, só muito indireta ou vagamente pode ter-se por tal a prescrição do sentido das autorizações legislativas (art. 165º, nº 2), visto que este corresponde apenas à direção ou orien-

---

[15] Cfr. *Decreto*, cit., págs. 5 e segs.
[16] Cfr. PAOLO CARETTI, *Motivazione (diritto costituzionale)*, separata de *Enciclopedia Giuridica*, Roma, 1990; ou VIEIRA DE ANDRADE, *O dever da fundamentação expressa de atos administrativos*, Coimbra, 1991, pág. 11 (distinguindo fundamentação *formal* ou exposição enunciadora das razões da decisão e fundamentação *material* ou recondução do decidido a um parâmetro valorativo que o justifique e salientando como a fundamentação exprime o carácter público da decisão, tornando-a acessível à apreensão da comunidade de destinatários e possibilitando o seu conhecimento crítico numa dimensão intersubjetiva).
[17] Sobre a fundamentação dos atos jurisdicionais, cfr., por exemplo, o acórdão nº 310/94 do Tribunal Constitucional português, de 24 de março, in *Diário da República*, 2ª série, de 29 de agosto de 1994.

tação normativa a que fica adstrito depois o decreto-lei ou o decreto legislativo regional autorizado, e não ao motivo por que a Assembleia da República delibera concedê-las.[18]

Mas é ato com força afim de força de lei a declaração do estado de sítio ou do estado de emergência, a qual deve ser "adequadamente fundamentada" (art. 19º, nº 5) e apenas pode ocorrer "nos casos de agressão efetiva ou iminente por forças estrangeiras, de grave ameaça ou perturbação da ordem constitucional democrática ou de calamidade pública" (art. 19º, nº 2), dependendo a opção por um ou outro estado da gravidade dos pressupostos (art. 19º, nº 3).

Quanto a atos políticos com exigência constitucional de fundamentação, são eles o veto político do Presidente da República perante uma lei ou um decreto-lei (art. 136º, nos 1 e 4) e o do Representante da República perante um decreto de Assembleia Legislativa regional ou de Governo regional (art. 233º, nos 2 e 4).

Ainda, logicamente, devem ser fundamentados os atos do Presidente da República sujeitos a parecer do Conselho de Estado (arts. 145º, alíneas *a* a *e*, e 146º), máxime quando de sentido contrário ao do parecer.

174.
Atos de produção sucessiva, processo, procedimento

I – Muitos dos atos jurídico-constitucionais surgem a partir de um *iter* mais ou menos longo e multifacetado, são atos complexos (ou complexos de atos) de produção sucessiva: antes de mais, as leis e também as eleições, os referendos e certos atos políticos *stricto sensu* ou de governo.

Cada um destes atos jurídico-constitucionais analisa-se em:

a) Uma pluralidade de atos simples e até, em certos casos, de atos simples e complexos;

b) Atos que se sucedem no tempo ou que se inserem numa sequência temporal;

---

[18] Naturalmente, uma fundamentação pode sempre depreender-se dos debates parlamentares relativos a qualquer lei ou a qualquer decreto legislativo regional ou constar do preâmbulo de qualquer decreto-lei.

c) Atos praticados por vários órgãos ou sujeitos ou em que interferem ou podem ser chamados a interferir diversos órgãos ou sujeitos;

d) Atos relativamente autónomos ou autonomizáveis (mormente, para apuramento da sua validade ou da sua regularidade);[19]

e) Atos interdependentes e coordenados entre si, mesmo se dotados (cada um visto de per si) de sentidos discrepantes;

f) Resultado traduzido num ato jurídico complexo que congloba ou substitui os sucessivos atos parcelares precedentes.

Numa fórmula sintética, a doutrina emprega para os designar as locuções *processo* e *procedimento*.[20-21]

II – O termo *processo* acha-se ligado estreitamente à função jurisdicional. Os tribunais desenvolvem a sua atividade através de processo, com interferência contraditória dos interessados ou partes, do Ministério Público, doutros sujeitos ou entidades. Ao processo corresponde o Direito processual (civil, do trabalho, penal, administrativo, tributário, constitucional).

Como, porém, não é apenas a função jurisdicional que implica atos de produção sucessiva, compreende-se que o termo tenha sido transposto para o âmbito da função administrativa: as decisões administrativas são precedidas de uma série de formalidades previstas na lei para garantia da prossecução do interesse público e dos direitos dos administrados.[22] E, a par do processo jurisdicional (contencioso) e do administrativo (gracioso ou não contencioso), passou a falar-se outrossim em processo legislativo.[23]

---

[19] À luz do princípio *tempus regit actum*: cfr. *supra*.

[20] Do latim *procedere* – avançar, ir para diante, estender-se.

[21] Cfr., diferentemente, em aceções próximas de sistema político e de dinâmica política, KARL LOEWENSTEIN, *op. cit.*, págs. 23 e segs., e M. J. C. VILE, *op. cit.*, págs. 343 e segs.

[22] Cfr. ALBERTO XAVIER, *op. cit.*, máxime págs. 5 e segs., 56 e 87-88; RUI MACHETE, *op. cit.*, págs. 81 e segs.; ARMANDO MARQUES GUEDES, *O processo burocrático*, Lisboa, 1969, págs. 16 e segs.; MARCELLO CAETANO, *Manual de Direito Administrativo*, II, 9ª ed., Lisboa, 1972, págs. 1.263 e segs.; DIOGO FREITAS DO AMARAL, *Curso* ..., II, cit., págs. 288 e segs.; MARCELO REBELO DE SOUSA e ANDRÉ SALGADO DE MATOS, *op. cit.*, III, págs. 52 e segs.; JOAQUIM FREITAS DA ROCHA, *Lições de Procedimento e Processo Tributário*, Coimbra, 2008, págs. 71 e segs., e, no Brasil, por exemplo, JOSÉ ALFREDO OLIVEIRA BARACHO, *op. cit.*, págs. 117 e segs. e 345 e segs.

[23] Cfr. MIGUEL GALVÃO TELES, *Direito Constitucional*..., cit., págs. 78 e segs.; JORGE MIRANDA, *Decreto*, cit., págs. 29 e segs.

Daí a distinção entre processo (em sentido restrito), o processo jurisdicional, e processo (em sentido amplo), suscetível de abranger qualquer das funções do Estado.

III – Tem-se observado, entretanto, que não são assimiláveis a forma da função jurisdicional e as das outras funções do Estado, em virtude de aquela se dirigir – ao contrário das outras – ao cumprimento ou à realização do Direito, com a consequente necessidade de uma regulamentação mais pormenorizada, densa, precisa, rígida e ritualizada.

Assim, por exemplo, Rogério Soares escreve que a prática de vários atos ao longo de um certo período, com a intenção de servirem a produção de um resultado único, pode assumir duas formas bem diferentes. Uma é aquela em que a gradual produção do ato final se desenvolve segundo uma tramitação, isto é, segundo um conjunto de atos necessários e minuciosamente fixados, segundo fórmulas rígidas de agir; e é para este modo que se usa a expressão processo. Já no procedimento, o resultado é um modelo mais fluido, há um desenvolvimento, uma sucessão que adquire sentido como uma unidade vista a partir do ato final. E, se o Direito é para o procedimento dos funcionários pressuposto e limite da sua atuação, para o processo do juiz é o fim primário.[24]

Por isso, para tornar mais claro o contraste, tende-se a adotar o termo *procedimento* para descrever a formação dos atos da função administrativa, bem como a dos atos da função legislativa e da função governativa, deixando a palavra *processo* para a função jurisdicional. Ou adota-se agora um conceito lato de procedimento aplicável a atos de qualquer função, independentemente dos fins, e contrapõe-se processo a procedimento em sentido estrito.[25-26] O Código do *Pro-*

---

[24] *A propósito dum projeto legislativo: o chamado Código do Processo Administrativo Gracioso*, in *Revista de Legislação e de Jurisprudência*, n° 3.703, fevereiro de 1983, págs. 295 e 296.

[25] Cfr., classicamente, ALDO M. SANDULLI, *Il procedimento amministrativo*, 1940, reimpressão, Milão, 1965; FELICIANO BENVENUTTI, *Funzione amministrativa, procedimento, processo*, in *Rivista Trimestrale di Diritto Pubblico*, 1952, págs. 118 e segs.; SERIO GALEOTTI, *Contributo alla teoria del procedimento legislativo*, Milão, 1957, págs. 13 e segs.; ou ainda ROBERT ALEXY, *Theorie der Grundrechte*, 1986, trad. castelhana, *Teoria de los Derechos Fundamentales*, Madrid, 1993, págs. 456 e segs. E, na doutrina portuguesa, ANTÓNIO BARBOSA DE MELO, *O vício de forma no ato administrativo (algumas considerações)*, dissertação inédita, Coimbra, 1961, págs. 19 e segs.; e, mais recentemente, PAULO FERREIRA DA CUNHA, *O procedimento administrativo*, Coimbra, 1987, máxime págs. 57 e segs. e 96 e segs.; J. J. GOMES CANOTILHO e VITAL MOREIRA, *Fundamentos da Constituição*, Coimbra, 1991, págs. 182 e segs.; VASCO PEREIRA DA SILVA, *op. cit.*, págs.

cedimento Administrativo, publicado, em Portugal, em 1991, confirma essa orientação.[27]

Por outro lado, realça-se o significado do procedimento no contexto global do sistema. Para além de uma maior adequação à estrutura própria da vontade funcional,[28] associa-se-lhe o reforço da transparência e da publicidade das decisões do Estado.[29] Ele revela-se imprescindível para a participação e a democracia participativa, quando não (na linha de Niklas Luhmann) para a legitimação dos atos ou do próprio poder.[30] E seria mesmo, doutro prisma, um instrumento para a conversão da Constituição (considerada, tradicionalmente, de uma forma estática, como ordem jurídica fundamental do Estado) na ordem dinâmica da comunidade.[31]

---

301 e segs.; Pedro Machete, *A audiência dos interessados no procedimento administrativo*, Lisboa, 1995, págs. 47 e segs.; João Loureiro, *O procedimento administrativo entre a eficiência e a garantia dos particulares*, Coimbra, 1995, págs. 17 e segs. e 39 e segs.; David Duarte, *Procedimento, participação e fundamentação: para uma concretização do princípio da imparcialidade*, Coimbra, 1996, págs. 19 e segs.; Mário Esteves de Oliveira, Pedro Costa Gonçalves e João Pacheco do Amorim, *Código do Procedimento Administrativo Comentado*, 2ª ed., Coimbra, 1997, págs. 33 e segs.; Colaço Antunes, *O procedimento administrativo de avaliação de impato ambiental*, Coimbra, 1998, págs. 107 e segs.; J. J. Gomes Canotilho, *Direito Constitucional...*, cit., 3ª ed., págs. 899 e segs., e 7ª ed., págs. 545 e 1.169-1.170; Marcelo Rebelo de Sousa e André Salgado de Matos, *op. cit.*, III, págs. 56 e segs.

[26] De resto, mesmo em Direito processual há muito se distingue entre processo e procedimento. Cfr. Manuel de Andrade, *Noções Elementares de Processo Civil*, I, Coimbra, 1956, pág. 6: o *processo* (em sentido jurídico) é um verdadeiro *procedimento*, traduzido num encadeamento de atos destinados a desembocar em certo fim. Ou Teixeira de Sousa, *Introdução do Processo Civil*, Lisboa, 1993, págs. 12 e segs.

[27] Depois de, numa primeira fase, ter chegado a ser elaborado um projeto de Código do *Processo Administrativo Gracioso*.
De observar, desde logo, o art. 1º, para o qual *procedimento administrativo* é a sucessão ordenada de atos e formalidades tendentes à formação e manifestação da vontade da Administração Pública ou à sua execução e *processo administrativo* o conjunto de documentos em que se traduzem esses atos e formalidades. É este um conceito *instrumental* do processo.

[28] Sobre função e procedimento, v., por todos, Franco Bassi, *op. cit.*, págs. 120 e segs., máxime 136.

[29] Cfr., por todos, Vieira de Andrade, *O dever...*, cit., págs. 313 e segs.

[30] *Legitimation durch Verfahren*, 1969, trad. portuguesa *Legitimação pelo procedimento*, Brasília, 1980.

[31] J. J. Gomes Canotilho, *Direito Constitucional...*, cit., 3ª ed., pág. 900. V. também, deste Autor, *Tópicos de um Curso de Mestrado sobre Direitos Fundamentais, Procedimento, Processo e Organização*, Coimbra, 1990.

IV – Em sintonia com a corrente juspublicística hoje dominante, tenderemos a utilizar a palavra *procedimento*. No entanto, não deixaremos de falar em *processo*, tendo em conta a terminologia constitucional e por não haver aqui qualquer risco de confusão com o regime do processo inerente à atividade dos tribunais.

Em Direito administrativo justifica-se bem separar os termos e os conceitos, para ultrapassar ou evitar certas perspetivas doutrinais ou jurisprudenciais voltadas para a possível aplicação de regras do processo civil ao procedimento de formação das decisões da Administração.[32] Já no campo do Direito constitucional ou da teoria da Constituição nenhuma dúvida desse género poderia suscitar-se a propósito da formação das leis ou dos atos políticos – tão longe esta se encontra do processo jurisdicional, tão afastados são os problemas.

V – Seja como for, um ponto afigura-se seguro: cada ato inserido no procedimento ou no processo legislativo ou político tem de ser apreciado, quanto à sua validade e à sua regularidade, de per si; não há que apreciar só o resultado final ou o ato em que este se traduz.

Importa, contudo, distinguir aqui entre os atos dos órgãos do Estado e os atos do colégio eleitoral ou do povo ativo – eleição e referendo. Conforme resulta da jurisprudência do Tribunal Constitucional português, não pode ser a mesma a relevância da impugnação da validade num e noutro caso.

Uma ordem constitucional democrática, como diz o Tribunal, pressupõe a observância de todos os procedimentos previamente estabelecidos e regulados. No tocante aos atos legislativos do Parlamento, a votação na generalidade, a votação na especialidade e a votação final global não constituem um *iter* sucessivo de formação de vontade em que os momentos posteriores pudessem, sem mais, elidir os anteriores; e, por isso, não é de aceitar a possibilidade de sanação da votação da especialidade por força da votação final global.[33-34]

Pelo contrário, nas eleições e nos referendos – por envolverem múltiplos atos praticados por órgãos diversos em fases relativamente independentes ou em assembleias diversas em certa fase – já se verifica um

---

[32] V. o problema em Pedro Machete, *op. cit.*, págs. 55 e segs.
[33] Acórdão nº 289/92, de 2 de setembro, in *Diário da República*, 2ª série, de 19 de setembro de 1992. Cfr. o nosso comentário, favorável, in *O Direito*, 1994, págs. 279 e segs.
[34] O Tribunal reiteraria esta doutrina no acórdão nº 868/96, de 4 de julho, in *Diário da República*, 1ª série-A, de 16 de outubro de 1996.

fenómeno de preclusão. Qualquer ato é impugnável; mas, não o tendo sido ou tendo sido indeferida a reclamação ou não provido o recurso sobre ela, não mais poderá ser contestado no futuro.

O processo eleitoral, nota ainda o Tribunal Constitucional, desenvolve-se em cascata, de tal modo que nunca é possível passar à fase seguinte sem que a fase anterior esteja definitivamente consolidada.[35] E daí decorre o princípio de aquisição progressiva dos atos, por forma que os diversos estágios, depois de consumados e não contestados no tempo útil para tal concedido, não possam ulteriormente, quando já se percorre uma fase diversa do *iter* eleitoral, vir a ser impugnados. A não ser assim, o processo eleitoral, delimitado por uma calendarização rigorosa, acabaria por ser subvertido mercê de decisões extemporâneas, que, em muitos casos, determinariam a impossibilidade de realização dos atos eleitorais.[36]

175.

Atos tácitos e omissões

I – Os atos jurídico-constitucionais são, de regra, pela própria relevância que assumem, *atos expressos*.

São muito raros, em qualquer Constituição, os *atos tácitos*, os casos em que à abstenção, ao silêncio ou à inércia se ligam determinados efeitos e em que se lhe atribui, portanto, um sentido em face de um precedente ato (visto que ato tácito pressupõe sempre sucessão de atos, procedimento e dever de decidir).[37]

Mas é o caso da promulgação ou sanção tácita das leis, nos Estados Unidos (art. 1º, secção VII, nº 2, da Constituição) e no Brasil (art. 66º, § 3º, da Constituição de 1988).

Diferente do ato tácito é o fenómeno da preclusão há pouco referido (a propósito da promulgação ou do veto político ou do veto por inconstitucionalidade), em que, pelo decurso do tempo, se esgota ou deixa de poder ser exercido certo poder.

---

[35] Acórdão nº 262/85, de 29 de novembro, in *Diário da República*, 2ª série, de 18 de março de 1986.
[36] Acórdão nº 322/85, de 26 de dezembro, in *Diário da República*, 2ª série, de 16 de abril de 1986. V. também, entre outros, acórdão nº 698/93, de 10 de novembro, *ibidem*, 2ª série, de 20 de janeiro de 1994.
[37] Cfr. os arts. 108º e 109º do Código do Procedimento Administrativo.

No ato tácito, a norma presume uma vontade ou, doutra perspetiva, liga à não manifestação de vontade certa consequência. Já na preclusão é a norma, de per si, que se impõe em face do decurso do tempo, porventura mesmo inviabilizando uma subsequente (tardia) manifestação de vontade do órgão: assim, o Presidente da República, passados oito dias após a receção do diploma para promulgar, já não pode requerer a fiscalização preventiva da constitucionalidade ou, passados vinte dias, já não poder exercer o veto político. A vontade ainda é relevante, de certa maneira, no ato tácito; não na preclusão.

II – Mas há abstenções ou atitudes de *non facere* que o Direito trata doutro modo, valorando-as negativamente como comportamentos omissivos ou *omissões*. E aqui já não nos encontramos diante de atos jurídico-constitucionais,[38] embora as omissões possam elas próprias provocar a produção de novos atos jurídico-constitucionais.

Com efeito, a existência de omissões juridicamente relevantes é um fenómeno que se encontra em diversos setores do ordenamento e, em particular, no Direito constitucional. Ela verifica-se sempre que, mandando a norma reguladora de certa relação ou situação praticar certo ato ou certa atividade nas condições que estabelece, o destinatário não o faça, não o faça nos termos exigidos, não o faça em tempo útil, e a esse comportamento se liguem consequências mais ou menos adequadas.

Relativamente a quaisquer funções do Estado, não custa surpreender manifestações possíveis – e não apenas teóricas – de comportamentos omissivos, sejam omissões de atos normativos, sejam de atos de conteúdo não normativo ou individual e concreto. Sucede isto com a função legislativa e com a função governativa, e até com a revisão constitucional; sucede isto com a função administrativa e pode suceder até com a função jurisdicional. Tais comportamentos vêm, assim, a ser inconstitucionais ou ilegais, consoante os casos, e podem ainda tornar-se ilícitos.[39]

Pode haver inconstitucionalidade por omissão de atos legislativos (ou o que, para aqui, vale o mesmo, por omissão de normas legislativas): por exemplo, quando perante normas constitucionais não exequíveis

---

[38] Cfr. MARCELO REBELO DE SOUSA, *O valor...*, cit., pág. 106, nota.
[39] Cfr. a tentativa de teoria geral (embora centrada no Direito administrativo e na jurisprudência francesa e sem falar em inconstitucionalidade por omissão) de PIERRE MONTANÉ DE LA ROQUE, *L'Inertie des Pouvoirs Publics*, Paris, 1950; ou, sobre a efetivação dos comandos constitucionais e legislativos no tempo, a perspetiva de EMANUELE TUCCARI, *L'attuazione legislativa*, in *Rivista Trimestrale di Diritto Pubblico*, 1982, págs. 363 e segs.

por si mesmas, o legislador não edite as leis necessárias para lhes conferir concretização.

Pode haver inconstitucionalidade por omissão de atos políticos ou de governo. Entre outras hipóteses, pense-se na não marcação do dia das eleições, na não designação de titulares de cargos constitucionais ou na não promulgação de leis quando devida ou na falta de referenda ministerial, identicamente, quando devida etc.

Em suma, situações de fato, comportamentos aparentemente iguais adquirem sentidos jurídicos diferentes consoante os critérios das normas jurídicas, ora como atos tácitos ora como omissões inconstitucionais – o que mostra, mais uma vez, como o Estado e a sua atividade se movem no âmbito do Direito e têm de se compreender à sua luz.

176.
O tempo em Direito constitucional

I – O tempo desempenha um importantíssimo papel em Direito constitucional:[40]

- O poder constituinte material tem a marca do tempo histórico em que se exerce;
- Em geral, a interpretação evolutiva da Constituição formal, a formação do costume, sobretudo a sedimentação, o desenvolvimento e a transformação das instituições postulam períodos de tempo mais ou menos longos;

---

[40] V. Costantino Mortati, *Istituzioni* ..., I, cit., págs. 233 e segs.; Temistocle Martines, *op. cit., loc. cit.*, págs. 795 e segs.; Paolo Ciocoli Nacci, *Il Tempo nella Costituzione*, Pádua, 1984; Marilisa d'Amico, *Riflessioni sulla nozione di tempo nel Diritto Costituzionale*, in *Jus*, 1992, págs. 39 e segs.; Carmen Lúcia Antunes Rocha, *Conceito de urgência no Direito Público Brasileiro*, in *Revista Trimestral de Direito Público*, 1993, págs. 233 e segs.; Afonso D'Oliveira Martins, *Para uma teoria dos adquiridos constitucionais*, in *Estudos em homenagem ao Prof. Doutor Rogério Soares*, obra coletiva, Coimbra, 2001, págs. 1.049 e segs.; Wladimir Brito, *Tempo e Direito. A propósito de uma revisão constitucional*, in *Thenis*, nº 8, 2004, págs. 79 e segs.; Lior Barshack, *Time and Constitution*, in *International Journal of Constitutional Law*, 2009, págs. 553 e segs.; Fabiana Marion Spengler, *Tempo, Direito e Constituição*, Porto Alegre, 2008. Cfr., em perspetiva mais ampla, Jean-Louis Bergel, *Théorie Générale du Droit*, 4ª ed., Paris, 2004, págs. 121 e segs.; Guillaume Tussaut, *L'urgence en droit constitutionnel*, in *Le temps et le droit constitutionnel*, obra coletiva (sob a direção de François Robbe), Aix-en-Provence, 2010, págs. 105 e segs.; Manuel Afonso Vaz, *O tempo e a efetivação dos Direitos Fundamentais*, in *Revista de Direito Público*, nº 6, 2011, págs. 45 e segs.

- No tempo se produzem os atos de formação procedimental;
- A aplicação das normas tem uma dimensão de âmbito temporal, produzindo efeitos quer em relação a normas ordinárias posteriores quer em relação a normas anteriores (donde a distinção entre inconstitucionalidade originária e inconstitucionalidade superveniente);
- A estabilidade legislativa ou durabilidade razoável das normas que se repercutam em situações jurídicas subjectivas decorre do princípio da proteção da confiança, imanente ao Estado democrático de Direito;[41]
- Não podem ser criados crimes, penas ou mandados de segurança, nem impostos retroativamente (arts. 29º e 103º, nº 3, da Constituição portuguesa e arts. 5º-XXXIX e XL e 150º-III, da Constituição brasileira);
- Também a inconstitucionalidade por omissão só se verifica passado certo tempo após a emanação da norma constitucional (sempre se a norma é programática, quase sempre se é precetiva não exequível por si mesma).

As disposições transitórias destinam-se a assegurar a adaptação de certos institutos e regimes jurídicos ou a introdução de novos (cfr. o Ato de Disposições Transitórias de 1988, com 94 artigos).

II – Além disso, as Constituições outorgam uma relevância específica ao tempo em múltiplos domínios quer da estrutura da comunidade política quer da organização do poder – e aqui com reflexos imediatos sobre atos (e sobre fatos)[42] jurídico-constitucionais.[43]

§ 2º
Atos legislativos

177.

Aceções de lei

I – São múltiplos os sentidos do termo *lei*[44] em Ciência Jurídica.

---

[41] Cfr. *Manual...*, IV, cit., págs. 310 e segs.
[42] Como se sabe, os factos jurídicos distinguem-se dos atos jurídicos (entre os quais os atos jurídico-constitucionais) por, independentemente de qualquer manifestação de vontade, determinarem efeitos jurídicos.
[43] Cfr. Temistocle Martines, *op. cit.*, *loc. cit.*, pág. 815.
[44] Vocábulo conexo com os termos latinos *legere* (ler), *ligare* (vincular), *eligere* (escolher).

Para o escopo deste livro, salientem-se:

a) A lei como *norma jurídica*, como ordenamento jurídico positivo ou até como Direito;

b) A lei como *fonte intencional unilateral de Direito*[45] – criação (ou, doutra ótica, revelação) de normas jurídicas por ato de autoridade dirigido a esse fim – contraposta, portanto, quer ao costume (criação de normas jurídicas a partir da prática ou da comunidade dos destinatários), quer à jurisprudência (criação de normas jurídicas através da decisão de questões submetidas a tribunal), quer ainda a formas convencionais de Direito interno ou de Direito internacional, máxime ao tratado (criação de normas jurídicas por acordo de vontades entre os interessados, que serão depois seus destinatários);

c) A lei como *fonte intencional unilateral centralizada ou estatal de Direito* – criação do Direito do Estado por obra de autoridade estatal – contraposta, por um lado, às formas descentralizadas de criação do Direito, correspondentes aos municípios, a outras comunidades territoriais e às instituições sociais dotadas de poder normativo, entre as quais as associações públicas e, por outro lado, às formas de criação do Direito próprias de organizações

---

[45] Sobre fontes de direito, v., entre tantos, C. K. ALLEN, *Law in the making*, 7ª ed., Oxónia, 1964; CASTANHEIRA NEVES, *As Fontes de Direito e o problema da positividade jurídica*, in *Boletim da Faculdade de Direito da Universidade de Coimbra*, 1976, págs. 95 e segs., e *Fontes de Direito*, in *Pólis*, II, págs. 1.512 e segs.; ANTONIO RUGGERI, *Gerarchia...*, cit., págs. 80 e segs., e *Fonti e norme nell'ordinamento e nell'esperienza costituzionale*, I, Turim, 1993; JOÃO BAPTISTA MACHADO, *op. cit.*, págs. 153 e segs.; IGNACIO DE OTTO, *Derecho Constitucional – Sistema de Fontes*, Barcelona, 1987, págs. 69 e segs.; GUSTAVO ZAGREBELSKY, *Manuale do Diritto Costituzionale*, I, Pádua, 1988, págs. 3 e segs.; TÉRCIO SAMPAIO FERRAZ JÚNIOR, *Introdução ao Estudo do Direito*, São Paulo, 1988, págs. 200 e segs.; MIGUEL REALE, *Fontes e Modelos de Direito*, São Paulo, 1994; LIVIO PALADIN, *Le Fonti del Diritto Italiano*, Bolonha, 1996, págs. 15 e segs.; PIER FRANCESCO GROSSI, *Considerazioni introduttive per uno studio sulla fonti*, 4ª ed., Roma, 1999; LUCIO PEGORARO e ANGELO RINELLA, *Le fonti nel Diritto Comparato*, Turim, 2000; J. J. GOMES CANOTILHO, *Direito Constitucional...*, cit., págs. 693 e segs.; ANTÓNIO SANTOS JUSTO, *Introdução ao Estudo do Direito*, 2ª ed., Coimbra, 2003, págs. 187 e segs.; DIOGO FREITAS DO AMARAL, *Manual de Introdução ao Direito*, Coimbra, 2004, págs. 343 e segs.; JOSÉ DE OLIVEIRA ASCENSÃO, *O Direito...*, cit., pág. 255 e segs.; FERNANDO JOSÉ BRONZE, *Lições de Introdução ao Direito*, 2ª ed., Coimbra, 2006, págs. 683 e segs.; ALESSANDRO PIZZORUSSO, *La question des sources de droit au début du XXIème siècle*, in *En hommage à Francis Delpérée – Itinéraire d'un constitutionnaliste*, obra coletiva, Bruxelas-Paris, 2007, págs. 1.197 e segs.; JOAQUIM FREITAS DA ROCHA, *Constituição...*, cit., págs. 30 e segs.; MIGUEL TEIXEIRA DE SOUSA, *Introdução...*, cit., págs. 117 e segs.

internacionais e de outros sujeitos de Direito internacional (*v.g.* resoluções do Conselho de Segurança das Nações Unidas ou certos atos da União Europeia ou do Mercosul);

d) A lei como *ato da função legislativa **latissimo sensu***, independentemente do tempo, do modo, das regras a que esteja sujeito e dos destinatários, e abrangendo tanto a lei constitucional como a lei infraconstitucional ou lei ordinária e, nesta, tanto a lei de eficácia predominantemente externa como a lei de eficácia predominantemente interna;

e) A lei como *ato da função legislativa **lato sensu*** ou lei ordinária – ato normativo da função política subordinado à Constituição, tenha eficácia predominantemente externa ou interna;

f) A lei como *ato da função legislativa **stricto sensu*** – ato normativo da função política subordinado à Constituição e dotado de eficácia predominantemente externa – ou seja, ato dirigido à comunidade política e ainda às relações entre órgãos de poder, contrapondo-se, assim, aos regimentos das assembleias e de outros órgãos colegiais e, porventura, a certas leis meramente organizatórias;

g) A lei como *ato legislativo da assembleia política representativa* (ou Parlamento), como *lei em sentido nominal* contraposta quer ao decreto com força de lei e ao decreto-lei (dimanado de órgão do Poder Executivo) quer à resolução, ato não normativo do Parlamento;[46]

h) A lei como *ato sob forma de lei*, recortado não tanto pelo conteúdo quanto pelo processo de formação e pela forma final, implicando essa forma determinada força jurídica – a força de lei – e havendo diversas formas de lei consoante as tramitações que as leis sigam ou os órgãos que as editem.[47]

II – A 4ª, a 5ª e a 6ª aceções correspondem à habitualmente chamada lei em sentido material; a 7ª, à lei em sentido orgânico-material, enquanto traduz um duplo princípio de separação de poderes e de representação política; a 8ª, à lei em sentido formal ou orgânico-formal.

---

[46] V. Jorge Miranda, *Resolução*, in *Dicionário Jurídico da Administração Pública*, VII, págs. 241 e segs.

[47] Cfr. as vinte e sete aceções de lei na Constituição inventariadas por Alexandre Sousa Pinheiro, anotação ao art. 112º, in *Comentário à Constituição Portuguesa* (coordenação de Paulo Otero), III, Coimbra, 2008, págs. 86 e segs.

É sobre a 6ª, a 7ª e a 8ª aceções que vai versar a análise do presente capítulo e dos seguintes. O 1º e o 2º sentidos cabem *de pleno* na Teoria Geral do Direito (embora não seja possível compreender a lei como ato legislativo desligado do entendimento dado ao Direito objetivo em geral). O 3º situa-se no âmbito da Teoria Geral do Direito Público; e o 4º também no da Teoria da Constituição. Quanto às normas regimentais, apenas terão de ser tidas em linha de conta (o que, aliás, não será pouco) no âmbito do estudo do procedimento legislativo parlamentar.

178.
A problemática jurídico-política da lei

I – A lei como ato da função legislativa – ou, tantas vezes, em alcance conexo com ela, como Direito decretado pelo Estado – constitui um dos temas recorrentes da ciência juspublicística e, antes e para além desta, da filosofia política e jurídica.

Desde a antiguidade clássica têm sido objeto de indagação constante a sua essência, o seu fundamento e os seus limites, a sua relação com o bem comum ou com o princípio da unidade política e a autoridade donde deve emanar. As mais significativas conceções sobre o Estado e o Direito conduzem necessariamente a diversos entendimentos do que seja (ou deva ser) a lei.

Recordem-se, assim:

- A lei, ordenação da razão (S. Tomás de Aquino e, de certo modo, ainda Suarez);
- A lei, vontade do soberano (Hobbes);
- A lei, garantia da liberdade civil e da propriedade (Locke);
- A lei ligada à divisão do poder e ao equilíbrio das instituições (Montesquieu);
- A lei, expressão da vontade geral (Rousseau);
- A lei, vontade racional (Kant);
- A lei, instrumento para a utilidade e a felicidade geral (Bentham);
- A lei, manifestação imediata do poder soberano (Austin);
- A lei, instrumento do domínio de classe (Marx, Engels);

- A lei, escalão de normas imediatamente a seguir à Constituição (Kelsen);
- O conceito político de lei (Schmitt).[48]

II – Mas a problemática da lei coenvolve a problemática geral do poder. Com o conteúdo da lei contendem a organização da sociedade e do poder de a governar.

Não é por acaso que Locke considera o poder legislativo o poder primordial por ser ele que determina as diferentes formas de governo.[49] Nem é por acaso que, recusando embora a separação de poderes, Rousseau admite a distinção entre função legislativa e função executiva, sustentando que aquela é a única soberana.[50] Ou que, pelo contrário, Montesquieu a pretende limitar.[51]

---

[48] Cfr. Jürgen Habermas, *Mudança estrutural da esfera pública*, cit., págs. 70 e segs. e 211 e segs.; Roque Cabral, *Lei*, in *Verbo*, XI, págs. 1.662 e segs.; Guido Fassò, *Legge (teoria generale)*, in *Enciclopedia del Diritto*, XXIII, 1973, págs. 783 e segs.; Christian Starck, *Der Gesetzesbegriff des Grundgesetzes*, trad. castelhana *El concepto de la ley en la Constitucion Alemana*, Madrid, 1979, págs. 159 e segs.; Castanheira Neves, *O instituto...*, cit., págs. 492 e segs.; Jean-Marie Trigend, *Le procéssus législatif: élements de philosophie du droit*, in *Archives de Philosophie du droit*, 1985, págs. 245 e segs.; Francesc de Carreras, *La ley en el constitucionalismo y en la Constitución española*, in *Diez años de desarollo constitucional – Estudios em homenaje al Profesor Luis Sanchez Agesta*, obra coletiva, Madrid, 1989, págs. 289 e segs.; Maria Rosaria Donnarumma, *La nozione di legge nella cultura francese*, in *Diritto e Società*, 1990, págs. 467 e segs.; José Adelino Maltez, *Princípios gerais de Direito*, policopiado, II, Lisboa, 1991-1992, págs. 156 e segs.; Manuel Afonso Vaz, *Lei e reserva da lei*, cit., págs. 75 e segs.; Manoel Gonçalves Ferreira Filho, *Do Processo Legislativo*, 3ª ed., São Paulo, 1995, págs. 21 e segs.; Luis Prieto Sanchis, *Ley, princípios, derecho*, Madrid, 1998; Paulo Otero, *Legalidade...*, cit., págs. 45 e segs.; Luís S. Cabral de Moncada, *Lei e regulamento*, Coimbra, 2002, págs. 31 e segs.; J. J. Gomes Canotilho, *Direito Constitucional...*, cit., págs. 713 e segs.; Arthur Kauffmann, *Rechtsphilosophie*, 1957, trad. portuguesa *Filosofia do Direito*, Lisboa, 2004, págs. 209 e segs.

[49] "A forma de governo depende do poder supremo que é o poder legislativo. Sendo impossível conceber-se que o poder inferior prescreva ao supremo ou que outro qualquer que não o poder supremo faça as leis, conforme se coloca o poder de fazer leis assim também é a forma da comunidade" (*Second Treatise of Government*, cap. X).

[50] "No corpo político distinguem-se a força e a vontade; esta sob o nome de autoridade legislativa, a outra sob o de autoridade executiva... O poder legislativo pertence ao povo... O governo é um corpo intermediário que não existe senão pelo soberano" (*Du contrat social*, cap. I do livro III).

[51] "Quando, na mesma pessoa ou no mesmo corpo de magistrados, o poder legislativo se encontra reunido ao poder executivo, não há liberdade; porque pode temer-se que esse monarca ou esse senado faça leis tirânicas para as executar tiranicamente" (*De l'Esprit des lois*, cap. VI do livro XI).

179.
A lei na evolução do Estado

I – A cada tipo histórico de Estado corresponde uma certa configuração da lei no âmbito das ordens jurídicas positivas (em interação com as correntes doutrinais prevalecentes). E em cada uma das grandes fases de desenvolvimento de cada tipo histórico oferece ainda a lei caraterísticas incontornáveis.

Castanheira Neves fala, por isso, em historicidade e condicionalidade da função legislativa, sublinhando a sua referência específica ao poder político: pode não ter sido sempre a legislação a forma eminente e mais eficaz da afirmação desse poder, como o é hoje, mas se, por um lado, ela foi a partir do século XVI "o corolário essencial da soberania", por outro lado, a cada espécie de poder político corresponde um tipo particular de legislação – como for o poder político, assim será a legislação.[52]

II – Tal como a respeito do fenómeno constitucional, sobressai aqui a contraposição entre o período anterior ao Iluminismo e à Revolução Francesa e o período subsequente. São, no essencial, as mesmas as causas do aparecimento da Constituição material e formal e das metamorfoses da lei.[53]

Antes do iluminismo e da Revolução Francesa, o peso da lei era (a despeito do esforço centralizador do Estado absoluto) relativamente pequeno;[54] lei e Direito objetivo não se confundiam, não só devido ao

---

[52] *O instituto...*, cit., pág. 479. Cfr. também, por exemplo, Leonel Severo Rocha, *Epistemologia Jurídica e Democracia*, São Leopoldo, 1998, págs. 101 e segs.; ou Plínio Saraiva Meccaré, *Juridicidade: sua compreensão político-jurídica a partir do pensamento moderno-iluminista*, Coimbra, 2003, máxime págs. 49 e segs.

[53] Cfr. *supra*.

[54] Cfr., quanto a Portugal – sem esquecer as *Ordenações*, Afonsinas, Manuelinas e Filipinas – António Manuel Hespanha, *A perspetiva histórica e sociológica*, in *A Feitura das Leis*, obra coletiva (coord. de Jorge Miranda e Marcelo Rebelo de Sousa), II, Oeiras, 1986, págs. 65 e segs.; Mário Júlio de Almeida Costa, *História do Direito Português*, 3ª ed., Coimbra, 1996, págs. 191 e segs., 256 e segs. e 294 e segs.; Pedro Barbas Homem, *A "Ciência da Legislação". Conceptualização de um modelo jurídico no final do Ancien Régime*, in *Legislação*, nº 16, abril-junho de 1996, págs. 15 e segs., *Introdução histórica à teoria da lei – época moderna*, ibidem, nº 25, outubro-dezembro de 1999, págs. 41 e segs., e *A lei da liberdade*, Lisboa, 2001, págs. 51 e segs.; Carlos Blanco de Morais, *As leis reforçadas pelo procedimento no âmbito dos critérios estruturantes das relações entre atos legislativos*, Coimbra, 1998, págs. 26 e segs. e 539 e segs.; Sílvia Alves, *O espírito das leis – para uma teoria da interpretação da lei no século XVIII*, in *Revista da Faculdade de Direito da Universidade de Lisboa*, 2001, págs. 106 e segs.

papel desempenhado pelo costume mas também devido à aceitação de certos princípios ético-jurídicos; eram estes, mais do que a lei, que conformavam sociedades alicerçadas em hierarquias de classes e funções; a autoridade da lei ou era pressuposta ou estribava-se na legitimidade tradicional do monarca; e era tanto mais respeitada quanto mais antiga.

Diversamente, a partir do constitucionalismo, a lei tende a dominar todo o ordenamento jurídico estatal e chega a querer-se reduzir a tarefa dos juristas à sua exegese; as sociedades são agora sociedades em movimento, com múltiplas vicissitudes, não raro revolucionárias, que a lei acompanha, nuns casos, e determina (ou supõe-se que determina), noutros casos; a lei dir-se-ia estar na disponibilidade do poder; multiplica-se e renova-se sem cessar; e a sua autoridade é apenas imanente ou parece justificar-se por si mesma.[55]

A teoria do Estado absoluto levara já ao contraste entre razão e vontade nos domínios da criação e da aplicação da lei. Com a modernidade, o conflito passa a ser entre liberdade e soberania popular. Na vertente liberal, lei implica separação de poderes e primado dos direitos individuais; na democrática, primado da soberania popular e da sua tradução maioritária; e essa tensão dialética vai prolongar-se dentro do Estado de Direito democrático.

III – Se bem que o enquadramento da lei surgido com a Revolução Francesa perdure até os nossos dias, há diferenças sensíveis entre a lei na época do Estado liberal e a lei nos séculos XX e XXI.

No século XIX, a lei integra-se na visão de uma sociedade de indivíduos livres e iguais, homogénea, bem estruturada frente ao poder e cujo funcionamento se pauta de acordo com a razão. Prescrição normativa àqueles dirigida, define-se pela generalidade e pela abstração. Instrumento neutro incindível de fins permanentes e universais, tem na sua certeza um esteio básico a preservar e vê na codificação o seu maior triunfo. Proveniente do Parlamento, reveste forma unitária.

A lei assenta na majestade da razão e, por isso, a racionalidade é o seu limite intrínseco, único e necessário. Aliás, a Constituição, dominada

---

[55] No sistema de direito comum só se recorria à lei quando o rei tinha que ofender direitos adquiridos (ANTÓNIO MANUEL HESPANHA, *op. cit., loc. cit.*, pág. 69). E, se no despotismo iluminado há um aumento da cadência de produção legislativa, é mais por razões simbólicas do que propriamente por razões regulativas (*ibidem*, pág. 73).
Sobre a lei na Inglaterra e na França, cfr., por todos, MAURICE HAURIOU, *Précis...*, cit., 1929, págs. 224 e segs. e 232 e segs.

quase por completo por normas organizatórias, não interfere na grande maioria das matérias legais, nem é entendida como parâmetro de validade da lei. E, como bem se sabe, a ideia de fiscalização jurisdicional da constitucionalidade, acolhida nos Estados Unidos, não acharia terreno fértil na Europa desse tempo.[56]

Naturalmente, a sociedade (ou a consciência de sociedade) do século XX e XXI não poderia deixar de alterar a posição da lei. O legislador – seja o Parlamento, seja o Executivo enquanto investido também de competências legiferantes – defronta-se com uma sociedade cada vez mais heterogénea, mutável e conflitual de grupos, de interesses e de forças políticas e ideológicas e tem de utilizar, não raro, a lei para intervenções contingentes nos mais variados setores da vida social, económica e cultural. A complexidade torna-se inelutável, nem sequer se esgota na conhecida dicotomia lei-regra (*Rechtsgesetz*) e lei-medida (*Massnahmengesetz*)[57] e entremostram-se fluidas as fronteiras entre legislação e administração.

A dilatação de campos, a especialização por diversos objetivos e procedimentos e a pulverização decisionista – conduzindo àquilo a que se tem chamado inflação legislativa e às leis *omnibus* (GARCIA DE ENTERRÍA) – assim como as deficiências da formulação ou de legística formal[58] e a "análise económica do Direito"[59] não reforçam a autoridade da lei. E a isso

---

[56] Sobre a lei no Estado liberal, cfr. CARL SCHMITT, *Verfassungslehre*, trad. castelhana *Teoria de la Constitución*, México, 1966, págs. 161 e segs., e *Legalität, Legitimität*, trad. francesa *Légalité, légitimité*, Paris, 1936, págs. 59 e segs.; CARRÉ DE MALBERG, *La loi, expression de la volonté générale*, Paris, 1931 (há reimpressão de 1984); GEORGES BURDEAU, *Essai sur la notion de la loi en droit français*, in *Archives de Philosophie du Droit et de Sociologie Juridique*, 1939, págs. 7 e segs., e *Traité de Science Politique*, 2ª ed., VI, 1971, págs. 340 e segs.; CASTANHEIRA NEVES, *O instituto...*, cit., págs. 526 e segs.; GUSTAVO ZAGREBELSKY, op. cit., pág. X; NUNO PIÇARRA, *A separação de poderes como doutrina e princípio constitucional*, Coimbra, 1989, págs. 155 e segs.; EDUARDO GARCIA DE ENTERRÍA, *La lengua de los derechos. La formación del Derecho Publico tras la Revolución Francesa*, Madrid, 1994, págs. 75 e seg. e 114 e seg.; ROBERTO BLANCO VALDES, *La supremacia de la ley y sus consequencias en la teoria constitucional de la Revolucion francesa*, in *Anuario de Derecho Constitucional y Parlamentaria* (Múrcia), nº 6, 1994, págs. 77 e segs.; VASCO PEREIRA DA SILVA, op. cit., págs. 48-49; BLANCO DE MORAIS, op. cit., págs. 30 e segs.

[57] Cfr. outras distinções: entre lei de garantia e lei de programa (*Contributo...*, cit., págs. 70 e segs., máxime 81 e 83) ou entre lei de arbitragem e lei de impulsão (MANOEL GONÇALVES FERREIRA FILHO, op. cit., págs. 249 e segs. e 258 e segs.).

[58] Sobre qualidade de lei, cfr. o nº 50, de outubro-dezembro de 2009, de *Legislação*. E sobre a avaliação legislativa em Direito comparado, os nºs 33-34, janeiro-junho de 2003.

[59] Enquanto pode inculcar uma visão puramente economicista da produção legislativa, mesmo quando tal não seja a intenção dos que se lhe dedicam (cfr. *Manual...*, I, 8ª ed., Coimbra, 2009, pág. 37).

acrescem as tendências mais recentes de descentralização de poderes normativos, de participação e até de contratualização nos procedimentos[60] e de descodificação, deslegalização e desregulação.[61]

Tudo sem esquecer a retração da lei perante o Direito internacional convencional e o Direito próprio das organizações internacionais ou entidades afins, em especial o Direito da União Europeia.[62]

---

[60] Cfr. VITALINO CANAS, *Os acordos religiosos ou a generalização da fórmula concordatária*, in *Estudos em memória de Luís Nunes de Almeida*, obra coletiva, 2007, págs. 281 e segs.

[61] Ambivalente pode ser a prática de experimentações legislativas: cfr. o acórdão nº 69/2008, de 31 de janeiro, do Tribunal Constitucional, in *Diário da República*, 2ª série, de 4 de julho de 2008.

[62] Sobre a lei nos séculos XX e XXI, cfr. HERMANN HELLER, *Der Begriff des Gesetzes in der Reichsverfassung*, 1927, trad. italiana *Il concetto di legge nella Costituzione di Weimar*, in *La sovranità ed altri scritti sulla dottrina del Diritto e dello Stato*, Milão, 1987, págs. 303 e segs.; GARCIA PELAYO, *Derecho Constitucional Comparado*, 8ª ed., Madrid, 1967, págs. 68 e segs.; JORGE MIRANDA, *Contributo...*, cit., págs. 80 e segs.; GEORGES BURDEAU, *Traité...*, 2ª ed., VIII, 1974, págs. 451 e segs.; MÁRIO BIGOTTE CHORÃO, *Lei*, in *Polis*, III, págs. 1.042 e segs.; SILVANO LABRIOLA, *Crisi della legge e principio di rappresentanza*, in *Diritto e Società*, 1983, págs. 723 e segs.; A. CASTANHEIRA NEVES, *O instituto...*, cit., págs. 583 e segs.; SILVANO LABRIOLA, *Crisi della legge e principio di rappresentanza*, in *Diritti e Società*, 1983, págs. 723 e segs.; GUNTHER TEUBNER, *Aspetti, limiti, alternative della legislazione*, in *Sociologia del Diritto*, 1985, págs. 7 e segs.; MANOEL GONÇALVES FERREIRA FILHO, *op. cit.*, págs. 21 e segs., e *Estado de Direito e Constituição*, São Paulo, 1988, págs. 19 e segs.; LUÍS S. CABRAL DE MONCADA, *A problemática jurídica do planeamento económico*, Coimbra, 1985, págs. 174 e segs.; ROGÉRIO SOARES, *Sentido e limites da função legislativa no Estado contemporâneo*, in *A feitura das leis*, II, págs. 431 e segs.; GUSTAVO ZAGREBELSKY, *op. cit.*, págs. XI, XII e 156 e segs., e *Il Diritto Mite*, Turim, 1992, págs. 43 e seg.; PORRAS NADALES, *Introducción a le teoría del Estado postsocial*, Barcelona, 1988, págs. 203 e segs.; FRANCESC DE CARRERAS, *op. cit., loc. cit.*, págs. 293 e segs.; NUNO PIÇARRA, *A separação de poderes...*, cit., págs. 253 e segs.; FRANCO MODUGNO e DAMIANO NOCILLA, *Crisi della legge e sistema delle fonti*, in *Diritto e Società*, 1989, págs. 411 e segs.; J. J. GOMES CANOTILHO, *Relatório sobre o programa, os conteúdos e os métodos de um curso de teoria da legislação*, Coimbra, 1990, págs. 43-44 e 48 e segs.; MANUEL AFONSO VAZ, *op. cit.*, págs. 147 e segs.; MARCELO REBELO DE SOUSA, *A lei no Estado contemporâneo*, in *Legislação*, nº 11, outubro-dezembro de 1994, págs. 5 e segs.; GIANDOMENICO MAJONE, *L'État et les problémes de la réglementation*, in *Pouvoirs*, nº 70, 1994, págs. 133 e seg.; VASCO PEREIRA DA SILVA, *op. cit.*, pág. 83; CLEMERSON MERLIN CLÈVE, *A lei no Estado contemporâneo*, in *Génesis – Revista de Direito Administrativo Aplicado*, 1996, págs. 346 e segs.; CARLOS BLANCO DE MORAIS, *As leis reforçadas ...*, cit., págs. 69 e segs. e *Manual de Legística*, Lisboa, 2007, págs. 79 e segs.; *Trasformazione della funzione legislativa. Crisi della legge e sistema della fonte*, obra coletiva (org. Franco Modugno), Milão, 2000; FRANCESCO BILANCIA, *La crisi dell'ordinamento giuridico dello stato rappresentativo*, Pádua, 2000, pág. 3 e segs.; PAULO OTERO, *Legalidade...*, cit., págs. 137 e segs.; JOAQUIM FREITAS DA ROCHA, *Constituição ...*, cit., págs. 533 e segs.

IV – Um ponto de particularíssimo relevo concerne às relações entre lei e Constituição.

Com a separação caraterística do século XIX, entre Estado e sociedade, estanques vão ficar também os domínios da Constituição e da lei: a Constituição ocupa-se da organização política, mas deixa à lei o tratamento dos direitos que declara. E é nos grandes Códigos Civis, Penais, Comerciais, de Processo e em leis avulsas que se encontram as estruturas da sociedade e o sentido de instituições como a família, o contrato ou a propriedade.

Apenas nos Estados Unidos não é assim, por a Constituição logo se declarar, no art. VI, nº 2, "Direito supremo do país".

Ao invés, as vicissitudes do século XX não ocorrem sem interferência da Constituição, a qual deixa de se mostrar aparentemente neutra perante a sociedade para se carregar, também ela, de intencionalidades conformadoras e transformadoras. Em vez de se confinar à separação de poderes e à garantia de direitos individuais (na linha do art. 16º da Declaração de 1789), a Constituição alarga dramaticamente as matérias sobre que versa e assume conteúdos diversos e até antagónicos consoante os regimes políticos.

Há uma evolução que se opera em três fases: 1ª) até à primeira guerra mundial e à Constituição de Weimar de 1919; 2ª) entre esta e as novas Constituições surgidas após a segunda guerra mundial, mormente a de Bona, de 1949; 3ª) e a seguir a esta Constituição, como sucede em Portugal e no Brasil, embora tardiamente, com as Constituições de 1976 e de 1988.

Em síntese, a mudança de paradigma consiste na passagem da centralidade jurídico-positiva da lei na primeira fase para a centralidade jurídico-positiva da Constituição na terceira, com um período intermé-

---

Vale a pena transcrever um passo do artigo de Clemerson Merlin Clève (pág. 352): "Instrumento de conservação ou de reforma, a lei é também um instrumento de integração da sociedade. A lei conforma um corpo simbólico que integra as pessoas que habitam determinado território. – Numa sociedade pluralista, a lei veicula uma vontade política provisória. Provisória, porque decorrente de compromissos e negociações alcançados no seio do Parlamento e do Poder Executivo. A lei configura então o último momento de um processo: o da cristalização da condensação das relações de força que se fazem representar no seio do Estado. Por sua vez esta relação de forças é sempre provisória e instável." Ou atentar no que, mais pessimista, diz José de Oliveira Ascensão (*O Direito*..., cit., pág. 414): "Atrevemo-nos a perguntar de a legislação de emergência não passou a ser hoje a maneira normal de satisfação da função legislativa."

dio de recondução das normas constitucionais a preceitos programáticos sem aplicação imediata. E ela torna-se patente e decisiva no quadro dos direitos fundamentais.[63]

180.
Lei em sentido material e lei em sentido formal

I – A ideia de lei esteve tradicionalmente sempre ligada à de criação ou de revelação do Direito e, de modo direto ou indireto, a norma, prescrição, regra.

Com o constitucionalismo o poder legislativo foi atribuído ao Parlamento (sozinho ou com a sanção do monarca). Mas, ao mesmo tempo, tendeu a ser lei todo o ato do Parlamento (e, mais tarde, de outro ou outros órgãos com análoga competência), desde que produzido através de procedimento específico e exteriorizado por determinada forma. Donde, o falar-se ali em lei em sentido material e aqui em lei em sentido formal (conforme já atrás dissemos).

A lei em sentido material corresponde a lei como ato da função legislativa tal como ficou recortada no capítulo I; e é sempre, necessariamente, também lei em sentido formal. Já não a lei em sentido formal, que pode ou não ser revestida de conteúdo legislativo.

II – É corrente estabelecer-se correspondência entre Estado liberal e conceito material de lei e entre a situação do século XX (seja qual for a natureza do regime político) e o domínio de um conceito meramente formal.

Tal maneira de ver deve ser, porém, considerada com algumas reservas.

Em primeiro lugar, a distinção – e, mais do que a distinção, a dissociação – dos dois sentidos remonta já ao século XIX (lançada pela doutrina alemã da época, embora muito marcada pelos condicionalismos da monarquia limitada).[64-65]

---

[63] Cfr., por exemplo, JORGE MIRANDA, *Manual...*, IV, págs. 319 e segs.
[64] Cfr. LABAND (*op. cit.*, págs. 345-346): entre lei em sentido material e lei em sentido formal não há uma relação de género e espécie, ou de sentido restrito e subordinado e sentido lato; são dois conceitos essencialmente diferentes, cada um com caraterísticas próprias – um diz respeito ao *fundo*, outro à *forma* da declaração de vontade.
[65] Sobre a doutrina dualista alemã, v. CHRISTIAN STARCK, *op. cit.*, págs. 117 e segs., e, entre nós, RUI MACHETE, *Contencioso administrativo*, cit., *loc. cit.*, págs. 691 e segs.; J. J. GOMES CANOTILHO, *A lei do orçamento na teoria da lei*, Coimbra, 1979, págs. 7 e segs.;

Em segundo lugar, não faltam Autores bem identificados com as conceções do liberalismo e do positivismo jurídico que definem a lei com apelo exclusivamente a elementos formais e ao princípio da sua supremacia frente a quaisquer outros atos.[66]

Em terceiro lugar, além da tese da generalidade, outros entendimentos materiais de lei têm sido propostos, com mais ou menos êxito, entre os quais o da regra de direito, o da novidade, o da interferência na esfera de liberdade e propriedade das pessoas, o da execução imediata ou da concretização da Constituição.

Em quarto lugar, se a abstração enquanto caraterística da lei vem sendo posta em causa ou abandonada, sobretudo devido à emergência das leis-medidas, nem por isso a generalidade deixa de continuar a aparecer, senão como propriedade *essencial*, pelo menos (na expressão de LABAND,[67] seguido por tantos outros Autores[68] como propriedade *natural* da lei.

Em quinto lugar, se a exigência de generalidade se compagina historicamente com a conquista do princípio da igualdade perante a lei e se a sua crítica vem a ser formulada hoje com frequência em nome de uma igualdade efetiva e real, aberta a diferenciações e a discriminações positivas, não menos seguro é que em Estado social de Direito não há antagonismo entre as duas vertentes; muito pelo contrário, elas completam-se numa tensão dialética, em que se interpenetram igualdade e proporcionalidade.[69-70]

MANUEL AFONSO VAZ, *op. cit.*, págs. 113 e segs.; CARLOS BLANCO DE MORAIS, *As leis reforçadas...*, cit., págs. 47 e segs.; MARIA LÚCIA AMARAL, *Responsabilidade do Estado e dever de indemnizar do legislador*, Coimbra, 1998, págs. 238 e segs.

[66] Cfr. a doutrina francesa da 3ª república, em especial CARRÉ DE MALBERG, *La loi...*, cit., máxime págs. 38-39.

[67] *Op. cit.*, II, pág. 262.

[68] Por exemplo, FEZAS VITAL, *A noção de lei no direito constitucional português*, in *Revista de Legislação e de Jurisprudência*, ano 55, págs. 401 e segs.

[69] V. *Manual...*, IV, cit., págs. 43 e segs., 263 e segs. e 302 e segs., e Autores citados.

[70] Sobre lei material e lei formal, v., designadamente, L. DUGUIT, *op. cit.*, II, págs. 160 e segs.; HERMANN HELLER, *Der Begriff des Gesetzes in der Reichsverfassung*, 1927, trad. italiana *Il concetto di legge nella Costituzione di Weimar*, in *La Sovranità ed altri scritti*, Milão, 1987, págs. 303 e segs.; HENRY DUPEYROUX, *Sur la généralité de la loi*, in *Mélanges R. Carré de Malberg*, obra coletiva, Paris, 1933, págs. 137 e segs.; GUSTAVO INGROSSO, *Sulla distinzione fra leggi in senso materiale e leggi in senso formale*, in *Studi in onore di Francesco Cammeo*, obra coletiva, I, Pádua, 1933, págs. 701 e segs.; CARLO ESPOSITO, *La Validità delle Leggi*, Pádua, 1934 (há reimpressão de 1964), págs. 77 e segs.; CARL SCHMITT, *Teoria...*, cit., págs. 170 e segs.; BALLADORE PALLIERI, *Appunti sulla divisione*

III – O fenómeno das leis concretas e gerais (independentemente do que seja aí a generalidade) não se dá apenas com as leis-medidas. Ele manifesta-se há muito com as leis orçamentais, as leis de amnistia e as de declaração de estado de sítio e de outros estados de exceção.

Mas as leis-medidas (*Massnahmengesetze, leggi-provvedimento*) estão ligadas à complexidade cada vez maior da vida hodierna e à sua aceleração, ao alargamento das tarefas do Estado e à diversidade de veículos de comunicação entre a sociedade e o poder. São leis de intervenção em situações concretas para precisos efeitos e que se traduzem, pois, em medidas ou providências dirigidas à resolução destes ou daqueles problemas em tempo útil; ou, numa fórmula conhecida,[71] leis em que a *actio* dir-se-ia suplantar a *ratio* ou a *constitutio*.[72]

O legislador, querendo intervir, a dirigir a economia e a conformar a sociedade, para dar satisfação aos direitos económicos, sociais e culturais dos cidadãos, tem de atuar, sob uma forma fragmentária e assistemática, descendo ao particular, ao diferente, ao concreto, ao contingente, ao

---

dei poteri nella vigente Costituzione italiana, in *Rivista Trimestrale di Diritto Pubblico*, 1952, págs. 811 e segs.; Vezio Crisafulli, *Atto normativo*, in *Enciclopedia del Diritto*, IV, 1959, págs. 245 e segs., e *Lezioni di Diritto Costituzionale*, 2ª ed., II, Pádua, 1971, págs. 18 e segs.; Kelsen, *Teoria Pura...*, II, cit., págs. 78 e 79; Franco Bassi, *op. cit.*, págs. 12 e segs.; Franco Modugno, *L'invalidità della legge*, I, Milão, 1970, págs. 157 e segs., e *Legge*, in *Enciclopedia del Diritto*, XXIII, pág. 885, nota; Marcello Caetano, *Direito Constitucional*, I, cit., págs. 198 e segs.; Antonio Ruggeri, *Gerarchia...*, cit., págs. 13 e segs., e *Fonti e norme...*, I, cit., págs. 29 e segs.; Dietrich Jesch, *Gesetz und Verwaltung*, trad. castelhana *Ley y Administración*, Madrid, 1978; Christian Starck, *op. cit.*, págs. 41 e segs. e 272 e segs.; Domenico Farias, *Idealità e indeterminatezza dei principi costituzionali*, Milão, 1981, págs. 3 e segs. e 26 e segs.; Miguel Reale, *Lições Preliminares de Direito*, 10ª ed., Coimbra, 1982, pág. 163; Ignacio de Otto, *Derecho Constitucional*, cit., págs. 162 e segs.; João Baptista Machado, *Introdução...*, cit., págs. 91 e segs.; A. Castanheira Neves, *O instituto...*, cit., págs. 315 e segs., 399 e segs., 475 e segs. e 590 e segs.; Luis María Diez-Picazo, *Concepto de ley y tipos de leyes*, in *Revista Española de Derecho Constitucional*, setembro-dezembro de 1988, págs. 47 e segs.; Gustavo Zagrebelsky, *op. cit.*, págs. 8 e segs. e 191 e segs.; Manuel Afonso Vaz, *op. cit.*, págs. 17 e segs.; Clémerson Merlin Clève, *Atividade do poder executivo no Estado contemporâneo e na Constituição de 1988*, São Paulo, 1993, págs. 43 e segs., e *A lei no Estado contemporâneo*, cit., *loc. cit.*; Elival da Silva Ramos, *op. cit.*, págs. 15 e segs.; Martim de Albuquerque, *Da igualdade – Introdução à jurisprudência*, Lisboa, 1993, págs. 33 e segs.; Eduardo Garcia de Enterría e Tomás Ramón-Fernandez, *Curso de Derecho Administrativo*, 6ª ed., I, Madrid, 1993, reimpressão de 1994, págs. 105 e segs.; J. J. Gomes Canotilho, *Direito Constitucional...*, cit., págs. 715 e 716.

[71] Difundida por Forsthoff.
[72] Assim, em vários Estados europeus, as numerosas medidas legislativas para enfrentar a crise económico-financeira desencadeada em 2008.

territorialmente circunscrito, ao adequado e ao graduado – prescindindo dos atos administrativos de execução e realizando ele mesmo o efeito ou resultado desejado.[73]

A natureza das leis-medidas é bastante controversa. Alguns falam em desvalorização da lei, em correspondência com o Estado funcional;[74] outros consideram estar aí um fenómeno de administrativização do Legislativo simétrico da assunção de poderes normativos pelo Executivo;[75] outros realçam aspectos específicos como a decisão, o objeto, o círculo de destinatários, a duração da sua vigência ou a excecionalidade.[76]

Seja como for, elas não saem do campo da função legislativa, porque alicerçam-se em opções políticas[77] alheias à Administração e, ainda

---

[73] Afonso Queiró, *Lições...*, cit., pág. 342.
[74] Cfr. Georges Burdeau, *Traité...*, cit., VIII, págs. 451 e segs.
[75] Cfr., de novo, Afonso Queiró, *op. cit.*, pág. 343.
[76] Cfr. Carl Schmitt, *Der Hüter der Verfassung*, trad. castelhana *La Defensa de la Constitución*, Barcelona, 1931, págs. 147 e segs.; Costantino Mortati, *Le leggi-provvedimento*, Milão, 1968; Ernst Forsthoff, *Le leggi-provvedimento*, in *Stato di Diritto in Trasformazione*, trad., Milão, 1973, págs. 103 e segs.; Christian Starck, *op. cit.*, págs. 77 e segs. e 341 e segs.; Enoch Alberti Rovira, *Leyes medida y distribución de competencias*, in *Revista Española de Derecho Constitucional*, setembro-dezembro de 1986, págs. 141 e segs.; António Nadais, *Lei Medida e Conceito de Lei na Constituição da República Portuguesa*, dissertação inédita, Lisboa, 1986; David Duarte, *Lei medida e democracia social*, in *Scientia Juridica*, 1992, págs. 328 e segs.; Manuel Afonso Vaz, *op. cit.*, págs. 357-358, 509 e 510; Diego Vaiano, *La riserva di funzione amministrativa*, Milão, 1996, págs. 29 e segs.; Maria Lúcia Amaral, *op. cit.*, págs. 260 e segs.; Renzo Dickmann, *La legge in luogo di provvedimento*, in *Rivista Trimestrale di Diritto Pubblico*, 1999, págs. 917 e segs.; Gomes Canotilho, *Direito Constitucional...*, cit., págs. 717 e segs.; Raquel Barradas de Freitas, *Lei-medida ou delimitação do conceito de lei*, in Anabela da Costa Leão *et alii*, *Estudos de Direito Público*, Lisboa, 2005, págs. 147 e segs.;
E ainda Jorge Miranda, *Contributo...*, cit., pág. 83; Miguel Galvão Teles, *Lei*, in *Verbo*, XI, pág. 1.672; Marcelo Rebelo de Sousa, *Direito Constitucional*, cit., pág. 256; Sérvulo Correia, *Noções...*, cit., pág. 85; Mário Esteves de Oliveira, *op. cit.*, I, cit., págs. 20 e segs.; Castanheira Neves, *O instituto...*, cit., págs. 136 e 137; Paulo Bonavides, *Política e Constituição*, Rio de Janeiro, 1985, pág. 379; Luís S. Cabral de Moncada, *op. cit.*, págs. 174 e segs. e *Direito público e eficácia*, Lisboa, 1997, págs. 65 e segs.; Lorenza Carlassare, *Garanzia dei diritti e leggi provvedimento*, in *Giurisprudenza Costituzionale*, 1986, págs. 1.488 e segs.; German Gomez Orfanel, *op. cit.*, págs. 217 e segs.; Nuno Piçarra, *A separação...*, cit., págs. 255 e segs.; Manoel Gonçalves Ferreira Filho, *Do processo...*, cit., págs. 261 e 269; Paulo Otero, *O poder...*, cit., págs. 627-628; Manuela Maria Ribeiro da Silva Gomes, *Admissibilidade jurídico-constitucional da lei-medida*, in *Estudos em homenagem a Joaquim M. da Silva Cunha*, obra coletiva, Porto, 1999, págs. 441 e segs.
[77] Cfr. Costantino Mortati, *Le leggi...*, cit., págs. 43 e segs.

quando autoexequíveis, não são (ou quase nunca são) consuntivas de atos de aplicação às situações da vida.

IV – Pode outrossim haver leis individuais, leis real ou aparentemente individuais, contanto que, por detrás deste ou daquele comando aplicável a certa pessoa, possa encontrar-se uma prescrição ou um princípio geral e que não se criem privilégios ou discriminações.[78]

Tudo reside em saber se a razão de ser da medida concreta e individual que se decreta (tal como a da lei posta perante a Constituição flexível) leva consigo uma intenção de generalidade, se corresponde a um sentido objetivo ou a um princípio geral, por virtude do qual se alarga o âmbito da lei de maneira a abranger aquela medida; ou se, pelo contrário, se esgota em si mesma, desinserida de qualquer novo juízo de valor legal.[79]

Uma coisa é então a lei individual ainda reconduzível ao cerne da generalidade, implícita ou indiretamente;[80-81] outra coisa o ato administrativo sob forma de lei, simples decisão de um caso concreto e individual e que deve (ou deveria) ser simples aplicação de regra preexistente e só válido se com ela se conforma. Entretanto, a distinção nem sempre é fácil e nem sempre é feita.

O que, em Estados de Direito, em caso algum, podem ser admitidas são leis individuais privativas ou restritivas de direitos. A haver tais leis

---

[78] De resto, se há leis formal ou aparentemente individuais que, no fundo, são gerais, também há leis aparentemente gerais que, no fundo, ditadas por certa *occasio*, acabam por ser individuais. Cfr., por todos, JOSÉ DE OLIVEIRA ASCENSÃO, *A violação da garantia constitucional da propriedade por disposição retroativa*, Porto, 1974, pág. 37; e J. J. GOMES CANOTILHO, *Direito à emanação de normas legais individuais?*, in Revista de Legislação e de Jurisprudência, nº 3.847, fevereiro de 1995, págs. 290 e segs.

[79] Cfr., entre tantos, BALLADORE PALLIERI, *op. cit., loc. cit.*, págs. 819 e segs.; *Decreto*, cit., pág. 125; GASPAR ARIÑO ORTIZ, *Leyes singulares y leyes de caso unico*, in Revista de Administración Publica, 1989, págs. 57 e segs.; NUNO PIÇARRA, *A reserva...*, cit., págs. 20 e segs.; JOSE ANTONIO MONTILLA MARTOS, *Las leyes singulares en el ordenamiento costitucional espanhol*, Madrid, 1994.

[80] V.g., atribuição de pensões ou condecorações a personalidades eminentes, reparação de certas injustiças, concessão extraordinária de benefícios fiscais.

[81] Daí a necessidade de distinguir as leis individuais do *jus singulare* (que, na linha do Direito romano, é aquilo que contradiz princípios fundamentais de Direito e se identifica como Direito excecional). Cfr. SANTI ROMANO, *Diritto singolare*, in Frammenti..., cit., págs. 87 e segs.; FRANCO MODUGNO, *Norme singolari, speciali, eccezionali*, in Enciclopedia del Diritto, XXVIII, 1978, págs. 507 e segs.; JOSÉ DE OLIVEIRA ASCENSÃO, *O Direito...*, cit., págs. 439 e segs.

(quando a Constituição as autorize), a generalidade tem de constar da respetiva previsão, tem de se oferecer imediata e inequívoca.[82]

V – Resta sublinhar que o dualismo *lei material e formal – lei formal não material* não se reduz à presença ou ausência de generalidade (ou de outro qualquer elemento substancialístico). Tem de ser encarado no quadro geral das funções do Estado, como temos vindo a fazer.

Lei em sentido material não é apenas a lei enquanto dotada de generalidade. É a lei, repetimos, como ato da função política e sujeita imediatamente à Constituição. Sem essa localização, sem a ponderação prospetiva do interesse geral, sem a visão ampla da comunidade política, sem a discricionariedade que lhe é inerente, não existe lei.

Em suma, a lei é o meio de ação essencial do poder sobre a vida social.[83] Com a lei trata-se de programar e promover, pelas suas prescrições, uma ordem político-social; trata-se de legitimar e normalizar, juridicamente, uma política global do Estado.[84] Conteúdo adequado ou apropriado à forma de lei há-de ter, em princípio, especial relevância para os particulares e/ou para a comunidade.[85]

Por isso, os regulamentos não podem ser leis em sentido material.[86] E tão pouco o podem ser as declarações de inconstitucionalidade e de ilegalidade de normas jurídicas com força obrigatória geral; ou o podem ser as súmulas vinculantes.

Assim, a relação entre lei em sentido material e lei em sentido formal deve estabelecer-se na base de dois círculos concêntricos

---

[82] Cfr., por todos, Gaspar Ariño Ortiz, *op. cit., loc. cit.*, págs. 71 e 77.
[83] Georges Burdeau, *Remarques...*, cit., *loc. cit.*, pág. 224.
[84] A. Castanheira Neves, *O instituto...*, cit., pág. 481 (v. também pág. 487).
[85] Nuno Piçarra, *A separação...*, cit., pág. 258.
[86] Cfr. Christian Starck, *op. cit.*, págs. 242-243.

Não na base de dois círculos secantes

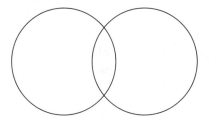

Círculos secantes são, sim, os das leis e dos atos normativos

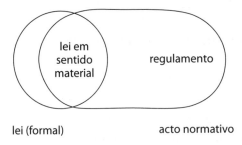

181.

Generalidade e Estado de Direito

I – Afora quanto às matérias acabadas de indicar, poucas serão as Constituições que prescrevam *expressas verbis* a generalidade e a abstração.

No entanto, ou não se estatui, direta e formalmente, a generalidade quanto a todas as leis, não é porque a generalidade só se justifique a título excecional para as leis restritivas de direitos fundamentais ou para as leis sancionatórias.[87-88] É, antes, porque, quanto a estas, a particularíssima delicadeza das matérias no plano dos valores constitucionais exige uma inequívoca explicitação do princípio.

II – Pode haver, por conseguinte, leis gerais e concretas ou leis-medidas, desde que não sejam sobre direitos fundamentais como os dos

---

[87] Como entendem RUI MEDEIROS, *Ensaio...*, cit., pág. 18, e CARLOS BLANCO DE MORAIS, *As leis...*, cit., pág. 125.
[88] Neste sentido, contestando a aplicação aqui do argumento *a contrario sensu*, INOCÊNCIO GALVÃO TELES, *op. cit.*, I, págs. 71-72.

arts. 24º e segs. da Constituição portuguesa e do art. 5º da Constituição brasileira ou sobre a aplicação de sanções, designadamente penais (de resto, duas das esferas nucleares das "leis jurídicas").

E as Constituições consente também a existência de leis individuais, desde que não sejam puros atos administrativos, leis individuais na aceção há pouco referida de leis que obedeçam a critérios gerais de normação, apesar de formuladas para certo ou certos destinatários.

Tanto as leis-medidas como as leis individuais têm de obter uma legitimação constitucional específica[89] ou, no mínimo, de não colidir com o princípio da igualdade;[90] não podem abrir diferenciações arbitrárias; não podem impor encargos a uns cidadãos e não a outros;[91] não podem submeter os cidadãos ao capricho do poder administrativo à margem de uma ordem normativa;[92] têm de possuir um conteúdo "materialmente geral" – ou seja, têm de respeitar, atualizando-os, os princípios constitucionais relevantes no caso;[93] e o legislador fica vinculado a atribuir o mesmo efeito a uma situação igual justificativa da disciplina anterior.[94]

Ou ainda: os atos formalmente legislativos não podem subtrair-se às exigências que decorrem das garantias gerais dos administrados, no âmbito dos procedimentos administrativos, como o direito de audiência prévia, o de fundamentação expressa dos atos administrativos e os limites à revogação dos atos constitutivos de direitos.[95]

Porque a função legislativa e a função administrativa têm de se realizar no quadro material do Estado de Direito,[96] é à luz dos cânones e das exigências éticas deste que, em última análise, vêm a ser aferidas as leis gerais e concretas e as leis individuais.

Pelo contrário, aquilo que é estritamente individual, concreto e imediato, aquilo que contende com uma relação jurídico-administrativa,

---

[89] Neste sentido, parecer nº 16/79 da Comissão Constitucional portuguesa, de 21 de junho, in *Pareceres*, VIII, pág. 218.
[90] Parecer nº 3/78 da Comissão Constitucional, cit., *loc. cit.*, págs. 221 e segs. V. igualmente parecer nº 13/82, cit., *loc. cit.*, pág. 168; e acórdão nº 26/85 do Tribunal Constitucional, cit., *loc. cit.*, pág. 3.873.
[91] José de Oliveira Ascensão, *A violação*..., cit., pág. 36.
[92] Por maioria de razão, reiteramos, pois, o que escrevemos em *Decreto*, cit., pág. 125. No mesmo sentido, Manuel Afonso Vaz, *op. cit.*, págs. 202 e segs. e 511 e segs.
[93] Nuno Piçarra, *A separação*..., cit., pág. 258.
[94] David Duarte, *op. cit., loc. cit.*, pág. 347.
[95] Rui Medeiros, *A decisão*..., cit., págs. 100 e segs.
[96] A. Castanheira Neves, *O instituto*..., cit., págs. 486-487.

aquilo que se traduz na conformação da situação dos administrados pela Administração, não pode deixar de ser antecedido – cronologica ou logicamente – por um comando legislativo.[97]

182.
A Constituição e a atividade legislativa

I – A Constituição permite ao legislador escolher o tempo e as circunstâncias da sua intervenção e determinar ou densificar o seu conteúdo, desde que respeitados os fins, os valores e os critérios constitucionais. E a estrutura dos princípios e das normas programáticas implica mesmo alternativas variáveis de concretização.

Já no plano orgânico-formal é completa a vinculação, sob um tríplice aspeto: o dos órgãos, o das formas e o da força jurídica. Os órgãos legislativos são sempre órgãos constitucionais; as formas de lei são apenas as prescritas pela Constituição; e a força de lei a que dela decorre, seja a força geral inerente a qualquer lei, seja a que especificamente venha a ser conferida a certas leis em face de outras.

Não se defronta aqui só um problema de perfil interno, escalonado, do ordenamento,[98] por a Constituição ser a norma primária sobre pro-

---

[97] Vale ainda a pena transcrever este excerto da comunicação de João Magalhães Colaço à Academia das Ciências de Lisboa sobre *Contencioso Administrativo e Decretos com força de lei* (in *Revista de Justiça*, ano 12, 1927-1928, pág. 354): a necessidade de regra prévia sempre limitará a iniciativa de quem pretende praticar o ato, uma vez que obriga à declaração de que se quis alterar o Direito estabelecido, o que só se fará em excecionalíssimas circunstâncias; para todos os dias, *on n'osera*.

[98] Nenhuma fonte pode criar outras fontes com eficácia superior ou igual, mas só fontes dotadas de eficácia inferior. Esta regra deriva, quanto à proibição das fontes mais fortes, do princípio segundo o qual ninguém pode atribuir a outrem uma força que não possui; e, quanto à proibição de eficácia igual, do princípio do *numerus clausus* das fontes dotadas de certo grau de eficácia. Da circunstância de que o regime jurídico de uma fonte é determinado necessariamente por outra fonte com eficácia superior deriva a importante consequência de que nenhuma fonte pode dispor sobre a sua própria eficácia, para aumentar ou diminuir a que lhe é atribuída pelas normas sobre produção de direito (GUSTAVO ZAGREBELSKY, *Manuale...*, cit., págs. 5 e 6).
Há um *numerus clausus* de *fontes do direito*, as quais não surgem *ex nihilo*, mas se situam no ordenamento jurídico global segundo diversos níveis ou graus de validade, originários uns e derivados outros, todos, porém, inseridos no âmbito de validade geral traçada pela Constituição (MIGUEL REALE, *Fontes...*, cit., pág. 14).

dução jurídica.[99] Defronta-se também um problema de índole política, incindível das caraterísticas do regime e do sistema de governo. Mais do que a lógica jurídica, o Direito comparado e a história corroboram-no exuberantemente.

A escolha entre um ou mais órgãos com competência legislativa (e órgãos com certa natureza e não com outra) e entre uma ou várias formas de lei (e formas com certo procedimento e não com outro), assim como a fixação da respetiva força jurídica dependem dessas caraterísticas; enquadram-se na Constituição material; têm tudo que ver com um princípio de divisão (ou, pelo contrário, de concentração do poder) e com o modo de encarar as relações entre o Estado e os cidadãos.

II – Existe, pois, uma verdadeira *reserva de Constituição* no domínio das competências legislativas, das formas e da força de lei.

Uma coisa vem a ser a preterição por um ato em concreto dos pressupostos e requisitos no respeito dos quais deveria ser emanado. Outra coisa, bem diferente e bem mais grave, o estabelecimento por uma norma infraconstitucional de diferentes pressupostos e requisitos, ainda que a propósito de uma singular situação concreta. Uma coisa é a violação de uma norma constitucional de competência ou de forma. Outra coisa o afastamento das regras constitucionais – materiais – de definição dos órgãos legislativos, das formas e da força de lei.

Poderá na segunda hipótese divisar-se ainda um fenómeno de inconstitucionalidade orgânica ou formal. Mas sobre ele projeta-se e consome-o um fenómeno de inconstitucionalidade material – a rebeldia do legislador ordinário, arrogando-se a prerrogativa, exclusiva do legislador constitucional, de definir *quais* os órgãos legislativos, *quais* as formas de lei e *qual* a força jurídica que lhes corresponde.

III – A reserva de Constituição vai, porém, para lá das competências legislativas e pode assumir duas configurações.[100]

Umas vezes, consiste numa reserva de regulamentação, de tal jeito que são as normas constitucionais que fazem o travejamento da matéria e a recortam perante outras (eventualmente, com a colaboração posterior de normas legais). Assim, as formas de exercício da soberania ou do poder

---

[99] Cfr. J. J. Gomes Canotilho, *Direito Constitucional*, cit., págs. 694 e segs. e 1.147 e segs., e Autores citados.

[100] Cfr. Manuel Afonso Vaz, *Lei e reserva da lei*, cit., págs. 285 e segs.; J. J. Gomes Canotilho, *Direito Constitucional*, cit., págs. 247 e 1140.

político são as previstas na Constituição; o conteúdo essencial dos direitos dos cidadãos é o resultante dos preceitos constitucionais (cfr. art. 19º, nº 2, da Constituição alemã ou art. 18º, nº 3, da Constituição portuguesa) e somente são admissíveis as restrições nestes previstas ou decorrentes dos princípios constitucionais; a vinculação internacional dos Estados e a fiscalização da constitucionalidade fazem-se nos termos da Constituição.

Outras vezes, a reserva de Constituição traduz-se numa enumeração exaustiva, num *numerus clausus*. Entram aqui os pressupostos da declaração de estado de defesa, do estado de sítio e de estado de emergência; os Poderes do Estado ou os órgãos de soberania; os casos de maioria parlamentar qualificada; as matérias excluídas de legiferação pelo Poder Executivo etc.

IV – Da reserva de Constituição distingue-se a reserva de lei.

Na reserva de Constituição, esta chama a si certa matéria, conferindo-lhe um tratamento a nível de normas que apenas podem ser alteradas por meio dos procedimentos de revisão e cuja garantia se insere *de pleno* na garantia da constitucionalidade. Na reserva de lei, a Constituição impõe que tal tarefa caiba à lei, vedando à administração e à jurisdição qualquer interferência ou, pelo menos, qualquer interferência a título principal. Na reserva de Constituição, o órgão legislativo está sujeito a um princípio de heteronomia. Na reserva de lei, a um princípio de autonomia ou de autoconformação.

Da mesma maneira, o *numerus clausus* ou, doutro prisma, a tipicidade constitucional situa-se em plano diverso do da tipicidade legal, que não é senão uma reserva qualificada de lei.[101] Ali, a Constituição fixa, de uma vez por todas, as realidades que se integram em certa previsão. Na tipicidade legal, ela atribui um idêntico poder à lei, ainda que com exigência de precisa determinação e descrição (e dir-se-ia que a tipicidade serve de sucedâneo da especificação constitucional), como se verifica com a tipicidade das medidas privativas da liberdade, dos crimes, das penas, das medidas de segurança e dos seus pressupostos, das incapacidades eleitorais ativas e passivas, dos impostos etc.

V – A reserva de atos normativos oferece-se nuns casos absoluta, e noutros relativa.

É *absoluta*, quando se afasta a presença de quaisquer outros actos ou tipos de actos normativos na matéria. É *relativa*, quando, a despeito

---

[101] Recorde-se que tipicidade implica tipologia, mas nem toda a tipologia desemboca em tipicidade (porquanto há tipologias não exaustivas ou não taxativas).

de os princípios, os critérios ou os fatores de normação ou de decisão caberem ao tipo de actos constitucionalmente eleito, se admite a colaboração subordinada de actos de outra natureza ou de grau inferior.[102]

183.
Reserva de lei e princípio da legalidade

I – A reserva de lei desempenha uma função excludente e, mais do que isso, uma função positiva de reforço do princípio da legalidade da administração e da jurisdição.[103-104]

---

[102] Assim, ALESSANDRO PIZZORUSSO, *Las fuentes del Derecho en el ordenamiento juridico italiano*, in *Revista del Centro de Estudios Constitucionales*, Maio-Agosto de 1989, págs. 279-280.

[103] Historicamente, na maior parte dos casos a reserva de lei surgiu no confronto da administração; no domínio criminal, surgiu no confronto da jurisdição.

[104] Cfr., entre tantos, ROGÉRIO SOARES, *Princípio da legalidade e Administração Constitutiva*, in *Boletim da Faculdade de Direito da Universidade de Coimbra*, 1981, págs. 179 e segs.; GIULIANO AMATO, *op. cit.*, págs. 85 e segs.; VEZIO CRISAFULLI, *op. cit.*, II, 1, págs. 52 e segs.; DIETRICH JESCH, *op. cit.*, págs. 131 e segs.; CHRISTIAN STARCK, *op. cit.*, págs. 245 e segs. e 383 e segs.; VIEIRA DE ANDRADE, *Autonomia regulamentar e reserva de lei*, Coimbra, 1987; JOAQUIM TORNOS MAS, *La relación entre la ley y el reglamento: reserva legal y remissión normativa. Alguns aspectos conflictivos a la luz de la jurisprudencia constitucional*, in *Revista de Administración Publica*, 1983, I, págs. 471 e segs.; MARIA LÚCIA AMARAL, *Reserva de Lei*, in *Polis*, v, págs. 428 e segs.; SÉRVULO CORREIA, *Legalidade...*, cit., págs. 18, 51 e segs. e 336 e segs.; BARBOSA DE MELO, *Sobre o problema...*, cit., págs. 32 e 33; MARIA ROSARIA DONNARUMMA, *Il principio di legalità nella dinamica del rapporti costituzionali*, Pádua, 1988; RICARDO GARCIA-MACHO, *Reserva de ley y potestad reglamentaria*, Barcelona, 1988; GUSTAVO ZAGREBELSKY, *Manuale...*, cit., págs. 54 e segs.; nº 1 de 1990 de *Quaderni Costituzionali*; SERGIO FOIS, *Sistema delle fonti e riserva di legge nel difficile incrocio tra Diritto comunitario ed interno*, in *La Corte Costituzionale tra Diritto interno e Diritto comunitario*, obra colectiva, Milão, 1991, págs. 139 e segs.; MANUEL AFONSO VAZ, *op. cit.*, págs. 31 e segs., 388 e segs. e 473 e segs. e *A reserva de lei na Constituição portuguesa de 1976*, in *Anuário Português de Direito Constitucional*, I, 2006, págs. 143 e segs.; RENATO BALDUZZI e FEDERICO SORRENTINO, *Riserva di legge*, in *Enciclopedia del Diritto*, XL, págs. 1207 e segs.; LUÍS S. CABRAL DE MONCADA, *A reserva de lei no actual Direito Público Alemão*, Lisboa, 1992; LUÍS VILLACORTA MANCEBO, *Reserva de ley y Constitución*, Madrid, 1994; PAULO OTERO, *O Poder...*, cit., II, págs. 568 e segs. e *Legalidade...*, cit., págs. 91 e segs.; LUÍS PEREIRA COUTINHO, *Regulamentos independentes do Governo*, in *Perspectivas Constitucionais*, obra colectiva, III, Coimbra, 1998, págs. 1009 e segs. e 1043 e segs. e *As faculdades normativas universitárias no quadro do direito fundamental à autonomia universitária*, Coimbra, 2004, págs. 148 e segs.; LUÍS S. CABRAL DE MONCADA, *Estudos de Direito Público*, Coimbra, 2001, págs. 119 e segs.; J. J. GOMES CANOTILHO,

Numa dimensão menos exigente, legalidade equivale a não desconformidade da atividade administrativa e jurisdicional com a norma jurídica, seja qual for; e, num alcance mais significativo, a não desconformidade com a norma legislativa (quando esta exista). Mas aí onde a Constituição imponha reserva de lei, legalidade não implica somente *prevalência* ou *preferência* de lei, nem sequer *prioridade de lei*; traduz-se em sujeição do conteúdo dos actos administrativos e jurisdicionais aos critérios, aos valores, ao sentido imposto pela lei como acto legislativo; envolve, senão *monopólio normativo* (reserva absoluta), pelo menos *fixação primária de sentido normativo* (reserva relativa) pela lei.

Não tem apenas de não ocorrer contradição com a lei. Tem de haver lei. E é à lei – formal e material – que cabe, por exemplo, regular uma liberdade (ou seja, o traçar o seu espaço próprio distinto do de outros direitos e liberdades e acertar as condições do seu exercício), ou considerar ilícito um comportamento das pessoas, ou cominar uma pena, ou criar um imposto, ou determinar uma forma de intervenção económica do Estado, ou estabelecer uma incompatibilidade dos titulares de cargos políticos. E perante a lei quaisquer intervenções – tenham conteúdo normativo ou não normativo – de órgãos administrativos ou jurisdicionais só podem dar-se a título secundário, derivado ou executivo, nunca com critérios *próprios* ou autónomos de decisão.

II – Em especial, no confronto da administração, a reserva de lei analisa-se no seguinte:

a) Proibição de regulamentos autónomos ou independentes;

b) Proibição de deslegalização;

c) Proibição ou limitação rigorosa do exercício de poder discricionário da Administração (ou da discricionariedade da atuação administrativa) – previsão pela lei do conteúdo e das circunstâncias das decisões individuais e concretas sobre matérias de reserva de lei, não podendo a Administração emitir juízos de oportunidade e de conveniência acerca delas;

d) Quando a lei utilize conceitos relativamente indeterminados, possibilidade – e mesmo necessidade – de os tribunais apreciarem o modo como a Administração especifica esses conceitos, pois,

---

Direito Constitucional..., cit., págs. 724 e segs.; CARLOS BLANCO DE MORAIS, *Curso ...*, I, cit., págs. 244 e segs.

não havendo discricionariedade, tal especificação mantém-se ainda no âmbito da interpretação e da aplicação da lei;[105]

e) Tratando-se de reserva absoluta de lei, senão impossibilidade de conceitos indeterminados, pelo menos necessária determinabilidade de lei ou exigência de suficiente densidade das suas normas.[106]

184.
Forma de lei e força de lei

I – A forma de lei carrega-se, em qualquer das suas variantes, de uma capacidade, virtualidade ou força peculiar de agir e reagir. E, ligada tanto ao sentido das opções político-constitucionais em razão das matérias quanto à distribuição das competências e dos atos, essa força de lei assenta, antes de mais, no lugar fixado à lei no sistema jurídico positivo estatal; assenta, como vem sendo mais usual dizer, na posição hierárquica só inferior à Constituição que aí ocupa.[107]

---

[105] MIGUEL GALVÃO TELES, *Direito Constitucional...*, cit., págs. 110-111.
[106] Cfr. acórdão nº 285/92 do Tribunal Constitucional português, de 22 de Julho, in *Diário da República*, 1ª série-A, de 17 de Agosto de 1992, maxime págs. 3973 e segs.
[107] Cfr. LABAND, *op. cit.*, II, págs. 353 e segs.; FEZAS VITAL, *A noção de lei...*, cit., *loc. cit.*, ano 55, pág. 354, e ano 56, pág. 34; CARRÉ DE MALBERG, *op. cit.*, págs. 41 e segs.; CARLO ESPOSITO, *La Validità delle Leggi*, 1934, Milão, reimpressão de 1964, págs. 49 e segs.; ALDO M. SANDULLI, *Legge, forza di legge, valore di legge*, in *Rivista Trimestrale di Diritto Pubblico*, 1957, págs. 269 e segs., e *Fonti del Diritto*, in *Novissimo Digesto Italiano*, VII, págs. 526 e segs.; R. E. CHARLIER, *Vicissitudes de la loi*, in *Mélanges offerts á Jacques Maury*, obra coletiva, II, Paris, 1960, págs. 307 e 316; FRANCO BASSI, *op. cit.*, págs. 39 e segs.; FRANCO MODUGNO, *Legge*, cit., *loc. cit.*, págs. 890 e segs., e *L'Invalidità della Legge*, cit., II, págs. 3 e segs. e 10 e segs.; MARCELLO CAETANO, *Direito Constitucional*, cit., I, págs. 206 e 211; ANTONIO RUGGERI, *La gerarchia...*, cit., págs. 35 e segs., e *Fonti...*, cit., págs. 109 e segs. e 222 e segs.; MICHEL-HENRY FABRE, *La loi expression de la souveraineté*, in *Revue du droit public*, 1979, págs. 341 e segs.; FRANCISCO RUBIO LLORENTE, *op. cit.*, *loc. cit.*, págs. 417 e segs.; IGNACIO DE OTTO, *op. cit.*, págs. 149 e segs.; DIEZ-PICAZO, *op. cit.*, *loc. cit.*, págs. 67 e segs.; RUI MEDEIROS, *Valores jurídicos negativos da lei inconstitucional*, in *O Direito*, 1989, págs. 500-501; AGUSTIN DE ASIS ROIG, *La ley como fuente del derecho en la Constitución Española – Homenaje al Profesor Eduardo Garcia de Enterría*, obra coletiva, I, Madrid, 1991, págs. 198 e segs.; GIOVANNI QUADRI, *La forza di legge*, Milão, 1992; CARLOS BLANCO DE MORAIS, *As leis...*, cit., págs. 90 e segs. e 127 e segs. e *Curso ...*, I, cit., págs. 251 e segs.; FLORENCE CRUZ, *L'acte législatif en droit comparé français-portugais*, Paris, 2004, págs. 181 e segs.

Naturalmente, porém, a força de lei não se confunde com a obrigatoriedade da norma seu conteúdo: a obrigatoriedade da norma legislativa para os destinatários não implica nem mais nem menos do que a de qualquer outra norma jurídica.

II – Alguma doutrina (principalmente italiana) separa força de lei e valor de lei: ao passo que o primeiro conceito diz respeito à particular potência das leis, traduzida em capacidade de inovar na ordem jurídica preexistente, o segundo envolveria o regime típico dos atos legislativos, o tratamento a eles conferido pela ordem jurídica e que consistiria em eles só poderem ser afetados por lei subsequente ou por decisão do Tribunal Constitucional.[108]

Não enxergamos interesse na distinção em face de Constituições como a portuguesa e a brasileira. Numa e noutra nem há força de lei que não pressuponha valor, nem valor de lei que não acarrete uma correspondente força.

Pelo contrário, diferentes são os conceitos de eficácia, executoriedade, exequibilidade, efetividade, os quais não se reportam à categoria constitucional genérica de lei, mas sim à situação concreta em que se encontra esta ou aquela lei: *eficácia* (a não confundir com validade) ou suscetibilidade prática de tal lei produzir efeitos; *executoriedade* ou suscetibilidade de imposição dos seus comandos aos destinatários; *exequibilidade* ou não dependência de outro ato normativo para lograr efetividade; *efetividade* ou real aplicação ou cumprimento da lei nas situações da vida.

III – A força de lei é um conceito relacional, que se decompõe num duplo alcance material e formal, como capacidade de dispor, positiva ou negativamente, originária ou supervenientemente, sobre as relações e situações da vida, e como capacidade de agir ou reagir frente a outros atos jurídico-públicos.

Força de lei material positiva (ou originária) consiste na capacidade de dispor originariamente (ou, como por vezes, se diz, de inovar) sobre todas as matérias, sobre quaisquer relações e situações da vida.

---

[108] José de Oliveira Ascensão (*O Direito*..., cit., pág. 581) escreve que com o termo "força de lei" estamos no domínio das imagens. É o mesmo que falar em força de direito subjetivo para significar que ele não pode ser violado por estranhos. Mas, de qualquer modo, exprime-se assim figurativamente a conformidade do pretenso facto normativo a uma regra sobre a graduação jurídica. Sendo assim, ele é eficaz: a ordem jurídica outorga-lhe efeitos jurídicos.

Aldo M. Sandulli, *Legge*..., cit., *loc. cit.*, págs. 272 e segs.

Força de lei material negativa (ou superveniente) consiste na capacidade de modificar, suspender, revogar ou impedir a subsistência da regulamentação de qualquer matéria por lei anterior.

Força de lei formal positiva consiste na capacidade de modificar, suspender, revogar, destruir, eventualmente invalidar atos de outra natureza (ou de outra função do Estado) e, em certos casos, outras leis.

Força de lei formal negativa consiste na capacidade de resistir ou reagir a atos doutra natureza (ou doutra função do Estado) ou, em certos casos, a outras leis, não se deixando modificar, suspender, revogar ou destruir por eles.

A força de lei material e a força de lei formal positiva reconduzem-se a força de lei *ativa*; a forma de lei formal negativa, a força de lei *passiva*. A força de lei material e a força de lei formal positiva referem-se ao ato legislativo em si mesmo; a força de lei formal negativa refere-se mais às normas por ele criadas.

IV – Fundamento e limite da força de lei encontram-se na Constituição. E limite vem a ser igualmente o Direito internacional.

Por isso, assim como o regulamento, o ato e o contrato administrativo e o ato jurisdicional se subordinam à lei, esta cede perante a norma constitucional, originária ou derivada de revisão, e cede perante as normas de Direito internacional vinculativas do Estado.

Por isso, noutro plano, a lei não prevalece sobre a decisão de inconstitucionalidade. Qualquer tribunal, em sistema de fiscalização difusa pode não aplicar ou desaplicar uma lei inconstitucional no caso *sub judice* (art. 204º da Constituição portuguesa e art. 97º da Constituição brasileira); o Tribunal Constitucional e o Supremo Tribunal Federal podem declarar a inconstitucionalidade com força obrigatória geral (art. 282º da Constituição portuguesa e art. 102º da Constituição brasileira); e, depois, fica vedado ao legislador repetir a lei declarada inconstitucional enquanto não mudar a norma parâmetro da Constituição.[109]

V – A complexidade da legiferação nas relações entre órgãos do Estado ou do Estado ou de outras entidades públicas (regiões autónomas, municípios brasileiros) e a procura de alguma racionalização tem levado muitas Constituições a prever, com ou sem esse nome, leis dotadas de uma feição jurídica específica, leis que (como se diz no art. 112º, nº 3, 2ª parte da Constituição portuguesa) são pressupostos normativos de outras ou que por outras leis devem ser respeitados.

---

[109] Cfr. *infra*.

Umas vezes essa força superior ou valor reforçado ocorre no cotejo de uma lei com outra lei (*v.g.*, a lei de delegação ou autorização legislativa em face de diploma autorizado). Outras vezes verifica-se nas relações de uma lei com qualquer outra lei (*v.g.*, a lei orçamental enquanto definidora do quadro de receitas e despesas durante certo período e que só por nova lei, modificativa ou retificativa, orçamental por ser alterada).[110]

185.
Unidade e pluralidade de formas de lei

I – A lei, que tem um conteúdo típico, apresenta-se igualmente sob uma forma caraterística. E pode presumir-se que à forma, sinal da lei, corresponda (salvas as distinções conhecidas) um conteúdo legislativo.

Tanto no constitucionalismo moderno como em qualquer outro período da história do Estado, a lei distingue-se dos demais atos jurídico-públicos por elementos formais preestabelecidos, que se reportam, uns, ao seu modo de revelação e, outros, ao seu modo de produção – quer dizer, aos diplomas donde constam as normas e à competência e ao processo de sua formação.

A forma de lei é, antes de mais, uma forma constitucionalmente definida: cabe à Constituição e, na medida em que ela o permita, às leis com essas funções e a regimentos de assembleias legislativas regulá-la em qualquer desses aspetos.

II – À partida, o legislador constituinte pode optar ou por uma só forma de lei ou por uma pluralidade de formas: por uma única forma, em virtude da unidade fundamental da função legislativa; por várias formas, em conexão com a diversidade de fins e sentidos possíveis, de competências e de articulações com outros atos.

O critério predominante vem a ser, por toda a parte, o da competência. E se há um único órgão nela investido, em princípio depara-se uma única forma de lei; e se há mais de um (sejam dois ou mais órgãos em

---

[110] Sobre os problemas que estas e outras figuras colocam, v., por todos, CARLOS BLANCO DE MORAIS, *As leis reforçadas*..., cit.; JORGE MIRANDA, *Manual*..., V, cit., págs. 379 e segs.; ou STEFANO MARIA CICONETTI, *Tipologia, funzione, grado e forza delle norme interposte*, in *Diritto e Società*, 2011, págs. 721 e segs., e autores citados.

nível central, sejam também órgãos regionais por causa de autonomia política territorial) são distintas as formas que se lhes agregam.

Em Portugal, no Brasil e nos demais países com pluralidade de órgãos legislativos, reserva-se o termo *lei* para a lei dimanada do Parlamento. Mas esse é (como já dissemos) um sentido meramente nominal. Os atos provenientes dos outros órgãos são outrossim leis em sentido formal.

186.
Relance de Direito comparado

I – No constitucionalismo moderno, o Parlamento é o órgão legislativo estrutural ou funcionalmente mais adequado – entenda-se (conforme a evolução e as vicissitudes políticas) como órgão legislativo *exclusivo*, ou como órgão legislativo *normal*, ou *primário*, ou *predominante*, ou *por excelência*.

Para além ou independentemente do princípio da separação de poderes (que nunca pode ser absoluta, mas sim relativa), este seu papel funda-se, simultaneamente, na ideia (democrática) de que a lei, dirigida a todo o povo, deve ser votada pelos seus representantes eleitos; na ideia (liberal) do debate e do compromisso, em que, se a racionalidade a final não consegue prevalecer, pelo menos é posta a clara luz; e na ideia (pluralista) de que uma assembleia representativa de opiniões e interesses diversos é mais apta para tomar as grandes deliberações (legislativas e também políticas) do que qualquer outro órgão.[111-112]

---

[111] Cfr. V. N. Luhmann (*op. cit.*, págs. 155-156): as sessões públicas plenárias do Parlamento conservam uma função essencial, embora as decisões se afastem delas; essa função não reside na transmissão da verdade, mas sim na apresentação do conflito político com a ajuda de argumentos e motivos de decisão, com os quais se identificam posições políticas controversas – isto é, de forma semelhante à fundamentação da sentença judicial, etapa necessária do processo, cuja antecipação ideológica o estrutura.

[112] E, por seu lado, Jürgen Habermas (*Faktizät und Geltung. Beiträge zur Diskurstheorie des Rechts und des Demokratischen Rechtsstaats*, 1992, trad. francesa *Droit et Démocratie – Entre faits et normes*, Paris, 1997, pág. 296): segundo a conceção republicana, a formação da opinião e da vontade política no espaço e no Parlamento não obedece às estruturas do mercado, mas sim às estruturas autónomas de uma comunicação política que procura realizar o entendimento; para a política no sentido de uma prática de autodeterminação cívica, não é o mercado, mas o diálogo que constitui o paradigma. Ou ainda Jeremy Waldron (*Representação em grandes assembleias legislativas*, in *Ideias e políticas para o nosso tempo*, obra coletiva, Braga, 2004, págs. 89 e 94): a lei tem de

A decisão de legislar tem estado quase sempre ligada, em maior ou menor grau, a impulsos vindos do Executivo ou tem estado dependente da concordância da maioria parlamentar que o apoia. Nem por isso a sua plena legitimação tem deixado de reclamar os elementos procedimentais de publicidade e contraditório que apenas a discussão e a votação em Parlamento asseguram.[113]

II – A história e o Direito comparado mostram que a atribuição de competências legislativas ao Parlamento tem-se feito em termos diferentes em razão de fatores variáveis: a forma de Estado – unitário, federal, unitário regional; a forma de governo – governo representativo clássico, monarquia limitada,[114] etc.; o sistema de governo – parlamentar, presidencial etc.; a existência de uma só ou de duas Câmaras; a consagração ou não do referendo e de outros institutos de democracia semidireta.

No século XX houve que proceder a adaptações e mesmo a atenuações significativas em face das aceleradas exigências de intervenção nos domínios económicos, sociais e culturais, da cópia de leis tornadas necessárias ou convenientes e do peso das tecnocracias. E houve por isso que reconhecer aos Governos, explícita ou implicitamente, faculdades legiferantes (embora, em compensação, também tivessem sido, em muitas Constituições, dilatados e reforçados os poderes de fiscalização parlamentar e de interferência na designação de titulares de outros órgãos). A mesma tendência se regista no século XXI.

III – Em grau decrescente de consistência do poder legislativo do Parlamento cabe apontar os seguintes sistemas:

---

colocar a sua pretensão de autoridade não apenas entre uma diversidade de interesses mas também entre uma diversidade de *pensadores*; a pretensão de autoridade legítima que as nossas leis possam ter depende, em grande parte, da nossa capacidade de dizer que elas foram aprovadas por procedimentos (de voto) justos num contexto de deliberação entre todos os pontos de vista rivais.

É a tese que desde sempre temos advogado: v. *Contributo...*, cit., pág. 83. Cfr. também ROGÉRIO SOARES, *Sentido e limites da função legislativa...*, cit., *loc. cit.*, págs. 441-442; LUÍS PEREIRA COUTINHO, *Regime orgânico de direitos, liberdades e garantias e determinação normativa*, in *Revista jurídica*, nº 24, abril de 2001, págs. 543 e segs.; ou MARIA BENEDITA URBANO, *Representação política e Parlamento*, Coimbra, 2009, págs. 29 e segs. Diversamente, PAULO OTERO, *O desenvolvimento da lei de bases pelo Governo*, Lisboa, 1997, págs. 83-84.

[113] E até regimes autoritários lhe fazem apelo quanto a matérias politicamente mais sensíveis.
[114] Cfr. sobre a doutrina do comando e do conteúdo de lei na Alemanha oitocentista, *Contributo...*, cit., págs. 46 e segs., e Autores citados.

1º Competência exclusiva do Parlamento;

2º Competência primária do Parlamento e competência complementar do Executivo, por meio de decretos de execução de leis de bases e de concretização de leis de enquadramento;

3º Competência exclusiva do Parlamento, mas delegação informal no Executivo, designadamente através de regulamentos delegados;[115]

4º Competência originária do Parlamento e competência derivada do Executivo, por via de delegação formal ou autorização legislativa;

5º Competência exclusiva do Parlamento, mas fixação constitucional da matéria da lei em contraposição à de regulamento;[116]

6º Competência normal do Parlamento e competência provisória do Executivo em caso de "necessidade e urgência"[117] ou de "relevância e urgência"[118] do Executivo (salvo sobre certas matérias de maior delicadeza política), com subsequente necessária confirmação do ato legislativo deste;

7º Competência originária e primária do Parlamento e competência de substituição do Executivo (ou doutro órgão), com "poderes especiais" ou em caso de "urgência e necessidade pública" ou de "estado de necessidade legislativa";[119]

8º Competência originária e concorrencial do Parlamento e do Executivo, mas reserva àquele de certas matérias;

9º Competência originária e concorrencial do Parlamento e do Executivo.

---

[115] Cfr. *infra*.
[116] É o sistema da Constituição da 5ª república francesa, em que o art. 34º enumera as matérias de lei e o art. 37º estipula que revestem caráter regulamentar as que não sejam do domínio da lei (podendo as leis que versem sobre tais matérias ser modificadas pelo Governo, se o Conselho Constitucional declarar que possuem caráter regulamentar).
[117] É o regime dos decretos-leis na Itália e na Espanha (arts. 77º e 86º das respetivas Constituições).
[118] É o regime das "medidas provisórias" no Brasil e dos decretos legislativos presidenciais provisórios de Angola (arts. 62º e 126º das respetivas Constituições).
[119] Estado de necessidade legislativa é a situação prevista na Constituição federal alemã (arts. 68º e 81º), na hipótese de rejeição de voto de confiança pedido pelo Governo ou de rejeição de proposta de lei relativamente à qual também tenha sido suscitada a questão de confiança; o Conselho Federal substitui-se então à Assembleia.

Nos Direitos constitucionais positivos combinam-se elementos de alguns destes sistemas e, particularmente, a delegação ou autorização legislativa aparece em quase todos eles.

Não se conhecem, em democracia representativa e pluralista, sistemas de monopólio legislativo do Executivo. Apenas em épocas de interregno ou pré-constitucionais, de duração limitada, tal se tem verificado.[120]

---

[120] Para uma visão comparativa, cfr. ENZO CHELI, *L'ampliamento dei poteri normativi dell'Esecutivo nei principali ordinamenti occidentali*, in *Rivista Trimestrale di Diritto Pubblico*, 1959, págs. 463 e segs.; MARCEL WALINE, *Les rapports entre loi et règlement avant et après la Constitution de 1958*, in *Revue du droit public*, 1959, págs. 699 e segs.; C. K. ALLEN, *op. cit.*, págs. 426 e segs. e 531 e segs.; MICHEL AMELLER, *Parlements*, 2ª ed., Paris, 1966, págs. 149 e segs.; K. C. WHEARE, *Legislatures*, 2ª ed., Londres, 1968, págs. 97 e segs.; ANTOINE FAVRE, *Droit Constitutionnel Suisse*, 2ª ed., Friburgo, 1970, págs. 449 e segs.; CHRISTIAN STARCK, *op. cit.*, págs. 47 e segs.; JEAN-LOUIS PEZANT, *Loi/règlement. La construction d'un nouvel équilibre*, in *Revue française de science politique*, 1984, págs. 922 e segs.; PAULO BONAVIDES, *op. cit.*, págs. 349 e segs.; DENIS VAN MECHELEN e RICHARD ROSE, *Patterns of Parliamentary Legislation*, Aldershot, 1986; ARMANDO MARQUES GUEDES, *A Lei em Direito Constitucional Comparado*, in *A Feitura das Leis*, obra coletiva, II, págs. 35 e segs.; o nº 2 de 1986 e o nº 1 de 1996 de *Quaderni Costituzionali*; SÉRVULO CORREIA, *Legalidade...*, cit., págs. 38 e segs.; ELISABETTA PALICI DI SUNI, *La regole e l'ecezione. Instituzioni parlamentari e potestà normative dell'Executivo*, Milão, 1988; PABLO SANTOLAYA MACHETTI, *El regimen constitucional de los decretos-leyes*, Madrid, 1988; *Law in the Making*, obra coletiva editada por Alessandro Pizzorusso, Berlim-Heidelberga, 1988, págs. 131 e segs.; FRANCISCO FERNÁNDEZ SEGADO, *El sistema constitucional español*, Madrid, 1992, págs. 618 e segs.; JEAN GICQUEL, *Droit Constitutionnel et Institutions Politiques*, 14ª ed., Paris, 1995, págs. 717 e segs.; MANOEL GONÇALVES FERREIRA FILHO, *Do processo...*, cit., págs. 157 e segs. e 230 e segs.; CATHERINE HAGHENEAU, *Le domaine de la loi en droit français et en droit anglais*, in *Revue français de droit constitutionnel*, 1995, págs. 247 e segs.; CLEMERSON MERLIN CLÈVE, *Atividade legislativa...*, cit., *loc. cit.*, págs. 123 e segs.; ERIC BÜLOW, *La legislación*, in *Manual de Derecho Constitucional*, obra coletiva, trad., Madrid, 1996, págs. 727 e segs.; DIAN SCHEFOLD, *Gli atti legislativi del Governo e i rapporti fra i poteri nel diritto tedesco*, in *Rivista di Diritto Costituzionale*, 1996, págs. 191 e segs.; LUÍS S. CABRAL DE MONCADA, *"Rule of Law", procedimento normativo e legalidade; uma perspetiva comparada*, Lisboa, 1996; DMITRI-GEORGES LAUROFF, *Le droit constitutionnel de la Vème république*, 2ª ed., Paris, 1997, págs. 635 e segs. e 654 e segs.; nº 32, de 1997, da *Revue française de droit constitutionnel*; *Executive Decree Authority*, obra coletiva ed. por JOHN M. CAREY e MATTHEW SOBERG SHUCART, Cambridge, 1998; LEUOMAR AMORIM DE SOUSA, *A produção normativa do poder executivo*, Brasília, 1999; FRIEDRICH MÜLLER, *As medidas provisórias no Brasil diante do pano de fundo das experiências alemãs*, in *Direito Constitucional – Estudos em homenagem a Paulo Bonavides*, obra coletiva, São Paulo, 2001, págs. 337 e segs.; PIERRE BON, *Les substituts à la loi: les actes législatifs de l'exécutif*, in *Annuaire Internationale de Justice Constitutionnel*, 2003, págs. 472 e segs.

187.

O procedimento ou processo legislativo

I – Seja qual for o órgão competente para a emanar, a lei resulta necessariamente de um procedimento ou processo;[121] resulta de uma sucessão de actos de vária estrutura e relativamente autónomos encadeados para um fim; corresponde ao momento conclusivo desse processo ou procedimento.[122]

No entanto, para lá da recondução genérica ao conceito de processo ou procedimento nos moldes anteriormente apontados, cabe sempre salientar as especificidades do processo legislativo. Se não pode assimilar-se o procedimento administrativo ao processo judicial, tão-pouco se justificaria assimilar o processo ou procedimento legislativo ao procedimento administrativo.

Há que ter em devida conta os elementos políticos que envolvem os elementos estritamente jurídicos, quer aqueles que se manifestam no seio dos órgãos do poder quer os que brotam da dialética com as influ-

---

[121] Na Constituição brasileira, fala-se em *processo legislativo* para designar o exercício do poder legislativo e os respetivos tipos de atos (arts. 59º e segs.), e não propriamente a formação desses atos. Cfr. MANOEL GONÇALVES FERREIRA FILHO, *Do processo...*, cit., págs. 192 e segs.

[122] Cfr. VINCENZO GUELLI, *Concezioni dello Stato e del Diritto e tecnica legislativa nelle teoria del procedimento legislativo*, in *Rivista Trimestrale di Diritto Pubblico*, 1956, págs. 949 e segs.; SERIO GALEOTTI, *Contributo alla teoria del procedimento legislativo*, cit.; FRANCESCO COSENTINO, *Note sui principi della procedura parlamentare*, in *Studi sulla Costituzione*, obra coletiva, II, Milão, 1958, págs. 395 e segs.; MIGUEL GALVÃO TELES, *Direito Constitucional...*, cit., págs. 78 e segs.; CHRISTIAN STARCK, *op. cit.*, págs. 223 e segs.; JORGE XIFRA HEROS, *El Proceso Legislativo*, Madrid, 1961; VITTORIO DI CIOLO, *Procedimento legislativo*, in *Enciclopedia del Diritto*, XXXV, 1986, págs. 548 e segs.; CHARLES-ALBERT MORAND, *La formation et la mise en oeuvre du droit*, in *Pouvoirs*, 1987, nº 43, págs. 73 e segs.; MARIA ASUNCIÓN GARCIA MARTINEZ, *El procedimiento legislativo*, Madrid, 1987; *Law in the Making*, obra coletiva editada por ALESSANDRO PIZZORUSSO, cit.; BENIGNO PENDAS GARCIA, *Procedimiento legislativo y calidad de las leyes*, in *Revista Española de Derecho Constitucional*, nº 28, Janeiro-Abril de 1990, págs. 75 e segs.; PALOMA BIGLINO CAMPOS, *Los vicios en el procedimiento legislativo*, Madrid, 1991; NELSON DE SOUSA SAMPAIO, *O processo legislativo*, 2ª ed., Belo Horizonte, 1996; GERMANA DE OLIVEIRA MORAES, *O controle jurisdicional da constitucionalidade do processo legislativo*, São Paulo, 1998; JOSÉ AFONSO DA SILVA, *Processo constitucional de formação das leis*, 2ª ed., 2ª tiragem, São Paulo, 2007; J. J. GOMES CANOTILHO, *Direito Constitucional...*, cit., pág. 871 e segs.; JORGE BACELAR GOVEIA, *Procedimento legislativo*, in *Dicionário Jurídico da Administração Pública*, 3º suplemento, 2007, págs. 595 e segs. Cfr., numa perspetiva mais ampla, sobre a decisão do poder nos processos jurígenas, MIGUEL REALE, *Fontes...*, cit., págs. 51 e segs.

ências e as pressões vindas da sociedade civil. Os acordos políticos, as relações de força entre os vários grupos políticos, as situações contingentes, as regras de cortesia constitucional conferem ao processo legislativo características próprias e irrepetíveis.[123]

II – A cada órgão com competência legislativa corresponde um procedimento marcado pelas suas características próprias. Naturalmente, o que concita maior atenção e mais cuidado de regulamentação é o procedimento no âmbito de uma assembleia parlamentar.

III – Assumindo o procedimento legislativo, por natureza, uma dimensão temporal, os actos em que se desdobra hão-de situar-se uns em relação aos outros em diversos momentos; e torna-se adequado e conveniente agrupar os actos mais próximos e afins em fases relativamente homogéneas, identificadas por funções específicas.[124]

Cada fase ou período é fração de um tempo longo, uma parte do *iter* a percorrer pelo órgão legislativo e pelos outros sujeitos previstos na Constituição em interdependência com ela. Por seu turno, cada fase tem de ser entendida também como um procedimento *a se*, com as suas próprias subfases. E tanto a unidade de cada fase quanto a unidade global do procedimento deriva das regras jurídicas a partir das quais se congregam as vontades – concordantes ou eventualmente discrepantes – dos vários intervenientes e se alcança (ou deixa de alcançar) a lei como norma ou conjunto de normas.

O procedimento tende a esse acto final e complexo, mas a validade dos actos correspondentes a cada fase é condição de validade do acto final. Não há compartimentos estanques, mas solidariedade e centralidade no âmbito do órgão legislativo.

IV – No que tange ao procedimento legislativo parlamentar, é possível adotar mais de um critério de ordem funcional para destrinçar as fases.

Um dos mais consagrados consiste no grau de eficiência das diversas fases perante a lei como acto final total,[125] enunciando-se então uma fase de iniciativa ou de instauração do procedimento, uma fase constitutiva ou perfetiva e uma fase integrativa de eficácia.[126] Assim

---

[123] Assim, por todos, VITTORIO DE CIOLO, *op. cit., loc. cit.*, pág. 949.
[124] Cfr., por todos, SERIO GALEOTTI, *op. cit.*, págs. 105 e segs. e 223 e segs.
[125] SERIO GALEOTTI, *op. cit.*, pág. 234.
[126] *Ibidem*, págs. 241 e segs. Cfr. a tripartição de MIGUEL GALVÃO TELES (*Direito Constitucional*, cit., págs. 78-79): formalidades preparatórias, formalidades integradoras do ato principal e formalidades complementares.

como há quem formule cinco fases – de iniciativa, instrutória, constitutiva, de controlo e de integração de eficácia.[127]

Por nós, propomos quatro fases: a da iniciativa, a da apreciação ou consulta, a da deliberação ou da discussão e votação e a da promulgação e do controlo. Mas assentimos que a fase constitutiva ou perfetiva não pode deixar de ser a da deliberação.

Quanto à publicação, ela situa-se já fora do processo; diz respeito à norma em si, desprendida do ato legislativo, e não propriamente a este.[128]

---

[127] J. J. GOMES CANOTILHO, *Direito Constitucional...*, cit., págs. 872 e segs.
[128] Cfr., por todos, SERIO GALEOTTI, *op. cit.*, págs. 273 e segs.; ou ALESSANDRO PIZZORUSSO, *La pubblicazione degli atti normativi*, Milão, 1963.

PARTE V

INCONSTITUCIONALIDADE E GARANTIA DA CONSTITUIÇÃO

Capítulo I

INCONSTITUCIONALIDADE E GARANTIA EM GERAL

§ 1º
Inconstitucionalidade em geral

188.

Noção ampla e noção restrita de inconstitucionalidade

I – Constitucionalidade e inconstitucionalidade[1] designam conceitos de relação: a relação que se estabelece entre uma coisa – a Constituição

---

[1] V., entre tantos, RUI BARBOSA, *Os actos inconstitucionais do Congresso e do Executivo ante a Justiça Federal*, Rio de Janeiro, 1893; MAGALHÃES COLLAÇO, *Ensaio sobre a inconstitucionalidade das leis no Direito português*, Coimbra, 1915; HANS KELSEN, *La garantie juridictionnelle de la Constitution*, in *Revue du Droit Public*, 1928, págs. 197 e segs (com tradução portuguesa, *Sub Judice*, 20/21, janeiro-julho de 2001, págs. 9 e segs., e em *Jurisdição Constitucional*, São Paulo, 2003, págs. 119 e segs.), e *Reine Rechtslehre*, 2ª ed. portuguesa *Teoria Pura do Direito*, Coimbra, 1926, II, págs. 328 e segs.; CHARLES EISENMANN, *La Justice Constitutionnelle et la Haute Cour Constitutionnelle d'Autriche*, Paris, 1928 (reimpressão de 1986); CARLO ESPOSITO, *La Validità delle Leggi*, Milão, 1934; MASSIMO SEVERO GIANNINI, *L'illegittimità degli atti normativi e delle norme*, in *Rivista italiana per le scienze giuridiche*, 1954, págs. 39 e segs.; MIGUEL GALVÃO TELES, *Eficácia dos tratados na ordem interna portuguesa*, Lisboa, 1967, págs. 115 e segs., *Direito Constitucional Português Vigente*, sumários policopiados, Lisboa, 1970, págs. 88 e segs., e *Inconstitucionalidade pretérita*, in *Nos dez anos da Constituição*, obra coletiva, Lisboa, 1987, págs. 265 e segs.; JORGE MIRANDA, *Contributo...*, cit., e *Decreto*, cit., págs. 101 e segs.; FRANCO MODUGNO, *L'Invalidità della Legge*, 2 vols., Milão, 1970, e *Legge (vizi*

– e outra coisa – um comportamento – que lhe está ou não conforme, que cabe ou não cabe no seu sentido, que tem nela ou não a sua base.

Assim declaradas, são conceitos que parecem surgir por dedução imediata. De modo pré-sugerido, resultam do confronto de uma norma ou de um ato com a Constituição, correspondem a atributos que tal comportamento recebe em face de cada norma constitucional.[2]

Não se trata de relação de mero carácter lógico ou intelectivo. É essencialmente uma relação de carácter normativo e valorativo, embora implique sempre um momento de conhecimento. Não estão em causa simplesmente a adequação de uma realidade a outra realidade, de um *quid* a outro *quid* ou a desarmonia entre este e aquele ato, mas o cumprimento ou não de certa norma jurídica.

II – Uma fórmula como esta oferecer-se-ia, porém, demasiado ampla, por abarcar, tanto ações e omissões dos órgãos do poder político quanto ações e omissões dos particulares e por envolver, em consequência, regimes jurídicos muito diversos.

Trata-se, evidentemente, do não cumprimento de normas constitucionais pelo Estado e por outras entidades públicas, tal como só pode ser operativo um conceito próprio da ciência do Direito constitucional. Importa, por isso, analisar o fenómeno com o necessário cuidado.

189.
Análise do fenómeno

I – O primeiro termo da relação de inconstitucionalidade é a Constituição:

---

della), in *Enciclopedia del Diritto*, XXIII, 1973, págs. 1000 e segs.; FELICE DELFINO, *La dichiarazione di illegitimità costituzionale delle leggi*, Nápoles, 1970; MARCELO REBELO DE SOUSA, *O valor jurídico...*, cit.; MARCELO NEVES, *Teoria da inconstitucionalidade das leis*, São Paulo, 1988; RUI MEDEIROS, *Valores jurídicos negativos da lei inconstitucional*, in *O Direito*, 1989, págs. 485 e segs., e *A decisão da inconstitucionalidade*, Lisboa, 1999; GILMAR FERREIRA MENDES, *Controle de inconstitucionalidade*, São Paulo, 1990; JOSÉ JUAN MORESO MATEOS, *Sobre normas inconstitucionales*, in *Revista Española de Derecho Constitucional*, maio-agosto de 1993, págs. 81 e segs.; PAULO OTERO, *Ensaio sobre o caso julgado inconstitucional*, Lisboa, 1993; ELIVAL DA SILVA RAMOS, *A inconstitucionalidade da lei*, São Paulo, 1994; MARIA FERNANDA PALMA, *Constitucionalidade e justiça*, in *Themis* (revista da Universidade Nova de Lisboa), 1, 2000, págs. 21 e segs.; J. J. GOMES CANOTILHO, *Direito...*, cit., págs. 919-920 e 947 e segs.; LUÍS ROBERTO BARROSO, *O Controle de Constitucionalidade no Direito brasileiro*, São Paulo, 2004, págs. 11 e segs.; CARLOS BLANCO DE MORAIS, *Justiça Constitucional*, I, 2ª ed., Coimbra, 2006, pág. 132.

[2] *Contributo...*, cit., pág. 11 (com algumas modificações).

a) A Constituição, não genericamente, na sua globalidade, em bloco, em bruto; mas por referência a uma norma determinada, a *certa* norma que rege *certo* comportamento; por referência a certa norma, ou a certo segmento de norma, seja qual for a sua expressão verbal (texto de preâmbulo, artigo, número ou alínea de artigo).

Há sempre uma norma violada, e não outra. Pela inconstitucionalidade, transgride-se uma norma constitucional uma a uma, não se transgridem todas ao mesmo tempo e de igual modo. Pode assim ficar afetado todo um instituto ou capítulo que, nem por isso – subsistindo a Constituição e dispondo ela de meios de garantia da sua integridade – deixa de ser através de qualquer das suas normas (ou de segmentos de normas) que a inconstitucionalidade se manifesta. Um comportamento enquanto tal contrário a toda a Constituição, juridicamente significativo, só poderia ser uma revolução.[3]

b) A Constituição, através de qualquer dos tipos de normas em que se analisa – regras e princípios.[4]

c) A Constituição também através de qualquer das normas consuetudinárias (inclusive, de origem jurisprudencial) que a integrem.[5]

d) A Constituição, através de qualquer das suas normas, sejam originárias, sejam criadas por revisão constitucional (e nestas abrangidas as correspondentes às disposições transitórias das respetivas leis).

e) A Constituição, quando tenha ocorrido revisão constitucional, através de qualquer das suas normas já não em vigor, mas relativamente a situações produzidas durante o seu tempo de vigência.

II – O segundo termo é o comportamento do poder público:

a) Um comportamento de órgão do poder político ou mais amplamente, de entidades públicas e, no limite, de entidades privadas investidas de autoridade pública.

---

[3] E esse seria comportamento não já *inconstitucional*, mas sim *anticonstitucional* (frente a essa Constituição, embora não frente à Constituição nova que faria emergir).

[4] Cfr., sobre a parametricidade dos princípios, FRANCO MODUGNO, *L'Invalidità...*, cit., págs. 217 e segs.

[5] *Ibidem*, págs. 132 e segs.

b) Um comportamento de órgãos de poder político no exercício da sua autoridade própria, sujeito a regras de Direito público; não um comportamento de entidades públicas (da Administração) sujeito a regras de Direito privado, não um ato de gestão privada da Administração.[6]

c) Um comportamento tanto positivo – uma ação – como negativo – uma omissão; tanto um ato que é praticado quando não devia ser praticado, ou que é praticado contra uma norma constitucional, como uma abstenção ou inércia do poder político quando uma norma constitucional mandava agir e que, por isso, é valorada negativamente.

d) Um comportamento infraconstitucional, um comportamento subordinado à Constituição; ou, doutra perspetiva, no caso de ato normativo, uma norma infraconstitucional ou uma norma constitucional, mas esta criada por revisão, e não uma norma constitucional originária, produto do poder constituinte (originário).

e) Um comportamento, seja qual for o seu conteúdo – normativo ou não normativo, geral ou individual, abstrato ou concreto.[7]

f) Qualquer comportamento de Direito interno, mas apenas qualquer norma de Direito internacional e somente quando aplicável na ordem interna. Compreende-se porquê.[8]

III – Poderá haver, certamente, comportamentos dos particulares sujeitos ao crivo da constitucionalidade, por força da aplicação do princípio da igualdade nas relações entre eles ou da vinculação das entidades privadas, em determinados termos, a alguns direitos fundamentais (art. 18º, nº 1 da Constituição portuguesa).[9] Será o caso, por exemplo, dos estatutos de uma associação, de uma fundação ou de um pacto social, com a discriminação entre os sócios ou de regulamento interno de uma empresa com violação desses direitos.

Mas a necessária sujeição desses atos à Constituição[10] não implica a assimilação de uma eventual desconformidade com normas consti-

---

[6] Diversamente, MARCELO REBELO DE SOUSA, *O valor jurídico*..., cit., págs. 333 e 334.
[7] Cfr. DINAMENE DE FREITAS, *O Acto Admnistrativo Inconstitucional*, Coimbra, 2010.
[8] Cfr. *infra*.
[9] Cfr. *Manual*..., IV, cit., págs. 292 e segs. e 331 e segs.
[10] J. J. GOMES CANOTILHO, *Direito*..., cit., pág. 944, fala em "parâmetro normativo": o parâmetro normativo imediato pelo que se deve aferir a licitude ou ilicitude é constituída, neste caso, pelas normas e princípios constitucionais, e não por princípios vagos como

tucionais à desconformidade por parte de órgãos do poder. É diversa a função da Constituição perante o poder político e perante os particulares e diferentes têm de ser, por conseguinte, os instrumentos de garantia.

Se, por um lado, os tribunais podem e devem conhecer da constitucionalidade de normas de entidades privadas no exercício dos seus poderes normais de julgamento, já a essas normas não se estende o regime próprio de fiscalização da constitucionalidade que culmina na intervenção do Tribunal Constitucional ou de um Supremo Tribunal Federal. O controlo fica confinado aos tribunais judiciais e aos seus instrumentos processuais.[11]

Problemas particularmente delicados levantam, porém, certos atos normativos baseados na autonomia privada ou na autonomia coletiva, como os compromissos arbitrais e os regulamentos de arbitragem e as convenções coletivas de trabalho. A eles aludiremos ao estudarmos o sistema português de fiscalização.

IV – A relação entre o comportamento ou a norma e a Constituição há-de ser:

a) *Uma relação direta*, uma relação que afete um ato ou uma omissão, ou uma norma que esteja ou venha a estar em relação direta com a Constituição.

À partida, não é de excluir que qualquer *ato jurídico-público*, qualquer ato de exercício de uma função do Estado, qualquer ato do poder público, desde que sujeito a uma norma constitucional sob qualquer aspeto – pressuposto, elemento, requisito – venha a infringi-la. Na prática e até por definição (tendo em conta o papel da Constituição), a inconstitucionalidade tende a cingir-se aos *atos jurídico-constitucionais*, aos atos cujo estatuto pertence, a título principal, ao Direito constitucional, aos atos regulados (não apenas previstos, embora não necessariamente regulados até ao fim) por normas da Constituição, a atos provenientes de órgãos constitucionais e com a sua formação dependente de normas constitucionais.[12]

---

os de ordem pública, bons costumes, boa-fé, muitas vezes invocados na jurisprudência como fundamento da nulidade ou anulabilidade de atos ilícitos privados.

[11] Neste sentido, JORGE MIRANDA, anotação in JORGE MIRANDA e RUI MEDEIROS, *Constituição Portuguesa Anotada*, III, Coimbra, 2007, págs. 712-713; J. J. GOMES CANOTILHO e VITAL MOREIRA, *Constituição...*, II, cit., pág. 907.

[12] V. *Manual...*, v, 4ª ed., cit., págs. 101 e segs.

b) Uma relação direta, porque se traduz numa infração direta de uma norma constitucional.

Não basta que um ato (um tipo de ato) tenha o seu estatuto ou um aspeto principal da sua regulamentação na Constituição. É necessário ainda que o ato em concreto contradiga uma norma constitucional de fundo, de competência ou de forma; que contradiga essa norma, e não uma norma interposta, situada entre a Constituição e esse ato. Inconstitucionalidade verdadeira, e própria só pode ser inconstitucionalidade *específica*[13] ou direta.

Mas teremos de esclarecer e justificar estes assertos, porque comportam graves implicações.

c) *Uma relação de desconformidade, e não apenas de incompatibilidade*; uma relação de descorrespondência, de inadequação, de inidoneidade perante a norma constitucional, e não apenas de mera contradição.

Em Direito administrativo, a propósito do alargamento do princípio da legalidade do século XIX para o século XX, distingue-se entre compatibilidade e conformidade: de um estádio em que a lei descrevia um limite externo à atividade da Administração passou-se a um estádio em que encerra a própria substância da vontade administrativa.[14] O aparecimento de um princípio homólogo em Direito constitucional – o princípio da constitucionalidade – coincide com essa evolução[15] e, em larga medida, sofre a sua influência.

Inconstitucionalidade envolve desconformidade ou não conformidade, mas é indispensável discernir, mormente no domínio da inconstitucionalidade material diferentes modos e graus em razão da diversidade de normas constitucionais e das relações entre elas e os comportamentos dos órgãos do poder.

d) Uma relação de desconformidade, que acarreta, quanto aos atos e às normas de Direito interno inconstitucionais, *invalidade* (em sentido amplo) e, quanto às normas de Direito internacional vigentes na ordem interna, *ineficácia*.

---

[13] MARCELLO CAETANO, *Tratado Elementar de Direito Administrativo*, I, Coimbra, 1943, pág. 390.
[14] Cfr. ANDRÉ GONÇALVES PEREIRA, *Erro e Ilegalidade no Acto Administrativo*, Lisboa, 1962, págs. 21 e 38 e segs.
[15] Cfr. *Contributo...*, cit., págs. 77 e segs.

190.
Inconstitucionalidade de normas constitucionais

I – É possível a inconstitucionalidade de normas constitucionais em caso de revisão constitucional que pretira regras orgânicas ou procedimentais ou que infrinja limites materiais. As normas assim surgidas – normas constitucionais (ou que o pretendam ser) – por contrariarem as normas constitucionais a que estão sujeitas, não devem subsistir, sob pena de, no limite, se produzir transição constitucional.[16]

E é possível mesmo configurar inconstitucionalidade de normas constitucionais no momento anterior, de exercício do poder constituinte (originário). Porque o órgão que elabora e decreta a Constituição formal tem de se considerar solidário da ideia de Direito afirmada pelo poder constituinte material (seja através de revolução, seja através de transição), nada impede que se suscite então um problema de conformidade. Mas parece extremamente difícil conferir-lhe tradução prática, por causa dos circunstancialismos históricos envolventes que mal se compadecem com parâmetros de validade.

Representa algo de excecional a apreciação, pelo Tribunal Constitucional sul-africano, da Constituição de 1996 frente aos "Princípios Constitucionais" definidos aquando do processo pacífico e compromissório de passagem do *apartheid* a uma democracia multi-racial.[17]

II – Questão bem diversa vem a ser a da inconstitucionalidade de normas constitucionais no âmbito da Constituição formal, visto que as normas que aí se ponham em confronto proveem de um mesmo e único poder. Não ignoramos, no entanto, uma significativa corrente doutrinal que a aceita.

Paradigmático desta corrente é o pensamento de Otto Bachof, exposto em célebre conferência de 1951, em que discrimina três contradições – contradição com normas constitucionais de grau superior, infração de direito supralegal positivado na lei constitucional e infração de direito supralegal não positivado – e em que, se nega a inconstitucionalidade no primeiro caso, sustenta que a isso se reconduzem a segunda e a terceira situações.

---

[16] Cfr. *supra*.
[17] V. a decisão do Tribunal in *Constitutional Law Reports* (Butterworths, Durban), 1996, págs. 1252 e segs.; cfr. crónica de Xavier Philippe, in *Revue française de droit constitutionnel*, 1997, págs. 163 e segs.; e Maria José Morais Pires, *O acórdão de "certificação" da Constituição da África do Sul*, in *Estudos em homenagem ao Prof. Doutor Armando M. Marques Guedes*, obra coletiva, Coimbra, 2004, págs. 17 e segs.

Quando o legislador constituinte atua autonomamente, editando normas jurídicas que são a expressão livre do *pouvoir constituant*, poderá ele, em virtude desta autonomia, consentir também exceções ao direito que estabelece. Diferentemente, se uma norma da Constituição infringir outra norma constitucional que positive direito supralegal, tal norma será não apenas contrária ao direito natural como inconstitucional: a "incorporação material" (IPSEN) dos valores supremos na Constituição faz com que toda a infração do direito supralegal apareça, necessária e simultaneamente, como violação do conteúdo fundamental da Constituição. E, de igual sorte, no terceiro caso, embora com dúvidas, considera BACHOF que se oferece inconstitucionalidade, pois o direito supralegal vem a ser imanente a *toda a ordem jurídica* que se reivindique legitimamente deste nome e, portanto, em primeira linha, a toda a ordem *constitucional* que queira ser vinculativa.[18]

A mesma tendência reconhece-se em parte da doutrina italiana, da espanhola ou da grega: assim, por exemplo, partindo de um conceito de Constituição que envolve normas meta-estatais e partindo da existência de limites ao poder constituinte exercido pelo povo, GERARDO MORELLI afirma a possibilidade de contradição de certas normas constitucionais com os princípios e valores da Constituição, embora não ponha a hipótese de impugnação direta de tais normas (pois elas não são objeto do controlo de constitucionalidade).[19-20-21]

---

[18] *Normas constitucionais inconstitucionais?*, trad., Coimbra, 1977, *maxime* págs. 54 e segs., 62 e segs. e 67-68. Também ADOLFO SÜSTERHENN (*L'avènement du droit supra-positif dans l'évolution du droit constitutionnel allemand*, in Boletim da Faculdade de Direito da Universidade de Coimbra, vol. XXXVI, 1955, págs. 168 e segs., *maxime* 185-186) associa a ideia de normas constitucionais inconstitucionais à receção do Direito natural pela Constituição. Cfr., algo diferentemente, J. ESSER (*Principio y norma en la elaboración jurisprudencial del derecho privado*, trad., Barcelona, 1961, págs. 90 e 91), considerando "normas constitucionais de grau superior" as bases da organização de determinada forma estatal.

[19] *Il diritto naturale nelle costituzioni moderne*, Milão, 1974, *maxime* págs. 217 e segs., 273 e segs. e 311 e segs.

[20] Cfr., sobre o assunto, na Espanha, PABLO LUCAS VERDU, *Curso de Derecho Politico*, II, Madrid, 1974, págs. 698 e segs.; na Grécia, GEORGES MITSOPOULOS, *Problemes de la validité du droit*, in *Studi in onore di Enrico Tullio Liebman*, obra coletiva, I, Milão, 1979, págs. 313 e segs.; ou no Brasil, PAULO BONAVIDES, *A Constituição Aberta*, Belo Horizonte, 1993, págs. 279 e segs., e *O Art. 45.º da Constituição Federal e a inconstitucionalidade de normas constitucionais*, in Revista da Faculdade de Direito da Universidade de Lisboa, 1995, págs. 5 e segs.; ZENO VELOSO, *Controle jurisdicional de constitucionalidade*, 2ª ed., Belo Horizonte, 2000, págs. 209 e segs.; EMERSON GARCIA, *Conflitos entre normas constitucionais*, Rio de Janeiro, 2008, págs. 259 e segs.

[21] Cfr. também a nota de Direito comparado de KARL LOEWENSTEIN, *Verfassungslehre*, 1959, trad. *Teoria de la Constitution*, Barcelona, 1964, págs. 192 e segs.

Em Portugal, já antes de 1974 o problema não era desconhecido.[22] Mas foi sobretudo após a entrada em vigor da Constituição de 1976 e sobretudo à face do seu art. 309º (depois 294º, depois 292º) e da Lei nº 8/75, de 25 de julho, sobre incriminação retroativa dos agentes e responsáveis da polícia política do regime autoritário anterior, que o problema foi colocado.[23-24]

III – Também nós perfilhamos uma "axiologia transpositiva que não está na disponibilidade do positivo constitucional ou de que não é titular sem limites o poder constituinte";[25] e, por conseguinte, temos afirmado a existência de limites transcendentes que correspondem a imperativos de Direito natural, tal como, em cada época e em cada lugar, este se refrange na vida social.[26]

Todavia, não cremos que, a dar-se qualquer forma de contradição ou de violação dessa axiologia, estejamos diante de uma questão de inconstitucionalidade; estamos, sim, diante de uma questão que a ultrapassa,[27] para ter de ser encarada e solucionada em plano diverso – no da Constituição material que é adotada ou no do tipo constitucional ao qual pertence. Precisamente, por estarem em causa limites transcendentes, declarados e não constituídos, no extremo poderá haver invalidade ou

---

[22] ROGÉRIO SOARES, *Constituição*, in *Dicionário Jurídico da Administração Pública*, II, pág. 672; VITAL MOREIRA, *Economia e Constituição*, Coimbra, 1974, págs. 148 e segs., em particular sobre conflitos entre a Constituição económica diretiva (programática) e a Constituição económica estatutária.

[23] A. CASTANHEIRA NEVES, *A Revolução e o Direito*, Coimbra, 1976, pág. 7. Na mesma linha, AFONSO QUEIRÓ, *Lições...*, cit., págs. 295 e segs., *maxime* 307; RUI MOURA RAMOS, *Direito Internacional Privado e Constituição*, Coimbra, 1979, pág. 181, nota; CAVALEIRO DE FERREIRA, *Direito Penal Português*, I, Lisboa, 1981, pág. 92; ANTÓNIO MENEZES CORDEIRO, *Da Boa Fé no Direito Civil*, Lisboa, 1984, pág. 1275, nota; NUNO SÁ GOMES, *Lições de Direito Fiscal*, II, Lisboa, 1985, págs. 21 e segs. Mais atenuadamente, PEDRO SOARES MARTINEZ, *Manual de Direito Fiscal*, Coimbra, 1983, págs. 100-101; VIEIRA DE ANDRADE, *Os direitos fundamentais na Constituição Portuguesa*, 1ª ed., Coimbra, 1983, págs. 128-129, nota; MANUEL AFONSO VAZ, *Lei e Reserva da Lei*, cit., págs. 210, 233 e segs., 239 e segs. e 289; JORGE BACELAR GOUVEIA, *O Estado de Excepção no Direito Constitucional*, Lisboa, 1998, págs. 1489 e segs. Cfr. ainda a consideração do preceito como violador do *jus cogens* em EDUARDO CORREIA BAPTISTA, *Direito Internacional Público*, I, Lisboa, 1998, págs. 432 e segs.

[24] Observe-se que o preceiro correspondente há muito deixou de vigorar, caducou – ou por prescrição dos crimes ou por não aplicação.

[25] Na expressão de A. CASTANHEIRA NEVES, *A Revolução e o Direito*, cit., pág. 230.

[26] Cfr. *supra*.

[27] Cfr. KARL ENGISCH, *Introdução ao Pensamento Jurídico*, trad., Lisboa, 1966, págs. 257, 265 e segs. e 274, *maxime* 268.

ilegitimidade da Constituição. O que não poderá haver será inconstitucionalidade: seria incongruente invocar a própria Constituição para justificar a desobediência ou a insurreição contra as suas normas.

Inconstitucionalidade envolve um juízo de valor a partir dos critérios constitucionais, sejam estes quais forem. Se os critérios constitucionais englobarem – como é desejável que englobem – valores de justiça, liberdade, solidariedade, dignidade da pessoa humana, também a inconstitucionalidade terá de ser aferida à face desses valores. Mas não é seguro que eles sejam sempre acolhidos com a mesma intensidade ou acolhidos da mesma forma. Nem se verifica unanimidade quanto às conceções filosófico-jurídicas subjacentes às Constituições, longe disso. Não concordamos, pois, com Bachof quando, reivindicando para toda e qualquer ordem constitucional valores supralegais, daí retira suscetibilidade de inconstitucionalidade. Ainda que aceitemos que em toda e qualquer ordem jurídica se encontram aqueles valores, nem sempre eles alcançam força suficiente para conformarem a Constituição e, portanto, para determinarem constitucionalidade ou inconstitucionalidade dos atos jurídico-públicos.

No interior da *mesma* Constituição originária, obra do *mesmo* poder constituinte formal, não divisamos como possam surgir normas inconstitucionais.[28] Nem vemos como órgãos de fiscalização instituídos por esse poder seriam competentes para apreciar e não aplicar, com base na Constituição, qualquer das suas normas.[29-30] É um princípio de identidade ou de não contradição que o impede.

---

[28] Cfr. Marcelo Rebelo de Sousa, *O valor jurídico*..., cit., págs. 128 e segs., para quem existe uma interpenetração absoluta entre Constituição formal e Constituição material, sendo impensáveis disposições formalmente constitucionais opostas à Constituição material.

[29] Ou como o aplicador individual da Constituição poderia substituir-se ao próprio poder constituinte na tarefa de valoração dos princípios fundamentais da Constituição (Gomes Canotilho e Vital Moreira, *Fundamentos da Constituição*, Coimbra, 1991, pág. 45).

[30] A jurisprudência constitucional portuguesa por duas vezes encarou a questão da inconstitucionalidade de normas constitucionais: no parecer nº 9/79 da Comissão Constitucional, de 27 de março (in *Pareceres*, VIII, págs. 8 e 9), e no acórdão n.º 480/89 do Tribunal Constitucional, de 13 de julho (in *Diário da República*, 2ª série, de 31 de janeiro de 1990); naquele em mera referência, neste implicitamente tomando posição. Estava em causa no acórdão um recurso em que era arguida a constitucionalidade da norma constitucional de proibição do *lock-out* (art. 57º, nº 3), por contrária ao princípio da igualdade (art. 13º). O Tribunal não deu provimento ao recurso, considerando não haver tal contradição. Mas, assim fazendo, reconheceu-se implicitamente o poder de apreciação da constitucionalidade de normas constitucionais, quando o legislador

Pode haver inconstitucionalidade por oposição entre normas constitucionais preexistentes e normas constitucionais supervenientes, na medida em que a validade destas decorra daquelas (como no caso referido da África do Sul); não por oposição entre normas feitas ao mesmo tempo por uma mesma autoridade jurídica. Pode haver inconstitucionalidade de normas de Constituições de Estados federados frente à Constituição federal. Pode haver inconstitucionalidade da revisão constitucional, porque a revisão funda-se, formal e materialmente, na Constituição; não pode haver inconstitucionalidade do poder constituinte (originário).

Se a Constituição como conjunto de regras e princípios tem de ser tomada como um todo harmónico, haverá que procurar definir as relações entre eles (em termos de regra e exceção, de regra geral e especial ou como se entender); e apenas, quando pelos processos lógicos de trabalho dos juristas não for possível superar um conflito de normas,[31] poderá justificar-se recorrer a interpretação corretiva ou a interpretação ab-rogante.[32] Isto, naturalmente, sem embargo de, quando a Constituição não se reduzir à mera Constituição instrumental ou legal e fizer apelo a princípios suprapositivos – como acontece com a Constituição portuguesa, designadamente através do preâmbulo e dos arts. 1º e 16º – ser obrigatório tomá-los em consideração e buscar um sentido e um alcance para os desvios ou as exceções aos princípios que, dentro do razoável, sejam os menos desconformes possíveis com o sentido e o alcance dos princípios fundamentais da Constituição.

Acresce o carácter compromissório de muitas Constituições, de tal sorte que o eventual somatório de regras e princípios de matriz diferente ou de sentido discrepante tem de se entender como expressão real da vontade constituinte em certo tempo histórico, cabendo ao intérprete reconstruir as relações entre eles num todo logicamente articulado, mas não substituir-se ao órgão de revisão na eliminação desta ou daquela norma divergente dos princípios. E pode perguntar-se mesmo, numa rigorosa procura de justiça e segurança, qual o mal menor: se abalar o

---

constituinte originário infringisse uma axiologia suprapositiva e inscrevesse no texto constitucional normas que fossem *não-direito*.

[31] Cfr., por exemplo, FRANCESCO CARNELUTTI, *Teoria General del Derecho*, trad., Madrid, 1955, págs. 108 e segs.; KELSEN, *Teoria Pura...*, cit., II, págs. 27 e segs.; J. HERMANO SARAIVA, *A crise do direito*, Lisboa, 1964, págs. 73-74; KARL ENGISCH, *op. cit.*, págs. 254 e segs.

[32] Cfr. JOSÉ DE OLIVEIRA ASCENSÃO, *O Direito...*, cit., págs. 425 e segs.; ou FERNANDO JOSÉ BRONZE, *Lições de Introdução ao Direito*, 2ª ed., Coimbra, 2006, págs. 916 e segs.

compromisso constitucional e abrir caminho para ruturas que se pagam caro, ou se admitir, transitória e limitativamente, a vigência de normas que derroguem tais princípios.

Não vamos, porém, ao ponto de afastar o poder, e até o dever, do juiz de não aplicar normas constitucionais contrárias a imperativos de Direito natural, violadoras de valores fundamentais, gravemente injustas (assim como não negamos o direito de resistência dos cidadãos). Mas, repetimos, a questão não é então de inconstitucionalidade, mas de injustiça da lei constitucional, e como tal tem de ser assumida. Tudo está então em saber se o juiz – qualquer juiz, e não especificamente o Tribunal Constitucional[33] – goza de autoridade social para isso e se na comunidade é suficientemente clara e forte a consciência daqueles imperativos e valores.[34]

191.
Inconstitucionalidade e ilegalidade

I – Pode falar-se em legalidade em sentido amplíssimo – em contraposição a mérito[35] – para traduzir a conformidade do poder com o Direito a que deve obediência. E, na nossa Constituição, afirma-se que o Estado se funda na *legalidade* democrática (art. 3º, nº 2), a qual abrange ou implica, simultaneamente, um conjunto de valores ligados à ideia de Direito democrático e às normas decretadas por órgãos baseadas no sufrágio universal, igual, direto, secreto e periódico.

Pode falar-se também em legalidade como conformidade com a lei ordinária (ou com o Direito ordinário), ao passo que a constitucionalidade é a conformidade com a Constituição; ou, negativamente, em ile-

---

[33] Cfr., por exemplo, PEDRO BARBAS HOMEM, *Reflexões sobre o justo e o injusto: a injustiça como limite do Direito*, in *Revista da Faculdade de Direito da Universidade de Lisboa*, 1998, nº 2, págs. 587 e segs.

[34] Na Constituição autoritária portuguesa de 1933, o art. 4º declarava a soberania limitada pela Moral e pelo Direito e o melhor entendimento – que partilhávamos (v. *Ciência Política e Direito Constitucional*, Lisboa, 1972-1973, II, págs. 115 e segs., maxime 127 e segs.) – era de que o Direito abrangia o Direito natural e de que a norma se dirigia tanto ao legislador como ao juiz. E, todavia, essa foi sempre uma postura minoritária e sem tradução prática na jurisprudência.

[35] Cfr., numa perspetiva jurídico-administrativa, ROGÉRIO SOARES, *Interesse público, legalidade e mérito*, Coimbra, 1955: *mérito* é o merecimento do ato em vista do fim que se propõe, o seu valor, a sua utilidade, é o sentido do ato como bem (pág. 207).

galidade e em inconstitucionalidade. E é essa aceção que interessa para o nosso estudo aqui.

II – Inconstitucionalidade e ilegalidade são ambas violações de normas jurídicas por atos do poder. Verificam-se sempre que o poder infringe a Constituição, a lei ou qualquer outro preceito que ele próprio edite e a que necessariamente fica adstrito. Não divergem de natureza, divergem pela qualidade dos preceitos ofendidos, ali formalmente constitucionais, aqui contidos em lei ordinária ou nesta fundados.

A distinção radica na norma que disciplina o ato de que se trate, fixando-lhe pressupostos, elementos, requisitos (de qualificação, validade e regularidade). Se for a Constituição, o ato será inconstitucional em caso de desconformidade; se tais requisitos não se encontrarem senão na lei, já a sua falta torná-lo-á meramente ilegal. Dificuldades só poderão suscitar-se sendo o ato, em parte, objeto da Constituição (por exemplo, quanto à competência e à forma) e, em parte, regulado pela lei (por exemplo, quanto ao conteúdo que deva ter).

Por certo, a Constituição é a base da ordem jurídica, o fulcro das suas energias, o fundamento último da atividade do Estado. Estatuto definidor da vida pública, o ordenamento estatal vai entroncar nas suas regras e nos seus princípios; e, assim como as leis anteriores recebem da Constituição a possibilidade de subsistir, os atos posteriores não podem, direta ou indiretamente, opor-se aos seus comandos. Mas disto não decorre que se projete com a mesma intensidade e a mesma extensão sobre todos os atos, nem que qualquer desarmonia se traduza em inconstitucionalidade relevante para efeito de arguição.

É que o sistema jurídico não está organizado de forma circular, com a Constituição no centro e todos os atos amarrados a ela, a igual distância: em primeiro lugar, porque a Constituição moderna historicamente surgiu tendo como escopo limitar o poder político e a sua função essencial não é estabelecer a disciplina doutras entidades públicas infra-estatais e dos particulares, ainda que se lhes refira; em segundo lugar, porque a complexidade das situações da vida e das intervenções do Estado na sociedade impõe a multiplicação e a descentralização de fontes e órgãos de produção jurídica.

Domina, antes, como bem se sabe, uma estrutura hierarquizada, em que cada ato jurídico-público tem de assentar, formal e materialmente, num preceito determinado, que, por seu turno, se funda noutro de grau superior. Quer se aceitem quer se rejeitem as conceções normativistas e gradualistas, sem dúvida ao observador deparam-se sucessivos estratos de normas com funções próprias e não absorvidas na Constituição. Também isso, aliás, constitui exigência do Estado de Direito – aquele em que o Direito serve de medida de todas as coisas – porquanto só a sujeição específica a uma norma certa e determinada permite o exercício da fiscalização jurídica das decisões do poder.[36]

III – O problema parece complicar-se em alguns casos: quando a Constituição prescreve (ou quando é a Constituição a prescrever) a subordinação de um ato a uma norma infraconstitucional e quando, portanto, uma infração desta norma – que parece interposta – vem a redundar em violação da Constituição.[37]

E não se pense que a qualificação de qualquer fenómeno de contradição que possa surgir a propósito destas relações de subordinação e vinculação é algo meramente académico. Ao invés, podem ser questões de grande importância prática, em face das respostas que os sistemas de controlo de normas jurídicas venham a dar e dos resultados – eventualmente divergentes – que venham a estabelecer.

IV – Reiteramos a opinião que há muito sustentamos de que se trata de um problema de ilegalidade, de ilegalidade *sui generis*; e, quando se

---

[36] Sobre o confronto dos princípios da constitucionalidade e da legalidade na administração, v., por exemplo, o nosso *Contributo...*, cit., págs. 79 e segs.; ou LOUIS FAVOREU, *Legalité et constitutionnalité*, in *Les Cahiers du Conseil Constitutionnel*, 3, 1997, págs. 75 e segs.

[37] Cfr., na doutrina portuguesa, MARCELLO CAETANO, *Manual de Direito Administrativo*, 1ª ed., 1936, pág. 461, e *Manual de Ciência Política...*, 6ª ed., II, pág. 686, nota; JOSÉ CARLOS MOREIRA, *Fiscalização Judicial da Constituição*, in *Boletim da Faculdade de Direito da Universidade de Coimbra*, 1943, pág. 361; AFONSO QUEIRÓ, *Nota sobre o contencioso de normas administrativas*, in *Revista de Direito e Estudos Sociais*, ano I, 1945-1946, págs. 217 e segs.; JORGE MIRANDA, *Contributo...*, cit., pág. 168, e *Decreto*, cit., págs. 101 e segs.; MIGUEL GALVÃO TELES, *Direito Constitucional Português Vigente*, policopiado, Lisboa, 1971, págs. 72 e 73, nota; RUI MACHETE, *Contencioso administrativo*, in *Dicionário Jurídico da Administração Pública*, II, pág. 782; MÁRIO ESTEVES DE OLIVEIRA, *Direito Administrativo*, Coimbra, 1980, I, págs. 92 e segs.; TEIXEIRA RIBEIRO, *Os poderes orçamentais da Assembleia da República*, Coimbra, 1987, pág. 7; LUÍS SERRADAS TAVARES, *A aplicação interna das convenções internacionais face ao controlo do Tribunal Constitucional*, Lisboa, 1997, págs. 107 e segs.; RUI MEDEIROS, *A decisão...*, cit., pág. 362; J. J. GOMES CANOTILHO, *Direito Constitucional...*, cit., págs. 922 e segs.; J. J. GOMES CANOTILHO e VITAL MOREIRA, *Constituição...*, II, 4ª ed., cit., págs. 909 e 910. E, na doutrina italiana, por exemplo, COSTANTINO MORTATI, *Atti con forza di legge e sindicato di costituzionalità*, Milão, 1964; FRANCO MODUGNO, *op. cit.*, II, págs. 91 e segs.; PAOLO GIOCOLI NACCI, *Norme interposte e giudizio di costituzionalità*, in *Giurisprudenza Costituzionale*, 1982, págs. 1875 e segs.; MASSIMO SILLARI, *Le "norme interposte" nel giudizio di costituzionalità*, Pádua, 1992.

trate de contradição entre lei e tratado, de inconvencionalidade e não de inconstitucionalidade.[38] E isso não somente por virtude de uma determinada visão do sistema de normas e atos como ainda por virtude do próprio teor do fenómeno: pois o que está em causa em qualquer das hipóteses é, primariamente, a contradição entre duas normas não constitucionais, não é a contradição entre uma norma ordinária e uma norma constitucional; e é somente por se dar tal contradição que indiretamente (ou, porventura, consequentemente) se acaba por aludir a inconstitucionalidade.[39]

A distinção encontra-se quer numa perspetiva de fundamentação ou condição de validade – e, quanto aos tratados, de condição de eficácia[40] – quer num critério prático de confronto entre a norma que seja arguida de desconformidade e a norma que, direta e imediatamente, recaia sobre o seu objeto e que deve ter-se por seu parâmetro. Não havendo regulamentação direta das matérias pela Constituição, não se justifica falar em inconstitucionalidade. Somente, haverá inconstitucionalidade se ocorrer ofensa de outra norma constitucional (de fundo, de competência ou de forma).

V – A invalidade (ou a ineficácia) dos atos jurídico-públicos não se esgota toda em inconstitucionalidade. Em contrapartida, não tem de se reduzir, em esquema abstrato rígido, à invalidade da lei e do ato político (os atos jurídico-constitucionais por excelência), da mesma maneira que não se regista apenas ilegalidade através da contradição entre o regulamento ou o ato administrativo e a lei.[41]

Nada obsta a que outros atos além dos atos legislativos e dos políticos venham também a ficar diretamente subordinados a normas constitucionais, pelo menos por algum dos seus pressupostos ou dos seus elementos (insistimos), por não se interpor norma legal em que repousem – e, de igual modo, nada há *a priori* que impeça que à regulamentação

---

[38] Cfr. *Controle de convencionalidade*, obra coletiva (coordenada por Luiz Guilherme Marinoni e Valerio de Oliveira Mazzuoli), Brasília, 2013.
[39] Assim também, por exemplo, MARCELO NEVES, *op. cit.*, págs. 72-73.
[40] V. *Curso...*, cit., págs. 183 e 184.
[41] Diferentemente para KELSEN a fiscalização jurídica dos atos tem em vista assegurar o exercício das funções do Estado e a distinção e a hierarquia entre as regras jurídicas, conferindo força obrigatória às de grau superior; e, por isso, garantia da Constituição significa garantia da regularidade das regras imediatamente subordinadas à Constituição. Mas o próprio KELSEN admite a subordinação imediata à Constituição, por diversas causas, de outros atos que não a lei. V. *La Garantie Juridictionnelle de la Constitution*, cit., págs. 2 e segs., ou CHARLES EISENMANN, *La Justice constitutionnelle...*, cit., págs. 22-23.

constitucional dos atos legislativos, por vezes, acresça uma regulamentação derivada de outras leis.

Poderá, portanto, ter de se reconhecer a inconstitucionalidade de atos não legislativos ou infralegais (a par da ilegalidade de certas leis). Tudo reside em que seja possível individualizar uma relação imediata e autónoma de desconformidade entre tais atos ou as normas deles dimanadas e certo preceito constitucional – como sucede se um regulamento viola reserva de lei ou é publicado sem lei habilitante.

192.
Inconstitucionalidade e hierarquia

I – Falámos em disposição hierarquizada da ordem jurídica. Importa sucintamente esclarecer, até por causa de equívocos frequentes, qual o seu sentido e quais as suas implicações sobre a inconstitucionalidade (e sobre ilegalidade).

O que deva entender-se por hierarquia constitui dificuldade grave. Se a doutrina dominante admite, pelo menos, a necessidade de hierarquizar os atos normativos, muito continua a discutir-se acerca do correto significado que possui. A Escola de Viena realça o conceito, aludindo, como se sabe, a uma estrutura escalonada da ordem jurídica ligada à criação do Direito por graus. Outras correntes consideram-no insuficiente para explicar a dinâmica jurídica e fazem apelo também a outros conceitos. Não cabe evidentemente aqui entrar nesta complexa problemática,[42] embora se deseje evitar a repetição de afirmações empíricas.

---

[42] Além de KELSEN, *Teoria Pura*, cit., II, págs. 62 e segs., v., entre outros, ROGER BONNARD, *La théorie de la formation du droit par degrés dans l'oeuvre d'Adolf Merkl*, in *Revue du droit public*, 1928, págs. 668 e segs.; CARRÉ DE MALBERG, *Confrontation de la théorie de la formation du droit par degrés*, Paris, 1933; MARCEL WALINE, *Observations sur la gradation des normes juridiques établie par M. Carré de Malberg*, in *Revue du droit public*, 1934, págs. 522 e segs.; GUIDO ZANOBINI, *Gerarchia e parità tra le fonti*, in *Studi in onore di Santi Romano*, obra coletiva, I, Pádua, 1939, págs. 589 e segs.; FEZAS VITAL, *Hierarquia das Fontes de Direito*, in *Revista da Ordem dos Advogados*, 1953, págs. 12 e segs.; CARLO DI MAJO, *Norme costituzionale e gerarchia delle fonti del Diritto*, in *Studi in onore di Ernesto Eula*, obra coletiva, I, Milão, 1957, págs. 373 e segs.; VEZIO CRISAFULLI, *Gerarchia e competenza nel sistema costituzionale delle fonti*, in *Rivista Trimestrale di Diritto Pubblico*, 1960, págs. 775 e segs.; ENZO CHELI, *Potere regolamentare e struttura costituzionale*, Milão, 1967, págs. 193 e segs.; GIUSEPPE MUSACCHIA, *Gerarchia e teoria delle norme sulla produzione giuridica nel sistema costituzionale delle fonti*, in *Rivista Trimestrale di Diritto Pubblico*, 1960, págs. 172 e segs.; FRANCO MODUGNO, *op. cit.*, I,

Como quer que seja, não é preciso entronizar as teses da Teoria Pura para reconhecer que as fontes e as normas se distribuem por níveis bastante diversos. Apesar de só no século XX disso se ter tomado perfeita consciência, a supremacia da Constituição decorre da sua função no ordenamento e os atos que lhe ficam imediatamente subordinados não podem deixar de ter força superior aos que por ela não são regulados. Tal como as normas sobre produção jurídica hão-de prevalecer sobre as normas de produção jurídica ou os atos normativos sobre os atos concretos (e individuais) que regem, as leis sobre os regulamentos e os atos jurisdicionais, ou os atos de função política sobre os atos da função administrativa, etc. E, aceite o primado do Direito internacional, também os atos internacionais (*v.g.*, tratados) têm preferência sobre os atos de Direito interno (*v.g.*, leis).

No entanto, a hierarquia não tem valor por si, exprime coerência intra e intersistemática, liga-se a ordenação explícita ou implícita de instituições, funções, órgãos e formas no sistema. Por isso, deve ser vista basicamente como "regra construtiva" e postulado de lógica formal mais ou menos arquitetado sobre o Direito positivo e dependente de dados variáveis em cada país e momento.[43] Por isso, não há inconstitucionalidade ou ilegalidade só por ela não ser acatada, nem o problema de invalidade dos atos jurídicos-públicos se reconduz à sua violação.

II – Em primeiro lugar, a inconstitucionalidade ou a ilegalidade do ato desconforme com a norma de grau superior não deriva simplesmente da preterição da hierarquia. Deriva (na linha do que atrás se disse) de o ato regido por certa norma (de regra, mas não sempre, situada noutro escalão hierárquico) a vir transgredir e de um ordenamento

---

págs. 135 e segs.; ANTONIO RUGGERI, *Norme e tecniche costituzionali sulla produzione giuridice*, in *Politica del Diritto*, 1987, págs. 175 e segs.; MARCELO NEVES, *op. cit.*, págs. 27 e segs.; ALFONSO RUIZ-MIGUEL, *El principio de jerarquia normativa*, in *Revista Española de Derecho Constitucional*, nº 24, setembro-dezembro de 1988, págs. 135 e segs.; ALESSANDRO PIZZORUSSO, *Cultura e politica nella produzione ed applicazione del diritto*, in *Quaderni Costituzionali*, 1990, págs. 83 e segs.; OTTO PFERSMANN, *Carré de Malberg et la hiérarchie des normes*, in *Revue française de droit constitutionnel*, 1997, págs. 481 e segs.; PAUL AMSELEK, *Une fausse idée claire: la hierarchie des normes juridiques*, in *Renouveau du droit constitutionnel – Mélanges en l'honneur de Louis Favoreu*, obra coletiva, Paris, 2007, págs. 983 e segs.

43 O que não quer dizer que possam ser acolhidas quaisquer formulações de Direito positivo sem crítica (*v. g.*, as que se encontram nos arts. 1º e 3º do Código Civil português). Assim, DIOGO FREITAS DO AMARAL, *Da necessidade de revisão dos arts. 1º a 13º do Código Civil*, in *Themis*, I, 1, 2000, págs. 9 e segs.

coerente consigo mesmo não poder conciliar-se com esse facto, ainda que de comportamento do Estado se trate. A hierarquia nesta perspetiva – disposição de pedras no sistema ou resultante da distribuição de valor jurídico por ele – não é, nem deixa de ser suscetível de violação.[44]

Pode o princípio hierárquico traduzir-se em normas específicas, cuja necessidade tenha sido sentida pelo legislador constituinte ou ordinário: as regras há momento indicadas de sujeição dos regulamentos às leis ou de regulamentos locais aos regulamentos das autarquias de grau superior ou das autoridades com poder tutelar. Mas, para além de se tratar de inconstitucionalidade indireta, a função das regras é, sobretudo, declarativa (insista-se) e impeditiva – impeditiva de que outras normas de hierarquia inferior estabeleçam o contrário.

III – Em segundo lugar, seria profundamente erróneo supor que qualquer ato jurídico-público só seria inválido quando ofendesse uma norma de grau superior. Muito pelo contrário: pode certo ato, posterior a outro, de igual grau, em vez de o revogar ou derrogar, dever ter-se por inválido, ineficaz ou irregular, por ser dele discrepante.

Às leis de valor reforçado a que há pouco aludimos liga-se uma posição de proeminência funcional – não hierárquica – relativamente a outros atos legislativos, a qual se traduz numa específica força formal negativa – na impossibilidade de serem afetadas por leis posteriores que não sejam dotadas da mesma função, com afastamento do princípio *lex posterior*... E, se essa proeminência decorre, no tocante às relações de vinculação especial, de um intuito de divisão de tarefas e de racionalização do sistema legislativo, já no tocante às relações de vinculação geral prossegue outrossim objetivos materiais próprios (o equilíbrio orçamental, ou a defesa da autonomia das regiões autónomas ou a preservação de certos institutos).[45] Não se vislumbra um sentido de preferência hierárquica.

A noção de Constituição flexível merece igualmente ser chamada à colação. Para nós (esclareça-se ou sublinhe-se, de novo), ela é hierarquicamente superior à lei, porquanto *constitui* a ordem jurídica e contém a base da autoridade do Estado.[46] Mas a opinião talvez prevalecente pronuncia-se em moldes diversos; e, no entanto, tem de reconhecer casos tanto de inconstitucionalidade orgânica e formal quanto de inconstitucionalidade material. Basta pensar numa lei não aprovada pelo Parla-

---

[44] Cfr. MIGUEL GALVÃO TELES, *Eficácia...*, cit., págs. 104-105, nota; RUI MACHETE, *op. cit.*, *loc. cit.*, II, pág. 782, nota.
[45] Cfr. *Manual...*, v, cit., págs. 379 e segs.
[46] Cfr. *Contributo...*, cit., págs. 39 e segs.

mento, ou que subverta os princípios do regime e da forma do governo ou, eventualmente, que abra um desvio a uma regra geral, sem que haja intenção ou causa de modificação constitucional.[47]

A natureza dos regimentos das assembleias políticas está longe de ser pacífica.[48] Seja ela qual for, se as próprias assembleias poderão modificar as normas regimentais quando lhes aprouver, não poderão dispensar-se de as cumprir enquanto estiverem em vigor. Quando o Parlamento vota uma lei, ou uma resolução, o objeto da deliberação é o projeto ou a proposta e não o regimento; essa deliberação tem de se fazer nos termos que este prescreve e não pode revestir o sentido de modificação "tácita" ou implícita das suas regras. E coisa semelhante se diga a respeito da ação legislativa do Executivo, o qual também não pode eximir-se de observar as normas que a regulam, apesar de poderem provir da sua lavra.

O princípio que aqui se projeta para além do princípio hierárquico é sempre o de que o órgão que pode modificar a lei sob que vive deve, pelo menos, fazê-lo específica e diretamente. Doutro modo, frustrar-se-ia a missão ordenadora do Direito e comprometer-se-ia a própria ideia de institucionalização jurídica do poder.

193.
Os diferentes tipos e juízos de inconstitucionalidade

I – A inconstitucionalidade não é um vício, embora em concreto resulte de um vício que inquina o comportamento de qualquer órgão de poder. Não redunda, desde logo, em invalidade, embora a determine ou possa determinar. Nem é um valor jurídico negativo, embora a invalidade constitucional acarrete nulidades constitucionais.

Para ser apreendida em todas as dimensões e manifestações que reveste, importa recortar vários tipos de inconstitucionalidade (ou, doutro prisma, de juízos de inconstitucionalidade): inconstitucionalidade por ação e por omissão; inconstitucionalidade total e parcial; inconstitucionalidade material e formal ou formal e orgânica; inconstitucionalidade originária e superveniente; inconstitucionalidade presente e pretérita; inconstitucionalidade antecedente e consequente.

---

[47] Cfr., por todos, O. HOOD PHILLIPS, *The Constitutional Law of Great Britain and the Commonweath*, Londres, 1952, pág. 50; ou *Manual...*, II, cit., págs. 165 e segs.
[48] Cfr. *Manual...*, v, cit., págs. 86 e segs., e autores citados.

II – A *inconstitucionalidade por ação* (a categoria mais importante e a que tem sido alvo de tratamento jurídico mais aprofundado) é a inconstitucionalidade positiva, a que se traduz na prática de ato jurídico-público que, por qualquer dos seus elementos, infringe a Constituição. A *inconstitucionalidade por omissão* é a inconstitucionalidade negativa, a que resulta da inércia ou do silêncio de qualquer órgão de poder, o qual deixa de praticar em certo tempo o ato exigido pela Constituição.

III – A inconstitucionalidade diz-se *total*, quando inquina todo um ato ou diploma e *parcial*, quando atinge apenas uma das suas – partes ou uma ou algumas das suas normas. Ou, doutra perspetiva – a de certa norma – é *total* quando o afeta na totalidade e *parcial* quando afeta só um dos seus segmentos.[49] Manifesta-se aqui um princípio de conservação a conjugar com um princípio de razoabilidade.[50]

No interior da mesma norma, o Tribunal Constitucional português tem vindo a distinguir entre inconstitucionalidade parcial *horizontal* ou *quantitativa* (quando há partes verbalmente separadas) e inconstitucionalidade parcial *vertical* ou *qualitativa* (quando o preceito legal pode ser dividido em segmentos ideais relevantes para efeito de fiscalização).[51-52]

A distinção pode também reportar-se ao tempo de aplicação da norma, sendo total então a inconstitucionalidade que a atinge em todo o tempo de vigência e parcial a que atinge apenas em determinado, limitado tempo.[53]

---

[49] Cfr. José Manuel Durão Barroso, *O recurso para a Comissão Constitucional*, in Estudos sobre a Constituição, obra coletiva, III, Lisboa, 1979, pág. 709; Vitalino Canas, *Introdução às decisões de provimento do Tribunal Constitucional*, 2ª ed., Lisboa, 1994, págs. 89 e segs.; Rui Medeiros, *A decisão...*, cit., págs. 413 e segs.; J. J. Gomes Canotilho, *Direito Constitucional...*, cit., pág. 959; Carlos Blanco de Morais, *Justiça...*, I, cit., págs. 160 e segs.

[50] Cfr. acórdão nº 479/94 do Tribunal Constitucional, de 7 de julho, in *Diário da República*, 1ª série-A, de 24 de agosto de 1994.

[51] Cfr. acórdão nº 12/84, de 8 de fevereiro, in *Diário da República*, 2ª série, de 8 de maio de 1984; ou acórdão nº 143/85, de 30 de julho, ibidem, 1ª série, de 3 de setembro de 1985; ou acórdão nº 181/97, de 5 de março, ibidem, 2ª série, de 22 de abril de 1997.

[52] Cfr. o fenómeno paralelo da redução do negócio jurídico.

[53] No acórdão nº 297/86, de 4 de novembro (*Diário da República*, 1ª série, de 21 de novembro de 1986), o Tribunal Constitucional declarou inconstitucionais certas normas legais por violação do art. 170º (hoje 167º) da Constituição, na medida em que aplicáveis no ano económico em curso, mas não para o futuro. E no acórdão nº 148/94, de 8 de fevereiro (*ibidem*, 1ª série-A, nº 102, de 3 de maio de 1994), declarou

Quanto à inconstitucionalidade por omissão, é total aquela que consiste na falta absoluta de medidas legislativas ou outras que deem cumprimento a uma norma constitucional ou a um dever prescrito por norma constitucional e parcial aquela que consiste na falta de cumprimento do comando constitucional quanto a alguns dos seus aspetos ou dos seus destinatários.

IV – A *inconstitucionalidade material* ou *interna* reporta-se ao conteúdo, a *inconstitucionalidade formal* ou *externa* à formação e à forma do ato jurídico-público (porque a distinção recai dentro da inconstitucionalidade por ação).

Se todo o ato jurídico possui um conteúdo e uma forma, um sentido e uma manifestação, e se o ato jurídico-público se destina a atingir o fim previsto pela norma e nasce, de ordinário, mediante um processo ou procedimento, ele tanto pode ser inconstitucional (ou ilegal) por o seu sentido volitivo divergir do sentido da norma como pode sê-lo por deficiência de formação e exteriorização; e, se num ato normativo a norma como que parece desprender-se do ato que a gerou, tanto pode ser esta norma ilegítima quanto ilegítimo o ato em si. E, como se sabe, se a validade do ato tem de ser referida ao tempo da sua elaboração, a validade da norma terá de ser vista em cada momento que durar a sua vigência.[54-55]

Noutra perspetiva atende-se preferentemente à norma ofendida e qualifica-se então a inconstitucionalidade de *material*, quando é ofendida uma norma constitucional de fundo, de *orgânica*, quando se trata de norma de competência, e de *forma*, quando se atinge uma norma de forma ou de processo.[56]

---

a inconstitucionalidade de certa norma na parte em que permitia que, para os anos letivos de 1993-94 e seguintes, a percentagem para a determinação do montante das propinas universitárias ficasse acima de certa percentagem.

[54] Cfr. *supra*.
[55] Sobre o juízo de inconstitucionalidade, v., no que toca à norma constitucional, *Contributo...*, cit., págs. 237 e segs., e, no que respeita ao ato normativo, M. S. GIANNINI, *Alcuni caratteri della giurisdizione di legittimità delle norme*, cit., loc. cit., págs. 513 e segs., ou A. M. SANDULLI, *Ilegitimità delle leggi e rapporti giuridici*, in *Stato Sociale*, ano X, nº 2, fevereiro de 1966, págs. 95 e segs.
[56] Cfr. GUSTAVO ZAGREBELSKY, *La Giustizia Costituzionale*, Bolonha, 1977, págs. 36 e segs.; ou o acórdão do Tribunal Constitucional federal alemão de 11 de junho de 1987, in *Boletin de Jurisprudencia Constitucional*, nº 74, junho de 1987, págs. 717 e segs.

Não é apenas a inconstitucionalidade material que pode ser total ou parcial, também a inconstitucionalidade orgânica e a formal. Se é certo que estas se referem ao ato em si mesmo, não menos seguro é que vão projetar-se no seu resultado, designadamente na norma que seja seu conteúdo (por exemplo, há inconstitucionalidade orgânica parcial se um ato provém de um órgão que não poderia decretar algumas das normas nele contidas).

A inconstitucionalidade orgânica pode resultar de incompetência *absoluta* (quando o órgão autor do ato não possui nenhuma competência sobre a matéria – *v.g.*, um ato proveniente de órgão não legislativo) e *relativa* (*v.g.* – um ato proveniente de um órgão legislativo, mas sem competência sobre a matéria em causa).[57]

V – A separação entre *inconstitucionalidade originária* e *superveniente* concerne o diverso momento de edição das normas constitucionais.

Se na vigência de certa norma constitucional se emite um ato (ou um comportamento omissivo) que a viola, dá-se inconstitucionalidade originária. Se uma nova norma constitucional surge e com ela se torna desconforme uma norma preexistente, dá-se inconstitucionalidade superveniente (que é só inconstitucionalidade material, porque *tempus regit actum*); e esta tanto ocorre por causa de revisão constitucional como por virtude de mutação tácita (interpretação evolutiva, costume constitucional).

Um caso particular de inconstitucionalidade superveniente seria, segundo alguns Autores, a inconstitucionalidade *deslizante*.

Por exemplo, no dizer de Vitalino Canas, uma norma que foi até certa altura conforme com a Constituição começa visivelmente a tornar-se desconforme, ou porque as próprias normas da Constituição são suscetíveis de uma interpretação evolutiva que minará a compatibilidade da norma infraconstitucional, ou porque os pressupostos fácticos que haviam impressionado o legislador no momento em que produzira a norma infraconstitucional se alteraram de modo a que ela com toda a certeza se irá tornar arbitrária, desproporcional ou violadora do princí-

---

[57] Estes conceitos não coincidem com os de Direito administrativo. Cfr. Diogo Freitas do Amaral, *Curso de Direito Administrativo*, II, 2ª ed., Coimbra, 2011, págs. 426 e 427.

pio da igualdade, ou por qualquer outro motivo.[58] Mas temos bastantes dúvidas sobre a autonomização da figura.

VI – A dicotomia *inconstitucionalidade presente–inconstitucionalidade pretérita* apresenta-se sob duas feições:

a) Inconstitucionalidade presente ou atual como inconstitucionalidade *perante norma constitucional* em vigor e inconstitucionalidade pretérita ou póstuma como inconstitucionalidade perante norma que já não se encontra em vigor;

b) Inconstitucionalidade presente como inconstitucionalidade *de norma infraconstitucional* em vigor e inconstitucionalidade pretérita como inconstitucionalidade de norma infraconstitucional que já não se encontra em vigor (por ter sido revogada, ter caducado ou, porventura, ter caído em desuso).

Sobre a primeira contraposição, já nos pronunciámos, sustentando que só procede relativamente à revisão constitucional, não relativamente à emergência de nova Constituição.

A segunda distinção não levanta quaisquer dúvidas. O Tribunal Constitucional português, tal como os tribunais de outros países (e, antes, a Comissão Constitucional) tem muitas vezes conhecido da inconstitucionalidade de normas legais já não em vigor, por haver utilidade nesse conhecimento – derivada da regra da eficácia retroativa, *ex tunc*, da eventual declaração de inconstitucionalidade e da circunstância de, mesmo depois do seu período de vigência, as normas poderem continuar a produzir efeitos jurídicos. Voltaremos ao assunto mais à frente.

VII – A inconstitucionalidade, por último, apresenta-se *antecedente* ou *consequente* do prisma do seu apuramento. A inconstitucionalidade antecedente (contraposta à consequente) vem a ser a que se divisa através de um juízo de inconstitucionalidade levado a cabo a título específico ou principal ou que resulta, direta e imediatamente, do confronto de um ato ou comportamento com a Constituição. A inconstitucionalidade consequente vem a ser a que decorre como

---

[58] *Introdução às decisões de provimento do Tribunal Constitucional*, 2ª ed., Lisboa, 1994, pág. 99. Cfr. Rui Medeiros, *A decisão...*, cit., págs. 542 e segs.; Jorge Pereira da Silva, *Dever de legislar e protecção jurisdicional contra omissões legislativas*, Lisboa, 2003, págs. 265 e segs.

corolário desse juízo ou a que inquina certo ato por inquinar outro ato de que ele depende.

Casos de inconstitucionalidade consequente são os de diploma de desenvolvimento de lei de bases em matéria reservada ao Parlamento que seja inconstitucional; de diploma no uso de delegação legislativa inconstitucional; ou de um regulamento ou ato administrativo consequente da inconstitucionalidade da respetiva lei.[59]

Inconstitucionalidade consequente, ou talvez melhor *conexa*, será a de norma conexa com outra norma do mesmo diploma julgada ou declarada inconstitucional.

194.
Inconstitucionalidade material e inconstitucionalidade formal e orgânica

I – Discute-se sobre se a inconstitucionalidade (ou a ilegalidade) material tem prioridade sobre a formal ou se, ao invés, a esta não acaba necessariamente por se reconduzir aquela. E conhecem-se os pressupostos doutrinais e as implicações dogmáticas e práticas de uma e outra teses, quer em Direito constitucional quer em Direito administrativo. A questão, no fundo, reside no modo de interpretar – material ou formalmente – a estrutura da ordem jurídica e em atribuir a cada ato um fundamento material ou formal.

Tendo que escolher, cremos que a precedência lógica e ontológica tem de pertencer aos elementos substanciais. Outra não pode ser a maneira de encarar a função da norma jurídica, cujos valores penetram e se inserem no comportamento humano, sem se limitarem aos seus aspetos formais e exteriores. Outra, sobretudo, não pode ser a função das normas constitucionais e legais, das quais depende a juridicidade (isto é, a própria essência) dos atos do poder público.[60]

---

[59] Cfr. Francesco Novarese, *L'illegittimità costituzionale derivata*, in *Rivista Trimestrale de Diritto Pubblico*, 1970, págs. 1160 e segs.; Fulvio Fenucci, *Giuridicato implicito ed impliciti effetti della dichiarazione di ilegittimità costituzionale delle leggi sugli atti amministrativi*, in *Giurisprudenza Costituzionale*, 1981, págs. 1989 e segs.; Angelo Costanzo, *Questioni di costituzionalità connesse*, in *Giurisprudenza Costituzionale*, 1994, págs. 1441 e segs.

[60] A esta luz, qualquer inconstitucionalidade ou ilegalidade, em última análise, tem mesmo carácter material. Consiste na não realização daquilo que a Constituição ou a lei permitem

Para Kelsen, um ato vale por ser regular o seu processo de criação (ou seja, conforme à norma que, por isso, lhe é superior), e não por causa do seu conteúdo. A lei ordinária de conteúdo contrário à Constituição deixaria de ser inconstitucional se fosse votada como lei constitucional.[61] Não é essa a posição a que aderimos, porque nos parece que as relações entre graus no ordenamento exprimem uma diferenciação de matérias a que se procura dar – mas complementarmente – forma adequada. A supremacia da Constituição é uma supremacia material; a Constituição não é Constituição por ser obra de um poder constituinte; é o poder constituinte que é poder constituinte por fazer a Constituição. Por seu lado, a lei, que encontra na norma constitucional limites que não pode exceder, fornece ao mesmo tempo sentido e substância à ação administrativa.

II – Como quer que se pense, impõe-se distinguir, pelo menos quando o Direito positivo discrimine tipos de inconstitucionalidade e ilegalidade ou tipos de vícios, sujeitando-os a regimes dissemelhantes.[62] E, sendo assim, os conceitos a definir, em termos de exegese ou dogmática, têm de atender à relevância que a Constituição e a lei lhes confiram; não pode, a pretexto de pureza conceitual, ser prestada menos atenção àquilo que uma e outra estabeleçam.

Na prática do Tribunal Constitucional português observa-se, no entanto, tendência para dar prioridade à inconstitucionalidade orgânica e formal em detrimento da material: não raras vezes quando são arguidas uma e outra, o Tribunal não conhece da inconstitucionalidade material, por achar que, através da apreciação da orgânica e formal, se alcança o efeito útil e normal dos recursos. É uma diretriz, criticável, por assim se enfraquecer a plena garantia da Constituição.

III – Por seu turno, a inconstitucionalidade formal (ou a inconstitucionalidade orgânica e formal) reveste-se de várias feições.

Umas vezes tem dimensão meramente procedimental ou técnica. Outras vezes pode repercutir-se na vida dos cidadãos e no equilíbrio

---

ou exigem, no incumprimento do que prescrevem, na frustração da vontade normativa.

[61] *La Garantie...*, cit., págs. 5 e segs., *maxime* 10; e ainda, entre outros, Charles Eisenmann, *op. cit.*, págs. 12 e segs.; Agostino Origone, *Costituzionalità*, in *Nuovo Digesto Italiano*, IV, 1938, pág. 381; e, até certo ponto, Salvatore Bartholini, *La Promulgazione*, Milão, 1955, págs. 373 e segs.

[62] Sem esquecer (sublinhe-se, de novo) que a inconstitucionalidade superveniente apenas pode ser inconstitucionalidade material.

entre os órgãos de poder – como na hipótese de violação de reserva de lei ou de regimento ou no caso de violação da reserva de competência legislativa do Parlamento.

No limite de certa perspetiva, pode ainda, convolar-se em inconstitucionalidade material – em Portugal, no caso de impostos criados pelo Governo sem autorização legislativa, com ofensa do direito fundamental dos cidadãos de não pagarem impostos que não tenham sido estabelecidos em harmonia com a Constituição (art. 103º, nº 3)[63-64] ou no de leis dimanadas de órgãos de soberania aplicáveis apenas numa região sobre matérias não reservadas, de âmbito regional arts. 112º, nº 4, e 227º, nº 1, alínea a).

195.
Desvio de poder legislativo e razoabilidade

I – Afigura-se que existem dois vícios quanto ao conteúdo dos atos legislativos (em paralelo com os vícios dos atos administrativos): *violação de lei constitucional* e *desvio de poder legislativo* – aquela patenteada através da pura e simples contradição de conteúdos tal como constam dos textos e esta através da contradição entre os fins da norma e do ato e os fins da norma constitucional; aquela apurando-se, por conseguinte, por mera subsunção e esta exigindo uma ponderação.[65]

---

[63] Assim, TEIXEIRA RIBEIRO, *Os princípios constitucionais da fiscalidade portuguesa*, in Boletim da Faculdade de Direito da Universidade de Coimbra, vol. XLII, 1966, pág. 11; PESSOA JORGE, *Poderão os impostos ser criados por decreto-lei?*, Lisboa, 1968, págs. 19 e segs.; JOSÉ MANUEL CARDOSO DA COSTA, *Curso de Direito Fiscal*, 2ª ed., Coimbra, 1972, págs. 180 e segs.; declaração de voto do vogal Amâncio Ferreira no acórdão nº 211 da Comissão Constitucional. Contra, insistindo em inconstitucionalidade formal (que determina, contudo, inexistência), MIGUEL GALVÃO TELES, *Eficácia*, cit., pág. 215, nota.

[64] No entanto, essa inconstitucionalidade material só pode valer na vigência da mesma Constituição, não na sucessão de duas Constituições: exatamente por ter na sua raiz um vício de forma (como na hipótese de impostos criados por regulamento antes da Constituição vigente). Cfr. *supra*.

[65] MARCELO REBELO DE SOUSA (*O valor...*, cit., pág. 124) vai um pouco mais longe, distinguindo dois vícios respeitantes às relações entre o conteúdo e o fim do ato: desvio de poder e excesso de poder. O desvio de poder traduziria uma inadequação entre o conteúdo e o fim do ato e os fins do ordenamento constitucional, com violação do princípio da proporcionalidade global. O excesso de poder traduziria uma inadequação entre o conteúdo e o fim concreto do ato, sem que os fins globais do ordenamento

Como escrevia já Fezas Vital, o desvio de poder não é vício privativo dos atos praticados por agentes administrativos. O Parlamento, órgão legislativo por excelência, pode também exceder os seus poderes, usando das faculdades que a Constituição lhe confere na realização de fins diversos dos que a mesma Constituição tinha em vista ao conceder-lhe a competência. Os atos jurídicos não podem apreciar-se desligando-os do fim que os determinou, sejam ou não atos do Parlamento.[66-67]

Só recorrendo à noção de desvio de poder legislativo pode aperceber-se o que seja a violação dos princípios constitucionais, como o da igualdade e o da proporcionalidade;[68] ou a violação de normas programáticas; e, em geral, de normas não exequíveis por si mesmas, as quais não apenas proíbem a prática de comportamentos contrários como fixam

---

fossem questionados, havendo apenas uma violação do princípio da proporcionalidade concreta.

E, embora em termos diferentes, também faz essa distinção Carlos Blanco de Morais, *A justiça...*, I, cit., págs. 145 e segs.

[66] *Da responsabilidade do Estado no exercício da função legislativa*, in Boletim da Faculdade de Direito da Universidade de Coimbra, ano II, 1916, n° 20, págs. 515-516.

[67] Cfr. Massimo Severo Giannini, *L'illegittimità degli atti normativi...*, cit., loc. cit., págs. 41 e segs.; Livio Paladin, *Osservazioni sulla discrezionalità e sull'eccesso di potere del legislatore ordinario*, in Rivista Trimestrale di Diritto Pubblico, 1956, págs. 1017 e segs.; Giuseppe Abbamonte, *Illegitimità costituzionale ed eccesso di potere*, in Studi in memoria di Guido Zanobini, obra coletiva, III, Milão, 1965, págs. 3 e segs.; Costantino Mortati, *Leggi-provvedimento*, Milão, 1968, págs. 244 e segs.; Franco Modugno, op. cit., II, págs. 323 e segs.; Ernst Forsthoff, *Le leggi-provvedimenti*, in Stato di Diritto in trasformaziome, trad., Milão, 1973, págs. 125 e segs.; Vezio Crisafulli, *Lezioni di Diritto Costituzionale*, II, Pádua, 1976, págs. 330 e segs.; Alain Bockel, *Le pouvoir discrétionnaire du législateur*, in Itinéraires – Études en l'honneur de Léon Hamon, obra coletiva, Paris, 1982, págs. 43 e segs., maxime 55-56; Gomes Canotilho, *Constituição dirigente...*, cit., págs. 259 e segs., e *Direito Constitucional...*, cit., págs. 1317 e segs.; Jorge Rodriguez-Zapata y Perez, *Desviación de poder y discrecionalidad del legislador*, in Revista de Administración Publica, n.os 100-102, vol. I, 1983, págs. 1527 e segs.; Alessandro Pizzorusso, *Le contrôle de la Cour Constitutionnelle sur l'usage par le législateur de son pouvoir d'appréciation discrétionnaire*, in Annuaire International de Justice Constitutionnelle, 1986, págs. 35 e segs.; Roberto Bin, *Atti normativi e norme programmatiche*, págs. 263 e segs.; Xavier Philippe, *Le contrôle de proportionnalité deux les jurisprudences constitutionnelle et administrative françaises*, Aix-Marselha, 1990; Giuseppina Mignemi, *Sull' inesistenza dell' eccesso di potere legislativo*, in Rivista Trimestrale de Diritto Pubblico, 1995, págs. 167 e segs.; Gustavo Ferreira Santos, *Excesso de poder no exercício da função legislativa*, in Revista de Informação Legislativa, n° 140, outubro-dezembro de 1998, págs. 283 e segs.; Tomas-Ramon Fernandez, *De la arbitrariedad del legislador*, Madrid, 1998.

[68] V. *Manual...*, IV, cit., págs. 280 e segs. e 302 e segs.

diretivas para o legislador ordinário.[69] Só através da noção de desvio de poder legislativo pode sindicar-se o uso das autorizações constitucionais de restrições e de suspensão de direitos, liberdades e garantias.[70] Só através dela pode sindicar-se, em Portugal, o respeito pelo Parlamento da obrigação de definir bases gerais, regimes gerais ou enquadramento de certas matérias;[71] ou a obrigação de definir o sentido das autorizações legislativas.[72-73]

II – Deve evitar-se, no entanto, uma transposição mecânica de conceitos do Direito administrativo para o Direito constitucional, porquanto a relação entre lei e Constituição não pode assimilar-se à relação entre ato administrativo e lei; daí, alguma resistência de parte da doutrina a aceitá-lo.

Mesmo considerando que a administração não se reduz a mera atividade executiva da lei, ninguém contesta a muito maior margem de liberdade de que goza o legislador, sem comparação com a discricionariedade administrativa. Esta liberdade é liberdade de iniciativa (de feitura originária da lei, de modificação e de revogação) e liberdade de conformação ou de determinação de conteúdo.[74] E ela deriva tanto da própria estrutura das normas constitucionais – relativamente mais abertas, pelo menos no domínio da Constituição social, com virtualidade de diferentes concretizações como da legitimidade política imediata detida pelo legislador, ao contrário do que sucede com os órgãos administrativos.

Feita esta advertência, insista-se na adstrição da lei ordinária aos fins, aos valores e aos critérios da Constituição. Nenhuma lei, seja qual for a

---

[69] Cfr. *supra*.
[70] *Ibidem*, IV, págs. 408 e segs. e 429 e segs.
[71] *Ibidem*, v, pág. 219.
[72] *Ibidem*, v, pág. 345.
[73] Quando o Parlamento não cumpra qualquer destas obrigações há quem fale em *incompetência negativa*, por, afinal, ele não exercer a sua competência e, implicitamente, assim, admitir que outro órgão a exerça (cfr. François Priet, *L'incompétence negative du législateur*, in *Revue française de droit constitutionnel*, 1994, págs. 59 e segs.).
Na realidade, porém, o vício não é orgânico, é de conteúdo: o que se verifica é a contradição entre o ato em si mesmo e o *fim* da norma atributiva de competência. Vício orgânico será apenas o do outro órgão que se aproveita da deficiência do Parlamento para legislar ou para densificar o que deveria estar já densificado.
[74] Cfr., por todos, as perspetivas de Konrad Hesse, *Escritos de Derecho Constitucional*, trad., Madrid, 1983, págs. 17 e segs., e de J. J. Gomes Canotilho, *A concretização da Constituição pelo legislador e pelo Tribunal Constitucional*, in *Nos dez anos da Constituição*, obra coletiva, Lisboa, 1987, págs. 347 e segs., *maxime* 364 e segs.

matéria de que se ocupe, pode deixar de ser conforme com esses fins. Parafraseando um Autor, dir-se-á que a liberdade de conformação do legislador, a sua discricionaridade, começa onde acaba a interpretação que lhe cabe fazer das normas constitucionais.[75]

Por sua banda, os órgãos de fiscalização da constitucionalidade devem raciocinar não tanto com base em juízos lógico-formais quanto em juízos valorativos, procurando soluções constitucionalmente corretas; descendo ao fundo das coisas e não se contentando com quaisquer aparências. Nunca estará em causa apreciar a oportunidade política desta ou daquela lei ou a sua maior ou menor bondade para o interesse público. Estará ou poderá estar em causa a correspondência (ou não descorrespondência) de fins, a harmonização (ou não desarmonização) de valores, a inserção (ou não desinserção) nos critérios constitucionais.[76-77]

III – Há ainda quem sustente que o juízo de constitucionalidade (sobretudo em face do princípio da igualdade) não pode deixar de envolver a consideração da *razoabilidade* (*reasonableness, raggionovolezza*) da norma ou da solução.

No entanto, razoabilidade é algo que pode ser entendido de diferentes maneiras. Pode equivaler a adequação à *ratio Constitutionis*, a harmonia de valorações, a proporcionalidade, a respeito do processo equitativo *(due process of law)*. Ou pode significar não já adequação teleológica, mas sim adequação lógica, coerência interna da lei, razoabilidade imanente.

Em qualquer das aceções compreendidas na primeira perspetiva, a preterição da razoabilidade redunda ainda em desvio de poder. E também, na segunda ótica, desde que se evite o risco de transformar a apreciação da lei ou do ato num exame de legística ou num juízo de mérito,[78] em vez de se procurar equilíbrio e não contradição entre princípios e regras.

---

[75] ANDRÉ GONÇALVES PEREIRA, *Erro e ilegalidade...*, cit., pág. 217.
[76] Como escreve J. J. GOMES CANOTILHO (*Constituição dirigente...*, cit., págs. 262 e 263), os princípios jurídico-constitucionais afirmam-se positivamente como determinantes heterónomos comandando a satisfação dos fins constitucionais através dos atos legislativos. A legitimidade substancial das leis não dispensa a averiguação dos pressupostos justificativos, dos motivos primários invocados e dos resultados obtidos, como elementos vinculados da validade das normas legais.
[77] Sob pena de se expropriar a função ordenadora da Constituição, degradando-a a mero sistema de normas orgânicas (como escrevemos em *Inviolabilidade de domicílio*, in *Revista de Direito e Estudos Sociais*, 1974, pág. 415).
[78] Cfr., sobre o problema, CARLO LAVAGNA, *Ragionevollezza e legittimità costituzionale*, in *Studi in memoria di Carlo Esposito*, obra coletiva, III, Pádua, 1973, págs.

Vale a pena transcrever JÖRG LUTHER:

"O termo 'razoabilidade' permite ao Tribunal Constitucional dar-se conta dos limites e das circunstâncias não só da lei mas também dos próprios juízes. A 'autopoiese' da razoabilidade está em pretender um controlo sobre a função do legislador que não degenere em co-legislação e em sujeitar o próprio juiz à crítica da sociedade aberta de intérpretes da Constituição (...)".[79]

"Um juízo tradicional de constitucionalidade vem concebido como a verificação de um contraste entre uma norma legal e uma norma constitucional (em geral, um princípio). Mas o juízo de razoabilidade ocupa-se de questões mais complexas. No primeiro caso, fala-se de um controlo de 'coerência' entre regras postas pelo legislador e, portanto, da justiça inerente à sistematicidade do Direito. Já no segundo caso, trata-se de um controlo de 'balançamento' ou de 'ponderação' entre, pelo menos, dois princípios (ou valores) constitucionais a respeito das exigências da figura (...)".[80]

"Os juízos sobre a razoabilidade vieram chamar a atenção para a fundamentação das sentenças constitucionais, a qual assume uma função primordial num órgão cujas decisões devem, sobretudo, persuadir e dissuadir sem disporem de instrumentos de execução forçada".[81]

1573 e segs.; ANGEL CARRASCO PERERA, El "juicio de razoabilidad" en la justicia constitucional, in Revista Española de Derecho Constitucional, maio-agosto de 1984, págs. 39 e segs.; ALDO CORASANITI, La ragionevolezza come parametro del giudizio di legittimità costituzionale, in Diritto e Società, 1995, págs. 1 e segs.; JÖRG LUTHER, Ragionevolezza (delle leggi), in Digesto delle Discipline Pubblicistiche, XII, págs. 341 e segs.; BRUNO LEONARDO CÂMARA CARRÁ, Aplicação do princípio da razoabilidade no Direito Brasileiro, in Temas Atuais de Direito Administrativo, obra coletiva, Fortaleza, 2000, págs. 73 e segs.; CINO SCALLIA, Gli "strumenti" della raggionevolezza nel giudizio costituzionale, Milão, 2000; J. J. GOMES CANOTILHO, Direito Constitucional..., cit., págs. 1319-1320; CARLOS BLANCO DE MORAIS, Justiça..., I, cit., págs. 144 e segs.; MARIA ROSARIA DONNARUMMA, Un mythe brisé: l'intangibilité de la loi. Le controle juridictionnel de la "ragionevolezza" des lois, in Revue française de droit constitutionnel, 2008, págs. 797 e segs.; ELIVAL DA SILVA SANTOS, Controle de constitucionalidade, São Paulo, 2010, págs. 120 e segs.; HINDENBERG ALVES DA FROTA, O proporcional e o razoável e a construção pioneira de Rui Barbosa ao estudo brasileiro do diálogo entre o critério da necessidade e o princípio da razoabilidade, in O Direito, 2011, págs. 838 e segs.

[79] Op. cit., loc. cit., pág. 343.
[80] Ibidem, pág. 351.
[81] Ibidem, pág. 361.

§ 2º
Garantia e fiscalização

196.
Norma jurídica e garantia

I – Não é a garantia, antes a virtualidade de garantia que integra o conceito de norma jurídica. Pode aquela faltar, não ser admitida, ou não conseguir agir que, nem por isso, deixa de ser jurídica a norma; a sua obrigatoriedade não advém disso.

É à efetividade da norma que se liga a garantia, e a virtualidade que qualquer norma tem de a receber assenta na necessidade de observância (ou de um grau satisfatório de observância) sem o qual não tem razão de ser. Pois que a norma por natureza pode não ser cumprida, por natureza pode (ou deve) ser garantida.

A garantia tem de estar de fora da norma, porquanto ela é de alguma norma, não a própria norma garantida. Representa-se como algo de acessório, que se acrescenta, que reforça a norma, que lhe imprime um poder ou um alcance maior. Consistindo num ato ou num conjunto de atos ou de atividades, em faculdades de fazer ou de exigir, numa função (consoante os prismas que se adotem), a garantia traduz-se num mecanismo ao serviço da norma jurídica.

Mas, considerada em si mesma, garantia implica necessariamente norma jurídica: *primo*, porque ela não existe senão em conexão com certa e determinada norma (ou certo e determinado complexo de normas) a que tem de se adequar; *secundo*, porque qualquer garantia (ou melhor, qualquer meio de garantia – político ou jurisdicional, contencioso ou gracioso) não tem realidade senão enquanto, por seu turno, prevista numa norma jurídica.

Ou seja: o conteúdo e o sentido de uma norma não se garantem de per si, garantem-se através do conteúdo e do sentido de outra ou outras normas. Donde, *normas jurídicas garantidas* e *normas jurídicas de garantia* (estas ainda suscetíveis de ser garantidas), dispostas lado a lado e, embora nem sempre da mesma fonte ou do mesmo escalão, todas sujeitas a interpretação sistemática.

Garantia postula coordenação de normas.

II – O que assim se diz aplica-se *de pleno* às normas constitucionais e à sua garantia. As normas constitucionais substantivas, passíveis de serem infringidas por ação ou por omissão do poder político, são acompanhadas por normas constitucionais adjetivas.[82] À inconstitucionalidade corresponde a garantia da constitucionalidade.[83]

197.
Garantia da constitucionalidade e garantia da Constituição

I – A garantia da constitucionalidade, tal como a inconstitucionalidade, afere-se perante cada comportamento de órgãos do poder político ou, mediatamente, perante cada relação ou situação da vida subordinada à Constituição; e significa que nesta relação ou situação prevalece a

---

[82] Normas adjetivas a qualificar de materialmente constitucionais, ainda que formalmente possam não o ser.

[83] Cfr. JELLINEK, *Teoria General del Estado*, cit., págs. 591 e segs.; MAURICE HAURIOU, *Précis...*, 2ª ed., cit., págs. 266 e segs.; KELSEN, *La Garantie...*, loc. cit., e *La Giustizia Costituzionale*, cit., 1981 e *Jurisdição Constitucional*, trad., São Paulo, 2003; C. SCHMITT, *Teoria...*, cit., págs. 131 e segs., e *Der Hüter der Verfassung*, trad. castelhana *La Defensa de la Constitución*, Barcelona, 1931 e trad. portuguesa *O guardião da Constituição*, Belo Horizonte, 2007; JOSÉ CARLOS MOREIRA, *Fiscalização Judicial da Constituição*, cit., *loc. cit.*, págs. 1 e segs. e 354 e segs.; GIUSEPPE CHIARELLI, *Appunti sulle Garanzie Costituzionali*, in *Studi in onore di Emilio Crosa*, obra coletiva, I, Milão, 1960, págs. 527 e segs.; SALVATORE ROMANO, *L'ordinamento giuridico ed il sistema positivo della giurisdizione in generale e della giurisdizione costituzionale in particolare*, Milão, 1961; EUGENE ROSTOW, *The Sovereign Prerogative*, New Haven e Londres, 1962; GIUSEPPE FERRARI, *Guarentigie Costituzionali*, in *Enciclopedia del Diritto*, VIII, págs. 44 e segs.; OTTO BACHOF, *Grundgesetz und Richtermacht*, trad. *Jueces y Constitución*, trad., Madrid, 1963; THEMISTCLES BRANDÃO CAVALCANTI, *Do controle da constitucionalidade*, Rio de janeiro, 1966; JORGE MIRANDA, *Contributo...*, cit., págs. 209 e segs.; GEORGES BURDEAU, *Traité...*, IV, 2ª ed., cit., págs. 365 e segs.; PABLO LUCAS VERDU, *Garantias constitucionales*, in *Nueva Enciclopedia Juridica*, X, 1976, págs. 541 e segs.; GUSTAVO ZAGREBELSKY, *La giustizia costituzionale*, cit.; PHILIP BOBBIT, *Constitutional Fate-Theory of the Constitution*, Nova Iorque-Oxónia, 1982; KLAUS STERN, *Derecho del Estado de la Republica Federal Alemana*, trad., Madrid, 1987, págs. 366 e segs.; GILMAR FERREIRA MENDES, *Controle de constitucionalidade*, São Paulo, 1990; LUÍS ROBERTO BARROSO, *O Direito Constitucional e a efetividade de suas normas*, 2ª ed., Rio de Janeiro, 1993, págs. 115 e segs.; *Control in Constitutional Law*, obra coletiva editada por CARLA M. ZOETHOUT, GER VAN DER TANG e PIET AKKERMANS, Dordrecht, 1993; LÉNIO LUIZ STRECK, *Jurisdição constitucional e hermenêutica*, 2ª ed., Rio de Janeiro, 2004; J. J. GOMES CANOTILHO, *Direito Constitucional...*, cit., págs. 887 e segs.; CARLOS BLANCO DE MORAIS, *A justiça...*, I, cit., págs. 13 e segs.; JORGE BACELAR GOUVEIA, *op. cit.*, II, págs. 1209 e segs.

norma constitucional que sobre ela incide, e não qualquer outra norma ou decisão do poder.

Porém, a garantia da constitucionalidade reverte em garantia da Constituição como um todo. Se, como salientámos, inconstitucionalidade relevante pressupõe violação direta e específica de uma norma constitucional, não menos seguro é que os seus efeitos e as suas repercussões, maiores ou menores, se projetam no contexto global da Constituição. E, assim sendo, a garantia da constitucionalidade também aí se há-de recortar. Do cumprimento ou incumprimento das normas constitucionais – em qualquer caso, avulso – depende a integridade ou não da Lei Fundamental.

Passando de considerações teóricas gerais para o exame do Direito positivo, torna-se ainda mais evidente esta verificação. Não há meio de garantia, nem sistema de garantia no ordenamento jurídico de qualquer Estado à margem das conceções gerais que o enformam e comandam. Não há garantia da constitucionalidade apartada da respetiva Constituição – formal e material – ou incongruente com os seus princípios.

II – Entretanto, da *garantia da constitucionalidade* como garantia da efetividade de normas constitucionais (de todas e de cada uma delas) importa distinguir as garantias da Constituição no seu conjunto ou deste ou daquele instituto em que consistem as *formas de defesa da Constituição*, por um lado, e as *sanções constitucionais*, por outra banda.

Como formas de defesa ou garantia preventivas referem-se, entre outras, o juramento de titulares de cargos públicos, a vedação de associações ou partidos contrários à Constituição,[84] o estado de exceção ou de necessidade e regras de organização adequadas na vigência deste estado.

As sanções constitucionais ou garantias repressivas atingem os titulares de órgãos do poder pela prática de atos ilícitos ou, pelo menos, inconstitucionais ou ilegais, no exercício das suas funções: responsabilidade civil e criminal em geral e crimes de responsabilidade (arts. 117º, nº 1 e 130º da Constituição portuguesa, arts. 85º e 86º da Constituição brasileira)[85] ou perda do mandato de Deputado ou Senador nos casos

---

[84] Cfr., na Alemanha, a proibição de partidos contrários à ordem constitucional democrática e liberal (art. 21º, nº 2, da Constituição de Bona) e em Portugal a proibição de organizações racistas e de organizações de ideologia fascista (art. 46º, nº 1, da Constituição de 1976).

[85] Cfr. JORGE MIRANDA, *Imunidades constitucionais e crimes de responsabilidade*, in *Direito e Justiça*, 2001, págs. 27 e segs.

previstos na Constituição (art. 160º, nº 1 na Constituição portuguesa, art. 55º da Constituição brasileira); perda do cargo de Presidente da República por ausência indevida do território nacional (art. 129º da Constituição portuguesa, art. 83º da Constituição brasileira).

198.
Garantia e fiscalização da constitucionalidade

I – A garantia em geral de uma norma jurídica pode ser operada por meios individuais, inorgânicos ou não institucionais: os direitos de garantia da área privatística (os mais estudados dos quais são os direitos reais de garantia) disso dão exemplo; e, no Direito público, o direito de petição (hoje, em Portugal, art. 52º da Constituição), o direito de resistência (arts. 21º e 103º, nº 3) e o direito de iniciativa legislativa (art. 167º, nº 1).[86] Mas, a par ou para além deles, suprindo as suas deficiências e progressivamente subalternizando-os, há meios institucionais cada vez mais desenvolvidos.

O problema particular da garantia constitucional reside em que ela se dirige à subordinação à Constituição de comportamentos provenientes de órgãos do poder. Sem menosprezar o papel dos cidadãos, a necessária adequação de meios a este fim impõe que sejam outros órgãos a levar a cabo a função de garantia e o Estado constitucional será tanto mais Estado de Direito quanto mais forte e aperfeiçoada vier a ser a ação duns órgãos relativamente a outros.

Contra o poder só o poder consegue, em último termo, prevalecer.[87] Logo, a garantia constitucional implica não apenas coordenação de normas mas também coordenação de órgãos.[88]

II – Quando a garantia se exerce através de meios institucionais, assume a forma de fiscalização.

Contudo, o conceito de fiscalização surge em Direito constitucional ora aproximando-se, ora afastando-se do conceito de garantia. A garantia é mais que a fiscalização, assim como a fiscalização existe para mais do que para a garantia.

---

[86] Contra, designadamente, inconstitucionalidades por omissão: assim, JORGE PEREIRA DA SILVA, *op. cit.*, pág. 10.
[87] MONTESQUIEU, sempre.
[88] O que permitirá ainda enfrentar a clássica pergunta *quis custodiet custodes?*

Pode haver uma fiscalização ao serviço da garantia – é a fiscalização da constitucionalidade (para empregar a expressão corretamente consagrada no título I da parte IV da Constituição portuguesa). Pode haver uma fiscalização independente da garantia – assim, a fiscalização de um órgão sobre outro, em especial quando os seus titulares são perante ele responsáveis (como é a do Presidente da República e a da Assembleia da República, aliás em moldes diferentes, relativamente ao Governo, nos termos do art. 190º). Ali, a fiscalização consta de normas adjetivas, aqui de normas substantivas.[89]

A fiscalização de constitucionalidade (tal como a da legalidade *stricto sensu*) recai sobre atos ou sobre omissões, sobre comportamentos certos e individualizados ou individualizáveis. A fiscalização à margem de garantia, *maxime* a política, é essencialmente uma fiscalização de atividades.

III – A garantia de uma norma comporta qualquer meio habilitado a conferir-lhe efetividade ou maior efetividade. A fiscalização é um meio institucionalizado, um sistema, um aparelho orgânico ou um processo criados a título mais ou menos específico para tal fim. A garantia é um fim mais que um meio, a fiscalização um meio, e nunca um fim em si; a garantia é um resultado (hipotético ou almejado), a fiscalização reside, antes de mais, numa atividade.[90]

IV – A fiscalização da constitucionalidade reveste diversas modalidades. Fomos encontrando-as na digressão comparativa e histórica que fizemos no tomo I. Cabe agora examiná-las conjuntamente.

Há grandes contraposições a enunciar. Respeitam ao objeto da fiscalização, aos órgãos, ao tempo, às circunstâncias, aos interesses relevantes no processo e à forma processual. E, enquanto que as três primeiras se ligam a opções do Direito constitucional substantivo, a terceira e a quar-

---

[89] A meio caminho entre fiscalização política e fiscalização-garantia encontra-se o poder do Presidente da República de demitir o Governo "quando tal se torne necessário para assegurar o regular funcionamento das instituições democráticas" (art. 195º, nº 2).

[90] Sobre fiscalização em geral, cfr. VINCENZO RODOLFO CASULLI, *Controllo*, in *Novissimo Digesto Italiano*, IV, págs. 728 e segs.; SERIO GALEOTTI, *Introduzione alla teoria dei controlli costituzionali*, Milão, 1963, *maxime* págs. 93 e segs. e 133 e segs.; K. LOEWENSTEIN, *Teoria...*, cit., págs. 29 e segs. e 68 e segs.; MASSIMO SEVERO GIANNINI, *Controllo: nozioni e problemi*, in *Rivista Trimestrale di Diritto Pubblico*, 1974, págs. 1263 e segs.; *Control in Constitutional Law*, obra coletiva, Dordrecht, 1993; MANUEL ARAGÓN, *Constitución y Control del Poder*, Buenos Aires, 1995; PEDRO BACELAR DE VASCONCELOS, *Teoria geral do controlo jurídico do poder*, Lisboa, 1996; DIEGO VALADÉS, *El control del poder*, México, 1998.

ta dependem *de pleno* do Direito constitucional adjetivo. Assim como se impõem interrelações, visto que este ou aquele tipo de fiscalização postula ou exclui outro.[91]

199.
Critérios substantivos de fiscalização

I – A fiscalização da constitucionalidade define-se, em primeiro lugar, pelo *objeto* sobre que incide – pelo tipo de comportamento, positivo ou negativo, sujeito a apreciação no confronto da Constituição ou pelos elementos ou vícios do ato de que se cura.

Por conseguinte, fiscalização de inconstitucionalidade por ação e por omissão, fiscalização de atos ou só de normas, fiscalização de diplomas na sua globabilidade ou de normas uma a uma, fiscalização de inconstitucionalidade material, orgânica e formal ou fiscalização só de inconstitucionalidade material, de inconstitucionalidade orgânica ou de inconstitucionalidade formal.

II – Quanto aos *órgãos* (ou sujeitos) da fiscalização, há que apontar três grandes classificações: fiscalização por órgãos comuns e por órgãos especiais; fiscalização por órgãos políticos e por órgãos jurisdicionais ou, eventualmente, por órgãos políticos, por órgãos jurisdicionais e por órgãos administrativos; fiscalização difusa e concentrada.

Na *fiscalização por órgãos comuns*, são órgãos definidos por competências diversas das de garantia, ou, não especificamente, de garantia (o Parlamento, os tribunais comuns, judiciais ou administrativos, porventura o Rei ou o Presidente da República) que recebem também competências de fiscalização da constitucionalidade. Na *fiscalização por órgãos especiais*, são órgãos *ex professo* criados para isso (jurias, comissões, conselhos, tribunais constitucionais), ainda que, muitas vezes, com competências complementares.

---

[91] Sobre as formas ou os tipos de fiscalização da constitucionalidade, v., por exemplo, KELSEN, *La Garantie*..., cit., *loc. cit.*, págs. 212 e segs.; JORGE MIRANDA, *Contributo*..., cit., págs. 253 e segs.; MAURO CAPPELLETTI, *Il controllo giudiziario de costituzionalità delle leggi nel diritto compatato*, Milão, 1960, págs. 1 e segs.; MARCELLO CAETANO, *Direito Constitucional*, I, Rio de Janeiro, 1977, págs. 403 e segs.; MARCELO REBELO DE SOUSA, *Direito Constituciona-I*, Braga, 1979, págs. 373 e segs.; J. J. GOMES CANOTILHO, *Direito Constitucional*..., cit., págs. 895 e segs.

A fiscalização é política, jurisdicional ou, eventualmente, também administrativa, consoante efetuada por *órgãos políticos*, por *tribunais* e por *órgãos administrativos* – quer dizer, por órgãos correspondentes às três funções fundamentais do Estado, os quais possuem formas próprias de intervir e se orientam segundo critérios bem diferenciados.

A *fiscalização difusa* é a que compete a uma pluralidade de órgãos dispersos, a *fiscalização concentrada* a que compete a um só órgão (ou, eventualmente, a um número muito reduzido de órgãos, *v.g.*, os supremos tribunais das ordens de jurisdição existentes). Na primeira, o poder de apreciar a inconstitucionalidade distribui-se por todos esses órgãos. Na segunda, fica sendo competência específica de algum ou alguns órgãos.

A fiscalização difusa dá-se quando todos os tribunais (ou todos os tribunais judiciais ou todos os tribunais comuns) recebem o poder de conhecimento da inconstitucionalidade. No entanto, teoricamente nada impede que seja exercida por órgãos não jurisdicionais: pode, assim, perguntar-se se os órgãos de Administração, em certas condições, não deverão também a ela ser chamados. A fiscalização concentrada, essa pode ser confiada quer a um órgão jurisdicional quer a um órgão político.

A fiscalização jurisdicional pode, por conseguinte, tanto ser difusa como concentrada; a fiscalização política é (ou tende a ser) sempre concentrada; a fiscalização administrativa (a existir) é sempre difusa.

III – Quanto ao tempo ou à sua relação com a formação dos comportamentos ou dos atos, a fiscalização ora aparece como preventiva ora aparece como sucessiva.

É *preventiva* a que se exerce antes de concluído o procedimento de formação ou antes do momento de consumação da obrigatoriedade ou, eventualmente, da executoriedade do ato. É *sucessiva* a que se exerce sobre comportamentos ou atos já perfeitos e eficazes. Quando se trate de atos normativos, o ponto de separação vem a ser a publicação, e não a entrada em vigor das normas.

Só há fiscalização preventiva de inconstitucionalidade originária; não de inconstitucionalidade superveniente, como é óbvio

IV – Quanto às circunstâncias ou ao modo como se manifesta, a fiscalização vem a ser ou concreta ou abstrata.

É *fiscalização concreta* a que surge a propósito da aplicação de normas ou de quaisquer atos (ou conteúdos de atos) a casos concretos, trate-se de solução de lides ou de providências administrativas ou outras providências. É *fiscalização abstrata ou em tese* a que se dirige aos comportamentos dos órgãos do poder público ou às normas em si, por aquilo que significam na ordem jurídica, independentemente da sua incidência em quaisquer relações ou situações da vida.

A fiscalização concreta redunda em garantia da constitucionalidade no espaço comunitário quotidiano. A fiscalização abstrata insere-se no equilíbrio global dos órgãos do Estado e pode ser entendida como expressão qualificada de um *pouvoir d'empêcher*.

200.
Critérios processuais de fiscalização

I – Em razão dos interesses subjacentes à fiscalização, determinantes da iniciativa do respetivo processo, a fiscalização pode ser subjetiva ou objetiva.[92]

Diz-se *subjetiva*, quando se prende a um interesse direto e pessoal de alguém, quando tem por causa ou por ocasião a repercussão da ofensa da Lei Fundamental nas esferas jurídicas de certas e determinadas pessoas, quando a ofensa da Constituição se repercute em lesão ou ameaça de lesão de direitos ou interesses destas pessoas. Diz-se *objetiva*, quando, à margem de tal ou tal interesse, tem em vista a preservação ou a restauração da constitucionalidade objetiva, quando o que avulta é a constante conformidade dos comportamentos, dos atos e das normas com as normas constitucionais.

Fiscalização subjetiva não equivale, todavia, à existência de qualquer direito subjetivo à constitucionalidade (tal como não há qualquer direito subjetivo à legalidade). Em si mesma, esta é, por definição, objetiva. De que se trata é tão-só de uma particular relevância dos direitos e interesses dos cidadãos e de, por meio dela, se abrir caminho à garantia.[93]

De resto, deve frisar-se que há sempre uma face subjetivista e uma face objetivista em toda a fiscalização. Acontece que cada sistema ou cada modalidade de fiscalização propende para certo sentido, realça mais uma face sem realçar a outra, estrutura-se com o centro ou nos direitos ou posições constitucionais dos sujeitos ou na constitucionalidade como valor em si.[94]

---

[92] À semelhança do que acontece, como se sabe, no contencioso administrativo.
[93] V. *Contributo...*, cit., págs. 274 e segs.
[94] Cfr. Massimo Villone, *Interessi costituzionali protetti e giudizio sulle leggi. Logiche e politiche della Corte Costituzional*, Milão, 1974; Sylvie Schmitt, *La nature objective du*

II – No plano do objeto do processo (do objeto do processo de fiscalização, *maxime* do jurisdicional), a fiscalização pode ser incidental ou principal.

Apresenta-se como *incidental* a fiscalização inserida em processo que converge para outro resultado que não a garantia da Constituição; e nele a inconstitucionalidade é questão prejudicial ou seja, questão de Direito substantivo de que depende a decisão final a tomar no processo.[95] Diz-se *principal* a fiscalização em que a garantia é o fim principal ou único e a inconstitucionalidade é elevada a questão principal, a objeto do processo.

Observe-se que uma coisa é falar em questão prejudicial, outra coisa – noutro plano – falar em incidente de inconstitucionalidade. A questão de inconstitucionalidade não é uma questão incidental ou de Direito processual, é uma questão prejudicial ou de Direito constitucional substantivo; mas é suscitada *incidentalmente* em processo que tem por objeto uma questão diferente.[96]

III – Pode ser também distinta a forma processual: há fiscalização por via de exceção e fiscalização por via de ação.

A *exceção* é uma iniciativa enxertada num processo já em curso, seja um meio de defesa indireta propiciado ao réu (ou ao autor reconvinte) para obter a improcedência do pedido (ou da reconvenção), seja (ainda, de certa sorte) um instrumento ao dispor do Ministério Público;[97] a ação *latissimo sensu* é a tradução processual do direito ou do poder de desencadear um processo com vista a determinado fim.[98]

Para lá desta distinção, fica o conhecimento oficioso da inconstitucionalidade pelo juiz.

---

contentieux constitutionnel des normes: les exemples français et italien, in Revue français e de droit constitutionnel, 2007, págs. 719 e segs.

[95] Cfr., por todos, MIGUEL TEIXEIRA DE SOUSA, Prejudicialidade e limites objectivos do caso julgado, in Revista de Direito e Estudos Sociais, 1977, págs. 304 e segs., maxime 306.

[96] Cfr. MAURO CAPPELLETTI, La pregiudizialità costituzionale nel processo civile, Milão, 1957; JORGE MIRANDA, Contributo..., cit., págs. 257 e segs.; VEZIO CRISAFULLI, In tema di instaurazione dei giudizi incidentali di costituzionalità delle leggi, in Studi in memoria de Carlo Esposito, obra coletiva, IV, págs. 2790 e segs.; GIROLANO MONTELEONE, Giudizio incidentale sulle leggi e giurisdizione, Pádua, 1984, págs. 1 e segs.

[97] Cfr., por todos, EDUARDO COUTURE, Introdução ao Estudo do Processo Civil, trad., Lisboa, 1952, págs. 25 e segs., e Contributo..., cit., págs. 260 e segs.

[98] Cfr., por todos, JOÃO DE CASTRO MENDES, O direito de acção judicial, Lisboa, 1959.

Na maior parte dos casos, a fiscalização incidental corresponde a fiscalização por via de excepção, e a principal a fiscalização por via de ação. Mas pode haver fiscalização incidental desencadeada por ação: é possível alguém dirigir-se a tribunal, invocando um direito fundamental seu, e sustentar o seu pedido na inconstitucionalidade da norma legislativa ou do ato administrativo e no princípio geral da tutela jurisdicional de direitos (em Portugal, arts. 20º e 268º, nº 4, da Constituição).[99-100]

Nesta hipótese, a questão principal é a relativa ao direito constitucionalmente garantido e a questão prejudicial a relativa à inconstitucionalidade da norma legislativa – assim como a decisão do tribunal no sentido da inconstitucionalidade só produz efeitos na causa, no caso concreto. O juiz declara o direito invocado, aplicando a norma constitucional, a qual prevalece sobre a norma infraconstitucional.

De certo modo, é o que acontece, no Direito português, na intimação para a proteção de direitos, liberdades e garantias (art. 109º do Código de Processo nos Tribunais Administrativos) e na ação de responsabilidade civil por atos ou omissões no exercício da função legislativa (art. 15º da Lei nº 67/2007, de 31 de dezembro).[101]

IV – A excepção carrega-se sobretudo de uma intenção subjetivista, mas é de sentido objetivista quando provenha do Ministério Público.

A ação tanto pode ser de sentido subjetivo como de sentido objetivo.

É subjetiva a ação *stricto sensu*, a ação direta para defesa ou para realização de um direito ou interesse constitucionalmente protegido das pessoas – surja aí a questão de inconstitucionalidade a título incidental, ou surja a título principal, como sucede no *amparo* espanhol, de outros países hispânicos e de Cabo Verde (art. 20º da Constituição) e na *Verfassungsbeschwerde* dos Direitos germânicos e em figuras análogas.[102]

---

[99] Cfr. ALEC STONE, *Qu'y a-t-il de concret dans le contrôle abstrait aux États-Unis?*, in *Revue française de droit costitutionnel*, 1998, págs. 227 e segs.

[100] V. o caso objeto do acórdão da Relação de Lisboa de 21 de julho de 1983 (in *Colectânea de Jurisprudência da Associação Sindical dos Magistrados Judiciais*, ano VII, tomo 4, 1987, págs. 109 e segs.) ou os casos objeto do acórdão nº 80/91, de 10 de abril, do Tribunal Constitucional, in *Diário da República*, 2ª série, de 29 de agosto de 1991; do acórdão nº 353/94, de 27 de abril, *ibidem*, de 6 de setembro de 1994; ou do acórdão nº 681/95, de 5 de dezembro, *ibidem*, de 30 de janeiro de 1996.

[101] Manual..., IV, cit., págs. 402 e 441 e segs.

[102] Cfr., por exemplo, FERNANDO BERMUDEZ, *La Procédure l'Amparo contre les Actes et les Lois contraires à la Constitution du Méxique*, Paris, 1914; MAURO CAPPELLETTI,

É objetiva a *ação popular* ou a ação que é proposta por qualquer cidadão para garantia da constitucionalidade,[103] e ainda a *ação pública* ou ação promovida por um órgão do Estado ou por entidade assimilada para o efeito.

A legitimidade – relação necessária entre a titularidade do direito processual e a titularidade de um direito ou interesse substantivo a prosseguir – molda-se, conforme os casos, em termos completamente diferentes.

Por último, o conhecimento *ex officio* da inconstitucionalidade não pode deixar de assumir carácter objetivo.

V – Suscitada a questão de inconstitucionalidade por qualquer das formas indicadas, há que a decidir.

Na fiscalização incidental, existem, a esse respeito, dois regimes possíveis: ou o tribunal decide a questão segundo o processamento geral da causa; ou, verificada a sua pertinência, envia-a (faz subir em separado o incidente) ao órgão, político ou jurisdicional, que seja considerado competente para a decisão – é o chamado reenvio prejudicial.

Quando compete ao tribunal da causa decidir, ainda outra disjuntiva se oferece no tocante a recursos: ou o recurso da decisão sobre a inconstitucionalidade segue os trâmites dos recursos ordinários; ou segue uma tramitação específica em tribunal ou outro órgão localizado fora do aparelho ou da ordem de tribunais em que se integra o tribunal *a quo*. E os recursos adquirem uma carga subjetivista ou objetivista, conforme as entidades legitimadas para recorrer (as partes ou o Ministério Público).

La giurisdizione costituzionale della libertà, reimpressão, Milão, 1976; GARCIA RUIZ, *El recurso de amparo en el derecho español*, Madrid, 1980; ADELE ANZON, *Il ricorso individuale di costituzionalità in Germania Federale, Austria e Spagna*, in *Politica del Diritto*, 1989; HECTOR FIX-ZANUDIO, *Ensayos sobre el Derecho de Amparo*, México, 1993; ALLAN R. BREWER-CARIAS, *El amparo a los derechos y garantias constitucionales*, Caracas, 1993; *O direito de amparo em Macau e em Direito Comparado*, número especial da *Revista Jurídica de Macau*, 1999; WLADIMIR BRITO, *O amparo constitucional*, in *Direito e Cidadania*, nº 7, julho-outubro de 1999, págs. 9 e segs.; PETER HÄBERLE, *La Vertassungsbeschwerde nel sistema della giustizia costituzionale tedesca*, trad., Milão, 2000; PABLO PEREZ TREMPS, *El recurso de amparos*, Madrid, 2004; MANUEL CARRASCO DURÁN, *Amparo judicial: presente y futuro*, in *Revista de Derecho Politico*, nº 68, 2007, págs. 143 e segs.

[103] Exemplo de Constituição que a prevê: a colombiana de 1991, no seu art. 242º; cfr. ERNESTO REY CANTOR, *Acción popular de inconstitucionalidad*, in *Estudios Constitucionales*, Universidade de Talca, Santiago do Chile, 2003, págs. 343 e segs.

Diversamente, quando a questão de inconstitucionalidade é, desde logo, decidida por um órgão específico de fiscalização – seja a título incidental, seja a título principal – da sua decisão não cabe recurso para nenhuma outra instância.

VI – Logicamente, na fiscalização concreta, a inconstitucionalidade pode ser suscitada na fase de recurso.

201.
Fiscalização difusa e fiscalização concentrada

I – A fiscalização difusa é concreta, predominantemente subjetiva e incidental. A fiscalização concentrada é, de regra, abstrata, objetiva e principal.

Na fiscalização difusa, a inconstitucionalidade é apreciada *ex officio* pelo juiz e por via de excepção (salvo o que há pouco se disse acerca da fiscalização incidental). Na fiscalização concentrada, por via de ação ou de recurso. E pode haver enlace entre ambas, sendo a fiscalização difusa no suscitar da questão e concentrada na decisão. Pela natureza das coisas, a decisão do tribunal em fiscalização difusa esgota-se no caso concreto e é sempre *inter partes*. Já em fiscalização concentrada a decisão tanto pode ser de efeitos gerais, *erga omnes*, como (quando seja ainda concreta e subjetiva) *inter partes*.

II – Mais do que um autor tem contestado a presença no conhecimento difuso de uma ideia ou função de garantia da constitucionalidade, reduzindo-a, por exemplo, ora a uma situação de necessidade perante um conflito de normas, ora a um pressuposto da atividade jurisdicional, ora a uma genérica tutela.[104]

Nunca perfilhámos tal postura negativista, até porque os sistemas jurídicos positivos, incluindo o português, demonstram a importância da atribuição aos tribunais do poder de apreciar e não aplicar normas inconstitucionais e como o seu aparecimento representa uma mudança qualitativa na história do Estado de Direito.

---

[104] São as teses, respetivamente, de SCHMITT, ESPOSITO e CHIARELLI, que examinámos em *Contributo…*, cit., págs. 214 e segs.

Não pode, contudo, deixar de se admitir que – independentemente das vantagens e dos inconvenientes, dos avanços e dos riscos que comporte – é apenas em fiscalização concentrada que a garantia avulta em plenitude e chega a recortar-se (como, não raro, se diz) como um verdadeiro poder do Estado a par dos demais poderes, com todos os problemas que isso acarreta; é aí que pode falar-se em *justiça constitucional* em sentido estrito. E isto ocorre ainda com maior nitidez quando a concentração se dá em tribunal constitucional e este, em fiscalização abstrata, declara a inconstitucionalidade com força obrigatória geral.

Qual seja a natureza destas decisões do Tribunal Constitucional é outrossim controvertido. KELSEN sustenta ser ela legislativa, pois anular uma lei seria ainda editar uma norma geral, editá-la com sinal negativo.[105] É posição a que não podemos aderir, pois tudo se dá em aplicação da Constituição e os poderes do pretenso legislador negativo encontram-se aí completamente definidos.

III – A fiscalização jurisdicional da constitucionalidade equivale a justiça constitucional quando só exista fiscalização difusa ou quando um Tribunal Constitucional só conheça de inconstitucionalidade.

Todavia, havendo apenas, pelo contrário, fiscalização concentrada ou, simplesmente, fiscalização difusa e concentrada, os conceitos podem não coincidir, quando os órgãos específicos ou superiores de fiscalização também recebem outras competências de decisão e de aplicação da Constituição e de leis materialmente constitucionais. É o que se passa em Portugal com o Tribunal Constitucional (arts. 221º e 223º da Cons-

---

[105] *La Garantie...*, cit., págs. 28-29, e *La giustizia...*, cit., págs. 172 e segs. Com esta explicação, julga também KELSEN afastar o risco de a justiça constitucional conduzir um órgão judicial a interferir em atos de um órgão legislativo: seriam ambos órgãos legislativos, o fiscalizado e o fiscalizador, só que o segundo com estatuto jurisdicional.
Cfr., entre outros, CARLO CERETI, *Funzione legislativa e controllo di legittimità*, in *Studi in onore di Emilio Crosa*, obra coletiva, I, Milão, 1960, págs. 495 e segs., IGNACIO DE OTTO, *Derecho Constitucional – Sistema de Fuentes*, Barcelona, 1987, pág. 286, ou ADRIANO GIOVANNELLI, *Alcune considerazioni sul modello della Verfassungsgerichtbarkeit kelseniana nel contesto del dibattito sulla funzione "politica" della Corte Costituzionale*, in *Scritti in onore di Vezio Crisafulli*, obra coletiva, págs. 445 e segs. E também a respeito do Conselho Constitucional francês já foi defendida a sua natureza legislativa: JEAN CHRISTOPHE BALAT, *La nature juridique du contrôle de constitutionnalité des lois dans de cadre de l'article 61 de la Constitution de 1958*, Paris, 1983.

tituição) e no Brasil com o Supremo Tribunal Federal (arts. 101º e segs. da Constituição).

202.
O Direito processual constitucional

I – A fiscalização jurisdicional difusa exerce-se em harmonia com as regras comuns dos diferentes processos em que se insere e não admite, por isso, que os códigos respetivos não contemplem a suscitação aí da questão da inconstitucionalidade.[106] Ao invés, a fiscalização concentrada – mormente em tribunal constitucional – requer um tratamento legislativo autónomo. E é perante ele que se justifica falar em Direito processual constitucional.[107]

---

[106] O que não significa que não suscite problemas jurídico-processuais: cfr., por exemplo, *Contributo...*, cit., págs. 253 e segs.

[107] Na doutrina portuguesa, cfr. Manuel Durão Barroso, *O recurso para a Comissão Constitucional*, cit., loc. cit., págs. 707 e segs.; Vitalino Canas, *Os processos de fiscalização da constitucionalidade e da legalidade pelo Tribunal Constitucional*, Coimbra, 1988; Armindo Ribeiro Mendes, *A jurisdição constitucional, o processo constitucional e o processo civil em Portugal*, in *Estudos em memória do Prof. Doutor Castro Mendes*, obra coletiva, Lisboa, 1994, págs. 81 e segs., e *Recursos em processo civil*, Lisboa, 1994, págs. 317 e segs.; Miguel Lobo Antunes, *Fiscalização abstracta da constitucionalidade: questões processuais*, in *Estudos sobre jurisprudência do Tribunal Constitucional*, obra coletiva, Lisboa, 1993, págs. 397 e segs.; Inês Domingos e Margarida Meneres Pimentel, *O recurso de inconstitucionalidade (espécies e respectivos pressupostos)*, ibidem, págs. 427 e segs.; Guilherme da Fonseca e Inês Domingos, *Breviário do Direito Processual Constitucional*, 2ª ed., Coimbra, 2002; Miguel Teixeira de Sousa, *Legitimidade e interesse no recurso da fiscalização concreta de constitucionalidade*, in *Estudos em Homenagem ao Prof. Doutor Armando Marques Guedes*, obra coletiva, Coimbra, 2004, págs. 947 e segs.; José Manuel Cardoso da Costa, *A jurisdição constitucional em Portugal*, 3ª ed., Coimbra, 2007, págs. 63 e segs.; Carlos Lopes do Rego, *Os recursos de fiscalização concreta na lei e na jurisprudência do Tribunal Constitucional*, Coimbra, 2010; Carlos Blanco de Morais, *Justiça Constitucional*, Lisboa, 2011, II, 2ª ed., Coimbra, 2012, págs. 595 e segs.

Na doutrina de outros países, cfr., entre tantos, Salvatore Villari, *Il processo costituzionale*, Milão, 1957; Massimo Luciani, *Le decisioni processuali e la logica del giudizio costituzionale incidentale*, Pádua, 1984; José Alfredo de Oliveira Baracho, *Processo costituzionale*, Rio de Janeiro, 1984; Jörg Luther, *Idee e storie di Giustizio Costituzionale nell'ottocento*, Turim, 1990, págs. 3 e segs.; Pedro Cruz Villalon et alii, *Los procesos Constitutionales*, Madrid, 1992; Antonio Satta, *Leogica e retorica nella motivazione delle decisioni della Corte Costituzionale*, Milão, 1996; Willis Santiago Guerra Filho, *Introdução ao Direito Processual Constitucional*, Porto Alegre, 1999; Francisco Caamaño Dominguez, *Jurisdicción y procesos constitucionales*, 2ª ed., Madrid, 2000;

Tal como existem Direito civil e Direito processual civil, Direito penal e Direito processual penal ou Direito administrativo e Direito processual administrativo, também existe Direito constitucional substantivo – as normas *a garantir* – e Direito constitucional adjetivo – as normas de garantia. Tal como há *procedimentos*, eleitoral, legislativo, de conclusão de tratados, de formação do Governo, etc., também há *processo* – constitucional (ou melhor, processos constitucionais).[108]

Os processos de inconstitucionalidade de normas jurídicas encontram-se, pois, no cerne do Direito processual constitucional. Todavia, neste entram também, por extensão, os processos derivados de competências de atribuição que um Tribunal Constitucional, porventura também possua, como os relativos a eleições, a referendos ou a partidos (art. 223º, nº 2, alíneas c), g) e h), f) e e), respetivamente, da Constituição). Assim como são vários em Portugal os processos de fiscalização de inconstitucionalidade em correspondência com os diversos tipos de fiscalização acolhida, também cada competência de atribuição postula um processo próprio.

II – A despeito da prevalência de princípios comuns a todas as formas de processo e decorrentes, desde logo, dos princípios cardeais da Constituição, os processos do Tribunal Constitucional assentam ainda em princípios específicos, impostos pela função de garantia e pela estrutura do orgão. E não coincidem, necessariamente, como se compreende, ao projetarem-se sobre a fiscalização abstrata.

Neste contexto e distinguindo entre princípios estruturantes e princípios instrumentais,[109] podem ser considerados como princípios estruturantes do Direito processual constitucional português, todos recon-

---

Domingo Garcia Belaunde, *Derecho Procesal Constitucional*, Bogotá, 2001; Anna Cândida Cunha Ferraz, *Princípios fundamentais do processo constitucional*, in *Revista do Mestrado em Direito da UNIFIEO* (São Paulo), 2006, págs. 181 e segs.; *Encuesta sobre Derecho Procesal Constitucional*, obra coletiva, Lima, 2006; Paulo Roberto de Gouvêa Medina, *Direito Processual Constitucional*, 4ª ed., Rio de Janeiro, 2010; Peter Häberle, *O Direito processual constitucional como Direito constitucional concretizado frente à judicatura do Tribunal Constitucional*, in *Nove ensaios constitucionais e uma aula de jubileu*, trad., São Paulo, 2012, págs. 27 e segs.

[108] Doutro prisma: em sentido lato, Direito processual constitucional equivale a Direito constitucional adjetivo e abrange todos os institutos respeitantes à fiscalização da constitucionalidade, designadamente as relativas aos órgãos que a exercem; em sentido estrito, só abrange as normas processuais.

[109] Na esteira de Miguel Teixeira de Sousa, *Introdução ao processo civil*, 2ª ed., Lisboa, 2000, págs. 51 e segs. Cfr. Manuel de Andrade, *Noções Elementares de Processo Civil*,

duzíveis à ideia – força de processo equitativo (art. 20º, nº 4, 2ª parte, da Constituição e art. 6º da Convenção Europeia dos Direitos do Homem) os seguintes:

a) O princípio da igualdade dos intervenientes processuais (das partes na fiscalização concreta);

b) O princípio do contraditório (*audiatur et altera pars*) ou de que os intervenientes processuais devem gozar de igualdade de oportunidades para expor as suas razões, procurando convencer o Tribunal em dialética e recíproca fiscalização;[110]

c) O princípio da legalidade dos atos do processo;

d) O princípio da fundamentação das decisões que não sejam de mero expediente (arts. 205º, nº 1, e 282º, nº 4, da Constituição);

E como princípios instrumentais:

a) O princípio do pedido na dupla vertente de necessidade de iniciativa externa para a abertura do processo e de fixação do objeto do processo – a constitucionalidade da norma a apreciar – pelo pedido;[111]

b) O princípio do conhecimento oficioso do Direito;

c) O princípio da utilidade da decisão, em face da situação normativa que se verifique ou da sua relevância para as situações da vida;[112]

d) O princípio da economia processual;

e) O princípio da celeridade;

f) O princípio do processo escrito.

Já temos algumas dúvidas não tanto a respeito do princípio da *adequação funcional* proposto por Vitalino Canas – como adequação das normas processuais aos fins materiais a efetivar – quanto a respeito do corolário, que dele tira, da consequente inconstitucionali-

---

I, Coimbra, 1956, págs. 359 e segs., ou João de Castro Mendes, *Manual de Processo Civil*, Lisboa, 1963, págs. 37 e segs.

[110] João de Castro Mendes, *op. cit.*, pág. 39.
[111] Cfr. Manuel de Andrade, *op. cit.*, págs. 559 e segs.
[112] Cfr. Miguel Lobo Antunes, *op. cit.*, *loc. cit.*, págs. 418 e segs.

dade daquelas normas quando não adequadas aos princípios constitucionais.[113]

Por sua vez, para GOMES CANOTILHO, são princípios gerais do Direito processual constitucional os princípios do pedido, da instrução, da congruência entre pretensão e decisão, da individualização ou da correspondência entre o pedido e o pronunciado e do controlo material (embora com ajustamentos a respeito dos três últimos).[114]

§ 3º
As decisões de fiscalização

203.
Juízo de inconstitucionalidade e decisões dos tribunais

I – Suscitada de qualquer forma a questão de inconstitucionalidade por ação, o resultado pode ser positivo ou negativo, pode traduzir-se num juízo de inconstitucionalidade ou num juízo de não inconstitucionalidade.

A esses juízos correspondem, contudo, decisões de natureza diversa consoante se trate de fiscalização concreta ou de fiscalização abstrata:

– Na fiscalização concreta, decisão de *não aplicação* (desaplicação ou recusa de aplicação) de normas inconstitucionais ou, inversamente, de *aplicação* com base em juízo de não inconstitucionalidade;

– Na fiscalização abstrata, *declaração de inconstitucionalidade*, *não declaração de inconstitucionalidade* e, anomalamente, *declaração de constitucionalidade*.

II – Mas outras espécies de decisões ou de efeitos das decisões existem quando se trate de tribunais constitucionais ou de órgãos homólogos, previstas, por vezes, desde logo pelas Constituições ou pelas leis ou, frequentemente, surgidas a partir da sua prática. Embora conexas

---
[113] *Ibidem*, págs. 91 e segs.
[114] *Direito Constitucional...*, cit., págs. 971 e segs.

com o juízo de inconstitucionalidade, elas escapam àquela contraposição fundamental.

Tais decisões – ditas, por isso (mas não com todo o rigor) intermédias ou atípicas – reconduzem-se, no essencial, a três situações:

- Podem ser decisões *interpretativas* – ou de fixação de uma interpretação (vinculativa ou não para os restantes tribunais), *maxime* de uma interpretação conforme com a Constituição que evite o juízo de inconstitucionalidade;
- Podem ser decisões *limitativas* – limitativas de efeitos da decisão de inconstitucionalidade ou até da própria inconstitucionalidade;
- Podem ser decisões *aditivas* ou *modificativas*, quando, considerando inconstitucional o entendimento da norma seu objeto só com certo conteúdo ou alcance, lhe acrescentam (e, por conseguinte, modificam-na) um segmento que permite a sua subsistência à luz da Constituição.[115]

---

[115] Cfr. em geral GUSTAVO ZAGREBELSKY, *La Giustizia Costituzionale*, Bolonha, 1977, págs. 145 e segs.; FRANCO MODUGNO, *La funzione legislativa complementare della Corte Costituzionale*, in *Giurisprudenza Costituzionale*, 1981, págs. 1646 e segs.; LOUIS FAVOREU, *La décision de constitutionnalité*, in *Revue Internationale de Droit Comparé*, 1986, págs. 611 e segs.; LUCIO PEGORARO, *La Corte e il Parlamento – Sentenze – indirizzo e attività legislativa*, Pádua, 1987; vii Conferência dos Tribunais Constitucionais, *A Justiça Constitucional e espécies, conteúdo e efeitos das decisões sobre a constitucionalidade de normas*, obra coletiva, Lisboa, 1987; ALS VIGNUDELLI, *La Corte della Leggi*, Rimini, 1988; LUÍS NUNES DE ALMEIDA, *O Tribunal Constitucional e o conteúdo, a vinculatividade e os efeitos das suas decisões*, in *Portugal – O sistema político e constitucional*, obra coletiva, Lisboa, 1989 págs. 951 e segs.; REGINA FERRARI, *Efeitos da declaração de inconstitucionalidade*, 2ª ed., São Paulo, 1990; GIUSTINO D'ORAZIO, *Le sentenze costituzionali additive tra esaltazione e contestazione*, in *Rivista Trimestrale di Diritto Pubblico*, 1992, págs. 61 e segs.; PAULO OTERO, *Ensaio sobre o caso julgado inconstitucional*, Lisboa, 1993, págs. 110 e segs.; VITALINO CANAS, *Introdução às decisões de provimento do Tribunal Constitucional*, 2ª ed., Lisboa, 1994; *La Cour de Cassation et la Constitution de la République*, obra coletiva, Aix-en-Provence, 1994, págs. 265 e segs.; M. DE LOS ANGELES GUTIERREZ ZARGA, *Las sentencias interpretativas y aditivas del Tribunal Constitucional Español*, in *Revista de Derecho Procesal*, 1995, nº 3; GILMAR FERREIRA MENDES, *Jurisdição Constitucional – O controle abstracto de normas no Brasil e na Alemanha*, São Paulo, 1996, págs. 187 e segs.; *As decisões no controle de constitucionalidade e seus efeitos*, in *Revista da Faculdade de Direito da Universidade de Lisboa*, 2006, págs. 187 e segs.; FABRIZIO POLITI, *Gli effetti nel tempo delle sentenze di accoglimento della Corte Costituzionale*, Pádua, 1997; THIERRY DI MANNO, *Le juge constitutionnel et la technique des décisions interpretatives en France et en Italie*, Aix-en-Provence, 1997; JAVIER JIMÉNEZ CAMPO et alii, *La sentencia sobre la costitucio-*

Já não formam propriamente uma categoria autónoma as chamadas decisões *redutivas* ou de inconstitucionalidade parcial. Nem elas se reconduzem a decisões limitativas, visto que aqui o que é limitado é o objeto do juízo (como se sabe, não a norma *in totum*, mas um seu segmento) e não a inconstitucionalidade em si mesma.[116]

III – As decisões de inconstitucionalidade ou de não inconstitucionalidade oferecem-se simplesmente declarativas, sem trazerem inovações ou modificações ao ordenamento jurídico.

Contudo, não com pouca frequência, por causa dos efeitos, diretos ou colaterais, que os seus autores são chamados ou autorizados a fixar, assumem também natureza constitutiva. E tal verifica-se, com nitidez, em algumas das decisões limitativas e em todas as decisões aditivas.

IV – Na fiscalização concreta e na fiscalização preventiva, as decisões exaurem os seus efeitos nos respetivos processos e procedimentos.

---

nalidad de la ley, Madrid, 1997; *Las tensions entre el Tribunal Constitucional y el legislador en la Europa actual*, obra coletiva editada por Eliseo Aja, Barcelona, 1998; José Julio Fernández Rodríguez, *Typologie des dispositions des Cours Constitutionnelles*, in *Revue Belge de Droit Constitutionnelle*, 1998, págs. 333 e segs.; Gian Paolo Dolso, *Le sentenze additive di principio*, in *Giurisprudenza Costituzionale*, 1999, págs. 4111 e segs.; Rui Medeiros, *A decisão de inconstitucionalidade*, Lisboa, 1999, págs. 289 e segs., 413 e segs. e 533 e segs.; Markos González Beilfuss, *Tribunal Constitucional y reparación de la discriminación normativa*, Madrid, 2000; Francisco Javier Diaz Revorio, *Las sentencias interpretativas del Tribunal Costitucional*, Valladolid, 2001; Miguel Nogueira de Brito, Joaquim Pedro Cardoso da Costa e António de Araújo, *A execução das decisões do Tribunal Constitucional pelo legislador*, in *Sub Júdice*, n° 20/21, 2001, págs. 111 e segs.; Ginevra Cerrina Feron, *Giuridizione costituzionale e legislatore nella Repubblica federale tedesca*, Turim, 2002; Héctor López Bofill, *Decisiones interpretativas en el control de costitucionalidad de la ley*, Valência, 2004; Thierry di Manno, *Les décisions de constitutionnalité précaire en Italia et en France*, in *Liber Amicorum Jean-Claude Escarras*, obra coletiva, Bruxelas, 2005, págs. 2003 e segs.; José Manuel cardoso da Costa, *A jurisdição...*, cit., págs. 85 e segs.; *As sentenças intermédias da justiça constitucional*, obra coletiva (coord. Carlos Blanco de Morais), Lisboa, 2009; Ricardo Branco, *O efeito aditivo da declaração de inconstitucionalidade com força obrigatória geral*, Coimbra, 2009; José Júnior Florentino dos Santos Mendonça, *A eficácia das decisões proferidas no controle de constitucionalidade e os seus efeitos no caso julgado – Ensaio para um estudo comparado sobre Brasil, Portugal e Espanha*, in *Estudos em homenagem ao Professor Doutor Carlos Ferreira de Almeida*, obra coletiva, I, Coimbra, 2011, págs. 135 e segs.; Carlos Blanco de Morais, *Justiça...*, II, págs. 166 e segs., 259 e segs., e 853 e segs.

[116] Cfr. Luís Nunes de Almeida, *O Tribunal...*, cit., *loc. cit.*, págs. 955-956; Vitalino Canas, *Introdução...*, cit., págs. 89 e segs.

Na fiscalização sucessiva abstrata, eles são necessariamente extraprocedimentais. Como está em causa a validade ou a eficácia da norma ou do ato em si, com vista à preservação objetiva de ordem constitucional, as decisões dirigem-se a todos os órgãos do poder e a toda a comunidade política.

V – A fiscalização da inconstitucionalidade por omissão conduz só a dois tipos de decisões, sempre meramente declarativas: de verificação da existência de omissão e de não verificação da existência de omissão.

204.
As decisões em fiscalização concreta

I – A fiscalização concreta pressupõe três poderes: o de determinar a norma aplicável ao caso, o de apreciar a sua conformidade com a Constituição e, como consequência, o de não a aplicar quando desconforme.

Mas, como os juízes não podem deixar de julgar, este poder acha-se, de ordinário, coenvolvido com um poder positivo, com eficácia retroativa: o de aplicar a norma anterior quando se esteja diante de inconstitucionalidade originária;[117] e, na falta de norma aplicável – seja por não haver norma anterior repristinável, seja por a inconstitucionalidade ser superveniente – o poder de preencher a lacuna através dos critérios gerais de integração.[118] Só em matéria penal, por causa do princípio da aplicação da lei mais favorável, poderá não ser assim.[119]

Dissociação entre a não aplicação da norma inconstitucional e a aplicação de outra norma só se verifica, quando a decisão caiba a tribunal para o qual haja recurso restritivo à questão de inconstitucionalidade, por então haver de ser o tribunal recorrido a encontrar a norma de decisão em causa.

---

[117] Sobre repristinação, cfr. *Manual...*, II, cit., págs. 340-341, e autores citados, assim como ALEXANDRE SOUSA PINHEIRO, *Repristinação*, in *Dicionário Jurídico da Administração Pública*, VII, 1996, págs. 234 e segs., e RUI MEDEIROS, *A decisão...*, cit., págs. 651 e segs.; CARLOS BLANCO DE MORAIS, *Justiça...*, II, cit., págs. 172 e segs., 369 e segs., 826 e 849 e segs.

[118] Em qualquer caso é ainda a própria norma da Constituição violada pela norma julgada inconstitucional que recebe aplicação e é porque *a aplica* que o tribunal *desaplica* a norma inconstitucional. Assim (como escrevemos em *Contributo...*, cit., pág. 229), o ato de garantia *substitui* o ato de criação da norma de grau inferior, enquanto, devido a ele, a norma constitucional que, antes fora postergada, passa a ser observada.

[119] Cfr. *infra*.

II – Em princípio, a eficácia da decisão – consoante os sistemas, decisão do tribunal do caso, decisão de Tribunal Constitucional ou de órgão homólogo ou decisão do último tribunal de recurso – apresenta-se restrita, pois:

a) Esgota-se no caso;
b) É eficácia apenas *inter partes*, não *erga omnes*;
c) Só aí faz coisa julgada (coisa julgada *formal*).[120]

Todavia, também consoante os sistemas, pode suceder:

a) que, conexa com a decisão do caso, haja uma decisão de fiscalização abstrata (provocada, portanto, pela fiscalização concreta) – é o sistema dominante nos países com Tribunal Constitucional;
b) ou que a decisão de inconstitucionalidade propicie, se seguida de outras com idêntico sentido, a passagem à fiscalização abstrata – é o atual sistema português, como se verá adiante.

III – Nenhum problema específico levanta a decisão de aplicação de norma não julgada inconstitucional. Relevantes podem vir a ser, porém, as regras relativas aos recursos que caibam dessa decisão.

205.
A decisão de inconstitucionalidade em fiscalização abstrata

I – A decisão de inconstitucionalidade em fiscalização abstrata possui, simultaneamente, um alcance positivo e um alcance negativo.

Possui um alcance positivo, por implicar o acolhimento ou provimento do pedido endereçado ao órgão de controlo,[121] e um alcance negativo,

---

[120] Sobre caso julgado formal e caso julgado material, cfr., na doutrina portuguesa, MANUEL DE ANDRADE, *op. cit.*, I, págs. 289 e segs.; CASTRO MENDES, *Manual...*, cit., págs. 457 e segs.; TEIXEIRA DE SOUSA, *O objecto da sentença e o caso julgado material*, Lisboa, 1983; ANTUNES VARELA, J. MIGUEL BEZERRA e SAMPAIO E NORA, *Manual de Processo Civil*, Coimbra, 1985, págs. 683 e segs.; ISABEL ALEXANDRE, *O caso julgado na jurisprudência constitucional portuguesa*, in *Estudos em Homenagem ao Conselheiro José Manuel Cardoso da Costa*, obra coletiva, Coimbra, 2003, págs. 11 e segs.

[121] Daí falar-se, correntemente, em decisão de acolhimento ou de provimento.

por acarretar a erradicação da norma declarada inconstitucional do ordenamento jurídico. Consequentemente ainda um alcance positivo, quando haja inconstitucionalidade originária: a repristinação da norma anterior, mesmo se ao Tribunal Constitucional possa não caber determiná-la.

II – Assume também a decisão um sentido eminentemente proibitivo ou preclusivo, porque:

a) Os órgãos administrativos, os tribunais em geral e o próprio Tribunal Constitucional ou órgão homólogo de decisão não mais podem aplicar o ato ou a norma em causa;[122]

b) Estando pendente em qualquer tribunal um processo em que esteja em causa a norma declarada inconstitucional, o tribunal não a poderá aplicar e da sua decisão já não há recurso para o Tribunal Constitucional;

c) Os particulares não mais podem invocar esse ato ou essa norma nas relações entre eles ou perante os poderes públicos;[123]

d) Quando a inconstitucionalidade seja material, o órgão autor do ato ou da norma não pode voltar a praticá-lo ou a emitir a norma sem que sofra revisão (ou outra mutação objetiva e geralmente reconhecida) a norma constitucional parâmetro;[124-125]

---

[122] Cfr. acórdão nº 78/85 do Tribunal Constitucional português, de 7 de maio, in *Diário da República*, 2.ª série, de 26 de julho de 1985.

[123] Cfr. acórdão nº 119/90 do Tribunal Constitucional português, de 18 de abril, in *Diário da República*, 2ª série, de 4 de setembro de 1990, ou acórdão nº 385/98, de 19 de maio, *ibidem*, de 30 de novembro de 1998.

[124] Cfr., em sentido próximo, Luís Nunes de Almeida, *Les effets des arrêts du Tribunal Constitucional*, in *La Justice Constitutionnelle au Portugal*, obra coletiva, Paris, 1989, pág. 398; Paulo Otero, *Ensaio...*, cit., págs. 139 e segs. (mas excetuando as decisões inconstitucionais); Vitalino Canas, *Introdução...*, cit., págs. 172 e 173; Paulo de Castro Rangel, *O legislador e o Tribunal Constitucional*, in *Direito e Justiça*, 1997, 2, págs. 217 e segs.; Miguel Nogueira de Brito, Joaquim Pedro Cardoso da Costa e António de Araújo, *op. cit.*, *loc. cit.*, págs. 118 e 123 e segs.; Gomes Canotilho, *Direito Constitucional...*, cit., págs. 1010 e segs.; J. J. Gomes Canotilho e Vital Moreira, *Constituição...*, cit., II, págs. 980-981. Diversamente, Rui Medeiros, *A decisão*, cit., págs. 819 e segs. e 845 e segs.; Carlos Blanco de Morais, *Justiça...*, II, cit., págs. 206 e 207.

[125] Cfr., expressamente, o art. 243º da Constituição colombiana: "Nenhuma autoridade poderá reproduzir o conteúdo material do ato jurídico declarado inexequível por razões de fundo enquanto subsistirem na Constituição as disposições que serviram para fazer o confronto entre a norma ordinária e a Constituição".

e) Quando a inconstitucionalidade seja orgânica ou formal, o órgão autor do ato ou da norma não pode voltar a praticá-lo ou a emitir a norma sem que afaste os vícios que inquinam o ato;

f) Confrontado com uma norma que reproduza o mesmo tipo de inconstitucionalidade que já antes havia declarado, o Tribunal Constitucional tornará, em princípio, a pronunciar-se no mesmo sentido;[126]

g) Em especial, o legislador não pode convalidar, por via legislativa, atos praticados à sombra de lei inconstitucional;

h) O legislador pode, depois de revisão constitucional, emitir lei igual à que foi declarada inconstitucional; mas não pode conferir-lhe eficácia retroativa, pelo mesmo motivo – o valor ou primado da Constituição – porque, por revisão constitucional, não se convalida lei contrária a norma por ela revogada.[127]

Não por acaso à decisão atribui-se "força obrigatória geral" (art. 282º, nº 1, da Constituição portuguesa) e, noutra perspetiva, ela pode ser reconduzida não só a coisa julgada *formal* como a coisa julgada *material*.[128-129]

III – No fundo, não se trata senão de cumprir o ditame da obrigatoriedade das decisões dos tribunais para todas as entidades públicas e da sua prevalência sobre as decisões de quaisquer autoridades (art. 205º, nº 2, da Constituição portuguesa). Todavia, como acontece em geral com as decisões dos tribunais, vinculativa é a decisão em si mesma, e não os seus fundamentos.

IV – Rui Medeiros sustenta, pelo contrário, que o legislador não ficaria vinculado à declaração de inconstitucionalidade, podendo reproduzir normas com conteúdo idêntico àquelas que tivessem sido declaradas

---

[126] Miguel Nogueira de Brito, Joaquim Pedro Cardoso da Costa e António de Araújo, *op. cit.*, *loc. cit.*, pág. 118.

[127] Cfr. *supra*.

[128] O caso julgado formal só obsta a que no mesmo processo se altere o conteúdo da decisão. Com o caso julgado material aquilo que fica indiscutível e imutável não é a decisão enquanto ato continente, mas a decisão enquanto conteúdo ou matéria, o decidido, a situação fáctica ou jurídica tal como a sentença a representou (João de Castro Mendes, *Manual...*, cit., pág. 459).

[129] O instituto do caso julgado responde a um conflito, também presente nos processos de fiscalização abstrata, entre a preocupação com a correção da decisão e o objetivo de paz e de segurança jurídicas (Rui Medeiros, *A decisão...*, cit., pág. 797). Contra, Vitalino Canas, *Introdução...*, cit., págs. 173 e segs.

inconstitucionais e até consolidar retroativamente atos praticados à sua sombra ou alterar os efeitos da declaração de inconstitucionalidade.[130]

Fá-lo em nome da abertura da Constituição, por temer consequências bloqueadoras e fossilizadoras,[131] por não estar aí em causa (ao contrário do que sucede noutras áreas) um direito fundamental dos particulares à tutela jurisdicional efetiva[132] e por nenhum outro órgão controlar o Tribunal Constitucional ou corrigir as suas decisões.[133] Fá-lo com base na legitimidade política dos órgãos legislativos, os quais se encontram em subordinação *imediata* à Constituição e não em subordinação *mediata* através da interpretação vinculante de outro órgão.[134] Fá-lo chamando à colação o art. 279º, nº 2.[135]

RUI MEDEIROS admite apenas que, se o legislador persistir teimosamente na sua atitude, ignorando sem motivo justificativo o sentido da jurisprudência constitucional, não será difícil, numa ação de responsabilidade civil pelo ilícito legislativo, demonstrar a sua censurabilidade.[136]

Entendamo-nos. Ninguém advoga uma imutabilidade *ad aeternum*. Ela tem de ceder, sobrevindo qualquer evento que afete a norma parâmetro – revisão constitucional, costume *contra legem* ou mutação tácita por interpretação evolutiva ou por alteração da realidade constitucional. E não custa reconhecer que nem sempre será fácil discernir o que é identidade de normas.

Do que se trata é de saber se o legislador *na constância dos mesmos pressupostos constitucionais*, está autorizado a repetir aquilo que o Tribunal Constitucional – órgão com competência específica na matéria e em processo com o elemento contraditório da audição do órgão autor da norma (art. 54º da lei orgânica – Lei nº 28/82, de 25 de novembro) tenha declarado inconstitucional. Do que se trata é de saber se a obrigatoriedade das decisões do Tribunal Constitucional para todas as entidades públicas (art. 2º da Lei nº 28/82) se compadece com a não vinculação do legislador. Não vemos como.

Se os projetos e as propostas de lei definitivamente rejeitados não podem ser renovados na mesma sessão legislativa, salvo nova eleição

---

[130] *A decisão...*, cit., págs. 819 e segs. e 843 e segs.
[131] *Ibidem*, pág. 826.
[132] *Ibidem*, pág. 823.
[133] *Ibidem*, págs. 827 e segs. e 837.
[134] *Ibidem*, págs. 830 e 831.
[135] *Ibidem*, pág. 834.
[136] *Ibidem*, pág. 840.

da Assembleia da República (art. 167°, n° 4, da Constituição), e se algo de semelhante se estatui a respeito de propostas de referendo recusadas pelo Presidente da República ou objeto de resposta negativa do eleitorado (art. 115°, n° 10), como permitir que, no dia seguinte ao da decisão do Tribunal Constitucional, pudesse o Parlamento, o Governo ou qualquer das assembleias legislativas regionais retomar o procedimento tendente à reaprovação da lei declarada inconstitucional? Em vez de um pretenso equilíbrio entre o órgão legislativo e o órgão fiscalizador, seria esse o caminho mais curto para todos os conflitos – estivessem em causa a Assembleia da República e o Governo (politicamente solidários, pelo que não procede contra-esgrimir com a existência de vários órgãos legislativos entre nós) ou estivesse em causa (o que poderia revelar-se extremamente nocivo para a unidade do Estado) qualquer das assembleias legislativas regionais.

Muito menos seria de aceitar a possibilidade de convalidação de atos administrativos produzidos à sombra de lei inconstitucional, por isso violar ainda a reserva de fixação de efeitos da inconstitucionalidade pelo Tribunal Constitucional (art. 282°, n° 4).[137-138]

Depois, a invocação do art. 279°, n° 2, parece descabida, porque a confirmação nele prevista se situa numa fase interlocutória do procedimento, na qual se manifesta a tensão entre os dois princípios estruturantes do regime político (o democrático e o do Estado de Direito), e porque a eventual promulgação – sanção presidencial[139] não preclude a fiscalização sucessiva, com os inerentes efeitos. Eis o verdadeiro equilíbrio consagrado pela Constituição – tal como, em caso de declaração de inconstitucionalidade, o Parlamento pode, por seu turno, ultrapassar o problema, através de revisão constitucional (contanto que observados os limites desta).

Finalmente, a possibilidade de votos de vencido, longe de infirmar a tese do necessário respeito da declaração de inconstitucionalidade, apenas vem demonstrar que o Tribunal Constitucional é um órgão aberto a uma pluralidade de correntes e opiniões jurídicas e cujas decisões são ponderadas, contraditoriamente, em face de todos os elementos dispo-

---

[137] Cfr., assim, J. J. Gomes Canotilho e Vital Moreira, *Constituição*..., cit., II, pág. 981.
[138] De resto, algo contraditoriamente, Rui Medeiros aponta um dever da Administração de revogação invalidatória de atos baseados na normação declarada inconstitucional (*op. cit.*, pág. 800).
[139] Cfr. *infra*.

níveis. Órgão aberto de uma Constituição aberta, nem por isso deixam de ser vinculativas as suas decisões.[140]

V – Posição, de certo modo, aparentada da de Rui Medeiros é a de Carlos Blanco de Morais, para quem o efeito vinculativo em relação ao legislador, como protagonista de um poder primário de concretização direta das normas constitucionais, *não tem de ser tão intenso* como o que opera em relação aos poderes secundários que se encontram subordinados à lei. Mas também *não deve ser tão débil* ao ponto de nominalizar o nº 1 do art. 282º da Constituição.[141]

Tudo dependeria de proceder ou não qualquer alteração fundamental das circunstâncias. O critério *rebus sic stantibus* constituiria o fundamento determinante de eventual reedição de norma inconstitucional ou de aprovação de norma com conteúdo idêntico. Se a declaração de inconstitucionalidade tem força obrigatória geral, o mesmo se não passaria, em regra, com a generalidade dos critérios hermenêuticos do Tribunal, os quais poderiam ser revistos por ele próprio, nada impedindo o legislador de induzir, de modo fundamentado, a essa revisão.

Contudo, indo aqui um pouco além, o mesmo Autor entende que, no caso da edição de normas de conteúdo idêntico a outras declaradas inconstitucionais ou no caso de ser, no futuro, editada uma norma de conteúdo igual, nada inibe o Tribunal Constitucional de *alterar o sentido da sua jurisprudência*, se essas normas forem impugnadas em controlo sucessivo. Podem gerar-se mutações da orientação jurisprudencial, alterações constitucionais, legislativas e doutrinárias, bem como transformações políticas, económicas, sociais e tecnológicas de fundo. Ou ocorrer alterações nas pré-compreensões políticas e filosóficas dominantes na composição do Tribunal, relativamente a questões altamente controversas que o tenham dividido.[142]

Mas esta posição deve ser também refutada, por desvalorizar não pouco a força normativa da Constituição, a segurança jurídica e o senti-

---

[140] Também Miguel Nogueira de Brito, Joaquim Pedro Cardoso da Costa e António de Araújo escrevem que não há norma constitucional que impeça a renovação de normas declaradas inconstitucionais (*A execução...*, cit., *loc. cit.*, pág. 118), mas acabam por reconhecer que o respeito pela *razão pública* (no sentido de John Rawls) justifica a inibição do legislador (pág. 123); só naqueles casos em que estejam em causa questões de evidentes contornos ético-políticos elas devem permanecer sempre em aberto (págs. 124-125).

[141] *Justiça...*, II, cit., págs. 206 e 207.

[142] *Ibidem*, pág. 198.

do da decisão de inconstitucionalidade. Nem se vislumbra como as alterações de circunstâncias indicadas – vicissitudes subjetivas do Tribunal, mudança de orientações jurisprudenciais, mudanças tecnológicas, económicas, sociais e culturais – possam ser relevantes. Apenas mudanças normativas – e de normas da Constituição – o podem ser.

VI – Em nome da supremacia da Constituição como fundamento de validade dos atos surgidos na sua vigência, logicamente a decisão de inconstitucionalidade deveria adquirir eficácia retroativa ou *ex tunc*.

Todavia, nem sempre o Direito positivo consagra este postulado, podendo estabelecer eficácia só para o futuro ou *ex nunc*: assim, por exemplo, o art. 140º da Constituição austríaca, o art. 136º da Constituição italiana,[143] o art. 100º, nº 4, da Constituição grega, o art. 126º da Constituição croata, o art. 161º da Constituição estoniana ou o art. 190º, nº 3, da Constituição polaca.[144-145]

E, mesmo quando a eficácia é, em princípio, *ex tunc*, pode o Tribunal Constitucional ser ou sentir-se autorizado a fixar os efeitos com diferente dimensão temporal.

206.
Natureza da declaração de inconstitucionalidade

I – Em sistema de Tribunal Constitucional ou de órgão homólogo, a força obrigatória geral não colide com a natureza jurisdicional da decisão. É algo inerente à decisão, não algo que acresça, enxertado ou acessório.

O Tribunal, como qualquer tribunal, decide uma questão jurídica – a da constitucionalidade ou da legalidade de uma norma – à luz da norma aplicável – que é a norma constitucional ou legal. A despeito de repercussões ou conotações políticas, ele não define ou prossegue o interesse público (ou um interesse público primário) como os ór-

---

[143] Embora quanto ao caso concreto, através do qual a questão suba ao Tribunal Constitucional, a decisão produza efeitos *ex tunc*. Cfr., por todos, GUSTAVO ZAGREBELSKY, *La Giustizia*..., cit., pág. 169.

[144] Ou o art. 280º, nº 3, da Constituição cabo-verdiana quanto a normas constantes de tratados.

[145] Para mais informação, v. JOSÉ ADÉRCIO LEITE SAMPAIO, *A Constituição reinventada pela jurisdição constitucional*, Belo Horizonte, 2002, págs. 233 e segs.

gãos de função política,[146] nem sequer faz interpretação autêntica da Constituição.

Por isso, se escreve que a anulação de uma norma com fundamento da violação de outra é diferente da revogação: esta é um ato de decisão – opção desvinculada (é ato de oportunidade) e a anulação é, em princípio, ato vinculado normativamente, é juízo normativo estrito.[147] Ou que o acórdão com força obrigatória geral surge no exercício da jurisdição, entendida no seu sentido próprio e substancial.[148] Ou que o Tribunal Constitucional é *controlador* de normas, não *co-produtor* de normas jurídicas.[149]

Se o Tribunal Constitucional ou órgão homólogo, ao declarar a inconstitucionalidade de uma lei, atuasse como legislador, ainda que negativo,[150] isso significaria, em coerência, que os demais tribunais, quando considerassem ilegal um regulamento ou um contrato administrativo ou de direito privado, também exerceriam, respetivamente, um poder regulamentar ou uma liberdade contratual negativa.[151]

II – Precisando, ou explicitando melhor:

a) O Tribunal Constitucional nunca tem a iniciativa da declaração de inconstitucionalidade ou de ilegalidade, está sempre adstrito a uma iniciativa externa, ao princípio do pedido;

b) Requerida a apreciação do ato ou da norma, o Tribunal fica obrigado a decidir;

c) O Tribunal não pode interpretar, modificar, suspender ou revogar a decisão que venha a tomar;[152]

d) Cabendo ao Tribunal Constitucional também conhecer de recursos em fiscalização concreta, deve decidir todos os re-

---

[146] Cfr. *supra*.

[147] A. Castanheira Neves, *O instituto dos "assentos"...*, cit., págs. 612-613.

[148] José de Oliveira Ascensão, *Os Acórdãos com Força Obrigatória Geral do Tribunal Constitucional como fonte de Direito*, in *Nos dez anos da Constituição*, obra coletiva, Lisboa, 1987, pág. 261. Cfr., também, Afonso Queiró, *A função administrativa*, in *Revista de Direito e Estudos Sociais*, 1977, págs. 29-30.

[149] J. J. Gomes Canotilho, *A Concretização da Constituição pelo Legislador e pelo Tribunal Constitucional*, in *Nos dez anos...*, cit., pág. 353.

[150] Como escreve Hans Kelsen, op. cit., loc. cit., págs. 224-225 (embora, logo a seguir, a pág. 226, diga que o Tribunal Constitucional não goza de liberdade própria dos órgãos legislativos e que não faz senão aplicação da Constituição).

[151] Rui Medeiros, *A decisão...*, cit., pág. 803.

[152] Nem sequer se, por revisão constitucional, for suprimida ou modificada a norma que serviu de fundamento à decisão. Simplesmente, a força formal passiva desta – reagindo contra lei oposta àquela norma – cessará.

cursos pendentes sobre a mesma questão de inconstitucionalidade de acordo com essa declaração;[153]

e) Se, porventura, qualquer tribunal aplicar a norma declarada inconstitucional e sendo chamado o Tribunal Constitucional a intervir, ele não poderá reapreciar a sua decisão, apenas poderá determinar que ela seja cumprida;

f) A declaração de inconstitucionalidade com força obrigatória geral não está sujeita a fiscalização de constitucionalidade – nem pelo Tribunal, nem, muito menos, pelos demais tribunais[154] – o que não significa que, quando inquinada de certos vícios, a *decisão em si* não possa ser corrigida ou sindicada.[155]

III – Por vezes, diz-se que força obrigatória geral equivale a força de lei[156] ou a força afim de força de lei, justamente por causa de a decisão atingir atos legislativos.

Atinge-os, por certo; mas em moldes e com uma intensidade diferente dos moldes e da intensidade que se registam nas relações entre atos legislativos. A força obrigatória geral não se limita a tornar ineficaz um ato normativo inconstitucional; torna-o, pura e simplesmente, nulo, invalidando os seus efeitos.[157]

Por outro lado, a declaração não tem de versar apenas sobre atos legislativos. Pode versar também, como se sabe, sobre outros atos jurídico-públicos – ora supralegislativos, como as leis de revisão constitucional, ora infralegislativos, como certos regulamentos.[158] E isto não menos confirma a natureza jurisdicional da decisão.

207.
A decisão de não inconstitucionalidade em fiscalização abstrata

I – A decisão de não inconstitucionalidade não tem, na generalidade dos países, qualquer eficácia. Quando muito, produz caso julgado

---

[153] J. J. GOMES CANOTILHO, *Direito Constitucional...*, cit., pág. 1012.
[154] Assim, PAULO OTERO, *Ensaio...*, cit., págs. 95 e segs.; RUI MEDEIROS, *A decisão...*, cit., págs. 804 e segs. Diversamente, VITALINO CANAS, *Introdução...* cit., págs. 168 e segs.
[155] Cfr. *infra*.
[156] *Manual...*, II, 3ª ed., cit., pág. 485; J. J. GOMES CANOTILHO, *Direito Constitucional...*, cit., págs. 1009-1010. Cfr. RICARDO BRANCO, *op. cit.*, pág. 32.
[157] CARLOS BLANCO DE MORAIS, *As leis...*, cit., pág. 153.
[158] Com a correspondente força jurídica. GIOVANNI QUADRI, *La Forza di Legge*, Milão, 1992, págs. 21 e segs.

formal relativamente ao respetivo processo de fiscalização. Ao Tribunal Constitucional ou a órgão homólogo compete declarar – e somente lhe pode ser pedido que declare – a inconstitucionalidade, não a constitucionalidade ou a não inconstitucionalidade.

É isto que decorre do objetivo de garantia a que se destina a fiscalização.[159] Só esta concepção impede que tais sentenças venham como que a adquirir força constitucional, por não mais poderem ser reformadas;[160] só ela assegura plena liberdade de julgamento do Tribunal Constitucional e dos demais tribunais; só ela obsta à fraude à Constituição que seria qualquer órgão ou entidade com poder de iniciativa requerer a apreciação de certa norma para, uma vez obtida uma decisão de não inconstitucionalidade, impedir que noutro momento, em qualquer tribunal ou no próprio Tribunal Constitucional, com ou sem a mesma composição, essa norma viesse a ser arguida.[161]

II – Contudo, na Alemanha admite-se declaração de constitucionalidade;[162] na Espanha, a decisão de não provimento de um recurso de inconstitucionalidade impede qualquer apreciação ulterior da mesma questão e pelos mesmos fundamentos em novo recurso[163] e no Brasil foi-se ao ponto de criar uma *ação declaratória de constitucionalidade* de lei ou ato normativo federal. Esta ação pode ser proposta pelo Presidente da República, pela Mesa do Senado, pela Mesa da Câmara dos Deputados ou pelo Procurador-Geral da República (art. 102-I, alínea *a*), 2ª parte, e art. 103, § 4º, da Constituição, após a Emenda Constitucio-

---

[159] Assim, já *Ciência Política*..., I, cit., pág. 511. Cfr. acórdão nº 15/88 do Tribunal Constitucional, de 14 de janeiro, in *Diário da República*, 1ª série, de 3 de fevereiro de 1988, pág. 375.
[160] RAUL BOCANEGRA SIERRA, *Cosa Juzgada, vinculación, fuerza de ley en las decisiones del Tribunal Constitucional Alemán*, in *Revista Española de Derecho Constitucional*, nº 1, janeiro-abril de 1982, pág. 270.
[161] RUI MEDEIROS (*A decisão*..., cit., pág. 838), ainda a propósito da proibição de reprodução de normas declaradas inconstitucionais, afirma que ela não é compatível com a recusa de atribuição de força obrigatória geral às declarações de constitucionalidade, pois também uma errada declaração de inconstitucionalidade viria como que a adquirir força constitucional por nunca poder ser reformada.
Tudo está, quanto a nós, na opção entre a primazia da Constituição e a do legislador. Se se opta pela primeira – como é a tendência dominante após 1920 ou 1945 – compreende-se bem que só à declaração de inconstitucionalidade se atribua força obrigatória geral, deixando-se sempre em aberto aos cidadãos e aos juízes em geral recolocar a questão na hipótese de não inconstitucionalidade.
[162] V. GILMAR FERREIRA MENDES, *Jurisdição*..., cit., págs. 243 e segs.
[163] Art. 38º, nº 2 da lei orgânica do Tribunal Constitucional.

nal nº 3/93). E a decisão definitiva do Supremo Tribunal Federal produz eficácia contra todos e efeito vinculante relativamente aos demais órgãos do Poder Judiciário e à Administração Pública direta e indireta, em todas as esferas da Federação (art. 102, § 2º; na versão da Emenda Constitucional nº 45/2004), embora não relativamente ao próprio Supremo e ao Poder Legislativo.[164]

Voltado para a certeza do Direito e a economia processual, o instituto brasileiro apresenta-se, porém, bastante vulnerável: desde logo, porque, para tanto, bastaria atribuir força obrigatória geral à não declaração de inconstitucionalidade; depois, porque diminui o campo de fiscalização difusa; e, sobretudo, porque o seu sentido útil acaba por se traduzir num acréscimo de legitimidade, numa espécie de sanção judiciária a medidas legislativas provenientes dos órgãos (salvo o Procurador-Geral da República) a quem se reserva a iniciativa. Não admira que seja controvertido.

Mas, ainda mais, foi-se ao ponto de, por lei ordinária (a Lei nº 9.868, de 10 de novembro de 1999), estatuir que, em caso de não procedência de ação direta de inconstitucionalidade, seria proclamada a constitucionalidade da disposição ou da norma impugnada (arts. 23º e 24º) – quer dizer, foi-se ao ponto de, assim, uma ação proposta com certa finalidade converter-se em ação com resultado oposto.

208.
A interpretação conforme com a Constituição e as decisões interpretativas

I – Todo o tribunal e, em geral, todo o operador jurídico fazem interpretação conforme a Constituição. Quer dizer: acolhem, entre

---

[164] V. GILMAR FERREIRA MENDES, *O controle de constitucionalidade das leis na actualidade*, in *Estudos em homenagem ao Prof. Caio Tácito*, obra coletiva, Rio de Janeiro, 1997, págs. 253 e segs.; MARISA FERREIRA DOS SANTOS, *O poder do Supremo Tribunal Federal e a acção declaratória de constitucionalidade*, in *Revista da AJUFE – Associação dos Juízes Federais*, nº 61, abril-junho de 1999, págs. 15 e segs.; ZENO VELOSO, *op. cit.*, págs. 281 e segs.; CLEMERSON MERLIN CLÈVE, *A fiscalização abstracta da constitucionalidade no Direito Brasileiro*, 2ª ed., São Paulo, 2000, págs. 272 e segs.; RICARDO ALESSI DELFIM, *Acção declarativa de constitucionalidade e os princípios constitucionais do processo*, São Paulo, 2001; ROGER STIEFELMANN LEAL, *O efeito vinculante na jurisdição constitucional*, São Paulo, 2006, págs. 138 e segs. Cfr. TANIA GROPPI, *La "ação declaratória de constitucionalidade": una novità nel sistema brasileiro di giustizia costituzionale*, 1994, págs. 109 e segs.

vários sentidos *a priori* configuráveis da norma infraconstitucional, aquele que lhe seja conforme ou mais conforme; e, no limite, por um princípio de economia jurídica, procuram um sentido que – na órbita da razoabilidade e com um mínimo de correspondência verbal na letra da lei.

Variável – em face dos sistemas jurídicos, dos regimes de fiscalização e das opções do Direito positivo – vem a ser, entretanto, o grau de vinculatividade jurídica ou meramente argumentativa que adquirem, em concentração de competência, as decisões interpretativas dos tribunais constitucionais ou de órgãos homólogos frente aos demais tribunais.[165]

O problema, com autonomia, não se suscita na fiscalização abstrata, por aí, independentemente da interpretação operada, até conforme com a Constituição, só ter relevância a força obrigatória da declaração de inconstitucionalidade. Ao invés, ganha todo o interesse em fiscalização concreta. E aqui podem ser proferidas por Tribunal Constitucional decisões interpretativas com três conteúdos possíveis:

- Interpretação concordante com a que o tribunal *a quo* tenha proferido de modo a não recusar a aplicação da norma impugnada (art. 280º, nº 1, alínea b), da Constituição);
- Interpretação discordante da que o tribunal *a quo* tenha adotado e, igualmente, sem conduzir à recusa de aplicação da norma;
- Interpretação em contraste com a do tribunal *a quo*, o qual agora havia concluído pela inconstitucionalidade.

II – Em Portugal, o art. 80º, nº 3, da lei do Tribunal Constitucional estipula que, no caso de o juízo de constitucionalidade ou de legalidade sobre a norma que a decisão recorrida tiver aplicado, ou a que tiver recusado aplicação, se fundar em determinada interpretação da mesma norma, esta deverá ser aplicada com tal interpretação no processo em causa.

---

[165] Sobre a doutrina do "Direito vivo", acolhida na Itália e segundo a qual, perante jurisprudência consolidada, mormente dos tribunais superiores, no sentido de inconstitucionalidade, o Tribunal Constitucional deve abster-se de fazer interpretação conforme com a Constituição, cfr., por exemplo, ANDREA PUGIOTTO, *Sindacato di costituzionalità e "diritto vivente"*, Milão, 1994; RUI MEDEIROS, *A decisão...*, cit., págs. 406 e segs. (considerando-a irrelevante entre nós); ou CATERINA SEVERINO, *La doctrine du droit vivant*, Paris-Aix, 2003.

E o próprio Tribunal sustenta, num dos seus acórdãos, que, funcionando como última instância de recurso de constitucionalidade das leis, não pode ser cerceado nos seus poderes cognitivos por decisão anterior não transitada em julgado, proferida no processo a que o recurso respeita. Isso equivaleria a negar-lhe a sua finalidade de garante da Constituição em sede de fiscalização concreta, que, precisamente, se traduz em decidir da constitucionalidade ou inconstitucionalidade das *normas* cuja aplicação ou recusa de aplicação ocorrer em qualquer outro tribunal. Os poderes cognitivos têm de assumir a máxima amplitude.[166-167]

Também no Brasil, a Lei nº 9.868 comina o efeito vinculante da interpretação conforme com a Constituição (art. 28º, parágrafo único).[168]

209.
As decisões limitativas

I – A limitação dos efeitos da inconstitucionalidade ou, mais do que dos efeitos, da própria inconstitucionalidade resulta da conveniência de temperar o rigor das decisões, adequando-as às situações da vida, em nome de outros princípios e interesses constitucionalmente protegidos.[169]

Envolve, pois, uma tarefa de harmonização e concordância prática. E acaba (por paradoxal que pareça *prima facie*) por servir de instrumento de garantia, porque se ela se não operasse, poderiam os órgãos de fiscalização, para evitar consequências demasiado gravosas, vir a não decidir pela inconstitucionalidade.

---

[166] Acórdão nº 2/84, de 11 de janeiro, in *Diário da República*, 2ª série, de 26 de abril de 1984, nº 4.2.4.

[167] Todavia, uma parte significativa da doutrina manifesta fortes reticências: J. J. GOMES CANOTILHO, *Direito Constitucional*, cit., 3ª ed., Coimbra, 1999, págs. 1227 e segs.; RUI MEDEIROS, *A decisão...*, cit., págs. 363 e segs.

[168] Cfr., por exemplo, CLÁUDIO DE OLIVEIRA SANTOS COLNAGO, *Interpretação conforme a Constituição*, São Paulo, 2007, ou JÚLIA DE MELO RIBEIRO, *Controle de constitucionalidade das leis e decisões interpretativas*, in *Revista de Informação Legislativa*, 191, julho-setembro de 2011, págs. 265 e segs.
Para uma visão comparativa mais ampla, cfr. HÉCTOR LÓPEZ BOFILL, *Decisiones interpretativas en el control de constitucionalidad de la ley*, Valência, 2004.

[169] Cfr. a noção de "situações constitucionais imperfeitas" em J. J. GOMES CANOTILHO, *Direito Constitucional...*, cit., pág. 955.

Como escreve OTTO BACHOF, os Tribunais Constitucionais consideram-se não só autorizados mas inclusivamente obrigados a ponderar as suas decisões, a tomar em consideração as possíveis *consequências* destas. É assim que eles verificam se um possível resultado da decisão não seria manifestamente injusto, ou não acarretaria um dano para o bem público, ou não iria lesar interesses dignos de proteção de cidadãos singulares. Não pode entender-se isto, naturalmente, como se os tribunais tomassem como ponto de partida o presumível resultado da sua decisão e passassem por cima da Constituição e da lei em atenção a um resultado desejado. Mas a verdade é que um resultado injusto, ou por qualquer outra razão duvidoso, é também em regra – embora nem sempre – um resultado juridicamente errado.[170]

II – Por ordem crescente de intensidade da limitação, as decisões limitativas podem consistir em:

a) Produção dos efeitos da inconstitucionalidade apenas a partir da decisão e (ou) sem repristinação da norma revogada pela norma declarada inconstitucional;

b) Declaração de inconstitucionalidade, mas com suspensão de efeitos durante certo tempo;

---

[170] *Estado de Direito e poder político*, in *Boletim da Faculdade de Direito da Universidade de Coimbra*, 1980, pág. 15. Na mesma linha, KARL LARENZ, *Methodenlehre der Rechtswissenschaft*, 1991, 3ª ed. portuguesa *Metodologia da Ciência do Direito*, Lisboa, 1997, pág. 517, salientando que a avaliação das consequências previsíveis da decisão do Tribunal Constitucional deve estar orientada especialmente para a manutenção ou o aperfeiçoamento da capacidade funcional do Estado de Direito.
Cfr., também, RAUL BOCANEGRA SIERRA, *El valor...*, cit., págs. 237 e segs.; EDUARDO GARCIA DE ENTERRIA, *Un paso importante para el desarollo de nuestra justicia constitucional: la doctrina prospectiva en la declaración de ineficacia de las leyes inconstitucionales*, in *Civitas – Revista Española de Derecho Administrativo*, 1989, págs. 5 e segs.; ANDREA PISANESCHI, *Determinazione dei limiti alla retroattività delle decisioni costituzionali di accoglimento: potere del giudice costituzionale o del giudice ordinario*, in *Giurisprudenza Costituzionale*, 1989, págs. 295 e segs.; *Effetti temporali delle sentenze della Corte Costituzionale anche con riferimento alle esperienze straniere*, obra coletiva, Milão, 1989; VITALINO CANAS, *Introdução...*, cit., págs. 104 e segs. e 203 e segs.; GILMAR FERREIRA MENDES, *A Jurisdição...*, cit., págs. 202 e segs. e 285 e segs.; RUI MEDEIROS, *A decisão...*, cit., págs. 673 e segs.; MARCO RUOTOLO, *La dimensione temporale dell' invalidità della legge*, Pádua, 2000; FRANCISCO FERNÁNDEZ SEGADO, *El Tribunal Constitucional español como legislador positivo*, in *Estudos de homenagem ao Prof. Doutor Jorge Miranda*, obra coletiva, I, págs. 735 e segs.

c) Declaração de inconstitucionalidade sem produção de efeitos, ou mero reconhecimento de inconstitucionalidade sem pronúncia de nulidade.[171-172]

III – No Direito português, encontram-se previstas:

– As decisões do primeiro subtipo, no art. 282º, nº 4, segundo o qual quando a segurança jurídica, razões de equidade ou interesse público de excecional relevo, que deverá ser fundamentado, o exigirem, poderá o Tribunal Constitucional fixar os efeitos da inconstitucionalidade ou da ilegalidade com alcance mais restrito do que os estabelecidos em geral;

– As decisões do terceiro subtipo, relativamente a tratados internacionais, dizendo-se no art. 277º, nº 2, que a inconstitucionalidade orgânica ou formal de tratados regularmente ratificados não impede a aplicação das suas normas na ordem jurídica portuguesa, desde que tais normas sejam aplicadas na ordem jurídica da outra parte, salvo se tal inconstitucionalidade resultar da violação de uma disposição fundamental.

Analogamente, no Brasil, dispõe o art. 27 da Lei nº 9.868, de 10 de novembro de 1999: "Ao declarar a inconstitucionalidade de lei ou ato normativo, e tendo em vista razões de segurança jurídica ou de excecional interesse social, poderá o Supremo Tribunal Federal, por maioria de dois terços dos seus membros, restringir os efeitos daquela declaração ou decidir que ela só tenha eficácia a partir do seu trânsito ou de outro momento que venha a ser fixado".[173]

Salvo nestas hipóteses, não se acham autorizadas e, por conseguinte, devem ter-se por inadmissíveis quaisquer outras decisões, ao contrário

---

[171] É o que VITALINO CANAS (*Introdução...*, cit., págs. 104 e segs. e 203 e segs.) designa por decisões de provimento fictício.

[172] Nos casos das alíneas *b*) e *c*) pode também falar-se em decisões *apelativas*, na medida em que nelas está implícito (ou explícito) o apelo ao legislador para que reponha a constitucionalidade.

[173] A parte final parece abrir a possibilidade de decisões do segundo subtipo. Cfr. GILMAR FERREIRA MENDES, *A declaração de inconstitucionalidade sem a pronúncia de nulidade e a declaração de inconstitucionalidade de carácter restritivo ou limitativo no direito brasileiro*, in As vertentes do Direito constitucional contemporâneo – Estudos em homenagem a Manoel Gonçalves Ferreira Filho, obra coletiva, São Paulo, 2002, págs. 419 e segs.

do que sucede, por virtude de normas constitucionais, legais ou consuetudinárias, noutros países.[174]

IV – Em zona de fronteira fica outra espécie de decisões: a decisão de rejeição de inconstitucionalidade acompanhada de recomendação ao legislador para que modifique ou substitua a norma, a chamada decisão *apelativa*.[175]

Dir-se-ia coexistirem aqui dois juízos: de não inconstitucionalidade, ou de não inconstitucionalidade atual; e de necessidade de nova normação, ou de inconstitucionalidade no futuro. Todavia, só o primeiro é juridicamente eficaz, porquanto nem sequer o decurso do prazo acarreta o automático reconhecimento de inconstitucionalidade, não há uma declaração de inconstitucionalidade a termo ou sob condição suspensiva.[176] E, por isso, a decisão apelativa não se confunde com a decisão de provimento proferida em fiscalização de inconstitucionalidade por omissão (a qual obriga o legislador ou torna patente a obrigação de legislar, mesmo se desprovida de sanção).

210.
As decisões aditivas

I – Nas decisões aditivas (também ditas modificativas ou manipulativas) a inconstitucionalidade detetada não reside tanto naquilo que a norma preceitua quanto naquilo que ela não preceitua ou, por outras palavras, a inconstitucionalidade acha-se na norma *na medida em que não contém tudo aquilo que deveria conter* para responder aos imperativos da Constituição. E então, o órgão de fiscalização acrescenta esse elemento que falta (e, acrescentando, modifica a norma).[177]

---

[174] Assim, decisões do segundo subtipo são permitidas no art. 140º, nº 5, da Constituição austríaca, no art. 100º, nº 4, da Constituição grega, no art. 161º da Constituição estoniana, no art. 26º da Lei do Tribunal Constitucional da Lituânia ou no art. 190º, nº 3, da Constituição da Polónia; e decisões do terceiro subtipo são bem conhecidas na Alemanha (cfr. GILMAR FERREIRA MENDES, *Jurisdição...*, cit., págs. 202 e segs.).

[175] Cfr. LUÍS NUNES DE ALMEIDA, *O Tribunal...*, cit., *loc. cit.*, págs. 958-959; GILMAR FERREIRA MENDES, *Jurisdição...*, cit., págs. 229 e segs.; RUI BRANCO, *op. cit.*, págs. 70 e segs.

[176] GILMAR FERREIRA MENDES, *Jurisdição...*, cit., pág. 242, escrevendo sobre a Alemanha.

[177] Cfr., em geral, com largo excurso comparativo, RUI MEDEIROS, *A decisão...*, cit., págs. 456 e segs., CARLOS BLANCO DE MORAIS, *As sentenças com efeitos aditivos*, in *As sentenças intermédias*, págs. 13 e segs.; RUI BRANCO, *op. cit.*, págs. 117 e segs. e 135 e segs.

Uma lei, ao atribuir um direito ou uma vantagem (*v.g.*, uma pensão) ou ao adstringir a um dever ou ónus (*v.g.*, uma incompatibilidade), contempla certa categoria de pessoas e não prevê todas as que se encontrem na mesma situação, ou acolhe diferenciações infundadas. Que fazer: eliminar os preceitos que, qualitativa ou quantitativamente, violem o princípio de igualdade? Ou, pelo contrário, invocando os valores e interesses constitucionais que se projetam nessas situações, restabelecer a igualdade? Decisões aditivas são, em especial, as que adotam o segundo termo da alternativa.

Nas decisões redutivas ou de inconstitucionalidade parcial há um segmento de norma que cai para ela ser salva. Nas decisões aditivas há um segmento ou uma norma que se acrescenta (ou aparentemente se acrescenta) com idêntico fim; ou numa norma que passa a abranger um conjunto de situações idênticas, e não apenas algumas. E isto pressupõe um momento ablativo – a ablação do que representa um tratamento desfavorável, de discriminação ou exclusão.[178]

II – Das decisões aditivas distinguem-se as decisões *integrativas*, através das quais se interpreta certa lei (com preceitos insuficientes e, nessa medida, eventualmente inconstitucionais) completando-a com preceitos da Constituição sobre esse objeto que lhe são aplicáveis e porque *diretamente* aplicáveis.

A diferença está em que nas decisões aditivas o órgão de fiscalização formula, implícita ou indiretamente, uma regra, ao passo que nas decisões integrativas ele vai apoiar-se diretamente numa regra constitucional.

III – Com relevo para a Itália, decisões aditivas têm vindo a ser proferidas nos mais diversos países,[179] ora pelo Supremo Tribunal Federal, como no Brasil,[180] ora pelo Tribunal Constitucional, como em Portugal.[181]

---

[178] Há ainda quem (VITALINO CANAS, *Introdução*..., cit., págs. 100-101) acrescente o conceito de decisões diretivas como decisões mistas de decisões redutivas e aditivas: as decisões tendentes à reformulação de um instituto, como teria sido o acórdão n° 810/93, de 7 de dezembro (in *Diário da República*, 2ª série, de 2 de março de 1994), sobre assentos do Supremo Tribunal de Justiça.

[179] Cfr., por exemplo, FRANCISCO JAVIER DÍAZ REVORIO, *El control de constitucionalidad de las omisiones legislativas relativas en el derecho comparado europeo*, in *Revista Española de Derecho Constitucional*, 2001, págs. 81 e segs.

[180] Realcem-se as decisões sobre fidelidade partidária, sobre a greve dos servidores públicos e sobre as uniões homoafetivas.

[181] V. os acórdãos mencionados em *Manual*..., VI, 4ª ed., Cooimbra, 2013, págs. 94 e 95.

Já não parece que os demais tribunais, havendo fiscalização concreta difusa, as possam emitir, por as suas sentenças carecerem de força obrigatória geral.

IV – Se a maioria da doutrina aceita as decisões aditivas,[182] nem por isso elas têm deixado de ser consideradas problemáticas por certos Autores[183] e combatidas com vigorosos argumentos.[184]

Tais decisões brigariam, escreve Rui Medeiros, com o princípio democrático e com o da separação de poderes. Ainda que se admitisse que a proibição do retrocesso pudesse impedir a decisão de inconstitucionalidade de uma lei que concretizasse em termos discriminatórios uma norma constitucional, daí não se retiraria uma legitimidade geral dessas decisões, pois não se vislumbraria como uma lei inconstitucional poderia condicionar a atuação futura do legislador legitimado democraticamente.[185] Substituindo a vontade do legislador por outra, elas só em casos excecionais seriam de aceitar e deveriam ser limitadas na medida do possível.[186]

De resto, a modificação da lei proposta pelo Tribunal Constitucional não seria vinculativa para o tribunal *a quo* na fiscalização concreta e na fiscalização abstrata não beneficiaria da força obrigatória geral da declaração de inconstitucionalidade.[187]

---

[182] A favor das decisões aditivas em Portugal, com várias distinções, Jorge Pereira da Silva, *op. cit.*, págs. 212 e segs.; e, limitadamente, Vitalino Canas, *Introdução*..., pág. 92 e Carlos Lopes do Rego, *Os recursos de fiscalização de fiscalização concreta na lei e na jurisprudênia do Tribunal Constitucional*, Coimbra, 2010, págs. 295 e segs.; Pedro Cruz e Silva, *Sentenças aditivas do Tribunal Constitucional e princípio da igualdade*, in O Direito, 2008, págs. 1113 e segs.; Carlos Blanco de Morais, *As sentenças*..., in *As sentenças intermédias*..., págs. 102 e segs.; e *Justiça*..., II, cit., págs. 458 e segs.; Ricardo Branco, *op. cit.*, págs. 232 e segs.; Sofia Montelobo, *A tutela das omissões relativas geradas pela violação do princípio da igualdade através do controlo de constitucionalidade por acção*, in *As sentenças intermédias*..., págs. 165 e segs., *maxime* 303 e segs.; Fátima Sá, *Omissões inconstitucionais e sentenças aditivas*, ibidem, págs. 427 e segs., *maxime* 454 e segs.

[183] J. J. Gomes Canotilho e Vital Moreira, *Constituição*..., cit., II, pág. 982.

[184] Entre outros, Gustavo Zagrebelsky, *La Giustizia*..., cit., págs. 158 e segs.; José Mário Ferreira de Almeida, *A justiça*..., cit., págs. 74-75; Rui Medeiros, *A decisão*..., cit., págs. 456 e segs.

[185] Rui Medeiros, *A decisão*..., cit., pág. 509.

[186] *Ibidem*, pág. 511. Cfr., no mesmo sentido, Gomes Canotilho, *Jurisdição constitucional e intranquilidade discursiva*, in *Perspectivas Constitucionais*, obra coletiva, I, Coimbra, 1996, págs. 882 e segs.

[187] *Ibidem*, pág. 478.

Não seguimos esta posição. Embora reconhecendo a necessidade de divisas estreitas e de se não menosprezarem os condicionalismos financeiros à luz do postulado da "reserva do possível",[188] não vemos como recusar esse tipo de decisões em especial perante discriminações ou diferenciações infundadas, frente às quais a extensão do regime mais favorável se oferece, simultaneamente, como a decisão mais imediata para a sensibilidade coletiva e a mais próxima dos valores constitucionais.[189] Há imperativos materiais que se sobrepõem a considerações orgânico-funcionais.

O órgão de fiscalização não se comporta aqui como legislador, pois que não age por iniciativa própria, nem segundo critérios políticos; age em processo instaurado por outrem e vinculado aos critérios de interpretação e construção jurídica inerentes à hermenêutica constitucional.[190] E nem se invoque *a contrario* o art. 283º como sinal de preferência pelo legislador,[191] porquanto este preceito, na sua letra, se reporta a normas constitucionais não exequíveis por si mesmas e as decisões aditivas (ou modificativas) pressupõem normas exequíveis e a eficácia destas depende do processo em que são emitidas.

Reconhecemos, no entanto, o risco do ativismo judicial.

V – Há, todavia, um domínio onde não são admissíveis decisões aditivas: em matéria penal, devido ao princípio da legalidade (art. 29º da Constituição portuguesa, art. 5º-XXXI e XC da Constituição brasileira).

---

[188] Cfr. *Manual...*, IV, cit., págs. 483 e segs. e 494 e segs.

[189] Trata-se de situação em que o legislador, tendo tratado juridicamente certa questão, omitiu um ponto concreto, facilmente detetável pela análise das restantes normas do diploma, de normas de diplomas diferentes, ou por qualquer outra forma que permita a afirmação de que certa solução em concreto teria sido ou deveria ter sido a eleita (ou disso estaria próxima) pelo legislador; ou então aquela em que não se lhe atribui qualquer liberdade de escolha, nem quanto aos fins, nem quanto aos meios (VITALINO CANAS, *Introdução...*, cit., págs. 94-95; v. também págs. 192 e segs.).

[190] V. ainda os argumentos de RICARDO BRANCO (*op. cit.*, pág. 279) quanto à declaração de inconstitucionalidade com força obrigatória geral, acentuando que o efeito aditivo só ocorre mediante a existência de parâmetro constitucional de fiscalização densificado e nos estritos limites de um juízo jurisdicional de restauração da ordem constitucional legitimamente aprovada; que em nada se relaciona, designadamente, com o tendencial exclusivo da criação *ex novo* de normas jurídicas constitucionalmente atribuído à função legislativa, pois opera sobre normas legislativas pré-existentes à declaração de inconstitucionalidade e só evidencia, sobre elas, o primado da Constituição; e que não se distingue da própria erradicação de norma especial ou excepcional e dos seus consequentes efeitos expansivos da norma geral.

[191] RUI MEDEIROS, *A decisão...*, cit., págs. 497 e segs.

Outro é o das leis restritivas de direitos, liberdades e garantias,[192] em virtude do princípio do carácter restritivo das restrições.[193] E outro domínnio o de todas as normas excecionais, mas não das normas especiais (de resto, as normas restritivas podem ser consideradas também normas excecionais).[194]

V – Rui Medeiros critica ainda a opção pela inconstitucionalidade por omissão quando não sejam viáveis as decisões modificativas.[195-196] Ela seria mais gravosa para o princípio da constitucionalidade do que aquela que resultasse de uma declaração de inconstitucionalidade com força obrigatória geral, acompanhada de limitação de efeitos *in futuro* por um período curto, ou de mera declaração de incompatibilidade; e acabaria por permitir perpetuar as desigualdades.

Sem negarmos nem a debilidade do instituto do controlo da inconstitucionalidade por omissão,[197] nem o perigo, enfatizado por Jónatas Machado, de os direitos de grupos minoritários ficarem à mercê de grupos maioritários,[198] continuamos a pensar que, nem por não poder o Tribunal Constitucional descobrir logo norma concretizadora apta a abranger todas as situações e categorias de pessoas, deve ter-se por inconstitucional a concretização já alcançada e que só no limite, frente a soluções arbitrárias, se justifica a declaração de inconstitucionalidade. O princípio da igualdade não deve ser visto tanto pela negativa quanto pela positiva; mais do que a supressão de diferenças, ele exige hoje a atribuição de benefícios por igual e, em algumas circunstâncias, paulatinamente.

Noutro plano, para lá de eventuais efeitos perturbadores no tecido social da declaração de inconstitucionalidade, resta saber se a restrição de efeitos para o futuro não viria, na prática, a pouco se distinguir da linha até agora adotada na jurisprudência portuguesa,[199] sem satisfazer,

---

[192] Assim, Ricardo Branco, *op. cit.*, pág. 364.
 Estender uma restrição é diverso de estender um dever ou um ónus, conquanto, na prática, possa ser difícil deslindar.
[193] *Manual...*, IV, cit., págs. 408 e segs.
[194] Cfr., entre tantos, Miguel Teixeira de Sousa, *Introdução ao Direito*, Coimbra, 2012, págs. 274 e segs.
[195] Rui Medeiros, *op. cit.*, págs. 511 e segs.
[196] *Ibidem*, págs. 513 e segs.
[197] Cfr. *infra*.
[198] *Liberdade religiosa numa comunidade constitucional inconclusiva*, Coimbra, 1996, págs. 296 e segs.
[199] V., principalmente, o acórdão nº 423/87 do Tribunal Constitucional, de 27 de outubro, in *Diário da República*, 1ª série, de 26 de novembro de 1987 (sobre ensino religioso nas escolas públicas).

de imediato, as aspirações das minorias. Talvez seja mais forte a pressão sobre o legislador no caso de declaração de inconstitucionalidade, mas nada garante à partida que um almejado breve período não se vá prolongando por meses e anos.

§ 4º
Consequências da inconstitucionalidade

211.
Inconstitucionalidade e valores jurídicos

I – Porque fundamento do poder político, a Constituição é o fundamento de validade, substancial e formal, de todos e de cada um dos atos dos seus órgãos, projeta-se sobre eles, determina, direta ou indiretamente, a sua subsistência.[200] – eis o postulado em que assentamos e que o art. 3º, nº 3, da Constituição portuguesa proclama[201]

Mas, se todos os atos de Direito interno inconstitucionais devem ter-se por inválidos, nem por isso se apresentam idênticos a posição e o alcance que obtêm na dinâmica jurídica. Condicionam-nos certos fatores: os requisitos que as normas constitucionais estabeleçam, o sentido e a função sistemática destas normas à luz da Constituição material, a gravidade maior ou menor da infração, as estruturas de garantia predispostas. Quer dizer: a invalidade compagina-se com uma pluralidade de valores jurídicos (negativos)[202] dos atos inconstitucionais.

---

[200] Sobre validade jurídica, cfr., por exemplo, FRANCESCO CARNELUTTI, *Teoria General del Derecho*, trad. castelhana, Madrid, 1955, págs. 407 e segs.; ROGÉRIO SOARES, *Interesse público...*, cit., págs. 39 e 270 e segs.; GUY HÉRAUD, *La validité juridique*, in *Mélanges offerts à Jacques Maury*, obra coletiva, II, Paris, 1960, págs. 477 e segs.; KELSEN, *Teoria Pura...*, cit., I, págs. 18 e segs., e II, págs. 149 e segs.; RUGGERO MENEGHELLI, *Il problema dell'effettività nella teoria della validità giuridica*, Pádua, 1964; HERBERT HART, *The Concept of Law*, 1961, e *O conceito de direito*, trad., Lisboa, 1986, págs. 111 e segs.; MARCELO NEVES, op. cit., págs. 39 e segs.; TÉRCIO SAMPAIO FERRAZ JÚNIOR, *Legitimidade na Constituição de 1988*, in *Legitimidade, Vigência e Eficácia, Supremacia*, deste autor, de MARIA HELENA DINIZ e de RITINHA A. STEVENSON GEORGALIKAS, São Paulo, 1989, págs. 22 e 23; RICCARDO GUASTINI, *L'illegittimità delle disposizioni e delle norme*, in *Analisi e Diritto – Ricerche di giurisprudenza analitica*, 1992, págs. 175 e segs.; FRANCO MODUGNO, *Validità*, in *Enciclopedia del Diritto*, XLVI, 1993, págs. 1 e segs. e 44 e segs.

[201] Sobre este preceito (primitivo art. 115º), v. *Diário da Assembleia Constituinte*, nº 107, reunião de 3 de fevereiro de 1976, págs. 3512 e segs.

[202] O conceito foi introduzido na ciência jurídica portuguesa por PAULO CUNHA, como é bem sabido.
Há também quem fale em *desvalores jurídicos*.

Mais do que qualquer outro aspeto torna-se aqui patente como o juízo de inconstitucionalidade não se reduz a algo de lógico-formal ou silogístico; como se torna ainda indispensável apreciar o ato frente à norma constitucional, bem como às relações e situações da vida que visa conformar. E tal juízo ainda mais complexo se recorta, quando recai sobre um ato normativo – então a norma, que é um dever ser ou um valor, é também objeto de um juízo de valor.

II – Tomando o ato (normativo ou não normativo) em si mesmo, há diversos requisitos – correspondentes a pressupostos e a elementos – que deve satisfazer para estar em conformidade com a Carta Básica e, por conseguinte, para perdurar e produzir efeitos – requisitos de qualificação, de validade *stricto sensu* e de regularidade.[203]

Entretanto, se se partir da norma constitucional para o ato que lhe está sujeito, encontram-se diferentes graus de apreciação ou de assimilação decorrentes quer da relevância da norma constitucional quer dos meios e das formas processuais de defesa organizados.

Quanto mais próxima do cerne da Constituição material se situar a norma violada, mais forte será a reação contra o ato inconstitucional. Quanto mais valioso for o seu conteúdo – seja um direito fundamental, seja um princípio de participação política, de organização económica ou de interdependência de órgãos de soberania – menor valor será atribuído ao comportamento que lhe seja desconforme. Quanto mais intangível se almejar, menor proteção será dada aos eventuais efeitos que em concreto do ato tenham resultado.

O destino do ato inconstitucional ou dos seus efeitos depende, por outro lado, do sistema de garantia: o agir sobre um ou sobre outros, destruindo-os ou, porventura, transigindo com eles não pode apreender-se à revelia dos regimes de fiscalização da constitucionalidade. São distintas as consequências – *substantivas* – de inconstitucionalidade consoante esses regimes.

Em fiscalização difusa, nenhum tribunal pode declarar a inconstitucionalidade com força obrigatória geral, ao contrário do que acontece em fiscalização concentrada. Em fiscalização difusa a não aplicação do ato (ou da norma) pressupõe a não conformação pelo ato (ou pela norma) da relação material *sub judice*, ao passo que em fiscalização concentrada mostra-se possível tanto a declaração com eficácia *ex tunc* (retroativa) quanto a declaração com eficácia *ex nunc*. Já o sabemos.

---

[203] Cfr. *supra*.

IV – Valores jurídicos da inconstitucionalidade ou do ato inconstitucional,[204] são, pois, os diferentes graus de apreciação da inconstitucionalidade pelo ordenamento; ou, doutro ângulo, os diversos graus de assimilação jurídica do ato, tendo em conta os fatores acabados de referenciar.[205]

---

[204] O problema não se põe, obviamente, a respeito da inconstitucionalidade por omissão.
[205] V. P. LABAND, *Le Droit Public de l'Empire Allemand*, trad., II, Paris, 1901, págs. 321 e segs.; ROCHA SARAIVA, *Construção Jurídica do Estado*, I, Coimbra, 1912, págs. 63 e segs.; GASTON JÉZE, *Les principes généraux du droit administratif*, 9ª ed., Paris, 1925, págs.68 e segs.; JOSEPH BARTHÉLEMY e PAUL DUEZ, *Traité Élémentaire de Droit Constitutionnel*, Paris, 1926, págs. 273 e segs.; HANS KELSEN, *La garantie...*, cit., *loc. cit.*, págs. 233 e segs.; CARLO ESPOSITO, *op. cit.*, págs. 231 e segs.; GAETANO AZZARITTI, *Invalidità della legge per motivi di forma e di sostanza*, in *Rivista Trimestrale di Diritto Pubblico*, 1951, págs. 114 e segs.; ANDRÉ e SUZANNE TUNC, *Le Système Constitutionnel des États-Unis d'Amérique*, II, Paris, 1954, págs. 294 e segs.; MAURO CAPPELLETTI, *La pregiudizialità costituzionale nel processo civile*, cit., págs. 37 e segs. e 84 e segs., e *Il controllo giudiziario della legge in diritto comparato*, Milão, 1970, págs. 105-106; ALFREDO BUZAID, *Da acção directa de declaração da inconstitucionalidade no Direito brasileiro*, São Paulo, 1958, págs. 128 e segs.; KELSEN, *Teoria Pura...*, cit., II, págs. 159 e segs.; FRANCO PIERANDREI, *Corte Costituzionale*, Milão, 1962, págs. 898 e segs.; BIAGGIO DE GIOVANNI, *La nullità nella lógica del diritto*, Nápoles, 1964; JORGE MIRANDA, *Aspecto de uma teoria da inconstitucionalidade*, policopiado, Lisboa, 1964, págs. 210 e segs.; ERNST FRIESENHAHN, *Die Verfassungsgerichtsbarkeit in der Bundes Republik Deutschland*, 1963, trad. *La giurisdizione costituzionale nella Repubblica Federale Tedesca*, Milão, 1965, págs. 76 e segs.; MIGUEL GALVÃO TELES, *Eficácia de tratados...*, cit., págs. 196 e segs., *Direito Constitucional Português Vigente*, cit., págs. 101 e segs., e *Inconstitucionalidade pretérita*, cit., *loc. cit.*, págs. 310 e 326 e segs.; FELICE DELFINO, *La dichiarazione di illegittimità costituzionale delle leggi*, Nápoles, 1970, págs. 101 e segs.; MARCELLO CAETANO, *Direito Constitucional*, Rio de Janeiro, 1977, I, págs. 406 e 407; VEZIO CRISAFULLI, *Lezioni di Diritto Costituzionale*, II-2, Pádua, 1978, págs. 349 e segs.; MARCELO REBELO DE SOUSA, *Direito Constitucional*, Braga, 1979, págs. 381 e 391 e segs., e *O valor juridico...*, cit., págs. 144 e segs.; MARCELO NEVES, *op. cit.*, págs. 74 e segs.; RUI MEDEIROS, *Os valores jurídicos negativos da lei inconstitucional*, in *O Direito*, 1989, págs. 485 e segs., e *A decisão...*, cit., págs. 37 e segs. e 138 e segs.; REGINA FERRARI, *op. cit.*, págs. 82 e segs.; RAUL BOCANEGRA SIERRA, *Sobre el alcance objetivo de las – sentencias del Tribunal Constitucional*, in *Estudios sobre la Constitución Española – Homenaje al Profesor Eduardo Garcia de Enterria*, obra coletiva, I, Madrid, 1991, págs. 527 e segs.; JORGE BACELAR GOUVEIA, *O valor positivo do acto inconstitucional*, Lisboa, 1992, págs. 28 e segs., e *Manual...*, II, cit., págs. 1306 e segs.; PAULO OTERO, *Ensaio...*, cit., págs. 113-114; VITALINO CANAS, *Introdução...*, cit., págs. 125 e segs.; GOMES CANOTILHO, *Direito Constitucional...*, cit., págs. 947 e segs.; LUÍS ROBERTO BARROSO, *op. cit.*, págs. 15 e segs.; CARLOS BLANCO DE MORAIS, *Justiça...*, I, cit., págs. 186 e segs.; PAULO BONAVIDES, *A evolução histórica do conceito de nulidade na juridição constitucional*, in *Anuario Iberoamericano de Derecho Constitucional*, nº 11, 2007. págs. 41 e segs.; LUÍS AFONSO HECK, *Jurisdição constitucional – teoria da nulidade versus teoria da nulificabilidade*, Porto Alegre, 2008, págs. 33 e segs.; MANOEL GONÇALVES FERREIRA FILHO, *Princípios fundamentais do Direito*

O conceito abrange a inexistência jurídica, a invalidade (*stricto sensu*) e a irregularidade. Contudo, a invalidade desdobra-se classicamente em nulidade e anulabilidade, revestindo, não raro ainda, configurações mistas, poliédricas ou atípicas; assim como nada impede que a Constituição venha a considerar feridos de inexistência jurídica atos que, embora perfaçam os requisitos de qualificação, ofendam, de modo muito nítido, normas constitucionais de importância mais elevada.

O Direito positivo de cada país e de cada momento possui, por conseguinte, o seu quadro de valores jurídicos negativos e é no interior da respetiva Constituição que se tem de procurar o que significam.

V – Em termos muito perfunctórios, sem embargo de uma necessária localização e aproveitando, na medida do possível, a lição das ciências do Direito privado[206] e do Direito administrativo,[207] os quatro valores jurídicos (negativos) enunciados distinguem-se pelo seguinte:

 a) *Inexistência jurídica* – o ato inconstitucional não produz nenhuns efeitos desde a origem, sem necessidade de declaração por parte de qualquer órgão com competência específica, as autoridades públicas não o podem executar, uma decisão jurisdicional que o aplique não faz coisa julgada,[208] os funcionários e agentes da

---

 Constitucional, São Paulo, 2009, págs. 122 e segs.; TIAGO SERRÃO, *A nulidade do acto inconstitucional*, in *Estudos de Direito Público* (de PLMJ – Sociedade de Advogados), obra coletiva, Coimbra, 2011, págs. 171 e segs.

[206] Cfr., por todos, RAÚL VENTURA, *Valor jurídico do casamento*, Lisboa, 1951; PONTES DE MIRANDA, *Tratado de Direito Privado*, IV, 2ª ed., Rio de Janeiro, 1954, págs. 8 e segs.; PAULO CUNHA, *Teoria Geral da Relação Jurídica*, II, policopiado, Lisboa, 1959-1960, págs. 242 e segs.; RUI DE ALARCÃO, *A confirmação do negócio anulável*, I, Coimbra, 1971, págs. 33 e segs.; MOTA PINTO, *Teoria Geral do Direito Civil*, 2ª ed., Coimbra, 1983, págs. 591 e segs.; CARVALHO FERNANDES, *Teoria Geral do Direito Civil*, II, 2ª ed., Lisboa, 1996, págs. 377 e segs.; INOCÊNCIO GALVÃO TELLES, *Manual dos Contratos em Geral*, 4ª ed., Coimbra, 2002, págs. 355 e segs.; ANTÓNIO MENEZES CORDEIRO, *Tratado de Direito Civil Português*, I, tomo I, cit., págs. 853 e segs.

[207] Cfr., por todos, ROGÉRIO SOARES, *Interesse público...*, cit., págs. 259 e segs.; MARCELLO CAETANO, *Manual de Direito Administrativo*, I, 10ª ed., Lisboa, 1973, págs. 512 e segs.; SÉRVULO CORREIA, *Noções de Direito Administrativo*, I, Lisboa, 1982, págs. 350 e segs.; FREITAS DO AMARAL, *Curso de Direito Administrativo*, II, Coimbra, 2001, págs. 342 e segs.; JOÃO CAUPERS, *Introdução ao Direito Administrativo*, 7ª ed., Lisboa, 2003, págs. 187 e segs.

[208] Ainda que seja uma decisão do Tribunal Constitucional. No mesmo sentido, PAULO OTERO, *Ensaio...*, cit., págs. 113 e segs. Mas invocando uma posição específica ou privilegiada do Tribunal na fiscalização da constitucionalidade, RUI MEDEIROS, *A*

Administração não devem obediência a ordens nele fundadas e os cidadãos não estão adstritos a acatá-lo;

b) *Nulidade* – o ato não produz efeitos desde a origem ou desde que o seu conteúdo colida com a norma constitucional, e é insanável ou inconvalidável, mas torna-se necessária uma decisão pelo órgão de fiscalização, embora de natureza declarativa e não podendo ser alvo de sanções os cidadãos que, antes dela, se tenham recusado a obedecer;[209]

c) *Anulabilidade* – o ato só deixa de produzir efeitos depois da decisão do órgão de fiscalização, a qual tem, portanto, natureza constitutiva; e pode, porventura, ainda ser prevista a sanação do vício;

d) *Irregularidade* – a inconstitucionalidade não prejudica a produção de efeitos pelo ato, se bem que possa, lateralmente, trazer outras consequências e até sanções.

212.
Vícios na formação da vontade e valores jurídicos

Em circunstâncias extremas, não são de excluir *a priori* vícios na formação da vontade dos titulares dos órgãos do poder político, designadamente a coação.[210]

Por isso se proíbem, em estado de sítio ou de emergência, a prática de actos de revisão constitucional (art. 289º da Constituição portuguesa e art. 60, § 1º, da Constituição brasileira, entre outros) e a realização de referendo (em Portugal, art. 9º da Lei nº 15-A/98, de 3 de abril). Assim como não deveria então ocorrer eleições.

Evidentemente, a violação de regras como estas reconduz-se, desde logo, a inconstitucionalidade ou a ilegalidade. Já na hipótese (ainda que

---

decisão..., cit., págs. 142 e segs., e Carlos Carlos Blanco de Morais, *Justiça*..., I, cit., págs. 209 e 210.

[209] Sobre a situação da lei inconstitucional antes da declaração, cfr. Gustavo Zagrebezsky, *op. cit.*, págs. 175 e segs.

[210] Para uma introdução teórica geral, é clássico o estudo (de 1935) de Costantino Mortati, *La volontà e la causa nell'atto amministrativo e nella legge* (in *Scritti*, II, Milão, 1972, págs. 473 e segs., *maxime* 558 e segs.). Cfr. ainda Massimo Severo Giannini, *L'ilegittimità*..., cit., *loc. cit.*, pág. 59.

remota ou quase inimaginável) de acto sob coação em tempo de normalidade constitucional, apenas num sentido muito lato pode falar-se em inconstitucionalidade – por ofensa ao princípio da liberdade de decisão dos órgãos constitucionais, do princípio da independência nacional e, noutros, do princípio da separação dos poderes.

Seja como for, actos assim inquinados não podem deixar de ser considerados juridicamente inexistentes,[211] não se concebendo qualquer comparação com a anulabilidade do negócio jurídico (art. 256º do Código Civil português), tão abissal é a diferença de gravidade.

213.
Inconstitucionalidade e responsabilidade civil do Estado

Além de envolver inexistência, nulidade, irregularidade ou ineficácia, o acto inconstitucional pode ser gerador de responsabilidade civil do Estado. Ou seja: a inconstitucionalidade pode não apenas atingir o acto enquanto tal mas também constituir uma relação jurídica obrigacional entre o Estado e um particular que, por causa desse acto, tenha um seu direito ou interesses ofendido e sofra um prejuízo, passível (mesmo se não patrimonial) de avaliação pecuniária.

Está-se, nesta altura, a raciocinar não tanto do prisma da invalidade quanto do prisma da ilicitude: a inconstitucionalidade será um pressuposto de responsabilidade civil a acrescer a outros, entre os quais um específico dever de actuação (ou de não actuação) por parte do Estado. E não é de excluir que, verificando-se limitação dos efeitos da inconstitucionalidade, o direito a indemnização se revele um sucedâneo necessário da plena produção de efeitos.

Mais grave seria ainda a reaprovação ou reprodução de norma declarada inconstitucional com força obrigatória geral sem ter mudado a norma parâmetro. Seria um caso, se não de dolo, pelo menos de culpa do legislador.

O fenómeno da responsabilidade civil do Estado derivado de inconstitucionalidade tem aqui as suas manifestações mais interessantes. Mas não se esgota nesta função. Pode haver outrossim responsabilidade por actos de função administrativa e da função jurisdicional: quando a

---
[211] Neste sentido, MARCELO REBELO DE SOUSA, *O valor...*, cit., pág. 314.

Administração ou um tribunal aplique norma declarada inconstitucional com força obrigatória geral.

A par da responsabilidade por actos inconstitucionais, e mais ou menos conexa com ela, pode haver responsabilidade civil do Estado por omissões inconstitucionais, *maxime* por omissões legislativas.

Toda esta matéria está regulada em Portugal, em obediência ao art. 22º da Constituição, na Lei nº 67/2007, de 31 de dezembro.

214.
Inconstitucionalidade e responsabilidade criminal

Os titulares de cargos políticos respondem criminalmente pelas ações e omissões que pratiquem no exercício das suas funções. Mas dificilmente se concebe, em Estado democrático de Direito e com normal funcionamento das instituições, que um ato, normativo ou não, inconstitucional possa ser qualificado de crime.

Crimes como os previstos, no ordenamento jurídico português, no Código Penal e na Lei nº 34/87, de 16 de junho, a verificarem-se, corresponderiam já a um golpe de Estado.[212]

215.
Inconstitucionalidade e responsabilidade política

Além da responsabilidade civil e da responsabilidade criminal, o Direito constitucional conhece uma forma muito sua. É a responsabilidade política, baseada num princípio de prestação de contas por parte dos órgãos de poder ou dos seus titulares e traduzida em juízos de mérito de carácter político.

Mas há que distinguir entre *responsabilidade-representação* e *responsabilidade-fiscalização*:

---

[212] Cfr., no Código Penal português, art. 325º (alteração violenta do Estado de Direito), art. 330º (incitamento à desobediência coletiva), art. 333º (coação contra órgão constitucional), art. 334º (perturbação no funcionamento de órgão constitucional). E, na Lei nº 34/87, art. 8º (atentado contra a Constituição da República), art. 9º (atentado contra o Estado de Direito), art. 10º (coação contra órgãos constitucionais).

- a primeira, inerente à democracia representativa e efectivada ou, difusamente, através da sujeição à crítica dos cidadãos no exercício da liberdades fundamentais ou, especificamente, em eleições no final dos mandatos dos titulares eleitos ou por outros procedimentos;
- a segunda, integrada nos mecanismos próprios de certos sistemas (como o parlamentar ou o semipresidencial), em que a subsistência do Governo depende do Parlamento.[213]

Aqui interessa a responsabilidade – a representação (pois que não envolvem responsabilidade-fiscalização as sanções constitucionais a que atrás aludimos).

Os titulares dos cargos políticos respondem pelas ações e omissões que pratiquem no exercício das suas funções (art. 117º, nº 1, da Constituição portuguesa). Respondem perante o povo, a quem pertence a soberania, e também por ações ou omissões inconstitucionais – independentemente do desenvolvimento ou não dos meios, jurisdicionais e não jurisdicionais, de controlo e da eventual declaração de inconstitucionalidade pelo Tribunal Constitucional.[214]

---

[213] Cfr. A. H. BIRCH, *Representative and Responsible Government*, Londres, 1964; GIUSEPPE UGO RESCIGNO, *La Responsabilità Politica*, Milão, 1967; *La responsabilité des gouvernants*, obra coletiva (sob a direção de OLIVIER BEAUD e JEAN-MICHEL BLANQUER), Paris, 1999; PEDRO LOMBA, *Teoria da responsabilidade política*, Coimbra, 2008; JOSÉ DE MATOS CORREIA e RICARDO LEITE PINTO, *A responsabilidade política*, Lisboa, 2010.
[214] Cfr. *Manual...*, VII, 2007, págs. 78 e segs. e Autores citados.

Capítulo II

SISTEMAS DE FISCALIZAÇÃO DA CONSTITUCIONALIDADE

§ 1º
A fiscalização da constitucionalidade em Direito comparado

216.
Inserção histórica

I – Os grandes pressupostos da fiscalização da constitucionalidade das leis e dos demais atos jurídico-públicos vêm a ser, primeiro, a existência de uma Constituição em sentido formal, e, em segundo lugar, a consciência da necessidade de garantia dos seus princípios e regras com a vontade de instituir meios adequados.

Não é preciso que haja Constituição formal para que se produza inconstitucionalidade e, muito menos, que a Constituição seja rígida. Basta que haja Constituição em sentido material. Mas em Constituição só em sentido material e flexível, como a britânica (e, de certo modo, também em Constituição formal e flexível), a inconstitucionalidade não se configura violação jurídica autónoma e, de qualquer sorte, não se propiciam condições para a organização de uma fiscalização.[1]

---

[1] Vale a pena transcrever Dicey, traduzido por Rui Barbosa (*op. cit.*, págs. 41-42): "A expressão *inconstitucional* aplicada a uma lei tem, pelo menos, três aceções diferentes, variando segundo a natureza da Constituição a que aludir. – Empregada em relação a um ato do Parlamento inglês, significa simplesmente que esse ato é, na opinião

Em contrapartida, não é suficiente a emanação de uma Constituição em sentido formal para que o sistema se dote de um aparelho de fiscalização e, muito menos, de uma fiscalização jurisdicional – porque, lógica e historicamente, não se confundem inconstitucionalidade e fiscalização da inconstitucionalidade. É necessário, além disso, que a supremacia da Constituição se revele um princípio jurídico operativo.[2]

II – O constitucionalismo liberal europeu não possuiu uma clara consciência da necessidade de garantia constitucional por quatro razões principais:

- Por, no seu otimismo, acreditar numa espécie de harmonia política e na força, ao mesmo tempo, obrigatória e dissuasora das Constituições escritas;
- Por a Constituição não ser tomada rigorosamente como fundamento ou como critério de validade das leis;
- Por a lei ser entendida como expressão de racionalidade;
- Por prevalecer uma visão rígida e mecanicista da separação dos poderes ou (contraditoriamente, mas com resultados idênticos) uma conceção jacobina de unidade da soberania e de democracia absoluta.

Não deixou de haver então garantias graciosas e políticas – desde o direito de petição à vigilância do cumprimento da Constituição pelas Câmaras e à predisposição, embora esporádica, de um ou outro órgão político com essa função. Em alguns países, na prática, os tribunais invocaram ou tentaram invocar um poder de não aplicação de normas in-

---

do indivíduo que o aprecia, oposto ao espírito da Constituição inglesa; mas não pode significar que esse ato seja infração da legalidade e, como tal, nulo. – Aplicada a uma lei das câmaras francesas, exprimiria que essa lei ampliando, suponhamos, a extensão do período presidencial, é contrária ao disposto na Constituição. Mas não se segue necessariamente daí que a lei se tenha por vã; pois não é certo que os tribunais franceses se reputem obrigados a desobedecer às leis inconstitucionais. Empregada por franceses, a expressão, de ordinário, se deve tomar como simples termo de censura… Dirigido a um ato do Congresso, o vocábulo "*inconstitucional*" quer dizer que esse ato excede os poderes do Congresso e é, *por consequência, nulo*. Neste caso a palavra não importa necessariamente reprovação. O americano poderia, sem incongruência alguma, dizer que um ato do Congresso é uma boa lei, beneficia o país, mas, infelizmente, peca por *inconstitucional*, isto é, *ultra vires*, isto é, nulo".

[2] Sobre toda esta matéria, v. *Contributo…*, cit., *maxime* págs. 77 e segs.

constitucionais – assim, na Grécia desde 1859,[3] na Noruega desde 1890, em Portugal. Mas, afora isso e a despeito de outros antecedentes,[4] o século XIX não conheceu sistemas de controlo jurisdicional devidamente estruturados.

De modo diferente, se passaram as coisas nos Estados Unidos por causas e em circunstâncias igualmente bem conhecidas.[5]

III – Ao invés, no século XX não só se perde o otimismo liberal acerca da Constituição e se adquire a convicção de que ela só poderá servir de garantia – de garantia dos direitos fundamentais ou da ordem social e política – se for garantida como alguns poderosos fatores elevam a inconstitucionalidade a núcleo de toda a problemática do Direito constitucional e, quiçá, do Direito público.

Assim, verificam-se:

– No plano da realidade constitucional, o imperativo de melhor defesa dos direitos dos indivíduos e dos grupos perante o dilatar da ação do Estado e da penetração da sociedade pelo político, a crise da lei e as experiências totalitárias e autoritárias, vividas ou temidas;
– No plano da organização política, as transformações e as novas exigências de divisão de poderes, bem como a expansão das formas de Estado regional e de Estado federal;
– No plano conceitual, o aprofundamento do princípio da legalidade da administração, homólogo do princípio da constitucionalidade dos atos legislativos e de governo, a difusão das noções (kelsenianas e não kelsenianas) da estrutura escalonada da ordem jurídica e o triunfo das tendências normativistas sobre as decisionistas;
– No plano normativo, a a passagem da centralidade jurídico-positiva da lei para a centralidade jurídico-positiva da Constituição, sobretudo no domínio dos direitos fundamentais, com a conse-

---

[3] Cfr. ANTONIS MANITAKIS, *Fondement et légitimité du contrôle juridictionnel des lois en Grèce*, in *Revue internationale de droit comparé*, 1988, págs. 39 e segs.
[4] Cfr. MARIO BATTAGLINI, *Contributi alla storia del controllo di costituzionalità delle leggi*, Milão, 1957; ou JÖRG LUTHER, *Idee e storie giustizia costituzionale nell'ottocento*, cit., pág. 26.
[5] V. *Contributo...*, cit., págs. 53 e segs.

quente aplicabilidade imediata das normas constitucionais, sem lei ou contra lei;[6]
- No plano valorativo, a revivescência do jusnaturalismo, de diversas inspirações.[7]

Duas linhas de força vão conduzir à formação e à difusão, na Europa (e também fora da Europa) de sistemas de fiscalização jurisdicional ou jurisdicionalizada da validade das leis e de outros atos jurídico-públicos.

Uma, endógena, resulta do desenvolvimento dos institutos e meios do Estado de Direito, crescentemente aperfeiçoados, de maneira a eliminar ou a diminuir as imunidades do poder e a permitir o controlo tanto concreto como abstrato das normas jurídicas. A outra, exógena, liga-se ao incremento das tarefas do Estado e das demais entidades públicas, à passagem do Estado liberal para o Estado social e à resposta às violações ou às tentativas de violação de direitos, liberdades e garantias; e prende-se ainda à exigência de formas de solução de conflitos jurídicos em ordenamentos plurilegislativos (regionais e federais).[8]

IV – Não quer isto dizer, no entanto, que o princípio da fiscalização jurisdicional não tenha enfrentado e não enfrente ainda dificuldades ou resistências, por se temer o "governo de juízes" ou, pelo menos, a politicização da justiça, em vez da judicialização da política.

Basta recordar, entre várias, a atitude de Schmitt – para quem a essência da Constituição é a decisão política;[9] a de Loewenstein – se se entrega aos tribunais o direito de frustrar uma decisão política do Governo ou do Parlamento, corre-se o perigo ou de a decisão dos tribunais não ser acatada ou de a decisão política do Governo ficar substituída por um ato judicial que, embora revestido jurídico-constitucionalmente, não é

---

[6] Aquilo que temos chamado a revolução copernicana do Direito público: cfr. *Manual...*, II, cit., págs. 29 e 292 e segs.; IV, cit., págs. 319 e segs.; e V, pág. 142.
[7] Cfr., quanto à estrutura escalonada, mais uma vez, Kelsen, *La Garantie...*, cit.; quanto à revivescência jusnaturalista, por exemplo, O. Bachof, *Jueces...*, cit., págs. 25 e segs.; ou, doutra perspetiva, Georges Vedel, *Le Conseil Constitutionnel, gardien du droit positif ou défenseur de la transcendance des droits de l'homme*, in *Pouvoirs*, 1988, nº 45, págs. 149 e segs.; e, quanto à passagem de uma Constituição "proclamatória" a uma Constituição "paramétrica", André Salgado de Matos, *op. cit.*, págs. 83 e segs.
[8] Mesmo na Grã-Bretanha já tem sido suscitado o problema da introdução de mecanismos de fiscalização. Cfr., por exemplo, Neil H. Andrews, *Should England adopt an entrenched Bill of Rights with Judicial review of primary legislation?*, in *Annuaire International de Justice Constitutionnelle*, 1989, págs. 15 e segs.
[9] *Teoria...*, cit., págs. 23 e segs.

senão um ato político de pessoas sem mandato democrático;[10] a de Burdeau – a autoridade com poder de fiscalização é quem fixa o conteúdo de uma política através da interpretação da Constituição; a Constituição não é feita para os juízes, é feita para os governantes; a política do juiz só pode ser negativa;[11] ou a de Alfred Grosser – é difícil a posição dos tribunais constitucionais frente a conflitos de valores ou a antagonismos que atinjam os pontos mais sensíveis dos cidadãos ou os fundamentos éticos da sociedade.[12]

Estas e outras visões críticas têm sido afastadas não só em nome dos grandes princípios mas também em função da necessidade de soluções políticas de equilíbrio.[13] E, por outro lado, não pouco tem concorrido para a sua superação a emergência, por obra legislativa ou jurisprudencial, de formas muito dúteis de atuação dos tribunais e a limitação dos efeitos da inconstitucionalidade a que já nos referimos. Hoje não se concebem democracia e Estado de Direito sem fiscalização jurisdicional da constitucionalidade.[14]

217.
Os grandes modelos ou sistemas típicos

I – A observação histórico-comparativa revela três grandes modelos ou sistemas típicos de garantia da constitucionalidade.[15] No tomo I des-

---

[10] *Teoria de la Constitución*, cit., págs. 321 e segs.
[11] *Traité...*, IV, cit., págs. 370 e segs. e 481 e segs.
[12] *Cours Constitutionnelles et valeurs de référence*, in *Pouvoirs*, nº 13, págs. 117 e segs.
[13] Cfr., por exemplo, Gerhard Leibholz, *Die Auflösung der Liberalendemokrazie in Deutschland und das Autoritäre Staatsbild*, 1933, trad. *La dissoluzione della demcrazia liberale in Germania e la forma di Stato autoritario*, Milão, 1966, págs. 36 e segs.; Alexander M. Bickel, *The least dangerous branch. The Supreme Court at the bar of politics*, 2ª ed., New Haven, 1986; ou Michel Troper, *Justice Constitutionnelle et Démocratie*, in *Revue française de droit constitutionnelle*, 1990, págs. 31 e segs.
Anote-se que, num dos seus últimos escritos, Burdeau alterou a sua opinião sobre a justiça constitucional, admitindo que tudo se passaria como se o soberano tivesse estabelecido uma autoridade constituinte secundária sob a forma do juiz de constitucionalidade, embora autoridade supletiva, derivada e sem poder ultrapassar certos quadros (*Constitution, Droits de l'Homme et "Changement"*, in *Scriti in onore di Vezio Crisafulli*, obra coletiva, v, págs. 119 e segs., *maxime* 126).
[14] Por sinal, já em 1968 escrevíamos que o princípio da constitucionalidade havia cada vez mais de arreigar e desenvolver (*Contributo...*, cit., pág. 92).
[15] Cfr., em geral, André Blondel, *Le contrôle juridictionnel de la constitutionnalité des lois* (étude critique comparative: États-Unis – France), Paris, 1928; Edward McWhinney,

te *Manual*, ao considerarmos a experiência político-constitucional, já os pudemos surpreender e já pudemos observar como brotaram e como se desenvolveram as suas principais manifestações.

Judical Review in the English Speaking World, Toronto, 1960, e *Supreme Courts and Judicial Law-Making; Constitutional Tribunals and Constitutional Review*, Dordrecht, 1986; *Costituzione e giustizia costituzionale nel Diritto comparato*, obra coletiva, Turim, 1985; *Costituzione e giustizia costituzionale nel diritto comparato*, obra coletiva (coord. de Giorgio Lombardi), Rimini, 1985; MAURO CAPPELLETTI, *Il controllo giudiziario di costituzionalità delle leggi nel diritto comparato*, cit., e *Le Pouvoir des Juges*, Paris, 1990; MAURO CAPPELLETTI e WILLIAM COHEN, *Comparative Constitutional Law – Cases and Materials*, Nova Iorque e Charlottesville, 1979; BURT NEUBORNE, *Judicial Review and Separation of Powers in France and in the United States*, in *New York University Law Review*, 1982, págs. 363 e segs.; n° 3 de *Quaderni Costituzionali (Le giustizia costituzionale in Europa: dai modelli alla prassi)*; *Costituzione e Giustizia Costituzionale*, obra coletiva editada por Giorgio Lombardi, Milão, 1985; PEDRO CRUZ VILLALÓN, *La formación del sistema europeo de control de constitucionalidad (1918-1939)*, Madrid, 1987; KONRAD LANAERTS, *Le juge et la Constitution aux États-Unis et dans l'ordre juridique européen*, Bruxelas, 1988; HELMUT STEINBERGER, *Modèles de juridiction constitutionnelle*, Estrasburgo, 1993; ALLAN R. BREWER CARIAS, *El control concentrado de la constitucionalidad de las leyes (Estudio de Derecho Comparado)*, Caracas, 1994; *Constitutional Justice under Older Constitutions*, obra coletiva editada por Eivind Smith, Haia, 1995; NUNO ROLO, *A fiscalização concreta em Portugal e o controlo difuso da constitucionalidade em Direito Comparado: o sistema americano e o(s) sistema(s) europeu(s)*, in *Galileu*, 1998 (revista da Universidade Autónoma de Lisboa), págs. 55 e segs.; RUI MEDEIROS, *A decisão...*, cit., págs. 17 e segs.; JOSÉ JULIO FERNÁNDEZ RODRIGUEZ, *La expansion de la justicia constitucional en Europa Central y Oriental*, in *Jus et Praxis* (da Universidad de Talca do Chile), 1999, págs. 321 e segs.; REGIS FROTA, *Derecho Constitucional y control de constitucionalidad en Latinoamerica*, Fortaleza, 2000; ANDRÉ ALEN et alii, *The relations between the Constitutional Courts and the other National Courts, including the interference in the area of action of the European Courts*, in *Human Rights Law Journal*, vol. 23, n° 8-12, dezembro de 2002, págs. 304 e segs.; ANDRÉ RAMOS TAVARES, *Teoria da Justiça Constitucional*, São Paulo, 2005, págs. 115 e segs.; CARLOS BLANCO DE MORAIS, *Justiça...*, I, cit., págs. 265 e segs.; MARIA LÚCIA AMARAL, *Questões constitucionais e recursos de constitucionalidade (uma lição de "Direito público comparado")*, in *Estudos Comemorativos dos 10 anos da Faculdade de Direito da Universidade Nova de Lisboa*, obra coletiva, I, Coimbra, 2008, págs. 473 e segs.; FRANCISCO FERNÁNDEZ SEGADO, *La búsqueda de una nueva tipologia explicativa de los sistemas de justicia constitucional*, in *Revista de las Cortes Generales*, 2011 (3° quadrimestre), págs. 7 e segs.; MARIA BENEDITA URBANO, *Curso de Justiça Constitucional*, Coimbra, 2012; MICHEL FROMONT, *Justice Constitutionnelle Comparée*, Paris, 2013; OTTO PFERSMANN, *Positivismo jurídico e justiça constitucional no século XXI*, trad., São Paulo, 2014.

Desde 1985, a Universidade de Aix-en-Provence e Marselha edita um *Annuaire International de Justice Constitutionnel*, fundado por LOUIS FAVOREU; e desde 1996 o Centro de Estudos Políticos e Constitucionais de Madrid publica um *Anuario Iberoamericano de Justicia Constitucional*, agora sob a direção de FRANCISCO FERNÁNDEZ SEGADO.

São esses modelos:

1º) O modelo de fiscalização *política*, dito habitualmente de tipo francês (por ligado aos dogmas do constitucionalismo francês – e, portanto, europeu continental – dos séculos XVIII e XIX);

2º) O modelo de *fiscalização judicial* (*judicial review*) desenvolvido nos Estados Unidos desde 1803;

3º) O modelo de *fiscalização jurisdicional concentrada* em tribunal constitucional ou modelo austríaco (por ter por paradigma o tribunal instituído pela Constituição austríaca de 1920) ou europeu (por hoje se ter estendido a quase toda a Europa).

II – No modelo político, deve subdistinguir-se:

a) Fiscalização pelo próprio Parlamento, pelo órgão legislativo *qua tale* – é o que se encontra, primeiro, em quase todos os países europeus no século XIX e ainda hoje na Holanda,[16-17] depois, no constitucionalismo marxista-leninista do século XX[18] e em alguns Estados da Ásia e da África sob influência deste ou com constitucionalismo embrionário, como sucedeu nos países africanos de língua portuguesa logo após a independência;

b) Fiscalização por órgão político especialmente constituído para o efeito – seja ligado ao Parlamento (Comité Constitucional francês de 1946 a 1958, Comissão Constitucional romena de 1965 a 1989, Comité de Supervisão Constitucional criado na União Soviética em 1989[19]), seja dele independente ou órgão *a se* (juria constitucional de Sieyès, Senado Conservador napoleónico, Conselho Constitucional de 1958).[20]

---

[16] Cuja Constituição proibe expressamente os juízes de apreciar a constitucionalidade das leis e dos tratados (art. 120º).

[17] E até 1999 na Finlândia.

[18] Cfr. Henry Roussillon, *Le problème du contrôle de la constitutionnalité des lois dans les pays socialistes*, in *Revue du droit public*, 1977, págs. 55 e segs.; Jingzhou Tao, *Le contrôle de constitutionnalité des lois en République Populaire de Chine*, ibidem, 1987, págs. 579 e segs.

[19] Cfr. Patrice Gélard, *L'actualité constitutionnelle en URSS*, in *Revue française de droit constitutionnel*, nº 6, 1991, págs. 355 e segs.

[20] Cfr., recentemente, Lucien Jaume, *Sieyés et le sens du Jury constitutionnaire: une réinterprétation*, in *Pouvoirs*, nº 36, 2003, págs. 115 e segs.

III – Em diferentes sistemas constitucionais, com concentração de poderes no Chefe do Estado – desde a monarquia constitucional com poder moderador (na linha de Benjamin Constant) e a monarquia limitada aos sistemas de governo representativo simples – entendeu-se que lhe cabia a garantia da Constituição.[21]

Também, no primeiro após-guerra, ao mesmo tempo que surgia o modelo jurisdicional concentrado de tribunal constitucional, houve quem preconizasse a atribuição ao Chefe do Estado (na Alemanha de Weimar, ao Presidente de "Reich") da função de "guardião da Constituição" – foi a tese de Schmitt;[22] e a controvérsia com Kelsen ficaria célebre.[23]

Uma forma institucional como esta não entra, porém, no modelo político de fiscalização de tipo francês, até porque a garantia da Constituição pelo Chefe do Estado não consiste propriamente na garantia da constitucionalidade norma a norma, mas sim na defesa global do regime ou dos seus fundamentos e na regulação do poder entre os diferentes órgãos.[24]

IV – O modelo judicialista baseia-se no poder normal do juiz de recusar a aplicação de leis inconstitucionais aos litígios que tenha de dirimir.

Como escreve Hamilton, nenhum ato legislativo contrário à Constituição pode ser válido. Negar isto seria como que sustentar que o procurador é maior que o mandante, que os representantes do povo são superiores a esse mesmo povo, que homens agindo em virtude de poderes concedidos podem fazer não só o que eles autorizam mas também aquilo que proíbem. O corpo legislativo não é o juiz constitucional das suas atribuições. Torna-se mais razoável admitir os tribunais como elementos colocados entre o povo e o corpo legislativo, o que, aliás, não

---

[21] V. *Contributo...*, cit., págs. 46 e segs.
[22] Principalmente em *O guardião da Constituição*, cit., *maxime* págs. 229 e segs. Cfr., de Kelsen, *Wer soll der Hüter der Verfassung sein?*, 1930-1931 (trad. italiana *La Giustizia Costituzionale*, cit., págs. 231 e segs.).
[23] V. entre tantos Nicolò Zanon, *La polémique entre Hans Kelsen et Carl Schmitt sur la justice constitutionnelle*, in *Annuaire International de Justice Constitutionnelle*, 1989, págs. 177 e segs.; Carlos Miguel Herrera, *La polemica Schmitt-Kelsen sobre el guardian de la Constitucion*, in *Revista de Estudios Politicos*, nº 86, outubro-dezembro de 1994, págs. 195 e segs.; Gilberto Berlovici, *Carl Schmitt, o Estado total e o guardião da Constituição*, in *Revista Brasileira de Direito Constitucional*, 2003, págs. 135 e segs.; Wladimir Brito, *O Poder Judicial*, in *Boletim da Faculdade de Direito da Universidade de Coimbra*, 2004, págs. 247 e segs.; Luís Afonso Heck, *op. cit.*, págs. 9 e segs.
[24] Era o que se passava na Espanha, com o *recurso de contrafuero*, previsto na Lei Orgânica do Estado de 1966 e sujeito a uma tramitação complexa em que intervinham o Conselho do Reino, um órgão jurisdicional *ad hoc* e o Chefe do Estado.

provoca qualquer superioridade do poder judicial sobre o poder legislativo. Tudo reside em que o povo está acima de ambos e em que, se a vontade do corpo legislativo, declarada na lei, se opuser à vontade do povo, declarada na Constituição, os tribunais deverão submeter-se a esta e não àquela. Não é a interpretação das leis a província dos tribunais? Portanto, ao verificar-se uma inconciliável divergência entre a Constituição e uma lei deliberada pelo órgão legislativo, entre uma lei superior e uma lei inferior, terá de prevalecer a Constituição.[25]

No seu estado *puro* de fiscalização difusa, concreta, incidental e, em princípio, por via de exceção, este sistema irradiou dos Estados Unidos[26] – por osmose ou não – em vários momentos, para diversos países: além dos países anglo-saxónicos dotados de Constituições escritas, para os países latino-americanos, para a Grécia, a Noruega, Portugal, a Dinamarca, a Roménia (nas primeiras décadas do século XX), para a Alemanha de Weimar, para o Japão desde 1946,[27] para a Itália entre 1948 e 1956, ou para a Suécia.

Em alguns casos, a adaptação ou o funcionamento do sistema levou à concentração em Supremos Tribunais, através de recurso obrigatório ou de outras formas, com reserva ou primado de apreciação da inconstitucionalidade: Suíça (desde 1874, quanto às leis cantonais, únicas suscetíveis de controlo jurisdicional),[28] alguns Estados do *Commonwealth* (como Canadá, Austrália e Índia)[29-30] e da América Latina,[31] Irlanda, Filipinas, Guiné-Bissau (após 1984).

V – O modelo de Tribunal Constitucional dir-se-ia *prima facie* agregar elementos do modelo político e elementos do modelo judicialista,

---

[25] HAMILTON, MADISON, JAY, *On the Constitution*, ed. de Ralph H. Gabriel, Nova Iorque, 1954, págs. 170 e segs.
[26] Cfr. *Manual...*, I, subtomo I, cit., págs. 155 e segs., e Autores citados.
[27] Cfr. YOICHI HIGUCHI, *La légitimité du juge constitutionnel et la théorie de l'interprétation*, in *XIVème Congrés International – Académie Internationale de Droit Comparé*, Atenas, 1994, págs. 597 e segs.; MYUKI SATO, *A fiscalização de constitucionalidade no Japão*, in *Boletim da Faculdade de Direito da Universidade de Coimbra*, 2009, págs. 795 e segs.
[28] Cfr. ANDREAS AUER, *La juridiction constitutionnelle en Suisse*, Basileia, 1983.
[29] Cfr., por exemplo, LESLIE ZINES, *High Court and the Constitution*, Sidnei, 1981; MICHAEL DETMOND e GUY SCOFFONI, *La Justice costitutionnelle et la protection des droits fundamentaux en Australie*, in *Revue française de droit constitutionnel*, 1997, págs. 3 e segs.; PATRICE GARANT, *La justice constitutionnelle canadiene: 20 ans de renouveau (1985-2005)*, in *Renouveau...*, obra coletiva, págs. 165 e segs.
[30] Noutros (hoje poucos) países da *Commonwealth*, o Conselho Privado britânico funciona ainda como uma espécie de instância suprema de recurso.
[31] Cfr., por todos, GARCIA BELAUNDE e FRANCISCO FERNANDEZ SEGADO, *La Juridicción constitutional en Iberoamerica*, Madrid, 1997.

por o tribunal ostentar características de órgão jurisdicional, mas não ser um tribunal como os outros – antes de mais, pela sua composição e pelo modo de recrutamento dos juízes.

Mais correto afigura-se – quer a nível de conceitos, quer a nível de experiência – defini-lo como um *tertium genus*, entender que se trata de um tribunal em que se esgota uma ordem de jurisdição diferente tanto da dos tribunais civis e criminais como da dos tribunais administrativos (ou de qualquer outra), de um tribunal com competência especializada no campo do Direito constitucional.[32]

Pensado inicialmente para exercer fiscalização abstrata, principal e por via de ação, a breve trecho (desde 1929, na Áustria e, pouco depois, noutras Constituições) passou o Tribunal Constitucional a intervir na fiscalização concreta, mediante a subida obrigatória de incidentes de inconstitucionalidade provenientes de quaisquer tribunais (firmando-se, pois, uma comunicação entre eles).[33]

Concebido por Kelsen para garantia objetiva da "razoabilidade" dos atos do Estado,[34] depois da segunda guerra mundial tornar-se-ia sobretudo tribunal dos direitos fundamentais.

Como Tribunais Constitucionais mais significativos e com papel mais ativo na conformação e na realização das próprias Constituições, mencionem-se o da Itália (Constituição de 1947, embora só posto a funcionar em 1956) e o da República Federal da Alemanha (Constituição de 1949).[35]

---

[32] De resto, quando em algum país há mais do que uma ordem de jurisdição, dificilmente a concentração de competência poderia deixar de se fazer fora dessas ordens.

[33] Cfr. Charles Eisenmann, *La Justice Constitutionnelle et la Haute Cour Constitutionnelle d'Autriche*, cit.; Pedro Cruz Villalón, *La formación del sistema europeo de control de constitucionalidad (1918-1939)*, Madrid, 1987; Sylvie Peyrou-Pistouley, *La Cour Constitutionnelle et le controle de constitutionnalité des lois en Autriche*, Paris, 1993.

[34] Cfr. *La garantie...*, cit., *loc. cit.*, pág. 198: a garantia jurisdicional da Constituição é um elemento do sistema que tem por objetivo assegurar o exercício regular das funções do Estado.

[35] Cfr., quanto a este, Walter Leisner, *La conception du "politique" selon la jurisprudence de la Cour Constitutionnelle allemande*, in *Revue du droit public*, 1961, págs. 754 e segs.; Ernst Friesenhahn, *op. cit.*; Sergio Ortino, *L'esperienza delle Corte Costituzionale di Karlsruhe*, Milão, 1966; Luís Afonso Heck, *O Tribunal Constitucional e o desenvolvimento dos princípios constitucionais*, Porto Alegre, 1995; Gilmar Ferreira Mendes, *Jurisdição Constitucional*, 4ª ed., São Paulo, 2004; Christian Starck, *La Cour Constitutionnelle Fédérale*, in *Renouveau...*, obra coletiva, págs. 455 e segs.; *Estudios sobre la jurisdicción constitucional (con especial referencia al Tribunal Constitucional Alemán)*, trad., México, 2005. V. a referência a algumas decisões pioneiras ainda em Peter Häberle, *O Direito processual...*, cit., *loc. cit.*, págs. 93 e 94.

De existência efémera ou precária foram os Tribunais Constitucionais da Checoslováquia (Constituição de 1921), da Espanha (Constituição de 1931), de Chipre (Constituição de 1960) e os que se esboçaram, em regimes marxistas-leninistas, na Jugoslávia (Constituições de 1963 e 1974) e na Polónia (Constituição de 1985).

Mas o retorno a regimes democráticos pluralistas, a sua conquista ou a sua congregação com os princípios do Estado de Direito seriam acompanhados, no final do século XX, por toda a parte, pelo aparecimento de tribunais constitucionais ou de órgãos homólogos:

- Em Portugal (1976 e 1982) e na Espanha (1978);[36]
- No Equador (1979), no Peru (1979 e 1983), na Guatemala (1986), na Colômbia (1991), mesmo no Chile (com a Constituição de 1981 e a redemocratização iniciada em 1989) e na Bolívia (revisão constitucional de 1994);[37]
- Na Hungria (revisão constitucional de 1989, Constituição de 2010), na Croácia (Constituição de 1990), na Bulgária, na Eslovénia, na Roménia, na Lituânia, na Albânia e na Macedónia (Constituições de 1991), na República Checa e na Eslováquia (Constituições de 1992), em Andorra (1992), na Rússia (Constituição de 1993), na Moldova (Constituição de 1994), na Ucrânia e na Letónia (Constituições de 1996) e na Polónia (Constituição de 1997);[38-39]

---

[36] Cfr., por exemplo, PIERRE BON e Y. RODRIGUEZ, *La Justice Constitutionnelle en Espagne*, Paris, 1984; FRANCISCO FERNÁNDEZ SEGADO, *La jurisdicción constitucional en España*, Madrid, 1984; *La jurisdicción constitucional en España*, obra coletiva, Madrid, 1995; FERNANDO ALVES CORREIA, *A justiça constitucional em Portugal e em Espanha. Encontros e divergências*, in *Revista de Legislação e de Jurisprudência*, n.ᵒˢ 3891, 3892 e 3893 (1998), págs. 162 e segs., 198 e segs. e 234 e segs.

[37] Cfr. *I Conferência da Justiça Constitucional da Ibero-América, Portugal e Espanha*, obra coletiva, Lisboa, 1997.

[38] Cfr. a obra coletiva *Giustizia costituzionale e sviluppo democratico nei paesi dell'Europa centro-orientale*, Turim, 2000, ou HERMAN SCHWARTZ, *The Struggle for Constitutional Justice in Post-communist Europe*, Chicago, 2000. E, em especial, ANNE GAZIER, *Justice Costitutionnelle et fédéralisme em Russie*, in *Pouvoirs*, setembro-outubro de 1999, págs. 1359 e segs.; LASZLO SOLYOM e GEORG BRUNNER, *Constitutional Judiciary in a New Democracy – The Hungariaun Costitutional Court*, Universidade de Michigan, 2000; ANGELA DE GREGORIO, *La giustizia costituzionale in Russia – Origini, modelli, giurisprudenza*, Milão, 2004; GENOVEVA VRABIE, *La Cour Constitutionnelle de Roumanie*, in *Anuario Iberoamericano de Derecho Constitucional*, 2005, págs. 547 e segs.; LECH GARLISKI, *Vingt ans du Tribunal Constitutionnel polonais*, in *Renouveau...*, obra coletiva, págs. 191 e segs.

[39] Para uma análise comparativa dos Tribunais Constitucionais nos países da União Europeia, v. ANA CATARINA SANTOS, *Papel político do Tribunal Constitucional*, Coimbra, 2011, págs. 26 e segs.

- No Luxemburgo (revisão de 1996);
- E, entre países de outros continentes, como a Coreia do Sul (desde 1987), Cabo Verde e Angola (Constituições de 1992 e 2010), a África do Sul (Constituição de 1996),[40] S. Tomé e Príncipe (desde 2003)[41] ou o Congo-Quinxasa (2006).

VI – Com semelhança com os Tribunais Constitucionais são também:

- O Conselho Constitucional francês, vindo da Constituição de 1958;
- O Tribunal Supremo Especial da Grécia (Constituição de 1975), encarregado de dirimir conflitos de jurisprudência constitucional;[42]
- O Tribunal de Arbitragem da Bélgica (criado em 1984), destinado a garantir a repartição de poderes legislativos entre o Estado, as comunidades e as regiões;[43]
- Os Conselhos Constitucionais de Moçambique (Constituição de 1990), do Senegal (revisão constitucional de 1991) e de Marrocos (revisão de 1992).

VII – Sem contar com sistemas atípicos, o sistema de fiscalização de constitucionalidade de cada país oferece sempre aspetos peculiares ditados por fatores locais. A recondução a um ou outro dos grandes modelos historicamente surgidos não significa coincidência total de formas e de regimes jurídicos.

---

[40] Cfr. AHMED SALEM OULD BOUBOUTT, *Les juridictions constitutionnelles en Afrique*, in *Annuaire Internationale de Justice Contitutionnelle*, 1997, págs. 31 e segs.; NUNO PIÇARRA, *A evolução do sistema de garantia da Constituição em Cabo Verde*, in *Homenagem ao Prof. Doutor André Gonçalves Pereira*, obra coletiva, Coimbra, 2006, págs. 407 e segs.

[41] Cfr. N'GUNI N. TINY e ARMANDO MARQUES GUEDES, *O controlo da constitucionalidade em S. Tomé e Principe: Direito, Política e Política de Direito*, in *Negócios Estrangeiros*, outubro de 2007, p. 134 e segs.

[42] Cfr. VIRGINIA PERIFANAKI ROTOLO, *Le Corte Suprema Speciale nella Costituzione Greca del 1975*, in *Rivista Trimestrale di Diritto Pubblico*, 1979, págs. 183 e segs.; ANTONIS MANITAKIS, *Fondement et légalité du controle juridictionnel des lois en Grèce*, in *Revue du droit public*, 1988, págs. 39 e segs.

[43] Cfr. FRANCIS DELPÉRÉE e ANNE RASSON-ROLAND, *Recueil d'études sur la Cour d'Arbitrage*, Bruxelas, 1990; JOSÉ JULIO FERNÁNDEZ RODRIGUEZ, *El Tribunal de Arbitrage Belga*, in *Dereito – Revista Xuridica da Universedade de Santiago de Compostela*, 1997, págs. 129 e segs.; FRANCIS DELPÉRÉE, *Le Droit Constitutionnel de la Belgique*, Bruxelas, 2000, págs. 107 e segs.

Mas, mais ainda, deparam-se sistemas que, por incorporarem contributos de mais de um modelo, ora com divisão, ora com concorrência de competências, dir-se-iam mistos, intermédios ou complexos, embora neles prevaleçam, afinal, determinadas características identificadoras. É o caso do Brasil e de Portugal hoje e foi o caso de Portugal entre 1933 e 1974 e entre 1976 e 1982.

VIII – Caso particularíssimo é o da França, onde chegou a ser proibida por lei,[44] durante mais de duzentos anos, a apreciação da constitucionalidade pelos tribunais.[45]

O Conselho Constitucional, criado pela Constituição de 1958, ainda era, no início, um órgão de tipo predominantemente político, encarregado de exercer fiscalização preventiva. Mas, a partir de 1974, foi-se assumindo como órgão jurisdicionalizado e o seu papel a adquirir crescente importância na vida jurídica.[46]

Depois de, em 1990, se ter malogrado um projeto de exceção de inconstitucionalidade, finalmente em 2008, por revisão da Constituição, o Conselho acabaria por receber funções próprias de um Tribunal Constitucional, embora com uma dupla filtragem. A partir de agora pode ser suscitada a questão de inconstitucionalidade em qualquer tribunal; a questão sobe ao Conselho de Estado ou ao Tribunal da Cassação, consoante as ordens jurisdicionais donde provenha; e se um destes altos tribunais a considerar procedente, reenvia-a ao Conselho Constitucional para decisão final.[47]

---

[44] Decreto de 16 de agosto de 1790.
[45] Apesar de já no início do século XX a maioria dos publicistas franceses se pronunciar contra e defender um sistema difuso. V. os Autores citados em *Contributo...*, cit., págs. 85 e 86.
[46] Cfr. FRANÇOIS LUCHAIRE, *Le Conseil Constitutionnel*, Paris, 1980; BERNARD POULAIN, *La pratique française de la justice constitutionnele*, Paris, 1987; LOUIS FAVOREU, *Recueil de jurisprudence constitutionnelle*, 1959-1993, Paris, 1994 ; MICHEL FROMONT, *La justice constitutionnelle en France ou l'exception française*, in *Annuaire Iberoamericaine de Justice Constitutionnelle*, 2004, págs. 255 e segs.; LOUIS FAVOREU *et alii*, *Droit Constitutionnel*, 7ª ed., Paris, 2004.
[47] Novo art. 61º, nº 1 da Constituição, que institui pois um duplo reenvio prejudicial. Cfr. FRANÇOIS-XAVIER MILLER, *L'exception d'inconstitutionnalité en France ou l'impossibility du souhaitable?*, in *Revue du droit public*, 2008, págs. 1305 e segs.; JULIE BENETTI, *La questio prioritaire d'inconstitutionnalité – La genèse de la réforme*, in *AJDA – Actualité Juridique – Droit Administratif*, janeiro de 2010, págs. 74 e segs.; GUILLAUME DRAGO, *La Cour de Cassation, Juge Constitutionnel*, in *Revue du droit public*, 2011, págs. 1438 e segs. ; nº 30 de 2011, de *Noveaux Cahiers du Conseil Constitutionnel*.

218.

A opção por fiscalização difusa ou por fiscalização concentrada

I – São bem conhecidos e quase clássicos os argumentos favoráveis e contrários quer relativamente à fiscalização judicial difusa quer relativamente à fiscalização concentrada.

Em abono da primeira, diz-se que só ela confere aos tribunais a sua plena dignidade de órgãos de soberania; que só ela os implica e responsabiliza no cumprimento da Constituição; que, com ela, a questão da inconstitucionalidade se põe naturalmente como questão jurídica, e não política (pois *jura novit curia*); que ela permite a maior eficácia possível da garantia da Constituição, já que, sem haver que aguardar pela decisão de qualquer órgão central, o tribunal que julga no caso concreto deixa de aplicar a lei inconstitucional.

Contra a fiscalização difusa invocam-se a possibilidade de desarmonia de julgados, com o consequente risco de desvalorização dos julgamentos de inconstitucionalidade e da própria Constituição; e a diluição do poder de controlo pelas centenas de tribunais existentes, com o consequente risco de não acatamento das decisões pelos órgãos políticos, legislativos e administrativos.

Em favor da fiscalização concentrada apontam-se a certeza do Direito, mormente quando haja eficácia geral das decisões sobre inconstitucionalidade; o aprofundamento das questões, ligado às especialidades da interpretação constitucional (designadamente, quanto a conceitos indeterminados e normas programáticas), com a consequente formação de uma jurisprudência enriquecedora do conteúdo da Constituição; a sensibilidade às implicações políticas ou comunitárias globais dos problemas; o realçar da autoridade do órgão fiscalizador a par dos órgãos legislativos e de governo (o que significa que, se a concentração diminui a posição de cada um dos restantes tribunais, em contrapartida reforça a dos tribunais no seu conjunto, do Poder Judicial ou do tribunal de concentração no confronto dos demais órgãos de soberania).

Contra a fiscalização concentrada alegam-se o perigo de um exagerado poder do órgão fiscalizador ou a sua vulnerabilidade às pressões vindas dos órgãos com poder real no Estado; a rigidez do funcionamento do sistema, os riscos de cristalização jurisprudencial e, muitas vezes, a sua desproporção frente às necessidades de decisão jurídica a satisfazer; o acabar por se subtrair, na prática, a Constituição, a sua interpretação e os seus valores aos tribunais judiciais.

Pode supor-se que estes argumentos – de política constitucional – se neutralizam reciprocamente. Em última análise, porém, por reais que sejam os méritos e os deméritos que apresentem, fiscalização difusa e fiscalização concentrada hão-de valer mais ou menos consoante os sistemas jurídico-políticos em que venham a ser integradas e aplicadas.

II – A lição do Direito comparado parece indicar que:

1º) A fiscalização jurisdicional difusa só adquire total autenticidade e efetividade em sistemas judicialistas como os anglo-saxónicos (com forte autoridade social dos juízes, consciência de constitucionalidade na comunidade jurídica e mecanismos de harmonização de julgados), ao passo que o tribunal constitucional se mostra mais idóneo para levar a cabo a fiscalização nos sistemas continentais;

2º) A fiscalização difusa pode ser criada em diferentes sistemas políticos (pelo menos, teoricamente) e é sempre uma salvaguarda potencial da constitucionalidade, mas a fiscalização concentrada apenas tem sentido num sistema de divisão do poder político, do qual vem a ser uma das peças mais relevantes.

3º) Descendo à prática, encontram-se elementos de aproximação entre o modelo norte-americano e o modelo austríaco ou comum europeu subsequente a 1929 e a 1949 (basta recordar que com a regra *stare decisis* se obtém nos Estados Unidos uma eficácia geral dos arestos do Supremo Tribunal e que na fiscalização concreta enxertada em tribunal constitucional os tribunais da causa desempenham sempre um papel indispensável).[48]

---

[48] Cfr., por todos CHRISTIAN STARCK, "Jurisdiccion constitucional y tribunales ordinarios", in *Revista Española de Derecho Constitucional*, págs. 11 e segs., maio-agosto de 1988; ou RUI MEDEIROS, *A decisão...*, cit., págs. 18 e segs.; ALBRECHT WEBER, "Notes sur la justice costitutionnele comparée", in *Annuaire International le Justice Constitutionnelle*, 2003, págs. 29 e segs.; FRANCISCO FERNANDEZ SEGADO, "La Justicia constitucional el siglo XXI: la progressiva convergência de los sistemas americano y europeo-kelsiano", in *Revista Latino-americana de Estudios Costitucionales*, nº 2, págs. 211 e segs., julho-dezembro de 2003; LUCIO PEGORARO, "A circulação, a receção e a hibricação dos modelos de justiça constitucional", in *Revista latino-americana de Estudos Constitucionais*, nº 6, julho-dezembro de 2005, págs. 235 e segs.

4º) Todavia, só a fiscalização por tribunal constitucional ou por órgão homólogo permite o exercício de funções jurídico-políticas cada vez mais necessárias na nossa época, como assegurar o equilíbrio dos órgãos de poder ou o equilíbrio entre poder central e poderes periféricos, racionalizar os procedimentos legislativos e contribuir para o desenvolvimento constitucional.[49-50]

219.
O problema da fiscalização administrativa da constitucionalidade

I – Não existe, obviamente, um sistema ou modelo de fiscalização da constitucionalidade pela Administração pública.

Pode perguntar-se, no entanto, se os órgãos administrativos (não os funcionários e os agentes administrativos) não estão adstritos também a não aplicar normas contrárias à Constituição e ao Direito internacional – até porque atos administrativos inconstitucionais ou ilegais são nulos ou anuláveis e não se justificaria obrigar a Administração a praticá-los (sobretudo, em caso de contraste manifesto) para vê-los, de seguida, impugnados contenciosamente ou até alvo de resistência por parte dos cidadãos.[51]

E deveria ser tanto mais assim, à face de uma Constituição como a portuguesa, que proclama o princípio da subordinação dos órgãos e agentes administrativos tanto à lei como à Constituição (art. 266º, nº 2) e que vincula aos preceitos constitucionais respeitantes aos direitos, liberdades e garantias todas as entidades públicas (art. 18º, nº 1). Ou, à face de uma Constituição como a brasileira, que sujeita ao princípio da constitucionalidade todo o exercício do poder político (art. 1º, § único, 2ª parte) e que, ao consagrar o princípio da legalidade da atividade administrativa (art. 37º), poderia ser entendida como nessa expressão

---

[49] Sobre desenvolvimento constitucional, cfr. *supra*.
[50] Cfr. FERNANDO ALVES CORREIA, *Direito Constitucional (Justiça Constitucional)*, Coimbra, 2001, págs. 1 e segs.
[51] Cfr., por todos, em Portugal, ANDRÉ SALGADO DE MATOS, *A fiscalização administrativa da constitucionalidade*, Coimbra, 2004; e, no Brasil, JUAREZ FREITAS, *Controle administrativo da constitucionalidade*, in *Estudos de homenagem ao Prof. Doutor Jorge Miranda*, II, obra coletiva, Coimbra, 2012, págs. 363 e segs.

abrangendo quer a legalidade *stricto sensu* quer a constitucionalidade quer a convencionalidade.

A despeito disto não cremos possível reconhecer aos órgãos administrativos um poder geral de controlo – necessariamente concreto, análogo ao dos tribunais – e apenas em determinadas situações admitimos deixar à Administração uma margem de não aplicação.

II – A razão básica deste entendimento repousa na diferença de natureza das duas funções, a jurisdicional e a administrativa, e na diversa estrutura dos respetivos órgãos.

Em primeiro lugar, são coessenciais à função jurisdicional o conhecimento e a aplicação das normas jurídicas, ao passo que, na função administrativa, eles são instrumentais relativamente à prossecução do interesse público. E daí (mesmo sem recorrer a um argumento *a contrario*) a falta de preceito homólogo ao art. 204º no título respeitante à Administração pública.

Em segundo lugar, a estrutura da Administração *direta* e *indireta*, dependente da direção e superintendência do Poder Executivo, não se compara com a estrutura dos tribunais, marcada pela independência, e não seria adequada ao desenvolvimento da garantia. Assim como – ao invés – adviriam não poucos riscos para a certeza e a segurança jurídicas, se uma qualquer faculdade de desaplicação da lei com fundamento em inconstitucionalidade pudesse ser exercida pelos órgãos de múltiplas entidades administrativas, com maior ou menor autonomia, surgidas com o crescimento e as diversificações das tarefas do Estado contemporâneo.

Se qualquer das duas Constituições (ou qualquer outra Constituição de Estado democrático de Direito) exige a subordinação da atividade administrativa à Constituição, ao Direito internacional e à lei, nem por isso deixam de ser os tribunais a decidir sobre se ela ocorre ou não; e têm de ser os tribunais, e não os órgãos da Administração dita ativa, a apreciar e a não aplicar leis inconstitucionais e a declarar a nulidade ou a anular atos administrativos inconstitucionais.

III – Não adotamos, no entanto, uma visão fechada, porque reconhecemos depararem-se hipóteses – extremas ou muito especiais – em que os órgãos administrativos hão-de gozar de um poder de recusa de aplicação.

Além de leis juridicamente inexistentes, será assim, sem dúvida quando estiverem em causa leis vetustas, muito anteriores à Constituição e, de todo em todo, desconformes com a sua ideia de Direito; ou quando, sem revisão constitucional, for reproduzida norma declarada inconstitucional com força obrigatória geral.[52]

220.
Os Tribunais Constitucionais e órgãos homólogos – quadro comparativo

I – Quanto ao lugar no sistema constitucional, encontram-se:

- Tribunais com tratamento no contexto dos outros tribunais (Brasil e Portugal entre 1982 e 1989);
- Tribunais com tratamento em título ou capítulo autónomo (Portugal desde 1989), podendo ainda haver ou não um título ou capítulo sobre fiscalização de constitucionalidade (Portugal desde 1976).

II – Quanto à estrutura, refiram-se diferenças a respeito de:

- Número de membros – entre nove e quinze;
- À designação:
- Designação pelo Parlamento – Alemanha (com metade dos juízes designados por uma das Câmaras e outra metade pela outra Câmara), Portugal (com juízes eleitos pelo Parlamento e juízes cooptados pelos primeiros), Hungria, Croácia, São Tomé e Príncipe, Cabo Verde, Peru e Polónia;
- Designação pelo Presidente da República com o assentimento da Câmara alta do Parlamento – República Checa e Rússia;
- Designação pelo Presidente da República, sob proposta do Parlamento – Eslováquia;
- Designação pelo Parlamento, sob proposta do Presidente da República e de outros órgãos – Colômbia, Eslovénia e Lituânia;
- Designação em parte de origem parlamentar e em parte pelo Presidente da República – França, Roménia e Albânia;

---

[52] E também em Portugal quando qualquer norma violar direitos insuscetíveis de suspensão em estado de sítio (art. 19º, nº 6 da Constituição), com especialíssimo valor no sistema.

- Designação em parte de origem parlamentar e em parte de origem governamental – Áustria e Espanha;
- Designação em parte de origem parlamentar, em parte de origem presidencial e em parte de origem judicial – Itália, Coreia do Sul, Bulgária, Ucrânia e Congo (Quinxasa);
- Designação conjunta pelo Parlamento, pelo Presidente da República e por outros órgãos – Equador, Guatemala, Chile e Angola.
- À duração de funções:
- Vitalício;
- Com limite de idade;
- Por períodos certos, com ou sem possibilidade de recondução.
- Ao estatuto:
- Com estatuto de juiz como qualquer outro;
- Com estatuto específico (é o que acontece na grande maioria dos casos).

IV – Quanto à competência, importa proceder a várias subdistinções, em razão do objeto de fiscalização, dos tipos de fiscalização e da relação entre fiscalização concreta e competência do Tribunal Constitucional.

V – Quanto ao objeto:

- Fiscalização só de atos normativos ou de normas;
- Fiscalização também de outros atos.

VI – Quanto aos tipos de fiscalização:

- Fiscalização concreta apenas (é o clássico sistema judicial difuso);
- Fiscalização abstrata apenas (como foi na Áustria entre 1921 e 1929);
- Fiscalização concreta e abstrata (o sistema hoje dominante).

Na fiscalização abstrata:

- Fiscalização sucessiva apenas (a que é adotada na maior parte dos países);
- Fiscalização sucessiva e preventiva;
- Fiscalização sucessiva e de inconstitucionalidade por omissão (Brasil);

- Fiscalização sucessiva, preventiva de inconstitucionalidade por omissão (Portugal e alguns poucos outros Estados).

Na fiscalização concreta:

- Fiscalização apenas difusa;
- Fiscalização pelos tribunais em geral com acesso ao Tribunal Constitucional, seja por via de recurso (é o caso de Portugal, do Brasil e de alguns outros Estados), seja por via de incidente (o sistema dominante na Europa).

VII – Quanto às decisões:

- Efeitos só no caso concreto (é o caraterístico dos sistemas difusos);
- Efeitos obrigatórios gerais (é o caraterístico da fiscalização sucessiva abstrata e de algumas Constituições com incidente de inconstitucionalidade).

221.

A fiscalização da constitucionalidade em Portugal

I – No constitucionalismo português podem ser assinalados três grandes períodos na evolução e no desenvolvimento da fiscalização da constitucionalidade:[53]

1º) De 1822 a 1911 – na vigência das três Constituições monárquicas – a fiscalização é puramente política, a cargo das Cortes,[54] ainda que com tentativas, nas décadas finais, de abertura a certa intervenção dos tribunais;

---

[53] Cfr. MAGALHÃES COLAÇO, op. cit., págs. 43 e segs.; F. M. LOUREIRO, Le problème de l'inconstitutionalité des lois au Portugal, in Revue du droit public, 1936, págs. 441 e segs.; JORGE MIRANDA, Contributo..., cit., págs. 111 e segs., e As Constituições Portuguesas, 1ª ed., Lisboa, 1976, págs. XI e segs.; MIGUEL GALVÃO TELES, A concentração..., cit., págs. 191 e segs.; MARCELO REBELO DE SOUSA, O valor jurídico..., cit., págs. 39 e segs.; ANTÓNIO DE ARAÚJO, A construção da justiça constitucional portuguesa: o nascimento do Tribunal Constitucional, in Análise Social, 1995, págs. 881 e segs.; RUI MEDEIROS, A decisão..., cit., págs. 111 e segs.; GIOVANNI VAGLI, L'evoluzione del sistema di giustizia costituzionale in Portugallo, Pisa, 2001; J. J. GOMES CANOTILHO, Direito Constitucional..., cit., págs. 913 e segs.; CARLOS BLANCO DE MORAIS, Justiça..., I, cit., págs. 309 e segs.; JORGE MIRANDA, Manual..., VI, 4ª ed., Coimbra, 2013, págs. 155 e segs.

[54] Constituição de 1822, arts. 102º-II e 118º-IV; Carta Constitucional, arts. 15º, § 7º, e 139º; Constituição de 1838, arts. 37º-11 e 38º

2º) De 1911 a 1976 – na vigência das Constituições de 1911 e 1933 e das leis constitucionais revolucionárias de 1974 e 1975 – domina, em princípio, o modelo de fiscalização judicial difusa, mas atenuada por elementos de fiscalização, política e, sobretudo, com pouca aplicação prática;

3º) A partir de 1976 – na vigência da Constituição de 1976 – prevalece a fiscalização jurisdicional concentrada, mas integrada com fiscalização judicial difusa e, entre 1976, e 1986, com fiscalização política, dentro de um complexo sistema misto.

II – Se o primeiro período se apresenta relativamente homogéneo, já os dois subsequentes exigem ainda subdivisões.

No segundo período, sucedem-se três fases:

a) Entre 1911 e 1933, só fiscalização judicial difusa;
b) Entre 1933 e 1974, fiscalização judicial difusa, mas limitada;
c) Entre 1974 e 1976, fiscalização judicial difusa, embora comprimida pela existência de órgãos políticos revolucionários.

No terceiro período, importa distinguir:

a) Entre 1976 e 1982, fiscalização judicial difusa, fiscalização concentrada na Comissão Constitucional (que prefigura um Tribunal Constitucional) e fiscalização política cometida ao Conselho da Revolução;
b) Desde 1982, fiscalização judicial difusa e fiscalização concentrada no Tribunal Constitucional.

III – O sistema português[55] carateriza-se por três notas principais: 1º) a pluralidade de modalidades de controle – de inconstitucionalidade

---

[55] Para uma visão geral do regime português de fiscalização, v. *La Justice Constitutionnelle au Portugal*, obra coletiva, Paris, 1989 (mormente a 1ª parte, de PIERRE BON, págs. 21 e segs.); ARISTIDE CANEPA, *Modalità strutturali ed organizzative dell'organo di giurisdizione costituzionale come elementi di tutela della sua indipendenza: osservazioni sul caso portoghese*, in *L'organizzazione e il funzionamento della Corte Costituzionale*, obra coletiva, Turim, 1996, págs. 540 e segs.; RUI MEDEIROS, *A decisão...*, cit., págs. 17 e segs. e 90 e segs.; ANTÓNIO DE ARAÚJO e JOAQUIM CARDOSO DA COSTA, Relatório português à III Conferência de Justiça Constitucional da Ibero-América, Portugal e Espanha, Lisboa, 2000; FERNANDO ALVES CORREIA, *Direito Constitucional (A Justiça Constitucional)*, cit.; ANTÓNIO DE ARAÚJO e TELES PEREIRA, *A justiça constitucional nos 30 anos da*

por ação e por omissão, concreto e abstrato, preventivo e sucessivo; 2º) a conjugação do controle difuso e do controle concentrado; 3º) a extensão, em certos termos, do regime de fiscalização de constitucionalidade à fiscalização de legalidade (por violação de leis de valor reforçado) e (desde 1989) à fiscalização da conformidade de normas legislativas com normas de convenções internacionais.

Aos tribunais em geral compete apreciar a conformidade com a Constituição das normas aplicáveis aos casos que tenham de decidir (art. 204º); mas, verificados certos pressupostos é possível ou necessário recorrer para o Tribunal Constitucional (art. 280º). Quer dizer: ao contrário do que sucede na quase totalidade dos países europeus, os tribunais portugueses, todos eles, não só conhecem como decidem das questões de inconstitucionalidade. Contudo, se lhes cabe assim a primeira palavra na fiscalização concreta, a última cabe ao Tribunal Constitucional, por via de recurso (e não por via de incidente).

Quanto à fiscalização abstrata – preventiva e sucessiva de inconstitucionalidade por ação – ela compete, exclusivamente, ao Tribunal Constitucional, sob iniciativa do Presidente da República, de outros órgãos do Estado e das regiões autónomas e de certo número de Deputados (arts. 278º, 279º e 281º). A fiscalização de inconstitucionalidade por omissão é de iniciativa também do Presidente da República, do Provedor de Justiça e dos presidentes das Assembleias Legislativas dos Açores e da Madeira (art. 283º).

Na fiscalização concreta, o Tribunal Constitucional julga só para o caso concreto, embora, se julgar inconstitucional três vezes a mesma norma, possa ser desencadeado um processo de fiscalização abstrata (art. 281º, nº 3). Nesta, se a decisão for positiva, a declaração de inconstitucionalidade tem força obrigatória geral e em princípio *ex tunc*, ressalvando-se, porém, sempre os casos julgados (art. 282º).

Constituição portuguesa: nota para uma aproximação ibérica, in Jurisprudência Constitucional, nº 6, abril-junho de 2005, págs. 15 e segs.; CARLOS BLANCO DE MORAIS, *A justiça constitucional*, 2 vols., cit.; ROMANO ORRÙ, *La giustizia costituzionale in azione e il paradigma comparato: l'esperienza portoghese*, in Corte Costituzionale e comparazione giuridica, obra coletiva, Nápoles, 2006, págs. 1 e segs.; ALESSANDRO PIZZORUSSO, *"Concretezza" e "Astrattezza" nel sistema italiano e nel sistema portoghese di controllo di costituzionalità delle leggi*, in Themis, 2006 – 30 anos da Constituição, págs. 171 e segs.; JORGE MIRANDA, Manual..., VI, cit., págs. 168 e segs.

E ainda JORGE MIRANDA e RUI MEDEIROS, *Constituição Portuguesa Anotada*, III, Coimbra, 2008, págs. 247 e segs. e 701 e segs.; e J. J. GOMES CANOTILHO e VITAL MOREIRA, *Constituição...*, II, 4ª ed., 2010, págs. 610 e segs. e 871 e segs.

222.

A fiscalização da constitucionalidade no Brasil

I – A república proclamada no Brasil em 1889 não só adotou o federalismo e o presidencialismo como, através do Decreto nº 848, de 11 de novembro de 1890, introduziu a fiscalização judicial da constitucionalidade das leis na esteira do modelo norte-americano – portanto, como fiscalização difusa, concreta e incidental.

A Constituição de 1891 consagrá-lo-ia de imediato. Das sentenças das Justiças dos Estados, em última instância, haveria recurso para o Supremo Tribunal Federal quando, questionada a validade ou a aplicação de tratados e leis federais, a decisão fosse contra ela, e quando, questionada a validade de leis ou de atos dos Governos estaduais em face da Constituição e de leis federais, a decisão fosse considerar válidos esses atos ou essas leis (art. 59, § 1º). E competiria aos juízes ou tribunais federais processar e julgar as causas em que alguma das partes fundasse a ação ou a defesa em disposição da Constituição federal (art. 60, alínea *a*)).

A Constituição de 1934 enxertaria no sistema elementos de concentração. Por um lado, para que pudesse haver intervenção da União nos Estados para assegurar a observância de princípios constitucionais fundamentais e a execução de leis federais, teria a Corte Suprema, mediante provocação do Procurador-Geral da República, de declarar a constitucionalidade do ato que a decretasse (art. 12, § 2º). Por outro lado, quando a Corte Suprema declarasse inconstitucional qualquer dispositivo de lei ou ato governamental, o mesmo Procurador-Geral comunicá-lo-ia ao Senado (art. 96) para efeito de suspensão da sua execução, no todo ou em parte (art. 91-IV). A Constituição de 1946 manteria no essencial estes dois elementos (arts. 8º, parágrafo único, e 64).

Uma segunda fase abrir-se-ia com a Emenda Constitucional nº 16, de 26 de novembro de 1965 (já com o regime militar), ao adicionar um mecanismo de fiscalização abstrata: a representação contra inconstitucionalidade de lei ou ato de natureza normativa, federal ou estadual, encaminhada pelo Procurador-Geral da República perante o Supremo Tribunal Federal (nova alínea *k*) do art. 101, inciso I, da Constituição de 1946, formalmente ainda mantida em vigor]. E ele passaria para a Constituição de 1967 (art. 114-I, alínea *l*), art. 119-I, alínea *l*), após 1969).

Finalmente, a Constituição de 1988, recolhendo toda a experiência anterior, procuraria aperfeiçoar e desenvolver o sistema e completá-lo com novos institutos de controlo de inconstitucionalidade quer por ação quer por omissão, e tanto de controlo concreto quanto de controlo abstrato. Seria o começo de uma terceira fase, a atual.[56]

II – O sistema brasileiro compreende um acervo de meios de garantia de constitucionalidade quase sem paralelo noutros sistemas:

a) Fiscalização concreta a cargo de todos os tribunais (art. 97 da Constituição);

b) Julgamento pelo Supremo Tribunal Federal de recursos extraordinários das causas decididas em única ou última instância, quando a decisão recorrida contrariar dispositivos da Constituição, declarar a inconstitucionalidade de tratado ou lei federal, julgar válida lei ou ato de governo local contestado em face da Constituição ou julgar válida lei local contestada em face de lei federal (art. 102-III, e § 3º);[57]

c) Ação direta de inconstitucionalidade de lei ou ato normativo federal ou estadual, a propor pelo Presidente da República, pela

---

[56] Cfr., entre tantos, Óscar Dias Correa, *O Supemo Tribunal Federal, Corte Constitucional do Brasil*, Rio de Janeiro, 1987; Sacha Calmon Navarro Coelho, *O controle da constitucionalidade das leis e do poder de tributar*, Belo Horizonte, 1992; Dircéo Torrecillas Ramos, *O controle de constitucionalidade por via de acção*, São Paulo, 1994; e *Direitos fundamentais e controle da constitucionalidade*, São Paulo, 1998; Ivo Dantas, *O Valor da Constituição*, Rio de Janeiro, 1996; Adhemar Ferreira Maciel, *Observações sobre o controle da constitucionalidade das leis no Brasil*, in *O Direito*, 1998, págs. 165 e segs.; Clemerson Merlin Clève, *A fiscalização abstracta da constitucionalidade no Direito brasileiro*, 2ª ed., São Paulo, 2000; Zeno Veloso, *Controle judicial da constitucionalidade*, 2ª ed., Belo Horizonte, 2000; Manoel Gonçalves Ferreira Filho, *Curso de Direito Constitucional*, 27ª ed., São Paulo, 2001, págs. 38 e segs.; José Adércio Leite Sampaio, *op. cit.*, págs. 309 e segs., 451 e segs. e 564 e segs.; Lénio Luiz Streck, *op. cit.*, págs. 415 e segs.; Luis Roberto Barroso, *op. cit.*, págs. 57 e segs.; Dirley da Cunha Rodrigues, *Curso de Direito Constitucional*, Salvador, 2008, págs. 253 e segs.; Elival da Silva Ramos, *Controle de constitucionalidade no Brasil – Perspectivas de evolução*, cit.; Luís Guilherme Marinoni, in Ingo Sarlet, Luiz Guilherme Marinoni e Daniel Mitidiero, *Curso de Direito Constitucional*, São Paulo, 2012, págs. 740 e segs.

[57] E continuando a ter o Senado o poder de suspensão da execução de lei declarada inconstitucional (art. 52-x), com vista à generalização dos efeitos da decisão de inconstitucionalidade (apesar de este poder estar sendo posto em causa). Cfr. Paulo Napoleão Nogueira da Silva, *O controle da constitucionalidade e o Senado*, 2ª ed., Rio de Janeiro, 2000; Sergio Resende de Barros, *A função do Senado no controle difuso da constitucionalidade*, in *Revista da Faculdade de Direito da Universidade de Lisboa*, 2002, 1, págs. 577 e segs., Gilmar Ferreira Mendes, *O papel do Senado Federal no controle da constitucionalidade: um caso clássico de mutação constitucional*, in *Revista de Informação Legislativa*, nº 162, abril-junho de 2004, págs. 149 e segs.; Luiz Guilherme Marinoni, *op. cit., loc. cit.*, págs. 882 e segs.

Mesa do Senado Federal ou pela da Câmara dos Deputados, por Mesa de Assembleia Legislativa, por Governador de Estado, pelo Procurador-Geral da República, pelo Conselho Federal da Ordem dos Advogados, por partido político com representação no Congresso Nacional e por confederação sindical ou entidade de classe de âmbito nacional (arts. 102-I, alíneas *a*), 1ª parte, e *p*), e § 2º, e 103);[58]

d) Ação declaratória de constitucionalidade de lei ou ato normativo federal (arts. 102-I, alínea *a*), 2ª parte, e § 2º, e 103);

e) Arguição de descumprimento de preceito fundamental decorrente da Constituição, a apreciar pelo Supremo Tribunal Federal (art. 102, § 1º);

f) Ação de inconstitucionalidade por omissão (art. 103, § 2º);

g) Mandado de injunção (arts. 5º-LXXI e 102-I, alínea *q*)).[59]

Já nos referimos à figura constante da alínea *d*) e aludiremos adiante às figuras constantes das alíneas *f*) e *g*).

Quanto à arguição de descumprimento de preceito fundamental (regulamentada pela Lei nº 9.883, de 3 de dezembro de 1999), poderia ser um meio de defesa de direitos fundamentais, quando esgotados ou inviáveis outros meios, e aproximável da *Verfassungsbechwerde* alemã.[60]

À súmula vinculante já aludimos no capítulo das funções do Estado.

---

[58] Esta ação corresponde à transformação e ao alargamento da "representação" do Procurador-Geral da República vinda de 1965.

[59] Cfr., entre tantos, FLÁVIA PIOVESAN, *Proteção judicial contra omissões legislativas*, São Paulo, 1995; JORGE HAGE, *Omissão inconstitucional e direito subjetivo*, Brasília, 1999; REGINA QUARESMA, *O mandado de injunção e a ação de inconstitucionalidade por omissão*, Rio de Janeiro, 1999; DIRLEY DA CUNHA JÚNIOR, *Controle judicial das omissões do poder público*, São Paulo, 2004; VANICE LÍRIO DO VALLE, *A construção de uma garantia constitucional: compreensão da Suprema Corte quanto ao mandado de injunção*, Rio de Janeiro, 2005.

[60] Cfr., por exemplo, ANDRÉ RAMOS TAVARES, *Tratado da Arguição de Preceito Fundamental*, São Paulo, 2001; ou a obra coletiva *Arguição de descumprimento de preceito fundamental*, São Paulo, 2001; EDILSON PEREIRA NOBRE JUNIOR, *Direitos fundamentais e arguição de descumprimento de preceito fundamental*, Porto Alegre, 2004; MANOEL GONÇALVES FERREIRA FILHO, *Princípios fundamentais...*, cit., págs. 141 e segs.; GILMAR FERREIRA MENDES, *Arguição de descumprimento de preceito fundamental*, 2ª ed., São Paulo, 2011.

Nos últimos anos, tem sido intenso o debate doutrinal e político acerca do ativismo (ou pretenso ativismo) do Supremo Tribunal Federal.[61]

III – O Supremo Tribunal Federal tem onze juízes, "Ministros", nomeados – à semelhança do que sucede nos Estados Unidos – pelo Presidente da República, depois de aprovada a escolha pela maioria absoluta do Senado Federal.

223.
A fiscalização da constitucionalidade nos países africanos de língua portuguesa e em Timor

I – Nos países africanos de língua portuguesa, com as transições constitucionais democráticas[62] naturalmente iriam ganhar força as preocupações com a garantia da Constituição e dos direitos fundamentais e todas as novas Leis Fundamentais iriam reflecti-las.

Assim, os princípios da justiça e da legalidade aparecem na Constituição de São Tomé e Príncipe (art. 7º), os da constitucionalidade e da legalidade nas Constituições de Cabo Verde (art. 3º), da Guiné-Bissau (art. 8º), de Moçambique (art. 2º) e de Angola (art. 6º). E em todos encontram-se sistemas de controlo jurisdicional da constitucionalidade.

Em São Tomé e Príncipe, há fiscalização concreta a cargo de todos os tribunais e, admitida a questão de inconstitucionalidade, o incidente sobe em separado ao Tribunal Constitucional (art. 129º). Preveem-se fiscalização preventiva (arts. 145º e 146º), sucessiva abstrata (arts. 147º e 150º) e de inconstitucionalidade por omissão (art. 148º). O Tribunal Constitucional é composto por cinco juízes designados pela Assembleia Nacional (art. 148º).

Em Cabo Verde, há fiscalização concreta e difusa, com recurso das decisões dos tribunais para o Tribunal Constitucional (art. 276º). E existem igualmente fiscalização preventiva (arts. 273º e 274º) e sucessiva

---

[61] Cfr., por exemplo, ELIVAL DA SILVA RAMOS, *Ativismo judicial – parâmetros dogmáticos*, São Paulo, 2010; *As novas faces do ativismo judicial*, obra coletiva (org. por André Luiz Fernandes Fellet, Daniel Giotti de Paula e Marcelo Novelino), Salvador, 2011; CARLOS ALEXANDRE DE AZEVEDO CAMPOS, *Dimensões do ativismo judicial do STJ*, Rio de Janeiro, 2014.

[62] V. *Manual...*, I, cit., págs. 236 e segs.

(arts. 275° e 280°) através desse Tribunal (art. 213°, n° 1), mas ele ainda não foi posto a funcionar.

Na Guiné-Bissau apenas se prevê a fiscalização concreta e difusa, com subida do incidente ao Supremo Tribunal de Justiça (art. 125°).

Em Moçambique, a Constituição contempla fiscalização concreta, da competência de todos os tribunais (art. 241°), com recurso das decisões para o Conselho Constitucional; assim como fiscalização preventiva (art. 264°) e sucessiva (art. 245.). O Conselho é formado por sete juízes conselheiros, um, o Presidente, nomeado pelo Presidente da República, cinco eleitos pela Assembleia da República segundo o critério da representação proporcional e um designado pelo Conselho Superior da Magistratura Judicial (art. 242°).

Em Angola, há também fiscalização difusa, com recurso para o Tribunal Constitucional [art. 180°, n° 2, alíneas d) e e)]. E fiscalização preventiva (arts. 228° e 229°), fiscalização sucessiva abstrata (arts. 230° e 231°) e fiscalização da inconstitucionalidade por omissão (art. 232°), atribuídas ao Tribunal Constitucional. Compõem este onze juízes conselheiros, dos quais quatro, incluindo o Presidente, nomeados pelo Presidente da República, quatro eleitos pela Assembleia Nacional por maioria de dois terços dos Deputados em efetividade de funções; dois eleitos pelo Conselho Superior da Magistratura Judicial; e um selecionado por concurso público curricular.

II – Em Timor, existe fiscalização difusa concreta (art. 125°), com recurso das decisões para o Supremo Tribunal [art. 126°, n° 1, alínea d)]. E ainda fiscalização preventiva [art. 126°, n° 1, alínea b)], sucessiva abstrata [art. 126°, n° 1, alínea a)] e de inconstitucionalidade por omissão [art. 126°, n° 1, alínea c)].

III – Verifica-se que o sistema menos desenvolvido vem a ser o da Guiné-Bissau. Nos demais Estados, além da fiscalização concreta (seja com recurso das decisões dos tribunais para o Tribunal Constitucional ou para o Supremo Tribunal, seja por reenvio prejudicial), deparam-se sempre fiscalização preventiva e sucessiva; e em São Tomé e Príncipe, Angola e Timor fiscalização da inconstitucionalidade por omissão.

O órgão supremo da justiça constitucional é o Supremo Tribunal de Justiça na Guiné-Bissau e em Timor, o Tribunal Constitucional em São Tomé e Príncipe, Cabo Verde e Angola, e o Conselho Constitucional em Moçambique.[63]

---

[63] Cfr. JORGE BACELAR GOUVEIA, *A fiscalização da constitucionalidade na República Democrática de S. Tomé e Príncipe*, in *Democracia e Cidadania*, 25/26, págs. 101 e segs.;

224.
Justiça constitucional e princípio democrático

I – Em estritos termos jurídicos, a legitimidade do tribunal constitucional não é maior, nem menor do que a dos órgãos políticos: advém da Constituição. E, se esta Constituição deriva de um poder constituinte democrático, então ela há-de ser, natural e forçosamente, uma legitimidade democrática.

Perspetiva diferente abarca o plano substantivo das relações interorgânicas, da aceitação pela coletividade, da legitimação pelo consentimento. Como justificar o poder de um tribunal constitucional (ou de órgão homólogo) de declarar a inconstitucionalidade de uma lei votada pelo Parlamento ou pelo próprio povo? Como compreender que ele acabe por conformar não só negativamente (pelas decisões de inconstitucionalidade) mas também positivamente (pelos outros tipos de decisões) o ordenamento jurídico? Como conciliar, na prática, a fiscalização jurisdicional concentrada e o princípio da constitucionalidade com o princípio de soberania do povo?[64]

---

[64] Carlos Bastos de Horbach, *O controle da constitucionalidade na Constituição de Timor*, in Revista da Faculdade de Direito da Universidade de Lisboa, 2005, págs. 1019 e segs.
Cfr., entre tantos, Aldo Sandulli, *Sulla "posizione" della Corte Costituzionale nel sistema degli organi supremi dello Stato*, in Rivista Trimestrale di Diritto Pubblico, 1960, págs. 705 e segs.; Paolo Barile, *La Corte Costituzionale organo sovrano*, in Studi in onore di Emilo Crosa, obra coletiva, I, Milão, 1960, págs. 527 e segs.; Gehrardt Leibholz, *El Tribunal Constitucional de la Republica Federal de Alemania y el problema de la apreciación judicial de la politica*, in Problemas fundamentales de la democracia moderna, trad., Madrid, 1971, págs. 147 e segs.; Otto Bachof, *Estado de Direito e Poder Político: os Tribunais Constitucionais entre o Direito e a Política*, trad., Coimbra, 1980; Garcia de Enterria, *La posición juridica del Tribunal Constitucional en el sistema español; possibilidade y perspectivas*, in Revista Española de Derecho Constitucional, 1981, págs. 35 e segs.; Garcia Pelayo, *El "status" de Constitucional*, ibidem, 1981, págs. 11 e segs.; Javier Salas, *El Tribunal Constitucional Español y su competencia desde la perspectiva de la forma de gobierno*, ibidem, 1982, págs. 141 e segs.; Paolo Caretti e Enzo Cheli, *Influenza dei valori costituzionali sulla forma di governo: il ruolo della giustizia costituzionale*, in Quaderni Costituzionali, 1984, págs. 24-25 e 36; Alessandro Pace, *Corte Constituzionale e "altri" giudici, tra "garantismo" e "sensibilità politica"*, in Scritti in onore di Vezio Crisafulli, obra coletiva, I, págs. 587 e segs.; Gomes Canotilho, *Para uma teoria pluralista da jurisdição constitucional*, in Revista do Ministério Público, 1988, págs. 9 e segs.; *Jurisdição constitucional e intranquilidade discursiva*, cit., loc. cit.; Carlos S. Nino, *La filosofia del control judicial de constitucionalidad*, in Revista del Centro de Estudios Constitucionales, nº 4, setembro-dezembro de 1989, págs. 79 e segs.; Otto Kimminich,

A jurisdição constitucional e o princípio da divisão de poderes, in *Revista de Informação Legislativa*, n° 105, janeiro-março de 1989, págs. 283 e segs.; RONALD DWORKIN, *Equality, democracy and Costitution: We the People in Court*, in *Alberta Law Review*, XXVIII, n° 2, 1990, págs. 324 e segs.; MAURO CAPPELLETTI, *Le Pouvoir des Juges*, cit., págs. 249 e segs.; JÜRGEN HABERMAS, *Faktizität und Geltung-Beiträge zur Diskurstheorie des Rechts und des Demokratischen Rechtstaats*, 1992, trad. *Droit et démocratie*, Paris, 1997, págs. 261 e segs.; YOICHI HIGUCHI, *La légitimité du juge constitutionnel et la théorie de l'interprétation*, in *Rapports Généraux – XIVème Congrès International – Académie Internationale de Droit Comparé*, Atenas, 1994, págs. 597 e segs.; *Legitimidade e legitimação da justiça constitucional*, obra coletiva, Coimbra, 1995; PAULO CASTRO RANGEL, *O legislador e o Tribunal Constitucional*, cit., *loc. cit.*, págs. 195 e segs.; LOUIS FAVOREU, *La notion de Cour Constitutionnelle*, in *Perspectivas Constitucionais*, obra coletiva, III, Coimbra, 1998, págs. 1067 e segs.; GUY SCOFFONI, *La légitimité du juge constitutionnel en droit comparé: les enseignements de l'expérience américaine*, in *Revue internationale de droit cmparé*, 1999, págs. 243 e segs.; CRISTINA QUEIROZ, *Interpretação constitucional e poder judicial*, Coimbra, 2000, págs. 313 e segs.; JOSÉ MANUEL CARDOSO DA COSTA, *Algumas reflexões em torno da justiça constitucional*, in *Perspectiva do Direito no início do século XXI*, obra coletiva, Coimbra, 2000, págs. 113 e segs.; ANTÓNIO DE ARAÚJO e PEDRO COUTINHO MAGALHÃES, *A Justiça constitucional: uma instituição contra as maiorias?*, in *Análise Social*, n.ºˢ 154-155, Verão de 2000, págs. 207 e segs.; JOSÉ ADÉRCIO LEITE SAMPAIO, *op. cit.*, págs. 60 e segs.; CÉSAR SALDANHA SOUZA JÚNIOR, *O Tribunal Constitucional como poder*, São Paulo, 2002; LUIS ROBERTO BARROSO, *op. cit.*, págs. 501 e segs.; ANDRÉ RAMOS TAVARES, *Teoria...*, cit., págs. 491 e segs.; OMAR CHIESSA, *Corte Costituzionale e trasformazione della democrazia pluralicistica*, in *Corte Costituzionale e processi di decisione politici*, obra coletiva, Turim, 2005, págs. 17 e segs., *maxime* 46 e segs.; WALBER DE MOURA AGRA, *A reconstrução da legitimidade do Supremo Tribunal Federal*, Rio de Janeiro, 2005, *maxime* págs. 107 e segs.; MARC VERDUSSEN, *Un procès constitutionnel légitime*, in *Renouveau...*, obra coletiva, págs. 473 e segs.; PEDRO DERMIZAKY, *Justicia constitucional y democracia*, in *Anuario Iberoamericano de Justicia Constitucional*, n° 13, 2009, págs. 2007 e segs.; MAURO ARTURO RIVERO LEÓN, *Jurisdicción constitucional: ecos del argumento contramayoritario*, in *Cuestiones Constitucionales (Revista Mexicana de Derecho Constitucional)*, 2010, págs. 223 e segs.; EMERSON GARCIA, *Jurisdição constitucional e legitimidade democrática: tensão dialética no controle de constitucionalidade*, in *De Jure* (Revista Jurídica do Ministério Público do Estado de Minas Gerais), n° 14, janeiro-junho de 2010, págs. 96 e segs.; *Legitimidade da jurisdição constitucional*, obra coletiva (org. de António Carlos Alpino Bigonha e Luiz Moreira), Rio de Janeiro, 2010; *Jurisdicción constitucional y democracia*, obra coletiva, Madrid, 2011; JORGE OCTÁVIO LAVOCAT GALVÃO, *Concentração de poder da jurisdição constitucional: uma análise crítica de seus pressupostos filosóficos*, in *Direito Constitucional, Estado de Direito e Democracia – Homenagem ao Prof. Manoel Gonçalves Ferreira Filho*, obra coletiva, São Paulo, 2011, págs. 365 e segs.; ALAIN DELCAMP, *Le cadre institutionnel des relations entre les Parlements et les juges constitutionnels*, in *Annuaire International de Justice Constitutionnelle*, 2011, págs. 549 e segs.; RICARDO LEITE PINTO, *O papel do Supremo Tribunal no sistema político-constitucional norte-americano e a questão da "politicidade" da justiça constitucional: a decisão sobre a lei da reforma dos cuidados de saúde*, in *Estudos em homenagem a Miguel Galvão Teles*, obra coletiva, I, Coimbra, 2012, págs. 215 e segs.

Vale a pena reter as posições de alguns autores.

II – Segundo John Rawls,[65] um sistema de governo constitucional, o poder último, ou fundamental, não pode ser atribuído ou deixado à Assembleia Legislativa ou mesmo ao Supremo Tribunal de Justiça, que é apenas o intérprete judicial mais elevado da Constituição. O poder último ou fundamental é detido pelos três poderes numa relação devidamente especificada entre eles, sendo cada um responsável perante o povo. (...)

Ao aplicar a razão pública, o Supremo Tribunal evita que a lei seja corroída pela legislação de maiorias passageiras ou, com maior probabilidade, por interesses parciais, organizados e influentes, que se mostrem particularmente capazes de levar a sua avante. Se o Supremo assumir este papel e o desempenhar com eficácia, será incorreto dizer que é manifestamente antidemocrático. E, com efeito, antimaioritário no que respeita à legislação corrente, dado que um Supremo Tribunal, com a sua prerrogativa de revisão de juízo, pode considerar e declarar qualquer lei ordinária inconstitucional. No entanto, a autoridade superior do povo apoia essa competência.

O Supremo Tribunal não é antimaioritário em relação à lei fundamental quando as decisões da maioria concorrem razoavelmente com a própria Constituição e com as suas emendas e interpretações politicamente mandatadas.

O papel do Supremo não é meramente defensivo. Com efeito, ao servir como paradigma instrtucional da razão pública, o seu papel é o de a realizar e assegurar o seu contínuo efeito. Isto significa, em primeiro lugar, que a razão pública é a única razão que o Supremo exerce. E o único Órgão do Estado em que visivelmente se manifesta a razão pública e apenas ela. Os cidadãos e os legisladores podem votar apropriadamente as suas mais abrangentes perspetivas quando os elementos constitucionais essenciais e a justiça básica não estão em jogo; não necessitam de justificar o sentido do seu voto através da razão pública ou tornar consistentes os fundamentos desse voto e articulá-los dentro de uma perspetiva constitucional coerente que cubra o conjunto completo das suas decisões.

III – Para Bruce Ackermann[66] o Supremo Tribunal dos Estados Unidos funciona como garantia do legado constitucional do passado nos períodos de estabilidade política, tempos normais de governo, e como depo-

---

[65] *Political Liberalism*, 1993, trad. *O liberalismo político*, Lisboa, 1996, págs. 225 e segs.
[66] *We the People: Foundations*, trad. *Nós, o Povo Soberano – Fundamentos de Direito Constitucional*, Belo Horizonte, págs. 7 e segs. e 365 e segs., *maxime* 366 e 369.

sitário desse legado em relação ao futuro nos momentos de mutação político-constitucional.

Por um lado, "rejeitando um dispositivo de lei normal, a Corte busca um objetivo menor do que a democracia em si. Ela questiona o mandato popular de políticos e estadistas na capital federal. Embora todos esses representantes tenham sido eleitos, eles o foram com base na votação da maioria dos cidadãos que reconhecem não terem delegado a resolução de questões essenciais que merecem atenção especial. O Presidente e o Congresso normalmente não dispõem de apoio efetivo do povo norte-americano para atacar os princípios estabelecidos pelo sucesso conquistado no passado no âmbito da política constitucional. Se a Corte (...) achar que esses políticos e estadistas foram além do seu mandato, ela estará ampliando a democracia, e não a frustrando, ao revelar nossos representantes como meros 'porta-vozes' do povo, cuja palavra não deve ser confundida com o julgamento coletivo do povo em si mesmo (...)".[67]

Mas, por outro lado, "a Suprema Corte, no seu exercício interpretativo, torna-se um aspeto fundamental de empreendimento da soberania popular voltado para o futuro. Buscando representar as implicações concretas dos princípios passados estabelecidos em nome do povo, a Corte convida o grupo dominante de políticos e estadistas, bem como o público em geral, para um diálogo crítico sobre o futuro: e se houver algum erro grave no legado constitucional herdado do passado, como o identificaríamos precisamente?".[68]

IV – Para JÜRGEN HABERMAS,[69] a conceção republicana da política lembra que existe um nexo interno entre o sistema de direitos e a autonomia política dos cidadãos. O Tribunal Constitucional, nesta ótica, deve, no âmbito das suas competências, agir de tal maneira que o processo de emanação do Direito seja posto em prática em condições legitimantes de *política deliberativa*. Ora, esta acha-se ligada às condições comunicacionais muito exigentes das arenas políticas que não coincidem com a formação da vontade institucionalizada nos corpos parlamentares e se estendem ao espaço público político, ao seu contexto cultural e à sua base social.[70]

---

[67] *Ibidem*, pág. 366.
[68] *Ibidem*, pág. 369.
[69] *Fäkzität und Geltung Beiträger zur Diskurstheorie des Rechts Und Demokratischen Rechtsstaats*, 1992, trad. francesa *Droit et Démocratie*, Paris, 1997, págs. 261 e segs.
[70] *Ibidem*, pág. 298.

"A questão de saber se o Tribunal Constitucional está chamado a desempenhar um papel ativista ou modesto não se discute em abstrato. Se se compreender a Constituição como a interpretação e o desenvolvimento de um sistema de direitos em que se faz valer aquele nexo interno entre autonomia privada e autonomia público, um exercício ofensivo do Direito constitucional, longe de prejudicial, é mesmo normativamente requerido em todos os casos respeitantes à realização do procedimento democrático e do modo deliberativo da formação da opinião e da vontade política".[71]

V – Segundo a síntese de Peter Häberle, o Tribunal Constitucional é o regulador do processo contínuo de garantia e atualização da Constituição enquanto contrato social.[72]

A função de jurisdição constitucional consiste na restrição, na racionalização e no controlo do poder estatal e social; e é a cooperação material no consenso básico.[73]

VI – Por seu turno, para Robert Alexy,[74] a democracia deliberativa é a tentativa de institucionalizar o discurso, tão amplamente quanto possível, como meio da tomada de decisão pública. Desse fundamento, a união entre o povo e o Parlamento precisa de ser determinada não somente por decisões, que encontram expressão em eleições e votações, mas também por argumentos. Desse modo, a representação do povo pelo Parlamento é, simultaneamente, volicional ou decisionista, argumentativa ou discursiva.

"A representação do povo por um Tribunal Constitucional é, pelo contrário, puramente argumentativa. O facto de que a representação pelo Parlamento é tanto volitiva como argumentativa mostra que representação e argumentação não são incompatíveis".[75]

"A existência de argumentos bons ou plausíveis basta para deliberação ou reflexão, mas não para representação. Para isso, é necessário que o tribunal não só promova a pretensão de que seus argumentos são os argumentos do povo ou do cidadão; um número suficiente de cidadãos precisa, pelo menos, em perspetiva mais prolongada, de aceitar esses argumentos como corretos. Somente pessoas racionais estão capacita-

---

[71] *Ibidem*, págs. 303-304.
[72] *O Direito processual constitucional*, cit., *loc. cit.*, pág. 147.
[73] *Ibidem*, pág. 150.
[74] *Constitucionalismo discursivo*, trad., Porto Alegre, 2011, págs. 163 e segs.
[75] *Ibidem*, págs. 163 e 164.

das para aceitar um argumento por causa de sua correção ou validade. Isso mostra que existem duas condições fundamentais de representação argumentativa autêntica: (1) a existência de argumentos válidos ou corretos e (2) a existência de pessoas racionais que sejam capazes e dispostas a aceitar argumentos válidos ou corretos porque eles são válidos ou corretos".[76]

225.
Legitimidade de título e legitimidade de exercício

I – Está aqui em jogo, não qualquer conceção de democracia (das muitas que têm sido propostas e das muitas que diferentes regimes invocaram no século XX), e tão só a conceção de democracia pluralista e representativa de matriz ocidental (em que nasceu o Tribunal Constitucional).

Ora, se democracia postula maioria – com as múltiplas interpretações e reelaborações filosóficas e teoréticas de que tem sido alvo[77] – não menos, naturalmente, ela postula o respeito das minorias e, através ou para além dele, o respeito dos direitos fundamentais. Critério de decisão, a regra da maioria não se reconduz a simples convenção, instrumento técnico ou presunção puramente negativa de que ninguém conta mais do que outrem; reconduz-se à afirmação positiva da igual dignidade de todos os cidadãos, e reconduz-se ao reconhecimento de que a vontade soberana se forma no contraditório e na alternância.[78]

Assim sendo, a fiscalização, mesmo quando de carácter objetivista, em último termo visa a salvaguarda dos valores de igualdade e liberdade. Toma-os como pontos de referência básicos quando dirigida ao conteúdo dos atos, à inconstitucionalidade material. E tão pouco deixa de se lhes reportar, quando voltada para a inconstitucionalidade orgânica e formal, na medida em que não se concebe maioria sem observância dos procedimentos constitucionalmente estabelecidos. Ela só é contramaioritária ao inviabilizar ou infringir esta ou aquela pretensão de maioria, não consistente no contexto global do sistema.[79]

---

[76] *Ibidem*, pág. 165.
[77] A bibliografia é imensa. V. o resumo em *Manual...*, VII, Coimbra, 2007, págs. 92 e segs.; ou, doutra ótica, em GOMES CANOTILHO, *Direito Constitucional...*, cit., págs. 1409 e segs.
[78] *Manual...*, VII, cit., págs. 85 e segs.
[79] Cfr. ANTÓNIO DE ARAÚJO e PEDRO COUTINHO MAGALHÃES, *A Justiça Constitucional: uma instituição contra a maioria?*, in *Análise Social*, nº 154-155, Verão de 2004, págs. 207 e segs.

II – Os Tribunais Constitucionais aparecem, na generalidade dos países, com estrutura arredada da estrutura dos demais tribunais, com juízes escolhidos pelos Parlamentos e (ou) pelos Presidentes da República sem atinência (ou atinência necessária) às carreiras judiciárias (e algo de semelhante sucede, como se sabe, com os Supremos Tribunais no modelo judicialista norte-americano).

Ora, pergunta-se como pode um tribunal com juízes designados desta maneira vir a sindicar os atos daqueles órgãos; como pode a *criatura* fiscalizar o *criador*; como pode um tribunal assim composto não reproduzir a composição do Parlamento ou a orientação do Chefe de Estado. Essa a aporia do tribunal constitucional: se lhe falta a fonte de designação por órgãos representativos carece de legitimidade; se a recebe, dir-se-ia ficar desprovido de eficácia ou utilidade o exercício da sua competência.

Mas não. É, justamente, por os juízes constitucionais serem escolhidos por órgãos democraticamente legitimados – em coerência, *por todos* quantos a Constituição preveja, correspondentes ao sistema de governo consagrado – que eles podem invalidar atos com a força de lei. É por eles, embora por via indireta, provirem da mesma origem dos titulares de órgãos políticos que por estes conseguem fazer-se acatar.

Os membros do Tribunal Constitucional não se tornam representantes dos órgãos que os elegem ou nomeiam, não estão sujeitos a nenhum vínculo representativo. Muito pelo contrário, uma vez designados, são completamente independentes e beneficiam de garantias e incompatibilidades idênticas às dos demais juízes; para garantia dessa independência, os seus mandatos não coincidem com os dos titulares do órgão de designação, são mais longos e, por princípio, insuscetíveis de renovação; e, quando de eleição parlamentar, de ordinário requer-se maioria qualificada (o que obriga a compromissos e evita escolhas fora do "arco constitucional").[80]

Num Tribunal Constitucional ou em órgão homólogo podem e devem coexistir diversas correntes jurídicas e jurídico-políticas; e, mesmo se, em órgão parlamentar, se dá a interferência dos partidos nas candidaturas (porque, quer se queira quer não, a democracia atual é uma democracia *de* partidos ou *com* partidos), essas correntes atenuam-se e, aparentemente, diluem-se, em virtude dos fatores objetivos da inter-

---

[80] Cfr. Pedro Coutinho Magalhães e António de Araújo, *A justiça constitucional entre o direito e a política: o comportamento judicial do Tribunal Constitucional português*, in *Análise Social*, nº 145, 1998 – I, págs. 18 e segs.

pretação jurídica e, sobretudo, em virtude do fenómeno de institucionalização que cria dinâmica e autonomia do órgão.[81]

Nisto tudo (insista-se) reside a especificidade da figura (ou, se se preferir, a sua ambivalência): uma legitimidade de título assimilável à dos titulares dos órgãos de função política do Estado, uma legitimidade de exercício equiparável à dos juízes dos tribunais comuns; uma legitimidade de título, inerente ao Estado democrático, uma legitimidade de exercício, expressão de Estado de Direito – donde, mais uma vez, *Estado de Direito democrático* (art. 2º da Constituição portuguesa) ou *Estado democrático de Direito* (art. 1º da Constituição brasileira).

III – E a imparcialidade[82]? Está ela assegurada e os membros dos Tribunais Constitucionais e de órgãos homólogos conseguem ficar imunes à política?

Não é possível responder positivamente em termos absolutos – aqui, como, de resto, a respeito dos juízes dos tribunais em geral, porque qualquer juiz, enquanto pessoa e enquanto cidadão, tem a sua formação, pré-compreensões e sensibilidades próprias (o que não pode é declará-las) e elas manifestam-se nas suas maneiras de ver os factos e de interpretar os preceitos, mormente os preceitos constitucionais com as suas especificidades de interpretação.[83] Parafraseando Ortega,[84] dir-se-á que cada juiz é ele e a sua circunstância.[85]

226.
A comunicação de jurisprudências constitucionais

Independentemente do modelo – sistema difuso com proeminência do Supremo Tribunal ou sistema concentrado em Tribunal Constitucio-

---

[81] Cfr. Jacques Chevalier, *Le juge constitutionnel et l'effet Becket*, in *Renouveau...*, obra coletiva, págs. 83 e segs.
[82] Cfr., por exemplo, Roberto Bin, *Sull'imparzialità dei giudici costituzionali*, in *Giurisprudenza Costituzionali*, 2009, págs. 4015 e segs.; ou Alessio Rauti, *Riflessioni in tema di imparzialità dei giudici costituzionali*, ibidem, págs. 429 e segs.
[83] Cfr. *supra*.
[84] Como fazem Luís Roberto Barroso, *Constituição, Democracia e Supremacia Judicial*, in *Cadernos de Soluções Constitucionais* (Associação Brasileira de Juristas Democratas), São Paulo, 4, 2012, pág. 320.
[85] É por isso que um sistema de Tribunal Constitucional é muito mais transparente do que um sistema de Supremo Tribunal de Justiça de modelo continental, pois nele conhecem-se, à partida, as origens dos seus juízes, eleitos ou nomeados.

nal – um fenómeno extremamente interessante verifica-se desde há décadas: o da comunicação e, mesmo, do diálogo entre as jurisprudências saídas das suas decisões.

O conhecimento da jurisprudência de outros países, ainda que não sendo vinculativo, tornou-se um elemento de trabalho de grande relevo para os juízes desses Tribunais um pouco por toda a parte. E são patentes a influência, por exemplo, do Supremo Tribunal dos Estados Unidos e do Tribunal Constitucional Federal alemão (e, na Europa, também do Tribunal Europeu dos Direitos do Homem), seja no plano dos princípios (como os do processo equitativo, da proporcionalidade e da tutela da confiança),[86] seja a respeito de casos singulares emblemáticos (como as decisões do Tribunal Constitucional Federal alemão sobre a propriedade das farmácias ou sobre o caso Luth).

Justifica-se, pois, falar hoje num verdadeiro Direito constitucional comparado jurisprudencial.[87]

---

[86] Cfr. *Manual...*, IV, cit., págs. 302 e segs.
[87] Cfr. MARCELO NEVES, *Transconstitucionalismo*, São Paulo, 2009, págs. 101 e segs.; DIDIER MAUSS, *Le recours aux précédents étrangers et le dialogue des cours constitutionnelles*, in *Revue française de droit constitutionnel*, 2009, págs. 675 e segs.; CATARINA SANTOS BOTELHO, *Lost in translation – A crescente importância do Direito Constitucional Comparado*, in *Estudos em homenagem ao Professor Doutor Carlos Ferreira de Almeida*, obra coletiva, I, Coimbra, 2010, págs. 49 e segs., *maxime* 58 e segs.; ANDRÉ RAMOS TAVARES, *Modelos de uso da jurisprudência estrangeira pela justiça constitucional*, in *Estudos em homenagem ao Prof. Doutor Jorge Miranda*, I, págs. 261 e segs.; MAURÍCIO RAMIRES, *O diálogo jurisprudencial internacional: a influência recíproca das jurisprudências constitucionais como fator de consolidação do Estado de Direito e dos princípios democráticos no mundo*, tese de doutoramento apresentada na Universidade de Lisboa, 2013.

Impressão e Acabamento
Bartira
Gráfica
(011) 4393-2911